北京西城年鉴

BEIJING XICHENG NIANJIAN

2017

北京市西城区地方志编纂委员会办公室　编

中華書局

图书在版编目（CIP）数据

北京西城年鉴．2017／北京市西城区地方志编纂委员会办公室编．
—北京：中华书局，2017.12
ISBN 978-7-101-12986-1

Ⅰ．①北…　Ⅱ．①北…　Ⅲ．①西城区－2017－年鉴
Ⅳ．①Z521.3

中国版本图书馆 CIP 数据核字（2017）第 300979 号

责任编辑　李晓燕
版式设计　刘明月
封面设计　刘明月

北京西城年鉴 2017
北京市西城区地方志编纂委员会办公室　编
*
中华书局出版
（北京市丰台区太平桥西里 38 号　100073）
http://www.zhbc.com.cn
E-mail:zhbc@zhbc.com.cn
北京华诚包装有限公司 印刷
*
787×1092 毫米　1/16　37.5 印张　36 插页　1070 千字
2017 年 12 月第 1 版　2017 年 12 月第 1 次印刷
印数：1500 册　定价：180.00 元

ISBN 978-7-101-12986-1

《北京西城年鉴》编辑部

编 辑 说 明

一、《北京西城年鉴》是一部综合性资料性工具书，在中共北京市西城区委和西城区人民政府的领导下，由区地方志编纂委员会办公室主持编纂。

二、《北京西城年鉴》以邓小平理论和“三个代表”重要思想为指导，贯彻落实科学发展观、习近平新时代中国特色社会主义思想，遵循实事求是的原则，科学、客观地反映实际情况，为领导决策提供可资参考的依据，为各行各业提供有价值的资料，为各方面人士了解西城、研究西城提供最新信息。

三、《北京西城年鉴》从2000年开始，逐年编纂出版。当年出版的年鉴，全面记述上一年度西城区在各条战线、各个方面所发生的重大事件和新的情况，系统汇集重要的文献。以记述西城区属各系统、各单位情况为主，对境域内中央、市属有关单位适当记述。

四、《北京西城年鉴》以条目体为主，用语体文记叙，直陈其事，文字力求言简意赅。文内一般直书月、日，不再书写上一年度年份。

五、《北京西城年鉴（2017）》记述2016年1月1日至12月31日期间情况，设有特载、专文、大事记、党派、政权·政协、群众团体、政法·军事、重大改革·功能街区建设·重大项目建设、综合经济管理、工业·商贸、金融、城市建设、交通·邮电·公用事业、城市管理、科技·教育、文化·旅游·体育·卫生、社会生活、街道、人物、统计资料、附录共21个一级栏目。一级栏目下设二级栏目，二级栏目下设分目，分目下设条目。

六、《北京西城年鉴(2017)》收有西城区党、政、军、各民主党派、各人民团体、街道、部分企业负责人名录，驻区部分单位负责人名录，以及获国家、中央部委、北京市奖励与荣誉称号的单位和个人名单。所列均以2016年内为限。

七、《北京西城年鉴（2017）》所选文章和条目，均由各部门、各单位确定专人撰写，并经主管负责人审核。统计资料由区统计局提供。照片由各单位及区新闻中心提供。

八、《北京西城年鉴（2017）》由《北京西城年鉴》编辑部负责编辑，进行文字加工和版式设计。编辑部设在西城区地方志编纂委员会办公室。

九、《北京西城年鉴（2017）》在编辑出版工作中，得到了全区各单位和社会各界的大力支持和帮助，在此一并表示感谢。由于编辑水平所限，疏漏与不足在所难免，恳请广大读者批评指正。

↑ 中共北京市西城区第十二次代表大会

→ 西城区第十五届人民代表大会第六次会议

↓ 西城区第十六届人民代表大会第一次会议

中国人民政治协商会议北京市西城区第十四届委员会第一次会议

中共北京市西城区第十一届纪律检查委员会第八次全体会议

中共北京市西城区第十二届纪律检查委员会第一次全体会议

居民参与人大换届宣传日活动

牛街选民代表联组协商会

西城区牛街地区礼拜寺选区人大代表候选人联组协商会

居民填写选民登记表

选民登记

区人民代表大会首次举行宪法宣誓仪式

6月30日，西城区召开庆祝中国共产党成立95周年大会

西城区第十二次党代会代表选举

12月22日，西城区首家社区党风廉洁教育基地在金融街街道受水河社区挂牌

⬆ 6月29日，西城区直机关举行“颂歌献给党”歌咏比赛

⬅ 牛街街道开展在职党员志愿服务竞拍活动

⬆ 7月22日，西城区社会组织老年书画作品展在首都博物馆举办

⬅ 什刹海地区非公企业党员职工庆祝建党95周年暨红军长征胜利80周年主题活动

西长安街街道推出"党员风采墙"，让基层党员向身边榜样学习、看齐

陶然亭街道召开"五老"顾问团暨"建言献策"先锋队老党员座谈会

广安门外街道"两学一做"学习教育专题党课

中国工商银行北京长安复内支行开展"党员到社区报道"金融服务进社区活动

区青少年儿童图书馆组织小读者参观爱国主义教育基地佟麟阁将军纪念馆

12月27日，西城区城市运行管理指挥大厅高清DLP拼接大屏完成主体安装调试

“提升城市品质 共建美丽西城”大讨论

8月8日，区国税局金税三期正式上线，首日办税服务厅受理业务1551笔

德胜街道对千余家“七小”场所进行分级管理

白纸坊街道治理“开墙打洞”集中行动日

西长安街街道“长街整治百日行动”

拆除违规户外广告牌匾

区安监员到工地执法检查

大栅栏月亮湾景观及百花园完工

陶然亭名亭改造完成

天桥历史文化景观带建成并对市民开放

手帕口平改立工程开工

聚龙、惠通永源两市场完成撤市

德外天秀市场闭市

西城区组织重点企业赴天津河北区交流宣介

西单地区停车诱导系统建成启用

西城区推行渣土运输车辆“二维码”管理新模式

西城交通支队试点鼓楼西大街居民自治停车

西长安街街道新增142个停车位，辖区居民停车享半价优惠

↑ 12月1日空气重污染橙色预警，区领导带队检查环境工作落实情况

← 7月7日，新街口街道垃圾分类与资源再生"两网融合"发展试点暨智能垃圾分类启动仪式举行

→ 10月13至14日，北京空气质量为重污染蓝色预警，区环卫中心调整机械化作业模式，防止路面扬尘

5月29日，2016第五届金融街论坛开幕

11月16日，首届西单论坛开幕

北京春茶节·首都全民饮茶日活动在马连道举办

区法院138名首批入额法官进行宣誓

西城检察院发布“智慧西检”应用平台

西城法院启用全市首家执行综合事务中心

区司法局开展残疾人维权宣传活动

新街口街道21个社区聘法律顾问

多部门联合执法保障国庆安全

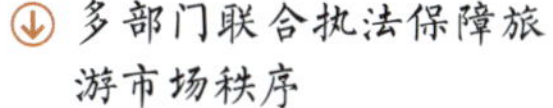

多部门联合执法保障旅游市场秩序

区房管局等部门对房地产经纪机构联合执法

区卫生监督所开展学校卫生监督抽检

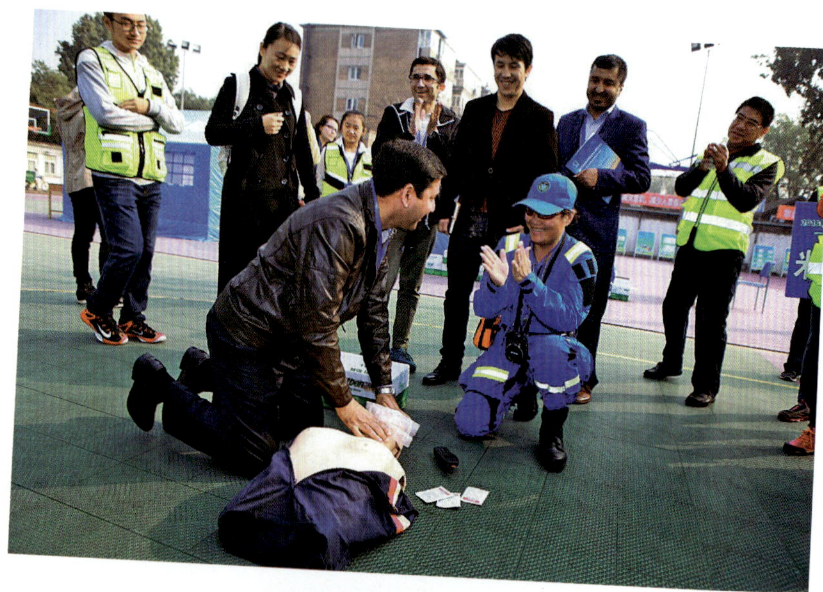

国家减灾中心“阿富汗问题伊斯坦布尔进程灾害管理研修班”学员到西城区开展防灾减灾教学实践活动

西城区安全生产责任险企业投保数和保费居全市首位

新街口街道防灾减灾科普教育基地揭牌

“中国少儿数字学习馆”落户雁翅楼

“伟哉！焦家家风”报告会

北京小学走读部道德讲堂正式挂牌

宣师一附小教育集团举办以“E.H.B. 发现实践创新”为主题的首届科技节

雷锋小学公益教育课程进课堂

西城区 6 家“绿色科普驿站”挂牌

区科协组织网络科普活动

陶然亭街道科普教育基地对外开放

团区委在车公庄地铁站建图书漂流站，首批“放漂”200册图书

“亲子共读　德润西城”公益活动

“红墙读书会”邀驻区单位同读一本书

进步小学向周边居民开放图书馆

全新升级的广内街道公共图书馆正式亮相

西城区与马其顿斯科普里市中心区签署友好合作备忘录

越南代表团到西长安街街道友好访问

西城区与斯洛伐克皮什佳尼市政府续签发展友好关系意向书

马来西亚沙巴州亚庇中英小学与康乐里小学签订友好校协议

“古韵北京·魅力西城”图片及非遗展在捷克卡罗维发利州举办

东盟青年访问区第一文化馆

外国留学生体验中国传统文化活动暨茶调饮展演

12月23日，西城区见义勇为人员活动中心成立

团区委启动金融法律知识进社区项目

西城胡同文化建设项目组织志愿者交流活动

德胜街道创新志愿服务模式APP上线

广外依莲轩社区党委发布“居民公约”，百余位居民在“公约”旗上签名

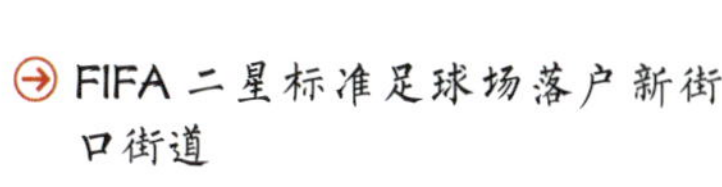

FIFA二星标准足球场落户新街口街道

西城全民健身徒步大会

全国青少年手球“校长日”在西城区举行

金融街健美操队获全国健身操舞大赛双项一等奖

北京茶叶博物馆开馆

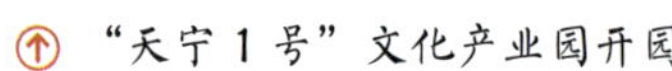

“天宁 1 号”文化产业园开园

西单商业文化博物馆开馆

新街口街道“老北京四合院文化博物馆”揭牌

月坛传艺荟揭牌

第11届文博会西城展台

"京剧发祥地"地标石广场落成

孙中山诞辰150周年纪念活动在历代帝王庙举办

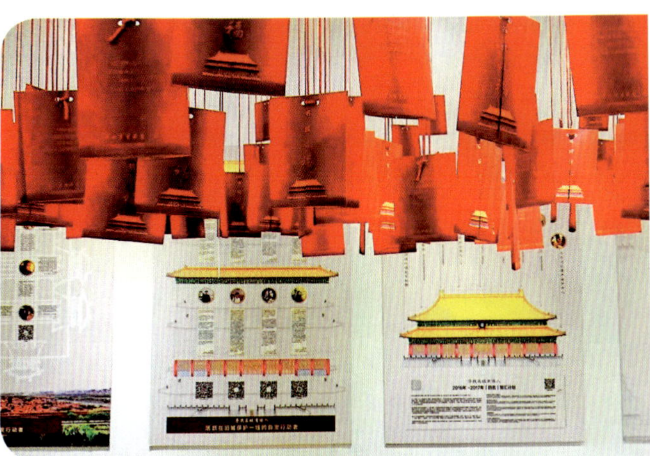

西城区历史文化名城保护促进中心"名城送福"展览现场

舒了先生"胡同档案"陈列展暨档案捐赠仪式

天桥非遗文化传承系列活动之梅花大鼓鼓板打法教学

新街口街道开展非遗项目进校园活动

广内空竹文化系列交流活动暨空竹文化交流研讨会

牛街街道举办中国传统玩具竞技庙会

老字号“一得阁”收第四代传人

↑ 7月26日，西城区与文化部外联局、国际合唱联盟等机构共同主办的第十三届中国国际合唱节暨国际合唱联盟合唱教育大会开幕

↑ 2016年西城区“文化艺术进社区”专场文艺演出

← 5月7日，由区文化委主办的2016“百姓戏剧展演”在国家话剧院开幕

← 西城区万人走进艺术殿堂惠民演出

↑ 百年梨园“三庆园”再现大栅栏

↑ 宣南书馆项目入驻天桥艺术大厦首演

↑ 西城区第一文化馆春之声爱乐合唱团在2016香港国际紫荆杯合唱比赛中获得金奖

← 西城两支舞蹈队在北京社区舞蹈大赛上获奖

西城区举办活动纪念“控烟”一周年

2016 西城区社区卫生岗位练兵和技能竞赛总决赛

西城区成为首批国家级妇幼健康优质服务示范区，示范基地成为孩子们的乐园

西城区举行首届中医药师承拜师仪式

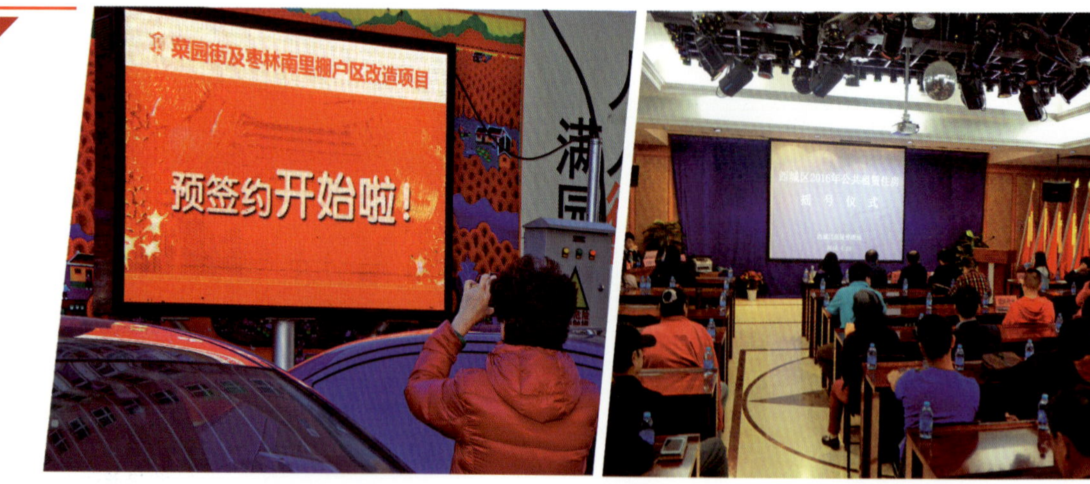

白纸坊棚改项目启动签约

西城区 2016 年公共租赁住房摇号仪式

西城区廉租住房实物配租家庭选房现场

光源里棚改项目房屋被征收居民有序选择安置房

西城区开展菜篮子企业春季优惠活动

西城区年内新建 10 个百姓生活服务中心

西长安街街道推出街区“准物业”管理模式

牛街养老驿站揭幕仪式

椿树街道以“椿议民情坊”为平台进行街道养老服务驿站服务商票选

月坛街道社区居民代表、楼门长协商讨论社区公益金使用情况

展览路街道简化办事流程服务辖区居民，一站式办理二孩生育登记

新街口街道冠英园社区发布LOGO

←↓ 月亮湾公园

↑ 报国寺前新建广宁公园 定位为“城市客厅”

↗ 莲花河滨水绿道（西城段）二期

→ 广安门南街《和谐家园》花坛

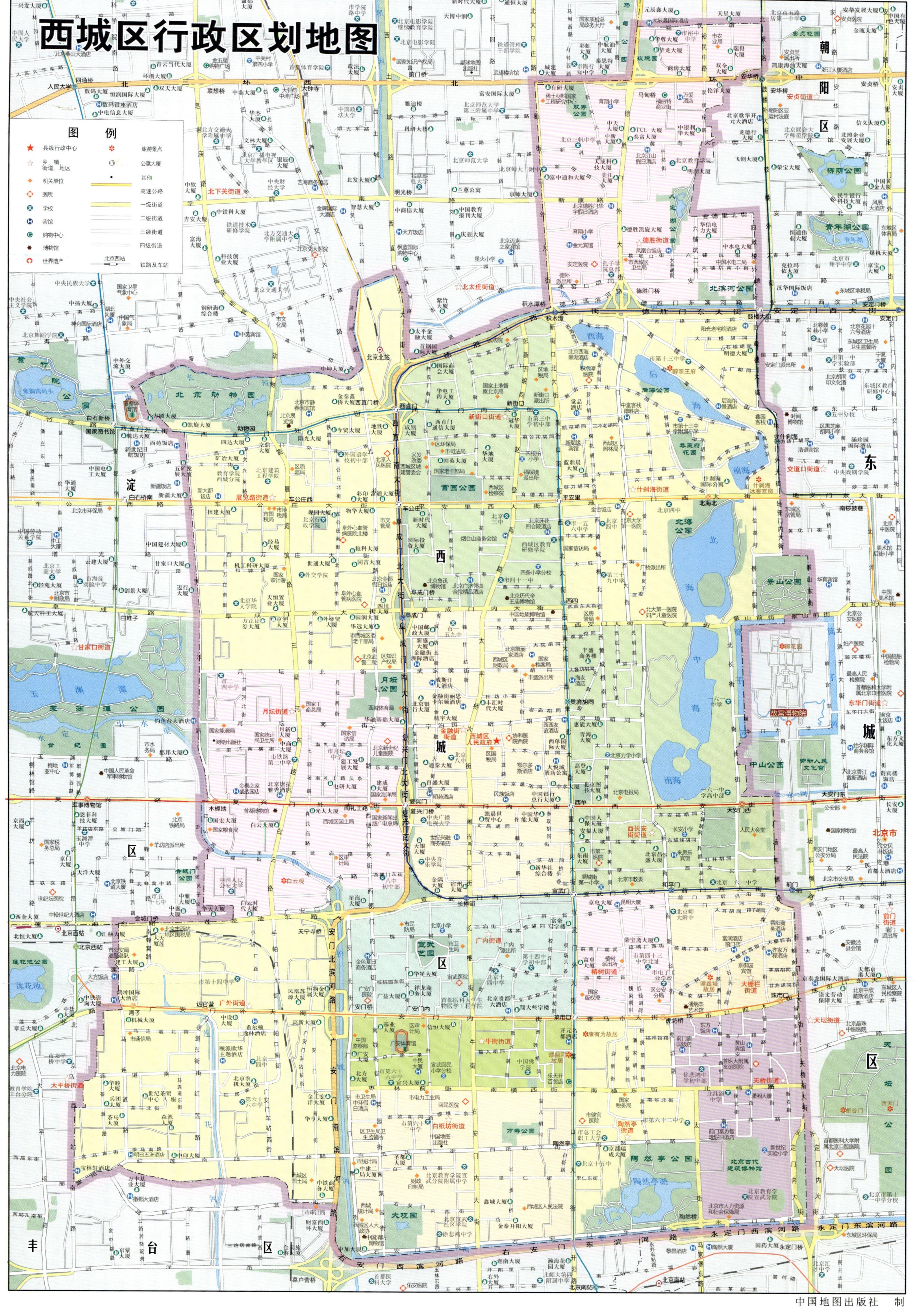
西城区行政区划地图
图例
县级行政中心
乡、镇街道、地区
机关单位
医院
学校
宾馆
购物中心
博物馆
世界遗产
旅游景点
公寓大厦
其他
高速公路
一级街道
二级街道
三级街道
四级街道
铁路及车站
德胜街道
新街口街道
什刹海街道
展览路街道
金融街街道
月坛街道
西长安街街道
广内街道
广外街道
椿树街道
大栅栏街道
牛街街道
白纸坊街道
陶然亭街道
天桥街道
西城区人民政府
西城区
宣武区
东城区
朝阳区
丰台区
中国地图出版社 制

目　录

特　载

专　文

大事记

党　派

政权　政协

群众团体

政法 军事

重大改革　功能街区建设
重大项目建设

综合经济管理

工业　商贸

金　融

城市建设

交通　邮电　公用事业

城市管理

科技　教育

文化　旅游　体育　卫生

社会生活

街　道

人　物

统计资料

附 录

索 引

BEIJING XICHENG YEARBOOK

CONTENTS

特 载

深入推进科学治理 全面提升发展品质
努力在北京建设国际一流的和谐宜居之都进程中走在前列

——在中国共产党北京市西城区第十二次代表大会上的报告

中共北京市西城区委书记 卢映川

（2016 年 12 月 6 日）

各位代表，同志们：

现在，我代表中国共产党北京市西城区第十一届委员会向大会报告工作，请予审议。

中国共产党北京市西城区第十二次代表大会，是我们在向实现全面建成小康社会第一个百年奋斗目标奋进的决胜阶段、在全区步入转型发展的新时期，召开的一次十分重要的会议。大会的主要任务是：高举中国特色社会主义伟大旗帜，坚持以马克思列宁主义、毛泽东思想、邓小平理论、“三个代表”重要思想、科学发展观为指导，全面贯彻党的十八大和十八届三中、四中、五中、六中全会精神，深入贯彻习近平总书记系列重要讲话精神和治国理政新理念新思想新战略，全面落实市委各项决策部署，认真总结过去五年工作，系统谋划今后五年施政方略，选举产生新一届区委和区纪委，进一步凝心聚力、开拓创新，团结带领全区广大党员和干部群众，深入推进科学治理，全面提升发展品质，努力在北京建设国际一流的和谐宜居之都进程中干在实处、走在前列。

一、过去五年工作的回顾

过去的五年，是西城区发展进程中很不平凡的五年。我们认真贯彻习近平总书记视察北京重要讲话精神，深入落实首都城市战略定位和京津冀协同发展战略；与全区广大党员和干部群众一道，锐意创新，开拓奋进，圆满完成了区第十一次党代会确定的各项目标任务。

五年来，我们忠实履行工作职责，积极发挥总揽全局、协调各方作用，引领推动全区形成了同心协力、团结奋斗的发展局面。我们积极把握行政区划调整的新机遇，扎实推进思想融合、感情融合、资源融合和工作融合，深入实施“服务立区、金融强区、文化兴区”发展战略，以建设“活力、魅力、和谐”新西城为引领，实现了区域经济社会持续健康发展。我们聚焦国际一流、和谐宜居标尺，以“安全、安静、舒适、典雅、古朴”发展愿景凝心聚力，认真抓好“十二五”规划实施，科学制定“十三五”规划，实现了“十二五”目标任务的圆满完成和“十三五”发展的良好开局。我们主动把握发展阶段新变化、转型发展新要求，在疏功能、转方式、治环境、惠民生、提品质、增宜居等重要方面积极探索、大胆实践，取得了明显工作成效。我们全力支持人大、政府、政协、法院、检察院依法履行职能，积极加强多党合作与民主协商，巩固发展爱国统一战线，充分发挥各人民团体的作用，广泛凝聚起了区域发展的强大合力。

五年来，我们认真落实首都城市战略定位和京津冀协同发展战略，大力推进非首都功能疏解，区域核心功能与服务保障能力不断增强。我们自觉把区域发展放到国家战略与首都大局中去审视定位和谋划推动，以“壮士断腕”的决心全面打响了疏解非首都功能攻坚战。严格实施产业“负面清单”管理，切实加强市场监管和空间管控，动物园等地区的区域性批发市场和小商品市场疏解取得重大阶段性成果。多措并举调控人口规模，实现了常住人口从增到减的拐点变化。主动融入京津冀协同发展，统筹推进产业转移项目建设，与周边省市区合作深入展开。积极加强对外经济文化交流，区域发展国际化水平进一步提升。高标准做好驻区党、政、军领导机关服务工作，圆满完成了纪念中国人民抗日战争暨世界反法西斯战争胜利70周年等一系列重大活动的安全保卫和服务保障任务。

五年来，我们全面展开“大城市病”治理攻坚，积极推动精细化管理，区域城市环境走向更加宜居宜业。我们研究制定了《关于进一步加强规划建设管理工作全面提升城市品质的实施意见》，形成了统领今后一个时期区域城市发展的总体安排。积极探索实践城市管理体制机制创新，在全国率先建立了国家级城市环境分类分级标准化体系，逐步实现了社会服务、城市管理、社会治安三网融合。我们全面启动并持续打好“大城市病”治理攻坚战，2013年以来累计拆除违法建设32.4万平方米，使乱象滋生蔓延的势头得到有效遏制，各类痼疾顽症治理取得阶段性成效。统筹推进交通综合治理，新增市政道路9.4公里，路网体系逐步完善，城市道路承载通行能力明显提升。我们大力推进生态文明建设，基本实现区域无煤化，建成营城建都、北护城河、莲花河等滨水绿道和16处街心公园，完成什刹海等区域和轨道交通站点周边环境景观提升工程，积极展开和谐宜居示范区建设，区域生态环境状况持续改善。

五年来，我们积极转变发展方式，着力构建“高精尖”经济结构，经济发展质量和效益实现新的提升。我们坚持稳增长、调结构、促转型，强化产业优选精选和资源投向调控，统筹推进产业发展与功能区建设，高端服务经济特征更加凸显。大力实施创新驱动发展，积极培育新产业和新业态，推动金融、文化、科技融合发展，亚投行、“新三板”等重大机构相继入驻，金融街国际影响力不断扩大，中关村科技园区西城园新兴产业发展优势不断增强，创建成为“国家知识产权试点城区”“国家级文化与科技融合示范基地”。预计，2016年全区生产总值达到3480亿元，是2011年的1.48倍，年均增长8.2%；人均地区生产总值275900元，是2011年的1.45倍，年均增长7.7%；一般公共预算收入完成410亿元，是2011年的1.46倍，年均增长7.9%；城镇居民人均可支配收入72200元，是2011年的2.02倍，年均增长15.1%。

五年来，我们多方加强历史文化保护传承，着力建设先进文化精神高地，区域文化日益繁荣发展。我们积极构建“名城、名业、名人、名景”工作体系，实施文物“解危、解放、解读”工程，加强历史文化遗产保护，文保区疏解腾退有序展开，北京坊、杨梅竹斜街等历史街区风貌整体改观，雁翅楼等一批重要文物建筑精彩亮相，古建油漆彩绘等一批非物质文化遗产得到保护传承。我们大力加强宣传思想文化建设，健全常态化思想理论教育引导机制，开展“道德讲堂”等系列活动，使社会主义核心价值观以丰富生动的形式走进了寻常百姓家。我们着力建设“记忆西城、书香西城、艺术西城、时尚西城”，天桥演艺区成为首都文化重要标志性区域，实施文化惠民“365工程”，开辟特色阅读空间和书香驿站23个，推动《北京人家》等区域特色文化精品创作，实现了“全国文明城区”四连冠。

五年来，我们大力提升基本公共服务水平，积极创新社会治理，广大群众得到了更多实惠。我们不断深化基础教育招生制度改革，稳妥推进学区制、集团办学等教育综合改革，有力推动了教育优质均衡发展，教育教学质量始终保持在全市前列。我们全面推进医药卫生体制改革，探索建立整合型医疗卫生服务体系，推行家庭医生式服务，健康城市综合指数位居全国第一。不断完善就业公共服务和社会保障体系，在全国率先实现社会保障公共服务标准化，城镇登记失业率控制在1%以内，零就业家庭始终保持动态脱零。积极应对人口老龄化，成功创建“全国养老服务业综合改革试点区”。我们全面启动棚户区改造这一重大民心工程，百万庄北里、菜园街等一批重点项目相继实施，累计2.7万余户居民从中受益，实实在在感受到了党的政策温暖。我们大力加强社会治理，不断深化“访听解”工作机制，构建了全响应网格化社会治理工作体系，社会共建共享机制逐步完善，荣获“全国和谐社区建设示范区”称号，实现“全国双拥模范城（区）”九连冠。我们切实履行安全维稳责任，大力推进“平安西城”建设，成功创建综合减灾示范区，加强矛盾纠纷排查化解和信访积案化解，健全立体化社会治安防控体系和反恐防恐工作体系，“西城大妈”群防群治模式受到了社会广泛赞誉，安全稳定的社会局面进一步巩固。

五年来，我们坚持全面深化改革，自觉践行法治精神，为推动全区发展进步提供了有力支撑。我们成立全面深化改革领导小组，加强顶层设计，强化统筹协调，积极探索实践，抓住重点领域和关键环节，着力破除制约发展的思想障碍和制度藩篱，在基础教育、医疗卫生、城市治理、国资国企等领域推出一系列重大改革举措，进一步增强了区域发展动力和活力。我们坚持用法治思维和法治方式推动工作，全面推进依法治区，严格依法行政，坚持公正司法，深入开展全民法治教育，不断提高依法化解矛盾、破解难题、推动发展的能力，为区域发展提供了有力的法治保障。

五年来，我们深入贯彻全面从严治党要求，聚精会神抓好党的建设，为各项事业发展提供了坚强保证。我们坚持以首善标准开展党的群众路线教育实践活动、“三严三实”专题教育和“两学一做”学习教育，取得了重要的思想成果、实践成果和制度成果，党风政风为之一新。全区广大党员不断强化“红墙意识”，立足本职，服务为民，用实际行动彰显了共产党人的政治本色。我们认真落实党管意识形态责任，经受住了一些突发重大复杂敏感问题处置的考验。我们牢牢把握正确选人用人导向，构建了干部工作“1+5”制度体系，制定实施容错免责激励机制，加强干部监督问责，积极治理“为官不为”，形成了实干担当的整体风貌。深入开展大规模干部培训工作，广大党员干部的能力素质实现了新的提升。深入实施“百名英才激励计划”“优秀人才培养资助工程”，为各项事业发展提供了有力人才支撑。我们扎实推进基层党建创新，实施“服务先锋”工程，注重把支部建在项目上、建在网格里，基层党组织的创造力、凝聚力和战斗力进一步增强。我们大力推进党风廉政建设和反腐败斗争，认真落实党委主体责任和纪委监督责任，深化权力公开透明运行，在全市率先实现纪检派驻机构全覆盖和巡察机制建立。坚持以零容忍的态度惩治腐败，严肃查处违纪违法案件，驰而不息纠正“四风”，营造了风清气正的政治生态。

回顾过去的五年，这些成绩的取得，是市委坚强正确领导的结果，是全区党员和群众辛勤奉献付出的结果，是各民主党派、工商联和无党派人士等社会各界团结一心、并肩奋斗的结果，是驻区单位、部队官兵积极参与、携手共建的结果。在此，我代表中共北京市西城区第十一届委员会，向所有为西城区建设发展做出贡献的同志们、朋友们表示衷心的感谢，并致以崇高的敬意！

回顾过去的五年，我们深深体会到，推动区域科学发展，履行好执政责任和人民重托，需要我们始终坚持以习近平总书记视察北京重要讲话精神为根本遵循，切实从国家战略和首都发展大局出发，系统深入谋划推动区域发展，确保党中央、市委的各项决策部署在西城落地生根；需要我们始终坚持尊重人民主体地位，顺应人民群众新期待，把实现好、维护好、发展好最广大人民群众的根本利益作为一切工作的出发点和落脚点，实现发展成果由人民共享；需要我们始终坚持把握区域发展阶段特征，积极因应形势变化，不断提升适应转型发展、推动科学治理的能力水平；需要我们始终坚持全面深化改革和秉持法治精神，依靠改革破解难题、释放活力、推动发展，依靠法治化解矛盾、促进和谐、保障发展；需要我们始终坚持首善标准取向，发扬接力精神，勇于开拓创新，努力在首都发展各项工作中立标杆、做示范；需要我们始终坚持把抓好党建作为最大政绩，从严从实抓好党的建设，不断提高党建科学化水平，为全区各项事业发展提供坚强的思想、组织、作风和制度保证。

回顾过去的五年，我们也清醒地认识到，前进的道路上还面临许多挑战，面对新形势新要求，我们的工作中还存在不少问题。主要体现在：人口、功能过度聚集状况尚未得到根本改变，“大城市病”治理任重道远；街区间建设发展和管理水平不平衡，旧城历史文化保护任务依然艰巨，老旧小区、平房院落、胡同街巷中环境秩序乱象仍然存在，与首都城市风貌及核心区管理要求不相适应；绿色公共空间和市民休闲空间总量不足，公共服务设施供求矛盾突出，城市精细化管理和城市安全高效运行的能力水平有待进一步提高；宏观经济下行压力增大给经济平稳运行带来很大挑战，业态转型升级、结构深度优化还有很大提升空间；在教育、医疗、养老等民生领域，优质公共服务供给还不能完全满足居民群众的需要，同时也面临空间资源十分有限的矛盾；面对社会结构深刻调整和社会环境的复杂变化，社会运行调节机制尚不完善，诚信体系和公共责任体系构建、市民文明素养提升等社会治理基础重塑任务艰巨，社会治理能力和水平还需要进一步提高；党建工作中仍然存在薄弱环节，有的党组织管党治党的主责意识不强、战斗堡垒作用不突出，有些党员干部现代治理能力和国际化视野欠缺，个别党员干部还存在作风漂浮、“为官不为”甚至违纪违法的现象。对此，我们要切实增强忧患意识，高度重视并下大力气解决好这些问题。

二、今后五年的总体取向和目标

西城发展已历史性地进入了一个新时期。今后五年，是我们向实现党提出的第一个百年奋斗目标全力冲刺的决胜时期，我们面临着推进区域转型发展的新形势新任务新要求。习近平总书记视察北京重要讲话，为首都发展指明了方向、提供了根本遵循。首都城市战略定位、京津冀协同发展战略的确立和深入实施，深刻揭示了首都治理尤其是核心区治理，在国家治理体系现代化进程中的特殊地位和极端重要性，对我们的工作提出了新的更高要求。经济发展步入新常态，发展水平的不断提升，促使经济运行状态发生新的变化，带来人们的需求不断升级，需要我们深刻认识、切实把握和有效引领。新科技革命正在加速孕育并不断催生新的技术应用，既为发展新经济新产业、改进城市管理、完善社会治理提供了更多更好的物质支撑和技术手段，也深刻影响着产业发展演进、城市运行管理、社会利益调节和人们的思想行为方式。社会组织形态、利益关系、群体结构、思想观念多样化、多元化、多变化的特征更加明显，重塑社会治理基础、创新现代治理机制，成为摆在我们面前的重大课题。面对新时期的发展变化和要求，我们必须以更宽广的视角审视发展，增强战略和全局意识，发扬接力精神，不断开拓创新，坚持“服务立区、金融强区、文化兴区”战略和“安全、安静、舒适、典雅、古朴”愿景，着力推进区域科学治理，着力提升发展品质，努力实现全区更高水平、更可持续、更富活力、更加和谐的发展。

今后五年的总体要求是：高举中国特色社会主义伟大旗帜，坚持以马克思列宁主义、毛泽东思想、邓小平理论、“三个代表”重要思想、科学发展观为指导，全面贯彻党的十八大和十八届三中、四中、五中、六中全会精神，深入贯彻习近平总书记系列重要讲话精神和治国理政新理念新思想新战略，坚持“五位一体”总体布局和“四个全面”战略布局，自觉践行五大发展理念，牢牢把握首都城市战略定位，认真落实京津冀协同发展战略，大力实施发展转型和管理转型，深入推进科学治理、全面提升发展品质，更好地保障首都职能履行、更好地服务市民生活宜居、更好地展现城市文化风采，率先全面建成小康社会，努力在北京建设国际一流的和谐宜居之都进程中走在前列。

深入推进科学治理，是新形势下推进全区发展的客观要求和战略选择，是西城作为核心区在首都治理和国家治理体系中的特殊地位、特定职责所决定的。我们必须自觉站在国家和人民需要的高度审视和谋划区域发展，深入贯彻落实习近平总书记治国理政思想，把握、遵循核心区发展规律，切实把推动发展转型和管理转型作为必由之路，全面实现目标定位、发展方式、管理机制、治理手段等方面的调整转型，积极探求适应首都特点和核心区要求的科学治理之道。

全面提升发展品质，是新形势下推进全区发展的根本取向和核心目标，是西城作为核心区在功能定位和发展、建设、管理标准上的要求所决定的。我们必须紧扣落实首都城市战略定位、增强首都核心功能的目标，坚持首善标准，瞄准国际一流，努力实现发展可持续、环境高质量、文化有魅力、社会更和谐，把西城区建设成为服务保障功能完善、人民群众安居乐业的国际一流和谐宜居之都核心区。

今后五年的工作目标和施政重点是：

——*更好地保障首都职能履行*。这是我们作为首都核心区的根本职责使命。要通过深入疏解非首都功能、系统治理“大城市病”、全面提升服务保障能力，努力构建起与首都城市战略定位相适应相协调、更可持续、更高水平的发展新格局。城市功能布局进一步优化，非首都功能疏解任务基本完成，常住人口规模控制在110.7万人以内。“高精尖”服务型经济结构进一步完善，基本形成与区域功能协调适应的城市业态格局，在质量效益持续提升的基础上，地区生产总值年均增长6.5%左右。城市运行更加高效有序，规划路网通行率达到100%，功能集成、标准规范、智慧运行、快速响应的精细化管理机制基本建立。政务服务基本实现“一号咨询、一窗受理、一网通办”。“四个服务”能力显著增强，社会更加安定和谐。

——*更好地服务市民生活宜居*。这是我们践行党的根本宗旨的必然要求。要紧紧围绕人民群众对美好城市生活的向往，更加突出和谐宜居要求，扎实推进共建共享，共同打造高品质的城市生活家园。生态品质显著提升，环境质量各项指标基本达标，新增各类绿色公共休闲空间100处以上，公园绿地按500米服务半径布局基本实现区域全覆盖。公共服务更加完善，基础教育优质服务水平显著提升，新建幼儿园（址）20所，新增学前教育学位6000个以上，基层医疗卫生机构就诊比例达到65%左右。困难群众、特殊群体基本生活得到切实保障。成片棚户区改造任务基本完成，老旧小区准物业化服务机制全面建立，群众生活环境和条件显著改善。养老床位增加到4500张，智能化社区居家养老服务体系全面建立。建成百姓生活服务中心30个，实现居住区高品质生活服务网点一刻钟可达，生活便利化程度大幅提升。

——*更好地展现城市文化风采*。这是我们作为首都历史文化核心承载地的重大历史责任。要以追求艺术、创造历史的精神，保护传承好历史文化名城金名片，精心雕刻城市，延续城市文脉，凝聚文化精神，塑造更具魅力的城市风格和文化形象。全力推动列为文物的名人故居、会馆全部腾退，实现一批重大历史建筑修缮亮相和一批精品历史文化街区风貌再现。公共文化服务体系更加健全，新建书香驿站22个、特色博物馆12个，区域人文艺术气息更加浓郁。中国梦和社会主义核心价值观更加深入人心，市民科学素养进一步提升，公民具备基本科学素质比例超过24%，应急救护培训率不低于常住人口的35%，社会公共责任体系、诚信体系基本建成，尊崇公德、践行法治蔚然成风，城市文明程度显著提高。

在工作中，我们要坚持并把握好以下原则：

坚持首都城市战略定位。始终把服从服务国家战略部署与首都发展大局作为第一要求，把保障首都职能履行作为第一职责，不断增强首都意识、首善标准、首创精神，把“四个中心”定位要求贯穿落实到工作各领域、发展全过程。

坚持以人民为中心的发展思想。始终把促进人的全面发展作为根本目标，紧密联系和依靠群众，充分发挥群众智慧，尊重群众首创精神，认真回应群众期盼与关切，不断把广大群众对美好生活的向往转化为科学发展的生动实践。

坚持遵循科学发展规律。深入落实创新、协调、绿色、开放、共享的发展理念，积极转换视角、发挥优势、补齐短板，切实走出疏功能、控人口、治环境、惠民生、提品质、增宜居的转型发展新路子。

坚持全面深化改革和依法治理。牢固树立创新意识和法治精神，强化问题导向、目标导向，以改革思路、创新办法与法治思维、法治方式，构建更加成熟、更加完善的管理体制机制和工作格局，不断增强推动科学发展的强大动力。

坚持全面从严治党。牢固树立把抓好党建作为最大政绩意识，深入贯彻落实全面从严治党要求，不忘初心、继续前进，一心一意谋发展，聚精会神抓党建，着力提高施政能力和领导水平，为推进区域科学治理、发展品质提升提供坚强政治保证。

科学治理、提升品质，是新时期发展的客观要求，是党中央、市委赋予我们的使命和重托，是全区人民的共同期盼，更是我们面向未来做出的庄严承诺。我们一定要以更加清醒的思想认识、更加坚定的政治自觉、更加强烈的实干精神，努力创造出无愧于党、无愧于人民、无愧于历史的新业绩。我们坚信，经过全区上下五年努力奋斗，历史悠久、文化厚重、生机勃勃的西城必将谱写出新的时代华章，必将以更加出彩的形象展现在世人面前，必将坚定自信地走在北京建设国际一流的和谐宜居之都进程前列！

三、全面优化提升区域功能

城市功能是城市发展的核心价值所在，是城市发展品质的重要体现。我们必须自觉把落实首都城市战略定位、全面优化和提升区域功能，特别是增强首都核心功能，作为推动发展的根本要求，着力构建主导功能突出、街区定位鲜明、整体协调、配置合理、保障有力的区域功能格局。

*推进非首都功能疏解向精细纵深展开。*集中力量完成重点地区的区域性批发市场整体疏解，实现重大疏解项目早日收官，积极推动部分教育、医疗等社会公共服务功能有序疏解。严格执行新增产业禁止和限制目录，把好功能和产业准入关。坚持以调控人口规模为核心取向和政策基准，把空间管控、业态升级、环境治理、棚户区改造等各项工作统筹起来，发挥重大项目带动作用，强化政策引导，加强规范管理，确保完成人口规模调控目标任务。加强腾退资源集中优化配置，优先用于环境改善和公共服务设施供给。创新与兄弟区合作模式，完善项目对接机制，提高安置保障房和公共服务配套设施建设水平，使居民群众生活便利、住得安心。把握京津冀协同发展重大机遇，深化多领域、全方位合作，努力实现优势互补、共赢发展。

*高标准履行好服务保障职责。*围绕中央政务办公、国家金融管理等功能，健全服务体制机制，加强沟通联络、统筹协调、工作对接，高标准、高水平做好各项服务工作。持续深化与中央单位、驻区部队在教育、医疗、科技、文化等领域的合作共建，推进资源共享、共同发展。积极提升基础设施和环境品质，集中力量有计划分阶段搞好和谐宜居示范区建设。精心做好国家外交和首都外事、国际国内重大活动的服务保障。深化国际合作和友城交流，不断提升对外开放水平。积极发挥区域公共服务资源优势，全力支持北京城市副中心建设。

*全力确保区域更加安全稳定。*牢固树立总体国家安全观，坚持把维护安全稳定作为第一责任，深入推进“平安西城”建设。积极健全情报搜集研判、协调联动、快速处置机制，切实增强反恐防恐意识和能力，坚决依法严厉打击暴力恐怖活动。不断创新群防群治工作模式，织严织密立体化社会治安防控网络，营造安全稳定社会环境。完善社会矛盾排查调处综合机制，加强社会风险评估研判，有效预防和化解社会风险矛盾。严格落实安全生产主体责任，加强安全生产监管，加大消防、食品药品等重点领域安全监管力度，切实防范各类重大安全事故发生。积极应对现代城市安全风险，全面提升重点区域安全防范标准和装备水平，大力推进先进技术手段运用，显著提升应急预警和安全防控能力。扎实搞好应急管理基础工作，做细做实各类应急预案，加快构建全天候、系统性、智能化的城市安全“免疫系统”，提升城市防灾减灾和应急处置能力，让城市运行更安全、群众生活更安心。

四、精心打理宜居城市家园

伴随发展水平的提升，人民对高品质城市生活有更多更高的期待和要求。作为首都核心区，塑造高品质的城市是我们工作的天职。我们必须积极回应群众期盼，树立“精明增长”、“紧凑城市”的理念，像居家过日子、装点布置我们的庭院客厅一样，精心做好城市规划建设与管理工作，精心打理呵护好我们的生活家园，让城市既能承载梦想、也能安放心灵。

*显著改善绿色生态环境。*注重大尺度绿色空间拓展，加快推进中轴线、滨水绿道等绿色廊道建设，构建起城市绿色网架。加强居民日常生活微环境塑造，结合城中村、边角地、畸零地整治，精心建设小微绿地、街心公园，让绿荫走近生活。加大“六海”水系、公园湖泊水生态修复和水环境改善力度，再现碧水绕古都的历史风貌。严格落实清洁空气行动计划，强化污染源管控，推动空气质量持续改善。坚持节约优先、绿色发展，完善生活垃圾分类收集运输体系，提高中水使用比例，让绿色生活方式逐步成为市民的习惯。

*精心塑造城市特色风貌。*全面推行城市设计，编制完善技术导则，建立风貌设计审查机制，将城市设计纳入总体规划管理，强化城市景观、公共空间、建筑风格设计管理。严格落实空间管控要求，立足不同街区的主导功能，深入推进分区域、分单元精准实施，使城市风貌更加协调。加强城市微景观建设，统筹推进城市家具、公共雕塑、街心小品设计与布置，赋予城市更多人文气息。积极推进城市资产管理，强化政策规范与社会预期引导，有序实施城市修补和有机更新，为未来留下更多建筑精品与文化遗产。

*持续提升城市管理品质。*深化城市管理体制改革，实施管理执法机构综合设置，推进执法力量重心下移、职能下沉。加强城市常态长效管理，重点推进违法建设、“开墙打洞”等专项整治，把环境乱象治理引向深入。持续推进城市管理精细化，调整完善网格划分，拓展网格管理事项，细化优化管理流程，实现管理频度、粒度、维度精细化。深入实施城市管理标准化，全面推行城市环境分类分级管理，加强城市导引标识系统标准化建设，使城市管理更高效、服务更便捷。加快推进城市管理智能化，积极建设“智慧西城”，统筹建立区街统一的综合数据库，在金融街等重点区域率先实现人流预警、人脸识别、高清摄像等智能化管理全覆盖，确保城市运行智能安全。

*切实保障城市高效运行。*坚持国际一流标准，建设适度超前的基础设施体系，提升城市装备现代化水平。加强道路建设，基本实现路网规划，全面打通“断头路”，改善街坊路、居住区道路系统，畅通“微循环”，提高路网密度和道路通行效率。完善慢行交通体系，改善绿色出行设施条件。加强居住区停车治理，规范实施停车诱导，有效缓解停车难问题。加快水电气热设施更新维护，逐步完成地下老旧管网改造，力争全部实现架空线入地改造，扎实推进线缆式综合管廊建设，实施透水式道路、下沉式绿地等“海绵城市”建设项目，切实保障城市基础设施安全高效运行。

五、加快推进经济转型发展

推动全区经济转型发展，是适应经济新常态、落实首都城市战略定位的必然选择。我们必须坚持高端引领、创新驱动、内涵发展，推动区域经济与功能定位相适应、相协调，实现更高质量、更有效率、更加公平、更可持续的发展。

完善“高精尖”经济结构。巩固金融业主导优势，不断提升服务高端发展、服务总部经济能力。积极顺应国家金融改革、人民币市场化和国际化发展趋势，推动“新三板”等金融要素市场和平台发展，大力促进新兴金融业态发展，增强构建“高精尖”经济结构的支撑力。发挥区域资源优势，积极培育高新技术、文化创意产业，用好金融街、中关村科技园区西城园两大发展平台，实现嵌入式、功能协调型发展。积极推动文化、商业、旅游融合发展，不断提升老字号品牌影响力，持续推进业态调整和产业升级，坚决淘汰低端及不适宜产业，使区域产业结构更加合理。

增强创新发展活力。大力推进供给侧结构性改革，积极实施资源投向精准调控，引导区域资源切实投向新兴业态、科技创新等领域。整合用好各类资源要素，强化知识产权保护、技术交易等创新服务，积极推进大众创业、万众创新。把握新技术革命和产业变革趋势，加快培育壮大互联网、人工智能、虚拟现实、新能源、新材料等科技新经济，积极提升养老健康家政等生活性服务业，不断增强发展的持续活力。推动区属国有经济改革和转型发展，积极稳妥实施资本运作，瞄准新兴产业发展方向，加快结构调整，强化与央企战略合作，拓展对外发展空间，增强服务全区能力，实现再创业、新发展。

营造优质发展环境。全面落实“放管服”改革要求，继续深化行政管理体制改革、政府职能转变，为企业提供更富活力和效率的服务环境。全面推行办事大厅“单一窗口”受理模式，推进企业“五证合一、一照一码”登记制度改革，实现服务标准化、优质化，让信息多跑路、群众少跑腿。积极探索完善精准定制服务，进一步提升服务发展水平。进一步完善市场监管机制，强化市场主体信用监管，加大违法失序行为查处力度，努力营造公平竞争的市场环境，让企业在西城办事高效便捷、发展踏实放心。

六、大力塑造城市文化精神

文化是城市的灵魂，是引领社会文明进步的持久动力。我们必须本着对历史负责、对人民负责的精神，大力培育弘扬先进文化，保护传承好古都历史文脉，建设全区人民共有的精神家园。

建设先进文化精神高地。大力弘扬社会主义核心价值观，注重宣传教育、示范引领、实践养成，切实发挥好先进文化引领风尚、教育人民、服务社会、推动发展的作用。积极拓展载体，持续开展形式多样、丰富生动的主题宣传教育活动，广泛宣传时代楷模、最美人物、身边好人和道德模范，讲好西城故事，注重家庭、家教、家风建设，培育“邻里守望”等志愿服务文化，引导全社会形成崇德向善、互助友爱、诚信守法的良好风气。加强网上思想文化阵地建设，让互联网真正成为社会主义先进文化建设新阵地、公共文化服务新平台、群众精神文化生活新空间。进一步完善文明共建格局，不断提升市民文明素养和城市文明程度，在更高水平上创建全国文明城区。

保护好历史文化名城金名片。牢固树立整体保护理念，完善“名城、名业、名人、名景”工作体系，巩固拓展古都整体风貌、历史文化街区、街巷胡同肌理、不可移动文物协调并进的全面保护格局，实现整体保护水平的新提升。积极推进保护模式创新，促进名城保护与区域功能优化、环境品质提升、群众生活改善相协调，实现历史文脉传承与城市有机更新的统一。深入开展文物“解危、解放、解读”工程，全力推动杨椒山祠、浏阳会馆等被认定为不可移动文物的会馆、名人故居全部腾退修缮和合理利用。加快推进重大项目实施，实现北京坊等特色片区整体亮相，德胜门对景等重点项目竣工完成，打造“百年工程”和“传世精品”。加强非物质文化遗产保护传承，建设非遗保护中心和展示、传承基地，实施代表性传承人扶持计划，让优秀文化遗产焕发出新的风采。

丰富居民精神文化生活。坚持贴近实际、贴近生活、贴近群众，大力加强基层文化建设，彰显“记忆西城、书香西城、艺术西城、时尚西城”魅力。以创建首都公共文化服务示范区为契机，深入推进天桥演艺区建设，加快天桥文化传承中心、公共文化大厦等重大项目实施，拓展特色阅读空间，构建布局合理、功能完善的公共文化服务网络。完善配套扶持政策，引导推动更多社会力量参与公共文化服务，切实提升文化服务水平。实施文化精品工程，建立文艺创作扶持专项基金，鼓励和支持艺术家创作更多反映时代心声、群众喜闻乐见的精品力作。充分利用区域文化设施和文艺院团资源，广泛开展丰富多彩的群众文化活动，提升文化品牌影响力，让文化滋养人们的心灵。

七、共同创造城市美好生活

人民群众对美好生活的向往，就是我们的奋斗目标。民之所望，政之所向。我们要更加自觉地把解决好广大群众最关心最直接最现实的利益问题作为施政重点，进一步提升基本公共服务均等化便利化水平，努力在实现发展成果共享、促进人的全面发展上取得新的切实成效。

努力让群众住得更舒心。加快推进棚户区改造重点项目实施，加强政策规范与集成创新，超前谋划并扎实做好储备项目、建设资金、安置房源、配套设施的衔接协调，确保到2020年基本完成成片棚户区改造任务。优化保障性住房供给结构，健全后续管理机制，最大限度改善困难群众居住条件。以直管公房改革试点为突破口，探索完善群众参与、就地改善、适当疏解、保护风貌、投入可持续的改造模式。全面加强老旧小区、平房区综合整治工作，实现准物业化管理全覆盖，切实改善人民群众居住环境。

切实办好人民满意的教育。坚持把立德树人作为教育的根本任务。大力促进教育公平，扎实推进招生制度改革，进一步完善学区制、集团办学等优质教育资源共享模式。推动教育资源优化配置，适度增加中小学教育资源供给，扩大普惠性幼儿园覆盖面。深入实施素质教育，全面提高教育质量。推进贯通式培养和评价体系建设，加快课程教学改革，加强青少年思想道德建设，提升学生综合素养。深化教师人事制度改革，实施教育家培养工程，积极培养一批学科领军人物和一大批优秀教师、优秀校长，加强师德师风建设，使西城教育精神薪火相传。深化学习型城区建设，拓展终身学习平台。统筹推进学校教育、家庭教育、社会教育三位一体协调发展，提升学校治理能力，塑造更加优质、公平、和谐、开放的西城教育品牌形象。

加快建设“健康西城”。广泛开展全民健身运动，大力推进体育事业发展，完善体育公共服务，实现国民体质监测合格率达到95%以上。积极推动健康服务从疾病管理向健康管理转变，健全以社区为基础的慢性病防控网络，加强中医药、妇幼保健等服务能力建设和健康知识普及，促进医疗卫生、计划生育服务协同发展，提高公共卫生应急保障水平，构建适应居民健康需求、覆盖全人群、全生命周期的健康服务体系。继续深化医药卫生体制改革，着力提升社区医疗服务能力和水平，完善整合型医疗卫生服务体系，积极构建社区首诊、分级诊疗就医格局，促进群众看病就医方便。健全食品药品安全监管治理机制，切实守护好人民群众舌尖上的安全。

不断提升就业服务和社会保障水平。继续加强就业公共服务和管理，建立健全就业服务网络平台，持续实现充分就业，推动高质量就业。深化社会保险制度改革，加强社保基金监管，不断改进社会保险经办机构服务水平。抓好全国养老服务综合改革试点，大力发展依托社区养老服务的居家养老，统筹推进公共养老服务设施建设和居家设施适老化改造，实现养老照料中心和老年餐桌居住区全覆盖。探索建立政府和社会力量相结合的救助体制机制，设立社区慈善帮扶站，营造充满关爱的社会氛围。

积极促进社会和谐进步。扎实推进全国社区治理和服务创新实验区建设，进一步健全党委领导、政府主导、社会协同、公众参与、法治保障的社会治理体制。完善全响应网格化社会治理体系，拓展区、街信息化平台功能，建成更加便民快捷的服务体系。鼓励社会单位资源开放共享，促进政府管理与基层、社会自我服务管理有机结合。多途径完善社会运行调节机制，加快构建社会公共责任体系、诚信体系，积极培育社会组织，增强社会动员能力，引领广大市民自觉践行居规民约、临街公约，努力形成社会和谐人人有责、美好生活人人共享的生动局面。

八、深入加强区域治理创新

世易时移，我们必须深刻认识和适应新时期发展变化，把推进区域科学治理作为重中之重，大力弘扬民主法治精神，以全面深化改革和管理创新为抓手，不断改进方式方法，积极探索实践适应首都核心区发展规律要求的治理模式，走出一条实现区域科学治理的新路子。

大力发展社会主义民主。认真落实地方党委工作条例，切实发挥好区委总揽全局、协调各方作用。支持区人大及其常委会依法行使职权，使区委的正确主张通过法定程序成为全区统一意志。深入推进协商民主广泛多层制度化发展，建立完善符合区域实际的协商民主实施机制，提高协商实效。创新人大代表、政协委员联系群众机制，扩大人民群众有序政治参与。健全基层党组织领导的基层群众自治机制，保障群众享有更多的民主权利。加强和改进党对工会、共青团、妇联等群团组织的领导，不断增强群团组织的政治性、先进性和群众性，更好地发挥其桥梁纽带作用。扎实做好民族、宗教、侨务、双拥等各项工作，广泛汇聚各民主党派、工商联、无党派人士等各界智慧力量，形成推动区域科学治理的强大合力。

全面推进深化改革。坚持用改革创新的办法解决区域治理的实践问题，以改革破解治理难题、完善治理机制，精准对接发展所需、实践所要，科学谋划，强力推进，使改革成为区域科学发展的活力之源。积极破解各类体制机制障碍和管理困境，使各方面制度与管理机制更加科学、完善、有效。加强重点领域的改革攻关，紧紧围绕疏解非首都功能、人口规模调控、城市有机更新、城市治理、社会治理等领域，力求形成一批重大的、有标志性的改革新成果。统筹推进“大城管”体制和街道管理体制改革，理顺职能职责，不断提高城市管理服务效能。积极推动社会参与式改革，推广社区参与型协商治理模式，增强社会单位和社区居民参与区域治理的主动性和创造性，形成共治共管工作格局。

全面推进法治建设。坚持把法治作为科学治理基本方式，不断提高运用法治思维和法治方式推进转型发展、维护社会和谐稳定的能力。完善法治建设推进机制，以规范权力运行、提高服务效能、维护群众利益为着力点，健全重大事项科学民主依法决策机制，推进依法行政，切实做到严格规范公正文明执法。扎实推进司法体制改革，深化司法公开，塑造法治工作队伍良好形象。贯彻落实好“七五”普法规划，切实加强公共法律服务体系建设，推动法制宣传教育向社会各领域、各行业延伸，教育引导党员干部带头厉行法治，带头依法办事，积极营造全社会尊崇法治、践行法治的良好环境。

全面加强公共沟通互动。主动适应互联网发展和社会环境变化，积极健全发现、回应机制，深化信息公开，有效促进社会健康运行。强化公共政策意识，加强信息发布与政策解读，使各项政策措施更好地深入人心、赢得认同。深入推进重点工程建设项目实施信息、重要事项办理信息、重大政策实施执行信息规范公开，给社会以合理预期。健全第三方评估机制，加强社会满意度调查，及时发现和回应社会关切，有效增进社会理解与共识。

九、坚定不移推进全面从严治党

保障各项事业不断发展向前，关键在党要管党、从严治党。我们要坚持把抓好党建作为最大政绩，切实增强管党治党责任意识和行动自觉，不断提高科学治理能力和科学施政水平。

深入推进理想信念教育。坚持把理想信念教育摆在首位，广泛开展中国特色社会主义理论体系学习宣传，坚持以习近平总书记系列重要讲话精神和治国理政新理念新思想新战略武装头脑、指导实践、推动工作，教育引导党员、干部不断增强中国特色社会主义道路自信、理论自信、制度自信、文化自信。进一步深化拓展党的群众路线教育实践活动、“三严三实”专题教育、“两学一做”学习教育成果，教育引导党员、干部牢固树立政治意识、大局意识、核心意识、看齐意识，强化首善意识、“红墙意识”，更加自觉地在思想上政治上行动上同以习近平同志为核心的党中央保持高度一致。常态化开展党性党风教育，拧紧世界观、人生观、价值观这个“总开关”，教育引导党员、干部讲党性、重品行、作表率。切实做好宣传思想和舆论引导工作，自觉履行好意识形态管理责任，着力提升各类阵地管理和网络舆论引导能力，广泛凝聚党心民心，形成全区上下同心协力推动区域科学发展的良好氛围和磅礴力量。

切实加强党内民主和党内监督。坚持从党内政治生活严起，严格落实《关于新形势下党内政治生活的若干准则》，不断增强自我净化、自我完善、自我革新、自我提高能力。认真执行民主集中制，健全重大事项公示听证、重大决策征求意见等制度机制，着力提高科学、民主、依法决策水平。坚持用好批评和自我批评的武器，切实增强党内政治生活的政治性、时代性、原则性、战斗性。认真落实《中国共产党党内监督条例》，坚持党内监督和人民群众监督相结合，强化自上而下的组织监督，改进自下而上的民主监督，发挥同级相互监督作用，把党内监督落到实处。切实尊重党员主体地位，保障党员民主权利，积极推进党务公开，落实党员知情权、参与权、选举权、监督权，进一步畅通党员参与和监督党内事务渠道。紧紧抓住领导干部这个“关键少数”，突出加强对“一把手”的监督，完善科学有效的权力运行制约和监督机制，切实把权力关进制度的笼子，促使党员领导干部做到有权必有责、有责要担当，用权受监督、失责必追究。

着力打造忠诚干净担当的干部人才队伍。为政之要，惟在得人。坚持好干部标准和选人用人正确导向，把公道正派作为核心理念贯穿选人用人全过程，做到公道对待干部、公平评价干部、公正使用干部，努力打造信念坚定有干劲、敢于担当有作为、遵规守纪做表率的施政骨干队伍。深化干部人事制度改革，完善考核评价机制，注重在重大任务攻坚和基层一线中发现、培养、选拔干部。坚决治理“为官不为”，健全关爱激励和容错免责机制，旗帜鲜明地为敢于担当的干部担当，为敢于负责的干部负责，进一步焕发广大干部干事创业的激情。选优配强领导班子，健全综合分析评判机制，做实用好履职业绩档案，切实把各级领导班子建设成为朝气蓬勃、奋发有为、团结和谐的坚强领导集体。不断增强干部教育培训工作的针对性和实效性，加快推进干部知识更新，着力解决干部本领不足、本领恐慌、本领落后的问题，不断提高驾驭复杂局面、协调利益关系、依法依规办事能力，特别是懂城市、善治理的专业化素养。注重在关键岗位、艰苦环境和重大任务的实践中，使干部砥砺品格、锤炼作风、增长才干。坚持党管人才原则，全面实施人才优先发展战略，以世界高端金融人才聚集区建设为重点，统筹加强文化、科技等各类人才队伍建设，大力营造识才、爱才、敬才、用才的浓厚氛围。

不断提高基层党建工作水平。聚焦深入推进科学治理、全面提升发展品质，切实加强学习型、服务型、创新型党组织建设，充分发挥基层党组织推动发展、服务群众、凝聚人心、促进和谐的战斗堡垒作用，不断增强人民群众对党的工作认同、干部认同、组织认同、思想认同，进一步夯实党的执政基础。完善党工委（党组）书记抓基层党建工作责任清单和配套管理机制，强化“一把手”抓基层党建主体责任落实。准确把握首都核心区基层党建工作的特点和规律，拓展“一增强两提升”工作载体，探索建立“党建+”工作模式，丰富“服务先锋”工程路径，统筹推动各领域党建工作，重点实现非公有制企业和社会组织党的组织和党的工作“双覆盖”，着力破解国有企业和园区党建工作难题，实现党的基层组织建设全面进步、全面过硬。进一步规范党的组织生活，严格落实“三会一课”制度，强化基层党组织政治功能。创新党员教育管理方式，开展经常性党性体检，不断增强党员队伍的先进性和战斗力。

坚持不懈推进党风廉洁建设和反腐败斗争。严格落实党委主体责任和纪委监督责任，着力构建不敢腐、不能腐、不想腐的有效机制。深入开展党章党规党纪教育和警示教育，大力推动廉政文化建设，切实筑牢拒腐防变的思想防线。坚持纪在法前、纪严于法，综合运用监督执纪“四种形态”，把管和治更多体现在日常，实现管党治党“全面”和“从严”的有机统一。深化纪律检查体制改革，强化派驻监督，发挥巡察利剑作用，坚决整治和查处侵害群众利益的不正之风和腐败问题。积极落实监察体制改革，整合反腐败资源力量，把党风廉洁建设和反腐败斗争不断引向深入，坚决做到无禁区、全覆盖、零容忍。坚持作风建设永远在路上，驰而不息地抓作风、改作风，以优良党风带政风促民风，在全区营造风清气正的政治文化、政治生态。

各位代表，同志们！

我们正走在向实现第一个百年奋斗目标奋力疾进的大路上，新的征程已经开始起航。把什么样的西城带向未来，我们肩负着重要责任。我们必须不断增强使命意识、责任意识和担当意识，以对历史负责的情怀、对共同城市家园的爱，以追求卓越和精益的境界、孜孜以求的奋斗精神，像我们的前辈先人一样，坚定信念、尽心奋斗、真情实干，努力创造出无愧于职守、无愧于历史、无愧于人生的业绩，以优异成绩迎接我们党的百年华诞！

各位代表，同志们！

让我们紧密团结在以习近平同志为核心的党中央周围，在市委的坚强领导下，开拓创新、奋发有为，不忘初心、继续前进，为深入推进科学治理、全面提升发展品质，率先全面建成小康社会，在北京建设国际一流的和谐宜居之都进程中走在前列而努力奋斗！

政府工作报告

——2016年12月17日在北京市西城区第十六届人民代表大会第一次会议上

北京市西城区人民政府区长　王少峰

各位代表：

现在，我代表西城区人民政府向大会报告工作，请予审议，并请各位政协委员提出意见。

一、过去五年工作回顾

过去的五年，是西城区发展进程中很不平凡的五年。我们在市委市政府和区委的坚强领导下，在区人大、区政协的支持和监督下，全面贯彻党的十八大和十八届三中、四中、五中、六中全会精神，深入学习贯彻习近平总书记系列重要讲话精神和治国理政新理念新思想新战略，认真落实首都城市战略定位和京津冀协同发展战略，牢固树立“创新、协调、绿色、开放、共享”的发展理念，坚持稳中求进工作总基调，深入实施“服务立区、金融强区、文化兴区”发展战略，积极推进“活力、魅力、和谐”新西城建设，聚焦“安全、安静、舒适、典雅、古朴”发展愿景，加快推进发展转型和管理转型，扎实做好经济社会发展各项工作，圆满完成“十二五”规划目标任务，实现“十三五”发展良好开局。预计，2016年全区地区生产总值达到3480亿元，是2011年的1.48倍，年均增长8.2%；三级税收达到4725亿元，是2011年的1.85倍，年均增长13.1%；一般公共预算收入完成410亿元，是2011年的1.46倍，年均增长7.9%；城镇居民人均可支配收入7.22万元，是2011年的2.02倍，年均增长15.1%。

五年来，经济社会持续健康发展，综合实力显著增强，区域环境不断优化，文化魅力更加彰显，人民生活切实改善，社会更加安定和谐，谱写了改革发展新篇章，在北京建设国际一流的和谐宜居之都进程中迈出了坚实步伐。我们主要做了以下工作：

（一）积极落实首都城市战略定位，切实服务保障首都职能履行，疏解非首都功能取得阶段性成果。以“动批”为代表的区域性批发市场疏解取得突破性进展，全区疏解升级市场25个、47.3万平方米。制定实施新增产业禁限目录，不予办理的工商登记业务累计3268件。无证无照“七小”动态清零。有序调整职业教育布局。实施人口规模调控，集中开展直管公房违规转租转借、地下空间和群租房专项治理，加强户籍管理，落实居住证制度，实现常住人口总量连续三年持续下降，人口结构进一步优化。加强与兄弟区协调联动，积极支持北京城市副中心建设。主动推动与津冀地区在金融、科技等领域合作。认真做好对口支援和帮扶工作。举办北京国际民间友好论坛，开展“西城文化友城行”等活动，助推中国文化走出去。圆满完成APEC会议、纪念中国人民抗日战争暨世界反法西斯战争胜利70周年等重大活动服务保障任务。

（二）大力推进生态环境建设，积极破解痼疾顽症，治理“大城市病”取得一定成效。认真落实区人大关于环境建设的决议，全面实施“拆违、灭脏、治污、清障、治乱、撤市、缓堵”七大战役，累计拆除违法建设32.4万平方米，治理“开墙打洞”2000余户，架空线入地改造44.8公里。建立管理、作业、执法、监督四位一体的工作格局，形成城市环境分类分级管理标准体系。持续开展交通拥堵治理，打通断头路、瓶颈路，新增道路20条、完成221条道路大中修、31处道路疏堵；新建慢行系统58.6公里；新增居住区停车位5113个。全面落实市区空气清洁行动计划各项措施，完成5.44万户煤改电工程，实现全区无煤化目标。淘汰老旧机动车11.24万辆。细颗粒物（PM2.5）浓度自2013年以来累计下降22.8%。生活垃圾无害化处理率达到100%，道路机械化清扫率达到96%，对606座环卫设施进行了改造升级。完成雨水利用工程133项。金中都、广宁等公园竣工亮相，建成滨水绿道，新增绿地26.64公顷。西城区荣获“首都环境建设示范区”称号，生态环境持续改善。

（三）主动适应经济新常态，加快推进供给侧结构性改革，高精尖经济特征进一步凸显。建立“7+2”工作机制，统筹推动功能区和重大项目建设。引进金融机构522家，亚投行、丝路基金、“新三板”等落户金融街，各类金融机构达到1764家，举办金融街论坛、金博会等活动，金融街国际影响力不断增强。金融业对区域经济增长的贡献率由37.2%提高到65.2%。加大创新创业支持力度，中关村科技园西城园高新技术企业超过500家，总收入比2011年增长685.7%。世界知识产权组织中国办事处落户什刹海。诞生于西城园的中国创新设计“红星奖”发展成为国际性大奖。专利申请量、授权量分别增长128.2%和305.2%，自主创新能力不断增强。实施文商旅融合发展三年行动计划，50个重点项目顺利推进。文化创意产业收入增长48.9%。区属国有企业资产总额达到3814亿元，是2011年的2.12倍，实现了跨越式发展。

（四）不断加强历史文化名城保护，服务国家文化中心建设，区域文化魅力进一步彰显。始终把培养和践行社会主义核心价值观贯穿于文化工作全过程，持续推动文明城区长效机制建设，居民文化素质和城市文明程度进一步提升，获得全国文明城区四连冠。建立“名城、名业、名人、名景”工作体系，实施文物“解危、解放、解读”工程，成立历史文化名城保护促进中心，加速推进沈家本故居等17处文物单位征收腾退，完成劝业场等76处文物修缮。加强非物质文化遗产保护工作，建设非遗传习基地，非遗保护项目达到162项。天桥艺术中心和艺术大厦相继竣工并投入使用，形成首都文化新地标，雁翅楼等历史文化景观建成开放，建设3个街区博物馆，创办“北京砖读空间”等23个特色公共文化场所。实施文化艺术惠民计划，组织中国原创话剧邀请展、中国国际合唱节、天桥音乐剧演出季、当代小剧场戏曲艺术节，举办“百姓戏剧展演”、“走进艺术殿堂”、北京阅读季、童书博览会、阅读盛典等公益活动11.6万场次，惠及726万人次。推出系列音乐剧《北京人家》、话剧《北京法源寺》、电影《巡回法官》等一批原创优秀作品，其中，鼓曲《丰碑》荣获中国文化艺术政府奖——群星奖。用心讲好西城故事，精心打造“百岁老人口述史”、“胡同文化建设”等公益项目和北京国际设计周·大栅栏设计社区等文化品牌。“四个西城”和“六个文化”建设取得丰硕成果。

（五）牢固树立发展为民理念，持续优化公共服务，群众生活得到进一步改善。五年累计落实757件重要民生实事。强化政策促就业，服务帮就业，零就业家庭保持动态脱零，成功创建充分就业区。完成国家级社会保障公共服务综合标准化试点工作。深化教育教学综合改革，探索学区制，建立集团化办学西城模式，优质资源进一步均衡布局。推行“城宫计划”，实施“校圆工程”，幼儿园、中小学分别增加学位5000个和11200个，教育教学质量持续提升。广泛开展全民健身运动，体育生活化社区实现全覆盖。推动医药卫生体制改革，区属医院实现医教研一体化发展，区属三级医院增加到5个。持续推进全科医生执业方式和服务模式改革试点，社区卫生服务工作连续位居全市第一。成功创建卫生应急等7个国家级示范区。人均预期寿命达84.28岁，健康城市综合指数位居全国第一。促进生活性服务业连锁化、品牌化、规范化发展，新建24个百姓生活服务中心，一刻钟生活网点实现全覆盖。加强养老服务，形成居家为基础、社区为依托、机构为补充、服务为支撑、互联网为平台、政策为保障的西城特色养老体系，建立中重度失能老年人居家照护服务补贴制度，实施“医养结合”，建成养老机构48个，“全国养老服务业综合改革试点区”工作取得新突破。关爱困难群体和失独家庭，建立综合救助体系和救急难工作机制，开展临时救助、医疗救助2万人次，加快发展残疾人事业，荣获“十二五”时期全国残疾人工作先进单位。实施百万庄北里、菜园街及枣林南里、光源里等41个棚改项目，2.7万户居民受益。翻建修缮房屋1.7万间，完成21.2万平方米老旧小区抗震加固和493万平方米节能改造。精心做好水电气暖保障，22栋老楼实现通暖。更新危旧电梯144部，基本消除失管脱管电梯安全隐患。建设筹集各类保障房4.2万套。一大批住房困难家庭圆了安居梦。

（六）积极创新社会治理模式，构建共治共建共享格局，社会保持和谐稳定。创建全响应网格化社会治理体系，在全市率先实现城市管理、社会治安、社会服务“三网融合”。深化“访民情、听民意、解民难”长效工作机制，收集社情民意14.79万件，解决率99.2%。荣获中国政府创新最佳实践奖和“倾听民意”政府奖。探索一委多居、多居一站社区管理体制。推进社区参与型协商治理，建立社区居民代表常务会制度。荣获“全国社会组织建设创新示范区”和“全国和谐社区建设示范单位”称号。建立一中心、多基地社会组织服务网络，两级管理、三级服务的社会组织工作体系基本形成。严格落实安全生产责任制，探索实施安全生产“七字工作法”，事故总量持续下降，未发生较大安全生产事故。强化食品药品安全监管，创建北京市食品安全示范区，为群众饮食用药安全保驾护航。实施民生计量工程，严厉查处计量违法行为，更好地保障群众合法权益。深入开展矛盾纠纷排查，信访工作机制不断完善。推进“平安西城”建设，成功创建综合减灾示范区；创新完善立体化社会治安防控体系，构建全民反恐防恐工作格局，圆满完成各项重大活动安全保卫和服务保障任务，“西城大妈”群防群治模式受到社会广泛赞誉。妇女儿童、档案史志、公益慈善等社会事业取得新进展，民族宗教工作进一步加强，区民宗办、牛街街道被授予“全国民族团结进步模范集体”荣誉称号，德胜街道荣获“全国民族团结进步示范单位”称号。实现全国双拥模范城九连冠。

五年来，我们坚持服务为民、严实善政，努力建设法治政府。坚决执行区人大及其常委会的决议，认真落实重大事项向人大报告和向政协通报协商制度，自觉接受监督，共办理人大议案6件、代表建议899件，办理政协常委会建议案16件、委员提案1379件。在全市率先建立政府行政权力清单，动态梳理行政权力，落实行政机关负责人出庭应诉制度，创新推出政府常务会议微博直播、邀请公众代表列席政府常务会议、政府开放日、民生工作民意立项等群众参与机制。推进政府信息公开，主动公开4.3万余条，依申请公开6608件。深入推进简政放权，梳理公布政府部门权责清单。落实中央、北京市取消和下放的行政审批事项178项，取消行政审批54项，彻底终结了非行政许可审批事项；实现不动产统一登记，实施“五证合一、一照一码”，推进“一站、一网、一号”行政服务标准化建设，群众和企业办事更加方便。荣获“六五”普法中期全国先进区。完善绩效管理体系，加大督查督办力度，2016年西城区获国务院督查表扬奖励。

五年来，我们严守党的政治纪律和政治规矩，认真开展党的群众路线教育实践活动、“三严三实”专题教育和“两学一做”学习教育，坚决落实中央八项规定精神和国务院“约法三章”，全面落实各项整改任务，扎实整治“四风”问题。坚定不移推进党风廉政建设和反腐败斗争，加大行政监察和审计监督力度，加强干部监督问责，政风行风持续好转。

各位代表，一路走来的五年，是西城强化责任、履行使命、攻坚克难，落实首都城市战略定位，高水平做好“四个服务”的五年；是锐意改革、勇于创新、奋力开拓，取得一系列重大成果的五年；是主动转型、主动调整、主动发力，向更加集约、更加高效、更加均衡发展的五年；是加快城市建设、实施精细管理、改善环境质量，区域魅力显著提升的五年；是加强社会治理、扩大民主参与、大力改善民生，群众得到更多实惠的五年。五年的成绩来之不易，是市委市政府和区委坚强领导的结果，是全区人民团结奋斗、顽强拼搏的结果，是社会各界关心支持、真情帮助的结果。在这里，我代表西城区人民政府，向人大代表、政协委员，向各民主党派、工商联、无党派人士、各人民团体和社会各界，向中央、市属单位和驻区部队，向所有关心、支持西城发展的同志们、朋友们，表示衷心的感谢！

各位代表，审视新阶段西城发展面临的新形势、新任务、新要求，我们清醒地认识到，政府工作还需要进一步改进和提升，破解区域发展难题还需要全区上下凝聚力量、汇聚智慧、合力攻坚。在城市工作中，人口、功能过度集聚状况尚未得到根本改变，大气污染、交通拥堵等“大城市病”治理任重道远；一些痼疾顽症整治后存在反弹现象，有的区域后续管理还跟不上，成果难以巩固；街区间建设发展和管理水平不平衡，历史文化名城保护任务依然艰巨，老旧小区、平房院落、胡同街巷中环境秩序乱象仍然存在，与首都城市风貌及核心区管理要求不相适应；绿色公共空间和市民休闲空间总量不足，城市精细化管理和城市安全高效运行的水平有待进一步提高。在民生和社会建设中，群众关心的教育、医疗、养老、住房等方面问题较多，部分居民住房依然困难，老旧小区设施不全，学前教育学位缺口较大，专业化为老服务组织数量依然较少，优质公共服务供给还不能完全满足居民群众的需要；面对社会结构深刻调整和社会环境的复杂变化，社会运行调节机制尚不完善，诚信体系和公共责任体系构建、市民文明素养提升等任务艰巨，社会治理能力和水平还需要进一步提高。在经济发展中，面对宏观经济下行压力，我们还缺乏更系统的应对之策；科技、文化资源优势发挥不够，创新引领作用有待增强，新的经济增长点成长较慢；低端业态仍然存在，区域经济结构还需进一步优化。在政府工作中，工作效率不高，审批时间过长等问题依然存在，有的干部现代治理能力欠缺，个别干部还有作风漂浮、“为官不为”甚至违纪违法的现象，建设勤政为民、廉洁高效的服务型政府，还有很长的路要走。我们要进一步增强忧患意识、使命意识和担当意识，采取更加坚定有力的措施解决这些问题，全力做好政府工作。

二、未来五年政府工作的总体把握

今后五年，是落实“十三五”规划的重要阶段，是深入推进科学治理、全面提升发展品质的关键阶段，是率先全面建成小康社会的决胜阶段。我们要适应新形势，把握新要求，迎接新挑战，落实新任务，创出新业绩。

未来五年，政府工作的总体思路是：深入贯彻党的十八大和十八届三中、四中、五中、六中全会精神，以习近平总书记视察北京重要讲话精神为根本遵循，认真落实中央、市委市政府和区委各项决策部署，全面贯彻区第十二次党代会精神，自觉践行“创新、协调、绿色、开放、共享”的发展理念，把握稳中求进工作总基调，落实首都城市战略定位，积极推进京津冀协同发展，以深入推进科学治理、全面提升发展品质为主线，以疏功能、转方式、治环境、补短板、促改革、惠民生为重点，着力实施“八大工程”，更好地保障首都职能履行、更好地服务市民生活宜居、更好地展现城市文化风采，率先全面建成小康社会，在北京建设国际一流的和谐宜居之都进程中走在前列。

未来五年，政府工作应遵循以下原则：

坚持战略定位。认真落实首都城市战略定位，始终把服务国家战略与服务首都发展大局作为第一要求，把保障首都职能履行作为第一责任，遵循城市发展规律，统筹谋划、科学推动区域发展。

坚持发展为民。贯彻以人民为中心的发展思想，聚焦率先全面建成小康社会目标，始终把保障和改善民生作为政府工作的重中之重，把群众满意作为评价政府工作的重要标准，认真听取群众意见，主动回应群众关切，持续增进民生福祉，促进人的全面发展，不断提高社会文明程度。

坚持聚焦主线。突出区域发展的阶段性特点和要求，把“深入推进科学治理，全面提升发展品质”作为当前和今后一个时期西城工作的主线，切实把推动发展转型和管理转型作为必由之路，全面实现目标定位、发展方式、管理机制、治理手段等方面的调整转型，努力在科学治理上下功夫、在提升品质上见成效。

坚持改革创新。深入落实各项改革部署，以改革创新破解治理难题、完善治理机制，精准对接发展所需、实践所要，科学谋划，强力推进，使改革成为区域科学发展的活力之源。不断推动重点领域改革向纵深发展，进一步巩固和扩大改革创新成果。

坚持从严治政。贯彻落实好全面从严治党各项要求，全面推进依法治区，切实加强政府自身建设，加快政府职能转变，不断强化依法行政、廉洁从政、严实善政，努力打造法治政府、服务政府、廉洁政府，全面提升政府工作效能。

未来五年，政府工作的重点任务是：积极实施“八大工程”，努力实现城市更安全、环境更优美、经济更优质、文化更先进、人民更幸福、社会更和谐。地区生产总值年均增长6.5%左右；一般公共预算收入年均增长6.5%左右；居民人均可支配收入与经济增长同步；城镇登记失业率控制在2%以内；万元GDP综合能耗、水耗和细颗粒物（PM2.5）浓度降低率完成市下达指标；全区常住人口总量控制在110.7万人以内；人均预期寿命达到84.5岁。

实施功能优化提升工程。作为首都功能核心区，必须把落实首都城市战略定位，全面优化、提升区域功能，特别是增强首都核心功能，作为推动发展的根本要求。综合运用经济、法律、行政等手段，加快推进疏解工作，疏解非首都功能向精准纵深展开。坚持调整疏解和优化提升并重，统筹利用好腾退空间。通过重点项目建设、棚户区改造、直管公房管理、违法经营治理、机构搬迁，推动人口规模调控。发挥区域资源优势，在教育、医疗等方面支持北京城市副中心和郊区城区建设。深入实施京津冀协同发展战略，深化多领域、全方位合作，努力实现优势互补、共赢发展。

实施城市环境提升工程。我们必须牢固树立“绿水青山就是金山银山”的强烈意识。坚持把治污减排、整治环境、提升生态质量放在发展全局的重要位置，统筹推进生态修复和城市修补。加大环境污染治理力度，切实解决好大气、垃圾等突出环境问题。实施水体治理工程，提高水体净化能力，加强水资源循环利用，保证水体清洁，加强海绵城市建设，科学规划建设排水系统。改善交通环境，坚持标本兼治、软件和硬件建设同步，鼓励引导绿色出行，落实道路建设三年行动计划，打通断头路，消除瓶颈路，加快微循环道路建设，规划路网通行率达到100%。实施留白建绿、拆违还绿、沿道布绿，建设绿色廊道，拓展绿色空间，新增一批小微湿地公园、社区绿地公园、文化主题公园、历史街区公园，不断完善城市绿色生态体系。让绿色走进生活，让环境更加宜人，形成“碧水绕古都、绿荫满西城”的生态格局。

实施文化魅力提升工程。文化是城市的灵魂，是引领社会文明进步的持久动力。建设先进文化精神高地，大力弘扬社会主义核心价值观，积极推进“四个西城”、“六个文化”建设，保护传承古都历史文脉，塑造城市文化，凝聚社会共识，全面提高城市文明程度和市民综合素养。注重把历史文化名城保护与城市有机更新结合起来，以“文道”建设为统领，推进“四名”工作体系向纵深发展；恢复提升阜景街风貌，建设有北京特色、多元文化交融的魅力走廊；深化文物保护“三解”工程，着力推进列为文物的名人故居、会馆腾退保护利用工作，实现一批重大历史建筑修缮亮相。坚持面向基层、服务群众，增加特色阅读空间和主题博物馆，提高文化产品质量和服务效能，构建更加完善、更加均衡的公共文化服务体系，打造更多文化活动品牌。让文化滋养人们的心灵，建设全区人民共有的精神家园。

实施经济品质提升工程。推动全区经济转型发展，是适应经济新常态、落实首都城市战略定位的必然选择。积极构建高精尖经济结构，大力发展总部经济，支持新兴金融、科技研发、文化创意、高端智库等总部落户西城。加快生产性服务业向价值链高端延伸，生活性服务业向高品质发展，促进产业优化升级。发挥科技在创新创造中的引领作用，完善科技创新服务体系，推动科技、金融、文化融合发展，培育经济增长新引擎，释放经济发展新活力。做强做优做大区属国有企业，推动国资国企改革和协同发展，在服务城市有机更新、群众生活品质提升中实现成长，在服务京津冀协同、支持友城建设中走出去发展，在与央企合作中拓展提质。加强各类老字号文化品牌的传承、复兴与弘扬，激发创新发展活力，更好地服务百姓生活，更好地促进区域发展。引导企业参评质量管理奖，推进全面质量管理。进一步提升区域经济实力，为可持续发展提供坚实支撑。

实施民生福祉提升工程。提高群众物质文化生活水平，是区域科学发展的根本目的。要多谋民生之利，多解民生之忧，多增民生之福，让群众过上更好的生活。全力推进老旧小区综合改造，根据群众意愿，实施重点项目，改善群众居住条件。持续开展平房区综合整治，推广物业管理模式，逐步实现全覆盖。2020年基本完成成片棚户区改造，不断推动城市更新，实现百姓安居乐业。大力发展养老、健康等精品生活性服务业，完善服务网点布局，建设百姓生活服务中心，创建国家级生活性服务业示范区。健全就业服务网络平台，实施人力资源二次开发，持续推动更加充分、更高质量就业。完善精准救助体系，优化整合政府、社会、市场等各类服务资源，探索建立社区慈善帮扶站。构建公共养老和智能化居家养老协调发展体系，深化全国养老服务综合改革试点，养老床位增加到4500张，实现养老照料中心和老年餐桌居住区全覆盖。完善家庭医生签约服务，提升社区卫生服务能力，健全整合型医疗卫生服务体系，实现生命全周期健康管理。大力推动全民健身，积极推进“健康西城”建设。坚持立德树人，不断加强素质教育，努力推动优质资源均衡布局，不断推进教育现代化，切实提升西城教育品质。在率先全面建成小康社会进程中，让每一个家庭、每一名群众，与社会同进步、共发展，得到更多实惠，收获更多幸福。

实施改革创新提升工程。改革创新是时代精神的核心，是我们发展进步的不竭动力。积极推动重点领域改革。深化供给侧结构性改革，实施资源投向精准调控，引导区域资源切实投向新兴业态、科技创新等领域。深化"放管服"改革，进一步减少审批项目，优化流程。落实权力清单和责任清单制度。强化市场监管，做好"双随机、一公开"工作，不断完善企业诚信体系。实施标准化战略，到2020年力争成为先进标准创制集中区。深化城市管理和执法体制改革，创新环境治理模式，推动城市精细化管理。加快智慧城市建设，扩大"互联网+"在城市治理中的广泛应用。深化街道管理体制改革，推进街道大部制，建立高效便民的街道运行机制。深化社会事业领域综合改革，提高公共管理水平，全面提升服务品质。让改革红利充分释放，社会活力不断增强，广大群众共同分享改革发展的成果。

*实施群众工作提升工程。*践行党的群众路线是政府推动各项工作的力量源泉和重要保障。深刻认识和准确把握现阶段群众工作的新形势，主动适应社会自然结构、社会群体、虚拟社会与现实社会的新变化，积极创新群众工作方式方法，全面加强公共沟通互动，精准化做好群众工作。巩固党的群众路线教育实践活动、"三严三实"专题教育、"两学一做"学习教育的成果，着力构建以全响应服务网络为依托、以落实"访听解"工作机制和民生工作民意立项机制为抓手、以解决群众反映强烈问题为任务导向的群众工作新格局。善于组织动员群众，听取群众意见，汇聚群众智慧，在城市和社会治理中，充分激发群众的积极性和创造性。统筹政府、社会、市民三大主体，构建全民共建共享的社会治理格局。以高水平的群众工作，进一步践行为民服务宗旨，推动社会和城市治理创新，使人民群众成为首善之区的建设者、管理者和受益者。

*实施政府效能提升工程。*提高政府效能是为群众提供优质服务的基本要求。必须把加强政府系统党的建设作为一项政治任务，贯穿于政府自身建设全过程，努力建设人民满意的政府。着力构建法治政府，牢固树立法治思维，严格落实依法行政，加快简政放权，完善权责体系，深化政务公开，推进决策、执行、结果、管理、服务全过程公开。积极打造服务政府，围绕群众需求，提供公平均衡的公共服务。利用"互联网+"和大数据等新技术，创新服务方式、优化服务平台。深化绩效管理，以群众满意为标尺，不断改进政府工作。持续建设廉洁政府，认真落实党风廉政建设主体责任，全力改进政府作风。完善各项监督制度，加强行政问责，严肃治理"为官不为"，坚决查处各类腐败问题。努力建设廉洁高效的人民政府，为率先全面建成小康社会提供有力保障，把发展为民的责任永远扛在肩上！

三、2017年重点工作安排

2017年是深入落实"十三五"规划的重要一年，我们必须以更大力度全面实施"八大工程"，实现新一届政府工作良好开局，以更加优异的成绩迎接党的十九大胜利召开。

综合考虑各方面因素，2017年全区经济社会发展的主要预期指标是：地区生产总值增长6.5%左右；一般公共预算收入在2016年实际完成的基础上增长2%；城镇居民人均可支配收入增长与经济增长同步；登记失业率控制在2%以内；万元GDP综合能耗、水耗降低率完成市下达指标；细颗粒物（PM2.5）年均浓度下降到60微克/立方米左右。

2017年重点做好以下七个方面工作：

（一）深入开展疏解提升专项行动，全力推进非首都功能疏解

围绕首都城市战略定位，以推进"疏解整治促提升"十大专项行动为抓手，不断优化首都核心功能，确保完成人口规模调控目标。

*一是持续推动重点项目疏解。*完成"动批"全部市场疏解任务，力争春节前实现天意市场闭市，推动官园、万通等小商品市场疏解工作，实现区域性批发市场疏解全面收官。积极配合驻区中央、市属三级医疗机构的疏解工作。加强与高校合作，促进职业教育转型提升。系统规划疏解腾退空间，补充完善公共服务设施，有序植入高端产业。

*二是加大低端业态调整力度。*落实新增产业禁限目录，按照"四少两高无污染"的要求，严把业态准入关。加大整治力度，实现不规范"七小"动态清零。梳理不符合核心区定位的生产经营单位，力争实现总量下降30%。以街道为单位，加强与接壤区交流合作，形成区域协同、工作联动、齐抓共管、共同提高的工作态势。

*三是统筹推动人口规模调控。*积极落实户籍制度改革和积分落户政策，扎实做好人口调控综合改革试点工作。通过棚户区改造、文物保护、基础设施、公共服务四大类重点项目带动人口外迁。全面清理直管公房违规转租转借和行政事业单位对外出租房屋行为。持续整治地下空间、群租房，加强房屋租赁中介监管。完善评估考核指标体系，运用大数据等手段加强人口动态监测，完善人口调控考评办法和机制，落实目标责任制，力争常住人口总量控制在122.4万人以内。

*四是积极推进和谐宜居示范区建设。*科学编制覆盖西长安街、金融街、月坛地区的和谐宜居示范区建设方案，持续推进中南海周边环境整治、疏解提升等工作，各街道结合区域实际，全面推动重点地区示范区建设，实现示范区无违法建设、无直管公房违规转租转借、无违法经营的目标。让人民群众直观感受到区域品质的提升。

*五是主动融入协同发展。*支持北京城市副中心建设，加强与兄弟区在医疗、教育、保障房等方面的合作。落实《京津冀产业转移指南》，完善与天津、河北产业转移合作平台建设，支持保定阜平、张家口张北精准脱贫。主动做好边疆地区、南水北调水源地的对口支援。加强与友好城市的务实合作，积极借鉴先进经验，更好地推动区域发展。

（二）大力改善区域环境，全面提升城市治理水平

强化统筹治理，充分运用科技手段和综合措施，推进精细化管理，努力打造宜居宜业城区。

一是强化城市乱象治理。加大“三金海”、什刹海、德胜、广外地区综合整治和建设力度，积极探索联合执法综合治理新模式。持续开展“拆违、灭脏、治污、清障、治乱、缓堵、规范市场、治理‘开墙打洞’”八大战役。拆除违法建设12万平方米，实现道路街面沿线违建全部拆除。重点加大区属单位、占压管线、出租经营以及历史积案违法建设拆除。治理“开墙打洞”不少于200条街巷、3000户。推进架空线入地工程。完成全部旱厕改造。做好交通缓堵工作，全面推进北纬路等28条道路建设，力争手帕口北街等8条道路完工。配合做好地铁16号线、19号线站点征收和建设。实施32条道路大中修，完成31条道路市政排水管线改造、5条道路疏堵。继续实施慢行系统改造工程。新增居住区停车位300个。引进社会资本，在什刹海地区启动分布式停车设施建设试点。加快推进受壁街综合管廊试点工程建设。

二是持续加大空气和水污染防治力度。严格建筑工地、道路扬尘、机动车污染管控，挥发性有机物排放量同比削减10%左右，年平均降尘量控制在5吨/月·平方公里左右，淘汰老旧机动车1.75万辆。全部完成燃气锅炉低氮技术改造和燃油锅炉清洁能源改造，巩固无煤化成果。强化水污染防治，区域内水体质量力争达到市下达指标。加快排污、水处理、雨水管网等市政基础设施建设。完成教育研修学院海绵城市示范项目建设，做好28项雨水利用工程，加大节水宣传力度，建设北京市节水型城区。

三是增加绿色生态空间。全面落实生态西城规划，积极推进公园城区建设，实施精品绿化添彩工程。启动大栅栏前三门大街绿道（西城段）和什刹海绿道建设，开展小微绿地建设工程，通过腾退建绿、拆违还绿、立体增绿，利用边角地、闲置地，新建小微绿地1.5万平方米。新增城市绿地3公顷，实现公园绿地500米服务半径达到92.7%。建设屋顶绿化1万平方米、垂直绿化1000延米。

四是推进城市精细化管理。深化城市管理体制改革，组建规划和国土资源管理机构，更好地发挥规划引领作用。组建城市管理委员会，推动属地管理和执法力量下沉。深化城市环境分类分级管理标准化工作。加快智慧西城建设，利用二维码等技术手段，加强南北长街等22条大街公共服务设施管理。继续开展历史文化街区智能监测与管理系统研究、地下管网地理信息系统等项目建设。完善环境应急体系，加强市政应急抢险队伍建设和市政设施日常巡查，确保市政基础设施安全运行。广泛动员社会力量参与环境建设和监督，落实创新“门前三包”责任制。

（三）坚持创新引领发展，不断优化高精尖经济结构

适应把握经济新常态，统筹各类资源，强化高端要素协同创新，激发发展活力，进一步推动区域经济平稳健康发展。

一是构建重点产业融合发展新格局。巩固金融业发展优势，充分发挥金融街国家级金融管理中心作用，积极争取高端总部落户，加大力度发展新兴金融业态，办好金融街论坛，持续提升金融街国际影响力，为区域发展提供有力支撑。继续推动金融与文商旅融合发展，推进什刹海、大栅栏、琉璃厂、天桥、马连道等区域产业合理布局，形成新的经济增长点。严厉打击金融诈骗、非法集资等违法犯罪活动，营造良好的金融发展环境。

二是增强创新创业新优势。发挥中关村科技园西城园创新引领作用，促进德胜、北展、广安等街区的高端发展，激发全区创新活力。完善园区创新创业孵化体系，提升入驻企业品质，推进高端创业。深入实施“互联网+”行动，围绕金融、文化、商务、旅游、便民服务等领域，推进一批示范项目。积极发展文化创意产业，研究制定文化创意产业发展三年行动计划，推进‘天宁壹号’等文化科技创意产业基地建设，打造智慧产业示范区。加强知识产权服务，推动与央企、市企及院所合作，优化创新创业生态环境，扩大创新成果。

三是激发经济增长新动力。发挥“新三板”等区位资源优势，支持中小微企业和民营经济创新发展。鼓励养老、健康、旅游、文化、体育等服务消费，引导品质消费、绿色消费、信息消费等新兴消费。支持社区“O2O”生活服务等平台建设，推进“足不出户逛商场”。以西单、北京坊为依托，打造国际化综合商圈。深入挖掘老字号传统技艺和品牌内涵，支持老字号企业创新发展。健全重大项目投资推进联席会制度，完善项目储备库平台建设，促进项目落地，加快项目实施。用好政府投资引导基金，完善政府和社会资本合作模式，吸引社会资本参与，加强投融资体制创新。支持大型外贸企业和“双自主”企业扩大出口，促进跨境电子商务发展，培育新的外贸增长点。加强税收保障，完善多部门税收征收联动机制，积极做好财政收入组织工作，保证税源稳定。

四是增加区属国有企业新活力。深化国资国企改革，推进国有资本运营平台建设，实施企业分类监管，完善业绩考核和激励约束制度，强化审计、评估、绩效评价等手段在监管工作中的运用，优化公司治理结构，落实董事会职权，稳步推进股权多元化和混合所有制改革，加大企业改制上市（挂牌）力度。调整优化国有资本布局结构，以创新投资方式和渠道为重点，支持区属国有企业创新商业模式和管理模式，培育新兴产业板块，拓宽发展思路，挖掘发展潜力，形成新的内生优势。

（四）不断加强历史文化名城保护，持续提升区域文化品质

全力推动“四个西城”、“六个文化”建设，繁荣发展文化事业，不断提高文化供给能力和服务质量。

一是深化精神文明创建活动。深入践行社会主义核心价值观，持续开展榜样人物选树宣传活动，推进文明城区常态化建设，扩大文明单位、文明家庭、文明校园创建覆盖面和影响力。强化网络文明传播工作，加强网上思想文化阵地建设，发展积极向上的网络文化，引导特色阅读空间规范化建设，推动全民阅读，开展经典诵读，进一步提高市民综合素质和区域文明程度。

*二是保护好历史文化名城金名片。*积极落实区“十三五”不可移动文物保护计划，大力实施文物保护“三解”和“五个一批”工程，启动浏阳会馆、谭鑫培故居等14处文物腾退，加快推进林则徐故居、沈家本故居等文物修缮工程，探索文物合理使用模式。全力推动重大项目实施，基本建成德胜对景，完成地百改造项目，实现北京坊精彩亮相。深入实施博物馆建设三年行动计划，推进街区博物馆建设，支持多元主体创办小微专题博物馆。依托名城委，成立城市品质提升艺术审查委员会，开展历史文化街区的保护实施情况评估，全面推进“四名”工作体系建设。筹建非遗剧院，办好非遗传承志愿者招募和非遗时尚大赛，提升非遗传承活动品质和社会影响力。

*三是提升公共文化服务能力。*规划建设区级公共文化大厦、琉璃厂艺术文化馆，启动红楼影院改造工程，建设公共藏书楼。推动街道综合文化中心、社区文化室标准化建设。创建全区共享、互联互通的数字文化服务网络。实施文化精品工程，鼓励和支持艺术家创作更多反映时代心声、群众喜闻乐见的精品力作。深入开展万人走进艺术殿堂、百姓戏剧展演等惠民演出活动。依托驻区院团和社会力量，支持地方戏曲发展。完善公共文化服务评价体系，探索建立政府购买服务、社会化运营等工作机制，提升公共文化服务效能，努力争创首都公共文化服务示范区。

（五）全面深化社会治理创新，进一步促进社会和谐稳定

完善全响应网格化社会治理体系，理顺区、街、社区三级衔接机制，构建政府善治、多元共治、居民自治的社会治理新格局。

*一是增强社会治理能力。*坚持依法治理，深入开展“七五”普法，进一步增强全社会法治观念和法治意识。加强区街全响应指挥平台建设，落实区街协同联动长效机制。推进城市运行管理系统平台建设，深化“三网合一”运行管理。加快推进街道大部制，强化开展公共服务、统筹辖区治理、组织综合执法、指导社区建设等职能，优化内设机构和工作流程，提升街道服务管理能力。加大街道对社区的日常指导和工作保障力度，切实做好社区减负增效，深入推进全国社区治理和服务创新实验区工作。

*二是夯实社会治理基础。*落实四类社会组织直接登记制度，实行社会组织分类管理。重点孵化培育一批能够提供公共服务和公益服务、承接政府职能转移的社会组织。完成14家行业协会商会与行政机关脱钩。完善驻区单位履行社会责任激励机制。发挥专家参与社会治理改革的积极作用，持续推进“三社联动”。打造公益品牌，推动公益文化传播。不断健全基层民主协商，完善西城特色协商工作机制。畅通和拓宽群众诉求表达渠道，及时回应群众关切。推进社区居民公约建设，提升居民自治意识。

*三是提高社会共治共建合力。*健全维护民族权益的网格化监管机制，推广牛街民族特色“民生一条街”和德胜民族工作全响应模式，建立民族工作联席会制度，开设西城民族团结大讲堂。在19个民族社区，启动便民服务电商平台创建工作。建立宗教界参与慈善工作机制，提升宗教服务保障能力。继续做好双拥工作，支持国防建设和军队改革。创新拓展外事侨务工作，积极服务国际交往中心建设。

*四是强化“平安西城”创建。*完善立体化社会治安防控体系，创新网上管控，深化群防群治，持续推进打防管控和系列“平安行动”，健全全民反恐怖工作格局，推动公安力量沉入基层、沉入社区，注重科技强警，推进人防物防技防标准化建设，提升警务实战效能，全力做好党的十九大、建军90周年等重大活动安全保障。强化安委会统筹协调、督查考核作用。加大依法监管服务力度，充分发挥专职安全员作用，全面推广“安责险”，有效遏制重点领域安全生产事故。落实电梯安全隐患整治任务。完成6000户困难家庭不合格燃气辅助设施更换等工作。推进“无安全生产事故行业、无安全生产事故街道”建设。加强旅游市场综合监管。全面推进国家食品安全城市创建工作，实施消费品质量提升行动，进一步规范市场秩序。让城市运行更安全，让群众生活更安心。

（六）以更大气力保障和改善民生，着力提高群众生活品质

从群众利益和诉求出发，做好民生服务和保障工作，提供更加公平高效的公共服务，不断增进民生福祉。

*一是加快改善居住环境。*加大老旧小区综合改造力度，坚持民意立项、试点先行，建立“一区一策”模式，支持改造主体组建专业化公司，开展抗震加固、节能改造、加建电梯、建设停车设施等老旧小区改造建设，扎实推进安德馨居等4个小区改造试点。全力推进25项实施阶段棚改项目，新启动4项棚改项目，基本完成百万庄北里、菜园街及枣林南里、光源里等征收收尾工作，力争实现全面开工。启动25栋简易楼腾退。持续做好平房修缮翻建。通过成片棚改、翻建修缮、疏解腾退等方式，帮助5000户家庭改善住房条件。做好与昌平、房山等地保障房项目对接，实现丰台高立庄项目竣工，加快大兴旧宫、京粮南苑、平原里3号楼等项目施工进度。落实租房补贴等政策，提升住房保障水平。大力提升生活性服务业品质，加强便民网点建设，打造国家级生活性服务示范区。让广大群众居住生活条件得到进一步改善！

*二是着力提升教育品质。*完善学区管理运行模式，深化“城宫计划”，推进贯通培养工作。加大对中青年骨干校长的培养力度。强化学校后勤管理与人才队伍建

设。落实第二期学前教育三年行动计划，探索学区学前教育中心建设，新增700个学前教育学位。通过以租代建方式，促进学位增长。健全十五年学制的特殊教育体系，规范民办学校办学，提升职业教育品质。提高德育课程建设水平，大力开展以校园足球和中华武术为特色的学校体育。推进家长教师协会工作，建立学校、家庭、社会协调互动的教育共同体，构建良好的家校关系。努力实现校校精彩、人人成功，办好人民满意的教育，让孩子们健康快乐成长！

三是高水平做好就业和社会保障服务。制定新一轮鼓励创业就业政策，以创业促就业，建立辖区就业、失业预警预测工作机制，提高就业服务精准度。落实各项社会保障改革措施，优化社会保险经办模式，确保人群全覆盖。完善特殊群体精准帮扶体系，开展分类帮扶、综合施策。搭建救助资源与急难对象救助需求对接信息平台。启动精神残疾人福利机构建设。区残疾人职业康复中心投入使用。建成区级儿童福利服务指导中心。积极推进全国养老服务业综合改革，加强对老年餐桌、养老照料中心、养老服务驿站规范化管理，完善特色养老服务模式。积极探索“度假式养老”。让西城的老年人生活得更幸福！

四是持续推动“健康西城”建设。积极引导全民健身，大力开展民族传统体育活动和健身休闲运动，全面推行国家体育锻炼标准，努力创建“全国武术之乡”。紧抓冬奥机遇，启动西城滑冰馆建设，举办全民健身冰雪季，大力普及冰雪运动项目。开展健康城市试点和中医药健康养老试点工作。提升卫生应急、疾病预防控制能力。深化医药卫生体制改革，落实分级诊疗，在区属医院推进医药分开、医药产品阳光采购、医疗服务价格调整等改革措施。健全家庭医生签约服务模式，满足居民多层次需求。倡导健康生活，努力让人民群众享受高品质的健康医疗服务！

（七）加强政府自身建设，在更高水平上提升政府服务效能

深入贯彻党的十八届六中全会和市委十一届十一次全会精神，严格落实全面从严治党新要求。以更高的标准、更严的要求、更实的举措、更强的担当，全面加强政府系统党的建设，进一步提高政府效能和服务水平。

一是以党的建设引领廉政建设。牢固树立政治意识、大局意识、核心意识、看齐意识，在思想上政治上行动上与以习近平同志为核心的党中央保持高度一致。认真落实政府系统党的建设主体责任，切实履行“一岗双责”，严格执行党规党纪，始终把政治纪律和政治规矩挺在前面。加大行政监察和审计监督力度，将政府性资金全部纳入审计监督范围，创新全区联网审计。加强对权力运行的监督制约，推进廉政风险防控二级平台试点建设，实现廉政风险防控管理在各级领导干部的全覆盖，并向重点项目和民生工程延伸。加强群众监督、社会监督、舆论监督，坚决防止和纠正损害群众利益的不正之风，努力建设人民满意的廉洁政府。

二是以制度建设推进依法行政。依法接受区人大及其常委会监督，坚决落实各项决议、决定并定期报告工作，严格落实重大事项向人大报告制度，主动接受区政协民主监督，认真办理人大议案建议和政协提案。持续深化政务公开，加强行政决策预公开，发布重点领域政务清单，建立政府向公众报告工作制度，通过政民互动中心主动加强与群众沟通。完善重大行政事项决策办法，做好重大行政决策的合法性审核。严格监督考评和奖惩机制，按照全覆盖、严执法、重实效的要求，强化各行业执法机关的主体责任，推动“行刑衔接”落实。做好行政执法争议裁决工作。建立执法监督信息反馈平台，探索高效有力的行政执法纠偏机制。建立行政机关负责人出庭应诉公示制度与考核评价制度。

三是以服务方式创新提升政府效能。启动大数据中心建设，整合各部门日常管理数据资源，利用大数据技术支持政府服务创新。推动政府部门主要领导接听12341热线电话解决重点疑难问题。全面深化民生工作民意立项机制，健全政府重大决策项目公众参与制度。开展“一会三函”试点，压缩基础设施和民生类建设项目审批时限。建设完善全区统一的行政服务信息资源数据库和行政审批与公共服务综合管理平台，在街道和社区推广自助办事服务终端，推行公共服务事项“一口受理”，早日实现“同区通办”。整合政务服务热线资源，完善转派督办全流程管理。健全第三方评估机制，加强社会满意度调查，不断提升绩效管理水平。以标准化建设为重点，提升各类服务水平，打造西城区政务服务品牌。

各位代表，时代赋予重任，奋发方可有为。让我们更加紧密地团结在以习近平同志为核心的党中央周围，在市委市政府和区委的坚强领导下，齐心协力，勇毅笃行，担当奋进，开拓创新，坚决完成本次大会确定的经济社会发展目标和工作任务，为率先全面建成小康社会、在北京建设国际一流的和谐宜居之都进程中走在前列而努力奋斗！

北京市西城区人民代表大会常务委员会工作报告

—2016年12月19日在北京市西城区第十六届人民代表大会第一次会议上

北京市西城区人大常委会副主任 沙秀华

各位代表：

我受西城区第十五届人民代表大会常务委员会委托，向大会报告工作，请予审议。

过去五年工作回顾

过去的五年，是全面贯彻党的十八大和十八届三中、四中、五中、六中全会精神，深入贯彻习近平总书记视察北京重要讲话精神，深入落实首都城市战略定位，主动融入京津冀协同发展，大力实施“服务立区、金融强区、文化兴区”战略，加快推进“活力、魅力、和谐”新西城建设的五年，也是我区民主法治建设和人大工作实现新发展的五年。五年来，在区委的领导下，区人大常委会坚持党的领导、人民当家作主、依法治国有机统一，充分发挥人大制度优势，凝聚代表的智慧和力量，围绕中心，服务大局，主动作为，依法履职，共召开常委会会议43次、主任会议82次，常委会听取和审议议题208项，任免国家工作人员1138人次，顺利完成各项目标任务，为推动区域经济社会科学发展和民主法治建设作出了积极贡献。

一、围绕重大事项依法履职，推动区域科学发展转型发展

讨论、决定本行政区域内的重大事项是宪法和法律赋予各级人大及其常委会的一项重要权力。区人大常委会按照“着眼全局、科学决策、跟踪问效、惠及长远”的工作思路，依法行使重大事项决定权，保证区委的决策部署和人民群众的意愿通过法定程序进入国家机关的决策和工作中，切实保证各项决议有效落实。五年来，区人民代表大会就“一府两院”工作报告、政府年度计划预算、区“十三五”规划和环境建设等事项作出决议32项，常委会作出决议、决定34项。

（一）同心同向，推进和谐宜居城区建设

优美的城市环境，是落实首都城市战略定位的必然要求，是实现和谐宜居的重要基础，也是全区人民的共同愿望。常委会认为通过代表大会就环境建设事项行使决定权，更有利于形成政府治理、社会参与、居民自治良性互动的城市环境治理新格局。针对城市发展过程中一些突出的环境问题，在听取审议专项工作报告、开展专题询问和执法检查的基础上，常委会组成人员及代表深入驻区单位、街道、社区广泛调研，充分听取社会各界意见，研究起草了《关于加强环境建设共建和谐宜居西城的决议》草案。区十五届人大五次会议审议通过了该项决议，以法定程序使加强环境建设成为全区人民的共同意志和行动指南。

常委会多措并举，持之以恒，切实推动决议的落实。先后组织了14次视察调研活动，听取和审议了区政府落实决议工作情况的报告，开展了市容环境卫生条例实施情况的检查。广泛动员和组织代表积极参与全区“提升城市品质共建美丽西城”大讨论活动，共提出304条有价值的建议。听取和审议区政府治理“开墙打洞”违法建设情况的报告并提出审议意见，对推动区域发展转型、产业调整、人口疏解和环境优化起到积极作用。高度重视关于落实城市管理主体责任加强城市环境精细化管理议案的办理工作，推动区政府进一步理清城市管理的框架脉络和责任主体，从体制机制层面推进决议落实。决议作出两年来，通过人大、政府、驻区单位和全区人民的共同努力，形成了区域环境多元共治的良好格局，城市环境治理成效显著，市政基础设施日趋完善，城市景观面貌和生态环境明显改善。

（二）汇聚民智，推进区“十三五”规划编制实施

国民经济和社会发展五年规划，是未来五年经济和社会发展的总体安排和重要依据。为使我区今后五年经济社会发展更加切实可行、更加具有前瞻性、更加符合民意，常委会采取多种形式，组织代表全方位、全过程参与区“十三五”规划编制工作。常委会组成人员和市、区人大代表提前介入规划研究，参加专题调研、座谈、重点课题及专项规划评审等活动，并通过常委会网站和信息刊物为规划编制积极建言。常委会各委员会结合相关监督工作组织代表开展视察调研，广泛汇集代表和群众的意见。常委会听取和审议了区政府关于区“十三五”规划纲要编制情况的报告，并提出意见和建议。区政府认真研究吸纳了代表和群众的意见建议，切实使人民的意愿进入到区“十三五”规划编制决策中，充分体现了以人民为中心的发展思想。区十五届人大六次会议审查

批准了《北京市西城区国民经济和社会发展第十三个五年规划纲要》。常委会积极推动规划纲要各项目标任务的有效落实，通过多种方式支持和参与了44个专项规划的编制，为区“十三五”规划的全面实施奠定了基础。

（三）完善机制，推进决定重大事项工作规范化常态化

认真落实市委、区委人大工作会议精神，在深入调研的基础上，结合多年行使决定权的实践，组织修订了常委会讨论决定重大事项的规定，对重大事项的范围进行了重新梳理和分类，对讨论决定重大事项的程序以及处理方式进行了完善和规范。五年来，常委会就批准财政决算、审计工作报告，计划和预算调整以及区“十二五”规划部分指标调整方案，依法作出了决议、决定。常委会先后接受了12名区级国家机关组成人员和领导人员辞去职务，接受了16名区人大代表和4名市人大代表辞去代表职务。就我区与重庆市沙坪坝区等四地缔结友好区市作出决定。围绕区政府“六五”普法实施情况和“七五”普法规划编制情况，在听取和审议专项工作报告的基础上，常委会作出了关于开展第七个五年法治宣传教育的决议。

二、抓住重点深化监督，推动发展成果更好地惠及人民群众

人大监督是代表人民进行的具有法律效力的监督。按照“立足大局、聚焦民生、创新方法、注重实效”的监督思路，常委会紧紧围绕关系改革发展和民生保障的重大问题，坚持人民立场和法治思维，积极推动工作创新，突出监督重点，强化持续跟踪，切实增强监督实效，有效推动了区“一府两院”依法行政、公正司法，切切实实让发展成果更多更公平地惠及人民群众。

（一）全面加强计划预算监督，促进区域经济持续健康发展

对计划和预算进行监督，是推动代表大会批准的计划和预算得到正确有效执行的重要保障。常委会每年依法听取和审议区政府关于半年和1–9月计划执行及调整情况的报告，并对本年度计划执行情况和下一年度计划草案的主要内容进行初步审议。着力推进区“十二五”规划的有效实施，常委会组织开展了对区“十二五”规划实施中期评估工作的监督，并坚持每年就规划实施中的相关重点内容进行监督。围绕金融强区战略的实施，组织开展了专题调研，听取和审议了区政府关于金融街拓展情况的工作报告，审议通过了关于推进金融强区战略实施的建议并进行跟踪监督。常委会还听取和审议了中关村科技园区西城园建设与发展、国有资产监督管理、生活性服务业发展情况的报告，并对区政府投资情况、工商登记制改革等方面工作进行了监督。全区经济社会保持了健康平稳的发展态势。

深入推进预算监督。常委会每年依法审查和批准区政府财政决算、审计工作报告，听取和审议区政府关于审计查出问题整改情况的报告、半年和1–9月预算执行及调整情况的报告，并对本年度财政预算执行情况和下一年度财政预算草案初步方案进行初步审查。在对财政决算报告和审计工作报告作出决议的同时，还就改进相关工作提出审议意见，交区政府研究处理。为规范财政资金运行，提高财政资金使用绩效，2013年围绕区级大额专项资金的使用和管理，首次组织开展专题询问，重点对滨水绿道一期专项资金、可持续发展专项资金、社会建设专项资金的使用和管理情况进行了询问，常委会听取和审议了相关工作报告并提出审议意见，推动区政府出台并实施了《北京市西城区大额专项资金管理办法》。五年来，还先后听取了国有资本经营预算编制和执行、区街财政体制调整和执行、区教委和区卫生局部门预算编制、公共管理综合保险运行等方面工作报告。组织代表参与预算编制工作和财政绩效评价工作，并就残疾人就业保障金征缴、使用和监管问题开展专题调研，不断增强预算监督实效，促进财政资金规范运行和有效使用。

（二）运用多种监督形式，推动法律法规有效实施

常委会坚持每年开展执法检查，同时注重与其他监督形式有机结合，持续多年跟踪监督，强化监督效果，有力地推动了法律法规的正确实施。

针对日益严峻的人口老龄化问题，届初开始，常委会先后运用视察调研、执法检查、专题询问、听取审议专项工作报告等监督形式，对区政府贯彻落实老年人权益保障相关法律法规情况开展了为期五年的持续监督，加快推进了养老服务基础设施建设，推动构建起“居家为基础、社区为依托、机构为补充、服务为支撑、互联网为平台、政策为保障”的西城特色养老服务体系，成功创建“全国养老服务业综合改革试点区”。

回应社会对食品安全和生产安全的关切，持续强化监督。2012年常委会对食品安全法律法规实施情况开展了执法检查，并通过听取工作报告、组织视察调研等方式每年进行跟踪检查，促进了我区食品安全水平进一步提高。结合“安全生产月”活动，每年组织检查安全生产相关法律法规的实施情况，督促政府和企业落实责任，推动地区安全生产形势持续好转。

高度关注大气污染防治，通过听取工作报告、开展执法检查和组织视察调研等方式，连续三年对区政府贯彻落实大气污染防治相关法律法规情况进行监督。自2015年起，区政府每年依法向区人民代表大会书面报告大气环境质量目标和大气污染防治规划完成情况。

围绕市容环境卫生条例的实施，组织开展了执法检查，推动区政府建立了城市秩序考核评价和环境督查追责机制。结合疏解非首都功能，组织开展了北京市人民防空工程和普通地下室安全使用管理办法实施情况的检查。同时，还对区政府贯彻实施会计法、审计法、职业教育法、残疾人保障法和土地管理法等45部法律法规的情况进行了监督。

受市人大常委会委托，就少数民族权益保障条例、中关村国家自主创新示范区条例等法律法规实施情况进

行了检查。参与市人大常委会制定规范性文件备案审查条例，修改促进中小企业发展条例、全民健身条例、城镇居民住房保障条例等22部法律法规的立法调研，为立法机关的立法工作提供了重要参考。依法开展规范性文件备案审查工作，维护了法制的统一。

（三）围绕城市治理加强监督，促进城市品质不断提升

城市是经济社会发展和人民生产生活的重要载体。常委会坚持每年对城市建设管理方面的热点问题开展监督。聚焦居民生活居住环境，先后听取和审议了区政府关于危旧平房改造和老旧小区整治、棚户区改造、环境建设等工作情况的报告，通过视察、检查和调研等方式对老旧小区楼房抗震加固、保障性住房建设、保障房配租配售和后期管理、老旧小区实施物业管理、拆除违法建设、绿化工作和滨水绿道二期工程建设、清扫保洁和垃圾处理等工作情况进行了监督。结合专题调研、议案办理，对各重点工程建设指挥部开展了视察调研。

围绕历史文化街区的规划、建设和保护，听取和审议了区政府关于什刹海景区建设和管理、关于历史文化名城保护工作情况的报告，着力推动关于加快改造大栅栏地区市政基础设施改善居民生活环境、加强什刹海地区规划建设管理两项议案的办理，在听取和审议办理报告的基础上，连续多年进行跟踪督办，有效改善了大栅栏和什刹海地区的基础设施和居住环境，推动了历史文化风貌的保护和历史文脉的延续。

关注地区道路建设和群众出行环境，常委会对涉及道路建设相关工作的7个政府职能部门开展了专题询问并提出审议意见，推动了道路建设规划的编制和道路建设中难点问题的研究解决，完成前门西河沿西段、南中轴路等道路建设，南马连道路、莲花河南街等一批断头路得以打通，促进了地区路网结构的持续优化和城市功能的进一步完善。

（四）围绕民生改善加强监督，促进基本公共服务优质供给

常委会高度关注教育事业，每年确定议题开展监督，先后听取和审议了区政府关于优化教育资源配置、教学质量督导、教育基础设施和教师队伍建设、规范发展学前教育等方面情况的报告，并对区政府实施学前教育三年行动计划情况进行了跟踪监督，还听取了我区教育综合改革工作的报告，推动了学前教育、义务教育和职业教育等重点领域的综合改革，促进了我区教育优质均衡发展。

重视医疗卫生事业的发展，常委会加强对关于加强精神卫生资源整合发展与建设、完善公共卫生服务体系促进区属医疗机构公共卫生服务能力提升、加快推进区属医疗机构基础设施建设提升区域医疗机构安全生产管理水平等三项议案的督办，进一步推进了医疗卫生领域的设施建设，提高了医疗卫生工作水平。听取和审议了区政府关于区属中医药事业建设和发展情况的报告，推动区政府出台并实施了“医疗卫生机构安全三年行动计划”和“社区卫生服务机构标准化建设三年行动计划”，促进区域医疗资源更好地为人民群众服务。

常委会还对贯彻全民科学素质行动计划纲要、创建国家食品安全城区、文化创意产业发展、公共体育设施建设等方面工作开展监督，推动各项社会事业更好地适应群众不断增长的基本公共服务需求。

（五）加强司法工作监督，促进社会公平正义

关注司法体制改革。常委会听取和审议了区法院关于贯彻民事诉讼法工作情况的报告，推动区法院进一步规范民事审判权的运行机制，确保新修订的民事诉讼法正确实施。听取和审议了区检察院加强诉讼监督工作情况的报告，推动区检察院积极完善诉讼监督机制，切实发挥诉讼监督的重要作用。听取和审议了区检察院关于主任检察官办案责任制改革试点工作情况的报告，促进改革试点工作稳步推进。对区法院立案登记制改革工作、区检察院全面推进检务公开工作进行了监督，督促区法院、区检察院进一步完善工作机制，切实保障人民群众的合法权益。

着眼于维护首都社会和谐稳定，听取和审议了区法院完善多元化纠纷解决机制情况的报告，推动区法院更好地发挥其有效化解社会矛盾、维护社会和谐稳定的重要作用。五年来，还对区法院加强队伍建设、推进专业化审判工作，区检察院开展职务犯罪侦查预防，西城公安分局立案公开，区司法局社区矫正等工作进行监督，切实维护了司法公正。坚持每年组织部分审判员、检察员书面向常委会述职，强化了被任命人员依法履职、接受人大监督的意识。

三、深化和拓展代表工作，为代表依法履职提供有力保障

做好代表工作，是保证代表依法有效执行职务、参加行使国家权力的基础。常委会坚持以提高代表履职积极性、充分发挥代表主体作用为主线，夯实工作基础，创新工作机制，推动代表工作实现新的发展。

（一）注重工作创新，保障代表充分有效行使权力

围绕提高代表审议质量，强化了会前准备、会中服务和会后落实等方面工作。一是改进会前代表视察调研工作。在代表大会召开前，围绕大会重点议题和群众反映的突出问题，由常委会各委员会和各街道人大工作机构分别组织代表，分专题开展视察调研。通过多种方式将代表提出的意见建议向“一府两院”反馈，促进这些意见建议提前进入“一府两院”的工作安排中。二是尊重代表意愿，改进大会表决方式。在区十五届人大六次会议上，对选举之外的各项表决内容首次运用电子表决器进行表决，保证代表更真实地表达意愿。三是探索建立和完善代表审议意见处理机制。从区十五届人大三次会议开始，每年对大会上代表就政府工作提出的审议意见进行汇总整理，四年来共汇总整理审议意见424条，会后交由区政府研究处理并反馈处理情况。2015年开始，主任会议听取区政府关于大会上代表审议意见研究

处理情况的报告，推动了代表审议意见更好地落实。

围绕闭会期间代表活动的开展，常委会采纳代表建议，建立了代表自主选择列席常委会会议、参加执法检查和视察调研的工作机制，每年年初将常委会议题和执法检查、委员会视察的安排表发送全体代表，代表根据意愿和关注点自主报名参加，激发了代表履职的热情和活力，深化了代表对常委会工作的参与，切实提高了代表活动的效果。常委会及各委员会精心组织代表初任培训和履职学习，不断提高代表的履职意识和履职水平。通过召开区情通报会、编发人大信息和西城人大杂志、为代表订阅报刊等方式，切实保障代表知情知政。五年来，常委会各委员会组织代表视察调研 396 次，参加代表 5294 人次。

（二）提高代表建议办理质量，推动解决群众反映突出的问题

常委会始终把代表建议办理作为激发代表履职活力的重要抓手，下大力气抓实抓好。组织修订了区人民代表大会代表建议、批评和意见办理办法，对完善办理方式、规范办理程序、提高办理实效等内容作出新的规定。坚持并完善常委会领导牵头督办、各委员会分类督办、代表工作机构整体督办的工作机制。对与群众生活密切相关、代表连续多年反复提出、办理难度较大的建议，由常委会领导分工负责、现场督办。对需跨年度落实的建议建立连续督办机制。坚持代表建议办理监督员制度，每年组织监督员对建议办理情况有针对性地开展视察检查。五年来，共受理代表建议 948 件（含议案转为建议办理的 18 件），除 25 件转市有关部门研究参考外，其余建议均已办结并答复代表，推动解决了龙泉胡同 16 号院安装一户一水表、报国寺夹道环境整治、北二环过街天桥旁人行便道拓宽等一批群众反映突出的问题。

（三）加强街道人大代表工作，密切代表与群众的联系

认真贯彻中央和市委有关文件精神，加强对街道人大工作的研究，积极推进街道人大工作机构建设，不断强化其为代表履职服务的基础性平台作用。各街道代表联组每年围绕地区性重点工作、常委会委托的监督事项以及群众反映突出的热点问题，组织代表视察、调研、座谈。代表定期接待选民、向选民报告履职情况、参与街道和选区有关活动，促进了代表与选民联系的经常化、制度化，密切了代表与人民群众的联系，强化了代表对选区和选民负责的意识。建立街道人大工作机构与区法院、区检察院的联络机制，广泛开展代表进“两院”活动，每年多次组织代表旁听区法院公开审理案件。五年来，15 个街道代表联组共组织代表各类活动 752 次，参加代表 8854 人次。此外，部分街道还配合区人大常委会在相关选区完成了 12 名区人大代表的补选工作。

（四）完成市人大西城团代表的选举和联络服务工作

落实市人大常委会部署和安排，圆满完成我区选举市十四届人大代表及组织参加各次市人民代表大会会议的服务保障工作。依托区人民代表大会、常委会和街道代表联组三级平台，邀请市人大代表参加会议、视察、调研等活动。建立市、区代表联系机制，把市人大代表划分成 15 个小组，分别联系各街道代表联组并参加联组活动，使市、区两级人大代表之间的联系更加紧密，为市人大代表在市人民代表大会会议上提出关系民生方面的议案建议提供了支持和保障。受市人大常委会委托，完成了组织市人大西城团代表参加培训、视察调研、年中集中活动、书面报告履职情况等工作。此外，常委会还依法补选了 2 名市人大代表。

（五）依法有序完成区十六届人大代表选举工作

根据市人大常委会的统一部署，在区委领导下，坚持发扬民主，切实尊重和保障选民的选举权利，严格依法办事，精心组织，周密安排，扎实工作，广泛动员选民参加选举，依法有序完成了区人大代表换届选举任务。习近平等党和国家领导人参加了我区的投票选举。全区共 770625 名选民参与投票，选民参选率为 97.3%，依法选举产生了 418 名新一届区人大代表。代表结构进一步优化，整体学历层次进一步提高，更具代表性和广泛性。我们相信，新一届区人大代表一定能够肩负起全区人民的重托，不忘初心、勇于担当，依法执行职务，主动参加行使国家权力，在推进区域科学发展中发挥重要作用。

四、加强自身建设，不断提高依法履职水平

加强自身建设是做好人大工作的前提和保障。五年来，在区委的领导下，常委会紧紧围绕人大工作实际，不断加强学习调研、制度建设和机关建设，履职能力和履职水平全面提升。

（一）加强理论学习，不断提高履职能力

始终把思想政治建设放在首位，深入学习贯彻习近平总书记系列重要讲话精神和治国理政新理念新思想新战略，进一步明确地方人大及其常委会在全面推进依法治国进程中的重要使命和神圣职责。坚持会前学法制度，结合重点议题，通过导读、讲解等形式开展相关法律法规的学习，共学习了 43 部法律法规。建立专题学习和专题研讨制度。围绕贯彻落实监督法、中央关于加强县乡人大工作和建设的若干意见、市委第四次人大工作会议精神、人大制度与群众路线等主题举办了专题学习班。先后就加强和改进代表工作、进一步发挥代表主体作用，践行党的群众路线、加强和改进人大工作，围绕京津冀协同发展大局、充分发挥人大职能作用等方面内容举办了专题研讨会。通过系统学习研讨，常委会依法履职意识不断提高，履职效果明显增强。

（二）落实区委第四次人大工作会议精神，不断推进制度建设

区委坚持每届召开一次人大工作会议，重点研究解决人大工作中面临的新情况新问题，将工作实践中取得的一些成熟经验和有效做法，在制度层面加以总结、规范和完善。为落实中央和市委在全面推进依法治国进程

中加强和改进人大工作提出的一系列新部署新举措，区委召开了第四次人大工作会议，转发了区人大常委会党组关于在全面推进依法治国进程中加强和改进人大工作的意见。常委会认真执行文件精神，按计划分步骤推动22个方面60多项具体任务的落实。始终注重加强制度建设，修订了常委会和主任会议议事规则、常委会实行审议意见书办法，制定了预算监督顾问工作规则，出台并实施了西城区国家工作人员宪法宣誓组织办法，形成了常委会组成人员出席会议情况统计通报制度，进一步推动了人大工作制度化规范化。

（三）加强机关建设，不断提高服务保障水平

适应新时期人大工作的需要，调整组建了财政经济、城建环保、教育科技、文化卫生体育、内务司法、“维权”等六个委员会。健全机关工作机构设置，强化预算监督，2013年设立了预算工委。加强人大信息宣传工作，改版常委会网站，通过网站、公报、人大信息、《西城人大》和《北京西城报》等多种途径，积极宣传人民代表大会制度，及时公开履职情况。积极创建学习型机关和文明机关，加强干部队伍建设，组织干部参加学习培训、社区挂职锻炼，推进干部选拔任用和交流工作，激发了机关干部的积极性和主动性，增强了机关工作活力。

各位代表，区十五届人大常委会五年来取得的成绩，是区委正确领导的结果，是常委会全体组成人员和全体人大代表依法履职的结果，是区政府、区法院、区检察院支持和配合的结果，是全区人民信任和支持的结果。在此，我代表区人大常委会，向全体代表和全区人民，向区“一府两院”和驻区单位，向所有关心、支持人大工作的同志们、朋友们表示崇高的敬意和衷心的感谢！

各位代表，回顾五年来的工作，我们对做好新形势下的人大工作有了更深切的认识和体会。

第一，必须始终坚持党的领导，保证人大工作正确的政治方向。党的领导是中国特色社会主义最本质的特征，坚持党的领导是做好人大工作的根本保障。区人大常委会始终坚持党的领导、人民当家作主、依法治国有机统一，把党的领导贯穿于人大工作各方面、全过程，坚持重大问题、重大事项向区委请示报告制度。注重充分发挥区人大常委会党组在人大工作中的领导核心作用，坚持重大问题、重要工作党组先行研究原则，保证人大工作正确政治方向，努力把党的主张、区委的决策部署通过法定程序转化为人民的意志，使党的路线、方针、政策贯彻落实到人大各项工作中。

第二，必须始终坚持人民主体地位，切实做到为民履职。人民代表大会制度是人民当家作主的重要途径和最高实现形式，人大及其常委会作为代表人民行使国家权力的机关，反映民意、集中民智和推动民生改善是其重要职责。五年来，常委会始终把群众关心的城市环境、食品安全、养老服务、教育、卫生等方面的热点问题作为监督重点，督促解决了一批社会高度关注的难点问题，推动了社会公共服务的持续发展。

第三，必须始终坚持围绕中心、服务大局，积极发挥常委会在全局工作中的重要作用。紧扣全区工作中心和整体部署来谋划和布局人大工作，是充分发挥人大职能作用的重要前提。五年来，常委会紧紧围绕建设“活力、魅力、和谐”新西城，深入落实首都城市战略定位，着力提升城市品质，保障和改善民生等方面重点任务，找准人大工作着力点，主动作为，扎实工作，有效履行了各项职能，有力地推动了全区中心工作的顺利开展。

第四，必须始终坚持依靠代表，充分发挥代表主体作用。人大代表是国家权力机关的组成人员，是人大工作的主体，只有充分尊重代表、依靠代表、发挥代表作用，人大工作才能永葆生机和活力。五年来，常委会始终依靠代表开展工作，充分发挥代表职务优势，深化代表对常委会工作的参与，保障代表依法行使权力，努力提高代表议案建议办理实效，有力地推动了区域民主法治建设。

第五，必须始终坚持工作创新，不断增强监督实效。五年来，常委会注重实践创新，探索并推行专题调研、专题询问等监督工作方式。围绕全区中心工作，综合运用视察调研、听取审议报告、执法检查等多种监督形式，连续多年开展跟踪监督，推动相关问题的解决，促进区“一府两院”建立长效管理机制，增强了监督的实效性。

在回顾总结工作成绩的同时，我们也清醒地看到，面临新形势新任务新要求，常委会工作仍有不足和差距。主要是：为代表大会依法履职服务的水平需要进一步提高；监督工作的方式方法需要进一步丰富；人大代表密切联系群众的渠道需要进一步拓宽；常委会自身建设需要进一步加强。这些问题需要今后不断加以改进。

今后五年工作建议

西城发展已历史性地进入了一个新时期。今后五年，是全面实施“十三五”规划，大力实施发展转型和管理转型，深入推进科学治理、全面提升发展品质的关键阶段，是率先全面建成小康社会的决胜时期。刚刚胜利闭幕的西城区第十二次党代会明确了今后五年推进区域科学发展的总体思路、工作目标和施政重点，为全区各项工作指明了方向。新一届区人大及其常委会要在区委的领导下，坚持党的领导、人民当家作主、依法治国有机统一，深入学习贯彻习近平总书记系列重要讲话精神和治国理政新理念新思想新战略，全面贯彻中央和市委的决策部署，认真落实区第十二次党代会精神，主动适应区域转型发展的新形势新任务新要求，紧紧围绕疏功能、转方式、治环境、惠民生、提品质、增宜居等方面的重点任务，认真履行宪法法律赋予的各项职权，持续加大工作力度，凝聚代表合力，为更好地保障首都职能履行、更好地服务市民生活宜居、更好地展现城市文化风采发挥重要作用。

第一，进一步保障代表大会依法充分行使职权。深化会前集中视察调研，围绕大会议题，分小组、分专题组织好代表活动，增强视察调研的针对性、实效性。完善会中审议工作，在代表分团审议的基础上，围绕代表

集中关注的问题，探索组织专题审议和大会发言，提高审议质量。运用微博、微信等新媒体平台，进一步推进代表大会向社会公开。服务保障区人民代表大会围绕审议区“一府两院”工作报告、审查批准年度计划预算及区“十四五”规划纲要等事项，依法行使决定权。结合区域发展阶段的新情况新特征，代表大会适时就全面提升优化区域功能、建设宜居城市家园等方面的有关重大事项，进行审议并依法作出决议，通过法定程序把区委的重要决策部署转变为全区人民的共同意愿，形成推动区域科学发展的强大合力。推动大会决议、决定的落实，把督促决议、决定落实作为区人大常委会的工作重点，加大监督力度，切实维护大会决议、决定的法律效力。改进代表议案督办方式，探索将督办议案与讨论决定重大事项、执法检查、专题询问等工作有机结合，更好地推动相关领域深化改革、加强制度建设和民生改善。进一步完善代表审议意见处理机制，确保代表审议意见起作用见实效。

第二，进一步推进常委会依法决定重大事项工作。认真执行区人大常委会讨论决定重大事项规定，在代表大会闭会期间，常委会要对批准财政决算、审计工作报告、计划预算调整等重大事项，依法行使决定权，作出相应决议、决定，并督促区政府认真落实。积极探索将监督权和决定权有机结合，就监督工作中关系改革发展、保障和改善民生方面的重要事项，适时作出决议、决定并进行跟踪检查。围绕环境保护、城市治理、普法宣传教育等方面的重点问题，适时行使重大事项决定权，充分调动广大代表和人民群众参与区域建设的积极性，确保区委重大决策部署有效落实。尝试将重大事项议题纳入年度计划，完善区“一府两院”重大事项提请区人大常委会审议决定或向区人大常委会进行报告的工作机制，推动区政府重大决策出台前向区人大及其常委会进行报告。坚持党管干部原则与人大依法任免相结合，进一步规范任免工作程序，切实行使好人事任免权。

第三，进一步加强和改进监督工作。结合工作实践，综合运用多种监督形式，强化对区政府、区法院、区检察院等区级国家机关的监督，在深入推进科学治理、全面提升发展品质方面切实发挥人大职能作用。依法加强对区“十三五”规划实施情况、计划预算编制及执行情况、区政府履行出资人职责情况和国有资产监督管理情况的监督。着眼于全面优化提升区域功能，深入推进非首都功能疏解，适时对“疏解整治促提升十大专项行动”有关工作开展情况进行监督。着眼于宜居城市家园建设，积极开展绿色生态环境建设、城市精细化管理、城市治理体制改革等方面情况的监督。着眼于区域经济转型发展，关注“高精尖”经济结构完善，开展对业态调整和产业升级等方面工作的监督。着眼于历史文脉传承和市民文化生活品质提升，加强对历史文化名城保护和创建首都公共文化服务示范区情况的监督。着眼于保障和改善民生，顺应人民群众对美好生活的向往，适时就老旧小区综合整治、教育资源优化配置、养老服务综合改革、社会保险制度改革、医药卫生体制改革、完善体育公共服务、打造精品生活性服务业等方面情况开展监督，共同创造城市美好生活。着眼于司法体制改革，加强对区法院、区检察院相关工作的监督，促进社会公平正义。加强对法律法规实施情况的监督，每年就群众关切的热点问题组织开展执法检查。

第四，进一步提升代表工作水平。加强代表履职学习培训，采取区人大常委会、各专门委员会、街道人大工作机构分层组织学习培训的方式，坚持初任培训、履职培训、专题培训相结合，提高代表履职能力。积极拓宽代表知情知政渠道，为代表执行职务创造条件。大力宣传代表的履职经验，发挥典型示范作用。坚持和完善代表自主选择参加执法检查、视察调研和列席常委会会议制度，充分发挥代表专业特长，为全区各项事业发展提出意见建议。加强代表联系群众工作，为代表定期接待或走访选民提供服务，保障代表依法有序地表达人民群众的意志和愿望。完善市、区两级代表联系机制，促进两级代表间的交流沟通。加强对街道人大工作的领导，充分发挥街道人大工作机构的基础性服务平台作用。建立代表履职监督制度，增强代表对选民负责的意识，更好地促进代表依法履职。进一步改进代表建议办理工作，加强统筹协调，完善督办机制，切实提高办理质量和实效。逐步公开代表建议办理过程和办理结果，更好地接受代表和群众的监督。

第五，进一步强化常委会自身建设。充分发挥区人大常委会党组的领导核心作用，牢固树立政治意识、大局意识、核心意识、看齐意识，认真贯彻执行党章党规，严格落实从严治党新要求，始终把政治纪律和政治规矩挺在前面，坚持重大问题、重大事项向区委请示报告制度，保证人大工作正确的政治方向。坚持和完善会前学法制度，深化专题学习和专题研讨制度，不断提高常委会依法履职的能力和水平。推进区人大各专门委员会建设，依法组织专门委员会会议和活动，切实发挥专门委员会的职能作用。设立规范性文件备案审查工作机构，建立并实施规范性文件备案审查工作制度。加强常委会机关建设，完善干部培养、教育、管理机制，进一步提高服务保障能力。主动适应互联网发展和社会环境变化，加强常委会机关信息化建设，发挥好人大代表网上服务平台的作用，完善常委会网站建设，加强信息发布和有关政策解读，及时公开常委会履职情况，主动接受社会监督，有效增进社会理解和共识。

各位代表，全区人民的殷切期盼鞭策着我们，率先全面建成小康社会的重大使命激励着我们。让我们紧密团结在以习近平同志为核心的党中央周围，在区委的领导下，同心协力，团结一致，扎实工作，推动人民代表大会制度在基层的实践与时俱进，为深入推进科学治理、全面提升发展品质，率先全面建成小康社会，在北京建设国际一流的和谐宜居之都进程中走在前列作出新的更大的贡献！

中国人民政治协商会议
北京市西城区委员会常务委员会工作报告

—2016年12月16日在政协北京市西城区第十四届委员会第一次会议上

北京市西城区政协副主席 姜兆春

各位委员：

我受政协北京市西城区委员会常务委员会的委托，向大会报告工作，请予审议。

过去五年工作回顾

政协北京市西城区第十三届委员会任期的五年，是在中国共产党的旗帜下凝心聚力、团结奋进、取得丰硕成果的五年，是各界委员践行使命、扎实履职、推进人民政协事业蓬勃发展的五年。

五年来，区政协常委会在中共西城区委的坚强领导下，在市政协的指导下，全面贯彻落实中共十八大和十八届三中、四中、五中、六中全会精神，深入贯彻落实《中共中央关于加强社会主义协商民主建设的意见》和习近平总书记系列重要讲话精神，坚持正确的政治方向，紧紧把握团结和民主两大主题，围绕中心、服务大局，充分发挥人民政协协商民主重要渠道和专门协商机构作用，解放思想、大胆创新，切实履行政治协商、民主监督和参政议政职能，为促进西城区经济发展、民生改善、社会和谐，推进社会主义协商民主建设作出了积极贡献。

一、积极探索实践，协商民主制度建设进一步完善

区政协常委会坚持把推进协商民主建设贯穿履职全过程，坚持理论研究与实践探索双推进，重视机制制度建设，努力完善协商民主制度体系。

开展专题学习研讨。组织“推进协商民主制度建设的实践与思考”、“推进协商民主广泛多层制度化发展”、“发挥委员主体作用，推进协商民主建设”等主题研讨活动，深化对协商民主的认识和理解。开展协商民主机制和政协协商与党委政府工作有效衔接的研究，为推进协商民主制度建设打牢思想基础和理论基础。

推进机制制度建设。建立政府与政协“两政联席会议”的顶层沟通机制。每年初，召开由政府区长、副区长和政协主席、副主席及相关人员参加的联席会议，就政府重点工作和协商重点内容进行沟通协商；制定《关于建立区政府重大决策向区政协通报协商制度的意见》、《区委区政府工作部门政协工作联系人制度》等，完善政协协商民主制度体系。

组织形式多样的协商活动。围绕编制“十三五”规划、非首都功能疏解、人口调控、环境建设、棚户区改造、历史文化名城保护等开展专题协商；围绕交通规划实施、养老服务工作等开展对口协商；围绕《政府工作报告》、“十二五”规划完成情况开展界别协商；针对提案落实开展提案办理协商。共开展各类协商活动48次，取得了较好的协商成果。

二、把握工作大局，助力改革发展取得丰硕成果

区政协常委会把围绕中心、服务大局作为一以贯之的工作主线，紧扣经济社会发展中的综合性、前瞻性问题，民生领域的热点、难点问题，召开常委会、主席会、专题议政会和专题协商会70余次，完成调研报告26篇，提出了一批高质量的意见和建议。

紧扣创新发展，为破解瓶颈问题建言。瞄准非首都功能疏解、人口调控、环境整治等重点难点，从实现路径、空间布局、智慧城区建设等多维度，提出了批零业转型升级策略、重点楼宇经济调配与布局、提升智慧城区生活服务品质、推进市民休闲空间建设等意见建议。针对历史文化名城保护与区域发展的矛盾开展专项调研，从体制机制、政策保障、资金筹措等方面提出可行性意见和建议。就增强区域文化软实力，提出优化文化创意产业发展环境和优化公共文化服务发展环境等对策建议。

聚焦深化改革，提出解决方案。就西城区城市管理体制和街道管理体制改革、国资国企改革、教育改革等组织通报协商，建议运用创新办法，打破原有模式，发展智慧西城；联合驻区单位联动改革；把握市场前沿，盘活国有资本，发展混合所有制经济；深化教育集团办学模式等，为推进改革发挥了决策咨询作用。

关注社会治理，促进民生改善。着眼社区居民最直接、最关心的问题，提出了完善全响应社会服务管理格局、发挥社会多元主体作用推进社区服务建设、构建分级诊疗就医格局、改进失独家庭帮扶工作、加强清真网点建设、改善住宅区物业管理、开展地下空间整治、源头治理实现生活垃圾减量化等意见建议，促进了社会治

理方式的转变。

三、创新工作方式，提案工作实效性不断增强

区政协常委会注重发挥提案履职作用，不断在提高提案质量、增强提案工作合力、加大督办力度等方面创新工作方式，增强了提案办理实效。五年来共提出提案1755件，立案1597件，其中党派、团体提案109件，界别提案55件，街道联组提案19件。评选表彰优秀提案285件。

改进提案办理意见征询方式。提案人对提案办理的意见直接反馈给区政协提案委员会办公室，委员对提案办理的满意度细化为对办案人员态度的满意度和对提案办理结果的满意度。

实行“二次办理”制。根据反馈意见，对办理不到位、委员不满意的提案实行“二次办理”。要求承办单位继续与委员沟通，进行再次办理和“二次答复”。

追踪回访办复提案。对提案办理跟踪问效“回头看”，破解提案办理“重答复、轻落实”的难题。对事关大局，比较重要的提案，建立档案，实施跟踪办理。

设立“提案办理会商室”。组织委员和提案办理单位会商有关提案办理情况，掌握提案办理进度，协调解决提案办理中出现的疑难问题。

四、多种方式开展监督，民主监督职能得到有效履行

区政协常委会重视发挥民主监督职能作用，在充分利用建议案、委员提案、委员视察等形式监督的基础上，围绕规范行政行为、政风行风建设等，积极推进各界委员开展民主监督工作。

开展财政预算民主监督。每年，财政预算民主监督小组召开财政预算执行情况通报座谈会，听取财政预算情况通报，对财政预算草案及预算执行情况进行民主监督。重点关注财政收支结构、存量资金使用、重点项目保障等问题。就财政预算草案的编制与执行，重大经济改革措施实施与财政收支关系，政府采购的运作流程与改进措施，税制改革对财政收入的影响，棚户区改造的财政支持，城市疏解对区域经济的影响提出了意见建议，受到区委区政府的高度重视。

组织明察暗访开展日常监督。推选102名政协委员组成了10个明察暗访小组，对全区各委办局窗口单位开展不定期、不定时的政风行风民主监督。以转变工作作风、提升服务质量为重点，针对发现的问题，提出具体改进意见。区委区政府高度重视明察暗访成果，对相关部门提出加强整改的明确要求，有关部门认真落实整改，政风行风建设得到加强。

开展社会治安综合治理工作民主监督。重点就社会面防控机制、重点地区整治、社区平安建设、流动人口服务与管理、维稳安保、社区矫正等关系社会稳定的问题实施监督，注重促进具体问题的解决，取得了一定成效。

开展特邀监督员岗位监督。制定《政协北京市西城区委员会政协委员担任特邀监督员工作规范》，按程序、高标准向区法院、区检察院、区监察局、区国土局、区国税局、区综合行政服务中心等单位推荐了68名委员担任特邀监督员，15名委员担任人民陪审员。委员们在各自岗位上认真履行监督职责，发挥相应的民主监督作用，促进了相关部门的勤政廉政建设。

开展专项民主监督。针对改革中的热点问题和群众关注的重点问题，寓协商于民主监督之中，以专项民主监督协商会议形式，开展了“营改增”和“国家食品安全城市”专项民主监督。委员就相关问题与政府部门之间进行了深度沟通和交流，了解情况提出建议，促进相关工作的开展。

五、团结凝聚各方力量，爱国统一战线组织作用得到切实发挥

区政协常委会坚持充分发挥人民政协作为爱国统一战线组织的作用，努力团结各界，凝聚共识，为推动区域经济社会发展汇聚力量。

联系各界合作共事。重视发挥各民主党派、无党派人士和工商联在政协工作中的作用，认真了解和反映他们对全区经济社会发展的意见建议，通过党派团体提案、议政会、界别协商座谈会、秘书长会，为各民主党派和工商联搭建起有效的履职平台。依托专委会密切同各界别的联系，组织开展富有界别特色的活动，政协的界别特色和优势得到进一步体现。

密切交流增进团结。贯彻落实党的民族宗教政策，充分发挥港澳台侨和民族宗教界委员作用，共同维护全区民族团结、宗教和顺、社会和谐大局。区政协领导定期走访宗教界人士，倾听他们的呼声，帮助解决实际问题。开展为侨服务工作、民族团结工作的调研，推动西城区民族团结和侨务工作发展。

联情联谊凝心聚力。组织西城区各界迎新春电影招待会、庆中秋电影招待会、女委员庆“三八”妇女节联谊活动。开展政协委员健步行、街道联组羽毛球友谊赛。发挥老委员联谊会作用，邀请老委员参加视察参观活动，举办摄影沙龙、书法笔会等。进一步加强了交流，增进了感情，凝聚了力量。

六、改进作风提高效率，履职基础工作更加扎实

区政协常委会坚持充分发挥委员主体作用，积极开拓思路，创新形式，搭建平台，为委员全面履职创造条件。

认真组织视察活动。针对区域发展的重点、委员关注的焦点和居民生活中的热点，先后组织常委会集体视察和主席集体视察10次，专门委员会通报视察300余次。通过视察，委员们进一步了解了区情和民意，提出了许多具体的意见建议，得到相关部门的重视和采纳，促进了相关工作的落实。

扎实开展街道联组活动。制定了《关于街道政协委

员联组的工作意见》和《加强街道政协委员联组工作的指导意见》。各街道组织委员在辖区内开展视察、走访、参观、座谈、慰问等活动325次，参加委员达2573人次。委员们借助这一平台融入到社区群众当中，及时将群众的呼声和愿望反映给有关部门，一些群众反映的问题得到了较好解决，政协的桥梁纽带作用得到了充分体现。

认真做好反映社情民意信息工作。加强信息员队伍建设，健全信息采集和信息工作机制。围绕不同时期热点问题，广泛搜集各党派、团体、各界委员的意见建议。5年来，为党政部门提供各类信息和建议4154条。这些信息为各级党委政府及时掌握情况、改进工作发挥了积极作用。

征集文史资料做好新闻宣传工作。为推进历史文化名城保护工作，制定了《区政协进一步加强文史工作的意见》，明确文史工作的任务和重点，积极挖掘史料资源，开展文史征编工作，先后编辑出版了《暮鼓晨钟》《黄与蓝》《西城校园史话》等书籍。编发《知学》杂志13期。《人民政协报》《中国政协》《北京观察》等12种报刊杂志和9个网站对区政协工作进行了宣传报道，共登载宣传稿件350余篇。

切实加强班子和“两支队伍”建设。加强常委班子建设，制定了常委会《关于加强自身建设的意见》和《关于加强政协常委履职的实施办法》，实行常委座席制，强化常委履职的管理与考核，调动常委履职积极性。加强委员队伍建设，通过多种形式强化理论学习，不断夯实团结奋斗的思想政治基础，与区委组织部联合制定《区政协委员中的中共党员履职规定》，坚持委员参加活动履职统计、公示制度和委员履职情况反馈制度。加强机关干部队伍建设。认真开展党的群众路线教育实践活动、“三严三实”专题学习和“两学一做”学习教育。坚持问题导向，深入查找问题，积极整改，健全制度，从严管理，机关干部的纪律意识、服务意识和服务能力有了较大提高，为高水平推进政协工作提供了有力保障。

主要工作体会

回顾五年来的工作，有许多宝贵的经验值得认真总结：

一、坚持和维护中国共产党的领导，是做好政协工作的根本保证

五年来，中共西城区委加强对政协工作的领导，确保了政协工作的正确方向，建立和完善了推进政协协商民主建设的体制机制，促进了政协工作的制度化、规范化建设。区政协自觉坚持区委的领导，对重要工作、重要问题、重大活动及时向区委汇报，听取区委的指示，努力做到同区委保持思想上同心，目标上同向，行动上同步，实现了政协工作与党委政府工作的同频共振，有力促进了区域经济社会发展。

二、围绕中心、服务大局是政协工作必须遵循的基本原则

促进科学发展是政协履行职能的第一要务。政协工作要与区委区政府的中心工作紧密融合，运用好政协界别的结构优势、民主协商的功能优势、联系广泛的渠道优势，紧紧围绕区委区政府的工作部署发挥好协调关系、汇聚力量、建言献策、服务大局的重要作用。五年来区政协围绕深化改革、民生改善、疏解非首都功能等区域经济社会发展的重大课题，认真开展调查研究，积极建言献策，为区委区政府有效破解发展中的瓶颈问题贡献了力量。

三、关注民生、服务群众是政协工作的重要着力点

人民政协为人民，始终把维护群众利益作为一切工作的出发点和落脚点，是人民政协的根本遵循。五年来，广大政协委员牢固树立履职为民的意识，把服务民生、改善民生作为参政议政的重要价值取向，充分发挥人民政协的桥梁纽带作用，通过街道联组活动、反映社情民意信息、提案、调研等多种形式，积极宣传国家大政方针，及时反映群众需求，努力为民生改善献计出力，切实做到了参政为民着想，议政为民谋利，促进了社会和谐稳定。

四、发挥委员主体作用是政协有效履职的关键

委员是政协工作的主体。做好政协工作必须发挥委员作用，挖掘委员潜力，调动委员履职积极性。五年来，区政协坚持以委员为主体，积极拓展履职渠道，努力搭建履职平台，加强对委员的服务，委员履职的积极性、主动性、创造性得到充分体现，政协工作充满生机和活力。

五、开拓创新是政协工作持续推进的不竭动力

创新是一切工作的活力之源，也是人民政协事业发展的强大动力。五年来，区政协立足工作实际，不断探索实践，建立了政协工作与政府工作的沟通机制；寓协商于监督之中，丰富了民主监督的有效形式；搭建委员履职的新平台，拓宽了委员履职的渠道；着力加强协商民主制度建设，推进了政协工作的制度化、规范化、程序化。

五年的成绩来之不易，五年的经验弥足珍贵。我们每前进一步都离不开中共西城区委的坚强领导和市政协的有力指导；我们所做的每一项工作都离不开各民主党派、无党派人士、各人民团体和各族各界人士的大力支持；我们取得的每一份收获都凝聚着广大政协委员的聪明才智和无私奉献。在此，我代表十三届区政协常委会向忠实履职的政协委员，向关心、支持政协工作的各级领导和各界人士表示崇高的敬意和衷心的感谢！

在看到成绩的同时，我们也清醒地认识到工作中的差距和不足。面对新形势新要求，对人民政协理论特别

是社会主义协商民主建设理论的学习理解有待进一步深化；政协作为协商民主重要渠道和专门协商机构的作用发挥还不够充分；激发委员积极性和调动委员广泛参加政协活动的方式方法还需要改进；政协重要意见、建议成果的转化机制还需要进一步完善；机关自身建设和为委员服务的质量还需要进一步提高。我们要高度重视这些差距和不足，在今后工作中努力加以改进。

对十四届政协工作的建议

各位委员，十四届政协的任期内，我国将全面建成小康社会，喜迎中共十九大召开和建国70周年。我区将实现“十三五”规划目标，全面提升发展品质，努力在北京建设国际一流的和谐宜居之都进程中走在前列。刚刚胜利闭幕的西城区第十二次党代会，明确了今后科学发展的总体思路和奋斗目标。新的形势和任务对区政协工作提出了新的更高的要求，新一届区政协及其常委会，要在中共西城区委的领导和北京市政协的指导下，团结依靠各党派团体和政协委员，与时俱进，开拓创新，不断开创人民政协事业的新局面，为推进西城区又好又快发展、创建城市美好生活发挥重要作用，做出新的贡献。

一、要强化理论学习，巩固思想理论基础

学习是人民政协的首要任务。要深入学习贯彻中共十八届三中、四中、五中、六中全会、十九大精神和习近平总书记系列重要讲话精神，特别是视察北京重要讲话精神，切实把思想和履职活动统一到中共中央、中共北京市委、中共西城区委重大决策部署上来，确保政协工作正确方向。要深入学习贯彻习近平总书记在庆祝人民政协成立65周年大会上的重要讲话、《中共中央关于加强社会主义协商民主建设的意见》和中共北京市委、西城区委第四次政协工作会议精神，扎实开展理论与实践研究工作，不断深化学习成果，推进履职实践。

二、要紧紧围绕全区工作大局履行职能，积极推进创新发展

促进创新发展是政协工作的基本任务。要深入贯彻创新、协调、绿色、开放、共享发展理念，紧紧围绕全区中心工作，瞄准创新发展第一要务，切实把中共西城区委确定的目标任务和工作要求融入到区政协的全部工作之中。紧紧围绕我区“十三五”时期经济社会发展中具有综合性、全局性、前瞻性的课题，充分发挥“智囊团”和“人才库”的作用，向区委区政府提供更加有力的智力支持。紧紧围绕西城区发展转型和管理转型、非首都功能疏解、人口调控、城市品质提升、历史文化名城保护、加强和创新社会治理等区域发展的关键环节和重点问题，通过调研、视察、建议案、提案和社情民意等形式，提出有针对性、有分量的思路和建议。

三、要增进团结，凝聚力量，不断促进社会和谐稳定

人民政协作为最广泛的爱国统一战线组织，在团结人和凝聚共识上既肩负重任，也具有巨大的优势。要巩固和发展最广泛的爱国统一战线，坚持和完善中国共产党领导的多党合作和政治协商制度，凝聚改革共识，汇聚改革正能量。既下情上达，反映意见、积极建言；又上情下达，围绕中央、市委和区委决策部署，多做解疑释惑、协调关系、化解矛盾的工作，为促进社会和谐稳定献计出力。

四、要充分发挥人民政协协商民主重要渠道作用，进一步深化协商民主制度建设

紧紧抓住充分发挥人民政协作为协商民主重要渠道作用这条主线，牢牢把握协商于决策之前和决策执行过程中的重要原则，主动加强同党委政府沟通，及时了解决策需求，超前开展调查研究，为协商做好准备。高度重视协商年度工作计划的制定和组织实施，在实践基础上把取得的好经验、好做法转化为制度规范，推进协商工作的制度化、规范化、程序化。

五、要强基固本，不断加强自身建设

充分发挥政协常委会的集体领导作用，加强常委会班子建设，不断提高领导能力和领导水平。注重加强政协委员队伍建设，强化学习培训工作，打牢委员履职的思想基础和能力基础。大力加强政协机关干部队伍建设，推进学习型、服务型、创新型、和谐型机关建设。探索开展界别活动的新方法、新途径，丰富专门委员会活动方式，完善联合开展重大调研视察活动的有效机制。

各位委员，十三届区政协已圆满完成了历史使命，我们衷心祝愿新一届区政协，在中共西城区委的领导和市政协的指导下，继续开拓创新、奋发有为、再创佳绩，为率先建成小康社会、努力在北京建设国际一流的和谐宜居之都进程中走在前列作出新的更大贡献！

坚持全面从严治党 强化监督执纪问责
坚定不移推进党风廉政建设和反腐败斗争

在中国共产党北京市西城区第十二次代表大会上的报告

中共北京市西城区纪委书记 王 鹏

（2016年12月6日）

同志们：

现将区第十一次党代会以来党风廉政建设和反腐败工作情况及今后工作建议，向大会报告如下，请予审议。

一、过去五年的工作

区第十一次党代会以来，在市纪委和区委的正确领导下，全区纪检监察组织以邓小平理论、“三个代表”重要思想、科学发展观为指导，深入贯彻习近平总书记系列重要讲话精神，坚决落实从严治党、依规治党要求，认真履行党风廉政建设责任，严明党的纪律，深化纪律检查体制改革，持续推进“转职能、转方式、转作风”，持之以恒落实中央八项规定精神和市委实施意见，不断加大执纪审查力度，党风廉政建设和反腐败工作取得新进展新成效。

（一）夯实管党治党责任，推进“两个责任”层层落实

紧紧抓住落实党风廉政建设主体责任这个“牛鼻子”。区委坚决扛起主体责任，以上率下，统揽全局，制定了《关于落实党风廉政建设责任制党委主体责任和纪委监督责任的实施意见》，建立了组织领导、分工负责、工作报告、工作约谈和检查考核等制度。全区各级党组织逐级开展约谈提醒、责任考核、签字背书、述责述廉工作，各级领导干部制定了个性化主体责任清单，对党风廉政建设履职情况全程纪实，层层传导压力、压实责任。以主体责任落实情况为重点，每年组织开展党风廉政建设责任制检查考核和满意度调查，区委、区纪委主要领导对考核结果排名靠后的单位主要负责人进行约谈，督促落实主体责任。研究制定《西城区党风廉政建设责任追究办法（试行）》，严格实施“一案双查”，以问责倒逼责任落实，对21人进行责任追究和问责，公开通报曝光12起典型案例，持续释放“有责必问、问责必严”的强烈信号。

（二）把纪律和规矩挺在前面，切实维护党章党纪的权威性、严肃性

坚持让纪律成为管党治党的尺子、不可逾越的底线。把严明政治纪律和政治规矩摆在首位，加强对政治纪律、政治规矩和组织纪律执行情况的监督检查，健全完善系列制度，严格党员干部管理，严肃查处党员干部违反政治纪律的问题。加强党章党规党纪教育，组织开展专题讲座、条规测试、以案说纪等活动1100余次。深入剖析区内党员干部违纪违法典型案例，用身边的案例教育党员干部，形成强化党章和纪律意识的浓厚氛围。开通区纪委官方微博“廉政西城”和西城纪检监察网，加强正面舆论引导。打造廉政教育基地，营造廉政文化氛围。研究建立监督问责体系长效机制，坚决整治群众身边的不正之风，推进规范行政执法和政务服务工作，深入开展“为官不为”、“为官乱为”问题专项治理，查处案件74件，给予党纪政纪处分67人，曝光典型案件19起，给予行政问责7人。制定实施容错免责办法，既严肃执纪，又鼓励干事担当。

（三）保持惩治腐败高压态势，坚决遏制腐败蔓延势头

坚持有腐必反、有贪必肃。五年来，共收到信访举报2770件次；初核713件，立案278件；结案234件；给予党纪处分180人，政纪处分62人。惩治腐败力度不断加大，党的十八大以来，全区立案数逐年递增，近三年立案增长率分别为50%、233%、126%，处分人数分别为22人、38人、91人。畅通信访举报渠道，规范举报受理工作，建立线索集中管理、分类处置制度，推行“办案责任区”机制。充分发挥反腐败协调小组职责作用，加强与法院、检察院、审计局等部门的沟通协作，不断提升纪律审查工作整体合力。转变执纪方式，定期对街道和重点单位主要领导进行约谈，组织处级单位党政主要领导向区纪委全会述责述廉并接受质询，对新提任处级领导干部进行集体廉政谈话。积极践行“四种形态”，共约谈1455人次，诫勉谈话75人次，函询31人次，给予党纪轻处分96人。

（四）紧盯“四风”问题新动向，坚持不懈正风肃纪

紧盯“四风”问题一寸不让。严格落实中央八项规定精神和市委实施意见，抓住重要节点，坚决查纠“节日病”，从严查处公款吃喝、公款旅游、大操大办婚丧喜庆事宜等顶风违纪问题。密切关注“四风”问题的新动向、新表现，对隐形变异的深挖不放，从严查处不收手、不知止，规避组织监督的行为。五年来，全区查处违反中央八项规定精神问题71件，给予党纪政纪处分62人，点名道姓通报曝光30人。健全党政主要领导干部不直接分管人财物等制度，大力推进廉政风险防控，研究制定防止利益冲突的制度规定和具体措施，更加科学有效地预防腐败。深化权力公开透明运行工作，在全市率先建立区处两级权力清单，我区的经验做法得到社会各届广泛关注，被评为全国县委权力公开透明运行试点先进单位。

（五）聚焦主责主业，深入推进纪律检查体制改革

紧紧扭住监督执纪问责主业不放松。自2013年起，先后两次在全市率先开展区纪委机关内设机构调整工作，从事监督执纪问责的一线人员数量从30%上升到75%。精简参与的议事协调机构，从68个减少至17个。推进派驻机构改革，派驻机构覆盖面由58.7%增加到100%，派驻机构干部由88人增加到104人，监督执纪问责力量明显增强。组建了“5+2”机构联合纪检组，强化对政府重大投资建设项目的监督检查。推进基层纪检工作机制改革，结合社区两委换届，全区261个社区设置了社区纪委或纪检委员，在金融街街道开展社区纪检专员试点工作，强化对社区工作的监督。探索开展巡察试点工作，总结试点工作的经验做法，在全市率先成立区委巡察工作领导小组，研究制定开展巡察工作的实施意见，建立4个巡察组，重点针对执行党章、遵守党规党纪、落实党风廉政建设主体责任和监督责任等内容进行巡察，把党内监督在全区推向深入。

（六）加强自身建设，进一步增强纪检监察队伍战斗力

坚持打铁还需自身硬。扎实开展党的群众路线教育实践活动、“三严三实”专题教育和“两学一做”学习教育，深化思想建设和作风建设。以推进派驻机构改革为契机，通过优化机构设置，合理配置人员，把人员力量调配到党风廉政建设和反腐败斗争的主业上来。着力改善纪检监察干部队伍结构，选优配强纪检监察干部，建立纪检干部准入标准，严把队伍入口关。积极搭建培养平台，开展各类各层级培训，丰富干部任职经历，畅通干部交流轮岗渠道。坚持“严”字当头，健全完善系列制度，狠抓制度执行，强化管理监督。对干部既大胆使用，又严管严教，对不作为、不善为的，及时进行批评教育、组织调整，造成严重后果的给予纪律处分，严防“灯下黑”，对26名纪检干部进行了约谈，3人受到党纪处分。

五年来，经过全区各方面共同努力，腐败蔓延势头得到一定遏制，不敢腐的震慑作用得到发挥，不能腐、不想腐的效应初步显现，党风政风明显好转。反腐倡廉工作的深入开展，为推进全面从严治党、维护和促进我区改革发展稳定大局提供了有力保证。这些成绩的取得，得益于区委对党风廉政建设和反腐败工作的高度重视和正确领导，得益于全区各单位的齐抓共管和协调配合，得益于全区纪检监察干部的认真履职和敬业奉献，得益于广大党员干部、人民群众的大力支持和积极参与。

在肯定成绩的同时，我们清醒看到，当前党风廉政建设和反腐败工作还存在一些不容忽视的问题：个别党组织作用发挥不够充分，主体责任落实不到位，执行力不够强；少数党员干部纪律、规矩意识淡薄，违反中央八项规定精神的问题仍然存在，不正之风和腐败问题仍有发生；纪检监察干部队伍的素质能力水平与全面从严治党的要求还有差距，等等。这些都需要引起高度重视，着力加以解决。

二、主要认识和体会

五年来，我们边学习思考、边实践感悟，对党风廉政建设和反腐败工作规律的认识不断深化，获得了一些体会：

（一）必须坚持党委统一领导，以主体责任的落实深入推进党风廉政建设和反腐败工作。全面从严治党，抓总在党委，关键在担当。五年来，区委高度重视，以上率下，充分发挥总揽全局、协调各方的领导核心作用，带头落实主体责任，旗帜鲜明地支持纪检监察机关履职尽责，全区各级党组织明确主体责任，一级抓一级，层层抓落实。实践证明，党的领导加强了，党风廉政建设就会不断取得新进展。只有坚持党的领导、加强党的建设，充分发挥党委的领导核心作用和基层党支部的战斗堡垒作用，才能以主体责任的落实推动党风廉政建设和反腐败工作深入开展。

（二）必须坚持把纪律挺在前面，把握和运用好监督执纪“四种形态”。坚持把纪律挺在前面，围绕惩处极少数，教育大多数的政治效果和社会效果，转变工作理念，创新思路方法，在监督执纪各个环节把纪律挺在前面，把握运用好“四种形态”。实践证明，只有把纪律挺在前面，才能更好地体现纪律检查工作的职责定位。监督执纪只有做到抓早抓小、动辄则咎，让咬耳扯袖、红脸出汗真正成为常态，用纪律管住大多数的目标才能实现，才能贯彻好“惩前毖后、治病救人”的方针。

（三）必须坚持改革创新，更加聚焦主责主业。坚持以问题为导向、以改革为抓手，坚持组织和制度创新，转职能、转方式、转作风，调整纪委机关内设机构，清理议事协调机构，规范纪（工）委书记、纪检组长工作分工，实现派驻纪检机构全覆盖，推动建立巡察制度，保证了聚焦主责主业。实践证明，工作越向纵深推进，越要发扬改革创新精神，不断将创新成果制度化，才能实现思想观念、体制机制、管理监督、方式方法和工作作风的与时俱进。

（四）必须紧紧依靠群众参与支持，使群众监督无处不在。深入推进党风廉政建设和反腐败斗争，是民意所致、民心所向。党的十八大以来，我区查处的违纪违法案件中，群众举报的案件占了较大比重。同时，群众在政风行风、巡视巡察等工作中也发挥着重要作用。实践证明，人民群众不仅是正风反腐的受益者，更是积极推动者，群众参与越多，获得感就会越强烈。只有不断提高工作透明度，畅通群众监督渠道，发挥公众监督作用，才能形成无处不在的监督网，为深入推进党风廉政建设提供强大支撑。

（五）必须清醒认识形势，始终保持惩治腐败的高

压态势。十八届中央纪委六次全会指出，反腐败斗争压倒性态势正在形成，党中央坚定不移反对腐败的决心没有变，坚决遏制腐败蔓延势头的目标没有变。当前，我区党风廉政建设和反腐败工作取得了一定成效，但从纪律审查和巡视巡察等工作反映出的情况看，遏制腐败蔓延的任务仍然艰巨。实践证明，全面从严治党是一个长期过程，党风廉政建设和反腐败斗争永远在路上，只有进行时。我们必须把思想统一到中央对形势的判断上来，增强自信、坚定决心、扎实行动，不断把党风廉政建设和反腐败斗争引向深入。

三、今后五年的工作建议

今后五年，是我们向实现党提出的第一个百年奋斗目标全力冲刺的决胜时期，我们面临着推进区域转型发展的新形势新任务新要求。全区各级党组织和纪检监察组织要高举中国特色社会主义伟大旗帜，以马克思列宁主义、毛泽东思想、邓小平理论、“三个代表”重要思想、科学发展观为指导，深入贯彻习近平总书记系列重要讲话精神，按照中央纪委、市纪委的部署和要求，落实全面从严治党主体责任，积极推进监察体制改革，强化监督执纪问责，为落实区第十二次党代会确定的目标任务提供坚强的纪律保证。

（一）严明党的纪律规矩，把纪律挺在管党治党的最前沿

加强政治纪律的监督检查。要发挥党内监督专责机关作用，坚持把严明政治纪律放在首位，坚决查处违反政治纪律的行为。加强对区委区政府重大决策部署落实情况的监督检查，坚决纠正上有政策、下有对策，有令不行、有禁不止行为，确保政令畅通。认真学习贯彻党内政治生活的若干准则和党内监督条例，切实加强和规范党内政治生活，突出对党的领导机关和领导干部特别是主要领导干部的监督，重点解决主体责任缺失、监督责任缺位、管党治党宽松软的问题。

以首善标准落实全面从严治党主体责任。各级党组织要深化对主体责任内涵的认识，系统把握全面从严治党的主要任务和举措，强化领导核心作用，把党要管党、从严治党方针落实到党的建设的全过程。各级纪检监察组织要全面履行监督责任，进一步加大责任追究力度，对执行党的路线方针政策不力，管党治党责任缺失缺位、给党的事业造成严重损害，“四风”和腐败问题多发频发，选人用人失察、任用干部连续出现问题，巡察整改不落实的，严肃追究责任。

切实贯彻落实廉洁自律准则和党纪处分条例。把纪律建设摆在更加突出位置，坚持纪严于法、纪在法前。要把学习贯彻党章和党内法规作为一项政治任务，列入理论学习中心组和党课教育计划，成为党校培训必修课。利用《北京西城报》、政务微博、纪检监察网站等平台开展系列宣传活动，使每一名党员干部都受到教育，牢固树立高线和底线意识。要狠抓监督执纪，养成纪律自觉，用纪律管住全体党员。

（二）加大改革创新力度，强化监督执纪问责

进一步强化派驻机构监督。建立健全派驻机构工作清单制度、定期向区纪委汇报工作制度、与被监督单位专题研究党风廉政建设和反腐败工作制度等专门规则和配套措施。派驻纪检组要发挥“派”的权威和“驻”的优势，敢于监督、善于发现，及时提醒诫勉。纪检组长要守住监督职责不发散，出现未履职尽责或违纪违法问题的，严肃追究纪检组长的责任。

加强社区党风廉政建设，实现社区纪检专员全覆盖。各街道工委要落实主体责任、发挥主导作用，充实基层纪检工作力量，切实提升社区监督工作的实效性。探索建立区属国有企业监督机制，强化对企业领导人员权力的监督制约，堵塞漏洞，防微杜渐，进一步推进“两个责任”向基层延伸。

加强和完善巡察工作。按照中央关于推动党的市县委员会建立巡察制度的要求，紧紧围绕坚持党的领导、加强党的建设、全面从严治党等方面，采取多种方式开展巡察，实行巡察全覆盖，实现每届任期内对所有巡察对象至少巡察一遍的目标，推动从严治党向基层延伸。深入贯彻执行问责条例，加强问责常态机制建设，完善“为官不为”、“为官乱为”监督体系，健全追责情况定期报告、典型问题公开曝光机制，让失责必问、问责必严成为常态。

（三）加大纪律审查力度，实践运用好“四种形态”

要突出惩治重点，保持惩治腐败高压态势，坚持有腐必反、有贪必肃，坚持无禁区、全覆盖、零容忍。重点查处党的十八大以后不收敛、不收手，问题严重、群众反映强烈，现在重要岗位可能还要提拔使用这三类情况同时具备的，作为重中之重，加大惩治力度，防止带病提拔。突出领导干部这个“关键少数”，重点查办发生在领导机关，以及重要岗位领导干部中，插手工程建设、土地出让、侵吞国有资产、买官卖官、以权谋私、失职渎职等案件。严肃查办小官贪腐等发生在群众身边的腐败问题，坚决遏制腐败现象蔓延势头。

要把握好监督执纪“四种形态”，严格执行问题线索“五类”处置方式，扩大谈话函询覆盖面，更加注重关口前移，抓早抓小，立足早发现、早提醒、早查处，加大对党员“破纪”行为的查处力度，使红脸出汗成为常态，党纪轻处分、组织处理经常化，坚决把增量遏制住。突出执纪审查的政治性和纪律性。要坚持纪在法前，从信访受理、线索处置、谈话函询，到执纪审查、调查谈话、审理报告各个环节，都要突出纪律特点。

（四）深入推进党的作风建设，以优良党风带动社风民风

经常抓、抓经常，抓出习惯。落实中央八项规定精神和市委实施意见，要在坚持中深化、在深化中坚持，紧盯年节假期，一个节点一个节点坚守。深化“为官不为”、“为官乱为”专项治理，严肃查处侵害群众利益的不正之风和腐败问题，对在执纪审查中发现的问题要坚决查处。创新监督方式，进一步畅通监督渠道，激发群众和舆论监督正能量，形成监督合力。加大对区纪委交办线索办理情况的督办力度，对压案不查、查处不力的，严肃追究责任，坚决遏制基层不正之风和腐败问题。

加强廉政文化建设，树立良好社会风尚。各级党组织要把贯彻廉洁自律准则和党内政治生活的若干准则作为改进作风的重要抓手，引导党员干部践行社会主义核心价值观，培养高尚道德情操，抵制不良风气。把反腐倡廉宣传教育纳入全区宣传思想文化大格局中，深入挖掘优秀传统文化中的廉洁元素，整合区域各类教育基地资源，推出廉政文化“五个一”工程，向全区干部群众展示我区党风廉政建设与反腐败工作成效，形成全社会支持和参与的新局面，持续营造风清气正、向上向善的浓厚社会风气。

（五）践行忠诚干净担当要求，打造过硬的纪检干部队伍

推进组织和制度创新，加强区纪委常委会领导班子自身建设，优化区纪委常委会结构，明确纪委委员职责，发挥纪委委员在推进所在部门“两个责任”落实方面的示范、引领作用。通过邀请部分区党代表、纪委委员、特邀监督员旁听纪委相关会议，增加纪委工作透明度。扩大纪检监察干部选人用人视野，完善纪检监察干部准入制度，健全完善后备干部人才库。统筹推进区纪委机关、派驻机构及与区内其他单位的干部交流任职，进一步规范提名考察工作流程，形成能上能下、能进能出，充满活力的干部选拔任用机制。

大力培育“严细深实”的工作作风。加强思想建设，强化政治理论、形势任务、党规党纪、优良传统的宣传教育，夯实忠诚、干净、担当的思想基础。加强作风建设，巩固和深化群众路线教育实践活动、“三严三实”专题教育和“两学一做”学习教育成果，使“严细深实”的作风在纪检监察系统蔚然成风。加强能力建设，切实提高思想政治工作的能力、调查研究的能力和纪律审查的能力。高度重视审查纪律，对执纪违纪、以案谋私的行为，以及违规私存案件线索、跑风漏气的，一律严肃处理，真正做到“自身硬”，用铁的纪律建设一支忠诚于党，让人民放心的纪检监察队伍。

同志们，区第十二次党代会为全区今后五年经济社会发展指明了方向，也对我区党风廉政建设和反腐败工作提出了新的任务和更高的要求。全面从严治党任重道远，使命光荣、责任重大。让我们在市纪委和区委的正确领导下，不忘初心、求真务实、真抓实干、锐意进取、不辱使命，推进全面从严治党，进一步加强党风廉洁建设，共同营造风清气正的政治生态，为西城区在北京建设国际一流的和谐宜居之都进程中走在前列做出积极贡献。

关于北京市西城区2016年财政预算执行情况和2017年财政预算草案的报告（摘录）

——2016年12月17日在北京市西城区第十六届人民代表大会第一次会议上

北京市西城区财政局局长　张宗禹

各位代表：

我受西城区人民政府委托，向大会报告西城区2016年财政预算执行情况和2017年财政预算草案，请予审议，并请各位政协委员提出意见。

一、2016年预算执行情况

2016年，在区委的坚强领导下，在区人大、区政协的监督和指导下，我们认真落实中央、市、区决策部署，深入学习贯彻习近平总书记系列重要讲话特别是视察北京重要讲话精神，扎实做好稳增长、促改革、调结构、惠民生、防风险等各项工作，充分发挥公共财政职能作用，全年财政收支预算执行情况良好。

（一）2016年一般公共预算收支预计完成情况

受结构性减税政策影响，一般公共预算收入预计完成4100000万元，同比下降9.17%，完成区人大常委会批准的调整预算收入任务4100000万元的100.00%。

主要收入科目完成情况：

2016年主要科目完成情况图（单位：万元）

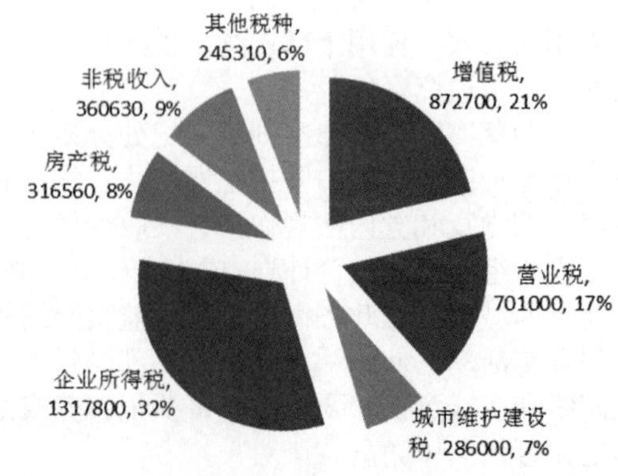

在收入预计完成4100000万元的基础上，减去向市财政上解支出1330000万元，加上市体制返还及补助372321万元和“营改增”过渡期财力补助320496万元，加上从国有资本经营预算中调入资金5759万元和全额调入2015年末预算稳定调节基金502700万元（年初预算安排425000万元），以及上年区级结余资金60255万元和街道结余资金25169万元，当年区本级财力为4056700万元，加上当年专项转移支付资金321164万元和上年专项转移支付资金1030万元，当年一般公共预算总财力预计为4378894万元。

一般公共预算支出预计完成4278894万元，同比下降9.9%，其中：区本级一般公共预算支出3956700万元，完成区本级支出调整预算任务3956700万元的100.00%。超当年调整预算财力100000万元全部用于补充预算稳定调节基金。

2016年，西城区一般公共预算实现收支平衡。

2016年一般公共预算收支平衡情况图

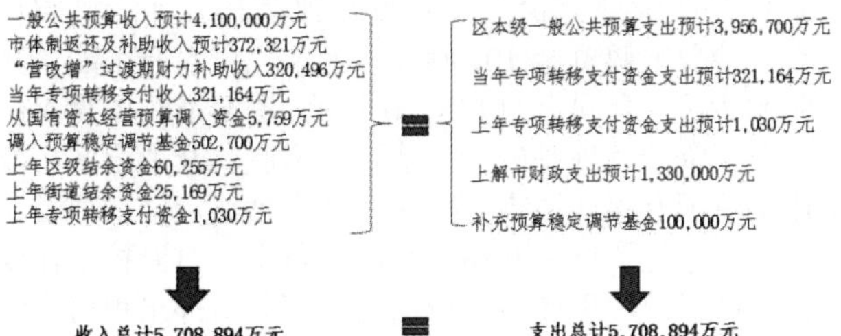

（二）2016年政府性基金预算收支预计完成情况

政府性基金预算收入预计完成2597万元，完成区第十五届人大第六次会议批准的年度政府性基金预算收入任务1800万元的144.28%。

在收入完成2597万元的基础上，加上当年专项转移支付资金168773万元，当年政府性基金预算总财力预计为171370万元。

政府性基金预算支出预计完成171370万元，其中区本级支出2597万元，完成区本级支出调整预算任务的100%；专项转移支付支出168773万元。

2016年，西城区政府性基金预算实现收支平衡。

2016年政府性基金预算收支平衡情况图

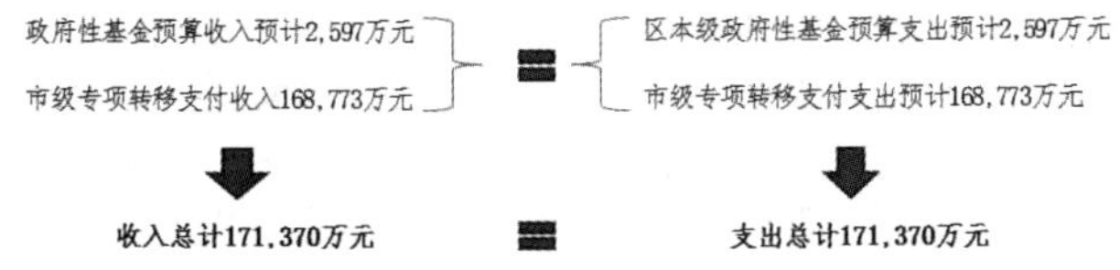

（三）2016年国有资本经营预算收支预计完成情况

国有资本经营预算收入预计完成30902万元，完成区第十五届人大第六次会议批准的年度国有资本经营预算收入任务24464万元的126.32%。

在收入完成30902万元的基础上，加上动用上年结余资金5753万元，当年国有资本经营预算总财力预计为36655万元。国有资本经营预算支出预计完成24458万元，完成区第十五届人大第六次会议批准的年度国有资本经营预算支出任务24458万元的100%。减去按19%调入一般公共预算资金5759万元，当年结余预计6438万元。

2016年，西城区国有资本经营预算实现收支平衡。

2016年国有资本经营预算收支平衡情况图

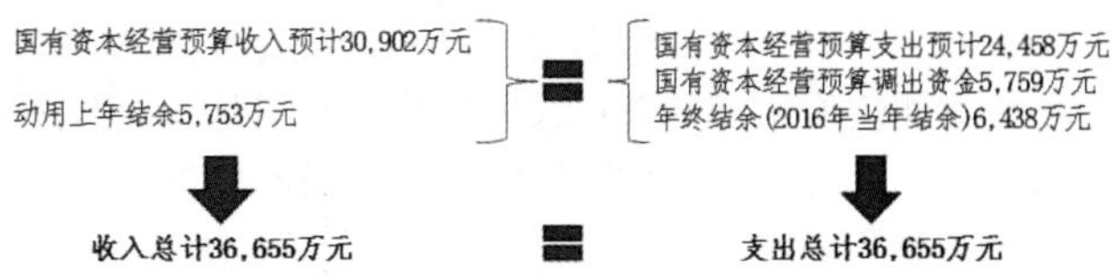

（四）2016年社会保险基金预算收支预计完成情况

2016年，社会保险基金预算收入预计完成7413万元。

在收入完成7413万元的基础上，加上上年结余3483万元，当年社会保险基金预算总财力预计为10896万元。

区社会保险基金预算支出预计完成7176万元。年终结余3720万元。

2016年，西城区社会保险基金预算实现收支平衡。

2016年社会保险基金预算收支平衡情况图

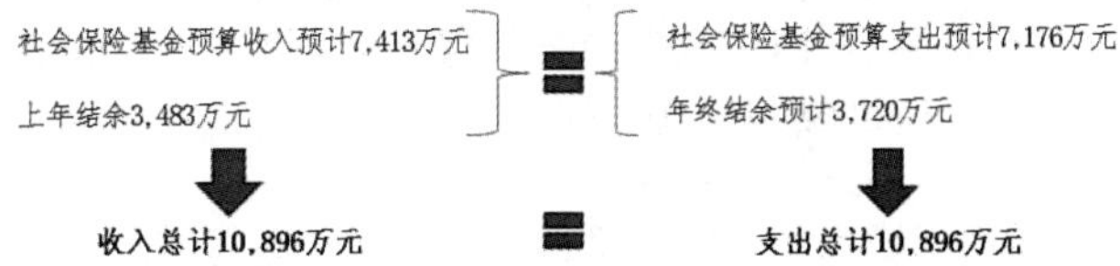

（五）落实区人大决议情况和2016年财政预算执行效果

2016年，全区各部门认真落实首都城市战略定位和京津冀协同发展战略，积极贯彻“创新、协调、绿色、开放、共享”五大发展理念，适应首都经济发展新常态，调整优化财政支出结构，大力推进非首都功能疏解，聚焦全区发展和群众关切的重点领域，扎实推进各项社会事业稳步发展。

1. 努力克服结构性减税政策影响，积极组织财政收入

受同期一次性入库因素、资本市场活跃因素和今年结构性减税政策共同影响，财政收入呈震荡下行的运行态势。5月份全面推行“营改增”改革，同时国务院调整了增值税中央和地方的分享比例，在减轻企业税收负担、增强企业发展活力的同时，结构性减税政策及分享比例调整对我区影响较大，全年预计减收571000万元，拉低财政收入12.6个百分点。

从主要行业税收完成情况看，金融业和房地产业均呈下降态势。金融业预计完成1817000万元，同比下降12.15%，总量占比为44.32%，主要受同期一次性入库

因素、资本市场活跃因素及结构性减税政策影响。房地产业完成274000万元，同比下降20.61%，主要受同期房产销售收入较高和土地增值税清算影响。

今年以来，面对严峻复杂的收入形势，全区各部门深化“放管服”改革，简化工作流程，减少审批环节，强化服务意识，为企业解决实际困难，全年新注册企业4400余户，其中各类金融机构及中关村西城园新认定高新科技企业128家，“高精尖”产业规模进一步充实。各组收部门大力加强纳税辅导和税收征管，努力做到依法应收尽收。

2. 落实首都城市战略定位，提升区域发展品质

全力加快城市交通基础设施建设，提升城市道路承载通行能力。拨付299500万元启动丰盛胡同西段、达智桥胡同等28条重点道路项目建设。

加大棚户区改造力度，改善居民居住条件。拨付277300万元，用于菜园街及枣林南里、光源里棚户区、天桥北部平房区等改造项目，砖塔胡同33号、报国寺东夹道10号等31栋楼简易楼解危排险腾退、老旧小区综合整治工程。

强化城市环境治理，提高城市宜居水平，推进生态文明建设。拨付116360万元用于落实节能降耗补贴政策，进行燃油(气)锅炉低氮改造。支持莲花河滨水公园、报国寺广宁公园等绿化建设项目，促进月坛北片等4个区域、洁民幼儿园等20所学校周边、西外大街等15条道路周边环境进一步改善提升。

加强区域协作，主动融入协同发展，投入38352万元，支持回龙观西城区定向安置房配套医院、学校和养老院及其他社区配套设施建设等。

3. 社会事业建设步伐加快，财政保障能力持续提升

发挥区域资源优势，推动教育优质均衡发展。拨付78900万元用于北纬路中学（二期）和66中附属设施建设项目用地征收，推进十四中初中部、三义里小学、炭儿胡同小学等教育重点建设项目，调整优化教育支出结构，安排24946万元，注重学生全面素质培养，助力教育教学改革创新，提升区域教育综合竞争力。

落实文物腾退政策，保护历史文化名城风貌。投入118000万元用于启动万寿兴隆寺、沈家本故居、云吉班旧址和梨园公会旧址等8处文物腾退项目。

关注人民生活，提高民生福祉，持续保障与改善民生。投入106333万元，修缮银铃老年公寓、牛街养老院，支持街道养老照料中心和社区养老驿站建设，落实各项社保待遇上调政策，安排中重度失能老人居家照护补贴资金。

加强医疗卫生体系建设，投入84915万元，用于广外医院老年病院、复兴医院西配楼等公立医院修缮改造及医疗设备购置，落实城镇居民基本医疗保险补助和各项医疗救助政策，支持基层医疗机构提升服务能力。

4. 不断提高预算执行管理水平，推进各项财政改革

继续完善预算管理体系。修订《西城区部门预算编制管理办法》、《西城区行政事业单位日常办公设备配置标准和最低使用年限标准》等6项制度，提高部门预算编制科学性和准确性。

加快预算执行进度，制定《关于加快财政支出进度有关工作的通知》，调整政府投资计划预算和大额专项资金预算编制周期，加强对政府投资计划项目、政府采购项目管理。

加大财政资金统筹调度力度。落实国务院及北京市文件要求，全年预计消化存量资金1244981万元，占存量资金总量的90%，主要用于广安一期土地储备项目、北京金融街资本运营中心增加国有资本金等。一般公共预算结转结余资金规模控制在8%以内。严格结余结转资金管理，对部门结转超过一年的结余资金全部收回区财政统筹使用。创新财政资金投入方式，完善引入社会资本机制。持续投入资金50亿元补充政府投资引导基金，制定《西城区政府投资引导基金管理暂行办法》，规范政府投资引导基金的运作和管理，有效发挥区级财政资金引导作用。

规范财政资金使用管理，提高资金使用效益。全年开展财政绩效评价、财政投资评审和会计信息质量检查，涉及财政资金1054000万元；完成政府采购预算155000万元，合同金额148800万元，资金节约率为4%。

夯实资产管理基础，摸清资产家底。开展全区行政事业单位国有资产清查，依法依规审慎认定资产损溢，真实反映单位资产占有使用状况。落实人口调控工作要求，开展行政、事业单位及街道办事处对外出租房屋清理清退工作，重点清退用于非首都功能的出租房屋，清退比例超过40%。

按照《行政事业单位内部控制规范》要求，开展了全区行政事业单位内控制度制定工作，全面启动实施内部控制规范，通过不同环节的分级授权，规范支出管理，提高工作效率，规避财务风险。

5. 加强政府性债务管理，强化风险预警和防控

进一步加强政府性债务管理，推进债务管理规范化，根据《国务院关于加强地方政府性债务管理的意见》的文件精神，制定《西城区政府性债务管理暂行办法》，对政府债务实行规模控制和预算管理。从全年情况看，预计2016年末政府性债务余额3400120万元，其中：显性债务余额4690万元；隐性债务余额3395430万元，隐性债务主要是区属国有企业承担保障性住房建设和棚户区改造等项目的银行借款。目前我区政府性债务风险均在可控范围。

按照西城区十五届人大第六次会议及常委会会议的有关决议，财政部门全面落实各项工作部署，不断完善预算管理体系，调整和优化财政支出结构，提高财政资金保障能力，加快财政支出进度，财政管理各方面都取得了新的进展。

各位代表，总体来看，我区2016年预算执行情况良好，财政保障能力进一步增强，各项财政改革逐步推进。在取得成绩的同时，我们也看到在财政工作中仍然存在一些困难和问题。一是税源结构还不够合理，财政

收入受政策性影响波动较大，调结构、补短板的力度还需要进一步加强。二是部门预算编制和执行的效果还不够理想，各部门的工作计划实施与预算年度安排的吻合度不够，导致预算调整的比例仍然较高，支出进度仍然偏慢。三是基础设施等公共服务领域财政投入方式还比较单一，多渠道、多元化的投资机制还有待健全。为此，我们将继续贯彻落实市委、市政府及区委的各项要求，加强税源建设，强化预算管理，深化各项财政改革，进一步提升我区财政预算管理水平。

二、2017 年财政预算草案说明

根据财政部和市财政局编制 2017 年财政预算的有关要求，结合全区的实际情况，确定西城区 2017 年预算草案编制的指导思想是：全面贯彻落实党的十八大和十八届三中、四中、五中、六中全会精神，以疏功能、转方式、补短板、促改革、治环境、惠民生为重点，深入落实首都城市战略定位，积极推进京津冀协同发展，加快疏解非首都功能和转变经济发展方式， 突出供给侧结构性改革， 构筑“高精尖”产业结构。坚持“厉行节约、依法理财、统筹兼顾”原则，优化支出结构，保障民生领域重点支出和全区重点工作；坚持科学理财，不断完善预算编制体系和财政管理机制；坚持勤俭节约，严格控制行政成本，推进节约型政府建设；加强预算监督，盘活财政存量资金，提高财政管理绩效。

（一）2017 年财政预算安排考虑的主要因素

1. 根据经济发展形势，积极稳妥安排财政收入预算

2017 年，我区财政收入任务仍然艰巨。从面临的机遇看，国内经济基本面稳定，京津冀协同发展逐步推进，战略性新兴产业、现代服务业蓬勃发展，“营改增”的全面实施对拉动经济增长、激发企业活力起到了至关重要的作用。这些为财政收入稳定增长奠定坚实基础。从面临的挑战看，影响经济健康平稳发展的周期性因素和结构性矛盾相互交织，经济新常态特征进一步显现，此外， “营改增”的全面实施和增值税分享比例调整对我区财政收入的减收影响还将持续一段时期。综合考虑上述情况，按照实事求是、稳中求进的总原则，2017 年全区财政收入在 2016 年实际完成的基础上拟安排增长 2%。

2. 根据全区统一部署，统筹安排财政支出预算

按照 2017 年收入预期增长水平，根据市对区财政体制、转移支付情况、全区重点工作资金需求等因素，按照收支平衡、略有结余的原则，合理确定 2017 年财政支出规模。

（二）2017 年一般公共预算安排情况

1. 收入预算安排情况

2017 年全区一般公共预算收入安排 4182000 万元，比上年增长 2%。

具体情况是：增值税 1433200 万元，可比口径下降 8.93%；企业所得税 1478100 万元，同比增长 12.16%；城市维护建设税 300000 万元，同比增长 4.9%；房产税 351500 万元，同比增长 11.04%；印花税 186200 万元，同比增长 19.21%；城镇土地使用税 13000 万元，同比增长 7.44%；土地增值税 55000 万元，同比增长 17.02%；车船税 35000 万元，同比增长 16.67%；教育费附加收入 74500 万元，同比增长 4.9%；行政事业性收费、残疾人就业保障金等分级收入预计完成 255500 万元，同比下降 11.78%。

2. 支出预算安排情况

在收入完成 4182000 万元的基础上，减去向市财政的上解支出 1400356 万元，加上市体制返还及补助 359068 万元和“营改增”过渡期财力补助 560604 万元，从国有资本经营预算中调入资金 8684 万元，以及动用预算稳定调节基金 100000 万元，当年区本级财力为 3810000 万元。加上市提前下达市专项转移支付 74055 万元，当年一般公共预算总财力 3884055 万元。

2017 年一般公共预算支出安排 3884055 万元，其中：区本级财力预算支出 3810000 万元，比上年下降 3.71%，市提前下达市专项转移支付支出 74055 万元。区本级预算支出中，安排人员及公用支出 1522000 万元，占支出的 39.95%；安排项目支出 2288000 万元，占支出的 60.05%。

2017 年，西城区一般公共预算实现收支平衡。

2017年一般公共预算收支平衡情况图

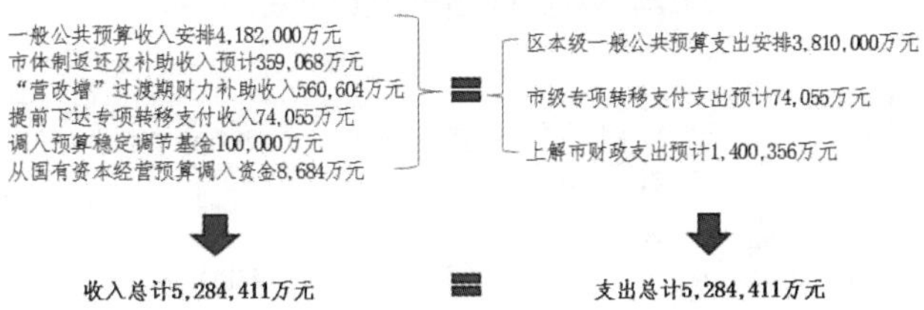

2017 年部门预算中，全区党政机关、事业单位的“三公经费”支出预算安排了 5792 万元，同比增长 23.52%，其中：因公出国（境）费用 400 万元，与 2016 年预算持平；公务接待费 331 万元，比上年下降 22.3%；公务用车购置及运行维护费 5061 万元，比上年增长 31.01%。其中：公务车购置 1513 万元；公务用车运行维护费 3548 万元，比上年下降 8.15%。

2017 年部门预算中，安排政府采购资金 254238 万元，占区级预算支出的 6.67%，比重较 2016 年提高了 2.65 个百分点，涉及项目共 3280 个。

（三）2017 年政府性基金预算安排情况

1. 收入预算安排情况

2017 年政府性基金预算收入安排 3250 万元，同比增加 653 万元，增长 25.14%，主要为国有土地使用权出让收入。

2. 支出预算安排情况

在收入完成 3250 万元基础上，加上市专项转移支付资金 3929 万元，当年政府性基金预算总财力 7179 万元。

2017 年政府性基金预算支出安排 4079 万元，其中：

区本级政府性基金预算支出150万元，当年专项转移支付支出3929万元。

政府性基金预算年终结余3100万元。

2017年，西城区政府性基金预算实现收支平衡。

2017年政府性基金预算收支平衡情况图

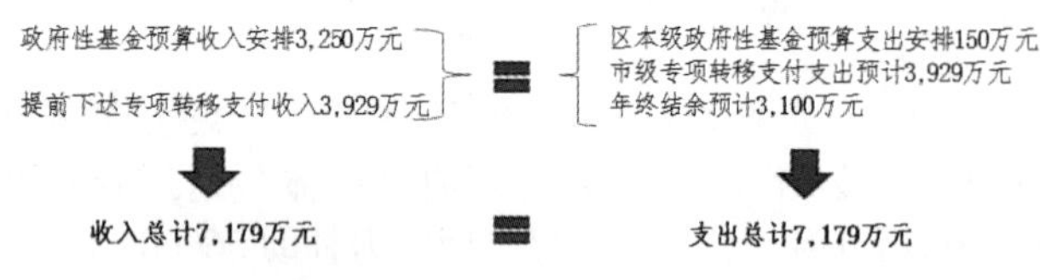

（四）2017国有资本经营预算安排情况

1. 收入预算安排情况

2017年国有资本经营预算收入安排32888万元，同比增加1986万元，增长6.43%。

2. 支出预算安排情况

在收入完成32888万元的基础上，加上上年结余资金6586万元，减去按照22%比例调出资金8684万元用于一般公共预算，2017年国有资本经营预算总财力为30790万元，2017年国有资本经营预算支出安排25639万元，年终结余5151万元。

2017年，西城区国有资本经营预算实现收支平衡。

2017年国有资本经营预算收支平衡情况图

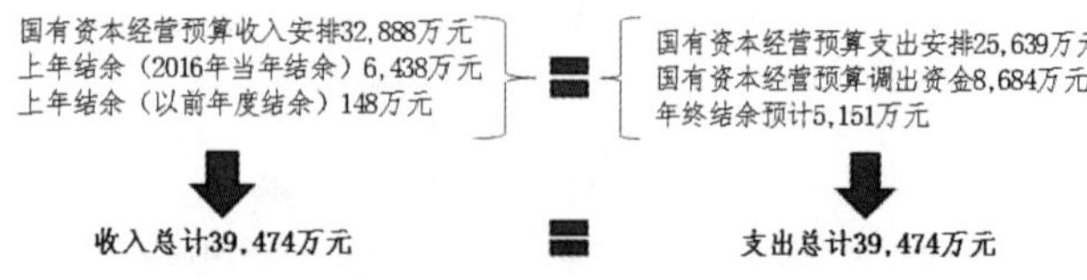

（五）2017年社会保险基金预算安排情况

1. 收入预算安排情况

2017年，社会保险基金预算收入安排7435万元，同比增加22万元，增长0.3%。

2. 支出预算安排情况

在收入完成7435万元的基础上，加上上年结余3720万元，2017年社会保险基金预算总财力为11155万元。

2017年区社会保险基金预算支出安排7322万元，年终结余3833万元。

2017年，西城区社会保险基金预算实现收支平衡。

2017年社会保险基金预算收支平衡情况图

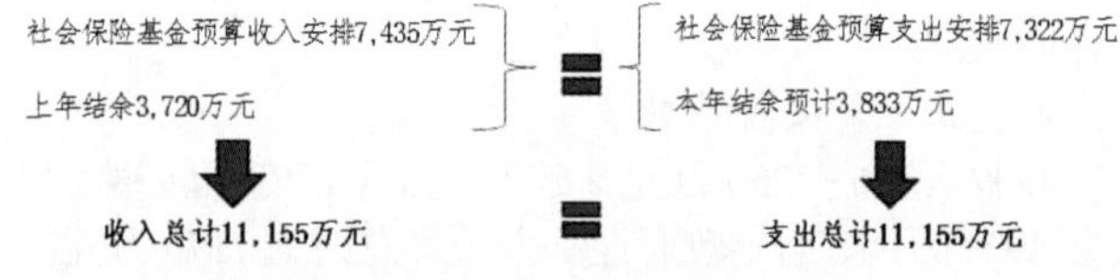

三、落实政策、统筹资金聚焦全区中心工作

（一）坚持创新引领发展，积极构建“高精尖”产业结构

支持金融产业发展，提升经济发展质量。安排资金42069万元，用于继续落实金融产业政策，促进新兴金融业态发展，保障亚投行总部临时办公场所运转，推动金融要素市场和平台发展。

支持特色产业园区建设。发挥科技创新引领作用，安排资金19709万元，用于兑现中关村科技园西城园产业政策，支持文化创意产业发展，加强知识产权保护，进一步调动社会创新创业积极性，促进产业结构更加合理。

激发经济增长新动力。围绕金融、科技、商务、旅游等领域，推进一批示范项目。安排资金2499万元，举办金融街论坛暨北京金博会、科博会、智博会一系列活动，参加京澳洽谈会、促进商业发展及贸易交流。

支持固有企业改革发展。安排资金25639万元，增加长城人寿保险股份有限公司资本金，调整优化固有企业股权投资结构、解决固有企业改革历史遗留问题等立足于板块布局、资本引领，提高固有企业发展竞争能力。

（二）加快城市基础建设，提升提高发展品质

加快道路交通设施和轨道交通配套建设，安排资金302239万元，用于启动陶然亭路、白纸坊东街等道路建设用地征收、继续支持北纬路、永安路等28条重点道路项目建设，推进安德路等32条道路大中修改造项目、31条道路市政排水管线改造，三里河等重点区域架空线入地以及广内大街等26处慢行系统改造保障地铁19号线站点征收。支持小型消防站建设。

加快城市停车设施建设，促进区域空间合理利用。安排资金8797万元，启动群力胡同、白米斜街等停车场建设。在各街道开展平房区准物业管理试点、地下空间清理再利用工程。

（三）加强生态环境建设，提升城市宜居水平

增加绿色生态空间，提升区域环境品质，安排资金91766万元，重点用于莲花池东路、天宁寺桥区等绿地及1.5万平米小微绿地建设，支持西长安街及延长线、“三金海”等重点区域环境提升，推动城中村、边角地等综合整治，促进生活环境改善。

持续加大空气和水污染防治力度，贯彻落实清洁空气行动计划，安排资金100167万元，支持大气污染治理，用于老楼通气及煤改电工程、节能降耗、锅炉低氮改造；推进海绵城市示范工程建设，加快排污排水等管网设施建设、雨水利用工程，建设北京市节水型城区。

完善各类垃圾的收运和管理体系，安排资金129226万元，用于环卫专项作业、垃圾收运处理，道路清扫保洁、生活垃圾处理、绿地道路养护、环卫作业电动车辆更新等。

加强城市常态长效管理，安排资金7852万元，用于重点推进拆违撤市和各街道专项整治“开墙打洞”工作，加快“七小”业态治理。

（四）推动历史文化名城保护，提升公共文化体育服务水平

推进历史文化名城保护，安排资金74116万元，启动云南会馆、三清观等12项文物腾退项目，支持新市区泰安里和粤东新馆保护利用等工程，继续支持万寿兴隆寺、梨园公会旧址、西单饭店旧址等文物疏解腾退工程，完善“一带一街两轴多点”的历史文化保护空间布局。

推进公共文化体育设施建设。安排资金11856万元，支持区什刹海文化展示中心，推进南北长街社区文化驿站建设工程，丰富我区文化馆艺术展示及文化服务。启动第二文化馆、月坛体育场馆改造和各街道地区博物馆建设。

丰富群众文化、体育生活，投入3522万元用于开展万人走进艺术殿堂、创建“全国武术之乡”等系列文体活动，支持推广全民阅读，加快建设体育生活化社区，推进保护传承非物质文化遗产。

（五）持续改善民生福祉，进一步提升群众生活质量

持续加大简易楼腾退力度，改善居民居住条件。安排资金269000万元，用于继续推进砖塔胡同33号、报国寺东夹道10号等31处简易楼腾退。安排资金130389万元，用于保障性住房补贴、直管公房综合修缮、推进老旧房屋电力设施、供热管网、锅炉房改造及老旧楼房加装电梯等老旧小区综合整治。

（六）加大社会事业保障力度，进一步提升基本公共服务水平

坚持教育优先发展战略。安排资金247399万元，用于161中学、北纬路中学等12所学校的改扩建和翻建，支持实验幼儿园建设，启动车公庄中里幼儿园等5所幼儿园改扩建工程。支持各级各类教师人才队伍建设和教育综合改革，提升教育发展软实力。

落实社会保障和就业政策，安排资金351518万元，支持西城区残疾人职业康复中心、西城区综合养老服务中心、社区养老驿站建设；落实城乡无保障老年人养老保险和各项社会保障政策；扶持就业创业；支持创建全国社区治理和服务创新实验区。

深化医药卫生体制改革，安排资金145120万元，优化推进医疗卫生机构基础设施建设，继续实施支持区妇幼保健院、第二医院等14家医疗卫生机构的修缮改造工程，开展中医药健康养老试点，支持卫生信息化建设，做好疾病预防控制及动物防疫工作，加大食品药品安全投入。

加快生活性服务业发展，投入2505万元支持菜篮子、早餐、便利店等服务网点建设，落实《西城区生活性服务业三年行动计划》，引导一站式百姓生活服务中心，大型商业转型社区服务，互联网＋生活性服务业项目等创新示范项目发展。

四、开拓创新，扎实工作，确保完成2017年预算任务

2017年是“十三五”规划重要一年，我们将按照区委的要求，充分发挥财政职能作用，服务经济社会发展大局，确保完成全年预算任务。

（一）固本培元，优化结构，推动区域经济全面发展

（二）完善制度，改革创新，建立科学规范的晵管理模式

（三）构建市场化的政府投融资机制

关于北京市西城区2016年国民经济和社会发展计划执行情况与2017年国民经济和社会发展计划草案的报告（摘录）

——2016年12月17日在北京市西城区第十六届人民代表大会第一次会议上

北京市西城区发展和改革委员会主任　许晓红

各位代表：

受区政府委托，现将2016年国民经济和社会发展计划执行情况与2017年国民经济和社会发展计划草案的报告提交大会审议，并请各位政协委员提出意见。

一、2016年国民经济和社会发展计划执行情况

2016年是“十三五”开局之年，面对国内外复杂环境和经济增速放缓的巨大压力，在区委的坚强领导下，在区人大、区政协的监督指导下，全区上下深入贯彻“创新、协调、绿色、开放、共享”五大发展理念，牢牢把握首都城市战略定位，自觉从首都发展大局出发，坚持稳增长、调结构、惠民生、防风险，加快疏功能、转方式、治环境、补短板、促协同、增直居、提品质，坚持科学规划、统筹推进、重点突破，两个转型意识在全区形成共识，区域发展各项事业扎实推进，较好地完成了全年任务目标。

全年预计地区生产总值同比增长6.5%左右；一般公共预算收入预计实现410亿元；居民人均可支配收入

预计同比增长 7% 左右；城镇登记失业率全年预计控制在 1% 以内；万元 GDP 能耗、水耗预计能完成市下达指标；细颗粒物（PM2.5）累计平均浓度完成任务存在一定压力。

（一）首都核心功能持续优化

一是非首都功能疏解取得新进展。切实服务保障首都职能履行，坚决退出不符合首都城市战略定位的功能业态，把区域性批发市场和小商品市场疏解摆在突出位置，全力打好攻坚战。“动批”各市场累计完成撤市 16.3 万平方米，升级 8 万平方米。累计撤市、闭市 9 个市场主体。严格执行《西城区新增产业禁止和限制目录》，推动实施更加严格的准入标准，严控产业准入门槛，累计办理禁限事项 521 项。坚持中等职业学校调减专业，确保不扩大招生规模，招生专业由 40 个调整到 16 个，实际招生人数降至 547 人，比年初计划招生人数 685 人减少 138 人。持续推进“七小”业态整治，梳理全区有证有照不规范“七小”门店 5399 户，已消减 1620 户，销账率 30%，超额既定 20% 的工作目标。

二是人口调控工作成效显著。坚持以证管人、以业控人、以房管人、疏管结合的工作思路，按照“任务双下达、工作双考核”问责问效，任务有分解、有反馈。从区域承载力入手，坚持条块结合、部门街道联动，完善人口调控机制，通过产业调整、功能疏解、社会管理、群租房治理等主要手段推进人口调控工作，取得显著成效。全区常住人口总量持续下降，预计能够完成全年任务目标。

三是积极推进区域协同发展。立足教育资源优势，全力支持北京城市副中心建设，行政办公区新增优质教育资源，提升现有 3 所“名校办分校”办学水平，支持通州区 1 所农村中学发展。深入推进京津冀协同发展，发挥国家级职业教育示范校的引领作用，北京外事学校与张家口职业教育开展了教育合作交流。搭建京津冀企业合作平台，有序推动区属企业、区域产业和公共服务资源对接。中关村西城园康华伟业与唐山高新区签订战略合作协议。持续拓展与丰宁、永清等地蔬菜基地合作，开设直营便民菜店 30 余家，丰富农副产品供应，拉动产地经济发展。

（二）“高精尖”经浏结构日趋完善

一是金融产业规模和国际影响力双提升。引进和培育新兴金融业态，金融业支柱产业地位持续巩固。截至目前，金融街区域内金融机构资产规模超过 81.4 万亿元，新引进各类金融机构 90 家，新增注册资本 2702.4 亿元；金融机构总数达 1778 家，其中法人机构 765 家。金融业实现增加值 1362.3 亿元，同比增长 10.3%，占经济总量的 51.4%，对经济增长的贡献达 80.5%。实现三级税收 3473.5 亿元，同比增长 9.8%，占全区三级税收的 83.9%；预计全年实现区级收入 181.7 亿元，同比下降 12.2%，占区级收入 44.3%。组织金融街论坛、京交会金融板块系列活动，与伦敦金融城联合主办‘北京金融街与伦敦金融城金融合作与发展对话”，金融街国际化水平进一步提升。

二是创新驱动带来质量效益双提升。以西城园为核心，推动创新发展。截至目前，园区专利授权数 676 件，同比下降 4.2%。西城园规模以上高新技术企业累计实现收入 1584.3 亿元，同比增长 3.3%；累计实现利润总额 141.2 亿元，同比下降 2.9%；实缴税费总额 73.7 亿元，同比增长 15%，对区域发展的贡献增强。区域创新能力持续提升，不断推动区内机构上市发展，区内上市公司总数达 49 家。金融街国家管理中心功能持续完善。全国中小企业股份转让系统市场规模持续扩大，挂牌企业达 9122 家，总股本 5251.2 亿股，总市值 35430.2 亿元，其中我区新增挂牌公司 32 家，挂牌企业总数达 74 家，总市值超过 600 亿元，总成交额超过 80 亿元。推进西城区国家知识产权试点城区建设，服务好世界知识产权组织中国办事处。深入推进国资监管改革。支持资本运营中心借助区域资源优势，加强与中央和市属优质企业的合作，通过设立基金、股权投资等方式，实现国有资本的高效运营。区属国有企业资产运行平稳，收入整体增长，资产总额 3784.1 亿元，同比增长 18.7%，累计实现营业收入 330.4 亿元，同比增长 18.6%。

三是融合发展实现生产性服务业和生活性服务业双提升。积极打造文商旅融合发展平台，50 个文商旅重点项目基本完成。加 快推进智慧旅游建设，开发上线 ios 版西城旅游移动客户端，增加个性线路设计功能，满足游客多元化需求，传统文化资源进一步向特色旅游产品转化。基本形成以文化艺术、新闻出版、艺术品交易、设计服务等多个产业为重点，以新华 1949 文化金融创新中心、天桥演艺区、中国北京出版创意产业园区等多个园区为支撑的文化创意产业发展体系， 逐步实现多业态融合发展、 优势环节集约发展、飞地经济协同发展。截至目前，西城区规模以上文化创意产业实现收入 513.8 亿元，同比增长 10.9%。大栅栏 · 北京坊项目紧紧围绕“北京文化新地标”的定位选商引资，目前已完成招商计划的 80%。以“融合共生”为引领，组建北方茶产业促进联盟。制定实施《马连道茶文化街区业态发展指导目录》。成功举办 2016 北京西单时尚节、文博会、第四届惠民文化消费季等多元化主题活动。代表北京市参加第 21 届澳门国际贸易投资展览会，承办北京市老字号专区各项活动，鼓励和支持老字号企业走出去。率先开创一站式、多业态、强服务的百姓生活服务中心模式，不断丰富蔬菜生鲜、早餐、便利店等多种便民服务业态整合，扩展网络预约、上门服务、为老服务等便利服务功能，实现空间瘦身，服务增效。全年共新建成百姓生活服务中心 10 家，蔬菜零售网点 8 家，新增便利店 13 家，新增早餐规范店 8 家，生活性服务业品质提升指数（社区商业）52% 以上，进一步方便百姓生活。

四是区域发展环境不断优化。不断营造公平公正优质便捷的市场氛围。完成国家社会管理和公共服务综合标准化试点项目，实现全区人力资源和社会保障公共服务标准化。加强政府非紧急救助和 12341 政府服务热线建设工作，形成覆盖全区的统一高效热线服务平台，努力为社会公众提供亲切化、专业化、个性化的业务咨询和事项处理服务。梳理完善26个部门共计728项权力清单事项。落实取消下放审批事项，对照取消4项。强化网上登记工作，2016年网上登记业务大幅增长，通过网登系统办理登记业务10202件，初步实现“一次提交、立等取照”的目标。结合网上登记的精细化审核，实现工商登记的全程无见面。全面实行“五证合一、一照一码”登记制度，持续降低企业制度成本。深化财政改革，健全“全过程”预算绩效管理机制，完善财政投资评审机制，推进国库集中支付改革，形成科学规范的财政运行机制。

（三）城市发展品质进一步提升

一是大力完善基础设施建设。在道路建设方面，如期实现达智桥胡同、北纬路、马连道东三号路等28项道路建设项目开工，其中10条道路顺利实现竣工。加大力度解决西直门内大街等项目的征收拆迁遗留问题。在轨道交通建设方面，地铁8号线三期2个站点和16号线5个站点正处于结构施工阶段，19号线一期新街口和平安里2个站点已开始土方施工。在市政基础设施方面，完成32条道路大中修、52条市政排水管线改造、7处交通疏堵工程和38条慢行系统建设。与北京电力公司签订了《电力架空线入地合作协议》，14条架空线入地任务已完成70%的管道铺设，预计年底完成全部任务的90%。供热管网改造工程按期推进，涉及总供热建筑面积189万平方米。完成129个院落雨污水管线改造和33万户住宅小区铜缆网络光纤化改造。

二是保护和传承好历史文化金名片。以“文道”建设为统领，深化“名城、名业、名人、名景”四位一体工作体系建设，加强“全面保护”的理念，以强烈的历史责任感、创新精神和工匠精神，全面提升城市品质。认真梳理文物资源状况，编制区“十三五”不可移动文物保护计划。深入推进文物“解危、解放、解读”工程，加强文物保护工作力度，完成沈家本故居修缮方案的前期专家论证，实施文物腾退16项，再版《文物古迹揽胜——西城区各级文物保护单位名录》，结合新媒体形势深入解读文物古迹。持续开展“百岁老人口述史”和“胡同文化”公益项目。加强非物质文化遗产保护工作，建设非遗传习基地，围绕“四节一日”开展好非遗宣传展示活动，提升非遗保护整体水平。

三是市容环境整治力度持续加大。认真落实区人大关于环境建设的决议，“拆违、灭脏、治污、清障、治乱、撤市、缓堵”七大战役取得重要成果，已拆除违法建设6.1万平方米，超额完成年度计划，确保了新生违建“零增长”。严厉打击各类违法行为，专项整治露天烧烤和消夏大排档等现象，“门前三包”责任制得到深入落实，各类环境建设志愿服务活动不断深化。综合治理60条街巷胡同环境，修缮29个老旧小区，改造34座旱厕，均超额完成年度任务。积极推进餐厨垃圾和废弃油脂的规范运营，纳入规范收运单位1014个，规范收集率达到37.5%。一批群众身边较为突出的环境问题得到进一步解决。

四是城市运行保障能力不断提高。立体停车设施建设取得新突破，完成万特商务楼“平改立”项目，新建立体停车泊位116个、居住区停车泊位360个，完成全年任务的90%，预计能完成年度目标。按计划完成1000辆公租自行车布放，完成1000套（件）节水便器和15255个节水限流器的换装。大力推进燃气管道隐患整治。持续开展安全生产执法检查，切实推动企业主体责任落实。全区安全生产形势持续稳定，截至11月底，共检查生产经营单位22.1万家次，发现隐患9.7万项，隐患整改8.6万项，关闭非法违法企业1894家，行政处罚1191起。扎实做好国家食品安全城市创建，严格管理食品药品生产经营主体，继续加强日常抽检力度，截至11月底，分别开展食品、药品安全监督抽检8266件和1060批次，合格率分别为98.3%和99.9%，食品药品安全总体稳定。持续推进综合减灾示范社区创建，3个街道申报示范街道，17个社区分别被命名全国、北京市综合减灾示范社区。应急救灾物资储备不断完善，确保各街道都有一处综合型储备库。扎实推进“智慧西城”建设，启动全区大数据工作方案编制工作，提升城市服务管理水平。

五是“平安西城”建设保持良好势头。圆满完成各项国际国内重大活动安全保卫和服务保障任务。深入推进政治稳定维护、社会治安防控、矛盾预防化解、人口服务管理、社会治理创新、基层基础建设六项工程，创新完善立体化社会治安防控体系，有效维护了社会安全稳定。全区社会秩序持续良好，接报刑事类、秩序类警情大幅下降。1-11月，全区110刑事类警情8939件，同比下降2.9%；秩序类警情736件，同比下降6.8%。加强情报分析研判，运用综治手段解决群众反映突出、影响群众安全感的治安顽疾。涉访总量稳步下降，重点部位上访情况大幅缓解。火警火灾数量大幅下降，共发生火灾事故68起，同比下降37%。

（四）绿色宜居城区建设取得成效

一是绿色宜居品质大力提升。深入推进和谐宜居示范区建设，西长安街两侧景观提升工程、二环路沿线环境问题治理持续推进。通过规划建绿、屋顶造绿、垂直挂绿、见缝插绿等形式，打造独具特色的绿色生态空间，全年新增城市绿地5.08公顷（其中小微绿地1.47万平米），改造绿地10.24公顷，新建屋顶绿化1.66公顷，完成莲花河滨水绿道（二期）、广宁公园、百花园等公园绿地建设，全区公园绿地500米服务半径覆盖率达由89.5%提升到92%，为居民提供了更多环境优美的公共休闲空间。

二是空气和水体质量持续改善。截至11月底，全区细颗粒物（PM2.5）累计平均浓度为71微克／立方米，同比下降6.6%。二氧化硫、二氧化氮、可吸入颗粒物累计平均浓度分别为11、49、92微克／立方米，同比分别下降21.4%、5.8%、8.0%。全区平均降尘量为6.1

吨／平方公里·月，同比下降3.2%。加强对扬尘污染、工业污染和机动车污染的管控力度，淘汰老旧车15818辆，预计能够完成年度任务。重点加强水质巡查和监测，扎实推进重点区域水环境污染综合治理。跨区界水体断面鼓楼外大街（北护城河）水质均达标。工业废水达标排放率等三项水质指标达标率均为100%。

三是节能降耗取得实效。充分调动用能单位节能积极性，系统推广能源审计和清洁生产审核，合理引导用能单位积极开展节能改造。全区能耗消费总量292.6万吨标准煤，单位地区生产总值能耗降低率为4.3%。加强老旧电力线路整治，完成电力应急保障。强化节约用水意识，用水总量7223.4万立方米，预计能如期完成市级下达指标。

（五）民生福祉持续增进

一是居民住房条件得到改善。重点推进41项棚改任务，累计完成改造7459户，超额完成年度任务。其中，光源里、菜园街及枣林南里项目共签约5343户，签约率达到98%。继续推进老旧小区综合整治，平房翻建、综合修缮1500户，在施楼房76栋，更换老旧电梯40部，剩余20部正按计划有序推进。简易楼排险腾退已启动32栋。不断加快保障房项目建设，9812套房源实现竣工，超额完成年度任务。

二是科教发展水平不断提高。组织开展“走进科普场馆，体验科技魅力”的科普专项活动，惠及民众500人次。教育综合改革稳步推进，启动学区制管理运行机制，实现了学区制由招生机制向属地教育资源统筹调配、有序运行。进一步完善招生入学办法，新增小学学位5017个。深入实施“城宫计划”，实现义务教育学校100%全覆盖。全区2016年高考成绩继续位列全市第一，实现了在高端优质中继续提升，在高度均衡中不断发展。

三是健康服务供给提质增效。持续建设整合型医疗服务体系，医联体运行体制机制进一步完善，西城区被确定为北京市医联体有关推进政策试点区，复兴医院医联体为推进政策试点单位。推动广外医院向以老年康复为特色的中西医结合医院转型发展，护国寺中医医院牵头成立西城区疑难杂症多学科协作研究中心。制定以家庭签约服务包费用和社区卫生服务中心运行为主要内容的社区卫生服务机构改革方案。贯彻落实“全面两孩”政策，认真做好计划生育政策调整期间的办证、维稳及特殊家庭帮扶工作。

四是文体惠民力度持续加大。天桥艺术中心、天桥艺术大厦、天桥市民广场竣工并投入使用，形成首都文化新地标，不断彰显区域文化魅力。 红楼电影院、 宣南博物馆改造提升项目取得重要进展。有序推进首都公共文化服务示范区创建工作，加强天桥艺术中心品牌建设，“天桥·华人春天艺术节”、“天桥·缤纷童年艺术节”、中拉文化年开幕式演出等活动进展顺利。协调推进艺术中心艺术惠民与普及工作，发售百元以下惠民票万余张。广泛实施文化惠民365工程，举办各级、各类文化活动3326场，惠及群众179.4万人次。成功举办“第二届中国原创话剧邀请展”，共计演出179场，惠及观众9万余人次。完成西城特色原创音乐剧《北京人家之口技人生》创编，在北京天桥音乐剧演出季上精彩上演并获得好评。推进特色阅读空间和书香驿站建设，新增特色阅读空间、书香驿站各5家，举办活动2000余场，参与人数达7万多人次，阅读推广活动成效明显，打造出西城阅读新品牌。做强“一区两品”等群众文化体育品牌，广泛开展全民健身活动。打造全民健身冰雪季，“冰嬉”运动在隐迹百年之后重回北海公园展示表演，进一步增强了市民冰雪活动的参与度。完成国民体质监测3000余人。

五是民生保障水平稳步提升。以创建充分就业区为核心，推进本地化就业，积极扶持创业带动就业，实现创业948人，带动就业3092人，开发就业岗位近5万个，再次被认定为北京市充分就业区。截至目前，全区城镇新增就业29630人，城镇登记失业人员实现就业10057人，帮助7955名就业困难人员实现就业，城镇登记失业率为0.92%，保持零就业家庭动态脱零。养老、失业、工伤、生育和医疗五项社会保险基金共收缴304.2亿元，同比增长10%；基金支出250.5亿元，同比增长5.6%。构建西城特色养老服务模式。形成居家为基础、社区为依托、机构为补充、服务为支撑、互联网为平台、政策为保障的西城特色养老体系。试点街道内大型养老助餐企业提供配送餐服务，满足老年人基本就餐需求。建立中重度失能老年人居家照护服务补贴制度，助推居家“医养结合”发展。进一步务实养老基础设施，截至11月底，开工建设26家养老服务驿站、27家养老照料中心，其中，11家养老服务驿站、18家养老照料中心已投入运营。充分发挥各类社会救助的兜底作用，积极做好临时救助和医疗救助。实施临时救助3915户，6044人次，发放临时救助金641.2万元；实施医疗救助12999人次，发放救助经费1798.3万元。有序开展“西城区重特大疾病医疗救助政策设计”、“社会救助行政执法规范化”两项民政部试点。助残服务效能得到提高，慈善捐赠、社会福利事业蓬勃发展，充分发挥了社会政策托底作用。

六是全响应网格化社会治理体系建设不断完善。进一步务实全响应社会治理体系基础建设，收集社情民意（含民情日志）94.3万件，解决93.7万件，解决率为99.3%。落实深化城管体制改革，推进执法重心下移。建立健全行政执法监督体系，探索建立区级行政执法监督员队伍，行政执法水平稳步提高。构建“网格问事、协商议事、为民办事、自治管事”的工作机制，有效推进网格由“管理型”向“自主型”转换。加强社区工作者队伍专业化、职业化建设力度，社会组织活力、社区自我服务管理功能和社会工作者队伍建设进一步增强。试点推进社区居民公约建设，持续深化参与式协商民主，培育和强化居民的参与意识，引导广大居民自治解决停车、老旧小区管理、胡同整治等热点难点问题。

（六）全面开展落实“十三五”规划各项工作

在区委的领导下，在区人大、区政协的支持下，区政府加大统筹协调力度，按照科学决策、民主决策的原则，完成了“十三五”规划纲要的任务方案，将《规划纲要》确定的规划指标、发展目标和重大任务全面分解为195项任务，涉及全区各个委办局。“十三五”各专项规划编制工作启动以来，44个专项规划历经前期调研、规划起草、集中研究、论证审议四个阶段，目前已全部编制完成。36个专项规划已经发布实施，占应发布规划总数的90%。

过去的一年，在全区共同努力下，经济社会保持平稳发展，取得了来之不易的新成绩。我们清醒地认识到，经济社会发展过程中还存在一些问题和不足亟待解决。一是转型发展的思想认识还不够深刻，还不适应新的形势、挑战和变化，在思想认识上、工作节奏上和工作强度上还存在不协调一致的地方。二是经济下行压力大，科技、文化资源优势发挥不够，低端业态仍然存在，创新引领作用有待增强。三是疏非控人工作仍是一场攻坚战。2017年我们要打赢区域性批发市场疏解收官之战，人口调控工作压力不减，户籍人口存在刚性增长需求，全面二孩政策效应将集中显现。四是民生改善方面还存在短板，看病、入学、养老、居住、文体娱乐、生活便利等方面还有很大提升空间，公共服务资源分配不均衡问题仍然存在，服务内容还不能充分满足群众的多样化需求。五是城市品质有待提升，城市管理、城市建设精细程度、环境治理任重道远，部分区域绿色休闲空间不足等问题制约着和谐宜居的整体进程。为此，在明年的工作中，要进一步聚焦疏非控人、民生改善、城市品质提升、环境治理、经济发展等一系列问题，找准差距、力补短板，促进全区经济社会协调可持续发展。

二、2017年国民经济和社会发展计划安排

2017年是推进供给侧结构性改革的重要之年，也是推动区域发展转型和管理转型的关键之年，我们面临着机遇与挑战并存的局面。从面临的机遇看，一是党的十八大和十八届三中、四中、五中、六中全会，习近平总书记系列讲话精神和对北京工作的重要指示精神等重大决策部署，以及中央经济工作会议精神，为经济社会发展创造了良好预期，有利于我们认清形势、统一思想、凝聚力量、鼓舞人心，为深入推进区域发展转型和管理转型增添了新的动能。二是西城区“十三五”规划及各专项规划的持续纵深推进，有利于进一步明确经济新常态背景下我区经济社会的发展战略和近期目标，立足长远，为调整核心区经济结构、实现要素最优配置、提升城市品质、补齐发展短板、促进区域协同发展提供了根本遵循。从面临的挑战看，一是影响经济健康平稳发展的周期性因素和结构性矛盾相互交织，短期风险和长期积累的深层次问题相互叠加，经济新常态特征进一步明显。二是区域改革已经进入深水区，现在摆在我们面前的改革难题大多是瘤疾顽症，障碍躲不开，绕不过，需要我们以更大的勇气和担当去面对。

总体上看，2017年是深入落实“十三五”规划的重要一年，需要明确任务目标，砥砺前行，始终保持推进转型发展的定力，始终保持改革创新发展的智慧，积极加快转型发展步伐，继续保持区域经济社会发展良好势头，实现更高质量、更有效率、更加公平和更可持续的发展。

根据中央、北京市、西城区“十三五”规划纲要，结合北京市发展目标以及区域发展实际，2017年经济社会发展主要目标初步安排如下：

——地区生产总值增长6.5%左右。

——区级一般公共预算收入在2016年实际完成的基础上增长2%。

——城镇居民人均可支配收入增长与经济增长同步。

——城镇登记失业率控制在2%以内。

——万元GDP综合能耗、水耗降低率完成市政府下达指标。

——细颗粒物（PM2.5）年均浓度达到60微克/立方米左右。以上各项指标在计划执行中，还将根据实际情况做出适当调整。

三、实现2017年经济社会发展计划的主要措施

为实现上述经济社会发展目标，我们具体从以下四个方面开展工作。

（一）坚持统筹施策，优化提升首都核心功能

（二）坚持创新驱动，不断完善“高精尖”经济结构

（三）坚持首者站位，高标准提升城市品质

（四）做好“十三五”规划年度监测评估工作

北京市西城区人民法院工作报告（摘录）

——2016年12月19日在北京市西城区第十六届人民代表大会第一次会议上

北京市西城区人民法院院长　蔡慧永

各位代表：

现在，我代表西城区人民法院向大会报告工作，请予审议，并请各位政协委员提出意见。

过去五年工作回顾

2012年以来，在区委的领导、区人大及其常委会的监督和上级法院的指导下，区法院全面贯彻党的十八大、十八届三中、四中、五中、六中全会精神和习近平总书记系列重要讲话精神，紧紧围绕“努力让人民群众在每一个司法案件中都感受到公平正义”的目标，牢牢把握司法为民、公正司法主线，坚持“立足首善、深化融合、传承发展、争创一流”的思路，忠诚履行职责使命，全面深化司法改革，大力夯实队伍基础，坚定维护公平正义，为区域经济发展社会和谐提供了有力的司法保障。

一、依法履行审判职能，审执工作迈上新台阶

执法办案是人民法院的第一要务。五年来，我院共受理各类案件209490件，审（执）结196736件，审判质效始终保持在全市前列，2015年审判质效综合考评位居一类法院第一。

（一）依法审理刑事案件，维护社会和谐稳定。五年共审结刑事案件4573件，判处罪犯5549人。依法严惩危害公共安全、破坏市场经济秩序、妨害社会管理秩序的犯罪，审结天宁寺桥套牌车闯卡案、马甸邮币市场地下钱庄案、特大非法买卖野生动物制品案等共计2011件，有力维护了社会秩序和辖区稳定。严厉打击多发性暴力犯罪和侵财犯罪，审结故意伤害、抢劫、盗窃、诈骗等案件共计2382件，判处罪犯2879人，有效保护了人民生命财产安全。依法惩处和预防职务犯罪，审结贪污、贿赂、渎职侵权等案件133件，彰显国家惩治腐败的坚定决心；组织机关单位3000余人次观摩职务犯罪庭审，发挥司法廉政教育的警示作用。认真贯彻宽严相济的刑事政策，对603名被告人判处五年以上有期徒刑，有力震慑了犯罪分子；对1443人依法宣告缓刑或免予刑事处罚，充分体现了刑罚的教育挽救功能。落实未成年人刑事审判“教育为主、惩罚为辅”原则，推行社会调查、合适成年人、轻罪记录封存等制度，最大限度保护未成年人合法权益。

（二）依法审理民商事案件，服务经济社会发展。五年共审结民商事案件和知识产权案件139849件，涉案标的额共计325.31亿元。着眼于服务和保障民生，妥善审结食品药品、教育医疗、劳动争议、婚姻家庭等关系群众切身利益的案件，注重保护劳动者、老年人、妇女儿童、残疾人的合法权益，保障群众安居乐业、生活幸福。着眼于服务“金融强区”战略，依法审结民间借贷、金融借款、公司证券等经济类案件，妥善审理涉理财产品、金融衍生品等新类型案件，发布《个人消费贷款审判白皮书》《银行卡审判白皮书》，防范金融风险、促进经济繁荣。着眼于服务“文化兴区”战略，妥善审理《九层妖塔》著作权纠纷、“打开音乐之门”商标权纠纷等知识产权案件，持续开展“老字号”、“互联网”知识产权保护行动，保障区域文化发展和科技创新。

（三）依法审理行政案件，促进法治政府建设。五年共审结涉及城建拆迁、房屋登记、食药监督、交通执法等领域的行政案件3762件。依法审理“行政复议双被告”案件1568件，政府信息公开案件598件，行政非诉执行案件1209件，实现了保障公民权利、维护政府公信和促进依法行政的有机统一。创新行政纠纷协调和解机制，促进矛盾源头化解和实质解决。推动行政诉讼简易程序试点工作，着力提升审判效率，有效减少群众诉累。落实行政机关负责人出庭制度，包括市区委办局等行政机关负责人共计54人次出庭应诉，推动政府提升依法行政水平。连续发布《行政案件司法审判年度报告》，与区政府签署《司法与行政良性互动机制框架协议》，促进西城法治政府建设。

（四）依法推进执行工作，实现群众胜诉权益。五年共执结案件48545件，执行总标的额188.23亿元。大力开展专项执行活动，高效执结涉重大工程、金融行业等关系区域发展的重点案件，以及劳动维权、赡养抚养、物业服务等民生热点案件。坚决依法制裁规避执行、妨碍执行行为，将4364名失信被执行人纳入失信名单公开曝光，采取信用惩戒、限制出境、限制高消费等措施，强力督促被执行人主动履行生效裁判。建立执行综合事务中心，实行“一键式”财产查控，“一站式”执行服务，大幅提高执行效率，切实方便群众执行。推进司法拍卖工作，启动219次

网络拍卖，成交金额9.2亿元，溢价率22.9%，大幅提升兑现群众胜诉权益的效率水平。

二、全力保障区域发展，服务大局取得新成效

服务大局是人民法院的重要使命。五年来，区法院自觉把防控风险、服务发展摆在突出位置，稳妥办好各类重点敏感案件，有力保障区域发展稳定。

（一）全力维护首都安定团结。制定落实《重大敏感案（事）件处置工作管理办法》，大力防范案件风险。妥善审理“狼牙山五壮士”名誉权纠纷案等一批涉及国家意识形态领域安全的案件，弘扬社会主义核心价值观；审慎审理涉及公安训诫书的信息公开案件，依法维护国家信访秩序；稳妥办理尚金峰非法吸收公众存款案、“荣丰嘉园小区”执行案等群体性敏感案件，保障首都和谐稳定。

（二）主动服务区域中心工作。制定实施《关于为落实京津冀协同发展战略提供司法保障的意见》，促进辖区在京津冀协同发展中走在前列。依法审理涉“动批”、“官批”、“马连道”等市场疏解类案件864件，形成关于市场疏解案件审理及疏解治理意见建议的报告，为非首都功能疏解提供服务保障。稳妥审理涉“国立蒙藏学校”旧址、清代著名法学家沈家本故居等文物腾退案件，形成关于文物建筑司法保护的调研报告，为辖区历史文化名城保护贡献力量。

（三）依法保障重点工程建设。依法办好涉十七部委旧城区改造、国家发改委项目、金税工程等国家重点工程案件，服务首都核心职能履行。高效审结广安工程、大吉项目、新兴盛项目等涉金融街拓展工程案件，保障金融街发展，促进区域业态升级。稳妥处理涉“棉花片”、“百万庄”、“北纬路扩路”等棚户区改造、重点道路建设案件，促进城市品质提升、保障群众安居乐业。妥善办理实验二小扩建、儿童医院血液中心项目等民生工程案件，为增进辖区民众福祉作出积极贡献。

（四）积极参与社会综合治理。化解涉法涉诉信访162件，实行“诉访分离”机制和视频接访模式，探索信访案件听证、第三方化解等制度，推动涉法涉诉信访进入法治化轨道。深化落实巡回法官制度，持续开展“法官六进”活动，成立赵海志愿者服务队，建立人民调解员培训基地和青少年法治教育基地，推进“法治友好型社区”建设，加大法官“以案释法”力度，积极落实普法责任，有效参与基层治理。我院先后荣获西城区“六五”普法中期先进单位、北京市“六五”法治宣传教育先进集体，赵海被评为全国“六五”普法中期先进个人，“巡回法官进社区”项目荣获西城区十大普法惠民品牌。

三、深入践行司法为民，服务群众增添新成果

司法为民是人民法院工作的根本宗旨。五年来，区法院坚持以人为本，不断创新和深化为民举措，切实增强群众在司法活动中的获得感。

（一）落实立案登记制，保障群众诉讼权益。2015年5月1日以来，我院全面落实立案登记制，有案必立、有诉必理，当场立案率达到98.6%，最短立案时间仅为5分钟，群众诉讼权益得到更充分的保障。先后制定《登记立案实施办法》《立案窗口工作规范》等14份规范性文件，加强立案辅导，建立标准程序，探索分类立案，拓展网上预约立案、邮寄立案、上门立案等新渠道，着力提高立案效率，优化立案服务。建立重大敏感案件会商机制、立案调解机制、案件风险通报机制，加大虚假诉讼、恶意诉讼甄别打击力度，有效防范立案风险，维护立案秩序。立案登记制实施以来，提供立案导诉服务15万余人次，登记立案80441件，立案工作的群众满意度显著提升。

（二）丰富人性化服务，满足群众司法需求。依托“1＋10”综合服务大厅，推进诉讼服务中心建设，全市首推人民调解室、心理驿站、大学生志愿者服务基地、专家解难窗口、法律援助工作站等进驻立案大厅，提供免费服务。仅志愿者免费代写文书5年就达43668份。建立信息化诉讼服务系统，畅通12368诉讼服务热线，为社会公众提供案件查询、法律咨询、法官留言、材料转交、电子阅卷等服务。与北京拍卖行业协会共建司法辅助服务平台，便利群众获取资产评估、鉴定、处置等专业服务。设置全市首家司法指导中心，提供法律公益对接、纠纷解决引导服务2260人次，开办法治大讲堂15场，提供“菜单式”培训960人次。丰富的便民为民服务，让来院群众感受到司法的温度。

（三）创新多元化调解，节约群众解纷成本。对接72家调解组织，构建纠纷多元化解网络，在金融、房地产、互联网等众多领域，为群众解纷提供更多样、更专业、更便捷的选择。以医疗纠纷“三位一体”解决机制为例，该机制启动后，医疗纠纷司法确认518例，简易程序成功调处318件，进入诉讼的案件平均审理周期缩短38%。成立诉前人民调解委员会，建立专职调解员队伍，试行调解经费补贴，推动调解职业化、规范化，努力使群众可以放心选择调解。开发使用远程视频调解系统，各方连线、联动调解，尽量让群众少费周折少跑路。五年达成调解协议，且成功司法确认的就达5649例，群众解纷维权更加省时省力。

四、全面深化司法改革，体制机制焕发新活力

司法改革是人民法院着力破解难题、提升公信的战略举措。近年来，区法院扎实推进司法改革，力争为全市司法改革创造西城好经验，曾先后被确定为全国法院多元化纠纷解决机制改革试点、全国法院家事审判改革试点、北京法院内设机构改革试点和执行体制改革试点。

（一）着力优化审执工作体制机制。我院将优化审执工作布局、科学配置司法资源，作为提升司法效能的关键步骤。通过系统谋划，构建了前端“一体化”诉服、中端“专业化”审判、后端“集约化”执行的审执工作新框架。一是整合前端部门，打造“四位一体”的大诉服新平台，畅通纠纷入口、优化前端服务、加大案件甄别、强化繁简分流。二是构建专业化的审判格局，统筹设置专业化审判庭室，制定《关于加强专业化审判工作的若干意见》，实现专案专审、难案精审。三是重构执行工作机制和办案模式，建立“一局、一庭、两队、一中心”的执行工作格局，实现裁执分离，形成规范化、信息化、集约化的执行模式。前端更强、中端更专、后端更实，让体制机制更加顺畅，办案效能更有保障。

（二）创新落实司法责任制改革。我院按照上级统一部署，在严格落实司法责任制要求的基础上，结合工作实际，创新工作机制，确保要求落实到位、机制运转有效。制定完善审判责任制的实施办法、院庭长审判管理监督权责清单、审委会工作规则和专业法官会议制度，健全符合司法规律的权力运行机制，确保法官依法独立公正履行审判职责。建立“四固定、一机动”的院庭长办案机制，开展“院长办案直播月”活动，发挥院庭长办案的表率作用，今年以来院庭长共办案12136件，占结案总量的28.9%。推进新型审执团队建设，形成5类、120个审执团队，发挥审判辅助人员作用，让法官更专注于裁判，保证审判质效，实现司法公正。

（三）务实推行人员分类管理制度改革。平稳推进法官员额制改革，圆满完成首批138名、二批34名法官入额，实现了法官入额优中选优，同时确保了工作和队伍两平稳、两发展。率先推动综合职能部门“大部制”改革，将15个综合职能部门，整合为干部管理部、审判事务部、党群宣传部和行政保障部4个大部，形成“扁平化”保障格局，实现综合保障由多头管理向统筹服务的转变。精简司法行政人员，向审判庭输送21名具有审判资格的人员，进一步充实一线办案力量。健全审判辅助人员管理制度，招录培训71名聘用制审判辅助人员，明确法官助理、书记员、司法警察等辅助人员的职责定位和工作规范，为法官公正高效裁判提供有力支撑。

（四）统筹推进其他改革。开展刑事速裁机制改革试点，对125件轻微刑事犯罪适用快速办理机制，最大限度及时实现公平正义。推进证人、鉴定人出庭制度改革，促进证人、鉴定人履行作证义务，加强证人、鉴定人出庭保护，促进庭审实质化，防范冤假错案。推进家事审判改革，建立全市首家家事调解室，推出“冷静期”、财产申报、第三方评估、家事回访等制度，让家事审判兼顾“情理法”。推行人民陪审员“倍增计划”，实现陪审员翻倍至406名，实行分类招募、专业陪审机制，强化司法民主，提升陪审质效。主办和参加5届“控辩审”三方论坛，设立律师工作室，加强律师执业保障，推动法律职业共同体建设，共同维护公平正义。加速法院信息化建设，开发应用数字审委会、案件督评查等软件系统，建成“西法云桥”司法信息化体系，实现工作模式与管理方式的变革。

五、主动接受各界监督，阳光司法开创新局面

接受监督是促进司法公正的重要保障，阳光司法是提升法院公信的重要途径。五年来，我院不断畅通渠道、创新机制，主动接受各界监督，自觉在监督下工作，在阳光下司法，着力树立法院公开透明的良好形象。

（一）各界监督渠道畅通。主动接受人大监督和政协民主监督，坚持重大事项报告制度，围绕新民诉法实施、专业化审判、立案登记制等主题，向区人大常委会作专项报告5次；完善代表委员联络机制，邀请代表委员参与旁听案件、视察座谈、信访听证、监督执行等活动75次；加大代表委员议案提案督查督办力度，办理代表建议、委员提案各7件；邀请11名代表委员担任特邀监督员；接待民主党派、工商联等专题调研4次。依法接受检察机关监督，与区检察院会签落实《关于加强民事诉讼监督工作的若干意见》《关于加强民事执行活动法律监督工作的实施细则》，14次邀请检察长列席审委会。充分保障社会监督，组织“法院开放日”主题活动17场，接待群众1680人次，广邀专家学者、干部群众、青年学生走进法院，零距离了解法院工作、感受司法公正，充分满足公众对司法的知情权、参与权和监督权。

（二）阳光司法逐步深化。落实司法公开四大平台建设要求，着力构建开放、动态、透明、便民的阳光司法机制。上网公开裁判文书32512份，公开率95.8%；对立案、分案、案件审理等13个审判流程节点做到依法、及时公开，仅今年就发布节点信息215252条；依法公开执行业务规范、执行工作流程、执行公告、失信被执行人信息等内容，全面提升执行透明度；开展“红色娘子军”著作权纠纷案、“挖坑代表案”等重大典型案件网络图文直播、微博直播、视频直播共计103次。阳光司法深入人心，社会对法院工作更加了解，也更加支持。

（三）全媒体宣传回应关切。与媒体建立良性互动关系，实行新闻发布月例会制度，围绕老年人家事案件、旅游合同纠纷、二手房交易纠纷等媒体和公众关注热点，召开主题发布会24场，发布典型案例和风险提示，各级媒体单场报道均在百篇以上。利用微博、微信和新闻客户端，及时宣传报道社会关注的重大案件、便民举措和改革成果，加强民意沟通，提升宣传效果。制作上映《巡回法官》主题电影，发布《这个法庭，可以讲情》等多部公益宣传片，推出原创漫画、原创MV、新浪公开课等多件展现司法工作的新媒体作品，司法宣传更接地气，线上线下传播广泛。我院连续5年被市高院评为“新闻宣传工作先进单位”，并被最高法院评为“全国法院新闻宣传工作先进集体”和“在司法新闻宣传工作中作出突出成绩的人民法院”。

六、大力加强队伍建设，队伍面貌呈现新气象

一流的队伍是人民法院创造一流业绩的组织保障。五年来，我院扎实推进过硬队伍建设，坚持思想引领和行为规范两手抓，作风建设和能力建设两手硬，努力打造一支忠诚、干净、担当的法院干部队伍。

（一）强化思想引领，激发干事创业热情。深入开

展群众路线教育实践活动、“三严三实”专题教育和“两学一做”学习教育，创新教育载体和学习平台，强化队伍的政治意识、大局意识、核心意识和看齐意识。连续三年开展全院“大讨论”活动，全员参与讨论，凝聚发展共识。弘扬“明德、至善、尚法、笃行”的西法精神，倡行“走正道、秉公心、存敬畏、尽本分”的基本价值，营造正风正气。选树赵海、刘建勋、吕江等为代表的亲民型、专家型、高效型“名片法官”，发挥典型引领作用。

（二）夯实党建基础，发挥战斗堡垒作用。推行“开放式党建”新模式，通过开放的工作机制、组织生活、学习平台、组织评价，推动审判与党建深度融合，实现职业化党建与社会化党建有机统一。在党代会、全国“两会”、APEC峰会、抗战胜利70周年大阅兵等期间，启动次序动员机制，先后抽调620人次的党员干警，圆满完成各项安保维稳任务。完善《党建工作考核办法》，强化党组抓党建的主体责任，推动党建制度落地生根。重点扶植党建创新项目，形成“党员微教育”、“小西课堂”等多个特色鲜明、成效明显的支部党建品牌。

（三）从严管理队伍，推进主体责任落地。大力推行“一考四档”新型管理机制，形成一套有据可查、有证可依、用之方便、行之有效的绩效管理考核体系。狠抓干部管理监督制度落实，出台《关于加强领导班子自身建设的意见》，对党组成员勤政廉政提出明确要求，党组班子以身作则，发挥示范引领作用。严格执行《中层干部管理考核办法》和《中层正职问责办法》等制度，明确职责、落实责任，确保对各类人员管理无死角，问责无例外。

（四）筑牢廉政防线，确保作风清正廉洁。坚持把纪律和规矩挺在前面，严格落实党风廉洁建设“两个责任”。主动开展纪律作风专项整治活动，大力规范司法行为，着力解决群众反映强烈的“不作为、慢作为”问题。创新执纪问责方式，制定《关于司法作风检查工作制度》，开发廉政风铃系统，设立风纪曝光台，对纪律作风常态提醒，对作风问题实名通报。加强权力运行监督，严格执行《关于法院内部人员干预司法、插手具体案件办理的记录、报告和责任追究办法》。发挥审务督察作用，针对苗头问题，持续追踪整改。近年来，我院当事人涉诉信访率、投诉举报量均明显下降。

（五）创新教育培训，力促司法能力提升。开展分级分类干部培训，五年来参训干警达7800余人次。实施“五个一”工程，深入开展“庭审观摩日”、“学习文化日”活动，形成“家事半月谈”、“知者说论坛”等学习品牌，不断提高法官业务能力，提升队伍整体素质。制定《专家型人才递进式发展培养方案》，以培养“全国和北京审判业务专家、北京市信息技术专家”为目标，确定三级培养对象，搭建成长平台，强化培养保障，着力培养具有业界影响力的专家法官和专业人才。

过去五年，是西城法院与时俱进、创新发展，各项工作不断取得新进展、新成效的五年。我院先后被评为全国多元化纠纷解决机制改革示范法院，全国立案、信访窗口建设先进单位，北京市先进法院，北京市模范法院，荣立北京市集体一等功、二等功各一次。赵海荣获“全国五一劳动奖章”，刘建勋被授予“全国优秀法官”和首届“北京市审判业务专家”称号，吕江荣获“全国法院先进个人”称号。2016年11月，我院经市高院推荐为全市唯一的“全国优秀法院”候选单位。

各位代表，过去五年成绩的取得，是区委坚强领导，区人大及其常委会有力监督，区政府、区政协大力支持，以及代表委员和社会各界关心、信任、帮助的结果。在此，我代表区法院全体干警向大家表示衷心的感谢和崇高的敬意！

报告成绩的同时，我们也不回避当前法院工作面临的困难和挑战，它们主要表现为：一是案件量快速增长并长期保持高位运行，重大敏感新类型案件逐年增多，案多人少的矛盾一段时期内仍比较突出；二是司法改革持续深化，新的审判权运行机制尚需调整磨合期，部分干警的司法能力尚不能完全满足改革发展的需要；三是面对区域定位和司法体制的新变化，法院服务保障发展的机制模式尚需进一步完善，部分干警的红墙意识、大局意识，以及服务大局的能力仍需进一步增强；四是随着全面从严治党逐步深入，审判责任制全面落地，司法权的监督制约机制仍需进一步健全，干警的司法作风和纪律意识需要进一步转变提升。针对上述问题，我们将通过持续深化改革、果断采取措施、切实提升能力，妥善予以解决。

2017年的主要工作

各位代表，2017年区法院工作的总体思路是：深入贯彻党的十八大、十八届三中、四中、五中、六中全会精神和习近平总书记系列重要讲话精神，认真落实市委十一届十一次全会和区第十二次党代会部署，牢固树立红墙意识和首善精神，紧紧围绕全区中心工作和法院工作主线，立足审判职能、服务区域发展、深化司法改革、打造一流队伍，着力提升司法公信力和群众满意度，努力为区“十三五”规划的顺利实施，为区域全面转型发展和全面提升城市品质提供有力司法保障。重点做好以下工作：

一、进一步发挥审判职能，服务区域发展大局

二、进一步深化司法改革，切实维护司法公正

三、进一步践行司法为民，主动回应社会关切

四、进一步加强队伍建设，全面提升司法能力

五、进一步主动接受监督，不断改进自身工作

北京市西城区人民检察院工作报告（摘录）

——2016年12月19日在北京市西城区第十六届人民代表大会第一次会议上

北京市西城区人民检察院检察长 董常青

各位代表：

现在，我代表西城区人民检察院向大会报告工作，请予审议，并请各位政协委员提出意见。

过去五年工作回顾

2012年以来，在区委和市检察院的领导、区人大及其常委会的监督下，区检察院全面贯彻党的十八大、十八届三中、四中、五中、六中全会精神，深入贯彻习近平总书记系列重要讲话精神，紧紧围绕首都城市战略定位和京津冀协同发展战略，忠实履行宪法和法律赋予的职责，不断强化法律监督、强化自身监督、强化队伍建设，努力让人民群众在每一个司法案件中感受到公平正义。

一、坚持围绕中心、服务大局，依法履行检察职能

五年来，我们始终坚持司法办案第一要务，充分发挥打击、预防、教育、保护职能作用，为西城经济社会持续健康发展提供了有力法治保障。

切实推进平安西城建设。作为首都核心区，西城区位特殊、地位重要，直接关系到首都甚至全国政治安全和社会稳定。五年来，我们坚持依法打击各类刑事犯罪，共批准逮捕4158人、提起公诉5444人。突出惩治极端暴力、危害公共安全、多发性侵财等影响群众安全感的犯罪，成功办理了“挖坑代表李宝俊案”、“天宁寺桥闯卡案”、“谢士荣炸鸡案”等一批社会广泛关注的案件。妥善处理因上访引发的寻衅滋事等敏感案件，与公安、法院会签文件，合力打击极端信访、聚众闹访的行为，确保APEC、“9·3阅兵”等重要节点区域稳定。坚持当宽则宽、当严则严，在严惩重大犯罪的同时，对轻微犯罪特别是因民间纠纷引发的轻微刑事案件，依法落实从宽政策，决定不批捕687人、不起诉596人。切实加强矛盾纠纷化解，将释法说理覆盖司法办案全程，通过带案走访、引入第三方参与、发放司法救助金等方式，有效化解近50件涉法涉诉信访案件，修复社会关系，增进社会和谐。

切实推进区域发展转型。一是加强对金融秩序的司法保护。围绕“金融强区”战略，于2012年成立金融检察部门，专业化办理金融犯罪案件，突出惩治非法集资等涉众型经济犯罪，依法办理了涉案金额近30亿元的“尚金峰等人非法吸收公众存款案”等一批重大案件。与市“一行三会”建立定期交流、个案追踪、类案指导等机制，坚持以白皮书形式，向社会通报金融犯罪易发部位、高发环节，切实防范和化解金融风险。二是加强对首都生态安全的司法保护。集中办理全市涉及森林和野生动植物犯罪，完善侦捕诉衔接机制，从严从快打击盗伐、滥伐林木等破坏环境资源的行为，共批捕139人、起诉291人。依法对建国以来最大的跨京津冀非法象牙交易案提前介入侦查，引导公安机关抓获12人，查获象牙及制品640余公斤。三是加强对知识产权的司法保护。围绕国家知识产权试点城区建设，着力惩治侵犯知识产权和制售假冒伪劣商品的行为，共起诉138人，依法办理了全市首例涉及企业信息管理系统的侵犯商业秘密案，保障市场创新活力，营造公平竞争环境。

切实推进社会治理创新。一是深入开展专项行动，重点惩治和防范以电话、短信、网络等方式实施的诈骗犯罪。在一起冒充我院干警的电信诈骗案中，第一时间向社会发出公告，告知公众如何快速识别诈骗伎俩，帮助近百人减少或避免了经济损失。二是围绕健全市场廉洁准入机制，为工程招投标单位提供行贿犯罪档案查询，累计服务3万余次，切实将失信企业排除在外，促进社会诚信体系不断完善。探索“受理—查询—出文”一站式流程，为公众提供更加便捷高效的服务，2016年查询总量达13064次，比2011年翻了两番。三是依托法制教育基地、“柳青法制课堂”、法制校长团队三大平台，充分发挥“西检杯”中学生思想道德与法律知识竞赛的品牌效应，结合校园暴力等典型案例以案说法，每年为近万名中小学生及家长开展法制宣讲，推动校园安全法治建设，辖区涉未成年人犯罪连续五年下降，2016年比2011年减少76%。“西检杯”被评为区“十大普法惠民品牌”。

二、坚持惩治、预防“两手抓”，深入推进反腐倡廉

五年来，我们坚决贯彻中央全面从严治党战略部署，坚持打“虎”拍“蝇”力度不减、节奏不变，共立案侦查贪污贿赂、渎职侵权等职务犯罪155件180人，保持了惩治腐败的高压态势。

集中力量查办大案要案。作为首都核心区的检察

机关，上级交办、指定参办、直接查办的大案要案较多。五年来，我们坚持把办理此类案件摆在重要位置，力争实现“侦查一案、教育一片”的目标，共立案侦查百万元以上案件40件、县处级以上39人，包括14名厅局级领导干部。先后派员参与原铁道部部长刘志军案、湖南省政协原副主席童名谦案等近20个大型专案的查办工作，切实服务中央反腐败大局。坚持“抓系统、系统抓”的方法，对案件线索进行认真梳理、准确评估，通过精细化初查、规范化取证、专业化审讯，深挖出财政部企业司、发改委价格司等3个腐败窝串案。通过依法打击犯罪者、教育失误者、保护改革者，有效促进了国家专项资金监管、电药价审批等制度的改革，获得中央领导、最高检及社会各界充分肯定。

切实转变侦查工作模式。面对严峻复杂的反腐斗争形势，面对职务犯罪隐蔽化、智能化、群体化的明显特征，我们始终坚持依法反腐、规范办案，注重以证据为核心，严格遵循法定程序，对讯问犯罪嫌疑人实行全程、全面、全部录音录像，防止粗放执法、侵犯人权。始终坚持人性司法、文明办案，慎重考虑办案时机，慎重查封扣押冻结涉案财物，慎重拘留、逮捕涉嫌犯罪的企业管理者或关键岗位人员，避免因办案引发或加剧社会风险、给工作或单位造成不良影响。着力加强侦查信息化、装备现代化建设，先后为侦破案件提供数据提取、信息查询、专业鉴定等技术支持200余次，有力提升了侦查质效。积极推进追逃追赃工作，通过网上通缉、国际协作、敦促自首、亲情感化，成功将“百名红通”人员裴健强、“红通”人员刘某章等11人追捕归案，决不让腐败分子逍遥法外。

持续深化职务犯罪预防。坚持把预防和惩治放在同等重要的位置，促进标本兼治。一是紧密结合司法办案开展个案预防，累计开展警示教育近两千次，受众超过六万人，帮助发案单位堵塞制度漏洞，引导从业人员坚守廉洁底线。二是主动跟进重大项目开展同步预防，积极参与辖区征地拆迁、棚户区改造、换届选举工作等7个重大事项，共同防范廉政风险，携手打造“阳光工程”。三是着力聚焦民生领域开展专项预防，围绕行政审批、社保优抚等工作撰写调研报告23份，分析研究职务犯罪发案态势和预防对策，为党委政府提供决策参考。四是积极依托共建机制开展综合预防，与辖区21家单位签订廉政共建协议，覆盖教育、医疗、金融等重点领域，促进形成立体化的职务犯罪预防网络，协同推进党风廉政建设。

三、坚持维护公平、保障正义，全面深化法律监督

五年来，我们牢牢把握检察机关的宪法定位，严格执行修改后刑事、民事、行政三大诉讼法，做到惩治犯罪与保障人权并重、实体公正与程序公正并重，推动依法治区，守护公平正义。

狠抓案件质量，防范冤假错案。主动适应以审判为中心诉讼制度改革的要求，严把案件事实关、证据关、法律关。一是严格贯彻司法亲历。为克服书面审查案卷存在的局限，我们强调检察官应当亲历案件办理全程，必须讯问犯罪嫌疑人，必须当面核实关键证人证言，必须充分听取辩护人的意见，防止“起点错、跟着错、错到底”。二是严格规范证据审查。针对实践中证据审查不全面、标准不统一的问题，制定《在审查逮捕阶段开展证据复核工作实施办法》等文件，列出必须搜集的证据种类，明确证据运用的规格标准，做到凡定案必须事实清楚、证据充分。三是严格落实疑罪从无。对存在违法取证嫌疑的案件，依法开展调查核实，共排除非法证据25件。对事实不清、证据不足的案件，坚决不批捕不起诉，共决定不批捕918人、不起诉190人，确保案件依法公正处理。

坚持程序正当，切实保障人权。一是依法保障当事人的诉讼权利。严格落实权利义务告知程序，实行口头、书面“双告知”，用群众听得懂的语言详细解释，确保其清楚明白地行使权利、履行义务。注重保障盲聋哑等特殊群体的合法权益，积极为136人协调法律援助。二是依法保障未成年人的合法权益。严格适用未成年人刑事案件特殊程序，落实合适成年人到场、附条件不起诉、犯罪记录封存等制度，加强对涉罪未成年人的教育挽救。针对涉案未成年人80%来自异地的情况，在全市率先提出“无差别化”理念并融入办案全程，实现对涉案未成年人合法权益的平等保护。三是依法保障律师执业权利。积极走访区律协征求意见建议，推动建设良性互动的检律关系。着力解决“会见难”、“阅卷难”等难题，开通律师接待网上预约平台，方便律师在线查询案件进度、预约阅卷和约见承办人。打造一体化的检察事务大厅，集成律师接待、阅卷等8项功能，为律师提供更加优质的服务，累计接待律师5000余人次。

突出问题导向，提升监督成效。一是打造专业力量。针对过去重办案、轻监督，导致监督职能弱化的问题，探索成立刑事侦查监督部、刑事审判监督部、刑事执行监督部、民事检察部、行政检察部等五个专业化监督部门，配齐配强检察人员，抓实抓牢监督主业。二是改进监督方法。坚持个案监督与类案监督相结合，针对立案、侦查、审判、执行等诉讼活动中出现的违法行为和不规范现象，直接纠正个性问题，汇总通报共性问题，要求被监督单位及时整改到位，促进法律统一正确实施。三是畅通监督渠道。与辖区20个单位建立信息共享平台，推动行政执法与刑事司法有效衔接，防止和纠正有案不移、以罚代刑的问题。五年来，针对侦查机关有案不立、有罪不究等情形，依法监督立案141件、追捕追诉135人。针对违反法定程序取证、违法适用强制措施等问题，发出纠正违法通知书57份；针对刑罚执行和监管活动中不当减刑、假释或暂予监外执行，不依法及时收押罪犯或接收社区矫正人员等问题，提出纠正意见49件。对认为确有错误的刑事、民事、行政裁判，依法提出抗诉27件，其中“张守刚职务侵占案”被评为全国检察机关“精品刑事抗诉案件”，是北京市检察机关唯一获

评的案件。

四、坚持改革引领、创新驱动，努力提升司法公信

五年来，我们认真贯彻上级部署要求，深入落实司法责任制等10余项改革任务，着力破解影响司法公正、制约司法能力的体制机制难题，推动构建公正高效的检察权运行机制。

扎实开展四项基础改革试点。我院曾作为全国首批17家试点单位之一，在检察官办案责任制改革方面先行先试，相关经验被充分吸收到全市检察改革方案，为推进司法责任制、人员分类管理、职业保障、省以下人财物统管四项基础改革提供了有益借鉴。结合西城实际，我院将市检察院总体方案细化为21项举措，“三位一体”推动改革任务落地：一是把落实员额制作为改革基石。历经思想动员、资格审查、全员考试、组织考核、结果公示等严谨而规范的程序，首批选任91名业务水平高、司法经验丰富的检察官进入员额，并以检察官为核心打造办案组织，一线办案力量达到85%，增长10个百分点。二是优化内设机构。按照精简、效能原则，突出专业化扁平化导向，将原有23个内设机构调整为18个，其中综合行政部门整合为3个，确保专案专办、术业专攻，让司法办案更加高效、让检务保障更加有力。三是推动司法责任制落到实处。研究制定“权限清单”、“履职清单”，明确306项办案权限、536条岗位职责，突出检察官主体地位，让办案者决定、让决定者负责。明确干预、插手具体案件处理的7种情形，并建立记录、通报和责任追究制度，确保检察官依法专心办案。

创新打造电子检务工作模式。牢固树立“互联网+检察”战略思维，充分利用信息科技促进规范司法、科学管理。全面适用检察业务信息化系统、“检立方”数据平台，实现所有案件的受理审批、文书生成、考核评价全部在网上运行，确保业务数据真实准确、司法行为全程留痕、办案质量动态监控。将物联网技术引入“刑事诉讼涉案财物管理系统”，实现查封、扣押、冻结、处理全程电子台账及专人专柜专户管理，超过2千万元涉案款项、5万余件物品无挪用、丢失、损毁情况发生，中纪委、最高检及全国各地检察机关前来调研，均给予高度评价。探索开发“智慧西检”工作平台，将移动办公、辅助办案、网上培训等功能融于一体，涵盖50余项行政管理事项，推动检察工作向智能化、规范化、精准化方向发展。我院被评为首批“全国检察机关科技强检示范院”。

深入落实其他各项改革任务。一是推动涉法涉诉信访改革。为促进诉访分离，我院专门搭建“分诊台”，由控申部门对来信来访进行审查，并会同相关部门评估会商，确保群众诉求依法纳入司法渠道。与公安、法院建立联动机制，努力将矛盾化解在本院、消化在基层。五年来，我院共处理群众来信1643件次、接待群众来访6911人次，被最高检评为“全国文明接待示范窗口”。二是开展刑事速裁程序试点。对事实清楚、证据充分、自愿认罪的轻微刑事案件，平均6天完成审查起诉工作，占同期受理案件的15%以上，促进繁简分流，提升司法效率。三是深化检务公开改革。坚持能公开的一律公开，推动从职能职责公开向案件信息公开转变，对已生效的起诉书、抗诉书，以及终结性的不起诉决定书、刑事申诉复查决定书，一律上网公开。自2014年10月案件信息公开系统上线运行以来，累计发布案件程序性信息4374条、法律文书961份。

五、坚持从严治检、专业立检，着力打造过硬队伍

五年来，我们牢记打铁还需自身硬，不断加强教育、监督、管理，努力打造一支同区域定位相契合、同改革要求相适应、同群众期待相符合的专业化职业化检察队伍。

加强思想引领，推动全院内涵式发展。一是坚持党建先行，扎实开展党的群众路线教育实践活动、“三严三实”专题教育、“两学一做”学习教育，切实强化全院干警的政治意识、大局意识、核心意识、看齐意识和“红墙意识”，培养忠诚、干净、担当的检察队伍。二是注重目标导向，以争创“全国模范检察院”为发展愿景凝心聚力，通过筹建院史展、开辟文化墙、开展大讨论等举措，促进全院干警目标认同、价值认同，推动区划调整后理念融合、文化融合、队伍融合。三是厚植“西检精神”，举办“西检精神·薪火相传”系列报告会，推树了一批“尚德、明法、求实、创新”的先进典型，发挥模范带头作用，激发干事创业热忱。

强化内部监督，夯实司法规范化根基。始终坚持把“规范司法行为”作为工作主线，注重从群众反映强烈的问题入手，深入开展专项整治，切实防止和纠正执法不严格不规范的问题。成立专门的案件管理部门，对所有线索集中统一管理，对所有案件全程监控预警，对所有业务定期通报考评。通过建立案件评查、检务督查、办案回访等制度机制，以及配备执法记录仪、发放作风监督卡、建立网上“曝光台”等具体举措，督促全体干警形成规范司法的行为习惯和思想自觉。坚持把纪律和规矩挺在前面，狠抓自身党风廉政建设，严格落实“两个责任”，持续整治“四风”问题，紧盯司法办案，紧盯八小时外，防止“灯下黑”。五年来，我院未发生一起违法违纪行为，针对检察干警的投诉举报始终保持低位运行。

着力补齐短板，建设高素质检察队伍。围绕提升释法说理、证据审查、出庭应诉等司法能力，深入开展岗位练兵、业务实训等教育培训活动200余次，并与清华、北大等5所知名高校开展“检学共建”，依托高校优质资源搭建“法学名家讲堂”，引导干警自动增压加码、自主钻研业务、自觉提升能力。建立检察业务人才导师制，开展结对“传帮教”，实行多岗位培养，促进全方位成长。开辟研究问题的新思路新渠道，公检法司四家连续五年举办“控辩审”三方论坛，推动法律职业共同体建设。五年来，我院共有10人取

得全市检察系统业务竞赛十佳，2人获全市检察业务专家提名，1人入选全国检察机关调研骨干人才库。

六、坚持公开透明、阳光检务，依法自觉接受监督

五年来，我们牢固树立监督者更要接受监督的意识，积极畅通监督渠道，主动接受各界监督，努力提升检察机关的亲和力、公信力以及人民群众的满意度、获得感。

主动接受人大、政协监督。严格落实宪法规定，对人大负责并报告工作，先后就诉讼监督、职务犯罪侦查与预防、办案责任制改革等工作向区人大常委会专题报告。认真办理代表、委员建议、提案，做到“件件有答复、事事有回音”，代表、委员对办理结果均表示满意。积极服务代表、委员履职，建立我院领导干部直接联系机制，加强面对面沟通，强化经常性联系。创新联络机制，提供“菜单式、可选择、多样化”的监督内容，主动邀请代表、委员视察座谈、参观看守所、观摩公诉人出庭，累计听取意见建议500余人次，切实将人大、政协监督转化为改进工作的强大动力。

自觉接受社会、舆论监督。坚持举办博友基层行、检察开放日活动，邀请社区群众、知名博友“走进来”直观了解检察工作。建立新闻发布会、“检务公开”联络员等制度，不断拓宽群众参与司法、监督司法的路径。把网络新媒体作为听民声、察民意的重要渠道，充分利用“两微一端”回应社会关切。与最高检合作创作《我是检察官》系列微视频，以同萌娃对话等老百姓喜闻乐见的形式，展示首都检察形象，释放司法正能量。

依法接受公安、法院制约。严格落实公检法分工负责、互相配合、互相制约的诉讼原则。对公安机关提请复议的不批捕、不起诉案件，一律更换承办人认真审查。注重虚心接受法院、法官提出的意见建议，不断改进检察工作，共同维护司法公正。

过去五年，区检察院坚持锐意进取、砥砺前行，各项工作取得切实进展，多项工作走在全市乃至全国前列，先后荣获“全国检察机关一等功先进集体”、“全国先进基层检察院”等集体荣誉33项，连续五年被评为“全国检察宣传先进单位”，反渎局、未检处获评“全国工人先锋号”，涌现出全国政法系统优秀党员干警、人民满意的政法干警马鲁原，北京市人大代表、“廉政之星”柳青等一批先进典型。

各位代表，区检察院过去五年取得的成绩，离不开区委和市检察院的正确领导，离不开区人大及其常委会的有力监督，离不开区政府、区政协及社会各界的大力支持，离不开各位代表、委员的关心和帮助。在此，我代表区检察院全体人员，向大家表示衷心的感谢并致以崇高的敬意！

审视当前形势，我们也清醒地认识到，检察工作还面临诸多挑战，也存在不少问题：一是面对转型发展所处的新阶段，矛盾与困难叠加，社会安全稳定形势依旧严峻复杂，检察机关运用法治思维、法治方式推动区域科学治理的意识和能力还有待提升；二是面对深化改革提出的新挑战，相关配套制度亟待完善，前期改革的效果尚需实践检验，特别是适应国家监察体制改革的任务较重，需在思想、组织、队伍等多方面做好准备；三是面对从严治检呈现为新常态，仍有少数检察人员未牢固树立程序意识、规范意识，需要进一步扎紧织密严格执纪、规范司法的制度笼子，确保队伍廉洁、司法公正；四是面对群众对公平正义的新期盼，特别是随着新型犯罪不断涌现，部分干警的素质能力还未完全适应，专家型、领军型人才匮乏的问题仍然较为突出。对于这些困难和不足，我们将强化责任担当，采取有力举措，认真加以解决。

2017年工作任务

2017年，区检察院将深入贯彻党的十八大、十八届三中、四中、五中、六中全会和习近平总书记系列重要讲话精神，认真落实上级决策部署，坚持把防控风险、服务发展摆在突出位置，以司法办案为中心，以深化改革为动力，以规范司法为保障，努力为区“十三五”规划全面实施提供安全稳定的社会环境、公平正义的法治环境、优质高效的服务环境。

一是牢固树立首都意识，充分履行检察职能，深入推进区域科学治理。

二是始终坚持首善标准，着力深耕监督主业，坚决捍卫宪法法律权威。

三是注重体现首都特色，扎实推进各项改革，推动检察工作科学发展。

四是突出全面从严主线，切实打造过硬队伍，提升专业化职业化水平。

五是坚持更加积极主动，全面深化检务公开，切实维护司法公正公信。

（责任编辑　华大友）

专　文

关于西城区深入推进发展和管理转型全面提升城市品质的若干思考

中共北京市西城区委书记　卢映川

全面提升城市品质是首都核心区的职责使命，是西城区贯彻党的十八大以来习近平总书记两次视察北京重要讲话精神、全面落实首都城市战略定位的要求，是人民群众的热切期盼，也是落实历史文化保护与传承责任、彰显首都文化魅力的必然选择。那么，城市品质的内涵、外延是什么？西城区城市品质建设的基础和存在的问题是什么？新形势下如何塑造与首都核心区战略定位及人民群众新要求相适应的城市品质？进一步提升城市品质的抓手是什么？这是西城区推进科学治理、提升城市发展品质必须回答的问题，也是本文研究的重点。

一、以人民为中心的城市品质观

（一）城市品质的内涵

城市品质是城市发展质量与精神气质的统一体，是城市规划、建设、管理、服务的质量效果的集中体现，存在于居住人口、工作人口、流动人口包括国内外访客的体验与感受中，是城市认同感、自豪感以及品牌价值的源泉。

城市意味着一种全新的文明生活方式。有品质的城市是人与自然、人与城、人与人和谐协调的城市。“人们来到城市是为了生活，人们居住在城市是为了生活得更好”（亚里士多德）。但城市并不能天然地满足人类对新生活方式的需求，相反，随着工业化的发展，城市人口与产业的集中引起环境的恶化，城市逐渐暴露出一系列矛盾与问题，促使人们去思考城市如何规划和发展。一百多年来，从“田园城市”到生态城市，再到宜居城市，西方规划理论界对城市理想的关注焦点也逐步转向城市中生活的人，认为城市发展应遵循可持续发展的理念，保持弹性的适应力，应具有健康、便捷、安全、绿色的特征[1]。联合国人居组织1996年发布的《伊斯坦布尔宣言》强调：“我们的城市必须成为人类能够过上有尊严的、健康、安全、幸福和充满希望的美满生活的地方。”

城市生活质量是城市品质的核心。有品质的城市是能够让市民有质量、有尊严地生活的城市。学术界对城市品质的研究开始于对市民生活质量的关注。在20世纪50年代，公共政策关注的是以国内生产总值为中心的经济增长，但当时发达国家由于过度关注经济发展而引发一些社会问题，人们并没有觉得经济的繁荣使他们的生活变得更好。1970年代中期，罗马俱乐部呼吁人们创造包括环境因素在内的生活质量指数，来衡量各国不同时期和各国之间的经济发展以及社会福利水平。进入21世纪，随着我国城市化的加速推进，我国学者开始关注城市品质的研究，吴良镛（2001）、连玉明（2006）[2]、宋晔（2007）[3]、杨敏（2007）[4]、王国平（2007）[5]、胡迎春、曹大贵（2009）[6]从生活质量的不同方面丰富城市品质的内涵。连玉明在研究中指出，生活质量是检验城市价值的唯一标准，要“站在人的高度，从生活质量出发，规划城市，建设城市，管理城市，让发展的成果惠及全体人民，这是中国城市发展最重要的价值导向”。胡迎春、曹大贵的研究视野

【1】 Edward M. Gramlich, 1994. “Infrastructure Investment: A Review Essay.” Journal of Economic Literature. 32 （3）: 1176-96.

【2】 连玉明．中国城市生活质量报告（第一版）[M].北京：中国时代经济出版社，2006，3-5

【3】 宋晔．和谐社会城市品质和道德文化建设[J].河南师范大学学报（哲学社会科学版），2007，34（5）：8-11

【4】 杨敏．现代城市品质管理中的马斯洛需求层次理论运用浅析[J].科技经济市场，2007，（5）：54-55.

【5】 王国平，生活品质蓝皮书：2007生活品质评价年度报告，浙江人民出版社，2008.10

【6】 胡迎春、曹大贵：南京提升城市品质战略研究，现代城市研究2009（6）

拓展到适宜人类居住的便捷健康和绿色可持续发展视角，认为城市的品质不仅侧重城市文化，还包括深厚的经济、社会基础以及完善的城市基础设施，是城市品位和城市质量的统一。

城市文化是城市品质的灵魂。有品质的城市是具有独特文化韵味和精神气质的城市。城市文脉是一座城市在长期的发展建设中形成的历史的、文化的、特有的、景观的、地域的氛围和环境，是一种历史和文化的积淀。城市文脉与城市的历史文化、建筑风格、形态格局，以及城市市民的综合素质、文明程度、价值取向、思想情操和精神风貌共同构成城市独特的精神气质，是城市魅力的重要依托。

人类对更美好生活的追求是城市发展的永恒动力。作为承载人类美好生活的重要物质载体，在经济社会发展的不同阶段人们对城市品质的追求会有不同的侧重，城市发展也会体现出不同的阶段性特征。近 20 年来，弗朗索瓦·佩鲁、依安、米勒等一大批学者提出了“以人为中心”的发展观念，强调经济增长不是发展的最高目标，人的全面发展才是发展的最高要求[1]。

（二）城市品质的系统结构

城市是一个以人为对象，以人的发展和服务为核心，由各类物质、资源、环境、信息、文化等共同构成的开放复杂巨系统。城市品质承载着人类对城市的主要期许，体现的是这个复杂巨系统的运行质量，是系统耦合、协同运行的结果。

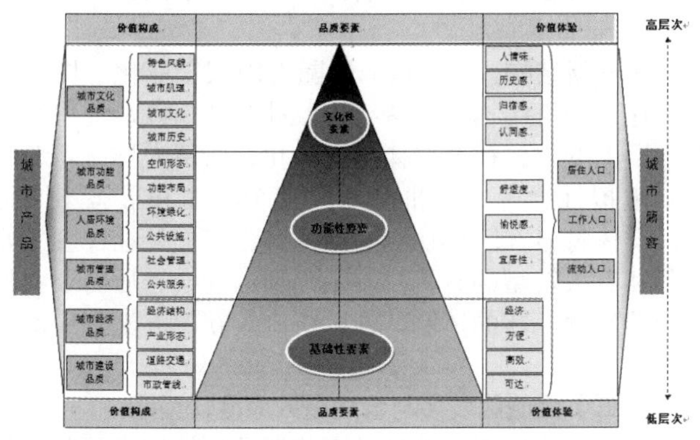

图 1. 城市品质系统的结构模型图

印度建筑大师查尔斯·柯利亚把人的生存环境分为实用、形象和文化三个层次，实用满足基本需求，文化是高级需求，形象是文化的物化形态。城市作为人类生存的重要场所，也需体现这三个特性。借用柯利亚的框架，以基础性要素、功能性要素和文化性要素为核心，将城市发展与治理的成果与城市顾客的体验结合起来，构架起理解城市品质的一个系统结构（图 1）。在这个系统中，所有要素都是城市品质系统的部件，都是相互联系、相互作用和相互影响的关系，决定整个系统运行质量的是各个部件之间的相互协同与和谐的状态和程度，协同程度高、运行和谐的城市是高品质的城市，反之亦然。

参考柯利亚框架，联系西城首都核心区特征，按照“五位一体＋城市”的构架，把城市品质分解为城市经济、城市功能、人居环境、城市文化、城市建设和城市管理六个子系统：

——**城市功能品质。**城市功能系统一般由基本功能与主导功能组成，服务本区域居民生产生活的是城市的基本功能，服务一定区域某些特殊领域的是城市的特殊功能。由于特殊功能决定着城市的性质，因此特殊功能是城市的主导功能，城市基本功能服务主导功能。主导功能的品质决定着城市功能系统的品质。

——**城市经济品质。**经济品质是提升城市品质的基础，其目的在于强调经济增长的质量和效益。一个城市在经济领域的综合表现，取决于经济结构和产业形态，也取决于经济发展方式与路径的选择。从提升城市发展品质的角度来看，经济发展要切实从注重增长的规模与速度向经济发展的质量方面转变，切实提高经济增长的质量和效益。

——**人居环境品质。**人居环境品质包括两个方面内容：一是自然生态环境，包括城市的自然山体及河流、森林绿化等主要自然生态环境要素，通过合理利用的开发，形成适宜人居的自然环境；二是人工环境，包括通过城市规划建设布局、城市形态及结构、建筑结构及布局等营造人工物质环境。提升人居环境品质即是创造人与自然、城市与自然和谐相处的环境，实现城市发展适宜人居的目标。

——**城市建设品质。**城市水、电、气、通讯和道路交通等基础设施以及市政公用设施是支撑城市功能的物质载体，其规划建设的水平直接影响城市运行和人民生活，是城市品质的重要支撑，也是城市品牌形象的重要源泉。

——**城市文化品质。**文化品质是城市品质提升的灵魂，其目的在于强调城市发展的内涵。城市魅力的灵魂来自于历史文化的积淀、城市肌理的延续、城市文化的繁荣，而将城市特殊的文化融入城市规划建设及市民生活的方方面面，形成特殊的精神风貌，更是一个城市的个性所在，是城市品质提升的重要方向。

——**城市管理品质。**有效的城市管理是政府的职责所在，是城市经济发展、社会有序、文化繁荣和建设优美城市环境的有力保障，从而也是城市品质提升的保障。社会管理和公共服务是政府职能的重点。管理品质提升的着力点是构建廉洁高效的政府形象，通过建设行为规范、运转协调、公正透明、办事高效的政府，提升社会管理和服务的水平，为企业创造良好的投资环境，为市民营造优越的生活条件。

（三）城市品质的表现形式

城市品质外化为城市形象、城市特色和城市精神，

【1】 周长城，柯燕．客观生活质量：现状与评价 [M]. 北京：社会科学文献出版社，2008.4

并进一步形成城市品牌，提升城市的影响力和竞争力。

——城市形象（City Image）。城市形象是一个城市给人的整体印象，是城市独有的区位、性质、文化、资源禀赋及生活方式的综合反映，是城市重要的无形资产，表现的是城市中最具有比较优势的部分，是城市品质外在的最突出的表现。具有良好城市品质的城市，必然以良好的城市形象为支撑的。

——城市特色（City Feature）。城市特色是一个城市明显区别于其它城市的个性特征，是该城市在一定的时空条件下，社会、经济和环境有别于其他城市的综合表现。一个城市的特色主要体现在建筑形式、传统空间风貌、自然环境、基础设施、绿化小品、区域环境等方面，也可以体现在经济结构、经济组织特色、文化制度及人才、知识、创新等方面，是反映城市品质个性魅力的关键之所在，从城市个性的角度体现城市的品质。

——城市精神（City Spirit）。城市精神是城市的历史文化、建筑风格、形态格局，以及城市市民的综合素质、文明程度、价值取向、思想情操和精神风貌的综合反映，是城市政治、经济和文化在精神领域的集中体现。城市精神是城市之魂，是市民整体素质的集中反映，是城市品质的鲜明体现。

——城市品牌（City Brand）。城市品牌是城市风格与个性、城市形象与实力的统一，它凝聚和体现着城市的功能、理念、整体价值取向，集中了一座城市自然资源和人文创造之精华，以高度凝练的形式展现一个城市品质的高低。

二、提升城市品质是新时期西城区的职责使命

西城区是首都功能核心区，集中体现了北京作为我国政治、文化中心的功能，是“四个服务”最主要的载体，在国家和首都治理体系中有着特殊位置和重要作用。在京津冀协同发展和落实首都新定位的新形势下，深入推进发展转型和管理转型，全面提升西城区的发展品质，既是首都核心区的历史使命，也是实现地区可持续发展的根本要求。

（一）新时期西城区发展与管理新形势

习近平总书记2014年2月26日视察北京并发表重要讲话以后，北京的发展进入一个新的历史时期。进入新时期，西城区经济社会发展的内外环境发生了许多历史性的变化。

——新定位，新要求。总书记提出，首都要瞄准全国政治中心、文化中心、国际交往中心、科技创新中心的战略定位，坚持和强化首都核心功能，努力建成国际一流的和谐宜居之都。西城区作为核心区，是首都的窗口，是履行首都职责的主要承载区，要全面体现首都“四个中心”的定位，西城的环境要更加优美，服务要更加优质，发展要更加可持续，人口、资源、环境要更加协调。适应这些新要求，在功能疏解、产业布局、人口调控、城市管理、古都保护、文化建设、社会治理、维稳治乱等重大问题上需要系统思考，科学谋划。

——新常态，新挑战。2014年7月习近平总书记用“新常态”来描述当前及今后一段时间中国经济的运行态势，其最重要的内涵是对三大发展态势的把握，即经济发展速度由高速转向中高速，发展动力由要素驱动、投资驱动转向创新驱动，经济结构不断优化升级，第三产业、消费需求逐步成为主体。对于西城区来说，如何在资源环境约束趋紧的情况下理性对待经济换挡期中速增长的新常态，科学防范转型阵痛期的新风险，牢牢把握改革攻坚期的主动权，确保增长可持续、发展有动力、经济有活力，是一个严峻的挑战。

——新环境，新格局。近期乃至以后相当长时间内，京津冀协同发展将是西城发展的最重要的外部环境。外部环境的变化，主要体现在我们的决策空间发生了巨大变化。作为首都核心区，西城区在考虑功能定位、产业分工、城市布局、设施配套、交通体系等重大问题时具有更大的腾挪空间，需要自觉纳入京津冀协同发展的大局中，做好全区一盘棋，服务全市一盘棋，维护全国一盘棋，切实解决好西城区在未来要支撑什么、引领什么和示范什么的问题。

——新技术，新机遇。从20世纪40年代开始的新技术革命深刻影响着产业的发展、城市的运行、社会的变化以及人们的思想行为方式。特别是新世纪以来以信息技术为代表的第三次新技术革命，在塑造新的产业、新的社会和新的城市生活方式的同时，也为解决城市发展和治理过程中的复杂矛盾提供了新的手段，开拓了新的空间。

——新结构，新矛盾。伴随着国家工业化、城市化的加速，经济结构、消费结构、社会结构以及文化结构发生巨大变化，社会群体急剧分化，新新人群、新新组织、虚拟社会等一大批全新的社会群体和形态不断涌现，群体符号、阶层认同不断洗牌，我们处在社会急剧变革和巨大转型的时代，一系列新的社会矛盾需要我们以新的理念、新的体制、新的机制、新的方法来应对和处理。

（二）西城区发展与管理进入深度转型期

在新的形势下，西城区面临资源环境约束趋紧和城市治理要求提高的双重压力，未来西城区的发展和管理将出现一些新的变化：

——地区发展的主要矛盾发生变化。随着经济社会发展水平的提高和内外环境的变化，西城区经济社会发展的主要矛盾也相应发生重大变化，首都发展的要求与核心区人口、资源、环境的矛盾，先进的社会生产与落后的社会服务管理之间的矛盾逐步上升为地区发展的主要矛盾。西城需要把握新形势新矛盾，努力塑造与国际一流和谐宜居之都相适应的城市品质。

——经济增长模式发生变化。功能疏解、人口调控背景下，城市经济发展不再具备外延发展的条件，转而聚焦主导产业与主导功能的融合与集中，整体发展需要有比较强烈的中心化和高端化意识，强调城市核心区

的高端功能和整体影响力，以及在某些领域的国际影响力。

——城市发展模式发生变化。随着发展阶段的变化，核心区集中连片大规模的开发建设模式难以为继，建设总量控制和开发强度控制成为必然趋势，城市发展今后将主要转向有机更新，按照城市内在的秩序和规律，顺应城市的肌理，对各种生态、空间、文化、视觉及游憩环境等进行改造，同时推动业态调整转型。

——城市发展内涵发生变化。在城市发展的空间、生态和人口约束趋紧的情况下，首都核心区城市发展的内涵发生了重要变化，相对于规模和速度，对品质的追求越来越成为城市发展的核心价值。文化要素对首都核心区城市品质塑造的重要性将越来越凸显。如何把文化资源优势转变成产业优势和竞争优势，用文化发展来提升核心区的整体品质，将成为西城区全面协调发展的重要课题。

——城市治理方式发生变化。在经济、社会、思想文化及价值日趋多元的情况下，首都核心区要逐步由管理向治理转型，在强化政府公共管理职责、提升公共管理能力的同时，要更加注重人民本位的治理理念，更加注重社会的协同与参与，更加注重治理粒度、频度和维度的精细化，更加注重现代科技的运用，更加注重规范化、制度化和法治化建设，积极推动治理理念科学化、治理主体多元化、治理方式精细化、治理手段现代化，引导、团结和带领人民群众与驻区单位共同打造西城区美好的明天。

（三）全面提升城市品质是推进转型发展的方向目标

适应新的形势和任务的变化，西城区必须切实把发展转型、管理转型引向深入，把工作重心和主线聚焦到治理科学化和城市品质提升上来，更好地保障首都职能履行，更好地服务市民生活宜居，更好地展现城市文化风采。

贯彻落实新理念新思想新战略需要全面提升城市品质。党的十八大以来，以习近平为核心的党中央毫不动摇坚持和发展中国特色社会主义，勇于实践、善于创新，形成一系列治国理政新理念新思想新战略，为在新的历史条件下深化改革开放、加快推进社会主义现代化提供了科学理论指导和行动指南。作为首都核心区，西城区贯彻落实新理念新思想新战略，必须坚持以人民为中心，贯彻五大发展理念，按照四个全面、“五位一体”的要求系统推进城市功能、经济、人居、建设、文化和管理品质建设，在全面提升服务保障能力的同时提高人民群众的获得感。

落实首都新定位需要全面提升城市品质。进入新时期，西城作为首都城市核心区，是首都核心功能的主要承载地，肩负着服务保障首都职能履行的重要职责和光荣使命，是向世界展示中国城市发展形象的重要窗口。特定的区位、职能对西城区规划建设品质和管理服务品质提出了更高的要求。西城区必须准确处理好国家战略要求、首都发展大局和自身发展的关系，聚焦光荣使命和根本职责，持续提高城市规划建设水平和管理服务质量，努力为首都职能履行创造最优质的环境，提供更高质量的服务。

实现可持续发展需要全面提升城市品质。在首都发展阶段和环境条件发生深刻变化的形势下，全面提升城市品质既是核心区发展转型和管理转型的本质特征和客观要求，也是新时期西城区实现可持续发展的根本出路和坚实基础。要求我们必须端正发展思想、更新发展理念、转换发展模式，自觉从国家和人民的需要出发，把品质提升摆在更加突出的位置，着力在增强服务功能、优化产业结构、改善生态环境、完善公共服务、强化精细管理、塑造特色风貌等方面多下功夫，下深功夫、细功夫，努力实现城市品质的新提升。

回应人民群众对美好生活的期盼需要全面提升城市品质。城市发展最根本的是服务于人，让生活和工作在这里的人们满意。人民群众满意与否是检验城市发展和工作成效最根本的尺度。历史实践表明，发展水平的提升必然伴随着需求层次的提升。2015 年全区人均 GDP 已突破 4 万美元。高水平的发展必然追求高品质的城市生活，人们渴望更优美的环境、更便利的生活、更良好的秩序、更周到的服务。我们必须积极回应群众的期待和要求，切实把以人为本落到实处，自觉从群众需要出发做好城市工作，更加注重细节体察和服务完善，积极补短板、惠民生、提品质、增宜居，努力实现城市让人民群众生活得更美好。

保护与传承历史文化需要全面提升城市品质。西城区是古都北京建城、建都的肇始之地，拥有丰富灿烂的历史文化遗产，是这座世界名城独特的品质、魅力所在。保护好历史文化遗产，不仅不能让它受到破坏，而且要让它增辉添彩、传给后代。必须有一种历史的眼光，把当下的规划建设管理工作，放在从过去到现在、从现在走向未来的时光长河中，去审视、去定位，更加注重保存历史文脉，保护好古建筑，保护好历史文化街区，保护好文物，保护好名城风貌和无形传统，以创造历史、追求艺术的精神，精心雕刻城市，确保经得起历史和实践检验，努力做到既无愧于前人，也无愧于后人。

三、西城区提升城市品质的实践成效和存在问题

多年来，特别是近两年多来，全区坚决贯彻落实习近平总书记系列重要讲话特别是视察北京重要讲话精神，紧扣首都城市战略定位、国际一流和谐宜居之都战略目标，坚持以首善标准做好城市工作，着力增强首都核心功能，加快疏解非首都功能，全面打响治理“大城市病”攻坚战，大力实施民生改善工程，区域综合实力和发展水平不断提升，各具特色的功能街区发展格局初步形成，城市基础设施日益完善，城市文化魅力不断展现，管理水平和公共服务质量显著提高，城市运行和社会氛围和谐有序，有效保障了首都职能履行。但与西城区的城市地位相比，西城区的城市品质与所承载的首都功能有许多不相适应的地方，城市规划建设管理中仍然

存在许多亟待解决的突出问题，城市品质提升面临着诸多复杂矛盾和挑战。

（一）从功能及运行状况看，总体上城市运行有序高效，服务保障能力持续提高，但人口资源矛盾突出

西城区自觉把区域发展放到国家战略与首都大局中去审视定位和谋划推动，严格实施产业“负面清单”管理，切实加强市场监管和空间管控，以“壮士断腕”的决心全面打响了疏解非首都功能攻坚战。动物园等地区的区域性批发市场和小商品市场疏解取得重大阶段性成果。多措并举调控人口规模，在2014年，实现了常住人口和常住外来人口从增到减的拐点变化（图2）。市政基础设施建设全面转型升级，承载能力大幅增强、服务水平显著提升，圆满完成了APEC会议、国庆65周年、反法西斯战争胜利70周年等重大活动服务保障任务，不断增强首都和核心功能。

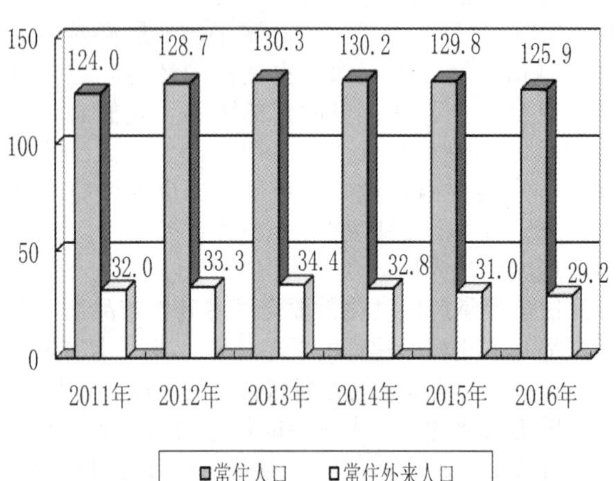

图2：2011—2016年西城区常住人口及常住外来人口数量变化情况

与此同时，西城区集中了全国优质的教育、医疗等公共资源，具备了许多基于首都核心功能的延伸功能，具有高度集中的资源配置权，对周边省市产生强烈的“虹吸效应”。周边省市大量的人口源源不断地流向西城区，常住人口在2013年突破130万人大关，人口的增长对资源承载力造成了巨大的压力。人口过多带来公共服务资源的紧张，导致交通拥挤、空气污染等城市病的发生。

以交通为例，目前西城区交通出行强度不断增长。2015年西城区交通拥堵指数是8.5，居城六区之首，人口与功能的持续聚集对交通造成重大影响。按照《城市用地分类与规划建设用地标准》的规定，交通运输用地应不少于12平方米/人，实际上西城区只有9.05平方米/人，缺口有383.5万平方米，而全区目前存量可开发用地总共只有140.77万平方米，约占区域土地总面积的2.8%（表1，数据更新至2015年1月底）。

表1：西城区各类存量用地一览表

用地类型	面积（万 m^2）	占比（%）
土地储备开发项目用地	64.45	46
出让批后监管项目用地	19.09	14
“城中村”环境整治项目用地	2.91	2
“边角地”项目用地	7.77	6
地铁站口织补项目用地	3.83	2
工矿仓储用地	23.02	16
公交场站用地	14.83	11
菜市场用地	4.87	3
合计	140.77	2.8

这种情况说明，解决人口资源矛盾，除了强化需求侧管理，加大功能疏解、人口调控力度之外，在供给侧方面，通过扩大土地供给来缓减矛盾的大门已经堵死，充分运用现代信息技术盘活资源存量、提高资源使用效率是西城区进一步提升城市功能品质的必由之路。

（二）从经济发展及业态状况看，总体上经济发展水平高，服务经济特征明显，但融合发展任重道远

近年来，西城区按照习近平总书记对北京经济发展提出的“五化”要求——高端化、服务化、集聚化、融合化、低碳化，追求有质量的、有效率的、可持续的发展，稳增长、调结构、促转型，强化产业优选精选和资源投向调控，基本形成与区域功能协调适应的“高精尖”服务型经济格局。2016年西城区地区生产总值达3533.6亿元，人均41610美元，服务业增加值占GDP比重超过90%，生产性服务业占GDP比重超过70%，金融业增加值占全区GDP比重由“十二五”初期的40.4%提高到2016年的47.5%，对全区经济增长年均贡献率达64.8%，集中体现了西城区经济发展的服务化、高端化和低碳化特色。

西城区积极探索功能街区发展模式，统筹推进产业发展与功能区建设，重点区域集聚了全区52.2%的法人单位和56.8%的法人资产，实现三级税收3418.3亿元，实现区级税收247.8亿元，占全区比重分别为90.6%和72.5%，集聚、集约发展取得重要进展。

对照总书记提出的“五化”要求，西城区在服务化、高端化、集聚化及低碳化发展方面走在了全市、全国的前面，但在融合化发展方面，还有有较大的提升空间。产业业态两极化比较严重，新业态、新经济体量较小，短时间内难以对全区经济形成支撑。以2016年重点区域规模以上法人单位的经济发展数据为例，金融街以28.1%的法人单位创造了63.5%的收入和83.2%的利润（表2），业态转型升级、结构深度优化还需要充分利用金融街和中关村西城园的发展平台，充分发挥金融产业优势，带动新型产业发展，更高水平上实现融合发展，带动全区实现功能嵌入式协调发展。

表 2：2016 年西城区重点区域主要经济指标

	规模以上法人单位数（个）	收入合计（亿元）	利润总额（亿元）	全社会固定资产投资额（亿元）
合计	1918	15133.4	5401.0	137.7
中关村西城园	1140	4962.3	744.3	56.2
北京金融街	538	9605.4	4495.3	39.2
大栅栏琉璃厂区域	78	344.1	−6.8	29.5
天桥演艺区	80	115.3	3.1	8.8
什刹海阜景街区域	159	397.2	42.2	33.6
马连道街区	40	77.7	1.4	1.3
西单商业区	83	169.8	117.2	4.8

附注：1. 由于重点区域划分有交叉，故分项之和大于等于合计数。（下同）

2. 收入合计、利润总额为 1–12 月数据，不含建筑业。

（三）从城市人居环境状况看，城市环境持续改善，城市管理日趋精细化，但平房区居民居住条件改善难度较大

多年来，西城区高度重视人居环境建设，建设了一批城市公共空间，初步形成覆盖全区、设计合理、便利市民的公共空间体系；以“三金海”地区为重点，改善了一批街区风貌；加大遗留问题的解决力度，全面启动棚户区改造，改善了居民生活环境条件；结合国家级城市环境分类分级管理综合标准化试点工作，形成了一套相对科学的管理办法和标准；注重管理环节统筹、实施主体协调、工作领域联动，建立了一套长效工作机制。西城区连续 4 次被评为“全国文明城区”，初步形成了城市精细化管理新格局，持续提升了城市人居环境水平。

在人居环境建设方面，西城区的最大短板应该在平房区。平房区户均房间数量少，户均建筑面积小，市政设施配套不完善，环境脏乱差，居民生活品质较低，是西城区城市品质建设的薄弱环节和重点领域。

西城区的平房区 80% 多是直管公房。依据西城区房管局 2015 年 7 月的房屋普查数据，目前西城区直管公房中有平房 85215.5 间[1]，建筑面积 137.99 万平方米，涉及户数 55990 户，户均约 1.14 间房、24.6 平方米。其中 108 万平米左右分布在文保区，涉及的户数 45000 户，基本上占整个平房的 80% 左右（表 3）。如果说非文保区可以纳入棚户区改造的政策范围予以解决，那么文保区的问题要复杂和困难的多。按照 2020 年全面建成小康的标准，平房区要达到人均 30 平方米住房面积，西城区的差距较大。

表 3：西城区直管房屋一览表（2015 年房屋普查数据）

所在街道	总计	平房		楼房	
	建筑面积（万㎡）	间	建筑面积（万㎡）	栋	建筑面积（万㎡）
什刹海	39.12	20535	32.47	133	6.65
大栅栏	31.86	17127.5	24.89	302	6.97
新街口	25.12	8440.5	16.39	66	8.74
广安门内	21.63	6878	11.77	78	9.86
天桥	16.35	6145.5	9.11	122	7.24
广安门外	15.43	388	0.87	78	14.56
展览路	14.94	558	1.36	113	13.58
西长安街	13.34	6425.5	10.77	65	2.57
金融街	12.38	6544	10.42	33	1.96
椿树	9.72	5207.5	7.63	31	2.09
白纸坊	9.06	1235	2.55	59	6.51
陶然亭	8.69	2478	4.01	38	4.68
牛街	6.98	2949	4.83	18	2.15
月坛	3.16	41	0.08	14	3.09
德胜	3.28	263	0.85	27	2.42
合计	231.06	85215.5	137.99	1177	93.07

（四）从城市建设水平看，基础设施相对完善，城市建设的制度性机制逐步跟进，但市容环境品质较低

西城区委区政府紧紧围绕人民群众对美好城市生活的向往，突出和谐宜居要求，扎实推进高品质的城市生活家园建设，“煤改电”、低洼院改造、老楼通热和节能改造、“一户一表”、垃圾清洁站及公厕改造、道路大中修、慢行系统改造等一系列民生工程顺利实施，城市基础设施进一步完善。同时，为了更好地保障首都职能履行，服务市民生活宜居，确立了“安全、安静、舒适、古朴、典雅”的发展愿景，研究制定了《关于进一步加强规划建设管理工作全面提升城市品质的实施意见》，形成了统领今后一个时期区域城市发展的总体安排，并提出将城市设计纳入总体规划管理，全面推行城市设计，强化城市风貌管控，逐步构建起高品质城市建设的制度框架。

但从现状看仍然存在许多问题，主要是：城市景观

【1】 说明：对于平房，有半间计租的，小于 6 平米就是半间。如，小厨房，耳房，都按照半间计租

同质化严重，缺乏对首都文化资源的挖掘，文化底蕴彰显不足；城市景观品质低，多重复，精品景观工程缺乏；市容环境相关标准起步早，更新慢，范围窄，标准低，不具体，难实施，等等。比如，历史文物景观缺乏区域性整体保护，历史性文化积淀没有得到应有的挖掘，古朴、典雅、恢弘、大气的古都风貌没有得到充分的展现。并且，历史文化保护区内胡同与普通胡同的环境面貌差距比较明显，比如干苄胡同、刘海胡同、义达里胡同、培英胡同、博兴合同、砖塔合同与留学胡同、宫门口东叉胡同、报国寺东夹道、柳荫街胡同等相比较，市容环境面貌的差距太大。因此，要尽快编制完善技术导则，建立风貌设计审查机制，强化城市景观、公共空间、建筑风格设计管理。严格落实空间管控要求，立足不同街区的主导功能，深入推进分区域、分单元精准实施，使城市风貌更加协调。加强城市微景观建设，统筹推进城市家具、公共雕塑、街心小品设计与布置，赋予城市更多人文气息。街巷胡同是城市管理工作和环境建设的突破点，要加快整治和建设。

（五）从文化保护与发展看，历史文化保护体系完整，区域文化日益繁荣，但历史文化街区更新保护要创新思路

西城是首都历史文化核心承载地。以追求艺术、创造历史的精神，保护传承好历史文化名城金名片，精心雕刻城市，延续城市文脉，凝聚文化精神，塑造更具魅力的城市风格和文化形象，是西城区的重大历史责任。多年来，西城区积极构建“名城、名业、名人、名景”工作体系，实施文物“解危、解放、解读”工程，加强历史文化遗产保护，文保区疏解腾退有序展开，北京坊、杨梅竹斜街等历史街区风貌整体改观，雁翅楼等一批重要文物建筑精彩亮相，古建油漆彩绘等一批非物质文化遗产得到保护传承。同时着力建设“记忆西城、书香西城、艺术西城、时尚西城”，实施文化惠民“365 工程”，打造一系列社区文化品牌，历史文化与现代文明交相辉映、融合发展的区域文化发展格局初步形成。

但是，西城区历史文化点多面广，情况复杂，任务繁重，历史文化保护存在不少问题：一是文物建筑腾退进展缓慢，使用功能不合理或业态低端，无法体现文物价值或未能发挥应有的作用，建筑年久失修，有相当一部分存在严重的建筑结构及消防安全隐患。二是历史文化街区保护滞后，历史文化街区人口密度高、居住条件差，违章建筑多，基础设施薄弱，周边环境杂乱，房屋破损严重，很多四合院沦为“大杂院”，原有的院落格局与文化氛围荡然无存。三是保护投入模式单一，目前旧城保护的费用主要依靠财政资金和银行贷款投入，社会资金进入的资金运作、公房流转、土地出让、文物征收等模式尚在探索阶段，社会参与的渠道尚待拓宽。四是社会公众参与度不高，文物建筑的腾退、保护与合理利用、地下文物保护、地下空间利用、非物质文化遗产传承等工作很多还处在探索阶段，社会和公众参与保护、建设、享受成果的广度和深度都存在一定的局限性。这些问题都需要进一步创新思路，创新模式，在不断深化历史文化保护体制机制改革中加以解决。

（六）从城市管理水准看，“大城管”格局基本形成，“全响应”模式逐步成熟，但公共治理基础需要进一步夯实

历经数次城市治理体制改革与机制更新，西城区城市管理体制机制不断完善，保障体系逐步成型，目前已经基本建立了“两级政府、三级管理、四层网络、条专块统”的城市管理体制和“统一领导、各司其职、规范管理、强化基层”的大城管格局，城市环境建设的统筹规划、协调调度、组织实施、审批管理、检查监督、应急救灾等职能有效落实，地区环境保障能力进一步增强。在社会治理方面，积极发挥街道统筹作用，不断深化“访听解”工作机制，构建了全响应网格化社会治理工作体系，逐步实现了社会服务、城市管理、社会治安三网融合，社会共建共享机制逐步完善，成功创建综合减灾示范区，加强矛盾纠纷排查化解，加大信访积案化解力度，健全立体化社会治安防控体系和反恐防恐工作体系，安全稳定的社会局面进一步巩固。

但是，由于西城区人口密度大，老旧中心城区市政基础设施薄弱，公共安全隐患多，城市管理和社会治理中存在着统筹协调能力不够强、条专块统不到位、责权利不统一、行政执行力弱、监察执法手段单一、痼疾顽症时有反弹等矛盾与问题。在当前巨大的社会流动、急剧的社会变革和互联网全面普及的背景下，社会群体的价值观、素养、组织化程度，深刻影响着监管的成本和社会治理的成效，必须重视社会治理的基础塑造，机制的建构，加大力度推动社会诚信体系、公共责任体系的构建、公民素养的提升、社会组织的培育、城市文化精神和共同家园意识的培育，使我们的治理基础更加稳固。

四、以六大行动为抓手，全面推进城市品质提升

2017 年 2 月，习近平总书记再次视察北京，对北京的城市规划建设和冬奥会筹办工作做出了新的指示，提出了新的要求。落实习近平总书记两次视察北京精神，全面提升城市品质，要把以人民为中心的发展思想和五大发展理念切实贯彻落实到城市发展各方面、全过程，坚持以新的思想理念统领城市发展，积极适应发展阶段变化，注重从整体、全局中来思考，综合考虑经济增长、财力增强与人民幸福感、满意度的提升，综合考虑城市现代化与生态环境优美宜居，综合考虑管理服务高效、社会运行安全以及人与人关系和谐，切实找准推进区域发展转型和管理转型的薄弱环节和关键领域，找准城市品质提升的切入点、着力点，精准发力，系统推进。

（一）实施城市功能优化配置行动，坚定不移地推进非首都功能疏解和人口调控，运用大数据优化城市功能系统，全面提升首都功能品质

当前，西城区提升城市功能品质，一要勇于做“减法”，继续坚定不移地推进非首都功能疏解和人口调控，着力完善城市功能系统的结构；二要善于做“加法”，以国际一流的标准，加快推进基础设施的建设改造，全面提升街区功能品质；三要敢于做“乘法”，重视大数据理念和现代信息技术在城市运行中的运用，优化功能配置，放大系统能量，提高运行效率，努力走出一条大都市人口经济密集地区城市功能品质提升的现代化之路。

纵深精细推进非首都功能有序疏解。立足首都城市战略定位，紧紧围绕强化首都核心功能，坚持以改革精神，积极推进体制机制创新，探索政策措施、管理手段创新，坚决打赢“疏解整治促提升”攻坚战，集中力量完成重点地区的区域性批发市场整体疏解，主动推进教育、医疗资源等社会公共服务功能的有序疏解，积极推进业态调整，以业态调整来促进功能的提升，着力破解人口过多、交通拥堵、大气污染等群众关心的瓶颈性、制约性问题，高标准、高水平做好各项服务保障工作。

运用大数据创新和加强人口调控。在目前“以房控人”“以证管人”“以学控人”“以水控人”等传统模式的基础上，要积极创新人口调控手段，推动大数据和人口调控有机结合，发挥新技术在人口数据采集、关联分析和科学预测等方面的作用，加强部门之间的统筹合作，建立大数据采集机制，探索构建大数据分析及应用模型，建立基于大数据的人口评价体系，为人口调控提供更加快速、更加全面、更加精准、更加有效的方法和工具，努力实现人口数据更加精准，人口决策更加科学，人口调控更加有效。

建设功能特色鲜明的新街区。坚持以人民为中心的发展思想和五大发展新理念，尊重城市发展规律，着眼于城市可持续发展，瞄准一流的国际标准，建设适度超前的基础设施，提升区域城市装备现代化水平，为城市运行提供更加坚实高效的基础支撑。在转变动力、创新模式、提升水平上下功夫，坚持“精明增长”，建设“紧凑城市”，落实“多规合一”，时刻与北京总体规划对表，加强对区域各街区历史沿革、发展现状和未来愿景的综合考虑，不断探索创新街区规划实施体系，形成若干规模相近、功能清晰、特色鲜明的街区，探索多规划底图叠合、数据融合、政策整合的路径，做到服务保障能力同城市战略定位相适应，人口资源环境同城市战略定位相协调，城市布局同城市战略定位相一致。

加快推进“智慧西城”建设。加强智慧基础设施建设，统筹建立区街统一的综合数据库，强化重点项目试点，保障城市安全智慧高效运行。完善智慧政务体系，形成“互联网＋政务服务”的创新发展模式，推动体制机制改革。建设智慧城市管理体系，逐步形成全面感知、广泛互联、高度智能的立体化和精细化城市管理体系，使城市资源得到优化配置和高效利用。建设智慧公共服务体系，打造信息惠民公共服务平台，使公众能方便、及时、高效地获取基本公共服务，提升全区居民幸福感。

（二）实施业态转型升级行动，依托优势产业构筑高端产业体系，着力优化地区产业生态，全面提升经济发展品质

提升经济发展品质，必须牢固树立五大发展理念，立足优化增强首都核心功能、瘦身健体谋发展，坚持以“高精尖”为方向，谋划金融、科技、文化、商务服务等高端服务业的融合发展，提升整体发展水平。

发挥政策优势，推动街区发展从产业功能导向性向城市功能导向性转变。进入新时期，区域发展必须适应新形势，遵循新理念，创新新路径，进一步创新模式，努力实现从开发商与资本主导的产业功能导向型发展向规划主导的城市功能导向型发展转变，从偏重扩张规模、做大总量、加强开发，向更加重视优化结构、增加效益、提升品质转型，从聚集功能求发展，向疏解功能、调控人口、瘦身健体求发展转型，从更多关注经济增长，向更加注重经济、社会、文化、生态等各方面整体协调发展转型，进一步完善指挥部体制，强化街区整体发展规划和顶层设计，强化分区域管理，谋划街区在更高水平上实现科学化、规范化、整合化、特色化、功能化、高端化发展。

发挥金融优势，推动现代金融与新产业的融合发展。依托金融街、中关村科技园西城园两大发展平台，把握服务业扩大开放综合试点机遇，积极深化市场准入机制和监管模式、配套支撑和促进体系等方面体制机制改革，加快营造国际化的营商环境。加强政府资金引导，形成以企业投资为主体，以银行信贷、产业投资、股权投资、创业投资以及上市挂牌等多种融资形式为手段的投融资体系，有效解决科技、文化等现代服务业投融资“瓶颈”问题，形成符合产业发展需求的金融推动力。充分发挥金融资源集聚优势，支持各类金融企业不断加强金融产品和服务创新，鼓励驻区金融机构加强创业企业服务和金融服务产品创新，形成差异化的机构体系和多样化的产品体系，提升金融服务专业化水平，深入推动金融与科技、文化等现代服务业融合发展。

发挥文化优势，以科技与文化的融合带动产业融合。依托“国家知识产权试点城区”“国家级文化与科技融合示范基地”、中国北京出版创意产业园区、DRC 设计产业基地和中国设计交易市场等平台，充分发挥文化资源丰富的优势，积极营造良好创业环境，注重将互联网应用、生命健康、智能制造、虚拟现实等领域新兴产业培育与文化创意资源综合开发结合起来，与“智慧西城”建设结合起来，不断优化政策支持方式，加快推进一批示范项目，支持开展新技术、新产品应用，为现代科技发展注入文化创意的内涵，为文化创意产业插上现代科技的翅膀，以文化与科技的融合带动经济发展品质的全面提升。

发挥市场机制作用，以资源投向精准调控引导推动发展转型升级。认真落实供给侧结构性改革要求，把资源投向调控作为重要抓手，积极探索有效的路径与措施，促进业态调整升级和经济发展品质提升。加大资源投向调控力度，加强各方面资源全面梳理，摸清资源盘子，建立明细台账，立足精细管理、精准使用，加强优化配置，切实提高资源使用效率。进一步构建完善资源投向调控体系，厘清相关的法律规定、政策要求，积极总结实践经验，深入研究有针对性、可操作性的措施办法，形成长效机制，力求把每一个空间、每一间房屋、每一片土地、每一种资源都精细管理好、使用好，确保使用方式与核心功能增强、业态调整升级、城市品质提升相适应，把有限资源真正用好。

（三）实施绿色宜居建设行动，将功能区建设与环境治理结合起来，全面提升人居环境品质

城市品质最终体现为人们工作和生活更方便、更舒心。将生态文明推进、历史文化名城保护和增进民生福祉三者有机融合，打造天蓝、地绿、水清、城美、人和的绿色宜居城区，是落实首都新定位，建设国际一流和谐宜居之都的客观要求，也是西城区治理城市病、补齐绿地短板、全面提升城市环境品质的重要措施。

着力拓展绿色空间。加快推进城市绿道、规划绿地建设，制定实施街心公园、微型花园建设计划，提升公共绿地养护水平，实现边角地、畸零地、闲置地和市政遗留项目等播绿、植绿。依托各类绿地、公园，改进设计、拓展功能、配齐设施、完善管理，有效增加公共休闲空间供给。围绕“六海”水系、公园湖泊、滨水绿道，加大水生态修复和水环境改善力度，努力构建水清岸绿的区域水网。

着力整治市容环境。严格落实清洁空气行动计划，推进雾霾问题治理。加大城市痼疾顽症治理力度，持续打好“拆违、灭脏、清障、治污、治乱、规范市场、缓堵、治理‘开墙打洞’”八大战役。加强街面秩序管控，规范城市家具、户外广告设计与设置，规范商家户外经营行为，认真落实“门前三包”，积极推行临街公约。抓好老旧小区、平房院落、背街小巷环境治理，广泛发动居民参与，共同维护良好环境秩序。全面推行城市环境分类分级管理，探索专项整治与常态治理相结合的新机制。

着力改善居民生活条件。统筹抓好棚户区改造项目，全面推进老旧小区基础设施改造提升，研究制定公共服务设施配置标准，制定年度实施计划并逐步落实，不断提升老旧小区综合功能。着力改善老旧小区、平房区管理服务，以直管公房改革试点为突破口，探索就地改善、适当疏解、保护风貌、投入可持续的改造模式，加快实现准物业管理全覆盖，真正让群众住得便利、舒适。

着力促进公共服务便利化。积极回应群众关切，扩大普惠性幼儿园供给，规范实施“学区制”，完善生命全周期保障体系，让群众享受高品质的公共服务。积极应对人口老龄化，加快国家养老服务业综合改革试验区建设，搞好街道养老照料中心、社区养老驿站和服务平台建设，全面推进社区养老、便老服务设施改造。积极推动社区服务网络建设，促进生活性服务业便利化、规范化、品牌化、连锁化、集约化发展，提高“一刻钟社区服务圈”覆盖率与服务水平。

（四）实施街巷公共空间品质提升行动，打造城市精品力作，全面提升城市建设品质

城市公共空间是城市公共生活的重要舞台，公共空间的品质在很大程度上体现了城市的生活的品质。城市街道承载着交通、生态环境、公共服务等重要功能，是城市公共空间的重要组成部分，是除广场、公园之外城市居民活动最为频繁的室外空间。提升街巷公共空间的建设管理品质，是都市核心区提升城市品质的重要着力点和核心内容之一。

编制西城区街巷公共空间规划设计导则。坚持“以人民为中心”的理念，科学规划设计街道公共空间。以街道办事处辖区为单位，遵循安全性、集约性、复合性和智慧化的理念，按照商业街道、生活服务型街道、景观休闲型街道、交通型街道和综合型街道等不同类型，以人性化的尺度对街巷空间进行规划设计。重点是实现三个转变：一是从“以车为本”向“以人为本”转变，在规划设计中既要考虑机动车的通行效率，也要顾及非机动车和人的顺畅流动，真正体现路权资源分配的公平、公正、合理。二是从“道路空间”向“沿街空间”转变，把道路以外的沿街空间纳入街道的管理范围，根据权属和责任主体的不同对设计建设和管理进行协调，并通过制度、法规加以保障。三是从“工程性”向“人文性”转变，重视街道的公共场所功能，为居民欣赏体验城市、社会交往提供空间，塑造有特色的、能轻松漫步的街道。

完善街巷公共空间功能型设施建设。以管理的视角审视建设，为市民提供与城市风貌相一致，兼具审美性、方便性、实用性的公共空间配套设施。街道公共空间配套设施的建设一是要注重与环境的和谐统一，人行道路铺装及市政公用设施的建设要与沿街两侧不同质感、颜色、功能、尺度的新旧式建筑有机结合，创建富有人性化的空间形象。二是注重与历史文化及公共艺术的结合，鼓励在街道的公共空间设置雕塑、喷泉、灯光等公共艺术作品，增强空间环境的吸引力；对于富有历史和文化气息的街道，注重整体性街巷网络和街坊格局的保护，塑造具有历史文化特色的空间环境，让人们从每一个地方都能感受到知识的浸润、美感的教育、文明的引导。三是优化提升沿街商业业态，鼓励沿街商业建筑进行精美、丰富的设计。四是做好各类街道家具和公共设施的精细设计、精心建设和合理配置，并注重风貌的协调、导引的便利和教育功能的植入，优化各类标识、铭牌、城市地图、色线指引系统等设置，增强城市的亲和力，让胡同街巷、历史建筑和公共空间自己讲述自己的故事。

加强街巷公共空间品质管理。创新开放式街区精细化治理机制，以工匠精神打造美丽城市。一是要发挥街道统筹作用。在城市公共空间的设计、规划和建设的过程中，街道办事处作为政府的派出机构，要具有全程参与的制度性安排，积极协调，确保公共空间的可达性、开放性等公共价值的最大化。二是要加强多元主体的协作。要构建“政府主导、市场主体、市民参与”的街巷公共空间环境建设机制，发挥政府对公共空间的规划和形态设计的主导作用，发挥市场的主体作用，创新市民参与机制，让街区所有的自然人和法人主体都自觉参与街道公共空间管理和维护。三是创新联合执法机制。建立联动机制，以“管理＋执法＋服务”的手段解决以往各执法部门分散执法，部门职能间存在“灰色地带”的问题，有效解决政策不衔接、执法有盲区、力量不足、监管乏力的问题。四是探索运用政府购买服务的方式引进物业公司，把物业管理纳入到街区的治理和服务中，将政府城市管理、公共服务与物业公司的市场化服务结合起来，变运动式联合执法为常态化综合执法、综合监管。

（五）实施历史文化街区织补行动，着力优化城市文化生态，在服务全国文化中心和国际交往中心建设中全面提升城市文化品质

西城区有18片历史文化街区，占地约10.23平方公里，约占西城区50.7平方公里行政辖区面积的20.17%，占北京旧城33片历史文化保护区总面积的50.3%，是西城区乃至北京市历史文化保护的重心，也是西城区文化价值彰显、城市品质提升的关键。提升历史文化名城保护水平，要在坚持整体保护，进一步完善“名城、名业、名人、名景”工作体系的总体框架下，正视历史文化与现实生活的矛盾，将织补理论运用到历史文化街区有机更新改造中，积极创新以居民为主体的“治理型”历史文化街区更新改造模式，政府做规划，居民提申请，专业组织设计施工，变“要我改”为“我要改”，实现历史文化名城形象得到有效提升、历史文化街区得到有效保护、居民居住环境和生活品质得到有效改善的“三赢”。

把传统生活方式作为历史文化街区织补的重要内容纳入历史文化名城保护体系。历史文化街区承载着特有的文化，包括物态、制度、行为、心态四个文化层，不局限于历史建筑、街巷古树等物态遗存，也包括由传统礼法、行为习惯及特殊的文化心理等内容，由此凝练的传统生活方式是活着的历史文化，是历史文化街区的灵魂和活力所在。按照历史文化保护的完整性、真实性、延续性原则，在指导思想上要注重保护“老北京”四合院的传统生活方式，除属于文物或居民自愿腾退外，一般不采取腾退拆迁方式更新改造。

以居民为主体推动历史文化街区有机更新改造。居民作为历史文化街区的主人，既承担着对原有社会网络和历史文脉的延续，又肩负着对文化传统和地方艺术的继承，是历史文化街区保护与发展的重要主体。在有机更新改造中要尊重居民对历史街区房屋的产权，尊重居民的居住权和使用权，尊重业主的收益权，明确居住者对历史文化的维护、保养、管理责任，让居民参与从规划设计、到施工招投标以及管理维护的更新改造全过程，切实让居民在历史文化街区保护中得到实惠，切实调动居民的更新改造积极性。

政府主导历史文化街区有机更新改造。历史文化街区是公共产品，保护历史文化街区是政府提供的公共服务。政府的主导责任主要体现在三个方面：一是规划设计。按照整体保护的原则，对历史文化街区进行统一的风貌规划及建筑设计，确保历史文化街区更新改造的原真性、延续性。二是提供一部分保护资金，保障历史文化街区更新改造的公共性；三是统筹协调解决历史文化街区有机更新改造过程中的矛盾问题。

按照开放式街区模式加强基础设施建设。推进历史文化街区内道路和各类市政管线的改造提升，包括道路大中修、道路积水点整修、无障碍设施设置和改造等；推进停车设施建设，充分利用现有停车资源，适度挖掘潜在资源，通过差别化的停车策略、新型停车场建设和合理的停车共享模式，提高停车管理水平，努力解决历史街区的停车矛盾。在充分考虑区域内原有空间格局的前提下，通过微循环系统改造，逐步完善适于步行和自行车出行的慢行系统。对传统居住街区内基本的给排水、天然气管道供应、电力电信等市政管线状况进行梳理评估，并积极进行改造提升，改善居民的生活条件。

（六）实施精细化智慧治理行动，着力创新城市治理体制机制，全面提升地区管理品质

高水平的城市治理既是良好的城市品质的保障，更是城市品质的重要内容。适应发展新变化、新要求，西城区的城市治理要以建设国际一流和谐宜居之都为标准，以全面深化改革为动力，进一步完善全响应社会治理体系，形成区、街、社区三级更加协调联动、权责清晰、运转顺畅的体制机制，把精细化治理不断引向深入。

做实区级全响应指挥中心。整合城管和应急指挥等职能，组建统一的西城区全响应指挥平台，赋予平台全口径问题收集、受理、分派、督办、评价权限，实现指挥、调度、督查、分析、评价一体化。建立全响应系统的考评机制，通过平台的回复率、办结率、满意率对相关部门工作给予评价。按照城市管理、社会治理、社会服务三网融合的要求完善全响应平台的技术支撑体系，推动跨部门数据资源共享共用，实现区、街、社区的无缝对接。健全完善区街平台对接机制，街道无法解决的问题通过全响应平台传输到区级解决；街道层面完善全响应指挥分中心运行机制，需要上报区级解决的问题做到现状描述、历史沿革、问题原因、解决措施及主责部门“四准确，一对接”。理顺条块关系，淡化区直部门与街道科室的对接关系。委办局与街道的关系是定目标、定标准，由区级平台派发任务，街道通过街道分平台派转任务。

强化街道统筹协调功能。以街道大部制改革为突破口，整合街道资源，建立多元共治的新体制。把街道作为政府行政管理与多元共治耦合衔接的平台。建立“五部、两中心”的运行体制。对外以街道公共服务中心为平台，对内以全响应指挥中心为枢纽。根据街道职责定位，街道内设科室整合为党群工作部、综治维稳部、城市管理部、社会建设部、公共服务部，将街道的管理资源同社会上的公共资源有机地整合起来，以街道全响应指挥平台为中枢，由街道跨领域、跨行业、跨隶属关系统筹管理服务资源，提升服务管理效能。

强化社区自治功能。加强党对社区自治工作的领导，探索由街道向社区派驻干部担任社区党委第一书记的机制，指导社区围绕建设共同家园，完善议事协商机制，集中真实民意，保障政府的工作与百姓的需求准确契合、精准发力，从而实现党委领导、政府主导、社会参与，共建共治共享的目标。

建立民生工程民意立项工作机制。研究出台民生工作民意立项实施意见，构建“协商议事、为民办事、自治管事”的工作机制，让居民群众享有充分的话语权、参与权、决策权和监督权。对于政府部门有政策、有财力支持的民生工程，可探索社会项目发布的方式，明确申报条件，建立申报程序，向广大居民群众征集需求；对于政府部门必须完成，有指标、有标准的民生工程，如道路修缮、节能改造等，在确定方案之前，部门应将征求居民意见作为项目实施的必要条件；对于政府部门没有规划、计划，但是街道、社区、居民又切实有需求的事项，政府部门应该按照相关程序确定立项，区级财政设立财政预留资金，保障部门围绕基层解决问题。

参考文献：

陈强、尤建新、鲍悦华，2006：“基于市民生活满意度的城市发展质量评价”，《公共管理学报》，2006，3：49—52。

宁越敏、项鼎、魏兰，2002：“小城镇人居环境的研究”，《城市规划》，2002，10：29—34。

连玉明，《中国城市生活质量报告》（第一版）[M]，北京：中国时代经济出版社，2006。

吴良镛，2001：《人居环境科学导论》，北京：中国建筑工业出版社。

［美］凯文·林奇，2001：《城市意象》，方益萍、何晓军译，北京：华夏出版社。

［美］简·雅各布斯，2005：《美国大城市的死与生》，金衡山译，南京：译林出版社。

诸大建，2004：“建设现代化国际大都市的战略思考”，见上海市社会科学界联合会等：《东方大讲坛》，上海：文汇出版社。

关于西城区历史文化名城整体保护的实践与思考

中共西城区委副书记、西城区政府区长　王少峰

历史文化是城市的灵魂。保护好历史文化名城，不仅是对城市历史文脉的延续，更是对中华民族优秀传统文化的传承和弘扬。2014年2月，习近平总书记在视察北京时指出，要本着对历史负责、对人民负责的精神，传承好城市历史文脉，切实做到在保护中发展、在发展中保护。时隔三年，习近平总书记再次视察北京提出了新的更高要求，强调北京历史文化是中华文明源远流长的伟大见证，要更加精心保护好，凸显北京历史文化的整体价值，强化“首都风范、古都风韵、时代风貌”的城市特色。总书记讲话为我们做好新时期历史文化名城保护工作指明了方向，提供了根本遵循。

西城区是历史文化名城的重要承载区，保护、传承和发展好历史文脉，意义重大、职责重大。近年来，西城区坚持以首善标准做好历史文化名城保护工作，区域发展焕发出新的生机与活力。未来五年是西城区转型发展的关键时期，区第十二次党代会提出“深入推进科学治理，全面提升发展品质，更好地保障首都职能履行、更好地服务市民生活宜居、更好地展现城市文化风采”的目标任务，将历史文化名城保护工作摆在了更加突出的位置。如何在更高水平上做好历史文化名城保护工作，充分挖掘利用好历史文化资源，切实提升区域发展品质，成为当前需要迫切研究的重大课题。

本课题重点围绕疏解腾退、院落建筑改造、文化活力激发等方面开展调研，总结经验做法、梳理困难问题、谋划发展思路、创新方法路径，为下一步做好名城保护工作提供思想、政策、路径支撑。研究过程中，课题组先后走访相关部门25次，召开座谈会、研讨会听取专家学者、社区居民意见建议，研究形成本课题报告。

一、西城区历史文化资源特点

（一）西城区历史文化资源丰富，是北京作为历史文化名城的重要承载区

西城区是北京建城、建都肇始之地，历史上曾是古蓟城、唐幽州、辽南京、金中都的核心地带，元、明、清三朝古都的西半部，有着3000余年连绵不断的文化脉络。区域内历史文化遗存丰富，文保区18片，总面积约10平方公里；三级文物保护单位181家，占全市的19%，其中全国重点文物保护单位42家，市级61家；尚未核定为文物保护单位的不可移动文物182处，挂牌保护四合院244个，优秀近现代建筑25个。区域内历

史文化遗迹星罗棋布，既有北海、景山、月坛、先农坛等著名皇家宫苑，又有宋庆龄、李大钊、鲁迅、郭沫若等名人故居，同时也是会馆聚集地，历史上曾有356所，占全市总数的70%，目前有证可考的101处。此外，还有广济寺、白云观、西什库教堂、牛街礼拜寺等宗教场所，这些都是北京文化特色的重要标志。

（二）历史街区文化浓郁醇厚，是人们安居乐业的生活家园

在历史文化街区保留了以四合院、胡同为主要空间形态的完整布局和肌理，也孕育了老北京独特的文化韵味和生活方式。平房区共有居民101153户，约占西城旧城地区户数的1/3。"老字号"遍布其中，涵盖古玩、字画、餐饮、服装、百货等行业，其中被认定为"中华老字号"的企业54家，占全市的46%。现有非物质文化遗产保护项目162项，涵盖了文化部公布的非遗保护项目10大类别，各级代表性传承人206人，其中国家级31人、市级77人。传统戏曲文化传承悠久，既有京戏发祥地之一"京城七大戏园"之首的三庆园，又有中国最古老的保存基本完好的纯木结构戏楼正乙祠。这些丰富的文化资源承载了老北京居民传统生活方式，彰显了特有的京味儿文化气息。

（三）古今文化相融共生，成为提升区域发展品质的重要支撑

在城市风貌上，众多历史街区和传统建筑与现代公共文化设施交相辉映，国家大剧院、梅兰芳大剧院等26家演出场所，国家京剧院、中央芭蕾舞团等43家文艺表演团体，国家地质博物馆、首都博物馆等27家博物馆，以及中国儿童中心、北京青年宫等众多公共文化服务场所，极大地丰富了文化内涵。在产业形态上，依托历史文化资源和特有的街区风貌，孕育形成金融、科技、文化、商业、旅游等优势产业，发展形成金融街、西单、什刹海、大栅栏、琉璃厂、马连道等功能街区，这些都成为了区域经济社会发展的重要支撑和特色品牌。

二、西城区历史文化名城保护工作的实践与探索

（一）确立了历史文化名城保护工作的战略地位

强化战略支撑。近年来，西城区坚持落实首都城市战略定位，将保护好历史文化名城"金名片"作为首都核心区的重要职责使命。始终坚持"文化兴区"战略，形成了发挥文化资源优势、保护传承历史文脉，以历史文化名城保护促进城市品质提升的发展思路。

加强整体统筹。2011年4月，成立西城区历史文化名城保护委员会，制定名城委工作规则、专家工作制度，全面统筹名城保护工作。在此基础上，在全市率先成立名城保护促进中心，协同名城委共同开展工作；先后组建四合院设计建造、胡同保护、青年工作者、志愿者、文化遗产传播等5个专业委员会，进一步完善了名城保护工作的组织架构。

注重规划引领。以五年专项规划为龙头，对历史文化名城保护工作做出整体安排，明确保护工作的指导思想和原则目标，提出保护工作的重点项目与保障措施。同时，开展了片区规划、项目规划，初步形成名城保护规划体系，有力指导了城市更新改造和重点项目推进。

（二）构建了以"四名"体系为统领的整体保护格局

探索提出"四名"工作理念。在工作实践中，西城区不断探索深化保护理念，提出了"名城、名人、名业、名景"的"四名"工作理念，体现了整体保护的思想，实现了更加注重全方位文化传承保护的转变，使西城区名城保护工作又向前迈进了一步。名城指对历史街区、街巷胡同、建筑、古树名木等物质要素为主的地理实体空间的建设和保护，以及环境秩序、人居环境改善等工作；名业指各类老字号等传统商业服务业、传统和现代演艺业、新兴文化创意产业的传承和发展等工作；名人指以古今政治、经济、文体、社会服务业名人及其他著名人物为载体的研究和宣传等工作；名景指依托有影响力的文化和文娱活动带动和促进区域发展的工作。"四名"理念形成的出发点和落脚点始终是"文化"，代表了对区域文化的提炼和凝结。在"四名"之间，名城是保护工作的物质基础和空间载体，名业是名城的有力支撑，名人是名城和名业的见证与传承，名城、名业、名人共同构成名景，形成整体文化氛围。四个要素互为补充、相互印证，共同构成了对历史文化名城全方位的保护。

深化形成"四名"工作体系。在实践中，西城区不断推进"名城、名业、名人、名景"工作体系建设，构建了以"四名"体系为统领的整体保护格局。从保护对象看，更加注重保护的整体性，从对单一文物保护拓展为对街区乃至整体城市风貌的保护，从重物的保护拓展为对文和物的共同保护，促进了物质形态与文化传承的有机统一；从保护内涵看，更加注重文化的生命力，通过实施文物"解放、解危、解读"工程，采用多种方式解读历史文化内涵，深入挖掘历史文化遗产"活"的价值，进一步体现了鲜活的文化存在；从发展角度看，更加注重保护的全面性，着力处理好名城保护与城市功能优化、居民生活改善、环境形象塑造、产业形态提升、优秀文化传承的关系，着力推进历史文化与现代文明的有机融合，在名城保护中焕发出新的城市活力。

（三）探索了项目带动、试点先行的推进模式

以重点项目来带动和推进小规模渐进式更新改造。结合环境整治项目，实施平房翻建大修、雨污水户线管线改造、胡同街巷整治、违建拆除等工程，逐步改善居住环境和设施条件。结合文物腾退修缮项目，带动周边地区更新改造，实现片区整体形象提升。结合棚户区改造等民生项目，同步做好文物古建腾退修缮，实现文物保护与民生改善双赢。结合功能区建设项目，顺应城市肌理，同步做好历史街区更新改造，全方位提升街区功能品质。

以试点先行来探索和实施平房区疏解腾退。开展了"登记式疏解""整院疏解""平移置换"试点，制定

了历史街区疏解腾退政策标准，逐步推进补偿政策标准化。开展了居住院落更新试点，探索“四分院”“内盒院”改造方式，实施“乐春坊一号院”试点项目，在保持原有院落肌理与建筑形态的基础上，重点实施户内设施改造，为旧城区改善居民居住条件进行了有益的探索。

以“工匠精神”来建设塑造一批传承历史的精品工程。以中轴线为重点，延续历史文脉，恢复历史景观，保护传统格局，带动历史文化街区的有机更新，完成了雁翅楼风貌建筑、北京坊、天桥艺术中心、三庆园、德胜门对景、地百商场等精品项目，塑造了具有历史文化特色的城市新地标。

（四）嵌入了综合精细管理服务

促进业态管控与文化植入相结合。加强旧城业态管控，结合不同街区特点制定具体管理办法，推动低端业态治理与特色文化产业植入并举。特别是加强对老字号的保护，制定了保护和促进老字号发展的意见，每年拨付专项资金支持老字号创新发展。

促进风貌保护与生态建设相结合。在保护历史街区风貌和肌理的同时，注重环境景观营造，打造精品胡同，建设了大栅栏月亮湾景观、广宁公园等文化主题休闲空间，建成北京营城建都滨水绿道、北二环城市绿廊（西城段）和莲花河滨水绿道，形成了一批自然与文化完美融合的历史街区景观。

促进精细管理与常态治理相结合。结合历史文化特色，依据城市环境分类分级管理要求，持续推进历史街区精细化管理。重点开展直管公房违规转租转借清理整治工作，逐步控制流动人口无序增加。推行平房区准物业管理模式，组建物业管理服务队伍，集中解决街区停车难、秩序差等问题。推进行业自律和街规民约式管理，调动了街区商铺、居民群众主动参与名城保护和改善街区环境的积极性。

（五）激发了以文化人的发展活力

注重非物质文化遗产保护传承。制定了加强非物质文化遗产保护工作的意见，完善专家指导、政府扶持、艺人传承、单位保护四位一体的工作机制，积极推进非遗保护名录体系、队伍体系、展示平台体系及社会化传承体系建设。建立了全市首个区级非物质文化遗产展示中心和区非物质遗产传承基地。

注重历史资源活化利用。在文物腾退解放的同时，更加注重合理使用，围绕爱国主义教育基地、主题博物馆、艺术馆等内容，加强整体规划，有效整合资源，支持办好小微型专题博物馆，留住更多西城记忆。探索将历史文物用于特色公共文化空间，植入公共服务功能。案例：万松老人塔腾退修缮后，区文委与民营书店“正阳书局”合作建立了“砖读”空间，在全市首次将文物保护建筑营造成为非盈利文化服务设施，探索了文物保护利用的新模式。

注重公共服务品质提升。在历史街区基础设施建设、环境改善的基础上，启动社区建设、本地文化复兴等多维度实践，即把腾退整理后的院落空间，修复改建为社区公共服务场所，为养老、助残、群众文化活动等提供了更多空间。

注重特色文化活动培育。以“四节一日”、非遗演出展示季等活动为载体，开展独具特色的传统文化活动。重点办好北京设计周，组织好景山合唱节、什刹海旅游文化节等品牌活动，讲好“西城故事”，结合创意展示、文化休闲等具有当代时尚气息的文化活动，赋予了历史文化街区新的活力。

（六）凝聚了政府主导、国企支撑、社会参与的合力

强化政府主导作用。切实发挥政府在名城保护中的引领、推动作用，加强规划制定、工作统筹、监督管理、资金投入等方面的职责，成立七个功能区建设指挥部，在重点项目推进中切实发挥好统筹协调、推进落实、管理服务的作用。

发挥区属国企优势。在旧城更新改造具体实施中，探索了“功能区建设指挥部＋前端公司”的实施模式，金融街、天恒、广安控股等区属国有企业主动承担社会责任，积极融资，参与重点项目建设，确保旧城更新改造工作落到实处。

引导社会公众参与。搭建了“政府主导、专家指导、居民参与、社会协同”的工作格局。充分调动专家学者、社会团体、社会公众参与名城保护的积极性，加大保护工作宣传，营造了全社会关心保护、参与保护、监督保护的氛围。同时，探索建立了公共文化服务评价体系，拓展政府购买服务领域，在文物利用等方面积极试行社会化运营。

三、西城区历史文化名城保护工作面临的主要问题

（一）从发展现状看

人口结构复杂。人口对于名城保护工作有着重大的影响，人口问题主要体现为：一是人口密度大。2016年底全市人口抽样调查显示，西城区人口密度2.49万人/平方公里，比东城区高出0.39%，为全市最高。其中大栅栏平房地区人口密度达到2.99万人/平方公里，超出区域承载能力。二是抚养比刚性需求高。全区125.9万常住人口中，60岁以上和0至14岁人口分别占到总数的34.5%，60岁以上及0至14岁户籍人口占到40.6%，带来的入学、养老等刚性需求突出。三是人户分离情况突出。目前全区人户分离率已达到42.4%左右，常住人口中超过五分之二为非西城户籍人口。四是流动人口占比高。全区常住外来人口占到总数的近四分之一，平房区表现尤其突出，据不完全统计，什刹海地区常住流动人口占到27%左右，大栅栏地区占到24%左右，并且增速明显。

居住环境较差。西城区是建成区，发展中还存在着不平衡的问题，一边是现代化高楼林立，一边是低矮破旧的平房区，旧城部分地区的环境面貌亟待改善，突出表现在：一是居住拥挤。全区目前有平房414万平方米，

人口约30万左右，据此推算平房区人口居住面积仅为13.8平方米左右，低于全市、全国人均水平。二是居住环境差。目前仍需改造的低洼院28个，涉及近400户、8000余平方米，近万间平房需要翻建，同时平房区违法建设、私搭乱建现象严重，全区违法建设总量中旧城区占比较高。三是基础设施欠账多。历史街区普遍存在街巷空间狭小，停车设施匮乏等问题，违规停车、乱堆物料现象严重，影响了通行能力。平房区基本处于无天然气、无排污下水状态，架空线缆无序，改造条件不足，居民生活不方便，且存在较大安全隐患。

文物现状堪忧。一方面，文物不合理使用大量存在，全区181处各级文物中，用于商业和办公的29处，用于居民居住的43处，非常不利于文物保护和文化传承。另一方面，文物安全隐患较大，全区363处不可移动文物中，存在严重安全隐患的165处，占到46%。另外，还有大量具有文物价值的石碑、上马石等老物件流落于民间，未能得到有效保护。

发展活力不足。一是业态结构不合理。旧城现有产业中，批发零售业仍占绝对数量，“七小”业态众多，相当一部分还是比较低端，且缺乏特色。比如，旅游人数较多，但旅游经济产出并不高；设计等文化创意产业规模较小、竞争力不强，对历史街区文化活力带动作用不明显。二是配套服务比较欠缺。不同街区都有比较鲜明的文化主题和主导业态，但普遍缺乏吃、住、行、用等全方位的配套服务，特别是优质特色服务不足。三是街区功能整合不够。各街区空间上相对独立，相互之间缺乏较为紧密的互动联系，尚未形成功能互补、相互促进的整体格局。四是文化资源挖掘不深。非物质文化遗产保护和传承的内生动力不足，老字号传承发展面临困境，文化特色和文化品牌不鲜明，城市文化魅力还没有完全彰显出来。

（二）从工作推进看

统筹协调力度不够大。历史文化名城保护工作涉及到经济社会发展的方方面面，各部门按照职责分工负责。名城委作为牵头机构，统筹协调作用发挥得还不够充分，工作中多头并进、各自为战情况依然存在，相关部门、指挥部、属地街道职责上有交叉，同时又缺乏统筹，影响了工作质量效率。

项目实施制约因素多。比如产权问题，全区房屋有央产、军产、市属产、区属产、私产、无证房产等多种属性，呈现管理层级多、责任主体复杂、政策依据不足等特点，造成产权矛盾多、划转难等问题，往往疏解过程中不得不搁置。比如资金问题，按照腾退工作财政出20%、平台公司出80%的资金运作模式估算，全区414万平米的平房中，若考虑30%房屋面积的居民有腾退意愿，参照现有疏解标准（按每平米13.5万元计），仅此一项就需经费约1680亿，只靠政府投入和平台公司直接融资，难以形成资金良性循环。再比如房源问题，目前疏解是以货币补偿和对接安置为主，房源需求与供给矛盾突出，例如什刹海某项目自愿腾退预计形成213个整院，但因对接房源有限，未能如期推进。

腾退修缮推进难度大。一是疏解方式单一。目前主要采取整院疏解和平移置换方式，不能满足居民多样化需求。由于院落当中产权交错、居民意见不同，整院疏解难以达成，使得腾退工作进展缓慢。而平移置换这一方式，也是由于产权复杂、居民意愿较高等因素，导致操作起来非常困难。二是配套政策不足。疏解过程中缺乏针对性较强的政策支持，尤其是对居住条件极其困难、老龄化和低收入家庭等居民群体情况和需求的研究不够深入，难以形成政策合力。三是院落改善缺乏规范管理。院落空间一般由居民自行管理，成为一定意义上的无主地，往往出现“政府管理止于院门、居民改善止于檐下”的现象，在缺乏有效引导的情况下，极易造成院落空间的持续衰败。

规建管整合不到位。一是在名城保护整体规划之下，没有按照不同特点、文化主题进行片区分类，缺乏对街区的整体设计和分类指导。二是名城保护工作中缺乏规划、建设、管理的整体统筹，规划中对建设和管理考虑不周密，建设中未能全面执行规划，规划和建设环节的问题又往往遗留到后序管理当中。三是工作流程有待进一步优化，疏解腾退、房屋修缮中项目周期过长，有的甚至需要两年时间。另外在街区及院落更新方面也缺乏科学的流程管理，尤其是及时听取各方意见不够，为项目建设留下遗憾。

文化资源利用不充分。在文物利用方面，缺乏管理标准，没有对文物利用的合理性做出明确界定，特别针对复杂的文物资源情况，没有提出进行分类利用的指导性意见；缺乏操作规范，文物维修改造中没有相应的操作要求，存在运用非专业理念和方法保护使用文物的现象，甚至危及文物安全；文物利用方式单一，文物腾退后多用作展馆展示，静态展示多，互动传承少，体现文化传承不够；日常监管不力，有些文物单位履行管理义务不到位，对区属文物之外的文保项目监管存在诸多困难；融资方式单一，有些文物单位维护费用由政府投入，未能形成自我保护更新的良性运转机制，同时也未能有效撬动社会资本参与到文物保护利用中。在腾退资源利用方面，对“疏解－修缮－利用”整体考虑不足，尤其是腾退后功能配置、功能植入等方面缺乏提前谋划，留住居民参与就地改善的方法路径不多，腾退空间再利用方面依然存在不少困难；由于产权和政策方面的原因，疏解腾退后的存量资产难以形成稳定盈利，平台公司通过腾退获得的资产，依靠零星租赁获取少量租金，无法实现资产收益的合理性和可持续性。

四、西城区历史文化名城保护总体目标和工作原则

（一）总体目标

以习近平总书记两次视察北京重要讲话精神为方向坐标和根本遵循，按照北京作为全国政治中心、文化中心、国际交往中心、科技创新中心的战略定位，依据西城区作为首都核心区的特殊区位和历史文化名城重要承

载区的资源特点，借鉴伦敦、巴黎、东京、纽约等世界城市核心区的发展经验，确立名城保护工作总体目标是：坚持以“名城、名业、名人、名景”工作体系为统领，以文脉传承、风貌保护为核心，以整体保护、更新发展为思路，以疏解功能、提升品质为主线，以机制再造、模式创新为抓手，以多元参与、科学治理为路径，在更高水平上做好历史文化名城保护工作，在保护中逐步实现旧城人口密度适宜、空间形态合理、服务设施完善、文化活力彰显，在保护中更好地保障首都职能履行、更好地服务市民生活宜居、更好地展现城市文化风采，在保护中为北京塑造“首都风范、古都风韵、时代风貌”城市特色做出积极的贡献。

今后五年左右的时间，要实现具体目标如下：

——**功能定位**。城市功能布局进一步优化，非首都功能疏解任务基本完成，基本实现服务保障能力同城市战略定位相适应、人口资源环境同城市战略定位相协调、城市布局同城市战略定位相一致。旧城地区复合功能进一步发展完善，居住、办公、文化、商业功能构成更加合理，区域发展协调性显著增强，基本建成全国政治中心重要服务地区、文化中心重要承载地区、基本居住功能较为完善地区。

——**人口总量**。坚持总量控制与分类引导兼顾，根据人口变化规律、土地与人口容量关系、宜居城市标准等，在西城区常住人口总量减少 15% 的基础上，确保旧城人口减少 15%–30%，共迁出 1.7 至 3.4 万户，约 4.2 至 8.4 万人。

——**空间容量**。在全市“统筹生产、生活、生态，压缩生产规模，适度增加生活用地，大幅度增加生态用地”的前提下，结合西城区实际和旧城特点，在现有历史文化街区产权面积基数的基础上，持续削减违法建设规模，保持地面空间总量零增长，通过局部地区容积率转移和地下空间利用，适度增加绿色生态和开放休闲空间容量，增加基础设施和公共服务设施建设容量。

——**街区风貌**。依据“都市计划无比的杰作”理念，秉持“首都风范、古都风韵、时代风貌”特点，在北京旧城整体风貌、历史文化街区和街巷胡同肌理格局的基础上，围绕中轴线、阜景街、什刹海水系架构，坚持旧城空间格局完整保护、历史文化街区风貌再现，腾退恢复一批历史文物建筑，改善提升一批居住生活片区，建设塑造一批“百年工程”和“传世精品”，展现历史悠久、文化厚重、生机勃勃、更具魅力的城市形象。

——**城市品质**。居民居住条件进一步改善，平房院落公共空间逐步扩大，部分居民居住设施和生活方式实现现代化；旧城地区基础设施进一步完善，具有一定领先性、可持续运营的基础设施体系初步构建，公共交通系统和步行环境较为完备；生态品质进一步提升，环境质量各项指标基本达标，各类绿色公共休闲空间新增 100 处以上，公园绿地按 500 米服务半径布局基实现区域全覆盖，城市环境更加宜居；文化魅力进一步彰显，中国梦和社会主义核心价值观更加深入人心，公共文化服务体系更加健全，市民文明素养和城市文明程度不断提升，区域人文气息更加浓厚。

（二）工作原则

——**坚持战略定位**。坚持把落实首都城市战略定位作为衡量历史文化名城保护工作的根本标尺，时刻牢记服务首都职责使命，始终坚持首善工作标准，深入推进旧城地区非首都功能疏解，优化首都核心功能，努力实现旧城地区发展可持续、环境高质量、文化有魅力、社会更和谐。

——**坚持整体保护**。坚持历史遗存保护利用与历史文脉保护传承并重，处理好文与物、保与用、古与今、人与城的关系，全面推进“名城、名业、名人、名景”工作体系，深入实施文物“解危、解放、解读”工程，更加关注居民生活改善、城市品质提升，推动从物质环境保护到整体活力塑造的全方位历史文化名城保护工作，着力打造文化内涵丰富、品牌特色突出、人文气息浓厚、文化魅力彰显的整体形象。

——**坚持永续发展**。坚持以资源环境承载能力为硬约束，确定每个街区人口总量上限、生态红线和开发底线。采取有力措施，坚决遏制人口过快增长，优化人口结构，提高人口素质。调整旧城生产、生活、生态空间结构，扩大公共服务设施用地和绿色生态空间，实现总量严控、结构优化、综合平衡。坚持保护与发展并重，深入挖掘文化内涵，用好各类文化资源，激发街区活力，促进可持续发展。

——**坚持科学治理**。遵循核心区发展规律，加快推进名城保护工作体制、管理机制、政策法规、保护模式、治理手段创新，积极探索适应核心区要求的历史文化名城保护方式。坚持抓住疏解非首都功能“牛鼻子”和旧城保护发展中的关键矛盾问题，系统谋划、科学规划，整体推进、分类实施，创新试点、渐次推进，努力走出一条疏功能、控人口、治环境、惠民生、提品质、增宜居的转型发展之路。

——**坚持共建共享**。坚持以人民为中心的发展思想，把改善民生、增进福祉作为历史文化名城保护工作的出发点和落脚点，通过改善居住环境、完善基础设施等，进一步提高居民生活质量，让人们在名城保护中有更多获得感。充分调动人民群众的积极性、主动性、创造性，充分发挥群众智慧，尊重群众首创精神，凝聚各方力量，共同做好历史文化名城保护工作。

五、西城区历史文化名城保护对策措施

（一）传承历史文脉

制定文化资源分类保护标准。针对不同类型的历史文化资源，研究制定文物、保护院落、名人故居、优秀近现代建筑、名木古树的保护利用相关标准，胡同－四合院风貌管理、绿化开放空间建设管理标准，非物质文化遗产、老字号传承途径、精准扶持、政策资金支持等具体办法，制定具体精细化的实施方案，为科学保护利用提供有力依据。

建立文物利用导则。针对目前文物利用缺乏科学管理依据的问题，依据文物历史价值和现状情况，以加强文物保护为前提，以文化遗产价值彰显和增值为导向，以服务公众为目的，制定文物分类使用指导性意见。原则上，与历史发展关联性较强的文物，突出传承文脉功能，推动与之相关的公益性使用，如用作相关主题博物馆、展览馆、非遗传习所等，重点建设区、街两级博物馆和其他小微博物馆，充分发挥博物馆对历史文化的研究、展示、宣传功能；与历史发展关联性较弱的文物，突出新兴文化、公益服务功能，按照公益化实施运营管理，引导创办更多特色阅读空间等场所，为群众提供更好的公共服务。

探索文化传承“活化”方式。借助专家资源，编辑出版一批文物文献典籍。利用新技术新手段展示、传播历史文化发展脉络。加强对濒危非遗项目及传承人的跟踪走访，继续开展好口述史的收集整理工作。整合区域资源，加强基层文化建设，提升“一街一品”、百姓戏剧展演等群众文化活动品质，打造具有核心区特色的文化品牌。

焕发历史文化街区产业活力。以北京市和西城区现行新增产业禁限目录为基础，结合各街区自身定位和特点，制定每一个历史街区业态禁限综合评价标准和管理细则，完善配套政策，形成有效的激励引导机制。统筹优化街区生产、生活、生态空间结构，积极推进文化创意产业发展和配套服务建设，鼓励支持老字号企业创新发展，促进历史文化与现代文明、地区产业与居民生活相融共生。

打造历史主题城市文化走廊。结合辖区内皇家宫苑、王府私邸、故居会馆、寺观坛庙、民俗市井等丰富的文化资源，针对皇城文化、民俗文化、宗教文化、缙绅文化等多种文化的高度融合，通过城市设计，增加文化标签，组织主题活动，进一步把文化节点、历史故事、自然景观有机融合串联起来，打造多条城市文化走廊、名城小道、历史步道，塑造主题鲜明的文化名片，让城市处处展现文化风采、体现文化魅力。

（二）推进模式创新

试点“平移市场租”和“平移公租”模式。创新疏解方式，满足居民多样性需求，促进院落产权集中，形成更多整院。一是试行“平移＋市场租”，即保持现有房屋产权面积不变，签约居民可在区内提供的平移安置房内选择居住房源，原有认证居住面积的相应权益不变，超出该部分的面积按市场价收取租金，鼓励具备经济条件的居民在不变动产权权益的条件下，提高居住条件。二是试行“平移＋公租”，即通过一次性补偿，与现有居民解除原租住关系，房屋产权厘清，签约居民可选择在平房区以测算后的合理租金水平租用原有认证居住面积 2 倍（地面 1，地下 1）的住房，超出该部分面积按市场价收取租金，签约居民及其直系亲属可长期租住但不得转租转借。鼓励对旧城有着深厚感情的居民在获得补偿的同时仍以较低成本居住在旧城，以期实现既改善居住环境又保持文化传承。“平移＋公租”采用货币补偿加旧城平房区 2 倍的低租金租住面积，“登记式疏解”采用货币补偿加定向安置房购买指标。

试行院落建筑分级分类保护标准。院落分为文保院落、挂牌院落、普查有价值院落和一般性院落，采取相应的院落格局保护要求和容积率控制标准。院落中的建筑分为保留修缮、原址翻修和更新三类。保护标准更新策略见下表。

院落类别	院落保护策略		建筑保护策略								
	格局	容积率	保留修缮类：保护修缮原有建筑局部更新			原址翻修类：在原位置上更新或整体更新			更新类：可整体更新		
			建筑位置	建筑结构	建筑做法	建筑位置	建筑结构	建筑做法	建筑位置	建筑结构	建筑做法
文保院落（格局较好）	保护	不变可降低	不得更改	传统砖木结构	严格的传统材料及传统做法	不得更改	传统砖木结构	传统材料及传统外观	可调整维护院落格局	传统砖木结构	传统材料及传统外观
挂牌院落（格局较好）	保护	不变可降低	不得更改	传统砖木结构	严格的传统材料及传统做法	不得更改	传统砖木结构	传统材料及传统外观	可调整维护院落格局	传统砖木结构	传统材料及传统外观
普查有价值院落（格局较好）	保护	不变可降低	不得更改	传统砖木结构	严格的传统材料及传统做法	不得更改	传统砖木结构	传统材料及传统外观	可调整维护院落格局	传统砖木结构	传统材料及传统外观

续 表

院落类别	院落保护策略		建筑保护策略								
	格局	容积率	保留修缮类：保护修缮原有建筑局部更新			原址翻修类：在原位置上更新或整体更新			更新类：可整体更新		
			建筑位置	建筑结构	建筑做法	建筑位置	建筑结构	建筑做法	建筑位置	建筑结构	建筑做法
一般院落（格局较好）	保护	可调	不得更改	传统砖木结构	严格的传统材料及传统做法	不得更改	传统砖木结构、混凝土结构、钢结构等均可	传统材料及传统外观构造与外观上可适当变化	可调整维护院落格局	传统砖木结构、混凝土结构、钢结构等均可	传统材料及传统外观，构造与外观上可适当变化
一般院落（格局较差）	可调	可调	不得更改	传统砖木结构	严格的传统材料及传统做法	不得更改	传统砖木结构、混凝土结构、钢结构等均可	传统材料及传统外观，构造与外观上可适当变化	可调整维护院落格局	传统砖木结构、混凝土结构、钢结构等均可	传统材料及传统外观，构造与外观上可适当变化

（三）完善工作机制

完善统筹推进机制。进一步强化西城区历史文化名城保护委员会对名城保护工作的统一领导，加强顶层设计，统筹协调推进。建立名城保护工作例会制度，针对重点难点问题专题研究解决，着力统筹好街区功能定位、发展目标、整体规划、人口测算、土地使用、房源筹措、政策制定、资源利用等方面的重大问题。建立名城保护工作报批备案制度，强化名城委组织重大项目论证和审批等职责，指导建立历史文化街区理事会，在实施评估的基础上，整合指挥部、平台公司与街道职能，形成保护工作合力。依托区名城委，增设城市品质提升艺术审查委员会，对城市规划、城市设计编制及修改进行研究论证，对重要街区、重点地区、重大项目设计方案进行专业评审，为提升城市品质提供专业咨询支持。

用好项目带动机制。以重点项目带动和试点项目先行的方式，探索开展历史文化名城保护工作。综合用好各方面政策资源，统筹基础设施建设带动、环境整治带动、街区整理带动、文物腾退带动、功能疏解带动、棚户区改造带动等各种模式，探索常态化居民自愿腾退方式，有步骤开展分片区、渐进式更新改造。同时，注重重点项目对周边地区的带动作用，以点带面进而带动片区更新改造与保护发展。

健全规建管一体化机制。注重把规划建设管理都融入保护工作全过程和每个环节。在规划方面，既要制定全区整体性名城保护规划，又要制定每一个片区规划，特别是以街区为单元深化城市设计，推进街区规划“多规合一”、地图叠合，积极实施街区整理计划。因循不同街巷片区的历史文化传统、主导功能特点和管理要求，科学划分街区单元，围绕文化元素、整体风貌、业态特点、设施配置、环境秩序等方面，细致查找问题、做好街区诊断，进行综合评估，形成整理方案，编制完善技术导则，精心开展街区设计，为名城保护工作的科学实施打好基础。在建设方面，发挥城市品质提升艺术审查委员会作用，针对街区风貌特征、建筑风格、艺术气质等方面开展事前咨询、事中跟进、事后评估，试行委员会否决制，严把质量关，特别是要尊重城市风貌，既保护好历史文化，又建设好新的建筑。在管理方面，依据城市环境分类分级管理标准和分类方法，结合每个街区的特点，制定相应的环境管理规范，确保街区风貌与环境形象保持良好。试点建立历史文化街区理事会，将业态准入、房屋出租等管理内容纳入议事范围，建立评估备案制度，实施常态化管理。鼓励社会组织参与管理，推行准物业、胡同物业等方式，探索多样化精细管理模式。

探索国有资金运转机制。发挥区属国有企业主力军作用，积极承担疏解改造重大项目，适量回购非经营性资产。鼓励平台公司通过整理零散空间，实现资产高水平使用，形成健康的产业链和现金流，为出售资产、股份或在不改变产权前提下创新金融工具、回收资金奠定基础。针对不同投资项目类型存量资产的特点，合理创新利用金融工具，将固化的存量资源盘活，使沉淀资金投入得到有效回收，实现投资项目的可持续发展。

创新多元主体参与机制。完善名城保护项目论证机制、风险评估机制、民意立项机制、问题会商机制，调动各方力量参与保护工作。发挥政府在项目统筹、政策支持等方面的作用，强化固定资产投资引导，增强文物产权的国有属性和文物利用的公益性质，探索文物国有产权实体化管理模式，不断提高文物活化利用水平。鼓励以市场方式推进疏解腾退项目，充分吸引社会资源和资金参与，形成有机更新的持续动力。鼓励企事业单位、社会机构、民非组织和志愿者开办公益事业，支持创建民间主题博物馆、民间文化协会组织，调动专家学者、社会公众建言献策的积极性，充分挖掘历史文化价值。鼓励居民按照保护规划自行实施房屋改造更新，让更多居民成为修缮的主体。

（四）强化政策保障

制定名城保护地方法规。在严格执行现有历史文化名城保护的相关政策法规基础上，积极呼吁市级人大、政府尽快立法，出台旧城及历史文化街区保护工作的地方性法规和规章，制定历史文化街区的综合管理规定并出台相关配套政策。

出台确权问题相关政策。针对产权难题，建议在市级甚至更高层面建立明晰的产权制度，加强公房统筹，推进院落产权集中。坚持以政府为主体持有及运营，以保障国家职能与首都形象。对直管公房产权划转给予政策支撑，探索制定直管公房同一区域内产权平移后产权人权利保护政策。深入研究无产权房屋落实产权问题，进一步明确政府作为产权代理人的收益权。加快直管公房改革，探索资产划转、统一经营管理等办法。

建立疏解修缮运营政策合集。针对历史文化街区保护工作，整合制定“人口调控－房屋修缮－利用运营”政策合集。及时公布疏解政策及补偿标准，在保持疏解政策稳定的基础上，以5年为周期进行调整并及时向社会公布调整原则，引导居民形成稳定的心理预期。保持公租政策长期稳定，引导原住民对北京旧城文化氛围的传承。出台减免税费政策，降低企业推进疏解的成本，在土地出让金、土地增值税、土地使用税、房产税、契税等方面，对实施主体予以减免优惠或先征后返。

探索完善区内外容积率奖励政策。一是完善保护区内的容积率奖励政策。在不突破地区产权面积总量的前提下，将容积率落实到产权院落单元，通过产权院落之间的容积率转移，实现对院落良好格局的维护与塑造。北京旧城历史文化街区格局形态较好的传统院落通常容积率在0.6—0.7左右，可以此为院落容积率控制标准。二是探索建设开发主体容积率补偿机制。对承担历史街区项目的开发企业给予区外容积率奖励，以解决企业资金平衡问题，增强参与历史街区更新企业的能力和活力，建议市级层面给予大力支持。三是探索建立历史文化保护区发展权的容积率奖励机制，借鉴国外经验，依据北京市人均居住面积和旧城历史文化街区空间容量，对产权所有者及单位进行合理的容积率奖励，该容积率不得在区内使用，但可在旧城地区之外，以容积率转移的方式出售给开发企业。

统筹用好各级各类资源。从首都建设的高度，积极争取市级、中央的政策支持和资金支持。建议在全市层面设立文保工作政府引导基金，吸引社会资本跟投，提高资产盈利率。统筹用好全区各类保障房、回迁安置房，同时积极争取市级层面的支持，最大限度地筹集房源，为名城保护工作提供有力支撑。

（责任编辑 马忠良）

大 事 记

2016年西城区大事记

1月

7日 市委常委、市纪委书记李书磊带领市委第三检查组到西城区检查党风廉政建设责任制贯彻落实情况。

9日 西城区老字号企业戴月轩在琉璃厂西街开新店。

11至13日 政协北京市西城区第十三届委员会第五次会议召开。

12至15日 北京市西城区第十五届人民代表大会第六次会议召开。

17日 亚洲基础设施投资银行总部大楼启用剪彩仪式在辖区金融大街乙9号楼举行。

18日 西城区领导干部会议召开，传达中共中央总书记习近平在中央政治局“三严三实”专题民主生活会上的重要讲话精神。

☆ 北方茶产业促进联盟联席会议在马连道举行。

25日 西城区被国家卫生计生委授予“国家级妇幼健康优质服务示范区”称号。

27日 天宁寺“二热”老厂区改造工程启动。

29日 市委副书记、市长王安顺到西城区调研交通拥堵治理工作。

31日 民政部部长李立国、副部长邹铭到西城区调研养老服务工作。

2月

1日 西城区“菜篮子”主体企业春节送温暖活动暨德胜教场口百姓生活服务中心开业启动仪式举行。

3日 西城区2016年老干部工作会议召开。

☆ 天桥艺术中心开展以“新经典、新体验、新力量”为主题的开幕演出季活动结束。在2个多月的活动中，呈现优秀剧目19部，共计演出136场次。

4日 西城区领导干部大会召开，通报区委常委班子“三严三实”专题民主生活会有关情况、区级领导班子领导干部年度考核测评及干部选拔任用“一报告两评议”工作。

☆ 西城区被中国科学技术协会命名为首批“2016-2020年度全国科普示范区”。

14日 市委书记郭金龙，市委副书记、市长王安顺到西城区调研加快核心区非首都功能疏解工作。

18日 西城区年内规模最大的棚改项目——白纸坊地区棚改项目启动预签约，包括光源里、菜园街及枣林南里2个项目，涉及居民5000余户。

23日 2016年全区司法行政系统工作会召开。

24日 “智慧西城全响应网格化管理信息系统”项目通过验收。

26日 中共北京市西城区纪律检查委员会第十一届七次全会召开。

☆ 西城区2016年民政工作会召开。

☆ 中国诚通控股集团董事长、党委书记马正武率队访问西城区。

3月

1日 官园派出所挂牌成立。

2日 北京市西城区社会工作者联合会、天津市津南区社会工作者联合会、河北省保定市社会工作促进会共同签订《京津冀三地社会工作合作协同发展框架协议》。

3日 西城区召开2016年精神文明和生态文明建设工作大会，总结2015年全区精神文明建设和城市环境、环保、绿化工作，部署2016年重点工作任务。区四套班子领导出席。

10日 区委全面深化改革领导小组召开第四次全体（扩大）会议。

注：☆表示与上一条同日。

☆ 西城区2016年安全生产工作大会召开。

11日 西城区组织、宣传、统战工作会议召开。

15日 西城区召开市政道路和轨道交通建设工作专题调度会，成立区市政道路建设工作领导小组，部署2016年市政道路和轨道交通建设工作。

16日 西城区民主党派工作会议召开。

19日 白纸坊地区重点棚户区改造项目正式启动征收。

21日 大清邮政信柜在什刹海烟袋斜街重张开业。

22日 “信访举报专题动画交互系统”在西城纪检监察网开通上线。

25至27日 第36届北京青少年科技创新大赛、第16届北京青少年机器人竞赛在中国科学院大学举行，西城区代表队再次名列全市第一。

26日 西城区首家社区型购物中心——王府井集团右安门购物中心正式开业。

28日 西城区行政服务标准化项目被确定为“2015-2016年度全国服务业标准化示范项目”。

30日 南中轴路微循环道路改造工程施工任务全部完成。

31日 中共北京市西城区委党的群团工作会议召开。

4月

1日 区国税局与区地税局共同组建的西城区国地税纳税服务热线66212366正式上线。“互联网+”办税体验中心正式启用。

2日 西城区在广宁公园开展义务植树活动。

8日 北京华融金盈投资发展有限公司、北京市城市规划设计研究院、新街口街道三方共同签订“北京旧城更新白塔寺试点”战略合作协议。

11日 西城区依法行政工作会议召开。

14日 西城区2016年疏解非首都功能、提升城市品质工作部署会召开。

18日 西城区与河北省沧州市高新区签署战略合作协议，加快“动批”商圈产业对接。

☆ 虎坊桥人才市场清退。

19日 第十五届什刹海文化旅游节开幕。

28日 西城区2016年庆祝“五一”国际劳动节暨先进个人、先进集体表彰大会举行。

29日 西城区“两学一做”学习教育工作会议召开。

☆ 市委常委、副市长李士祥，副市长王宁到西城区调研非首都功能疏解和文物保护腾退利用工作。

5月

4日 中国残疾人联合会主席张海迪、副理事长贾勇到西城区调研残疾人康复服务工作。

5日 市委书记郭金龙，市委副书记、市长王安顺到西城区调研提高城市管理能力、加快推进交通治理工作。

☆ 国家卫生计生委主任、党组书记李斌到月坛社区卫生服务中心考察调研。

5至6日 澳大利亚彭里斯市市长代表团访问西城区。

12日 市委常委、统战部部长戴均良就贯彻落实中央和市委关于统一战线一系列重大决策部署的工作开展情况到西城区调研。

13日 “你好，赫尔辛基”文化交流活动开幕式在西单文化广场举行。

16至20日 区旅游委、马连道建设指挥部、什刹海街道办事处联合举办“什刹海茶话”主题系列活动。

16日 西城区第22届科技周启动仪式在西城区青少年科技馆举行。

17日 西城区与四川省凉山彝族自治州西昌市签订友好协议，正式缔结友好合作关系。

☆ 白纸坊地区重点棚户区改造项目征收签约期结束。

18日 全国人大常委、致公党中央原副主席杨邦杰到西城区调研文保工作。

19日 西城区首场慈善惠民大集在什刹海街道启动。

20日 区四套班子领导到昌平区开展友好交流座谈，两区将在教育提升、产业发展等方面加强合作交流，实现共促共赢。

28日 中国民主建国会北京市西城区第二次代表大会召开。

29日 中国国民党革命委员会北京市西城区第二次代表大会召开。

☆ 2016第五届金融街论坛开幕。

30日至6月3日 西城区友好城市美国帕萨迪纳市市长率代表团到西城区访问。

6月

1日 在第四届京交会北京主题日活动中，区长王少峰代表西城区与中欧贸易所股份有限公司签署合作备忘录。

☆ 西城区北京金融街和中关村科技园西城园被北京市确定为第一批服务贸易示范基地并颁牌。

☆ 西城区在北京工商大学成立首支“大学生民兵应急分队”。

3日 区四套班子领导到大兴区开展友好交流座谈，两区达成共识，将发挥各自优势，在两区共赢的发展道路上实现新的突破。

☆ 西城区顾问团换届大会召开。

5日 台湾民主自治同盟北京市西城区第二次代表大会召开。

6日 “提升城市品质　共建美丽西城”大讨论活

动启动。

☆ 市委副书记、市长王安顺到北京四中检查高考工作。

14 至 15 日 西城区工会第二次代表大会召开。

16 日 中国农工民主党北京市西城区第二次代表大会召开。

18 日 中国民主促进会北京市西城区第二次代表大会召开。

19 日 九三学社北京市西城区第二次代表大会召开。

24 至 27 日 “2016 北京国际茶业展、2016 北京马连道国际茶文化展、2016 黄山茶文化节”在北京展览馆和马连道中国茶叶第一街举行。

24 日 安徽省黄山市党政代表团访问西城区。

25 日 中国民主同盟北京市西城区第二次代表大会召开。

26 日 中国致公党北京市西城区第二次代表大会召开。

27 至 28 日 中共北京市西城区委第十一届十一次全会召开。

28 至 29 日 西城区城市环境分类分级管理标准化试点项目，以综合评分 93 分的成绩通过国家标准化管理委员会验收。

30 日 西城区庆祝建党 95 周年大会召开。

☆ 大栅栏街道办事处与首旅置业公司在西单饭店旧址（樱桃斜街 11 号）举行交接仪式。西单饭店旧址作为区级文物，其管理使用权实现由企业向政府转移。

7 月

1 至 13 日 由中共中央编译局、中共北京市委宣传部、中共北京市西城区委共同主办的“旗帜——马克思主义中国化的光辉历程”主题展览举行。其间，中共中央政治局委员、中央书记处书记、中宣部部长刘奇葆参观展览。

2 日 全区开展在职党员社区统一行动日活动。

4 至 6 日 共青团北京市西城区第二次代表大会召开。

5 日 《西城区党委（党组）意识形态工作责任制实施细则》出台。

☆ 天津市河北区党政代表团到西城区考察。

6 日 辖区穆斯林群众欢度开斋节。

☆ 什刹海街道推出街级双拥文化信息资源平台。

7 至 8 日 西城区第二次妇女代表大会召开。

9 日 市委书记郭金龙，市委副书记、市长王安顺到西城区调研提升城市规划建设水平工作。

13 日 捷克卡洛维发利州州长率领州政府代表团访问西城区，双方签署《中国北京市西城区与捷克卡洛维发利州玛利亚温泉市、亚希莫夫市、奥斯特罗夫市、更斯贝勒克市、弗兰基许高维市友好合作备忘录》。

15 日 市委常委、副市长陈刚调研“北京坊”项目。

18 日至 9 月 17 日 2016 北京西单时尚节举行。

19 日 北京市西城区第二次归侨侨眷代表大会召开。

20 日 新街口街道“老北京四合院文化博物馆”揭牌。

22 日 国家文物局局长刘玉珠、副局长宋新潮到西城区调研文物保护工作。

26 日 第十届“红墙杯”合唱节暨第四届文化体育季在国家大剧院音乐厅举办。

☆ 全市首家党建文化主题书香驿站——新街口育德党群活动服务中心揭牌。

29 日 西城区连续第九次获得“全国双拥模范城区”称号。

8 月

2 日 中共北京市西城区委第十一届十二次全会召开。

4 日 中共北京市西城区纪律检查委员会第十一届八次全会召开。

11 日 西城区与北京京城机电控股有限责任公司签订战略合作框架协议，推动西城区现代服务业的发展。

16 日 中共北京市西城区委全体（扩大）会议召开。

18 日 “三庆园”戏楼在北京大栅栏商业街原址复建重张。

☆ 中国北方规模最大茶叶博物馆——北京茶叶博物馆在马连道茶叶街开馆运营。

☆ 西城区与国网北京市电力公司签订《关于建设西城区国际一流配电网合作协议》。

19 日 西城区与北京城市排水集团有限责任公司签订战略合作框架协议。

26 日 内蒙古自治区达拉特旗委党政代表团访问西城区，双方就发展友好合作关系，加强商贸、旅游、文化、教育、医疗等方面交流并签署缔结友好区旗协议书。

29 日 中央统战工作领导小组第二调研检查组到西城区，就贯彻落实中央关于统一战线一系列重大决策部署情况开展调研。

9 月

1 日 北京北展地区建设指挥部与鄂尔多斯市东胜区政府签订战略合作协议书。

6 日 市纪委、市委组织部换届风气第二巡回督查组进驻西城区。

☆ 全市首家“执行综合事务中心”在西城区人民法院第三办公区揭牌成立。

7 日至 9 月 30 日 西城区首次联合双随机抽查工作启动，从区工商、税务、食药监等执法部门随机选取的执法人员组成6个检查小组，对随机抽中的企业进行联合检查。

8日　西城区2016年教师节大会召开，宣读《西城区教育系统关于表彰霍懋征奖、优秀教师、优秀教育工作者和优秀集体的决定》。

☆　六必居老店在位于大栅栏粮食店街3号的原址重张。

13日　西城区人民政府、伦敦金融城联合主办“金融合作与发展对话”。

☆　西城区科学技术协会第二次代表大会召开。

19日　全区226个宣传站点同时开展以“行使当家作主权利，依法参加代表选举”为主题的集中宣传活动。

23日　西城区与斯洛伐克皮仕佳尼市续签《中华人民共和国北京市西城区与斯洛伐克皮仕佳尼市发展友好交流城市关系意向书》。

26日　2016年北京国际设计周“遇见什刹海”系列主题活动开幕式暨“洞/和光同尘”开幕式、“北京”对话“首尔”活动在西海西沿10号院举行。

30日　全区各界干部群众代表300余人参加在陶然亭公园高君宇墓前举行的烈士公祭仪式。

月底　天桥历史景观工程（南段）项目竣工。

10月

10日　西单商业文化博物馆开馆。

12日　西城区残疾人联合会第二次代表大会召开。

14日　市人大常委会主任杜德印就老旧小区改造议案督办情况到西城区调研。

18日　由区国资委直属企业北京华方投资有限公司与攀枝花市米易县民政局采用“公建民营”方式合作建设的“北京华方米易颐养中心”正式揭牌运营。

20日　西城区携12个精品项目参展第21届澳门国际贸易投资展览会。

27至30日　在第11届中国北京国际文化创意产业博览会上，西城区以1个主展区、4个分会场举办32项活动。

28日　“天宁1号文化产业园”一期改造完成，开园迎客。

☆　西城区与中国政法大学签订战略合作框架协议，以全面推进西城区法治建设，开展法治领域的合作共建。

11月

1日　受京张高铁在北京五环内地下线路设计影响，自11月1日起，北京北站暂停办理客运业务。在3年施工期间，北京北站仍保留铁路售票功能。

2日　青海省玉树州党政代表团访问西城区。

3日　市委书记郭金龙到牛街街道参加礼拜寺选区酝酿西城区人大代表候选人的选民代表联组协商会。

7日　市委副书记、代市长蔡奇到西城区调研功能疏解、城市治理、创新发展、民生保障等工作。

☆　为庆祝西城区与中野区结好30周年，日本东京都中野区代表团来访。

☆　西城区被全国爱卫办确定为全国健康城市(区)建设首批试点。

8日　西城区社会科学界联合会第二次代表大会召开。

☆　西城区与北京师范大学签订合作框架协议，双方将在办学体制改革研究、基础教育课程改革研究等7个领域开展合作。

☆　月坛街道博物馆成立，挂牌“月坛社区文博学苑展厅”。

10日　中共北京市西城区直属机关代表会议召开。

11日　西城区在全市率先成立区委巡察工作领导小组。

☆　西城区2016党风廉政建设责任制年底重点检查部署会召开，启动对全区40家单位落实“两个责任”情况的重点检查。

☆　首届中国·西单论坛在西单商场内的西单商业文化博物馆举行。

12日　2016北京西城电子商务节开幕。

14日　西城区中医药健康养老工程启动会召开，发布《北京市西城区中医药健康养老试点工作实施方案》。

15日　北京市区、乡镇两级人大代表换届选举投票日。中共中央总书记、国家主席、中央军委主席习近平在西城区中南海选区怀仁堂投票站参加区人大代表的选举投票。全区登记选民近80万，超过97%的选民参加了当天投票。

18日　西城区文学艺术界联合会第二次代表大会开幕。

☆　市高级人民法院党组书记、院长杨万明带队到西城区调研。

21日　中共北京市西城区委全体会议召开，听取区第十二次党代表大会筹备工作情况，审议相关事项。

22至24日　西城区商务委与中国商业联合会中华老字号工作委员会、中华全国商业信息中心联合举办“2016（第三届）中华老字号时尚创意大赛”。西城区11家参赛老字号企业的13个作品获得4项大奖。

26日　西城区工商业联合会第十次会员代表大会暨商会第二次大会召开。

27日　西城区安全生产电视电话会议召开，传达贯彻落实全国、北京市安全生产电视电话会议精神。

☆　第十四届“椿树杯”北京市社区京剧票友大赛决赛在北京市第一实验小学音乐厅举办。

30日　市委副书记、代市长蔡奇到西城区调研老旧小区综合改造工作。

☆　西城区“两学一做”学习教育专题党课报告会

召开，区委书记卢映川以“首都核心区治理与我们的使命”为题，为全区领导干部讲党课。

12月

6至8日　中共北京市西城区第十二次代表大会召开。大会选举产生中共北京市西城区第十二届委员会和中共北京市西城区第十二届纪律检查委员会；审议通过提交大会表决的各项决议。

8日　北京市西城区功能街区产业发展投资促进局更名为北京市西城区产业发展促进局。

13日　2016年（第二届）社会治理创新·西城论坛暨《街道蓝皮书》发布会举行。会上发布了《街道蓝皮书——北京街道发展报告NO.1》，即北京市西城区15个街道发展报告。

16至20日　政协北京市西城区第十四届委员会第一次会议召开。

17至21日　北京市西城区第十六届人民代表大会第一次会议召开。

19日　西城区政府热线管理系统上线试运行。

22日　全市首家社区党风廉洁教育基地在金融街街道受水河社区挂牌。

25日　中央第一环境保护督察组组长马馼带队到展览路街道调研环保督察信访案件办理情况、月坛北街“开墙打洞”整治和便民菜店建设等工作。

27至29日　区四套班子领导率党政代表团走访河北省张家口市张北县、保定市阜平县，对相关项目进行考察并出席对口帮扶对接座谈会。

党　派

中国共产党北京市西城区委员会

概　述

年内，在市委坚强领导下，中国共产党北京市西城区委员会深入学习贯彻党的十八届三中、四中、五中、六中全会精神，牢固树立政治意识、大局意识、核心意识、看齐意识，自觉同以习近平为核心的党中央保持高度一致。深入学习贯彻习近平总书记系列重要讲话精神和治国理政新理念新思想新战略，坚持“四个全面”战略布局，牢固树立和深入落实创新、协调、绿色、开放、共享的发展理念，始终坚持以习近平总书记视察北京重要讲话精神为根本遵循，认真贯彻落实市委各项决策部署，扎实开展“两学一做”学习教育，深入落实首都城市战略定位，主动融入京津冀协同发展，以服务保障首都职能履行为第一职责，以提升城市管理和服务品质为主线，切实加快发展方式转变，深入推进区域发展转型、管理转型，促进核心功能强化、环境质量提升、经济提质增效、人民生活改善、文化繁荣发展、社会和谐稳定，圆满完成全区换届工作，实现了“十三五”发展的良好开局。

全年地区生产总值比上年增长6.5%，一般公共预算收入实现413.8亿元，居民人均可支配收入增长实现与经济增长同步，全区经济发展继续保持了稳中有进、稳中提质的良好态势。

着力优化提升区域功能。研究制定疏解总体实施方案。“动批”累计完成撤市16.3万平方米，区域性批发市场疏解取得重大阶段性成果。持续清理调整低端业态，清理不规范“七小”门店1620户。有效利用疏解腾退空间改善生态环境、增加公共服务设施。累计办理禁限事项521项，牢牢守住功能禁止和限制底线。强化拆违、治乱、“开墙打洞”治理、地下空间清理等专项治理，推动形成调控人口规模的长效机制。加强人口调控与非首都功能疏解、棚户区改造等重大工作的统筹联动，努力推动形成人口规模调控的累积效应，保持了全区常住人口的下降态势，超额完成了年度调控目标。

持续提升城市品质。认真落实清洁空气行动计划，主要污染物浓度持续下降，PM2.5年均浓度下降6%。加强水质巡查和监测，扎实推进重点区域水环境污染综合治理。竣工10条道路，完成32条道路大中修，建成38条慢行系统，道路承载通行能力不断提升。重拳整治停车秩序，推进停车资源共享，有效缓解静态交通压力。大力推动腾退建绿、拆违还绿、多元增绿，全年新增绿地5.08万平方米，公园绿地500米服务半径覆盖率达到92%。推动“拆违、灭脏”等专项治理常态化，累计拆除违法建设11万余平方米，整治“开墙打洞”2100余户。强化背街小巷、城市边角地等环境薄弱地区的综合整治，群众切实感受到了身边的变化。理顺城市管理部门职责分工，完善城市综合管理格局。深入推进国家级城市环境分类分级标准化建设，建立健全覆盖城市重点领域的管理和服务标准。推动全区综合应用平台建设，推进公共服务智能化应用。积极研究探索老旧小区、平房院“准物业”服务模式，鼓励公众参与城市管理，构建依法管理、和谐有序、充满活力的城市运行环境。

深入推进经济转型发展。坚持以“高精尖”为方向，着力提升发展层次能级。金融、科技、文化等高端服务业在区域经济中的比重持续增加，区域整体发展基础进一步提升。金融业支柱地位不断巩固，全国中小企业股份转让系统市场规模持续扩大，金融街国际影响力进一步提升，中关村西城园特色产业保持良好发展态势，文化创意产业呈现多业态融合发展良好势头，50个文商旅融合发展重点项目基本完成深化“放管服”改革，着力优化发展服务环境。积极构建区、街道、社区三级行政服务体系，推进行政服务标准化示范区建设。加强政府非紧急救助和12341政府服务热线建设，全面落实“五证合一、一照一码”工作，积极实践“一窗办理、接办分离”服务。积极推动商事制度改革，集中强化企业设立网上登记，初步实现“一次提交、立等取照”目标。

切实加强宣传思想文化工作。不断深化中国特色社会主义理论体系和中国梦的学习宣传教育，大力弘扬社会主义核心价值观，结合纪念建党95周年和红军长征胜利80周年，开展系列主题宣传教育，弘扬主旋律，传播正能量。认真履行意识形态管理责任，牢牢把握意识形态工作的主动权、主导权，加强阵地管理，经受住了一些突发重大复杂敏感问题处置的考验。巩固扩大全国文明城区创建成果，形成了奋发向上、崇德向善的社会风尚。坚持全面保护，进一步完善“名城、名业、名人、名景”工作体系。编制“十三五”不可移动文物保护计划，实施文物“解危、解放、解读”工程，完成沈家本故居、福州新馆等4处文物腾退。建设非遗传习基地，推进社会化传承，非物质文化遗产保护水平持续提升。完善公共文化设施建设标准和服务规范，统筹公共文化大厦、公共藏书楼等建设，认证挂牌23家特色阅读空间和书香驿站，研究制定公共文化服务社会化系列政策，公共文化服务水平得到提升。加强天桥艺术中心品牌建设，实施文化惠民“365工程”，为群众提供了丰富优质的艺术体验。

不断提升民生服务水平和社会治理能力。深入推进棚户区改造，统筹做好百万庄北里、菜园街及枣林南里、光源里等41个项目，累计完成7459户改造任务。加大老旧小区基础设施改造提升和平房翻建、抗震加固工作，优化生活服务业网点布局，居民的居住条件和生活环境不断改善。全面提升教育优质均衡发展水平，新增小学学位5017个，全区高考成绩继续位列全市第一。建设紧密型医联体，稳步推进整合型医疗卫生服务体系建设。加快国家养老服务业综合改革试验区建设，建成18家养老照料中心、11家养老驿站。加大对重点群体就业、创业的帮扶力度，城镇登记失业率为0.84%，连续两年被认定为“北京市充分就业区”。不断完善社会保障服务体系，大力促进社会福利事业发展，人民群众感受到了更多关怀与温暖。全面加强科学普及，不断提升全民科学素质。广泛开展全民健身活动，体育惠民力度进一步加大。深化“访听解”工作机制，完善全响应网格化社会治理工作体系，各类社情民意解决率达到99.3%。积极引导支持社会组织参与社会治理，试点推进社区居民公约建设，持续深化参与型协商民主，社区共建共治共享水平不断提升。

全面深化改革释放发展活力。进一步增强改革责任意识，切实加强统筹谋划。召开第四次区委改革领导小组会议和专题会议，确定59项年度改革工作要点，明确9项重点改革任务。注重督察督办，着力抓好改革重大项目落地，年度改革任务落实率达到93%。深化教育综合改革，招生制度、集团办学、学区制改革有序推进。围绕构建“大城管”城市综合管理格局，认真研究城市管理体制改革和城管执法监察局管理体制改革方案。积极探索街道管理体制改革，不断提升基层服务效能。扎实推进司法体制改革，进一步优化司法职权配置、规范司法行为。全面深化以管资本为主的国资监管改革，不断激发区属国有企业发展活力。继续深化政府职能转变、社会治理、医疗卫生、文化等领域改革，形成了蹄疾步稳推进改革的良好态势。

大力推进社会主义民主法治建设。制定《关于加强社会主义协商民主建设的实施意见》，推进协商民主广泛多层制度化发展。支持区人大及其常委会围绕区域发展大局，依法行使决定权、监督权和任免权。加强党对政府工作的领导，不断提高政府公信力。召开第四次政协工作会议，制定《关于进一步加强政协协商民主建设的实施意见》，充分发挥人民政协作为协商民主重要渠道和专门协商机构的重要作用。着力构建大统战工作格局，加强同民主党派和党外代表人士等各界人士力量的团结合作。扎实做好对台、民族、宗教和侨务等各项工作。领导工会、共青团、妇联等群团组织认真履职、创新服务。进一步加强党管武装工作，推动国防后备力量建设，实现“全国双拥模范城（区）”九连冠。坚持用法治思维和法治方式推动工作，充分发挥法治的引领和规范作用。不断完善公共法律服务体系，在全市率先启动“七五”普法工作，大力营造全民知法、信法、守法的良好氛围。

全力以赴确保区域安全稳定。以防范遏制重特大事故为重点，完善安全生产责任体系，保持了全区安全生产形势的持续稳定。严格管理食品药品生产经营主体，食品、药品安全监督抽检合格率分别达到97.6%和99.6%。持续推进综合减灾示范社区创建，13个社区被命名为全国或北京市综合减灾示范社区。应急救灾物资储备不断完善，实现了综合型储备库15个街道全覆盖。牢固树立“西城无小事”意识，大力推进平安西城建设。圆满完成各项国际国内重大活动安全保卫和服务保障任务，彰显了首都核心区良好形象。

坚定不移推进全面从严治党。坚持把抓好党建作为最大政绩，认真落实全面从严治党主体责任。完善区委党建工作领导体制，严格落实基层党建工作责任制，建立完善党（工）委书记抓基层党建责任清单和配套管理机制，以钉钉子精神压牢压实党建主体责任。严格落实党风廉政主体责任，深化纪律检查体制改革，实现派驻机构全覆盖。牢牢扭住思想建党这个根本，持之以恒抓好思想理论武装。始终坚持正确用人导向，着力打造忠诚干净担当干部队伍。不断提高基层党建工作水平，全面加强基层党组织和党员队伍建设。坚持不懈推进党风廉政建设和反腐败斗争，坚决筑牢拒腐防变的思想防线。深刻汲取吕锡文及苏东、王功伟、鞠瑾等严重违纪违法案件的教训，坚决肃清影响，做到警钟长鸣、引以为戒。建立健全党风廉政建设“1＋6”制度体系，提升纪律审查工作制度化、规范化水平。积极践行“四种形态”，抓早抓小，驰而不息纠正“四风”，大力营造风清气正的政治文化和政治生态。

（陈 曦）

区委主要工作和重大活动

【中央领导调研工作】 1月21日，商务部部长助理、党组成员王炳南，市场建设司司长李景龙、电子商务司副司长蔡裕东等来区调研生活性服务业工作。到金融街百姓生活服务中心，了解实体空间与智慧终端结合，集成社区购物、社区服务、社区物业、社区信息、社区交互、社区政务等线上服务的生活服务平台情况；召开座谈会，听取《北京市提高生活性服务业品质行动计划》实施情况汇报。1月31日，民政部部长李立国、副部长邹铭到金融街老龄公寓调研养老工作。先后参观金融街老龄公寓康复室、助浴室、老年活动中心和老年饭桌等，听取金融街老龄公寓设计理念、服务理念、服务内容、运营模式等情况汇报；参观老龄公寓“嵌入式”引入的民康社区卫生服务站，与社区卫生服务站医生进行交流，高度评价养老机构“公建民营”的服务模式。5月4日，中国残联主席张海迪、副理事长贾勇来区就残疾人康复服务调研。到展览路街道团结社区温馨家园，了解各项服务设施，看望残疾人朋友，听取基层康复服务项目开展工作介绍；到展览路医院，参观院内康复中心设施建设，了解服务开展情况；到“我们的家园”残疾人服务中心，了解服务团队基本构成、运作模式和发展规划。5月5日，国家卫生计生委主任、党组书记李斌到月坛社区卫生服务中心考察调研。听取中心基本情况汇报，参观走访中医岐黄馆、全科诊室、预防保健科等科室，与医务人员和患者交谈；到月坛社区卫生服务中心的汽南社区卫生服务站，了解医养结合工作开展情况。5月18日，全国人大常委、致公党中央原副主席杨邦杰，市人大常委会副主任、致公党北京市委主委李昭玲，市科学技术委员会主任闫傲霜，致公党中央宣传部副部长范承玲来区调研文保工作。实地察看贤良祠、旌勇祠、月坛、报国寺等文物保护单位，并就文物腾退保护工作进行座谈，围绕区文物腾退工作中的经验做法、重点难点等问题展开讨论。5月20日，全国双拥工作领导小组副组长兼办公室主任、民政部副部长窦玉沛带领调研督导组来区调研督导全国双拥模范示范城（区）创建工作。从袁满囤烈士纪念碑出发，沿街察看柳荫街双拥文化一条街建设情况；到什刹海街道社区服务中心，了解社区服务中心培训部队文化骨干、为官兵和军嫂开展“两用人才”培训等情况；到西长安街街道义达里社区，了解双拥工作经验，实地察看社区睦邻之家、服务大厅、日间照料、文化活动室等开展的双拥共建活动；召开座谈会，了解辖区双拥创建工作开展情况。8月29日，中纪委驻中央统战部纪检组组长苏波带领中央统战工作领导小组第二调研检查组来区，就贯彻落实中央关于统一战线一系列重大决策部署情况开展调研。到牛街街道政务服务大厅察看大厅运行情况，了解街道开展少数民族服务保障工作情况；到牛街街道全响应指挥中心，听取街道将民族宗教工作纳入网格化管理的相关情况介绍；到牛街礼拜寺参观，听取牛街地区伊斯兰教传承历史及少数民族宗教生活有关情况介绍；到牛街春风社区，察看温馨家园、社区服务中心、社区活动室等便民服务设施；到西城区党派团体大楼参观西城区民主党派5年工作成果展，听取区委汇报贯彻落实中央关于统一战线重大决策部署工作情况。

（邓 悦）

【市领导调研工作】 1月7日，市委常委、市纪委书记李书磊带领市委第三检查组来区检查党风廉政建设责任制贯彻落实情况。区四套班子领导参加汇报会。区委书记卢映川，区委副书记、区长王少峰分别代表区委、区政府党组汇报贯彻落实党风廉政建设责任制主体责任的情况。区委常委、区纪委书记王鹏汇报贯彻落实党风廉政建设责任制监督责任的情况。区委常委、区委组织部部长章冬梅，副区长陈宁先后汇报履行“一岗双责”的情况。2月14日，市委书记郭金龙来区就加快核心区非首都功能疏解进行调研。到动物园商圈的聚龙外贸服装商城、四达大厦疏解腾退现场，地安门、鼓楼之间的天意市场疏解腾退现场，了解疏解商户及转型升级情况，听取相关工作汇报，实地检查重点项目进度。市委副书记、市长王安顺一同调研。市领导李士祥、陈刚、张工参加调研。5月5日，市委书记郭金龙来区就提高城市管理能力、加快推进交通治理开展调研。市委副书记、市长王安顺一同调研。先后察看北新华街南段道路改造工程、新街口区域治堵工程、地铁19号线积水潭站建设情况；北京建工三建公司、鼓楼西大街等处静态交通建设管理情况。5月12日，市委常委、统战部部长戴均良一行就贯彻落实中央和市委关于统一战线一系列重大决策部署的工作开展情况来区调研。考察区社会主义学院、民主党派区委机关有关情况，听取西城区贯彻落实中央和市委关于统一战线一系列重大决策部署的工作情况介绍。7月9日，市委书记郭金龙来区就提升城市规划建设水平调研，到大栅栏北京坊项目主体工程察看项目建设整体情况，对劝业场的修缮成效给予充分肯定。市委副书记、市长王安顺一同调研。9月21日，市委副秘书长、研究室主任周立云一行到西长安街街道调研有关加强城市精细化管理工作进展情况。到南长街参观西长安街街道“南北长街准物业管理”工作，实地察看地区“开墙打洞”治理、“七小”整治以及与辖区单位共管共治工作进展情况；召开座谈会，重点了解辖区精品街巷整治、提升城市建设管理水平中遇到的问题与困难。区委副书记王力军陪同调研并主持座谈。10月14日，市人大常委会主任杜德印就老旧小区改造议案督办情况来区调研。到黑窑厂西里小区查看老旧小区抗震加固和节能改造项目开展情况；召集陶然亭街道、社区一线工作者代表与市人大代表、市政府有关部门负责人及区领导座谈，听取老旧小区改造议案办理情况，征求老旧小区改造工作的意见建议。11月3日，市委书记郭金龙到牛街街道参加礼拜寺选区酝酿西城区人大代表候选人的选民代表联组协商会。到牛街街道办事处多功能厅，察看初步代表候选人张榜公布情况，听取选民代表发言并讲话。市领导杜德印、李伟、姜志刚、牛有成参加联组协商会。11月18日，市高级人民法院党组书记、院长杨万明带队来区调研。到西城法院立案诉讼服务大厅、司法公益指导中心、家事调解室、信息中心，了解相关工作情况；召开座谈会，听取重点工作开展、执行机构改革、综合职能部门大部制改革及多元化纠纷解决机制工作情况汇报。

（邓　悦）

【区委常委会（扩大）会议】 1月6日，区委常委会召开扩大会议，传达北京市领导干部大会精神，区四套班子主要领导、区委常委出席会议，区政府副区长列席会议。会议由区委书记卢映川主持，区委副书记、区长王少峰传达市纪委书记李书磊宣读的中央纪委对吕锡文的处分决定和市委书记郭金龙讲话精神，与会领导依次作表态发言。5月13日，区委常委会召开扩大会议，传达学习中央重要文件精神（关于令计划违法违纪情况的通报）。区四套班子领导、区法院院长、区检察院检察长参加会议。会议由区委书记卢映川主持，区纪委书记王鹏传达关于对令计划涉嫌犯罪提起公诉的情况通报。8月1日，区委常委会召开扩大会议，市委换届考察组成员与西城区区级领导班子集体见面。市委换届考察组全体成员、区四套班子领导、区法院院长、区检察院检察长、区纪委副书记、区纪委常委参加会议。会议由区委书记卢映川主持，市委考察组组长冯熙讲话，卢映川代表区级领导班子表态发言。8月10日，区委常委会召开扩大会议，研究换届相关工作，区四套班子领导、区法院院长、区检察院检察长参加会议。8月15日，区委常委会召开扩大会议，研究换届相关工作，区四套班子领导、区法院院长、区检察院检察长参加会议。11月15日，区委常委会召开扩大会议，通报刘跃平相关问题。区四套班子领导、区法院院长、区检察院检察长参加会议。会议由区委书记卢映川主持，市纪委常委韩索华通报刘跃平相关问题，卢映川代表区四套班子作表态发言。11月15日，区委常委会召开扩大会议，通报对苏东等人的处分决定。区四套班子领导、区法院院长、区检察院检察长参加会议。会议由区委书记卢映川主持，市纪委案件审理室副主任张丽红宣读对苏东等人的处分决定，市纪委书记李振奇讲话，卢映川代表区四套班子作表态发言。

（陆　羽）

【区委常委班子专题组织生活会】 1月7日，区委常委班子专题组织生活会召开，针对吕锡文严重违纪、涉嫌犯罪情况，深刻汲取教训，认真反思。专题组织生活会由区委书记卢映川主持，区委常委班子成员依次发言。

（陆　羽）

【西城区领导干部会议】 1月18日，西城区领导干部会议召开，传达习近平总书记在中央政治局“三严三实”专题民主生活会上的重要讲话精神。区四套班子领导、区法院院长、区检察院检察长出席会议，区委区政府各部、委、办、局，各街道，人民团体，区属企事业单位党政主要负责人，区人大常委会、区政协各处室主要负责人，区法院、区检察院正处职领导干部参加会议。5月26日，西城区领导干部会议召开，传达学习市委十一届十次全会精神，区四套班子领导、区法院院长、区检察院检察长出席会议，区委区政府各部、委、办、局，各街道，人民团体，区属企事业单位党政主要负责人，区人大常委会、区政协各处室主要负责人参加会议。会议由区委副书记王力军主持，区委副书记、区长王少峰传达《市委市政府关于全面深化改革提升城市规划建设管理水平的意见》和市委副书记、市长王安顺就《意见（审议稿）》所作说明的主要精神，区委书记卢映川传达市委书记郭金龙在市委十一届十次全会上的讲话精神，并就贯彻落实市委十次全会精神、结合发展实际，深入做好全区城市工作提出具体要求。

（陆　羽）

【区委常委班子专题学习研讨会】 1月19日，区委常委班子专题学习研讨会召开，围绕学习习近平总书记重要讲话精神，联系“三严三实”教育和民主生活会，联系个人思想、工作实际和班子建设，以及全区工作实际，联系周永康、薄熙来、令计划等严重违纪违法案件，吕锡文严重违纪、涉嫌犯罪等身边发生的腐败案件，认真谈思想、谈认识、摆问题、查不足，谈自我要求和改进措施。区委常委班子成员依次发言。

（陆　羽）

【区委党的群团工作会议】 3月31日，中共北京市西城区委党的群团工作会议召开，贯彻落实中央、市委党的群团工作会议精神和习近平总书记在中央党的群团工作会议上的重要讲话精神，学习市委书记郭金龙在市委党的群团工作会议上的讲话精神，研究部署当前和今后一个时期全区党的群团工作。会议由区委副书记、区长王少峰主持，区妇联、区红十字会、区委教工委、陶然亭街道工委分别介绍了发挥群团力量保障改革、服务民生、促进区域创新发展的经验；区委书记卢映川讲话，对学习贯彻习近平总书记重要讲话精神，努力开创全区党的群团工作新局面，提出要求。区四套班子主要领导和相关领导出席会议，区委区政府各部、委、办、局，双管单位，各街道，人民团体，区属企事业单位主要负责人、主管领导，群团组织负责人，区级群团组织领导班子成员及全体工作人员参加会议。

（陆 羽）

【区委第四次政协工作会议】 4月29日，中共北京市西城区委第四次政协工作会议召开。全面贯彻落实习近平总书记关于人民政协事业发展的新思想新要求和市委政协工作会议精神，研究部署新形势下加强区政协工作的各项任务。区四套班子主要领导、区委常委、区政府副区长、区政协副主席、区法院院长、区检察院检察长出席会议，区委区政府各部、委、办、局，双管单位，各街道，人民团体，区属企事业单位党政主要负责人，区人大常委会、区政协各处室主要负责人，各民主党派、工商联负责人和无党派人士代表参加会议。

（陆 羽）

【“两学一做”学习教育工作会议】 4月29日，西城区“两学一做”学习教育工作会议召开，贯彻落实习近平总书记关于“两学一做”学习教育重要指示精神和中央、市委关于开展“两学一做”学习教育有关要求，部署全区“两学一做”学习教育工作。会议由区委副书记、区长王少峰主持，区委常委、组织部部长章冬梅传达习近平总书记重要指示、中央“两学一做”学习教育工作座谈会和全市“两学一做”学习教育工作会议的主要精神；区委书记卢映川讲话，就全区扎实有序有效开展“两学一做”学习教育提出要求。区四套班子领导、区法院院长、区检察院检察长出席会议，区委区政府各部、委、办、局，各街道，人民团体，区属企事业单位党政主要负责人，区人大常委会、区政协各处室主要负责人参加会议。

（陆 羽）

【区委十一届十一次全会】 6月27日至28日，中共北京市西城区第十一届委员会第十一次全体会议召开。全会深入学习贯彻中央城市工作会议、市委十一届十次全会精神，分析研究做好新时期辖区城市工作。区委书记卢映川讲话。区委副书记、区长王少峰就《中共北京市西城区委西城区人民政府关于切实加强规划建设管理工作全面提升城市品质的实施意见（审议稿）》作说明。会议表决通过了《中国共产党北京市西城区第十一届委员会第十一次全体会议决议》。会议由区委副书记、区委政法委书记王力军主持。

（陆 羽）

【区委十一届十二次全会】 8月3日，中共北京市西城区第十一届委员会第十二次全体会议召开。区委书记卢映川主持会议并讲话。区委副书记、区长王少峰传达市委关于召开区党代表大会的部署和要求。会议审议通过《关于召开中国共产党北京市西城区第十二次代表大会的决议》《中国共产党北京市西城区委员会全体会议议事决策规则》《中国共产党北京市西城区第十一届委员会第十二次全体会议决议》；全会决定：中国共产党北京市西城区第十二次代表大会于2016年12月上旬召开。

（陆 羽）

【区委全体（扩大）会议】 8月16日，中共北京市西城区委全体（扩大）会议召开，区四套班子领导、曾担任过区级正职领导职务的老同志、区法院院长、区检察院检察长出席会议，区委区政府各部、委、办、局，各街道，人民团体，区属企事业单位党政主要负责人，区人大常委会、区政协各处室主要负责人，各民主党派、工商联负责人和无党派人士代表参加会议。会议由区委书记卢映川主持，市委考察组组长冯熙讲话，卢映川作动员讲话，卢映川、王少峰分别代表区委、区政府班子总结工作并分别进行个人述职述德述廉，市委考察组副组长解江凌作民主推荐说明、参会人员进行民主推荐，市委考察组副组长解江凌作民主测评说明、参会人员进行民主测评。

（陆 羽）

【西城区工作务虚会】 11月11日至12日，西城区工作务虚会召开，区四套班子领导就辖区未来5年特别是2017年重点工作进行务虚发言。会议由区委书记卢映川主持，区四套班子领导、区法院院长、区检察院检察长出席会议，有关区委区政府各部、委、办、局，各街道，人民团体，区属企事业单位主要负责人参加会议。

（陆 羽）

【区委十一届十三次全会】 11月21日，中国共产党北京市西城区第十一届委员会第十三次全体会议召开。会议报告区第十二次党代表大会筹备工作情况及全区党费收缴、使用和管理情况；听取第十二届区委委员、候补委员、区纪委委员候选人预备人选的说明；审议并原则通过区第十二次党代表大会选举办法（草案）；审议通过区第十二次党代表大会代表团分团情况及召集人建议名单（草案）；审议并原则通过区第十二次党代表大会主席团、主席团常务委员会、秘书长、副秘书长、代表资格审查委员会建议名单（草案）；审议通过区第十二次党代表大会列席人员和邀请人员建议名单（草案）；审议通过区第十二次党代表大会日程（草案）；审议通过区第十二次党代表大会秘书处机构及工作职责；审议并原则通过即将提交区第十二次党代表大会的区委工作报告（审议稿）、区纪委工作报告（审议稿）。区委书记卢映川主持会议。

（陆 羽）

【区第十二次党代会】 12月6日至8日，中国共产党北京市西城区第十二次党代表会议召开。应到代表398人，实到代表394人。会议选举产生中共北京市西城区第十二届委员会和中共北京市西城区第十二届纪律检查委员会；以无记名差额投票方式，选举产生区委委员45名、区委候补委员9名，选举产生区纪委委员29名。卢映川代表西城区第十一届委员会向大会作题为《深入推进科学治理 全面提升发展品质 努力在北京建设国际一流的和谐宜居之都进程中走在前列》的报告。会议以举手表决的方式，通过了《关于中共北京市西城区第十一届委员会工作报告的决议》和《关于中共北京市西城区纪律检查委员会工作报告的决议》。

（陆　羽）

【区委十二届一次全会】 12月8日，中国共产党北京市西城区第十二届委员会第一次全体会议召开。卢映川主持会议。新当选的十二届区委委员、区委候补委员出席会议，新一届区纪委委员列席会议。会上，区委委员以无记名投票方式，选出了中共北京市西城区第十二届委员会常务委员会委员10人：卢映川、王少峰、马新明、孙仕柱、王旭、孙硕、王鹏、陈宁（女）、姜立光、吴向阳；卢映川当选区委书记，王少锋、马新明当选区委副书记。会议通过了新一届中共北京市西城区纪律检查委员会书记、副书记、常务委员会委员人选。选举结果报市委批准并公布。

（陆　羽）

【区委常委会议】 年内，共召开区委常委会议48次，完成议题198个。其中，重大决策类95个，约占48.0%；常规议题66个，约占33.3%；干部任免类议题37个，约占18.7%。区委常委会会议深入学习贯彻习近平总书记系列重要讲话精神和治国理政新理念新思想新战略，认真贯彻落实市委各项决策部署，以服务保障首都职能履行为第一职责，以提升城市管理和服务品质为主线，切实加快发展方式转变，深入推进区域发展转型、管理转型，促进核心功能强化、环境质量提升、经济提质增效、人民生活改善、文化繁荣发展、社会和谐稳定，谋划“十三五”发展的良好开局。区委常委会会议集体学习《中国共产党地方委员会工作条例》《中国共产党问责条例》，习近平总书记在省部级主要领导干部学习贯彻党的十八届五中全会精神专题研讨班上的重要讲话精神、在哲学社会科学工作座谈会上的讲话、在庆祝中国共产党成立95周年大会上的讲话精神等，中共中央政治局研究部署规划建设北京城市副中心和进一步推动京津冀协同发展有关工作会议重要精神，中共中央宣传部关于理论中心组学习突出问题的通报等；研究区委、区人大、区政府、区政协换届工作安排，西城区“两学一做”学习教育工作有关安排，研究“十三五”时期生态西城发展规划、历史文化名城保护规划、民政事业发展规划等；研究制定《中共北京市西城区委关于加强社会主义协商民主建设的实施意见》《关于进一步加强政协协商民主建设的实施意见》《西城区党委（党组）意识形态工作责任制实施细则》《西城区组织工作重要事项及处级领导干部个人事项请示报告工作规定》《中共北京市西城区委关于加强和改进党的群团工作的措施》等工作制度。

（陆　羽）

区委办公室工作

【概况】 中共北京市西城区委办公室（简称区委办公室）是区委的综合办事部门。内设综合科、会议科、信息科、文秘科、行财科、区委权力公开透明运行办公室、离退休干部科、区委督查室、区委机要局（区密码管理局），在职人员40人。年内，区委办公室贯彻落实党的十八大和十八届三中、四中、五中、六中全会精神，学习习近平总书记系列重要讲话精神，牢记习近平总书记提出的“五个坚持”工作标准，转作风、提能效、促发展，着力提升服务发展、服务决策、服务落实工作水平，打造区委敏锐“前哨”和坚强“后院”。以“同心、同向、同力、同步”的工作理念不断完善“大办公室”工作体系；以“上级指示清楚、部门交流广泛、基层联系密切、内部沟通顺畅”的协调网络凝聚推动全区落实中央、市委精神的强大合力，发挥办公室参谋助手、统筹协调、出谋划策、督促检查、服务保障作用，确保各项工作高效运转。

地址：西城区二龙路27号

邮编：100032

电话：88064211

（杨　京）

【综合工作】 年内，服务保障西城区第十二次党代会，负责大会秘书处总体协调工作。承载“办公室系统干部基础能力提升工程”活动的举办，确定每月最后一周的周五为办公室系统人员学习活动日，邀请社会各界讲师开展开放式分主题授课，先后开展应急救护、心理调适、军营体验等体验活动，搭建起提高全区办公室系统工作人员综合素质的新平台，实现资源共享，打造办公室系统服务品牌；统筹安排全区重大会议活动，通过年度重大活动预安排、月度重大活动预安排的编制，对全区重要会议、重大活动和重点工作进行动态管理，严格审批，确保活动精简、节约、高效。遵循市委第十一届十一次、十二次全会所确立的工作目标，重点围绕疏解非首都功能、京津冀协同发展、全面深化改革、民生建设等中心工作，加强调研服务保障力度，服务保障中央、市委及其他领导调研12次，区级领导调研49次。做好区委办公室内部的应急值守、组织人事、工资管理和印章管理等服务保障工作。

（杨　京）

【会议服务与管理】 年内，组织服务区委常委会会议48次，区委书记专题会议31次，区委书记碰头会19次，区委全会4次，区委常委会（扩大）会议6次，全区性会议22次，市委市政府理论中心组（扩大）学习7次，组织、服务、保障办公室系统工作会议、专家顾问团换届、教师节大会等专项会议27次。组织承担、服务保障的会议共计159次。起草《区委常委会2016年工作要点》和《区委常委会2016年议题计划》，并以此为依托，重点抓好会议议题申报管理、会议材料审核把关、会议决策督促落实等工作，及时编发区委常委会、区委专题会会议纪要及相关议题的公开报道。根据《中国共产党地方委员会工作条例》《关于新形势下党内政治生活的若干准则》和《中国共产党党内监督条例》等党内法规，修订《中国共产党北京市西城区委员会全体会议议事决策规则》《中国共产党北京市西城区委员会常务委员会会议议事决策规则》《中国共产党北京市西城区委员会书记专题会议议事规则》，制订《中国共产党北京市西城区委员会常务委员会委员议事协调会议议事决策规则》。组织安排党代表、人大代表、政协委员列席区党代会、区委全会和区委常委会重要议题，参与区委决策，有效拓宽代表、委员的履职途径。严格按照中央、市委、区委工作要求，完善各类会议的审批和服务工作规范。

（陆 羽）

【信息工作】 年内，向市委报送信息1100余条，采用90余条，刊登专题调研信息《大栅栏琉璃厂历史文化街区保护发展机制及模式研究》《西城区全面贯彻落实全会精神深入推进发展转型和管理转型》等6篇，《西城区“西城大妈”微众汇项目取得初步成效》等信息获得向中办报送，得到上级部门和领导肯定。《西城信息》（普刊）共刊发信息242期，采用信息3900余条，获得区领导批示70余条。全年信息工作按照有新意、有特点、有价值、有效应的“四有”要求，围绕经济发展、项目建设、社会管理、旅游开发、城市管理、改善民生等领导关注、全区关键、群众关心的重点工作，努力在“定位高、选题准、处理精”3个方面狠下功夫，有效提高向《北京信息》报送工作质量水平。同时，着力在挖掘信息深度上下功夫，坚持把信息服务放在领导关注的焦点上，围绕全区重要工作动态以及影响地区和部门发展的突出问题、区域建设的重大进展等内容主题，深入研究、理性思考，策划开设了全国“两会”保障、非首都功能疏解、环境建设、棚户区改造等专题栏目。

（邓 悦）

【文书工作】 年内，建立公文处理台账，提高公文审核质量和公文流转效率。审核制发京西发23件，京西办发20件，京西文49件，京西办文2件，京西函5件，京西办函81件，京西办字6件，西办通报30期，无号文89件，共计305件。共处理各类文件8000余件，其中有区委主要领导和区委办公室主要领导批示文件860件，处理涉密文件96件，处理给区委主要领导、区委办公室主要领导来信177件，确保公文流转及时、准确、有效。向区机关文档中心移交上一年度归档文件共计530件。

（陈 曦）

【行政财务工作】 年内，召开区委系统财务内控制度建立工作布置会，跟踪指导区委各部门的内控制度建立工作，完成了区委财务内控制度初稿的编审工作，强化财务决策、岗位分工、业务流程的制约制衡。落实审计监督工作要求，对2015年度王宁任期经济责任审计中指出的问题，通过召开会议、发函告知、工作约谈、完善制度等，进行全面彻底整改，按时向市审计局进行整改工作书面报告。根据全区统一部署，3—7月对区委权属的资产进行全面盘点清查，对报损盘亏资产进行依法处置，摸清存量底数，做到账物相符。有序推进公车改革，封停报废车辆，调岗解聘专职司机，依法赔偿违约经济补偿；审核发放在职人员公务用车补贴；制定保留车辆管理规定，加强公务车辆使用管理，规范公务用车范围和要求。试点探索党委部门财务信息公开，通过财政专网和党建网，对党委部门年度预、决算和“三公”经费收支情况进行全面公开。落实党政机关、事业单位人员养老保险改革，完成养老保险资金的收支并轨，追加补缴以前年度应费用。做好大型活动、重要会议、人才教育、宣传报道、首都维稳、社会建设、文化创意、精神文明建设等大额资金的财务保障工作，做好中央、市委、区委等各级领导的考察调研、检查指导、学习交流以及区委办自身建设的后勤综合服务保障工作。

（廖长兵）

【区委权力公开透明运行】 年内，严控区委全会、区委常委会会议决策程序，参与修订区委全会、区委常委会会议议事规则，制定区委书记专题会、区委常委会委员议事协调会会议议事规则，规范知、议、决、行各个环节的基本程序，强化“三重一大”事项提交会议集体研究决策制度。实行责任清单管理制度，建立区委常委落实党风廉政建设主体责任的责任清单，明确每一位常委抓党风廉政建设的具体职责和具体方式。建立领导干部落实党风廉政主体责任全程纪实制度，严格对照个人主体责任清单，全程介入、跟踪监管，对落实主体责任的全过程进行详实记录。研究制定《2016年西城区落实党风廉政建设“两个责任”任务分解》，确定40项主要任务，明确7个牵头单位，把责任落实落细，向基层延伸。全年向社会发布区委全会预告3次、区委常委会会议题预告48次，“两代表一委员”列席决策会议25人次，发布区委全会、区委常委会会议通过的重大决策21项。西城党建网站访问量月均达到20余万次。

（周 琦）

【督查与建议提案办理】 年内，区委督查工作围绕市委、区委的重要决策，按照市委、区委主要领导批示精神，分阶段对全区重点工作任务和专项工作进行督查，完成9项市委重点督查事项和重点督查任务、46项区委重点工作、3项市委和区委领导重点批示事项的承办工作；全年共开展联合督查14次；编辑各类督查刊物13期（含普刊5期、专报7期、专刊1期）。办理建议提案42件，其中政协党派团体提案19件，至5月底，提案办理工作已全部完成，办结率为100%。

（李 彬）

组织工作

【概况】 中共北京市西城区委组织部（简称区委组织部）是区委主管党的组织工作、干部工作和人才工作的职能部门，内设办公室、干部任免科、干部管理科、干部监督科、组织科、组织指导科、党员教育科、干部教育科、人才工作科、调研宣传科、机关人事科。区委组织部行政编制50名，有在职人员47名。年内，区委组织部贯彻党的十八大和十八届三中、四中、五中、六中全会精神，落实全国、全市组织部长会议精神，抓住“两学一做”学习教育重要契机，以坚定党员干部理想信念为核心，以改革创新精神为统领，以培养选拔党和人民需要的好干部为重点，以加强基层服务型党组织建设为基础，以坚持党管人才为保证，完善科学有效的选人用人机制，增强基层党组织的生机活力，凝聚各方面优秀人才，不断提升组织工作科学化水平，努力为深入推进西城区转型发展提供坚强的组织保证。

地址：西城区二龙路27号

邮编：100032

电话：88064079

（冯永志）

【开展“两学一做”学习教育】 年初，成立区委“两学一做”学习教育协调小组和区委6个巡回督导组，研究制定《关于在全体党员中开展“学党章党规、学系列讲话，做合格党员”学习教育的实施方案》和《关于“两学一做”学习安排的具体方案》。组织召开全区“两学一做”学习教育动员部署会议。建立区级班子党员领导干部“两学一做”学习教育联系点，建立全区“两学一做”沟通联络机制，加强督促指导。全区局处级班子严格落实学习要求，带头参加学习、带头讲党课，区级领导班子紧密联系实际，开展了18次中心组学习；区委书记卢映川以“首都核心区治理与我们的使命”为题，为全区领导干部讲党课，以普通党员身份参加支部学习。组织全区围绕“对党忠诚、做合格党员”“严守纪律、做合格党员”“务实担当、做合格党员”3个专题开展交流研讨。以纪念“建党95周年”活动为契机，启动“一增强两提升”工程，在全区各党支部和广大党员中广泛进行“合格党员标准大讨论”和“合格党支部建设规范和合格党员行为规范大讨论”。各党支部结合工作实际、岗位特点，以“亮明身份、公开承诺、示范带头、接受监督”为主要内容，深化“服务先锋工程”，组织党员采取佩戴党员徽章、设立党员先锋岗、党员示范窗口、党员责任区等方式亮出党员身份，同时开展承诺践诺，将承诺事项融入岗位职责、化为岗位行动。各级党组织在解决重点问题上下真功见实效，区级班子共查摆问题13条，列入整改11条，已改4条；全区各处级单位共查摆问题362条，其中列入整改295条，已改149条。

（冯永志）

【服务保障区级领导班子换届】 年内，贯彻落实《中共中央办公厅关于认真做好市县乡领导班子换届工作的通知》和市委实施意见，在区委和区换届工作领导小组的领导下，按照有关法律、章程和政策规定，加强与区委统战部、各民主党派等的沟通协商，反复酝酿“两委委员”“两代表一委员”、人大常委、政协常委、区纪委常委等人选，组织开展对代表、委员人选进行集中会审和考察工作。贯彻中央《关于防止干部“带病提拔”的意见》，制定《换届风气监督培训工作方案》《关于组织换届纪律专题谈心谈话的工作方案》。参与筹备和组织区第十二届党代会、两委一次全会、第十六届人代会第一次会议。协助市委组织部完成了换届考察工作及局级后备干部和中长期培养对象的调研工作。

（冯永志）

【综合分析处级领导班子】 年内，建立处级领导班子履职业绩档案，结合党内集中教育、后备干部调研、日常考察考核、年度民主测评、政府绩效考核、党风廉政建设等工作，全面收集整理区内现有反映各班子运行情况和干部履职情况的各类信息、数据；定期对班子运行情况和干部履职情况进行动态分析，按照年龄梯次合理、专业知识配套、能力结构相补、性格气质相容的原则，提出科学合理配备、优化班子结构的方案；以选准用好“一把手”为重点，加大对处级领导干部的调整力度。全年提任处级党政“一把手”16人。

（冯永志）

【干部队伍建设】 年内，坚持德才兼备、以德为先，按照事业需要选人、人岗相适的原则，遵循《党政领导干部选拔任用工作条例》以及区委干部工作“1＋5”文件等有关规定，注重对干部政治品质、能力素质、工作实绩、担当精神、廉政情况的综合考察。坚持做好干部档案“凡提必审”，个人有关事项报告“凡提必核”，纪检监察机关意见“凡提必听”，反映违规违纪问题线索具体、有可查性的信访举报“凡提必查”。组织193次考察，考察谈话6500余人次；提任处级干部177名。加大区级机关之间、街道之间、机关与街道之间、机关与区属企事业之间的交流力度，特别是加强重要部门、关键岗位和同一岗位长期任职干部的交流，交流调整处级干部279人，选派24名优秀干部到上级单位、外地进行挂职。先后组织开展中青年干部和优秀后备干部调研考察工作，为区委共推荐出40名中青年干部和235名优秀后备干部人选。

（冯永志）

【干部管理监督】 年内，制发《西城区组织工作重要事项及处级领导干部个人事项请示报告规定》《西城区委关于组织部门对领导干部进行提醒、函询和诫勉的办法》。加强区管干部个人事项报告进行电子数据化建设，建立和坚持个人事项报告初审、数据录入审核和电子数据复核“三审制度”，对1044名区管干部的个人事项报告表进行了逐一核对、录入、校核；组织开展处级领导干部个人有关事项报告抽查核实工作，对拟提拔为副处级及以上干部、转任重要岗位人选、拟提名“两代表一委员”人选的处级领导干部（含区委教工委、区卫生计生委、区国资委）等579人次进行了个人有关事项报告抽查核实。出台《西城区推进处级领导干部能上能下实施细则》，健全处级领导干部能上能下工作机制。制发《西城区委关于建立干部关爱激励机制的实施意见》，对干部在政治上激励、工作上支持、待遇上保障、心理上关怀等方面做出相应规定。

（冯永志）

【干部教育培训】 年内，把党章党规和习近平总书记系列重要讲话作为各类培训班特别是处级干部培训班和中青年干部培训班的必学内容。与中国浦东干部学院联合举办了西城区党政一把手专题研修班。运用过程考核、成果评审和学员自评等方式，全面考核干部的学习态度、理论知识掌握程度等情况。完善在线学习平台建设，开设“干部在线”APP，健全培训电子档案，完成6项市委组织部的党员教育课件开发，新增远程教育终端站点372个。

（冯永志）

【基层党组织建设】 年内，完成2015年述职评议考核和全区基层党组织“三评一考”工作，扩大述职评议范围，将现场述职对象延伸到教育、卫生、国资、社会工委等所属部分基层党组织。加大软弱涣散党组织和需整改提升基层党组织整改力度，通过建立党建联系点、开展过程督导、完善日常台账等措施，2015年末倒排的28个软弱涣散党组织和需改进提升的党组织，至2016年底，全部实现了转换提升。

（冯永志）

【完成中央和市委部署重点任务】 年内，根据中央和市委的要求，结合全区基层党建工作实际，完成党员组织关系集中排查工作；完成党代表和党员违纪违法未给予相应处理情况的排查清理，会同区纪委、区委政法委、区人大、区政协、区法院、区检察院、区公安分局等部门建立起联动排查机制；加强基层党组织按期换届的督促指导力度，分类建立基层党组织换届情况台账，实行直属党（工）委按期换届提示制度，完成397个基层党组织换届工作，实现应换尽换的目标；完成全区机关公务员在职党员、国有企事业单位在职党员党费核查工作，启动了“两新”组织党员和离退休党员党费收缴工作；推进非公企业和社会组织党的组织覆盖和工作覆盖工作，对7398家非公企业和675家注册类社会组织进行排查摸底，出台《西城区关于加强和改进社会组织党的建设工作的实施方案》《西城区非公有制企业和社会组织“两个覆盖”工作任务书》。

（冯永志）

【基层党建基础工作】 年内，深化“366”基层党组织负责人阶梯培养体系建设，即，建立后备人才库、书记工作站和名书记工作室3个平台；建立健全后备人才准入制、定期培养评估制、日常指导制、集中培训制、名书记导师制和巡回辅导制6项工作机制，将培养工作覆盖机关、教育、卫生、国资、街道、非公及社会组织6大领域。完成3批次320余人次的轮训任务。全区27个党工委共建立20个后备人才库，5个书记工作站和23个名书记工作室。强化区级“1000万元基层党组织解决重点难点问题经费”的使用效益，加大社区20万元经费的督导力度。加快推进牛街街道工委、陶然亭街道工委、大栅栏街道工委和什刹海街道工委党群活动服务中心建设进度。通过完善“督、联、保”三级管理机制，破解社区阵地建设难题，全区所有社区办公和活动用房面积全部达标。

（冯永志）

【党员管理与教育】 年内，开展纪念中国共产党成立95周年纪念活动。制发《关于评选表彰西城区优秀共产党员、优秀党务工作者、先进基层党组织的通知》，评选出206名优秀共产党员、105名优秀党务工作者、105个先进基层党组织、50个区域党建先进单位、50名区域党员之星。贯彻《中国共产党发展党员细则》《关于加强新形势下发展党员和党员管理服务工作的实施意见》，建立2016年发展对象数据库，建立中期检查分析制度和逐级报告制度；与市委组织部、区委党校共同举办北京市2016年发展对象培训示范班，112名发展对象参加培训；截至年底，全区发展党员720名，转入党员1877名，转出党员471名。元旦、春节期间，区级帮扶慰问困难党员和新中国成立前老党员，共支出资金55.8万余元。“七一”期间，区级帮扶慰问困难党员和慰问新中国成立前老党员，共支出资金124.2万余元。与区慈善协会一起组织开展“共产党员献爱心”活动，活动中参与的党员51713名，群众14117人，共捐款339万余元。

（冯永志）

【推动人才发展规划的实施】 年内，推动《西城区“十三五”时期人才发展规划》的实施，落实人才工作领导小组例会制度，加强对重点单位的工作沟通和项目督导，统筹研究人力资源服务专业化发展、社工人才培育、非公企业家队伍建设等3项重点工作。加强支持人才创新创业政策的改革，围绕金融街、中关村西城园等产业区、功能区建设发展需求，研究修订了《西城区优秀人才培养资助实施办法》，完善引才引智、人才培育、人才服务保障等机制。加大对创新创业人才的资助力度，设定骨干个人项目、拔尖团队项目、集体项目3个资助项目，严格评审程序，资助金额达496万元。

（冯永志）

【世界高端金融人才聚集区建设】 年内，强化组织对金融人才的政治引领作用，举办“金融街人力资源研讨暨培训项目发布会”，开展“4D卓越团队领导力工作坊”和“高绩效人士的关键选择”专题培训，组织金融人才“重走林迈可8公里”抗战徒步活动；与北京大学、中国人民大学、中央财经大学等在京知名高校共同举办高校毕业生招聘、在校生实习双选活动5次，46家金融机构参加招聘，提供包括保险金融、财务会计、技术开发、市场营销、人力资源等领域的约1000个就业或实习岗位，招聘活动现场收到9000余份简历。深化金融品牌活动，以专业化、国际化视角丰富金融街论坛、金博会、京交会等品牌活动内涵，与市金融办联合开展金融人才评价指标体系研究，开展金融街研究院、金融街博物馆筹建相关工作，优化区域人文环境，提升金融街文化品牌优势。开展中英高端金融人才交流对话活动，组织国开行、亚投行、丝路基金等驻区机构高管代表，以及伦敦金融城、英国国际贸易部、英国驻华使馆相关人士，就中英资本市场展望、中英未来金融合作机遇、绿色金融等一系列话题展开研讨。

（冯永志）

【创新创业人才交流】 年内，依托区域金融、科技、文化等特色产业，深化与国外知名院校、科研机构和企业的国际交流合作，推进人才国际化发展，加强与中协技术交流中心合作，借助国际友城平台，与韩国辅仁大学开展国际人才合作交流，支持科技、文创等重点领域海外人才到西城就业创业；西城区与中关村管委会正式签约共建“中关村西城园普天德胜海归人才创业园”，引进和用好国际国内人才资源；联合市海外学人中心在普天德胜孵化器组织召开“北京海外人才创新创业政策说明会——西城区专场”，向海外人才解读北京市、中关村以及西城区的创业扶持政策。开展京津冀人才一体化发展调研，深入西城园与相关企业座谈，了解需求；建立多地人才沟通机制，与保定、唐山等地对接，促进重点项目与人才的对接。

（冯永志）

【组织部门自身建设】 年内，在全区组织系统开展“两学一做”学习教育，通过参观长征主题展览，进行理想信念教育专题辅导，以部领导讲党课、组工干部微党课、专题讨论等形式，引导组工干部坚定理想信念，不断锤炼对党绝对忠诚的政治品质，严守党的政治纪律和政治规矩。改进组工干部作风建设，深化组工干部下基层、知实情、办实事工作，完善《区委组织部部机关干部联系区属处级班子制度》。通过跟班学习、以干代训、岗位练兵、轮岗交流、到基层单位和艰苦岗位挂职、参与重点项目和重大工程等多种形式，开展组织系统日常培训。以“互联网＋”思维加大组织工作宣传力度，组建“西城党建”微信群，综合运用《西城组工动态》《北京西城报》和“两微一端”等媒体全方位、多角度开展组织工作宣传报道。

（冯永志）

宣传工作

【概况】 中共北京市西城区委宣传部（简称区委宣传部）是区委主管意识形态工作的职能部门。负责组织制定全区对外宣传工作总体规划；指导、协调全区新闻宣传报道工作；全区新闻发言人队伍建设；负责指导、协调全区新闻发布工作；研究制定全区对外文化交流工作规划并组织实施，指导、协调全区对外文化交流工作。内设办公室、理论教育科、宣传舆情科、新闻科（西城区人民政府新闻办公室）、网信科。有在职人员25人。年内，开展全区党的思想理论建设；组织全区党员、干部的理论学习；规划、部署、协调全区性的思想政治教育工作。指导、协调全区综合宣传工作；开展全区文艺创作和文化活动等文化建设的指导工作，协调文化市场管理工作。组织协调全区对外宣传报道、新闻发布和对外文化交流工作；实施全区新闻宣传队伍管理和培训工作。组织协调和引导全区宣传系统舆情信息工作。落实互联网信息传播方针政策和法律法规，指导、协调、督促全区互联网行业主管部门、打击网络违法犯罪主管部门及其他相关部门加强互联网信息内容管理；协调全区有关部门做好网络文化阵地建设的规划和实施工作；组织、协调网络宣传和舆论引导工作；组织开展社会舆情、网络舆情的监测预警，信息报送和分析研究工作；牵头处置互联网信息内容突发事件；组织全区网络发言团队、网评员队伍的管理运行和教育培训，为区域社会经济发展提供良好氛围。

地址：西城区二龙路27号
邮编：100032
电话：88064083

（杨　甜）

【市委督查组来区督查意识形态工作】 1月10日，市委意识形态工作督查组第1组组长、市委宣传部副部长韩昱率队来区督查意识形态工作。区有关领导出席会议，区意识形态工作部分重点单位主要领导列席会议。区委书记卢映川汇报全区意识形态工作情况。韩昱指出西城区意识形态建设有站位高、制度严、措施实、形式多等突出特点。

（吕晓鸥）

【思想政治工作】 3月，在全区开展北京市“丹柯杯”优秀理论研究成果评选推荐活动，遴选出45篇优秀理论研究成果报送市政治思想研究会，其中5项理论研究成果获得北京市“丹柯杯”优秀理论研究成果奖，其中一等奖2项，二等奖1项，三等奖2项，区委宣传部获得优秀组织奖；做好市政治思想研究会重点课题立项申报工作，共收集报送立项课题11项，经专家评审，1项课题被市政治思想研究会列为重点课题；组织党员干部参加市政治思想研究会举办的业务培训；开展区政治思想研究会年检工作；开展北京市第十三届思想政治工作优秀单位、优秀思想政治工作者的评选推荐工作，成立评选工作领导小组，向市政治思想研究会推荐5个单位和5名个人，作为北京市第十三届思想政治工作优秀单位、优秀思想政治工作者的候选对象；编辑《西城宣传》6期。

（吕晓鸥）

【百姓宣讲活动】 3月，区委宣传部、区文明办启动西城区2016年百姓宣讲活动，全年活动以“主题多、场次频、形式新、覆盖全、受众广”为原则，重点打造“我们的价值观”和“共筑城市美好生活”2支区级团，建立基层宣讲团239支，全区登记在册宣讲员1277人；先后组织开展各级各类百姓宣讲活动近千场，累计受众10万余人次。年内，区委宣传部获北京市百姓宣讲先进单位，西城区“共筑城市美好生活”百姓宣讲团获北京市百姓宣讲优秀宣讲团，6名宣讲员获北京市优秀宣讲员，3人获北京市优秀网络宣讲员，西城区报送的微视频、微故事分别获北京市优秀微视频、北京市优秀微故事荣誉。

（张玉刚）

【举办纪念建党95周年主题展览】 7月1日至13日，区委与中央编译局、市委宣传部联合在民族文化宫举办纪念中国共产党成立95周年“旗帜——马克思主义中国化的光辉历程主题展览”。中央政治局委员、中央书记处书记，中央宣传部部长刘奇葆参观展览并讲话。刘奇葆指出，展览主题鲜明、内容丰富、思想性强，带给人们深刻的启迪和思考。在建党95周年之际，举办这个主题展览具有非常重要的意义。展览共接待参观单位420家，观众1.6万余人，收到观众留言950余条。中央电视台、《人民日报》《北京日报》，新华网、人民网、千龙网等媒体对这次展览活动给予报道。

（张玉刚）

【举办西城区2011—2016年工作回顾展】 12月5日至8日，在国二招举办“新起点新作为新发展——西城区2011—2016年工作回顾展”。展览共分为7大部分16个版块，展陈面积370平方米，以文字、图片、裸眼3D等形式，从领导关怀、职责使命、转型发展、民生福祉及党的建设等方面，展示区委团结和带领全区各族人民，解放思想、开拓创新，大力推进区域转型发展、科学发展、和谐发展，不断开创经济、政治、文化、社会、生态和党的建设新局面过程中所取得的丰硕成果。

（张玉刚）

【建立健全信息发布和政策解读机制】 12月30日，由区委宣传部牵头制定的《关于建立健全信息发布和政策解读机制的实施意见》，以区委办、区政府办名义正式发布。结合文件精神，围绕信息发布和政策解读相关工作，推进新闻发布会、新媒体发布等平台建设。

（张玉刚）

【出台意识形态工作责任制实施细则】 年内，出台《西城区党委（党组）意识形态工作责任制实施细则》，明确全区各级党委（党组）领导班子、领导干部、政府及其职能部门党组的意识形态工作责任；建立健全意识形态工作研究报告制度、意识形态会商研判制度、意识形态主动引导和风险防控制度、意识形态专题督查制度等。建立意识形态工作责任追究制度；将意识形态工作纳入常委会研究议题，纳入基层党建工作年度述职，纳入领导班子和领导干部年度考核；在全区举办意识形态专题培训班；编发《意识形态动态参考》12期。

（吕晓鸥）

【建立意识形态工作新格局】 年内，建立形成党委统一领导、党政齐抓共管、宣传部门组织协调、有关部门分工负责的意识形态工作格局；成立意识形态工作领导小组，定期听取意识形态工作汇报，对全区意识形态领域重大问题进行研究分析，并在市委领导下对意识形态工作领域重大问题做出决策。区委以常委会、专题会等形式多次听取意识形态工作汇报，就意识形态领域重大问题召开80次专题研究会。

（吕晓鸥）

【理论中心组学习】 年内，结合“两学一做”学习教育活动，按照区级班子理论学习中心组学习计划，组织区级中心组学习23次，同时加强对全区处级中心组讲座的规范管理及师资审核把关；编发供中心组成员自学使用的《西城宣传——中心组学习专刊》8期、《学习资料汇编》4期；在市党委中心组学习经验交流座谈会上西城区作交流经验发言，并由市委宣传部刊发在《宣传系统快讯》中。

（吕晓鸥）

【学习型党组织建设】 年内，制定《西城区2016年学习型党组织建设工作要点》，利用《西城宣传》“西城党建网”等平台，加大对全区各单位在建设学习型党组织过程中的具体举措、进展情况、典型经验和主要成效进行宣传、推广；在全区开展7场理论家走基层活动，受众近500人；联合区社科联召开“西城区学习贯彻习近平总书记在哲学社会科学工作座谈会上的重要讲话精神座谈会”；联合区社科联、区文化委，开展西城区顾问团文化专委会换届工作；在全区开展北京市第十四届哲学社会科学优秀成果奖申报工作，向市委宣传部申报《西城追忆·文物保护专辑》《坊间珍闻——什刹海访谈录》2项成果。

（吕晓鸥）

【“品读经典”活动】 年内，发出《品读经典学习小组继续招募成员的通知》，至年底，品读经典学习小组共有学员106名；分别邀请中央党校、中国人民大学专家学者围绕《资本论》《社会主义从空想到科学的发展》《从〈共产党宣言〉到坚定共产主义理想》以及《反杜林论》等篇目开展解读8次，编发学习资料及配发相关书籍；定期组织品读经典学习小组学员开展学习交流研讨活动；编发品读经典微信公众号11期；开展“品读经典——启迪心灵、感悟智慧”主题读书活动，来自区委宣传部、区直机关工委、团区委的7位学员分别与干部群众交流品读马列经典、红色经典、文学经典心得。

（吕晓鸥）

【理论宣讲工作】 年内，发布《关于做好2016年基层理论宣讲工作的通知》；区委讲师团组织师资，开展“两学一做”主题理论宣讲，举办讲座200余场，直接受众近万人，区委讲师团成员王世勇被评为全国理论宣讲先进个人；依托“西城讲坛”大众理论宣讲阵地，继续开展“西城讲坛百场讲座进基层”活动，举办讲座150余场；开展2016年度“宣讲家杯”优秀报告（党课）推荐报送工作，全区报送35份参选作品，其中17份作品获奖，报送作品数量及获奖数量均位列全市第一。

（张玉刚）

【开展专题宣传教育活动】 年内，制定《西城区纪念中国共产党成立95周年和红军长征胜利80周年宣传教育活动方案》，以“爱党、爱国、爱社会主义”为主题，在全区重点开展一个主题展览、一台综合性文艺演出、一个主题宣讲活动、一个网上专题宣传教育活动、一次征文活动“五个一”系列宣传教育活动，唱响时代主旋律。

（张玉刚）

【舆情信息工作】 年内，完善《今日舆情》《舆情月报》和《舆情年报》，坚持做好《舆情专报》和《西城舆情手机报》。收集社会舆情1645篇，收集网络舆情2160篇，报送上级单位2202篇，中宣部采用118篇，OA系统采用701篇；中央领导批示25次，区领导批示8次。编写《今日舆情》247期，编发《西城舆情手机报》248期；编写《舆情专报》13期，简报77期；编发手机预警短信200余条；完成中宣部舆情直报点任务。区委宣传部被中宣部评为2016年度舆情信息工作先进单位。

（张玉刚）

【编写区舆论引导相关经典案例】 年内，成立案例编写组，编写区舆论引导相关经典案例，对德内大街93号院塌陷事件、区政府常务会议微直播等数十个舆论引导经典案例进行梳理集纳编辑，为今后舆论引导工作提供帮助和指导。

（郝江超）

【规范全区新闻发言人队伍】 年内，明确要求全区各新闻发言人单位应设立处级实职新闻发言人，同时承担网络新闻发言人职责；按程序对全区77家处级新闻发言人单位的新闻发言人进行调整。要求新闻发言人应具有较高的政治素质和政策理论水平，熟悉本单位工作业务和媒体运作规律，具有较强沟通表达能力、良好心理素质和应变能力。新闻发言人应参加重要会议、阅读重要文件，负责信息发布和舆论引导工作的总体策划和组织实施等。

（郝江超）

【编发优秀网络文章电子刊物】 年内，收录市、区网评优秀文章，按照国际篇、经济篇、社会篇、环境篇、文化篇等分章节分类整理30篇文章成册，供网评员学习交流。

（郝江超）

精神文明建设

【概况】 北京市西城区精神文明建设委员会办公室（简称区文明办）是西城区精神文明建设委员会的办事机构，负责协调组织开展全区精神文明建设的日常工作。内设综合科、创建协调科、宣传教育及未成年人工作科，在职人员18人。年内，贯彻习近平总书记系列重要讲话精神，落实京津冀协同发展和新时期首都城市战略定位，坚持以城市文明推动城市发展的思路，在全国文明城区和群众性精神文明创建工作中取得新成效。

地址：西城区广安门南街68号

邮编：100054

电话：83976220

（刘　克）

【全国文明城区创建工作】 年内，结合2016年中央文明委专项督查测评有关要求，制定《西城区2016年全国文明城区专项督查测评迎检工作安排》。聘请社会第三方专业组织，对文明城区建设责任单位工作情况实施日检查、月通报、季测评。在西长安街街道试点开展“地区文明指数动态监测”工作，起草完成社区文明指数动态监测指标体系。依托管理平台发布文明城区常态创建任务，督促各责任单位实时报送创建材料，敦促各责任单位开展实地环境的检查和整改。探索开发材料常态管理系统，实地常态监督检查系统、指挥大厅综合管理系统、文明单位联盟管理系统，逐步实现运用大数据对各单位责任落实情况进行跟踪分析。

（刘　克）

【“核心价值观”公益宣传活动】 年内，利用区属媒体、户外施工围挡、LED大屏、网络、宣传栏等多种载体开展社会主义核心价值观公益广告宣传。策划、设计、制作以“在西城爱西城”为主题的系列公益广告作品，展示基层文化建设、老字号和非遗传统文化传承、讲述身边好人故事等方面的成果。拍摄完成“文明有约”文明礼仪宣传教育片，涉及交通文明、公共场所文明、生态环境文明等方面；拍摄9部微短片，将社会主义核心价值观融入市民日常生活，引导社会文明。

（刘　克）

【评选和学习宣传道德模范】 年内，制发《关于继续做好“2016北京榜样”举荐工作的通知》。召开2016年西城区“北京榜样”工作部署会。推荐“北京榜样”候选人120人，陈献森等7人登上“北京榜样”周榜、月榜。组织区新闻中心记者、文联作家对风雷京剧团团长松岩先进事迹进行跟踪采写和拍摄。组建采访团赴西藏自治区拉萨市堆龙德庆区，对西城区援藏干部、2014–2015年西城区公德之星、堆龙德庆区委书记陈献森进行采访。12位身边好人入选“中国好人榜”候选人。成立了第一家“西城区好人之家”——北京京彩瓷博物馆，开启“西城好人e家”微信平台。组织西城区道德模范先进人物新春团拜会、“浓情端午 爱心传承——道德模范包粽子献爱心”等活动。

（刘　克）

【道德讲堂建设】 年内，全面总结2015年道德讲堂主题实践活动经验，在全区评选出18堂优秀示范课和10名优秀主持人。拍摄制作《崇德向善　文明西城》宣传片。全区道德讲堂总堂主题实践活动走进街道、社区、单位，开展总堂各类活动55场。利用万寿公园“孝”文化氛围，面向老年人群体开展“孝礼传家 德润西城”系列主题课；针对驻区企业的白领集中群体，建成金融街道德讲堂；以创建文明校园为契机，开展“学经典 做模范”道德讲堂国学课进校园活动；将道德讲堂活动搬到移动互联网上，观众通过手机软件即可实时观看活动实况。

（刘　克）

【“学雷锋”志愿服务活动】 年内，出台《西城区志愿服务工作体制机制改革意见》，理顺志愿服务工作体制机制，为志愿服务事业的科学发展提供政策保障，推动“学雷锋”志愿服务活动制度化、常态化。联合团区委、区委社会工委、区综治办、区民政局等部门和各街道，开展第二批首都“学雷锋”志愿服务示范站（岗）的申报评选推荐工作，最终有80家站（岗）被授予首都“学雷锋”志愿服务示范站（岗）等称号。“邻里互助 笑脸相约”、天桥街道太平街社区“萤火虫”志愿服务队分别入选中央宣传部、中央组织部、中央文明办等13个部门联合开展的全国志愿服务“四个100”先进典型最佳志愿服务项目和最佳志愿服务组织。在《北京西城报》开设了多个专版宣传志愿服务工作，在全区公共场所张贴志愿服务海报，在中国文明网西城站、文明西城官方微博、微信等网络空间，开设“学雷锋活动月”专题专栏。向“关爱他人、关爱社会、关爱自然”32个重点帮扶项目拨发178万元专项经费；对前期27个项目完成专项审计。在首都文明办的组织下，西城区志愿者代表赴内蒙古自治区、河北省张家口市参加“V蓝·北京——传递榜样力量”绿化植树志愿服务活动。在世界清洁地球日，相关部门和15个街道共同举办“绿色家园，益动西城”大型环境志愿服务主题活动，倡导和动员社会力量以环境志愿服务的方式参与环境治理。

（刘 克）

【诚信建设】 年内，落实中央和北京市关于加强诚信建设的总体要求和部署，编制完成《西城区“十三五”时期诚信体系建设规划》。协调区相关部门单位，在全区餐饮服务业开展“食品安全示范街”创建活动，优选16个街区作为重点示范街区进行培育，推进诚信建设制度化。

（刘 克）

【清洁空气蓝天行动】 年内，按照“不设门槛、人人可为、现在做起”的基本原则，发动各单位、各社区开展“清洁空气蓝天行动”主题宣传，实践微承诺微行动微志愿暨绿色生活好市民评选活动，全区共推荐100名绿色生活好市民和20余个示范案例，向首都文明办推荐22名绿色生活好市民和8个示范案例。

（刘 克）

【公共文明引导】 年内，以“11”公共文明引导日、春运、“22”绿色出行推动日等为载体，推进辖区公共环境和秩序的持续好转。组织文明引导员开展岗位服务规范大练兵活动，提高文明引导员队伍整体素质。

（刘 克）

【未成年人思想道德实践活动】 年内，开展“我的中国梦”主题教育实践活动。有6人被评为北京市最美少年；开展“我的中国梦——中华美德少年行”讲故事比赛和展示活动；有近6万人次中小学生参加各项社会实践活动，全区评出“社区文明小使者”2853名；6万人次中小学生参与网上“清明祭英烈”主题教育实践活动。暑期，组织全区中小学生开展“学长征精神 做红色传人”主题教育实践活动。区关心下一代工作委员会为全区10余所学校、少年宫和各街道发放《长征的故事》图书，开展爱国主义教育。征集23个未成年人思想道德建设创新案例。举办“亲子共读·德润西城”公益活动。发起“家庭＋”行动计划，开展“书香伴成长·托起童年梦”活动，在《北京西城报》开设5期“百花园”青少年专版，编辑作文、诗歌50余篇；刊登学生书法、摄影作品10余幅。在雷锋小学、启喑实验学校组织开展“未来创客体验校园行”活动，400余名青少年参与其中。

（刘 克）

【网络文明引导】 年内，中国文明网联盟·北京西城站更新新闻3600条，专题27个，评论被采用32条，新浪微博发布信息2050条；微博阅读量约62万余次；互动量约2万余次；粉丝为5万余个；《言传身教传家风#爸妈教我这样做#》7个线上活动。腾讯微博发布信息473条；粉丝为2万余个。微信发布信息656条，微信阅读量约2万余次，收藏转发量约350次，粉丝量为802个。“好活法”发布信息120条；全区网络文明传播志愿小组287个，志愿者人数达976人。微博转评数约1404条。

（刘 克）

【文明市民学校建设】 年内，举办“西城区第九届市民讲外语风采大赛”活动，全区15所文明市民学校中心校、12所社区教育学校精心选送的35个外语节目398名参赛队员参加比赛。开展“律动西城颂党恩”西城区第六届市民艺术节合唱比赛，全区各街道文明市民学校中心校和社区教育学校选送的33个合唱曲目精彩亮相，参赛人数达到1177人。举办“外语交流·结缘四海”为主题的北京外语游园会市民外语角暨西城区外语嘉年华活动，向市民外语爱好者免费发放市民英语微学本系列之三《中西美食篇》3000余册。举办“纪念红军长征胜利80周年”西城区文明市民学校第十五届书画精品展。举办“西城区社区科普益民大课堂”。开展西城区社会工作者职业水平考试考前辅导培训、综治信息化培训、社区教育专兼职信息员专项培训、民办校从业人员继续教育档案员培训等四大类专项培训，全区近1200名社会工作者、365名民办学校从业人员等先后接受120课时的业务培训，培训课程17门，总培训量达1万余人次。组织12位校内教师、10位校外教师，分别在市民学校总校和32个社区开设38个班次的市民课程或讲座，总课时为1245课时，学员达1300人，市民进校学习培训1.8万人次。与北京市外事职业学校合作开设10门积分兑换的职业技能体验课，培训学员150余人。稳步推进市民终身学习成果认证制度的建设与实施工作，认证点数量达到114个，注册个人学习账户近9万人；拓展市民课程资源建设，完成86门微课视频制作。

（刘 克）

统一战线工作

【概况】 中共北京市西城区委统一战线工作部是中共西城区委主管统一战线工作的职能部门（简称区委统战部）。内设办公室、党派科、联络科、党外知识分子工作科、新的社会阶层人士工作科，西城区社会主义学院是区委统战部的直属事业单位。统战部在职公务员19人，社会主义学院4人，工勤1人。年内，区委统战部以开展“两学一做”学习教育活动为契机，促进党的统一战线方针政策在各领域得到贯彻落实。围绕全区中心工作开展政党协商，协助做好各民主党派区委和区政协的换届工作，加强党外代表人士的队伍建设和教育培训，落实民族宗教和基层统战工作，总结新的社会阶层人士统战工作经验，团结带领全区统一战线各界人士和统战干部凝心聚力，为加快建设国际一流和谐宜居之都，实现西城区“十三五”规划目标贡献力量。

地址：西城区二龙路27号

邮编：100032

电话：88064280

（陈昌杰）

【区民主党派工作会议】 3月16日，西城区民主党派工作会议召开，区委常委、统战部长程军出席会议并讲话，各民主党派区委领导班子成员80余人出席会议。区委统战部及各民主党派区委总结2015年的工作情况，交流2016年的工作思路与安排，表彰2015年各民主党派调研、信息工作，启动各民主党派区委换届工作。

（陈昌杰）

【基层统战工作培训会议】 3月30日，西城区2016年基层统战工作培训会议召开，部署2016年全区基层统战工作要点，邀请中央社会主义学院教授张峰做“加强党对统一战线工作领导”专题辅导报告。区委常委、统战部长程军出席会议并讲话，全区相关各委办局主管领导、教育工委及所属学校书记、卫生计生委工委及所属医院书记、各街道工委及部分社区书记120余人参加培训。

（陈昌杰）

【基层统战部长培训】 5月16日至27日，为贯彻落实中央统战工作会议和《中国共产党统一战线工作条例（试行）》精神，区委统战部举办为期2周的基层统战部长培训班，其间组织全体学员赴遵义开展异地培训，领悟“遵义会议与遵义会议精神”，并同遵义市委统战部进行交流，全区15个街道和各系统的统战干部近30人参加培训。

（陈昌杰）

【部内增设新科室】 5月，区委统战部根据全区党外知识分子和新的社会阶层人士日益增长的工作需要，提出设置方案，向区委主要领导汇报，并向区机构编制委员会提出《关于申请设置党外知识分子工作科增加编制的请示》《关于申请设置新的社会阶层人士工作科增加编制的请示》；区编办于6月发布《关于调整区委统战部内设机构的批复》，确定区委统战部增设党外知识分子工作科和新的社会阶层人士工作科。

（陈昌杰）

【区社会主义学院成立20周年座谈会】 11月2日，庆祝西城区社会主义学院成立20周年座谈会召开，全区统战系统各单位领导以及区社会主义学院退休老领导、老同志及学员代表50余人参加座谈。会上，大家浏览“回顾发展历程 凝聚奋进力量”——西城区社会主义学院成立20周年图片展，听取西城区社会主义学院20周年工作报告，北京社会主义学院副院长姜之茂，区委常委、统战部长、区社会主义学院院长程军出席并讲话。

（陈昌杰）

【开展宗教界代表人士家访活动】 11月16日至20日，区委统战部开展赴山西省晋城市和长治市对西城区宗教界代表人士亲属进行走访慰问活动。其间区委常委、统战部长程军分别与长治市常务副市长潘贤掌，晋城市人民政府市长武宏文等进行交流座谈，探讨如何更有效地开展统战工作和宗教工作。

（陈昌杰）

【签署友好合作单位协议书】 11月29日，中共山西省长治市委统战部与中共北京市西城区委统战部友好合作单位协议书签订仪式举行。为推动山西省长治市、北京市西城区两地的统战工作服务区域经济社会发展，本着“增进友谊、促进合作、互惠互利、共同发展”的原则，开展全方位、多层次、宽领域的合作和交流，经友好协商，两地的统战部门决定缔结友好单位。长治市委常委、统战部长刘卓良，西城区委常委、统战部长程军出席仪式并签订友好合作单位协议书。

（陈昌杰）

【完成民主党派区委换届相关工作】 年内，按照中央、北京市的工作部署，协助各民主党派市委、区委完成新一届各民主党派区委换届相关工作，其间召开部署会、座谈会、培训会近50次，与各党派市委开展4轮协商，向区委书记专题会、区委常委会汇报4次，在《北京西城报》刊登相关报道17篇。换届后各民主党派区委新一届委员会总规模170人，领导班子总规模51人（不含秘书长）。

（陈昌杰）

【完成区政协换届相关工作】 年内，按照中央、市委统一部署和换届有关文件精神，在区委和区政协换届工作领导小组领导下，区委统战部完成区政协换届工作筹备部署、委员推荐、考察公示、审议决定等各阶段任务。经市委统战部批复，区十四届政协界别设置为26个，委员规模418人。经区十三届政协第四十三次常委会审议，实际安排政协北京市西城区第十四届委员会委员413人。

（陈昌杰）

【开展区工商联（商会）换届工作】 年内，按照中央和市、区委相关工作要求，区委统战部建立测评系统，牵头协调区14家职能部门，完成区工商联换届相关非公经济代表人士230人次的综合评价工作，同时协助全市其他区及外省市完成近100人次的协查工作。

（陈昌杰）

【政党协商工作】 年内，协助区委制定印发《关于加强社会主义协商民主建设的实施意见》；召开西城区“疏解非首都功能，推动京津冀协同发展”主题议政会；围绕全面提升城市品质、党代会报告以及重要人事安排召开民主协商会5次；协调相关单位聚焦强化什刹海管理、文化创意产业发展、教育集团化办学模式等党派重点调研课题组织活动3次；完善《关于协助民主党派进一步加强调研工作的实施办法》，各民主党派、无党派人士完成调研37篇。

（陈昌杰）

【党外代表人士队伍建设】 年内，以各民主党派区委及区政协换届为契机，加强对新任委员及党外代表人士的教育培训；围绕党外干部能力结构和素质要求，组织全区党外科级干部培训班，加强党外后备干部培养；开展非公经济代表人士理想信念教育实践活动，加强海联会与海外理事的联系，以区社会主义学院成立20周年为契机，强化党外人士教育培训基地作用，围绕党外干部能力结构和素质需求，组织各类党外人士培训25班次，累计培训2000余人次。

（陈昌杰）

【新的社会阶层人士工作】 年内，完成《关于西城区新的社会阶层人士统战工作情况的调查与思考》调研课题，建立健全由区委统战部和区委社工委牵头，26家市、区党政有关部门和社会团体参与的新阶层联席会议制度，推进商务楼宇和产业园区统战工作，总结西城晶华、高登大厦等商务楼宇在开展非公党建工作和联系凝聚新阶层人士方面各具特色的经验，注重加强政治引导，广泛宣传相关方针政策，提升新阶层人士自我认知度。

（陈昌杰）

【民族宗教工作】 年内，协助召开北京市城市民族工作会，首次推荐民族代表人士44名；开展“爱国爱教”主题教育活动，做好重要节日宗教场所安全服务保障工作；加强与宗教领袖联系交友，健全并落实区领导走访宗教界代表人士家乡制度，并在市宗教工作会议上介绍经验；组织佛教居士林、彩虹桥基金会赴内蒙古自治区杭锦旗开展先天性心脏病救助、医生培训以及流行病调查工作。

（陈昌杰）

【基层统战工作】 年内，建立由区委统战部牵头指导、统战系统各部门联合对街道进行考评的工作机制，整合街道系统绩效管理体系中统战相关指标，增加工作权重并制定基层统战工作考核管理细则；在《北京西城报》开辟“书记谈统战”专栏，邀请教育工委、街道工委等统战工作重点单位党委书记撰稿分享统战工作经验，全年刊文5篇；在首期基层统战部长初任培训班等培训、会议中宣传中央统战工作会议和《中国共产党统一战线工作条例（试行）》精神，发放《条例》解答读本1800余册。加强走访慰问黄埔老人，送去服务与关爱；完成“黄埔情缘 相约北京——第九届、第十届台湾眷村与北京社区交流节”活动。

（陈昌杰）

对台工作

【概况】 中共北京市西城区委台湾工作办公室、北京市西城区人民政府台湾事务办公室(简称区台办)，是西城区委、区政府负责辖区涉台事务的工作机构，在职人员5人。主要职能是“组织、指导、管理、协调、服务”辖区的对台工作，处理日常涉台事务，广泛动员社会各界人士积极做促进祖国统一工作。年内，区台办贯彻落实中央及北京市对台工作精神，以巩固深化两岸关系和平发展为主要任务，通过开展多种形式的涉台宣传教育活动，奠定全区做好对台工作的思想基础；加强对台交流交往工作的实效性，做好对台经济及联络工作，努力为台商创造公平公正的经营环境；及时、妥善处理涉台突发事件，确保辖区涉台发展环境的稳定。区台办被国台办评为《两岸关系》《台湾工作通讯》刊物宣传工作先进单位。

地址：西城区二龙路27号

邮编：100032

电话：88064282

（丁震宇）

【涉台教育】 年内，发布《2016年西城区深入开展涉台宣传教育工作的通知》，指导全区各单位开展涉台宣传教育活动，组织“区涉台教育宣讲团”进党校、进学校、进社区巡回宣讲活动。5月17日，邀请北京联合大学教授刘红为陶然亭街道干部和社区干部150余人作台海形势专题报告。报告主要内容是台湾政局新常态的基本点和特点，台湾地区大选的情况介绍和分析。7月12日，与区委组织部共同举办两岸关系报告会，邀请全国台湾研究会副会长王在希为全区处级干部讲解两岸关系发展形势及当前面临的机遇和挑战，并对如何做好对台工作提出建议。各系统200余位处级干部参加。7月15日，区台办与民革西城区委、区社会主义学院联合举办台海形势报告会，邀请中国社会科学院台湾研究所科研室副主任张华作报告，区统战（对台）系统干部、各党派成员、台胞台属共100余人参加。报告分别从台湾地区新一届领导人执政观察期、两岸和平发展的转折期、两岸关系和平发展的关键期，对两岸关系形势发展进行解读和分析。8月31日，邀请北京联合大学政党研究所所长李振广为区天桥街道举办涉台教育专题讲座。天桥街道及社区干部、群众50余人参加。李振广从8年来两岸关系发展的反思、台湾地区新一届领导人面临的问题与解决问题之道、两岸关系发展前景3个方面进行讲解。年内，完成2期《西城对台工作》的编发工作。向北京市台办报送工作信息16件。

（丁震宇）

【组团赴台交流】 6月29日至7月5日，区统计学会一行15人赴台，对台北市、嘉义市和高雄市进行交流考察。参观台北市中山区复华里和南投县桃米生态社区，与旺旺集团艾普罗调查中心、高雄市经济发展及休闲城市协会、嘉义市记账师工会和台北市会计师公会等单位进行座谈交流。9月21日至27日，区牛街街道“社区服务管理”考察团一行14人赴台进行考察交流活动。就两岸社区综合服务管理经验、社区文化建设及城市社区服务体系建设等开展交流。9月21日至27日，区公民思想道德建设交流考察团一行15人赴台进行为期7天的交流考察活动。考察团先后到新北市汐止中正社区、台北探索馆、儿童福利联盟文教基金会、南投埔里镇桃米社区、高雄第一科技大学交流，就志愿服务、社区营造、未成年人权益保护、后现代城市发展治理等方面进行考察学习。12月24日至30日，西城区工商联考察团一行10人赴台进行考察交流活动。考察团拜访了台北经贸协会，参观台湾伴手礼企业“维格饼家”、南投县民宿、高雄前金幼儿园、台北市公交转运站。11月26日至12月2日，北京市西城区人大一行13人，前往台湾地区学习考察当地安全生产工作，学习了解台湾地区安全文化理念，安全管理方法、社会力量参与等方面情况。11月26日至12月2日，由区社会办、区城管局及部分街道组成的考察团一行13人，赴台北市、嘉义市、高雄市等地区，通过拜会、座谈、考察等形式，就社会组织开展服务情况进行考察和学习交流。12月25日至31日，由区委社会工委组织的西城区社会组织考察团一行15人，对台湾地区社区建设和社会组织发展情况进行考察，走访南投县桃米社区、新北市礼门里中正社区等社区，并与新北市社区工作者协会、慈济功德会等社会组织进行座谈交流，了解了当地社区、社会组织和志愿服务工作情况。年内，全区共有27个团组赴台交流，全年办理公职人员263人、非公职人员87人赴台手续。

（丁震宇）

【接待来访交流】 5月19日，台湾南投县商业会参访团一行22人在南投县商业会理事长陈宜剑率领下到区马连道茶城进行参访交流。参访团参观了马连道茶城古月博物馆、开放式茶文化超市，体验多元化茶文化。5月27日，台湾大学政治系副教授张登及带领学生共15人到西城区参访交流。全国台湾研究会综合部、北京市台办秘书处、白纸坊街道、区人大办公室、区人大研究室、区台办有关人员参加接待活动。区人大有关人员向台湾来宾介绍了人民代表大会制度和区人大常委会的情况。张登及和学生们与区人大有关领导进行交流，并到白纸坊街道清芷园社区参观，就社区建设情况与街道、社区干部进行交流。6月29日，中国国民党高雄市议员黄绍庭率领的高雄市基层里长北京参访团一行38人到区什刹海街道柳荫街社区交流参访。参访团成员由台湾高雄市苓雅区中正里、林泉里林靖里等里的20多位里长组成。什刹海街道向台湾客人介绍了什刹海街道总体情况。柳荫街社区居委会介绍了社区概况，养老服务、社区志愿者工作、社区活动等相关情况。两岸的社区工作者们就社区营造具体问题、如何调动志愿者服务积极性等问题进行交流。7月4日，台湾新北市竹林高中参访团到西城区参访交流。竹林高中校长池易钏带领教师和学生共22人到北京第三十五中学参观交流。10月11日，西城区接待中国国民党高雄市议员陈玫娟一行31人到什刹海街道柳荫街社区参访交流。该团成员主要由陈玫娟服务团队人员组成，大部分成员来自高雄市左营区。在柳荫街社区举行了交流座谈会，有关人员介绍了什刹海街道概况及社区建设概况。柳荫街社区、什刹海街道西什库社区分别介绍各自的情况。陈玫娟希望基层民间的交流不要受政治因素影响，也欢迎北京的朋友到高雄市去交流访问。

（丁震宇）

【京台社区传统文化大讲堂系列活动】 12月2日，由北京海峡两岸社区发展研究中心、北京市西城区广内空竹协会共同主办，区台办、广内街道协办的“2016京台社区传统文化大讲堂”在广内街道举办。台湾中国国民党屏东县党部、中华全球洪门总联盟、高雄左营社区联合发展协会、高雄市三民区河堤社区发展协会、台湾两岸社区产业暨养老照顾发展协会、屏东扯铃表演团体及京台两地基层社区与媒体代表150余人出席。台湾海峡两岸社区产业暨养老照护发展协会、高雄左营社区联合发展协会、区体育局、广内街道等单位工作人员围绕养老、群众体育、社区治理和两岸基层交流，分别进行主题演讲，分享各自在社区营造和社会建设方面的实践经验。台湾飞跃铃扬——乐铃艺术表演团团长、高雄市八卦掌协会教练、屏东县竹田乡传龙武学训练中心教练、北京市孙氏太极拳和陈氏太极拳传承人等5位京台两地非物质文化遗产与传统文化传承人，共同就两岸非物质文化遗产与中华传统文化的发展与传承进行对话和交流。西城区4个社区和高雄市左营区4个社区签署了合作交流协议。即日，第七届“广内杯”空竹邀请赛闭幕式暨京台社区中华传统文化大舞台在广安体育馆举办。中华全球洪门总联盟盟员代表、台湾社区代表、台湾空竹达人以及各地区的参赛者500余人参加。台湾屏东县竹田乡传龙武学训练中心学员表演了舞狮《祥狮献瑞》，台湾飞跃铃扬——乐铃艺术表演团成员进行扯铃表演。台湾高雄八卦掌表演协会、内蒙古自治区呼和浩特市赛罕区中专路街道、康乐里小学等单位和团体进行空竹表演。

（丁震宇）

【对台经济】 3月8日，区台办与有关部门组织由北京富光媚科技开发有限公司董事长陈艳媚、罗斯服装服饰有限公司总经理柯平等10余位女性台商到京彩瓷博物馆参观。5月24日，台湾富邦华一银行北京分行在西城区开业。10月20日，北京台资企业协会西城分会组织部分台商代表赴山东省枣庄参观考察。北京富光媚科技开发有限公司太运大厦有限公司、罗斯服装服饰（北京）有限公司等台商代表共10余人参加。年内，走访台资企业20家，协调台资企业年检、投资咨询、环保审批等事项10件。

（丁震宇）

【台胞台属服务】 2月13日，组织40余名台胞台属参加新春电影招待会。9月29日至30日，举办台胞台属涉台宣传工作培训会，40多位台胞台属参加培训，邀请北京联合大学教授刘红为台胞台属作两岸关系形势的报告。年内，区台办结合中华民族传统节日，组织台胞台属、台籍学生新春和中秋联谊会；走访、慰问重点台属40户，指导区台胞服务中心开展各项面向辖区台胞的政策咨询、参观考察等相关活动。

（丁震宇）

【处理涉台突发事件】 年内，区台办与公安等有关部门协调配合，处理涉台突发事件2件，确保区域涉台环境安全稳定。

（丁震宇）

决策服务与调查研究工作

【概况】 中共北京市西城区委北京市西城区人民政府研究室（简称区委区政府研究室），是负责全区综合性调查研究工作、为区委区政府决策服务的工作部门。区委区政府研究室（区委改革办）内设综合科、政治科、文化科、社会科、经济科、秘书科、协调科。编制人员31人，在职人员26人。年内，以党的十八大和十八届三中、四中、五中、六中全会精神，习近平总书记有关从严治党、依法治国的新理念新思想新战略为指引，全面落实区委各项决策部署，围绕调查研究、文稿起草、深化改革三项主业，在全区党建和社会经济发展中，切实发挥好参谋助手的重要作用，全面做好为区委区政府决策服务工作。

地址：西城区二龙路27号

邮编：100032

电话：88064584

（马　恪）

【决策咨询服务】 6月3日，西城区顾问团换届大会召开。从深入推进区域发展转型和管理转型、全面提升城市发展品质的高度，来审视和定位西城区顾问团整体工作，明确指导思想，确定坚持党的领导、高端引领、以用为本、精准服务四条原则，完善组织架构，增设顾问单位，扩展专委会设置。新一届顾问团有9家顾问单位、设立12个专委会、聘请专家学者117名，构建形成了“1＋9＋12＋100”组织架构。围绕功能优化、文化发展、城市管理、公共服务、党建创新等提出建设性意见。12人次列席政府常务会议，提出决策建议40余条。64名专家围绕“提升城市品质 共建美丽西城”撰写建言文章，刊登在《“提升城市品质 共建美丽西城”专家建言汇编》和《西城调研与决策》。50余人次参与区委全会报告、区政府工作报告等全区性重大会议材料的意见征询，很多意见被及时采纳，并落实到具体工作中，为领导决策提供更有针对性的参考依据。

（马　恪）

【调研队伍建设】 10月11至12日，召开全区调研工作培训会，邀请专家学者、市委研究室有关人员就围绕首都经济社会发展、调查研究方法进行培训。通报全区调研工作开展情况和2015年度优秀调研成果获奖名单。全区130余名干部参加培训。与中国政法大学合作产学研基地建设实现双赢，坚持“合作好一个课题，共育两支队伍，强化三项合作”的工作思路，安排9位硕士研究生到研究室、政府办、人力社保局等部门实习锻炼。搭建全区调研干部成长平台，全年共安排10余名干部到研究室进行为期3至6个月的“以干代训”。

（马　恪）

【调查研究】 年内，组织召开全区调研工作联席会，制定《西城区2016年调查研究工作要点》，完善课题管理、课题评选等制度。围绕首都发展大局和全区中心工作，合力推出对区域发展具有建设性意见的研究成果。区级层面完成重点课题30篇、部门层面完成课题107篇。抓好区委、区政府主要领导《关于西城区深入推进发展和管理转型 全面提升城市品质的若干思考》《关于深入推进西城区历史文化名城保护工作的研究》等重点课题的研究。评选出2015年度优秀调研成果62篇，评选出一等奖4篇，二等奖15篇，三等奖15篇，优秀奖28篇。向市级刊物推荐优秀调研成果。其中有7篇调研成果刊登在《北京调研》，9篇刊登在《工作研究特刊》。

（马　恪）

【文稿起草】 年内，围绕区委区政府中心工作，完成区党代会工作报告、区委常委会工作报告、区半年经济形势分析会等重要会议的文件起草工作及主要领导讲话等综合文稿102篇。注重文稿与理论文章的转化，撰写了区主要领导在《北京工作》《前线》等刊物杂志上发表的署名理论文章初稿5篇，在《北京西城报》评论专栏发表评论文章3篇。

（马　恪）

【调研信息交流】 年内，编印《北京市西城区二〇一五年度调查研究重点课题汇编》《北京市西城区二〇一五年度优秀调研成果选编》各500册，发至各单位、各部门。编辑《西城调研与决策》24期，印发8000册，围绕供给侧改革、历史文化名城保护、城市品质提升、疏解非首都功能等重点领域编刊，推出了顾问团专刊、调研培训会专刊、民政专刊、什刹海街道专刊、社区参与型协商专刊、工作交流专刊等一系列专刊。

（马　恪）

老干部工作

【概况】 中共北京市西城区委老干部局（简称区委老干部局）是西城区委管理全区离退休干部工作的职能部门。在职人员67人。管理服务离休干部1186人（含易地安置），处级及以上退休干部2584人，离退休干部党支部140个。年内，老干部工作以开展“两学一做”学习教育为契机，围绕中心工作，着力整合资源，融合发展，加强离退休干部思想政治建设和党支部建设，全面落实政治待遇、生活待遇；在“和谐西城、魅力西城、人文西城”建设中，发挥好离退休干部的作用；利用社区资源做好老干部工作，提升老干部管理服务水平；开展主题实践活动、示范性学习阵地建设，加强对老干部党校、老干部活动中心和老干部大学建设的指导，老干部工作取得实效。

地址：西城区双槐里小区 23 号楼
邮编：100054
电话：83525651

（许薇冰）

【老干部领导小组（扩大）会】 1月21日，区老干部工作领导小组会召开。区有关领导及老干部工作领导小组成员单位领导出席会议。区委老干部工作领导小组组长王力军在会上对全区各单位、各部门提出要求：一要充分认识新时期老干部工作的重要性，扎实推进老干部工作科学转型发展。二要重视发挥老同志作用，激励引导广大离退休干部发挥政治优势、经验优势和威望优势，为党的事业增添正能量。三要进一步整合社会资源、社区力量，推出更多利老、便老的精细化服务举措，尽心尽力为老干部办实事，让老干部安享晚年。四要进一步加强领导，提升服务管理水平。老干部工作领导小组和全区各单位、各部门要继续通力配合，进一步解放思想、开拓进取，振奋精神、主动作为，不断推动全区老干部工作迈向新台阶。

（许薇冰）

【老干部工作会】 2月3日，区2016年老干部工作会召开。市老干部局副局长刘向东，区四套班子领导出席会议。区委副书记、区委政法委书记王力军传达2016年市老干部工作会议精神，总结全区2015年老干部工作情况，并对2016年老干部工作进行部署。要求坚持以为党的事业增添正能量为价值取向，注重离退休干部思想政治引领，创新完善服务管理，大力加强自身建设，有效推动老干部工作科学发展。区委副书记、区长王少峰宣读《关于命名老党员服务先锋示范队的决定》。西城区老干部翰墨丹青志愿服务队等28支老党员先锋队获服务先锋示范队称号。区老医药卫生工作者协会、天桥街道虎坊路社区分别作为老党员先锋队的代表、利用社区资源做好离退休干部服务工作的社区代表发言。区委书记卢映川向与会的老干部们介绍区情，并向老领导、老同志通报2016年全区工作的主要思路和重点任务。对于如何做好新形势下的老干部工作，卢映川提出要以“吃水不忘挖井人”的感激之情，真心真意地关怀关爱老干部。要推出更多精细化的服务举措，进一步整合社会资源、社区力量，使老同志能够更好地安享晚年。要针对老干部的特殊需求，多提供一些人文关怀和个性化、亲情化服务，把精神慰藉和生活帮扶结合起来，发现并及时帮助老干部解决实际问题，切实把党和政府的关怀送到老干部的心坎上，进一步激励老同志为党和人民事业增添正能量。要为老干部发挥作用创造条件、搭建平台，鼓励和支持更多的老同志为西城的发展贡献力量，守护好、学习好、传承好、运用好老干部这笔宝贵财富。要切实把老干部工作摆在重要位置，不断提升老干部工作水平， 增强老干部工作者服务意识，加强能力建设，认真履行职责，不断提升服务管理水平，更加注重倾听老干部心声，更加注重增进对老同志的感情，更加注重发扬周到细致的作风，把对老同志的敬重和关爱真正体现到实际行动上。市老干部局副局长刘向东对西城区2015年老干部工作给予肯定，并希望西城区能够更好地发挥辖区内老干部数量多、层次高、文化水平高、增添正能量劲头足的优势，创造出更多更好的经验。

（许薇冰）

【老干部（老年）大学建设工作交流会】 9月13日，组织召开老干部（老年）大学建设工作交流会。辖区内部分中央机关老干部（老年）大学负责人、西城老干部（老年）大学各校区负责人参加会议并座谈交流。会议旨在沟通和摸清辖区内中央、市属老干部（老年）大学的教育资源情况，为区域内老干部、老年人就近学习、丰富学习资源创造条件。会上，与会者就各校办学特色及问题，以及在区域内老年教育师资共享、阵地联用、活动联办等方面进行交流。

（许薇冰）

【老干部工作队伍建设】 11月21日，举办全区老干部工作人员培训会。老干部工作主管领导和工作人员140余人参加，培训会邀请市老干部局机关党委（人事处）处长周启柏就中共中央办公厅、国务院办公厅印发的《关于进一步加强和改进离退休干部工作的意见》，及北京市《实施意见》进行重点解读，区总工会、卫生计生委工委、广外街道进行了经验交流。年内，分5批次对全区137家单位近200名老干部工作人员进行信息统计培训，基本完成全区退休干部信息库的建库工作。开展以“为奉献者奉献”为主题的征文活动、以“风采”为主题的全区老干部工作人员摄影作品比赛和以“主动作为创一流 真情服务当先锋”为主题的演讲比赛，激励老干部工作人员在活动中展现才艺、交流经验，不断提升服务管理水平。

（许薇冰）

【为老干部办实事】 年内，区老干部局与北京市急救中心（120）合作为全区858名离休干部升级更换急救呼叫器。完善解困救急帮扶机制，为167位离退休干部给予解困救急帮扶129万元。提高对配偶无工作且有丧失劳动能力残疾子女的特殊困难离休干部的生活补助费标准。帮助日常生活难以自理的离休干部联系医养结合的养老服务机构，满足老同志高龄养老服务需求。灵活设置体检方式供老干部选择以满足其不同需求，完成900余名老干部的健康体检工作。继续将节日走访与日常走访相结合，加大对生活困难、身患重病、孤老、离休支部书记、局职离退休干部的走访慰问。

（许薇冰）

【老干部思想政治建设】 年内，围绕党章党规和习近平总书记系列讲话精神的学习共举办“两学一做”专题培训班15期，近2000名老同志参加轮训。发放学习读本、光盘等学习资料近7000份。与档案局联合举办“忆西城 讲传统”座谈会，邀请曾长期从事过党务工作的老同志对上世纪60–90年代全区性党员学习教育活动进行回顾和追忆，交流畅谈党建工作经验，以口述史的形式，记录西城区开展党员教育的历史，为进一步做好“两学一做”学习教育提供借鉴。举办国际形势报告会、区情通报等活动，确保老同志思想常新。融合“互联网＋”的发展理念，搭建“一报一刊一网”宣传平台——《西城老干部报》《西城老干部思政会会刊》、微信公众平台移动互联网，线上线下共计刊载老干部自创作品350余篇；结合重要节点设置“两学一做学习体会”“忆长征精神 悟幸福生活”“发挥老党员先锋作用”“忆党史 展未来”“学习精神 传递正能量”“我看全面从严治党”等专栏，开展主题征文活动，收到征文80余篇。灵活设置临时党组织，在老干部兴趣团体、社区老年学校或教学点推进离退休干部临时党组织创建工作，老干部思想政治研究会、老干部书画研究会、老干部手工组等条件比较成熟的8个兴趣团体成立了临时党支部。结合建党95周年、“两学一做”学习教育，各支部召开“讲传统 看变化 话改革 助发展”主题党日活动，月坛街道离退休干部党支部的“重温入党誓词 与党过生日”主题党日活动视频在全市展播活动中被评为最佳视频。

（许薇冰）

【利用社区资源做好老干部工作】 年内，全区确立14个优秀项目，给予资金支持10万余元。其中什刹海街道柳荫街社区“四小”服务队、椿树街道宣东社区老干部先锋队助力社区发展、广内街道长椿街社区情系老干部搭建温馨乐园、广外街道红居南街金辉老年服务队被评为一类项目。

（许薇冰）

【搭建老干部志愿服务平台】 年内，规范加强老党员先锋队建设，打造“一街多品”老党员先锋示范队。全区共有42支老党员先锋队，近千名老干部参与，覆盖了全区15个街道。命名了陶然亭街道“建言献策”老党员先锋队、德胜街道新明家园社区新园文化志愿服务队等28支老党员服务先锋示范队，制作活动记录手册，建立健全老党员先锋队管理制度。结合“两会”“七一”等重要节点，开展安全维稳、宣传党史、关心青少年等志愿服务活动60余次。发挥老干部宣讲团作用，宣传社会主义核心价值观，宣讲身边感人故事，以老干部党校为阵地集中宣讲5场，以社区为阵地宣讲近百场。引导老干部网宣员积极发声传播正能量。143名非公党建指导员和在社区“两委”任职的离退休干部继续发挥优势作用。在全区离退休干部中开展评选“五星”老干部活动，区教委离休干部刘国玮等10名老同志分获“健康之星”“学习之星”“尚德之星”“奉献之星”“才艺之星”荣誉称号。

（许薇冰）

【老干部文体活动】 年内，落实《关于加强和改进全市老干部（老年）大学建设指导意见》文件精神，突破部门办学局限，整合区域资源，构建区域老年教育师资共享、阵地联用、活动联办的老干部（老年）大学创新发展格局。全区3家区级老干部（老年）大学共开设78个班，在校学员近2000人，全年上课达2.1万人次。为推动老干部（老年）大学建设，区老干部局与区民政局、教委、文明办、各街道及社区建设学院等部门相继召开座谈会，对接区属老年教育工作；召开驻区央属、市属老干部大学工作交流会，了解区域内老年教育资源。引领老干部融入学习型城区建设，为600余名离退休干部办理“西城区市民终身学习成果认证制度”学习卡。利用北京市外事学校教学资源开拓教育阵地，开设《咖啡制作》《中式烹饪》等精品体验课程。着重培育老干部骨干人才，40余名老干部人才到学校、社区担任“教员”。围绕建党95周年、纪念长征胜利80周年先后举办文艺演出、主题书画展，协办并参加北京市离退休干部纪念长征胜利80周年歌咏大会。举办全区离退休干部乒乓球赛、棋牌赛、钓鱼比赛、扑克牌比赛、迎国庆趣味运动会等系列活动。重点抓好兴趣小组骨干队伍建设，不断提高老干部团队自我服务、自我管理水平。20个老干部兴趣小组共计1.2万余人次定期在活动中心开展手工、合唱、舞蹈、球类等各种活动。

（许薇冰）

保密工作

【概况】 中共北京市西城区委保密委员会办公室（简称区委保密办）、北京市西城区国家保密局（简称区保密局），既是区委保密委员会的办事机构，也是区政府负责辖区保守国家秘密工作的行政机构，由区委办公室管理。在职人员13人。年内，区保密局结合工作实际，开展“两学一做”教育；贯彻执行保密工作法律法规，强化保密工作管理。在各单位支持配合下，西城区通过北京市“十二五”时期保密事业发展规划贯彻实施情况检查验收。

地址：西城区二龙路27号

邮编：100032

电话：88064287

（石继鹏）

【全国“两会”期间保密工作】 3月4日，市保密局局长陈静率领检查组一行3人到西长安街街道对西城区做好全国“两会”保密工作进行检查指导，副区长、区委保密委员会主任吴向阳陪同。全国“两会”期间，区保密局对代表、委员驻地和行车路线周边重点区域单位进行保密检查，强调各单位要深入开展保密宣传教育，增强责任意识，严格落实各项规定，加强保密管理，确保西城区在全国“两会”期间国家秘密安全。

（石继鹏）

【区委保密委会议】 5月24日，区委保密委员会会议召开，传达、学习中共中央有关文件精神和国家保密局等部门关于进一步加强涉密人员保密管理工作的意见，研究部署年度工作。区委常委、区委办公室主任、区委保密委员会主任孙硕出席会议并讲话。

（石继鹏）

【保密法制宣传教育和培训】 7月2日，作为党员双提升活动一项内容，区保密局和展览路街道南营房社区党委联合举办保密法制宣传活动。摆放保密法制宣传展板8块，向群众发放保密宣传材料400余份，保密宣传购物袋、围裙等800余个（条）。7月、9月，区保密局先后举办两期机要、保密干部和区内涉密企业保密干部培训班。10月，在全区开展以“增强保密意识，履行保密义务”为主题的纪念《保密法》实施6周年宣传月活动。区保密局编辑1套保密常识答题、制作并发放印有保密法宣传口号的手机托架5000个，购物袋、围裙各3000个（条），宣传挂图100套及《党政干部和涉密人员保密常识必知必读》《和平崛起勿忘保密》《红色往事：镌刻在党旗上的保密故事》等宣传材料和书籍。利用区政务办公网发布“保密观”微信订阅号，由各单位下载，扩大宣传覆盖面。区属单位在各级领导干部、涉密人员、保密干部中开展学习宣传活动。年内，区保密局与有关单位协调配合，在全区处级干部、科级干部、机要保密干部、区房管局干部等相关人员参加的培训班进行保密知识宣讲5次。先后组织处级领导干部、专兼职保密干部174人参观保密教育实训平台，观看失泄密案件教育展览、保密防范技术演示，并参加统一考试，合格率达100%。

（石继鹏）

【涉密人员管理】 7月，贯彻落实涉密人员管理文件精神，完成全区机关单位定密责任人核定、涉密岗位、涉密人员分类确定和保密审查工作。

（石继鹏）

【制定保密应急预案】 10月，制定《北京市西城区保护国家秘密应急预案》，成立保密应急处置工作领导小组，明确成员单位和职责，提高应对保密突发事件能力。

（石继鹏）

【梳理保密行政管理权力清单】 12月，按照区有关部门要求，结合西城区保密工作管理实际，在梳理保密行政管理职权的基础上，编制《西城区保密局政府部门权力运行责任清单》和《行政执法岗位目录》。

（石继鹏）

【制定保密发展和宣传教育规划】 12月，制定并向各单位印发《西城区“十三五”时期保密事业发展规划》和《西城区“七五”保密法制宣传教育规划》。

（石继鹏）

【保密监督考评工作】 年内，修订《保密工作监督考评实施细则》，分为4大项16小项对区政府各委办局和垂直管理单位保密工作进行考评。将保密工作管理纳入区属单位处级领导班子年度考核民主测评体系，各单位组织测评。组织全区111家党政机关、事业单位开展2015年度保密自查自评工作。

（石继鹏）

【保密技术监管】 年内，确保“涉密计算机违规连接互联网集中监控平台”正常运行、日常维护和监控记录等相关工作。完成“重要涉密单位互联网接入口保密监测平台前端检测器”项目的测试和试运行。对区属110家单位的党建网、人大网、政府网、政协网、纪检监察网5大网站和子网站、政务微博、微信公众号、办公OA系统、政务邮箱及部分单位涉密和非涉密计算机进行检查，为有关单位安装涉密计算机保密技术防护专用系统。

（石继鹏）

【保密检查】 年内，做好保密日常检查和专项检查工作。在做好对区内重点涉密单位进行保密检查的同时，坚持每周四对报国寺收藏品市场进行巡查。年内，参与区高考、中考指挥部会议，对区考试中心、考点学校进行保密检查，对做好保密工作提供指导和服务，确保考试期间不发生失泄密案件。

（石继鹏）

【资质单位保密监管】 年内，区保密局对申报武器装备科研生产单位保密资质进行现场初审，对已取得认证资质的单位做好日常监管。

（石继鹏）

区直机关工委工作

【概况】 中共北京市西城区委区直属机关工作委员会（简称区直机关工委），是区委的派出机构，主要负责区直属机关党的建设和思想政治工作。内设工委办公室、工委组织部、工委宣传部、机关纪工委（内设监察科）、机关工会、机关团工委，在职人员17人。年内，贯彻习近平总书记系列讲话精神，开展“两学一做”学习教育，落实党风廉政建设责任制，实施服务先锋工程，建设服务型党组织。围绕首都“四个中心”城市战略定位及京津冀协同发展战略，明确工作目标、打造工作载体、服务西城发展，为区域经济社会发展提供思想保障和组织保障。

地址：西城区二龙路27号

邮编：100032

电话：88064356

（李博洋）

【组织建设】 1月21日，区直机关系统召开首次直属党组织书记述职评议考核工作会，首批进行现场述职的直属党组织书记有15位。年内，区直机关工委直属党组织完成换届选举和届中调整的共43家，其间，继续推行党组织领导班子公推直选。按照区委关于落实好从严治党要求，开展增强基层党组织战斗堡垒作用、提升党员意识和党员作用即“一增强两提升”工程，同时，对党组织内重要信息数据实行动态管理。

（李博洋）

【机关文化建设】 1月26日，建立宣传委员微信互动平台。3月30日，举办宣传委员、宣传报道员和舆情信息员培训班，120余人参加。4月6日，发放新修订的《西城区直机关工作人员行为规范手册》1000本。6月15至29日，举办“颂歌献给党”歌咏比赛，47支队伍进入决赛。年内制作区直机关工委2016年工作纪实片、纪念建党95周年系列活动全程纪实片、“品读红色经典 抒发爱党真情”主题读书分享会纪实片等。全年编发《机关简讯》15期，制作更新宣传栏6期、制作宣传板12块。

（李博洋）

【机关青年工作】 1月29日，新一届区直机关团工委产生，推选45名区直机关团员代表参加团区委第二次代表大会。以党团联动强化青年教育，加大对团员青年入党积极分子的培养力度，将推优入党工作常态化。倡导“爱读书、读好书、善读书”的新风尚，3月、5月、6月相继举办“书记阅读会”活动3期。全年举办“志愿北京——白衣天使行动”系列主题讲座6期，受到团员青年好评。完成《新形势下机关青年干部思想政治工作的实践与思考调研》。

（李博洋）

【落实党风廉政建设责任制】 3月9日，区直机关工委5名处级领导干部、6名科级领导干部分别与主管领导签订了《一岗双责党风廉政责任书》，17名在职党员与党支部签订了《党员廉洁工作承诺书》；全年指导83个直属党组织开展廉洁从政承诺活动。3月17日，对系统180余名直属党组织书记和纪检委员进行业务培训及答卷测试。9月22日，制定《区直机关工委落实党风廉政建设主体责任全程纪实手册》，做到一事一记、随做随记，及时记录履行党风廉政建设主体责任情况，并提供会议记录、现场照片、讲话提纲等相关资料，做到履责全程留痕、有据可查。年内，区直机关工委领导班子坚持开好每月一次的书记办公会、每周一次的书记碰头会，定期召开工委（扩大）会，执行“三重一大”的规定，坚持重大问题集体研究决定，分工负责。坚持“一岗双责”，班子成员结合岗位职责制订出个性化《责任清单》。在元旦、春节、国庆、中秋等主要节日向直属党组织和广大党员干部发送廉政提醒短信，及时提醒党员守纪律、讲规矩。年内，先后制定《工委关于进一步加强党风廉政建设责任制的规定》《工委关于贯彻落实中央和市区关于改进工作作风密切联系群众有关精神的工作制度》《工委关于开展“四风”突出问题专项整治工作实施方案》《工委关于党风廉政建设和落实“两个责任”约谈制度》等。全年共查办案件6起，给予4人党纪处分。

（李博洋）

【党员教育】 3月17日，在机关系统党建工作会上对区直机关系统180名基层党组织书记、组织委员进行“认真学习《党章》、严格遵守《党章》”专题教育。落实《基层党务干部集中教育培训方案》，4月11日至22日，分两批次组织101名直属党组织书记赴河南省焦裕禄干部学院进行异地教学。6月23日，举办“品读红色经典 抒发爱党真情”主题读书分享会，160人参加。开展“党在我心中”征文活动，收到稿件216篇，11月7日，举办“党在我心中”百姓宣讲报告会，120余人聆听报告。11月25日，举办学习十八届六中全会时事政策报告会。

（李博洋）

【服务中心工作】 4月28日，举办区直机关系统首都经济形势——京津冀协同发展报告会，180余名机关干部参会。以“展望‘十三五’发展谱新篇”“首都经济形势”“京津冀协同发展”等为主题，组建13人的宣讲团，于6月17日、10月18日、11月7日分别进行宣讲报告3次，700余名机关干部听会。并制作宣讲光盘540张，发放到系统各基层党支部。

（李博洋）

【区直属机关党代表选举工作】 年内，根据党章、党的基层组织选举工作暂行条例和党内选举的有关规定，直属机关工委研究制定选举工作方案、建立选举工作机构、召开系统部署动员会。严格按照程序和标准进行自下而上的代表推荐及提名工作。11月10日，中国共产党北京市西城区直属机关代表会议召开，出席会议的党代表共238名。会上，传达区委关于中国共产党北京市西城区第十二次代表大会代表选举工作的有关精神，报告了候选人预备人选的产生过程。在民主讨论的基础上，大会按不少于代表名额20%的差额比例推出代表候选人104名。采用无记名投票和直接差额选举的办法，选举产生了出席中国共产党北京市西城区第十二次代表大会代表86名。

（李博洋）

【发展党员】 年内，按照“控制总量、优化结构、提高质量、发挥作用”的要求做好党员发展工作，全年培训积极分子101人、发展党员90人、预备党员转正101人。

（李博洋）

【服务型党组织建设】 年内，区直机关系统各级党组实施“服务先锋”工程，利用“结对共建”“邻里互助、守望幸福”综合包户等平台载体，加强机关党组织与社区党组织的联系与沟通，增强党员干部的宗旨意识和党性锻炼，提升党员服务群众、解决实际问题的能力水平，调动党员干部干事创业的工作热情。开展“结对共建”活动210余次、“邻里互助、守望幸福”综合包户志愿服务活动150户次。继续开展党建创新工作，共申报党建创新项目10个，其中区级项目5个。

（李博洋）

【机关工会工作】 年内，深化“基层工会建设落实年”活动。举办学习贯彻中央、市委群团工作会议精神报告会。指导7个基层工会组织完成组建、换届改选和隶属关系调整工作。召开3次委员会议研究商讨工作。坚持工会主席例会制度，召开5次工会主席会议，贯彻落实工会各项工作。举办工会主席、工会干部培训班2次，180余名工会干部参训。

（李博洋）

【服务基层工作】 年内，落实关爱劳模政策，开展劳模的休养体检、慰问、帮扶工作。为满足职工在健身、娱乐、生活等方面的需求，新增职工活动阵地4处、搭建职工活动平台3个。举办“书香机关”读书活动、羽毛球积分赛、区直机关篮球联赛、足球联赛、龙舟赛。做好普惠服务，为2700余名会员发放防暑降温清凉包；春节发放电影票7000余张；协调各方资源，在元旦、春节、劳动节、国庆节前举办“工会服务进机关——新鲜蔬菜副食展销”活动。慰问70岁以上老党员和生活困难党员904人，发放慰问金19.08万元，为15个单位的105名干部及10个特困家庭申请红十字会、慈善协会帮扶慰问金21万元，使患重大疾病的机关干部感受到组织温暖。

（李博洋）

社会建设工作

【概况】 中共北京市西城区委社会工作委员会(简称区委社会工委)，与北京市西城区社会建设工作办公室（简称区社会办）合署办公。区委社会工委是负责辖区社会建设工作的区委派出机构。区社会办是负责辖区社会建设工作的区政府工作部门。内设机构：办公室、政策科、党建工作科、街道社区工作科、社会组织工作科、社会工作队伍建设科、监察科，在职人员26人。年内，区委社会工委贯彻《关于深化北京市社会治理体制改革的意见》，围绕全区中心任务，以改进社会治理方式、加强民生工作统筹、深化改革创新为重点，推进全响应网格化社会治理体系建设不断完善。稳步推进“三网融合”一体化运行，深化融合发展。编制完成《西城区“十三五”时期社会治理规划》，规范社区工作者工资待遇的实施细则，制定《西城区志愿服务工作体制机制改革意见》。举办第二届社会治理创新·西城论坛，发布国内首套《街道蓝皮书》，推进基层管理体制改革。强化社区服务功能，持续推进社区规范化建设。92 %的社区用房达到350平方米及以上的标准。持续推进社区参与型协商治理、社区居民代表常务委员会等模式，社区自治功能显著提升。社区工作者持证比例达到40%。健全多元参与机制，促进社会组织健康发展，人均社会组织数居全市前列。举办第五届“爱在西城”公益文化节暨社会服务展洽会、第一届社区社会组织公益项目大赛，促进社会组织参与社会治理。发挥社会建设专项资金撬动作用，共支持121个社会组织服务项目，460余家驻区单位开放内部资源服务民生。社会领域党建工作健全了以街道工委为核心，社区党组织为基础，其他党组织为节点的网络化组织体系；以统筹协调为重点推进党的组织和党建工作两覆盖，形成队伍强、活动多、参与广的良好氛围；以机制创新为驱动激发社会领域党建活力，打造了商务楼宇五彩志愿服务快车等15个创新党建项目；依托“党员驿家”微信平台创新了党员教育机制。

地址：西城区西直门内大街275号

邮编：100035

电话：82141123

（栾德廷）

【第五届“爱在西城”公益文化节】 1月18日至20日，区社会办在区社会服务中心举办第五届“爱在西城”公益文化节暨社会力量服务展洽会。集中展示全区社会组织发展成果，包括16家优秀社会组织图片故事、21个社会建设专项资金支持优秀项目、69个社会力量服务站点分布图和9个社会服务特色展区；区体育局、区园林局、区残联、12个街道办事处等15个单位发布了96个购买服务项目，涉及金额1767万元；演讲推介24个优秀社会服务项目。全市近200家社会组织负责人和公益带头人参加活动，并与街道社区建立联系。

（栾德廷）

【部署党风廉政和意识形态工作】 2月22日，区委社会工委召开党建工作部署会，专题部署党风廉政建设、意识形态工作等相关党建工作。工商联非公企业党委、人才中心党委、职介中心党委及非公经济组织党员服务中心负责人出席会议，并签订了党风廉政建设目标责任书。

（栾德廷）

【京津冀三地社会工作协同合作】 3月2日，区社会工作者联合会、天津市津南区社会工作者联合会、河北省保定市社会工作促进会就共同推动社会工作队伍专业化建设，培育社会工作专业机构，推动社区工作专业服务发展等事宜进行商谈研讨，签订三地协同发展框架协议。区社会工作者联合会派遣10余名专业社工对天津市津南区39个社区社会组织公益服务项目进行专业指导，参与保定市社会工作专业机构的公益服务。

（栾德廷）

【最美社工受表彰】 3月14日，以“最美社工，精彩人生”为主题的北京市第四届“寻找首都最美社工”表彰大会在国家会议中心举行。西城区牛街街道法源寺社区居委会副主任马浩、天桥街道留学路社区党委书记王玉华获“首都最美社工”称号，西长街街道府右街南社区党委书记李春玲、金融街街道京畿道社区党委书记姚宇琳获“优秀社工”称号。区委社会工委再次获得“寻找首都最美社工”优秀组织奖。

（栾德廷）

【区社会领域党建工作会】 3月17日至18日，区社会领域党建工作会召开，组织15个街道组织部长（社会工作党委办公室主任）学习优秀党建工作创新经验，继续深化“全响应”社会领域党建格局，推进社会领域基层服务型党组织建设。

（栾德廷）

【社区治理工作电视电话会】 4月15日，“2016年西城区社区治理工作电视电话会”召开，部署2016年社区建设要点、发挥网格化基础性作用、全国社区治理和服务创新实验区建设等三项重点工作。会议印发《关于印发〈进一步发挥网格基础性作用建立社会服务管理精细化长效机制〉的通知》等文件。区有关领导和区社会建设工作领导小组成员单位主管领导、15个街道的领导、社区工作者代表、社会组织代表150余人在主会场参加会议。各街道相关业务科室人员、各站队所及社区负责人在15个街道分会场参加会议。

（栾德廷）

【京台社区交流】 5月，在市委社会工委、市台办的带领下，区社会办、区台办和15个街道、社区组成的考察团一行22人，赴台中市、高雄市、台北市等地区，就社区社会组织建设、社区综合服务管理、社区文化建设等方面进行考察和学习交流。其间，参加在高雄市举办的“2016京台社区发展论坛”，与高雄市、屏东县的8个社区签订合作交流协议。

（栾德廷）

【社会工作人才发展交流会】 6月23日，“爱社区·筑和谐”西城区2016社会工作人才发展交流会在区综合行政服务中心举行。展示西城区自2007年开展“全国社会工作人才建设试点”工作以来社会工作人才队伍建设成果，研讨新时期社会工作人才队伍建设的思路和要点。全国社会工作人才队伍建设先进地区的代表和北京市其他区主管领导，市委社会工委、市民政局领导以及中国社会工作联合会、中国社会工作教育协会和北京市社会工作联合会的主要负责人参加活动。

（栾德廷）

【市督导组来区督导网格化工作】 7月5日，北京市网格化体系建设督导组一行6人来区督导网格化工作，督导组在市委社会工委委员、市社会办副巡视员卢健的带领下先到区全响应网格化社会服务管理指挥中心会议室参加座谈会，区政府副区长杜黎彬及区委社会工委、区城管监督指挥中心、区综治办领导陪同。会后到西城区综合行政服务中心参观了行政服务大厅的标准化建设，重点考察了12341服务热线接听平台，随行听取了服务热线融合情况及服务情况；随后到德胜街道全响应社会服务管理指挥分中心考察了街道级平台的建设情况。

（栾德廷）

【完成《西城区“十三五”时期社会治理规划》】 10月14日，区委常委会审议通过《西城区“十三五”时期社会治理规划》（以下简称《规划》）。《规划》提出要牢固树立治理理念，加快完善多元治理机制，着力推进“两个转型”，努力提升居民群众获得感，依靠改革破解难题的基本要求。明确了党委领导下的共治格局逐步完善，政府社会治理能力和水平显著提升，社会协同公众参与水平明显提高，基层社区治理水平不断提升，依法开展社会治理能力不断增强，以德治区的社会氛围更加浓厚的发展目标。

（栾德廷）

【社会治理创新·西城论坛】 12月13日，举办第二届社会治理创新·西城论坛暨《街道蓝皮书》发布会。主题是“推进科学治理 提升发展品质”。来自中国社科院、中国人民大学的专家学者、贵阳市社会工委领导与西城区基层社会治理工作者，共同探讨首都核心区基层社会治理的新理论、新思路、新实践。会上发布了国内第一套《街道蓝皮书——北京街道发展报告NO.1》，即北京市西城区15个街道发展报告。市委社工委书记、市社会办主任宋贵伦、区委书记卢映川、区长王少峰、区委副书记马新明等领导出席论坛。

（栾德廷）

【《街道蓝皮书》出版】 12月13日，《街道蓝皮书——北京街道发展报告NO.1》作为西城区与北京国际城市发展研究院、北京市社会发展研究中心共同推出的研究成果，由社会科学文献出版社出版，全书共15册。作为国内第一套全方位研究街道问题的系列丛书，从街道层面系统研究了城市基层治理的方方面面，把分散在各街道“碎片化”的创新经验放在城市治理体系的大框架中加以整合和完善，形成了15个总报告、45个理论报告、30个数据报告、75个调研报告和120个案例报告，是对西城区基层治理经验的一次系统梳理。围绕特大城市基层治理体系和治理能力现代化这一主题，从西城区15个街道的城市管理、社会治理、公共服务、社区建设、基层党建和街道运行状况方面着手，通过理论研究、数据分析、实证研究，系统化、多视角的研究西城区各街道不同的发展历程、特征和现状，探索特大城市源头治理、系统治理、综合治理和依法治理的一般规律。

（栾德廷）

【督查街道疏解工作】 年内，整理汇总15个街道报送的城中村和边角地治理、“疏非控人”、街道绿地建设、街道博物馆建设等4项重点工作情况，报区主要领导及区发改委、区市政市容委、区园林绿化局、区文化委；结合“疏非控人”督促街道城中村、边角地的认领工作，发出《关于进一步巩固人口疏解工作成果，加强腾退空间综合利用的通知》，指导街道综合利用腾退空间，结合群众需求用于补充街道公益设施不足，绿地面积不足，停车场较少等。

（栾德廷）

【社区居民公约建设】 年内，结合新街口北顺社区居民公约上墙工作及区委书记卢映川的批示，通过与相关部门、街道研讨，制定《西城区进一步完善与推进社区居民公约建设工作的实施方案》，与区民政局和城管执法局联合发文。按照先试点后全面推广的方式，在15个街道16个社区开展试点工作，各试点成效明显。

（栾德廷）

【社区用房达标】 年内，采用购买、租赁、资源共享等各种方式，重点推进社区用房达标率，通过区、街、社区三级的共同努力，至6月，辖区社区用房全部达标。同时，推进申请第三批北京市固定资产资金支持的新街口街道富国里社区、什刹海街道西海社区，西长安街街道北新华社区3个社区用房项目。

（栾德廷）

【“社区规范化建设示范点”创建活动】 年内，按照全市开展的“社区规范化建设示范点”创建活动要求，推进社区服务站标识系统建设，240个社区服务站完成标识安装。9个社区被北京市评为管理规范、服务完善、设施一流、成效显著、特色突出、群众公认的北京市社区规范化建设示范点。

（栾德廷）

【老旧小区自我服务管理】 年内，申报10个社区参加市老旧小区自我服务管理试点。各试点依据《关于开展老旧小区自我服务管理试点工作的意见》相关要求，结合自身情况，开展创建工作。区社会办与区房管局一起推进《关于加强老旧小区物业管理长效机制建设的指导意见》的相关工作，落实平房小区准物业管理工作，通过自我服务和物业管理相结合，提升老旧小区管理工作的规范化、精细化。10个老旧小区自我服务管理试点社区通过了北京市社会建设领导小组检查验收。

（栾德廷）

【智慧社区建设】 年内，按照《北京市智慧社区建设指导标准》，指导街道开展26个试点社区的升星、第四批30个试点社区和广外街道智慧社区示范点的争创工作，完成月报表报送市委社会工委。自2013年至2016年，全区共有212个社区被认定为北京市星级智慧社区，德胜、广内、金融街、白纸坊、牛街、西长安街、广外、新街口、陶然亭、椿树10个街道实现了智慧社区全覆盖。

（栾德廷）

【参加"北京魅力社区"评选】 年内，辖区什刹海街道、天桥街道、陶然亭街道等8个街道的16个社区申报参加第七届"北京魅力社区"评选，什刹海街道松树街社区被评为"北京魅力社区"。

（栾德廷）

【胡同文化建设】 年内，在广外街道天北社区、什刹海街道鼓西社区等6个社区，分别成立以所在胡同为单位的"胡同议事会"，完善并试行居民公约；制作了西城胡同宣传片《根在胡同》，面向胡同爱好者发起了"西城胡同·最美光景"摄影作品征集，运营和维护"西城胡同故事汇"微信公众号及"胡同时光轴"主题网站。

（栾德廷）

【"全响应"网格化区街平台建设】 年内，区社会办与区城管监督指挥中心共同推进"全响应"网格化区街平台建设，打通区、街指挥调度系统流程，在区、街、社区形成一个管理闭环，将职能部门下属站、队、所纳入到街道指挥调度系统流程中，实现不同层级间网络互连互通、信息共享和业务协同，完成1个区级指挥中心、15个街道指挥分中心、261个社区之间系统对接，实现对社会服务管理事项的监控、预警、上报、处置、分析、监督评价的全程管理。

（栾德廷）

【网格基础性工作】 年内，起草《关于进一步发挥网格基础性作用，建立西城区社会服务管理精细化长效机制的通知》，与区城管监督指挥中心联合印发。推进公安、消防、工商等相关执法职能部门将工作力量下沉到网格内；构建"网格问事、协商议事、为民办事、自治管事"的工作机制，搭建"街道、社区、网格"三级议事平台。探索以项目引入专业社工，依托楼门院长队伍搭建网格体系，实现网格化管理、组团式服务，延伸网格化管理触角。按照"街巷定界、规模适度、无缝覆盖"的原则，对网格进行了适度调整，全区调整为1541个网格。

（栾德廷）

【"三网"融合工作】 年内，在德胜街道、金融街街道、广内街道整体推进城市管理网格、社会服务网格、社会管理网格"三网"融合示范点的工作任务，在信息系统、网格划分、基础数据、热线系统、指挥体系、网格员队伍等9个方面实现工作对接；在德胜、金融街、白纸坊等3个街道9个社区进行微网格试点，取得成效。在区级层面，开通"响网西城"微信公众号。

（栾德廷）

【"百岁老人口述史"项目】 年内，继续推进"百岁老人口述史"项目，采用"义工＋社工"的运作模式，培育和建立主要由"50后＋90后"组成的志愿者队伍，组织他们走入百岁老人家中，开展探望、陪伴、聊天等志愿服务，在聆听"人生课堂"的同时，记录老人的人生经历和体验。面向全区征集有意愿参与项目且符合条件的95岁以上的高龄老人31位，制定有针对性的访谈方案，最终为17位高龄老人撰写了个人自传、拍摄了影集和视频。通过"志愿北京"网络平台、《北京西城报》及其他方式报名的志愿者20余位，通过面试筛选，最终确定了19名志愿者。继续运营百岁老人博物馆——百岁苑，共计接待人数超过1万余人次。

（栾德廷）

【互联网＋社会领域党建】 年内，区委社会工委探索建立了互联网＋社会领域党建的全新工作模式，包含网站、微信、QQ群、手机APP和《手机报》在内的各类信息化服务体系；研发商务楼宇党员之家APP，建立了"党员驿家"微信平台和"社会领域党员在线学习系统"等新媒体信息平台，发微信227条，更新商务楼宇APP信息115条，推送《手机报》彩信55条。

（栾德廷）

【参与"366"体系建设】 年内，区委社会工委按照区委"366"基层党组织负责人阶梯培养体系建设要求，培养一批牢固树立"红墙意识"、始终坚持首善标准、能力强、业务硬的基层党组织负责人，储备一支年龄结构优化、综合素质全面、富有创新精神的后备骨干队伍，建立了名书记工作室2个，书记工作站1个，以及后备人才库1个。

（栾德廷）

【基层党组织换届工作】 年内，指导区人才职介中心党委和区工商联非公有制企业党委完成28个基层党组织的换届工作。

（栾德廷）

【充实非公党建指导员队伍力量】 年内，区委社会工委按照市委社会工委要求，改进非公有制企业党的建设工作，发挥离退休干部作用，扩大党组织和党的工作覆盖面；在全区新聘请非公有制企业党建指导员164名。

（栾德廷）

【"两个覆盖"工作】 年内，为实现党的组织和党的工作"两个覆盖"工作目标，区委社会工委采取5项措施推进工作任务精准落实到位。即：街道社区"兜底建"——每个街道和社区层面至少要建立一个非公有制企业和社会组织联合党组织。商务楼宇"集中建"——实现党建与企业双向"抱团发展"。园区企业“重点建”——牵头各街道开展园区党组织组建工作。行业领域“分类建”——重点抓好教育、卫生、司法、工商联等重点行业和领域的党组织，指导非公企业党委抓好会员企业党组织组建工作。无业务主管单位社会组织“归口建”——由区民政部门统一归口管理。全区非公企业7398家的党组织覆盖率达到84.66%，在民政部门登记注册的社会组织675家的党组织覆盖率达到70.97%。

（栾德廷）

【社会领域党建创新项目】 年内，区委社会工委持续开展社会领域党建创新项目，各街道和直属党委围绕基层服务型党组织建设研究、党组织联系党员及党员联系群众常态化管理机制研究、建设枢纽型社会组织党组织创新机制研究和商务楼宇志愿服务研究等主题，申报党建创新项目23个。

（栾德廷）

【社会组织能力提升培训】 年内，举办社会组织能力提升培训21次，社会组织团队建设讲座12场，主题为社会创业与社会进步、社会创业方向、社会创业模式、项目管理、团队沟通与管理等。开展专题咨询9场，主题有新媒体运营与传播、项目落地与项目执行、公益项目设计等。

（栾德廷）

【孵化培育社会组织】 年内，区社会组织孵化中心招募24家初创期社会组织，为其提供一对一咨询15次，提供小组辅导30余次，组织沙龙分享活动2次。经1年的孵化培育，有10家社会组织成功出壳，其机构管理运行水平和承接项目能力均有明显提升。

（栾德廷）

【社会建设项目】 年内，从征集立项、日常管理、中期检查、结题评审和成果总结等方面细化社会建设项目考核标准，完善评价体系，规范专项资金管理。经专家评审，确定支持64家社会组织的102个服务项目，服务方向涵盖提升城市品质、社区养老、社区安全与法制宣传、青少年教育成长、社会志愿服务、人文关怀与社会心理服务、特殊人群社会融合、公益文化传播、法律咨询与援助服务、家庭和谐促进、社会组织培育孵化、“三社联动”（社区、社会组织、社会工作）推进提升、资源共建共享、社会领域党建创新等，总资金2984.85万元。

（栾德廷）

【“社会组织公益行”系列活动】 年内，参加“北京社会组织公益行”系列活动，40余家社会组织开展各类公益服务活动60余项。在“北京社会公益汇”活动期间，推荐10家社会组织的18个品牌项目参加北京市社会组织公益服务品牌评选，现场提供专业服务体验，展示社会组织发展成果。由区社会组织带头人、从业人员和志愿者组成的百姓宣讲团，参加区委宣传部、区文明办组织的百姓宣讲活动。

（栾德廷）

【规范社区工作者工资待遇】 年内，制定《西城区贯彻落实进一步规范社区工作者工资待遇的实施办法的细则》，至8月底，完成全区3500余名社区工作者工资待遇的全面规范，确定专业职级工资制度，促进社区工作者队伍职业化、专业化发展。

（栾德廷）

【社区治理“三社联动”】 年内，推进社区、社会组织、社会工作“三社联动”，健全以社区居民为主体、社区党组织为核心、社区自治组织为主导、专业社工机构协助、社区社会组织和驻区单位共同参与的社区治理机制。区社会工作者联合会带领睦友、睦邻、悦群、仁助4家社会工作事务所深入社区，围绕助老扶弱、社区发展、残障儿童等方面开展专业社会工作服务。睦友、睦邻社会工作事务所协助15个街道80余个组织完成规范化建设，培育一批管理规范化、活动常态化、关注社区事务和公益事业的社区社会组织。

（栾德廷）

【社区服务“滨河模式”】 年内，区委社会工委、区民政局与区社会工作者联合会，在新建的展览路街道滨河社区开展“社会组织承接社区服务站试点”项目，形成“全科社工”和“社区动员”的社区服务“滨河模式”。睦邻社会工作事务所承接“滨河专业服务项目”被评为北京市2016年度社会建设优秀创新项目，确定为全市社区服务社会化典型模式。

（栾德廷）

党校工作

【概况】 中共北京市西城区委员会党校（简称区委党校）、西城区行政学院，是中共西城区委领导下的培养党员领导干部和理论干部的学校，是党委的重要部门，是培训轮训党员领导干部的主渠道，是党的哲学社会科学研究机构。主要负责全区处级党政干部、中青年后备干部、企事业单位领导干部及公务员的教育培训工作。大专体制。内设校务办公室、党群工作办公室、教务一科、教务二科、科研室、政治理论教研室、管理学教研室、社会学教研室、对外培训一科、对外培训二科、教学保障科、财务科、总务科、离退休干部科，并主办一所具有独立社会办学资格的培训学校——未来学校。在职教职工共77人，包括专职教师18人，其中教授2人、副教授12人。年内，区委党校按照党的十八大报告和习近平总书记系列重要讲话精神中对建设高素质的执政骨干队伍提出的要求，贯彻落实《中国共产党党校工作条例》和《干部教育培训工作条例（试行）》，全年培训学员总计2900余人次，完成西城区干部培训计划中确定的各项任务。

地址：西城区南菜园49号

邮编：100054

电话：83975878

（武惠萍）

【处级领导干部专题轮训班】 年内，举办处级以上领导干部学习贯彻“五大发展理念”轮训班5期，来自区属各委、办、局、街道、人民团体等处级以上领导干部938人参加了集中脱产培训。区委党校邀请有关专家就“五大发展理念”“经济发展新常态”等内容进行专题讲座辅导。同时，结合区域转型发展的形势任务要求，按学员分类，每期设置了相关专题辅导，请市发改委等部门领导和有关专家解读京津冀协同发展背景下北京面临的任务和挑战、深化改革和政府创新、城市治理现代化等内容。安排学员分组集体学习习近平总书记关于“五大发展理念”的相关论述，围绕“促进区域发展两个转型”分组讨论，提高运用“五大发展理念”推进工作的意识。

（武惠萍）

【领导干部理论进修班】 年内，举办处级干部理论进修班2期，一年制处级干部专题培训班2期，来自区属各委、办、局的158名处级领导干部参加了集中脱产培训。在处级班的培训中设置了党的经典理论研读、学习习近平总书记系列重要讲话精神、党性教育、党的作风建设、综合素质和总结考核5个单元模块，采用课堂授课、现场教学、影视教学、全班活动、小组学习、单元考核、学员论坛等多种教学模式。培训中坚持突出党的理论教育和党性教育的主课地位，在党的理论教育方面设置2个独立单元：组织开展党的理论和经典原著的学习，加强《共产党宣言》《关于费尔巴哈的提纲》等马克思主义经典著作的讲解导读；重点加强习近平总书记系列重要讲话精神的学习，设置多个专题给予解读。在党性教育方面，把党规党纪学习教育作为重要内容，开展党的理想信念、党的宗旨、党的优良传统教育。党的理论教育和党性教育内容设置达整个教学的83%。在主体班的“主课”之外，坚持把“国际视野和创新思维”这一习近平总书记提到的新形势下的必修课作为重点培训的补充内容，按照西城经济社会发展需要及首都功能核心区发展的新要求调整教学计划。邀请中央党校、清华、北大等著名学府的专家学者以及市、区相关领导，结合全市区域政治、文化等发展状况和西城区文化、经济社会发展等内容，开展国情、市情、区情教育，将理论学习、能力培养和学员个人需求相结合，提升领导干部的综合素质。

（武惠萍）

【公务员培训班】 年内，西城区行政学院举办公务员科级任职培训班4期，238人参训。针对科级公务员的职位特点和要求，设置党的理论和党性教育、科级干部素质与能力、国情市情区情教育3个板块的教学内容。主要安排了“解读新党章”“执行力的培养”“深入落实京津冀协同发展战略，有序推进非首都核心功能疏解”“落实两项法规，加强纪律修养”“法治思维与依法行政”“一带一路与经济转型”“当前的形势与任务”等授课内容，附以小组讨论、谈话式教学、现场教学、影视教学、班级讨论等多种教学形式，着重加强对公务员的区情教育以及岗位履职所需的基本素质、基本技能和依法行政能力的培训。培训班还分别赴无锡、上海、丹东、沈阳、古田、福州等地开展异地教学活动。

（武惠萍）

【谈话式教学】 年内，区委党校在主体班培训中继续开展“区领导干部进课堂”的谈话式教学活动，邀请区属委、办、局和街道领导向学员讲授各自对科级干部的工作方法、工作态度以及工作标准的理解，并从如何提升业务能力、领导能力、执行能力、沟通协调能力以及应对突发事件能力等方面与学员进行深入探讨，并针对学员提出的具体问题，结合各单位的实际情况以及自身的工作经验进行全面分析和深入解答。

（武惠萍）

【科研工作】 年内，区委党校结合教学工作需要，加强对区情及经济和社会发展实际的研究，申报立项各级科研课题19项，其中北京市党校系统科研协作课题2项，北京市思想政治工作研究会基层重点研究课题1项，西城区委区政府调研课题1项，西城区社科联社会科学课题3项，西城区党的建设研究会课题2项，区委组织部人才资助课题2项，校内课题8项。校内课题全部按期结题，经过验收评审，评选出优秀课题6项，良好课题2项。发表科研成果17项，其中，国家级核心期刊发表1篇，省市级刊物发表4篇，区级刊物发表12篇。获得各类科研奖项12个，其中在市委党校科研工作评选中，专著《中国共产党党内监督制度研究》和《人民调解制度延伸机制研究》获优秀科研成果一等奖，论文《群众路线是党的根本工作路线》和《美孚石油公司在旧中国的经营活动及其时代特征》获优秀科研成果二等奖，区委党校获科研工作优秀组织奖，在全市基层党校中综合排名第一。在北京市党校、行政学院系统学习贯彻十八届六中全会精神理论研讨会上，论文《新形势下党内监督制度建设再思考》被选为优秀论文。向各级、各类刊物推荐优秀论文15篇，向北京市哲学社会科学优秀成果评先活动推荐著作3本，其中，论文《首都网络舆情特点及管理路径研究》获北京市思想政治工作研究会2016年度“丹柯杯”优秀研究成果一等奖。全年共编辑出版《西城论坛》4期，选编各类文章80多篇，30多万字，发放全区各单位，并与全国400余家地市党校进行交流。编辑《党校工作通讯》9期，向区委信息中心、市委党校《校院信息》报送信息40余篇，其中13篇被市委党校《校院信息》采用，在全市基层党校中名列前茅。

（武惠萍）

【虚拟课堂学习平台】 年内，区委党校针对主体班教学，建立“虚拟课堂学习平台”，配置专门的视听设备，实现学员教学视频自助式点播学习，并用于开展党性教育的影视教学和展览教学。设置专人负责视频资料库的更新与平台维护。

（武惠萍）

【精品课程库】 年内，完善“党性教育和区情教育精品课程库”建设。设置“党性教育”“区情教育”“领导能力素质培训”3个板块，选取各级学员关心的热点、难点问题，丰富教学内容。选录市、区领导，中央党校、北京市委党校等专家、教授在主体班次的授课，内容涵盖群众路线、思想政治、文化、社会建设、领导力提升、西城区人才战略、政务微博等方面。精选出10个课件发布在北京市领导干部在线学习西城分平台上。对精品课程制作的硬件进行改进和升级，引入“移动录课系统”“视频后期编辑制作系统”，提升录制和课堂播放效果。

（武惠萍）

党史工作及地方志工作

【概况】 中共北京市西城区委党史工作办公室（北京市西城区地方志编纂委员会办公室），是区委、区政府主管党史、地方志工作的职能部门（简称区史志办）。内设办公室、党史科、志鉴科、宣传科，在职人员17人。党史工作的主要职责是组织、指导全区党史工作开展，征集、整理、编纂全区党史资料，承担市委和区委部署的党史资料征研任务，开展地域党史资料编研；配合相关部门对党员、群众进行党史和革命史教育，面向社会开展党史宣传。地方志工作的主要职责是按照《地方志工作条例》和《北京市实施〈地方志工作条例〉办法》，依法组织、指导、督促和检查全区地方志工作开展；拟定地方志工作规划和编纂方案；组织编纂地方志书和地方综合年鉴；收集、整理、保存地方志文献和资料，组织整理旧志；组织开发利用地方志资源；推动地方志理论研究和学术交流，组织开展业务培训。年内，党史工作开展《中国共产党北京市西城区历史（1920—2012）》的启动和编写工作并形成资料稿件，完成《中国共产党北京市宣武区历史大事记（2001—2010）》编写出版工作，出版《远去的红烛》，开展党史宣传月活动，推进党史资料征集工作，做好迎接上级调研工作。地方志工作全面开展，完成《北京西城年鉴（2016）》的编纂出版工作，推进《北京市西城区志》《北京市宣武区志》（简称《西城区志》《宣武区志》）初审及复审工作，完成《北京年鉴》西城部分供稿任务，推进《中国名镇志》工程申报工作。在《北京年鉴》编纂工作中，区史志办被评为先进集体，2人被评为先进个人。

地址：西城区南菜园街51号

邮编：100054

电话：83975321

（郝慧芳）

【市委党史研究室领导来区调研】 1月5日，市委党史研究室主任李良一行3人来区调研党史工作，对西城区的党史工作给予充分肯定，对构建“大党史”工作格局、党史工作规划编制、党史编研成果推进、党史宣传月等工作提出新要求。区委书记卢映川参加调研，提出要深入挖掘西城区革命历史资源，多出有益的资政成果，拓宽思路服务现实，走在全市党史工作前列。2月25日，市委党史研究室副主任李明圣到西城区调研党史宣传月筹备工作。5月13日，市委党史研究室副巡视员范登生到西城区，围绕基层党史工作在意识形态工作中的地位和作用，基层党史工作现状等问题开展专题调研。

（董盼盼）

【《中共北京市西城区历史》编写工作】 3月9日，《中国共产党北京市西城区历史（1920—2012）》编撰工作启动会议召开，成立由区委书记任主任，区委办、政府办、区委组织部等30个部门组成的编委会，并成立编辑部。根据市委党史研究室对《中国共产党北京市区县历史丛书》的编写要求，制定编写方案。全年召开编辑研讨会12次，完成编写大纲的拟定，进行资料收集整理和史稿撰写，至年底，形成60余万字的资料稿。

（董盼盼）

【《远去的红烛》出版】 5月，《远去的红烛》由北京出版社出版。全书挖掘了“解放初期北京西城留校生”的有关史料，收录了60篇回忆文章，16.8万字，203张照片。当月，组织召开《远去的红烛》作者座谈会，就“弘扬红烛精神 忠诚党的事业”主题进行交流。

（董盼盼）

【《中共北京市宣武区历史大事记》出版】 6月，《中国共产党北京市宣武区历史大事记（2001—2010）》由中央文献出版社出版。全书共计18万字，记载10年间宣武区在经济、政治、文化、社会、生态建设及党的自身建设等方面取得的成绩和经验。该书是《中共北京市区县历史大事记》丛书之一。

（董盼盼）

【向《北京市·共产党志（1998—2012）》供稿】 年内，按照《北京市·共产党志（1998—2012）》关于撰写区（县）委党的工作综述的要求，根据区委领导批示，撰写了原西城、原宣武、新西城3个区委党的工作综述，共1.4万字。经区领导审核通过，按时报送《北京市·共产党志》编辑部。

（董盼盼）

【党史资料征集整理工作】 全年收集区域政治、经济、文化、社会、生态和党的建设等方面大事要事电子资料750余条目，约165万字。为区委办、区委组织部、区委宣传部、区委区政府研究室、新街口街道等10多个单位提供党史资料约40万字。

（董盼盼）

【党史宣传月工作】 6月15日至7月15日，北京市党史宣传月期间，区史志办与区委宣传部、区文化委员会联合在西城文化中心缤纷剧场承办北京党史宣传月闭幕式暨西城区纪念建党95周年文艺演出，400余人观看。组织西城党史文艺宣传队——天桥街道毛众文化工作室创作《学党史·游西城》《小平听书》等党史题材节目，开展“红色文艺社区行”活动，巡回演出50余场。邀请北京党史专家在区政府机关、街道社区、社会领域基层党组织开展“奉献——共产党人永恒的品格”“与时俱进话党章”“长征与长征精神”“从党代会看中国共产党95年”等6场党史讲座。向全区基层党组织赠送《中国共产党北京市西城区历史大事记（2001—2010）》《中国共产党北京市宣武区历史大事记（2001—2010）》600余套，作为“两学一做”教育学习材料。与相关部门共建“党史文化”活动：在机关干部和区街图书馆读者中举办“党在我心中”征文活动，参与李大钊故居现场教学基地建设和“西城区爱国主义教育网”建设等，为有关单位开展爱国主义教育活动提供党史专业知识帮助与支持。与区新闻中心“北京西城”微信公众平台合作，开辟“红色记忆”栏目，制作“北平和平解放”“陶然亭畔的恋歌”“辣手铁肩”等8期党史专题；配合“北京党史”公众号，转发党史宣传文章数十篇；中国共产党历史网、北京电视台、千龙网、今日头条、《北京青年报》等10余家媒体报道20余次。

（鲁　杨）

【开展主题纪念活动】　在“西城爱国主义教育网”和“西城史志网”开辟纪念建党95周年专题网页，设立红色春秋、京华英雄、往事珍影、红色阅读等栏目，介绍北京特别是西城地区的党史故事与人物事迹。7月，与什刹海街道联合举办“重学党章，重温誓词，重走长征路”环海健走活动；联合区第一图书馆举行《红色足迹》党史展览。10月下旬，联合区委宣传部在南北办公区、区第一图书馆和15个街道巡回举行《寻访长征足迹·传承长征精神》党史展览。12月，在《北京西城报》开设专版，陆续介绍西城区历次党代会概况。

（鲁　杨）

【《北京市宣武区志（初审稿）》评审会】　3月16日至17日，《北京市宣武区志（初审稿）》评审会召开。市地方志办副主任张恒彬，《北京志》副主编王铁鹏、赵庚奇、刘景华、周继东、顾兖州、戴卫，特邀专家王广才、禹万新、刘仕仲，市志办区县处负责人崔震、研究室主任赵鹏及相关处室人员出席会议。区志编辑部、区史志办工作人员共30余人参加评审会。与会专家就《宣武区志》初审稿进行了总体评议和分部类专题评议，并提出针对性的意见与建议。

（郝慧芳）

【区年鉴工作会议】　3月24日，西城区年鉴工作暨业务培训会议召开。市地方志办公室副主任张恒彬、区政府副区长陈宁、市地方志办年鉴指导处处长崔震、北京年鉴社副社长韩枫等领导出席会议。区属各单位、驻区有关单位主管年鉴工作的领导及撰稿人，西城年鉴编辑部人员共200余人参加会议。会上总结上年全区年鉴工作，部署2016年年鉴工作。张恒彬传达中央、市领导对地方志工作的重要指示、批示以及全国、北京市年鉴工作精神。陈宁强调要增强做好年鉴工作的使命感和责任感，要注重组织协调，创新方式方法；要树立质量意识、精品意识；要树立修志为用的意识，加强开发利用；要加强人才队伍建设，提高队伍业务素质水平。韩枫从年鉴基础知识、年鉴撰稿具体步骤、年鉴编纂和图片编辑常见问题等内容作专题培训。会议发放《北京西城年鉴（2016）》编纂方案和编写规范。

（郝慧芳）

【向《北京年鉴》供稿】　4月，根据市地方志办公室要求，区史志办完成向《北京年鉴》供稿工作，撰写西城“区情”，组稿“北京金融街”共约8000字，并提供西城图片10张，稿件刊于当年发行的《北京年鉴》，客观反映辖区政治、经济、文化、社会等各方面的发展变化概貌。

（郝慧芳）

【参与北京市年鉴互审】　6至8月，区史志办参与北京年鉴社组织的《北京海淀年鉴》《北京房山年鉴》年鉴编校质量评审工作，提出修改意见和建议。

（郝慧芳）

【《地方志工作条例》宣传活动】　11月4日，西城区在金融街街道都城隍庙广场开展纪念国务院颁布《地方志工作条例》10周年宣传活动。市地方志办公室领导、区史志办领导及干部、金融街街道办事处领导及社区干部、居民代表共200余人参与其中。区史志办向金融街街道办事处及社区群众赠送史志编研成果700余册，为社区居民发放地方志宣传材料和宣传品500余份，通过设置宣传展板，介绍《地方志工作条例》、区修志编鉴工作成果以及西城区情等，活动现场开展的地方志知识有奖问答吸引200余名社区居民参与。之后，在全区5个街道开展进机关、进社区、进非公组织宣传《地方志工作条例》活动。12月2日，区史志办全体干部走进辖区内武警七支队七中队开展“史志进军营”赠书活动，向武警七支队七中队赠送党史地方志编研成果、区情宣传材料和宣传品共200余份。参观学习武警七支队的光辉历史、七中队战士的优秀事迹，了解部队营区现代化生活和训练环境。

（郝慧芳）

【《北京西城年鉴（2016）》编纂工作】　12月，《北京西城年鉴（2016）》编纂完成，由中华书局出版。全书系统记述2015年区域内自然、政治、经济、文化和社会的发展变化过程。《北京西城年鉴（2016）》由210个单位参加编写，其中区属单位158个、辖区单位52个。全书130万字，一级栏目21个、二级栏目103个、三级栏目204个、条目2469条，其中特载11篇、大事记129条、专文3篇、表格29张、图片142张。

（郝慧芳）

【志书编纂工作】　年内，根据《西城区志》和《宣武区志》初审稿评议的意见与建议，2个区志编辑部完成对志稿的修改完善。对《西城区志》进行大幅度的文字压缩和结构调整。6月30日，市志办评审专家对《西城区志》复审稿进行预审。之后，区志编辑部继续对复审稿进一步修改补充完善。对《宣武区志》进行查疑补漏、完善相关篇目及整体架构。截至年底，完成《宣武区志》初稿全文修改工作，全书28编，75万字。完成《西城区志》复审稿三稿修改工作，全书90万字，图片

105张。提交市志办备复审。

（郝慧芳）

【名镇志编纂工作】　年内，组织名镇志申报座谈会和名镇志编纂培训会以及什刹海街道名镇志申报协调会。部分街道把二轮修志和名镇志的申报结合起来，推进实施。截至年底，协助大栅栏、天桥、陶然亭3个街道进行了名镇志的申报，组建编写小组，拟定篇目大纲，并着手搜集资料。

（郝慧芳）

【方志资源开发利用】　年内，拓展资料征集的覆盖面，重点完成驻区单位资料的征集工作。通过征集、购买、交换等方式新增各类资料600余份、书籍400余册，充实地情资料室文献。完善地情资料室的检索服务功能，资料全部实现数字化规范管理，更好地为区属单位、社会单位、研究机构及公众提供资料查询阅览服务。提供区属单位及公众查询60余人次。西城史志网网站访问量1.2万人次，其中查阅地方志资料1500余人次。上报地方志工作信息8条。

（郝慧芳）

纪检　监察

【概况】　中共北京市西城区纪律检查委员会（简称区纪委）与北京市西城区监察局（简称区监察局）、北京市西城区预防腐败局（简称区预防腐败局）合署办公。内设办公室、组织部、宣传部、研究室、党风政风监督室（西城区纠正行业不正之风办公室）、信访室（西城区行政投诉中心）、案件监督管理室、第一纪检监察室、第二纪检监察室、第三纪检监察室、预防腐败室（第四纪检监察室）、案件审理室、机关党委、区委巡察工作领导小组办公室、反腐倡廉宣传教育信息中心（事业单位）。机关编制59人。纪检监察工作主要职责是负责贯彻落实党中央、市委和区委关于纪律检查工作的决定，严明党的纪律，全面履行党章赋予的职责，维护党的章程和其他党内法规，检查党的路线、方针、政策和决议的执行情况，协助区委加强党风廉政建设和组织协调反腐败工作；负责贯彻落实党中央、国务院，市委、市政府，区委、区政府关于行政监察工作决定，依据行政监察法，对区政府各部门及其公务员、区政府及各部门任命的其他人员，以及法律授权或依法委托的其他组织及其从事公务的人员进行监察；对党和政府行政机关执行党和国家政策、法律法规的情况以及党政领导干部履行职责和行使权力进行监督，监督检查作风建设规定、廉洁自律规定执行情况，督促落实党风廉政建设责任制并实施责任追究，开展巡察监督，负责作出关于维护党纪政纪的决定；检查和处理区级机关各部门、各街道和区委管理的党员领导干部违反党的章程和其他党内法规的案件，受理和查处下级纪检机构管辖范围内的案件，决定或取消对这些案件中党员的处分；调查处理区监察局监察对象违反行政纪律的行为，办理下级监察机构管辖范围内的监察事项；变更或撤销下一级监察机关不适当的决定；受理对党组织和党员违反党纪行为的检举和党员的控告、申诉，保障党员的权利；受理对区监察局的监察对象违反行政纪律行为的控告、检举，受理监察对象不服政纪处分等申诉；组织协调党风廉政建设和反腐败宣传教育工作，开展对党员、公务员的理想信念和宗旨教育、党风党纪和廉洁自律教育，开展宣传和舆论引导，组织协调和指导廉政文化建设；负责对纪检监察工作重大理论和实践问题进行调查研究，参与制定或修订纪检监察规章制度，参与起草制定区内党风廉政建设相关规定和实施意见等工作；负责区纪委监察局机关和派驻纪检组、纪（工）委、监察科的组织机构建设和干部队伍建设。按照干部管理权限，会同有关部门，负责相关纪检监察干部的提名、考察、任免工作；承办市纪委监察局、区委区政府授权和交办的其他事项。年内，全区各级纪检监察组织牢固树立政治意识、大局意识、核心意识、看齐意识，自觉同以习近平为核心的党中央保持高度一致，忠实履行党章赋予的职责，坚决落实从严治党、依规治党要求，持之以恒改进作风，坚定不移惩治腐败，始终把纪律挺在前面，聚焦监督执纪问责，纪检监察工作取得新进展新成效。

地址：西城区二龙路27号

邮编：100032

电话：88064983

（李天恩）

【区纪委第十一届七次全体会议】　2月26日，区纪委第十一届七次全体会议举行。会议传达习近平总书记系列重要讲话精神和中央纪委六次全会精神，落实市纪委五次全会、区委十次全会工作部署，回顾总结上年全区纪律检查工作，研究部署年内工作任务。全会审议通过区委常委、区纪委书记王鹏代表区纪委常委会所作的《聚焦监督执纪问责　忠诚履行党章赋予的神圣职责》的工作报告和区纪委全会决议。全会号召，全区各级党组织、纪检监察组织要不辱使命，不断取得党风廉政建设和反腐败工作新成效。

（李天恩）

【区纪委第十一届八次全体会议】　8月4日，区纪委第十一届八次全体会议举行。区人力社保局、区审计局、区民防局、区城管执法监察局、月坛街道、展览路街道、团区委、区园林市政管理中心等8家处级单位党政主要领导干部，在会上围绕本单位履行党风廉政建设主体责任、严格执行中央八项规定精神情况和领导干部个人执行廉洁自律各项规定的情况进行汇报，并接受区纪委委员的质询和评议。此后，按照区委统一要求，全区处级单位党政主要领导任期内至少要向纪委全会述责述廉一次。

（李天恩）

【选举产生新一届区纪委领导班子】 12月6日至8日，在中共北京市西城区第十二次代表大会上，选举29人为中共北京市西城区第十二届纪律检查委员会委员。12月8日，区纪委第十二届一次全体会议召开。会议选举王鹏、田迪（女）、段辉建、向前（土家族）、于新旭、李海霞（女）、焦伟、侯逾、郝明为区纪委常委；选举王鹏为区纪委书记，田迪（女）、段辉建、向前（土家族）为区纪委副书记。

（李天恩）

【推动“两个责任”落实】 年内，出台《西城区落实党风廉政建设党委主体责任和纪委监督责任组织领导制度》《西城区落实党风廉政建设党委主体责任和纪委监督责任分工负责制度》《西城区落实党风廉政建设党委主体责任和纪委监督责任工作报告制度》《西城区党风廉政建设责任追究办法（试行）》和《西城区落实党风廉政建设党委主体责任和纪委监督责任约谈制度》，党风廉政建设责任体系框架基本形成。调整区党风廉政建设责任制（惩防体系建设）领导小组及办公室成员，规范区级领导班子和二级班子的个性化责任书及责任清单的签订工作。严格执行约谈和述责述廉制度，区委书记对全区责任制检查排名靠后单位的主要领导进行了约谈，8家单位的党政主要领导围绕履行主体责任情况向区纪委全会现场述责述廉并接受质询。全区各级党组织逐级开展约谈提醒、责任考核、签字背书、述责述廉工作，各级领导干部制定了个性化主体责任清单，对党风廉政建设履职情况全程纪实，层层传导压力、压实责任。严格实施“一案双查”，以问责倒逼责任落实。

（李天恩）

【正风肃纪工作】 年内，继续紧盯元旦、春节、中秋、国庆等重要时间节点，组织专门力量，加大对厉行节约、公车使用、职务消费等制度规定执行情况的监督检查。到复兴商业城、西单购物中心、更香茶叶有限公司等企业，对区属单位公款购物情况进行检查。对区内7家会所的整改情况进行复查。对区综合行政服务中心大厅、街道公共服务大厅等部门开展明察暗访。各项检查结果均在全区进行通报，重点问题做进一步调查核实。查处违反中央八项规定精神和“四风”问题典型案件30起，给予党纪政纪处分26人，其中处级干部11人，对16起典型案件进行通报曝光。查处“为官不为”“为官乱为”案件26件，给予党纪政纪处分23人；查处侵害群众利益问题案件9起，给予党政纪处分8人。制定《西城区鼓励干事创业履职担当容错免责实施办法（试行）》，既严肃执纪，又鼓励干事担当。

（李天恩）

【领导干部廉洁自律工作】 年内，召开2016年新提任处级领导干部集体廉政谈话会，组织72名处级领导干部签订《廉政承诺书》，并集体观看警示教育片。同时为每名处级领导干部发放《党风廉政建设责任制党委主体责任和纪委监督责任制度汇编》《结合案例学党纪》《微腐败警示录》《政治纪律和政治规矩党员干部读本》等学习资料。加强换届风气监督，严明换届纪律，畅通信访举报渠道，加大对违反换届纪律问题线索的分析排查力度，对换届过程中出现的苗头性、倾向性问题及时予以纠正，对换届中的违规违纪行为从快从严查处。以专题讲座、法规测试、以案说纪等方式强化党章党规党纪教育。

（李天恩）

【党风廉政宣传教育】 年内，联合相关部门开展“孙中山、宋庆龄廉洁思想与实践”专题展览，编辑《廉政教育手机报》，制作纪律红线、《条例》警示点、举报指南等图解，拍摄“身边的微腐败”警示教育动漫片。继续利用区委讲师团和“红莲”讲堂，深入全区宣讲“如何讲纪律、守规矩”。开展“门联上的家风家训”廉政文化活动，教育广大党员干部筑牢思想防线。指导基层单位结合自身特点开展廉政文化活动，在金融街街道受水河社区建立全市第一家社区级党风廉洁教育基地。

（李天恩）

【信访监督和案件查处】 年内，全区纪检监察机关共收到信访举报707件，同比下降3.8%。受理问题线索304件，初核173件，立案123件，结案106件，给予党政纪处分91人，其中处级16人，科级28人。用好监督执纪“四种形态”——党内关系要正常化，批评和自我批评要经常开展，让咬耳扯袖、红脸出汗成为常态；党纪轻处分和组织处理要成为大多数；对严重违纪的重处分、作出重大职务调整应当是少数；而严重违纪涉嫌违法立案审查的只能是极少数。转变执纪方式，全区纪检监察组织共谈话函询364件次，组织处理7人，轻处分71人，重处分20人，移送司法机关受到刑事处罚1人。

（李天恩）

【纪律检查体制改革工作】 年内，优化区纪委机关内部机构设置，成立第四纪检监察室，从事监督执纪问责的一线人员数量从70%上升到75%。在区级党和国家机关设立单独和综合派驻纪检组22个，派驻机构覆盖面由58.7%增加到100%，在全市率先实现纪检派驻机构全覆盖。总结在区民政局和区文化委开展巡察工作试点的经验，研究制定《西城区委关于开展巡察工作的实施意见（试行）》，在全市率先成立区委巡察工作领导小组和4个巡察组，编制《中共北京市西城区委巡察工作五年规划（2017年—2012年）》。开展社区纪检专员试点工作，强化对社区工作的监督，推动党风廉政建设主体责任向社区延伸。

（李天恩）

民主党派　工商联

民革西城区委员会

【概况】 中国国民党革命委员会北京市西城区委员会（简称民革西城区委），下设6个专门委员会（祖国统一和平促进委员会、社会和法制委员会、经济委员会、老年妇女和青年委员会、教科文卫体委员会、人口资源环境委员会）。有区委委员23人，其中主任委员1人，副主任委员4人，秘书长1人。截至年底，有党员989人，支部32个。党员中有全国人大代表1人，全国政协委员3人；市人大代表2人，市政协委员4人；区人大代表3人，区政协委员19人；民革市委委员13人（其中副主委3人、常委1人、委员9人）。国家特约工作人员1人，市特约工作人员4人，区特约工作人员10人，民革中央和民革市委专委会委员30人。

地址：西城区牛街20号301、302室

邮编：100054

电话：83490897

（王冠男）

【参政议政】 年内，民革西城区委围绕中共西城区委、区政府的中心工作和区域发展的全局性、战略性问题，组织广大党员参加多种形式的参政议政会议。民革西城区委参加区政协召开的议政会1次，中共西城区委统战部召开的双月座谈会5次。各专委会撰写的调研报告5篇：《发挥首都核心功能，推动持续健康发展——关于西城区普通地下室整治促进疏非控人情况的报告》《关于马连道茶产业升级发展的若干建议》《关于京津冀新型城镇化建设的调研》《加强社区图书馆建设，推进“书香西城”活动》《关于全面健全医养结合，建立完善社区养老机构的调研》。在中共西城区委统战部党派调研报告评选中，《关于马连道茶产业升级发展的若干建议》及《发挥首都核心功能，推动持续健康发展——关于西城区普通地下室整治促进疏非控人情况的报告》获得一等奖，《加强社区图书馆建设、推进“书香西城”活动》获得三等奖。2016年度民革西城区委被中共西城区委统战部评为西城区民主党派调研工作优秀单位。全年向区政府、中共西城区委统战部及民革市委等相关部门报送意见和建议类信息共计212篇，其中71篇被民革北京市委采用，4篇被市委统战部采用，2篇同时被市政协和市领导批示采纳，1篇被全国政协采用。编写《西城民革》刊物4期。年底，民革西城区委按照《民革西城区委信息、调研表彰办法》，评选出信息工作优秀支部10个，信息工作先进个人11名，参政议政先进个人12名。年内提交2件党派提案。

（王冠男）

【思想建设】 3月，民革西城区委举办“传达全国‘两会’精神专题报告会”，区委委员和各支部主委参加学习。4月，邀请北京走进崇高研究院院长（解放军装备指挥技术学院原副院长）作题为“胸有崇高行自雅”的主题讲座活动，号召民革党员要将抗战精神代代相传。7月，组织38名民革党员参加中共西城区委统战部组织的新成员培训班，学习中国多党合作制度的发展沿革及如何撰写信息。7月，邀请中国社会科学院台湾研究所教授为民革党员做台海形势专题报告。

（王冠男）

【民革西城区第二次代表大会】 5月29日，民革西城区第二次代表大会召开。会议听取并审议了王红主委作的《中国国民党革命委员会北京市西城区第一届委员会工作报告》；审议并通过了《中国国民党革命委员会北京市西城区第二次代表大会关于第一届委员会工作报告的决议（草案）》和《中国国民党革命委员会北京市西城区第二次代表大会的决议（草案）》。选举产生了中国国民党革命委员会北京市西城区第二届委员会，产生委员23名。第二届委员会第一次全体会议选举王红（女）为主任委员，选举陶水龙、吴永全、李硕、雷湘方（女）为副主任委员。

（王冠男）

【组织建设】 8月底，组织32个基层支部主委参加由民革市委组织的“新一届支部主委培训班”。9月，民革西城区委委员参加了中共西城区委统战部举办的新一届民主党派区委委员培训班。11月初，有20名新任区委委员参加了民革市委组织的区委委员培训班。年内，民革西城区委新发展党员21名，转入党员7人，转出3人，去世党员3人。

（王冠男）

【社会服务】 年内，在中共西城区委统战部的协调下，民革西城区委与展览路街道、牛街街道建立共建关系，搭建民革党员联系社会的工作平台。6月，邀请罗氏正骨法非遗传承人胡仁竹教授为民革党员及社区居民共计100余人讲授中国传统医学与正骨疗法，相关疾病的预防及理疗知识和技巧。10月，应所在地社区居民要求，民革西城区委邀请民革党员中的知名医疗专家再次举办有关颈椎、腰椎疾病的健康讲座，同时为社区居民进行免费义诊活动。

（王冠男）

【纪念活动】 2016年是孙中山诞辰150周年。民革西城区委组织民革党员开展系列的纪念活动。7月，组织近30名民革党员到中国人民抗日战争纪念馆参观。9月，组织近40名民革党员到北京中山音乐堂参加由北京市政协与民革北京市委联合举办的“天下为公，衣以载道”纪念活动。11月，组织近30名民革党员参观北京、南京、武汉、广州、中山五市侨界纪念孙中山先生诞辰150周年图片联展《孙中山与华侨》之北京站的联展。

（王冠男）

民盟西城区委员会

【概况】 中国民主同盟北京市西城区委员会（简称民盟西城区委），下设组织部、宣传部、调研部、社会服务部、统战理论研究室、教育委员会、文化艺术委员会、科技委员会、金融经济委员会、医疗卫生委员会、妇女委员会、青年委员会、老龄委员会。截至年底，有盟员2222人，基层委员会1个，支部71个。区盟员中有第十二届全国人大代表1人；第十二届全国政协委员5人，其中常委3人。第十四届市人大代表3人；第十二届市政协委员3人。第十五届区人大代表7人，其中常委1人；第十四届区政协委员24人，常委6人。第十一届民盟中央委员9人（王锋组织关系转上海），其中常委3人。第十一届民盟北京市委委员11人，其中常委2人。年内，民盟西城区第二次代表大会召开，选举产生民盟西城区第二届委员会。在西城区政协十三届五次全会上提交民盟党派提案2件，界别提案10件，街道联组提案7件；提交委员个人提案25件，提交提案委员人数55人次；完成2个党派提案的答复办理工作。在西城区政协十三届四次全会上提交的《关于宣南会馆保护与利用的建议》获2015年度党派团体优秀提案。在西城区政协十三届五次全会上提交的《关于推动西城区混合所有制改革的建议》获2016年度党派团体优秀提案。民盟西城区委获民盟中央“坚持和发展中国特色社会主义学习实践活动”先进集体称号；获“民盟中央群言杂志社发行工作优秀单位”荣誉称号。在纪念北京市民盟组织成立70周年活动中，民盟西城区委获优秀区级组织的荣誉称号。

地址：西城区牛街20号楼3层

邮编：100053

电话：83495372　83490227

（宋小华）

【参政议政】 年内，民盟西城区委参加中共区委和区政府召开的重大问题协商会5次、议政会1次、双月座谈会2次。在“疏解非首都功能、推动京津冀协同发展”议政会上，民盟西城区委作题为《关于西城区功能疏解后批零业转型升级配套策略的建议》的发言。完成《关于西城区什刹海水文化遗产保护与利用的调研》《关于西城区批零产业疏解、转型、升级的调研》《从文化创造力看文化园区创新发展的问题及策略调研》《探索体制机制创新 推进京津冀协同发展》《关于京津冀技术转移服务体系调研》《关于弘扬非遗传统文化大力发展京津冀地区研学旅行基地的调研》6篇调研报告。截至11月，区盟员提供社情民意信息117篇。《关于西城区什刹海水文化遗产保护与利用的调研》获2016年度西城区民主党派优秀调研成果一等奖。

（宋小华）

【民盟西城区第二次代表大会】 6月25日，民盟西城区第二次代表大会召开。会议听取《民盟西城区第一届委员会工作报告》，审议通过了《中国民主同盟北京市西城区第二次代表大会决议》。选举产生民盟西城区第二届委员会，产生委员25名。在二届一次全委会议上，选举钟祖荣为主任委员，马寅生、刘冰（女）、刘学俊、李新（女）、吴江（女）、闻丹岩（女）为副主任委员。

（宋小华）

【组织建设】 年内，民盟西城区委发展新盟员76名，其中男34人，女42人，平均年龄38.1岁；就职中央、市属及区属单位人数分别为40、25、11人；研究生以上学历50人，占65.8%；中高级职称38人，占50%。调入盟员6名，调出盟员6名，去世15名。对8个基层支部进行换届调整，选举一批年轻盟员担负主委职责。

（宋小华）

【思想建设】 8月6日，举办暑期培训班，邀请中共北京市委党校决策咨询部主任赵莉教授作《以供给侧结构性改革引领新常态》主题报告，邀请西城区发改委副主任刘巍解读《西城区“十三五”规划》。7日，组织40余名盟员就京津冀协同发展赴廊坊霸州进行调研考察。9月，组织骨干盟员赴江苏省苏州市进行异地培训，主题为“学习习近平总书记系列讲话精神、践行社会主义核心价值观”。在二届五次主委会议上，组织班子成员集体学习中共十八届六中全会会议精神，并发放学习资料《党的十八届六中全会文件学习辅导百问》。组织区盟员参加民盟市委与中共西城区委统战部组织的专题报告会、讲座以及座谈会等学习实践活动。全年出版《西城盟讯》4期，第二次代表大会专刊1期，开设“西城区情”“五洲撷英”“苏州培训心得”等栏目，共刊登盟员稿件30余篇。

（宋小华）

【自身建设】 全年组织召开主委会议9次，全委会议2次，全委（扩大）会议1次，通过邮件、电话方式征求主副委意见建议2次，9个专委会及统战理论研究会分别召开工作会1–2次，组织新盟员参加各类培训班3次（121人次），骨干盟员参加培训班3次（102人次）。8月，二届二次全委会上讨论并通过了《民盟北京市西城区委主委办公会议制度》《民盟北京市西城区委主委会议制度》《民盟北京市西城区委全委会议制度》《民盟北京市西城区委关于区委委员履行职责的若干规定》《民盟北京市西城区委机关日常工作条例》《民盟西城区委关于做好区委委员与基层支部联系工作的实施意见》6项工作制度和管理制度。

（宋小华）

【社会服务】 8月，在新街口街道开展“关爱阳光·温暖心灵”志愿帮扶活动，向25位残疾儿童或贫困家庭的孩子捐赠25套书包、文具、科普书籍等，价值1.3万余元。9月，走访慰问金融街宏汇园社区2户贫困残疾家庭，为他们送上生活必需品和节日的祝福。11月，区司法局与北京市监狱共建结对协作基地成立，民盟西城区委组织盟员参与监所内服刑人员的文化帮教；同月，与民盟黔西南州委缔结为友好委员会，参与民盟中央对口帮扶黔西南的工作，推动黔西南“星火计划、科技扶贫”试验区建设。民盟西城区委北京四中网校支部与民盟中央开展战略合作。从2016年开始，开展“烛光行动·千校计划”，北京四中网校在民盟中央的指导下向全国1000所学校捐赠《北京四中数字化校园平台》，用时3年。

（宋小华）

民建西城区委员会

【概况】 中国民主建国会北京市西城区委员会（简称民建西城区委），下设组织部、宣传部、参政议政部、信息部、社会服务部、会员服务部、会员培训部，专委会21个，工作委员会2个，学会1个。截至年底，民建西城区委共有委员25人，其中主委1人、副主委7人、秘书长1人。支部19个，其中综合性支部16个，单位支部3个；会员2244人。会员中有全国政协委员2人；市人大代表2人；市政协委员13人，其中常委3人；区第十六届人大代表6人；区第十四届政协委员37人，其中副主席1人、常委6人。

地址：西城区牛街20号304室

邮编：100053

电话：83490530

（李　鹏）

【参政议政】 年内，民建西城区委围绕中共西城区委、西城区政府中心工作开展调研活动。完成《关于西城区地下空间整治促进疏非控人的调研》《关于众创时代面向中小企业的税政服务能力建设的调研报告》等调研报告12篇。在政协北京市西城区第十三届委员会第五次会议上，提出党派提案2份、委员提案7份。《关于充分挖掘西城区文化资源，建设全国文化中心示范区的建议》获得2016年度党派团体优秀提案。《以智慧北京为契机，加快智慧西城建设步伐》被中共西城区委统战部评为2016年度西城区民主党派优秀调研成果一等奖。

（李　鹏）

【民建西城区第二次代表大会】 5月28日，民建西城区第二次代表大会召开。会议听取《中国民主建国会北京市西城区第一届委员会工作报告》；审议并通过《中国民主建国会北京市西城区第二次代表大会决议》。选举产生了中国民主建国会北京市西城区第二届委员会，产生委员25名。第二届委员会第一次全体会议选举李建国为主任委员，选举李海丽（女）、付广军、柳林、马光远、张鹏、刘井坤、李庆保为副主任委员。

（李　鹏）

【思想建设】 年内，采取辅导讲座、专题座谈、集中培训等方式，组织会员学习五大发展理念精神。有1000余人次参加中共北京市委统战部、民建北京市委、中共西城区委统战部、民建西城区委组织的支部主任培训班、民主党派基层骨干培训班、新会员培训班、信息员培训班及各类讲座等。

（李　鹏）

【组织建设】 年内，民建西城区委发展会员110人，平均年龄38岁。从其他省市区县转入西城8人，从西城转出11人，去世1人。综一、综二、综三、综五、综六、综十二、综十三、建材、兴中、全国工商联支部完成支部换届选举工作。民建西城区委获得民建中央“社会服务工作先进集体”称号，会员欧阳钢、杨外生、马光远、马庆春、刘占兵、李海丽、李智宇、张文、程渊、鲁英获得“民建全国社会服务先进个人”称号。

（李　鹏）

【议事工作】 年内，民建西城区委召开6次主委会、4次全委会，研究议定《2016年区委换届工作方案》、专委会人员调整等重要事项40多项。

（李　鹏）

【社会服务】 年内，民建西城区委联合北京大学第一医院眼科走访月坛街道融泽养老照料中心、什刹海街道金秋园敬老院，举办“关爱老人、送文化、送健康”的活动；携手北京市医院管理局举办“相约守护，真情奉献”为主题的公益文艺演出，慰问北京市属20余所医院的医务工作者；为“少年超越吧”青少年观护服务基地捐赠价值8万元的活动物资、生活及工作设备，并协助共青团北京市委为观护服务基地青少年提供法治教育和心理辅导；组织医务界专家到河北省宽城满族自治县，为200余名当地群众义诊；开展捐款捐物共计8万元。

（李　鹏）

民进西城区委员会

【概况】 中国民主促进会北京市西城区委员会（简称民进西城区委），下设组织部、宣传部、社会服务部、议政调研部、初高等教育专委会、幼小教育专委会、社会法制专委会、医药卫生专委会、统战理论专委会、经济金融专委会、文化传媒专委会、企业联合会、青年委员会、老龄工作专委会、政府协会特约专委会。有主任委员1名、副主任委员7名，秘书长1名，委员23名。截至年底，有基层支部47个，会员1312人。区会员中有全国人大代表1人，全国政协委员1人；市人大代表2人，市政协委员2人；区人大代表4人，区政协委员21人；国家监察部特约监察员1人；市特约工作人员5人；区法院人民陪审员5人，区政协明察暗访工作小组成员2人。年内，民进西城区委以区委换届工作为重点，以建设适应时代要求的首都高素质参政党为目标，高度重视自身建设，切实履行参政党职能，紧紧围绕首都和区域发展重点，扎实推进各项工作，较好地完成全年任务。民进西城区委被民进中央评为“全国参政议政工作先进集体”，被民进北京市委评为“参政议政优秀组织二等奖”“新闻宣传工作先进单位”“社会服务工作先进单位”；5

个支部获“民进北京市委社会服务先进支部”称号；12人获得民进中央、民进北京市委“先进会员”称号。

地址：西城区牛街20号305、306室

邮编：100053

电话：83495331 83495076

（魏 威）

【参政议政】 年内，民进西城区委在政协北京市西城区第十三届委员会第五次会议上提交《关于有序开展居民自治协商，创新社会治理体制的建议》《关于依托社会专业资源，助力西城教育发展的建议》2件党派集体提案。其中《关于有序开展居民自治协商，创新社会治理体制的建议》被评为优秀提案。政协委员提交个人提案19件，复议案18件。专委会组织课题组成员在全面把握区情基础上，有针对性开展调研活动，提交《关于西城区学区制建设的调研报告》《稳定现有队伍，发展新鲜血液——北京村医情况调研》《新时期民进基层组织发展面临的问题与对策研究》《“如何促进首都互联网金融与传统金融融合发展”的调研报告》《京津冀生态环境协同保护》《关于“加快推进智慧居住区养老服务平台建设，促进京津冀协同发展”的建议报告》《2016年西城区居民体质状况调研报告》《加强中小学校健康教育，共建健康北京》8篇调研报告。其中，《新时期民进基层组织发展面临的问题与对策研究》作为2016年北京社会主义学院（北京统战理论研究基地）招标课题的中标课题予以立项，《首都互联网金融与传统金融融合发展研究》获民进北京市委2016年度调研重点课题立项。1人在西城区政协和中共西城区委统战部召开的“疏解非首都功能，推动京津冀协同发展”专题议政会上，以《发挥区域优势、为京津冀协同发展做贡献》为题进行大会发言。调研报告《有序开展居民自治协商，创新社会治理体制》和《关于重点做好艾滋病防治工作的建议》获民进北京市委2015年度优秀调研成果二等奖；《对北京市地方课程设置与实施的思考》获民进北京市委2015年度优秀调研成果三等奖。民进西城区委向民进北京市委和中共西城区委统战部报送信息218条；向民进北京市委提交148份建议案。1篇信息被民进中央采用，11篇信息被民进北京市委采用，77篇信息被民进中央网、中国网、民进北京市委网等网站及《民主》杂志刊登。1篇信息获民进北京市委2015年度优秀信息成果二等奖，4篇信息获民进北京市委2015年度优秀信息成果三等奖。

（魏 威）

【民进西城区第二次代表大会】 6月18日，民进西城区第二次代表大会召开。会议听取并审议了《中国民主促进会北京市西城区第一届委员会工作报告》，审议通过了《中国民主促进会北京市西城区第二次代表大会决议》。选举产生中国民主促进会北京市西城区第二届委员会，产生委员23名。第二届委员会第一次全体会议选举张礼斌为主任委员，王广发、翁乃彤（女）、褚海燕（女）、李文义、杨艳青（女）、赵芙蓉（女）为副主任委员。

（魏 威）

【组织建设】 年内，民进西城区委社会服务部增设主管副主委1人、部长2人、成员3人。发展新会员46人，其中大学以上学历46人，占100%；中高级职称职务31人，占67.4%；教育、文化、出版界19人，占41.3%，经济、政府机关、新阶层及其他人士27人，占58.7%；平均年龄38岁。调入4人，调出1人，去世5人。

（魏 威）

【思想建设】 3月，参与中共西城区委统战部召开的党派工作会。7月，举办主题为“提升参政议政能力，推进党派职能建设”暑期培训班。10月，举办“同心 同向 同行”——教师节、中秋节、国庆节庆祝大会。年内，参加中共北京市委统战部、市社会主义学院举办的区级组织负责人培训班；组织区委委员参加中共西城区委统战部举办的民主党派区委委员培训班；组织委员、支部主任、骨干会员参加民进中央、民进北京市委、中共西城区委统战部等组织的“两会”精神座谈会、中共建党95周年报告会、台湾形势讲座、中共十八届六中全会报告会等。全年召开3次全委（扩大）会。截至12月中旬，参加培训活动共536人次。全年出版《西城民进》6期。

（魏 威）

【社会服务】 年内，采取“1＋1＋N”模式开展社会服务工作，即由一个基层支部牵头，由区委搭台，全体基层支部联动参与。1月，金融一支部举办“迎新春、送温暖、爱老敬老”活动。2月，为白血病女童捐款2万余元。3月，区委开展“书香民进 阅读人生”活动，推广由西城实验学校支部会员发起的“有爱读书会”活动，录制有声书《正面管教A–Z》，在喜马拉雅平台播放1.8万次；综合支部雷锋爱心车队对廊坊“奇妙爱之家”脆骨症患病儿童关爱中心进行帮扶；举办雷锋爱心车队成员急救知识培训。4月，文化艺术支部为西城培智学校举办第九个关爱自闭症青少年活动。6月，文化艺术支部举办“阳光禁毒 你我同行”国际禁毒日晚会；综合支部举办庆“六一”儿童节玉树孤儿团聚会。8月，康乐里小学支部举办“暑期‘悦读’投身公益”活动，参加“爱飞翔”乡村教师接待活动。9月，为会员子女定期举办少儿书画培训班。10月，第十五中学初中支部会员带领学生慰问敬老院；金融一、金融二支部2次对廊坊市“奇妙爱之家”脆骨症患病儿童关爱中心进行帮扶。全年，区委成立“千人千心甘孜地区汉藏双语教育课程项目”小组，召集教师会员为甘孜地区特殊学生编写1–6年级汉藏学本（汉语教材部分）。第一五六中学支部和医疗卫生支部举办“同心同德 贡献爱心”捐衣活动。教育学院支部发起捐书活动，多支部共同为新疆和田中小学捐建5个爱心书屋。文化艺术支部多次送文化进军营、进乡村、进社区、进学校。第三联合支部为社区举办法律、声乐、环保、保健等知识讲座和体能测试共109次。中小幼联合二支部为西城区家庭困难儿童捐款2000元。综合支部提供农林开发项目1个，培训农民87次。各中小学支部分别开展会员支教、智力帮扶等活动。截至12月8日，资助学生321人，捐赠教材、图书1.36万册，捐款137万余元，举办127次社会公益活动，参与和受益人数1.9万余人。

（魏　威）

【总结表彰】 12月28日，民进西城区委召开总结暨表彰大会，220余人参加大会。民进北京市委、中共西城区委统战部领导出席大会并致贺词。会议表彰先进支部15个、年度人物8名、议政调研先进个人6名、信息宣传先进个人6名、会务工作先进个人13名、社会服务先进个人8名、先进个人59名。

（魏　威）

农工党西城区委员会

【概况】 中国农工民主党北京市西城区委员会（简称农工党西城区委），下设参政议政工作委员会、老龄工作委员会、妇女工作委员会、社会服务工作委员会、青年工作委员会、理论研究小组。有区委委员23人，其中主任委员1人，副主任委员6人，秘书长1人（专职副主委兼）。截至年底，有基层支部32个，党员1131人。党员中有市人大代表1人，市政协委员4人（常委2人）；区人大代表1人，区政协委员20人（其中副主席1人，常委3人，副秘书长1人）；市特约监察员1人，西城区特约监察员9人。

地址：西城区牛街20号307、308室
邮编：100035
电话：83490517

（穆瑞华）

【参政议政】 年内，在区政协召开的十三届五次全会上，农工党西城区委提交党派提案2件，农工党员中的政协委员提交个人提案15件。《关于对西城区失能老人提供长期护理保障的建议》被区政协评为党派团体优秀提案。甘力鹰、向公伟、张凤刚、王向波、钟雁、革瑛提交的提案被区政协评为个人优秀提案。农工党西城区委向中共西城区委统战部报送调研报告4篇，其中，《西城区媒介传播普法有效性的调查和分析》获一等奖，《关于对西城区失能老人提供长期护理保障的调研报告》《西城区社区卫生全科诊疗现状的调研与建议》获二等奖，《对西城区普通中学体育资源的调研与建议》获三等奖。刘兴潮执笔的《对推进“人才强党”战略的审视与展望》、吕策执笔的《参政党履行民主监督职能若干问题及对策研究》分获农工党中央2016年度理论征文二、三等奖。在2016年西城区政协专题议政会上，农工党西城区委作《结合非首都功能疏解推进市民休闲空间建设》的主题发言。全年向农工党北京市委报送信息99条，向区政协报送信息84条，向中共西城区委统战部报送信息88条。

（穆瑞华）

【农工党西城区第二次代表大会】 6月16日，中国农工民主党北京市西城区第二次代表大会召开。大会听取并审议《中国农工民主党北京市西城区第一届委员会工作报告》，选举产生了农工党北京市西城区第二届委员会，通过了《关于中国农工民主党北京市西城区第二次代表大会决议》。选举产生农工党西城区第二届委员会委员，产生23名委员。第二届委员会第一次全体会议选举张培彤为主任委员，甘力鹰（女）、王锦华、何悦明、陈楠、安少雄、向公伟为副主任委员。

（穆瑞华）

【组织建设】 8月10日，农工党西城区委完成下属参政议政工作委员会、社会服务工作委员会、老龄工作委员会、妇女工作委员会、青年工作委员换届工作。年内，完成40名入党申请人审核工作，其中完成23人的外调工作，并上报农工党市委。农工党市委审批新党员（含转入）29人，去世1人。

（穆瑞华）

【自身建设】 年内，农工党西城区委班子成员坚持集体走访基层支部和所在单位中共党组织，以促进各基层支部按照区委的工作要求开展活动。做好新党员教育工作，履行新党员见面会制度，驻会副主委向新党员们介绍农工党西城区委基本情况，主要工作。做好后备干部的培养教育，建立区委后备干部人才库。配合农工党北京市委和市社会主义学院，中共西城区委统战部和区社会主义学院，组织农工党员参加各类专题学习培训。农工党西城区委获农工党中央2016年《前进论坛》征订发行工作先进集体和农工党北京市委2014—2015年度先进集体荣誉。105名党员获农工党北京市委2014—2015年度优秀党员荣誉，10名党员获农工党北京市委2014—2015年度参政议政先进个人荣誉，8名党员获农工党北京市委2014—2015年度思想理论研究先进个人荣誉，11名党员获农工党北京市委2014—2015年度社会服务先进个人荣誉，2名党员获农工党北京市委2014—2015年度组织工作先进个人荣誉。全年编辑出版《西城农工》4期。

（穆瑞华）

【主要活动】 年内，按照农工党中央和市委的统一部署安排，结合中共西城区委统战部关于坚持和发展中国特色社会主义学习实践活动的精神，农工党西城区委举办“走进基层，贴近党员，培育和践行社会主义核心价值观”主题宣讲活动、“学习习近平‘七一’讲话精神”专题培训、“社会科学中的调查研究”参政议政主题培训、“非首都功能疏解与城市空间优化”学习培训。召开年度信息工作暨基层支部主任工作会议，对信息工作进行总结部署，对2015年度信息工作先进支部（综合三支部、文化一支部、食药监一支部、卫生支部、展览路医院支部），信息工作先进个人（杨瑞峰、刘兴潮、张琳琳、徐敢、刘赫、郝明虹、张彩虹），调研工作先进个人（何玉华、李竹溪、段英伟、刘军岗、于颖、徐敢）进行了表彰。在农工党北京市委组织的“践行社会主义核心价值观 发挥党派优势服务社会”宣讲活动中，区委驻会副主委作为第一宣讲人，介绍了农工党西城区委近年来不断将培育和践行社会主义核心价值观贯彻到社会服务领域工作中的经验和做法。

（穆瑞华）

【社会服务】 6月5日，为响应农工党中央“2016中国环境与健康宣传周”，农工党西城区委在展览路朝阳庵社区举行义诊活动，现场为社区居民义诊，并发放环保兜子、画册等宣传品。9月22日至23日，为落实农工党中央“星火计划”活动要求，农工党西城区委组织8名医学专家赴丽水市缙云县开展医疗帮扶活动，在缙云县中医医院开展为期2天的义诊和疑难病例诊断指导等医疗技术工作，累计接待各类义诊咨询者580余人次。11月11日，为落实农工党中央第二十八届“国际科学与和平周”，农工党西城区委组织5名医学专家赴怀柔渤海镇开展义诊咨询活动，接待义诊咨询者近200人次。年内，为落实农工党北京市委“健康京郊行”定点帮扶工作，促进北京城镇卫生事业的协同发展，农工党西城区委组织医学专家4次前往熊儿寨乡卫生院开展医疗帮扶工作。宣武医院支部举办“情系老区人民 义诊太行送温暖”义诊活动、参加“血液连接你我”主题宣传活动；中国中医科学院广安门医院支部到国家乒乓球队、国家短道速滑队开展义诊，到昌平区开展“北京苹果节”京郊果农义诊活动；丰盛医院支部进社区主办“合理运动　保护骨关节”健康讲座等。

（穆瑞华）

致公党西城区委员会

【概况】 中国致公党北京市西城区委员会（简称致公党西城区委），下设参政议政专委会、社会服务专委会、文化工作专委会、老龄工作专委会、青年党员工作专委会和15个综合党支部，4个单位支部。截至年底，有党员575人。致公党西城区委由19人组成，有主任委员1人，副主任委员6人（其中专职副主任委员1人），秘书长1人（专职副主任委员兼）。党员中有全国人大代表2人；市人大代表3人，市政协委员2人；区人大代表3人（其中常委1人），区政协委员21人（其中副主席1人、常委3人、副秘书长1人）；致公党中央委员3人（其中常委2人），致公党市委委员8人（其中副主委1人、秘书长1人、常委2人）；各级特邀监察员、监督员、人民陪审员、建议人共计13人。致公党西城区委有48名党员在致公党中央13个专委会任职，有101名党员在致公党北京市委16个专委会任职。

地址：西城区牛街20号520、522室

邮编：100053

电话：83194292　83194491

（梁训新）

【参政议政】 年内，在政协北京市西城区第十三届委员会第五次会议上，致公党21名委员提交了28件提案。在政协北京市西城区第十三届委员会总结表彰大会上，《关于推进西城区老年人健康管理的建议》获党派团体优秀提案。在政协西城区第十四届委员会第一次会议上，提交了《关于西城区在京津冀产业技术协同创新发展的建议》《关于推进西城区社区卫生服务机构改革的对策和建议》2件党派团体提案，党员们提交了35件个人提案。全年，报送致公党市委15篇调研报告，报送中共西城区委统战部6篇调研报告。向致公党市委、中共西城区委统战部、区政协、区社会主义学院报送社情民意信息78篇，被市级以上单位采用41篇。致公党西城区委被评为“2015年度西城区民主党派调研工作优秀单位”，党员提交的10篇调研报告获得表彰。

（梁训新）

【致公党西城区第二次代表大会】 6月26日，中国致公党北京市西城区第二次代表大会召开。大会听取并审议通过了《中国致公党北京市西城区第一届委员会的工作报告》《中国致公党北京市西城区第一届委员会工作报告的决议》《中国致公党北京市西城区第二次代表大会决议》；选举产生了中国致公党北京市西城区第二届委员会，产生委员19名。第二届委员会第一次全体会议选举刘学增为主任委员，王晓敏（女）、曾小丹（女）、董晓莉（女）、贾中华、关振鹏、徐典文（专职）为副主任委员。

（梁训新）

【组织建设】 年内，致公党西城区委医疗卫生总支部委员会成立。致公党西城区委在5个专委会和15个综合党支部，1个医疗卫生总支和4个医院单位支部和全区575名党员中开展创先争优活动。第二、十五支部获致公党北京市委评选的2015年度先进基层支部荣誉称号。全年新发展党员29名，转入党员8名，转出党员3名，去世党员4名。

（梁训新）

【自身建设】 年内，致公党西城区委将“创建先进基层组织、争当优秀致公党员”活动与坚持和发展中国特色社会主义学习实践活动紧密结合，在支部、专委会和全区党员中开展创先争优活动和“支部建设四个一活动”（即每个支部每年组织一次好的调研、收集一组有价值的信息、开展一项有意义的社会活动、过一次高质量的组织生活）。在海淀区稻香湖景酒店会议中心举办骨干党员暑期学习班。致公党西城区委委员参加了西城区民主党派区委委员培训班。组织新党员分别参加了西城区8个民主党派和西城区社会主义学院联合举办的2016年西城区民主党派新成员培训班2期。

（梁训新）

【社会服务】 年内，致公党西城区委与致公党四川省攀枝花市委到北京应用技术大学调研教育扶贫项目，就免学费招收攀枝花市家庭贫困学生达成初步意向。继续组织党员开展结对资助攀枝花市家庭贫困彝族小学女童，共捐助助学金1.44万元。致公党西城区委与致公党万宁市支部开展结对共建社会服务工作合作机制，在医疗、教育、科技、文化、法律等方面开展社会服务工作。医疗卫生总支与中共顺义区卫生计生委签约开展跨区医疗公益合作；第十五支部在顺义区医院举行“共同呼吁全社会关心关爱肾透析人群公益活动”；医疗卫生总支党员带领科研团队在顺义区开展为期2个月的科研义诊；召开医疗卫生总支工作总结会暨与中共顺义区卫生计生委合作工作研讨会。

（梁训新）

九三学社西城区委员会

【概况】 九三学社北京市西城区委员会（简称九三学社西城区委）下设组织部、宣传部、参政议政工作委员会、社会服务工作委员会、青年工作委员会、妇女与老龄工作委员会。有区委委员23人，主任委员1人、副主任委员5人，秘书长1人。截至年底，共有28个支社，社员1243人。区社员中有九三学社中央委员5人，九三学社市委常委2人、委员7人；全国政协委员3人，全国妇联执委1人；市人大代表2人，市政协委员4人，市特约监察员2人，市青联委员2人；区人大代表3人，区政协委员17人，区特约监察员7人，区法院人民陪审员7人，区青联委员2人。年内，九三学社西城区委及7个支社被九三学社北京市委评为“庆祝九三学社北京市委员会成立65周年先进集体”；51人被九三学社北京市委评为优秀社务干部；81人被九三学社北京市委评为优秀社员；8人被九三学社中央评为“庆祝九三学社创建70周年优秀社员”；1人被九三学社中央授予“九三楷模”称号。

地址：西城区牛街20号510、512室
邮编：100053
电话：83490296、83495029

（宋淙淙）

【参政议政】 年内，九三学社西城区委向中共西城区委统战部报送调研报告5篇，其中《北京旧城四合院街区的复兴模式研究》获一等奖，《推行“准物业化管理”提升老旧小区居住质量》获二等奖，《西城区疏解工作对交通影响的分析及建议》《完善应急培训体系，提升西城应急救援能力》《关于对京津冀金融协同发展的建议》获三等奖，九三学社西城区委被评为2016年度西城区民主党派调研工作优秀单位。全年报送信息179篇，被九三学社北京市委采用信息112篇，被中共西城区委统战部采用38篇，九三学社西城区委被中共西城区委统战部评为2016年度优秀信息单位。

（宋淙淙）

【九三学社西城区第二次代表大会】 6月19日，九三学社北京市西城区第二次代表大会召开。大会听取审议杨月欣所作题为《团结奋进，务实创新，建设学习型参政党》的工作报告，审议通过《九三学社北京市西城区第二次代表大会决议》。选举产生由23名委员组成的九三学社西城区第二届委员会。第二届委员会第一次全体会议选举郑实为主任委员，谢苗荣、曹淑琴（女）、魏建新（女）、王景兰（女）、宋坪（女）为副主任委员。

（宋淙淙）

【组织建设】 年内，九三学社西城区委新发展社员75人，研究生学历53人，高级职称37人；转入6人，转出97人，去世14人。根据九三学社北京市委组织工作要求，北京矿冶研究院支社、中国疾控中心第一支社因工作单位地址变化，分别迁至丰台区、昌平区。按时完成17名区政协委员的推荐、填表工作。调整机构设置，九三学社西城区委下设机构由2部5委调整为2部4委，重新安排各部室、工作委员会分管领导，确定负责人选，完善各机构成员名单。

（宋淙淙）

【制度建设】 年内，九三学社西城区委根据实际工作情况，结合新时期对民主党派工作的新要求，对区委有关工作等制度进行逐条修订，出台《优秀支社评比表彰办法》《社情民意信息工作表彰办法》《关于区委委员履行职责的若干规定》等制度，为评优工作树立标准，规范流程。坚持主委会学习制度，学习贯彻落实中共十八届三中、四中、五中、六中全会精神和习近平总书记系列重要讲话精神。健全档案管理制度，完善全区社员资料库、文书档案。

（宋淙淙）

【思想建设】 年内，九三学社西城区委举办骨干社员培训班，通过网上社会主义学院自主学习、异地培训学习，提升骨干社员的统战理论水平和整体素质；召开二届二次全委会议，邀请九三学社西城区委主委郑实为全体委员授课，指导社务工作；组织户外拓展培训，强化团队合作意识，增强区委委员凝聚力；出版4期内部刊物《西城九三》，加强舆论宣传和思想学习。

（宋淙淙）

【社会服务】 年内，九三学社西城区委邀请九三学社北京市委讲师团教练尤劲为东经路消防中队的官兵们带来题为“职场中的沟通与表达”的专场讲座；组织医学专家、科普专家赴天桥街道、德胜街道举行义诊、科普讲座活动；青年工作委员会发起“暖冬行动”，组织社员为贵州省的希望小学捐赠爱心冬衣；社会服务工作委员会组织专家社员赴社区开展防雾霾讲座等科普活动；市政路桥支社与港创公司成立专家成果转化基地；西城医药卫生支社、儿童医院支社等赴偏远地区义诊；复兴医院支社、第三综合支社等慰问孤残儿童；第二综合支社赴河北省北冶村，用社员爱心捐款向当地贫困学校捐献滑梯。

（宋淙淙）

台盟西城区委员会

【概况】 台湾民主自治同盟北京市西城区委员会（简称台盟西城区委），有参政议政、社会服务、妇女工作3个专项工作委员会。有区委委员9人，其中主任委员1人、副主任委员3人、秘书长1人。截至年底，有2个支部，盟员109人。盟员中有全国人大代表1人（任常委）；市人大代表1人，市政协委员2人（其中常委1人）；区人大代表1人（任常委），区政协委员6人（其中常委2人）；台盟中央委员2人（其中副主席1人）；台盟市委委员8人（其中副主委1人）；市特约工作人员1人；区特约工作人员3人。

地址：西城区牛街20号514室

邮编：100053

电话：83495426

（胡　悦）

【参政议政】　在区政协十三届五次会议上，台盟西城区委提交《关于提升社区民主协商议事实效的建议》和《关于推进西城区养老健康服务体系建设的对策建议》2件党派提案，前者被评为2016年度党派团体优秀提案；台盟的4位区政协委员提交5件委员提案，其中3件被评为2016年度委员优秀提案。完成2篇调研报告，其中《非首都功能疏解对西城区企业的影响研究》获台盟北京市委2016年度优秀调研报告一等奖、2016年度西城区民主党派调研成果二等奖；《西城区实现十三五时期人口调控目标的对策与建议》获2016年度西城区民主党派调研成果三等奖。全年报送信息38条，15人分别获得台盟北京市委2016年度信息先进一等奖、二等奖、优秀奖。14人向台盟北京市委报送北京市“两会”提案线索。在区政协和中共西城区委统战部联合召开的“疏解非首都功能，推动京津冀协同发展”议政会上，1人代表台盟西城区委作《借力疏解非首都功能，提升城市核心区品质》发言。参加西城区双月座谈会2次。领导班子成员先后列席中共西城区委十一届十一次全体会议和中共西城区第十二次代表大会，参加中共西城区委、区政协、中共西城区委统战部召开的民主协商会或征求意见会，就全面提升城市品质的实施意见、西城区人大和政协换届工作、中共西城区委及区政府工作报告等内容建言献策。在“提升城市品质共建美丽西城”大讨论，以及京津冀协同发展建议征集活动中，提交了专项建议。接待台盟中央副秘书长、组织部部长吴国华到北京西城调研组织建设工作，汇报了区委换届准备工作。区委第一届委员会主委和骨干盟员参加了台盟中央重点调研课题“加强农作物秸秆综合利用”调研协调会。

（胡　悦）

【台盟西城区第二次代表大会】　6月5日，台盟西城区第二次代表大会召开。大会听取审议并通过题为《求真务实，锐意进取，开启区级组织建设新征程》的工作报告，审议通过《关于台盟北京市西城区第一届委员会工作报告的决议》《台盟北京市西城区第二次代表大会决议》。会议选举产生由9名委员组成的第二届委员会，第二届委员会第一次会议选举陈子云（女）为主任委员，陈维平、庄文静（女）、付建新为副主任委员。

（胡　悦）

【思想建设】　年内，台盟西城区委继续以坚持和发展中国特色社会主义学习实践活动作为工作主线，以国家重大发展战略作为思想学习引导，学习中共十八大和十八届三中、四中、五中、六中全会以及习近平总书记系列重要讲话精神。与台盟朝阳区工委和西城区社会主义院举办盟员暑期培训班，学习供给侧结构性改革等方针政策。组织100余人次参加全国“两会”精神报告会，台盟北京市委中青年骨干盟员培训班和西城区民主党派新成员培训班等学习培训活动20余项。以主题活动作为增进参政党意识的引导，组织学习庆祝中国共产党成立95周年大会精神，组织参观《雄关漫道真如铁，而今迈步从头越——纪念中国工农红军长征胜利80周年》专题邮展；组织青年盟员及待入盟台胞参加第六届“走近台盟、认知台盟”主题活动，参加纪念台籍抗日志士台盟盟员林正亨烈士图片特展等。在区委换届之际，编辑印制了《台盟西城区委五周年（2011–2016）纪念画册》。编印4期《西城台盟简报》，在第二期刊物中增加了区委换届大会专栏。

（胡　悦）

【组织建设】　年内，台盟西城区委召开11次主委会议、6次全委（扩大）会议，研究确定2016年工作要点和各项工作的实施方案。区委换届后，设置参政议政、社会服务和妇女工作3个专项工作委员会，同时调整了中青年支部负责人。在第十四届西城区政协委员推荐工作中，推荐了6位台盟西城区委委员。推荐2位盟员担任西城区人民法院人民陪审员，推荐2位盟员参加西城区第二次妇女代表大会。召开盟员大会，选举出席台盟北京市第十一次代表大会的西城区代表26名，推荐台盟北京市第十一届委员会委员人选56名。新发展2名盟员。开展新春慰问老盟员和欢度重阳节等活动。组织盟员参加台盟北京市委第八届“同心杯”保龄球比赛，获得团体第二名。

（胡　悦）

【涉台工作】　年内，与西城区四根柏小学以“传承北京文化，收获金色秋天”为主题，举办向台湾岛内小朋友赠彩绘作品活动，借以传达盼望海峡两岸和平发展的心愿。台盟市委常务副主委陈军等领导到学校出席受赠学生优秀作品仪式。联合中央音乐学院统联部邀请该校20余位港澳台学生，赴延庆区妫河生态走廊开展骑行联谊活动，促进学生们体会大陆经济和文化生活的不断繁荣。组织盟员参加中央音乐学院1位台生的演奏会。组织盟员观看台湾地区选举电视转播、参加相关单位举办的台情讲座。参加台盟北京市委第九届“交流与共享”研讨会、“京台社区手拉手”和“京台文化研习营”等涉台活动。20位盟员参加台盟市委“台湾历史及相关知识竞赛”。

（胡　悦）

【社会服务】　年内，台盟西城区委到结对子单位——广内街道开展共建活动，进行公益文化传播，为统战人士举办“咖啡文化”讲座，推广健康的咖啡饮用知识。面向西城区各民主党派等单位机关干部，举办“星巴克咖啡教室走进西城党派楼”主题活动。在台盟市委开展的“助梦启航”活动中，27位盟员捐款2200元；区委代表在2015–2016年度“台盟之星”奖学金、奖教金颁奖仪式中，将盟员捐款送到门头沟区付家台中心小学优秀师生的手中。持续第十三年开展公益植树，组织盟员到房山区参加“百个家庭百棵树——在京台胞台商台生公益植树活动”。

（胡 悦）

西城区工商业联合会（商会）

【概况】 北京市西城区工商业联合会（简称区工商联），内设办公室、非公企业党建办公室、会员部和经济服务部4个科室。机关行政编制18人，其中：常务副主席1人，副主席3人。年内，发展新会员91户。截至年底，有会员3015户，其中基层组织21户，包括15个街道商会和4个行业商会（西城区大栅栏琉璃厂商会、西城区金融街创新发展服务中心、西城区牛街清真食品商会、女企业家联谊会）。有区工商联常委44人，执委109人。会员中有市人大代表4人、市政协委员8人；区人大代表21人、区政协委员40人。全年区工商联贯彻落实党的十八大、中央经济工作会议、习近平总书记系列讲话精神，以创建领导班子好、会员发展好、商会建设好、作用发挥好、工作保障好“五好”县级工商联为契机，充分发挥工商联桥梁纽带作用，把促进区域非公经济健康发展和非公有制经济业内人士健康成长作为工作的出发点和落脚点。对区内非公有制企业发展状况和会员经济结构进行综合调研，形成《西城区非公经济发展战略研究》和《西城区非公企业发展现状调研》报告。区工商联获全国“五好”县级工商联称号、全国民营经济新闻宣传工作先进单位称号。

地址：西城区牛街20号4层

邮编：100053

电话：83495617

（屈佳雯）

【九届六次、七次、八次执委会】 2月4日，区工商联召开九届六次执委会。市工商联副主席郑勇男，区委常委、统战部部长程军出席会议并讲话。会议由副区长、区工商联主席李岩主持。大会依据章程，以举手表决方式同意免去刘爱中的区工商联九届常务副主席、常委、执委、区商会副会长职务，选举郭乃文为区工商联九届执委、常委、副主席、区商会副会长，通过蔡莹媛兼任区工商联秘书长的提名。会上，区工商联党组书记曹学义作题为《把握机遇创新发展，努力开创工商联事业新局面》的报告，区工商联副主席王学丽组织学习区委十一届十次全会精神。6月21日，区工商联召开九届七次执委会。会议由李岩主持。大会依据章程，以举手表决方式同意免去曹学义的区工商联九届副主席、常委、执委、区商会副会长职务，选举郭君瑛为区工商联九届执委、常委、副主席、区商会副会长。程军出席会议并就加强工商联自身建设和改进工商联工作等方面提出意见和建议。10月18日，区工商联召开九届八次执委会。会议由郭君瑛主持。会上，王学丽传达市委统战部关于《市、区工商联（商会）换届工作的意见》精神，表决通过“关于召开西城区工商联第十届会员代表大会的决议”，蔡莹媛通报区工商联换届筹备工作情况，民主推荐新一届非公经济代表人士副主席人选，郭乃文介绍区工商联第九届执委会工作报告的起草过程及主要内容，郭君瑛就换届工作提出三点要求。

（屈佳雯）

【学习习近平“3·4”重要讲话】 3月10日，区工商联组织所属28个非公企业党组织负责人学习习近平总书记3月4日在全国政协民建、工商联界别委员联组会的重要讲话并座谈交流。3月23日，区工商联召开非公经济代表人士座谈会，传达学习习近平总书记“3·4”重要讲话精神并结合区情和企业自身情况进行讨论。5月9日，区工商联邀请全国政协委员、全国工商联原副主席、中国民营经济研究会会长庄聪生做专题辅导，解读习近平总书记“3·4”重要讲话。

（屈佳雯）

【搭建青年企业家健康成长平台】 3月24日，区工商联举办青年企业家座谈会，24位青年企业家相互交流，同忆创业之艰，共享创业之乐。8月22日，区工商联举办“智汇西城”暨2016年西城区非公经济青年人才讲坛活动，区委统战部、区委组织部及区政府7个职能部门领导及非公经济代表人士参加。青年企业家们在活动中交流自己的创业经历及创业中遇到的问题，政府职能部门领导给予政策解释等帮助。

（屈佳雯）

【友好往来】 4月20日，江苏省淮安市洪泽县工商联到区工商联交流座谈。双方分别就区情、招商引资项目、商会组织建设等方面沟通交流，并初步达成建立友好商会意向。5月6日，区工商联副主席蔡莹媛一行赴河北省邱县进行商务考察，与邱县工商联围绕区域资源优势、产业布局、投资环境、政策服务等方面进行交流座谈，并初步达成缔结友好商会意向。5月13日和7月18日区工商联2次与内蒙古自治区鄂尔多斯市工商联就“动批”拆迁等事宜进行座谈和对接。7月20日，河北省唐山市乐亭县工商联一行到区工商联进行工作交流。双方就招商引资、资源项目等方面交流对接。

（屈佳雯）

【非公企业党建工作】 7月，区工商联非公企业党委所属基层支部党员吴军被评为北京市社会领域优秀党务工作者，刘然被评为北京市社会领域优秀共产党员。北京巴比龙时装有限公司党支部等2个支部被评为西城区先进基层党组织。年内，区工商联非公企业党委组织所属支部党员献爱心，193名党员捐款9375元。推荐东兆长泰党委书记章丽参与区委组织部建立的基层党组织“名书记工作室”工作，章丽作为西城区首个非公企业党组织名书记，与比格党支部书记、和合谷党支部副书记建立导师制帮带关系。区工商联党组书记、副主席郭君瑛、区工商联副主席王学丽，北京和合谷餐饮公司总经理赵京晶当选区第十二次党代表大会代表。

（屈佳雯）

【第十届会员代表大会暨商会第二届大会】 11月26日，西城区工商联第十届会员代表大会暨商会第二届大会召开，222名会员代表参加会议。大会听取并审议通过区工商联党组书记郭君瑛代表九届执委会所作的《凝心聚力、务实创新、为促进区域发展和工商联事业进步努力奋斗》工作报告，根据章程选举产生了由109名委员组成的区工商联第十届执行委员会，十届一次执委会选举产生区工商联第十届领导班子（25人）和商会第二届领导班子（25人）。副区长司马红当选为区工商联第十届执行委员会主席、商会第二届会长。于冬笑等23人当选区工商联第十届执行委员会副主席，曹莉当选为秘书长。王学丽等24人当选商会第二届副会长。在闭幕式上，与会代表审议通过《西城区工商业联合会第十届会员代表大会暨商会第二届大会决议》，肯定了第九届执委会的工作成果，确定选举结果合法有效，并明确未来五年区工商联的工作重点。

（屈佳雯）

【参政议政】 12月8日，区工商联召开政协委员座谈会，副区长、区工商联主席、区商会会长司马红出席会议并讲话，区委统战部副部长、区工商联党组书记、副主席郭君瑛主持会议，工商联界别政协委员参加会议。会上，通报第十三届区政协工商联界别政协委员参政议政情况，并就区工商联2017年团体提案征求政协委员的意见和建议。年内，区工商联完成第十四届区政协工商联界别委员的推荐工作。《关于坚持创新驱动战略，鼓励和支持非公有制企业全面创新的建议》获区政协党派团体优秀提案，《关于加强我区食品安全工作，让老百姓吃得安心的建议》等2份个人提案获区政协委员优秀提案。

（屈佳雯）

【经济服务工作】 年内，区工商联组织会员企业参加民营企业招聘会、招商引资项目推介会、第八届北京投资贸易洽谈会、2016年中国民间投资发展论坛、青海“祁连绿色美食文化节”、“第二届军民融合发展高科技展”等活动，为企业寻求商机提供多方面的服务。通过举办“营改增”政策解读会，企业制度政策解读会、“助力企业，服务西城”系列讲座，组织会员企业加入“三个联盟”（京津冀工商界金融服务、法律服务、职业教育联盟）等活动，搭建平台，强化服务，解决企业发展中遇到的问题。新推荐17名会员企业代表为西城区法院人民陪审员，组织会员企业参加劳动保障法律法规系列培训、“北京市工商联系统法律工作会”等培训，提升依法规范劳动用工管理水平，构建和谐劳动关系。年内，47家企业捐款捐物折合人民币28.9万元。

（屈佳雯）

【走方慰问原工商业者】 年内，走访慰问原工商业者代表20余人次，为原工商业者及遗孀210人次发放节日慰问金、生活困难补助共计41万余元。

（屈佳雯）

（责任编辑 马忠良）

政权　政协

北京市西城区人民代表大会常务委员会

【概况】　北京市西城区人民代表大会是西城区地方国家权力机关，区人大常委会是本级人民代表大会的常设机关，下设办公室、研究室、代表联络室、内务司法工作委员会、财政经济工作委员会、预算工作委员会、教科文卫工作委员会、城建环保工作委员会等8个办事机构。区人大常委会坚持党的领导、人民当家作主、依法治国有机统一，充分发挥人大制度优势，凝聚代表的智慧和力量，围绕中心，服务大局，为推动区域经济社会科学发展和民主法治建设，主动作为，依法履职，完成各项目标任务。年内，共召开常委会会议10次、主任会议24次，常委会听取和审议议题61项、任免国家工作人员266人次。

地址：西城区广安门南街68号

邮编：100054

电话：83976304

（李　锟）

【西城区第十五届人大六次会议】　1月12至15日，北京市西城区第十五届人民代表大会第六次会议在全国政协礼堂召开，325名代表出席会议。大会听取和审议西城区人民政府工作报告、区人大常委会工作报告、区人民法院工作报告、区人民检察院工作报告；审查北京市西城区国民经济和社会发展第十三个五年规划纲要草案；审查关于西城区2015年国民经济和社会发展计划执行情况与2016年国民经济和社会发展计划草案的报告；审查关于西城区2015年财政预算执行情况和2016年财政预算草案的报告。采取举手表决的方式通过关于西城区国民经济和社会发展第十三个五年规划纲要及纲要的决议，关于西城区人民政府工作报告的决议，关于区2015年国民经济、社会发展计划执行情况和2016年国民经济、社会发展计划的决议，关于区2015年财政预算执行情况和2016年财政预算的决议，关于区人大常委会工作报告的决议，关于区人民法院工作报告的决议，关于区人民检察院工作报告的决议，关于接受席修明辞去西城区人民代表大会常务委员会副主任职务请求的决定，选举董常青为北京市西城区人民检察院检察长。会议期间，58个政府职能部门和法院、检察院接受了区人大代表提出的关于交通管理、城市建设、社会治安、劳动保障等方面的询问；接受代表询问2244人次，询问事项1234件。会议还收到代表议案2件（其中1件转为建议）、建议150件。

（李　锟）

【西城区第十六届人大一次会议】　12月17至21日，北京市西城区第十六届人民代表大会第一次会议在国二招宾馆召开，392名代表出席会议。大会听取和审议区长王少峰作的西城区人民政府工作报告，区人大常委会副主任沙秀华作的人大常委会工作报告，区人民法院院长蔡慧永作的人民法院工作报告，区人民检察院检察长董常青作的人民检察院工作报告；审查关于西城区2015年国民经济和社会发展计划执行情况与2016年国民经济和社会发展计划草案的报告；审查关于西城区2015年财政预算执行情况和2016年财政预算草案的报告。大会依法选举杜灵欣为西城区第十六届人民代表大会常务委员会主任，杜黎彬等7人为西城区第十六届人民代表大会常务委员会副主任，王玉甫等37人为西城区第十六届人民代表大会常务委员会委员；选举王少锋为西城区人民政府区长，孙硕等8人为西城区人民政府副区长；选举蔡慧永为西城区人民法院院长；选举董常青为西城区人民检察院检察长；表决通过张小来等76人分别为西城区第十六届人民代表大会法制委员会、财政经济委员会、教科文卫体委员会、城建环保委员会组成人员；表决通过关于区人民政府工作报告的决议；表决通过关于区2016年国民经济和社会发展计划执行情况与2017年国民经济和社会发展计划的决议；表决通过关于区2016年财政预算执行情况和2017年财政预算的决议；表决通过关于区人大常委会工作报告的决议；表决通过关于区人民法院工作报告的决议；表决通过关于区人民检察院工作报告的决议；当选的区人大常委会组成人员，区人大四个专门委员会组成人员，区人民政府区长、副区长，区人民法院院长进行了宪法宣誓仪式。会议期间，60个政府职能部门和法院、检察院接受了区人大代表提出的关于交通管理、城市建设、社会治安、劳动保障等方面的询问；接受代表询问2390人次，询问事项1128件。会议还收到代表议案7件（其中6件转为建议办理）、建议124件。

（李　锟）

【西城区第十五届人大常委会会议】 西城区第十五届人大常委会第三十四次会议于2月25日召开。会议审议通过西城区人大常委会2016年工作要点和会议议题预安排，决定印发实施并向社会公布；听取区十五届人大六次会议代表议案、建议情况分析的报告；审议通过关于开展《北京市人民防空工程和普通地下室安全使用管理办法》执法检查实施方案，决定印发实施。会议通过表决接受王功伟、刘洪文辞去北京市第十四届人大代表职务的请求，接受苏东、王功伟、刘洪文辞去西城区第十五届人大代表职务的请求；传达学习了北京市十四届人大四次会议精神；审议并表决通过区人大常委会主任会议、区人民政府提请的有关人事任免事项。西城区第十五届人大常委会第三十五次会议于4月21日召开。会议听取和审议了区政府关于西城区生活性服务业发展情况的报告；听取并审议了区人大常委会执法检查组关于开展《北京市人民防空工程和普通地下室安全使用管理办法》执法检查情况的报告；审查了政府落实常委会关于加快推进区属医疗机构基础设施建设、提升区域医疗机构安全生产管理水平议案办理情况审议意见的书面报告；审议并表决通过区人大常委会主任会议、区人民政府和区人民法院提请的有关人事任免事项；被任命人员进行宪法宣誓。按照区人大常委会2016年学习计划，会议学习了《国务院办公厅印发关于加快发展生活性服务业促进消费结构升级的指导意见》的有关内容。西城区第十五届人大常委会第三十六次会议于6月29日召开。会议听取并审议了区政府关于西城区2015年财政决算草案的报告，听取并审议了区政府关于西城区2015年度预算执行和其他财政收支情况的审计工作报告，听取了区人大常委会财政经济委员会关于对西城区2015年财政决算报告和审计报告的预先审议情况的报告；听取并审议了区政府关于加快改造大栅栏地区市政基础设施建设议案办理情况的报告，听取了区人大常委会城建环保委员会的预先审议报告；审议并表决通过区人大常委会主任会议、区人民政府、区人民法院和区人民检察院提请的人事任免事项，任命孙硕为北京市西城区人民政府副区长，任命张利星为北京市西城区人民政府副区长（挂职一年）；被任命人员进行了宪法宣誓；按照区人大常委会2016年学习计划，会议学习了《中华人民共和国地方各级人民代表大会和地方各级人民政府组织法》《中华人民共和国选举法》《中华人民共和国全国人民代表大会和地方各级人民代表大会代表法》及北京市的相关法规。西城区第十五届人大常委会第三十七次会议于7月28日召开。会议听取和审议区政府关于西城区安全生产工作情况的报告，听取区人大常委会财政经济委员会的预先审议报告；听取和审议区政府关于“六五”普法实施和“七五”普法进展情况的报告，听取区人大常委会内务司法委员会的预先审议报告；审议并表决通过西城区人民代表大会常务委员会关于西城区人民代表大会换届选举的决定；审议并表决通过西城区选举委员会组成人员名单；审查区政府落实常委会关于西城区生活性服务业发展情况报告审议意见的书面报告；审查区政府落实常委会关于开展北京市人民防空工程和普通地下室安全使用管理办法执法检查报告审议意见的书面报告；审议并表决通过区人大常委会主任会议、区人民法院和区人民检察院提请的人事任免事项；被任命人员进行了宪法宣誓。西城区第十五届人大常委会第三十八次会议于8月25日召开。会议听取和审议区政府关于西城区2016年上半年国民经济和社会发展计划执行情况的报告，听取和审议区政府关于西城区2016年上半年财政预算执行情况的报告，听取区人大常委会财政经济委员会对以上两项报告的初审情况报告；听取和审议区政府关于治理“开墙打洞”违法建设情况的报告，听取区人大常委会城建环保工作委员会对该报告的初审情况报告；审查区政府落实区人大常委会关于加快改造大栅栏地区市政基础设施建设议案办理情况报告的审议意见的书面报告；审议并表决通过区人大常委会主任会议、区人民政府提请的有关人事任免事项；被任命人员进行了宪法宣誓。西城区第十五届人大常委会第三十九次会议于9月22日召开。会议听取和审议区政府关于落实城市管理主体责任、加强城市环境精细化管理议案情况的报告，听取区人大常委会城建环保委员会对该报告的初审情况报告；审议并表决通过区人大常委会主任会议、区人民政府、区人民法院提请的有关人事任免事项，任命司马红为北京市西城区人民政府副区长，任命朱国栋为北京市西城区人民政府副区长；被任命人员进行了宪法宣誓。西城区第十五届人大常委会第四十次会议于10月27日召开。会议听取和审议区政府关于西城区2016年1至9月国民经济和社会发展计划执行情况和计划调整的报告，听取并审议区政府关于西城区2016年1至9月财政预算执行情况和调整预算的报告，听取并审议区政府关于西城区2015年预算执行和其他财政收支审计查出问题整改情况的报告，听取区人大常委会财政经济委员会的预先审议报告；听取和审议区政府关于代表议案、建议办理情况的报告；审议并表决通过关于举行区十六届人大一次会议的决定（草案）；审议并表决通过关于调整区选举委员会个别成员的决定（草案）；审查区政府落实区人大常委会关于西城区安全生产工作情况审议意见的书面报告；审查区政府落实区人大常委会关于西城区治理“开墙打洞”违法建设情况报告审议意见的书面报告；审议并表决通过区人民政府、区人民法院提请的有关人事任免事项，免去曹全民北京市西城区人民政府副区长职务（挂职结束），任命李异为北京市西城区人民政府副区长，任命廉茹艳为北京市西城区人民政府副区长（挂职至2017年8月）；被任命人员进行了宪法宣誓。西城区第十五届人大常委会第四十一会议于11月24日召开。会议听取和初步审议西城区2016年国民经济和社会发展计划执行情况与2017年国民经济和社会发展计划草案的报告，听取并初步审议西城区2016年财政预算执行情况和2017年财政预算草案的报告，听取区人大常委会财经工委和预算工委的初步审议情况报告；初步审议区政府、区法院、区检察院工作报告，研究讨论区人大常委会工作报告，同意将这四项报告作适当修改后交各代表联组讨论；听取并审议区人大常委会代表联络室关于区十五届人大六次会议代表议案及建议、批评和意见办理情况的报告；听取和审议区选举委员会关于选举区十六届人大代表工作的报告；听取和审议区人大常委会代表资格审查委员会关于西城区第十六届人民代表大会代表资格的审查报告，依法确认418名区十六届人民代表大会代表的代表资格有效；讨论大会议程草案，大会主席团、秘书长名单草案，议案审查委员会名单草案，国民经济、社会发展计划和财政预算审查委员会名单草案，大会选举办法草案，设立区第十六届人民代表大会专门委员会的决定草案，大会专门委员会组成人员人选的表决办法草案，同意将各项草案提交各代表联组讨论。会议讨论并决定列席区十六届人大一次会议的人员范围；审查区政府落实常委会关于西城区2015年财政决算报告审议意见的书面报告；审查区政府落实常委会关于西城区2015年审计报告审议意见的书面报告；审查区政府落实常委会关于西城区落实城市管理主体责任、加强城市环境精细化管理议案情况审议意见的书面报告；审议并表决通过关于接受刘跃平辞去西城区第十五届人民代表大会代表职务请求的决议。根据《中华人民共和国全国人民代表大会和地方各级人民代表大会选举法》第五十五条的规定，刘跃平所担任的北京市西城区第十五届人民代表大会常务委员会主任职务相应终止。会议还审议并表决通过关于接受刘跃平辞去北京市第十四届人民代表大会代表职务请求的决议，会后报北京市人民代表大会常务委员会备案。西城区第十五届人大常委会第四十二次会议于12月2日召开。会议听取和审议区政府关于西城区调整2016年度财政收入指标及2017年财政收入增幅的报告，听取区人大常委会预算工委的初步审议情况报告；审议并表决通过关于变更区十六届人大一次会议时间的决定，北京市西城区第十六届人民代表大会第一次会议召开时间，由原定的2016年12月19日变更为2016年12月17日。西城区第十五届人大常委会第四十三次会议于12月13日召开。会议补选蔡奇为北京市第十四届人民代表大会代表。

（李 锟）

【区十五届人大常委会主任会议】 西城区十五届人大常委会第五十八次主任会议于1月29日召开。会议研究区人大常委会2016年工作要点和会议议题预安排；听取区十五届人大六次会议代表关于政府工作的审议意见汇总情况报告。西城区十五届人大常委会第五十九次主任会议于2月17日召开。会议讨论人事任免事项，决定提交常委会审议；听取区法院审判员、区检察院检察员书面述职工作情况报告；听取区十五届人大六次会议代表建议内容分析及办理建议的报告；研究区人大常委会关于开展北京市人民防空工程和普通地下室安全使用管理办法执法检查实施方案；研究西城区人大常委会2016年学习计划；研究召开“四长”联席会有关工作。决定于2月23日召开“四长”联席会议；听取常委会第三十四次会议有关议题准备情况的汇报。决定于2月25日召开西城区十五届人大常委会第三十四次会议。西城区十五届人大常委会第六十次主任会议于2月23日召开。会议听取区委组织部有关人事事项的情况介绍，讨论决定人事事项。西城区十五届人大常委会第六十一次主任会议于3月17日召开。会议听取区委组织部关于人事任免议案的情况介绍；听取区政府进一步落实《西城区大额资金管理办法》情况的报告；听取区政府落实常委会关于加快推进区属医疗机构基础设施建设、提升区域医疗机构安全生产管理水平议案办理情况审议意见情况的报告。西城区第十五届人大常委会第六十二次主任会议于4月7日召开。会议听取区法院关于人事任免议案的情况介绍；听取区政府关于西城区2016年政府投资情况的报告；听取区政府关于西城区公共管理综合保险运行情况的报告；听取区政府关于创建国家知识产权试点城区工作情况的报告；讨论并原则通过北京市西城区人民代表大会常务委员会主任会议关于宪法宣誓的组织办法；听取常委会第三十五次会议有关议题准备情况的汇报。决定于4月21日召开西城区十五届人大常委会第三十五次会议。西城区十五届人大常委会第六十三次主任会议于4月20日召开。会议听取区委组织部关于人事任免议案的情况介绍；听取区人大常委会代表室关于北京市选民登记信息管理系统培训情况的报告；听取区人大常委会2016年研讨会准备情况的汇报。西城区十五届人大常委会第六十四次主任会议于5月12日召开。会议听取区政府关于道路建设情况的报告；听取区政府关于西城区电梯安全监管情况的报告；听取区政府关于食品药品风险防控工作情况的报告；研究确定常委会关于西城区生活性服务业发展情况报告的审议意见书，决定做适当修改后提交区政府研究处理；研究确定常委会关于开展北京市人民防空工程和普通地下室安全使用管理办法执法检查报告的审议意见书，决定做适当修改后提交区政府研究处理。西城区十五届人大常委会第六十五次主任会议于6月13日召开。会议听取人事任免的相关事项，决定提交常委会表决；听取区法院关于立案登记制改革工作情况的报告；听取区检察院关于全面推进检务公开工作情况的报告；听取常委会第三十六次会议有关议题准备情况的汇报，决定于6月30日召开常委会第三十六次会议。西城区十五届人大常委会第六十六次主任会议于7月7日召开。会议听取区委组织部、区法院有关人事任免议案的情况介绍，讨论决定人事任免事项；听取区政府关于创建公共文化服务示范城区情况的报告；研究确定常委会关于西城区2015年财政决算报告的审议意见书，决定做适当修改后交区政府研究处理；研究确定常委会关于西城区2015年审计报告的审议意见书，决定做适当修改后交区政府研究处理；研究确定常委会关于加快改造大栅栏地区市政基础设施建设议案办理情况报告的审议意见书，决定做适当修改后交区政府研究处理；研究新一届区人大代表换届选举有关事项；听取常委会第三十七次会议有关议题准备情况的汇报。决定于7月28日召开西城区十五届人大常委会第三十七次会议。西城区十五届人大常委会第六十七次主任会议于7月25日召开。会议听取区检察院有关人事任免议案的情况介绍，讨论决定人事任免事项；研究北京市西城区人民代表大会常务委员会关于西城区人民代表大会换届选举的决定（草案）；研究西城区选举委员会组成人员名单（草案）；研究西城区人民代表大会常务委员会关于开展第七个五年法制宣传教育的决定（草案）；研究区人大代表换届选举相关工作。西城区十五届人大常委会第六十八次主任会议于8月4日召开。会议听取区委组织部有关人事任免议案的情况介绍，讨论决定人事任免事项；听取区政府关于加强什刹海地区规划建设和管理议案办理情况的报告；听取区政府关于五年来推进养老服务工作情况的报告；研究确定常委会关于西城区安全生产工作情况的报告的审议意见书，决定做适当修改后交区政府研究处理；听取常委会第三十八次会议有关议题准备情况的汇报。决定于8月25日召开西城区十五届人大常委会第三十八次会议。西城区十五届人大常委会第六十九次主任会议于8月17日召开。会议研究北京市西城区人民代表大会代表换届选举工作方案（初稿）；研究西城区选举委员会办公室主任、副主任、成员名单（草案）；研究西城区选举委员会各分会组成人员名单（草案）；研究研究西城区选举委员会职责。西城区十五届人大常委会第七十次主任会议于8月23日召开。会议听取区委组织部有关人事任免议案的情况介绍，讨论决定人事任免事项。西城区十五届人大常委会第七十一次主任会议于9月2日召开。会议听取区委组织部、区法院有关人事任免议案的情况介绍，讨论决定人事任免事项；研究确定常委会关于区政府治理“开墙打洞”违法建设情况的审议意见，决定做适当修改后交区政府研究处理；研究选举委员会第二次会议的相关议题；听取常委会第三十九次会议有关议题准备情况的汇报。决定于9月22日召开西城区十五届人大常委会第三十九次会议。西城区十五届人大常委会第七十二次主任会议于9月6日召开。研究关于召开选举委员会办公室第二次会议相关工作。西城区十五届人大常委会第七十三次主任会议于9月21日召开。会议听取区委组织部关于人事任免议案的情况。西城区十五届人大常委会第七十四次主任会议于10月13日召开。会议听取选民登记阶段工作情况汇报；研究提名推荐协商确定代表候选人阶段工作安排；研究各政党、人民团体联合提名推荐代表候选人选区分配方案（草案）；研究个别选区代表名额调整事项；研究候选人提名截止时间；研究组织代表候选人与选民见面活动的指导意见；研究提名推荐、协商确定代表候选人阶段选民小组会内容及注意事项；讨论通过关于做好换届选举文件归档工作的意见。西城区十五届人大常委会第七十五次主任会议于10月13日召开。会议听取区委组织部有关人事任免的情况介绍；听取区政府关于区十五届人大六次会议代表关于政府工作意见和建议研究处理情况的报告；研究区人大常委会党组关于召开区十六届人大一次会议的请示；研究召开区十六届人大一次会议的决定草案；研究确定常委会关于西城区落实城市管理主体责任、加强城市环境精细化管理议案情况报告的审议意见书；研究人大常委会第四十次会议有关议题准备情况的汇报。西城区十五届人大常委会第七十六次主任会议于10月25日召开。会议听取区委组织部关于人事任免议案的情况。西城区十五届人大常委会第七十七次主任会议于11月10日召开。会议听取区政府关于“十三五”专项规划编制情况的报告；研究调整常委会原定听取区政府关于学区制建设报告议题的有关事项；接受区选举委员会部分组成人员辞去选举委员会职务的辞呈；讨论区人大常委会工作报告（征求意见稿）；研究关于召开区十六届人大一次会议的有关工作；听取常委会第四十一次会议有关议题准备情况的汇报。西城区十五届人大常委会第七十八次主任会议于11月18日召开。会议研究北京市西城区人民代表大会常务委员会关于接受刘跃平辞去北京市西城区第十五届人民代表大会代表职务的决定草案，关于接受刘跃平辞去北京市第十四届人民代表大会代表职务的决定草案，决定提请区人大常委会第四十一次会议审议；研究讨论区十六届人大一次会议有关事项。西城区十五届人大常委会第七十九次主任会议于11月23日召开。会议传达辽宁贿选案相关情况。西城区十五届人大常委会第八十次主任会议于12月2日召开。会议研究关于变更区十六届人大一次会议时间的决定（草案），决定提请区人大常委会第四十二次会议审议。西城区十五届人大常委会第八十一次主任会议于12月10日召开。会议听取十六届人大一次会议会前活动汇报；研究区人大常委会工作报告。西城区十五届人大常委会第八十二次主任会议于12月12日召开。会议听取区委组织部有关人事任免的情况介绍；研究关于补选市人大代表的相关工作；听取十六届人大一次会议大会各组准备情况汇报。

（李　锟）

【区十六届人大常委会主任会议】 西城区十六届人大常委会第一次主任会议于12月26日召开。区人大常委会主任杜灵欣主持会议。会议宣读了西城区第十六届人大常委会主任、副主任工作分工；听取了各室委2017年工作计划；研究了常委会近期工作安排。

（李　锟）

【推进和谐宜居城区建设】 年内，先后组织14次视察调研活动，听取和审议区政府落实决议工作情况的报告，开展市容环境卫生条例实施情况的检查。动员和组织代表参与全区“提升城市品质共建美丽西城”大讨论活动，共提出304条有价值的建议。听取和审议区政府治理“开墙打洞”违法建设情况的报告并提出审议意见。高度重视关于落实城市管理主体责任加强城市环境精细化管理议案的办理工作，推动区政府进一步理清城市管理的框架脉络和责任主体，从体制机制层面推进决议落实。

（李　锟）

【推进区“十三五”规划编制实施】 年内，常委会采取多种形式，组织代表全方位、全过程参与区“十三五”规划编制工作。常委会组成人员和市、区人大代表提前介入规划研究，参加专题调研、座谈、重点课题及专项规划评审等活动，并通过常委会网站和信息刊物为规划编制积极建言。常委会各委员会结合相关监督工作组织代表开展视察调研，广泛汇集代表和群众的意见。常委会听取和审议了区政府关于区“十三五”规划纲要编制情况的报告，并提出意见和建议。区政府研究吸纳了代表和群众的意见建议，使人民的意愿进入到区“十三五”规划编制决策中，体现了以人民为中心的发展思想。区十五届人大六次会议审查批准《北京市西城区国民经济和社会发展第十三个五年规划纲要》。常委会积极推动规划纲要各项目标任务的有效落实，通过多种方式支持和参与了44个专项规划的编制，为区“十三五”规划的全面实施奠定了基础。

（李　锟）

【修订常委会讨论决定重大事项工作的规定】 年内，常委会落实市委、区委人大工作会议精神，在深入调研的基础上，结合多年行使决定权的实践，组织修订了常委会讨论决定重大事项的规定，对重大事项的范围进行了重新梳理和分类，对讨论决定重大事项的程序以及处理方式进行了完善和规范。

（李　锟）

【履行计划预算监督职责】 年内，常委会着力推进区“十二五”规划的有效实施，组织开展对区“十二五”规划实施中期评估工作的监督，并坚持就规划实施中的相关重点内容进行监督。围绕金融强区战略的实施，组织开展专题调研，听取和审议了区政府关于金融街拓展情况的工作报告，审议通过关于推进金融强区战略实施的建议并进行跟踪监督。常委会还听取和审议了中关村科技园区西城园建设与发展、国有资产监督管理、生活性服务业发展情况的报告，并对区政府投资情况、工商登记制改革等方面工作进行监督。常委会在对财政决算报告和审计工作报告作出决议的同时，还就改进相关工作提出审议意见，交区政府研究处理。

（李　锟）

【推动法律法规有效实施】 年内，常委会坚持开展执法检查，同时注重与其他监督形式有机结合，持续跟踪监督，强化监督效果，有力地推动了法律法规的正确实施。对区政府贯彻落实《北京市人民防空工程和普通地下室安全使用管理办法》，结合疏解非首都功能，组织开展北京市人民防空工程和普通地下室安全使用管理办法实施情况的执法检查。同时，还对区政府贯彻实施会计法、审计法、职业教育法、残疾人保障法和土地管理法等法律法规的情况进行监督。受市人大常委会委托，就少数民族权益保障条例、中关村国家自主创新示范区条例等法律法规实施情况进行检查。参与市人大常委会制定规范性文件备案审查条例，修改促进中小企业发展条例、全民健身条例、城镇居民住房保障条例等法律法规的立法调研。依法开展规范性文件备案审查工作。

（李　锟）

【促进城市品质不断提升】 年内，常委会坚持对城市建设管理方面的热点问题开展监督。聚焦居民生活居住环境，先后听取和审议了区政府关于危旧平房改造和老旧小区整治、棚户区改造、环境建设等工作情况的报告，通过视察、检查和调研等方式对老旧小区楼房抗震加固、保障性住房建设、保障房配租配售和后期管理、老旧小区实施物业管理、拆除违法建设、绿化工作和滨水绿道二期工程建设、清扫保洁和垃圾处理等工作情况进行监督。结合专题调研、议案办理，对各重点工程建设指挥部开展视察调研。围绕历史文化街区的规划、建设和保护，听取和审议了区政府关于什刹海景区建设和管理、关于历史文化名城保护工作情况的报告，着力推动关于加快改造大栅栏地区市政基础设施改善居民生活环境、加强什刹海地区规划建设管理两项议案的办理，在听取和审议办理报告的基础上跟踪督办，有效改善了大栅栏和什刹海地区的基础设施和居住环境，推动了历史文化风貌的保护和历史文脉的延续。关注地区道路建设和群众出行环境，常委会对涉及道路建设相关工作的7个政府职能部门开展专题询问并提出审议意见，推动道路建设规划的编制和道路建设中难点问题的研究解决，完成前门西河沿西段、南中轴路等道路建设，南马连道路、莲花河南街等一批断头路得以打通，促进了地区路网结构的持续优化和城市功能的进一步完善。

（李　锟）

【加强司法工作监督】　年内，常委会听取和审议了区法院关于贯彻民事诉讼法工作情况的报告，推动区法院进一步规范民事审判权的运行机制，确保新修订的民事诉讼法正确实施。听取和审议了区检察院加强诉讼监督工作情况的报告，推动区检察院积极完善诉讼监督机制，切实发挥诉讼监督的重要作用。听取和审议了区检察院关于主任检察官办案责任制改革试点工作情况的报告，促进改革试点工作稳步推进。对区法院立案登记制改革工作、区检察院全面推进检务公开工作进行监督，督促区法院、区检察院进一步完善工作机制，切实保障人民群众的合法权益。着眼于维护首都社会和谐稳定，听取和审议了区法院完善多元化纠纷解决机制情况的报告，推动区法院更好地发挥其有效化解社会矛盾、维护社会和谐稳定的重要作用。对区法院加强队伍建设、推进专业化审判工作，区检察院开展职务犯罪侦查预防，西城公安分局立案公开，区司法局社区矫正等工作进行监督，切实维护司法公正。组织部分审判员、检察员书面向常委会述职，强化了被任命人员依法履职、接受人大监督的意识。

（李　锟）

【保障代表充分有效行使权力】　年内，围绕提高代表审议质量，强化会前准备、会中服务和会后落实等方面工作。一是改进会前代表视察调研工作。在代表大会召开前，围绕大会重点议题和群众反映的突出问题，由常委会各委员会和各街道人大工作机构分别组织代表，分专题开展视察调研。通过多种方式将代表提出的意见建议向“一府两院”反馈，促进这些意见建议提前进入“一府两院”的工作安排中。二是尊重代表意愿，改进大会表决方式。在区十五届人大六次会议上，对选举之外的各项表决内容首次运用电子表决器进行表决，保证代表更真实地表达意愿。三是探索建立和完善代表审议意见处理机制。围绕闭会期间代表活动的开展，常委会采纳代表建议，建立代表自主选择列席常委会会议、参加执法检查和视察调研的工作机制，年初将常委会议题和执法检查、委员会视察的安排表发送全体代表，代表根据意愿和关注点自主报名参加，激发了代表履职的热情和活力，深化了代表对常委会工作的参与，提高了代表活动的效果。常委会及各委员会组织代表初任培训和履职学习，不断提高代表的履职意识和履职水平。通过召开区情通报会、编发人大信息和《西城人大》杂志、为代表订阅报刊等方式，切实保障代表知情知政。

（李　锟）

【提高代表建议办理质量】　年内，组织修订区人民代表大会代表建议、批评和意见办理办法，对完善办理方式、规范办理程序、提高办理实效等内容作出新的规定。坚持并完善常委会领导牵头督办、各委员会分类督办、代表工作机构整体督办的工作机制。对与群众生活密切相关、代表连续多年反复提出、办理难度较大的建议，由常委会领导分工负责、现场督办。对需跨年度落实的建议建立连续督办机制。坚持代表建议办理监督员制度，组织监督员对建议办理情况有针对性地开展视察检查。

（李　锟）

【加强街道人大代表工作】　年内，常委会贯彻中央和市委有关文件精神，加强对街道人大工作的研究，推进街道人大工作机构建设，不断强化其为代表履职服务的基础性平台作用。各街道代表联组围绕地区性重点工作、常委会委托的监督事项以及群众反映突出的热点问题，组织代表视察、调研、座谈。代表定期接待选民、向选民报告履职情况、参与街道和选区有关活动，促进了代表与选民联系的经常化、制度化，密切了代表与人民群众的联系，强化了代表对选区和选民负责的意识。建立街道人大工作机构与区法院、区检察院的联络机制，开展代表进“两院”活动，多次组织代表旁听区法院公开审理案件。

（李　锟）

【市人大西城团代表的联络服务工作】　年内，落实市人大常委会部署和安排，完成西城区市十四届人大代表参加市人民代表大会会议的服务保障工作。依托区人民代表大会、常委会和街道代表联组三级平台，邀请市人大代表参加会议、视察、调研等活动。建立市、区代表联系机制，把市人大代表划分成15个小组，分别联系各街道代表联组并参加联组活动，使市、区两级人大代表之间的联系更加紧密，为市人大代表在市人民代表大会会议上提出关系民生方面的议案建议提供了支持和保障。受市人大常委会委托，完成组织市人大西城团代表参加培训、视察调研、年中集中活动、书面报告履职情况等工作。

（李　锟）

【区十六届人大代表选举工作】　年内，据市人大常委会的统一部署，在区委领导下，坚持发扬民主，切实尊重和保障选民的选举权利，严格依法办事，精心组织，周密安排，扎实工作，广泛动员选民参加选举，依法有序完成区人大代表换届选举任务。习近平等党和国家领导人参加了西城区的投票选举。全区共770625名选民参与投票，选民参选率为97.3%，依法选举产生418名新一届区人大代表。代表结构进一步优化，整体学历层次进一步提高，更具代表性和广泛性。

（李　锟）

【提高履职能力】　年内，坚持会前学法制度，结合重点议题，通过导读、讲解等形式开展相关法律法规的学习。建立专题学习和专题研讨制度。围绕贯彻落实监督法、中央关于加强县乡人大工作和建设的若干意见、市委第四次人大工作会议精神、人大制度与“两学一做”

等主题举办专题学习班。先后就加强和改进代表工作、进一步发挥代表主体作用，加强和改进人大工作，围绕京津冀协同发展大局、充分发挥人大职能作用等方面内容举办专题研讨会。通过系统学习研讨，常委会依法履职意识不断提高，履职效果明显增强。

（李 锟）

【推进制度建设】 年内，常委会注重加强制度建设，修订常委会和主任会议议事规则、常委会实行审议意见书办法，制定预算监督顾问工作规则，出台并实施西城区国家工作人员宪法宣誓组织办法，形成常委会组成人员出席会议情况统计通报制度，进一步推动人大工作制度化规范化。

（李 锟）

【机关建设】 年内，常委会为适应新时期人大工作的需要，调整组建了财政经济、城建环保、教育科技、文化卫生体育、内务司法、“维权”等6个委员会。健全机关工作机构设置，强化预算监督。加强人大信息宣传工作，改版常委会网站，通过网站、公报、人大信息、《西城人大》和《北京西城报》等多种途径，宣传人民代表大会制度，及时公开履职情况。积极创建学习型机关和文明机关，加强干部队伍建设，组织干部参加学习培训、社区挂职锻炼，推进干部选拔任用和交流工作，激发了机关干部的积极性和主动性，增强了机关工作活力。

（李 锟）

北京市西城区人民政府

概 述

过去五年，西城区在市委市政府和区委的领导下，在区人大、区政协的支持和监督下，全面贯彻党的十八大和十八届三中、四中、五中、六中全会精神，深入学习贯彻中共中央总书记习近平系列重要讲话精神和治国理政新理念新思想新战略，落实首都城市战略定位和京津冀协同发展战略，树立“创新、协调、绿色、开放、共享”的发展理念，坚持稳中求进工作总基调，深入实施“服务立区、金融强区、文化兴区”发展战略，积极推进“活力、魅力、和谐”新西城建设，聚焦“安全、安静、舒适、典雅、古朴”发展愿景，加快推进发展转型和管理转型，扎实做好经济社会发展各项工作，圆满完成“十二五”规划目标任务，实现“十三五”发展良好开局。

积极落实首都城市战略定位，切实服务保障首都职能履行，疏解非首都功能取得阶段性成果。以动物园批发市场为代表的区域性批发市场疏解取得突破性进展，全区疏解升级市场25个47.3万平方米。制定实施新增产业禁限目录，不予办理的工商登记业务累计3268件。无证无照“七小”动态清零。有序调整职业教育布局。实施人口规模调控，集中开展直管公房违规转租转借、地下空间和群租房专项治理，加强户籍管理，落实居住证制度，实现常住人口总量连续三年持续下降，人口结构进一步优化。加强与其他区协调联动，积极支持北京城市副中心建设。主动推动与津冀地区在金融、科技等领域合作。认真做好对口支援和帮扶工作。举办北京国际民间友好论坛，开展“西城文化友城行”等活动，助推中国文化走出去。圆满完成APEC会议、纪念中国人民抗日战争暨世界反法西斯战争胜利70周年等重大活动服务保障任务。

推进生态环境建设，破解痼疾顽症，治理“大城市病”取得一定成效。落实区人大关于环境建设的决议，全面实施“拆违、灭脏、治污、清障、治乱、撤市、缓堵”七大战役，累计拆除违法建设32.4万平方米，治理“开墙打洞”2000余户，架空线入地改造44.8公里。建立管理、作业、执法、监督四位一体的工作格局，形成城市环境分类分级管理体系。持续开展交通拥堵治理，打通断头路、瓶颈路，新增道路20条、完成221条道路大中修、31处道路疏堵；新建慢行系统58.6公里；新增居住区停车位5113个。全面落实市区空气清洁行动计划各项措施，完成5.44万户“煤改电”工程，实现全区无煤化目标。淘汰老旧机动车11.24万辆。细颗粒物（PM2.5）浓度自2013年以来累计下降22.8%。生活垃圾无害化处理率达到100%，道路机械化清扫率达到96%，对606座环卫设施进行了改造升级。完成雨水利用工程133项。金中都、广宁等公园竣工亮相，建成滨水绿道，新增绿地26.64公顷。西城区获“首都环境建设示范区”称号，生态环境持续改善。

主动适应经济新常态，加快推进供给侧结构性改革，高精尖经济特征进一步凸显。建立“7＋2”工作机制，统筹推动功能区和重大项目建设。引进金融机构522家，亚投行、丝路基金、“新三板”等落户金融街，各类金融机构达到1764家，举办金融街论坛、金博会等活动，金融街国际影响力不断增强。金融业对区域经济增长的贡献率由37.2%提高到65.2%。加大创新创业支持力度，中关村科技园西城园高新技术企业超过500家，总收入比2011年增长685.7%。世界知识产权组织中国办事处落户什刹海地区。诞生于西城园的中国创新设计“红星奖”发展成为国际性大奖。专利申请量、授权量分别增长128.2%和305.2%，自主创新能力不断增强。实施文商旅融合发展三年行动计划，50个重点项目顺利推进。文化创意产业收入增长48.9%。区属国有企业资产总额达到3814亿元，是2011年的2.12倍，实现了跨越式发展。

不断加强历史文化名城保护，服务国家文化中心建设，区域文化魅力进一步彰显。始终把培养和践行社会主义核心价值观贯穿于文化工作全过程，持续推动文明城区长效机制建设，居民文化素质和城市文明程度进一步提升，获得全国文明城区四连冠。建立“名城、名业、名人、名景”工作体系，实施文物“解危、解放、解读”工程，成立历史文化名城保护促进中心，加速推进沈家本故居等17处文物单位征收腾退，完成劝业场等76处文物修缮。加强非物质文化遗产保护工作，建设非遗传习基地，非遗保护项目达到162项。天桥艺术中心和艺术大厦相继竣工并投入使用，形成首都文化新地标，雁翅楼等历史文化景观建成开放，建设3个街区博物馆，创办“北京砖读空间”等23个特色公共文化场所。实施文化艺术惠民计划，组织中国原创话剧邀请展、中国国际合唱节、天桥音乐剧演出季、当代小剧场戏曲艺术节，举办“百姓戏剧展演”、“走进艺术殿堂”、北京阅读季、童书博览会、阅读盛典等公益活动11.6万场次，惠及726万人次。推出系列音乐剧《北京人家》、话剧《北京法源寺》、电影《巡回法官》等一批原创作品，其中鼓曲《丰碑》获中国文化艺术政府奖——群星奖。用心讲好西城故事，精心打造“百岁老人口述史”“胡同文化建设”等公益项目和北京国际设计周·大栅栏设计社区等文化品牌。

树立发展为民理念，持续优化公共服务，群众生活得到进一步改善。五年累计落实757件重要民生实事。强化政策促就业，服务帮就业，零就业家庭保持动态脱零，成功创建充分就业区。完成国家级社会保障公共服务综合标准化试点工作。深化教育教学综合改革，探索学区制，建立集团化办学西城模式，优质资源进一步均衡布局。推行“城宫计划”，实施“校圆工程”，幼儿园、中小学分别增加学位5000个和11200个，教育教学质量持续提升。广泛开展全民健身运动，体育生活化社区实现全覆盖。推动医药卫生体制改革，区属医院实现医教研一体化发展，区属三级医院增加到5个。持续推进全科医生执业方式和服务模式改革试点，社区卫生服务工作连续位居全市第一。成功创建卫生应急等7个国家级示范区。人均预期寿命达84.28岁，健康城市综合指数位居全国第一。促进生活性服务业连锁化、品牌化、规范化发展，新建24个百姓生活服务中心，一刻钟生活网点实现全覆盖。加强养老服务，形成居家为基础、社区为依托、机构为补充、服务为支撑、互联网为平台、政策为保障的西城特色养老体系，建立中重度失能老年人居家照护服务补贴制度，实施“医养结合”，建成养老机构48个，“全国养老服务业综合改革试点区”工作取得新突破。关爱困难群体和失独家庭，建立综合救助体系和救急难工作机制，开展临时救助、医疗救助2万人次，加快发展残疾人事业，获“十二五”时期全国残疾人工作先进单位。实施百万庄北里、菜园街及枣林南里、光源里等41个棚改项目，2.7万户居民受益。翻建修缮房屋1.7万间，完成21.2万平方米老旧小区抗震加固和493万平方米节能改造。做好水电气暖保障，22栋老楼实现通暖。更新危旧电梯144部，基本消除失管脱管电梯安全隐患。建设筹集各类保障房4.2万套。

积极创新社会治理模式，构建共治共建共享格局，社会保持和谐稳定。创建全响应网格化社会治理体系，在全市率先实现城市管理、社会治安、社会服务“三网融合”。深化“访民情、听民意、解民难”长效工作机制，收集社情民意14.79万件，解决率99.2%。获中国政府创新最佳实践奖和“倾听民意”政府奖。探索一委多居、多居一站社区管理体制。推进社区参与型协商治理，建立社区居民代表常务会制度。获“全国社会组织建设创新示范区”和“全国和谐社区建设示范单位”称号。建立一中心、多基地社会组织服务网络，两级管理、三级服务的社会组织工作体系基本形成。严格落实安全生产责任制，探索实施安全生产“七字工作法”，事故总量持续下降，未发生较大安全生产事故。强化食品药品安全监管，创建北京市食品安全示范区，为群众饮食用药安全保驾护航。实施民生计量工程，严厉查处计量违法行为，更好地保障群众合法权益。深入开展矛盾纠纷排查，信访工作机制不断完善。推进“平安西城”建设，成功创建综合减灾示范区；创新完善立体化社会治安防控体系，构建全民反恐防恐工作格局，圆满完成各项重大活动安全保卫和服务保障任务，“西城大妈”群防群治模式受到社会广泛赞誉。妇女儿童、档案史志、公益慈善等社会事业取得新进展，民族宗教工作进一步加强，区民宗办、牛街街道被授予“全国民族团结进步模范集体”荣誉称号，德胜街道获“全国民族团结进步示范单位”称号。实现全国双拥模范城九连冠。

坚持服务为民、严实善政，努力建设法治政府。坚决执行区人大及其常委会的决议，认真落实重大事项向人大报告和向政协通报协商制度，自觉接受监督，共办理人大议案6件、代表建议899件，办理政协常委会建议案16件、委员提案1379件。在全市率先建立政府行政权力清单，动态梳理行政权力，落实行政机关负责人出庭应诉制度，创新推出政府常务会议微博直播、邀请公众代表列席政府常务会议、政府开放日、民生工作民意立项等群众参与机制。推进政府信息公开，主动公开4.3万余条，依申请公开6608件。深入推进简政放权，梳理公布政府部门权责清单。落实中央、北京市取消和下放的行政审批事项

178 项，取消行政审批 54 项，彻底终结了非行政许可审批事项；实现不动产统一登记，实施“五证合一、一照一码”，推进“一站、一网、一号”行政服务标准化建设，群众和企业办事更加方便。获“六五”普法中期全国先进区。完善绩效管理体系，加大督查督办力度，2016 年西城区获国务院督查表扬奖励。坚定不移推进党风廉政建设和反腐败斗争，加大行政监察和审计监督力度，加强干部监督问责，政风行风持续好转。

（王　丹）

区政府主要工作及重大活动

【政府决策会议】 年内，区政府召开政府常务会议 32 次、政府专题会议 25 次，共讨论议题 242 个。1 月 6 日，第 125 次会议听取关于西城区 2015 年贯彻落实大气污染防治工作有关情况的汇报。1 月 28 日，第 126 次会议听取关于西城区 2015 年度政府绩效管理工作及年终考评情况的通报、2015 年西城区城市管理工作、2015 年安全生产工作情况及 2016 年工作重点、2015 年信访工作情况及 2016 年第一季度信访形势、西交民巷 110 千伏输变电工程、红居北街东段（北马连道）微循环道路改造工程、永安路微循环道路改造房屋征收项目社会稳定风险评估报告及征收补偿方案修改情况的汇报。2 月 24 日，第 127 次会议听取关于西城区 2016 年为群众拟办重要实事、《西城区人民政府督促检查工作实施细则》有关情况、西城区政府重点工作、2016 年人大代表建议和政协委员提案承办情况的汇报。3 月 9 日，第 128 次会议听取关于西城区城市环境分类分级管理标准化试点工作、2016 年区政府重要会议议题计划编制情况、西城区 2015 年行政复议、行政应诉工作有关情况的汇报。3 月 16 日，第 129 次会议听取关于光源里、菜园街及枣林南里棚户区改造项目预签协议情况及做出征收决定的汇报。3 月 30 日，第 130 次会议听取关于“十三五”时期和 2016 年园林绿化工作、试点建设金融街低排放区实施条件的建议案有关情况的汇报。4 月 13 日，第 131 次会议听取西城区生活性服务业发展情况、西城区 2016 年清洁空气行动计划、区属医疗卫生机构安全三年行动计划和社区卫生服务机构标准化建设三年行动计划、北京市西城区第二期学前教育三年行动计划（2015—2017 年）有关情况的汇报。4 月 28 日，第 132 次会议听取西城区 2016 年义务教育阶段入学工作的汇报。5 月 3 日，第 133 次会议听取《西城区“十三五”时期老龄事业发展规划》《西城区“十三五”时期生态西城发展规划》有关情况的汇报。5 月 5 日，第 134 次会议听取关于人事任免的情况汇报。5 月 11 日，第 135 次会议听取关于 2016 年第一季度城市管理及汛前准备工作情况、2016 年一季度安全生产工作情况和二季度工作重点、西城区落实机关事业单位养老保险制度改革工作、《西城区“十三五”时期法治建设规划》主要内容的汇报。5 月 18 日，第 136 次会议听取关于人事任免的情况汇报。6 月 1 日，第 137 次会议听取关于《北京市西城区人民政府关于加快推进残疾人小康进程的实施意见（审议稿）》有关情况、《西城区“十三五”时期民政事业发展规划》有关情况、《西城园“十三五”时期产业发展规划》编制情况的汇报。6 月 22 日，第 138 次会议听取关于西城区 2015 年财政决算草案报告有关情况、西城区 2015 年度预算执行和其他财政收支情况审计工作报告、《加快改造大栅栏地区市政基础设施，改善居民生活环境议案》办理工作有关情况、北京市琉璃厂艺术文化馆建设工程、北京市第六十六中学附属设施建设工程房屋征收项目社会稳定风险评估报告及征收补偿方案修改情况的汇报。7 月 7 日，第 139 次会议听取关于《西城区“十三五”历史文化名城保护规划》编制情况、《西城区“十三五”时期社会治理规划》编制情况、《西城区“十三五”时期基本公共服务发展规划》编制情况、印发《北京市西城区人民政府办公室关于政府向社会力量购买服务的实施意见》有关情况、西城区实施《西城区棚户区改造前期工作及拟改造土地使用权一次性招标工作实施细则（实行）》有关情况的汇报。7 月 22 日，第 140 次会议听取关于西城区行政服务标准化示范工作、《西城区“十三五”时期环境保护与生态建设发展规划》编制情况、西城区“六五”普法实施情况和“七五”普法规划制定情况、2016 年上半年安全生产工作、2016 年上半年城市管理工作的汇报。8 月 3 日，第 141 次会议听取关于人事任免的情况汇报。8 月 10 日，第 142 次会议听取关于治理“开墙打洞”违法建设情况、西城区推进和谐宜居示范区建设情况、大栅栏琉璃厂指挥部重点工作进展情况、西城区文商旅三年行动计划工作、《西城区“十三五”时期智慧西城建设规划》编制情况的汇报。8 月 24 日，第 143 次会议听取关于西城区 2016 年上半年财政预算执行情况、编制 2017 年部门预算有关情况、西城区 2016 年上半年国民经济、社会发展计划执行情况、天桥演艺区指挥部重点工作进展情况的汇报。8 月 31 日，第 144 次会议听取关于人事任免的情况汇报。9 月 3 日，第 145 次会议听取关于《西城区“十三五”时期金融业发展规划》编制情况、《西城区“十三五”时期人口调控规划》编制情况、《西城区“十三五”时期食品药品事业发展规划》编制情况的汇报。9 月 10 日，第 146 次会议听取关于《西城区“十三五”时期城市道路发展规划》编制情况、《西城区“十三五”时期教育事业发展规划》编制情况、《西城区“十三五”时期知识产权（专利）事业发展规划》编制情况的汇报。9 月 12 日，第 147 次会议听取关于深化“放管服”改革推进西城区双随机一公开工作、《北京市西城区加强事中事后监管推进企业监管信息共享平台工作方案》有关情况、西城区政府热线工作、制定拆违工作三年行动计划有关情况、中关村西城园产业政策修订有关情况、《官园危改小区集中绿地项目房屋征收社会稳定风险评估报告》及征收补偿方案修改情况的汇报。9月24日，第148次会议听取关于《西城区“十三五”时期消防事业发展建设规划》编制情况、《西城区“十三五”时期卫生计生事业发展规划》编制情况、《西城区“十三五”时期固定资产投资和重大项目规划》编制情况的汇报。9月28日，第149次会议听取关于2016年市政府绩效管理工作及区政府本级绩效管理实施细则调整相关情况、西城区“十三五”期间不可移动文物腾退保护计划编制情况、《北京市西城区中重度失能老年人居家照护服务补贴实施办法》有关情况、国庆67周年庆祝活动暨红军长征胜利80周年纪念活动城市运行及环境保障工作、1—9月信访工作情况及第四季度信访形势分析的汇报。10月12日，第150次会议听取关于人事任免的情况汇报。10月17日，第151次会议听取关于区政府承办2016年代表议案和建议办理情况、西城区2015年预算执行情况和其他财政收支情况审计查出问题整改情况、《关于建立健全信息发布和政策解读机制的实施办法》起草情况的汇报。10月26日，第152次会议听取关于西城区2016年1—9月国民经济、社会发展计划执行和调整情况、西城区2016年1—9月财政预算执行情况和调整预算情况、2016年三季度安全生产工作、第三季度城市管理工作及冬季供暖和扫雪铲冰工作、政府投资引导基金有关情况、西城区人民政府与中国政法大学签订《西城区人民政府—中国政法大学战略合作框架协议》的汇报。11月2日，第153次会议听取关于人事任免的情况汇报。11月16日，第154次会议听取关于《政府工作报告》有关情况、起草第十六届第一次人民代表大会国民经济和社会发展计划报告的情况、西城区2017年财政预算草案、2016年政府投资计划调整及2017年政府投资计划安排、申请西城区创建“全国武术之乡”、西城区住房保障和征收（拆迁）工作进展情况的汇报。12月1日，第155次会议听取关于德胜里西路及教场口西路道路微循环改造工程房屋征收社会稳定风险评估报告及征收补偿方案修改情况、调整西城区2016年度财政收入任务及2017年财政收入增幅情况的汇报。12月15日，第156次会议听取关于《北京市西城区空气重污染应急预案（2016年修订）》有关情况、西城区2016年贯彻落实大气污染防治工作、《北京市西城区水体达标方案》编制情况、《西城区政府投资项目代建制管理办法（暂行）》有关情况、《北京市西城区环境保护工作职责分工》有关情况、《西城区全民健身实施计划（2016—2020年）》和《西城区冰雪运动规划（2016—2022年）》编制情况的汇报。

（何　丹）

【27件实事完成情况】 1.完成光源里、菜园街、什刹海、白塔寺等棚户区改造项目，改善7459户居民住房条件，超额完成全年棚改任务目标。2.实现昌平回龙观二期项目、朝阳东坝单店二期项目、丰台南苑保障房项目竣工入住。3.完成4108间平房翻建、修缮，99栋楼房综合维修和311处平房院落下水管线改造任务。4.完成63部老旧危险电梯设备更换任务。5.北新华街南段、手帕口北街等28条道路实现开工，前门西河沿东段、北新华街南段和南横西街3条道路实现通车。6.新建居住区停车泊位400个。7.新增公租自行车1000辆，建设30个站点。8.新建12个垃圾分类达标小区，组织开展12次垃圾分类宣传活动，涉及5182户15206人。9.完成30座旱厕改造任务。10.完成520个平房院落户厕改造任务。11.完成西海西沿、积水潭北门、三座桥、火神庙等20座二类公厕整体改造任务。12.完成护国寺清洁站、扣钟庙清洁站、六部口清洁站等15座密闭式垃圾清洁站的整体改造任务。13.新增城市绿地5.08万平方米，改造绿地10.24万平方米，完成屋顶绿化20231平方米，垂直绿化1165延长米。开展百万鲜花进家庭系列活动120场，发放鲜花、蔬菜、种子、种植土等105万株（份）。14.完成61条胡同街巷综合整治任务。15.完成261个社区微型消防站建设和15个街道配备流动消防宣传车任务。16.完成46个小区老旧管网改造工作，涉及改造楼房82栋，惠及居民约6600户，总供热建筑面积180万平方米。17.完成1530套（件）老旧居民小区节水便器换装工作。18.完成29530户的液化气罐检测和16032户的软管更换任务。19.完成“养老机构和养老照料中心监控联网”项目。20.完成对符合条件的200户残疾人家庭的无障碍改造工作。21.在全区推选北京长安中西医结合医院社会力量办医，护国寺中医院、宣武中医院2家区属医院，什刹海、椿树等7家社区卫生服务中心，国安银柏养老照料中心和华芳养老照料中心2家养老机构，作为西城区中医养老示范工程试点单位。培养中医养老技术服务人员73名，建立“宣武中医医院—天桥社区卫生服务中心—椿树养老服务中心”和“护国寺中医医院—什刹海社区卫生服务中心—什刹海老人照料中心”2个中医药健康养老联合体。22.完成6个街道生活性服务业网点空间布局规划，新建及规范提升百姓生活服务中心10家，新增蔬菜零售网点10个、早餐规范店8家、便民服务网点50个。23.“百姓戏剧展演”系列惠民演出活动全年推出20项活动、17个剧目、46场演出；组织公益展览50场、公益演出50场、公益阅读活动2000场、公益数字电影430场次；利用区级综合文化中心，采取“走出去 引进来”相结合的培训模式，组织业务干部下基层开展培训工作。24.完成第四十一中学、京师附小等7所学校食堂的改造任务。25.完成白米幼儿园（北海分园）、棉花胡同幼儿园分园2所幼儿园改造工程，新增180个学位。26.与41家律师事务所签订“社区法律顾问”协议，146

名律师与社区居委会签订结对服务协议，为全区261个社区提供专业的法律服务，实现社区法律顾问全覆盖。27.开展旅游服务进社区活动35场次，服务社区人员3490余人，发放资料34805份，实现15个街道全覆盖。

（陈 星）

区政府办公室工作

【概况】 北京市西城区人民政府办公室（简称区政府办公室）是负责协助区政府领导处理区政府日常工作的区政府工作部门。主要职责是：协助区政府领导组织起草、审核以区政府和区政府办公室名义发布的公文。负责区政府会议的会务组织工作。研究区政府各部门、各街道以及其他机构请示（商洽）区政府的事项，提出审核意见，报请区政府领导审批；承办市政府、市政府办公厅文件。负责推进、指导、协调、监督、考核全区政府信息公开工作，承办区政府行政机关的政府信息公开事宜。负责区委、区政府总值班工作；协助区政府领导组织处理需由区政府直接处理的突发事件和重大事故，承担西城区突发事件应急委员会的具体工作，负责区政府领导交办的本区各类突发公共事件应急处置、日常管理、宣传教育和培训工作；负责组织修订辖区突发事件总体应急预案；负责统筹、规划、指导、监督和检查区级专项应急预案编制修订工作和应急演练工作。负责国务院、市政府领导批转、批示事项及区政府主要领导的批示、指示和交办事项的督促检查、反馈和协调工作；负责市、区政府重大决策、重要工作部署在西城区贯彻落实情况；负责督促检查区政府阶段性重点工作落实情况；负责区政府重点工作任务分解的编制、重要文件确定事项、重要会议议定事项以及区长与有关部门签订责任书的督促检查、反馈和协调工作；负责区政府系统各部门、各街道督查工作的业务指导与培训工作；参与对区政府各部门、各街道年度工作目标的督查考核；负责相关的督查管理系统的建设、运行、管理和维护；负责编写有关西城政务督查的相关刊物；负责各位区长的联络服务工作；负责各街道办事处工作的综合考核。负责区政府绩效办日常工作，组织实施区政府绩效管理年度考核工作，对考核对象进行日常检查和监督，撰写全区年度绩效分析报告，对绩效考核实施过程中存在的问题进行研究，提出相关意见和建议。负责联系区人大、区政协的相关工作；组织区政府有关部门办理各级人大代表建议和政协委员提案；协助安排人大代表、政协委员的视察工作；为人大代表、政协委员知情知政提供服务和保障。负责各街道办事处工作的综合考核。负责以区政府、区政府办公室名义发布的非公文类文件的起草、审核、制发工作；负责撰写区政府领导讲话及区政府日常各类文稿工作。负责全区机要通讯文件的交换工作；负责区政府办公室以及区政府部分部门的财务、人事、固定资产管理等工作。负责区政府系统综合事务的协调工作，协助安排区政府领导参加重要政务活动。负责落实查抄政策界定善后工作及查抄办档案管理工作。负责对区政府系统行政办公室的业务指导。承办区政府领导和上级机关交办的其他事项。

地址：西城区二龙路27号

邮编：100032

电话：88064311

（于明艳）

【文书和档案工作】 年内，办理公文共6974件。其中办理收文6378件，以区政府、区政府办公室名义制发公文499件，与区委办联合发文97件。完成2015年度文书档案归档2369件。区政府用印7919次，区政府办公室用印3850次；开具区政府和区政府办公室介绍信共47件。

（于明艳）

【信息工作】 全年专报市政府信息660条，《昨日市情》（专、普刊）采用130条；上报长篇经验交流类信息6篇，《昨日市情》（特刊）采用5篇，市领导批示5条（期）。其中，西城区治理“开墙打洞”“七小”整治取得成效的信息得到市政府主要领导的批示，并在全市进行推广示范。《西城信息》（专刊）共编发40期，区领导批示2条；《西城信息》（特刊）共编发77期，区领导批示15期。

（潘 江）

【政府信息公开工作】 年内，全区主动公开政府信息14690条。全区各政府信息公开工作机构共受理政府信息公开申请1466件，主要涉及房屋征收、腾退、拆迁等方面信息。收到涉及政府信息公开方面的行政复议152件，行政诉讼234件。建立政府信息查阅中心共41个。

（吴旭红）

【人大建议政协提案办理工作】 年内，西城区政府承办全国、市、区三级人大代表建议和政协委员提案共434件，其中全国政协委员提案1件，北京市人大代表建议17件，北京市政协委员提案11件，西城区人大代表议案1件，西城区人大代表建议148件，区政协委员提案244件，区级会下平类建议、提案12件。所有建议提案全部按期办理完毕。

（刘 惟）

应急管理工作

【突发事件处置】 年内，在全国“两会”、党的十八届六中全会、亚投行开业、“你好，赫尔辛基”等重大会议活动安全服务保障和节假日、敏感日等重要时期的应急管理上，区委、区政府和区应急委适时启动应急机制，确保了重要会议活动的顺利进行。年内全区共发生道路交通死亡事故、火灾、生产安全事故93起，死亡24人；未发生生产经营性火灾事故、铁路交通事故和特种设备死亡事故。火灾71起，1人死亡；消除各类燃气隐患170余处；成功处理汛期险情6600余起；及时处理城市公共设施安全方面各类险情701次；全区报告一般突发公共卫生事件4起，发病75人（肺结核

14 例、霍乱 1 例、水痘 55 例）。处置各类 110 警情 120672 件，未发生影响地区和首都稳定的暴力恐怖事件及大规模群体性事件。

（王金玲）

【应急机制建设】 年内，完成《西城区“十三五”时期应急体系发展规划》编制工作；启动《西城区突发事件总体应急预案》及相关专项预案的修订工作。加强应急演练，民政、民防（地震）、教育、安监、公安、交通、环保、卫计、住建、园林、商务、体育、工商、文化、房管、红十字会等部门和各街道开展防灾减灾、人民防空人员掩蔽、应急疏散、安全生产事故应急处置、反恐处突、空气重污染应急、消防安全、食品安全、道路安全、防汛、电梯故障、自救互救、应急救援、燃气泄漏、旅游景点突发事件等应急演练 579 项。

（王金玲）

【应急宣教工作】年内，制定《2016 年度西城区应急宣教工作计划》，包括宣传活动计划 495 项、培训计划 218 项。采取多种形式开展应急宣教活动。3 月 28 日（第 21 个全国中小学生安全教育日），组织北京市十三中分校与什刹海消防中队联合举行应急疏散演习。“5·12 全国防灾减灾日”举办防灾减灾日主题宣传系列活动，以“减少灾害风险 建设安全城市”为主题，国家民政部、市相关单位领导，区四套班子有关领导现场参与宣传活动，社区居民、社区紧急救援志愿者、小学生、残障人士等共计 1500 余人参加了主会场活动。调动应急系统成员单位积极性，开展宣教活动。巩固并拓展应急宣教阵地。利用“北京应急网”平台，报送应急信息。全年报送信息 2987 条。全区各部门、各街道开展应急宣传活动 495 项；组织各类应急培训 218 项，8110 人取得红十字救护技能证。全区注册应急志愿者 7374 人，利用“北京应急网”平台报送应急工作信息 2987 条。新建国家地震安全示范社区 1 个，创建全国综合减灾示范社区 7 个、市示范社区 6 个。月坛、德胜、新街口、西长安街、金融街、展览路 6 个街道被评为国际级安全社区，什刹海、广外、白纸坊 3 个街道被评为国家级安全社区，陶然亭街道被评为市级安全社区。

（王金玲）

【应急队伍建设】 年内，全区有关单位根据反恐防暴、灾害天气、城市运行保障等工作需要，有针对性的组建和充实了专业和综合应急队伍，应急队伍体系和种类设置更为科学和完善。全区应急队伍由 99 支、4387 人优化为 83 支、3852 人。基本形成“统一领导、协调有序、专兼并存、优势互补、保障有力”的应急队伍体系，基本满足西城区和重点领域突发事件应对工作需要，为维护首都核心区安全、社会稳定和民众生命财产安全提供切实保障。编制了《西城区专业应急队伍管理办法》，主要包括各级应急救援队伍的建设规模和标准，值守应急、队伍调度与救援，应急救援队伍保障，培训和演练，考核奖励等有关内容。同时加强灾害管理人员及灾害信息员队伍建设。完成全区 15 个街道共 508 名灾害信息员的信息录入工作，并及时进行信息更新。组织灾害信息员参加市、区民政局开展的灾害信息员培训，提升了灾情管理人员综合素质。

（王金玲）

【应急保障体系建设】 年内，提升应急指挥技术支撑体系：继续加大对社区图像建设的投入力度，开展广内、天桥、大栅栏街道新增监控探头建设；开展道路交通非现场执法系统建设项目，在区重要路口、路段建设红灯违法监测设备和闯单行违法监测设备；完善电视电话会议系统，完成系统扩建工作，制定会议保障方案，提高会议管理水平；完成区预警平台的搭建，制定区预警发布管理办法及流程，开展预警演练。应急物资储备进入常态化管理：在 15 个街道中建成一定规模的应急物资储备库；各应急物资储备库进入常态化管理状态，物资存储和日常维护工作有序进行；确保突发公共事件紧急处突所需的装备、物资、器材和生活用品的应急供应。完善组建专家队伍：依据自然灾害、事故灾难、公共卫生事件、社会安全事件四种类型，建立专业人才库，根据实际需要聘请有关专家进行课题调研和科研工作，为区委、区政府提供应急管理决策咨询建议。

（王金玲）

综合行政服务

【概况】 北京市西城区综合行政服务中心（简称区行政服务中心）是负责为企业法人、社会组织办理行政许可事项、非行政许可事项以及公共服务事项的区政府派出机构。主要职责是：负责全区行政服务体系的规划、建设、组织、实施；负责对区政府部门专业大厅、街道公共服务大厅、社区服务站的业务和服务规范进行指导、监督、考核评价；负责全区行政许可和行政服务网络的规划、建设、组织、实施和监督、检查；负责全区行政许可事项办理的统一管理；负责研究拟定中心大厅服务事项的办理程序、运行机制的整合调整方案，并组织实施；负责对各部门进驻、委托事项办理的组织协调、监督实施和效能评价；并对进厅工作人员实施管理、考核、培训等；负责跨部门审批事项和重大事项的协调会审、联审；负责对有关部门行政服务工作的业务指导；承办区政府交办的其他事项。区行政服务中心下设 4 个科室 2 个中心，即行政机构设置综合办公室、管理协调科、监督考评科、政府热线办公室；事业机构为西城区政务全程办事代理中心和政府热线管理中心。区行政服务中心机关行政编制 19 名。其中：中心主任 1 名，调研员 1 名，副主任 3 名；科级领导职数 4 正 3 副。区政务全程办事代理中心编制 15 名，科级领导职数 1 正 2 副。区政府热线管理中心编制 7 名，科级领导职数 1 正 1 副。年内，区行政服务中心完成行政审批改革、行政服务标准化实施、12341 政府热线建设、窗口规范化管理、信息化应用、绩效考评等工作，推进行政服务体系建设，建成“一站、一网、一号”联动的一体化行政服务体系。

地址：西城区西直门内大街275号

邮编：100035

电话：82141595

（高　伟）

【国家级行政服务标准化】　区行政服务中心自2011年开始参与六项“政务服务中心国家标准”的起草，将西城区行政服务的探索实践经验融入国家标准之中，在全国行政服务领域推广验证，六项国标已于年内5月1日正式实施。开展全国行政服务标准化示范工作，通过标准化和信息化手段的结合应用，整合“一窗、一网、一号”（一窗受理、一网通办、一号咨询）服务信息数据和服务资源，建设“行政服务标准化数据资源管理系统”，建成全区统一和权威的行政服务基础数据资源库，形成统一规范的行政服务资源出口和入口，建立行政服务事项的动态管理机制，强化信息互联互通和共享共用，建设并展示“一体化”行政服务模式，实现行政服务标准化示范建设过程中标准更新维护、宣贯数据上报、问题建议汇总、行政资源统计等功能，并以行政服务百科的形式向社会公布。做好标准化示范交流和观摩工作，10月12至14日，西城区承办了2016年国家第四期服务业标准化试点工作培训会。来自福建、江西、山东、湖南、广东、广西、贵州等省、自治区、直辖市负责标准化试点工作的有关人员及部分试点单位代表和北京市西城区行政服务体系窗口单位负责人共100余人参加了会议。参会人员到西城区行政服务中心现场参观体验。

（高　伟）

【行政审批制度改革】　年内，区行政服务中心优化行政审批服务，完成“三证合一、一照一码”到“五证合一、一照一码”的过渡工作。为落实国家商事制度改革，深化“放管服”（简政放权、放管结合、优化服务）工作，根据《国务院办公厅关于加快推进“五证合一、一照一码”登记制度改革的通知》和《工商总局等五部门关于贯彻落实〈国务院办公厅关于加快推进“五证合一”登记制度改革的通知〉的通知》要求，自9月26日起，在“四证合一、一照一码”的基础上全面实行“五证合一、一照一码”（五证：营业执照、组织机构代码证、税务登记证、统计登记证、社会保险登记证；一照：营业执照；一码：统一社会信用代码）登记制度。新设立企业在工商登记机关办理营业执照后，无需再办理社会保险登记证。原已按照“四证合一”登记模式换发加载统一社会信用代码营业执照的企业，无需重新换发营业执照。尚未换发加载统一社会信用代码营业执照的企业，可以随变更登记一并换发。已经领取社会保险登记证和统计登记证的企业，不再上缴原社会保险登记证和统计登记证。建立了新办企业申请预约、“一窗式”受理，大大提高了窗口办事效率。全年“五证合一”窗口总计受理新办登记4808件，接待新办咨询7636件，网上新办审批5454件，发放“五证合一”营业执照3962件。

（高　伟）

【西城区行政服务标准化示范】　年内，根据《国家标准委关于下达2015—2016年度全国服务业标准化示范项目的通知》文件精神，西城区承担2015年至2016年度全国服务业标准化示范建设任务，这是第二批5家示范机构中唯一一家行政服务领域的示范任务。西城区标准化示范工作在国标委、市质监局的指导下，按照建设国家行政服务标准化“精品展示基地、实践验证基地、创新研究基地和培训基地”的目标积极开展。构建成行政服务体系，建设“区综合行政服务大厅、街道服务大厅、社区服务站”三级行政服务实体平台，搭建多元化和便捷化的行政服务信息化网络平台，整合政府热线服务资源建成12341政府服务热线，形成“一窗、一网、一号”的一体化行政服务运行管理体系。通过信息化手段整合服务信息和数据资源，建成“西城行政服务标准化数据资源管理系统”，形成统一规范的行政服务资源入口和出口，建立行政服务事项动态管理机制。持续开展标准化理论课题研究，为深入推进行政服务标准化提供理论支持。在中国行政体制改革研究会、《紫光阁》杂志等机构共同举办的《点赞“政务大厅”——行政服务大厅典型案例展示》活动中，西城区获得“百佳十优”的荣誉称号。建设标准化培训基地，区综合行政服务中心大厅作为国家行政学院、清华大学等高校的现场教学基地，先后有国内外政府机构、社会团体参观团到西城区参观调研。西城区分3年组织全区1200名窗口工作人员开展集中培训，颁发合格证书并计入公务员培训学时。同时，通过人民网和《中国行政管理》《前线》杂志等平台宣传示范建设的经验，取得了较好社会反响。

（高　伟）

【行政服务窗口标准化管理】　年内，区行政服务中心推行标准化管理模式，按照标准化精细管理模式，开展“环境形象、服务事项、服务行为、日常管理、考核评价”五对标。编制《行政服务标准化规范与详解》，对区各级新（改）建大厅进行标准化指导，全区已有13家大厅完成形象标识的改造。在试点形成的699项事项标准的基础上，再次进行梳理，形成822项事项标准纳入“数据资源管理系统”进行动态管理。探索标准化创新理论与方法，用标准规范窗口工作人员服务行为，营造标准化服务文化氛围。开设“首善讲堂”，讲授传统文化和科技前沿知识；拍摄《审核插曲》《夏日里的清凉》等6部微电影，展示行政服务良好形象；拍摄《行政服务妙语“三字经”教学片》，针对在服务过程中存在问题最多的环节进行服务示范；编写《办事攻略》，提供以办事人为中心的一次性告知。制定标准化作业流程（SOP），从窗口服务的听觉、视觉、触觉、嗅觉和环境秩序等方面全面规范行政服务作业标准。建立监督员队伍，邀请第三方机构，每季度开展服务监测，形成监测报告进行反馈整改。

组织开展标准宣贯培训工作。继续开展西城区行政服务窗口工作人员标准化工作培训，6月分两期对400名窗口工作人员进行系统培训，培训包括标准化运行管理、依法行政、互联网＋政务服务、习语精读、心理调适与职场人际关系、政务服务大厅7项国家标准宣讲等内容。

（高　伟）

【行政服务绩效考评】 年内，区行政服务中心按照区绩效办的统一要求，结合《西城区行政服务标准体系》，进一步完善行政服务专项考核指标体系，对行政服务专项考核指标体系进行简化，考核方式主要以日常检查、定期检查和日常监测等方式进行，确保考核指标体系设置的科学化。在窗口单位开展“为官不为”“为官乱为”问题专项治理工作，切实解决首问负责制度不落实，服务标准不明确，态度冷漠、纪律涣散以及“门难进、脸难看、事难办”等行为。通过内部考核、外部评价和自查自评方式对全区窗口服务和热线服务进行考核，加强与第三方专业机构共同研究监测指标，每季度对各级服务大厅的标准化执行情况进行调查。全年共计完成满意度调查问卷4583份，神秘顾客检查549次，形成标准化执行检查报告，及时通报检查结果，服务监测结果比上年整体得分呈上升趋势。加强特邀监督员队伍建设，召开特邀监督员会议，对2016年工作做了整体部署，将特邀监督员分成3组随机对全区行政服务窗口工作情况进行检查，开通微信群及时沟通、反馈检查中发现的问题、第一时间进行处理，将绩效考评与管理手段紧密结合，加强考核指标体系设置的科学化，推行内部监察与公众参与相结合的监督考评方式，建立日常考核检查台账，每季度开展一次问卷调查、深度访谈和在办事大厅内进行拦截访，将行政服务满意度调查纳入各单位绩效考核，将绩效评价结果与个人考核和单位考核挂钩，增强绩效考核工作的实效性。

（高　伟）

【12341政府热线建设】 年内，区政府热线不断统筹整合全区热线资源，逐步推进覆盖全区的一号通热线服务，实现统一精准解答；梳理完善热线办理流程，规范热线管理，建立健全协调督办、部门沟通联动、会商等机制，实现办理回复高效及时，推进快速响应及问题解决；建立全面回访机制，加强调研和业务指导，加强对部门监督考核，年末完成对全区热线承办单位的绩效考核工作，提升诉求办理“三率”（办结率、满意率、反馈率）指标；加强全区热线队伍建设，召开全区热线业务培训会，加强对热线坐席人员的培训，提高全区热线工作水平；加强政民互动，5月27日，区行政服务中心政府热线统一部署，协调组织区领导及22家部门的负责人，到北京市非紧急救助中心接听12345市民来电。8月20日，“政府热线高效运行管理支撑平台”项目上线，提升了坐席工作效率，为政府服务热线高效运行奠定信息化基础。12月19日，西城政府热线管理系统上线试运行。12月27日，区政府热线首次组织开展“沟通零距离，满意在西城”部门一把手接听政府热线活动，解答群众来电咨询，推进群众诉求解决。

（高　伟）

【行政服务信息化建设】 年内，区综合行政服务中心完成大厅辅助管理系统升级、大厅监控系统改造、为民服务“一号通”平台与市非紧急数据交换及坐席设备扩展项目。运用信息化手段加强行政服务体系内部管理，通过窗口安装音视频设备，规范窗口工作人员服务行为，提升服务质量，维护窗口办公秩序。扩展热线坐席，对接北京市非紧急系统，实现统一签收、统一派发、统一回复。

（高　伟）

【进驻部门完成工作】 截至12月31日，区行政服务中心大厅总接待量为608332人次。其中：业务受理349849件，占总接待量的58%，咨询258483人次，占总接待量的42%；平均每天接待总量为2483人次，其中平均每天业务受理1428件，平均每天接待咨询1055人次。

（高　伟）

【接待参观调研】 1月1日至12月31日，区行政服务中心共接待上级领导、兄弟单位、社会团体和国际友人参观、调研、考察团队59批次5230人次。

（高　伟）

人力资源和社会保障

【概况】 北京市西城区人力资源和社会保障局（简称区人力社保局，对外可以使用北京市西城区公务员局名称开展工作）是负责全区人力资源和社会保障的区政府工作部门。主要职责：贯彻国家关于人力资源和社会保障的法律、法规、规章、政策和北京市的相关规定；研究制定全区人力资源和社会保障管理方面的管理措施；拟订全区人力资源和社会保障事业发展规划，并组织实施和监督检查；负责拟订并组织实施全区人力资源市场发展规划；依法管理人力资源市场，促进人力资源合理流动和有效配置；负责全区促进就业工作；完善公共就业服务体系；落实就业援助制度；实行职业资格证书制度相关政策；实施面向劳动者的职业培训制度；贯彻高校毕业生就业政策以及高技能人才的培养和激励政策；负责管理辖区社会保险工作；贯彻社会保险规定；指导全区社会保险经办机构依法开展社会保险具体工作；负责对社会保险基金的收支、管理情况进行监督检查；负责管理全区机关事业单位人员工资、福利和分配制度改革工作；贯彻机关事业单位工作人员工资、福利、津贴和补贴政策；落实机关企事业单位工作人员工资增长和支付保障机制；执行机关事业单位工作人员离退休政策；负责会同有关部门指导全区事业单位人事制度改革；管理全区专业技术职称工作；贯彻专业技术人员管理和继续教育政策；落实全区事业单位人员和机关工勤人员管理政策。负责高层次人才选拔、培养和管理服务；负责引进国外智力工作；参与全区人才管理工作；履行全区公务员主管部门职责；负责全区公务员综合管理工作；落实公务员管理政策；按规定承担区政府部门的督查考核和绩效考评工作；负责区政府各部门、各企事业单位领导人员及区政府授权管理的科级干部的任免工作；负责制定并组织实施本区军队转业干部安置计划和培训计划；承担本区自主择业军转干部的管理服务；负责全区企业军转干部解困和维稳工作；负责驻区部队随军家属安置工作；负责贯彻劳动关系政策；完善劳动关系协调机制；指导全区劳动人事争议调解仲裁工作；组织实施劳动保障监察，依法查处各类违法案件；落实各项童工、未成年工和女职工劳动保护政策；承办区政府和上级业务指导部门交办的其他事项。全局下设25个内设机构、13个事业单位，在职职工640余人，主要分布在西直门南小街20号、德外塔院胡同8号等6个办公地点。年内，西城区人力资源和社会保障工作围绕全区发展战略规划任务，着力深化改革、着力改善民生、着力依法行政、着力优化服务，全面提升工作质量和效益，区域人力社保事业建设水平稳步提升。

地址：西城区西直门南小街20号
邮编：100035
电话：66206008

（闫娟娟　王子文）

【就业重点工作指标完成情况】　年内，全区城镇新增就业39020人，完成任务指标任务的103 %。城镇登记失业人员为21482人，城镇登记失业率为0.84 %；城镇登记失业人员实现就业13921人，完成任务指标的107 %，就业率为64.8 %；累计帮助11008名就业困难人员实现就业，完成任务指标的137 %，就业率为68.16% 。累计认定“零就业家庭”70户，辖区“零就业家庭”保持动态脱零。

（闫娟娟）

【充分就业区创建】　年内，区人力社保局坚持以创建充分就业区为核心，不断创新服务手段、加大工作力度，西城区再次被认定为北京市充分就业区，连续三年实现充分就业。235个社区被认定为充分就业社区，占比91%；14个街道被认定为充分就业街道，占比93%。什刹海和陶然亭街道被认定为北京市充分就业示范街道，什刹海街道柳荫街社区和新街口街道宫门口社区被认定为北京市充分就业示范社区。

（闫娟娟）

【失业人员服务管理】　年内，区人力社保局指导各街道及时、准确填报失业人员信息，实时掌握失业人员的动态状况。贯彻落实就业失业登记业务经办监督管理制度，对15个街道进行就业失业经办业务实地检查，针对检查出的问题及时指导整改，促进经办人员全面提升业务素质，为失业人员提供优质服务。在元旦、春节前开展困难失业人员“送温暖”慰问活动，共慰问困难失业人员1866人，发放补助金74.64万元。

（闫娟娟）

【创业带动就业】　年内，区人力社保局落实《西城区关于营造创新创业环境推进创业带动就业工作实施意见》精神，全面推进创新创业工作。推进创新创业科技孵化服务平台建设，经西城区考核推荐的“北京普天德胜科技孵化器”获得人力社保部确定的第三批全国创业孵化示范基地称号。探索西城特色“双创模式”，推进本地化就业，鼓励高水平创业。鼓励各街道兴办具有本地特色的创业孵化基地，如大栅栏街道的“澜创园”“民艺坊”“文博馆”等。年内全区实现创业1063人，创业带动就业3722人。发放小额担保贷款192万元。全年累计拨付岗位补贴、社保补贴、稳岗补贴共计3.64亿元。

（张桂良）

【公共就业服务】　年内，区人力社保局对全区就业困难人员进行全面摸查，提供一对一职业指导服务，摸查率达到100%。组织开展“春风行动”“就业援助月”“民营企业招聘月”“高校毕业生就业服务月”等活动。建立企业用人需求档案2497户和企业招聘需求档案462户，采集空岗信息近6.5万个。举办各类招聘会115场，提供岗位近5.2万个，达成就业意向1350人，《西城就业报》年度累计发布用工信息3000余条。接收转移退休人员档案6464份，服务社区管理社会化退休人员10.3万人。完成全区33万份流动人员人事档案数字化扫描工作。

（王　铁）

【职业能力建设】　年内，区人力社保局规范民办职业技能培训机构管理，开展联合审计。从严审批社会力量办学，强化行政审批事中、事后监管，严格控制不适合区域功能定位和经济社会发展职业(工种)培训的办学规模。建立动态监测报告制度，准确把握辖区职业培训走势。推进岗前培训和在职培训，实施就业培训援助，结合就业困难人员特点，推行订单培训、定岗培训、定向培训和转业转岗培训。开展北京市第四届职业技能大赛各项工作，组织21个职业(工种)的87场比赛，推选289名选手进入市级总决赛，其中57人进入前10名，7人夺得冠军。年内，全区各民办培训机构共培训各类人员7274人，其中失业人员技能培训3582人，失业人员创业培训1009人，来京务工人员培训2683人。企业在职职工培训15511人，辖区民办职业技能培训学校培训社会人员13945人。

（李发壮）

【高技能人才培养】　年内，区人力社保局继续开展“服务西城，建设西城——高技能人才大讲堂”活动，搭建高技能人才宣传展示平台。贯彻落实高技能人才培养和激励政策，组织辖区企业参加高技能人才评选及优秀人才项目资助活动。成功推荐王建生、李荣春2人被评为北京市“有突出贡献”的高技能人才，郝振江、毛春和、刘惠春3人享受北京市高级技师特殊津贴，王建生被授予“全国五一劳动奖章”，并被北京市推荐参加享受国务院政府特殊津贴人员的评选。

（李发壮）

【社会保险】　年内，全区五项社会保险费累计收缴411.22亿元，同比增长8.7%；社会保险基金累计支出346.54亿元，同比增长4.28%，各项社会保险待遇按时足额支付。

（杜文芳）

【社会保障管理服务】　区人力社保局规范特殊工种退休审批工作模式，年内办理退休核准14979人次。加强工伤调查取证工作，年内认定工伤1585件。完成6292家参保单位工伤保险费率调整采集核定工作。调整医疗鉴定专家库，在全市率先成立辅助器具专家顾问组，劳动能力鉴定1432人，鉴定结论改变率连续5年保持零记录。开展一次性医疗救助，为192名符合条件人员发放救助款405万元。做好社会保险基金支付工作，为15347人次支付工伤保险待遇，为60063人次支付生育保险待遇，为1201名外埠城镇职工和农民合同制工人发放失业保险待遇，享受养老保险待遇人员42.9万人。调整基本养老金，人均养老金为3740元，同比增幅7.69%。

（周　伟）

【机关事业单位参加养老保险改革工作】　5月，启动机关事业单位养老保险集中参保办理工作，历时5个月，完成480家单位7.1万人的集中参保工作，其中在职3.6万人，退休3.5万人，完成人数列各区县之首。

（杜文芳）

【医疗保险基金管理】　年内，区人力社保局构建多层次审核模式，采取电话回访核实、预审筛查、明查暗访、横向比较、内控抽查等多种方式，全面做好医疗保险基金审核结算工作。建立考核监管体系，完善医保费用支出分析月报，形成动态监控机制，稳妥推进总额控制管理。设立大客户办理、大厅双值班制度，选派熟悉政策、业务精通的工作人员上门为企业提供培训服务。严格筛查门诊异常数据，建立与监察部门、参保单位、社保所联动机制，形成合力打击违规骗保行为。全年共审核各类医疗费用2250.23万人次，同比增长5.01%，医保基金支付105.84亿元，同比增长10.48%。

（李　赛）

【医保付费总额控制】　年内，区人力社保局全面推进医保付费总额控制管理工作，对定点医疗机构总额使用情况和各项费用指标进行监控和统计分析，对超出全年指标额度10％至30％的定点医疗机构进行医保调研；制定考评办法及实施细则，对定点医疗机构实施量化考评。全年定点医疗机构申报费用90.68亿元，完成全年总额控制指标的93.58%。

（李　赛）

【社保经办模式改革】　年内，区人力社保局探索实现权益类业务一窗式受理模式，将原来分窗口受理的缴费记录查询等权益类业务和社保卡补办等社保卡业务进行整合，改为权益类业务的一窗式受理。优化调整社会保障卡投送模式，将原社会保障卡三级投送模式简化为二级模式，新模式使发卡周期由原来的3至6个月缩减至2个月左右，投递率80%以上，年内发放社保卡122238张。推进社保业务向街道延伸，在已有5大类65项业务延伸到街道社保所的基础上，又将2项业务延伸至社保所，一是将老年保障待遇业务全面下延至街道社保所，成为全市首个将此项业务下延的经办机构；二是为辖区街道社保所安装社保查询终端机，方便参保单位及个人就近查询社保权益记录。正式推出社保网上预约服务，单位可提前1至20天预约办理社保登记、征缴等业务，在约定时间段到达社保大厅取号，并可优先于现场取号单位办理业务，扫描号码条上的二维码还可随时查询排队人数，方便单位合理安排时间。通过北京市社会保险网上服务平台上的网申系统、大厅自助查询机和柜台窗口三种途径，共受理个人权益记录缴费信息查询打印19.9万件。

（杜文芳）

【社会保险基金管理监督】　年内，区人力社保局强化基金监督联动机制和智能化监测，开展数字化证书、社保基金财务、就业资金等专项监督检查，内控监督检查社保业务19.7万笔、筛查医保数据7.6万笔。分别处理社会保险基金监督系统、医疗保险费用审核结算监督系统预警疑似数据4749条。配合国家审计署和北京市审计署开展专项审计工作。社保支付业务全面推行复核制度，社保稽核处理案件414件，全年追缴欠费3433.54万元。深化医疗费用支付制度改革，促使定点医疗机构主动控费。加强常态化监管，遏制不合理费用支出，医保拒付4269人次不合理费用68.44万元，追回违规人员142人次医保基金89万元。

（李赛　杜文芳　杨萍）

【行政许可】　年内全区有45家企业获得劳务派遣经营许可资质，涉及劳务派遣从业人员9万余人。237家企业获准实行特殊工时工作制，涉及职工14万余人。加强行政许可审批事中、事后监管，年内办理民办职业技能培训学校行政许可事项59件。

（贾子辰　杨丽娜）

【劳动关系协调】　年内，区人力社保局印发《关于创建和谐劳动关系活动有关工作的通知》，完善创建评价办法，并提高表彰奖励标准。年内又有65家企业被评为和谐劳动关系单位，全区累计达到931家，覆盖职工达到33万余人。中关村科技园区西城园被评为市级和谐劳动关系园区。全区劳动合同履行情况监控范围内企业达到3377家，涉及职工121499人。监控范围内企业劳动合同签订率达到100%。劳动合同续订率达到98.72%。全年新增集体合同备案用工单位1400余家，涉及职工7万余人。

（贾子辰）

【劳动保障监察】　年内，区人力社保局深入开展“劳动用工规范一条街工程”，对企业遵守劳动保障法律法规情况进行重点规范。组织开展农民工工资支付、清理整顿人力资源市场秩序、高危行业劳动用工等六项专项执法大检查，加大劳动保障监察执法监管力度。加大劳动监察日常巡查检查和投诉举报案件查处力度，检查用人单位6717户，受理投诉举报案件203件，案件查处率、按期结案率均达到100%。妥善处理各类群体性聚集事件40起，及时解决农民工工资198万元。

（绳　鹤）

【劳动人事争议仲裁】　年内，区人力社保局通过开展庭审观摩活动，进一步落实“庭审三规范”。加强对“一裁终局”案件的审理力度，保证案件终局裁决率。优化案件审批流程，完善仲裁文书层级审批制度。实现案件繁简分流，完善群体性劳动争议应急处理机制。加强基层调解组织建设，实现调解组织在企事业单位、行业、街道三个层次调解网络的覆盖。年内，共受理各类劳动人事争议案件3550件，结案率达到92.4%，调解率达到50.9%。

（周　扬）

【公务员队伍建设】　年内，区人力社保局健全考录机制，严密组织实施，考试录用公务员161名。建立科级职数管理台账，实现全区科级职数使用情况动态管理。制定职务与职级并行工作方案，对15个街道符合职级并行条件的科级干部进行档案审核及任职备案。在全市各区县中率先建立使用公务员考核系统，实现2016年公务员平时考核与年度考核信息化管理。完成2016年度公务员考核奖励备案及区政府绩效管理专项考评工作。顺利推进全区科级公务员档案核查工作。加强全区公务员教育培训，健全教育培训考核体系，运行教育培训管理平台，加大在线学习管理力度。举办科级公务员任职培训、军转干部培训、人事干部自选式培训等培训班，开展英语人才库选拔培训，继续与清华大学、中国人民大学合作举办公务员高级研修班，开展学习贯彻“五大发展理念”网上专题轮训。

（曹丽凤　赵三春）

【人才服务】　年内，区人力社保局根据北京市人口疏解对人才引进工作的要求，制定人才引进计划，保障西城区重点领域高层次人才的引进需求。通过实地走访、需求申报、专家评审等方式提高人才引进工作效能。共有17家单位的28名高级人才获得引进资格，上报引进非京生源毕业生275人，办理工作居住证业务7510件。开展人才选拔推荐工作，推荐14人参加国务院特殊津贴、百千万人才、高级技师特殊津贴等各类人才评选，其中高玉丽、席修明二人获国务院特殊津贴。

（李曜　段颖）

【事业单位管理】　年内，区人力社保局推进事业单位岗位设置管理工作，做好岗位设置方案核准，完成对区教育、卫生、园林、体育等系统所属单位变更岗位设置方案的审核，对拟聘的事业单位工作人员进行岗位任职资格审核。研究制定改革方案，稳步推进中小学教师职称改革，组织区教育系统高级职称评审委员会，确定中高级教师职称人员。开展中关村高端领军人才职称直通车评价工作，协调市人力社保局为西城区增设轻工业设计专业，西城区推荐的周鸿祎等7人获评教授级高级工程师。组织199家事业单位面向社会公开招聘工作人员，完成招录553人。

（段颖　王京禄）

【军转干部安置】　年内，区人力社保局制定军转安置工作方案，根据每位军转干部的职务职级、服役年限、奖惩情况、边远山区经历、专业特长等信息进行分类；统计全区党政机关及事业单位的机构编制、职位空缺、人才需求等情况。分层分类推进军转安置工作，按照双向选择和指令性安置相结合的方式实施统筹安排，在充分了解军转干部个人专长、个人志愿和单位需求的基础上妥善安置，力求把合适的人选安置到合适的岗位上，实现“人岗相适、各得其所”，提升安置工作的公平性、科学性和透明度。全年安置军转干部28人，其中团职干部7人，营职（含）以下行政及专业技术干部21人。

（张　芳）

【社会保障公共服务标准化试点工作】　年内，建成包含人力资源、社会保障、业务支撑三大体系、68个子体系、377项标准的北京市西城区人力资源和社会保障标准体系，对323个服务事项逐一明确办理依据、办理主体、申报条件、申报材料、办理要求、办理程序和承诺时限，绘制工作流程图305张，实现全区各个服务事项标准统一。以优异成绩通过国家标准化管理委员会评估专家组的验收。

（王　波）

机构编制

【概况】　北京市西城区机构编制委员会办公室（简称区编办）是区机构编制委员会的常设办事机构，负责全区行政管理体制改革、机构改革及机构编制日常管理工作，既是区委工作机构，也是区政府工作机构，列入区委序列，与区人力社保局合署办公。年内，区编办紧紧围绕“四个全面”战略布局，不断深化行政体制改革，扎实推进转变政府职能，牵头协调“放管服”各项工作，不断推进政府治理体系和治理能力现代化，切实服务区域经济社会发展。

地址：西城区西直门南小街20号
邮编：100035
电话：66205928

（付晓东）

【从严控制新设立机关事业单位】　1月11日，根据《北京市西城区机构编制委员会关于从严控制新设立机关事业单位的通知》精神，除中央、市委、市政府明确要求外，西城区原则上不再新增相关机构；对已列入《北京市新增产业的禁止和限制目录（2015年版）》的事业性机构、非紧密型行政辅助服务机构以及其他属于非首都功能疏解范围的事业性机构，登记主管部门原则上不予进行事业单位法人登记。

（付晓东）

【整合区工人文化宫机构】　6月17

日，根据《关于调整区工人文化宫机构的批复》文件精神，撤销北京市西城区宣武工人文化宫，将其职能及编制划入到北京市西城区工人文化宫。

（付晓东）

【增设军队离退休干部休养所】 6月17日，根据《关于同意区民政局设立军队离退休干部第十二休养所和第十三休养所的批复》文件精神，成立北京市西城区军队离退休干部第十二、第十三休养所，均为区民政局所属财政补助公益一类事业单位。

（付晓东）

【明确各部门安全生产职责科室】 10月22日，根据《关于进一步加强区政府工作部门安全生产监管机构建设的通知》文件要求，区教委基建科、区科信委办公室、区民政局办公室、区司法局办公室、区财政局经济建设一科、区人力社保局劳动和社会保险监察科、区环保局环境安全管理科、区住房城市建设委施工安全质量管理科、区房管局房屋安全管理科、区市政市容委办公室、区商务委综合执法科、区卫生计生委办公室、区国资委办公室、区体育局体育市场管理科、区园林绿化局规划建设科、区旅游委行业监管科、区民防局工程科、区政府法制办监督指导科、区城管执法监察局执法业务科、区城管监督指挥中心综合协调科、西直门管委会综合管理二处、区环卫中心技术设备安全保卫科、区园林市政管理中心安全保卫科加挂“安全生产办公室”牌子，为部门安全生产监督职责牵头科室；区发展改革委环境资源科、区监察局党风政风监督室、区文化委文化市场治理办公室为本部门安全生产监督职责牵头科室。安全生产监督职责牵头科室承担安全生产年度或阶段性重点工作方案制定、协调督促、统计汇总、信息报送等日常运转工作。

（付晓东）

【调整区建设中心代管部门】 10月22日，根据《关于调整区建设中心代管部门的通知》文件精神，将区发展改革委代管的区建设中心，调整为由区住房城市建设委（重大办）代为管理，其他保持不变。

（付晓东）

【成立区妇幼保健计生服务中心】 10月22日，根据《关于同意区卫生计生委成立区妇幼保健计划生育服务中心的批复》文件精神，整合北京市西城区妇幼保健中心、北京市西城区计划生育生殖健康指导中心职能，设立北京市西城区妇幼保健计划生育服务中心，为区卫生卫计委所属正科级财政补助公益一类事业单位。

（付晓东）

【核减区房地中心事业单位编制】 10月22日，根据北京市编办关于控编减编的相关文件和《关于核减区房地中心下属事业单位编制的通知》文件精神，核减北京市西城区房屋土地经营管理中心兴地分中心、修建队、新街口管理所、德胜管理所、西长安街管理所、金融街管理所、供暖管理所、什刹海管理所、月坛管理所、展览路管理所10家单位空余编制共计320名。

（付晓东）

【核减区文化委事业单位编制】 10月22日，根据北京市编办关于控编减编的相关文件和《关于核减区文化委下属事业单位编制的通知》文件精神，核减区文化委下属财政补助事业单位编制共计5名，核减区文化委下属北京市红楼电影院、首都电影院、新星娱乐城、新街口电影院、胜利电影院5家经费自理事业单位空余编制共计183名。

（付晓东）

【核减区经济科学大学事业编制】 10月22日，根据北京市编办关于控编减编的相关文件和《关于核减区经济科学大学事业编制的通知》文件精神，核减区经济科学大学事业编制共计3名。

（付晓东）

【核减区环卫中心事业单位编制】 10月22日，根据北京市编办关于控编减编的相关文件和《关于核减区环卫中心下属事业单位编制的通知》文件精神，核减区环卫中心下属北京市西城区环卫中心一队、二队、三队、四队、五队5家事业单位空余编制共计430名。

（付晓东）

【组建区卫生和计划生育监督所】 12月4日，根据《关于调整区卫生和计划生育行政执法机构设置的通知》文件精神，组建北京市西城区卫生和计划生育监督所，负责法律、法规、规章规定的由区级卫生和计划生育行政机关行使的行政处罚职责以及相关的行政强制、监督检查等职责。其他机构不再承担卫生和计划生育行政执法职能。

（付晓东）

【区功促局更名】 12月8日，根据《关于区功促局更名及调整区文化创意产业促进职责的通知》文件精神，将北京市西城区功能街区产业发展投资促进局更名为北京市西城区产业发展促进局（简称区产业发展局），并将区委宣传部承担的文化创意产业促进相关职责划入区产业发展局。

（付晓东）

【区发展服务中心加挂牌子】 12月8日，根据《关于区功促局更名及调整区文化创意产业促进职责的通知》文件精神，将区委宣传部所属区文化创意产业促进中心全部职责编制及人员划入区发展服务中心，不再保留区文化创意产业促进中心，改在区发展服务中心加挂牌子，调整后，名称为“北京市西城区发展服务中心（北京市西城区文化创意产业促进中心）”。

（付晓东）

【组建金融街创新发展服务中心】 12月8日，根据《关于西城区功促局更名、调整西城区发展服务中心职责并加挂牌子、组建西城区金融街创新发展服务中心的函》文件精神，组建北京市西城区金融街创新发展服务中心，为区金融办所属副处级财政补助公益一类事业单位。

（付晓东）

法制工作

【概况】 北京市西城区人民政府

法制办公室（简称区政府法制办）是西城区人民政府综合管理法制工作的职能部门。行政编制23人，实有21人，事业编制13人，实有13人，工勤编制2人，实有2人，内设综合科、监督指导科（执法监督队）、审核科、行政复议科、行政调解指导科。年内，区政府法制办围绕全区中心工作，以政务能力建设为抓手，规范行政行为，强化行政执法监督，努力化解行政争议，发挥法律参谋助手作用，完成年度内各项工作任务。

地址：西城区南菜园街51号
邮编：100054
电话：83975063

（董若男）

【编制《关于全面推进西城区法治建设的实施意见》】 年内，区政府法制办在总结2011至2015年西城区法治工作基础上，为将法治的保障和引领作用落到实处，组成课题组开展《关于全面推进西城区法治建设的实施意见》的编制工作。9月，由中共北京市西城区委印发，将党委、人大、政府、政协、司法、社会建设等工作领域纳入法治规范化建设。

（王　喆）

【梳理完善权责清单】 年内，区政府法制办按照《西城区落实权责清单制度工作实施方案》的工作安排，对区属各部门的对外行政职权梳理情况进行了合法性确认，形成西城区“9＋X”清单，共梳理全区4390件部门权力，权力清单在西城区政府门户网站和各部门门户网站对外公开。

（王　喆）

【依法行政培训】 年内，区政府法制办完成区政府常务会会前学法6次，组织全区处级领导干部依法行政研讨班2期。与中国政法大学签署战略合作框架协议，依托中国政法大学在法学理论研究、人才培养、干部培训和法律咨询等方面的优势，在10个领域进行全面合作。从全区各部门选拔出90名优秀人才，组成法治骨干人才库，定期组织法治培训；培养法治高级人才，做到以点带面，提高全区政府工作人员依法行政理念和水平。

（王　喆）

【行政执法双随机工作】 年内，区政府法制办建立全区行政执法人员名录库和行政执法抽查事项清单，将全区具有行政执法证件的4172名执法人员（包括区属单位和双管单位）入库，检查事项清单共287个大类2498项行政执法检查小项。此数据已录入《西城区企业监管信息共享平台》，并根据法律法规及上级执法部门要求，对“一单一库”实施动态管理。9月7日，西城区在全市首次组织了多个行政执法部门联合双随机抽查。

（王　喆）

【确认行政执法岗位目录】 年内，区政府法制办根据行政权力清单，指导督促各行政执法部门将法定职责范围内的执法类事务纳入行政执法岗位目录，将行政执法人员划分为A、B岗，分岗位管理开展行政执法岗位划分、录入、确认等工作，年内共录入218个行政执法岗位，并将所有岗位与执法人员进行了关联。

（王　喆）

【行政执法监督工作】 年内，区政府法制办开展2016版《北京市行政处罚案卷标准》的贯彻宣传工作，组织完成2016年西城区行政执法案卷评查工作。开展行政执法人员资格、证件管理，组织8个部门32名执法人员进行公共法律知识培训考试并核发北京市行政处罚执法证件。依托《北京市行政执法信息服务平台》，运用科技手段明确行政处罚事项，加强对行政执法全流程、人均执法量和职权履责率的监督，不断规范行政执法行为。强化行政执法数据统计分析，完成《2015年西城区行政处罚分析报告》。

（王　喆）

【重点领域的执法协调】 年内，区政府法制办坚持行政执法联席会议制度，切实增强各部门之间的经验交流，固化行政执法实操。同时加强疏解非首都功能、文物保护、拆违撤市、环境整治等重点领域的执法协调，就拆除承重墙的管辖问题等具体案件组织召开协调会，出具协调意见，初步探索了行政执法争议裁决机制。

（王　喆）

【区委、区政府文件及部门文件合法性审核】 区政府法制办全年共审核区委文件、区政府文件、部门文件、其他各类公文草案191件次。对涉及区委区政府重点工作的文件草案，从必要性、合法性、合理性、可行性、规范性等方面给予重点审查，为提高文件质量，辅助政府决策提供了法制保障。

（仲　欣）

【规范性文件备案审查】 区政府法制办全年共向市政府、区人大常委会报送备案区级行政规范性文件8件，均准予备案，切实做到有件必备、及时报备。接受区政府所属工作部门向区政府备案的部门行政规范性文件10件，出具准予备案文书，在“北京西城”网站予以公告，切实做到有备必审、依法公开。

（仲　欣）

【规范性文件实施情况后评估】 年内，区政府法制办为加强规范性文件管理，组织开展《西城区可持续发展项目管理办法》的实施情况后评估工作，围绕文件实施的总体效果、合法性和合理性、完善性及文件的处理和建议等展开评估，在起草单位自评基础上，邀请专家学者、相关部门及部分相对人代表共同参与评估。

（仲　欣）

【区级规范性文件清理】 年内，区政府法制办按照《北京市西城区人民政府关于印发西城区行政规范性文件管理规定的通知》要求，对2016年12月1日前，以区政府名义发布的37件区级行政规范性文件进行了清理，并将文件清理结果以区政府文件形式予以公布。

（仲　欣）

【政府重大决策案例评审】 年内，区政府法制办梳理了2014至2016年区政府重大决策事项目录，按照市推进依法行政工作领导小组办公室的要求，选取有代表性的决策案例参加市里评审会。

（仲 欣）

【政府合同审核及部门合同备案】 区政府法制办全年共审核政府合同、协议24件。合同文本涉及教育合作、区域间友好协作、部门间战略合作、房屋征收安置等全区重大事项，从条款内容、文字表述、结构格式各方面进行审核、把关，在确保合法、减少风险的基础上逐件出具《合同审核意见书》，为区政府依法高效决策提供法律支撑。接受区政府所属工作部门向区政府法制办备案的部门签订的合同9件，出具准予备案文书。

（仲 欣）

【区政府法律顾问团工作】 年内，区政府法制办发挥法律顾问的研究咨询作用，西城区法治建设专委会换届，吸收2名新的法律专家，法律专家达9人。全年组织法治建设专委会委员参与区政府重大决策、专项研究西城区人口疏解重点工作调研课题、为西城区行政规范性文件出台建言献策及列席区政府常务会等方面工作共10次。

（仲 欣）

【全区普遍建立法律顾问制度】 年内，区政府法制办推进《北京市西城区法律顾问工作管理办法》的全面开展。组织对全区各部门落实《办法》情况进行摸底及监督检查，自《办法》实施后，全区由原先25家单位聘请法律顾问发展到共有54家单位聘请了法律顾问。各单位均与律师事务所签订了书面合同，并按照《办法》的相关要求及时进行备案。

（仲 欣）

【法律法规规章征求意见】 区政府法制办全年完成市立法草案及全国人大立法草案征求意见稿共15件，充分征求了有关部门意见，并在认真研究的基础上，提出修改建议，及时反馈。

（仲 欣）

【行政调解工作】 年内，区政府法制办为推进行政调解工作，贯彻中央及北京市相关文件的精神，制定西城区未来五年关于加强多元调解工作的指导性意见。牵头建立由各行政机关、各街道办事处、各科站队所社区组成的三级行政调解网络体制，按照《北京市行政调解办法》规定的行政调解范围、程序开展行政调解，并严格按照《北京市行政调解办法》及配套工作制度的规定对全区行政调解工作进行指导、协调和监督。年内全区行政调解案件共有10487件（其中行政争议有175件，民事纠纷有10312件），调解成功8491件，调解成功率达81%。

（郭 雷）

【行政调解、司法调解、人民调解的衔接配合工作】 年内，区政府法制办开展“行政调解、司法调解、人民调解”联动衔接的探索工作，劳动争议、消费纠纷均已建立司法对接机制，行政争议的化解更加快捷、有效，化解及时到位，真正做到案结事了。

（郭 雷）

【行政复议接待立案工作】 区政府法制办行政复议接待室全年通过当面、电话、网络等形式共接待行政复议咨询294起354人次。调解科全年收案278件，其中受理255件，作出不予受理决定23件。

（郭 雷）

【行政复议工作】 区政府法制办全年共办理行政复议案件281件，审结263件（上期结转52件），其中维持具体行政行为148件，申请人撤回申请（终止）26件，驳回复议申请23件，撤销具体行政行为59件，确认具体行政行为违法5件，责令被申请人履行法定职责2件。复议科全年代理被复议案件76件，审结59件，其中维持具体行政行为46件，确认具体行政行为违法5件，申请人撤回申请（终止）2件，撤销具体行政行为6件。

（李 雯）

【行政应诉工作】 区政府法制办全年代理以区政府为被告的行政诉讼案件424件。其中一审278件，已审结275件（含上期结转26件），其中裁定驳回起诉168件，判决驳回诉讼请求60件，原告撤回起诉25件，判决撤销行政行为21件，裁定移送北京市第四中级人民法院审理1件；二审144件，已审结115件（含上期结转13件），其中裁定驳回上诉112件，原告撤回上诉1件，撤销一审裁定、指令一审法院继续审理的2件。抗诉案件2件，未审结。以区政府为被告的行政诉讼案件424件，上年诉讼案件共244件，案件量同比上升73%，其中审结337件（含上期结转），败诉17件，败诉率为5%，败诉率同比下降3个百分点。2016年西城区继续贯彻落实行政机关负责人出庭应诉的法定要求，凡以区政府为被告的行政诉讼案件及被复议案件，应诉代理人之一必须为副处级以上领导干部。区长王少峰出庭应诉，起到了示范作用。

（李 雯）

【行政强制执行案件审核】 为确保违法建设查处工作严格依法进行，区政府法制办不断加强强制拆除违法建设的审核工作，全年共收到申请强制拆除违法建设案件30件，结案38件（上期结转8件），区政府批准强制拆除违法建设25件，退回补充案卷材料13件。

（李 雯）

【审核申请法院强制执行案件】 年内，区政府法制办严格把关，从事实、法律依据、程序等方面认真审核区房屋征收办报送的申请法院强制执行案件，全年共收到申请法院强制执行案件8件，审结7件。

（李 雯）

【典型案例评析】 年内，区政府法制办为加强对败诉案件的研究和对各部门复议工作的指导，促进行政复议工作规范化建设，提高复议人员的办案能力和水平，复议科从近几年承办的败诉案件中研究、筛选出7件典型案例，由复议委员会的专家、学者和复议科工作人员对案件进行评析，提出案件审理中需要注意的问题和建议，有较强的针对性、实用性。案件点评编辑成册分发给各部门，对全区的复议工作有较强的指导作用。

（李 雯）

民族宗教事务

【概况】 北京市西城区民族宗教事务办公室（简称区民宗办）是西城区政府负责民族宗教工作的职能部门，年内共有工作人员16人，其中行政编制15人，机关工勤编制1人，设综合科、民族科、宗教科。主要职责是：贯彻落实国家有关民族、宗教工作的法律、法规、政策及北京市的有关规定；拟订民族、宗教工作规划并组织实施；指导、检查、监督本区相关部门开展民族、宗教工作；负责调查研究本区民族、宗教工作情况；组织民族、宗教工作学习交流活动；负责培训民族、宗教干部；联系民族、宗教界人士；依法保护少数民族公民、信教群众在本区的合法利益；依法对本区民族宗教事务进行管理等。年内，区民宗办全面贯彻中央民族工作会议、全国宗教工作会议和北京市民族工作会议精神，把握“共同团结奋斗、共同繁荣发展”的民族工作主题，抓住宗教工作基本方针，强化宣传，培树典型，优化机制，服务民生，圆满完成各项工作任务，使西城区继续保持各民族亲邻友善、互助互爱，五大宗教和睦相处、爱国爱教的良好局面。

地址：西城区二龙路27号

邮编：100032

电话：88064187

（钟　润）

【民族经济工作会】 1月19日，区民宗办主持召开民族经济工作会议，西城区29家清真特色餐饮企业负责人及重点扶持项目企业负责人参加会议。会议传达了西城区2015年少数民族经济专项资金的使用落实情况，宣读了《北京市西城区少数民族经济发展专项资金使用管理办法》，指出清真特色餐饮企业担负着保证清真食品安全的重任，也是为广大穆斯林群众服务的窗口，希望企业利用好专项扶持资金，发挥行业引领作用。

（钟　润）

【春节前少数民族服务保障】 春节前夕，副区长陈宁到社区为少数民族困难、残疾家庭送去慰问金。节前，根据市民委指示精神，区民宗办会同区发改委、区民政局、区财政局根据北京市有关文件精神，为全区有清真饮食习惯少数民族低保群众发放一次性春节生活补助每人300元，共为符合发放条件的805位少数民族发放补助款24.15万元；并与15个街道走访慰问少数民族贫困户44户，发放慰问金2.2万元。

（钟　润）

【清真食品进社区展卖活动】 为了方便地区少数民族居民购买便宜又放心的清真食品，区民宗办按照市民委工作部署，2月2日，会同牛街街道联合牛街清真食品商会在牛街西里二区广场开展“迎新春牛街街道清真食品进社区展卖活动”，活动邀请牛街清真超市、正兴德茶庄、年记熟食等多家地区知名清真食品企业参展，受到社区居民欢迎。

（钟　润）

【牛街牛羊肉物种检测室建成】 3月中旬，为提高食品安全检测的效率和准确度，保障少数民族群众吃到放心的牛羊肉，牛街食品药品监督所建成牛羊肉物种检测室，是全市已有街道食药所中面积最大，也是第一家能够进行物种检测的街道级检测室。可通过专业仪器快速检测牛羊肉。牛街辖区内约有180家清真餐饮单位和400余家食品经营单位，吸引了很多本市及外地游客慕名而来，每天仅清真牛羊肉市场的售卖量就达到100吨左右。

（钟　润）

【牛街礼拜寺接待克拉玛依市宗教人士】 4月9日，以新疆维吾尔自治区克拉玛依市民宗委主任亚森江·坎吉为团长的该市宗教人士考察团一行15人，到牛街礼拜寺参观，并与西城区伊斯兰教协会（简称区伊协）座谈，西城区伊协副会长、牛街清真寺阿訇杨冠军和区伊协常务副秘书长张连慈等接待。

（钟　润）

【区政协委员视察民族团结教育工作】 4月28日，西城区民族宗教和港澳台侨委员会的政协委员一行10人到区民族团结幼儿园，视察西城区的民族团结教育工作。区民宗办副主任汇报了区民族团结教育工作的开展情况。西城区以青少年民族团结教育教育基地为依托，以37所民族团结教育基地校为龙头，引领西城区各中小学幼儿园开展民族团结教育工作。56中学、回民学校、35中学等一批特色校被评为北京市民族团结教育示范校；西城区青少年民族团结教育基地被评为北京市首个全国民族团结教育基地。委员们还参观了幼儿园的现场教学，听取了负责人的工作汇报。

（钟　润）

【民族政策联合执法检查】 根据市委统战部和市民委联合下发的《关于开展禁止针对少数民族群众歧视性做法检查督查的通知》要求，4月29日，由西城区委统战部、区民宗办牵头，同西城公安分局、西城消防支队、区民政局、区人力社保局、区旅游委和牛街街道办事处等相关部门，对牛街地区进行民族政策检查。检查重点针对各类宾馆、交通、超市、餐饮、加油站等部门和单位存在的拒住、拒载、拒卖、拒餐、拒加油和相关安保检查中存在的歧视性行为等现象，未发现有歧视性现象出现。

（钟　润）

【儿童节走访慰问】 “六一”儿童节前夕，区民宗办、区教委统战部、区伊协等部门的领导分别带队到回民幼儿园、民族团结幼儿园、区少年宫、回民小学、民族团结小学慰问孩子们，并送去节日慰问款。

（钟　润）

【市人大调研西城社区民族工作】 8月2日，市人大常委会和市人大少数民族代表小组成员到牛街街道调研城市社区民族工作，参观了春风社区的卫生服务站、活动室、早教中心，听取市民委民族一处处长关于北京市城市民族工作总体情况的介绍，以及牛街街道春风社区党委书记关于社区民族工作情况的介绍。就少数民族流动人口如何融入社区、社区服务、街道办事处开展民族工作的主要做法等进行了交流。

（钟　润）

【民族政策监督员座谈会】 11月18日，区民宗办召开民族政策监督员座谈会，15个街道主管民族工作的干部、民族政策监督员代表等30余人参加会议。区民宗办副主任介绍了2016年度民族工作开展情况及2017年工作思路。参会人员就民族政策执行情况进行了座谈，就清真网点日常监管的经验进行交流并提出建议。西城区聘有民族政策监督员100名，每个月定期开展清真饮副食网点的日常巡查、监管。

（钟　润）

【佛教节日】 1月17日是佛教释迦牟尼佛成道日，广济寺、广化寺、法源寺、天宁寺和居士林迎来3700余名信众。5月14日是佛教浴佛节，当日1万余名佛教信教群众分别到广济寺、广化寺、居士林、天宁寺、法源寺参加宗教活动。为确保节日活动顺利进行，西城区相关单位在场所周边维持秩序，做好服务保障工作，确保佛教信众安全祥和地度过节日。

（钟　润）

【佛教、道教活动场所民俗活动服务保障会】 1月19日，区委副书记、区委政法委书记王力军主持召开2016年春节佛教、道教活动场所民俗活动服务保障工作协调会。副区长、西城公安分局局长张明，副区长杜黎彬参加会议，全区10余个部门领导和相关街道办事处负责人出席。会议听取了相关单位工作方案的情况汇报。与会单位对活动相关问题进行了研究。3月29日，西城区召开白云观民俗活动保障工作研讨会。王力军、杜黎彬和中国道教协会副会长、秘书长张凤林出席会议。全区19个相关部门参加会议。杜黎彬对白云观民俗活动服务保障工作给予充分肯定；王力军代表区委、区政府对各部门在春节期间完成全区佛道教场所安全服务保障工作予以感谢，希望将宗教活动场所的安全保障工作纳入常态工作机制。4月8日，杜黎彬主持召开白云观门前秩序整治工作协调会，相关部门针对白云观门前乱象整治进行了沟通交流。

（钟　润）

【宗教活动场所安全工作会】 1月26日，西城区召开宗教活动场所安全工作会，区级宗教团体负责人和宗教活动场所安全主管参加会议。会上通报了近期安全形势，传达了西城区“两节”安全工作会精神，学习了《反恐怖主义法》。区民宗办主任做了工作部署。为做好宗教活动场所反恐防恐工作，西城区投资171万元，为全区的宗教活动场所共安装56个防冲撞装置，在确保场所安全的同时，加强了场所的基础设施建设。

（钟　润）

【清真寺寺管会主任及首席阿訇研讨会】 1月29日，西城区召开清真寺寺管会主任及首席阿訇研讨会。市宗教局宗教四处处长参加会议。参会的各清真寺寺管会主任及首席阿訇分别从如何更好地做好本职工作、如何更好地服务于广大穆斯林群众和如何更好地处理好寺务与教务的关系三个方面作了发言。

（钟　润）

【区委书记慰问佛教界人士】 2月4日，区委书记卢映川，区委常委、区委统战部部长程军，区委常委、区委办主任孙硕走访广济寺，慰问中国佛教协会会长学诚大和尚、中国佛教协会副会长演觉大和尚。区委统战部、区民宗办领导和中佛协秘书长参加春节慰问活动。卢映川代表西城区委向学诚大和尚和演觉大和尚表达了节日的问候，并感谢中国佛教协会多年来为西城区经济建设、地区发展等方面做出的贡献。希望学诚大和尚和演觉大和尚继续引导和团结广大信教群众为西城区的人口疏解等中心工作，为地区和谐稳定贡献力量。

（钟　润）

【白云观民俗活动安全保障】 正月初一至初五共有14.4万余人次到白云观参加民俗活动。区领导卢映川、王少峰、王力军、王都伟、程军、孙硕、杜黎彬、姜立光等在节日期间到白云观检查工作，慰问工作人员。王力军、程军、陈宁、李岩、杜黎彬、姜立光参加应急值守。活动组织有序，安全祥和。

（钟　润）

【落实和谐寺观教堂创建活动】 为全面落实国家宗教局以“规范”为主题开展和谐寺观教堂创建活动的工作部署，西城区以“一学、两促、四规范”为抓手，推动创建活动，提升依法管理宗教事务的能力和水平。“一学”即学习贯彻《宗教事务条例》，以学习贯彻《宗教事务条例》为重点，强化法治思维，坚持依法管理。“两促”即一是促进创建，把创建活动作为重点工作纳入整体工作，统筹推进，贯穿始终；二是促进提升，积极支持引导宗教团体和宗教场所加强自身建设，提高自我管理水平和能力，发挥宗教界在区域建设中的积极作用。“四规范”即一是规范管理，建立健全各项规章制度，宗教活动场所信息、宗职人员、信众骨干等登记建档工作，完善宗教活动场所分级分类管理制度、安全协议备案制度、重大事故事件防范报告制度等，完善常态活动与非常态活动应急管理办法；推进管理制度化，要求标准化，信息公开化。二是规范服务，指导宗教活动场所继续开展培育和践行社会主义核心价值观活动，依托政府主导、部门参与、宗教主体工作机制，推进领导与宗教代表人士结对子工作，加强宗教活动场所及周边综合整治工作，做好重大活动期间宗教活动场所安全保障服务。三是规范活动，以政策法规月为重点，开展分层次多形式的培训活动，推动宗教活动场所严格依法依规办事，建立宗教节日和大型活动报备制度，引导信教群众自觉维护宪法和法律权威，自觉在政策法规和教义教规允许的范围内开展活动。四是规范行为，推动宗教活动场所加强对场所宗教教职人员的教育引导和规范管理，积极推行教务公开，从政治素质、道德品质、宗教学识、工作能力、文化水平等方面提升教职人员的整体素质，更好地为信教群众服务。 为做好以“规范”为主题开展和谐寺观教堂创建工作，西城区制定了《以“规范”为主题开展和谐寺观教堂创建工作方案》。

（钟　润）

【组织宗教界开展爱国主义教育】 3月11日，区民宗办组织宗教界人士赴国家博物馆参观《佛光菜根谭——星云书法展》及星云法师捐赠的北齐佛首造像。活动中，大家学习了星云大师的书法作品，观看了星云大师的生平，宗教界人士感到北齐佛首造像这件珍贵文物的回归，缘于两岸民众的血脉亲情，缘于中华文化强大的感召力，体会到了宗教文化源远流长，更感受到了宗教界团结一心爱国家、爱社会、爱人民的爱心。

（钟　润）

【斋月期间宗教场所安全保障】 6月6日至7月6日是伊斯兰教斋月。西城区多项举措保障地区斋月期间宗教场所的安全稳定：区政府常务会听取区民宗办关于2016年西城区开斋节活动实施方案的汇报；由区领导主持召开开斋节活动协调会，部署开斋节西城区服务保障工作，并责成开斋节活动指挥部成员单位依职责制定活动方案及应急预案；区民宗办对各清真寺负责人进行消防知识培训，区安监局牵头组织有关部门对清真寺进行联合检查，西城公安分局对各清真寺负责人进行反恐防恐知识培训，明确责任，发挥联动作用，确保节日期间宗教场所安全；区民宗办领导在开斋节前走访慰问各清真寺，为教职人员送去慰问金及防暑降温用品；全区有关街道在斋月期间组织民族工作重点社区开展丰富多彩的文化体育活动，突出民族特色，对辖区内少数民族高龄、特困人员慰问帮扶，营造“民族团结共创和谐”的氛围。7月4日，副区长杜黎彬率队对区伊协所属牛街礼拜寺和德外法源清真寺进行了安全、消防、反恐防范措施等诸多方面全方位检查。

（钟　润）

【西城区宗教界开展慈善活动】 6月12日，由北京彩虹桥慈善基金会主办，北京佛教居士林及首都医科大学附属北京安贞医院协办，“听心声·内蒙行”杭锦旗儿童先天性心脏病免费筛查及培训项目启动仪式在杭锦旗人民医院举行。此次筛查及培训活动分批次为杭锦旗1.4万儿童进行先天性心脏病的筛查，并培训当地医生及对杭锦旗儿童先心病发病因素进行调研分析。在为期一周的救助活动中，共筛查4所学校，2754名儿童接受心脏检查，通过对孩子筛查时一对一的诊断培训，帮助他们初步掌握了先心病基本诊断技能。共临床带教听诊医生24人次，B超医生15人次。区委统战部和区民宗办派干部陪同前往，为活动的顺利开展协调当地政府相关部门。

（钟　润）

【伊斯兰教节日】 7月6日开斋节，西城区穆斯林群众分别在牛街礼拜寺、德外法源清真寺、三里河清真礼拜永寿寺、正源清真寺、前门清真寺、后河沿清真寺等6座清真寺举行节日会礼等宗教活动。进入牛街礼拜寺观礼的群众1.5万余人，到清真寺会礼的穆斯林群众9200余人。包括来自12个国家的242名外籍穆斯林到牛街清真寺参加会礼。区领导还分别到全区所属6所清真寺及北京市民族敬老院走访慰问穆斯林群众，全区公安、城管、消防、卫生、各街道办事处等相关部门共投入各级安全保卫力量2700余人。期间举办了第九届北京清真美食节、牛街街道第十一届社区民族团结杯象棋决赛和第十一届牛街街道民族团结书画展。9月12日是伊斯兰教“古尔邦”节，西城区6座清真寺举行会礼活动。北京市民委委员洪波、王海丰和西城区领导王少峰等到牛街礼拜寺看望全体阿訇并向穆斯林群众祝贺节日。区伊协副会长杨冠军阿訇受薛天利阿訇委托向各位领导表示感谢并汇报古尔邦节的工作情况。节日期间参加会礼的穆斯林群众共有6300余人，其中包括外宾288人。6所清真寺共宰牛8头、羊68只，回民殡葬管理处设临时宰牲点宰羊72只。12月11日伊斯兰教圣纪节，西城区所属牛街礼拜寺、德外法源清真寺举办圣纪活动。市宗教局、区民宗办、西城公安分局等相关部门的领导到清真寺看望阿訇及信教群众。参加圣纪活动的穆斯林群众共计950余人。

（钟　润）

【和谐寺观教堂工作研讨会】 7月19至20日，区民宗办组织辖区内各宗教团体、宗教活动场所负责人和信众骨干开展和谐寺观教堂创建工作交流研讨，全区3个爱国团体负责人、18个宗教活动场所负责人及工作人员共40余人参加了交流。会上，天主教爱国会秘书长汪颖、基督教三自委员会会长杜凤英、伊斯兰教协会秘书长冯嘉美分别代表爱国团体发言，汇报爱国团体在指导各宗教活动场所创建过程中的工作方法和特点。天主教西直门教堂、佛教天宁寺、道教吕祖宫、牛街礼拜寺等各场所负责人在会上做典型发言。

（钟　润）

【组织学习总书记考察宁夏讲话】 7月21日，区民宗办会同市宗教局宗教四处、市伊斯兰教协会组织西城区部分阿訇在牛街礼拜寺召开座谈会，主要学习中共中央总书记习近平到宁夏回族自治区银川新城清真寺调研时的讲话精神，与会人员30余人。

（钟　润）

【朝觐工作协调会】 为做好朝觐送行和接机工作，8月18日，副区长杜黎彬主持召开2016年度西城区朝觐工作协调会。中国伊斯兰教协会、区政府办（区应急办）、区民政局、区市政市容委、区民宗办、区城管执法监察局、西城公安分局、区食药监局、西城交通支队、牛街街道办事处、区环卫中心、区伊斯兰教协会的主管领导参加会议。会上中国伊协介绍了2016年朝觐工作安排，传达了中央有关精神，并对朝觐工作进行部署。年内有5架包机共1473人由中国伊斯兰教经学院门前集中出发，从北京出境。

（钟　润）

【市民委领导调研西城区伊斯兰教工作】 10月12日，市民委副主任范宝对西城区伊斯兰教工作进行调研。范宝听取了伊斯兰教协会换届后工作情况的专题汇报，并对区伊协存在的困难和问题进行研判，特别对加强西城区伊斯兰教所属清真寺各项制度建设工作提出了要求。

（钟　润）

【宗教界家访活动】 11月16至20日，区民宗办会同区委统战部组织赴山西晋城、长治对北京佛教协会副会长怡学法师及天主教北京教区秘书长、西什库教堂主任司铎甄雪斌神甫，教务委员会副秘书长、宣武门教堂主任司铎赵庆龙神甫，爱国会副秘书长刘永斌神甫亲属进行走访慰问。同心同行，共话乡情。西城区委常委、统战部部长程军，区人大常委会副主任周慧来，区政府副区长杜黎彬参加家访。西城区一行分别与长治市委常委、常务副市长潘贤掌，市委常委、市委统战部长刘卓良，市人大常委会副主任崔建泰，晋城市委副书记、晋城市政府党组书记、晋城市市长武宏文，市委常委、市委统战部部长焦光善，市人大常委会副主任孔庆鹏，市政协副主席陈建国等进行交流座谈。

（钟　润）

【平安夜安全服务保障工作】 12月25日是天主教、基督教圣诞节。圣诞前夜，西城区天主教、基督教3处场所共有约2万群众参加活动和参观。12月24日平安夜当晚，市领导孙康林、王宁、李长友、赵玉金、尹培彦，市宗教局局长池维生、市委统战部常务副部长周开让等到天主教宣武门教堂看望李山主教并向广大群众祝贺节日。区领导卢映川、王少峰、章冬梅、王旭、孙硕、程军、张明、杜黎彬、朱国栋、李异、徐利到天主教、基督教场所看望并慰问信教群众。整个圣诞节活动安全有序。

（钟　润）

【回民殡葬管理处完成部分硬件升级改造】 年内，为了进一步改善西城区回民殡葬服务环境，加强对回民殡葬处的硬件环境建设，更好地为穆斯林群众提供优质便捷的回民殡葬服务水平，区政府安排专项资金对区回民殡葬管理处电梯及中央空调进行彻底更新。截至12月，两项工程全部更新完毕。

（钟　润）

对外事务·港澳事务·侨务工作

【概况】 北京市西城区人民政府外事侨务办公室（简称区政府外事侨务办）是负责本区外事工作、港澳事务及侨务工作的区政府工作部门。在外事领域，主要负责外事统筹协调归口管理，具体承担因公出入境管理、以友城为重点的国际交流、国际语言环境建设及外国媒体、外籍人员、非政府组织等涉外管理职责。在侨务领域，具体承担宣传和贯彻执行国家侨务政策，开展涉侨宣传、文化交流和华文教育工作，办理归侨、侨眷、外籍华人亲属身份确认等事项。内设因公出入境管理科、国际交流和侨务科、涉外管理科，行政编制16名。全年接待团组31批次318人次。西城区友好（交流）城市共有22个。

地址：西城区二龙路27号

邮编：100032

电话：88064597

（梅　雯）

【服务国家外交及首都外事】 年内，发挥地方外事作用，配合国家总体外交布局：6月，配合中奥建交45周年，积极促进北京第14中学与奥地利格拉茨市学校建立友好校关系并开展学生交流项目；4月，结合中联部统一安排，接待马来西亚工会干部代表团考察什刹海街道社区服务中心，交流社区建设举措；6月，接待加纳新爱国党代表团参观北京外事学校，交流职业教育发展经验；6月，接待南非共产党代表团观摩西城区区委常务会议，了解区委议事程序；6月，接待越共中央组织部干部代表团参观金融街街道，交流街道党建情况；9月，接待厄瓜多尔国会代表团考察广安门内街道西便门东里社区，探讨推进便民服务；10月，接待秘鲁干部考察团参观西长安街街道义达里社区，了解基层党建情况；2月，围绕全国人大要求，接待日本国会参议院代表团参观荣宝斋大厦和工艺坊，交流非遗工艺传承发展；6月，配合全国友协安排，接待马其顿—中国友好协会代表团参观天桥艺术中心等地，探讨西城区文化资源整合利用；12月，配合中国人民外交学会，接待美国旧金山市市长代表团参观大观园，交流体验红楼文化。围绕区域中心工作，积极推介优质资源：1月，安排越南河内市福寿县代表团参观“滨河绿道”、大栅栏老字号企业，交流城市园林绿化工作经验和传统商业经营模式升级；5月，围绕澳大利亚彭里斯市市长代表团来访意向，召开投资、旅游项目推介会，与区国资委、区旅游委、区工商联、西城区企业联合会等单位及下属企业进行具体项目沟通；5月，结合美国帕萨迪纳市新市长首次来访，组织参观金融街、大栅栏“北京坊”、西长安街街道义达里社区、黄城根小学等相关单位，介绍西城区经济社会发展概况、历史文化名城保护经验、老旧小区改造模式及教育交流合作项目；6月，安排印度班加罗尔市市长代表团参观金融街街道丰融园社区，考察垃圾分类处理工作；9月，组织美国大华府贸易委员会代表团参观金融街沙盘，为促进经贸合作奠定基础；10月，安排瑞士老龄化专家代表团访问德胜社区卫生服务中心，就养老医疗服务领域合作进行座谈。

（梅　雯）

【打造品牌活动】 年内，在友城框架下开拓商务推介渠道，助推企业“走出去”、经验“引进来”。以澳大利亚彭里斯市市长代表团来访为契机，区政府外事侨务办牵头，协调区国资委、区旅游委、区工商联及西城区企业联合会等单位共同开展彭里斯市投资和旅游专场推介会，共吸引区内41家相关单位与彭里斯市代表团具体洽谈合作项目；在西城区与伦敦金融城友好交流的基础上，开展“北京金融街·伦敦金融城金融合作与发展对话”，促进双方在新形势下继续开展金融领域务实合作；与瑞士蒙特勒市商谈2017年蒙特勒市圣诞集市项目，助推西城区优质企业在国际商贸市场上崭露头角。以“西城文化友城行”为抓手，展现西城文化软实力。在哥斯达黎加利蒙市设立“西城图书角”，赠送西城文化书籍，推进中国优秀传统文化传播；在马其顿斯科普里市中心区、以色列耶路撒冷市、匈牙利布达佩斯市五区、捷克布拉格市一区举办“古韵北京·魅力西城”图片展活动，通过活力西城、魅力西城、和谐西城三个板块，增进当地居民对西城区的了解；应中国驻瑞士大使馆邀请，组派区第一文化馆“春之声”合唱团参加2016年“蒙特勒国际合唱节”，在国际舞台唱响中国歌曲，深化两地居民的了解和友谊；组织非遗代表团参加2016年斯洛伐克“皮什佳尼市艺术节”，向皮什佳尼居民宣传推介天桥中幡、八卦掌、耍花坛、古彩戏法、古琴表演等非遗项目，得到当地居民的高度赞赏；安排非遗代表团赴捷克、匈牙利进行泥塑脸谱、风筝、传拓、药香、剪纸等项目的展览展示，传播中国传统文化。以友城渠道推进校际结好，支持教育国际化发展。接待美国帕萨迪纳市市长代表团来访，协助代表团访问区教委及黄城根小学、康乐里小学、161中学等学校，洽谈教育项目推进；在西城区与奥地利格拉茨市友好交流的基础上，促成格拉茨市学校与北京第14中学结为友好校；组织宣武外国语学校与韩国首尔市中区学校、西城外国语学校与瑞士蒙特勒市学校开展青少年民宿交流活动，增进青少年间的相互了解和对彼此文化的认知；安排相关代表团在出访期间，与哥斯达黎加利蒙市及古巴哈瓦那市学校就开展校际交流进行协商。启动“西城区国际友城文化艺术园”项目，拟在金融街绿地、中关村科技园西城园等地设立文化艺术园，集中放置友城雕塑并适时举行揭幕仪式，向西城居民展示西城区国际友城交往成果，使区内绿地草坪更具艺术观赏性；开展市政环卫项目交流，向柬埔寨金边市隆边区赠送5辆电动垃圾清运车和100套垃圾桶，改善了隆边区区内环境，提升了居民生活质量。

（梅　雯）

【友城交流】 年内，西城区与马其顿斯科普里市中心区、捷克卡罗维发利州城市联合会、越南河内市福寿县签署发展友好关系意向书；与斯洛伐克皮什佳尼市、日本东京都中野区续签友好关系意向书、协议书；与英国伦敦金融城、奥地利格拉茨市、古巴哈瓦那老城区、印度班加罗尔市等重要城市（区）推进友好关系发展；与俄罗斯圣彼得堡市红河区、匈牙利布达佩斯五区、智利圣地亚哥市、摩洛哥卡萨布兰卡市等城市（区）开展友好交往。对22个友好（交流）城市进行全面梳理，将其分为频繁交往、中等交往和新交往三类，通过不同方式、不同频次进行友好交往和日常联络，将已明确中断联系的3个友城移出友城库。围绕西城区与日本东京都中野区结好30周年，西城区与中野区开展了系列友好交流活动：4月，中野支部代表团来访，与西城区共同举办“友好、交流、和平书画展”；5月，中野区春秋会代表团拜会西城区政府，洽谈友好交流事宜；7月，西城区居民代表团访问中野区，拜会中野区政府并共同举办“结好30周年交流演出”，通过歌曲、舞蹈、太极拳等形式加强文化交流；8月，中野区少年棒球团来访，与西单小学、育才学校共同举办青少年软式棒球交流赛；11月，中野区区长田中大辅率政府代表团和居民代表团来访，双方签署《西城区和中野区继续发展友好城市关系协议书》。结合西城区与日本东京都涩谷区开展友好交往20周年，西城区与涩谷区开展了政府间和民间交流活动：7月，西城区居民代表团访问涩谷区，涩谷区区长谷部健接待代表团一行；8月，谷部健率政府代表团和青少年代表团同期来访，政府代表团向西城区第一图书馆赠送50册少儿读物，青少年代表团与北京39中学开展民宿交流活动。

（梅　雯）

【因公出国（境）管理】 年内，落实中央“八项规定”和“两学一做”专题教育活动要求，按照北京市相关文件精神，不断优化因公出入境管理体系，做到一手抓总量控制，一手抓质量提升，进一步规范管理，提升服务，加强成果转化。坚持区委外事工作领导小组的领导，切实加强因公出国（境）管理，科学统筹制定全区年度因公出国(境)计划，严格进行因公出国（境）团组审核，加强出访成果转化。践行外事为民宗旨，加强有针对性的外事政策业务培训，开展APEC商务旅行卡宣传推介，全年共为21家企业申办APEC商务旅行卡56张。通过《西城区因公出国（境）服务机构管理办法》《西城区关于加强因公出访成果共享和评估工作的意见》等制度，加强因公出入境管理。

（梅　雯）

【涉外管理】 建立涉外工作台账，年初开展全区涉外活动摸底工作，根据各单位上报涉外活动情况，对需要审批备案的工作提前着手。对区内相关单位报送的涉外事(案)件，按照外事无小事的原则，做到及时沟通、及时上报、及时处置，妥善解决问题、减少社会影响。在全国“两会”、十八届六中全会、古尔邦节、开斋节、圣诞节期间，配合区内牵头部门制定涉外应急预案，预防涉外事（案）件发生，并就外国驻华使馆参与和境外媒体采访事宜，与市外办提前沟通，确保发现问题及时解决。结合2016年金融街论坛举办事宜，就论坛的材料准备和申报流程与区金融办提前沟通，按照市外办要求确保论坛各项材料符合要求，在2016年金融街论坛比往年提前5个月举办的情况下，及时、顺利通过北京市国际会议审批。统筹区属各单位涉外协议签订情况，按照《西城区对外协议管理工作实施细则》要求，协调完成区政府与世界知识产权组织中国办事处在京交会“老字号品牌国际论坛”上举办合作换文仪式事宜，以及区政府与中欧股票交易所签订合作备忘录等事宜。

（梅　雯）

【国际语言环境建设】 年内，区政府外事侨务办牵头协调区商务委、区文委、区旅游委等9家单位召开工作协调会，探讨全年语言环境建设工作要点，谋划公共场所外语标识检查工作的新思路新办法。结合市、区工作安排，联合区旅游委、什刹海皇景街建设指挥部等单位，聘请专业翻译公司，会同高校外语教师和专业外语翻译人才，实地检查什刹海、北海公园、动物园等外语标识丰富、外国游客数量较大地区的外语标识，共检查外语标识约500条并对需调整的内容进行修改。加强与西城区文明市民总校的合作，以“迎冬奥、讲外语”为契机，通过开展“市民讲外语风采大赛”等活动，普及冬奥外语知识，丰富居民群众的业余生活，鼓励西城区外语人才积极展示才能。举办2016年北京外语游园会市民外语角暨西城区外语嘉年华活动，以“外语交流·结缘四海”为主题，在活动现场设置市民外语微课堂、互动游戏体验、异域风情展示、中外交流沙龙等多个环节，通过形式多样、内容丰富的外语交流活动，让居民感受到学习外语的快乐。为使西城区处级领导干部了解国际形势、掌握外事礼仪，区政府外事侨务办联合北京市外事学校，开展针对青年处级干部的外事综合素养培训班及英语沙龙，使处级干部在接待国外代表团来访及因公出访过程中，更好地展示西城区形象。加强与区人力社保局合作，对区内具有较好外语水平的青年公务员，通过课堂教学、情景教学、雅思模考等方式，提供学外语、用外语的环境，从人才库选调优秀学员参与全区外事接待活动，提升人才库学员的外语水平和外事活动服务保障能力，为全区各单位储备优秀外语人才。

（梅　雯）

【领事保护工作】 年内，区政府外事侨务办不断深挖领事保护活动内涵，探讨工作新模式。在领事保护进机关的活动中，邀请北京控险咨询公司对西城区机关干部进行领事保护实战培训，通过应对境外暴恐事件、跟踪、抢劫、绑架案件的仿真模拟训练，使机关干部提高防范意识、掌握境外应急突发事件的自救技能。在北京小学、月坛中学开展“领事保护进校园”活动，通过知识竞赛、FLASH大赛、主题班会等系列活动，向中小学生宣传领事保护知识。在金融街中心举办“领事保护进企业”活动，向企业白领宣传介绍出国差旅领事保护知识，通过播放领事保护宣传片和分发领事保护宣传册，加深企业白领对领事保护工作的了解。深入什刹海街道后海社区开展“领事保护进社区”活动，向社区居民和游客宣传推介领事保护工作，做好居民咨询解答工作。在“领事保护进万家”系列活动中，通过举办领事保护知识讲座、领事保护知识分享会和图片展等活动，使参与居民巩固出境必备常识，强化安全风险防范意识，把问题化解在走出国门之前。

（梅　雯）

【港澳工作】 年内，为服务保障西城区代表团顺利参加2016年澳门国际贸易投资展览会，与区商务委加强合作，高效完成代表团出访手续办理事宜。持续推进与香港南区议会的交流，组派西城区第一文化馆“春之声”合唱团参加2016年香港紫荆合唱节并获金奖。结合2017年香港回归20周年重要节点，为香港青年音乐交流团来访事宜与相关单位进行前期商讨。结合香港青年企业家拟在西城区推广“微仓储”服务模式，区政府外事侨务办牵头区房管局、区民防局、区商务委等单位，召开工作协调会，听取香港青年企业家情况介绍，共同探讨为社区居民提供迷你仓储服务的可行性。

（梅　雯）

【侨务工作】 年内，加强与国侨办、市侨办的协同配合，通过走访调研，学习侨务政策，了解全市侨务工作状况和规律，建立专项工作对接机制；强化区内涉侨部门之间的交流合作，通过沟通协作、调研走访等途径，摸清区内侨界资源和状况，建立区内侨情资源库，掌握区内侨情动态；加大社区侨务干部培训力度，建立侨务干部定点社区联络机制，搭建部门、街道与社区协调联动的平台，提高基础侨务干部的业务水平。开展侨法宣传月活动，组织“侨法进社区”“为侨服务法律顾问团咨询日”“侨界大讲堂”等活动。协同相关部门落实华侨华人和归侨侨眷在京接受教育、投资创业、慈善捐赠、社会保障、身份证明等涉侨政策。加大涉侨信访维权工作服务力度。开展专项救助和重点困侨的定期走访慰问工作，重点做好老归侨、空巢家庭、困难归侨侨眷等群体的帮扶工作。加大“侨帮侨”工作力度，利用各界归侨资源，为侨民侨眷提供医疗保健、法律支持、教育咨询等服务。开展“结对帮扶”行动，引导区侨务干部、侨资企业，与困难归侨侨眷结对，有针对性地开展帮扶活动。广泛联系海外侨胞、港澳同胞在西城区兴办的侨资企业，增进其相互之间的沟通与合作；加强其与政府有关部门的联系和对话，为西城区经济建设服务；推动侨资企业的发展和科技进步，维护侨资企业的合法权益；引导侨务资源积极参与西城区重大活动；参加第三届“京华奖”评选及表彰工作，广泛征集华侨华人、归侨侨眷的优秀事迹，团结联络一批高端侨界人士，服务西城经济社会发展。会同区教委，开展华文教育基地学校评选以及华文教师队伍遴选，做好资格申请，组织培训等工作；承办国侨办夏（冬）令营，并开展海外华裔青少年中华文化体验活动，打造具有西城特色的华文教育品牌活动；促进西城区学校开展对外交流合作，支持区内学校与海外学校建立互助姊妹校。配合做好中央、市级涉侨团组的来访接待，服务保障海外联谊活动及重要涉侨会议的开展，广纳资源，扩大与海外侨团的沟通联络；结合区内大型活动，邀请海外侨界团组来西城参观考察。注重对友城侨团的资源维护，实现侨务与外事工作互惠互利、共同发展。

（梅　雯）

对外联络

【概况】　北京市西城区对外联络服务办公室（简称区外联办）是负责本区对外联络服务工作的部门。主要职责是：贯彻执行北京市关于对外联络服务工作的方针、政策，落实区委、区政府关于对外联络服务工作的部署和要求，研究制定具体工作措施并组织落实；负责指导、协调本区有关部门做好为驻区中央国家机关、驻区部队、中央企事业单位和外省市驻京机构的综合服务工作；负责协调相关部门完成市政府下达的服务驻区中央国家机关、企事业单位、外省市驻京机构折子工程，并督促检查落实情况；负责本区与外省市开展合作交流工作，负责外省市来访的接待和区级领导出访的组织协调工作；负责友好市区间的友好交流工作，为本区经济建设和社会发展服务；负责重要会议、大型活动接待服务工作；负责组织协调区域合作工作，负责对口支援和帮扶工作。设综合科（监察科）、联络服务科、接待服务科3个科室，编制15人，年末在岗人数13人。年内，按区委区政府要求和部署，围绕全区中心工作，在服务驻区中央单位、推动区域协同发展、加强合作交流方面取得成效。
地址：西城区二龙路27号
邮编：100032
电话：88064715

（韩　颖）

【走访驻区中央单位】　年内，联络安排区四套班子主要领导走访中央纪委、中央组织部、中央统战部、中央宣传部、中直机关工委、国务院办公厅、国家民委、国务院国资委、国家新闻出版广电总局等9家驻区重点中央部委机关，汇报西城区经济社会发展、民生改善等各领域重点工作情况，听取中央部委领导对西城区工作的意见建议，共征询服务需求37项。在走访中，中央部委对西城区提供的优质高效服务保障表示感谢，并表示将切实履行驻区单位职责，充分发挥自身优势，支持帮助西城区更好发展。

（苗林林）

【落实中央单位服务需求】　全年西城区承接驻区中央单位服务事项42项，其中市外联办研提事项1项、中央单位来函4项、区领导集中走访征询37项，主要包括：重点项目建设13项、交通秩序保障10项、民生服务10项、环境秩序保障3项、行政审批项目3项、治安秩序保障2项、交流合作1项。截至12月底，除涉及中央、市、区三级层面联动协调，以及办理周期较长的5项事项正在按既定方案推进，其他37项服务事项均已办结，办结率88.1%。

（苗林林）

【召开驻区中央单位和部队座谈会】　6月21日，邀请中央纪委、中央办公厅、国务院办公厅、中国人民银行、国家电网、军委联合参谋部等21家中央部委、金融机构、中央企业和部队参加“提升城市品质，共建美丽西城”大讨论活动驻区中央单位和部队座谈会，会议围绕西城区城市工作，在规划、建设、服务、管理方面提出了一系列突出问题，以及改进工作的有效途径和对未来西城的发展愿景。向全区重点服务的120家副部级以上中央单位发放“倡议书”，就清理集体户、整治“七小”、拆违撤市、治理地下空间、清理群租房、清理直管公房转租转借等问题，争取驻区中央单位积极履行职责抓好抓实管理管控，得到中央单位的积极响应和大力支持。中央政策研究室、中直机关工委、国家机关工委、水利部等单位反馈了有关工作的开展情况。

（苗林林）

【京津冀协同发展】　年内，与津冀地区开展项目对接、合作研讨11批次，围绕产业转移、园区开发、金融、教育等内容进行沟通对接。围绕“疏非控人”重点工作，加强与天津市西青区、河北省沧州市高新区和唐山市路北区等地就小商品市场转移与承接情况的对接。

（韩　颖）

【地区间合作交流】　年内，西城区分别与四川省西昌市、内蒙古自治区达拉特旗缔结友好关系。截至年底，西城区共有友好城区83家。接待来自重庆市江北区、湖北省十堰市、西安市碑林区、广州市越秀区等党政领导考察团33批次。联络协调区委区政府代表团赴四川省攀枝花市、河南省漯河市、广州市越秀区、新疆维吾尔自治区乌鲁木齐市、青海省玉树州等地开展友好访问及考察14批次。走访柳州、苏州、长春等9家驻京机构（联络处），协调办理四川省驻京办事处羌寨渔乡房产纠纷、青岛驻京办工商登记注册、湘西驻京联络处房产过户等服务事项6件。

（王　霈）

【对口支援和对口协作工作】　年内，落实北京市对口支援与对口协作有关工作要求，安排内蒙古自治区赤峰市喀喇沁旗援助款200万元，安排新疆维吾尔自治区和田指挥部、和田市、和田县、墨玉县、洛浦县及农十四师援助款共600万元，安排玉树指挥部、玉树州及曲麻莱县玛多乡援助款共210万元。与河南省邓州市开展互访交流调研3批次，联络安排邓州市领导拜访国家发改委、教育部、环保部等5部委汇报工作并争取支持指导。

（王　霈）

【精准扶贫工作】　为落实中央《关于进一步加强东西部扶贫协作工作的指导意见》，按照北京市委、市政府关于加强扶贫协作工作的要求，西城区党政代表团于12月赴张家口市张北县、保定市阜平县，对2017年精准扶贫脱贫项目进行考察对接，并分别与两地签订《携手奔小康行动协议书》。

（王　霈）

档案管理

【概况】　北京市西城区档案局（简称区档案局）是西城区人民政府负责档案事业行政管理的主管部门。内设办公室、党群工作办公室、业务指导科、法制科、档案管理科、档案利用科、机关文档科、档案编研科、展陈征集科、信息化科、档案鉴定科共11个科室。西城区档案馆（简称区档案馆）为地级国家综合档案馆，是集中管理全区档案的文化事业机构，与区档案局合署办公，一个机构、两块牌子。主要职责是：收集、保管对国家和社会具有保存价值的档案资料；开发档案信息资源，为社会提供服务；是区政府信息公开查阅场所，是市、区爱国主义教育基地。区档案局（馆）大部分科室集中在南馆办公，北馆有档案利用科、机关文档科2个科室，负责档案管理和查档利用。10月，经区编办批准，增设档案鉴定科，机关文档中心更名为机关文档科。为适应监察体制改革的新形势，按照区委、区纪委指示，撤销监察科。新成立的区纪委驻区政协纪检组，负责区档案局纪检监察工作。年内，发布了《北京市西城区“十三五”时期档案事业发展规划》。中央档案馆副馆长、国家档案局副局长付华出席西城区“档案馆日”活动。区档案馆档案全宗227个，馆藏档案资料69.88万卷（件、册、张），其中照片5.32万张，底图3402张，资料2万余册，开放档案17999卷11886件，机读目录456.61万条，数字化馆藏1953.5万余页14396GB。馆藏档案数字化工作，提高了档案查阅速度，提升了档案服务水准。全区档案室有全宗210个，353.1万卷（件、册、张）。年内区人力社保局、区产业发展局、西城公安分局3个单位通过北京市区县机关档案工作测评。

南馆地址：西城区广安门南街68号
邮编：100054
电话：83976506
北馆地址：西城区二龙路27号
邮编：100032
电话：88064666

（王振威）

【档案法制建设与宣传】　年内，清理13项由区级实施的非行政许可审批事项“单位档案机构的设立、变更和撤销登记”，变更为“其他行政权力事项”。经区审改办审批、区法制办审核，由原21项职权，重新梳理为6项（具体为行政强制1项，行政确认2项，行政裁决1项，其他权力2项）。制发《2016年档案执法检查通知》，行政执法采取日常、双随机和专项重点检查的形式，覆盖全区140家单位。全年区档案局重点执法单位46家，形成121个档案行政执法检查单。与惠诚律师事务所签订协议，聘请1名律师任局法律顾问并上报区法制办审核科备案。开展档案法制宣传。参加西城区第十五届人民代表大会第六次会议代表咨询会。充分利用“宪法日”“法制宣传日”“档案馆日”等宣传档案法律法规。在街道社区开展档案法制宣传，通过《北京西城报》刊登档案征文信息，制作档案宣传品，不断提高社会档案法制意识。西城区档案局获评北京市档案系统法制宣传教育“六五”普法先进单位。

（王振威）

【档案行政管理与服务】　年内，区档案局学习《北京市委〈关于加强和改进新形势下档案工作的意见〉实施办法》，与区民政局转发《城市社区档案管理办法》，与区财政局转发《会计档案管理办法》《〈会计档案管理办法〉有关衔接规定的通知》，制发《西城区档案局（馆）2016年档案工作指导意见》《西城区档案局关于加强汛期档案安全保管的紧急通知》，规范全区档案业务工作。开展对区卫生计生委、区科信委、区教委3个机关单位《机关文件材料归档范围和文书档案保管期限表》的编制、审批工作。开展区县机关档案管理复查测评工作，新测评区人力社保局、区产业发展局、西城公安分局3个单位，复查39个单位。指导重大活动、基建工程项目归档工作。完善区重点工程建设项目档案管理登记，强化建设项目档案监督指导和检查。并对街道装修、社区建设、家园改建等建设项目的前期指导、后期归档工作提出要求。监督指导全区立档单位2015年归档工作，审查备份2015年88个单位的归档数据3.6万余条。参与区重点工作金融街博物馆建设，多次参加建设协调会并提供相关资料。区档案局列入区政府信息与政务公开工作领导小组成员单位。继续在15个街道推广“文化特色家庭建档示范户”，对建立家庭档案的居民免费发放档案装具。在大栅栏街道、西长安街街道举办家庭建档恳谈会、家庭建档成果展示等系列活动。

（王振威）

【档案利用服务】　区档案馆全年接待档案查阅14538人次，利用档案15279卷（件），出具证明13508份，复印30177页。主要接待居民查阅婚姻、知青、招工档案，接待政府各部门因开展固定资产清查查阅会计档案、接待区纪委办案查阅有关档案等。档案局窗口在区行政服务中心开展的上半年评比中获得全区14个专业大厅第一名的成绩。机关文档科接待查档利用82人次，查阅档案173卷1374件，复印781页，利用数字化扫描档案622件。为各单位编史修志，工作查考，补充人事相关资料，补交党费，固定资产清查、审计及换届选举等工作提供支持。机关文档科开展文书档案和数码照片档案归档指导工作，全年共接收25家立档单位归档文书档案6566件。接收数码照片档案15张、奖牌11面，补充2013、2014年档案11件。开展对区发改委（2002–2010）进馆档案的数字化工作，利用数字化扫描档案622件。

（王振威）

【基础业务】　年内，开展进馆鉴定和档案质量验收，接收贯通资源、聚德华天、区安监局、天恒置业公司等9家单位档案进馆，共接收文书、会计档案928卷4684件，光学照片档案1卷39张。截至年底，已将立档单位2010年之前形成档案全部接收进馆。制定《西城区档案局（馆）捐赠档案资料管理办法》《西城区档案局（馆）捐赠档案资料协议》《西城区档案局（馆）档案资料鉴定小组成员》等制度。征集舒了“胡同档案”，其中手绘北京胡同全图30张、胡同照片4913张、底片3750张、笔记本57册、录像带40盒、录音带39盒、胡同门牌145枚、书籍395册以及草图、手稿等档案。“留存城市记忆”步入常态。以《西城追忆》为平台，采集老字号传人、民俗专家“烤肉季”第四代传人季荣伦老先生、资深老票友刘嵩崑老先生、金从政老师等人口述档案。全年共计外出10次，采访18人，采集并整理视频资料时长12小时28分钟。继续开展“档案记忆西城”工作，拍摄白纸坊一带13条胡同照片200张。采取各种方式、通过各种渠道收集西城区区域文化、建设情况的图书资料，全年共增加图书资料131册。截至年底，收藏图书资料共计676册。购置专门档案柜，将76家665册文保记录档案按年度排列上架。完成对北馆区属图书账目10册共2396本图书的清点，并完成综合图书账目17册1841本图书以及报刊14721册的清点，并更新图书资料中心数据库。开展1984年到期档案鉴定，开放23252件。到期开放档案目录全部及时在西城档案信息网公布。

（王振威）

【**档案信息化工作**】　继续推进馆藏档案数字化工作，全年完成数字化加工148万页、照片2805张、录音录像1070盘，馆藏档案累计完成1953.5万页。发挥区档案信息网的作用，及时更新局业务动态、业务文件和政务信息，更新区档案信息网内容50余篇，公布档案开放目录2.3万余条。接受区财政局对馆藏档案数字化项目绩效评价，以92.28分的成绩被评为优秀。

（王振威）

【**档案编研利用**】　年内，编辑《西城追忆》4期共24.5万字。编印《北京西城往事》合订本一期。12月，召开《西城追忆》创刊15周年座谈会。编辑《档案传真》10期共4.3万字，主要内容是：回顾原西城区、宣武区贯彻落实《中国共产党地方委员会工作条例（试行）》加强区委领导班子建设的工作情况，上世纪八十年代开展全民植树绿化工作的情况，上世纪八十年代开展全体党员学习党章教育活动的情况，上世纪八九十年代开展城市管理、环境建设的情况，反映上世纪八九十年代人大换届工作中发扬民主、依法选举的情况，1954年和1956年高君宇、石评梅之墓的迁移情况等。与西长安街街道、牛街街道合作开展编研工作，完成《西长安街记忆》《牛街记忆》画册印制工作，两册资料共计8000余字、近千张图片。接待市档案馆文献处、史料处及北京联合大学来馆，介绍本馆编研工作情况。

（王振威）

【**档案宣传与基地教育**】　年内，区档案馆举办“舒了先生胡同档案陈列展”，展览以舒了先生向西城区档案馆捐赠的历时20余年测量绘制拍照的北京胡同档案为内容，展示了北京内城的胡同风貌，接待观众750余人。《瞭望周刊》《北京日报》《中国档案报》及中央人民广播电台、北京电视台、台湾中天电视台、网易新闻等新闻媒体报道了展览，并制作了相关专题片。与区外事侨务办联合举办“走向世界的新西城——外事礼品档案展”，展览展出西城区在近年对外交往中收到的各类实物30余件，在区档案馆、区政府先后展出。与市城建档案馆合作，展出“北京旧城中心区历史照片展览”，共20余块展板。年内，在区档案馆、什刹海街道、西长安街街道、金融街街道、区第一文化馆等地举办7次“档案记忆西城”文化公益讲座，分别是金从政主讲“载涛与西城”、北京史地民俗学会副会长刘阳主讲“洋镜头下的老北京”、北京地理学会副理事长王越主讲“悠悠胡同情”、北京历史学会会长李建平研究员主讲“魅力北京中轴线”、北京什刹海体校摔跤武术教练李宝如主讲“摔跤与西城”、市档案局展陈处处长刘苏主讲“孙中山与西城”、京剧脸谱艺术大师杨玉栋主讲“京剧与西城”，共计600余人参加活动。

（王振威）

【**档案安全**】　5月12日，副区长李岩主持召开区档案馆建设专题会。12月23日，区委常委、区政法委书记王旭与副区长司马红主持召开区档案馆建设专题会，研究区档案馆新馆建设。会议明确区档案馆建设主体单位、代建单位和前期设计单位，会议要求市规划委西城分局、区发改委、区机关服务中心、广安控股公司等单位推进新馆建设。年底前区政府已经取得土地所有权。广安控股公司作为代建主体单位，协调可行性研究撰写单位、设计公司有序推进各项新馆建设工作。区机关服务中心投资68万元更换南馆库房消防系统，粉刷南馆库房、楼道墙壁。区档案局完善制度，强化落实安全责任，开展消防安全知识培训；指导全区各单位开展档案安全工作，做好单位信息系统维护工作，坚持每年接收立档单位归档数据备份，完善相关制度，将历年馆藏档案数字化备份硬盘纳入单位固定资产管理。

（王振威）

【**档案培训及调研**】　区档案局全年举办各层次培训班10个，专业培训人数1000余人次。邀请国家档案局法规司司长王岚讲解档案法修改。组织档案人员岗位培训，101人通过考试取得北京市档案人员岗位资格证书。举办全区立档单位的文书、照片档案的归档培训。举办各种专题培训，如区工商及企业档案、中小学校档案、街道档案、家庭建档专题培训和新成立单位专业培训。组织全区科技档案、城建档案和社区档案培训班。其中城建档案工作培训班，参加人员为立档单位专职档案员和工程项目档案管理人员，也是几年来西城区范围较广，质量较高、反响较大、效果较好的科技档案培训。组织“两员”（档案执法员和档案执法联络员）培训班和区重大工程项目档案执法培训班，共24家单位54人参加培训，邀请《中国档案报社》专家授课。继续完善学校档案工作调研，探索、创新“百年老校”档案管理模式。

（王振威）

【**“档案馆日”活动**】　6月13日，“国际档案日”暨北京市第八届“档案馆日”活动期间，举办“舒了先生胡同档案陈列展”“走向世界的新西城——外事礼品档案展”暨档案捐赠仪式。与市城建档案馆联合举办北京旧城中心区历史照片展览。邀请北京地理学会副理事长王越主讲“悠悠胡同情”公益讲座，在牛街街道菜园北里社区开展社区法制宣传和档案咨询活动，开放档案13430件，举办查档体验和档案征文活动，活动期间共发放各类宣传材料16种4500余份，700余人参加活动，5家新闻媒体报道了西城区的“档案馆日”活动。

（王振威）

【档案学会】 11月24至25日，西城区档案学会组织档案业务培训班，区档案学会会员60人参加。邀请国家档案局法规司司长主讲《档案法》的修改、市档案局整编处处长讲解《北京市机关档案管理指南》解读。年内，区档案学会参与组织了区档案局主办的7次公益讲座活动。

（王振威）

信访工作

【概况】 中共北京市西城区委北京市西城区人民政府信访办公室（简称区信访办）是区委、区政府受理人民群众来信来访的工作部门。区信访办内设5个科室：综合科、办信科、接访一科、接访二科、排查调处科。办公地点在南菜园街51号，其中接访二科在二龙路27号办公。区信访办机关行政编制24名，其中主任1名，副主任4名，科级干部5正4副。年内，全面贯彻落实习近平等中央领导重要批示和国家信访局及市委、市政府关于信访工作的决策部署，继续坚持以信访工作制度改革为主线，围绕服务京津冀协同发展，推进“阳光信访”“责任信访”“法治信访”建设，以制度机制创新、信访信息化建设、矛盾预防和积案化解、信访秩序维护和干部队伍建设为重点，全面提升信访工作质量和水平，全区信访形势平稳可控。

地址：西城区南菜园街51号
邮编：100054
电话：83975493

（韩雨宵　陈建军）

【信访工作基本情况】 年内，区信访办受理承办信访总量同比上升26.5%。主要包括：办理来信同比件次下降2.1%、人次上升30.6%，其中联名信同比件次上升12.6%、人次上升38.5%；接待来访同比批次上升33.3%、人次上升21.7%，其中集体访同比批次下降3.1%、人次下降5.7%；网上信访同比件次上升64.5%。

（韩雨宵　陈建军）

【落实信访工作领导责任制】 年内，区委常委会、区政府常务会两次召开例会，专题听取信访工作情况汇报。在全国“两会”、G20峰会等重点时期，以及针对非首都功能疏解、棚户区改造等重点项目，区领导分别召开专题会，听取信访工作情况汇报。坚持领导接待群众来访和阅批群众来信制度，区领导86人次参加接访，共接待来访群众64批455人次，阅批群众来信370件次，占来信总量的30%。

（韩雨宵　陈建军）

【信访复查复核工作】 年内，区信访办共接收信访人提出的复查申请76件，其中受理52件，引导法定途径解决20件，不予受理3件，不再受理1件。受理案件中，主动撤回16件，维持办理机关答复意见的11件，撤销原答复意见的20件，撤销并重新答复的4件，变更原答复意见的1件。信访人对复查意见不服提出复核申请的5件，上级机关全部予以维持。

（韩雨宵　陈建军）

【中央信访工作联合督察组到西城督导检查】 5月25日，全国政协委员、人力资源和社会保障部原党组副书记、副部长杨志明率领中央信访工作联合督察组，到西城区就中央信访工作制度改革措施的落实情况及国家信访局交办的信访积案办理进展情况进行督导检查，听取了西城区有关情况的汇报并提出要求。督察组还到新街口街道进行了实地检查。北京市副市长王宁、市信访办副主任张良陪同检查。西城区领导孙硕、杜黎彬、张利星参加汇报。

（韩雨宵　陈建军）

【北京市网上信访信息系统推广应用】 年内，区信访办通过点对点指导等方式，继续加强对基层信访干部网上信访信息系统应用的操作培训，实现区信访办与各部门、各街道的互联互通，各部门和各街道信访信息录入、业务流转、数据生成、处理办理过程全部纳入信访信息系统运行，工作效能提高。

（韩雨宵　陈建军）

【服务保障重点工作】 年内，围绕疏解非首都功能，做好棚户区改造、市场治理、人口调控、环境整治等重大项目和重点工程服务保障工作。各街道、各部门开展了大量工作，主动将矛盾吸附、解决在本地区、本部门。区信访办延伸工作触角，长期抽调6人进驻重点项目指挥部，一线接待来访群众，做到关口前移、重心下移，服务全区中心工作有序推进。

（韩雨宵　陈建军）

【信访积案化解攻坚】 年内，区信访办对全区信访积案开展摸底排查，共上账积案21件，逐案分解落实化解任务，坚持统一梳理与专案研究、督促检查与责任单位落实推动相结合，综合运用教育、协商、调解、疏导等办法，使上账积案全部化解。

（韩雨宵　陈建军）

【人民建议征集工作】 年内，区信访办通过“畅通建议渠道与落实建议内容相结合、重点征集与普遍征集相结合、专题征集与广泛征集相结合”的“三个相结合”工作方法，增强人民建议征集工作的针对性和有效性，办理人民建议征集1004件次。

（韩雨宵　陈建军）

【法治信访宣传活动】 5月，全区统一开展以“信访法治在路上，网上信访更阳光”为主题的信访宣传月活动。区信访办投资23万余元，为全区15个街道261个社区制作宣传材料。宣传月启动日当天，各宣传现场共悬挂横幅、条幅、标语

300余条，摆放宣传展板600余块。各单位主要领导、主管领导参加宣传活动，全区参加活动工作人员达3500人，发放宣传材料7万余件，接受近500人的现场咨询。3.5万余名群众参与宣传活动。

（韩雨宵　陈建军）

【信访干部培训】 年内，区信访办坚持“需求导向、贴近业务、分级分类”的原则，组织信访干部分2批次共200余人次进行依法行政、政府信息公开、信访信息系统应用、窗口业务办理等方面的培训，聘请心理咨询师对参训人员进行心理疏导和交流技巧、自我心理调节能力的辅导，提高综合素质和履职能力。

（韩雨宵　陈建军）

【开通头条号】 12月，为贯彻落实国家信访局全国信访宣传舆论引导暨理论研究工作会精神，开启“互联网＋信访宣传”工作新局面，按照北京市信访办的统一安排，开通“北京市西城区信访办头条号”并正式运行，围绕信访中心工作和重大信访部署，唱响主旋律、弘扬正能量，发好信访声音、讲好信访工作者故事，回应社会关切，正确引导社会舆论。

（陈建军）

中国人民政治协商会议北京市西城区委员会

【概况】 中国人民政治协商会议北京市西城区委员会（简称区政协）是中国人民政治协商会议的地方组织，主要职责是政治协商、民主监督、参政议政。区政协第十三届五次全会共有委员560人，常务委员99人。区政协第十四届一次全会共有委员413人，常务委员74人。设学习指导和文史资料委员会、提案委员会、教文卫体委员会、社会和法制委员会、经济科技委员会、城建环保委员会、民族和宗教委员会、港澳台侨委员会8个专门委员会。机关设办公室、研究室、专委会工作一室、专委会工作二室、专委会工作三室、专委会工作四室、专委会工作五室、专委会工作六室8个办事机构，行政编制40人（不含局级）。年内，区政协紧紧把握团结和民主两大主题，充分发挥人民政协协商民主重要渠道和专门协商机构作用，切实履行政治协商、民主监督和参政议政职能，为促进西城区经济发展、民生改善、社会和谐，推进社会主义协商民主建设作出积极贡献。

地址：西城区广安门南街68号

邮编：100054

电话：83976102

（李　杰）

【十三届五次会议】 1月11至13日在市委党校召开。区政协副主席王瑞珠主持开幕式。听取并审议区政协主席杜灵欣代表常务委员会作的工作报告、副主席沈桂芬作的提案工作报告；列席区第十五届人民代表大会第五次会议开幕式，听取讨论政府工作报告，讨论其他报告；表彰区政协2015年度优秀提案；听取关于十三届五次会议期间提案审查情况的报告（草案）；审议通过会议决议（草案）。市政协副主席沈宝昌出席开幕式。区委书记卢映川在闭幕式上讲话，区政协主席杜灵欣致闭幕词。区政协副主席姜兆春主持闭幕式。

（李　杰）

【常务委员会会议】 1月11日，召开政协北京市西城区第十三届委员会常务委员会第三十六次会议。听取区政协十三届五次会议期间各小组讨论《中国人民政治协商会议北京市西城区第十三届委员会常务委员会工作报告》《中国人民政治协商会议北京市西城区第十三届委员会常务委员会提案工作报告》《北京市西城区政协2016年工作要点（讨论稿）》和《2016年度协商工作计划（讨论稿）》的情况汇报。听取区委常委、区委统战部部长程军关于杨月欣不再担任副主席的说明，审议《政协北京市西城区第十三届委员会关于杨月欣同志不再担任副主席职务的决定（草案）》，决定提交各小组讨论。区政协副主席李建国主持会议。1月12日，召开政协北京市西城区第十三届委员会常务委员会第三十七次会议。听取区政协十三届五次会议期间各小组讨论西城区《政府工作报告》《北京市西城区国民经济和社会发展第十三个五年规划纲要（草案）》以及《西城区2015年国民经济、社会发展计划执行情况和2016年国民经济、社会发展计划草案的报告》《西城区2015年财政预算执行情况和2016年财政预算草案的报告》《西城区人民法院工作报告》和《西城区人民检察院工作报告》的情况汇报。听取各小组讨论《关于杨月欣同志不再担任副主席职务的决定（草案）》的情况汇报，决定提交区政协十三届五次会议闭幕大会审议通过。听取《中国人民政治协商会议北京市西城区第十三届委员会提案委员会关于第五次会议期间提案审查情况的报告（讨论稿）》，决定在区政协十三届五次会议闭幕大会上向全体委员报告。审议《中国人民政治协商会议北京市西城区第十三届委员会第五次会议决议（讨论稿）》，决定提交区政协十三届五次会议闭幕大会审议通过。区委副书记、区长王少峰，区委常委、副区长郭怀刚应邀出席会议。区政协副主席刘长铭主持会议。3月10日，召开政协北京市西城区第十三届委员会常务委员会第三十八次（扩大）会议，审议通过《政协北京市西城区第十三届委员会常务委员会2016年工作要点（讨论稿）》《政协北京市西城区第十三届委员会常务委员会2016年度协商工作安排（讨论稿）》及《政协北京市西城区委员会关于区政府、区政协联席会议工作规范（讨论稿）》。区政协主席杜灵欣主持会议。5月19日，召开政协北京市西城区第十三届委员会常务委员会第三十九次(扩大)会议，审议通过《政协北京市西城区第十三届委员会常务委员会关于撤销鞠瑾常务委员、委员资格的决定（草案）》《政协北京市西城区第十三届委员会常务委员会议政会议工作规范（讨论稿）》及《政协北京市西城区委员会政协委员担任特邀监督员工作规范（试行）（讨论稿）》。区政协副主席王瑞珠传达西城区第四次政协工作会议精神。区政协常委赵丽、黄殿琴在会上述职。杜灵欣主持会议。区委常委、区委统战部部长程军应邀出席会议。7月21日，召开政协北京市西城区第十三届委员会常务委员会第四十次（扩大）会议，听取2016年党派团体提案办理工作的情况通报及西城区人口调控情况通报，审议通过《政协北京市西城区第十三届委员会常务委员会2016年上半年工作总结及下半年工作安排（讨论稿）》。杜灵欣主持会议。区委常委、区委办公室主任、副区长孙硕，副区长张利星应邀出席会议。8月2日，召开政协北京市西城区第十三届委员会常务委员会第四十一次(扩大)会议，围绕“积极发挥政协作为爱国统一战线组织的重要作用”主题进行专题研讨。本次研讨会共收到委员研讨论文29篇。区政协副主席沈桂芬主持会议并代表杜灵欣讲话。9月14日，召开政协北京市西城区第十三届委员会常务委员会第四十二次（扩大）会议，听取区重大办关于白纸坊重点棚户区改造项目工作情况的通报。杜灵欣主持会议。副区长姜立光应邀出席会议。12月1日，召开政协北京市西城区第十三届委员会常务委员会第四十三次（扩大）会议，通报2016年西城区党风廉政建设和反腐败工作情况、区政协十三届五次会议以来委员提案办理工作情况。审议决定《政协北京市西城区第十四届委员会委员建议名单》。审议通过《政协北京市西城区第十四届委员会第一次会议主席团成员建议人选名单》《政协北京市西城区第十四届委员会第一次会议秘书长建议人选名单》，决定提交区政协十四届一次会议预备会议审议通过。审议通过《关于召开中国人民政治协商会议北京市西城区第十四届委员会第一次会议的决定（讨论稿）》，决定区政协十四届一次会议于12月16日召开。审议《政协北京市西城区第十四届委员会第一次会议议程（草案）》《政协北京市西城区第十四届委员会第一次会议日程（草案）》《政协北京市西城区第十四届委员会第一次会议小组分组原则和各组召集人建议名单(草案)》《政协北京市西城区第十四届委员会第一次会议决议起草委员会建议名单（草案）》《政协北京市西城区第十四届委员会第一次会议提案审查委员会建议名单（草案）》，决定提交区政协十四届一次会议预备会议审议通过。审议《政协北京市西城区第十四届委员会第一次会议选举办法（草案）》《政协北京市西城区委员会常务委员会工作报告(讨论稿)》《政协北京市西城区委员会常务委员会提案工作的报告（讨论稿）》，决定修改后提交区政协十四届一次会议审议通过。杜灵欣主持会议。区政协党组书记章冬梅，区委常委、区委统战部部长、区政协党组副书记程军出席会议。12月12日，召开政协北京市西城区第十三届委员会常务委员会第四十四次会议，听取关于区政协十四届一次会议主席团成员建议名单调整的说明，西城区政协十四届一次会议主席团成员建议人选由43名调整为42名，决定提交区政协十四届一次会议预备会议审议通过。杜灵欣主持会议。章冬梅出席会议。

（李　杰）

【主席会议】　3月3日，区政协主席杜灵欣主持召开区政协十三届二十二次主席（扩大）会议。审议《政协北京市西城区第十三届委员会常务委员会2016年工作要点（讨论稿）》《关于年度协商计划安排的意见》及《政协北京市西城区委员会关于区政府、区政协领导联席会议工作规范（讨论稿）》，决定提交区政协十三届三十八次常委会议审议通过；确定区政协十三届三十八次常委会议的时间和议题。5月12日，杜灵欣主持召开区政协十三届二十三次主席（扩大）会议。审议《政协北京市西城区第十三届委员会常务委员会关于撤销鞠瑾常委、委员资格的决定（草案）》以及《政协北京市西城区第十三届委员会常务委员会议政会议工作规范（讨论稿）》《政协北京市西城区委员会政协委员担任特邀监督员工作规范（试行）（讨论稿）》，决定提交区政协十三届三十九次常委会议审议通过；确定区政协十三届三十九次常委会议的时间和议题。7月14日，区政协副主席王瑞珠主持召开区政协十三届二十四次主席（扩大）会议，审议《政协北京市西城区第十三届委员会常务委员会2016年上半年工作总结及下半年工作安排（讨论稿）》，决定提交区政协十三届四十次常委（扩大）会议审议通过；确定区政协十三届四十次常委（扩大）会议召开的时间和议题。9月8日，杜灵欣主持召开区政协十三届二十五次主席（扩大）会议，审议《政协北京市西城区第十三届委员会常务委员会关于以“智慧城市”建设为契机加快“智慧西城”建设步伐的建议案（讨论稿）》《政协北京市西城区第十三届委员会常务委员会关于进一步做好西城区冰雪体育运动的建议案(讨论稿)》《政协北京市西城区第十三届委员会常务委员会关于开展西城区地下空间整治促进疏非控人的建议案（讨论稿）》《政协北京市西城区第十三届委员会常务委员会关于在西城区老旧小区推行准物业化管理的建议案（讨论稿）》以及《政协北京市西城区第十三届委员会常务委员会关于表彰2016年度优秀提案的决定（讨论稿）》，决定提交区政协十三届四十二次常委（扩大）会议审议通过。确定区政协十三届四十二次常委会议的时间和议题。11月24日，杜灵欣主持召开区政协十三届二十六次主席（扩大）会议，审议《政协北京市西城区第十四届委员会委员建议名单》《政协北京市西城区第十四届委员会第一次会议主席团成员建议人选名单》《政协北京市西城区第十四届委员会第一次会议秘书长建议人选名单》《关于召开中国人民政治协商会议北京市西城区第十四届委员会第一次会议的决定（讨论稿）》《政协北京市西城区第十四届委员会第一次会议议程（草案）》《政协北京市西城区第十四届委员会第一次会议日程（草案）》《政协北京市西城区第十四届委员会第一次会议小组分组原则和各组召集人建议名单（草案）》《政协北京市西城区第十四届委员会第一次会议决议起草委员会建议名单（草案）》《政协北京市西城区第十四届委员会第一次会议提案审查委员会建议名单（草案）》《政协北京市西城区第十四届委员会第一次会议选举办法（草案）》《政协北京市西城区委员会常务委员会工作报告（讨论稿）》《政协北京市西城区委员会常务委员会提案工作的报告（讨论稿）》，决定提交区政协第十三届委员会常务委员会第四十三次（扩大）会议审议通过。确定区政协十三届四十二次常委会议的时间和议题。

（李　杰）

【秘书长会议】 2月23日，区政协秘书长孙广俊主持召开政协西城区第十三届委员会第十七次秘书长会议。通报2016年秘书长会议预安排，讨论《政协北京市西城区第十三届委员会常务委员会2016年工作要点（讨论稿）》《政协北京市西城区委员会常务委员会2016年度协商工作安排（讨论稿）》及《政协北京市西城区委员会关于区政府、区政协联席会议工作规范（讨论稿）》，研究“有序疏解北京非首都功能、推进京津冀协同发展”议政会筹备工作。7月7日，孙广俊主持召开政协西城区第十三届委员会第十八次秘书长会议，并通报区政协半年工作。各党派团体通报提案调研情况及反映社情民意信息工作情况。8月30日，孙广俊主持召开政协西城区第十三届委员会第十九次秘书长会议。各位副秘书长通报了本党派、工商联2016年提案调研进展、反映社情民意信息工作以及议政会筹备工作情况。

（李　杰）

【提案委员会】 全年提交提案319件，立案286件，截至年底，286件提案全部办复。提案工作紧扣“创新、协调、绿色、开放、共享”五大发展理念，打好底功，练好真功，扎实提升合作共事能力，全面提高组织协调本领；健全和完善相关制度，规范“征集、提交、立案、办理、督办”等各环节工作；进一步推进信息化建设，完善提案管理系统、细化提案处理流程，为提案工作提供迅捷、准确、高效的服务平台。

（李　杰）

【学习指导和文史资料委员会】 年内，举办“学习全国‘两会’精神报告会”，与区委统战部联合召开2016年西城区区情通报会。组织“发挥好人民政协作为爱国统一战线组织重要作用”学习研讨活动。编著《中国帝制掘墓人孙中山》一书。围绕《把握首都核心区定位 大力推进历史文化名城保护工作》开展调研。编印《知学》2期。

（李　杰）

【教文卫体委员会】 年内，通过专题调研、交流视察、学习研讨、协商通报、走访座谈等方式开展活动。通过事前调研走访、开展“我为做好专委会（界别）工作建一言”、《委员参与活动意向表》、召开协商会议、组建微信群等形式，广泛征求、听取委员的意见建议，指导开展全年工作。依据市政府印发的《关于加快冰雪运动发展的意见（2016—2022年）》及其相关配套规划，成立西城区政协冰雪体育运动现状调研课题组，围绕西城区冰雪体育运动设施、项目人才、运动社团、产业发展、运动普及现状等五个方面开展调研工作，并最终形成《西城区冰雪体育运动现状调研报告》。该报告经第十三届委员会常务委员会第四十二次会议审议通过后，形成区政协常务委员会建议案，报送区委、区政府为下一步的决策提供参考依据。组织教文卫体委员视察天桥艺术中心、“新华1949”、区妇幼保健医院、北京育才学校、西城区培智中心学校等。

（李　杰）

【社会和法制委员会】 年内，多次召开特邀监督员工作会议，草拟形成《政协北京市西城区委员会政协委员担任特邀监督员工作规范（试行）》，提交政协常委会审议通过。组织社会治安综合治理民主监督小组深入街道、社区，广泛听取意见。持续开展政风行风民主监督工作，召开政风行风民主监督（明察暗访）工作中期交流会。结合改革热点，进一步开展“营改增”及“国家食品安全城市”专项民主监督。组织社会和法制委员会委员赴北京市国家安全局培训中心开展国家安全知识培训活动。针对新时期西城区疏解非首都功能、人口调控的重任，开展《关于开展西城区地下空间整治促进疏非控人的调研》，形成专题调研报告。

（李　杰）

【经济科技委员会】 年内，在全面了解西城区智慧城市建设情况的基础上，开展《以“智慧北京”建设为契机 加快“智慧西城”建设步伐》专题调研，分析西城区智慧城市建设中亟待解决的主要问题，提出未来智慧西城建设的展望及建议。开展民主监督工作，组织区政协财政预算民主监督小组听取区财政局上半年预算执行情况的报告和上年度财政决算的报告，听取区审计局区财政预算和其他财经收支情况的审计报告，听取区财政预算草案和本年度财政预算执行情况的报告。组织“十三五”规划解读、“非首都功能疏解”情况、新经济形势等专题通报讲座。组织参观故宫博物院、天桥艺术中心、“新华1949”、冬奥会主会场崇礼、智能家居展览展示等。

（李 杰）

【城建环保委员会】 年内，围绕全区社区物业管理工作情况开展调研，考察山水文园小区物业管理情况。形成《关于在西城区推行准物业化管理的建议案》，经区政协常委会审议通过报区委区政府。组织考察天津武清区城市规划和建设情况、房山智慧农业生态发展项目、丰台亚洲最大地下再生水厂建设情况。组织参观视察“绿道”建设和管理维护情况、西直门综合交通枢纽建设和管理情况、西城区园林市政中心东坝苗圃和园林绿植废弃物处理场等活动。

（李 杰）

【民族和宗教委员会】 年内，组织委员在西城区民族团结幼儿园成立50周年前夕，对西城区民族团结教育工作情况进行视察。组织委员视察西城区宗教场所管理情况，参观天主教北京教区主教官邸，听取西城区民族宗教办公室负责人关于西城区宗教活动场所安全防范工作基本状况的介绍，观看相关记录片。举办宗教形势报告会，通报2016年民族和宗教工作开展情况。与港澳台侨委员会一同组织《反家庭暴力法》知识讲座。

（李 杰）

【港澳台侨委员会】 年内，组织女委员在“众享驿站”开展庆“三八”参观联谊活动。召开2016年台湾形势报告会，通报对台工作情况。组织部分港澳台侨委员会委员视察台胞台属届别委员的企业——御汤山农业生态园，听取区台办通报西城区台资企业发展情况。召开《西城区为侨服务工作情况调研报告》建议落实情况的通报视察，听取区外事侨务办公室工作通报。视察北京中山会馆，听取区侨联相关工作进展情况汇报。

（李 杰）

【与区政府召开年度联席会议】 2月25日，区政协与区政府召开联席会议，围绕西城区2016年重点工作进行沟通交流，研究协商区政协调研、议政、视察、通报等工作。区政协主席杜灵欣主持会议。区委副书记、区长王少峰，区政府副区长陈宁、李岩、杜黎彬出席会议。

（李 杰）

【反映社情民意信息工作会议】 5月13日，区政协召开2016年度反映社情民意信息工作会议。区政协主席杜灵欣出席会议。会议通报2015年区政协反映社情民意信息工作情况，对优秀信息、优秀信息员进行表彰。结合信息工作存在的不足和困难对2016年信息工作进行部署。区政协秘书长孙广俊主持会议。

（李 杰）

【常委集体视察会馆文化的保护与发展】 6月16日，区政协主席杜灵欣率区政协常委及部分委员视察中山会馆、安徽会馆和湖广会馆的保护利用情况，区政府副区长张利星陪同视察。听取了市规划委西城分局局长倪锋关于西城区文化名城保护的通报和区文委副主任吕丹关于西城区会馆类不可移动文物保护工作的通报。委员纷纷表示会馆文化具有重要的政治意义、文化意义和经济意义，并就会馆文化的保护与发展提出了有建设性的意见建议。

（李 杰）

【暑期研讨会】 8月2日，区政协召开“积极发挥政协作为爱国统一战线组织的重要作用”暑期研讨会暨理论与实践研究会学习交流会。本次研讨会共收到委员研讨论文29篇，会上4名委员从如何发挥政协作为爱国统一战线组织的重要作用、发挥统一战线组织团结联谊功能、政协应加强人民团体和社会组织的联系、探索网络议政等方面围绕研讨会主题进行了交流发言。区政协副主席沈桂芬主持会议并代表政协主席杜灵欣讲话。

（李 杰）

【西城区区情通报会】 8月18日，区政协与区委统战部联合召开2016年区情通报会。区委副书记、区长王少峰向政协委员以及各民主党派、工商联通报上半年全区经济社会发展情况，办理区政协委员提案情况，办实事情况以及落实市、区相关会议精神做好下半年重点工作的主要安排情况。区政协主席杜灵欣出席会议并讲话。区委常委、区委统战部部长程军主持会议。

（李 杰）

【专题议政会】 10月13日，区政协、区委统战部联合召开议政会，区委常委、副区长王旭通报西城区“非首都功能疏解，推动京津冀协同发展”等方面的工作情况，各党派团体代表结合西城区工作实际，在深入调研的基础上各抒己见，围绕打好棚改攻坚战、批零业转型升级配套策略、推进市民休闲空间建设、非首都功能疏解对西城区企业的影响等9方面的问题，从不同视角、不同层面提出针对性、可操作性很强的意见建议。区委副书记、区长王少峰，区政协主席杜灵欣出席会议并讲话，区委常委、区委统战部部长程军主持会议。

（李 杰）

【街道政协委员联组活动】 年内，街道政协委员联组围绕区、街的中心工作开展形式多样、内容丰富的联组活动。组织委员参加地区“2016年最美家庭表彰会”，与社区居民共同寻找地区“最美家庭”。举办“迎三八，妇女维权讲座”、区域工作情况通报会、联组羽毛球友谊赛等。

（李 杰）

【十三届区政协召开总结大会】 10月28日，十三届区政协召开总结大会。回顾区政协五年来走过的历程，表彰委员们为辖区的建设发展和政协工作做出的积极贡献。区委书记卢映川、区政协主席杜灵欣出席会议并讲话。区委副书记马新明，区委常委、区委统战部部长程军，区委常委、区政府副区长王旭应邀出席会议。

（李 杰）

【十四届一次会议】 12月16至20日在市委党校召开。大会主席团常务主席章冬梅主持开幕式。听取并审议大会主席团常务主席姜兆春代表常务委员会作的工作报告、大会主席团常务主席荣洋作的提案工作报告；列席区第十六届人民代表大会第一次会议开幕式，听取讨论政府工作报告，讨论其他报告；表彰区政协2016年度优秀提案；听取关于十四届一次会议期间提案审查情况的报告（草案）；审议通过会议决议（草案）。会议选举章冬梅为十四届区政协主席，程军、姜兆春、李建国、荣洋、刘学增、张培彤为十四届区政协副主席，王申恒为十四届区政协秘书长，马寅生等66人为区政协常务委员。市政协副主席蔡国雄出席开幕式。区委书记卢映川在闭幕式上讲话，区政协主席章冬梅致闭幕词。区政协副主席程军主持闭幕式。

（李　杰）

（责任编辑　陈　艳）

群众团体

西城区总工会

【概况】 北京市西城区总工会（简称区总工会）是中国共产党领导下的职工群众自愿结合的群众组织。区总工会受中共北京市西城区委和北京市总工会双重领导，负责指导全区各行各业的基层工会工作。区总工会机关设8部室：办公室、组织人事部、财务部、经济生活部、权益保障部、基层建设部、宣教部、经审办（内设机构）。区总工会直属基层工会110个，所属基层工会委员会2133个，涵盖法人单位20514个，全区职工244850人，工会会员218154人。年内，全区各级工会组织坚持以中央、市委和区委党的群团工作会议精神为指导，全面贯彻落实区委和市总工会各项决策部署，团结带领全区广大职工发挥主力军作用，各项工作取得显著成效，为促进区域发展转型与管理转型、提升城市发展品质和实现西城“十三五”良好开局做出新贡献。全年《西城工人》出刊44期，《劳动午报·新西城周刊》出刊43期，在《工人日报》、中工网、《劳动午报》《工会博览》《北京西城报》等媒体发表稿件200余篇。加强工会应用性理论研究，在《调研与决策》《北京西城报》《西城论坛》发表文章6篇。《加强基层服务型党组织建设的实践与思考》获北京市“丹柯杯”优秀理论研究成果一等奖。

地址：西城区北营房东里12号楼（北区）
邮编：100037
电话：68300043

（刘　鹏）

【西城区工会第二次代表大会】 6月14日至15日，西城区工会第二次代表大会在天泰宾馆召开，大会主题是充分发挥工人阶级主力军作用，团结动员全区职工为实现西城区“十三五”发展目标而努力奋斗。大会在回顾过去五年工作的基础上，研究确定未来五年全区工会工作的发展目标和主要任务，选举产生新一届区总工会委员会。区委书记卢映川，市总工会党组书记、副主席曾繁新出席大会开幕式并讲话。区总工会党组书记、主席李会增代表区总工会第一届委员会向大会作工作报告。各区县工会领导，区委、区政府相关部门、共青团、妇联等区级群团负责人及大会正式代表、列席代表、特邀代表等约400人参加开幕式。区委副书记、区长王少峰向与会人员作区域形势报告。会议选举产生西城区总工会第二届委员会委员41名、第二届经费审查委员会委员8名。李会增当选第二届委员会主席，曹学义、程文光、林育才、傅立红、赵海当选副主席。马燕红、赵敬书分别当选经费审查委员会主任、副主任。会议表决通过《关于西城区总工会第一届委员会工作报告的决议》《关于西城区总工会第一届委员会财务工作报告的决议》和《关于西城区总工会第一届经费审查委员会工作报告的决议》。区委副书记王力军出席闭幕式并讲话。

（刘　鹏）

【第一届委员会第十三次会议】 1月28日，区总工会召开第一届委员会第十三次会议。区委常委王旭、区委组织部副部长王建华及区总工会第一届委员会委员参加会议。大会以举手表决的方式审议通过了关于增补李会增为第一届委员会委员的决定，并投票选举李会增为西城区总工会第一届委员会主席。原区总工会主席马小鹏因年龄原因不再担任主席职务。会上，李会增代表区总工会领导班子表态并讲话。

（刘　鹏）

【一届十四次委员（扩大）会议】 4月15日，区总工会召开一届十四次委员（扩大）会议，对区总工会召开第二次代表大会和产生代表人选进行安排部署。会议要求各基层工会要在同级党委领导下，广泛征求意见，经反复酝酿后提出代表候选人推荐名单；按照区总工会分配的代表类别要求，召开会员大会或会员代表大会，采取无记名投票方式进行差额选举，差额比例为15%；并强调代表选举工作要严格按照程序进行。会议要求，选举结果在4月28日前报送区总工会。

（刘　鹏）

【二届二次全体（扩大）会议】 12月14日，区总工会召开第二届委员会第二次全体（扩大）会议，总结2016年工会工作，部署2017年工会重点工作。区总工会党组书记、主席李会增作题为《不忘初心谋改革，继续前进促转型，团结动员全区职工为提升城市发展品质再立新功》的工作报告。区委副书记马新明、北京市总工会副主席王永浩出席会议并讲话。区总工会委员、经审委员、直属工会主管书记、工会主席以及区总工会机关干部近200人参加会议。

（刘 鹏）

【新春劳模慰问演出】 2月2日，2016年西城区新春劳模慰问演出在繁星戏剧村上演。区领导卢映川等与百余名全国、市级劳动模范共聚一堂，为劳模送祝福，共同观看《那场奋不顾身的爱情》《莎翁的情书》。

（刘玉霞）

【庆祝“五一”系列活动】 4月28日，区总工会在全国政协礼堂召开“五一”表彰大会。市总工会副主席张青山、区四套班子主要领导和相关领导、各单位党政主要领导、主管领导、工会主席、受表彰的先进集体代表和先进个人、部分离退休劳模及部分职工代表等约800人参加会议。区委书记卢映川作讲话。大会分别向获得全国工人先锋号、全国五一劳动奖章和首都劳动奖状、北京市工人先锋号、首都劳动奖章的集体代表及个人献花。大会还表彰了西城劳动奖状、西城区工人先锋号、西城劳动奖章、西城区优秀首席员工以及职工优秀创新成果和优秀合理化建议。

（刘玉霞）

【职工文体活动】 年内，区总工会大力开展群众性体育活动，先后举办了西城区第六届职工台球比赛、和谐杯乒乓球比赛。3月26日，区总工会以“激情健步走·绿色新生活”为主题，在金融街主题公园广场举行职工健步走活动启动仪式，市、区领导和500余名职工参加活动。为纪念建党95周年暨中国红军长征胜利80周年，举办2016年西城区庆“七一”职工文艺汇演。利用工人文化宫活动阵地，免费为基层放电影24场，发放电影招待券7200张。举办舞蹈、器乐、瑜伽等系列免费培训共285课时，参加会员3947人次。开展职工会员摄影采风活动，69名摄影爱好者参加。

（刘晨晨）

【经费审查委员会工作】 2月25日，区总工会召开第一届经费审查委员会第十六次会议，对区总工会2015年度预算执行情况、财务收支管理情况和2016年预算（草案）编制情况进行审查审计。4月6日，区总工会召开2016年经费审查委员会工作会，区总工会党组书记、主席李会增，区总工会经审会主任马燕红出席会议，区总工会经审会委员、全区各直属基层工会经审主任、区总工会特邀审计员共100余人参会。会上，马燕红总结2015年度经审工作，部署2016年全区经审工作，通报上年度区总工会经审工作规范化建设活动评价结果。会议还向与会人员发放了区总工会经审会五年工作报告（征求意见稿）的《征求意见问卷》。李会增在肯定上年度区工会经审工作的基础上，结合中央、市委、区委群团会议精神，对全区经审工作提出要求。5月16日，区总工会第一届经费审查委员会召开第十七次会议，审议通过了区总工会第一届委员会财务工作报告（审议稿）和区总工会第一届经费审查委员会工作报告（审议稿），同意将报告提交西城区工会第二次代表大会审议。6月15日，区总工会召开第二届经费审查委员会第一次会议，选举区总工会第二届经费审查委员会主任、副主任。经无记名投票选举，马燕红当选区总工会第二届经费审查委员会主任，赵敬书当选区副主任。7月11日，区总工会召开第二届经费审查委员会第二次会议，审查区总工会上半年预算执行情况及财务收支、管理情况；审查区总工会上年度审计问题整改情况。经审查，上年度审计问题未在上半年中发现。11月24日，区总工会召开第二届经费审查委员会第三次会议。审查区总工会1至11月预算执行情况及财务收支管理情况；审议区总工会年度经费收支预算调整情况；审议通过区总工会第二届经费审查委员会2016年工作报告（审议稿）。

（韩悦彤）

【工会组织建设与会员发展】 年内，全力推进建会工作，全国非公企业法人数据库辖区企业建会率达到99.01%，职工入会率达到96.77%。新增工会组织2845家，发展会员23446人，其中百人企业建会76家，独立建会806家，联合工会覆盖建会1963家。加强“会、站、家”实体化建设，组织全区110家直属基层工会，开展会员评议职工之家活动。争创星级服务站，2家工会服务站被评为全市星级服务站。针对街道工会服务站人员结构存在的问题，组织开展专题调研。研究制定区总工会关于专职工会社会工作者管理办法，完成40名大学生专职工会社会工作者招录工作。完善工会工作考核评价模式，加强年度目标考核工作，会员办会、民主办会水平明显提高。

（赵彦芳）

【厂务公开民主管理】 年内，贯彻落实中共中央、国务院《关于构建和谐劳动关系的意见》，配合劳动部门开展和谐劳动关系创建工作，评选与表彰和谐劳动关系单位65家、科技园区2个。落实厂务公开民主管理工作协调小组成员的调整工作，完成第九次全国厂务公开民主管理调研检查，向市总工会推荐区属优秀典型企业4家。对各直属基层工会开展业务培训，下发《民主管理指导手册》600余册。在实现全区国有企事业单位厂务公开和职代会制度全覆盖、非公有制企业建制率达90%以上的基础上，基本完成企业厂务公开民主管理基础数据的输机工作。加强大数据管理，全区90%以上基层工会民主管理、职代会信息实现网上填报。

（韩悦彤）

【工资集体协商】 年内，制发《西城区总工会2016年工资集体协商工作要点》。推进新一轮餐饮行业工资集体协商，覆盖企业近百家，涉及职工6000余人，实现行业最低工资水平位居全市前列。率先在华利佳合快捷酒店、新街口物业两个行业开展工资集体协商工作，并取得明显突破。推进工资集体协商典型企业的培育、督导工作，选树典型示范企业30家。全区完成新签集体合同、工资专项协议1500余份，签订率均达95%。充分发挥专职指导员的作用，完成区域性工资集体协商培训课件。深入企业开展“一对一”式工作指导100余次，培训业务人员1000余人。全面规范工资集体协商数据库建设。组织力量系统整理和编写《工资协商在西城》画册。

（韩悦彤）

【维权机制建设】　年内，贯彻落实《北京市实施〈中华人民共和国工会法〉办法》，加强与区劳动争议仲裁院、区人民法院沟通联系和工作对接。进一步完善职工法律援助工作制度，加大法律援助工作力度，不断拓展受理范围，促进职工法律服务中心规范化建设。组织编写和完成《劳动争议调解案例汇编》，汇集近五年来经典案例30篇，为基层工作实践提供参考。通过公益律师值班、兼职调解员参与的措施，全年成功调解劳动争议案件240件，为30余名困难职工提供代写起诉文书、问题解答、代理诉讼等全程法律援助服务，解答劳动者咨询200余次。推动“公益律师下基层”专项行动，为职工和企业提供培训和咨询1000余人次。

（韩悦彤）

【劳模管理】　年内，评选全国工人先锋号2个、全国五一劳动奖章2名、首都劳动奖状3个、北京市工人先锋号6个、首都劳动奖章16名、西城劳动奖状5个、西城区工人先锋号10个、西城劳动奖章43名。大力宣传劳模精神劳动精神，举办“光荣与梦想”西城劳模事迹回顾展。组织召开西城区2016年新春劳模专场慰问演出。完成270名劳模体检工作。慰问劳模、先进人物1247人次，发放慰问金、差额补贴养老金、专项补助金、去世劳模丧葬补助金等共计179.64万元，向583名离退休劳模发放重阳节慰问金17.49万元。组织515名劳模、各级奖章获得者、先进个人赴海南等地参加疗休养活动。

（刘彦舞）

【送温暖工程】　年内，开展送温暖活动，救助371名困难职工及大病在职职工，发放慰问金、救助金等共计180.55万元。开展金秋助学活动，为78名困难职工的子女发放助学金15.9万元。投入资金102万元，采取为基层工会发放“送清凉”资金和制作“清凉包”相结合的方式为公安、环卫、园林和出租车司机等群体送清凉。

（刘彦舞）

【群众性经济技术创新工程】　年内，联合区卫计委、区地税局和区安监局，组织大规模岗位练兵、技能比拼活动5场。评选群众性经济技术创新工程优秀组织单位10个、优秀创新成果20项、优秀首席员工14名、优秀合理化建议25条。参加第一届北京市街道工业园区“安康杯”专项竞赛活动，推荐9家已建会规模以上非公企业参加评比。获全国“安康杯”竞赛优胜单位1家、优秀班组1个，北京市“安康杯”竞赛优胜单位2家、优秀班组1个、优秀组织单位1家以及先进个人1名，评选出西城区“安康杯”竞赛优胜单位5个、优胜班组5个。通过广泛推荐、技能比拼、专家评审、网络投票等环节，在中药炮制工、贵金属首饰手工制作工等多工种中选拔，参与市总倡导的“北京大工匠”评选活动。推进工匠创新成果推广、转化和应用，引导、支持和助推广大职工学好技术、提升技能。

（刘彦舞）

【女职工工作】　年内，组织基层女职工参与“2016年北京职工幸福之家”评选、参加市总“好家规、好家训”征集展示等系列活动。全年评选“三八”红旗奖章4人、“三八”红旗集体2个。帮助在册单亲困难女职工15人，发放慰问金7500元。开展女职工权益维护和关爱行动等系列活动，活跃女职工精神文化生活。加强女职工组织建设，实现女职工组织组建率100%。

（刘彦舞）

【素质教育工程】　年内，加强职工素质建设，指导185名职工成功申领在职职工职业发展助推金。发挥工会“大学校”作用，进一步推进职工书屋规范化建设，为广大职工学技术、学文化创造有利条件。以校企联合的订单式培训办法，开展职工通用能力培训。适应供给侧结构性改革对职工素质的要求，开发职工职业技能网络培训项目。完善技能人才培养、评价、使用和激励机制，努力造就有智慧、有技术、能发明、会创新的职工队伍。

（刘晨晨）

【工会经费收缴】　年内，工会经费收缴总计6388.23万元，超额完成年度工会经费收入预算任务。加强费源生产库未申报户、零申报户、已申报未缴款户的核查、清理工作，对费源登记库进行优化剔除，全年共剔除626户不符合代收标准的企业，为进一步加强工会组织建设和税务代收增长提供精确的数据基础。按时完成地税系统新增税户的费源核准工作，全年共完成新增核准企业数146户，核准完成率达100%。

（蔡红燕）

【职工互助保险】　年内，做好各险种承保、理赔及统计、宣传咨询和业务指导管理工作，在全区开展2016年暖·互助受助会员的信息核实工作。推进全区职工互助保险，保费型保障计划投保66683人次，投保总额达465万元。受益1396人次，赔付金额243万元；暖·互助《在职职工医疗互助保障计划》全年共有32349人受益，理赔金额达960万元。

（蔡红燕）

【京卡·互助服务卡】　年内，加强京卡信息采集工作，全区累计采集合格会员224969人，办理互助服务卡212144张。全区开展京卡服务活动197项，参与会员职工171522人次。

（朱　莉）

【职业介绍】 年内，与市总工会、区人力社保局、区残联联合举办残疾失业人员、大中专院校毕业生等就业援助招聘会18场，与937人达成就业意向。开展“春风行动”宣传活动，发放宣传材料520份，推荐45人就业。全年按需开展业务、技能和就业培训34场，培训职工1247人，1059人成功就业。对社区巡视员、社区志愿者和医院护工开展专项技能培训。

（刘彦舞）

西城区妇女联合会

【概况】 北京市西城区妇女联合会（简称区妇联）是在中共北京市西城区委领导下的各族各界妇女为进一步发展而联合起来的社会群众团体，是党和政府联系妇女群众的桥梁和纽带。下设办公室、组织联络部、权益发展部、宣传教育部、妇女儿童工作委员会办公室、妇女儿童发展中心6个办事机构。年内，区妇联以《中央关于加强和改进党的群团工作的意见》为指导，结合“两学一做”专题教育实践活动，以把握联系和服务广大妇女为工作生命线，围绕区委、区政府中心工作推进各项工作。

地址：西城区广安门南街68号

邮编：100054

电话：83976200

（智　芳）

【“巾帼苑”新春联谊活动】 1月11日，区妇联在马连道党群活动服务中心举办以“共圆中国梦，同迎新春节”为主题的“巾帼苑”迎新春联谊活动。“巾帼苑”各分会部分会员、市第十三次妇代会西城区代表等50余人参加活动。

（智　芳）

【预防儿童意外伤害活动】 1月9日，区妇联启动预防儿童意外伤害项目，利用寒暑假期间，在15个街道全面开展预防儿童意外伤害系列讲座，强化“伤害不是意外，伤害是可以预防的”安全理念，编印《西城区儿童安全手册》在社区发放。

（智　芳）

【两节送温暖活动】 2月2日，区妇联在“营造温暖之家、共享美好生活”两节走访慰问活动中，慰问老妇救会主任、失独失偶贫困妇女、“两癌”病患妇女、单亲特困母亲、贫困家庭儿童等共322人，提供帮扶资金17.2万元。

（李　萌）

【“三八”维权周活动】 3月，区妇联利用“三八”妇女维权周这一节点，以“建设法治中国首善之区·巾帼在行动”为主题开展“三八”妇女维权系列活动，以“专家说法进社区”等活动为载体，推动《反家庭暴力法》的宣传贯彻；发挥社区“妇女之家”“商务楼宇姐妹驿站”等工作阵地作用，宣传全面两孩政策、促进妇女公平就业、反对就业性别歧视，保障妇女合法权益；整个维权周期间，共举办各类普法活动141场，发放宣传材料1.3万份，受益妇女达1.4万余人次。

（智　芳）

【“两癌”免费筛查】 2月29日，区妇联联合区卫生计生委启动适龄妇女“两癌”免费筛查。全年共有5303人参加乳腺癌筛查，确诊1人；5428人参加宫颈癌筛查，确诊6人。

（智　芳）

【“十佳女干警”揭晓】 3月3日，区妇联在繁星剧场举办“法治耀西城·巾帼展风采——2015年度西城区政法系统最美女性评选揭晓活动”。区委常委、组织部部长章冬梅致词，市妇联副主席王淑存，副区长、公安分局党委书记、局长张明等领导参会。“巾帼苑”分会会员共计200余人参加活动。活动播放了“法治耀西城·巾帼展风采”专题片，揭晓了“十佳女干警”和“十佳女干警提名奖获得者”。

（智　芳）

【“三八”庆祝活动】 3月4日，区妇联在区文化中心一层小剧场举办“聚家国之风，承社会和合”主题论坛，邀请全国妇联执委刘滨、大碗茶企业传承人尹智君等5户特色家庭代表分享“家风、家教”故事，聘请家庭教育领域专家刘延宁、齐大辉对发言进行点评，区教委和区妇联从各自工作角度讲述家风传承的重要性以及家庭文化建设的影响力和渗透力，论坛获得新闻媒体和社会各界广泛关注。

（智　芳）

【“家庭＋”行动项目启动】 3月5日，区妇联在新街口街道西四北头条书香驿站启动“家庭＋”行动项目，这是依托社会组织运营管理、在社区开展的家庭建设项目，主要内容为：“＋文化”，提供家教指导、心理咨询、文化娱乐等服务，构筑健康向上的家庭文化；“＋互动”，通过“家庭汇客厅”，让社区居民从封闭的小家庭走进社区开放的大家庭；“＋整合”，集聚相关社会资源，服务家庭需求。

（智　芳）

【开展寻找“西城最美家庭”活动】 3月12日，区妇联与区委宣传部、区文明办联合下发《关于开展2016年寻找“西城最美家庭”活动的通知》，在全区范围内创新推进家庭文明建设和好家风建设工作。5月15日，举办“和合家风 最美西城”宣传推进主题活动，为15户首都最美家庭颁发证书和奖杯，加大寻找“最美家庭”活动的宣传力度。6月17日，“最美家庭宣讲团”在西城区文化中心小剧场参加全区百姓宣讲活动，10位优秀宣讲员通过讲述身边真实感人的故事给人以启发与引领。

（智　芳）

【一届十次执委会】 3月23日，区妇联召开一届十次执委（扩大）会议，区妇联执委、街道主管领导、街道妇联主席、机关局处公司女工干部等100余人参加会议，区委副书记、政法委书记王力军出席会议并讲话。会议传达全国妇联十一届四次执委会和市妇联十三届三次执委会精神。区妇联主席李高霞作题为《深入贯彻落实党的群团工作会议精神，努力开创西城区妇女儿童事业新局面》的工作报告，总结2015年工作，部署2016年工作。

（智　芳）

【“幸福女性大讲堂”系列培训】 4月14日，区妇女儿童发展中心启动“幸福女性大讲堂”系列培训活动。大讲堂根据全区女性的实际需求，整合资源，分别与区经科大、区婚姻家庭调解工作室、区园林市政管理中心、满堂香茶文化发展有限公司等合作举办普法、摄影、花艺、茶艺等培训，包括“幸福女性 和谐生活”婚姻课堂、“幸福女性 记录生活”摄影体验课堂、“幸福女性 装扮生活”绿植园艺体验课堂、“幸福女性 品味生活”茶艺体验课堂等。全年共组织培训32场，受众2400余人次。

（智　芳）

【西城区巧娘技能培训班】 4月25日，区妇联在北京市妇女交流交往示范基地右安驿站举办2016年第一期巧娘基础花艺技能培训，来自街道的25位巧娘参加学习培训。6月22日，区妇联在人定湖公园园艺推广中心举办第二期巧娘基础花艺技能培训，25人参加培训。9月23日，20余位社区巧娘在人定湖公园园艺推广中心参加培训，学习制作中国传统的流苏吊绳。

（智　芳）

【2016年调研工作会】 4月28日，区妇联系统召开2016年调研工作会，机关干部、区妇女理论研究会会员、街道妇联主席、社会组织代表等40余人参加会议。会上，区妇联总结2015年调研工作，部署2016年主要任务和重点调研课题申报工作。与会人员结合区妇联工作要点，研讨如何进一步加强和改进调研工作，提出了许多建设性的意见和建议。区委区政府研究室调研员周爱峰就如何开展调研工作作专题培训。

（智　芳）

【制作“清风满家”扑克牌】 5至8月，区妇联联合西城区老年书画研究会，围绕“廉洁”文化，面向全区征集家庭助廉家训格言161条，精选出52条，制作2万副“清风满家”扑克牌，向全区居民发放。

（智　芳）

【反家庭暴力联席会成立】 6月7日，区妇联召开全区妇女儿童维权机制建设联席会，总结维权工作，成立全市首个反家庭暴力联席会。区委副书记、政法委书记王力军出席会议并讲话。区妇联进一步构建多部门协同机制，促进反家暴工作联动化、制度化、规范化、常态化，推动《反家庭暴力法》的实施。

（智　芳）

【体验传统文化活动】 6月5日，区妇联开展“粽情端午”微信线下亲子活动，30余个家庭在“甲骨文·悦读”空间包粽子、做香包，感受中华民族传统节日的文化魅力。

（智　芳）

【禁毒防艾宣传活动】 6月21日，由区妇联主办、北京建筑大学承办的“拒绝毒品诱惑、防治艾滋、拥抱阳光生活”禁毒防艾宣传签名仪式在建筑大学下沉广场举行。活动中共发放宣传纪念品2000余份，561人现场签名。全年全区各街道共开展禁毒活动46场。

（智　芳）

【西城区第二次妇女代表大会】 7月7至8日，西城区在天泰宾馆召开第二次妇女代表大会，330名妇女代表参会，共商全区妇女儿童事业发展大计。区委书记卢映川，区政协主席杜灵欣，市妇联副主席王淑存，区委副书记、区政法委书记王力军，区委常委、区委组织部部长章冬梅，区委常委、区委办主任孙硕，区委常委陈宁，以及区妇联历任主席、群团组织负责人、各单位党政主要领导和分管妇女工作的领导、区妇联离退休老干部等出席开幕式。大会审议通过题为《凝心聚力，开拓创新，团结带领广大妇女为西城区在更高水平上创造城市美好生活而努力奋斗》的报告，选举产生由63名执委组成的区妇联第二届执行委员会，对116人授予第二届西城“妇女之友”荣誉称号，通过《西城区妇女代表大会代表联系制度》。

（智　芳）

【二届一次执委会】 7月8日，区妇联召开二届一次执委会，会议选举产生15名常务委员会委员，其中李高霞为主席，陈玉芳、吴洁、许畅、张薇（兼职）、傅立红（兼职）、郭昊（兼职）为副主席。

（智　芳）

【“我是小小摄影家”活动】 7月20日，区妇联开展第三届“我是小小摄影家”夏令营活动，活动主题为“记忆·北京·我的家”，孩子们用相机记录生活、了解家乡、发现乐趣、培养爱好。各街道学生及家长近100人参与活动。8月19日活动闭幕，共征集摄影作品100余幅，评出一、二、三等奖及优秀奖。

（智　芳）

【“名师家教讲堂进社区”系列活动】 7至9月，区妇联开展“西城区名师家教讲堂进社区”系列活动，邀请知名家教专家走进街道、社区，开展家教知识讲座、亲子互动活动。

（智　芳）

【中韩女性插花培训班】 9月2至7日，区妇联承办中韩女性“花艺技能创新应用项目”高级班，该项目由北京市妇联指导，通过单位推荐、社会招募、考核选拔等，选出京津冀自主创业者、巧娘代表、花艺从业者、园艺工作者等共19名学员参训，考试后获得由韩国花艺术作家协会、韩中新科人才交流中心颁发的韩国插花高级证书以及北京市女子职业技能培训学校的专业证书。

（智　芳）

【“书香·家·春秋”阅读活动】 9月24日，区妇联在北京最美社区书店“甲骨文·悦读”空间启动“书香·家·春秋”家庭阅读系列品牌活动，全力倡导家庭阅读，为“书香西城”建设助力。市妇联家庭儿童工作部部长尤筠、区委常委陈宁、广内街道工委书记和区妇联领导出席活动。

（智　芳）

【二届执委首次培训班】 10月19日至21日，区妇联举办二届执委首次培训班。区妇联第二届执委及区妇联机关干部和各街道妇联主席共60余人参加培训。区委副书记马新明在开班讲话中指出，妇联执委、妇联干部要充分认识培训班的意义，认识做好群团工作的特殊性、重要性和现实紧迫性，增强做好群团工作的历史责任感和使命感。

（智　芳）

【发布“十三五”妇女儿童发展规划】 10月26日，西城区妇女儿童工作委员会办公室向全区发布《西城区“十三五”时期妇女发展规划》和《西城区“十三五”时期儿童发展规划》。

（智　芳）

【青年婚恋交友沙龙】 11月6日，妇女儿童发展中心携手区民政局、团区委、区总工会等单位举办“脱单要快　西城寻爱”大型相亲联谊活动。辖区内200余名青年男女参加活动。

（智　芳）

【“最美家庭”揭晓】 12月14日，西城区委宣传部、区文明办、区妇联联合在首创国际会议中心举办“家的呼唤”——2016西城区“最美家庭”揭晓活动暨阿紫诗歌朗诵会。活动表彰了2016年度100户“西城最美家庭”，为获得第十届全国五好文明家庭、全国最美家庭的5户家庭代表颁发荣誉证书和奖牌。活动以现场短片的形式回顾总结了区妇联近年重点围绕家庭文化建设开展的“家庭、家风、家教”系列活动。

（智　芳）

【中央妇工委来区参观交流】 12月13日，中央国家机关妇工委主任曹博慧以及27名驻西城区国家部委的妇工委主任，走进老舍茶馆参观交流。区妇联、区直机关工委、区外联办领导以及街道社区妇联、社会组织、企业的代表参加活动。曹博慧介绍此行目的，区外联办副主任霍利凯、区直机关工委常务副书记宁梅、区妇联主席李高霞、区非物质文化遗产保护中心主任杨飞，分别介绍西城区情、机关工委党建工作、妇女儿童发展情况和非物质文化遗产保护传承等，各个国家部委妇工委主任分别介绍各单位的工作职责和所享有的共建资源。

（智　芳）

【“家庭剧乐部”培训活动】 年内，开展“家庭剧乐部”公益项目，组织600余名孩子和家长观看儿童剧演出，招募小演员在什刹海街道和陶然亭街道参加培训20课时，围绕“家庭 家教 家风”主题，排练儿童剧《我是姐姐》和《什么是最重要的财富》，探索传承中华传统美德的方式，加深良好家风家训对于家庭的浸润及影响。

（智　芳）

共青团北京市西城区委员会

【概况】 共青团西城区委员会（简称团区委）是西城区先进青年的群众组织。下设办公室、组织部（社会部）、宣传部、统战部、权益部5个部室和直属事业单位西城区志愿服务指导中心，西城区未成年人保护委员会（简称区未保委）办公室、西城区综治委预防青少年违法犯罪专项组办公室设在团区委，在职人员31人。主要职责是积极发挥党联系青年的桥梁和纽带作用，组织青年、引导青年、服务青年、维护青少年权益，指导全区各级团组织开展工作。年内，团区委围绕中心、服务大局，投身推动区域社会经济发展的各项工作，结合实际需求，服务青少年成长发展，全面推进区域化团建工作和社区青年汇建设，推动西城共青团事业全面发展。截至年底，西城区共有团组织2317个，其中基层团委89个，基层团工委18个，基层团总支168个，基层团支部2042个；全区共有团员28563名，团干部1247名，其中专职团干部63人，兼职团干部1184人。团区委目前下辖52个直属团组织，其中机关事业单位团组织25个、国有企业团组织16个、非公企业团组织8个、公办高校团组织1个、民办高校团组织2个。

地址：西城区北礼士路12号

邮编：100044

电话：88391826

（朱嘉瑜）

【团区委召开第二次代表大会】 7月4日至6日，共青团北京市西城区第二次代表大会召开，来自全区各行业、各系统的269名团员代表参会。团市委副书记王洪涛，区领导卢映川、王少峰、杜灵欣、王力军、章冬梅、孙硕、陈宁，各兄弟区、驻区单位团组织负责人，区属各群团组织、各相关单位主要领导，以及西城共青团老团干代表出席大会开幕式。大会审议通过李健希代表共青团北京市西城区第一届委员会作的题为《把握时代主题，服务青年发展，凝聚青年力量，矢志建功立业，奏响西城发展的青春乐章》的工作报告，确定西城共青团未来五年的工作方向和奋斗目标，选举产生共青团北京市西城区第二届委员会。

（崔炜川）

【青少年思想政治工作】　年内，结合青少年工作特点，运用新媒体的多元方式继续推广"书香满西城"系列读书活动，为青年人提供学习交流平台的同时，用社会主义核心价值观引导青年、塑造青年，营造青年爱读书、读好书、好读书的良好氛围。从2013年12月至2016年底，"书香满西城"共举办59期，成立4家阅读基地，吸引9000余名青少年参加。设有子品牌"书香满西城·童趣什刹海"亲子阅读活动、"书香满西城·文化传地铁"图书漂流活动。从年初开始，特别举办"书香满西城·走进西城"活动，每季度根据当月好书主题"走出去"1次，先后带领书友走进中国地质博物馆、首都博物馆、湖广会馆等，让阅读不局限于室内和书斋，而是走进古迹新址，知行合一。活动深受青年喜爱，得到《新闻联播》《人民日报》《北京日报》《中国青年报》《北京西城报》、人民网、网易、中青在线等多种媒体的全方位报道。以"青年之声·西城"平台为突破口，根据"四维格局"的工作要求，推进网上共青团建设，将青年对美好生活的追求与城市建设管理工作结合起来，促进青年更深地融入城市建设管理。年初，成立"青年之声"领导小组，制定"青年之声"值班制度，定期设置热点议题，要求团区委机关干部和各直属基层团组织负责人及时审核留言并答复问题，保证青年声音不沉没，开展"提升城市品质 共建美丽西城"大讨论等与城建话题相关的活动，引导青年建言献策。依托在青年身边的区域性活动平台"社区青年汇"开展多样化活动，打通服务青年的"最后一公里"。截至年底，"青年之声·西城"平台已入驻专家365人，累计浏览240万余次，成为共青团联系、服务、引领青年的新桥梁、新纽带、新阵地。

（杨　扬）

【新媒体建设】　年内，以"青春西城"微信公众号为代表的新媒体平台进行一系列改版。实现单篇阅读量最高达5万+、全年总阅读量32万+、粉丝量稳定在1万+的突破。为积累粉丝量，开展"绿色出行，送你公交卡""西城文化鉴赏季话剧票申领""CBA门票等你来拿"等互动活动；为服务青少年成长成才，策划"团代会，on the way""创青春创未来""夜宿海洋馆""健走忆长征　阔步览西城"等微信活动；为引领思想，在公众号上制作"重温征途，砥砺前行——纪念抗战胜利80周年""凌晨四点半""青年在行动""一学一做搞起来"等原创内容，抓住重要时间节点，对行业典型人物进行实地采访、系列报道。有深度不肤浅、有温度不冷漠、有关注度不孤芳自赏、有态度不随波逐流成为团区委新媒体平台的新定位和新要求。微信文章数次被团中央官方微博"共青团中央"、团市委官方微信"青年说"转发，提升了西城共青团工作的影响力。

（杨　扬）

【完善志愿服务体制机制建设】　年内，西城区志愿者联合会（以下简称"区志联"）贯彻中央党的群团工作会议精神，落实团市委、北京市志愿服务联合会工作要求，结合西城区全面深化改革和推进社会治理创新的总体安排，逐步完善志愿服务工作体制机制建设，开拓创新工作领域。在前期广泛调研，征求多方意见建议的基础上，正式出台《关于西城区志愿服务工作体制机制改革的意见》。区志联制定并向各街道、区直、卫生、教育等各系统发布《西城区志愿服务联合会分会建设指南》，指导其建立联合会分会；向联合会理事征求意见，将"北京市西城区志愿者联合会"正式更名为"北京市西城区志愿服务联合会"。

（李彬彬）

【推进"志愿家庭"西城模式】　年内，团区委召开西城区"志愿家庭"及中小学生参与志愿服务经验交流暨项目对接会，各街道、与会学校以及志愿服务岗位提供方的单位和组织，就中小学开展志愿服务进行了交流和对接，并签署了《志愿服务合作协议》；帮助北京四中完善志愿服务三级管理体系创新性研究课题，并在全市推广；区志联扶持"心飞扬"团队成为社会组织，提供志愿活动场地、项目支持、物资保障、人才培训、管理咨询、项目推介、资源对接等专项服务，帮助志愿服务组织持续良性发展。年底，举办西城区教育系统中小学生志愿服务评优活动，评出全区最美学生志愿者、最美教师志愿者、最美志愿家庭、最佳志愿服务项目和最佳志愿服务组织。

（李彬彬）

【荣誉和表彰】　年内，区志愿服务获多项荣誉和表彰。在中宣部、中央文明办、民政部、团中央等13家单位共同发起的宣传推进志愿服务"四个100"先进典型活动中，西城区获"最佳志愿服务项目"和"最佳志愿服务组织"各1项；在团中央举办的第十一届中国青年志愿者评选表彰中，西城区获"优秀个人奖"和"优秀项目奖"各3项，区志联获"优秀组织奖"；全区58名志愿者获北京市第二批五星志愿者称号。团区委获毛主席纪念堂志愿服务项目优秀单位和突出贡献奖，区志联获西城区社会组织联合会授予的优秀会员单位。

（李彬彬）

【未成年人保护】　1月，团区委通过"共青团与人大代表、政协委员面对面"活动发挥作用，1名政协委员在区"两会"上就加强支持青年创新创业提交委员提案。6月，制作青少年法治教育与自护教育动画短片《对新型毒品说不》，获北京市法治动漫微电影作品征集展映活动动画类二等奖。寒暑假期间，团区委组织全区15个街道针对青少年开展星光自护培训88场，4000余人次参加，继续推进"皮皮鲁送你100条命"自护课程进学校进街道。8月和9月，分别组织合适成年人培训和社会调查培训，全年派出合适成年人66人次。10月，组织全区法治副校长和德育工作者进行青少年法治教育培训，全年法治副校长入校近300次。11月，开展“共青团与人大代表、政协委员面对面”调研座谈，形成《西城区青年电商创业人才培养项目研究报告》，在团中央“面对面”活动调研成果评选活动中获地市级一类报告。12月24日，第17届“西检杯”西城区中学生思想道德法律知识竞赛决赛在北京第十四中学举行，经过“将帅之战”“复活之战”“巅峰之战”三轮厮杀，北京市第十五中学夺冠。

（高　鑫）

【帮扶区域弱势青少年群体】 1至2月，团区委开展“两节送温暖”活动，为137户困难青少年家庭发放综合救助金9万元，向家庭经济困难青少年、服刑人员未成年子女发放4万元慰问物资。3月6日，组织120名重点青少年及其家长参观北京海洋馆。4月起，“七彩梦”青少年才艺资助项目在什刹海、椿树两个街道开课，为社区贫困儿童提供免费的美术和书法课程。8月，正式启动精准帮扶工作，针对全区2395名生活困难家庭青少年开展帮扶。9月，启动“学习伙伴”服务项目，为30名生活困难家庭青少年提供为期一年的“一对一”学习辅导、志愿服务和小组活动。11月，为低保家庭青少年发放“希望之星1＋1”奖学金共计13800元。12月，组织300名精准帮扶青少年和家长观看儿童音乐剧。同月，依托社区青年汇阵地为生活困难青少年提供创新课程和手工制作体验课程。

（高　鑫）

【团建创新】 年内，团区委整合资源、集中优势打造更有吸引力、号召力和影响力的活动和项目，整合原有直属团组织申请项目和社区青年汇“一汇一品”项目，统一纳入共青团工作项目化运作之中，12月，打造团建创新工作新品牌——“青桥计划”。该计划扩大了申报单位范围，面向各直属团组织及其下属的基层团组织征集项目；优化了流程和细节，增加了“打包购买”社会组织服务项目的方式，让团干部能够有充足时间和精力思考工作和策划项目；同时，增强项目的资金支持力度，为打造更加精细化、品牌化的服务项目提供保障。2016年度“青桥计划”共支持了29个项目，支持资金71万元，覆盖了社区青年汇建设、团建创新和志愿服务等多领域，覆盖青年1.5万余人次。

（崔炜川）

【服务青年成长成才】 年内，团区委紧扣群团改革脉搏，分三步开展团干部培训工作。7月21日，召开《共青团中央改革方案》精神专题宣讲会，团区委委员、候补委员参会，会议号召全区团干部自觉把思想统一到中央的要求上来。为进一步学习中央和市委党的群团工作会议精神以及《共青团中央改革方案》，全面提升团干部的理论水平和综合素质，策划开展西城共青团2016年“青春加油站”团干部培训班，在往年组织推荐报名的基础上，开通了“青春西城”官方微信网上报名通道，共招募学员83名，其中个人自荐学员4名。为增强基层团组织的凝聚力和战斗力，为推进全团重大改革举措落实打基础，组织召开2016年西城区新任团干部培训会，西城区22个直属团组织的145名新任团干部参加培训。

（崔炜川）

【共青团社会领域建设】 年内，团区委积极做好区级层面社区青年汇的工作统筹，按照新的要求修订管理制度，加强对督导的工作指导和督查，在团市委2015–2016年度社区青年汇考核评估中，全区共有5家社区青年汇获“社区青年汇优秀奖”，获奖比例达20%。团区委依托社区青年汇开展学习培训、交友联谊、志愿服务、文化艺术、体育比赛等服务青年需求的活动，全年全区24个社区青年汇共开展活动916次，参与青年2万余人次。打造具有特色的地区品牌项目。举办“跃动青春”西城区第六届青年文化体育节，分竞赛类和文化展示类两大项，竞赛类包括5个比赛项目，共有来自57个单位的122支队伍参赛，参与青年1074人次；文化展示类包括“美丽西城”青年摄影展和“我的西城　我的家”优秀青少年绘画作品展两项，共收到70家单位的806件作品。开展“艺术在身边——西城青年文化鉴赏”活动，先后组织1555名来自社区青年汇、区域化团建单位的青年走进剧场、走近艺术。以亲子活动为抓手，开展西城社区青年汇科普行之夜宿海洋馆、西城社区青年汇青少年周末成长营地等活动，共有477名青少年参加，活动有效提高了社区青年汇在社区和地区单位青年中的知晓度。

（崔炜川）

【青联活动】 年内，举办青联委员送春联进社区活动，组织青联女委员开展“三八”国际妇女节主题活动，组织青联委员家庭参加志愿家庭2016年春季义务植树等活动；组织青联委员及其子女40余人开展“相依相伴、畅享户外”主题亲子活动；组织青联委员参观平谷区刘家店镇的行宫村，实地了解国家在加快村镇光网建设上的成绩。分别召开西城区青年联合会第一届委员会第四次全体会议、一届六次主席会、常委会；坚持开展教师节、建军节、开斋节等重要节日的慰问活动，增强青联组织的归属感和凝聚力。

（刘　涛）

【交流活动】 年内，接待第十五届中韩青少年协会（“未来林”）来区交流访问，来访者包括韩国前驻华大使权丙铉及中韩大学生志愿者一行180人。安排访问团参观了首都博物馆的海昏侯国考古成就展，走进马连道体验手工制茶、品茶、参观茶博物馆等。

（刘　涛）

西城区科学技术协会

【概况】　北京市西城区科学技术协会（简称区科协）是北京市西城区科技工作者的群众组织，是中共西城区委领导下的人民团体，是区委、区政府联系科技工作者的桥梁和纽带，是推动科学技术事业发展的重要力量，是北京市科学技术协会在西城区的地方组织。有区级学会、协会、研究会19个，街道科协15个，会员近4万人，区级科普教育基地64个。年内，贯彻落实《中华人民共和国科学技术普及法》和《全民科学素质行动计划纲要》，创建设全国科普示范区，提升区域公众科学素质，促进科技强区、科普惠民、服务民生。召开第二次代表大会完成换届，举办第二十二届科技周及第十八届科普之夏、科普日等活动，参加全国第三十一届青少年科技创新大赛、第十六届中国青少年机器人大赛和北京第三十六届青少年科技创新大赛等赛事，组织基层科协组织、相关学（协）会、区全民科学素质建设成员单位开展学术交流和科普服务，开展形式多样的社区科普活动。落实“金桥工程”，开展科普富民兴边、科技下乡活动。

地址：西城区广安门南街68号

邮编：100054

电话：83976206

（樊士广）

【第二次代表大会】　9月13日，西城区科学技术协会第二次代表大会在金台饭店举行，通过自下而上民主协商、政审，大会选举产生西城区科学技术协会第二届委员会委员83名，第二届委员会常务委员27名，中国工程院院士、北京有色金属研究总院名誉院长屠海令再次当选主席，戴卫红当选常务副主席，选举产生9名副主席，会议表决通过《西城区科学技术协会实施〈中国科学技术协会章程〉管理办法的决议》和《西城区科学技术协会关于第一届委员会工作报告的决议》。北京市科协党组书记、常务副主席马林，区领导卢映川、王少峰等出席会议，区科协第二次代表大会218名代表参加会议。北京市各区科协、西城区全民科学素质建设各成员单位、各人民团体负责人作为嘉宾列席会议。大会审议并通过了屠海令主席所作的题为《集众思建真言 汇众智谋良策 科技助力区域经济社会发展》的工作报告。北京市科协党组书记、常务副主席马林对西城区科协过去五年的工作给予充分肯定，对西城区科普工作取得的成绩表示祝贺，就如何全面推进“三型”科协组织建设、切实履行“四个服务”职责提出要求。大会为“十二五”期间涌现出来的西城区十大“科普之星”颁发荣誉证书，表彰首批西城“科普之星”。

（樊士广）

【组织建设与人才培养】　年内，区科协结合“两学一做”学习教育活动，到街道、学协会、科普教育基地和科技企业开展调研走访。调整全民科学素质建设工作领导小组成员单位，指导街道、社区落实《关于街道科学技术协会规范化建设的指导意见（试行）》和《关于社区科学技术普及协会规范化建设指导意见（试行）》，调整和完善基层组织，促进能力和水平提升。通过集中学习、研讨交流、科普基地参观以及现场教学、社区挂职锻炼，提升干部理论素养和实践能力。组织科普工作者培训班7期，培训全民科学素质各成员单位、街道、社区、学（协）会科普工作者和学校科技教师1000人次，提升能力素质和爱岗敬业意识。开展第七届全国优秀科技工作者、第十三届中国青年女科学家奖、2016年度“未来女科学家计划”候选人推荐，推荐2人参加第十八届茅以升北京青年科技奖评选。开展优秀科技论文征集评选活动，评选出15篇优秀论文，5人获全国青少年科技辅导员论文一、二、三等奖。北京育才学校获第三十一届全国青少年科技创新大赛“十佳科技教育创新学校之星”称号，科技辅导员项目获得一等奖2个、二等奖2个。参加第三十六届北京青少年科技创新大赛，1人获“十佳科技辅导员”奖，2人获“优秀科技辅导员”奖。组织第十四届西城区科技园丁、优秀辅导员评选，67人获科技园丁称号，45人获评优秀辅导员。

（樊士广）

【全民科学素质建设】　年内，全民科学素质领导小组办公室履行推进全民科学素质建设工作的职责，定期研究部署工作，及时总结经验、明确责任、提出要求。调整全民科学素质领导小组成员，分解目标任务，完善工作措施，协调推进落实。围绕“夯实队伍基础、提升科普素养”举办专题培训班。结合区域实际，协调各成员单位按责任分工逐一落实重点人群科学素质提升目标。联合区园林绿化局挂牌成立首批6个绿色科普驿站，尝试政府部门和群团组织携手拓展科学普及的新领域新阵地，促进全国科普示范区建设和区域全民科学素质提升；区卫生计生委以健康中国为目标，组织医疗机构开展系列健康科普宣传，发放健康知识宣传材料，提升居民健康素养；区财政局发挥财政资金引导作用，加大资金投入，支持区域主场科普活动和特色科普品牌，加强科普资金管理、服务和指导；展览路街道开展“清凉之夏”科普嘉年华、“环保课堂”进社区、进学校系列活动。

（樊士广）

【科技周活动】　5月16日，以“创新引领，共享发展”为主题的西城区2016年科技周启动仪式在西城区青少年科技馆举办。当天，西城区全民科学素质领导小组各成员单位的工作人员和社区科普志愿者共300余人参加活动，中国科协基层处处长王欣华、北京市科协科普部部长阎仁浩、区人大副主任俞强出席活动。启动仪式通过智能机器人舞蹈、无人机摄像的方式开场，会上进行优秀科普活动表彰、科幻魔术表演等。在互动环节中，来自科技公司、学校、社区等30家科普资源单位带来了VR、中药材辨真伪、科技动手做、3D打印等的展示和体验。科技周期间，全区各单位共举办行各类科普重点活动300余项。

（樊士广）

【科普之夏活动】 7至9月，组织主题为“科技改变生活　提升科学素质”的第十八届“北京科普之夏”活动，开展创意设计作品征集评比、科技创新观摩，组织区属14家单位600余名公务员参观中国科技馆，组织科普宣传员志愿者队伍，开展主题科普参观和实践活动。期间，全区各单位各部门开展多种群众性科普活动，包括举办反邪教广场舞展演、健康生活科普知识巡回展、科普大篷车与科普益智互动展品进社区、进学校；参加第十三届北京百万家庭数字生活技能大赛相关竞赛活动等。

（樊士广）

【西城区“全国科普日”活动】 9月27日，2016年西城区全国科普日主场活动暨第五届“简约生活、创意无限”废旧物品创意再设计大赛颁奖仪式在大观园举行，区人大常委会副主任马业珠出席，200余名基层科普工作者同社区居民参加。现场为低碳生活创意作品征集活动的先进单位和个人颁奖，开展优秀作品和精彩活动图片展示，组织科普知识答题活动。

（樊士广）

【社区科普益民计划】 6月，推荐广安门外街道莲花河社区参加中国科协“基层科普行动计划”评优，该社区在评选中获“全国科普示范社区”称号、国家级奖励资助20万元及北京市配套奖励资助34万元。区内10个社区、2个科普场馆和14名个人获市科协、市财政“年度社区科普益民计划”奖励资助117万余元。受奖励资助社区包括：西长安街街道北新华街社区、广外街道莲花河社区、广内街道核桃园社区、金融街街道二龙路社区、展览路街道新华里社区、西长安街街道钟声社区、月坛街道广二社区、什刹海街道爱民街社区、德胜街道北广社区、牛街街道西里二社区；基层优秀科普场馆为北京天文馆和郭守敬纪念馆。年度区级科普益民计划评选出21个优秀科普社区，分别是：什刹海街道前铁社区，西长安街街道府南社区、和平门社区，大栅栏街道铁树社区、延寿社区，天桥街道天桥小区社区，新街口街道西四北六条社区，金融街街道手帕社区、新文化街社区，椿树街道梁家园社区，陶然亭街道米市社区、黑窑厂社区，展览路街道新华南社区，广内街道长西社区，牛街街道白广路社区、枫桦社区，白纸坊街道右北大街社区，广外街道车站西街15号院社区、朗琴园社区、乐城社区和马连道社区；评选出3个优秀科普场馆，分别是：中国钱币博物馆、大栅栏琉璃厂社区非物质文化遗产服务中心和北京海洋馆；评选出81名优秀科普信息宣传员。

（樊士广）

【科普信息化建设】 年内，区科协申请的市级科普项目——全媒体科普云平台初步搭建完成，科普云链接资源总容量达500GB，全区12处科普云显示屏每天连续4小时播放科学知识和科普信息。向首都科技网等媒体投稿，全年被刊登150余篇。加强科协门户网站建设，及时推出科普动态、工作信息、志愿者交流以及科普场馆介绍和位置链接，出版《科普进行时》宣传刊物6期，“科普进行时”微信平台发布科学事件和科普活动信息190余条，增强科普内容的趣味性、互动性。

（樊士广）

【社区科普活动】 年内，为街道提供特色活动资金205万元，指导区内开展群众性科普活动，提升民众科学素养，服务百姓健康生活。德胜街道开展城市科学节，参观北京植物园等科普教育基地，引导居民体验科技魅力。什刹海街道联合科普资源单位围绕节能减排举办大型科普活动。西长安街街道采取走出去请进来的方式举办科普知识讲座。大栅栏街道联合创意机构举办创客节，调动居民参与科普活动积极性。天桥街道举办“春季安全”“夏季绿化”“秋季健康”和“冬季养心”四大特色主题科普活动。新街口街道建立“心”科普志愿者队伍，依托“健康之家”开展益智小组活动。金融街街道开展“科普基地走进社区”活动，分别举办“博物馆之旅”和“自然之旅”。椿树街道开展科普知识竞赛、科普图书阅读以及科普参观等科普实践活动。陶然亭街道每季制作科普展板巡展，开展科学健康生活主题科普活动。展览路街道举办科普大课堂、特色科技秀以及科技让生活更美好系列活动。月坛街道开展垃圾减量、垃圾分类科普宣传体验以及科学健身知识讲座。广安门内街道开展健康科普进社区系列巡讲活动30场。牛街街道组织抗震应急避险、自救互救等科普教育基地参观和培训活动。白纸坊街道每季度组织科普专题讲座，开展青少年假期科技动手做活动。广安门外街道以“科普国学　文化健康”为主题开展国学与健康知识科普讲座。全年各街道、社区共开展科普活动4000余项，受益群众超过16万人。

（樊士广）

【青少年科技活动】 年内，组队参加全国和市级青少年科技创新大赛、中学生智能机器人设计制作竞赛、明天小小科学家评选等赛事，共获奖项近400项。3月，参加第36届北京青少年科技创新大赛，在科技创新成果竞赛项目中获一等奖43项、二等奖40项、三等奖33项，其中中学科技创新项目一等奖33项，占全市34%；获专项奖27项，4名学生获大赛最高荣誉“创新市长奖”。7月，参加第十六届中国青少年机器人大赛，获一等奖2个、二等奖 4 个、三等奖 2 个。8 月，参加第 31 届全国青少年科技创新大赛，学生项目获一等奖 8 个（创新 4 个、创意 1 个、科幻 3 个），二等奖 7 个。

（樊士广）

【科技下乡、富民兴边工作】 10 月 20 日，组织区内医疗资源赴门头沟区妙峰山镇涧沟村，为村民提供健康咨询和义诊服务 160 余人次，发放常见病防治读本 300 余册，赠送益智科普互动器材 10 余套。继续通过科技资源对接等措施支持内蒙古喀喇沁旗和奈曼旗，开展科普惠民。

（樊士广）

【学（协）会及相关单位活动】 年内，为学（协）会和相关科普协作单位提供协作资金 109 万元，指导其加强自身建设，发挥专业优势，开展群众性科普活动。区医学会组织健康科普知识学习培训和宣传，开展讲座普及健康科普的新理念、新知识和技能。区老卫协开展健康运动科普大课堂活动，组织健康宣传及咨询指导，编印科普知识宣传读物。区文化产业协会组织主题为“享受夕阳新生活”的中老年免费电脑培训活动。区图书馆管理协会继续建设“社区科普图书馆驿站小屋”，发挥科普志愿者作用，组织开展图书借阅、科普展览、科普阅读推广活动。区人力资源管理协会面向会员举办科普日参观和办公室健身活动。区土木建筑学会开展青少年古建民居园艺知识和节能环保建筑科技知识培训。区预防医学会开展防癌科普宣传，增强居民防癌抗癌认知和能力。区体育科学研究所组织科学健身个性化指导服务。中国科学院古脊椎动物与古人类研究所结合古生物研究的新发现和新成果，开展系列培训、讲座和参观。区医学会、区预防医学会、区宣南文化研究会分别围绕“空巢老人心理健康关爱服务”“健康素养科普”“社区科普创客空间探索”等主题开展学术研讨。

（樊士广）

【科普大学建设】 年内，进一步完善《西城区社区科普大学建设工作方案》，制定办学管理规定，师资队伍聘请、表彰办法等，加强教师队伍建设，强化经费管理使用，进一步修订社区科普大学教材。

（樊士广）

【低碳生活创意无限比赛】 7 月，举办以“低碳生活、创意无限——节约·创意·生活”为主题的比赛，面向全区征集低碳生活和创意设计作品，经过宣传、培训、征集、评审、展览展示等阶段，大赛共征集作品 3000 余件，选拔作品 278 件参赛，其中创意产品组 223 件、低碳纪实摄影组 55 件，经过专家评审，最终评选出获奖作品 143 件，其中一等奖 15 件、二等奖 46 件、三等奖 82 件；活动设组织奖 4 个。9 月 28 日，在全国科普日西城区主场活动现场颁奖。通过比赛倡导变废为宝、资源循环利用，宣扬低碳环保的生活态度。

（樊士广）

【反邪教科普活动】 年内，开展“相信科学、反对邪教”主题宣讲，会同区文化产业协会举办社区中老年人反邪教科普培训，把揭露邪教的综合性网站“凯风网”的浏览、交流互动作为教案，运用公交传媒、网站、微信等平台宣传学员的学习心得和收获。组织动员社区群众参与《科学新生活》微信平台反邪教知识竞答。7 月 20 日，联合区委防范办、区文化委和区体育局在月坛体育馆组织“欢乐齐舞——2016 年西城区科普之夏反邪教广场舞展演”活动，北京市科协副巡视员陈滕、西城区委常委陈宁等出席并颁奖，各街道共有 16 支舞蹈队参加，经过舞蹈展演、评委打分和点评，评出一等奖 2 名、二等奖和三等奖各 4 名以及入围奖，金融街春之韵舞蹈队和展览路鸿韵舞蹈队获一等奖。9 月，上报金融街春之韵舞蹈队和广外荣丰红枫叶舞蹈队参加北京市科协反邪教科普广场舞展演评比，两队分别获二等奖。

（樊士广）

【科技协作】 年内，组织 30 个科技企业参加市科协“金桥工程”培训，组织相关科技项目参加北京市“金桥工程”种子资金申报，3 个项目获资金支持。区科协获市科协“金桥工程”组织奖。

（樊士广）

西城区归国华侨联合会

【概况】 西城区归国华侨联合会（简称区侨联），是中共西城区委领导下的由全区归侨、侨眷组成的人民团体，是区委、区政府联系广大归侨、侨眷和海外侨胞的桥梁和纽带。下设 4 个专委会：维权服务工作委员会、文化交流工作委员会、对外联络工作委员会、参政议政工作委员会。年内，区侨联学习贯彻十八届六中全会精神，开展“两学一做”学习教育，贯彻落实中央、市委党的群团工作会议和统战工作会议精神，特别是《中国侨联改革方案》，结合区委十一届十次全会精神，以及西城区大统战工作格局和《关于加强和改进群团工作的措施》要求，准确把握新常态下侨联工作方向格局。7 月，召开第二次归侨侨眷代表大会，选举产生了区侨联第二届委员会，第二届共 45 名委员，设有主席 1 人、副主席 3 人、常委 15 人。下设 17 个基层侨联组织。地址：西城区牛街 20 号 506 室

邮编：100053
电话：83494732

（闫丽霞）

【参政议政】 1月11日，在区政协十三届五次会议上，区侨联提交《关于提升西城区学前教育水平的建议》等2件团体提案，其中《关于缓解中心城区交通拥堵问题的建议》获优秀提案奖。侨界人大代表、政协委员围绕推动西城科技企业发展、突出金融文化特色、加强基础设施建设、解决停车难等问题提出意见建议。搭建平台，发挥侨界智力密集优势，完成北京市侨联重点调研课题《居家养老需求侧调查与分析》，为政府决策提供有效参考。

（闫丽霞）

【侨界代表人士工作】 年内，严格按照工作流程要求，完成侨界人大代表和政协委员推荐、考察工作，本届委员会侨界区人大代表2人、侨界政协委员15人。加强新侨人才培养，其中5名新侨获“中国侨界贡献奖”，区侨联常委、北京诺易腾科技有限公司联合创始人刘昊扬被推选为“中国侨联新侨创新创业联盟”副理事长；西城留联会2名海归创业精英当选“中关村十大海归新星”。

（闫丽霞）

【维护侨益】 年内，依托西城侨界法律顾问团，召开“学习贯彻侨法，依法服务侨界”专题研讨会，开展《华人华侨的权益保护》系列讲座，制作发放侨法宣传资料，引导广大侨胞树立法治思维、弘扬法治精神。深入基层走访慰问，全年拜访侨界党外代表人士、知名人士20余名，慰问不同领域归侨侨眷200余人。借助区红十字会侨联工作委员会工作平台，帮扶病困侨界群众，发放困难补助金共计24200元，惠及19个侨界家庭。

（闫丽霞）

【联情联谊】 年内，结合孙中山先生诞辰150周年，组织侨界群众参观孙中山图片展、孙中山与陶然文化讲座等纪念活动；指导为侨服务中心，开展“情暖侨心 侨力为国”为侨服务系列活动；1月和9月，组织教育界老归侨分别到北京市第三十五中学和北京外事学校参观；3月5日，举办“美丽人生 温馨公益”——迎“三八”温情献花活动；4月，组织归国留学人员参加“追求绿色时尚 拥抱绿色生活”徒步穿越活动；10月21日，举办“侨界非遗文化体验”专场活动。

（闫丽霞）

【新侨工作】 年内，走访侨资企业和归国留学人员企业，调研新侨工作、留学生群体创新创业情况。加强新侨及归国留学人员中优秀人才培养，选派留联会负责人代表参加北京市新侨工作研修班和新侨工作研讨会，举办创新创业主题沙龙，解答新侨在创业、教育、金融等不同领域的疑难问题。5月，组织西城40余名归国留学人员参加北京市各区侨联主办、中关村归国留学人员联合会等单位承办的“创新发展 爱国奉献——‘海归’创新创业分享”活动；组织部分新侨企业参加中国侨联在南京举办的新侨创新创业成果展。

（闫丽霞）

【市侨联来区调研】 1月8日，北京市侨联党组副书记、副主席马坚来区调研工作。区委统战部副部长，区侨联党组书记、主席安亚荣从“两个拓展”工作、开展活动凝聚侨心等六个方面，介绍2015年全年工作情况，着重介绍拓展新侨和归国留学人员工作及拓展海外联谊工作的具体情况。马坚对区侨联的工作给予肯定，特别对全区所有街道统战部直接指导侨联工作的做法予以赞赏。对区侨联工作提出希望：建议区侨联加强各级侨联的信息沟通，整合资源，充分发挥各自优势；积极开展新侨、老侨工作的探讨，做好归国留学人员等工作；要立足自身建设，开拓性地探索侨联干部的培养和发展机制。

（闫丽霞）

【推动海内外华文教育交流】 3月14日，为进一步拓展海外工作、推动文化交流，接待马来西亚沙巴州亚庇中英小学参访团。北京市侨联党组书记、市委统战部副部长周开让，区委常委、区委统战部部长程军出席交流活动并致辞。马来西亚沙巴华北同乡会会长、马来西亚沙巴州亚庇中英小学顾问张景程带队，一行30余人到康乐里小学参观访问。康乐里小学校长王良妍和中英小学校长王贵芳分别介绍各自学校的概况和办学理念等，两校校长在与会领导和嘉宾的见证下签订友好校协议。区委统战部副部长，区侨联党组书记、主席安亚荣代表西城区向中英小学捐赠华文教育图书300册。

（闫丽霞）

【一届十次全体会议】 7月7日，区侨联召开一届十次全委会，区侨联副主席赵娇阳主持会议。区委统战部副部长、区侨联党组书记、主席安亚荣总结五年工作情况，全体委员听取西城区第二次归侨侨眷代表大会筹备工作情况，审议通过代表资格审查报告和候选人建议名单。

（闫丽霞）

【海外华裔青少年走进西城】 7月8日，配合北京市侨联，区侨联接待“亲情中华”海外华裔青少年夏令营一行，来自美国、加拿大、法国等7个国家和地区的41名青少年走进西城，走进什刹海四合院，感受老北京特色传统文化；参观什刹海体校，体验中国武术文化。到访西城侨界文化交流基地，体验内画鼻烟壶、草编、评书等非遗文化项目。通过系列活动，使海外华裔青少年感受中华文化魅力，增进文化认同。

（闫丽霞）

【侨界文化交流基地挂牌】 7月8日，西城区“侨界文化交流基地”在西城区非遗保护中心正式挂牌，这是区侨联整合区域文化资源、丰富侨界文化内容、推动民间文化活动方式、提升区域文化影响力的创新之举。北京市侨联党组副书记、副主席马坚，区委常委、区委统战部部长程军出席启动仪式并致辞。首批挂牌西城区“侨界文化交流基地”的单位有：西城区非遗保护中心、北京市西城区世纪传承传统文化协会、北京满堂香国际茶文化有限公司和北京诺亦腾科技有限公司。

（闫丽霞）

【第二次侨代会召开】 7月19日，西城区第二次归侨侨眷代表大会召开。北京市侨联主席荣洋、区委书记卢映川出席开幕式并讲话。北京市侨联党组副书记、副主席马坚，区长王少峰、区政协主席杜灵欣等四套班子领导，各城区侨联负责人，区各民主党派、工商联、各人民团体负责人，以及来自中国香港、荷兰、英国、新西兰等20余个国家和地区的海外侨领出席开幕式。大会审议了安亚荣同志代表西城区侨联第一届委员会所作的《创新为侨服务 推动共享发展　为实现西城区“十三五”战略目标努力奋斗》的报告。会议选举产生第二届委员会45名委员，聘请85名海内外顾问和委员。大会期间召开第二届第一次全体委员会议，选举产生以安亚荣为主席的新一届领导班子和15名侨联常委。

（闫丽霞）

【接待海外侨团】 年内，接待澳大利亚、德国、日本等40余个国家的侨团负责人百余人次，通过开展民间交流活动，为西城发展凝聚力量。6月4日，来自阿根廷、捷克等海外华侨华人社团负责一行4人到访西城，市委统战部常务副部长周开让，市侨联经济科技部部长庞平凡，区委统战部常务副部长刘琪，区委统战部副部长、区侨联党组书记、主席安亚荣出席座谈交流。7月20日，区侨联组织美国、英国、荷兰、澳大利亚和中国香港等国家和地区的20余名境外委员和顾问参观天桥演艺区，详细了解演艺区的设施规划和发展方向。

（闫丽霞）

【为山区捐书助学】 9月5日至12日，西城留联会启动为贵州省毕节市织金县鸡场乡干河小学捐书助学活动。在留联会微信群发布募捐倡议，得到会员热心关注和支持，共募图书近400册、文具80余套、衣物50余件。活动架起归国留学生与贫困山区孩子的爱心桥梁，归国留学人员体会到了奉献爱心、助人为乐的快乐，传递了努力、积极、向上的社会公益精神。

（闫丽霞）

【侨联委员培训班】 11月16日，区侨联举办新一届侨联委员培训班。邀请原全国人大华侨委法案室主任毛起雄博士和中国外交学院研究中心主任张历历教授，分别以“侨务侨联工作基本知识” 和“中国的周边外交”为题作讲座。通过培训使新一届委员了解侨联工作新形势，提升为侨服务能力。

（闫丽霞）

【基层侨联工作培训班】 12月1日至2日，区侨联举办基层侨联工作培训班。区委统战部常务副部长刘琪出席开班仪式并做动员讲话，区委统战部副部长，区侨联党组书记、主席安亚荣主持开班仪式。培训班邀请原中央社会主义学院副院长张峰教授和原全国人大华侨委法案室主任毛起雄博士，分别就十八届六中全会精神和侨务法律法规知识进行授课。学员围绕贯彻十八届六中全会精神、发挥基层侨联组织的优势等内容分组交流和研讨。培训班发放侨务工作学习资料及书籍300本，区、街侨联委员、西城法律顾问团及留联会负责人近100人参加。

（闫丽霞）

【留联会一周年活动】 12月17日，区侨联举办北京西城归国留学人员联谊会成立一周年活动。北京市侨联副主席苏泳，区委统战部副部长，区侨联党组书记、主席安亚荣与留学人员欢聚一堂，共同回顾留联会的发展历程。来自西城留联会的3位会长与留学生分享回国工作和创业的故事。归国留学人员以歌舞、乐器演奏、相声等形式庆祝西城留联会一周岁生日，展现西城归国留学人员风采。

（闫丽霞）

西城区残疾人联合会

【概况】 西城区残疾人联合会（简称区残联）是中共西城区委、区政府领导下的残疾人群众团体组织。内设办公室（监察科）、组联维权部（康复科），下设西城区残疾人劳动就业服务所、西城区残疾人文化体育活动中心、西城区残疾人职业康复中心3个全额拨款事业单位。区政府残疾人工作委员会秘书处设在区残联。区残联是将残疾人自身代表组织、社会福利团体和事业管理机构融为一体的残疾人事业团体；履行“代表、服务、管理”职能，即代表残疾人共同利益，维护残疾人合法权益，开展各项业务和活动，直接为残疾人服务，承担政府委托的部分行政职能，发展和管理残疾人事业。区残联接受区委领导，业务上接受市残联指导，同时指导辖区15个街道开展残疾人工作。截至12月，全区持有第二代中华人民共和国残疾人证人数为40051人。年内，区政府残疾人工作委员会被国务院残工委授予“十二五”时期全国残疾人工作先进单位。区残联获“北京市残疾人文化活动基地”。

地址：西城区西直门内南小街国英园4号

邮编：100035

电话：83539004

（朱轶琳）

【区残联第二次代表大会】 10月12日，区残疾人联合会第二次代表大会开幕，来自西城区各行各业的代表、嘉宾等近300人参加。区残联理事长孙晓临代表一届主席团向大会作了题为《开拓进取 务实创新 为加快推进残疾人小康进程而努力奋斗》的工作报告。北京市残联党组书记郭旭升、区委书记卢映川出席大会并作重要讲话。大会决议，聘请卢映川、王少峰为区残联第二届主席团名誉主席，选举杜黎彬为区残联第二届主席团主席，选举徐利、刘少华、孙晓临、王俊友、张洋、戚金友、陈晓晶、和延京为区残联第二届主席团副主席，选举孙晓临为区残联第二届执行理事会理事长，选举刘少华、何明霞、陈宝利为区残联第二届执行理事会副理事长，选举李秀荣、白云良、王俊友（兼职）、吕玮（兼职）、于文红（兼职）为区残联第二届执行理事会理事。此次大会首次选举理事，参与执行理事会关于残疾人事业发展的重要议事和决策。

（朱轶琳）

【残疾人康复服务】 年内，采取引入专业方案、购买专业服务、覆盖所有社区的方法，确保康复服务项目可复制、可推广，康复服务内容更具体、更精准。广泛推广精神残疾人（简称精残人）日间照料、智障人音乐治疗和肢残人全面康复3个项目，受益残疾人近2万人次。54名贫困精残人、肢残人和重度肢残人入住机构享受康复托养服务。为60名残疾儿童开展康复评估和辅助器具适配及改造工作，为130名残疾儿童提供康复训练补贴，为3名聋儿实施人工耳蜗植入手术。3月，市残联康复部主任等参加什刹海街道精残人日间照料站启动仪式。6月，区残联康复服务工作被区文明办、团区委评选为“西城区首都学雷锋志愿服务岗”。9月，2016年西城区残疾人辅助器具政策培训启动，300余名社区残疾人专职委员和工作者参加系统培训，全面落实辅助器具新政策，联合社会组织和专业机构，建立区级入户评估、复评机制，在政策框架内细化评估标准和工作流程，及时解决新政实施中遇到的问题。10月，根据中国残联等印发的《关于印发〈全国残疾预防综合试验区创建试点工作实施方案〉的通知》，明确“十三五”期间西城区作为全国100个区县之一，试点建立残疾预防综合试验区，建立健全残疾预防组织管理体系、工作机制，实施残疾预防综合干预。11月，区残联与北京长和大蕴儿科诊所联合举办康复知识讲座，邀请长和国际医疗资深顾问雷蒙德·泰尔沃（Raymond C. Tervo）博士讲解自闭症理论与实践，西城区特教学校的老师、平安医院精防所医生、区妇幼保健院儿科医生、区残联及街道残联工作者共70余人参加讲座。

（朱轶琳）

【残疾人社会保障】 年内，区残联为13480人提供护理补贴，为5124人提供养老助残补贴，为4923人提供生活补助，为3549人提供机动轮椅车燃油补贴，为5471人办理个体灵活就业保险，为1585人提供城乡居民医疗保险补贴，为918人提供城乡居民养老保险补贴。为125名残疾人及残疾人子女办理助学补助，为69名老残一体、孤寡残疾人家庭开展帮困服务，为113人开展特事特办救助。全年走访慰问残疾人9797人次，发放法律援助无障碍助残卡7000张。做好全国残疾人基本服务状况和需求动态更新工作，对39080名持证残疾人进行数据登记，登记率96.94%，入户率90.71%。

（朱轶琳）

【残疾人就业服务】 年内，共审核安置残疾人单位1711家，按比例安置残疾人4853人，审核岗位补贴和超比例奖励单位976家。按比例安排残疾人就业保障金首次由地税代征代缴。全年新安置就业412人，同比增长11%。探索开展辅助性就业工作，与北京市青年宫、天虹超市、巴国布衣酒楼等单位合作开展真实职场训练，19名智障学员走上正式工作岗位。开展希联圆梦品牌升级、职业康复站转型辅助性就业机构的各项筹备工作。年内，完成第八届全市残疾人职业技能竞赛工作，130名选手参加了中式面点、刺绣、CAD制图等20个大项目并取得优异成绩，在参赛同时，区残联还承接了全市西式面点师和保健按摩师项目的初、复赛组织工作，得到市残联和参赛各区的高度认可。

（朱轶琳）

【残疾人文化体育工作】 5至12月，举办西城区第二届残疾人文化艺术节，区残疾人文联、残疾人艺术团、飞镖队等多个文体团队在各类残疾人文化体育活动中发挥引领带动作用。文化方面：区残疾人文联下辖5个协会，分别组织成员赴首都博物馆、北京麋鹿生态实验中心等地参观交流；1月，区残疾人书画、刺绣和手工编织艺术家在北京国际茶城与社会各界爱心企业家开展残疾人作品展卖活动，社会各界爱心人士现场购买心仪作品，并就产品的后续合作与区残联建立联系；5月，区残疾人文化体育活动中心正式成为北京市残疾人文化活动基地，市、区残联领导参加授牌仪式；10月，区残疾人摄影家协会邀请中国摄影家协会会员、中国建筑师协会会员张红峰和法国著名摄影师阿兰·克鲁威为残疾人朋友讲解中法摄影文化，20多名会员参与摄影讲座；11月，区残疾人合唱团在北京市中老年合唱比赛中获得第一名；同月，组织西城区“为爱礼赞·残健共融”国际残疾人日书画笔会活动，邀请中华全国总工会原副主席、中国书法家协会会员徐锡澄，空军政治部原副主任、中国书法家协会会员杨汉龄等11位书画艺术家与近百名残疾人书画爱好者相聚北京民族文化宫，开展书画交流活动。体育方面：西城籍运动员薛娟在里约残奥会上一人斩获2枚奥运金牌，受到国家和市区领导接见；1月，什刹海第二届冰雪体育文化节开幕式中，西城区残疾人冰蹴球队首度亮相，与来自京津冀地区的7支冰蹴球队伍展开友谊赛；6月，西城区2016赛季残疾人乒乓球个人赛开赛，来自全区15个街道和2个专门协会的百余名残疾人乒乓球爱好者角逐肢体站姿、听力和特奥共3个组别冠亚军；8月，启动“北京市残疾人康复体育进家庭”项目，为500户残疾人家庭提供专业的康复体育训练，创编推广通臂拳、轮椅太极拳等一批适宜残疾人的健身项目；9月，北京市第十届“和谐杯”残疾人乒乓球比赛在西城区举行，全市200名残疾人运动员参赛，西城区获聋人组男子团体第一名，于志华获女子站姿组单打第一名；10月，组织各街道和各专门协会的90名残疾人参加2016年西城区残疾人飞镖比赛；11月，举办第二届“北京西城·韩国大邱”残疾人轮椅乒乓球交流赛。

（朱轶琳）

【残疾人事业宣传工作】　全年举办4次信息员培训班。围绕典型人物、新政发布、焦点热点等问题发布微信371条，关注人数近1700人。在各类媒体刊发新闻62条，在市区残联网站发布新闻436条，市残联《每周要情》刊登信息11条，《西城信息》刊登信息21条，发行《西城残疾人》杂志6期。以区残联第二次代表大会为契机，围绕残疾人事业发展成果开展系列宣传活动。拍摄“十二五”时期残疾人事业宣传片，制作宣传画册，举办以“全民健身我参与，趣味运动庆奥运”“聚焦·我们”等为主题的首届公益助残摄影大赛。

（朱轶琳）

【残疾人基层组织建设工作】　3月，位于白纸坊半步桥的区残疾人职业康复中心大楼进入装修改造阶段，主要进行主体加固、功能细化和设备配置采购等。承接市残联温馨家园综合改革和基本公共服务体系建设两个试点项目，为保证试点工作取得实质性成效，积极借助社会力量，坚持第三方监督管理与指导服务并重，采取“陪伴式指导＋监测性评估＋互动式交流”等措施，在金融街、什刹海、展览路、陶然亭、广外和广内6个街道的温馨家园，通过民非运营、整体托管、购买项目3种模式进行改革尝试，成效显著，市残联在展览路街道召开现场会，将西城区改革模式在全市推广。组织试点街道开展基本公共服务管理系统培训，30个市级示范性温馨家园、29个职业康复站、15个辅助器具服务站，为西城区残疾人基本公共服务管理系统提供支持性平台。年内，西城区温馨助残志愿服务总队成立，整合辖区内志愿服务资源，面向残疾人提供专业化、精准化的志愿服务，为残疾人工作者搭建“互学互鉴”的平台，促进志愿服务工作的共享交流。

（朱轶琳）

【残疾人协会工作】　年内，区盲人协会组织的“盲人阳光灿烂的日子”系列活动获北京市残联优秀区级活动，区聋人协会、区肢体残疾人协会“你帮我听，我助你行”活动获评北京市残联最具创意活动，区肢体残疾人协会“体验无障碍，实现融合梦”和区精神残疾人及亲友协会“科技启迪智慧、艺术开启欢乐”系列活动获评北京市残联优秀社区活动。

（朱轶琳）

【残疾人调研和交流工作】　年初，区残联党组书记刘少华撰写了工作调研报告《关于开展社区残疾人党建工作的几点思考》，理事长孙晓临撰写了工作调研报告《浅析西城区十三五时期残疾人基本需求与残疾人事业发展》。1月7日，市残联维权部联合无障碍促进中心调研区内残疾人家庭的无障碍改造工作，先后走访3户残疾人家庭，重点就上年度改造项目中的重度肢残人护理床的配发落实情况及使用满意度进行了实地考察。1月27日，民建西城区委员会的近30名委员来到区残联，就促进地区残疾人事业发展，助力残疾人就业、创业工作与区残联座谈交流，达成初步共识与合作意向，区领导王旭、杜黎彬、李建国出席活动并讲话。3月17日，中国残联副理事长程凯、教育部基础教育二司巡视员李天顺来到北京小学天宁寺分校，调研融合教育工作，市政府副秘书长马林、市残联理事长吴文彦、市教委副主任付志锋、副区长杜黎彬等陪同调研。4月11日，第二届中美残疾人事务协调会在北京启动。美国代表团在中国残联、市残联有关领导陪同下参观西城区残联，针对就业开展座谈。5月4日，中国残联主席张海迪、中国残联副理事长贾勇来到西城区，就残疾人康复服务先后到展览路街道团结社区温馨家园、展览路医院、西城区我们的家园残疾人服务中心进行调研，市残联党组书记郭旭升、副区长杜黎彬参加调研。10月18日，内蒙古残联康复管理人员实地考察什刹海街道温馨家园，了解基层开展残疾人社区康复服务和设施利用情况以及政府购买服务项目。

（朱轶琳）

西城区文学艺术界联合会

【概况】 北京市西城区文学艺术界联合会（简称西城区文联）是西城区各文艺家协会及文艺工作者组成的人民团体，是西城区委区政府联系区域文学艺术界的桥梁和纽带，是繁荣发展地区文艺事业、建设社会主义先进文化的重要力量，是北京市文联的团体会员。区文联下属区作家协会、区戏剧家协会、区美术家协会、区书法家协会、区摄影家协会、区长城摄影协会、区民间艺术家协会、区音乐家协会、区舞蹈家协会、区曲艺家协会共10个文艺家协会。现有理事183人、主席1人、常务副主席1人、副主席22人。区文联机关内设办公室、组联部、事业发展部及“两刊”编辑部，在职人员18人。年内，区文联坚持以人民为中心的工作导向，大力弘扬社会主义核心价值观，着力开展“深入生活，扎根人民”文艺采风和志愿服务，团结引导广大文艺工作者，推动西城区文学艺术事业的繁荣发展。

地址：西城区月坛南街32号
邮编：100045
电话：68516710

（王　崇）

【区文联一届五次理事会】 4月1日，西城区文联召开一届五次理事会。会议由区文联党组书记、驻会副主席汪帮宏主持，区文联常务副主席杨海森作了题为《履行职责　开拓创新　努力促进地区文艺大发展大繁荣》的工作报告。北京市文联党组书记沈强，西城区委副书记、区委政法委书记王力军出席会议并讲话。

（王　崇）

【翔达公司职工书画作品展】 4月26日，由西城区文联、区总工会、翔达公司联合主办“首届翔达职工书画展”。展出作品均来自翔达公司一线职工，包括厨师、修脚工、服务员等，经数次作品征集和专家评委评选，有近百幅作品参展。展览既是对传统文化的传承，又是企业把人的因素最大化的具体体现，让企业员工快乐工作、快乐生活。北京电视台新闻频道《都市晚高峰》栏目对此进行了报道。

（王　崇）

【“永远跟党走”朗诵会】 5月28日，由市文联、区委宣传部主办，区文联承办的《“永远跟党走”——中国十大朗诵艺术家北京文明之光朗诵会》，在北京天桥艺术中心中剧场演出。朗诵会由中央电视台著名主持人孙小梅、北京电视台著名主持人曹一楠主持，陈铎、林中华等10位70岁以上、长期致力于朗诵艺术事业的艺术家参加演出。

（王　崇）

【第五届大美西城美术作品展】 6月18至22日，由区委宣传部、区文联主办，区美协承办的《纪念中国共产党诞生95周年暨中国工农红军长征胜利80周年——第五届大美西城美术作品展》在北京职工服务中心展出。展览展出了以中国共产党领袖人物为创作原型、以中国革命重大历史事件为创作背景的美术作品120幅。区委书记卢映川，区委常委、区委办主任孙硕，区委常委、宣传部长王都伟等领导参观画展。

（王　崇）

【警民联欢会】 9月29日，西城区文联与北京市公安局公交总队警犬基地联合举办警民联欢会。组织书法家、美术家和表演艺术家慰问警犬基地干警，干警们也表演了精彩节目。北京电视台新闻频道《特别关注》栏目和搜狐社区报道了该活动。

（王　崇）

【“我爱北京”国际摄影展】 作为北京国际摄影周的重要组成部分，10月20日，西城区文联、北京大栅栏街道办事处、中国摄影家协会、西城区长城摄影协会、北京广角摄影联盟、美国摄影学会（中国）和长脚鹿旅游摄影在大栅栏商业街联合举办2016“我爱北京”大栅栏国际摄影展。展览展出了数十位摄影师拍摄的100余幅（件）摄影作品，反映北京地区历史人文风貌和当代自然风光，彰显了老北京的独特魅力。包括美、意、法、澳等40余个国家的摄影家的作品参展，瑞士大使、非洲贝宁公主参观展览。《中国日报》《人民日报》海外版等百余家媒体报道影展。

（王　崇）

【纪念红军长征胜利80周年书法作品展】 10月8至15日，由市书协与区委宣传部、西城区文联联合主办，区书协承办的《“历史的丰碑”——纪念中国工农红军长征胜利80周年书法作品展》在民族文化宫举办。展览以歌颂红军长征精神为主题，以老一辈革命家关于红军长征的诗词为内容，邀请北京、辽宁、河南等全国16个省、市、自治区的180位书法家参加，共展出书法作品120余幅。

（王　崇）

【召开第二次代表大会】 11月18日，西城区文联第二次代表大会在国二招宾馆召开。会议选举产生了区文联第二届理事会及其领导机构，以举手表决的方式，等额选举弓伟骐等183人为西城区文联第二届理事；选举王敏荣为西城区文联第二届主席；选举张云裳为西城区文联第二届常务副主席；选举马继红、王全兴、王玥波、车行、刘一达、许立仁、许雪鹰、阴宏、纪清远、李英杰、杨立新、冷万里、汪帮宏、张云裳、赵明、袁慧琴、都本基、殷秀梅、程茂全、蔡元、魏沁沁、魏金栋为西城区文联第二届副主席；选举许雪鹰为西城区文联第二届秘书长。会议以鼓掌通过的方式，决定聘请欧阳中石、刘恒为西城区文联名誉主席，聘请于魁智、田伯平、刘学俊、李燕、连丽如、张世俊、张西林、张希和、陈建功、郑文奇、宗家顺、赵小也、徐沛东、黄殿琴、龚七妹、崔琦、傅家宝、解海龙、蔡芳为西城区文联顾问。大会动员驻区文艺家，与区委区政府共同推进西城文艺事业大发展大繁荣。市文联党组副书记杜德久和区主要领导出席会议。

（王　崇）

【第17届群星奖曲艺类作品展演】 12月1日，西城区文联与区文化委联合主办“2016年西城区非遗演出季暨第17届群星奖曲艺类作品展演”，由西城区选送的京韵大鼓作品《丰碑》代表北京市夺得群星大奖，各省市选送群星奖的代表作品也受邀参加了此次演出。

（王　崇）

【“我们的家园”音乐会】 12月9日，西城区文联和牛街街道工委办事处在鑫融剧场共同举办“我们的家园”音乐会，音乐会将昂扬的民族正气与浓郁的民族风情融为一体。区文联副主席、区音协副主席、著名歌唱家魏金栋，著名歌唱家陈俊华和京剧荀派名家管波参与了音乐会的演出。

（王　崇）

【西城区音协迎新年进社区演出】 12月17日，西城区文联主办、西城区音协承办的“幸福中国梦，欢乐在西城”——西城区音协迎新年进社区文艺演出在宣武少年宫春晖剧场举行，举办方将500余张公益演出票送到辖区百姓手中，让百姓有机会近距离欣赏表演。

（王　崇）

【10个文艺家协会完成换届工作】 年内，西城区文联下属的区作家协会、区戏剧家协会、区美术家协会、区书法家协会、区摄影家协会、区长城摄影协会、区民间艺术家协会、区音乐家协会、区舞蹈家协会、区曲艺家协会共10个文艺家协会完成换届工作。换届后情况：区作家协会主席刘一达，常务副主席李金龙，副主席马晨、朱小平、黄乔生、黄殿琴、傅伟、赵莉、李红宝，秘书长方健康；区戏剧家协会主席袁慧琴，常务副主席松岩，副主席张秀云、杨乃庆、霍建庆、杨凤一、王英会、张博、徐孟珂，秘书长许欣；区美术家协会主席纪清远，常务副主席贾志仁，副主席郑山麓、吴进良、刘庆路、黄建国、任力、刘溯、佀明亮、马文典、王雁儒，秘书长王雁儒；区书法家协会主席冷万里，副主席马俊潼、王立志、吕品、李晓军、杨霭昌、何永泽、高秀清、崔胜辉、程茂全、蔡大礼，秘书长严小卫；区摄影家协会主席李英杰，常务副主席夏冬，副主席东海涛、高慧聪、李岩、曲扬、赵德春、姚思成、朱天纯、张德文，秘书长苏建华；区长城摄影协会主席杨晓利，常务副主席刘景行，副主席马天杰、曲扬、张军、刘文忠，秘书长高慧聪；区民间艺术家协会主席许立仁，常务副主席张宝林，副主席付文刚、杜和平、孙二林、张国良、张俊显、赵一杨、赵伟，秘书长赵伟；音乐家协会主席魏金栋，常务副主席王春来，副主席王小慧、纪丽、李玉刚、杨秀苓、季燕、金巍、姜延辉、黄秀兰，秘书长许景辉；区舞蹈家协会主席赵明，常务副主席朴美花，副主席盖一坤、吴敏、岳晓东、原亮、冷心雪、刘铁钢、穆君、薛来欣，秘书长王晶；区曲艺家协会主席王玥波，副主席康国庆，李立山、刘砚声、杨菲、康松广、齐文华，秘书长齐文华。

（王　崇）

西城区社会科学界联合会

【概况】 北京市西城区社会科学界联合会（简称区社科联）是中共北京市西城区委领导下的人民团体，是区委、区政府联系社会科学界专家学者和社会工作者的桥梁和纽带。履行对社会科学界团体和社会科学界人士的联络、协调、管理和服务职能，组织开展学术研究、理论宣传、社科普及、决策咨询和对外学术交流等活动，推动地区哲学社会科学事业发展。区社科联下设办公室、学术活动部，编制人数10人。年内，按照区委和督导组统一部署，开展“两学一做”学习教育。围绕区域发展重点开展社科理论研究，组织开展《西城区“红墙意识”内涵及实践路径》等5项重点课题研究和《进一步加强党员组织关系管理工作的实践与思考》等7项课题研究，按照《西城区社科联课题管理办法》实施过程管理。完成《北京西城老字号谱系研究》工程，出版《西城老字号谱系丛书》（四册）、《北京西城老字号谱系研究文集》（上下册）、《北京西城老字号印谱》《北京西城老字号传承故事集锦》。开展学术沙龙活动，举办“提升城市品质 共建美丽西城”、学习贯彻落实党的十八届六中全会精神等研讨会、座谈会共5场。开展社科普及工作，承办“旗帜——马克思主义中国化的光辉历程”大型主题展览；举办迎冬奥收藏展；在各街道社区举办“北京周末社区大讲堂”社科知识讲座36场；举办“2016北京社会科学普及周暨西城区第五届社会科学普及周”活动，出版《北京西城史话》和《低碳漫游西城》社科普及读物2种。开展社科类社团组织管理服务工作，召开社科类社团组织工作例会3次，举办社科类社团组织负责人培训班1次。编辑出版《西城社会科学》（双月刊）6期。编发“西城社会科学”微信97期。

地址：西城区东桃园胡同2号北院

邮编：100035

电话：88391758

（贾　震）

【《西城区“红墙意识”内涵及实践途径》课题启动】 1月21日，《西城区“红墙意识”内涵及实践途径》课题启动，举行首场研讨会，区教工委、161中学、回民医院和西长安街街道、白纸坊街道、椿树街道等有关单位人员参加研讨活动。2月3日，召开《西城区“红墙意识”内涵及实践途径》课题座谈会，区委组织部、区委宣传部、区研究室、区直机关工委、区市政管委、区国资委、西城工商分局、区环卫中心等有关单位人员参加座谈。

（贾　震）

【赴广东学习考察社会组织建设工作】 3月22至24日，西城区社会组织联合会赴广东省佛山市顺德区和深圳市福田区学习考察，区社科联副主席兼秘书长叶宝祥参加，参观考察顺德区社会组织创新中心、顺德社会服务联会、杏坛镇逢简发展促进会、深圳市福田区社会组织总部基地、华富街道青少年综合服务中心、福田区企业联合会等社会组织，并主笔完成《聚焦社会问题　探索创新路径——赴顺德、福田社会组织建设考察报告》。报告发表在《西城社会科学》2016年第3期“研究探索”栏目中。

（贾　震）

【社科类社团组织负责人培训班】 4月14至15日，举办社科类社团组织负责人培训班，区属27个社科类社团组织负责人参训。培训前，区社科联党组成员窦淑龄介绍2016年度拟征集的社科研究课题和社科普及项目，区社科联副主席兼秘书长叶宝祥回顾上年工作情况，介绍2016年社科类社团组织服务发展工作安排。培训中，首都师范大学马克思主义学院院长、教授李松林作《解读全国“两会”精神和国民经济和社会发展“十三五”规划》辅导报告。区图书馆管理协会和红丹丹视障文化服务中心负责人就开展社科普及和社会服务建设做交流发言。

（贾　震）

【“大数据与大社科”数据观思享会沙龙】 4月25至29日，应贵阳市社科联邀请，区社科联主席吴元增、副主席兼秘书长叶宝祥率队赴贵阳市参加“大数据与大社科——数据观思享会”沙龙活动。此次沙龙是5月25日召开的“2016中国大数据产业峰会暨中国电子商务创新发展峰会（数博会）”的一个前奏会议。吴元增在4月26日的沙龙上发表题为“大数据与社会科学”的主旨演讲。该演讲内容发表在2016年第3期《西城社会科学》“研究探索”栏目中。

（贾　震）

【年度研究课题立项结项情况】 5月24日至6月14日，召开2016年度课题评审领导小组会议，研究确定10项研究课题准予立项，包括由区社科联负责的区级重点课题3项、由区委党校负责的常规课题3项、由4个社科类社团组织负责的常规课题4项。根据专家评审组意见准予开题。10月13至20日，经过课题评审领导小组会议研究确定，7项常规课题通过中期评估。12月28日，经过课题评审领导小组会议研究确定，7项常规课题通过结项评审，准予结项。

（贾　震）

【“近代陶然亭与中国共产党创立”座谈会】 5月25日，与陶然亭街道工委联合举办“近代陶然亭与中国共产党创立”座谈会。区社科联主席吴元增，副主席兼秘书长叶宝祥，区社科联委员、首都师范大学历史学院教授郗志群等专家学者和部分宣南文化爱好者、居民代表30余人参会，畅谈陶然亭地区与中国共产党创立的有关历史人物与事件，纪念中国共产党成立95周年。

（贾　震）

【学习贯彻“5·17”重要讲话精神座谈会】 5月26日，举办《西城区学习贯彻习近平在“5·17”全国哲学社会科学工作座谈会上的重要讲话精神座谈会》。会议由区社科联主席吴元增主持，区委宣传部副部长马维利、区社科联党组成员窦淑龄等参会。中国人民大学哲学院副院长臧峰宇、首都师范大学教授杨生平等首都部分哲学社会科学界专家学者以及中央编译局、区委党校等从事哲学社会科学工作的代表参加会议并畅谈学习体会。《北京西城报》6月8日在理论专版刊登了与会人员的发言摘要。

（贾　震）

【“北京周末社区大讲堂”】 5月25、26和31日，分别在西城区房地中心职工学校、陶然亭街道龙泉社区等地，举办“北京周末社区大讲堂”活动，邀请区社科联副主席、区第二图书馆馆长、区作家协会常务副主席李金龙，首都师范大学教授、北京美学会秘书长史红，北京史研究会会长李建平，为社区干部群众作题为“北京的胡同文化”“女性的魅力表现与生活美”“美丽北京中轴线”的讲座。

（贾　震）

【共建美丽西城大讨论活动专家研讨会】 6月16日，举办“提升城市品质，共建美丽西城”大讨论活动专家研讨会，区社科联名誉主席、北京市规划设计院原总工程师王东等7位专家学者从不同视角对西城区转型发展、提升城市品质发表意见和建议。区领导卢映川、王力军、孙硕、姜立光等出席研讨会。6月20日《北京西城报》头版报道了研讨会情况。

（贾　震）

【马克思主义中国化的光辉历程主题展览】 6月30日至7月13日，与中央编译局信息部、市委宣传部在民族文化宫共同承办“旗帜——马克思主义中国化的光辉历程”主题展览。展出新中国成立前后的马克思主义中国化的珍贵文献、手稿、文物等1100余件，图片290余幅，马克思主义题材的绘画、雕塑等艺术作品20余件。展览期间，中共中央政治局委员、中共中央书记处书记、中宣部部长刘奇葆参观展览并给予高度评价。来自中央国家机关、部队、北京市及西城区的420余家单位的党员干部、群众共1.65万人参观了展览。《人民日报》、新华网等几十家新闻媒体进行了报道。

（贾　震）

【迎冬奥收藏展】　7月13至22日，与中国报业协会集报分会、西城区第一文化馆、易键天下网和双奥体育文化传播有限公司在西城区文化中心联合举办“迎冬奥收藏展”。展览展出了由国际奥委会主席巴赫题跋、参加国际奥委会128次全会的78位奥委会委员题词的北京申办2022年冬奥会签名收藏长卷，国际奥委会主会场悬挂的奥运五环及助威团现场使用过的大国旗等珍贵展品。

（贾　震）

【第二次代表大会代表推荐工作会】　7月14日，召开西城区社科联第二次代表大会代表推荐工作会。全区各委办局、街道、社科类社团组织共70余人参加会议。会议就社科联第二次代表大会代表推荐工作进行动员和部署。

（贾　震）

【西城区第五届社科普及周】　9月19至23日，与市社科联、区委宣传部联合举办的“在超大型城市治理中融入社会主义核心价值观——2016北京社会科学普及周暨西城区第五届社科普及周”在北京大观园开幕。科普周主会场设在大观园，分会场设在区第一图书馆、区第二图书馆等地。科普周期间，举办了“人文之光”社会科学知识竞赛、北京市及西城区“十三五”规划展、纪念红军长征胜利80周年主题展、“和合家风”主题展、西城区品读经典展、“在超大型城市治理中融入社会主义核心价值观之专家谈”“在超大型城市治理中融入社会主义核心价值观之百姓说”“品读经典——西城区读书交流”主题沙龙及图书漂流、扫码赠书等活动共20余场。《北京日报》、北京电视台等数十家新闻媒体进行了报道。

（贾　震）

【区社科联换届工作领导小组会议】　10月19日，召开区社科联换届工作领导小组会议，区委常委、宣传部部长陈宁，区社科联主席吴元增，区委宣传部常务副部长靳真、副部长马维利，区社科联党组书记张新华，副主席兼秘书长叶宝祥，党组成员窦淑龄等参加会议。会议听取了换届筹备工作开展以来的进展情况，同意如期召开区社科联一届委员会四次常委会扩大会议，决定尽快安排时间向区委常委会汇报换届筹备工作。

（贾　震）

【区社科联一届四次常委会扩大会议】　10月21日，召开区社科联一届委员会四次常委会扩大会议。会议研究社科联换届大会各项相关工作，审议通过了《第二次代表大会筹备工作方案》《大会主席团会议议程》《大会议程》《第一届委员会全会工作报告》《社科联章程（修订稿）》《出席第二次代表大会代表名单》《第二届委员会委员建议人选名单（草案）》《第二届委员会常务委员会委员候选人建议人选名单（草案）》《第二届委员会主席、副主席候选人建议人选名单（草案）》《第二届委员会常务副主席、秘书长候选人建议人选名单（草案）》《第二届委员会名誉主席、顾问建议人选名单（草案）》《第二次代表大会主席团成员名单（草案）》共12项文件。

（贾　震）

【区社科联委员、专家考察】　10月28日，组织专家委员高洪力、袁家方、张翠珍等考察百年老号王老吉凉茶博物馆。区社科联常委戴时焱陪同考察。

（贾　震）

【区社科联第二次代表大会】　11月8日，区社会科学界联合会第二次代表大会在天健宾馆召开。北京市社科联党组书记、常务副主席韩凯，区领导卢映川、杜灵欣、马新明、章冬梅、孙仕柱、孙硕、陈宁等出席大会。首都社科界专家学者、区有关部门、街道及社科类社会组织代表及嘉宾270余人参加会议。第二次代表大会听取并审议通过了《北京市西城区社会科学界联合会第二次代表大会工作报告》《北京市西城区社会科学界联合会章程修订稿（草案）》，选举产生了第二届委员会委员，于燕燕等151人当选为社科联委员。会议选举吴元增为社科联主席，张新华为社科联常务副主席，叶宝祥（兼秘书长）、李金龙、张兵、陆杰华、窦淑龄为副主席。聘请王东、邬沧萍、姚恕、谢辰生为名誉主席，聘请王渝生等15位专家为顾问。大会选举产生了由专家学者、有关部门负责人共计24人组成的常务委员会。韩凯和卢映川分别讲话，对区社科联工作提出要求。11月9日《北京西城报》头版报道会议情况。

（贾　震）

【区社科联搬入新址】　11月13至23日，区社科联机关办公地址由北礼士路12号整体迁至东桃园胡同2号北院。

（贾　震）

【社科普及项目评估验收】　12月26日，召开2016年社科类社团组织开展社科普及项目评估验收会议。区社区文明推进协会、区银龄精神关怀服务中心、区民办教育协会、陶然文化研究会、天桥民俗协会就立项的《育德大讲堂》《老年精神关怀服务》《民办学校校长社科素质提升》《陶然文化大讲堂》《天桥民俗文化的传承与保护》5个项目的开展情况进行汇报，专家评审组开展现场咨询与评估，确认验收合格。

（贾　震）

【“北京西城老字号谱系研究”等成果出版】　12月30日，《北京西城老字号谱系研究丛书》（四册）、《北京西城老字号研究文集》（二册）、《北京西城老字号印谱》及画轴、《北京西城老字号传承故事集锦》以及《北京西城史话》《低碳漫游西城》完成出版印刷。

（贾　震）

西城区红十字会

【概况】 北京市西城区红十字会（简称区红十字会）是中国红十字会的地方组织，是西城区人民政府直接联系从事人道主义工作的社会救助团体，依法取得社会团体法人资格，独立自主地开展工作。按照西城区行政区域划分，下设15个街道红十字会及区直机关、教育、卫生、国资、侨联5个系统工作委员会，有基层组织406个，会员93017人，团体会员104个，志愿者3143人。
地址：西城区南菜园街51号
邮编：100054
电话：83975413

（焦 蕊）

【第一届理事会第五次会议】 8月23日，区红十字会召开第一届理事会第五次会议，60余名理事参会，区委常委、副区长陈宁出席会议并讲话。会上，常务副会长王志东向理事会做上半年工作报告，审议通过《关于更换、增补常务理事的决议》和《关于通过西城区红十字会副会长人选的决议》，更换常务理事兼副会长1名，增补常务理事兼副会长1名。

（焦 蕊）

【红十字组织建设】 4月27、28日，区红十字会举办2016年基层红十字组织信息员培训班，区新闻中心主任马晨讲解新闻采写知识，中央电视台英语新闻频道摄影师李俊峰讲授微电影相关知识，各街道红十字会和红十字工作委员会秘书长、专干，以及红十字志愿者骨干等60余人参加培训。5月27日、28日，开展2016年志愿者表彰暨培训活动，对来自“希望之光服务队”“牵手希望服务队”“路德先锋服务队”和“威斯汀中外志愿者服务队”的50余名红十字志愿者进行红十字知识、志愿服务内涵、团队拓展等内容的培训，表彰优秀红十字志愿者29名，北京市红十字会志愿服务部部长冯克军为志愿者介绍全市红十字志愿服务活动的概况和新发展、新特点，区红十字会副会长王勇和秘书长李胜杰分别为志愿者讲授运动健身常识和志愿服务精神，4支服务队派志愿者代表做主题发言，与参会者交流各自开展的活动和参与红十字志愿服务的所见所感。11月10日，召开2016年度工作总结暨2017年度工作部署会，街道、工委专兼职红十字工作者及部分志愿者共50余人参加会议，会上总结年内全区红十字工作情况，传达区委、区政府《关于促进西城区红十字事业发展的工作方案》，并表彰了在应急救护培训工作、组织工作和信息宣传工作中取得突出成绩的24个先进集体和11名先进个人。11月22、23日，召开2016年度理事工作会，来自全区各委办局、各街道、社会组织、爱心企业等的红十字理事参加会议，会上常务副会长王志东做2016年全区红十字工作汇报，传达了《关于促进西城区红十字事业发展的工作方案》，并对理事进行了应急救护培训。

（焦 蕊）

【募捐救助工作】 11月29日，区红十字会举办“以书聚爱，以画传情”公益笔会，10余位当今知名书画家当场创作各类书画作品共31幅。12月10日，区红十字会在宏宝堂画廊举办书画展卖活动，通过展卖上述书画作品为大病患儿筹集救助资金，中国红十字会总会组织宣传部副部长边晓，北京市红十字会副会长谢辉，西城区委副书记马新明，区委常委、副区长孙硕等出席开幕仪式并为公益书画家颁发荣誉证书，各级领导、李嘉存、王建成等知名书画家、爱心企业代表、红十字志愿者等各界爱心人士近百人参加活动，截至年底共售出书画作品4幅，募集善款5万元。年内，通过“捐废献爱”活动募集善款2.24万元，用于救助大病儿童；清点募捐箱收集善款1.5万元；为南方水灾灾区募集捐款2900元，并按规定上交至市红十字会。全年发放救助款共计160.11万元，救助864人次。其中“两节”送温暖活动为700户困难家庭发放救助金共计56万元；救助9名大病患儿，发放救助金19万元；使用“红丝带”定向捐赠款救助艾滋病患者12人，发放救助金2.4万元；为非典后遗症患者发放补助金共35人次，15.75万元；为21人发放定向救助款5.49万元；救助区内困难人员90人，发放救助金63.3万元。帮助区境内3名白血病患儿申请中国红基会“小天使”救助金。支援内蒙古赤峰市喀喇沁旗20万元开展特殊困难群体帮扶项目。

（焦 蕊）

【应急救护培训】 年内，在居民、机关干部和企业职工中普及自救互救、防灾减灾、应急避险知识，全年举办68期救护技能培训班，每期8学时，共9200人取得红十字救护技能证；举办2期初级急救员培训班，每期16学时，64人取得初级急救员证。3月25日，区红十字会与区委办联合举办全区办公室系统干部基础能力提升工程之“红十字应急救护培训”班，150余名办公室系统工作人员学习并现场练习了心肺复苏术和使用自动体外心脏除颤器（AED）急救的方法。7月22日，举办区红十字会第5期青少年寒暑假急救培训班，首次通过网站、短信、西城政务网等途径接受全区中小学生自由报名，共40余名10至17岁的青少年及其家长参加培训。5月3日至6日，选派区行政服务中心、区人力资源和社会保障局的15名队员参加北京市红十字会在国家地震紧急救援训练基地举办的应急救援队强化集训演练。年内，区红十字会购置自动体外心脏除颤器2台，并组织行政服务大厅开展应急救援集训和逃生避险演练。区红十字会应急救护教育培训中心全年共接待各地36个团体、680余人参观，发放急救手册1000余册，接待电话咨询160余人次。

（焦　蕊）

【红十字志愿服务】 年内，成立“希望之光”志愿服务队爱心企业支队、西城区红十字应急救护培训志愿服务队和红十字律师法律服务团3支志愿者服务队。引导23支红十字志愿服务队开展各类志愿服务，在春节、端午节、中秋节等节日先后开展走进金秋园、颐寿轩、第一福利院敬老助老行动，走进柳林监狱开展人道进高墙红十字志愿帮教行动，组织志愿者服务队学雷锋主题活动，拍摄志愿服务宣传片1部。

（焦　蕊）

【造血干细胞捐献】 年内，在西单献血小屋、各街道办事处开展造血干细胞捐献知识宣传、讲座，普及义务献血和造血干细胞捐献知识，提高大众对捐献工作的认知度、理解力和支持度，招募造血干细胞捐献志愿者，定期对经西城区加入造血干细胞捐献者资料库的在库人员进行电话回访，扩充并保持中华造血干细胞捐献者资料库容量，确保在库人员信息有效并能够及时更新。全年共500余人进行捐献采集，合格入库280人。年内成功完成干细胞捐献3例。

（焦　蕊）

【红十字青少年工作】 年内，结合学校德育教育开展红十字青少年活动，在青少年中传播“人道、博爱、奉献”的红十字精神。5月，在展览路第一小学开展“首都市民安全防范百场大讲堂”活动；指导北京市第四十四中学学生组成红十字应急救护方队，参加全区“5·12”大型综合防灾减灾宣传活动。年内，举办“人人学急救 安全校园行”急救包进班级活动，为全区所有中小学、职业高中、幼儿园每个班级配发1个红十字急救包。在全区中小学校开展“爱的路上你我同行”——红十字运动精神传播活动，通过知识竞赛、板报、广播等形式在青少年中普及红十字运动知识，引导青少年在学校、社区或社会上开展力所能及的志愿服务，评选出91名红十字青少年活动标兵。

（焦　蕊）

【红十字运动宣传】 年内，利用各种活动和纪念日，宣传红十字会法律法规和相关政策。全区红十字系统举办了“5·8”红十字日、“5·12”防灾减灾日等宣传活动。在中国网设立“西城红十字公益行动”专栏，向公众发布红十字工作、活动动态，扩大西城区红十字信息宣传覆盖面，提高红十字工作透明度。通过举办公益微电影大赛在社会中征集热心公益的好人好事和典型事例，共征集作品20余部。全年共编发《西城红十字报》5期，印发3万余份，发放到各街道、社区红十字会、全体红十字理事及兄弟区县红十字会。

（焦　蕊）

【对外交流】 9月29日，接待韩国首尔红十字会一行5人到西城区考察访问，带领其参观了解西单献血屋及造血干细胞捐献志愿服务岗的运行情况和服务成果。

（焦　蕊）

（责任编辑　齐　田）

政法　军事

政　法

政法委员会工作

【概况】 中共北京市西城区委政法委员会（简称区委政法委）是区委领导、管理全区政法工作的职能部门，并担负着协调组织全区力量维护辖区安全稳定的重要职责。西城区委政法委的工作机制是委员会制，与西城区社会治安综合治理委员会办公室、西城区维护稳定领导小组办公室、西城区防范和处理邪教问题领导小组办公室、西城区流动人口管理办公室合署办公。年内，区委政法委及全区政法各单位在区委的领导下，不断提高履职能力，圆满完成了全国“两会”、党的十八届六中全会等重大安全保卫任务，巩固了全区政治稳定的局面。全区社会治安保持总体平稳。不断完善区、街两级维稳工作领导运行机制，党委领导、政府各部门积极参与、社会和群众广泛支持的大政法、大维稳、大综治、大信访的工作格局逐步形成。政法维稳工作的触及点和参与面进一步拓展，政法工作通过解决一系列涉及城市建设、企业改制等带来的不稳定事件，为区域其他改革发展事业扫清了障碍。运用法律、政策、经济、教育等综合手段解决疑难矛盾纠纷的能力不断增强，排查化解涉法涉诉信访案件260件。以“面”保“点”的安保模式不断完善，“全、响、应”的信息化群防群控体系建设有了跨越性发展，信息化精确指导与群防群控动员组织优势结合更加高效。

地址：西城区二龙路27号

邮编：100032

电话：88064290

（田瑞鑫）

【维护稳定工作】 年内，区委政法委进一步推进重大决策风险评估工作的全面落实，提升评估质量、发挥评估效益，最大限度从源头上防范社会矛盾。全年共召开各类会议172次，妥善化解了各类社会矛盾纠纷。其中：敏感节点情报会商87次；“三长会”3次；不稳定因素化解工作会39次；涉法涉诉工作专题会5次；司法强制执行协调会26次，确保了西城区政治稳定和社会安定。

（郝　毅）

【处置突发群体性事件工作】 年内，区委政法委充分发挥情报预警功能，加强深层次、内幕性情报信息的收集研判，有效地防范了境内外敌对势力围绕全国“两会”、党的十八届六中全会、六四、七五等敏感期策划闹事活动的企图，进一步加强重点地区上访处置能力，完善依法告知和规范处置机制，全面提高处置水平。保证了中南海、中纪委、全国人大等重要党政机关的办公秩序，确保了全区政治稳定和社会安定。

（郝　毅）

【涉法涉诉矛盾纠纷化解工作】 年内，区委政法委深入贯彻落实矛盾化解各项工作要求，运用“信访专项资金”，充分考虑群众实际困难与合理诉求，加大矛盾纠纷联合化解和督查督办力度。全年化解各类重点矛盾13件，协调公、检、法三家化解涉法涉诉信访案件260件。

（张国华）

【“两学一做”学习教育】 年内，区委政法委全面开展党的“两学一做”学习教育，不断促进执法为民、公正廉洁执法，并形成长效机制，共走访群众2.3万人次，走访单位680余家，为群众办实事1900余件，进一步密切了警民关系，推动了政法工作更好地开展。

（田瑞鑫）

【西城政法综治网】 年内，区委政法委继续坚持《西城政法综治网》网络宣传阵地，全年共编辑刊发2600余篇，有效宣传了政法工作精神，统一了思想认识；交流好的经验做法，为各单位相互交流借鉴提供了有效途径；适时反映全区政法机关和广大政法干警的突出业绩，宣传了政法队伍先进典型，展现了政法队伍的新形象和新面貌，受到了各级领导的充分肯定和全区政法干警的广泛好评。

（田瑞鑫）

【重大疑难案件协调工作】 年内，区委政法委始终坚持党对政法工作的领导，积极发挥政法委员会、发挥党内联合办公会和党内协调会的作用，对涉及西城区和政法机关的重大疑难案件、涉及稳定事项进行研究处理。全年共召开39次专题协调会。对国家发改委、十七部委、儿童医院、百万庄棚户区改造、棉花片危改、大栅栏C地块、广安一期、中信城等建设项目21户个人进行了司法强制执行，为西城区重点工程建设项目提供维稳保障。

（张国华）

【社会稳定风险评估工作】 年内，区政法委完善社会稳定风险评估机制建设，进一步推动重大决策应评尽评的关键之年，全年共报备风险评估报告58件。区维稳办通过将风险评估工作纳入决策程序，有效指导26个拟上区委常委会、区长办公会的决策和项目。实现了把风险防范和化解处置的责任与措施落实在决策之前，将事后维稳的被动转变为事前的主动评估，最大限度地减少决策的负面影响，有效避免造成重大损失或者引发群体性事件的各类隐患，为实现区域稳定奠定了坚实基础。

（张国华）

社会治安综合治理工作

【概况】 北京市西城区社会治安综合治理委员会办公室（简称区综治办）是区委、区政府解决社会治安问题的办事机构，承担维护社会稳定和社会治安综合治理“打击、防范、教育、管理、改造”工作任务。年内，在区委、区政府的领导下，认真贯彻落实中央、市委、市政府的工作部署和要求，紧紧围绕建设“平安北京、平安西城”的总体目标，以习近平总书记系列重要讲话精神为统领，以全面深化平安西城建设为主线，以健全完善立体化治安防控体系为重点，把防控风险、服务发展、破解难题、补齐短板摆在更加突出位置，深入开展社会治安重点治理，大力加强社会矛盾源头化解，不断完善流动人口服务管理，全面推进西城综治信息化建设，持续夯实综治基层基础，努力提升群众安全感和满意度，为实现率先全面建成小康社会奋斗目标、建设一流的和谐宜居之都创造安全稳定的社会环境。严格落实责任制，全区自上而下层层签订社会治安综合治理领导责任书，签订率达100%。

地址：西城区北礼士路12号

邮编：100044

电话：88391661

（霍爱全）

【综治中心规范化建设试点】 8月，根据首都综治办要求，在全区开展街道、社区两级社会治安综合治理工作中心规范化建设试点工作。西城区选取月坛、新街口、广内、陶然亭4个街道和西四北六条、社会路、米市3个社区做为综治中心试点，从组织设置、职能任务、运行机制、信息化建设等方面进行规范，形成不同类型、符合实际、各具特色、可以复制的工作典型，实现基层综治中心“职责更加明确、建设更加规范、运转更加高效、作用更加突出”的工作目标，为下一步在全区全面推进基层综治中心规范化建设奠定了坚实基础。

（霍爱全）

【西城大妈微众汇项目】 年内，北京西城大妈微信公众号发布内容152条，开发了移动管理服务功能，开通了新浪腾讯两大微博、入驻了今日头条、一点资讯等客户端。通过三微一端新技术，开展寻找最美西城大妈活动，宣传点击率超过10万人次。编写了《最美西城大妈》图书，十届全国人大常委会副委员长顾秀莲为该书作序，中央政法委《长安》杂志社常务副社长丁后盾题写书名，区委书记卢映川、副书记马新明担任该书编委会主任和副主任，市委政法委副书记、首都综治办主任闫满成批示要求在全市推广。2016年度西城大妈微众汇项目分别获得北京市志愿服务项目金奖、第三届全国青年志愿服务大赛金奖、第三届全国青年志愿服务大赛十大优秀项目全国路演第五名组委会特别奖之最佳互助奖、第十一届中国青年优秀志愿服务项目奖。“北京西城大妈平安志愿者团队”获得2016年宣传推送学雷锋志愿服务“四个100”先进典型评选活动“最佳志愿服务团队”荣誉称号。

（霍爱全）

【平安社区创建活动】 在深入调研和试点的基础上，12月18日，在区综治委第二次全会上，部署并下发了《关于深入推进西城区平安社区创建活动的意见》，月坛街道介绍了开展平安社区创建活动试点的先进经验和做法，政法委书记王旭就深入推进基层平安创建活动的意义和工作方法做了重要讲话。为深入推进“党委领导、政府负责、社会协同、公众参与、法治保障”的社会管理体制探索出了一条新路子，符合为社区减负的总体要求，得到街道、社区的认可，充分调动了社区居民参与平安社区创建的积极性。

（霍爱全）

【综治信息化平台建设】 年内，为落实首都综治办关于建立“纵向贯通、横向集成、资源共享、职责明晰、一体运行的首都综治信息化体系”要求，以首都综治信息化试点区建设为契机，继承了综治维稳信息平台建设成果，开展了综治信息化平台建设。本着“统筹规划、需求导向、注重实用、循序渐进”的原则，在西城区全响应工作体系下，以网格化管理、社会化服务为方向，充分利用和继承市、区综治信息化成果，构建区、街道、社区三级平台为主干的综治信息化体系，实现了事件处置、重点地区整治、业务应用和综治考核的网上办理。通过核心应用的建设，形成社会治安综合治理工作采集、处置、分析、决策、评估的闭环工作信息链条，从而促进综治工作及时响应和全面响应能力的提升。平台已拥有用户360余人，月均处置事件223件。

（霍爱全）

【地下空间整治】 年内，结合全市“疏解整治促提升”专项行动，根据区政府疏非控人责任书要求，统筹民防局、房管局公安分局关停人防工程39处，清理关停集体宿舍

15 处；清理关停小旅店 8 处，面积共 53390 平方米，拆除房间 2056 间，疏解居住人员 6840 人；完成普通地下室清理整治 205 处，拆除散租住人房间 6515 间，疏解 11106 人；并按照责任书要求应完成清理 14 处，完成了全年任务目标。

（霍爱全）

流动人口和出租房屋服务管理工作

【概况】 北京市西城区流动人口和出租房屋管理委员会（简称区流管委）是负责流动人口和出租房屋指导协调和综合管理工作的议事协调机构。下设办公室（简称区流管办）与区综治办合署办公，为区流管委的常设办事机构。西城区流动人口服务管理工作以人口疏解工作为主线，着眼于京津冀协同发展、有序疏解非首都功能和服务改善民生等中心任务，深化违法群租房、“七小”门店和地下空间治理等工作，聚焦疏功能、控人口主旋律，提升流动人口服务管理水平，为西城区经济发展提供了和谐稳定氛围。截至 11 月 20 日，西城区录入市流管平台 236433 人，出租房屋 70567 户。流动人口累计核销 128109 人，完成年底 10 万人指标 128.1%。发现违法群租房 513 户，治理 513 户、1795 间，劝退流动人口 5153 人。

地址：西城区北礼士路 12 号

邮编：100044

电话：88391671

（王汉洲）

【创新管理模式】 年内，大栅栏、德胜、椿树等街道配发使用信息终端，实现基层信息采集与管理智能化，推动了基层流管工作水平提升；牛街街道结合民族区域特点，打造专职流管队伍，实施由街道主导、公安负责的“集中办公、统一管理”工作模式，强化了队伍建设，提升了业务水平，总结了科学管理机制；什刹海街道与厂桥派出所携手加强流管队伍建设，围绕打通“五关”，助推“五上”下功夫，促进辖区流管工作总体水平上台阶。

（鲁宏斌）

【流管工作培训会】 5 月 12 日，西城区召开流动人口和出租房屋管理员培训会，全区 19 个户籍派出所主管所长、主管民警、先进流管员代表和 2016 年新招录流管员共 170 余人参加了会议。会上，对新招录流管员进行了流管数据平台系统及流管业务技能等方面的集中授课，组织派出所主管所长、主管民警及先进流管员代表进行先进工作经验互动交流。11 月 7 日，召开流动人口和出租房屋管理工作培训会。市局人口管理总队副总队长张威、分局副分局长贾春雨、区流管办副主任李文声、分局人口管理支队副支队长魏志强出席会议，分局 19 个户籍派出所主管副所长、流管员代表以及居住证中标企业北控三兴公司技术人员共 280 余人参加了会议。全年培训人数达 800 人。

（鲁宏斌）

【综合整治工作】 5 月 18 日，西城区流管办会同西城公安分局组织区房管局、区民防局等职能部门对牛街地区地下空间、人防工程开展了清理整治集中行动。此次行动共投入警力 22 人，各部门工作人员 35 人，检查地下空间 2 处，出租房 32 间，核录流动人口 45 人，整改出租房屋安全隐患 6 处。8 月 3 日，区流管办会同西城公安分局、区房管局、区民防局等职能部门对金融街地区出租房屋开展清理整治集中行动。此次行动由区流管办牵头负责，区属职能部门共投入工作人员 10 人，西城公安分局投入警力 20 人，街道社区共投入人员 12 人。共检查普通地下空间 3 处，人防工程 3 处，平房院落 2 处，出租房屋 32 间，核录流动人口 45 人，登记直管公房 15 间，发现普通地下空间房屋群租问题 1 处，责令限期整改。

（鲁宏斌）

【督导群租治理工作】 年内，按照治理违法群租“零容忍”要求，通过摸底排查、挂账督办、限期治理、按期销账、长效管控等有效措施，消除安全隐患，巩固治理成果，实现了新增违法群租问题及时治理、群众举报坚决查处、常态治理机制管控的工作目标。截至年底，累计发现群租房 513 户，完成整治 507 户（占总数 98.8%）1779 间，劝退流动人口 5100 人。

（鲁宏斌）

【联动疏解流动人口】 年内，区各部门依据疏非控人职责，真抓实干谋疏解。西城公安分局及时采集、录入流动人口基础信息，累计新增流动人口 116280 人，核销 128109 人。区民防局关停住人工程 15 处，区房管局清退和规范普通地下空间 48 处、西城工商分局消减有证有照不规范“七小”门店 1620 户，区国资委腾退商户 32 户，各部门合力疏解流动人口 26134 人。流动人口累计核销 128109 人，完成年底 10 万人指标 128.1%。西城区全年累计发现违法群租房 513 户，治理 513 户、1795 间，劝退流动人口 5153 人。

（鲁宏斌）

【属地街道人口疏解工作】 年内，区属各街道充分发挥属地尽责的作用，以棚户区改造，群租房、“七小”门店、地下空间治理等工作为抓手，与职能部门联手开展人口疏解工作。全区累计疏解 2.7 万人。

（鲁宏斌）

【表彰先进】 年内，经区流管办与西城公安分局共同研究决定，授予大栅栏街道等 3 个街道为“西城区 2016 年度流管创新工作模式”；授予什刹海街道兴华社区流管站等 4 个社区流管站为“西城区 2016 年度流管工作先进社区流管站”；李洋等 8 人为“西城区 2016 年度流管工作优秀管理员”；张莹等 168 名为“西城区 2016 年度流管工作先进管理员”。

（鲁宏斌）

公安工作

【概况】 北京市公安局西城分局（简称西城公安分局）是主管本行政区域内社会治安管理的公安行政机关。局内设有专业警种业务处（室、所）、支队等机构 21 个，在辖区各街道和繁华街区共设立19个户籍派出所和10个治安派出所。分局全年累计抽调勤务警力9527次，涉及警力43.6万人次，其中警卫类勤务用警27.8万人次、治安维稳类勤务用警15.8万人次，分局抓住市局警力前置有利契机研究制定《西城分局关于进一步加强社区基础工作的决定》及9个配套附件，实施“网格单警、社区警组、社区基础工作队”三级管理模式。建成684个重点单位、261个社区微型消防站，金融街、什刹海、德胜等3个街道小型消防站。完善群防群治工作模式，举办了第一届“寻找最美西城大妈”活动，开通微博及微信客户端，新招募青年志愿者1500余人，放大“西城大妈”品牌效应。全区15个街道组建起合计750人的反恐处突分队 。优化全区2.2万名信息员队伍，通过人力情报协助抓获违法犯罪嫌疑人2512人，共计发放奖励资金137万余元。分局共破获刑事案件3379起，刑事拘留2141人，其中，破获命案7起、涉枪涉爆案件10起、八类危害严重刑事案件140起，打掉有组织犯罪团伙9个，命案侦破率连续6年保持100%，八类危害严重、扒窃、入室盗窃、“两抢”、涉车盗窃等案件立破比均为正值。共查处治安案件9312万起，接报六类治安重点关注警情3924件，同比下降20.2%。年内街头累计查获在逃人员52人次、一级临控人员1802人次。组建分局综合研判合成作战中心，融合图侦、网侦等侦查手段，引入各级各类信息系统63个，“平安行动”期间，为一线推送即时研判信息210件、专题研判信息16件，提供专案服务21起次，协助破获了“12·20”邵蕾特大诈骗案、“12·22”持刀抢劫案等重大案件，刑事拘留249人、行政拘留193人，同比分别上升1.6倍和13.5%；破获刑事案件172起，同比上升100%（其中，破获当年案件144起，同比上升77.7%）。加强视频警务建设，打造了一支拥有125名专兼职民警，200名专职辅警的专业化视频巡控队伍；依托全区3619路监控探头，构建了“四层四圈、层层过滤、圈圈净化”的天网防控体系。强化府右街、牛街派出所“忠诚教育基地”品牌创建活动，府右街派出所青年突击队被团中央、全国青联授予第20届“中国青年五四奖章集体”，团市委授予罗桂晨、吕植楠北京青年“五四”奖章，府右街派出所青年民警崔申迪获第四届首都公安“杰出青年卫士”荣誉称号，椿树派出所民警李义兵被北京市公安局授予“高宝来式的好民警”荣誉称号。分局连续第4次被公安部评为“全国公安机关执法示范单位”。

地址：西城区二龙路39号

邮编：100032

电话：83995110

（刘　旭）

【强化联勤处置警务模式】　年内，西城公安分局结合反恐形势和全年重大安保工作，固化由勤务指挥部门牵头，巡警视频、交通、铁路、武警、消防等多警种联勤处置各类警情的工作模式，并把运行之初的重大安保期间启动联勤工作变为常态化启动，在分局指挥大厅固定各部门席位，确定人员值守，确保重点警情联合处置，提高反应速度。

（刘　旭）

【整合视频图像共享及监控点位】　年内，西城公安分局将高清图像信息管理系统二级平台以分局为中心，形成上传图像至区政府、市公安局，下传图像至29个派出所图像信息管理系统三级平台、区属各委办局（包括区教委、区城管大队、区环卫中心等单位）及公安刑侦支队、区交通支队、武警六支队、武警七支队等单位的高清、标清图像信息联网体系；图像信息点建设以各派出所图像信息管理系统三级平台为汇聚点，逐步整合社会重点单位内部图像信息子系统。

（刘　旭）

【110宣传日】　年内，西城公安分局组织开展了以“群众的110，携手筑平安”为主题的110宣传日系列活动，本次宣传结合爱民月活动，突出“走出去请进来”特点，采取发放宣传册、张贴海报、播放宣传片、微博微信发帖、现场答疑、警营开放等多种形式，点面结合，深入社区，兼顾网络，营造了浓厚的宣传氛围。

（刘　旭）

【全面推行一格一警】　年内，西城公安分局修改和制定了《西城分局一格一警工作方案》和《市局警力前置进派出所进社区指导工作意见》，划分了社区网格，组织各网格社区民警按照职责规范开展各项工作，强化工作落实，强化典型推树，全面推行了“一格一警”工作部署。

（刘　旭）

【打造“一站式”执法办案管理中心】　年内，西城公安分局顺利投入使用了打造“整合资源，源头管理，合成作战”为特点的“一站式”的刑事、行政执法办案管理中心。实现了“五个中心一体化”的“内涵式”发展，形成了具有西城特色的集“人员看管、收案审查、案件管理、案件会商、监督考评、执法培训”等各项职能于一体的“一站式”执法办案管理机构。

（刘　旭）

【重大活动安全保卫工作】　年内，西城公安分局针对G20峰会、全国两会、十八届六中全会及国庆67周年重大安保工作，及时启动超常规管控措施，对政治中心区、重点地区宾馆饭店实行驻警看护，全部启动安检机制和会议室预订审核备案机制；对辖区832家旅店、洗浴实行每日一次高频率检查，对可供住宿的洗浴实行24小时实名登记，务必做到“入住即登记，登记即报告，严禁拒绝接待”，切实消除涉疆涉藏暴恐隐患。

（刘　旭）

【创新发展刑侦显成效】　年内，西城公安分局发展立体化刑侦阵控模式，构建“大侦查”工作体系，强化刑侦专业攻坚措施，完善发展了“安保警务、反恐处突、打击破案、街面打防、整体牵动”的“五位一体”立体化刑侦阵控模式，有力提高防恐维稳和打击犯罪能力。全年破案打击持续增长，根据市局全年5项“立破比”刑事执法考评目标内容，均为正向增长，全部达标。

（刘　旭）

【对邪教长打不懈】 年内，西城公安分局围绕法轮功敏感节点，及时制定方案，全力做好社会面防控工作。年内，共核查各类线索80余件，打击处理人员法轮功邪教人员53人，其中刑事拘留40人、治安拘留3人、教育释放10人，捣毁窝点10处，起获电脑、刻录机、打印机、刻章等大量作案设备，查缴法轮功书籍800余本，真相币600余张，《九评》《明慧周刊》等各类反宣品10000余份。

（刘　旭）

【火灾防控工作】 年内，西城公安分局多举措，加强社会面火灾防控力度，开展了春夏平安行动、夏季防火检查行动、餐饮场所整治等专项行动，推出针对重点人群制定的“三三工作法”，针对餐饮场所的8个必查，成立了以服务大型综合体建筑检查和派出所321工作法推进的消防业务专家团队，目标直指辖区老旧平房院落、大屋脊、筒子楼、“三合一”、“多合一”场所、人员密集场所、易燃易爆场所、超高层建筑、大型综合体建筑、公共娱乐场所，坚决打击违法建设、私搭乱建、违规住人、消防设施缺失损坏、安全出口疏散通道堵塞封闭等问题，用足“关、停、拘、封”等手段。

（刘　旭）

【完成市局警力支援社区工作】 年内，西城公安分局按照市局党委决策，制定了《关于第一批市局职能部门警力支援社区警务工作党建队建管理实施方案》、《培训方案》、《社区警务工作数据监测分析方案》，迅速将市局139名支援警力，实名分派至17个户籍派出所。同时强化培训业务，指导派出所组织社区民警和市局支援警力开展“结对捆绑”“双拜师”活动，设立支援社区警务网上专栏，刊发了239篇涉及工作动态、党建队建、部署推进、监测通报、经验交流、心得体会方面信息。

（刘　旭）

【创建“零发案社区”】 年内，西城公安分局联合区综治办、区流管办和15个街道工委副书记、综治办主任、流管办主任，以及分局19个户籍派出所所长召开会议，创建了西城区可防性案件的“零发案社区”活动。

（刘　旭）

【强化涉外旅店阵地控制】 年内，西城公安分局在涉外旅店业管理工作中，坚持常态时期常抓不懈、重大安保工作前夕抓长安街沿线、大栅栏地区等重点区域、重点点位的工作原则，对全区涉外旅店定期不定期开展实地检查，既侧重对前台境外人员住宿登记例行检查，依法处罚不按规定登记住宿旅客信息前台人员、前台经理，同时考察旅店从业人员和负责人的安全意识，提出涉恐重点国家人员、违法可疑人员和精神异常等人员入住怎么办，发现非法居留人员入住怎么办，如何避免72小时过境免签人员漏登漏报等具体问题。

（刘　旭）

【为高考服务】 年内，西城公安分局按照“有力保障考生人身安全、有力保障考点正常秩序，有力保障考试公平公正”的工作目标，提前谋划、科学部署，在区17个考点，246个考场，为7012名考生提供细化秩序维护和便民服务措施，共投入警力460余人次、武警70余人次、保安220余人次，动员学校安保力量340余人次、出动车辆200余车次。

（刘　旭）

【完成开斋节安保任务】 年内，围绕伊斯兰教传统节日开斋节，西城公安分局以“安全、有序、祥和”原则，提前制定并细化方案预案，启动了牛街礼拜寺等7个分指挥部，共出动警力290人、武警32人、保安117人、专业安检员62人。全区6个礼拜寺共接待参加活动群众2.4万余人，未发生突出情况。

（刘　旭）

【深入社会宣传禁毒】 年内，西城公安分局禁毒中队联合分局内保支队、治安支队，走进校园和娱乐场所，开展以“珍爱生命、远离毒品”为主题的禁毒宣传教育活动。在“北京实美职业技术学校”，中队指导员杨霞为学校200余名师生讲授了题为“拒绝毒品，刻不容缓”的宣传教育课程，随后播放了《与死神共舞》禁毒宣传片，同时为师生发放了禁毒宣传品。对娱乐场所进行禁毒宣传中，禁毒中队民警向全体员工宣讲了毒品知识、毒品种类、分辨毒品的方法和预防措施。

（刘　旭）

【推进网上督察规范化建设】 年内，西城公安分局把深入推进网上督察工作当成事关督察事业科学发展的大事来抓，在人力、财力、物力上给予充分保障，使之取得成效。局属29个派出所和刑侦支队的“三室”和值班接待室全部纳入督察大队视频监控二级平台，督察大队由专职辅警24小时进行巡检，发现问题第一时间提示、通报，全年累计处理各类问题659件。

（刘　旭）

检察工作

【概况】 北京市西城区人民检察院（简称区检察院）是国家法律监督机关，年内，围绕首都城市战略定位和京津冀协同发展战略，牢牢把握全面提高检察工作法治化水平和全面提升检察公信力两个主基调，以争创“全国模范检察院”为目标，以司法办案为主业，以深化改革为引领，不断强化法律监督、强化自身监督、强化队伍建设，努力为“十三五”规划实现良好开局提供有力司法保障。区检察院班子成员带队，深入辖区国资委、金融办、西城园等20余家单位走访调研、征求意见。研究制定并狠抓落实我院服务和保障西城“十三五”规划纲要实施的意见，出台了《依法保障和促进科技创新的实施意见》，进一步加大对侵犯知识产权、破坏市场经济秩序等犯罪的惩治和防范力度，促进创新驱动、服务科学发展。区检察院坚持严厉打击各类刑事犯罪，依法履行批捕、起诉职责，共批准逮捕657人、提起公诉958人，有力惩治了犯罪、保障了群众人身财产安全。对轻微犯罪特别是因民间纠纷引发的轻微刑事案件，依法落实从宽政策，依法决定不批捕317人、不起诉172人。成功办理了“挖坑代表李宝俊案”、“尚金峰等人非法吸存案”等一批社会广泛关注的案件。区检察院对侦防内设机构进行了整合优化，并深入开展“诊断式”整改活动，切实提升侦查工作法治化、科学化、规范化水平。共立案侦查贪污贿赂、渎职侵权等职务犯罪31件35人。在严惩职务犯罪的同时，紧密结合司法办案开展预防调查、预防宣传、专项预防，确保换届选举等重要工作依法有序开展。检察监督有新突破。共依法监督立案8件、监督撤案4件、追捕追诉10人、纠正侦查活动违法6件。在西城公安分局设立派驻检察室，以强化对侦查活动的监督。对认为确有错误的刑事或民事裁判，依法提出抗诉2件。针对刑罚执行和监管活动中不依法及时收押罪犯或接收社区矫正人员等问题，提出纠正意见5件。区检察院整体推进各项改革任务落地，首批选任91名检察官计入员额，并完成检察辅助人员和司法行政人员分类定岗，实现检察人员分类管理。同时将原23个内设机构调整为18个，其中综合行政部门整合为3个，确保专案专办、术业专攻，让司法办案更加高效、让检务保障更加有力。区检察院充分整合纪检监察、检务督查、案件管理、上级监管等内部监督手段，严肃办案纪律，严格责任追究，敦促形成公正司法、严格执纪的思想自觉和行为习惯。始终在司法能力建设摆在关键位置，先后组织岗位练兵、业务实训等教育培训活动41次，切实补齐能力短板。注重加强“两微一端”建设和检察宣传工作，检察机关的社会形象不断提升。

地址：西城区新街口西里三区18号楼
邮编：100035
电话：59555839

（张　擎）

【未检处获区“关心下一代工作先进集体”荣誉称号】 4月，区检察院未检处被西城区关心下一代工作委员会、西城区精神文明建设委员会办公室授予“西城区关心下一代工作先进集体”荣誉称号，区检察院举办的“西检杯”西城区中学生思想道德法律知识竞赛入选2015年“西城区未成年人思想道德建设工作创新案例”。未检处立足未成年人案件检察职能，围绕推进关心下一代事业创新发展，着力打造“三平台一赛事”的“西城小未”品牌，依托青少年法治教育基地、法制校长团队、“柳青家长法制课堂”三大平台，充分发挥“西检杯”品牌效应，每年为近万名中小学生及家长开展法制宣讲活动，切实将法律送进校园、送入家庭。在依法规范办案的过程中，注重贯彻宽严相济刑事政策，创新开展“新起点·温暖家”行动，积极修复破损亲子关系。同时紧贴未成年人的身心、语言特点，打造区检察院未检卡通形象，借助微博、微信双微平台，与1.5万余名粉丝开展线上线下法律互动，辖区涉未犯罪实现连续四年下降，较好地发挥了党和政府教育青少年的参谋助手作用、联系青少年的桥梁和纽带作用。

（张　擎）

【《关于在行政执法检察监督中加强协作配合的意见》】 4月，为加强行政检察与行政执法监督的有效衔接和协作配合，充分发挥检察机关对行政违法的监督作用，区检察院与区城管局签订《关于在行政执法检察监督中加强协作配合的意见》（以下简称《意见》）。该《意见》明确规定了行政执法监督的基本原则，明确规定了开展行政执法监督的具体领域，明确规定了开展执法监督合作的工作形式。

（张　擎）

【“三优”及“精品案”】 4月21日，区检察院在北京市人民检察院举办的全市检察机关反贪、反渎部门第五届“三优”及“精品案”评选表彰活动中获得成绩。其中，院党组成员、职侦局局长闫彬获“优秀反贪局长”称号，职侦局主任检察官曲涛和马鲁原获“优秀侦查检察官”称号，反渎局获“优秀反渎局”称号，报送的“陈柱兵受贿案”和“肖绍祥贪污、受贿、巨额财产来源不明案”入选反贪部门“十大精品案”，报送的“2.28宏观经济数据泄密案”和“康伟、李会利滥用职权、受贿案”入选反渎部门“十大优质案”。

（张　擎）

【未检处获“全国工人先锋号”】 5月区检察院未检处获得“全国工人先锋号”，并受邀在该区2016年庆祝“五一国际劳动节”暨先进个人、先进集体表彰大会上作典型发言。

（张　擎）

【“精品刑事抗诉案件”】 5月，在高检院组织的全国检察机关“优秀刑事抗诉案件”评选活动中，区检察院提起抗诉的张守刚职务侵占案从全国各省级院推荐的共计158件抗诉案件中脱颖而出，获评全国检察机关“精品刑事抗诉案件”，成为北京市各级检察机关报送的案件中唯一获获奖案件。

（张　擎）

【举办首批入额检察官统一培训交流会】 7月26日至8月2日，区检察院组织首批91名入额检察官参加了由市检察院开展的全市检察机关首批计入员额检察官统一培训活动，并于培训结束的当天下午举办交流总结会，进一步巩固、深化培训成效。会上，6名入额检察官代表结合此次培训内容以及各自岗位经历，分别进行了培训心得交流和表态发言。他们的发言具有较强的代表性，表达了首批91名入额检察官的集体心声。

（张　擎）

【召开司法体制改革新任部门负责人集体谈话会】 8月31日，区检察院组织召开司法体制改革新任部门负责人集体谈话会，院党组副书记、副检察长许伟，党组成员、纪检组组长张德清，党组成员、政治处主任傅晓雨等领导出席会议并讲话。会议中深入学习领会全国司法体制改革推进会、“十四检”以及此次检察长座谈会等会议精神，同时从党风廉政建设、司法改革要求等方面对工作提出要求。

（张　擎）

【创新开展不起诉宣布及训诫会】 9月，区检察院对3名附条件不起诉考察期限届满的未成年人开展了不起诉宣布及训诫活动，并创新在三个方面用心用情用力，推动此次不起诉宣布及训诫会取得实效：一是规范文书及场所，提升程序的规范性。二是首次启用听证室，增加程序的庄严度。三是首次增加宣誓程序，增加承诺的仪式感。

（张　擎）

【举办第17届“西检杯”中学生法律知识竞赛】 12月，由区检察院及西城区教工委、区教委、团区委共同主办的第17届“西检杯”中学生思想道德法律知识竞赛决赛在市第十四中学圆满落幕。

（张　擎）

审判工作

【概况】 北京市西城区人民法院（简称区法院）牢牢坚持公正司法、司法为民，切实履行宪法和法律赋予的职责，为推进平安西城、法治西城建设作出了应有贡献。全年受理案件51685件（含旧存）；审结案件50280件。年内，区法院先后获北京市模范法院、北京多元化纠纷解决机制示范法院等一系列荣誉称号。吕江法官获全国法院先进个人荣誉称号。

北区地址：西城区后英房胡同1号
邮编：100035
电话：82299240
南区地址：西城区半步桥街50号
邮编：100054
电话：63543081

（韩晓冬）

【新闻通报涉家暴离婚案件】 2月29日，区法院召开“涉家暴离婚案件审理经验新闻通报会”。新华社等中央、市、区级近20名媒体记者到场采访报道。中国法院网、北京法院网及区法院新浪官方微博全程同步图文直播。

（韩晓冬）

【阿塞拜疆最高法院院长来访】 3月14日，阿塞拜疆最高法院院长拉米兹·日扎耶夫一行6人，到区法院旁听案件审理并参观座谈。最高法院副巡视员、来访处处长于小羽，市高级法院办公室外事科科长卢晓杰、张帆，区法院院长蔡慧永陪同接待。

（韩晓冬）

【新闻通报涉网购知产案例】 4月20日，区法院召开“涉网络购物平台知识产权典型案例新闻通报会”。中国知识产权报、民主与法制时报等中央、市、区级近20名媒体记者到场采访报道。中国法院网、北京法院网及区法院新浪官方微博全程同步图文直播。

（韩晓冬）

【首批入额法官宪法宣誓】 5月30日，区法院在阳光大厅隆重举行2016年首批138名入额法官宪法宣誓仪式，副院长李艳红领誓。

（韩晓冬）

【新闻通报涉少民事心理疏导】 5月30日，区法院召开“涉少民事审判心理疏导机制新闻通报会”。中央人民广播电台等15名媒体记者到场采访报道。中国法院网、北京法院网及区法院新浪官方微博全程同步图文直播。

（韩晓冬）

【全市首例家事纠纷调解室】 6月1日，区法院结合家事纠纷案件审判实际，创设全市首个家事纠纷调解室。《北京晚报》、北晚新视觉网、今日头条等多家媒体采访报道。

（韩晓冬）

【院长执行沈家本故居腾退案】 8月16日，区法院院长蔡慧永作为执行法官执行一起涉清代著名法学家沈家本故居房屋腾退案，区法院官方微博@北京西城法院对此次现场执行活动进行了全程微博直播。

（韩晓冬）

【出台审专委工作职责规定】 9月1日，区法院出台关于审判委员会专职委员工作职责的规定。立规目的是：落实司法体制改革工作要求，明确审判委员会专职委员的工作职责，加强审判委员会建设，提升审判质效和管理水平，推动审判工作开展。明确要求：审判委员会专职委员全年结案数应不低于案件所属审判庭室法官年平均结案数的20%。

（韩晓冬）

【院长审理运输毒品案】 9月20日，区法院院长蔡慧永担任审判长，会同审判员喻晓敏、人民陪审员赵维刚依法组成合议庭，公开开庭审理一起运输毒品案件并当庭进行宣判。中国法院网、北京法院网、区法院新浪官方微博对该案审理进行了同步图文直播，西城区人大代表旁听了该案审理。

（韩晓冬）

【澳大利亚首席大法官来访】 9月20日，澳大利亚首席大法官罗伯特·弗伦奇一行8人到区法院旁听案件审理并参观座谈。最高人民法院国际合作局副局长孙劲，国际合作局国际合作处处长周玲玲，区法院院长蔡慧永陪同接待。

（韩晓冬）

【第二批入额法官宪法宣誓】 10月13日，区法院在阳光大厅隆重举行2016年第二批38名入额法官及18名人大新任命同志宪法宣誓仪式，院长蔡慧永领誓并发表讲话。

（韩晓冬）

【新闻通报二手房买卖典型案例】 10月20日，区法院召开“西城法院二手房买卖合同纠纷典型案例新闻通报会”。此次发布会选择在“新京八条”出台之后召开，旨在提醒公众了解二手房买卖的十大常见法律风险，切实有效地避免纠纷隐患的发生，保障房产交易的顺畅进行。新华社等中央、市、区级共22名媒体记者到场采访报道。中国法院网、北京法院网及区法院新浪官方微博全程同步图文直播。

（韩晓冬）

【未成年人轻罪记录封存制度】 年内，区法院严格落实未成年人轻罪记录封存制度。刑事诉讼法第275条规定：“犯罪的时候不满十八周岁，被判处五年有期徒刑以下刑罚的，应当对相关犯罪记录予以封存。犯罪记录被封存的，不得向任何单位和个人提供，但司法机关为办案需要或者有关单位根据国家规定进行查询的除外。依法进行查询的单位，应当对被封存的犯罪记录的情况予以保密。”该制度的确立有利于落实对未成年人“教育、感化、挽救”的刑事政策。

（韩晓冬）

【执行综合事务中心】 9月正式成立。中心具有文书集约送达、财产集约查控、司法网拍统一监管、流程节点统一监控、案款监督统一管理等功能。当事人申请执行立案、询问案件进展、提供执行线索、领取执行文书、交领执行案款、申请恢复执行等，均可在该中心完成。中心以“一站式”服务的理念实现人员资源整合、执行流程优化，对服务当事人、提升执行效率、防范执行风险具有重要意义。

（韩晓冬）

【“1＋10”立案综合服务大厅】 “1”是一排立案窗口。“10”是10项便民举措，包括导诉台、大学生志愿者服务基地、心理驿站、人民调解室、立案调解室、诉调对接室、专家解难窗口、法院信息查询终端机、银行代收诉讼费窗口以及自动取款机。

（韩晓冬）

【医疗纠纷“三位一体”解决机制】 区法院推出的医疗纠纷专业解决机制。主要包括：与北京市医调委等共建的医疗纠纷诉调对接机制，医疗纠纷简易程序调处机制和医疗纠纷立案前鉴定制度。三者优势互补、形成一体，共同为化解医疗纠纷、缓和医患关系服务。

（韩晓冬）

【诉前人民调解委员会】 10月，区法院与区司法局联合建立的人民调解组织。该调委会常驻法院办公，现拥有专职调解员42名，主要来源于退休法官、基层骨干调解员、优秀人民陪审员等。同时它是法院与司法局强化合作的重要纽带，司法局可通过其邀请法官指导基层人民调解，可组织基层调解员参加其定期举办的培训课程和调解实践，并定期向其输送优秀调解员。

（韩晓冬）

【“四位一体”大诉服平台】 该平台是区法院优化前端布局，服务人民群众的重要载体。平台以满足群众需求和服务审执工作为导向，实现诉讼服务与纠纷疏导对接，非诉化解与诉讼调解对接，前端化解与后端审判对接，建立诉讼服务、立案登记、诉调对接、小额速裁一体化推进的工作机制，为来院群众提供一站式、一揽子的多元司法服务。

（韩晓冬）

【执行工作新格局】 年内，区法院为解决“执行难”问题，在深入研究执行工作规律基础上，系统调整执行机构设置，形成执行工作新格局。即保留执行局，下设执行一大队、执行二大队和执行指挥办公室。成立执行综合事务中心，与执行指挥办公室合署办公。原执行三庭更名为执行裁判庭，独立于执行局，实现执裁分离，通过执行裁判监督制约执行团队的执行行为。

（韩晓冬）

【院庭长办案“四、一制”】 年内，区法院全面推动院庭长办案工作常态化、制度化、规范化、实效化，实行“四、一制”。其中，“四”是指固定办案指标、固定办案团队、固定办案类型、固定办案要求；“一”是指在年底结案等特定时期，院领导的收案实行动态调整，向完成结案任务难度较大的庭室倾斜。通过实行该制度，区法院院庭长办案数量稳步攀升，充分发挥了院庭长在司法改革和执法办案中的引领示范作用。

（韩晓冬）

【家事审判“冷静期”制度】 年内，区法院就家事审判实行改革，创新建立家事审判“冷静期”制度。在家事案件立案前设置一段冷静期，一般为15天，期间法院会专门安排调解员安抚当事人情绪，做好心理疏导工作，争取化解纠纷。不能达成调解的，及时依法立案。该制度实施以来，成效显著，在法官和调解员的努力下，多起家事纠纷得到圆满化解。

（韩晓冬）

【推出公益宣传片】 中秋前夕，区法院利用新媒体平台推出一部展现家事审判成果和干警队伍风貌的公益宣传片《这个法庭，可以讲情》，旨在引导当事人理性解决家庭纠纷，培育良好社会风尚。

（韩晓冬）

【以审判为中心的诉讼制度改革】 以审判为中心的诉讼制度改革，是司法改革的重大任务之一。年内，区法院在坚持司法机关分工负责、互相配合、互相制约原则的前提下，在诉讼活动中以法院审判为中心，事实认定与法律适用，必须严格遵循法定程序，通过法庭审判进行裁决，确保庭审在保护诉权、认定证据、查明事实、公正裁判中发挥决定性作用。具体包含庭审实质化、贯彻证据裁判和直接言词原则、人权司法保障、刑事速裁机制、认罪认罚从宽制度等方面。

（韩晓冬）

【特大非法买卖野生动物制品案】 区法院审理的一起非法收购、运输、出售珍贵、濒危野生动物制品的犯罪。被告人滕某等6人非法收购、运输、出售象牙等珍贵、濒危野生动物制品，涉案金额1600万元，是截至目前北京市森林公安分局破获的最大案值的此类案件。经审理，区法院判处被告人滕某有期徒刑14年，剥夺政治权利3年，分别判处其他5名被告人有期徒刑13年至3年不等，并处罚金。

（韩晓冬）

【“狼牙山五壮士”名誉权案】 2013年9月9日，洪某在财经网发表《小学课本“狼牙山五壮士”有多处不实》一文，对狼牙山五壮士事迹中的细节提出质疑，试图颠覆“狼牙山五壮士”英雄形象，该文经互联网传播产生较大影响。2015年8月，狼牙山五壮士两名幸存者的后人葛某、宋某分别向区法院提起诉讼，要求被告洪某立即停止侵权、公开道歉。经审理，区法院依法支持原告诉讼请求。该案判决说理充分，有力维护了“狼牙山五壮士”的英雄形象和精神价值，受到中央和市委的高度肯定。

（韩晓冬）

【“挖坑代表案”】　2015年1月，北京德胜门内大街93号门前坍塌，出现长15米、宽5米、深10米的大坑，引发社会各界关注。区检察院以涉嫌重大责任事故罪对涉事业主李某俊、建筑施工队负责人卢某及其雇佣的施工队现场负责人李某提起公诉。因李某俊事发时为徐州市人大代表，曾被授予“引领中国经济发展十大创新典型人物”，故该案被媒体称为“挖坑代表案”。8月19日，区法院经审理，以重大责任事故罪判处李某俊有期徒刑5年，同案卢某、李某一同获刑。

（韩晓冬）

司法行政工作

【概况】　北京市西城区司法局（简称司法局），担负着组织开展法制宣传，人民调解、社区矫正、帮教安置、律师管理、公正管理、法律援助等工作职能。年内，司法局政法专项编制142名，其中局机关67名，街道司法所65名。局机关现有干部64人，工勤人员1人。设有办公室、法制科、法制宣传科、律师行业综合指导科、律师执业监管科、公证工作管理科、基层工作科、社区矫正和帮教安置工作科、法律援助工作科、计财科、信息调研科、政工科、离退休干部科、机关党委等14个科室；另设有职能办公室3个，即西城区法制宣传教育领导小组办公室、西城区综治委特殊人群专项组办公室、西城区综治委社会矛盾多元调解专项组办公室（分设在法宣科、矫正帮教科、基层科内）。下辖15个街道司法所、3家公证处、1个区法律援助中心、1个阳光中途之家。

地址：西城区南菜园街51号

邮编：100054

电话：83975231

（吉丽洁）

【完善公益法律服务体系建设】　年内，司法局开展律师讲师团“以案释法”和“法律服务进楼宇”活动，扎实推进社区法律顾问制度建设，选派干部参与北展地区建设和菜园街棚户区改造指挥部工作。开展法律援助案件质量大回访活动。全年共受理法律援助案件1044件，接听群众来电、来访咨询20381件。强化各公证处的质量和服务水平，加强律师类行政许可业务规范化建设，做好重大敏感案件的协调指导以及敏感期律师行业管理。

（吉丽洁）

【普法依法治理工作】　年内，区司法局在全市率先启动“七五”普法工作，采取立体普法的形式在全区开展“12·4”国家宪法日普法系列活动。加强新媒体技术在普法中的运用，在全市法治动漫微电影作品征集展映活动中荣获优秀作品奖和组织奖。继续落实推进“谁执法谁普法”责任制，将其列入区委、区政府对各单位年度综合指标考核内容。继续推进领导干部、公务员、社区居民和青少年法治宣传教育工作，不断提高普法工作的质量和效果。

（吉丽洁）

【人民调解工作】　年内，全面推进全区社会矛盾化解，不断提高预防和化解社会矛盾的能力与水平。全区各级调解组织共调解矛盾纠纷10784件，调解成功10578件，成功率达98%。制定司法所工作手册和考核方案，全面提升司法所工作质量和服务水平。组织开展人民调解员培训班，圆满完成西城区人民调解员协会换届工作。制定下发《关于完善矛盾纠纷多元化解机制的实施办法》，进一步整合人民调解、行政调解、司法调解联动机制建设，不断提高预防和化解矛盾纠纷的能力水平。

（吉丽洁）

【社区矫正工作和帮教安置工作】　年内，司法局规范程序工作基础台帐，在重点敏感期对涉及重要区域设置电子围栏，加强对社区服刑人员的电子监控。及时做好刑释人员出监后的基本生活保障和过渡性应急救助安置，全区在册列管安置帮教人员帮教率达到100%。与北京市监狱建立结对协作基地，进一步拓宽社区服刑人员集中教育渠道。组织开展社区矫正执法规范化建设活动，提高全区社区矫正执法管理工作规范化水平。全年无重大刑事案件和涉稳事件发生。

（吉丽洁）

【公证工作】　年内，司法局强化各公证处的质量和服务水平，全面加强公证公信力建设。制定工作方案，顺利完成区属三家公证处及其负责人年度考核工作。区属三家公证处共接待办证咨询586418人次，办结公证事项281207件。

（吉丽洁）

【律师管理工作】　年内，司法局认真梳理律师类权力清单及行政审批事项，加强律师类行政许可业务规范化建设。采取多种便捷措施，顺利完成律师事务所年度考核工作。加强法律服务市场的监督管理，加大律师事务所巡查工作力度，对区法院周边的法律服务市场进行了全面清理整顿。扎实做好律师类投诉查处工作，与区律协建立投诉案件沟通会商机制，完善投诉查处流程和投诉转办机制。加大对投诉案件的调处力度，做好重大敏感案件的协调指导及敏感期律师行业管理，维护区域律师行业稳定。组织召开全区律师执业纪律培训会和律师执业规范工作专题研讨会，进一步规范律师执业行为，防范执业风险。

（吉丽洁）

【法律援助及“12348”工作】　年内，加强与相关部门的沟通联系，切实维护困难弱势群体的合法权益。注重对全区涉法问题咨询以及涉法舆情的收集与分析，每月形成全区法律援助动态信息专报，就可能影响我区和谐稳定的案事件提出法律分析意见，为领导决策提供参考。开展2016年法律援助案件质量大回访活动，切实提升全区法律援助办案质量。不断丰富法律援助“互联网＋”的内涵，依托“西城法援”微信订阅号和今日头条号完成法律援助公众服务平台建设，实现法律知识宣传、法律援助咨询、法律援助申请三项功能。2016年，全区共受理法律援助案件1044件，同比增长89%，接听群众来电、来访咨询20381件。

（吉丽洁）

【《西城大妈和那里的政法团队》】 3月3日，西城区人民调解员形象登上微动画《西城大妈和那里的政法团队》。这部说唱版的微动画《西城大妈和那里的政法团队》在网络广泛流传，动画通过萌萌的动漫形象以及酷炫的说唱节奏，展示“西城大妈”和西城政法团队的事迹，西城区人气超高的人民调解员刘跃新老师是片中主角之一。西城区委政法委推出的这部微动画是全国政法系统中第一部音乐MV微动画，通过公众熟知的西城大妈来宣传政法团队，宣传群防群治工作。西城区司法局通过“晨夕法律服务”“西城调解”“西城法援”“北京市西城律协”等公众微信号和西城法宣网、《民主与法制时报》等媒体对微动画进行了宣传。

（吉丽洁）

【举办第六届“司法行政开放日”活动】 5月27日，西城区协助市司法局在普法公园举办了第六届“司法行政在身边”主题开放日活动。活动现场通过有奖竞猜、展板宣传、材料发放等形式，宣传了遗产继承、婚姻家庭等与百姓生活密切相关的法律法规。紧紧围绕“司法行政在身边”主题，集中体现了司法行政工作执法为民、情系百姓、为民谋利、服务发展的根本宗旨，充分展现了西城区司法行政系统广大干警和法律服务工作者以人为本、亲民爱民、公正执法、热情服务的良好职业素养和精神品质。全区各街道司法所也结合自身职能举办了司法行政开放日活动。

（吉丽洁）

【西长安街司法所被授予“全国模范司法所”】 7月7日，司法部召开全国模范司法所及先进集体和先进个人表彰电视电话会议，中共中央政治局委员、中央政法委书记孟建柱，国务委员、中央政法委副书记、公安部部长郭声琨，中央政法委秘书长汪永清，司法部部长吴爱英出席会议。会上，西城区西长安街司法所被授予“全国模范司法所”称号，并在随后召开的座谈会上，由司法所所长康炳森代表先进集体作了发言。

（吉丽洁）

【“七五”普法启动大会召开】 8月24日，西城区召开“六五”普法总结暨“七五”普法启动大会。总结“六五”普法经验，部署“七五”普法工作，进一步明确“七五”普法规划确定的各项任务。北京市司法局副局长孙超美，西城区委副书记、政法委书记、区法制宣传教育领导小组组长王力军，区政协副主席、区法制宣传教育领导小组副组长姜兆春等领导出席大会。区委、区政府各部委办局、各街道主管领导、部门负责人和司法所长共100余人参加会议。

（吉丽洁）

【建立矫正帮教结对协作基地】 11月10日，区司法局与北京市监狱举行矫正帮教结对协作基地揭牌仪式。建立结对协作基地是西城区司法局立足区情实际，对司法行政部门与监所结对协作机制的深化和完善，更是搭建社会力量参与社会治理工作平台，健全社会力量参与安置帮教模式，提高教育改造质量和效果的有益尝试。

（吉丽洁）

【获动漫微电影征集展映活动优秀作品奖和组织奖】 在2016年北京市“遵法、学法、守法、用法”法治动漫微电影征集展映活动中，西城区共报送各类作品20余件，包括微视频、微电影、公益广告、法治动漫、法治漫画等多种类型，共获2个二等奖和3个三等奖。其中团区委选送的《对新型毒品说不》获动画类二等奖；广外街道选送的《青年湖社区》获宣传画类二等奖；区委政法委拍摄的《西城大妈和那里的政法团队》获微视频类三等奖；区司法局拍摄的《一碗炸酱面》和区统计局拍摄的《诚信统计之路》获微电影类三等奖。区司法局获大赛组织奖，并作为组织奖的代表在全市法治动漫微电影征集展映活动颁奖仪式发言。

（吉丽洁）

【开展宪法宣传月活动】 从11月下旬到12月中旬，在为期近一个月的时间里，西城区开展了立体普法活动，全面覆盖领导干部、青少年、公民三大受众人群，通过“一二三四五”立体普法系列活动——即：一次区委理论中心组学习；两期处级以上领导干部依法行政培训班；青少年三大活动，开展模拟法庭、宪法课和第17届西检杯；四大举措即主会场、分会场普法活动，普法回顾展及网络法治竞猜，推进“宪法日”宣传工作；五大联动即以案释法、微电影展演、法律咨询、法律服务进楼宇、广场宣传，深入推进全区“七五”普法工作。12月2日，区法治宣传教育领导小组、区司法局联合牛街街道共同举办题为“弘扬宪法精神建设和谐社会”的普法文艺汇演，聘请央视著名主持人梁艳和相声演员徐德亮为西城区普法宣传形象大使，发挥其作为“公众人物”的作用力和号召力，加大民众对法治宣传的关注度。

（吉丽洁）

【成立诉前人民调解委员会】 12月9日，西城区司法局和区人民法院联合举办“西城区诉前人民调解委员会成立暨培训开班仪式”。区人民法院党组副书记、副院长李艳红，区司法局副局长王爱民，区人民调解员协会会长刘跃新等出席会议。区司法局、区法院立案庭、区人民调解员协会相关人员及40名诉前人民调解员参加会议。会上宣读了诉前人民调解委员会的成立决定和委员会组成人员名单。与会领导为委员会揭牌，并为人民调解员颁发聘书及徽章。成立仪式结束后，诉前人民调解员接受了岗前培训。

（吉丽洁）

公安交通管理

【概况】 北京市公安局公安交通管理局西城交通支队（简称西城交通支队），是本行政区道路交通安全管理的职能部门。支队内设有执勤大队和业务职能部门11个。年内，支队围绕全区各类交通秩序热点、难点问题，铺开各项整治措施。对全区43条停车示范街、6处秩序乱点进行严格管控，落实周六日堵点乱点强化治理措施；先后对故宫北门、牛街、积水潭、什刹海等重点地区攻坚治理，对全区72处占路经营商铺进行了联合整治。加大执法力度，共现场执法29.2万余起，同比上升30.7%；非现场录入120万余起，同比上升20%；处罚四类严重违法18617起，同比上升37.2%；办理醉酒驾驶刑事案件119件，同比上升213.2%；现场处罚违法停车11603起，同比上升95.3%，贴条41万余张，同比上升2.7%；处罚两轮摩托车3270起，同比提升61%；清理道路范围内“僵尸车”1001辆，同比提升204%。针对反恐维稳新形势，制定《首都政治中心区中南海周边交面通管理防控工作方案》《反恐处突管理工作预案》等6件制度细则；对三办、中纪委、武警二院、金融街等地适时调整了专项安保方案；前置摩托车巡逻警力，灵活提升高峰期时段快处能力；拓展反恐实战模拟演训等实战技培训科目。统筹把握区政府缓堵14项任务，配合全区28条道路建设工程，加快推进北新华街南段、嘉祥胡同等地施工审批工作。对黑窑厂街等6条道路实施昼夜单行措施；将儿童医院门前公交车站向北迁移200米，提升了通行效率；优化重点地区交通组织，共调整信号配时284处次，调整单行5处，实施交通优化方案75个，调整增设交通标志225面，护栏1095米，复划交通标线3246.6米。其中创新推出闸市口信号灯黄闪、儿童医院东门LED屏违法停车抓拍措施。畅通汇报、信息共享机制，主动争取区委、区政府主要领导重视，推动采取政府出资购买服务方式，由政府每月投入50余万元雇佣专业清拖力量，配合违停车辆清理；多警协同、多部门联动治理格局初步形成，管界内6处挂账乱点（北京北站、西安门大街、南礼士路、荣丰小区、“三办”地区、荷花市场周边）已完成销账。全年接122报警183470起，其中事故报警66451起，拥堵报警4739起，反映类报警112280起。妥善处置上访、起火、敏感案事件等突发情况共293起。

地址：西城区赵登禹路303号

邮编：100034

电话：88313246

（王怀国）

【缓解交通拥堵】 年内，西城交通支队在区政府的主导下，多警联动、多部门联动，强力开展执法整治，科学实施组织优化，使二环路、金融街等重点地区的交通拥堵取得阶段性成效。与区政府执法部门建立联合执法机制，不断完善综合执法体系，依托春夏平安行动高潮日，每周一个重点开展专项整治，共组织联合专项整治行动150余次，出动各方面执法力量1750余人，共处罚现场违法行为29万笔。

（王怀国）

【深化一区一警机制】 年内，西城交通支队继续深化“一区一警”警务工作机制，加大本行政区社会化宣传力度，强化源头监管，大力推进社会共治，共召开各类专题会议227场次，开展交通安全宣传教育516场次，共发放宣传材料6种8万余份，共排查各类交通安全隐患、问题41处，征集市民意见建议276条。

（王怀国）

【成立危险驾驶刑事组】 5月1日，西城交通支队成立危险驾驶刑事办案组，从办案流程、立案标准、证据认定、法制审核等方面统一规范，专门办理各执勤大队查缉的醉驾等危险驾驶刑事案件。刑事组的成立，执勤大队得以将更多的警力投入到路面管理中，提高了危险驾驶等刑事案件的办案效率和办案质量。全年共办理危险驾驶等刑事案件123件，是上年办理案件的2.8倍。

（王怀国）

【交通安全监管】 年内，检查重点单位4010家，对2283家社会单位及专业运输单位采取限期改正措施，对858家社会单位及专业运输单位采取禁止机动车上路行驶措施，对连续发生严重违法、违法超标的4家专业运输单位采取挂“重大交通安全隐患单位”警示黄牌措施，减少了安全隐患。

（王怀国）

【交通安全宣传】 年内，结合各项活动制作6种不同种类的宣传材料。其中，海报10万册、交通安全宣传手册30万册、交通安全宣传提示单30万册、宣传展板200块、制作交通安全提示牌100块；通过主题班会、交通安全进课堂、参加全市阳光少年交警队会操、组织中小学生到路口参与交通安全实践活动等形式，开展学生群体日常宣传教育，在全市少年交警队会操中，西城区参赛队北京师范大学京师附小（原西四北四条小学）获得第一名。

（王怀国）

【证照办理】 年内，西城交通支队车管站共办理驾驶证换证业务133562人次；办理驾驶证审验27221人次；办理临时号牌47694人次；办理异地验车12968人次；办理电动车上牌照335起；残疾车上牌照140起，办理进京证换办业务226233人次，申领车辆免检合格标办理34724起。

（王怀国）

【交通事故处理】 年内，西城交通支队共处理道路交通事故13840起，去年同期14211起，下降371起。其中，一般程序伤人事故40起（去年同期41起），同比下降2.4%；亡人事故28起，比上年同期13起，增加15起，同比上升115%。侦破逃逸案件10起。

（王怀国）

【道路施工监管】 年内，西城交通支队共审批、报送审批本行政区内道路施工工程296起，其中报上级审批177起，支队自行审批119起；查处违法、违规进行的道路施工10起，罚款共计84000元；参与应急抢险抢修103次。

（王怀国）

【非现场违法处理】 年内，西城交通支队坚持“民意主导警务、警务自主创新”，“规范执法、微笑服务、化解矛盾”的工作思路，积极展现共计处理非现场违法行为176938笔，扣留驾驶证365个，受理涉牌套牌案件480起。

（王怀国）

【交通勤务警卫】 根据安保形势的变化，支队修订完善《西城支队交通警卫工作规范》，对特勤警卫工作基础调研的基础上，细化勤务规格、指挥指导、岗位设置、任务分工、疏导措施等方面工作，固化经验，提升整体作战能力；研究制定了《特勤警卫工作指挥流程》，细化各级勤务工作具体标准，提出勤务五查看五必报，在充分发挥支队二级平台巡检调度作用的同时，进一步强化特勤警卫中的指令发布工作。年内完成全国两会、中央首长出行、外宾来访等交通警卫勤务5472起，出动警力60490人次，处置路面各类突发警情293起。

（王怀国）

【统筹优化静态停车】 年内，西城交通支队为解决群众停车的刚性需求，最大限度挖掘居住区、医院等刚需地区停车位，缩减购物、餐饮、娱乐等非刚需地区路侧停车位，立足群众刚性停车需求，以“供给侧”结构调整，引导“需求端”路径改善，全年对黑窑厂街等9条实施机动车单行单停措施，结合区市政市容委慢行系统建设，取消路侧机动车停车泊位458个，对804个路侧停车泊位及车位编号进行复划，同步安装电子收费视频桩或地磁。

（王怀国）

【规范清拖车辆管理】 年内，西城交通支队依托区政府整合社会清拖力量，先后投入资金550万余元，以政府购买服务的方式，整合社会清拖资源投入对静态交通秩序的整治。同时，支队制定出台《西城支队专业清拖队工作细则》，对社会清拖工作进行规范。社会清拖力量的介入，使区内违法停车现象进一步减少。共拖车7216辆，占城六区支队执法总量的45%，同比提升282.5%。

（王怀国）

【建议提案答复】 年内，西城交通支队共办理区政府转人大建议、政协提案47件，办理交管局转人大建议、政协提案9件，全年共答复群众反映457件。实现提案建议答复率100%、代表委员满意率100%。

（王怀国）

【区领导检查指导工作】 12月18日 西城区委书记卢映川，区委副书记、区长王少峰等区领导，在区有关部门领导的陪同下，到西城交通支队，检查指导于当月16日启动的全市重污染红色预警响应措施落实情况。在支队指挥大厅，支队党委书记、支队长刘保君向区领导详细介绍了支队应对极端雾霾天气的五项具体措施。区领导通过电子显示屏，查看支队路面勤务岗位警力部署情况，仔细听取工作人员的情况汇报。区委书记卢映川对支队采取的各项工作措施给予充分肯定，并代表区委区政府向在雾霾天气中坚守执勤岗位的支队广大民警表示诚挚慰问。

（王怀国）

军　事

武装部工作

【概况】 北京市西城区人民武装部（简称区人武部）受北京卫戍区和中共西城区委、区人民政府双重领导，负责西城区军事工作，是中共西城区委的军事指挥机关，区人民政府的兵役机关。现有现役军人9人、职工18人，为副师级。设部长、政治委员、副部长各1人，下辖军事科、政工科、后勤科。年内，区人武部扎实抓好党的理论武装、日常战备整治、民兵训练演练、国防后备建设、年度征兵任务、民兵执勤维稳、安全保密管理、后勤装备保障等工作。7月，西城区连续第九次获“全国双拥模范城区”称号，实现“九连冠”；8月，西城区获“北京市征兵工作先进单位”。

地址：西城区教子胡同14号

电话：66187322

邮编：100053

（王红光）

【党管武装工作】 区人武部坚持把规范制度、抓好落实作为党管武装一项基础工作来抓，认真落实双重领导、党委议军、现场办公、党政领导过“军事日”等制度。5月23日，西城区召开党管武装工作会议，15个街道工委书记进行了党管武装述职，通报表彰了基层先进单位和个人，进一步激发了各级抓武装、管武装的自觉性。年内，先后组织两批基层人武部长参加了卫戍区统一组织的专武干部集训，干部能力素质全面提升。

（王红光）

【民兵整组工作】 年内，区人武部根据北京卫戍区民兵组织整顿工作通知精神，西城区完成7500人的民兵编组任务，基干民兵组织统一整合为应急、支援和储备3种民兵队伍。应急队伍共编5种分队1205人，其中：1个重点应急营400人、2个普通应急营485人、3个消防灭火分队100人、2个抗震救灾分队120人、2个公路护路分队100人。支援队伍共编有10种分队5407人，其中：防空作战分队1685人、信息作战分队170人、空军勤务保障分队726人、情报侦察分队286人、通信保障分队484人、工程抢修分队238人、防化救援分队296人、交通运输分队240人、卫生勤务分队720人、装备维修分队562人。储备队伍共编3种分队888人，其中：9个作战勤务保障分队383人、4个后勤勤务保障分队254人、4个装备勤务保障分队251人。按照卫戍区要求，西城区组建1支120人的民兵应急分队（第9应急救援分队，隶属北京市应急救援大队），各街道分别组建1支50人快速反应分队，形成区、街道两级民兵常备应急力量体系。

（王红光）

【首支大学生民兵应急连成立】 6月1日，区人武部在北京工商大学成立北京市首支大学生民兵应急连，民兵应急连由125名大学生组成（其中：男队员80人，女队员45人），3名大学教师分别担任连长、指导员和副连长，应急连下设3个男兵排和1个女兵排，16名退伍大学生老兵担任班排骨干。

（王红光）

【军事训练工作】 1月8日至12日，卫戍区组织冬季适应性训练，区人武部部长蔺伟率8名干部职工参加，以徒步与摩托化行军相结合，完成300余公里拉练行程，积极适应严寒气候考验。3月27日和5月15日，区人武部组织部分基层街道武装部长分2批次参加卫戍区统一组织的专武干部集训，围绕新形式下如何开展基层武装工作进行了专题辅导，专武干部综合素质明显提高。5月18日，区人武部组织民兵应急分队训练，20名民兵营（连）干部，100名民兵骨干参加集训，围绕反恐维稳进行收拢与集结、机动与展开、装备器材运用、行动编组及行动方式等展开训练，动用各类车辆11台次，补充阻钉车、束腰叉等装备器材，经过15天的强化训练，全体民兵骨干均通过训练大纲的测试。7月18日，区人武部抽调85名民兵骨干参加了卫戍区高炮训练，通过25天训练，为民兵高炮分队实弹射击奠定基础。10月，区人武部分2批次参加卫戍区人武干部集训。年内，区人武部先后组织900余名基干民兵进行轻武器实弹射，消耗子弹9000余发。

（王红光）

【应急维稳任务】 2月26日，区人武部召开“两会”民兵执勤维稳工作会议，部署年度民兵应急维稳任务。年内，区人武部根据北京卫戍区和西城区委区政府的统一部署，先后组织“两会”“六四”和“十八届六中全会”的民兵应急执勤维稳任务。动用122个民兵单位，9800人次民兵，担负西城区重点区域18处立交桥、25处过街天桥、27处地下通道，共计70处定点守护维稳任务。民兵在执勤中询问盘查可疑人员2000余人次，劝说疏导逗留人员100余人次，有效处置上访、乱挂横幅等极端事件9起，协助公安、城管部门维护公共秩序。

（王红光）

【防汛抢险救灾训练】 6月2日，区人武部针对北京降雨频繁，汛期提前特点，召开驻区部队防汛工作部署会，制定防汛行动预案，补充购置防汛器材。6月下旬，区人武部、区防汛办组织金融街街道民兵防汛分队100人参加防汛抢险救灾训练，确保了防汛队伍应急出动，处置灾情能力。

（王红光）

【国防动员工作】 2月7日，区国防动员委员会下发《关于调整区国防动员委员会组成人员及办事机构的通知》，调整后，区国防动员委员会组成人员共32人，成员单位20个，下设7个办公室。年内，根据北京市国动委指示要求，区人武部、区民防局、区市政管委和区发改委等单位，围绕军事斗争准备需要，修改完善战时国防动员行动预案和保障计划，勘察战时人口疏散地和疏散路线，建立了数据准、内容全、反应快的数据库。年内，区人武部完成了国防潜力调查，统计调查预备役军官320人，预备役士兵260人，军事对口专业技术人员20人。

（王红光）

【征兵工作】 年内，西城区按照北京市征兵工作的要求，区人武部组织召开了动员、总结、部署会，制定具体实施方案，实际上站体检人数712人，共征集兵员309人（男兵295人、女兵14人），其中：中国人民解放军222人，中国人民武装警察部队87人，大专以上文化程度260人占新兵总人数84.1%，高中（含职高、中技、中专）49人，党员15人，团员246人。

（王红光）

【征兵宣传教育工作】 年内，西城区征兵宣传教育工作广泛深入，以公园为依托，开展国防教育和政策宣传；各高校组织学生社团召开座谈会、退役大学生报告会、国防教育知识竞赛开展征兵宣传教育。联合区委宣传部、区政府办、各高校利用宣传橱窗、区域电子屏、全国征兵网、政务网、校园网，利用QQ群、微博、微信等平台发布征兵政策法规，回答咨询问题。街道和高校开展征兵宣传周、宣传日、新兵欢送会等活动。全区共印制下发征兵宣传教育材料15万余份、张贴征兵公告4万余张、悬挂横幅300余幅，制作墙（板）报1000余块。

（王红光）

【义务兵优抚政策】 6月2日，西城区征兵办发布《调整完善义务兵优抚政策》通知。从西城区入伍的义务兵，本科生标准不低于23.31万元、专科生标准不低于22.51万元、高中生标准不低于20.11万元，此标准包含北京市规定每人每年2.81万元优待金，且每年定期增长；西城区规定在义务兵服役期间，对家庭实施每人每月1600元家庭补助；自主就业经济补助6.6万元（北京市标准为5.6万元）；学费资助本专科生每人每年最高不超过8000元、研究生每人每年最高不超过1.2万元。大学生退役后，在参加北京市和区属公务员、事业单位、国有企业、非公经济组织分别按10%、15%、15%、10%比例进行定向考录和招聘。对高校每征集1名大学生给予6000元学杂费补助金和2万元征兵奖励。

（王红光）

【国防教育宣传】　4月8日，区人武部将国防教育和征兵宣传活动在区属各大公园全面推广，宣传分为“改革强军”“走进军营”“军营风采”等5大板块，通过公园橱窗展板、LED屏展示军委机关机构调整改革、军队现代化建设成就、军兵种官兵抓备战谋打赢风采、征兵宣传用语等，6月，围绕纪念中国共产党成立95周年、红军长征胜利80周年，组织区属单位参观展览，举行主题报告会和专题展出。街道举办知识竞赛，开展“心系国防”读书征文活动，20支驻区部队选派27个代表队共计81名选手参与竞赛。9月27日，西城区四套班子领导赴中央警卫团固安训练基地，参加“军营一日”活动；30日，西城区四套班子领导、驻区部队、中小学生、群众代表300余人在陶然亭公园高君宇烈士墓前举行公祭活动。组织4000余名中小学生参观部队军史馆，观看官兵训练，接受国防教育；坚持把订刊用刊作为引导全民关心关注国防的重要宣传方式，为党政机关、所有民兵单位、中小学校征订了《解放军报》《中国国防报》《国防教育》《中国民兵》等7种报刊杂志。

（王红光）

【双拥创建工作】　1月22日，西城区召开议军会议，围绕国防和军队改革驻区部队需求，提出支持改革、服务部队的5项举措，确定了双拥牵头部队。1月29日，西城区召开春节军政座谈会，军地200余人参加会议，会上进行了牵头部队交接仪式和“帮困助残送温暖”捐赠活动。4月7日，西城区召开双拥工作会议，部署双拥创建任务，打造争创双拥模范区“九连冠”的目标体系。5月20日，全国双拥工作领导小组到西城区督导双拥创建工作，深入社区调研随军家属“社工”招聘现场。7月26日至28日，西城区四套班子领导走访慰问驻区部队，为官兵送去节日祝福，赠送慰问金280万元。7月29日，区委书记卢映川及部分双拥工作代表出席在京西宾馆召开的全国双拥模范城（县）命名表彰大会，西城区连续第九次获全国双拥模范区称号，实现了“九连冠”目标，卢映川受到了习近平总书记、李克强总理的接见。

（王红光）

【拥军优属】　年内，西城区投入1200万元帮助驻区部队改造营区、完善文化设施建设。筹措1000万元支持武警部队处突维稳战备值班建设；激励官兵投身强军实践，投入30余万元奖励优秀官兵135名，救助家庭困难官兵224名；深化节日双拥，开展爱心献功臣、送书进军营、文艺演出、军民联欢等活动，“八一”期间，召开各种类型座谈会40余个，举办文艺演出30余场，为官兵赠送电脑电视机50台、图书1万余册、文体器材和视听设备200多件；基层共建持续活跃，西城区设有155个共建社区、206个共建点、23个双拥品牌，其中“穿军装的居委会主任”品牌历经23年巩固发展。破解实事拥军，解决官兵后顾之忧，全年接收安置军转干部96名；接收退役士兵337名，20名安置事业单位岗位；接收随军家属163名，动员35家企事业单位提供170余个岗位，63名随军家属落实安置，发放安置补助、奖励金716万元；为282名军人子女办理入学升学，其中169名小升初、113名幼升小、优质校100%、部队满意率100%。

（王红光）

【拥政爱民】　年内，区人武部协调驻区部队，形成“一线两组两队”服务机制，10条便民热线，128个学雷锋小组、887个帮扶空巢老人小组、52支便民服务队、13支军民抗灾救灾队伍在社区、街头开展活动，为驻地群众提供服务；连续十一年开展“帮困助残送温暖”活动，部队筹资35万余元，慰问750户困难居民家庭；积极参加“提升城市品质，共建美丽西城”大讨论，1340名官兵参与调查问卷，2个单位提出建设性意见；军事医疗机构坚持为教师免费体检；邀请区、街道领导班子参加“军营一日”活动；25个基层部队为驻地中小学开展德育、美育、体育特色教育，赠送图书8000余册，选派优秀官兵参加军训，军训中小学生4000余人次；投入万余人次参加环境整治、绿化美化、铲冰扫雪等活动。

（王红光）

【预备役登统计工作】　10月31日，卫戍区组织2016年北京市军队转业干部集中办理预备役登统记工作，区人武部登记安置西城区军队转业干部117名。至年底，统计登记转业预备役军官558名，其中：转业安置驻西城区国家机关企事业单位123人、北京市属机关企事业单位172人，转业安置西城区政府机关企事业单位96人，选择自主择业军官167人。

（王红光）

【军校考生政治审查】　6月6日，区人武部部署军校考生政治审查工作，组织召开由区属高招委、公安分局等部门参加的军校考生政治审查工作协调会，研究政治审查程序、方法，明确政治审查内容、标准和完成任务时限以及情况处置方案；区人武部严格政治审查工作标准，把好军校考生政审质量关，全区165名考生通过政治审查。

（王红光）

【人大换届选举】　9月，区人武部走访调查驻区部队，通报西城区换届选举工作情况，驻区部队划分为10个选区，每个选区设立1个代表名额。10月，驻区部队10个选区25个单位，共登记选民11339名，其中，男选民10160名、女选民1179名。11月，选举产生了10名驻区部队人大代表。

（王红光）

【后装保障管理】　区人武部坚持党委集体理财，严格落实各项财经纪律，加强经费管理、使用、审批、结算和监督，消除资金管理安全隐患，确保各项经费保障到位。4月，区人武部按照卫戍区“一册三卡”标准对各库室进行了规范配套建设，配合区政府服务中心完成了资产清查核对工作。9月8日，中央军委后勤保障部对西城区新兵被装发放工作进行专项检查，现场为20名入伍新疆新兵服装进行了清点、试穿，新兵服装尺寸合适，服装发放井然有序。年内，完成了两批次共26名退休、转业干部士官的住房资金申请工作。

（王红光）

双拥共建工作

【概况】 年内，西城区双拥工作在加快经济社会发展和国防、军队改革的新形势下，坚持以习近平总书记系列重要讲话精神为指导，认真贯彻全国双拥模范城（县）命名表彰大会精神，以第九次荣获全国双拥模范区为新起点，认真组织双拥宣传和国防教育，双拥文化活动精彩纷呈，“双拥在基层”活动持续深入，典型宣传和品牌建设扎实有效，优抚安置政策全面落实，拥政爱民工作扎实推进，年内投入双拥经费5700多万元，区域创建品质进一步提升，军政军民关系融合，有力促进了区域经济社会发展和部队战斗力提高。

地址：西城区西单北大街西斜街82号
邮编：100032
电话：66124993

（赵　晟）

【第九次获全国双拥模范城（县）荣誉称号】 2016年是西城区争创全国双拥模范城（县）九连冠的收官之年。在区委区政府的正确领导下，全区社会各界历经4年的不懈努力，在北京市双拥考评中名列前茅。5月20日，全国双拥工作领导小组领导、全国双拥工作领导小组成员兼办公室副主任、军委政治工作部群众工作局局长李辉带调研督导组到西城区调研督导双拥创建工作。督导组分别到什刹海街道、西长安街义达里社区进行现场调研，查看了西城区随军家属“社工”招聘报名现场，召开了督导座谈会，督导组对西城区双拥创建工作给予高度评价。7月29日，区委书记卢映川及部分双拥工作代表出席在京西宾馆召开的全国双拥模范城（县）命名表彰大会。西城区连续第九次获全国双拥模范城称号，实现“九连冠”目标。卢映川书记受到习近平总书记、李克强总理的接见。7月31日，全国双拥办组织全国双拥模范代表50余人赴什刹海街道参观，在听取街道工作汇报、观看双拥现场后，各位代表对西城区的双拥工作给予了高度评价。8月25日，区双拥办协调组织有关领导和干部群众代表参加北京市召开的双拥模范城暨双拥模范单位和个人命名表彰大会。

（赵　晟）

【普及全民国防教育】 依据《国防法》，积极开展以爱国主义为核心的教育及实践活动，认真学习贯彻习总书记在纪念红军长征胜利80周年大会上的重要讲话，以及在接见全国双拥模范代表时的重要讲话精神。各级班子成员和领导干部带头参加红色公祭，军营一日、军事日等活动。9月下旬，区领导及处以上干部赴中央警卫团固安训练基地，开展“军营一日”活动，通过活动加深全体参训人员国防教育观念。全区各中小学深入开展国防教育进课堂活动，组织4千余名中小学生走入军营，现场接受国防教育。围绕纪念中国共产党成立95周年、纪念红军长征胜利80周年等重大主题，各单位相继组织了参观，主题报告会和专题展出；有关街道举办知识竞赛、开展“心系国防”读书征文活动；双拥办和区第一图书馆联合组织驻区部队知识竞赛，20支部队选派27个代表共计81名选手参与竞赛。推进教育基地、场所和示范点建设。新建改建了一批教育场所，继续推进柳荫街、马连道、白广路等双拥特色街的建设，部分街道建立了国防教育信息平台，实现了教育场所的全覆盖。广泛利用新闻媒体、网络微信、街区公益广告、社区宣传栏等传播工具，深入进行国防教育和双拥宣传，进一步激发干部群众知国防、强使命的双拥工作热情。

（赵　晟）

【健全完善机制】 在认真贯彻2016年全国双拥模范城（县）命名表彰大会的新部署新要求、积极适应改革强军发展的新形势下，根据区委决定，9月下旬，区双拥工作运行机制进行调整，侯雅彬出任双拥办主任，在区民政局党组领导下开展工作。新领导班子结合实际，强调了两个方面的机制建设，一是立足当前，紧密结合“两学一做”活动，健全双拥办机关各项规章制度，围绕强化四个意识，加强业务管理，完善正规的办公秩序，通过双拥办办公机制的调整，确保全区361个共建社区和共建点基础牢固，活动经常。二是筹划2017年双拥机制建设工作，立足西城建设大局，结合双拥创建实践，注重自身建设，在深化思想教育、提高能力素质、改进工作作风、加强业务管理、规范办公秩序等方面下功夫。

（赵　晟）

【拥军工作】 紧随国防和军队改革进程，制定并落实了支持部队改革的5条举措。与军委有关部门建立了共建关系，制定了共建计划与措施。调整区双拥共建领导机构，完善组织设置，确保了双拥工作的连续性。继续打造以政府为主、社会为辅、社区居民为依托的拥军体系。筹措2200多万元，支持武警六支队、七支队战备值班、处突维稳建设，用于慰问部队、帮助改造营区、完善文化设施等建设项目。奖励优秀官兵135名，救助家庭困难官兵224名。挖掘社会资源，积极协调区域内中央和市属企事业单位、“两新组织”、慈善机构积极参与拥军和慰问活动。借助传统节日，深入开展实事拥军活动。元旦春节期间，区委区政府召开军政座谈会，举办文艺演出，走访慰问驻区部队，赠送慰问金和慰问品。围绕纪念建军89周年，区四套班子领导组成4个慰问组，慰问驻区部队，赠送慰问金、慰问品。双拥办和文委举办专场演出，慰问驻区部队和优抚对象。各街道节前召开专题会议，做出具体安排，分组走访慰问驻街部队和优抚对象。“八一”期间，全区共召开各种类型的座谈会40余个，组织各个层次的文艺演出30多场。

（赵　晟）

【军民融合发展】 认真学习习近平总书记关于军民融合深度发展的战略思想，采取积极举措，推动融合发展，走出了一条思想发动、典型示范、政策激励、协调帮扶的新路子。区政府与武警二师的共建关系得到巩固和发展。有关部门积极协调，帮助武警部队与华天集团、地方驾校、演艺单位建立人才培养项目。各街道协调有关单位和基层部队签订人才培养协议，每年为部队培养千余名军地两用人才。8月上旬至年底，区双拥系统认真学习贯彻习近平总书记在接见全国双拥模范代表时的重要讲话，学习贯彻李克强总理的重要讲话。专门下发通知，对学习贯彻做出具体部署，提出明确要求，引导干部群众深刻理解讲话精神，进一步明确双拥工作的本质属性和地位作用，不断增强开展工作的责任感和自觉性。

（赵　晟）

【繁荣双拥文化】 全力推进文化双拥的常态化。发挥资源优势，突出双拥的文化特色，不断强化军地文化互动、文化交流和文化共建。以弘扬强军文化、传承传统文化、体验非遗文化为主线，举办双拥文化大讲堂和文史论坛；利用传统节日和重要纪念活动，组织双拥艺术团巡回演出；协调区域专家学者，持续开展送先进文化进军营活动；落实“地方一日”制度，组织部队领导及工作人员参观月坛雅集，帮助了解西城建设成就，分享文化成果。各街道打造文化双拥常态化机制，形成了诸多特色鲜明的文化拥军体系。德胜街道开展“军民共建鱼水情，德邻共治享和谐”系列活动，累计举办20场相关活动，投入经费近30万元，惠及官兵300余人次。什刹海街道组织军地知识竞赛、开展“同心杯”棋类球类比赛；新街口街道创立“军民共融乐”文化活动项目；大栅栏街举办胡同文化节；广外、月坛、展览路等街道组织参观、浏览活动；区第一图书馆组织驻区部队知识竞赛、参观名胜等作法，都取得了较好效果。以部队自建、地方帮建和军民共建为途径，建设军营先进文化。设立军营读书季、征文月，开展评选年度读书榜样活动，2万余名官兵参与军营阅读。组织第二届“融合杯”驻区部队棋牌比赛，56支部队近千名官兵参加预赛，113名选手参加全区统一组织的决赛。为加强基层部队文化设施建设，双拥办根据不同需求，先后为官兵赠发电脑、电视机50台、图书1万余册、文体器材和视听设备200余件。

（赵　晟）

【基层双拥创新发展】 各街道以“双拥在基层”活动为载体，围绕党的建设、文化工作、街区安全、拥军惠民和各类公益事业，广泛开展共建活动。双拥月、党建周、结军亲、连心助老、翰墨情系军营等共建形式丰富多彩。什刹海街道年投入经费69万元，帮助驻街部队解决困难及开展共建活动。西长安街街道注重强化“红墙”意识，推动基层双拥的健康发展。牛街街道围绕民族团结开展双拥工作，建立了特色鲜明的推进举措和活动体系。天桥、大栅栏等街道注重完善五共体系，形成了军民共建、共办、共创、共保、共促的常态化格局。大力推进一街一品建设，积极发挥品牌示范作用。什刹海、西长安街、展览路、陶然亭等街道深入开展双拥“五好”评选表彰活动，总计表彰131名优秀士兵、“最美军嫂”、好家长、好领导以及优秀退伍军人。义达里社区“穿军装的居委会主任”品牌，33年历久弥新。区第一图书馆不断强化流动图书车功能，服务质量进一步提高，马连道双拥一条街建设得到新的加强。全区23个双拥品牌影响广泛，充满活力，北有柳荫街、南有马连道、城郊有国防教育中心、城区有示范单位的品牌格局不断巩固发展。

（赵　晟）

【落实优抚安置政策】 为切实解决官兵的后顾之忧，区委组织部、区民政、人保局创新思路，采取提高培训质量，疏通安置渠道，提供个性化服务等措施，强化了安置的有效性。全区接收军转干部96名，全部予以妥善安置；接收退役士兵337名，招考录用20名事业编人员，放补助款1757余万元。接收随军家属163人，依托专场招聘，动员35家企事业单位提供了170余个岗位，组织200名随军家属参加区属事业单位的公开招聘，帮助14人实现了就业愿望。发放安置补助及奖励费用461.95万元，对16个单位发放奖励费近26.95万元。各街道克服困难，挖掘潜力，为接收安置退役军人和军嫂做出了贡献。发挥区域教育资源优势，深入探索教育拥军新路子。继续推进政策保障性改革举措，配合区教委圆满完成了282名军人子女入学升学的报名、审核及录取任务，169名小升初、113名幼升小学生全被优质校录取，实现了驻区部队军人子女进优质校100%、部队满意率100%。

（赵　晟）

【拥政爱民工作】 实施爱民助民惠民工程，驻区部队全力服务大局，共建美好西城。在党和国家历次重要会议、重大活动中，军警民齐心携力、联防联治，出色完成了安全保障任务。建立并不断完善处置突发事件的长效机制，构筑了维护首善之区社会安全稳定的铜墙铁壁。心系人民群众，构筑爱民助民惠民工程，有效形成并不断完善“一线两组两队”服务机制，10条便民热线比较活跃，128个学雷锋小组、887个帮扶空巢老人小组、52支便民服务队、13支军民抗灾救灾队伍定期在社区、街头开展活动，为驻地群众提供服务。连续十年开展“帮困助残送温暖”活动，全年部队筹资37.5万元，为750户困难家庭送去子弟兵的深情厚意。中央军委驻西城各有关部门和火箭兵部队十分关心西城建设和双拥创建工作，经常进言献策，提供多方面支持。积极参加“提升城市品质，共建美丽西城”大讨论，4800名官兵参与调查问卷，4个单位提出了建设性意见。军事医疗机构坚持为教师免费体检，25个基层部队同驻地中小学开展德育、美育、体育特色教育，赠送图书8千余册。有关部队选派优秀官兵参与军训，累计军训学生4千余人次。西城区每次组织环境整治、绿化美化、铲冰扫雪等公益活动，驻区部队都率先行动，全力以赴，年度投入兵力达万余人次。

（赵　晟）

民防工作

【概况】 西城区民防局（简称区民防局）是西城区国防动员委员会的常设办事机构和区政府人民防空工作主管部门，承担西城区人民防空、公共安全宣传教育职能。年内，民防工作突出抓好思想政治建设、安全稳定、依法行政、组织和干部队伍建设，认真落实中央“八项规定”，落实廉政建设责任制和廉洁自律各项规定，深入推进组织指挥、城市防护、宣传教育“三大体系”建设和防震减灾工作，求真务实，开拓创新，完成了年度各项工作任务。

地址：西城区西单横二条2号华恒大厦4层

邮编：100031

电话：88064999

（李显臣）

【应急指挥体系基础建设】 年内，完成“125W短波电台”的安装调试，为民防应急处置提供硬件保障。对808指挥所进行了内部改造及安防系统更新，完成B4-808指挥所光缆联通工程。对全区范围内防空警报器进行加电测试，对故障警报器进行了维修。对民防应急物资储备库进行了维护及清整，现储备物资77类、3千余件（套）及9类77种民防应急救援装备。组织应急培训共计119天；应急指挥车值勤、备勤值班共计24天。

（李显臣）

【防空防灾公共安全宣传教育】 年内，区民防局利用天外天地下空间，新建一处非遗和青少年教育基地。以区宣教基地为主力，各街道宣教场所为补充的民防宣教格局，全年教育基地接待2.3万余人。充分利用媒体加大宣传报道，利用区科协在全区建立的9处全媒体科普视窗平台，播放民防宣传内容；以“5·12防灾减灾日”为载体，联合区民政局、区应急办、区教委、区体育局等部门，在广安体育中心承办了“减少灾害风险、建设安全城市”主题宣传活动。区相关委办局、全区15个街道办事处、北京市第四十四中学、什刹海街道和白纸坊街道社区紧急救援员、西城区合力减灾服务中心等社会组织、社区居民共计1500余人参加了活动，发放各类宣传资料和宣传品15万余册（件）。全年累计刊登网站信息335条，在《西城报》刊发民防工作动态10篇，在《北京民防》杂志发表稿件6篇，照片26张。向市地震局上报防震减灾工作信息52条、刊载49条。万寿公园宣教基地被北京市科委、科协授予北京市科普基地。

（李显臣）

【人防工程综合整治工作】 年内，根据2016年综合整治工作方案，继续稳步推进人防工程综合整治工作。共下发限期清空居住人员通知书168份，检查人防地下室近2000处次，清空住人人防工程43处，建筑面积32676平方米，拆除隔断房间1320间，清理租住人员5520余人，取得预期效果。将清理整治出的工程，突出公益便民的主导地位，优先提供给街道办事处用于应急物资库或社区活动场所，提供了6处工程作为区人力社保局档案仓库使用。

（李显臣）

【安全监管和专项治理工作】 年内，把安全管理工作摆在突出位置，采取层层签订安全管理责任书、分组分片包干的方法，加强日常安全检查和专项治理。将区民防局督查与街道民防科巡查有机结合，结合人防工程综合整治工作，7个督查组，协助、指导街道开展日常安全管理工作。点面结合，加强联动，严格执法。全年共检查人防地下室1897处次，执法约谈42处。

（李显臣）

【人防工程维护维修工作】 年内，制定了《西城区2016年人防工程治理、维护维修计划》，完成早期工程治理、防空地下室维护维修、工程抢险、回填等任务。共完成早期人防工程治理回填20处，面积4092.911平方米；抢险治理20余处；防空地下室维护维修12处，面积达44472平方米；共投入资金700余万元。

（李显臣）

【人防工程建设管理工作】 年内，共办理人防工程行政许可事项53件，办理人防工程竣工验收备案4件，建筑面积17250平方米。办理人防工程拆除许可1件。以规范完善的新合同约束使用单位依法安全使用人防工程，新签合同4份，续签合同38份，收取人防工程使用费532万元。

（李显臣）

【人防工程防汛工作】 年内，修订了人防工程防汛应急预案；调整了西城区人防工程防汛指挥部成员，明确了各部门职责；制定了安全迎汛工作方案；召开了人防工程防汛工作动员部署会，对全区人防工程进行了汛前拉网式排查，完善了工程台账信息。提前筹备防汛工作物品，并对人防工程防汛设施逐一点验检查，对抢险设备维护、补充，组织了防汛演练。按照“有雨无雨按有雨准备，大雨小雨按大雨准备”的防汛工作原则，完善了防汛预案，确定了4支抢险队伍，队员40人，储备发电机4台、水泵22台、呼吸机3台、充气泵1台、电缆盘8个、水龙带19盘、膨胀沙袋900个、编织袋3100条等抢险物资、器材。按照区防汛办要求，在展览路街道组织2016年西城区人防工程防汛演练，演练内容包括：人员疏散、现场指挥部成立、队伍集结、器材调运、抢险排险等方面。入汛后，强化了应急值守、情况报告等制度，确保人防工程安全度汛。

（李显臣）

【人民防空训练工作】 年内，按照《2016年度西城区民防局训练工作计划》和《2016年西城区民防专业队训练计划》对全体人员进行了培训，全年落实训练计划累计完成1675学时，其中，基础训练共计

336学时；专业训练共计1247学时；人防工程防汛演练、早期人防工程防汛应急排险演练、人防工程应急演练4学时、应急车跨区拉动演练、人防使用工程消防演练、京津冀通信演练、人民防空疏散与掩蔽演练等综合训练92学时。

（李显臣）

【应急培训和演练工作】 年内，开展了指挥通信、民防专业队应急训练工作、民防特种救援分队等各类业务培训；联合通州区民防局以掌握应急救援装备实际操作技能为重点，举办了民防应急救援培训和水上应急救援培训；参加了市民防局组织的"京津冀民防通信联合演练"6次，跨区拉动演练1次。11月10日至11日在房山区张坊镇拒马河畔组织了人口疏散综合演练，主要包括任务部署、组织开进、通信联络、指挥所开设、防汛处置、宣传站开设、应急救援等7个内容。

（李显臣）

【防灾减灾日主题宣传活动】 5月12日，由民防局承办的"全国第八个防灾减灾日"主题宣传活动中，进行了指挥通信装备的815D应急指挥通信车视频会议系统、154A电台、3G单兵设备的演示；防空警报装备的拖车警报器、移动警报车和便携式警报器的演示；应急救援装备的液压破拆工具组、无齿锯、链锯、全方位升降工作灯的演示。演练协调了区相关委办局、15个街道办事处、北京市第四十四中学及街道社区紧急救援员人员等1500余人参加活动。

（李显臣）

【公共安全志愿者队伍建设】 年内，整合民防志愿者队伍，积极组织民防志愿者开展演练和日常活动，通过整合、梳理，在册民防志愿者共960余人，每年利用专项经费40万为部分志愿者配置装备和应急救援工具，积极组织民防志愿者队伍开展技能训练和体能训练，累计培训志愿者1000余人次。通过对街道志愿者情况进行走访调研，了解掌握街道志愿者队伍动态，登记梳理各街道志愿者信息。开展志愿者体能训练，为志愿者配置应急救援装备。市局领导和有关项目组专家实地考察展览路街道新华里社区、椿树街道椿树园社区情况，创建民防示范社区。

（李显臣）

【民防法制体系建设】 严格按照《政府信息公开条例》规定的内容、程序和方式，及时、准确地梳理民防行政处罚权。年内，共审理外签合同67份，确保了外签合同的合法有效。参加的3份行政执法案卷均在评查工作中被评为优秀卷。在执法检查中发现的违法问题，除对使用单位进行批评教育或责令限期整改以外，还分别对问题严重，且屡教不改的9家使用单位实施了行政处罚。共罚款15.8万元，被处罚的9家使用单位，均未出现一起行政诉讼和行政复议，确保了人防法律法规有效贯彻实施。

（李显臣）

【防震减灾工作】 年内，召开了西城区防震减灾领导小组会议，建立了区防震减灾领导小组成员单位联络员队伍，组织相关人员赴河北省廊坊市学习交流防震减灾工作。椿树街道椿树园社区被评为国家地震安全示范社区，积极推进安全社区和科普示范学校创建工作，完成了北京市第七中学、西城区顺城街第一小学、西城区新世纪实验小学创建市级防震减灾科普示范学校相关工作。联合区教委、区科信委开展了中学生防震减灾知识竞赛竞赛，北京市第156中学代表西城区参加北京市中学生防震减灾知识竞赛决赛，获初中组二等奖、高中组三等奖。举办了"微信科普进社区"活动，组织展览路街道21个社区通过"地震三点通"、"科普中国"微信公众号，积极参与防震减灾科普知识有奖竞赛。全年共发放防震减灾宣传品9种、12.36万册。向市地震局上报防震减灾工作信息52条、刊载49条。启动了全区地震应急资源普查工作，已完成了对7个街道的105处，共789238平方米应急避难场所的调查工作。编制了全区8个地震应急避难场所安置预案；分两批次对全区280名地震灾情速报员进行了培训；指导社区、中小学开展了地震应急演练；加强地震设施维护管理。定期对全区8处强震仪进行安全检查，确保地震监测设施始终处于良好状态。

（李显臣）

武警第六支队

【概况】 中国人民武装警察部队北京市总队二师第六支队，前身是保卫中国工农红军前委的3个警卫连之一，组建于井冈山时期。1942年10月20日改编为中央警备团，1983年2月改编为中国人民武装警察部队北京市总队第一支队，1995年7月，改称为武警北京市第一总队第一支队。1999年2月，武警北京市第一、二总队合编为北京市总队，支队番号改为武警北京市总队二师第一支队，隶属武警北京总队第二师领导。2014年3月，支队番号改为武警北京市总队二师第六支队，隶属武警北京总队第二师领导。支队下设5个建制大队、25个建制中队和司、政、后机关及2个直属单位。年内，我们认真贯彻习主席重大战略思想，按照总队、师党委总体思路，紧盯"饭碗工程"和"帽子工程"，坚持稳中求进，突出整风整改，着力夯实基础，实现了"两个确保"，支队被总队评为"基层建设先进支队"。

地址：西城区南礼士路5号院
邮编：100037
电话：52824124

（周政扬）

【支队政治建设】 年内，武警第六支队牢牢抓住政治建队这条生命线，把保卫党中央、保卫习主席安全作为官兵最高的政治荣誉，首位首抓，确保绝对。设立理论学习日、编印口袋书，建立对抗竞赛、量化考评、奖惩兑现等机制，强力推进"三如""双先"活动，督导官兵原汁原味学习习主席系列重要讲话，掌握基本观点、基本思想、基本要求。深入开展"两学一做"学习教育，党委支部凝聚力公信力增强。纵深推进风气整治，严惩官兵身边“微腐败”，基层风气逐步纯正。基层内涵底蕴在按纲抓建中不断厚实。推动强军目标落地生根，运用挂钩帮带机制捆绑建队，“三帮一提高”活动有效落实，基层自建能力提升很快，全面建设齐头并进。支队被总队评为“基层建设先进支队”，五大队被总队评为“标兵大队”，五、六、十四、十八、二十一中队被师评为“先进中队”，二、十三、二十五中队注重经常，精准抓建，进入先进行列。

（周政扬）

【思想政治工作】　年内，武警第六支队在思想政治教育铸魂育人中得到加强。深化习主席系列重要讲话学习，压茬推进精锐之师系列教育，全面彻底肃清流毒影响，扎实做好经常性思想工作，跟进做好任务中政治工作，推进政治环境和政工信息化建设，官兵看齐追随思想根基更加牢固。利用“身边人谈身边事”等载体，开展“十二观”随机教育，灌输立身做人道理。引导官兵自觉把个人梦融入中国梦、强军梦、精锐梦，用大梦照亮小梦，让小梦助推大梦。积极发挥“六小阵地”作用，用教育讲台交流强军报国心得、用警营广播传播强军报国之声、用演艺唱响强军报国战歌，让领袖讲话、英模人物、队史队魂进入宣传栏、灯箱、LED屏等，使官兵在潜移默化、耳闻目染中修枝剪叶，争当“四有”军人的价值追求更加坚定。支队“双先”活动经验被总队推广。十九中队副中队长孙茂建被武警北京总队评为“精锐力量先进典型”。拓展两用人才培训途径，149人取得驾驶证，28人取得厨师等级证书。

（周政扬）

【执勤维稳任务】　年内，执勤维稳任务在整体联动中圆满完成。党委坚持中心居中，把中心工作当作“饭碗工程”“锅底工程”“主官工程”，叫响“决不允许有闪失、决不允许吃后悔药、决不允许作检讨”的基准线。遇有重大任务时党委常委齐上阵，分片包段，分区督导。坚持问题导向，采取拉动检验、红蓝对抗、明察暗访和风险评估等方法，主动暴露问题，着力查找短板。狠抓规范化执勤，落实常态化战备，加强社会面巡控，保卫目标绝对安全，2000余起重大临时勤务完成圆满，186起突发情况从容应对。特别是涉军集访发现及时、处置稳妥，彰显了政治中心区部队使命价值。支队被总队评为“先进执勤支队”。支队长梁黔生被武警部队表彰为“维稳先进个人”。

（周政扬）

【核心军事能力】　年内，核心军事能力在演训牵引中明显提升。针对场地受限和时间难保证的实际，研究落实军事训练“八落实”的办法，广泛开展“五小练兵”“五小教育”和基础体能达标竞赛活动，利用在队训练、勤训轮换等狠抓实战化条件下的专勤专训、专哨专训，特别是哨兵一招制敌训练。按照实战化标准组织专项集训、勤训轮换、“魔鬼周”训练、首长机关指挥要素演训，不断提升部队核心军事能力。支队被总队评为“军事训练先进执勤支队”。特勤排“利刃”比武竞赛获总队冠军，机动中队比武考核全师第一，新兵营昼夜间射击考核全师第一并被总队评为新兵教育训练先进单位，体能尖子集训队比武全师第二，警务参谋葛磊被武警部队评为“优秀教练员”。

（周政扬）

【安全发展基础】　年内，安全发展基础在综合治理中持续加固。强化底线思维，树牢“安全靠建设”的理念，积极打好安全稳定主动仗、攻坚仗、整体仗。划清五个大队、司政后机关、农场、教导队以及人员、勤务、车辆、枪弹、财物为重点的责任边界，确保全员全域覆盖，不留死角。建立和完善分析预测机制，突出人车枪弹酒、小散远直弱和在外人员管控，支队每月召开思想安全形势分析会，每月下发《安全形势分析预测及防范对策》和《队史箴录》，基层每天开展“三互”活动，每周二晚上召开思想安全形势分析会，定期搞好安全警示教育。全面落实安全工作“八个规范”，稳妥推进智能手机进军营工作，突出管理重点，抓实管严核心关键人员，深入开展枪弹管理、内部关系、预防自杀等隐患排查治理。政治考核严格，挖雷排险及时，“三查一退”彻底。10处部队住地正规化达标建设顺利验收。支队被武警部队表彰为安全工作先进单位。

（周政扬）

【综合保障效能】　年内，支队综合保障效能在增强服务意识中跟进有力。科学设置伙食保障支撑点，拓宽保障渠道，跟进服务保障中心。加强专业兵培训，开展伙食管理精细年活动。狠抓规范化管理，严格财经纪律，严格过细审查，稳妥推进农场土地纠纷化解。及时果断清停有偿服务受到总队通报表扬。设立困难救助基金20万元，分2批次给42名随军干部分配住房，干部最期盼的“安居”问题得到有效缓解。积极争取西城区支持，随军干部子女义务教育全部上优质校。组织立功受奖官兵亲属来京参观游玩，每年组织500多名复退老兵参加两用人才培训，实现了“入伍即入学、退伍即毕业”的目标。

（周政扬）

【依法从严治军】　年内，把依法治军、从严治军的导向抓实。坚持严下先严上、严兵先严官，落实“三个不能原谅”“五查三控”措施，从严管机关、从严管主官、从严管个别人。坚持执行纪律没有例外，划定6个方面39条安全红线，对违反纪律的人唱黑脸、打板子。坚持把安全工作成效作为考核干部、奖惩激励的重要依据，每月评选“六个十佳”，每季跟踪考核讲评干部。表现突出的干部提前晋升使用，老黄牛、实干型的中队主官、小点干部优先得到提升，有6名士官骨干因及时发现、报告、处置重大险情荣立个人三等功，2名干部、6名士官因工作不力或违规违纪、2名新兵因服役态度不端正受到处理，树立了重奖重罚的鲜明导向。

（周政扬）

武警第七支队

【概况】　中国人民武装警察部队北京市总队第二师第七支队，1949年6月组建，番号为北平市人民政府公安局公安总队第1团。1962年5月，改称中国人民武装警察北京市总队第2团。1966年6月，改称中国人民解放军北京卫戍区警卫第二师7团。1969年12月，改称中国人民解放军北京卫戍区警卫第二师第5团。1979年1月，改称中国人民解放军北京卫戍区警卫第二师第7团。1983年2月，改称武警北京市总队第七支队。1995年7月，改称中国人民武装警察部队北京市第一总队第七支队。1999年2月，改称武警北京市总队第七支队。同年6月，后勤处调整为正营级。2005年6月，四大队十六中队撤编，运输队降为汽车运输排，成立勤务汽车中队。2013年1月，勤务汽车中队撤编，和警通中队合并为勤务中队。2014年4月，支队编制体制调整，下设司令部、政治处、后勤处，辖4个大队，19个中队及勤务中队、卫生队两个直属队。2016年3月20日，接收国家审计署执勤点勤务；2016年7月1日，中国教育电视台执勤点撤勤。防区分布在西城、东城、朝阳、丰台、大兴5个区，主要担负警卫、守卫、看押、看守以及武装巡逻等任务。年内，支队以建设首都维稳精锐之师为统领，认真贯彻总队、师党委决策部署，按照支队“12347”工作思路，扎实稳步推进各项工作，部队呈现向上向好的发展趋势。

地址：西城区珠市口西大街133号

邮编：100050

电话：52824726

（左东泞）

【政治工作】　年内，支队着眼深化军队改革大势，统筹抓好创新理论武装、改革强军主题教育、精锐之师系列教育、经常性思想教育和强军文化建设，持续开展“学系列讲话、当首都卫士、建精锐之师、干维稳大事”主题实践活动和“双先”评选表彰活动。注重创新政治工作载体手段，率先开办支队首都劲旅微信公众号，如期完成支队互联网室建设，举办的“迎大考、咏使命、颂党恩”歌咏比赛，深得官兵欢迎并被北京电视台转播，“双先”板报评比微信在线阅读量达67万人次，超过21万人投票。制作流动式宣传文化专栏，定期组织基层官兵精神风貌展。着力规范任务中政治工作流程和方法，先后3次召开火线立功入党表彰大会，为14名官兵火线入党立功。狠抓“四反”教育和网络舆情监测，与工信部、公安部网信办形成协作机制，新闻工作在总队评比中取得网媒第一、纸媒第二。

（左东泞）

【中心任务】　年内，支队学习贯彻广西会议精神，持续抓好“两项整顿”“两项建设”“两项活动”，严密组织16处执勤目标安全评估，顺利撤收教育电视台守卫勤务，重兵投入、靠前指挥，合力打赢以“两会”“六四”“7·5”“10·11”、习主席视察新华社、南海仲裁维稳和十八届六中全会为重点的三场维稳战役，完成各类临时勤务1500余起，用兵5.2万人次，处置有碍安全情况60余起。四中队哨兵成功处置犯罪嫌疑人袭警情况被总部通报表扬，北京南站防劫持人质反恐防袭科目演示受到总队肯定，广泉小区首长住地和两会梅地亚新闻中心住地被总队表彰为先进住地，全年评选最美哨兵100余人。部队6类集训、“卫士－16”演习、实弹射击和新兵教育训练安全顺利。支队队列示范班参加总队比武考核获得师第2名，器械示范班参加总队器械比武会操取得总队第6名，特勤排在总队第一届“利刃”特战分队实战化比武考核中取得总队第7名。

（左东泞）

【安全管理】　年内，支队以迎接军委安全大检查为牵引，研究制定《安全管理工作措施办法》，广泛开展“学法规、守纪律、除隐患、正秩序”教育整顿和“三治两抓”活动，稳步推进“百日安全竞赛”，每周播放警示录像，适时组织安全保密普查和零点夜查，突出对15个重点问题跟踪治理，分5次组织心理测查1300人，协调处理5起官兵家庭涉法问题，对3楼以上窗户加装防护措施，投入9.6万元为基层单位配发手机存放柜，有效促进部队安全稳定。二季度，支队被师评为安全工作先进单位。三季度，支队被总部表彰为“百日安全竞赛优胜单位”。

（左东泞）

【基层建设】　年内，支队以《纲要》《三十条》为依据，深入贯彻《总队抓建基层十条措施》，深化师《纲要》培训成果，加强“三个一线”“四个基本”建设，严格“承包、挂钩、结对”机制，安排8批76人次到基层蹲点帮建、当兵锻炼，对5个连续5年未进先进的大中队实施帮扶建档。年初调整的10个大中队班子磨合较为顺利，七中队在总队基层建设总结表彰会上做经验交流，四大队和二、十九中队保持争先态势，八、十、十四中队进步幅度明显。持续落实支队《依法抓建七项措施》和《办实事计划》，对随军随队、转业退休干部家庭进行走访慰问，投入10余万元抓好待转业干部培训，支队主官上门推荐，有效激发干部队伍工作动力。

（左东泞）

【后勤保障】　年内，支队深化“一组五队”应急保障能力建设，扎实开展“伙食精细管理年”试点和车辆管理秩序整顿、枪弹安全普查，先后培训司务长、等级厨师等专业人才130人。严密组织对外有偿服务清理和财务大清查“回头看”，稳步推进东配楼加层、军械库加固改造和机动中队淋浴室建设，圆满完成总队报废弹药押运任务。医疗巡诊、干部体检、评残鉴定、心理服务深受官兵欢迎。为30名随军干部分配公寓房，家属院防汛措施得力，赢得住户和总队首长好评。

（左东泞）

【整风整改】　年内，支队针对作风要求高，正风肃纪严的实际，我们积极适应作风建设新常态，认真贯彻从严治党要求，深刻吸取通报的违规违纪问题教训。坚持把“两学一做”学习教育活动作为一项重大政治任务，精心组织，扎实推进。组织党委（支部）专题民主生活会和宣誓承诺、主题党日活动，支队做法被师转发。稳步推进干部住房、官兵休假两个100%和两个90%的刚性落实，截止现在，支队干部休假率达99.4%。正、副书记带头为部队上党课，清查清理涉郭涉徐资料564件，清查整改干部队伍问题35条、经费问题273条，对3名违规违纪士官实施留用察看，部队中一些顽症痼疾得到较好治理。注重改进指导方式，统住大项工作和领导活动，稳妥解决历史遗留问题和重难点问题，不断推进作风建设。

（左东泞）

（责任编辑　华大友）

重大改革　功能街区建设
重大项目建设

区委全面深化改革领导小组办公室

【概况】　中共北京市西城区委全面深化改革领导小组办公室（简称区委改革办）是区委全面深化改革领导小组下设的常设性工作机构，设在区委区政府研究室，一个机构、两块牌子，承办区委全面深化改革领导小组的日常事务。区委改革办设主任1名（由区领导兼任）、专职副主任2名，设6个内设机构，其中秘书科、协调科独立设置，其余4个科室依托区委区政府研究室的经济科、政治科、文化科和社会科设置，分别承担相应领域改革任务。年内，区委全面深化改革领导小组全面贯彻党的十八大和十八届三中、四中、五中、六中全会精神，深入学习贯彻总书记习近平系列重要讲话精神和治国理政新理念新思想新战略，全面落实中央、市委的改革部署，牢牢把握首都城市战略定位，围绕推进科学治理、提升发展品质这条主线，坚持用改革和创新的手段，破解各类体制机制障碍和管理困境，强化改革督察落实。各专项小组紧紧围绕全面深化改革工作大局，立足岗位职责，发挥职能作用，各领域改革扎实有序、稳妥推进。

地址：西城区二龙路27号
邮编：100032
电话：88064450

（刘玉博）

【第四次全体（扩大）会议】　3月10日，区委全面深化改革领导小组召开第四次全体（扩大）会议。区委书记、区委全面深化改革领导小组组长卢映川主持会议并讲话。会议传达中央、市委有关改革会议精神，总结区委全面深化改革领导小组2015年工作，审议并原则通过《区委全面深化改革领导小组2016年工作要点》和《西城区志愿服务体制机制改革意见》，研究讨论了西城区城市管理体制改革工作。

（刘玉博）

【研究制定年度工作要点】　年内，区委改革办坚持顶层设计，注重改革的系统性、整体性、协同性，从北京市已明确推进、区全面深化改革实施意见中明确年内完成的及各部门年内的重点推进改革事项等三个层面统筹谋划，设计改革选题，出台《区委全面深化改革领导小组2016年工作要点》，并多次组织各专项小组牵头部门召开征求意见会，最终明确12个领域的59项重点改革任务。同时对改革要点进行任务分解，明确承担任务的专项小组、牵头单位和主责部门，进一步明确职责、细化责任。年内西城区明确的59项改革要点，已经完成55项，完成率达到93%。尚未完成的4项改革任务前期研究、方案筹划等准备工作均已启动。

（刘玉博）

【组织召开协调工作会】　年内，发挥区委改革办统筹协调作用，注重牵头抓总，协调指导。召开区委全面深化改革领导小组改革专题会，研究和部署城市管理体制和城市执法体制改革工作，指出改革实施的路线图和时间表；加强横向交流，组织召开专项小组联络员会议和改革工作交流会10余次，加强了各专项改革的相互促进、良性互动，沟通各领域改革进展情况。

（刘玉博）

【精准决策服务】　年内，区委改革办坚持围绕全区中心工作，以及领导和群众关注的热点、难点问题，进行深入的调查研究，同时综合各部门、相关专家以及基层群众的意见和建议，向区委区政府领导提出《关于强化资源投向调控的几点建议》《关于落实供给侧改革推动区域发展的几点建议》的决策建议，得到区领导批示和肯定。

（刘玉博）

【改革工作督查督办】　年内，区委改革办深入贯彻落实总书记习近平“三督三察”的工作要求，把改革督察作为促进改革落实的重要方式，坚持问题导向，注重严督实察，发挥改革督察打通关节、疏通堵点、追效问责作用，从三个方面开展督查工作：一是根据市委改革办要求，开展对已出台半年以上的改革方案落实情况的督察工作，召开督察工作部署会，并形成“有规划”“月报告”“季总结”“回头看”的长效工作机制。坚持以点带面，按照分领域、分层次、有重点的原则，确定对9项重点督察项目和2项试点进行督察，年内完成第一轮的督察工作并形成督察报告。二是根据区委督查室统一要求，承接3项政府折子工程的统筹协调工作。建立督查台账，坚持日常督查，对承接的区政府折子工程坚持做好日常督查，每季度对各专项小组工作进展情况进行汇总分析，对于进展不力单位部门进行督促，保证改革任务落到实处。三是坚持重点督察，在2016年工作要点基础上，选取疏解非首都功能、人口调控等9项年度重点推进改革事项工作作为重点进行月度督查，要求主责部门要严明责任、制定详细的工作方案，并随时跟踪数据进展和试点推进情况。

（刘玉博）

【与上级部门对接】　年内，区委改革办建立改革台账，列出12个小组24项重点改革工作，每月沟通走访，监测改革进度，同时形成西城区全面深化改革进展月报表，按时上报市委改革办；配合市委改革办《北京改革蓝皮书（2015年）》的编写工作，西城区委改革办会同相关部门召开研讨会，总结2015年西城区全面深化改革工作进展和成效，总结改革经验。严格按照市委改革办要求，编写蓝皮书中西城区改革工作部分；作为区县代表两次参加市委改革办组织的改革交流座谈会；为贯彻落实好市委改革办和市委宣传部联合举办的“一把手谈改革”工作，区委改革办与区委宣传部沟通，同时汇总各专项小组工作亮点，梳理各专项小组大事记等前期筹备工作。

（刘玉博）

【调研工作】　年内，区委改革办坚持问题导向，跟踪研究经济社会发展进入新常态后发展变化和改革方案实施后的效果，有针对性的多次开展调研工作：陪同市委改革办赴月坛街道调研居家养老等工作；赴区市政市容委调研城市管理体制改革工作；赴区城管执法监察局调研城市管理综合执法改革工作；先后赴西长安街街道、金融街街道、牛街街道调研城市管理、社区治理及街道大部制改革等；赴天桥街道东经路社区中心调研“一站多居”工作；赴新街口卫生服务中心调研社区医疗管理等工作。

（刘玉博）

【干部能力建设】　上半年，区委改革办组织改革系统20余家部门的20多名干部，参加与贵阳市委党校合作举办的西城区全面深化改革专题培训班，通过理论和实践相结合，加强了改革系统干部能力建设，同时也加强了与其他省市改革系统的合作和交流；抓好“每周一得”等互动学习活动，促进干部多学习、多读书、多思考；抓好队伍“传、帮、带”，坚持领导带头学，以科室为单位每月至少有一次集体学习时间。

（刘玉博）

【加深与智库合作】　年内，区委改革办与北京城市研究院沟通和协作，形成重点问题深度研讨的机制，合作完成《北京市西城区社会治理发展报告》《北京市西城区城市创新发展报告》和《北京市西城区全面深化改革报告》等成果，印发了《街道蓝皮书》。为西城改革提供了重要的智力支持。

（刘玉博）

【信息工作建设和改革宣传工作】　年内，区委改革办印发《西城改革》21期，与北京城市研究院合作编发《领导智库文选》《全面深化改革研究动态》《专报》和《每日领导参阅》等335期，不断加强政策解读、工作借鉴和情况反馈。西城区委全面深化改革领导小组决策支持资源中心项目建设于年内3月份通过专家验收正式投入使用。基本建成一个集分析、决策、部署和服务为一体的信息化体系。经过大半年的运行和推广应用，资源中心充分发挥了信息平台的作用，加强了改革办部门内部和改革各部门之间信息共享，初步实现系统的建设价值，为全区改革工作提供了有力支持。

（刘玉博）

【各领域重点改革取得成效】　经济体制改革：加快构建国有资本三级授权经营体系，做实做优资本运营中心。实施股权激励，在金融街物业公司等企业逐步推进混合所有制企业员工持股试点。制定《深化西城区国有企业负责人薪酬制度改革意见》。建立健全大额专项资金绩效评价机制和财政投资评审制度体系。继续推进“三证合一”登记模式，全面实行“一照一码”登记制度。区域协同发展工作：“动批”（动物园服装批发市场）各市场累计完成撤市16.3万平方米，升级8万平方米。推进职业教育、医疗机构疏解工作。人口调控工作取得成效，全区常住人口总量持续下降。搭建京津冀企业合作平台，推动区属企业、区域产业和公共服务资源对接。转变政府职能改革：年内，承接北京市下放的行政审批事项178项，取消48项，清理非行政许可审批事项103项。梳理完善区政府相关部门权力事项共计4832项，公布新版《西城区政府部门权力清单》。建立市场秩序监管联席会，形成《西城区市场秩序监管联席会议制度》；搭建全市首个区级信息共享平台，实现工商、国税、地税、房管等部门的数据对接共享。推行“双随机一公开”工作，完善跨部门联动响应机制和联合惩戒机制。民主政治和法治建设领域改革：进一步健全区人大代表建议督办工作机制。实施《北京市西城区国家工作人员宪法宣誓组织办法》。出台西城区委《关于加强社会主义协商民主建设的实施意见》《关于进一步加强政协协商民主建设的实施意见》，推进政协协商民主制度化建设。在全市基层法院中率先开展综合部门改革试点和执行改革，继续落实立案登记制改革。建立健全“一站式”执法办案管理机制，加强执法办案管理中心建设，构建全流程执法监督管理体系。完善人民调解、行政调解、司法调解联动工作机制。积极探索完善信访复查复核机制，建立健全信访信息收集、统计、共享机制。建立完善《西城区重大事项社会稳定风险评估机制的实施办法（试行）》。制定《西城区关于全面加强和完善反恐怖工作体系建设的实施意见》。文化体制改革：制定《关于建立健全信息发布和政策解读机制的实施意见》。探索推进诚信体系建设，出台《西城区“十三五”诚信体系建设规划》。推进经营性事业单位转企工作，建立健全大观园管委会三级运行管理制度。健全非遗保护体系，成立西城区世纪传承传统文化保护协会。历史文化名城保护与城市规划建设体制改革：探索形成西城区重点棚改组织实施工作机制，确立“1总＋8部＋若干分指”的指挥调度模式。健全名城委工作机制，推进“四名”工作体系建设。探索建立城市品质提升艺术审查委员会。科技教育体制改革：积极推进国家知识产权试点城区建设，修订《国家知识产权试点城区北京市西城区工作方案》。深化与市新闻出版广电局共建创新试点模式，调整完善市区两级政府对园区出版创意企业的管理职能和服务方式，修订《北京市西城区促进出版创意产业发展办法》。启动实行学区制管理和运行机制的试点。制定西城区教育支持北京城市副中心建设的方案。与津冀地区探索多种方式的教育交流合作，主动服务京津冀协同发展。进一步深化入学招生制度改革。医疗卫生体制改革：修订《西城区整合型医疗卫生服务体系建设实施意见》。制定并实施《区属医院—社区卫生服务机构一体化管理工作方案》。探索建设以“三个一体化”为主导的紧密型医联体，实现区域范围内医联体的全覆盖。积极开展国家卫生计生委基层卫生综合改革重点联系点工作，完成2016年基层综合改革联系点监测与基线调查工作。建立专科医生与全科医生的对接机制。社会建设与社会治理体制改革：推进市级社区治理和服务创新实验区创建工作。建立社区工作准入机制。深化社区参与型协商，初步形成参与型协商治理“西城模式”。推进居规民约、临街公约试点工作。制定《中共北京市西城区委关于加强和改进群团工作的措施》《关于西城区志愿服务体制机制改革的意见》。统筹各类养老政策，完成养老照料中心三年行动计划任务。生态文明与城市管理体制改革：完成国家级的西城区城市环境分类分级管理综合标准化试点工作。制定《西城区居住区周边停车管理实施细则》。建立环境管理问题快速应对与响应机制。制定《西城区城市管理体制改革方案》和《西城区城管执法监察局管理体制改革方案》。党的建设制度改革：完善区委常委会议事决策规则，修订区委常委职权目录。出台《西城区推进处级领导干部能上能下实施细则》《西城区组织工作重要事项及处级领导干部个人事项请示报告规定》和《中共北京市西城区委关于组织部门对领导干部进行提醒、函询和诫勉的办法》等。制定加强激励机制建设的实施意见、关于试行容错免责的实施意见，建立健全业绩档案。制定《关于北京金融街建设世界高端金融人才聚集区的实施意见》的实施细则。纪律检查体制改革：进一步落实“两个责任”，制定《西城区党风廉政建设责任制检查考核办法（试行）》。开展监督巡察试点工作，在全市率先成立区委巡察工作领导小组，制定《中共北京市西城区委关于开展巡察工作的实施意见（试行）》。制定出台《关于加强西城区纪委派驻机构建设的实施意见》，在全市率先实现派驻监督全面覆盖。

（刘玉博）

西城区产业发展促进局

【概况】 根据《关于区功促局更名及调整区文化创意产业促进职责的通知》文件精神，12月8日，北京市西城区功能街区产业发展投资促进局更名为北京市西城区产业发展促进局（简称区产业发展局），并将区委宣传部承担的文化创意产业促进相关职责划入区产业发展局。区产业发展局是主要负责西城区功能街区发展建设和产业促进及全区投资促进、招商引资项目的收集和推介工作的政府工作部门。区产业发展局下设办公室、综合科、产业科3个科室，行政编制15人，在职人数16人。年内，区产业发展局围绕京津冀协同发展战略和首都发展新形势新要求，稳步有序开展各项工作。

地址：西城区培育胡同15号
邮编：100052
电话：66206294

（陈　娟）

【“十三五”专项规划编制工作】 年内，区产业发展局站在京津冀协同发展的高度，用改革的思维审视全区产业发展定位及产业优化升级，坚持目标导向、问题导向和改革导向，完成《西城区“十三五”时期功能街区产业提升规划》编制工作，在更大视野、更大范围上谋划和推动区域健康、可持续发展。以产业和功能提升为目标，完善“高精尖”

经济结构，完善服务经济布局，推进服务经济高端化、内涵式发展。

（姚　远）

【形成功能街区发展评价报告】 年内，通过上年构建完成的西城区功能街区发展评价指标系统，形成2016年功能街区发展评价报告，为各部门根据各功能街区特点制定相适应的产业政策提供了依据，增强了产业促进工作的针对性和有效性。

（陈　娟）

【推进区域楼宇经济管理平台建设】 年内，在楼宇经济数据统计建设的基础上，推进区域楼宇经济数据的监测分析，做好重点地区的经济运行情况的监测分析，力求对楼宇内的企业运行情况分行业、分街道、分区域做出情况分析，为有序疏解非首都功能产业提供决策参考。

（王　霞）

【参加第19届“投洽会”】 9月8至11日，第19届中国国际投资贸易洽谈会（简称“投洽会”）在厦门国际会议展览中心举办。西城区根据北京市投资促进局总体要求，结合西城区资源优势和推介重点，以“创新发展、文化西城”为主题，展示西城区优质的发展环境，重点推介马连道文化创意街区，借助投洽会的高端人气，打造产业展示交流平台，通过展览、体验和演示等方式展示西城区整体形象，宣传最新产业规划并推介相关产业提升项目。

（张丛岭）

【参与第20届“京港会”】 11月3至4日，西城区本着“积极参与、持续合作、突出项目、务实高效”的原则参与第20届北京·香港经济合作研讨洽谈会（简称“京港会”）。区产业发展局重新修订了《政策汇编、投资服务指南》，着重推介西城区文化创意产业示范园区的文化创新成果和重点项目，制作《北京市西城区文化创意企业推介手册》，选择和包装了永鉴高科（北京）文化发展有限公司等15家企业，在展示与投资咨询洽谈活动中重点推介。同时借助“京港会”平台，在《文汇报》《经济日报》《大公报》等香港主流媒体上刊登专刊，对西城区进行整体营销和形象展示，宣传西城区的优势产业、重点项目及投资环境。

（张丛岭）

【项目征集工作】 第二、三季度分2次对全区各相关部门进行项目征集，共征集房地产、文化创意、信息传输、计算机服务和软件业等20余个项目，项目涉及总金额约460亿元人民币。其中，文化创意产业和高新技术产业类项目数量所占比重逐年提高，但项目投资额较小，投资额较大的项目依然主要集中在房地产行业。

（陈　娟）

【投资促进宣传】 年内，按照西城区功能定位，印制“2016重点项目册”，进一步宣传推介西城区重点项目，寻找和吸引符合西城区产业发展方向的企业入驻，对有意向投资西城的企业进行考察、评估、综合实力分析以及包装宣传服务，了解其相关情况，确保项目质量，做好项目转介工作。

（陈　娟）

【重点项目跟踪服务】 年内，区产业发展局、发展服务中心与区内重点企业建立长效机制，对项目进行阶段性跟踪服务。做好季度会商工作，利用好北京市区县差异这一特点，做好西城区在新形势下产业调整的项目疏解工作。7月1日，与北京美森信息咨询有限公司签署战略合作协议，从项目征集、企业服务等多角度开展项目促进工作。对有意向落户西城区的企业、有可能落地西城区的项目进行跟踪服务，探索建立项目跟踪服务程式化流程，做到有目的、有计划、有效率、有结果的“四有”式服务，避免盲动，增加项目促进工作的命中率。全年共服务企业10余家，促成项目金额约30亿元人民币。

（陈　娟）

【西城区闲置资源的梳理和宣传】 年内，通过投联网新媒体招商平台，动态发布写字楼空置情况，对重点区域、重点楼宇、重点产业进行宣传。共计上传楼宇信息637条，合计发布786726平方米。“西城系统”新媒体发布宣传软文10篇，覆盖量累计达到375341人次，宣传媒介H5手机网页浏览量1468人次。

（王　霞）

【促进投资项目落地】 1至2月，通过投联网及其合作伙伴，促成西城区金融街街道写字楼物业交易2笔，共计面积7600平方米；投联网与区产业发展局意向引进“欧盟中国科创中心项目”；6月促成上市公司北京东光股份意向对接北京动物园服装批发市场写字楼1万至2万平方米。

（王　霞）

【决策服务工作】 年内，坚持产业发展和城市功能相一致、与人口环境相协调、调整疏解和优化结构相结合原则，先后启动《疏解非首都功能目标下的西城区重点产业调整发展研究》《西城区主要功能区经济比较分析及投资信息监测报告项目》《西单地区业态发展研究》《2016年功能街区发展评价报告》《西城区产业现状及发展前景研究》及编制《新金融产业园的深化实施方案》等研究课题，理清发展思路，探索有效路径，为领导决策提供服务。

（陈　娟）

【助力协同发展疏解非首都功能】 年内，区产业发展局、发展服务中心与天津市河北区、武清、宝坻，河北省保定、廊坊、邯郸等地进行系列对接活动，举办西城区重点企业赴津冀交流宣介活动。加强与区工商联和区国资委的合作，帮助驻区企业在京津冀协同发展中把握机遇，助力企业发展。在与天津市河北区对接活动中，西城区重点企业先后参观考察了白金湾广场、津源大厦、国家自主创新示范区河北分区、通广科技产业园等地，了解各个项目区域位置、周边配套设施建设等情况，听取了两区社会经济发展、功能定位、发展战略等情况的介绍，并先后就文化演出交流、院线建设、物业管理分公司申请与落户、房地产开发、老字号入驻等问题进行了咨询，河北区相关单位负责人针对西城区企业提出的问题，对企业落户、政策优惠、手续办理等进行了一对一的详细解答。会后有投资意向的企业与河北区相关负责人进行了对接。

（陈　娟）

北京金融街建设指挥部

【概况】 北京金融街建设指挥部（简称金融街指挥部）隶属区委、区政府，由区政府直接管理。金融街指挥部是负责统筹协调及推进金融街地区规划、建设、管理、发展工作和“三里河—金融街—中南海周边”和谐宜居示范区建设工作的常设临时性机构。内设办公室、综合规划处、项目建设处、产业发展处。年内，金融街指挥部遵循目标导向和问题导向相统一、全面推进和重点突破相协调、战略性和操作性相结合的基本原则，聚焦中南海地区、三里河等重点区域30个项目，以万寿兴隆寺文物腾退、E1项目、西长安街街道的社区服务中心建设、三里河三区项目改造为先导和突破口，完成固定资产投资3.9亿元。

地址：西城区南礼士路46号院南楼

邮编：100032

电话：59512593

（孙　悦）

【完成和谐宜居示范区评价指标体系研究】 年内，金融街指挥部对“三里河—金融街—中南海周边”和谐宜居示范区统筹建设任务与用地资源，综合土地利用、生态环境、基础设施、公共服务、公共空间等专项规划，通过采取实地踏勘、实地调研等研究方法，研究形成涵盖城市安全性、公共服务便利性、交通便捷性等多维度适合本区域特点的和谐宜居评价指标体系。该课题经区委常委会审议通过，会议指出，此次评价指标体系研究工作为西城区开展街区诊断工作提供了良好的样本。

（孙　悦）

【和谐宜居示范区重点项目统筹推进】 年内，金融街指挥部统筹推进保障首都职能履行类、服务国家金融战略类、增强城市运行保障类、推进人口疏解腾退类、展现城市风貌类、民生改善类重点项目共计6大类47个项目。完成灵境胡同1号楼、3号楼小区综合整治工程、光明小楼改造项目、“西华书房”筹建项目、北新华街（南段）道路建设项目，完成疏解人口496人。

（孙　悦）

【中南海周边人口疏解项目】 项目范围北起西安门大街、文律街、陟山门街，南至西长安街，西起西黄城根南街、罗家胡同、横二条，东至景山西街、景山前街、筒子河、织女桥东河沿；总用地面积约238万平方米，其中中南海占地面积约126万平方米，中南海周边占地面积约112万平方米。年内，金融街指挥部通过对南北长街状况的分析，结合项目未来使用单位的实际情况、手续办理进度以及实施单位的人员力量调配，率先启动万寿兴隆寺文物腾退，同时积极推进万善殿改造手续办理，并以万寿兴隆寺文物腾退及万善殿改造项目为抓手，带动南北长街400户居民整体腾退工作。其中，万寿兴隆寺项目位于中南海东侧，历经明清，在康熙年间兴盛一时，但到清末已败落不堪。现状项目范围内人口密度大，原有建筑不断被破坏，存在火灾、防汛等较大的安全隐患，居民有较强的住房和环境改善意愿。金融街指挥部根据文物部门对万寿兴隆寺的保护意见，会同区房地中心做了大量的人、地、房等基本情况的调研工作，结合项目情况以及综合考虑周边其他区域的实际情况，会同区财政局、区房管局、区住建委、区房地中心等部门对项目的组织实施方案、补偿标准等事宜进行研究。确保资金、房源及时到位，为项目启动做好准备工作。万善殿项目位于中南海东门外北侧，距万寿兴隆寺仅有500余米。金融街指挥部会同相关权属单位、区住建委、区房地中心等部门研究项目手续、房源配置，协调完成人、地、房情况调查及项目立项、土地预审、规划选址等征收前置手续。

（孙　悦）

【金融街、三里河片区人口疏解项目】 年内，金融街指挥部重点推进三里河南区、丰盛东区和大剧院西侧3个项目。三里河南区改造项目为部委集中办公和干部居住地，该区域有大量的上世纪五六十年代的危旧建筑，金融街指挥部制定了工作思路：通过改善区域居民的居住状况、优化路网结构、提升街区品质，为部委机关打造工作环境安全稳定的政务办公区和生活区。金融街指挥部按照市、区政府的工作部署，与项目建设主体——十七部委联建办进行沟通，协助推进前期手续的办理。年内完成该项目规划调整手续，具备了报送征收申请的条件。丰盛东区人口疏解项目人口密度大、院落混住群居情况严重、房屋年久失修、区域内整体胡同肌理混乱，金融街指挥部通过“登记疏解”与“整院疏解”相结合的方式推进项目，按货币补偿加配售定向安置房指标的方式对居民进行安置。大剧院西侧人口疏解项目紧邻国家大剧院，地理位置较为特殊，是年内距中央办公地最近的大规模人口疏解项目。项目采取“散户预签约、整院腾退”的腾退政策，已完成疏解腾退居民50户。

（孙　悦）

【协调推进其他项目】　年内，金融街指挥部协调推进的其他项目有5个。金果胡同片区道路建设项目位于中纪委办公区周边，是完善片区道路系统、提升区域环境品质的重点项目，年内完成项目前期准备工作。金融街E1项目地处金融街核心区，是金融街区域内最后一块未开发的平房区。地块内房屋年久失修，生活设施、市政基础不完备，居民居住条件差，房屋出租、违章建设现象严重。为改善居民居住条件，做好文物院落的保护工作，金融街指挥部积极与规划部门启动地块的改造研究和手续办理路径，提出建设指标后置、先行开展用地性质调整方案。市规划国土委、市规划院同意并完成用地性质调整工作。丰盛西区C区项目位于金融街核心区，年内完成土地验收和树木移伐等工作。华嘉小区项目年内实现开工。月坛体育中心项目年内完成前期方案编制。

（孙　悦）

北京大栅栏琉璃厂建设指挥部

【概况】　北京大栅栏琉璃厂建设指挥部(简称大栅栏琉璃厂指挥部）隶属区委、区政府，属区政府常设临时性机构。由区政府直接管理，分管副区长兼任总指挥，主要负责推进大栅栏、琉璃厂区域内重点文物的腾退、保护性修缮和人口疏解等重点工作，推进基础设施建设；加强环境综合治理，创新城市管理新机制；调整产业结构，提升区域内产业品质和经营业态；创新历史文化名城保护和文化创意产业发展新模式；加强与市区相关单位的沟通、协调、联系以及承办区委、区政府交办的其他事项。内设办公室、规划建设处、产业促进处、环境秩序处。年内，大栅栏琉璃厂指挥部按照以点带面、以线拓面、点线面相结合的原则，坚持保护、发展与疏解相结合，以历史风貌保护为根本，以城市功能疏解为核心，以改善民生为重点，以挖掘传统优势产业、培育新型产业为支撑，以重大项目为着力点，以政策机制创新为保障，发挥国有企业主体作用及社会投资力量，加快打造传统与现代融合发展的文化商业旅游中心，努力在历史文化街区保护、更新与发展方面做出示范。

地址：西城区铁树斜街113号
邮编：100050
电话：63168652

（赵　威）

【C3H地块项目】　C3H地块总占地面积约为4.51万平方米（其中C3地块面积0.94万平方米，H地块3.57万平方米），建筑规模10.22万平方米（其中C3地块地上建筑规模1.04万平方米，H地块地上建筑规模约为7.11万平方米）。2月26日，项目获市政府地价批准。9月27日，项目办理完成供地范围权属具结手续。12月22日，土地入市交易。12月29日，取得中标通知书。

（赵　威）

【大栅栏·北京坊】　3月16日，《大栅栏·北京坊及以北区域景观提升设计方案》在西城区政府专题会上通过。7月6日，“邻里·共生”北京坊试营业及新业态模式发布会在劝业场文化艺术中心召开。9月9日，“坊间琴韵 劝业之声”吴牧野钢琴独奏会在劝业场文化艺术中心举办。12月1日，2016年北京市驻华使节招待会在劝业厂文化艺术中心举行。12月27日，“大栅栏·北京坊项目精彩亮相工作”正式启动。

（赵　威）

【传统银钱业博物馆保护利用项目】　钱市胡同传统银钱业博物馆保护利用工程项目位于珠宝市街37、39号，钱市胡同1-8号。街宽仅70多厘米，是北京最窄的胡同之一。长约55米，尽端为庭院，为清代官办的银、钱交易的“钱市”，西城区文物保护单位。9月29日，取得项目建议书的批复。11月24日，取得建设项目用地预审意见。

（赵　威）

【大栅栏琉璃厂传统文化体验活动】　5至12月，北京大栅栏琉璃厂商会举办大栅栏琉璃厂传统文化体验系列活动，项目由西城区社会建设专项资金支持，包括老字号非遗技艺体验、书画艺术品展览和传统文化讲座等活动，北京市民、在校师生和来京游客等1.3万余人次参与。

（赵　威）

【文物腾退保护修缮项目】　5月17日，宣房投资管理集团有限公司取得北京市西城区文化委员会《关于有效保护西城区文物保护单位里远公会的函》和《关于有效保护西城区尚未核定为文物保护单位不可移动文物云吉班旧址的函》。6月30日，北京首旅置业公司与大栅栏街道办事处就西单饭店旧址举行交接仪式。自此，西单饭店旧址由大栅栏街道办事处管理使用并开始进行保护修缮工作。

（赵　威）

【商会领导机构换届选举】　5月18日，北京市西城区大栅栏琉璃厂商会换届选举大会召开，选举产生第二届理事会会长、常务副会长、副会长和秘书长，第二届监事会监事长。大栅栏琉璃厂指挥部对商会由直接运作转变为联系指导。

（赵　威）

【宣东A-G项目一期】 5月20日，取得宣东A-G项目整体地块重新核准批复。5月24日，取得整体地块规划用地许可证。7月29日，B地块主体结构封顶。9月27日，取得二期工程规划许可证。年内，B地块5、7号楼完成外立面（幕墙）龙骨、外窗封闭等工作。

（赵　威）

【大栅栏煤东历史文化名城保护示范区项目】 5月25日，大栅栏煤东历史文化名城保护示范区项目（原珠粮街区改造提升项目）在煤东社区召开居民动员会。截至年底，已有125户申请腾退，42户115人签订腾退协议，面积1251.67平方米。廊房二条保护修缮完工18户。门框胡同保护修缮完工7户。11月2日，珠粮街区改造提升项目扩区方案经区政府148次专题会审议通过，名称定为“大栅栏煤东历史文化名城保护示范区”。

（赵　威）

【月亮湾景观绿化提升工程】 6月7日，西城区园林市政管理中心进场施工，9月26日，月亮湾景观绿化提升工程竣工。

（赵　威）

【西河沿街市政景观道路改造工程】 7月1日，西河沿街市政景观道路改造工程（东段）竣工通车。至此，前门西河沿街市政道路工程实现全线贯通。

（赵　威）

【天陶菜市场绿地建设工程】 7月11日，天淘菜市场由宣房投资管理集团有限公司正式移交给西城区园林市政中心，天陶菜市场绿地建设工程正式启动。9月26日，天陶菜市场绿地（百花园）建设项目竣工。

（赵　威）

【市领导考察调研大栅栏·北京坊项目】 7月15日，北京市委常委、副市长陈刚到大栅栏·北京坊调研项目建设工作。陈刚视察了项目现场，听取了项目进展情况汇报和下一步工作安排。市领导对项目规划、建设、管理三大环节高度重视，提出后期业态打造要从全面提升城市品质、增强首都核心功能、精心保护历史文化等多角度展现城市历史文化风采和魅力，打造传世之作，留下文化遗产。市规划委副主任王玮及卢映川、王少峰、李岩等区领导陪同调研。

（赵　威）

【琉璃厂艺术文化馆项目】 年内，琉璃厂艺术文化馆完成项目立项、土地预审、规划选址等工作后启动征收工作，征收签约期限60天。7月26日至9月23日，征收工作由区房屋征收中心负责具体实施。截至年底，共计18户被征收人、4户单位产，已公示15户。按照公示户数完成12户签约工作，签约率达80%；已交房11户，完成7户的房屋拆除工作。

（赵　威）

【施家胡同市政基础设施改造项目】 8月2日，项目景观照明方案通过专家评审会；8月8日，取得景观照明工程行政许可批复；8月16日，获得项目整体施工许可证；8月16日，10千伏架空线入地工程取得施工许可证；11月16日，施家胡同通车。

（赵　威）

【地区企业领导人培训会】 8至12月，举办两次2016年企业领导人培训会，60家会员单位和相关政府职能部门的负责人共计80人参加培训会。区发改委、区统计局、区法院等部门负责人，分别就“十三五”规划、上半年经济形势分析和知识产权保护等进行了专题讲座。同时，由专业部门对“特色统计调查监测”和“新修订的《艺术品经营管理办法》”进行政策讲解。

（赵　威）

【环境建设导则研究】 8月18日，为保护和提升历史文化街区古都风貌，落实区领导指示精神，大栅栏琉璃厂指挥部牵头启动大栅栏历史文化街区环境建设导则研究工作。此项研究将以煤东地区为试点，结合该地区的古都风貌保护要求和街区现实状况，从历史建筑保护、房屋修缮更新、市政基础设施完善、交通路网组织、城市家具设置、绿化景观提升、夜景照明以及产业业态准入等多个方面，研究制定相应建设指导性文件，规范街区环境建设。

（赵　威）

【服务社会建设项目】 8月18日，位于大栅栏商业街中段的“京城七大戏园”之一的三庆园重张。9月8日，六必居老店（原址）重张。

（赵　威）

【2016北京国际设计周大栅栏展区活动】 9月26日至10月7日，举办以“共建、共享、共生——开放式街区的自信与未来”为主题的活动，“大栅栏设计社区”“劝业新场、新中势力”“北京进行时”“杨梅竹新社群邻里行动”等70余个展览与活动遍布在大栅栏区域。其中在北京坊W2号楼城市馆，“更新城市展”引入在动作捕捉领域拥有全球领先地位的北京诺亦腾科技有限公司，为大栅栏设计社区带来一场穿越历史的虚拟现实（VR）体验，让观者在沉浸式体验中欣赏绵延5个多世纪的大栅栏光影诗篇。

（赵　威）

【精品交易文化季活动】 9月26日至11月25日，北京大栅栏琉璃厂商会举办“这里最北京·这里最南城——2016北京大栅栏琉璃厂精品交易文化季”活动。内容包括“2016北京国际设计周大栅栏展区活动”“第18届北京国际旅游节琉璃厂分会场活动”“大栅栏琉璃厂老字号旅游购物节”“京味文化体验周”“琉璃厂艺术联展”“中国国际文物博览会琉璃厂分会场活动”“琉璃厂秋季精品拍卖会”和“第14届‘椿树杯’北京市社区京剧票友大赛”八大板块系列活动，吸引70余万人次关注和参与。

（赵　威）

【杨梅竹斜街保护修缮试点项目】 截至12月，杨梅竹斜街保护修缮试点项目累计腾退签约30户67人679.26平方米。9月26日至10月7日，在杨梅竹斜街上组织开展北京国际设计周大栅栏展区活动。

（赵　威）

【大栅栏历史文化展览馆保护利用

项目】 年内，完成观音寺文物征收项目一期、二期共计31户97人638.47平方米的签约工作（均为公产）。

（赵 威）

【拆迁区工作】 年内，大栅栏琉璃厂指挥部在加强对拆迁区的安全管理，落实联席会机制、风险防控机制、舆情监控机制、信访接待机制，及时化解矛盾、处置隐患，推动拆迁工作安全有序的基础上，还加强了预防职务犯罪前移、纪检前移、信访前移等工作。同时，协助拆迁区各主体单位进一步理顺工作机制，用好宣传、房源、裁决3个共享平台，有序开展工作。宣东A–G地块累计完成签约349户，剩余7户（含2户非住宅）。棉花片A2、A5地块共涉及被腾退居民713户，棉花片A2地块累计签约131户，剩余146户；棉花片A5地块累计签约153户，剩余280户。棉花片A7地块涉及被拆迁居民322户，累计签约203户，剩余153户。棉花片A3地块完成向北京市重大办进行棚改征收申报。

（赵 威）

【“七小”行业专项治理】 年内，大栅栏琉璃厂指挥部协调相关部门开展“七小（小餐饮、小食杂、小旅馆、小歌厅、小发廊、小洗浴、小建材）”行业专项治理工作。共清理不规范商户146户，清除无证无照26户，疏解人口1094人。劝退不符合西城区功能定位的预办照主体99户130人。

（赵 威）

【揽客扰序专项整治行动】 年内，大栅栏琉璃厂指挥部协调相关部门，依托属地执法力量，继续加强对琉璃厂地区揽客扰序行为的专项整治。全年共拘留55人，警告80人，促进了区域治安和市场环境的改善。

（赵 威）

【艺术品市场和交通环境专项整治】 年内，为创造区域良好的生活和市场秩序，大栅栏琉璃厂指挥部会同职能部门和属地街道开展了艺术品市场和交通环境专项整治。在广泛宣传的基础上，联合区文化委以新《艺术品管理办法》实施为契机，对琉璃厂文化市场进行4次执法检查，共检查商户50余家，处罚8家。针对乱停车和占道经营等现象，对前门西河沿街、琉璃厂街、煤市街等重点街巷的交通秩序和经营秩序进行多次集中整治。查抄摊贩1000余人次，清理堆物堆料4293处。

（赵 威）

【拆违及胡同整治】 年内，大栅栏琉璃厂指挥部突出“为民”理念，坚持文保区的统一风格，在确保与周围文化环境相协调的基础上，将精品胡同的打造与便民、利民更好地结合起来。全年完成41条（大栅栏街道35条、椿树街道6条）胡同的整治工作。

（赵 威）

北京天桥演艺区建设指挥部

【概况】 北京天桥演艺区建设指挥部（简称天桥演艺区指挥部）隶属区委、区政府，由区政府直接管理。总指挥由区级领导兼任，负责主持指挥部全面工作；常务副指挥协助总指挥负责指挥部日常工作。下设办公室、规划建设处、环境建设处、产业促进处。行政编制20人。天桥演艺区指挥部是负责统筹协调推进天桥演艺区规划、建设、管理、发展工作的临时性常设机构。负责天桥演艺区建设的统筹协调、决策落实、指挥调度、产业培育、综合服务等工作。年内，天桥演艺区指挥部立足首都城市战略定位和建设国际一流和谐宜居之都的形势和要求，围绕首都“文化中心”建设这一核心，按照“政府引导、整体规划、市场运作、社会参与”的建设原则，通过顶层推动，机制创新，协同发展，持续以推进“一核、一片、一轴”空间布局的重点项目建设为工作重点，启动核心起步区项目，完善功能配套，加强场馆运营管理和内容制作研究，展示建设成果；实施北部片区规划和重点项目建设，以街区为基本单元，研究编制街区保护与发展规划，统筹功能调整、人口疏解、风貌保护和民生改善，推动城市的修补和有机更新；推进以北纬路及周边地区为重点的棚户区改造、基础设施建设、公共服务设施建设和存量资源提升，聚焦核心功能延伸，联通演艺核心区、文化体验区和先农坛文化展示区，深化和带动区域的整体发展；加强文化扶持政策研究，强化文化创新和品牌建设，发挥天桥艺术中心等区域文化设施作用，推广文化艺术普及。

地址：西城区天桥南大街1号北京天桥艺术大厦A座5层503室
邮编：100050
电话：83167001

（白 玉）

【首都电影院（中华店）竣工备案】 1月22日，首都电影院（旗下中华电影院，亦称中华店）完成竣工备案。该项目外立面设计方案于2015年6月4日正式上报北京市规划委西城分局，同年7月7日取得规划意见，12月16日，中华电影院东、南立面幕墙完成施工，落架亮相。

（张颂扬）

【天桥艺术中心演出和活动】 天桥艺术中心全年共计演出163个剧目、637场，接待来自国内和21个国家及地区的艺术团体150余个，演出种类涵盖音乐剧、话剧、舞蹈、儿童剧、音乐会、戏曲等艺术门类，观演人次超过35万人次。自上年11月20日开始的天桥艺术中心“开幕演出季”系列演出，以“新经典、新体验、新力量”演出主题，策划、组织了包括英、法、港、台等国家和地区的演出团体及艺术家，呈现了涵盖音乐剧、话剧、音乐会等演出。在为期2个月的“开幕演出季”中，共有包括《剧院魅影》在内21个剧目、139场演出上演。其中，开幕大戏音乐剧《剧院魅影》在大剧场连续演出64场，上座率达到95%，票房为7500万元，根据《北京市2015演出市场统计分析报告》显示，《剧院魅影》演出拉动北京音乐剧市场同比增长226.7%。开幕剧田沁鑫原创话剧《北京法源寺》、北京风雷京剧团话剧《网子》演出成功，广受社会好评。年内，举办“华人春天艺术节”“缤纷夏季演出季”“国际新经典艺术节”等，上演百老汇音乐剧《窈窕淑女》、马修·伯恩芭蕾舞《睡美人》、法国原版音乐剧《罗密欧与朱丽叶》等经典剧目，并与“2016中拉文化交流年”“第九届中国国际青年艺术周”“第五届全国少数民族文艺会演”等重要文化艺术项目开展合作。同时开展形式多样的公共文化服务活动，包括：惠民演出、文化讲座、分享会、公开课、艺术工作坊、剧场开放活动等，参与观众7万余人次。

（欧昕雨）

【天桥文化传承中心项目】 3月15日，区委常委王旭听取天桥演艺区指挥部与天桥盛世集团就天桥文化传承中心项目实施思路以及公交场站置换工作的专题汇报，着重了解该项目实施过程中所涉及的重点及难点。4月15日，区委副书记、区长王少峰，区委常委王旭听取关于天桥文化传承中心项目及公交场站搬迁置换工作进展情况汇报，会议原则同意天桥文化传承中心项目的实施路径方案。要求加快与公交集团进行沟通、磋商；系统研究917场站现址地块及其周边地块资源，形成具体方案。4月21日，天桥演艺区指挥部与天桥盛世集团就110、917场站的初步征收补偿测算向区领导王旭、李岩专题汇报。7月4日，取得区政府《关于天桥文化传承中心实施路径及公交场站搬迁工作的会议纪要》。9月6日，王旭听取天桥文化传承中心项目的进展情况汇报，要求各部门合力完成前期手续的及时办理，尽快启动征收工作，提前开展功能布局等设计工作，加快整体工作进展。

（张颂扬）

【南中轴路微循环道路改造工程竣工】 3月30日，南中轴路微循环道路改造工程完成长300米、宽2米、深2.3米的电力沟施工，至此，工程施工任务全部完工。该项目建设单位为广安基础公司，立项主体为区市政市容委。工程为城市主干路，全长615米，红线宽80米，分南北两段组织施工。北段（永安路—北纬路）于2013年底天桥艺术大厦开业前建设完工；南段（北纬路—南纬路）2015年11月15日完成除电力管道以外的全部工程施工，于2015年11月20日配合天桥艺术中心开幕，道路通车运行。

（葛鲁军）

【天桥演艺区北部平房区住房与环境改善项目】 天桥演艺区北部平房区住房与环境改善项目由北京天桥衡融投资有限公司作为实施主体。4月1日，发布《致居民朋友的第三封信》。5月16日，区委常委、副区长王旭，副区长张利星召开天桥演艺区北部平房区住房与环境改善项目二期启动会，天桥演艺区指挥部与天桥盛世集团在会上提出拟将香厂北片区纳入此项目腾退范围。5月19日，天桥衡融投资有限公司及前端公司北京安居拆迁服务有限公司工作人员在项目区域内张贴《致居民朋友的第四封信》。项目二期腾退工作正式启动。9月6日，王旭听取项目的进展情况汇报，会议就房屋腾退过程中普遍存在难点问题，如私房过户涉及土地出让金缴纳以及房屋灭失、拆改、翻建房屋过户手续等进行研究，决定了具体的试行实施意见。10月12日，区政府第147次专题会议审议通过，将香厂北片区纳入北部平房区住房与环境改善项目腾退范围内。

（张颂扬）

【110、917路公交场站搬迁项目】 4月28日，区委常委、副区长王旭带队赴北京市公交集团，就110、917路公交场站搬迁事宜进行洽商。市公交集团表示尽快回复建议。5月18日，王旭等领导陪同市政府第六督查组由市政府副秘书长侯玉兰一行到西城区现场督查北纬路市政道路建设进展，并召开会议协调推进110、917路公交场站搬迁工作。督察组要求场站搬迁工作由区政府与市相关部门沟通南菜园地块资金来源，市公交集团着手制定南菜园场站建设方案。5月25日，王旭与市发改委沟通公交场站搬迁项目的基本情况、征收补偿原则，着重探讨南菜园新公交场站建设及资金来源等相关事宜。市发改委建议由市公交集团进行申报立项，除部分资金通过原场站的征收补偿款解决外，其余所需资金由市政府投资。8月25日，市政府副秘书长姜帆现场调研北纬路拓宽项目，协调解决掣肘道路建设实施的重点问题——110、917路公交场站搬迁工作。会议研究北纬路及南菜园新场站建设施工期间，110、917路临时运营及停车场所问题。要求公交场站尽快完成腾退，区政府协调解决临时运营停车场所，并配合市公交集团，加快推进南菜园新场站前期手续办理，确保实现北纬路东段按年度计划实现开工建设。

（张颂扬）

【珠市口西大街绿地改造工程投入使用】 6月，珠市口西大街南侧万米绿地改造工程完工并投入使用。该项目建设单位、实施主体为区园林市政管理中心。项目西起虎坊路，东至天桥南大街，全长约1147米，绿地提升改造面积2.1万平方米。2015年7月进场施工，2016年3月底进行留学路东侧剩余场地施工。5月，天桥演艺区指挥部环境处会同区园林市政管理中心，配合天桥街道办事处对珠市口西大街南侧绿地废品收购场所进行现场拆除。

（葛鲁军）

【天桥历史文化景观工程地下通道壁画亮相】 9月底，天桥历史文化景观工程地下通道壁画亮相。该项目是天桥历史景观工程后续工程，2013年底由市名城办和区政府共同倡导提出，确定以中轴线上的7座桥（从南向北依次有：永定门桥、天桥、正阳桥、金水桥、内金水桥、神武桥、万宁桥）为表现题材，以博物馆的形式将中轴线上的桥进行集中展示。壁画制作采用高温花釉陶瓷工艺，总面积372平方米。建设主体为中国壁画学会，立项主体为区园林市政管理中心。壁画方案于2015年3月组织现场观摩和网上征集，广泛征集专家、代表委员、居民群众与社会各界的意见，2015年8月修改成熟并开始壁画制作，历时近10个月完成制作。2016年5月4日进场施工，9月底完成并投入使用。

（葛鲁军）

【香厂新市区规划方案综合推进】 5月25日，区委常委、副区长王旭召开会议，听取天桥演艺区指挥部关于香厂新市区保护与发展规划方案综合推进的工作计划以及市规划院关于方案征集中5家方案亮点汇编的报告。10月8日，香厂新市区保护与发展规划方案征集（规划综合）项目在中国政府采购网上发布公开招标公告。10月17日，由于在招标公告规定报名时间内，报名参加投标的单位不足3家，中国政府采购网上发布香厂新市区保护与发展规划方案征集（规划综合）废标公告。10月19日，中国政府采购网上发布香厂新市区保护与发展规划方案征集（规划综合）单一来源采购公示，将项目的采购方式由公开招标变更为单一来源采购。12月初，香厂新市区保护与发展规划方案征集项目完成西城规划分局与北京市城市规划设计研究院的设计委托合同签订工作。

（张颂扬）

【天桥历史文化景观工程南段方案专家研讨会】 6月2日，天桥演艺区指挥部召开天桥历史文化景观工程南段方案专家研讨会，区委常委、副区长王旭，市名城办副主任邱跃及城市规划及园林绿化专家王世仁、柯焕章、王东、赵书、檀馨参加会议。与会专家肯定了方案“一道三广场”（中轴线上建设御道，与周边建筑结合设立3个景观广场）的设计思路，对行道树与绿植的选用本着尊重传统、庄重、自然的原则提出具体意见，建议进一步研究论证景观中设立2条水渠的设计。市名城办及专家强调北京市轨道交通建设管理有限公司要按照市规划委的要求，将原设于景观内的8号线地铁冷却塔、紧急疏散口抓紧调整改移。

（葛鲁军）

【天桥历史景观工程南段项目建成】 9月底，天桥历史景观工程（南段）项目建成。该项目位于南中轴天桥南大街南端，天桥艺术中心楼前，是天桥历史文化景观工程的后续工程，长260米，面积8190平方米，实施主体为区园林市政管理中心。景观工程北段突出历史纪念性的主题，南延景观在延续北段景观脉络的同时，由北向南从纪念性向传承性演变，挖掘并展示天桥历史文化传承与时代价值。项目于2015年底立项，方案经多次修改，经市名城办及区领导同意，于2016年8月进场施工，9月底竣工。

（葛鲁军）

【天桥市民中心项目】 6月20日，天桥市民中心项目取得控规调整批复《西城区天桥市民中心项目规划意见的函》，项目用地性质明确，指标得以调整。9月6日，区委常委、副区长王旭听取天桥市民中心项目的进展情况汇报。会议要求，各部门合力完成前期手续的及时办理，尽快启动征收工作，妥善尽责处理好边角地、原西城消防支队的遗留问题，提前开展功能布局等设计工作，加快整体工作进展。9月26日，天桥市民中心项目建议书获批。10月31日，天桥市民中心项目完成用地预审批复。11月24日，天桥市民中心项目完成选址意见书批复。

（张颂扬）

【宣南书馆项目入驻天桥演艺区】 年内，天桥演艺区指挥部持续对接评书表演艺术家连丽如，引进其宣南书馆项目入驻天桥艺术大厦。11月5日，宣南书馆在区第二文化馆开展“重返天桥——曲艺传承说唱会”活动。11月12日，宣南书馆在天桥艺术大厦临展厅进行首场演出，到场听众近300人。此后每周定期在天桥艺术大厦进行专场演出。

（欧昕雨）

【领导考察调研】 3月21日，副市长王宁调研天桥演艺区。3月24日，市委宣传部副部长余俊生调研天桥演艺区。6月30日，广州市天河区代表团一行调研天桥演艺区。8月30日，市委换届督导组一行10余人调研天桥演艺区。10月16日，北京市对口支援和经济合作工作领导小组青海省玉树指挥部指挥王都伟携青海省玉树州经商委相关负责人，实地调研天桥演艺区。11月2日，国家新闻出版广电总局规划发展司副司长李建臣、出版管理司副司长许正明一行就天桥演艺区作为音乐产业基地的建设情况进行检查。11月18日，河南省濮阳市委常委、宣传部部长郭岩松一行调研天桥演艺区。

（欧昕雨）

【合作交流】 天桥演艺区指挥部1月5日与北京国际工程咨询公司就区域规划建设开展座谈；2月25日，与北京育才学校校长刘继忠、书记齐建军就深入开展合作进行座谈；3月30日，与新华雅集国际文化传播（北京）有限公司就合作开展演出进行座谈；4月1日，与“欢笑与恐惧”戏剧工作室就合作开展剧目创排进行座谈；4月18日，与北京影视艺术家协会就深化合作开展座谈；5月5日，接待澳大利亚彭里斯市市长代表团一行，就双方在文化领域可开展合作的方面进行座谈；6月7日，接待中国民生银行相关负责人引荐的长江文化投资交易所、兰亭控股有限公司相关负责人来访，就开展合作进行座谈；6月8日，接待马中友协会长、马其顿国家美术馆馆长柳普桥·马兰科夫一行6

人参观天桥艺术中心；6月29日，接待北京和印象文化发展有限公司、北京能量影视传播有限公司人员来访，洽谈合作意向；8月2日，接待瑞士蒙特勒市师生代表团一行6人参观天桥艺术中心；9月22日，与区产业发展局、北京大学政府管理学院课题组人员就演艺区规划、建设情况及产业发展态势等事项开展座谈；11月11日，与北京月讯杂志社有关人员就合作宣传相关事宜进行座谈；12月28日，接待著名作曲家叶小纲一行实地参观天桥演艺区，并就其入驻事宜进行洽谈。

（欧昕雨）

中关村科技园区西城园管委会

【概况】 中关村科技园区西城园（原中关村德胜科技园，简称西城园）包括“一园三区”（“一园”即西城园，“三区”即德胜街区、北展街区、广安街区），是西城区高新技术产业发展的重要载体、科技成果转化及产业化的主阵地和经济发展方式转变的重要引擎，基本形成以现代服务业为主体，以研发设计、出版创意、智慧产业、科技金融为主要支撑的产业格局。被认定为北京市首批文化创意产业集聚区之一、首都四大金融后台服务区之一、全国唯一的国家级出版创意产业园区、北京设计之都核心区、第一批国家级科技与文化融合示范基地。西城园管委会设办公室、组宣处、规划处、产业处、创新处、分析处6个内设机构，管委会主任由区领导兼任，工作人员31名。年内，西城园紧紧围绕建设中关村国家自主创新示范区要求，认真贯彻落实西城区委、区政府决策部署，经济持续保持稳步发展。年内，园区入统高新技术企业总数598家；从业人员10.5万人；工业总产值1007.4亿元；总收入2686.9亿元；进出口总额30.7亿美元；实缴税费107.5亿元；利润总额261.6亿元；资产总计7019亿元；科技活动经费支出总额58.7亿元；专利申请2825件，专利授权1612件。

地址：西城区阜成门外大街31号天恒置业大厦3层

邮编：100031

电话：66205328

（宋　涛）

【推进京津冀协同发展】 年内，西城园区与天津市自贸区，唐山市路北区、路南区、高新区，保定市涞水县，天津市蓟县等相关地区对接，推进产业合作；引导园区企业开展项目合作，康华伟业与唐山市高新区签订战略合作协议，诺亦腾、微众空间、广琦伟业等公司与唐山市高新区达成合作意向；市公交集团项目落地保定市涞水县，落实征收用地200万平方米，驾校、高职、汽修等业务有序疏解，并推进包括医疗养老、职业教育等方面的合作。

（宋　涛）

【2家众创空间入选第二批国家级众创空间】 2月15日，科技部印发《关于公布第二批众创空间的通知》，362家众创空间通过备案，纳入国家级科技企业孵化器管理服务体系。其中，西城园内北京普天德胜科技孵化器有限公司运营的“C客空间”和北京迪希工业设计创意开发有限公司运营的“DRC创億梦工厂”入选。

（单　毅）

【中检科公司落户西城园】 2月26日，由中国检验检疫科学研究院主办的中检科（北京）健康管理有限公司成立仪式在京举行。中检科公司落户西城园，并发布“中检用药”检验项目。项目依托检科院的科研能力，联合临床药物基因组学专家，利用国际前沿分子生物学技术，对个体药物代谢相关基因进行分析与解读，对个人用药剂量给出“量体裁衣”式的合理建议，以保障药物疗效，降低药物毒副反应。“中检用药”涵盖国际认证的120项精准药物指导，以及1336种药物成分的安全指导，覆盖中国市售18.2万种药品。仪式上，公司还与北京大学第一医院、各地检疫系统单位达成协同创新合作，与香港贝因科技、中检华康等企业达成战略与运营合作，与广东省、保定市等地方企业代表达成营销推广合作，签订金额10.2亿元的营销合约。

（单　毅）

【3家机构入选第三批北京市众创空间】 3月21日，市科委公布第三批北京市众创空间名单，76家机构入选。其中，西城园内北京市文化创新工场投资管理有限公司的“文化创新工场”、洛可可众创科技（北京）有限公司的“洛可可”和九一金融信息服务（北京）有限公司的“91金融”3家入选。

（单　毅）

【264家单位入选“北京科创企业清单”企业名录】 3月24日，市科委公布2016年度“北京科创企业清单”所属企业名录，共15442家。其中，西城园内264家单位入选，包括高新技术企业、技术先进型服务企业、科技企业孵化器、工程技术研究中心、企业工程研究中心等机构。入选企业根据公安部支持北京创新发展有关出入境政策措施的相关规定，为聘雇的外籍行业高级专业人才推荐并担保办理相关出入境证件。西城园管委会依据政策协助北京市公安局出入境管理局工作，对符合条件的企业提供证明函件，服务外籍人才在北京市办理签证、入境出境、停留居留、永久居留等事务手续，吸引和促进外籍人才来

京创新创业。

（强彬彬）

【2人入选中关村十大海归新星】 4月16日，在中关村人才协会主办的“2016·第13届中关村人才论坛”上，发布2015中关村十大海归新星榜单。西城园北京诺亦腾科技有限公司刘昊扬、全新优筑（北京）建筑设计有限公司冯博入选。其中，刘昊扬率领的诺亦腾公司，掌握着世界上先进的基于传感器的动作捕捉技术，创造了世界上第一套全无线的动作捕捉系统、第一套可同时捕捉全身与全部手指动作的动作捕捉系统等。

（郭　海）

【天皓成市场改造项目获专项资金支持】 4月25日，中关村管委会发布《2016年度中关村示范区存量土地及空间资源盘活改造专项资金支持情况公示》，西城园内天皓成服装批发市场改造项目获批。项目位于西直门外大街137号，是“动批”（动物园服装批发市场）区域的腾退盘活、产业升级的首个项目，由宝蓝物业服务股份有限公司负责项目的改造与招商运营工作，重点发展高新技术、文化创意、新兴金融等产业，为区域其他服装批发市场的产业升级调整起到了引领示范作用。

（程　雪）

【西城园获评首批市服务贸易示范基地】 6月1日，在第四届中国（北京）国际服务贸易交易会“北京主题日”活动上，北京市服务贸易示范基地授牌仪式举行。中关村科技园区西城园（其中包含中国北京出版创意产业园区、设计之都核心区）、北京金融街被市商务委授予北京市服务贸易示范基地（第一批）称号。西城园及所辖的中国北京出版创意产业园区和设计之都核心区产业集中度高：以高新技术企业为核心的科技服务业年收入规模超过2000亿元，从业人员8万余人，集聚600余家企业；设计服务业年收入规模近300亿元，从业人员3万余人，集聚200余家企业；以出版创意为核心内容的服务业年收入规模超过150亿元，从业人员近2万人，集聚200余家企业。

（单　毅）

【8人入选国家“万人计划”】 6月20日，中央人才工作协调小组办公室发布《关于公示第二批国家“万人计划”领军人才人选的公告》。在由科技部、人力资源和社会保障部等部门共同组织的2016年度国家高层次人才特殊支持计划中，西城园内北京有色金属研究总院的于敦波、庄卫东，北京矿冶研究总院的蒋开喜、卢世杰，中国医学科学院阜外医院的郑哲、蒋立新，中国科学院古脊椎动物与古人类研究所的倪喜军共7人入选“科技创新领军人才”，北京奇虎科技有限公司的齐向东入选“科技创业领军人才”。

（单　毅）

【7个项目获中央引导地方科技发展专项支持】 7月8日，北京市13个重大研发项目获首批“中央引导地方科技发展专项——地方科技创新项目示范”支持，其中中关村西城园内的北京博锐尚格节能技术股份有限公司、北京智博联科技股份有限公司、北京城建设计发展集团有限公司、北京市环境保护科学研究所、北京市建设工程质量第三检测所有限责任公司、北京城市排水集团有限责任公司6家高新技术企业承担的7个自主研发项目获支持。

（单　毅）

【7人获评教授级高级工程师】 7月11日，北京市高级专业技术资格评审委员会发布《2016年北京市高级专业技术资格评审结果公示（中关村直通车）》，77人通过高级工程师（教授级）专业技术资格评审。其中，西城园北京奇虎科技有限公司的周鸿祎、联动优势科技有限公司的吴锋海、北京建工建筑设计研究院的丛小密和罗辉、北京迪希工业设计创意开发有限公司的王果儿、北京建工京精大房工程建设监理公司的田成钢、北京洛可可科技有限公司的王小葵7人获评教授级高级工程师。

（单　毅）

【5家企业获北京市科技服务业促进专项支持】 7月29日，市科委印发《关于公示2016年度北京市科技服务业促进专项拟支持名单的通知》。西城园内北京梅泰诺通信技术股份有限公司“具有自我监测、安全预警功能的智能景观塔”、北京恒华伟业科技股份有限公司“基于云计算的电网资产全生命周期服务平台”、北京万桥兴业机械有限公司“山区特殊工况高速铁路桥梁施工装备技术服务”、北京世纪国源科技股份有限公司“基于互联网的土地经营权一体化管理服务平台”、北京速途网络科技股份有限公司“基于互联网的新媒体技术与服务平台”5个项目入选。

（单　毅）

【5家单位获中关村海外人才创业资金支持】 8月22日，中关村管委会印发《2016年中关村海外人才创业支持资金（第一批）予以公示通知》。西城园内中关村普天海外人才创业园获中关村海外人才创业服务机构资金支持；全新优筑（北京）建筑设计有限公司、北京雅乐时空科技有限公司、北京聚爱财科技有限公司、北京正安维视科技股份有限公司4家企业获中关村海外人才创业企业资金支持。

（单　毅）

【国家高新技术企业新政策培训会】 10至11月，西城园管委会在园区举办3次国家高新技术企业认定新政策培训会，累计300余家园区高新技术企业的代表参加。培训内容主要是国家高新企业认定的新政策以及高新技术企业的相关税收优惠政策，使园区高新技术企业及时了解掌握最新政策，促进企业健康快速发展。

（强彬彬）

【西城区支持西城园自主创新若干规定印发】 10月11日，西城区人民政府印发《北京市西城区支持中关村科技园区西城园自主创新若干规定的通知》。《规定》包括总则、支持创业自主创新、完善科技服务平台、优化科技金融服务、激励创新创业人才、优化提升园区特色产业、促进国际交流合作、附则共8

章30条。《规定》自2016年11月1日起实施，有效期5年。原《北京市西城区人民政府关于印发北京市西城区支持中关村科技园区德胜科技园自主创新若干规定的通知》、《北京市西城区人民政府办公室关于修订〈北京市西城区支持中关村科技园区德胜园自主创新若干规定〉和〈北京市西城区自主创新示范基地和高新技术产业专业孵化基地认定及支持办法〉的通知》同时废止。

（曾　佳）

【西城区科技企业孵化加速平台认定和支持办法印发】 10月11日，西城区人民政府印发《北京市西城区科技企业孵化加速平台认定和支持办法的通知》。《办法》包括总则、申报条件、专项资金的设立与使用、考核、附则共5章15条，由西城园管委会负责解释与组织实施，并承担组织相关部门认定区孵化加速基地、受理区孵化平台备案、对西城区科技企业孵化加速平台进行工作指导以及服务和考核、对西城区科技企业孵化加速平台兑现政策等相关职责。《办法》自2016年11月1日起实施，有效期5年。《北京市西城区人民政府关于印发〈北京市西城区自主创新示范基地和高新技术产业专业孵化基地认定及支持办法〉的通知》和《北京市西城区人民政府办公室关于修订〈北京市西城区支持中关村科技园区德胜科技园自主创新若干规定〉和〈北京市西城区自主创新示范基地和高新技术产业专业孵化基地认定及支持办法〉的通知》同时废止。

（曾　佳）

【西城区促进出版创意产业园区发展办法印发】 10月11日，西城区人民政府印发《北京市西城区促进出版创意产业园区发展办法的通知》。《办法》包括支持企业入驻出版园核心区（德胜国际中心），按照3元/平方米每天的标准给予连续3年的房租补贴；搭建出版园版权服务平台，通过平台登记的版权在加工制作、应用推广、交易出版后给予专项补贴；鼓励园区企业参与技术标准创制；企业年度策划、出版、发行的作品获有关奖项的，给予一次性奖励；以园区品牌出版的精品出版物，给予奖励；鼓励数字出版与新媒体企业推广应用新技术，给予资金支持等11条。《办法》由西城园管委会负责解释并具体实施，自2016年11月1日起实施，有效期5年。《北京市西城区人民政府印发关于落实〈北京市西城区促进出版创意产业园区发展办法〉的通知》同时废止。

（曾　佳）

【西城园发布“十三五”规划】 10月26日，西城园发布“十三五”时期发展规划。中关村西城园作为首都核心区的都市型科技园，为贯彻落实党的十八大和十八届三中、四中、五中全会精神，深入落实首都城市战略定位，服从和服务于西城区的核心功能优化和发展转型、管理转型，提升中关村西城园发展品质，制定本规划，实施年限为2016年至2020年。本规划确定了“十三五”期间中关村西城园的战略目标、方向定位和保障措施，是指导西城园工作的纲领性文件。

（宋　涛）

【西城园技术标准补贴的实施办法印发】 11月10日，西城区质量技术监督局印发《〈中关村科技园区西城园技术标准补贴的实施办法〉的通知》。根据《北京市西城区支持中关村科技园区西城园自主创新若干规定》，园区内主导和参与制定基础技术、产品、工艺、技术服务的国际标准、国家标准、行业标准的企业（须为起草单位前五名），在标准公布后分别给予一次性50万元、20万元、10万元补贴。《办法》明确了补贴的申报条件、申报材料、申报办理程序3项内容，落实《规定》中关于技术标准补贴的工作。

（曾　佳）

【3家企业产品获2016中国设计红星奖】 12月12日，2016中国设计红星奖颁奖典礼在京举行。西城园内北京洛可可科技有限公司设计的“脉针”和“随身空气质量监测器”、北京智加问道科技有限公司设计的“四轴倾旋翼无人机”“智能多轴血管造影X射线系统”和“兽用直接数字化X射线摄影系统”、北京乐品乐道科技有限公司原创设计的“G型臂X光机”“商用净水器”和“老年搓澡器”8件产品获红星奖；“G型臂X光机”和“老年搓澡器”还获最受大众喜爱奖。

（单　毅）

北京什刹海阜景街建设指挥部

【概况】 北京什刹海阜景街建设指挥部（简称什刹海阜景街指挥部），隶属区委、区政府，属区政府常设临时性机构。由区政府直接管理，分管副区长兼任总指挥，负责统筹协调推进什刹海和阜景街区域（四至范围：西至新街口北大街、新街口南大街、赵登禹路、西二环；东至旧鼓楼大街、地安门外大街、地安门内大街、景山东街；南至阜成门内大街、羊肉胡同、西安门大街、文津街、景山前街；北至北二环；总面积约696.78万平方米）的规划、建设、管理、发展工作。下设办公室、规划发展处、建设管理处、产业提升处。年内，什刹海阜景街指挥部按照《京津冀协同发展规划纲要》及区“十三五”规划总体要求，结合指挥部工作任务，按照“组团规划、统筹联动、板块发展”总体要求，以“保护风貌、传承文化、涵养生态、提升产业、优化环境、改善民生，打造历史文化名城保护和发展示范区”工作为目标，以旧城保护与改善居民生活条件、提高环境秩序品质为工作重点，按照打造“两轴四片”的历史文化街区保护思路，履行“规划、建设、管理、发展、服务、示范和引领”六大职能，逐步形成“区域整体统筹、分布分类推进、小范围渐进式”和“点、线、面”相结合的旧城保护格局。在完善规划编制、稳步推进重点项目、合理调整产业布局等方面均取得显著成效。

地址：西城区护国寺街74号（人民剧场）2号楼

邮编：100035

电话：66181080

（邱友才）

【完成原“地百”主体改造工作】 3月17日，原地安门百货商场（简称“地百”）主体改造工程开工。截至年底，完成外立面及屋面拆除清运工作、主体结构加固（部分封顶）和外围二次结构施工、新增梁柱板及屋面新建工作。改造后的“地百”定位于精品酒店、高端办公、科技展示、交流展示等，道路两侧恢复明清风格沿街商铺的建筑形式，与地铁8号线什刹海站织补项目遥相呼应。因“地百”位于中轴路，地处重要景观区，对沿街立面进行局部“削层、退台”的改造，突出了传统建筑元素，实现了该区域的建筑形态、产业业态和文化形态“三态”统一协调，重现什刹海地区昔日文化及商贸产业的繁华。

（苏建新）

【北平居改造项目结构工程基本完成】 北平居改造项目于3月17日开工，截至年底，结构加固和外立面部分二次结构工程基本完成。该项目的详细规划设计方案，将地安门百货商场及联合大学前海校区片区内的北平居饭店和工商银行地安门西大街支行置换纳入本项目，拓展地安门百货商场及联合大学前海校区片区的产业提升空间。

（苏建新）

【成立雁翅楼中国书店理事会】 中国书店入驻地安门雁翅楼后，为监督和指导中国书店雁翅楼店公益性的建设，推动公益性文化项目的规范化、制度化建设，积累区域产业项目运营管理经验。由什刹海阜景街指挥部牵头组织，会同区委宣传部、区文化委、区园林市政管理中心、什刹海街道办事处、中国书店及专家学者、社区居民、媒体记者等，成立雁翅楼中国书店理事会，并于3月30日第一次全体会议上，推选出理事长和秘书长，通过了《雁翅楼中国书店理事会章程》，对雁翅楼中国书店的运营进行管理和监督。

（康　力）

【白塔寺项目“再生计划”升级】 白塔寺再生计划是一项包括人口持续疏解，物理空间更新，公共环境再造，基础能源提升，培育文化触媒，品牌建立提升等内容的系统工程。项目开展后，片区人口疏解工作全年累计完成21个整院腾退，涉及80户226人次；完成5个院落的更新改造。在白塔寺历史风貌保护区，通过对传统院落空间的修缮整治，将其转变为文化商业街区、文化体验示范区，以此提升金融街配套功能。再生后的白塔寺区域由不同的片区构成，各区域通过游览动线和景观导览连通，每个片区均拥有自己的定位和客群，同时又可以组合成完整体系。如创意产业孵化基地、精品酒店群落、24小时城市会客厅、人文体验区等。

（康　力）

【阜内大街街景提升项目开工】 阜成门内大街北侧建筑立面于6月先期开工建设，已完成修缮16个门牌，在施35个门牌，项目建设采用创新的“承转租”方式，旨在推动阜成门内大街区域业态调整工作，加大鲁迅博物馆和妙应寺联动，实现阜成门内北街、东西岔胡同和两家文保单位的提升改造。实现通过人口疏解，调整区域人口结构；提升区域业态，吸引优质产业入驻；改善区域基础设施，提升居住环境，加强居民社区归属感；实现区域的胡同文化复兴、居住精神回归的目标，重塑为一条充满人文气息的具有场所精神的生活老街，达到提升阜成门内大街环境品质的整体效果。

（康　力）

【推进什刹海区域产业提升工作】 年内，什刹海阜景街指挥部推进地安门外大街产业升级工作，已取得地安门外大街资产约4万平方米，为下一步的业态提升工作奠定了基础；研究和推进地安门百货、地铁8号线什刹海站织补项目、东天意市场、鼓西等重要项目的产业植入工作，初步形成功能定位和产业植入方案；重点做好什刹海区域去商业化和酒吧化的工作，提出环湖区域去商业化、提升区域品质的工作思路。

（康　力）

【推进白塔寺区域产业提升工作】 年内，什刹海阜景街指挥部通过“承转租”方式推动阜成门内大街和白塔寺区域业态调整工作，建立区域产业业态准入机制，由前端公司负责前期选商招商，什刹海阜景街指挥部依据相关产业规划进行审核，区国资委把关，西城工商分局登记审批，引入符合区域发展的业态，促进区域产业升级。年内，已清退奖杯奖牌制作商户等低端产业20余家，20余家创意类企业入驻，阜成门内大街业态调整工作取得突破性成果。

（康　力）

【陟山门街改造提升项目完成规划方案】 陟山门街区为皇城保护街区。1990年被定为历史文化保护街区。该街区东至景山西街，西至北海公园东门，全长218米。元代属宫苑之地，后成为连接景山与北海的通道，因地处北海陟山门（东门）之外，故名。清代称陟山门大街，1965年定名陟山门街。年内，什刹海阜景街指挥部前端公司北京天恒正宇公司通过对沿街商户深入调查，与专业机构反复研讨，已初步完成街区的市场定位和规划方案，以及周边环境治理保护性规划，并根据节点疏解进展，进行方案深化。配合区环境办、市政园林等部门，做好街区环境秩序和经营秩序的综合整治工作。

（钱维林）

【推进鼓西地块项目】 年内，什刹海阜景街指挥部初步完成鼓楼西大街景观提升规划方案，委托北京城市建筑设计院完成项目的设计方案，并通过市规划委组织的专家论证，同时取得市规划委核发的《规划意见书》。经区政府确定什刹海街道办事处为项目立项主体，授权天恒正宇公司为代建单位，全面负责项目的建设和遗留问题的解决。项目以“均衡的中轴、重塑的景观、开放的空间、串联的街区”为规划理念，融入城市绿地公园、地下机械停车和公共厕所等公共设施，尝试下沉式胡同的建设理念，定位为博物馆，使游人能够在该片区感受到与传统历史文化的互动式体验。

（钱维林）

【人口疏解工作】 什刹海地区人口密度较大，存在较多与风貌不符的建筑，房屋普遍破损且区域内居民自建和乱建现象严重，对原有街区肌理造成一定程度的破坏。为有效恢复文保区历史风貌，落实市政府疏解旧城人口方针，完善基础设施，改善居住品质，解决民生问题，什刹海阜景街指挥部根据《西城区人口疏解补偿安置实施办法（试行）》，按照“政策长期稳定、居民自愿申请、预签疏解协议、整院实施腾退”的基本方针，加大力度推进人口疏解工作，并以腾退后的院落作为区域产业调整的重要支撑资源。全年什刹海地区共签约腾退院落81处（其中整段院落30处），完成165户共计380人的疏解任务，房屋面积5547平方米，占地面积7387平方米。白塔寺地区共签约腾退院落21处，完成80户共计226人的疏解任务，房屋面积1836.8平方米，占地面积2685.71平方米。

（邱友才）

【制定和完善区域产业规划】 年内，为加快推进非首都功能的疏解，严格落实市、区新增产业的禁止和限制目录，促进产业升级，提升区域品质，什刹海阜景街指挥部和华融金盈公司、天恒正宇公司共同对区域产业提升规划进行调整和修改，研究制定《白塔寺区域低端业态更新方案》《北京什刹海街区整体产业深化定位报告》，作为下一步产业提升的重要依据。

（康　力）

【联勤加油站迁建进入手续办理环节】 年内，什刹海阜景街指挥部为加快项目进度，主动协助项目主体，推进联勤加油站迁建项目，取得国家文物局意见和北京市文物局的《北京市文物局关于北京军区门头沟油库地安门加油站迁建项目方案核准复函》，并报北京市规划和国土资源管理委员会，已进入办理北京军区联勤加油站立项手续环节。

（钱维林）

【地铁8号线织补项目通过专家论证】 年内，地铁8号线织补项目的设计方案，在什刹海阜景街指挥部的推进下，已通过市规划委组织的专家论证，同时取得市规划委核发的《规划意见书》。地铁8号线什刹海站处于北中轴线中段重要位置，毗邻火神庙和万宁桥，其建筑设计将以明清建筑风格的二层商铺为主，通过连廊联通，不但可以减少地上人流穿行，还可以使游客通过观景平台欣赏什刹海美景。同时，置换、引入并提升“北平居饭店”等传统特色餐饮和艺术体验购物商业，形成针对年轻时尚客户群体的业态组合。

（钱维林）

【官园花鸟鱼虫市场改造项目交付使用】 7月20日，官园花鸟鱼虫市场完成主体竣工备案，9月7日交付工作正式完成。综合整治之后，在恢复房屋原貌的基础上，配合受壁街道路建设项目，实施路面硬化、立面美化、边角地植绿等环境提升措施，进一步推进周边景观和区域内环境品质提升，与北顺城公园形成休闲场所，打造成具有四合院特色的文保区。

（邱友才）

【乐春坊1号院试点项目完工】 9月20日，乐春坊1号院项目完工，总建筑面积562.2平方米的整体建筑，规划设计以“回归·院生活”为主题，以体现城市历史文化传承，传统生活空间形态延续为目标，通过院落空间的再组织，塑造院落式邻里空间形态；通过家庭室内空间的再设计，形成院落生活中家庭内部空间的集约利用；从整体风貌上努力传递出在不断演变的历史文化街区中，传统文化在空间组织与社会结构上的“重构”与表达。

（邱友才）

【兆惠府文物本体腾退启动】 年内，什刹海阜景街指挥部在征求市规划委和文物局意见后，划定兆惠府遗存的保护范围和建设控制地带，并通过区政府专题会，向区属有关部门申请资金和安置房屋。按照项目进度，腾退完毕后的兆惠府将全部封闭，交由相关文物修缮团队，完全拆除非文物建筑，还原文物本体原貌。

（邱友才）

【白塔寺试点院落改造】 白塔寺历史文化保护区地处北京民宅聚集的老街区，承载着深厚的历史积淀，但保护区区域内存在大量危旧平房，缺乏市政设施，面临现代化的挑战。试点院落改造通过对院落空间的修缮整治，为普通小院儿注入新的活力，重新让“小院儿”再现空间功能复合多样的可能性，让空间重生，让多种功能共存。在居住功能的基础上，给“小院儿”叠加富于活力的设计、文创相关功能，挖掘并引入文化触媒，复兴区域内胡同文化，达到改善居民的住房条件，营造片区微环境的理想效果。试点区域内的宫门口四条22号院、32号院、36号院，年内已完成项目主体施工。

（邱友才）

【护国双关帝庙本体修缮项目】 护国双关帝庙为西城区文物保护单位，也坐落于北京市级历史文化景观永久保护区内。除建筑价值外，对于护国双关帝庙的保护修缮，具有更深的文化价值：从朝阳门至阜成门，是一条保存中国历史上多个宗教和平共处景象的朝阜大街。在护国双关帝庙左右，西有藏传佛教寺庙白塔寺、汉传佛教寺庙广济寺，东有儒家祠庙历代帝王庙、天主教西什库教堂等，反映了中国文化和谐内涵的奇特现象。该关帝庙虽已被列为区文物保护单位，但保护状况不尽如人意，专家呼吁对其进行抢救、修缮，让文物早日得以恢复原貌，还文物尊严。截至年底，该项目已完成主体结构封顶及油漆彩绘工作。

（邱友才）

【推进什刹海区域降商业化降酒吧化】 年内，为加快推进什刹海区域非首都功能的疏解，什刹海阜景街指挥部提出什刹海区域内降商业氛围，提升区域品质的工作思路，产业的改造升级，规范区域商户的经营行为，实现降商业化降酒吧化的工作目标，制定《西城区什刹海景区综合整治工作方案》，通过加强执法、联合执法等措施，集中对区域内商户经营行为进行规范；同时，针对经营情况差的酒吧，运用市场手段商谈合作模式，用购买、租赁和人口疏解等方式和途径掌控资源，按照降低什刹海区域商业氛围、推动区域非首都功能的有序疏解原则，打造区域示范项目，引导酒吧经营商户进行产业升级，推动什刹海区域业态提升工作。

（康　力）

【街区自律组织建设】 年内，什刹海阜景街指挥部推进什刹海商会护国寺街分会的建设，发挥社团自律作用，参与街区管理和建设，组织会员企业参加相关宣传推介活动；支持护国寺街分会举办“提升城市品质、共建美丽西城”宣传周活动，宣传企业的整体形象，提高企业各商户美誉度。

（康　力）

【白米斜街疏解提升方案】 年内，白米斜街疏解提升项目已完成保护性规划方案，项目在做好节点方案设计前提下，通过设计规划以点串线，以点带面的小规模渐进式更新改造，实现以社区生活为主、适当引入文化创意产业、增加街区文化设施、加强文化展示氛围的复合型业态，带动街区发展的良性循环。

（钱维林）

【国际设计周相关工作】 年内，什刹海阜景街指挥部发挥统筹协调功能，组织审核方案，召开协调会议，全力保障什刹海、白塔寺区域国际设计周相关工作顺利开展。9月26日至10月3日国际设计周期间，在什刹海区域开展以“约会设计与艺术”为主题的“遇见什刹海”设计改造项目；白塔寺再生计划推出“城市研习与共享未来”主题活动。

（康　力）

【完成德胜门对景项目主体结构】 截至年底，德胜门对景项目按计划实现主体结构封顶。德胜门对景工程建筑项目位于西城区德胜门桥西南角，与德胜门城楼相对应。德胜门对景仿古建筑是按照明清四合院建筑风格建造，总建筑面积1.92万平方米。

（苏建新）

北京北展地区建设指挥部

【概况】 北京北展地区建设指挥部（简称北展指挥部）隶属区委、区政府，由区政府直接管理。设立总指挥，由区领导兼任，负责主持指挥部全面工作；设立1名常务副指挥，协助总指挥负责指挥部日常工作。下设办公室、产业发展处、环境秩序处。行政编制20人。北展指挥部是负责统筹推进以动物园服装批发市场（简称“动批”）为重点的展览路地区内，低端业态和小商品批发市场疏解、改造、业态调整升级工作的常设临时性机构。主要工作为统筹区域各种资源，引导批发市场人口有序疏解和产业有效提升。参与研究区域内资源利用、业态调整相关政策，编制中长期发展规划和专项规划；协调重大项目的论证、立项、引进和落地；负责交流合作活动的项目申报和组织、各类经济指标的收集整理、统计分析和研究、联络区域内商户自治组织、联席会、专家顾问等工作；同时负责牵头协调推进区域内环境的综合治理和城市形象品质提升的相关工作。指挥西直门综合治理办公室开展区域环境秩序工作；编制区域内商品批发市场环境治理的年度工作计划和实施方案；协调区委、区政府相关委办局、街道、产权单位、市场主办方等，开展对区域市场秩序、交通秩序、治安秩序等进行治理和提升，确保区域内市场的安全稳定。截至年底，共闭市7个市场，撤市约16.3万平方米，减少摊位5000个，疏解人口约1.5万人，2个新建楼宇实现业态转型。

地址：西城区展览馆路14号中俊酒店3层

邮编：100032

（尚荫南）

【完成金开利德市场疏解任务】 1月24日，位于北京动物园公交枢纽四达大厦内的金开利德服装批发市场张贴出疏解公告，并于25日开始办理疏解手续。2月4日，金开利德市场正式闭市。金开利德服装批发市场面积约3.8万平方米，摊位约2600个，市场位于四达大厦2至5层。四达大厦位于“动批”核心地带，是包含市场最多、体量最大的大厦，市场总营业面积达10万平方米，6个经营主体，包括2015年已经完成疏解的时尚天丽、惠通永源、特别特、信德时代、长征物流等公交集团自有产权市场及2016年完成疏解的金开利德服装批发市场，共计4500余个摊位。

（尚荫南）

【与沧州市高新技术开发区签订战略合作协议】 3月18日，北展指挥部与沧州市高新技术开发区签订战略合作协议，共同推动区域内商贸企业转型升级工作，推进两地商贸行业协同发展。沧州市高新技术开发区推荐企业沧州明珠商贸城作为“动批”承接地之一，为“动批”商户提供优惠经营条件，推动市场产业疏解工作。3月23日，北展指挥部前往河北省沧州市考察承接地市场情况，了解“动批”商户入住、经营和子女入学等方面情况。

（尚荫南）

【赴天津考察市场】 3月23日，北展指挥部总指挥孙硕带队，在天津市西青区副区长刘启阁陪同下，对天津市卓尔电商城展开实地考察调研，了解“动批”市场外迁情况。天津市卓尔电商城地处天津市西青区，是集生产、加工、仓储、物流、批发、电商于一体的大型市场。

（尚荫南）

【市场秩序综合整治“百日行动”】 5月10日，西城区正式启动“整秩序、打违法、保安全”市场秩序综合整治“百日行动”。5月11日，北展指挥部总指挥孙硕主持北展地区“整秩序、打违法、保安全百日行动”动员会，部署“动批”市场内外秩序的百日集中整治工作。整治工作主要围绕违章建筑、违规物流车流、安全隐患、特种设备安全、税务联合稽查、知识产权、非法出租房屋、食品安全、社会治安等9项重点内容展开。

（尚荫南）

【查处商标侵权违法行为】 5月20日起，北展指挥部协调各相关部门对世纪天乐、东鼎、众合等市场组织开展商标侵权违法行为的专项查处行动。检查工作共计31次，共检查市场239家次，检查商户12642户，查处各类案件36起，罚没34.2万元，没收侵权商品2.8万余件。将5起市场内重大商标侵权案件移送公安部门，并对13名经营者采取刑事强制措施。打击侵犯知识产权和制售假冒伪劣商品工作取得成效。

（尚荫南）

【拆除“动批”市场周边“黑物流”】 5月27日至6月初，北展指挥部与展览路街道协调城管、公安、消防、安监、交通、食药等部门，依法强制拆除世纪天乐市场、万容市场周边物流公司33间共615.64平方米违法建设。包括世纪天乐A座西侧的9间违建房，面积184.8平方米；世纪天乐A座东侧13间违建房，面积318.2平方米；万容天地东侧11间违建房，面积112.64平方米。拆除工作完成后，北展指挥部协调产权单位进行规划设计，并协调执法部门加大执法力度，防止违法行为反弹，严防“黑摩的”“黑物流”“黑仓储”在“动批”地区存在。

（尚荫南）

【整治“开墙打洞”】 6月，北展指挥部协调地区城管部门拆除文兴街1号众合服装批发市场南门13处简易结构从事服装批发的违法建设门店，共计195平方米；协调多部门对西直门外南路1号居民楼9户“开墙打洞”的底商进行整治，并协调城管、公安、消防、安监、交通、食药、街道等部门依法强制拆除违法建设共计16间226.42平方米，广告牌匾8块。

（尚荫南）

【与鄂尔多斯东胜区签订战略合作协议】 9月1日，北展指挥部与鄂尔多斯市东胜区政府签订战略合作协议，北展指挥部总指挥孙硕、鄂尔多斯市东胜区区长王美斌参加签约仪式。两地战略合作围绕紧抓首都经济产业结构深度调整升级和“动批”市场外迁这一契机，东胜区政府表示将发挥东胜区交通区位、城市配套、商贸物流、社会保障等相对优势，并承诺提供一系列优惠政策，承接北京非首都功能产业。

（尚荫南）

【高新企业表达入驻“动批”市场意愿】 10月，北京伟业皓华投资管理有限公司董事长李同伟一行前往北展指挥部进行调研。伟业皓华公司就北矿金融大厦的未来规划、招商、楼宇装修标准等情况进行了汇报，表达接手天和白马一期和众合市场的意愿，对“动批”的整体规划提出了建议。传世投联（北京）科技有限公司董事长董雪梅、东光股份董事会秘书王振江也向北展指挥部表达了入驻“动批”的意愿。

（尚荫南）

【世纪天乐市场违建专项治理】 10月初，北展指挥部协调城管与规划部门对世纪天乐市场内的违法建设展开调查，依法对世纪天乐6处违法建设立案，涉案建筑面积共计3120.76平方米。11月9至12日，拆违领导小组集中城管、公安、交通、消防、环境办、工商、食药、保安、拆除队共计700余人，在世纪天乐市场设置围挡，保障拆违工作顺利进行。

（尚荫南）

【市长调研“动批”市场】 11月7日，北京市代市长蔡奇前往“动批”视察，了解“动批”市场整体情况以及疏解进度，并就下一阶段的疏解工作做出指示。

（尚荫南）

【开展“动批”综合治理工作】 11月17日，副区长李异组织召开配合“动批”疏解执法工作会，部署安排“动批”市场综合整治工作。会议确定了《动物园批发市场综合整治工作方案》，自11月11日至12月31日对“动批”进行综合整治。共展开各部门联合执法11次。打击违法经营行为，规范市场经营秩序。对市场外秩序综合治理，整治交通秩序共处罚各类交通违章78起，扣234分，罚款1.56万元；扣留京B牌照摩托车及无牌照摩托车9辆；清障车拖走违章占道车辆32辆，清理便道自行车、电动车、三轮车70余辆。夜查物流大货车，共处罚18起，扣36分，罚款3600元。整治物流秩序，拆除世纪天乐市场围挡250平方米，清理物流大货车3辆，清除临时搭建物流简易棚6处，拆除垃圾收购、存放简易房1间，存车及无照经营食品亭子1间共35平方米，拆除榆树馆桥下早餐厅1间；整治世纪天乐市场南侧“黑物流”“黑存包”“黑餐饮”，清理“黑存包”32家、快递公司5家、物流公司7家，暂扣物品70余包，清理无照经营餐厅2家，清理各种垃圾10余车；整治万容市场东侧物流及地下通道，拆除2家物流帐篷，清理地下通道“黑存包”。整治街面秩序，暂扣三轮车40余辆、手推车13辆。对市场内秩序进行规范，治理安全隐患，消防部门检查共发现隐患117处，开具《责令改正通知书》62份，查封取缔13家，对世纪天乐处罚2万元；安监部门开具法律文书12份，要求3家市场整改，责令消除隐患10处，行政处罚1万元；质监部门检查“动批”市场14家次，检查电梯297台次，整改5次，督促相关单位更新电梯11部。打击侵犯知识产权，工商查处侵权案件13起，没收侵权箱包、鞋、服装400余件。保障食品安全，食品药品严格控制许可，取缔违法商户38家。

（尚荫南）

北京马连道建设指挥部

【概况】 北京马连道建设指挥部（简称马连道指挥部）隶属区委、区政府，由区政府直接管理。设立1名总指挥，由区级领导兼任，负责主持指挥部全面工作；设立1名常务副总指挥，协助总指挥负责指挥部日常工作。下设办公室、规划建设处和产业促进处，编制20人，在职12人。马连道指挥部是负责组织、协调、督促、服务以马连道为主的广安门外地区的业态升级和重点项目建设工作的常设临时性机构。负责综合协调涉及本区域、跨领域、跨区域的建设发展工作，组织协调推进区域重点项目。负责会同相关部门：研究制定本区域中长期发展规划、空间规划、土地利用规划等发展战略，并负责组织实施；制定马连道地区产业发展规划，提升茶企业品牌影响力，促进茶文化产业发展，树立马连道茶产业街区品牌形象；研究制定本区域产业发展的各项激励政策、措施，促进重点产业、企业总部及相关产业聚集发展。年内，马连道指挥部着力优化完善广外地区“一总三分”规划（包括《广外地区规划发展研究总报告》《广外地区交通专题报告》《马连道街区产业转型升级报告》和《马连道街区城市设计》），区委常委会审议通过规划成果。着力提升城市环境品质，加快重点道路设施建设，协调推进后续配套设施建设，强化地区重点项目调度统筹，不断改善街区发展环境。着力引领产业发展方式转变，服务产业转型升级，坚持“调控优化”，盘清底数、产销联动、管控业态、共同参与，促进产业规范发展；坚持“茶为特色”，宣传塑造街区整体“文化”和“品牌”形象，推动茶产业跨地区协同发展，促进产业升级发展；坚持“融合共生”，探索产业跨界融合，扶植多元产业入驻，搭建产学研合作平台，促进产业多元发展。

地址：西城区红莲南路57号中国文化大厦15层

邮编：100055

电话：52609418

（耿爱华）

【搭建产学研合作平台】 1月3日，马连道指挥部与北方交通大学经济管理学院签订《产学研合作框架协议》，建立全面的产学研合作关系。充分发挥双方的资源和人才优势，优势互补、共同发展，促进区域产业发展研究和高等教育理论实践的结合。

（赵新芳）

【区领导考察调研】 1月20日，区委书记卢映川调研广外马连道地区，区委常委、马连道指挥部总指挥王旭和区委常委、区纪委书记王鹏陪同调研。实地走访了马连道茶城和满堂香茶叶公司，查看了三义里小区老旧小区综合整治工作、莲花河西岸滨水绿道景观提升工程以及马连道党群活动服务中心建设情况。卢映川要求：广外马连道地区要深入推进转型发展，将“疏功能”“控人口”工作落到实处；要系统实施环境治理和棚户区改造；要坚持以党建工作为统领推进社会治理创新，更好地为居民服务。

（耿爱华）

【北方茶产业促进联盟第二次联席会】 1月21日，以“经济新常态下，传统茶行业市场如何转型升级”为主题，召开北方茶产业促进联盟第二次联席会，来自京、冀、鲁、晋等省市的27个成员单位参加会议。中国茶叶流通协会常务副会长王庆、西城区区委常委王旭出席会议并讲话。区商务委、旅游委、功促局、工商分局、食药监局等部门参加会议。联盟各成员单位就茶产业的发展趋势、应对新常态的措施、企业转型升级经验等方面进行沟通交流。

（赵新芳）

【“什刹海茶话”主题系列活动】 马连道指挥部积极探索地区产业跨界融合发展，5月16至20日，突出“茶文化，走出马连道，走进什刹海”宗旨，与区旅游委、什刹海街道办事处联合举办“什刹海茶话”主题系列活动。选定街区30余家知名茶企组成展示团队，展示了以憩园、龙润茶室为代表的特色茶室、茶空间，以贵州绿茶、福鼎白茶为代表的地方特色茶文化，以“京华”“猴坑”为代表的中华老字号茶叶品牌，促进街区产业转型升级，引导企业拓宽发展思路。

（赵新芳）

【地区规划通过区委常委会审议】 年内，马连道指挥部按照首都城市战略定位，进一步修改完善广外地区“一总三分”规划，统筹谋划疏功能、调结构、控人口、促转型，科学布局广外地区生产、生活、生态空间。6月15日，第11届区委常委会第105次会议审议通过规划成果。编制过程中，梳理出广外地区49个织补更新地块项目和26个市政道路建设项目，拟通过规划实施，切实改善地区环境，提升城市品质。部分项目已被有关部门转化为政府项目落地实施。

（张　婷）

【推进手帕口南街综合项目】 年内，马连道指挥部研究分析2014至2015年梳理地区49个织补更新地块的成果，选定手帕口南街项目、百姓家园项目以及手帕口南街82号院项目，深入研究实施路径。多方协调各委办局和产权单位，取得项目人、地、房信息基础数据和上位规划，组织前端公司开展项目基础方案设计、资金测算及后续工作思路研究等工作。统筹考虑调控人口、增加绿地、盘活教育资源和降低地区建设总量目标，强化整合资源和集中打包，多方协调规划部门控规调整工作。7月13日，副区长李岩带队与市规划委副主任王玮及详规处、建管二处沟通项目控规调整方案，得到肯定和支持。8月17日，经西城区政府第143次政府专题会议研究，决定由马连道指挥部统筹合并调度手帕口南街项目、百姓家园项目以及手帕口南街82号院项目为手帕口南街综合项目。会后马连道指挥部研究项目实施路径及方案，梳理下一步工作思路，完成项目建议书编制单位的选定工作。

（张　婷）

【南马连道路配套雨水泵站工程】 年内，马连道指挥部加快推进泵站退水管线铺装工作，督促中铁六局完成基坑土方开挖及邻近铁路的92米退水管铺装工作，督促泰德市政公司完成京铁和园南侧至入河口的557米退水管线铺装工作，剩余30米入河口管线铺装工作待方案经凉水河管理处认可后实施。多次协调市排水集团、市公联公司、凉水河管理处推进退水管线入河口并网和手续办理事宜，优化方案设计。协同防汛部门部署防汛应急工作，汛期前督促市公联公司上报应急预案，做好应急准备。组织项目负责单位、施工单位完成泵站外接电力勘测。

（张　婷）

【茶马北街西口道路项目】 上半年，马连道指挥部推动区住建委确定道路建设计划，并与丰台区住建委对接，开展道路建设手续办理工作。推动道路前期征收工作，督促广安基础公司于9月29日发布招标公告，开始招标工作，11月28日张贴房屋征收暂停办理事项公告，冻结可能影响房屋征收活动的各类登记手续；协调城管部门推进道路范围内的违法建设拆除工作。

（张　婷）

【北京茶叶博物馆开馆】 8月18日，北京茶叶博物馆正式开馆运营。博物馆地处北京市西城区马连道路14号的京华茶业大世界四层，由北京二商集团出资，北京二商京华茶业有限公司承建，面积近900平方米，展厅分设为序厅、茶之源流、茶之内涵、茶之体验、尾厅五部分。展示了中国茶文化的起源、发展及传承，符合首都“文化中心”定位和西城区“文化兴区”要求，为首都市民提供了一个学习、体验和交流茶文化的平台。其立足马连道，将老字号深厚的文化底蕴与旅游经济、体验经济、文化创意产业紧密结合，带动企业转型发展，为街区产业转型升级树立了良好典型。

（赵新芳）

【马连道东二号路项目】 9月5日、6日，副区长姜立光、王旭分别召开会议，研究调度马连道东二号路项目建设工作。马连道指挥部根据会议要求，协同广外街道和城管部门有序协调，加快推进道路内中国移动公司围墙退线、热力供应和违章建筑拆除工作。12月10日，完成道路范围内双安红莲市场拆除工作，年底前完成中国移动公司热力用房选址。推进广外街道与二商集团京华茶叶公司协商其道路范围内所属用房事宜，协调城管部门推进道路范围内联通公司基站拆除工作。

（张　婷）

【整合资源推进产业升级和功能疏解】 年内，马连道指挥部以《马连道茶文化街区业态发展指导目录》为指导，引导服务市场调整疏解和茶城自主转型升级。引导遵义红茶城转型为贵州风土民情和文化特色产品集中展示区域，实现撤户近30家。推进京马茶城整治，清退商户25户，拆除违法建筑29间，面积约900平方米。

（赵新芳）

【启动茶文化公益大讲堂活动】 9至12月，马连道指挥部层层甄选组建专家宣讲团，整合资源举办“马连道茶文化公益大讲堂”。以现场讲座、微视频、微直播等形式固定时间和地点举办讲座，讲座涵盖茶文化、陶瓷文化等多个传统文化领域内容，倡导“文化马连道 品味慢生活”的新中国式生活方式，搭建起向社会各界弘扬以茶文化为代表的传统文化宣传平台以及茶产业与其他多元产业共促发展的融合平台，树立街区文化精品形象。

（赵新芳）

【马连道文化创意街区茶企基本情况调查】 年内，马连道指挥部组织开展西城区马连道文化创意街区茶企基本情况调查，调查范围是马连道街区所属10个社区的3000余个茶业相关法人单位、产业活动单位以及个体经营户。调查在指标设置上涵盖了反映茶业企业客观经营情况和企业主观需求两方面内容，还包括批发、物流和仓储功能的数据及问题，为街区产业转型升级工作的推进提供了详实数据支撑。

（赵新芳）

【推出茶旅结合项目】 年内，马连道指挥部与区旅游委联手推出街区和茶产区省市内外互动、文化生态共享的“8＋6”茶文化旅游线路。将街区内有代表性的北京茶叶博物馆、天月普洱茶博物馆、满堂香悦茶会、京彩瓷博物馆、黄山猴坑太平猴魁体验店、更香茶楼、憩园茶体验馆和北京茶业交易中心所在的马正和茶城等8个旅游体验节点串联成一条精品体验线路，将马连道和茶产区的生态旅游相结合，推出武夷山、婺源、湄潭、桐木关、福鼎、武义等6个精品茶文化旅游项目，集参观、体验、餐饮、旅游等多种元素于一体，茶文化与绿色生态体验相结合，传承并拓展了茶文化内涵，是茶产业与旅游产业融合的一次成功尝试。

（赵新芳）

西城区重大项目建设指挥部办公室

【概况】 西城区重大项目建设指挥部办公室（简称区重大办）是主要负责全区重大工程项目统筹协调工作的常设机构。内设综合科、财审科、征收事务科、项目管理科、保障房建设管理科、执法维稳工作科6个职能科室。主要职责是组织编制本区重大项目建设总体计划；负责本区内重大项目建设的组织协调、综合、调度和监督管理工作。协调有关部门和单位推进重大项目的立项、规划、用地、征收等前期工作；协调区政府有关部门按总体计划要求在项目建设各阶段加快办理各项行政审批手续。参与拟订重大项目房屋征收方面的政策措施；组织编制重大项目房屋征收年度计划；做好重大项目房屋征收的管理和协调工作；指导和协调相关部门推进功能街区、市政基础设施、轨道交通等重大项目及其他专项工程的征收工作；协调重大项目建设中产权单位的搬迁工作。负责本区房屋建筑的抗震节能综合改造和老旧小区整治工作。协调区政府主管部门监督重大项目建设，贯彻落实安全生产、工程质量、资金使用、招标与采购、合同履行等方面法律法规，落实"阳光工程"的各项要求；参与重大项目建设工程事故应急工作。组织重大项目年度资金使用计划的编制，协调、落实资金计划的执行；组织协调重大项目的竣工验收、竣工结算和决算工作。负责全区保障性住房建设和定向安置房源的统筹协调工作。承办区委、区政府交办的其他事项。年内，协调推进棚户区改造项目41个，市级下达指标5000户，年内共签约7459户，完成149%，总量和进度均位于全市前列。成功启动西城区规模最大的白纸坊地区5600户棚改项目，实现3个月签约98%的显著成绩。规范政策机制，形成涵盖全区全部政府主导项目的政策框架体系；强化公开公示，在"九步五公开"基础上实现"两到位三到户"；创新群众工作，建立"一委一会四站"工作新模式，赢得广大群众的认可和支持。

地址：西城区培育胡同15号2层
邮编：100051
电话：81025983

（丛丹丹）

【重点征收拆迁项目】 年内，区重大办围绕西城区重大征收拆迁项目，及时协调、督进，完成6个项目，其中国税总局金税工程于7月1日完成签约工作；三里河十七部委、三里河国家发改委项目完成全部征收工作；太平街二期、槐柏树后街完成搬迁工作，新街口北大街拆迁全部完成，道路建设全面开工。宣武医院项目、地铁19号线一期工程2个项目取得阶段性成果，其中宣武医院项目拆迁剩余130户，完成88%，主体建设已结构封顶；地铁19号线一期工程牛街站、平安里站、积水潭站、北太平庄站均已进场施工。菜市口220千伏站及生产附属设施项目已签约36户，完成88%；联通大楼项目已签约32户，完成74%；自来水调度中心大厦工程签约35户，完成89%；地铁8号线三期珠市口站完成93%；香炉营L地块项目仅剩1户；西直门内大街剩余居民15户，单位2家；北纬路签约52户，完成65%，单位产签约14家，完成82%；永安路签约136户居民，完成71%，单位产已全部签约。

（丛丹丹）

【老旧小区综合整治项目】 年内，区重大办继续推进老旧小区综合整治工作，围绕疏解整治促提升十大专项行动，推进"西城区老旧小区改造建设十项提升工程"，着力破解老楼加建电梯、增加停车设施、拓展群众公共空间等难题，持续做好抗震加固、简易楼腾退等群众呼声高、期盼切的工作，着力提升建筑品质、修复基础设施、完善基本功能、方便居民生活，切实改善群众居住环境，提升生活品质。年内，坚持以提升楼房抗震设防标准，改善居民居住条件为原则，征求居民意见，优化改造方案，严把施工安全质量关。截至年底，抗震加固共完成24栋7.7万平方米，惠及居民1342户。简易楼改造始终把楼的安危放在首要位置统筹解决，对于确实存在安全隐患、居民呼声强烈的简易楼，优先安排资金和房源予以启动，同时探索借鉴房屋征收的模式和采取民意立项机制推进简易楼改造进展。截至年底，启动腾退简易楼31栋2.7万平方米，惠及居民862户。全面提升老旧小区品质，对已完成抗震加固和节能改造的小区公共部分进行整治。截至年底，完成万明园小区、红莲南里小区等28个（栋）小区、楼房的外立面粉饰、上下水改造、小区路面铺装等单项或多项内容的改造工作。同时，按照市政府统一部署，探索老旧小区综合整治、配套提升和长效管理新模式，推行民意立项机制，广泛征求居民意见，在实地调研的基础上，明确安德馨居、灵境、里仁街3个小区作为试点，下一阶段进行重点研究和推进。

（丛丹丹）

【成片棚户区改造项目】 年内，按照国务院和市委市政府关于加快棚户区改造工作的要求，西城区结合中心城区实际，坚持从实现好群众的切身利益出发，把棚户区改造作为最大的民心工程，集中力量，破解难题。协调推进棚改项目41个，市级下达指标5000户，年内共签约7459户，完成149%，总量和进度均位于全市前列。同时，在组织机制、实施模式、政策研究等方面进行了探索和创新，成功启动中心城区规模最大的白纸坊地区5600户棚改项目，实现3个月签约98%的显著成绩。在各相关单位共同努力下，逐渐形成“政府主导、国企实施、领导靠前、全区参与”的组织体系和专项指挥部模式；健全完善了规范系统的政策机制，形成涵盖西城区全部政府主导项目的“三核心三配套”政策框架体系；强化公开公示工作力度，在“九步五公开”〔第一步，房屋征收申请；第二步，项目公益性质论证；第三步，张贴暂停办理事项公告（公开一）；第四步，选定房地产价格评估机构（公开二）；第五步，房屋权属情况调查登记（公开三）；第六步，拟定征收补偿方案（公开四）；第七步，进行社会稳定风险评估；第八步，预签协议；第九步，作出征收决定（公开五）〕基础上实现“两到位三到户”（两到位是，征收决定前，也就是第九步前，征收资金全额到位；预签协议前，也就是第八步前回迁和外迁房源全部到位，明确户型和价格。三到户是，入户调查结果、预分方案、补偿结果全部公开到户）；探索创新服务群众工作理念，建立“一委一会四站”（设立临时党委和党支部，全面加强党的领导；建立居民工作协调委员会，由居民投票选举产生，全面参与棚改工作，成为联系政府和群众的又一条纽带，发挥监督和配合两方面作用；建立居民接待站、人民调解工作站、法律服务站和公证服务站，在一线化解居民矛盾，提供司法救助、法律咨询、公证等专业服务，将服务群众理念做到实处）群众工作新模式，赢得了广大群众的认可和支持。

（丛丹丹）

【征收项目协调会】 1月8日召开北纬路征收进度协调会及项目审计工作协调会；2月1日召开地铁19号线涉及西城站点相关工作协调会；2月3日召开地铁19号线积水潭站相关问题协调会；2月17日召开国家大剧院南侧变电站、永安路、北纬路征收工作协调会；2月25日召开灵镜胡同33号、35号院腾退工作协调会；3月7日召开地铁19号线施工现场中地铁6号线滞留户问题情况协调会；3月28日召开灵境地铁19号线金融街站占地工作协调会；3月31日召开永安路、西交民巷110千伏变电站及征收项目启动会；3月31日召开永安路、西交民巷110千伏变电站及红居北街东段启动动员大会；4月12日召开北纬路项目综合整治及永安路道路征收工作协调会；4月20日三里河三区项目手续办理及组织架构相关工作调度会；4月21日召开国家税务总局项目征收协调会；5月9日召开永安路道路征收工作调度会；5月16日召开永安路、北纬路项目征收协调会；6月6日召开地铁19号线牛街站及平安里站扩拆相关工作协调会；9月1日召开地铁19号线金融街站占地、地铁19号线北太平庄占地、永安路征收工作协调会；9月7日召开19号线金融街站占用丽思卡尔顿酒店东北角用地协调会；9月21日召开地铁19号线金融街站占地、地铁19号线征收工作协调会；10月9日召开金融街成方街中国联通大楼项目现场征收工作调度会；11月29日召开新街口北大街和西直门内大街拆迁工作调度会。

（丛丹丹）

【老旧小区工作例会】 2月3日召开关于西城消防支队工程建设相关工作会议；3月22日召开关于老旧小区综合整治工作的例会；5月16日召开广外有关环境建设项目问题的调度会；5月18日召开北方昆曲学院项目问题协调会；6月20日召开关于广外大街197号平房纳入边角地整治有关问题协调会；7月5日召开关于老旧小区综合整治相关问题协调会；8月9日召开关于老旧小区综合整治相关工作协调会；10月27日召开关于老旧小区综合整治及简易楼腾退工作协调会。

（丛丹丹）

（责任编辑　陈　艳）

综合经济管理

经济和社会发展

【概况】 北京市西城区发展和改革委员会（简称区发展改革委）是区政府主管全区经济发展和改革的工作部门，内设13个行政科室（办公室、国民经济综合科、固定资产投资科、社会发展科、产业发展科、体制改革科（法制科）、环境资源科、价格管理科、人口科、协同发展科、人事科、老干部科、机关党委），物价检查所科室7个，下属事业单位3家（西城区经济信息中心、西城区政府采购中心、价格认证中心），在职113人。年内，区发展改革委在区委、区政府的领导下，以扎实开展“两学一做”学习教育活动为契机，立足区域发展大局，紧跟全区工作节奏，全力抓好综合经济调度，积极推动投资落地、产业促进和民生保障等各项工作，确保全区经济保持平稳增长。

地址：西城区西直门内大街275号综合行政服务中心

邮编：100035

电话：82141212

（吕婷婷）

【深入实施京津冀协同发展战略】 年内，区委、区政府成立西城区推进京津冀协同发展领导小组，负责统筹调度，推进相关工作。以重点区域为突破推动非首都功能疏解，研究确定“一二六”工作思路：明确一个要点，《西城区疏解非首都功能、推进京津冀协同发展2016年工作要点》；出台两个方案，《西城区京津冀协同发展对接推进机制工作方案》和《2016年疏解非首都功能和人口规模调控工作方案》；明确六项原则，“十三五”期间西城区疏解非首都功能工作要坚持分区施策、重点突破、资源调控、转型发展、多元参与、统筹协调六项原则。建立疏解整治工作台账，全年组织召开各种工作调度会20余次，开展专项督查5次，上报区领导“疏非任务量化指标及人口三本账”专报3次，编发工作简报23期。对区域内市属企业参与疏解非首都功能和完善城市服务功能情况调查、区属企业迁入迁出情况、腾退房屋空置情况等进行分析，为区领导决策提供参考。主动加强协作对接，2次赴河北省保定市协同办对接工作。与兄弟区做好配合，多渠道帮助市场主体向天津、河北等地疏解。在新城建设中对教育、养老院、医疗卫生等公共服务资源给予支持。

（祝欣伟）

【全区经济运行情况】 年内，全区实现地区生产总值3533.6亿元，同比增长6.5%；三级税收4635.5亿元，同比增长0.1%；区级公共财政预算收入413.8亿元，同比下降8.3%；全区完成固定资产投资252.7亿元，同比增长2.7%。城镇居民人均可支配收入71863元，同比增长6.5%；城镇登记失业率为0.84%，同比下降0.02%。

（吕婷婷）

【推进“十三五”规划纲要发布及专项规划编制】 年内，完成“十三五”规划纲要的任务分解方案，对《规划纲要》确定的规划指标、发展目标和重大任务进行全面分解，共195项任务。44个专项规划历经前期调研、规划起草、集中研究、论证审议四个阶段，已全部完成并编制成册。为了让全区人民能够共享改革发展的成果，分项规划把保障和改善民生放在更加突出的位置，其中有21个规划（占全部规划的48%），在养老、医疗、教育、社会保障、环境治理、基础设施建设等方面，都提出了明确的目标和具体的要求。

（吕婷婷）

【出台规划建设管理实施意见】 年内，出台《西城区人民政府关于进一步加强规划建设管理工作全面提升城市品质的实施意见》，按照体现首都特征和区域特色、建设国际一流的和谐宜居之都目标要求，通过精致规划、精心建设、精细管理、精准服务，全面提升中心城区的功能品质、文化品质、生态品质、宜居品质、建设品质和管理品质，更好地保障首都职能履行，更好地服务市民生活宜居，更好地展现城市文化风采。

（吕婷婷）

【召开经济社会发展形势分析会】 年内，区发展改革委主持召开1次经济社会发展形势分析会，区四套班子领导出席，区委、区政府各综合部门的主要领导、主管领导参加。会议对经济社会发展的内外部环境进行深入讨论，就区内各主要指标完成情况、发展中的重点、难点问题等进行全面细致分析，确定下一步重点任务及对策措施。为全区经济工作和领导决策提供重要参考和信息支撑，促进经济运行呈现持续健康的良好态势。

（吕婷婷）

【完成国民经济和社会发展计划报告】 年内，建立健全全区国民经济和社会发展计划编制与执行工作体系，完成半年、1–10月份及全年国民经济和社会发展计划执行情况的报告，对各项监控指标进行预测。就重点工作任务进行安排部署，加强对全区经济社会发展情况的把握，为政府开展下一阶段工作提供参考依据。将计划执行情况及下一阶段主要目标安排向区人大常委会进行工作汇报，自觉接受监督。

（吕婷婷）

【推进政府投资工作】 年内，印发西城区2016年政府投资计划，通过加大统筹协调力度、开展靠前下沉式服务、规范项目管理等措施，狠抓项目推进和投资落地，政府投资计划调整率不断降低，重点领域项目形象进度突出，计划实施取得积极成效。启动2017年政府投资计划的编制工作，开展项目征集，加强与部门对接，为投资计划的科学编制打好基础。完成《西城区“十三五”时期固定资产投资和重大项目专项规划》编制工作。争取市级资金支持，推进旧城风貌保护、微循环道路、教育、便民文体设施及节能等项目建设。

（姜　倩）

【开展重大项目稽察】 年内，为加强对区政府投资重大建设项目监管，及时了解项目进度和投资完成情况，确保政府投资落到实处，区发展改革委会同第三方评审机构组成联合稽察组，对列入2016年西城区政府投资计划的部分项目进行专项稽察。本次稽察所涉30个项目总投资约36亿元，其中未开工项目10项、在建项目15项、已完工项目5项。稽察结果显示，所涉项目进度和投资完成情况总体良好，个别项目存在档案管理不严格等情况，已下发整改通知，按要求进行整改。

（陶晓峰）

【梳理完善权力清单】 年内，对行政审批事项、行政处罚事项、行政确认、行政征收、行政检查以及其他权力事项的权力清单进行进一步的梳理和完善，并对事项的通用责任清单进行逐项细化，梳理形成工作环节和应尽责任。权力清单中涉及行政许可4项、行政处罚53项、行政确认1项、行政征收1项、行政奖励2项、行政检查6项、政府内部审批4项、其他权力10项。

（陶晓峰）

【服务驻区企业】 年内，支持驻区企业向国家、市级部门申报高技术产业化、企业技术改造提升项目21个，项目总投资36.17亿元。向国家发改委、市发改委推荐专项征集项目12个，投资18.42亿元。做好区委、区政府主要领导走访重点税源企业工作，开展对财税贡献前200家企业的行业类别和区域进行全面分析。组织完成西城区政府与北京京城机控股有限责任公司战略合作框架协议签约工作。

（裴　丽）

【促进产业发展】 年内，抓好产业政策评估工作，对《西城区鼓励和促进企业上市办法》《西城区关于促进文化创意产业发展的若干措施》《入驻天桥艺术大厦机构租金补贴实施办法》《入驻天桥艺术大厦工作室租金补贴实施办法》进行评估、评价。深入研究西城区“高精尖”领域未来发展模式，研究区域内金融业、科技、文化以及以金融业与相关产业联动发展模式，完成《西城区“高精尖”领域未来发展模式》的课题调研。

（裴　丽）

【节能降耗】 年内，严格落实节能减碳目标责任制，对45家企业开展能源审计工作，对10家重点用能单位开展清洁生产审核，支持13家用能单位进行节能改造，推动区域内参加碳排放权交易的企业全部完成年度履约工作。全年能源消耗总量389.45万吨标准煤，单位地区生产总值能耗下降5.19%，单位地区生产总值二氧化碳排放下降6.2%，完成市政府下达的全年指标。

（刘淑蕊）

【价格监督检查】 年内，围绕稳定价格水平这条主线，开展日常检查、节日检查和专项检查。对教育收费、医疗收费、药品价格、涉企收费、物业收费等进行检查。查处各类价格违法案件17件，实现经济制裁总金额8.5万元。受理价格举报投诉案件1358件，已办结1155件，办结率为85%。不断加强价格认证工作规范化建设，共受理委托评估案件823件，标的金额786万元。

（吕　博）

【价格鉴定】 年内，共办理涉案物品价格鉴证和各类资产价格认证1158件，鉴定标的金额1201.55万元。

（石　英）

投资服务

【概况】 北京市西城区发展服务中心（简称区发展服务中心）是承担行政辅助职能的区政府直属正处级全额拨款事业单位，由西城区功能街区产业发展投资促进局代为管理。下设办公室、项目促进科、信息资源科、交流合作科4个职能科室，事业编制20名，实有人员18名，退休1名。主要职责：负责宣传投资政策，建立与境内外客商的联系渠道，反映境内外客商的意见和要求；组织参与境内外有关投资促进活动，组织实施重大项目招商活动；为境内外投资客商提供投资环境考察、信息、投资导向、申报程序、法律法规等方面的服务工作；负责西城区投资促进网络的建设、运行与维护工作；负责重点招商项目库、重点客商名录库的建立工作；协助落实功能街区重大项目的论证、立项申请及引进工作，做好项目跟踪服务。

地址：西城区培育胡同15号

邮编：100052

电话：83538270

（汪 洋）

【协办中国国际投资贸易洽谈会】 9月，2016中国国际投资贸易洽谈会在厦门国际会展中心开幕，区发展服务中心配合组织会议，做到早介入、早策划、早筹备。坚持“以项目引领活动，以活动落实项目”，参加展览展示、精品路演和项目对接等重大交流推介活动，展示塑造西城区良好形象及优越的投资环境。参加此次洽谈会的项目有北京阜城文创产业园区、设计之都核心区（设计之都大厦）、马正和茶文化中心、广安中心项目、天际数字技术融资并购、广安一期项目等。获大会组委会颁发的优秀组织奖。

（金 哲）

【征集项目参与第20届京港洽谈会】 11月，以“深化京港金融服务合作推动两地经济创新发展”为主题的第20届北京·香港经济合作研讨洽谈会在北京召开。西城区代表团共携26个推介项目参会，涉及总投资额约1031亿元。涵盖房地产、金融服务、文化创意等多个领域，其中既有北京茶业交易中心等金融产业项目，也有北京DRC工业设计创意产业基地、大栅栏北京坊、北京天桥艺术中心等文化创意产业项目，展示了西城区作为首都功能核心区的良好投资环境和美好发展前景。

（金 哲）

【组织重点企业赴天津市交流】 11月，组织区重点企业天恒置业、张一元、菜百、华远集团、天桥盛世及区工商联、大栅栏琉璃厂建设指挥部、什刹海阜景街建设指挥部等相关单位赴天津市河北区交流宣介活动。此次活动以“协同发展、共创未来”为主题，通过项目对接、合作研讨、交流宣介等形式进一步加强同天津市河北区的交流合作，为驻区企业走出去、做强做大产业链搭建平台。此次活动中，先后参观考察白金湾广场、津源大厦、国家自主创新示范区河北分区、通广科技产业园等地，了解各个项目区域位置、周边配套设施建设等情况。在两区举办的交流洽谈会上，两区先后介绍了各自的社会经济发展、功能定位、发展战略等情况，西城区重点企业先后就文化演出交流、院线建设、物业管理分公司申请与落户、房地产开发、老字号入驻等问题进行咨询。河北区相关单位负责人对企业落户、政策优惠、手续办理等进行了一对一的详细解答。会后，西城区有投资意向的企业与河北区相关负责人进行了对接。

（郑清江）

【举办产业促进专题培训活动】 11月24日至25日，为适应京津冀协同发展新形势，进一步提升产业促进工作能力和水平，更好地为区域科学治理、提升品质服务，组织相关部门开展产业促进专题培训。培训会上，邀请区委区政府研究室领导、投资促进领域的专家分别围绕区情和投资促进的相关理论与实务展开培训。区商务委、区国资委、区旅游委、金融街建设指挥部、大栅栏琉璃厂建设指挥部、天桥演艺区建设指挥部、什刹海阜景街建设指挥部、马连道建设指挥部、工商西城分局等区属单位共20人参加培训。培训人员表示，此次培训既有实效性又有针对性，所学的许多知识都和工作息息相关，理论水平得到提升，思路进一步拓展。

（汪 洋）

【项目征集转介】 年内，加强与市投促局联系，参与全市投资促进系统项目会商工作，建立项目会商联络机制，定期组织相关人员召开全区项目会商会议，沟通招商信息，推动在谈重大项目，促进重大项目落地。借助组织参加各届中国国际投资贸易洽谈会及各届京港洽谈会的契机，做好“投联网”项目信息上架工作。每年第二季度和第三季度分2次对全区各相关部门进行项目征集，共征集房地产、文化创意、信息传输、计算机服务和软件业等20余个项目，项目涉及总金额约460亿元。其中文化创意产业类和高新技术产业类项目投资额较小、所占比重逐年提高，投资额较大的项目主要集中在房地产行业。借助市投促局这一平台，做好项目转介工作。加强与市投促局相关处室的合作沟通，借助市投促局信息库的力量对有意向投资西城的企业进行筛选，建立西城区项目促进工作的方向和目标。

（周 琳）

【主要功能区经济比较分析及投资信息监测报告项目研究】 年内，完成《西城区主要功能区经济比较分析及投资信息监测报告项目研究》。《研究》从基础信息着手，以科学的手段和方法，汇集各种经济数据、产业信息、企业信息、成功案例和政策法规，并利用先进的理论和研究方法，进行科学、系统的分析和筛选，从而为招商选资工作提供可靠的依据，为企业投资项目的评估提供依据，为各项政策和决策的制定提供依据，为西城区转型发展奠定坚实的基础。

（郑清江）

【产业协同发展前景研究】 年内，完成《西城区产业协同发展前景研究》。《研究》旨在分析西城区重点产业发展现状并研究其发展前景，为京津冀产业协同发展，实现优势互补、良性互动打下坚实的基础，加速产业自身结构调整与提升，解决资源过度集聚与和谐发展之间的矛盾，促进西城区经济可持续发展。研究课题成果和建议具有科学性和可操作性，对京津冀产业转移、对接具有较强的参考性。

（丁艳艳）

【新金融产业园的深化实施方案】 年内，探索闲置和已疏解空间资源的产业选择方向和产业重置方法，制订《新金融产业园的深化实施方案》。在疏解非首都功能的形势下，西城区高精尖产业发展面临市场需求旺盛与空间供应不足的矛盾。该方案旨在为西城区发展新金融产业建立一个平台，打造区域闲置资源产业重置的样板。

（金　哲）

政府投资项目建设

【概况】 北京市西城区政府投资项目建设中心（简称区建设中心）是西城区政府直属正处级全额拨款事业单位。下设办公室（含财务）、代建及中介管理科、项目建设管理一科、项目建设管理二科、项目建设管理三科5个职能科室。主要职责：延续以往工作，继续推进原有在建项目进度；负责区政府投资项目建设的监督检查、协调和管理工作；受区发改委委托，负责区域内基本建设领域的专项建设规划政策研究和资源调查、梳理、配置工作；承办区政府和上级业务指导部门交办的其他事项。2016年办理验收备案手续项目1个，为西城区公共卫生大厦；实施项目1个，为节能在线监测平台项目。10月22日起，据北京市西城区机构编制委员会文件，由西城区发改委代管的西城区政府投资项目建设中心，调整为由西城区住房城市建设委（重大办）代为管理，其他保持不变。

地址：西城区西直门内南小街国英1号502室

邮编：100035

电话：58562975

（李丹梅）

【节能在线监测服务平台项目】 年内，西城区节能在线监测服务平台建设项目继续实施，截至年底，区内共有19家重点能耗单位和公共机构进行了节能改造，其中包括国家大剧院、积水潭医院、英蓝物业等单位。项目建设主要是进行水电节能改造及数据监测系统建设。全年完成政府专项投资657.07万元。

（李丹梅）

【验收备案项目】 年内，西城区公共卫生大厦正式交付使用，总建筑面积22705平方米，总投资额1.41亿元（《北京西城年鉴》〔2015、2016〕中记述的总投资额存在误差，以此数字为准）。区建设中心与使用方共同进行设备调试，外围绿化工程的调整与补种，以及解决使用中发生的各种问题。截至年底，项目所有调试完毕，正式进入验收备案阶段。

（李丹梅）

统　计

【概况】 北京市西城区统计局（简称区统计局）是区政府负责管理全区统计工作的职能部门，北京市西城区经济社会调查队（简称西城经济社会调查队）是北京市经济社会调查总队的派出机构，与区统计局合署办公，共同负责本地区的统计工作。下设20科室，在编人员142人。年内，围绕全市统计改革目标，聚焦疏解控人、城市品质提升、京津冀协同发展等全区中心工作，以确保数据质量为核心，以提供优质服务为宗旨，以完善监测体系为抓手，在助力区域发展、服务政府决策、采集舆情民生等方面取得了一系列成果。开展“两学一做”学习教育活动和“数据造假、买数卖数、以数谋私”专项治理工作；以人口动态、重点区域等多项统计监测工作助力区域发展；强化课题研究成果转化，创新产品形式。作为主答部门，首次亮相区“两会”现场，开启住户调查宣传新模式，以路演形式开展“统计·服务”主题开放日活动；着眼“七五”推进统计普法工作，发挥法律顾问作用，以信息化手段推动统计执法建设；推动名录库进社区，基层基础工作初显成效。获“中国信息报社统计宣传工作先进单位”“各区政府统计工作综合考核评价第一名”等称号。

地址：西城区太平桥大街107号

邮编：100033

电话：66523595

（王旭芳）

【优化统计服务】 年内，抓热点、强服务，提升统计“生产力”。一是强化课题研究力度，注重研究成果转化。对“三金海”（三里河—金融街—中南海周边）地区和谐宜居监测指标体系等热点问题开展研究。将课题研究工作细化到街道层面，开展动批疏解后北展区域功能布局和转变的研究等。将统计研究成果《西城区产业功能和人口优化调整研究》进行转化，区“两会”期间，编印成图册和《西城区经济社会发展十年回顾》等参阅资料受到代表、委员欢迎。二是创新产品展现形式。突出携带便利、快速查询、共享快捷等特点，首次推出年鉴电子书；将图片、表格等可视化元素融入区情和季报制作中；在微信公众号“阅图数据”栏目中，对主要经济指标进行形象化、通俗化解读，提高统计数据传播度。三是聚焦城市品质提升工作和园区高新技术企业发展。开展全区改革提升城市规划、建设、管理和服务水平调查，全区居民宜居品质调查，居民生活态度系列调查，“七五”普法市民法律服务需求调查等21项调查。跟踪“三率”（地均产出率、劳均产出率、产业集中率）等重点考核指标进度，运用自主调查、调研、统计建模等多种方法分析科技投入与经济产出的关联性，形成课题研究成果，为全区制定高新技术产业发展政策提供参考依据。

（王旭芳）

【人口动态监测与抽样调查】 年内，主动作为，对接需求，不断推进人口动态监测工作。制定人口疏解任务、改版人口动态监测台账，覆盖社会管理、产业调整、功能疏解、人口管理、房屋管理、拆违打非、公共服务等若干个总项，涉及街道和部门35个，表种58张，指标203个，并采用信息化手段完善数据报送、审核、评估机制，推进疏解项目信息共享整合；加入部门、移动等人口相关监测数据，逐步形成一套以监测台账为主，以居民用水、用电、天然气、生活垃圾、移动监测居住人口等大数据为辅的人口监测指标体系，形成以分析、专报、课题等为主体的系列统计产品，以满足对人口数据的个性化统计需求。开展2016年度人口抽样调查工作，在国家和北京市抽取78个社区147个调查小区的基础上，进行了样本的扩充，补充抽取剩余183个社区内的不同类型的建筑物内近8000户，做到辖区内社区100%覆盖。

（王旭芳）

【统计宣传】 年内，抓传播、强发声，注重宣传平台建设，打造统计“好声音”。一是作为主答部门，亮相区“两会”新闻发布会，面对媒体提问，区统计局与区发改委、区重大办等相关部门负责人共同解答媒体的问题。二是住户调查转变思路，开启宣传新模式。调查员将晦涩难懂的统计术语转化为“听得懂、好接受、能记住”的通俗化语言；开展“牵手住户记账，打开心灵之窗”等主题活动，以记账户、调查员讲述亲身经历等形式，提升居民的认知度、参与热情及参与意识；拍摄题为《同舟共‘记’》的宣传片，以真实记账故事为主线，再现记账工作情景，达到“观者喜见，闻者走心”的宣传目的。三是多维传播，完善统计“大宣传”格局。开展“统计·服务”主题开放日活动，以路演形式，展现政府统计部门取得开发成果；发挥新媒体优势，更新“西城统计”微信公众号46次，发布信息85篇，关注人数达到2844人；延续信息发布态势，全年《中国信息报》与《北京西城报》采登稿件37篇、国家局网站采登动态信息20篇、市局网站采登信息240篇、《西城信息》采登信息近150篇。

（王旭芳）

【依法统计】 年内，抓普法、强执法、注重诚信品牌建设，不断提高统计“威信力”。一是着眼“七五”普法，创新手段，稳步推进统计普法工作。开展以《北京市统计条例》为内容的在线答题活动，拍摄题为《诚信统计之路》的微电影；树立诚信统计榜样，在《中国信息报》上刊发《“诚信统计单位”怎样炼成》介绍燃气集团统计工作纪实。二是借助外脑，转变视角，法律顾问助力依法行政建设。聘请资深律师作为法律顾问，提供法律服务的同时，也有效提升了统计干部依法行政意识，拓展了研究判断问题的能力和水平。三是关口前置，高效管理，信息化手段助力统计执法建设。自主研发双随机抽样程序，实现每名执法人员随机分配执法单位；利用执法案卷电子化查询库系统，以历年执法案件数据和年定报企业填报情况为基础，建立单位信用系统，推行统计单位信用评级；加大执法力度，对全区352家单位开展执法检查，一般立案89家、听证案件21家、简易程序立案56家，共罚款147.9万元。

（王旭芳）

【重点区域监测】 年内，结合《北京市西城区国民经济和社会发展第十三个五年规划纲要》《西城区“十三五”时期功能街区产业提升规划》和各指挥部调研需求，正式完成新的重点区域差异化监测体系建设工作。调整后的中关村科技园区西城园、北京金融街、大栅栏琉璃厂区域、天桥演艺区、什刹海阜景街区域、马连道街区和西单商业区7个重点区域，以及“三金海”和北展两个重点地区均纳入监测范围。按照“突出特色指标监测、体现数据共享共用、增强区域监测灵活性、增加多元社会性指标、辅以必要自主调查”的监测原则，对监测体系进行全面调整，根据不同区域发展的特点和方向，有侧重地开展特色监测工作。统筹协调区内各相关委办局、各地区指挥部等30多个共享部门数据，广泛借助地区商会和相关领域力量，对重点区域进行有效监测。

（王旭芳）

【基层统计】 年内，抓源头、强基础，注重多维建设，打造基层统计“前哨站”。一是服务民生，开展价格监测体系研究。综合考虑区域差异、人群分布、消费水平等因素，独立选取监测网点，分析消费价格与人口密度、菜市场与超市数量等指标间的关系，研究价格变动对区域居民生活的影响机制，为全区制定相关民生政策提供数据支持。二是规范流程，推动名录库进社区工作。制定《关于加强社区维护统计基本单位名录库工作试点的实施办法》，以部门联席会、统计人员培训会等形式进行广泛动员，发挥社区优势，及时发现和解决名录库维护中的问题，确保源头数据质量。三是以区政府办《关于印发西城区进一步加强统计基层基础建设工作实施办法的通知》为主线，抓好基层基础建设。制定管理制度、考核办法和培训计划；通过培训、实际调查和参与社区活动，提升调查员队伍业务素质，加强与居委会、居民的沟通联系；开展“随行相伴，共享统计之美”活动，走访15个社区，共450名居民代表参与活动，搭建政府统计与百姓的“连心桥”。

（王旭芳）

【统计改革】 年内，抓难点、强创新，注重统计改革，形成统计事业“新气象”。一是关注变化，夯实能源统计监测基础。针对能源核算改革，对能源消费品种和分产业、行业的能源消费特点开展分析，对产业数据进行重新核算和验证，确保改革落地；编印《可再生能源统计读本》，将专业知识大众化，专业术语通俗化；紧扣能源核算改革、区域人口疏解等新形势，开展能源消费总量峰值预测研究，为区域能源政策提供信息参考。二是创新思路，提升商业统计工作水平。围绕“三新”（新产业、新业态、新商业模式）统计，开展区内大型购物中心经营模式、交易情况等调查，探索商业消费新模式；围绕“互联网+”，重点监测网上交易、互联网渗透等方面情况，开展新型业态统计；围绕重点指标，建立重点企业监测台账，及时关注零售额等重点指标变化，实时监测商业市场整体走势，分析零售额增速的结构变化。三是确保安全，提升局队信息化工作水平。加强硬件、软件安全的整改和升级改造，完善管理制度，提升信息化系统安全水平；以《新形势下西城区政府统计网站的建设与研究》结题为契机，借助专业力量，完成西城区统计信息网的改版及向区政府网站群的移植，保证统计官方网站的服务性和权威性。四是紧盯变化，固定资产投资统计寻求新突破。与国家、市级统计部门沟通，确保部分文保和棚改项目纳入统计，实现“应统尽统”；通过调研了解企业“一带一路”建设情况及统计需求；完善联席会制度，与相关部门、区属公司及代建单位了解各单位在数据填报中的问题，及时给予指导，并结合重点督查督办任务，了解项目进展情况。

（王旭芳）

工商行政管理

【概况】 北京市工商行政管理局西城分局（简称工商西城分局）主要职责是：市场经营主体的准入登记；市场经营主体的竞争监管；消费者权益的保护。设有综合类科室、业务职能科室共19个（年内，设立网络交易监督管理科，撤销外商投资企业管理科，分局稽查大队专业执法二科（网络监管科）调整为分局稽查大队专业执法二科）；下设派出机构（工商所）11个；直属稽查队1个（副处级）；直属事业部门3个（工商行政管理学会、信息档案中心、后勤服务中心）；管理事业法人、社团法人单位2个（西城区消费者协会、西城区私营个体经济协会）。共有在职公务员、员工425名。年内，紧扣实际，以“抓实抓细，积极推进事中事后监管；主动协同，持续助力业态转型升级”为指导思想，全面落实各项工作，重点在深化商事制度改革、加强事中事后监管、推进非首都功能疏解、加强队伍建设等方面花大气力，努力开创工作新局面。提高服务社区、指导协调能力，提升监管水平，畅通维权渠道。确保实现城市疏解和经济主体业态转型目标。

地址：西城区南草厂街冠英园西区6号

邮编：100035

电话：88087657

（马福春）

【事中事后监管新模式】 工商西城分局牵头以联席会为组织形式的跨部门联动机制趋于成熟，形成“联席机制、联动平台、联合监管”的事中事后监管新模式。2月，工商西城分局企业监管信息平台挂入区政府信息平台成为西城区企业监管信息平台，实现与地税、食药等13个单位的数据对接共享，归集各类监管信息14388条，确定预警主体1948个、高风险地址54个，推送信息729条，查找案件线索275件。年内，以西城区企业监管信息平台为技术支撑，研发“双随机”抽查功能板块，并于9月进行跨部门联合“双随机”抽查。此举获国务院督导组和国家工商总局认可，工商西城分局被工商总局确定为开展企业事中事后监管社会共治试点单位。

（马福春）

【西单商业街落实“两项维权制度”】 3月15日，组织西单商业街全部大型商业企业联合开展落实经营者首问责任制和纠纷先行赔付制度（简称“两项维权制度”）活动。为强化落实效果，西单商业街全部大型商业企业及商业综合体均通过微信公众号、企业微博、店内电子宣传屏等多种媒介宣传“两项维权制度”的内容和执行措施，扩大知晓率和影响力。各经营单位根据“两项维权制度”的要求细化处理流程、建立工作规范、强化消费纠纷快速解决机制，并将处理结果公示。大部分消费纠纷由企业解决，西单属地工商所全年共接待消费者投诉254件，同比下降11.86%。

（马福春）

【开展“3·15”系列宣传活动】 3月，围绕2016年消费维权年主题——“新消费我做主”共开展32次系列宣传活动。活动中聘请有关专家讲解消费知识，识别消费陷阱，模拟虚假消费现场，揭露事实真相，对预付费消费中存在的消费问题给予深入剖析。动员菜百公司、中信银行工作人员现场答疑解难，讲述金融理财方面存在的陷阱，动员理发学校80名学生为群众义务理发。现场发放宣传材料10万余份，生活小用品、小玩具200余件。

（马福春）

【设立注册登记分中心】 3月24日和9月27日分别在德胜地区、大栅栏地区设立西城园及大栅栏2个注册登记分中心，分中心的行政和业务工作由注册登记科管理。2个分中心和注册登记大厅共同承担辖区内的注册登记接待工作。截至年底，2个登记分中心受理咨询5000余人次，办理各类业务1996件。

（马福春）

【整治侵犯、假冒重点食品商标行为】 3月至5月，针对侵犯酒类商标行为，开展3次较大规模的专项检查，共检查经营主体近400家，其中86家不同程度的存在侵犯商标权的行为，没收各种名酒3699瓶，罚没款55万元。5月，开展针对侵犯“西湖龙井”地理标志证明商标专用权的专项整治行动。检查马连道茶叶一条街经营者80家，其中13家存在销售侵权商品的行为，共查扣带有“西湖龙井”字样的标识、包装3000余个，罚没款1.3万元。“十一”期间，对侵犯“全聚德”烤鸭驰名商标专用权的行为进行专项整治，对大栅栏及西单地区50余家食品店、旅游特产商店进行检查，查扣印有“全聚德”烤鸭字样假冒商品190只（袋）、专用酱料72袋、制假包装袋5600个。截至年底，共办理各类商标案件159件，罚没款104.5万元，其中侵权案件149件，案值45.39万元，罚没款90.05万元，没收各类侵权商品17125件。

（马福春）

【成立消费维权专家委员会】 4月，成立14人组成的消费维权专家委员会，成员由行业性、专业性、技术性的工作者和法院、检测机构的工作人员组成，成员不定期的到各工商所指导消费维权工作，促使难度较大的消费纠纷及时得到解决。如遇有社会影响较大、情况复杂的疑难案件，消保科与专家委员会共同调解纠纷。以确保所受理的消费纠纷调解无死角并具有可靠性、专业性、法律性的技术保障。

（马福春）

【机构及职责调整】 8月，根据《北京市工商行政管理局关于调整内设机构等有关事项的通知》设立网络交易监督管理科，主要职责是：拟订规范本行政区域内网络商品交易及有关服务行为的具体措施、办法；组织开展对网络交易市场主体资格检查及经营行为的监管工作。撤销外商投资企业管理科，将该部门职责划入企业监督管理科（私营个体经济监督管理科）。企业监督管理科（私营个体经济监督管理科）职责调整为：按照规定权限，负责拟订本区市场主体监督管理具体实施办法；组织指导市场主体年报公示，组织开展公示信息的抽查及日常监督检查等基础工作；负责市场主体信用信息的应用管理工作；负责组织实施市场主体经营异常名录制度；拟订查处无照经营的方案并组织实施；调查研究个体、私营经济发展与管理情况，指导私营个体经济协会工作；协助有关部门开展流动人口管理工作；配合党委相关部门承担本辖区小微企业、个体工商户、专业市场的党建工作。商品质量监督管理科职责调整为：组织本行政区域内流通领域商品质量监督管理，开展流通领域商品质量监测。分局稽查大队专业执法二科（网络监管科）调整为分局稽查大队专业执法二科。

（马福春）

【设立工商税务联合办公窗口】 年内，设立工商登记工作、税务核查收缴工作联合服务窗口，采取一并受理、共同办理的工作模式。截至年底，联合办公窗口共受理完成个人股权转让4738人次，入库个人所得税32930万元。

（马福春）

【网上登记】 年内，核发营业执照7887户；结合执照寄递服务举措，推进登记电子化工作，全年通过网络登记系统办理登记业务13845件，占全部业务量的四分之三，实现当日受理、当日发照62户。

（马福春）

【清理经济户口“僵尸”户】 年内，通过设立社区服务站、借助税务系统年报提示等多项办法扩大年报知晓率，对于2年未申报年检且6个月以上未纳税的“僵尸”户集中开展清户工作。吊销“僵尸”户企业主体4716户，削减个体工商户7210户（注销3666户、吊销3544户）。全年削减个体工商户数量是2015年的3倍。

（马福春）

【整治金融投资理财及非法集资市

场】　年内，对辖区媒体、户外广告，尤其是利用门店及柜台推销投资理财商品的36户主体进行检查，对门户网站及相关企业7户负责人进行约谈，并责成各类经营单位对发布的金融理财类广告进行自查，对广告宣传中存在违法问题的5户企业给予行政指导并立即叫停。

（马福春）

【广告媒体监测查处】　年内，辖区广告媒体共786家，其中广播1家、报社48家、杂志445家、媒体单位292户。户外广告媒体18家、LED大型电子显示屏7家、传统广告牌10家、地铁广告1家（拥有广告牌15900块）。全年共监测辖区广告339264条次，监测出违法广告209条次，违法广告发布率0.06%、同比下降0.43%。查处广告类违法案件71起，结案66起，罚没金额126万元。办理广告经营变更登记30户，广告经营资格注销登记1户。

（马福春）

【市场疏解】　年内，撤销有形市场12家，分别是：展览路地区的金开利德市场、金泰长安市场、京海菜市场，月坛地区的天照天市场，陶然亭地区的陶然江亭观赏鱼花卉市场，德胜门地区的福丽特家居市场、天秀新风市场，西长安街地区的天安天地珠宝市场，广安门地区的青溪茶叶市场、双安红莲市场，牛街地区的工华茂菜市场，什刹海地区的中电平安里电子市场。全区有形市场降至57家，批量注销市场内个体工商户2650户，疏解务工从业人员6750人。为防止矛盾激化，维持社会稳定，采取以下办法：摸清底数，有针对性的做好说服教育工作；把不同行业的经营者推荐到不同产业的疏解地，使其无后顾之忧；对于有一定规模、在京有发展空间的经营者鼓励其扩大规模，向高端企业发展，构建创新型企业，适应城市发展的需要。

（马福春）

【企业监管】　年内，应年报企业数56988户，已年报企业数54401户，年报率95.46%；个体工商户年报率95.97%；外资企业年报率95.86%。辖区工商所共开展7次抽查工作，除检查年报信息外，对企业广告发布行为、注册商标使用情况、房地产经纪机构经营情况等一并进行检查，共检查经营主体8488户，其中抽查企业7400户、抽查个体1088户；清理市场主体8382户，其中清理企业1172户、清理个体工商户7210户。截至年底，共削减有证有照不规范“七小”门店1620户，销账率30%，疏解外来人口16758人。其中通过拆违削减189户，治理“开墙打洞”削减605户，房屋征收改造削减121户，结合功能疏解加强执法处罚削减705户，完成了2016年削减20%的工作目标。

（马福春）

【实现行政与司法对接】　年内，与区检察院、西城公安分局签署《关于加强“两法衔接”相关工作联系的意见》。该意见对于整合执法资源、实现资源共享、加强协调沟通促进功能互补大有裨益。全年向公安机关成功移送6起商标侵权案件，案值180余万元。公安机关深入商标执法现场，提升了行政执法工作的震慑力。

（马福春）

【推广合同示范文本】　年内，在完善以往合同示范文本的基础上，又研究出台《珠宝首饰购销合同》《黄金饰品加工委托合同》《黄金饰品购销合同》，3种合同均在辖区内推广使用。结合“3·15”活动，先后在西单109婚庆珠宝大厦、大栅栏商业街开展合同示范文本宣传推广活动。据统计有2500份合同使用了上述3份合同示范文本，使用率50%以上。

（马福春）

【拍卖企业管理】　年内，走访拍卖企业66户，对其企业的许可、拍卖场次、成交数额、拍卖形式等进行检查。组织28家企业参加北京市拍卖信息系统的操作学习，辖区有2户企业试用了北京市拍卖信息系统开展业务工作。

（马福春）

【网络监督管理】　年内，核查800余家涉嫌从事无照经营的北京独立商务网站，安排专人接待来访、来电，进行相关资料的接收、审查、存档，核查出39个涉嫌从事无照经营的网站。

（马福春）

【部门联动综合执法】　年内，联合区旅游委、烟草专卖部门开展控烟、旅游纪念品、非法“一日游”等专项整治工作。检查烟草经营主体216户，查处取缔无证经营卷烟10户，查扣卷烟29箱1450条，立案4件，罚款1.85万元。针对什刹海景区、国家大剧院周边、大栅栏商业区等热门旅游地开展多次联合整治，共检查旅游企业57户，没收不合格旅游纪念品56件，立案3起，罚款2万元。对前门西大街、煤市街周边开展督导检查，办理涉及旅游秩序问题的政协提案3件，区政府督办的案件2件。协助有关部门进行环境建设综合检查、首都综治委挂账地区摘牌验收、“扫黄打非清源2016”专项行动、殡葬专项执法检查、中医药行业专项清扫行动等达17次。

（马福春）

【对热点焦点问题重点执法】　年内，针对社会反映的热点问题、群众反映的焦点问题作为执法办案的重点。开展打击制售假冒伪劣商品保护知识产权专项行动，加大商标案件的查处力度。对天意、动批等有形市场内涉嫌销售假冒伪劣商品进行多次专项整顿，查扣侵犯迪士尼注册商标专用权的商品37件，查扣假冒“阿迪达斯”“耐克”商标专用权的商品25369件，查扣带有“VICTORIA’S SECRET”“CALVIN KLEIN”商标标识假冒内衣裤21000余件，货值20余万元，根据“行刑衔接”机制的要求，把案件移送公安机关作刑事处理。聚合各方力量开展房地产经纪专项检查，加强与区住建委、区房管局的沟通协调，实行信息互通。对“链家”“我爱我家”“21世纪”等连锁店及被12315系统或群众投诉的部分房地产经纪人进行专项检查。检查企业、中介机构276户，立案查处5件，罚没款7

万元，取缔无照经营2户，对6户违法行为轻微的企业进行行政指导。开展打击类金融虚假违法广告行动，对27家类金融进行摸排检查，针对发现线索立案4起，罚没款15万元。

（马福春）

【商品抽检】 年内，针对群众投诉率较高的商品加大抽检和监管力度。对服装、自行车、小家电等16类商品505组样品进行抽检；对鞋类、箱包类、一次性商品类等5类商品200个样品进行抽检。对71件抽检的不合格商品进行立案查处，结案65件，罚没款入库330余万元，制发责令改过通知书96份。加强对网络商品的抽检力度，在8家网络交易平台抽取家电、手机、箱包、儿童玩具、服装等12类商品217组样品，对其中国家工商总局委托的、销售不合格纸质品的8户经营主体进行立案查处并予以公示。

（马福春）

【法制工作】 年内，对各类经济违法行为立案5770件，结案2428件，罚没入库1323.52万元。主持召开听证会5次、案审会6次，审议案件（含吊销案件2112件）2129件。其中法制科审核案件71件、收到行政复议18件、被撤销8件、维持6件、办理行政诉讼19件，已办结7件均胜诉。

（马福春）

国有资产监督管理

【概况】 北京市西城区人民政府国有资产监督管理委员会（简称区国资委）是区政府直属特设机构，受区政府委托履行出资人代表职责，不承担其他社会公共管理职能。内设10个科室：办公室、综合科、产权管理科、统计评价科、预算考核科、董事会监事会工作办公室、企业领导人员管理科、党建工作科、监察科、人事科。有干部职工44人。正处级领导2人，副处级领导3人。截至年底，区国资委系统所辖国有及参控股企业408户，直接监管企业13家。所属企业资产总额3845.8亿元，同比增长18.6%；负债总额2693.9亿元，同比增长18.6%；所有者权益总额1151.8亿元，同比增长18.6%；实现营业收入643.9亿元，同比增长22.4%；实现利润总额80.3亿元，同比下降8.5%；实现归属于母公司净利润26.3亿元，同比下降8.4%；缴纳税金65.5亿元。所属企业职工人数64772人，其中在岗职工26797人、离退休职工37975人。

地址：西城区华远北街1号

邮编：100032

电话：66116905

（管 斌）

【政府重点项目建设】 年内，区政府出资并由区属国有企业具体负责实施的重点建设任务共40项。截至年底，项目预计总投资1600亿元，通过拨款、注资、借贷的方式累计已到位资金903亿元，累计已支出资金705亿元，土地一级开发项目居民和单位累计拆迁比例分别达到75%和80%，累计开复工面积303万平方米，预售签约面积达134万平方米。其中昌平保障房项目整体基本竣工，张仪村、高立庄、旧宫保障房项目和菜园街及枣林南里项目等棚户区项目依计划推进，白塔寺区域更新改造、产业升级等工作均取得新进展，北京坊已完成全部招商，引入国内外知名文化品牌。

（管 斌）

【疏解非首都功能】 年内，在推进疏解非首都功能过程中，结合所属企业特点，将疏解任务与企业转型升级和业态调整相结合，主动疏解与配合区相关部门联动相结合，有效地推动了工作的开展。区国资委以自主产业调整升级、文保区腾退、出租房屋清理和劳动用工本地化为主要疏解方式。华天集团收回店铺改为自营，引入餐饮连锁品牌或健康养老产业；金融街集团与金正公司收回房屋后，与街道、社区进行对接，打造成便民服务中心、社区菜市场，实现完成疏解任务与服务区域经济双赢。截至年底，共疏解点位122处，面积67995.71平方米，累计疏解5939人次，任务完成率112.27%。

（管 斌）

【服务区域民生】 年内，搭建平台，对接区社工委、区商务委、区民政局和街道等社会服务需求较大的部门，引导企业将履行社会责任与经济效益有机结合，将创新转型与提升区域社会事业服务品质相结合，着力打造现代都市服务业板块，为区域百姓提供优质服务和产品。华方公司快速拓展养老产业，已有4家服务街道的养老照料中心正式运营，可服务600名老人；与有关单位协同合作，制定养老服务行业标准，培养行业人才，全面提升管理和服务水平。华天集团启动养老助餐服务体系试点工作，改造多家“适老化”餐厅，拟定改造标准，争做行业范本；组建外卖及助老餐事业部并筹建成立助老餐营养技术研究院，为老年人提供高品质营养餐。广安控股公司与专业化公司合作，整合社区服务线上线下资源，打造专业化的社区服务互联网平台。宣房投集团在高质量完成供暖、防汛、电梯更新改造、供水改造等保障基本民生工程任务之外，还推进改善民生工程，开展楼房、平房综合修缮、抗震加固、供热改造及老旧小区整治等工作。

（管 斌）

【指导企业发展战略】 年内，制定实施《北京市西城区国资国企改革发展“十三五”规划》，提出“一体两翼、三级授权、四大体系和五大板块”的战略构想，指导所属企业按照区国资委的《规划》谋划企业发展战略。天恒集团确立“城市运营商”经营目标和五大业务战略定位，构建特色“地产＋健康”核心市场化战略模式；华远集团“1＋N”战略规划实施落地，“1”是以房地产为主业链条，“N”是延伸发展包括医疗、教育、健康、金融、智慧社区等多方业务；广安控股公司明确“城市更新服务商”的“十三五”发展战略定位，筹备成立城市更新学院，形成城市更新综合开发、运营服务、资本运营三大业务板块；华方公司和宣房投集团经过周密调研，分别制定企业中长期规划，明确企业发展方向。金融街集团转变管理理念，研究构建“六个维度”（战略规划、体制机制、计划预算、团队建设、企业文化、风险管控）的战略管理模式，完善对所属企业授权授信体制，推动完善激励考核机制，简政放权，为公司发展注入新动力。

（管　斌）

【推动企业改革】 年内，金融街集团应对形势变化，着力打造具有特色的“房地产＋产业＋服务”的运营模式，在多地布局金融、旅游、文化、养老等业态，明显缩短开工周期；物业公司克服外部困难，着重挖潜经营面积，加大营销推广、优化业态配比，管理精细化程度提高。华远集团抓住新一轮电力体制改革先机，控股北京云能源公司，着力打造国内一流的园区能源综合服务供应商。天恒集团采用“硬件建筑＋软件服务”相结合方式，打造全新建筑理念，深耕细作产品特色；结合“停车难”问题，将羊房胡同56号作为创新运营停车设备示范节点建设。广安控股公司加强成本管控，推行成本控制限额指标，降低开发成本；创新工作方式，在棚改项目中成立“一委一会四站”（项目临时党支部，居民代表委员会，公正服务站、法律服务站、信访维稳站及人民调解工作站），运用信息化方式，形成主动咨询、积极沟通的良好局面。华天集团重点抓食品安全管理体系建设，统一制定《食品安全管理体系手册》和《原材料采购管理手册》，以绿色食品为切入点，餐饮品质取得新提升；运用互联网思维，利用“官网＋平面媒体＋电视广播＋新媒体”的立体式宣传网络，抢抓O2O（线上到线下）商机，在品牌影响方面涌现大量热点。华方公司参与医改试点，探索医院药房托管模式，为区内医疗机构提供药品和中药饮品统一采购和配送服务。金正公司所属三家金融服务子公司提高金融服务标准，同时强化风险防控机制，加强内控制度实施，以此应对融资需求下降和资金周转困难问题；所属商业企业运用“互联网＋”思维，发展线上店铺，2016年1月至9月菜百公司线上销售收入达1.01亿元，张一元公司线上销售收入2030万元，电子商务已成为传统商业企业发展的重要和必然途径。金工公司推进精细化管理，严格执行预算和审批程序，为缓解企业资金不足压力提供保障；国资公司立足“五心”（诚心、真心、实心、恒心、爱心）精细服务，全面提升离退休老干部工作水平。

（管　斌）

【促进企业协同发展】 年内，指导企业通过加强与央企、市企合作，带动区属企业接触新技术、新模式，促进企业产业全面转型升级。金融街集团和天恒集团出资成立北京金天恒置业有限公司公司，集结“西城优势”，共同开发丰台区南苑地块；金融街集团参股中国国有企业结构调整基金股份有限公司，助力区属国有企业实现结构调整和转型升级；与中青旅合作、打造南浔国际香草产业园，探索“地产＋产业＋服务”模式的发展。金融街资本运营中心参股中国水权交易所，水交所正式挂牌营业；参股华融创新公司，与央企合作基金管理；参股北京市重点产业知识产权运营基金，引导产业投资和转型。天恒集团引入中关村西城园管委会入驻，天意市场疏解腾退空间，打造科技众创空间，区属企业服务西城区构建“高精尖”产业结构初见成效。广安控股公司与央企、市企合作开发保障房及棚改项目；与央企保利影业投资有限公司合作成立北京保利永兴影城有限公司，借助先进管理经验，共同经营运作北京坊保利剧院。华远集团房地产业务以基金方式布局海外市场。华天集团与绍兴市八达投资控股集团合作成立浙江南方庆丰餐饮公司，探索开发江浙区域市场。金正公司所属工业企业三坊机公司与江西省上饶市索密特公司合作，盘活企业沉淀资产，创造新的经济增长点。

（管　斌）

【落实董事会职权】 年内，由区国资委重点关注的子企业共21家，比上年减少3家，与两区合并之初的64家相比减少三分之二。此举极大地减少企业上报审核批准事项工作量，有助于进一步提高工作效率、增强企业自主性、激发企业经营活力。落实公司制企业董事会对企业副职的选拔任用权、考核奖惩权和薪酬分配权，为增强企业自主性，激发企业经营活力创造条件。

（管　斌）

【企业整合重组】 年内，按计划推进金融街资本运营中心管理权变更及资产重组事宜；完成宣房投公司国有独资公司制改革，华天集团国有独资公司改制方案获批并完成资产审计；有序推进华天公司所属庆丰包子铺新三板挂牌，制定完成资产重组和新三板挂牌方案；开展区属文化企业天桥盛世投资集团内部资产重组整合，推动京都公司所属经营性文化事业单位转企，对多家事业单位转企可行性方案进行研究论证，指导企业开展“僵尸”企业整合、清理工作。

（管　斌）

【创新融资方式】 年内，为满足项目开发建设的巨大资金需求，区属企业密切关注资本市场，创新融资方式，降低融资成本。金融街控股发行3＋2年期公募债券，发行利率2.9%，再次创下区属及控股企业发行债券利率的历史最低值；华远地产共发行7.36亿元类REITS资产支持证券，为北京市国有企业在国内资本市场发行的第一单，也是中证机构间报价系统内发行的第一单。各企业结合行业特点，探索创新金融合作模式，力争实现三大突破：一是以少量出资实现对项目的控制权，使其经营方向符合区域规划和产业发展要求；二是撬动大量社会资本，提升国有资产的运营效率；三是为区域城市更新、旧城保护建设引进社会资本提供有益借鉴。

（管　斌）

【规范员工持股】 年内，继续在金融街物业公司(混合所有制企业)开展员工持股试点，以增资扩股的方式吸收骨干员工投资入股，并通过章程对员工持股进行科学合理的约定和规范。世纪金工、菜百公司采取不同方式对既有员工持股计划进行规范，同时启动对管理核心团队、未持股骨干员工的股权激励，世纪金工已完成相关工作，菜百公司有关工作在稳步推进。庆丰包子铺员工持股已纳入北京市试点。

（管　斌）

【开展国有资本经营预算执行情况自查】 年内，为加强国有资本经营预算管理水平，切实提高国有资本经营预算资金的使用效果，区国资委首次在系统内开展2015年度国有资本经营预算执行情况自查工作，涉及10家企业的19个项目，资金2.24亿元，重点检查预算项目的申报执行及结余，及资金使用规范和完工项目效益情况，提升了整体监督效能和全面风险管理水平。

（管　斌）

【推进企业法人治理建设】 年内，深入推进国有企业董事会、监事会建设，开展区属企业董事长述职及外部董事、监事考核评价工作。加强对外部董监事的考核工作，收集整理外部董监事2015年度履职报告，充分发挥好其“外脑”作用。配合完成金融街、华远集团、宣房投和华方公司等外部董事、外聘监事人才库人员遴选工作，组织华远集团第二届和宣房投公司第一届董事会监事会成立大会。举办区属国有及国有控股企业监事会培训，进一步提高企业监事业务水平。结合董事会、监事会换届，充实国资委董事、监事人才库，为完善企业法人治理结构，促进科学决策夯实基础。

（管　斌）

【制定职责清单】 年内，为深入推进国资监管改革，科学界定国有资产出资人监管边界，促进依法监管，实现规范管理，区国资委启动职责清单制定工作，该工作结合国资委的职责定位，梳理具体业务内容，力求达到业务全覆盖，监管事项合法合规。截至年底，该工作已基本完成。

（管　斌）

【防范企业经营风险】 年内，切实发挥监事会的监督作用，通过年度监督检查报告和专项报告及时、准确反映企业情况，不仅提示了风险，更提出了切实可行的管理提升建议。以规范企业章程为切入点明确权责，厘清权利边界，规避法律风险。完成3家企业内部审计工作，提出存在问题及财务风险点。下发《企业决算审核关注问题》，针对营改增改革组织税务专项培训，帮助企业正确理解相关政策，提高风险管控能力。配合区审计局工作，防止国有资产流失。

（管　斌）

安全生产监督管理

【概况】 北京市西城区安全生产监督管理局（简称区安全监管局）主要承担全区安全生产综合监督管理责任，指导、协调、监督区政府有关部门和街道办事处的安全生产工作，负责危险化学品、烟花爆竹、职业卫生等安全监督管理工作，负责一般生产安全事故调查处理工作，组织全区安全生产教育和特种作业考核、培训等工作。区安全监管局内设7个科室，分别是办公室、综合协调科、法制宣传科、危化监察科、职业卫生科、监督管理科、事故应急科，有事业单位4个，分别是执法监察综合队、执法监察一队、执法监察二队、执法监察三队。年内，在区委区政府和市安监局的领导关心和指导下，认真贯彻“安全第一、预防为主、综合治理”的安全生产方针，牢固树立红线意识，夯实基础，主动担当，强化监管，深化隐患排查治理，全面推进安全生产改革创新，各项工作取得了显著成效和长足进展。其中，安全生产责任保险工作持续保持全市第一；专职安全员建设全市遥遥领先；隐患排查编制试点工作全市率先完成；在市安全监管局举办的2016年北京市有限空间作业大比武中，区安全监管局获优秀组织奖；在北京市安全生产监管监察系统2015—2016年度创新工作成果评选中，区安全监管局获“北京市安全生产监管监察工作改革创新奖”；在2016年北京市法治动漫微电影征集展映活动中，区安全监管局制作的微视频《安全生产法》获动画类三等奖；在2016年北京市“职工技协杯”职业技能竞赛检查人员（安全生产专职安全员）比赛中获优秀团体三等奖；在团市委和市安全监管局联合举办的

2015—2016年度北京市青年安全生产示范岗暨第二届青年安全生产管理大师赛中，西城区专职安全员创建作品12350公众投诉举报电话获铜奖，是全市安监系统中唯一获奖作品。

地址：西城区南菜园街51号

邮编：100054

电话：83975375

（何爱民）

【召开安全生产总结大会】 3月10日，西城区安委会在区政府三层报告厅召开安全生产大会，全面总结2015年安全生产工作情况，深入分析面临的安全生产形势，安排部署2016年重点工作。副区长姜立光通报全区安全生产工作，副区长孙硕宣布2015年安全生产综合考核先进单位名单，2个单位的负责人分别作重点发言，区长王少峰与副区长、副区长与代表单位分别签订了2016年安全生产责任书，市安全监管局局长张树森作重要讲话，对西城区的安全生产工作给予充分的肯定，并对做好2016的安全生产工作提出明确要求。区委书记卢映川提出具体要求：一是强化首都意识，切实增强做好安全生产工作的责任感和紧迫感；二是强化首善意识，切实把安全生产工作抓深入、抓扎实；三是强化责任意识，切实履行好安全生产监管职责；四是强化红线意识，筑牢安全生产防线，形成全社会共建共治的新格局。

（杨　琴）

【聘用法律顾问】 3月21日，区安全监管局正式聘用北京颐合中鸿律师事务所作为法律顾问，为全局各项涉法事务提供法律支持。一是对全局重大决策、规范性文件、合同签订等重要事项进行合法性审核并出具法律文书；二是为复议、诉讼、执行等案件提供法律服务，协助调查处理安全生产事故，提供专业法律咨询意见；三是为全局工作人员安排新《行政诉讼法》、行政诉讼案例、证据规则等方面的知识培训，并随时为正在实施或准备实施的行政管理工作提供法律咨询意见；四是参与信访、调解、维稳案件的调查处理工作以及其他涉法事务；五是制定《西城区安全生产监督管理局法律顾问工作制度（试行）》，明确法律顾问工作职责及程序，为科学决策、依法执政提供法律支持。

（张效芳）

【用电安全专项执法行动】 4月26日，区安全监管局执法监察二队开展以建筑施工、商（市）场、宾馆饭店等行业领域为重点的用电安全专项执法检查行动。针对季节特点及“五一”假日特点，督促企业落实用电安全管理责任，严查用电安全违法行为；结合执法检查工作情况，适时将新修订的《变配电室安全管理规范》向生产经营单位进行宣传，扎实有效推进专项行动工作。

（刘连胜）

【“动批”环境秩序综合整治百日行动】 5月18日，区安全监管局联合区消防部门、西直门管委会、展览路街道执法分队对北展地区生产经营单位进行执法检查。制定下发《西城区安全监管局“动批”环境秩序综合整治百日行动工作方案》，明确工作职责及计划。确定重点监管单位，做到全面排查，重点管控设备设施、安全用电、安全管理、应急疏散等方面存在的安全隐患，以安全监管高压态势，坚决将各类安全生产隐患消灭在萌芽状态。

（张　迪）

【安全生产月活动】 6月16日，区安全监管局和展览路街道办事处共同在展览馆南广场围绕“强化依法治安意识 建设安全和谐西城”主题开展安全生产月咨询日活动，区安全监管局、区商务委、区卫计委等25家单位设置展台、展板，向广大职工群众开展安全月主题宣传和安全知识咨询。咨询日当天共有100余人参加活动，接待咨询6000余人，摆放展板150块，发放宣传材料21万余份。

（张效芳）

【部门联席会议】 6月17日，区安委会办公室召开2016年度第一次部门联席会，此次会议的召开标志着西城区部门联席会议正式推进实施。区安委会办公室建立健全部门安全生产工作联席会议制度，按季度组织29个行业部门召开联席会议，为各部门搭建一个良好的交流平台，解决安全生产工作中的突出问题，促进各行业部门的工作顺利开展。

（杨　琴）

【安全生产应急演练】 6月24日，区安全监管局会同区应急办、广安门外街道办事处在京华茶叶大世界举办人员密集场所生产安全事故应急处置综合演练，区人大代表、区政府相关部门、各街道办事处、物业公司和部分生产经营单位负责人等200余人观摩演练，《北京晚报》、千龙网、《北京西城报》等多家媒体对演练活动进行采访报道。演练按照既定方案有序进行，各参演部门紧密配合、协调运行；疏散紧张有序，救援及时到位，提高了从业人员风险防范意识、生产经营单位应急处置能力和政府有关部门协调配合的能力，达到了预期效果。

（颜　伟）

【第三批专职安全员上岗】 7月1日，区安全监管局组织新招录人员经过参加统一考试、面试、体检等环节，第三批新补录专职安全员按时上岗。实际入职132人，其中男性72人、女性60人；平均年龄34岁，党员6名、预备党员2名、团员9名，回民2名，研究生2名，占比1.5%，大专30人，占比22.7%，本科100人，占比75.8%。主要职责有：督查检查安全生产法律法规，党中央、国务院，市委、市政府关于安全生产的方针政策、重要会议以及本级党委政府有关安全生产工作的具体要求在本行业领域内生产经营单位贯彻落实执行情况；督查检查安全生产责任制在本行业领域内生产经营单位贯彻落实执行情况；督查检查年度安全生产重点任务在本行业领域内生产经营单位落实执行情况；按照上级部门要求，针对具体事项对本行业领域内生产经营单位安全生产情况开展专项督查检查。

（刘林婧）

【有限空间大比武】 8月4日，区安全监管局组织7支参赛队伍在北京市政管理学校进行有限空间大比武。前期，区安全监管局组织对报名的11支参赛队55人进行了考前培训，培训内容主要分为理论知识讲解和实操培训2个部分。经过层层选拔考试，最终7支参赛队伍参加了实操比赛的大比武。西城区安全监管局被北京市安全生产监督管理局评为优秀组织奖。

（王之波）

【安全生产事故情况】 年内，西城区共发生道路交通死亡事故、火灾、生产安全和铁路交通事故93起，死亡24人（生产经营性事故12起、死亡12人）。其中：生产安全事故1起，死亡1人；生产经营性火灾事故0起，死亡0人；非生产经营性火灾事故69起，死亡0人；生产经营性道路交通死亡事故11起，死亡11人；非生产经营性道路交通事故12起，死亡12人；未发生铁路交通事故。

（杨　琴）

【安全生产监管机构建设】 年内，西城区安委会办公室对37个区政府工作部门和15个街道安全生产监管机构建设情况进行调查梳理，最终确定26个区政府工作部门的相关科室为本部门安全生产监督职责牵头科室，编制及领导职数保持不变，承担安全生产年度或阶段性重点工作方案制定、协调督促、统计汇总、信息报送等日常运转工作。其中23个区政府工作部门的相关科室加挂“安全生产办公室”牌子，3个区政府工作部门的相关科室为本部门安全生产监督职责牵头科室。

（杨　琴）

【举报投诉工作】 年内，区安全监管局举报投诉共接报141件，已办结141件，其中接市局45件、城管74件、大信访10件、其他12件。投诉反映问题集中在有限空间、人员密集场所、高处悬吊、特种作业、建筑施工和电力等。其中高处悬吊31件，占总数的22%；有限空间28件，占总数的20%；人员密集场所20件，占总数的14 %；特种作业19件，占总数的13%；建筑施工18件，占总数的13%；电力13件，占总数的9%；其他12件，占总数的9%。

（李家麟）

【生产安全事故查处】 年内，区安全监管局按照“四不放过”（事故原因未查清不放过、责任人员未受到严肃处理不放过、事故责任人和广大员工没有受到深刻教育不放过、事故制定的防范措施未落实不放过）原则从严查处事故，落实责任追究制度。3月31日，西城区西单北大街176号发生高处坠落一般生产安全事故，行政罚款22.5万元，刑事拘留2人。

（颜　伟）

【禁售烟花爆竹】 年内，北京市明确提出压减三环以内零售网点数量，西城区作为首都功能核心区已经不适于销售（储存）以及燃放烟花爆竹。2016年无符合条件的烟花爆竹零售网点提交申请，西城区未设置烟花爆竹零售网点，率先在全市实现禁售烟花爆竹。

（潘海燕）

【开展油气输送管道安全隐患整治】 年内，西城区开展油气输送管道隐患整治工作。截至年底，共完成燃气占压隐患治理67处，占总隐患数的82.7%。

（潘海燕）

【网络平台培训】 年内，采用网络平台手段推进安全生产培训，组织安全生产执法监察人员及街道专职安全员共计400余人参加远程在线培训，培训内容包括：企业安全生产主体责任、诉讼法、消防安全知识和检查要点、职业健康专项检查要点、执法监察实物等八项内容。区安全监管局对各街道办事处、安全监管局科室队参加在线培训人员进行安全培训工作检查、督导并及时掌握培训情况，对培训工作进行验收通报。

（张效芳）

【创建餐饮安全示范街】 年内，为进一步开展餐饮安全示范街创建活动，区安全监管局制定专项执法行动计划，合理分配具体承办科室职责；配合相关部门开展目标街区餐饮企业联合执法行动，检查餐饮企业20家，指导企业及时整改现场安全隐患；向企业发放宣传材料50份；将相关企业纳入年度安全生产大培训计划，统一开展安全培训；依托安全生产隐患自查自报系统，督促企业将生产安全事故隐患排查治理工作标准化、常态化。截至年底，创建安全示范餐饮企业237家。

（刘　笑）

【大型活动保障】 年内，区安全监管局结合各项大型活动保障的实际情况，前期建立完善基础信息台账，对相关生产经营单位的各项安全生产制度、安全出口疏散标识、应急照明等方面进行执法检查，对发现的隐患要求生产经营单位立即整改。先后完成“两会”、春节庙会、北京市进口商品购物节、全国政协委员会常务委员会、开斋节、第五届全国少数民族文艺会演等大型活动安全生产保障工作。

（何爱民）

质量技术监督

【概况】 北京市西城区质量技术监督局(简称区质监局)内设办公室、标准化科、法制科、产品质量监督科、计量监督科、特种设备监督监察科6个行政科室，西城区计量检测所、西城区特种设备检测所及西城区组织机构代码管理中心3个事业单位，西城区质量技术监督稽查队1个执法机构。主要职责：负责贯彻、实施有关质量技术监督方面的法律、法规、规章和政策；负责区域内质量管理工作，落实产品质量诚信体系建设工作；负责制定本行政区域内标准化工作，组织实施标准；负责组织机构代码的管理工作和商品条码的监督工作；负责监督管理本行政区域内计量工作，依法管理计量器具及量值传递和溯源；承担本行政区域内特种设备安全监察责任，按规定权限组织开展特种设备事故的调查处理工作；受理本行政区域内质量监督方面的举报和投诉，调解纠纷；承办质量技术监督行政许可的相关工作。年内，立足首都功能核心区定位，切实履行职责，各项工作取得良好成效。西城区质量技术监督局获“2016安监之星·北京榜样”优秀组织奖。

地址：西城区展览馆路8号
邮编：100044
电话：52618080

（郭丽丽）

【行政案件办理】 年内，行政处罚案件立案183起，累计罚没款50.11万元，未产生行政复议和诉讼。执法检查户次1563起，受理各类举报378起，均已答复。

（郭丽丽）

【法制工作】 年内，梳理区质监局行政权力清单及执法人员和实际在岗人员情况，编制局内行政执法岗位目录。加强行政执法监督，依法履行行政权力。开展案件初审工作，初审立案案件34件，组织案件审理委员会进行审理，办理涉及听证案件2起。修订局内案件审理的相关规定。

（郭丽丽）

【产品质量监管】 年内，制订《北京市西城区贯彻质量发展纲要实施意见2016年行动计划》，将产品质量安全纳入绩效考核，动员辖区内企业参加“质量之光”评选活动，促进全区质量水平的稳步提升。组织辖区内17家生产许可证获证企业做好年审工作。开展“质检利剑”系列战役、“双打”专项行动和“质量月”专题活动等，加强对电子商务领域违法行为的查处，区域质量环境得到维护和净化。

（郭丽丽）

【标准化管理】 年内，将建立健全标准化体系正式纳入西城区“十三五”规划，实施标准化战略，充分发挥标准化引领作用。对辖区内126家企业的243个产品标准进行备案及监督检查，其中原有方式备案30家企业84个产品标准，自主声明公开平台备案96家企业159个产品标准，对已经备案的标准进行监督检查。完成北京市技术标准制修订补助工作材料的初审及受理工作，共有10家企业的19个标准通过评审，获补助资金174万元。

（郭丽丽）

【计量监督管理与检验】 年内，重点对集贸市场、商场超市、餐饮业、加油站等与百姓生活密切相关的民生领域开展监督检查，严厉打击计量违法行为。开展以“动态世界中的计量”为主题的世界计量日宣传活动，广泛宣传普及计量工作服务社会生活的各方面知识。加强对计量器具许可证获证单位事中事后监管，完成41家检验检测机构数据和年度工作报告的审核工作。共检测计量器具77669台件，检测收入392万元，其中行政事业性收入309万元、经营性收入83万元。

（郭丽丽）

【特种设备安全监察与检验】 年内，完成2016年全国“两会”、党的十八届五中和六中全会、国际电影节、科博会、全国少数民族文艺会演、全国政协常委会、第39届国际标准化组织ISO大会、第11届中国北京国际文化创意产业博览会等重要会议和重大活动的特种设备服务保障任务52次。对辖区内63部存在严重安全隐患的电梯进行更新改造。开展隐患排查，全力做好超期未检治理工作。共检验特种设备12022台，检测收入871万元，其中行政事业性收费870万元、经营性收费1万元。

（郭丽丽）

【代码管理及行政许可】 年内，共发放代码证书64份、制作ＩＣ卡18张、注销436家、扫描电子档案493份；完成行政许可及其他服务事项受理1239份，其中行政许可事项受理601份、其他服务事项受理638份；贯彻落实登记制度改革和统一社会信用代码建设工作，做好换发新版统一社会信用代码证工作。

（郭丽丽）

财政管理

【概况】 北京市西城区财政局（简称区财政局）是负责全区财政收支、财税政策和财政监督的区政府职能部门。全局设有24个行政科室、6个事业单位，共有干部职工175人。年内，区财政局结合西城区的区域功能定位、发展战略和主要任务，着力推进财政改革发展，努力增强财政综合实力，为促进全区更高水平、可持续发展提供充分的财力保障。2016年，在实行结构性减税政策及调整中央和地方分享比例减收57亿元的基础上，西城区一般公共预算收入完成413.8亿元，完成一般公共预算收入调整任务410亿元的100.93%，在六城区中西城区公共财政预算收入总量位列第二位。一般公共财政预算支出完成426.08亿元 。年内，被财政部评为全国财政系统“六五”普法先进单位。

地址：西城区丰盛胡同39号

邮编：100032

电话：66218006

（郭　萌）

【强化预算执行】 年内，采取多种措施，促进资金及时快速均衡下达执行，确保年度支出任务完成。一是加强预算管理制度建设，严格制度规范，修订《西城区预算执行管理办法》等4个制度。二是加大督促检查力度，加强对重点单位及重大项目的调研调度，将预算单位支出进度情况纳入政府绩效考核，对支出进度慢的预算单位进行通报约谈并要求整改。三是系统梳理优化资金管理流程，减少审批程序，提前足额下达预算指标，严格落实各单位预算支出主体责任，提高预算执行效率。2016年财政支出进度同比均有所提升，其中一季度支出进度提升1.2个百分点、半年支出进度提升0.88个百分点，达到市政府绩效考核目标。

（郭　萌）

【调整支出结构】 年内，着力将财政资金保障和政策聚焦的重点向民生领域、非首都功能疏解及城市建设等倾斜，促进经济和社会事业协调发展。一是保障改善民生。调整优化教育支出结构，推动教育事业优质均衡发展，投入10.38亿元主要用于北纬路中学等教育重点建设项目及教育教学的改革创新。培育弘扬先进文化，支持非物质文化遗产保护，投入3.93亿元主要用于组织各类文体活动，促进非物质文化遗产保护和文化创意产业发展。继续推进医药卫生体制改革，加大对基层医疗机构支持力度，投入8.49亿元主要用于广外医院老年病院等公立医院修缮改造及医疗设备购置。落实养老助残政策，扎实推进社会救助和养老事业发展，投入10.63亿元主要用于街道养老照料中心、社区养老驿站等建设。二是促进城市品质提升。明确首都城市战略定位，大力彰显疏解非首都核心功能，投入76.59亿元主要用于57栋简易楼排险腾退、菜园街等棚户区改造等项目。加快城市交通基础设施建设，提升城市道路承载通行能力，投入29.95亿元主要用于丰盛胡同西段等28条重点道路项目建设。强化城市环境治理，提高城市宜居水平，投入18.74亿元主要用于月坛北街等7处区域环境综合提升工程及红莲南里等7处老旧小区综合整治工程。大力支持“生态文明”建设，实行清洁空气行动计划，投入11.63亿元，主要用于落实节能降耗补贴政策、供热管网改造及实施莲花河滨水公园等绿化建设项目。

（郭　萌）

【优化部门预算编制】 年内，修订细化部门预算标准，在2015年198项预算定额标准的基础上，2016年形成覆盖人员、公用、专项等方面的316项定额标准。修订区级部门预算编制管理办法等6项制度，着力解决区人大、区审计局等有关部门提出的预算编制、执行过程中存在的问题。调整政府投资预算及大额专项资金预算编制周期，并首次开展2017年度社会保险基金预算工作。完善部门整体支出绩效评价共性指标体系，首次开展财政科技专项资金绩效咨询，并对以往未参评的20个一级预算单位全部开展部门整体支出绩效评价。2016年共完成绩效评价项目59个，绩效评价资金规模达到43.57亿元，是上年资金规模的1.21倍。

（郭　萌）

【完善投资评审机制】 年内，进一步完善投资评审制度，制订投资评审内控操作规程，统一规范了评审标准。加强全区重点项目建设，建立财政评审应急通道，完善评审“绿色通道”，合理调整评审程序，做到“随到随评”，有效缩短了评审时间。2016年共评审财政投资项目537个，送审金额48.51亿元，审减金额3.39亿元，审减率6.99%。

（郭　萌）

【加强财政国库管理】 年内，统一规范财政专户管理，对应纳入预算管理的财政专户资金统一进行清理，共缴入国库资金62.44亿元，上缴预算收入9.07亿元。加强资金安全管理，梳理优化国库管理业务流程，从财政资金收付管理等五个方面开展财政资金安全检查工作。加强国库存款管理，委托市财政局连续开展两期国库现金管理操作，操作规模分别为100亿元和70亿元，有效减少库款规模，库款保障倍数为0.03倍。

（郭　萌）

【推广内控管理】 年内，在全区359家一、二级预算单位推广实施内部控制规范，开展内控制度制定工作。通过不同环节的分级授权，规范支出管理，提高工作效率，规避财务风险，增强各单位的内控意识，促进各单位管理水平的提升。

（郭　萌）

【推广政府购买服务】 年内，建立健全政府购买服务制度体系，创新公共服务供给模式，制定《西城区政府购买服务实施意见》《西城区政府购买服务预算管理办法》，梳理出政府向社会力量购买服务指导目录共10大类74项，较原目录增加32项。加大政府向社会力量购买服务力度，逐步扩大购买服务范围，不断提高公共服务供给的质量和财政资金的使用效益。2016年在法律服务、居家养老等方面开展政府购买服务，共计280个项目1.2亿元，比上年分别增长3.7倍和5倍。

（郭　萌）

【国企经营状况分析】 年内，开展国有企业经营状况分析研究，建立健全企业基础财务信息收集、分析、运用机制，完善企业财务分析体系。通过分析研究，摸清区属国有企业的基本情况，截至2015年底，全区国有及国有参控股企业共447户，资产总额3263.2亿元，同比增长21.2%。继续深入推进国有企业分类改革，逐步提高国有资本收益收缴比例，2016年国有资本收益为3.09亿元，比上年增长41.25%。

（郭　萌）

【构建“大数据”系统】 年内，进一步优化完善财政核心业务系统和OA系统功能，实施OA系统电子签章改造，完成信息系统安全等级保护定级工作。配合市财政局完善市区数据贯通平台，搭建应用支撑平台，构建财政预决算公开统一平台。开发建设财政数据综合查询系统，建立重点支出分类统计体系，形成23个经常性项目、16个一般性项目、22个政府投资计划项目的支出事项分类体系，并定期进行数据统计分析研究，为预算管理及科学决策提供数据支持。

（郭　萌）

【推进财政法治建设】 年内，开展“七五”普法活动，利用普法手机“微课堂”等多种形式开展法制宣传学习教育，财政干部法制意识和法治观念不断增强。开展简政放权工作，全面盘点清理区财政局行政权力清单、责任清单，2016年共有行政权力清单300项。加大行政执法力度，进一步规范行政执法行为并严格执法，2016年执法检查户数217家，实行行政处罚1件，办理行政复议事项5件、政府采购投诉3件、信访投诉3件、依申请公开政府信息7件。强化规范性文件管理，完善规范性文件制定和发布程序，加强规范性文件合法性审核，全年共制定规范性文件2件。

（郭　萌）

【加大监督检查】 年内，进一步扩大检查覆盖范围和资金规模，对区教委等13家行政事业单位实施会计信息质量检查，涉及检查资金34.32亿元，比上年增长31.09%；对一家社会团体实施会计信息质量检查，并针对检查发现的问题，依法做出限期整改及罚款的行政处罚决定。开展财政票据专项检查，委托会计事务所对200家单位进行重点检查，对检查发现存在问题的159家单位提出整改建议并实施整改。完成公共自行车系统建设政府采购项目专项检查，检查发现存在未按规定编制政府采购实施计划等10个方面的问题，并要求被检查单位进行整改。推进内部控制工作，制定区财政局内部控制基本制度、内部控制制度委员会议事规则及9类专项风险控制办法，各科室制定科室内控操作规程。

（郭　萌）

【加大信息公开】 年内，丰富预决算信息公开内容，增加机关运行经费、政府采购情况、政府购买服务情况的公开信息，细化因公出国（境）团组数及人数、公务用车购置数及保有量、国内公务接待的批次及人数等相关信息。进一步扩大信息公开范围，除涉密单位以外，2016年实现部门预算信息全公开。

（郭　萌）

税　务

国家税务

【概况】 西城区国家税务局（简称区国税局）主要负责西城区域内按规定由国家税务局征收的中央税收、中央与地方共享税和部分地方税收的征收管理工作。年内，共计有干部职工624人。全局设有办公室、政策法规科、货物和劳务税科、所得税科、收入核算科、纳税服务科、征收管理科、财务管理科、人事科、监察室、大企业和国际税务管理科、进出口税收管理科、离退休干部科、机关党委办公室共14个内设科室，撤销教育科。设有信息中心、机关服务中心2个事业单位；设有直属机构稽查局1个；设有17个派出机构税务所；设有2个办税服务厅。截至年底，全局共管辖各类开业纳税户79826户，其中企业户58775户、个体工商户20633户、临时登记户418户。共组织各项税收收入4079.25亿元，区级税收完成223.2亿元。

地址：西城区二龙路己33号

邮编：100032

电话：66027660

（陈璐婷）

【货物和劳务税管理】 5月1日，营改增（由征收营业税改为征收增值税）扩围至金融业、建筑业、房地产业、生活服务业，实现全面营改增，承接区地税局8000余户原营业税纳税人，北京民族饭店开出全国第一张住宿业增值税专用发票。年内，加大信息管税力度，开展增值税专用发票虚开核查，监控一般纳税人1018户。继续发挥“黑名单”制度优势，累计监控达3070人次。新批准销售自主开发软件产品享受即征即退资格73户次；受理资源综合利用即征即退备案1户，涉及1个项目。办理销售软件产品即征即退680户次，税款8275.08万元；残疾人企业即征即退110户次，税款805.84万元；资源综合利用企业即征即退13户次，税款10803.98万元；其他误缴退税355户次，税款1284.7万元；军品政策性免税3户次，税款1161.86万元。办理营业税及附加退税2户次，税款47155万元。

（陈璐婷）

【信息管税】 8月8日，正式上线运行金税三期系统，首日办税服务厅受理业务1551笔。准备阶段累计完成42批次1.4万条数据清理、8大领域892项测试任务及17项补录项目。拓展信息互联互通，联合北京市建设工程专业劳务发包承包交易中心开发并启用信息联动系统第一期，实现了合同备案信息与税收征管信息的对接。4月，全市首家“互联网+”办税体验中心建成并投入使用，截至年底，累计开展各类展示、培训活动30余期，共接待纳税人8000余人次。12月，“互联网+”掌上3D版体验厅正式上线，实现了实体办税服务厅的虚拟化。

（陈璐婷）

【组织收入】 年内，强化数据管理在收入分析中的重要作用，采取抽样和经验估值的方法，形成预测模型，不断提升收入预测准确率；加强与重点税源企业的沟通，建立入库台账，掌握收入动态；注重收入监控，针对重大影响因素及时反应。完成1610户企业的税收调查，涉及重点企业1587户、集团企业23户；完成71752户的减免税调查，涉及个体工商户22832户、其他企业48920户。

（陈璐婷）

【税收管理】 年内，做好风控管理，累计推送风险纳税人2487户，补缴税款及滞纳金7757.19万元；开展纳税申报表核查，累计入库税款69.7亿元。西站分局职能调整，所有管户重新划分到海淀、丰台和西城，区国税局从西站分局接收管户150户。推行个体工商户网上申报，累计推行598户。整合第十税务所、第二十税务所，将21810户个体工商户和67个集贸市场主办方统一调整到新成立的个体集贸税源管理所。10月9日，区国、地税联合办税服务厅在北京市建设工程专业劳务发包承包交易中心成立，区国税局成立第十二税务所驻厅。该服务厅是面向外地进京建筑施工企业的全国首家国、地税联合办税服务厅，实现了“两家业务、一窗办结”。强化“三证合一、一照一码”改革，逐月做好税源分析。

（陈璐婷）

【纳税服务】 年内，重点围绕营改增开展纳税服务，组织3万余人次参加各类培训，制作涉税办理事项二维码350个，印制各类税收宣传材料45种约5万册；在户外及7条地铁线路开展营改增宣传，与中央人民广播电台合作播出4期《营改增进行时》；《中国税务报》、人民网、《经济日报》等各类媒体累计报道区国税局营改增推行工作20余次。继续完善办税服务厅功能，增配自助办税设备，截至年底，共有发票领用、认证自助机11台，发票代开自助机5台，网上申报设备10台。完成纳税信用等级评定，将2975户A级企业名单进行公告，做好补评、复评工作。开展“问需求、优服务、促改革”专项活动，累计发放调查问卷2030份、税法宣传资料10万余份；走访纳税人232户，现场答复咨询265个，征求意见建议92个；组织座谈会21次，企业代表及社会各界代表共计300余人参加，现场答复咨询173个，征求意见建议26个。4月1日，区国税局与区地税局共同组建的西城区国、地税纳税服务热线66212366正式启用。

（陈璐婷）

【税收法制】 年内，落实市国税局和市地税局联合发布的《〈税务行政处罚裁量权实施办法（修订）〉的公告》，在局内外网及办税服务厅触摸屏、公告栏中予以发布；坚持重大案件集体审理，共计4户，审结2户；开展税务行政审批制度改革阶段性“回头看”自查工作；保障纳税人法律救济权，应诉案件1起。

（陈璐婷）

【所得税管理】 年内，加强所得税预缴管控，有序落实270户次企业的按月预缴工作，预缴比例高于70%。做好新企业所得税政策的宣传及辅导，对200户重点税源企业、60户高新技术企业开展针对性培训；强化申报数据监控，对减免税、资产损失、特殊重组、股权转让等高风险事项进行重点管控，及时纠正申报偏差，完成29749户企业2015年度企业所得税汇算清缴工作，申报率100%。做好小型微利企业税收优惠政策的落实工作，2015年度企业所得税汇算清缴中，共计11384户企业享受了该项优惠，减免税额3239.58万元，实现“应享尽知”和“应享尽享”两个百分百目标。加强汇算清缴后续管理，对2014至2016年受理的资产损失开展核查，发现问题企业41户，补缴税款及滞纳金84.15万元；对2015年度享受减免税优惠的481户企业开展核查，发现问题企业28户，补缴税款及滞纳金6.6万元，调减亏损17826万元；对11户重点税源企业开展税收风险验证核查，发现问题企业4户，补缴税款及滞纳金1731万元。继续落实汇算清缴退税管理办法，全年为2500户次纳税人退税70亿元。

（陈璐婷）

【国际税务管理】 年内，做好非居民税收日常管理，累计入库非居民企业所得税108.48亿元，增值税3.02亿元。加强反避税基础管理，完成企业年度关联业务申报工作，申报率100%；完成享受税收协定待遇企业备案97户次，减免税款45.65亿元，涉及营业利润、股息、利息、特许权使用费、财产收益及国际运输等条款；受理、确认非居民企业所得税核定征收148户次。对50户企业的同期资料开展审核，对存有问题的5户企业实施特别纳税调整，入库税款90.16万元，加收同期银行存款利息23.73万元。做好对“走出去”企业的服务工作，与区地税局联合对辖区247户“走出去”企业开展专题培训，在完善内外部信息的基础上，建立完整的“走出去”企业清册。全年出具《中国税收居民身份证明》435份。推进QFII（合格境外机构投资者）、RQFII（人民币合格境外投资者）专项清理，累计入库税款及滞纳金7.02亿元。

（陈璐婷）

【进出口税收管理】 年内，落实《全国税务机关出口退（免）税管理工作规范1.1版》，完成两轮出口企业分类评定调整，适时调整重点监控商品，完善出口货物退（免）税审核系统和申报系统应用，防范退税风险。截至年底，全局出口退税登记企业共336户，其中生产型出口企业79户（二类39户，三类35户，四类5户）、小规模出口企业257户。全年完成生产企业退税105批次，涉及退税款1400万元，审核免抵额1440万元。

（陈璐婷）

【税务稽查】 年内，以督导清理前期未结案件及抓住大案要案不放松为重点，不断提升稽查效能；持续推进稽查信息化，启用电子选案软件，结合人工风险排查，进一步提高选案准确率；培养电子查账人才，发挥电子查账优势。全年对举报、协查立案、自提行业专项检查、重点税源检查、打虚打骗等各类案件，实施立案检查88户，查结38户，查补入库各类款项（包括税款、滞纳金、罚款）2.75亿元，选案准确率和查补入库率两项指标均达100%。

（陈璐婷）

【大企业管理】 年内，完成国家税务总局千户集团企业名册数据采集工作，涉及辖区21户集团企业。做好辖区360户大企业“一户式”档案管理，对73户集团总部数据进行更新维护，对288户大企业信息进行收集填报。通过大企业“绿色通道”，解决5户大企业涉税诉求，其中2户涉及年度企业所得税汇算清缴政策、1户涉及网上申报、2户涉及营改增政策适用。

（陈璐婷）

地方税务

【概况】 北京市西城区地方税务局（简称区地税局）共设20个职能科室，1个稽查局（内设9个科）、19个税务所，1个机关后勤服务中心。共有干部职工681人，全局共有税源户12.9万户。年内，坚持依法征税，全面堵漏增收，共组织各项税费收入604.35亿元，剔除本同期营业税后，同口径增加28亿元，增长6.6%。西城区地方税务局在全市地税系统各区局绩效考核中排名第四，列入系统优秀等次。开展“两学一做”学习教育，落实全面从严治党“两个责任”。联合西城区国税局落实疏解非首都功能产业税收支持政策，落实营改增试点改革任务。开展便民办税春风行动。

地址：西城区新街口北大街珠八宝胡同23号

邮编：100035

电话：62235686

（张朝晖）

【税收收入情况】 年内，累计完成各项税费收入604.35亿元，同口径增长6.6%；累计完成税收收入556.29亿元，同口径增长4.4%；一般公共预算收入累计完成420.69亿元，同口径增长5.9%，占全市一般公共预算收入的比重为15.7%。

（张朝晖）

2016年西城区地税收入情况表

单位：亿元、%

项目	本期	增减额（同口径）	增减%（同口径）
各项税费收入	604.35	28.01	6.6
地方公共财政预算收入	420.69	14.81	5.9
一、税收收入	556.29	16.8	4.4
其中：中央级	176.53	13.26	8.1
1. 改征增值税	2.89	2.89	
2. 企业所得税	65.90	−0.88	−1.3
3. 个人所得税	224.86	21.69	10.7
4. 资源税	0.0008	0.0004	100
5. 城市维护建设税	35.79	0.32	0.9
6. 房产税	32.34	4.97	18.2
7. 印花税	16.07	2.56	19
8. 城镇土地使用税	2.47	−0.19	−7.2
9. 土地增值税	9.08	−16.39	−64.4
10. 车船税	0.01	0.002	20.1
11. 耕地占用税	0	0	0
12. 契税	12.71	1.81	21
13. 营业税	154.16	−137.32	−47.1

续 表

项目	本期	增减额（同口径）	增减 %（同口径）
二、非税收入	48.05	11.2	30.4
1. 教育费附加收入	15.25	0.14	1
2. 地方教育附加	10.15	0.14	1.4
3. 外商投资企业土地使用费	0.06	−0.004	−7.2
4. 文化事业建设费收入	0.008	−0.28	−97.4
5. 税务部门罚没收入	0.01	−0.004	−24
6. 残疾人就业保障金	15.44	11.23	267.2
7. 工会经费	7.12	−0.02	−0.4

【费金收入】 年内，组织教育费附加、地方教育附加、文化事业建设费、外商投资企业土地使用费、残疾人就业保障金、工会经费等费金收入共计 48.05 亿元，同比增收 11.2 亿元，增幅 30.4%。

（张朝晖）

【税收收入特点与分析】 年内，按行业划分，房地产业税收完成 61.92 亿元，同口径下降 12.9%，占比 10.4%；金融业、科技服务业、商务服务业和信息服务业合计完成 366.85 亿元，占总体税收的比重过六成。按税种划分，个人所得税完成 224.86 亿元，增长 21.8%，占比为 37.7%；企业所得税完成 65.9 亿元，下降 0.9%，占比为 11%；财产和行为税共完成 108.5 亿元，下降 6%，占比为 18%。全年共减免各项税费 64.37 亿元。

（张朝晖）

【国地税合作服务营改增】 年内，建立国地税营改增工作周例会制度，开展全市营改增试点改革督导检查工作。营改增期间，国地税针对税源户、发票及税控装置、个人出租房屋等重要工作多次召开局长层面沟通协调会；测算分析营改增影响因素，形成测算情况汇报材料，国地税联合向区政府报告营改增工作；合作建立营改增绿色服务通道，由区政府牵头，三方联合走访，主动为纳税人营改增进行服务，走访金融业、房地产业及建筑业企业 12 户。

（张朝晖）

【税收法治】 年内，围绕税收执法权和行政管理权健全内控制度，初步形成基础性框架，受到市局肯定并列为工作试点单位。在 3 大类 16 项执法文书中增加投诉救济的途径，并由部门直接对局长牵头的涉税诉求响应领导小组负责。以庄胜欠税案件为契机，与区法制办、区检察院、区法院、法律顾问等沟通协作，并通过司法追征实现 880 万元欠税入库，以一案带动了积案清理、欠税追缴、法制建设、人才培养等多方面的提升。全年完成 10 个项目的执法督察，共计追缴税款 3408.73 万元，滞纳金 728.1 万元。

（张朝晖）

【税收政策落实】 年内，在贯彻执行税收政策，确保税收政策宣传到位、辅导到位、落实到位的基础上，为税收政策的制定与完善建言献策。在营改增前期，与中国税务报社合作组织座谈会，受邀参加市政协专题研讨会。在金税三期上线后，邀请其他区局做经验交流，为上级分忧，如实反映问题。与社科院等高端部门和人才合作，积极参与政策制定。

（张朝晖）

【税种管理】 年内，国地税深度融合实现“局科所厅”四个层面无缝衔接，税种管理在此基础上再上新台阶。与区房管局联手开发房产信息管理系统，为房产管理提供数据支撑。设立全市首个地税与工商个人股权转让联合办公窗口，堵塞征管漏洞。不断完善数据手册，为信息管税提供基础数据。与部分金融企业合作，深度调研印花税政策，寻找税收新的增长点。组建国际税收专业团队，开展外籍人士个人所得税零申报、“走出去”个人境外以对赌协议进行股权转让、反避税等核查。将“三费一金”（养老保险费、失业保险费、医疗保险费、住房公积金）与税种实行联动管理，收效显著。

（张朝晖）

【纳税服务】 年内，办税服务厅面对新系统上线初期压力突增的形势，一是严格落实《纳税服务规范 3.0 版》服务标准，全面推行服务大厅所有服务事项通办，第二税务所全窗口业务通办。二是各办税服务厅窗口和人员配置随需调整，后援梯队随时补充，业务科室现场指导，全面落实首问责任、限时办结、预约办税、延时服务、“二维码”一次性告知、无纸化免填单、24 小时自助办税等一系列措施，最大限度减少纳税人办税等候时间。三是在全区范围内 18 个办税点 54 个窗口推进二手房交易区域通办，与房地产交易部门协调配合，不断探索简化二手房交易办税流程。

（张朝晖）

【开展便民春风行动】 年内，建立多个部门、多种形式、多项内容的“西城地税局纳税人学堂”，针对不同需求的纳税人群体，提供多种形式的纳税辅导。联合区国税局建立小型呼叫中心，开展纳税信用管理，创建集自助办税、网络体验、业务培训于一体的“互联网＋办税服务厅”，建立外地进京建筑施工企业办税厅，互设窗口及自助办税设备，为纳税人提供更多便捷。

（张朝晖）

【税收征管】 年内，全局征管总户数为 129806 户，其中正常户 88418 户；2016 年新增户数 5348 户，办结注销登记 1704 户次。全局风险应对共入库 370 户，查补税款 49518 万元。一是承办房地产经纪中介机构日常检查任务 129 户，纠正 79 户涉税违法行为，查补税款

32.16万元。二是核实股权转让工作。下达并由税务所核实9282户次，补缴税款558万元。三是个人所得税小额申报专项检查工作。共选取30户扣缴单位进行税务约谈，其中有问题3户补缴税款1.76万元。四是落实外籍个人零申报核查工作。以税务约谈形式开展共计478户，涉及自然人1016人，补缴税款及滞纳金794.85万元。五是房产原值与企业账载金额存在差异核实。通过对2022户次疑点进行核实，有问题户189户，补交税款及滞纳金共2991.69万元。六是税务所在日常征管中自行发起的风险防控，共计补缴税款45140万元。

（张朝晖）

【大企业税收服务与管理】 年内，一方面实现集中管理。将一轻集团、二商集团、京粮集团、首旅集团等4家集团所属合并财务报表的在京成员单位，调整到同一个税务所。另一方面加强数据采集。组织采集报送千户集团2014年和2015年涉税数据工作；敦促千户集团完成企业账套、收入、成本、利润等信息采集工作。加强大企业风险防控。组织完成北京银行等6户企业集团案头审计工作，辅导企业集团自查，组织补缴税款1805万元；定期向总局上报定点联系企业查补税款情况。

（张朝晖）

【国际税收管理】 年内，首次办理以对赌协议实现境外股权转让所得个人所得税案件，征税3141万元，在北京地税系统乃至全国地税系统开创先河；扎实推进外籍个人所得税管理的各项举措得以在全市推广，第九税务所实现单户入库最大609万元；首次作为市局反避税专家小组和境外风险管理专家小组成员参加重要案件联审；建立走出去企业清册，参与第10届税收征管论坛大会的筹备、服务等工作。

（张朝晖）

【税务稽查】 年内，对2986户纳税人实施税务稽查，查补收入45.3亿元。其中查处偷税案件47件，同比增长31%；移送公安机关涉税违法案件15件，同比增加13件；与市国税局联合开展税务稽查294件，查补税款12.45亿元。完成往年稽查未结案件清理，累计入库19.46亿元。深化稽查体制改革，实现税务稽查选案、立案、检查、定案、执行市级全覆盖，税收执法刚性显著增强，维护了税收秩序。推进国税、地税联合惩戒工作。开展行业专项检查、高风险纳税人定向稽查、税务总局重点企业随机抽查和高收入人群个人所得税稽查。

（张朝晖）

【电子税务管理】 年内，金税三期系统顺利上线，形成“总局为主＋北京特色”的多元化金税三期系统。采集第三方涉税信息6492万条，提供税收信息6亿条，提升政府部门的管理与协作能力。注重数据比对分析，整理涉税信息114类10亿余条，构建数据分析基础。

（张朝晖）

【执法督察与内部审计】 年内，从非税业务类经济活动入手，强化内控管理，编制内控绩效指标，构建“制度、执行、监督、绩效、反馈”五位一体的内控工作模式，把风险防控着力点从事后向事前、事中前移。加强审计与督查监督，2016年共选定8个项目开展内部检查，并聘请第三方服务机构开展非税业务类风险检查。以“风险提示单”形式，向相关单位提示风险，对各单位落实整改情况进行督促检查。向监察部门移交问题线索，报告内控检查情况，提交风险防范报告。

（张朝晖）

审　计

【概况】 北京市西城区审计局（简称区审计局）是负责本区审计工作的政府工作部门。受本级政府和上级审计机关的双重领导，对本级人民政府和上一级审计机关负责并报告工作，审计业务以上级审计机关领导为主。年内，西城区审计局人员编制71人，在编67人。设有综合办公室、财政金融审计科、固定资产投资审计科、经济责任审计科、科教文体审计科、行政事业审计科、内部审计指导科、社保经贸审计科等16个科室，撤销监察科。区审计局在区委、区政府和上级审计机关领导下，全面落实《关于完善审计制度若干重大问题的框架意见》及相关配套文件和市委、市政府《关于加强新形势下审计工作的意见》精神，主动适应经济发展新常态，依法全面履行审计监督职责，发挥审计监督和保障作用，完成审计各项工作任务。年内，开展审计项目56个，完成审计项目47个，查处违规金额3058万元，查出管理不规范金额1244434万元，核减工程款5846.31万元，应上缴财政金额1842万元，已上缴财政金额1842万元，提出审计建议意见128条，被采纳128条。

地址：西城区复兴门外真武庙四条六里
邮编：100045
电话：68014042

（宋　楠）

【国家重大政策措施贯彻落实跟踪审计】 年内，重点对西城区财政存量资金统筹盘活情况、“放管服”（简政放权、放管结合、优化服务）政策落实情况等进行审查，持续跟踪检查政府重大政策措施的具体部署、执行进度、实际效果等。及时反映经验成效，推动相关政策落实到位，促进中央和市委市政府、区委区政府决策部署和政策措施落地生根和有效执行。

（宋　楠）

【预算执行审计】　年内，实现全口径预算监督（除社保基金），对区财政局和15个区级部门开展预算执行审计，重点关注全口径预算管理、存量资金消化与统筹、财政资金使用绩效、国有资本预算支持项目实施及运行情况，以及“三公”经费、会议费管理使用等内容，促进政府预算管理水平不断提升。将预算执行的重点关注内容由预算执行向预算管理转变，通过检查部门的主要职责和重点任务的完成情况，延伸资金使用绩效，推动财政资金合理配置、高效安全使用；注意发现和分析财务收支问题所反映出的制度建设、规则制定、业务管理等方面的漏洞，实现“处理一个问题，规范一类工作”的目的。首次尝试联网审计，系统采集财政电子数据，通过法规指标和专家经验进行数据分析，形成疑点，下发审计现场核实，汇总后统一定性处理，逐步形成“集中分析，分散核查，统一处理”的组织方式，提高审计工作的规范性、效率性和协同性。

（宋　楠）

【经济责任审计】　年内，共对13名处级领导干部开展经济责任审计。探索党政主要领导干部经济责任同步审计的思路、方法，首次开展街道党政主要领导干部同步审计，为全面深化经济责任审计，提升经济责任审计深度和广度积累了经验；联合区纪委、区委组织部共同组织经济责任审计统一进点会，促进审计工作得到被审计单位的重视、理解和配合，为实施工作奠定坚实基础。明确审计实施重点内容，统一问题定性依据和处理处罚尺度，规范审计行为，规避审计风险；责任界定充分考虑审计发现问题的性质、产生后果和负面影响的严重程度、涉及金额大小、与被审计领导干部履行经济责任关联程度等因素，准确界定领导干部承担的责任。以权力运行轨迹为基础，围绕经济决策权、经济政策执行权、经济监督权和廉政情况审计，突出审计实施重点。引入绩效审计理念，选取一至两个重要经济决策事项和重点专项资金进行绩效审计。推进经济责任审计全覆盖，选取区教委、区卫生计生委、区国资委等资金量大、下属单位较多的单位，从机构设置、制度建设、工作流程、具体做法等方面进行调研，有针对性的对其经济责任审计工作进行指导。

（宋　楠）

【固定资产投资审计】　年内，逐步探索建立与政府投资相匹配的固定资产投资审计体系，促进提高政府投资的经济效益和社会效益。全年共开展11个政府投资审计项目，审核资金326819.53万元。审计工作以征地拆迁、工程招投标、设备材料采购、资金管理使用和工程质量管理等环节为重点，加大对老旧小区改造、城市环境建设、保障民生等项目跟踪力度，督促相关单位加强资金和项目管理，完善制度，提高投资效益，推进廉政建设，促进深化投资体制改革；注重整合资源，跟踪审计前期主要以内部审计为主，社会审计参与的方式，决算审计采取国家审计为主的方式，既防范了审计风险，也在一定程度上缓解了审计力量不足的状况，扩大了监督覆盖面。

（宋　楠）

【内部审计】　年内，制定《2016年内部审计工作的指导意见》，进一步加强内部审计工作指导力度，促进各部门、各单位内审业务工作规范化、制度化。制定《内部审计优秀项目评比办法》，开展年度优秀内部审计案例表彰和案例交流会，推广内部审计实践经验，发挥优秀内部审计案例的示范和导向作用，加强学习、扩大影响，实现成果共享，全面提高内部审计工作质量。开展街道内部审计调研工作，采用全面走访、集中座谈、统一培训、书面反馈，以及线上与线下相结合等多种方式，内审协会组建全区内审工作交流群，及时交流、互相学习、共同解决问题。通过组织业务骨干参加审计局集中培训，与审计局干部共同编组和利用后续教育平台等形式，强化业务培训，提高内审人员的能力和水平。

（宋　楠）

【专项资金审计】　年内，开展公共文明引导员工作经费、促进就业政策及配套资金、中小学生特长兴趣培训资金、群众体育类项目资金、军人抚恤优待资金等专项审计调查。聚焦资金来源，深入摸清专项资金规模、用途、使用范围等，通过调查问卷、延伸资金最终使用人或单位、核查档案等手段，审查资金使用单位对专项资金的预算编制、日常管理、资金支出的真实合法以及资金投入取得的效率、效果等，确保财政资金专款专用，促进民生资金有效使用。针对发现的问题，从宏观层面进行综合分析和深度挖掘，研究解决问题的建议，为区政府宏观决策提供参考。

（宋　楠）

烟草专卖

【概况】 北京市西城区烟草专卖局（公司）实行双重领导、垂直管理体制，在北京市烟草专卖局（公司）和区政府的双重领导下，主管辖区内的卷烟营销和烟草专卖管理工作。下设6科2室，即办公室（安保科）、专卖监督管理科（专卖稽查支队）、营销网建科、财务科、人事科、监察科（政工科）、法制科、内部专卖管理监督派驻办公室。年内，共销售卷烟38995箱；实现利税合计23621.77万元。截至年底，共有在职职工122人。3月，获国家烟草专卖局授予的“六五”普法先进单位称号。

地址：西城区太平街甲6号富力摩根A座

邮编：100050

电话：83160060

（王燕红）

【卷烟销售】 年内，坚持“稳中求进”工作总基调，采取措施，收窄卷烟销量下滑幅度。全年累计销售卷烟38995箱，同比下降15.04%；实现销售收入104981.67万元，同比下降18.46%；利税合计23621.77万元，同比下降14.47%；单箱销售额3.15万元，同比下降2.17%。

（王燕红）

【卷烟市场净化管理】 年内，以专项整治行动为契机，将错时执法及交叉检查等工作方式常态化，规范终端经营行为。在贯彻落实北京市烟草专卖局、北京市公安局联合开展的“蓝盾一号”“金剑一号”卷烟打私打假专项行动中，启动同公安、检察等部门的长效联席会议机制；开展“两节”“两会”期间专项检查以及卷烟无证经营专项治理等多项市场检查行动。制定《校园周边零售户综合治理实施方案》，并对辖区军产房、街道房、开墙破洞房等多种情况进行跟进调研，做到情况清、底数明。在“3·15”国际消费者权益日、“5·15”打击和预防经济犯罪宣传日、“12·4”全国法制宣传日开展法制宣传活动，扩大烟草专卖相关法律法规影响。市场净化率达到91.14%。全年共查处涉烟案件115起，其中一般程序案件106起、简易程序案件9起，五万元以上重大案件14起。共查获违法卷烟331.14万支，总案值196.34万元。其中假烟52.42万支，标值27.75万元；走私烟102.28万支，价值69.36万元；真烟176.44万支，价值99.23万元。

（王燕红）

【破获5起涉烟网络案件】 年内，共办理涉烟网络案件5起。其中主办西城、朝阳、丰台“7·18”网络案件，查获违法卷烟136.42万支，案值52.78万元，抓捕涉案人员9人，刑拘3人，捣毁涉案窝点9个；联合主办海淀、东城、西城、通州“6·08”网络案件，查获违法卷烟215.68万支，案值110.92万元，抓获涉案人员9人，刑拘3人，捣毁涉案窝点11个；联合主办朝阳、西城、房山“6·12”网络案件，查获违法卷烟142.32万支，案值68.08万元，抓获涉案人员15人，刑拘3人，捣毁涉案窝点15个；联合主办朝阳、西城、房山“6·30”网络案件，查获违法卷烟292.52万支，案值119.81万元，抓获涉案人员17人，刑拘4人，捣毁涉案窝点17个；参与协办朝阳等局“3·24”网络案件。

（王燕红）

【卷烟零售行政许可管理】 截至年底，辖区共有卷烟零售许可证户2181户，其中正常经营2144户、停业9户、新办待供货28户，卷烟零售许可证户同比减少5%。全年共制作行政许可案卷1235卷，其中新办175卷、变更41卷、注销258卷、延续685卷、其他类76卷。接待咨询群众2300余人次。

（王燕红）

【学校周边卷烟零售户治理】 年内，为贯彻落实《北京市控制吸烟条例》关于“禁止在幼儿园中小学校少年宫及周边100米内销售烟草制品”的规定，西城区烟草专卖局以“四个为零”（许可证新办为零、许可证到期延续为零、向未成年人售烟为零、学校周边无证户为零）为工作目标，部署学校周边卷烟零售户治理工作。全年共出动执法检查人员2924人次，每月开展控烟常规检查，重点零售户检查1690户次，每次均覆盖学校周边100米内全部卷烟经营户。开展控烟治理专项行动1次，专项整治学校周边卷烟违法经营行为，并对学校周边持证经营户开展法制宣传教育，重申专卖执法工作精神，使其主动配合《条例》要求，在许可证到期后不再予以延续或提前放弃卷烟经营。全年辖区学校周边卷烟零售户减少59户，截至年底，学校周边卷烟零售户112户。

（王燕红）

【联合开展法制宣传教育培训】 年内，依托西城烟草法制宣传教育体验基地，法制科、专卖监督管理科、营销网建科、内部专卖管理监督派驻办公室四科室联合，分批次开展零售户法制宣传教育培训。培训主要针对辖区新办证零售户及违法违规零售户，主要就专卖政策、营销策略、法律法规、内管政策4个方面分别向零售户进行宣传教育。培训会后带领零售户参观法制宣传教育体验基地，全面、直观地了解烟草专卖法律法规知识。全年共联合四科室开展零售户法制宣传教育培训26场次，培训300余人次，发放各类普法宣传材料600余份。

（王燕红）

【举办企业法务研究中心专题培训】 年内，企业法务研究中心分别于3

月、4月、8月、9月、10月、12月开展6次专题法务培训，培训内容涉及企业重大项目中的法律管理、企业合同管理、企业法律信息化建设、企业法律风险管理、合规管理、企业劳动用工法律法规知识，聘请姚均昌、陈步雷、叶小忠、唐品林等专家、学者、企业高管授课，广西中烟、北京烟草等94家国企、央企的法务部门人员参加研讨、培训。

（王燕红）

（责任编辑　杨桂敏）

工业 商贸

工 业

概 述

年内，西城区规模以上工业生产总体保持稳定态势，表明供给侧结构性改革取得一定成效，效益回升良好。区规模以上工业企业累计完成工业总产值1091亿元，同比增长2.2%。工业企业大部分以销定产模式，工业企业销售产值同步升高，完成工业销售产值1091.7亿元，同比增长1.9%；产销率100.1%，产销衔接良好。工业运行态势，继续发挥其首都功能核心区总部集约型工业的优势，水、电、气、热等基础设施民生领域发展态势良好。

工业运行基本特点：一是总部企业作用明显。由于西城区首都功能核心区定位及地域条件限制，区域内工业总产值平稳发展主要是总部企业的支撑。18家总部工业企业完成工业总产值1002.2亿元，占全部规模以上工业产值的91.9%；累计完成销售产值1001.7亿元，占全部工业销售产值的91.8%。二是能源供应业保持小幅增长。年内，10家能源供应业企业完成工业总产值995.2亿元，同比增长1.0%，占西城区规模以上工业产值的91.2%。完成工业销售产值995.2亿元，同比增长1.0%。在区工业总产值排名前10位的企业中能源供应业企业为6家，累计完成产值993.5亿元，成为拉动区域工业总产值保持持续增长的主要力量。三是内销实现稳步增长，出口增幅显著。年内，工业销售产值1091.7亿元中，内销1087亿元，同比增长2.1%；出口交货值3.9亿元，同比增长27.7%。以稀土为原材料加工合成金属的企业在国际市场情况好转，引起全区出口交货值增幅显著。四是经济效益提速明显。全区规模以上工业企业实现主营业务收入1132.7亿元，同比增长2.3%；利润总额76.8亿元，同比增长7.9%。

工业运行中需关注的问题：纵观全年运行态势，区工业企业一直存在着能源供应业受政策因素影响、印刷行业下降明显的突出问题。一是能源供应业受政策因素影响显著。作为首都功能核心区，西城区规模以上工业发展主要依托于电力、燃气及自来水等能源供应业带动。能源供应业主要经济指标均占据全区规模以上工业企业总量的绝大部分份额，受国家和地区政策影响较大，政策变动导致相关指标的波动，影响工业的发展状况。二是印刷行业下降明显。西城区规模以上工业中涉及书报刊印刷、包装装潢及印刷业企业13家，随着传统印刷行业的萎缩及纸张、油墨、人工成本上涨，截至年底累计完成工业总产值31.7亿元，销售产值32.0亿元，同比上年降幅分别为8.8%和9.4%。

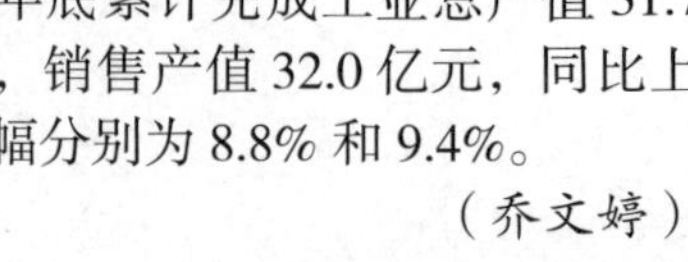

（乔文婷）

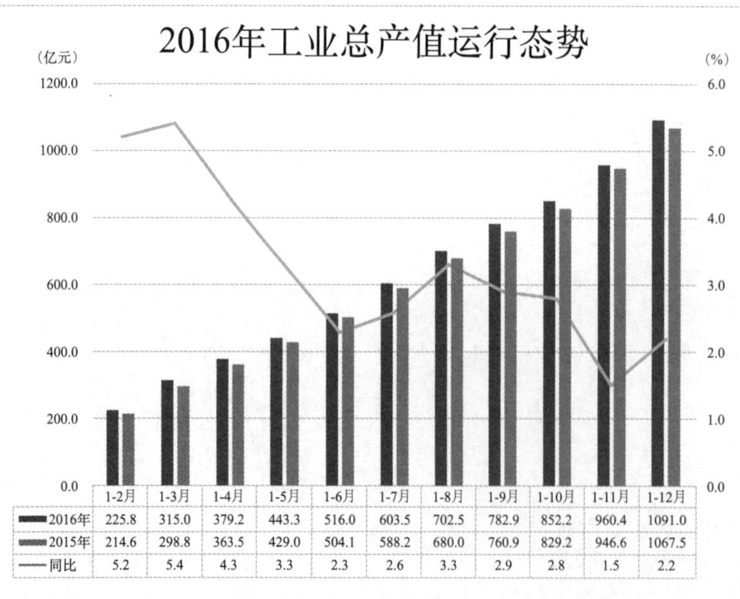

	1-2月	1-3月	1-4月	1-5月	1-6月	1-7月	1-8月	1-9月	1-10月	1-11月	1-12月
2016年	225.8	315.0	379.2	443.3	516.0	603.5	702.5	782.9	852.2	960.4	1091.0
2015年	214.6	298.8	363.5	429.0	504.1	588.2	680.0	760.9	829.2	946.6	1067.5
同比	5.2	5.4	4.3	3.3	2.3	2.6	3.3	2.9	2.8	1.5	2.2

北京世纪金工投资有限公司

【概况】 北京世纪金工投资有限公司（简称世纪金工）注册资金3000万元，在职员工508人，主营项目投资、投资管理、投资咨询、出租写字间等。公司下设多家子公司。工业、物业、资本运营是公司支柱产业。其中北京市科通电子继电器总厂有限公司是高新技术企业和国家定点军民用固体继电器专业厂家，承接国家重点项目，为“神舟”系列航天器和“嫦娥”登月工程等配套；北京第三纺织机械有限公司是国内汽车整车配套件重点企业，具有ISO/TS16949等国际认证资质；北京市塑料十三厂有限公司拥有国家特种劳动防护用品生产许可证资质和安全标志证书；世纪金工宏洋大厦是西城区文化创意产业孵化基地和西城区电子商务创业孵化基地；居仁堂京瓷（北京）文化有限公司是由商务部获批的文化艺术类老字号，生产的市级非物质文化遗产项目京彩瓷（仿古瓷）产品屡获国家工艺品大奖；世纪金工跨领域投资的全资子公司悠米幼儿园围绕“悠扬、悠乐、悠美”的办园宗旨，坚持保教并重的原则，以研促教，在实现收益的同时承担起社会责任。离退休和岗下职工管理中心为公司6886名离退休人员提供统一服务与管理。公司获得“北京市构建和谐劳动关系先进单位”称号；宋悦峰获得“北京市构建和谐劳动关系先进个人”称号；居仁堂京瓷于晓静、赵子仪、白青春获“北京市第四届职业技能大赛”优秀奖；居仁堂京瓷传承创意车间获“西城区工人先锋号”称号；宏洋天平公司谭守培获“西城区优秀共产党员”称号；北京第三纺织机械有限公司党支部获“西城区先进基层党组织”称号；科通公司研制生产的270V直流固体继电器系列产品获区总工会“2016年经济技术创新工程优秀成果奖”。

地址：西城区莲花胡同11号
邮编：100052
电话：63524785

（梁乃康）

【区领导到居仁堂调研】 3月2日，西城区委书记卢映川等20余人，到京彩瓷参观调研。

（梁乃康）

【宏洋天平与威斯汀结对帮扶】 3月份，宏洋天平物业与金融街威斯汀酒店党委结成一对一帮扶对象。3月15日，西城区“名书记工作室”的书记成员——威斯汀酒店党委书记徐涛到宏洋天平物业公司进行党建工作交流，共促企业发展。

（梁乃康）

【京彩瓷获“国匠杯”金银奖】 5月20至30日，在“2016世界手工艺产业博览会暨非物质文化遗产保护成果展”上，工艺美术大师白莉设计绘制的《珐琅彩六合同春杯》、其弟子徐立宾设计绘制的《凌波仙子瓶》分别获陶瓷类作品金奖、银奖。

（梁乃康）

【三纺机庆祝公司成立40周年】 6月1日，北京第三纺织机械有限公司举办“庆祝北京三纺机成立四十周年”活动。活动包括三纺机公司发展历程图片展、文艺汇演等。世纪金工总经理赵钢参加活动，为在三纺机工作35年以上，为企业发展做出突出贡献的9位老职工颁发荣誉员工证书。

（梁乃康）

【悠米幼儿园庆“六一”】 6月1日，悠米幼儿园在大观园举办大型“六一亲子嘉年华”活动。西城区人大常委会教科委主任孙静、大观园党总支书记唐晓宾等参加活动，观看百余名悠米幼儿园小朋友的演出。

（梁乃康）

【参加区“百姓宣讲”】 6月14日，世纪金工参加区委宣传部组织的区国资委系统“2016年西城区百姓宣讲全区汇讲”活动。刘平以“互信则进”为主题宣讲了世纪金工的发展历程，展示世纪金工人敢担当、不服输的精神风貌。

（梁乃康）

【3位陶艺师获奖】 8月30日，居仁堂京瓷陶艺师于晓静、赵子仪、白青春参加由北京市妇联主办，北京工业设计促进中心 、北京巧娘手工艺发展促进会承办的“北京市第四届职业技能大赛手工技能大赛决赛暨第二届创新创意大赛”，均获得优秀奖。

（梁乃康）

【京彩瓷亮相“北京国际设计周”】 9月26日，居仁堂京瓷首次受邀参加北京国际设计周。工美大师白莉的20件作品参展，作品涵盖陈设、观赏、把玩等，器型涉及瓶、盘、杯、壶等，纹饰包含人物鸟兽、历史古迹、都市园林等诸多领域，吸引观众们驻足观赏。

（梁乃康）

【悠米幼儿园得到年审组好评】 11月9日，西城区教委学前科、民教科、教研室人员，妇幼保健院儿保科大夫及学前教育专家到悠米幼儿园进行年审工作。和平门幼儿园、红黄蓝幼儿园、普林斯顿幼儿园园长及相关老师参加。年审组对悠米幼儿园的管理、教学等方面给予好评，通过年审。

（梁乃康）

【宏洋天平通过第十年质量审核】 10月，宏洋天平物业连续第10年通过ISO9000质量体系审核。为打造物业服务精品品牌，宏洋天平物业运用ISO9000质量体系，按照“做严、做细、做实”的原则推进每个体系环节，全面提升经营、管理、服务质量，管理工作每年上一个台阶，经营年年有新突破。

（梁乃康）

国有资产经营公司

【概况】 北京市西城区国有资产经营公司（简称国资公司）主要承担区属改制企业37名离休干部及650名退休人员的管理职能；承担政府托管的金融机构股权投资的管理职能，负责国资公司存量资产的管理开发；承接政府新划拨转制资产的管理开发和人员安置任务。公司现设两办一部一中心：行政办、党办、计划财务部、离退休管理中心，职工16人。年内，获中共北京市委组织部、北京市老干部局、北京市人力资源和社会保障局“北京市老干部工作先进集体”，北京市西城区交通安全委员会“2016年度交通安全工作先进单位”称号。

地址：西城区头发胡同59号

邮编：100031

电话：83229155

（梁　硕）

【解决历史遗留问题】 由于国资公司成立之初，一些员工的人事档案移交到公司时缺失了部分重要证明材料，导致退休手续无法办理。国资公司领导高度重视，年内，负责此项工作人员经过多方联系为同时期到公司工作的一批员工，补齐缺失的人事档案材料。

（梁　硕）

【走访慰问】 1月14日至2月4日春节前，离退休中心的工作人员分别走访慰问离休老干部、处退老领导、劳动模范、百岁老职工、重病退休职工、困难党员、入住养老院老党员、异地安置离休干部等40余人。“七一”前慰问7名80岁以上的老党员，送去“两学一做”学习材料。

（梁　硕）

【组织老干部活动】 1月15日下午，国资公司离休中心在老舍茶馆举办新春团拜会。离休老干部、处退老领导、机关干部及工作人员20余人参加。3月9日，组织离退休老干部到长安大戏院观看京剧《汉明妃》（即昭君出塞），老干部及其家属等21人观看演出。4月21日，为落实市、区老干部局2016年“讲传统、看变化、话改革、助发展”主题活动，组织老干部“话改革，看农业发展变化”主题活动，到昌平参观北京市第四届农业嘉年华“创意农业馆”。4月28日，组织10余名离退休老干部参加区老干局举办的春季棋牌赛。4月份组织离退休干部健康体检。5月5日，组织离退休老干部及其家属12人到天桥艺术中心观看现代原创话剧《网子》。6月16、17日，开展“讲传统、看变化、话改革、助发展”主题活动。组织老干部游览稻香湖景公园，参观大觉寺和古崖居。“共产党员献爱心”活动8人捐款1110元。9月26至28日，开展“体验美好生活、感受协同发展”主题活动。组织老干部们参观红旗谱纪念馆、有“中国煤炭工业的活化石”之称的开滦矿山公园、唐山地震博物馆、唐山地震遗址及唐山地震24万罹难同胞纪念墙、2016唐山世界园艺博览会。10月27日，组织离休和处退老干部到门头沟欣赏红叶，参观马致远故居。12月6日，参加区老干局举办的棋牌赛。为38名离休干部祝贺生日。

（梁　硕）

【组织干部疗养】 4月5至9日、8月29日至9月2日，组织第20、21批退休职工，参加区社保局健康疗养。

（梁　硕）

【助力“古塔达人”】 7至10月，组织老干部参加北京市老干部局、北京市老龄工作委员会办公室、北京人民广播电台联合举办的第三届“银发达人”评选活动。离休中心赵程久获“最佳达人”第一名——“古塔达人”。

（梁　硕）

【秋冬送“暖”】 8月18日，国资公司市与急救中心配合为4位有特殊困难的老干部安装北京市急救中心赠送的含紧急呼叫功能的电话机。

（梁　硕）

【落实老干部工作领导责任制】 12月20日，西城区老干部局检查国资公司落实老干部工作领导责任制情况。中心主任侯建利汇报近几年老干部工作情况，展示《离休党支部会议及学习记录本》《对老干部工作满意度调查表》《国资公司志愿者服务老干部制度》《国资公司党员、老干部工作人员志愿服务离休干部情况表》《国资公司离休中心贯彻落实〈北京市西城区离退休干部工作领导责任制〉情况2016年自查报告》《温馨之家》等文件、材料。

（梁　硕）

北京华方投资有限公司

【概况】 北京华方投资有限公司（简称华方公司）是国有独资公司，注册资本3.64亿元，主要从事国有资本投资、管理业务。华方公司拥有19家企业的全部或部分国有产（股）权，其中11家（7家国有企业、4家集体企业）为华方公司接收原北京西城国有资产管理公司所属工业企业，对其履行“投资、监督、调控、服务”职能。投资涉及房屋租赁、企业孵化器、养老产业、品牌医药批发零售、工业生产、文化创意、特色餐饮、金融证券等领域；华方公司还承担与本公司没有产权和隶属关系的其他13家工业企业的管理责任。截至年底，华方公司总资产（含19家企业）24.28亿元，归属母公司净资产12.11亿元。年内，华方公司紧抓“深耕细作重大项目、精心编制发展规划、不断推进精细管理”的年度工作主题，实现营业收入（不含工业企业，不含税）10.73亿元，同比（9.4亿元）增长14.15%；利润总额5993万元，较区国资委下达计划（5100万元）增长117.51%；净资产收益率4.92%，较计划（3.8%）增加1.12个百分点、增长29.47%；成本费用利润率5.55%，较计划（3.5%）增加2.05个百分点、增长58.57%。

地址：西城区木樨地北里甲4号

邮编：100038

电话：68049172

（王　涛）

【养老项目】 截至年底，华方养老投资公司已投入运营4家机构（北京3家、攀枝花市米易县1家），养老床位近600张。什刹海街道华方养老照料中心1月18日开业，有110张床位。医养方式为：与北京中医药大学附属护国寺中医医院协议合作。每周专业医师定期到养老照料中心巡诊和开展老年健康讲座，为突发急病老人开通绿色就医通道等。月坛街道华方养老照料中心11月底竣工验收，设置60张养老床位，设置阅览室、棋牌室、多功能活动厅等。北京华方米易颐养中心10月18日开业，采取攀枝花市米易县民政局与北京华方养老投资有限公司“公建民营”合作方式，定位于攀西一流中高端、专业性、创新性康养机构，有住养房间101间床位205张，其中护理床位14张。北京华方米易颐养中心被西城区民政局和米易县政府认定为“北京市西城区异地养老创新示范项目”；西城区总工会授予西城区“劳模疗休养基地”。

（王　涛）

【养老服务】 年内，华方公司探索居家养老服务模式。11月1日起，什刹海街道华方养老照料中心和西长安街街道华方养老照料中心均被北京市民政局批准为失能照护服务商。根据《北京市西城区中、重度失能老年人居家照护服务补贴暂行办法》，确立居家服务人员行为规范，对工作人员进行集中培训，规范服务流程。西长安街街道华方养老照料中心在西城区率先成立居家养老服务团队，为周边社区老人提供短期照料、助餐、助洁等10项居家养老服务。什刹海街道华方养老照料中心接收66人次、186项失能服务，包括日间入户照料、理发、洗发、助浴等服务。6月28日上午，举行“北京劳动保障职业学院工商系与北京华方养老投资有限公司《战略合作协议》签约仪式”和“北京华方养老投资有限公司作为北京劳动保障职业学院老年护理专业学生社会实践基地授牌仪式”。华方公司被“北京人力资源服务教育集团”吸纳为理事单位；北京华方养老投资有限公司被“北京市职业院校老年服务专业建设指导委员会”吸纳为成员单位。

（王　涛）

【母婴护理】 6月，华方公司控股的永安馨母婴护理中心完成建筑物三、四层消防改造工程验收，7月整体对外营业。母婴护理中心有母婴护理包房42套，通过各项专业护理项目及增值服务。签约预订71人，实际入住53人，实现营业收入235万元。

（王　涛）

【“非遗”基地】 华方公司投资的“月坛雅集非遗传艺荟”一期改造工程5月初竣工，6月12日开幕。定位为青少年非遗教育和非遗艺术品产业化服务平台两大功能。开业之初，联合国教科文总干事博科娃为“月坛雅集非遗传艺荟”作为“世界文化遗产青少年传习基地”揭牌。场馆内展示60余位国家级工艺美术大师的240件艺术作品，涉及40多个艺术品类。年内，“月坛雅集非遗传艺荟”举办大型主题展览3场；接待联合国教科文组织、日本友好交流协会、捷克州、北京市、西城区等来访体验12次；参与国艺课程的学员1600人次。截至年底，销售收入16.25万元（包含：艺术品销售7.79万元、非遗课堂收入8.46万元）。华方文创沙河基地一期改造工程8月底完工。

（王　涛）

【“非遗”产品及推广】 年内，华方文化公司创作的非遗艺术品屡获大奖。“工美杯”北京传统工艺美术大赛上，《和》铜胎剔红插屏获银奖、《女娲补天》盘金毯获优秀奖、《双龙戏珠》蒙镶錾雕获优秀奖。在第十七届中国工艺美术大师作品暨手工艺术精品博览会上，雕漆《望山》铜胎剔红插屏获金奖、《祥云》皮胎剔红女包获银奖、盘金毯《心平气和》获银奖、金属锻錾《风调雨顺》获铜奖、金属锻錾《山水画》获优秀奖。9月，在法国举行的“第115届法国斯特拉斯堡列宾博览会”上，盘金毯《心平气和》作品获金奖、雕漆雅扇系列获金奖、雕漆香薰《山水》获银奖。10月份，在“加拿大国际文化艺术节暨多伦多龙韵国际文化艺术展”上，盘金毯《龙》和《牡丹图》作品被授予“中国手工艺术金奖”称号。参加9个具有行业影响力的国内博览会和论坛活动；尝试互联网推介销售平台。10月初“华方工艺礼品专营店”在京东商城正式上线，专营店展示了雕漆、宫毯、金属锻錾和内画鼻烟壶4项非遗的29件艺术珍品。

（王　涛）

【房屋租赁】 年内，华方公司收缴租金5896.6万元，同比上年（5480.7万元）增幅7.59%，完成合同99.72%。制定《华方公司2016年疏解非首都功能和人口规模调控工作方案及实施计划》，对即将到期的租赁合同，存在转租及涉嫌政府文件明令禁止的限制性业态，一律停止签约；对年底到期的租赁合同，针对社会单位、关联单位、转租情况及实际经营业态等进行详细统计梳理，对不符合政府要求的转租行为和经营业态进行整改或清退。“疏非控人”疏解957人。

（王　涛）

【企业孵化器】 年内，推进康华伟业孵化器（国家级孵化器）B、C座搬迁周转工作，完成B、C座楼宇内部装修和消防设施改造工程。将新装修改造的A座楼7层作为众创空间，搭建专业化知识产权服务平台、市场销售服务平台及法律知识服务平台。金丰和孵化器（北京市级孵化器）对创业基地的服务功能区域做出调整，投资144万元资金对B座和C座地下室进行装修改造，打造金丰和创客体验中心和金丰和多功能会议路演厅。

（王　涛）

【酒店餐饮】 位于西城区鸭子桥的商务酒店“建徽酒店”10月30日开业，建筑面积23531平方米、306套客房（486张床位）。帕米尔食府挖掘新菜品、提升服务质量，借助大众点评、百度外卖等线上销售平台促销售，启动便民“早餐工程”，连续6年获得京城餐饮百强门店称号。

（王　涛）

【金融证券】 年内，华方公司证券变现2404.95万元，收益率89.38%。剔出北京银行分配因素，仅测算北京银行二级股票、开放式证券投资基金和新股申购三类投资，变现收益74.26万元，收益率6.94%。

（王　涛）

【工业企业】 年内，华方公司所属4家涉及工业制品企业人员减少情况：自控厂由160人减至56人、减幅65%；轻工厂由92人减至53人、减幅42%；光电厂由100人减至24人、减幅76%；皮鞋厂由17人减至13人、减幅24%。产品销售削减情况：自控厂由1489万元减至900万元、规模缩减39%；轻工厂由534万元减至365万元、规模缩减32%；光电厂由771万元减至342万元、规模缩减56%；皮鞋厂由324万元减至235万元、规模缩减27%。

（王 涛）

【企业改革】 年内，华方公司将北京市金属工艺品厂有限责任公司与北京市光电设备厂进行重组整合。调整华方公司对贯通集团的管理方式，华方公司吸收合并贯通集团（暂时保留贯通集团的独立法人资格）；原隶属于贯通集团的建徽酒店交由华方公司直接管理运营；贯通资源有限公司纳入华方公司所属企业管理范围。

（王 涛）

【培训及管理】 年内，举办战略思维与战略管理、“营改增”、消防安全、养老、教你如何做中层等专题培训，组织月坛雅集拓展活动480人次参加。探索用人需求与员工职业发展诉求有机对接。落实企业营改增工作，做好前期准备，制定针对增值税业务事项表单。完成OA办公系统优化及公司门户网站优化更新。完成《北京华方公司（2017—2020）发展规划》讨论稿。

（王 涛）

商业服务业

【概况】 西城区商务委员会（简称区商务委）是区政府主管全区内外贸易和对外经济合作的工作部门。年内，实现社会消费品零售额968.8亿元，同比增长6.2%；建成教场口百姓生活服务中心、闹市口百姓生活服务中心、虎坊桥百姓生活服务中心、西四百姓生活服务中心等10个百姓生活服务中心，新增和改造10家蔬菜零售网点，新建和规范提升9家早餐规范店，规范化、品牌化、连锁化网点比例提升至52%，其中连锁化比率达35%。

地址：西城区广安门北滨河路9号
邮编：100055
电话：83509379

（柴晓虹）

【发布“十三五”商贸服务业发展规划】 年内，区商务委按照西城区“十三五”规划编制工作总体部署，由主管区领导牵头，开展《西城区“十三五”时期商贸服务业发展规划》修改完善发布工作。通过召开研讨会邀请相关人大代表、政协委员、专家、企业、居民参与修改完善等方式，围绕“十三五”时期的思路、目标、主要任务等内容进一步对当前的发展环境和所处的发展方位科学认识，与京津冀协同发展战略准确对表，注重体现区域功能定位要求、发展与管理“双转型”、补齐发展短板、保障和改善民生，提高规划的前瞻性、系统性和科学性。经过数易其稿，完成《北京市西城区“十三五”时期商贸服务业发展规划》编制，经区政府批准，对外发布。

（柴晓虹）

【举办“两展一节”】 6月24至27日，西城区2016北京国际茶业展、2016北京马连道国际茶文化展、2016黄山茶文化节（简称“两展一节”）在北京展览馆和马连道举办。活动期间，举办展节发布、展览展示、交易洽谈推介、茶文化传承体验及促销、茶知识讲座及培训等5大类数10项活动，到北京展览馆及马连道参观购物人数达11万人次，仅北京展览馆到场观众突破6.5万人，其中专业观众2.3万人，小茶人8000余人；两地共成交项目（含意向成交）达600余个，成交额突破6亿元。

（章建平 郝家莹）

【举办北京国际茶业展】 6月24至27日，西城区在北京展览馆举办“2016北京国际茶业展”，展览面积2.6万平方米，全馆设1000个标准展位，分设西城展区、黄山展区、四川展区、湖南大湘西展区、福州展区、福鼎展区、遵义展区、铜仁展区、浮梁展区、台湾展区、全国百强展区、全国重点产茶县展区、国际展区、精品茶具及紫砂展区、茶席设计区、媒体区等，展览现场分为上下两层，立体全面的展示行业风采。内容囊括黑茶、红茶、白茶、黄茶、青茶、绿茶、茶具、紫砂、茶服、茶席、香道、茶机械、茶食品、茶包装等。

（章建平 郝家莹）

【北京西单时尚节】 7月18日至9月17日，根据“政府支持，协会主办，企业主体，文商旅融合发展”的总体思路，西城区商业联合会、西单商会主办“2016北京西单时尚节”。活动围绕“时尚、文化、品质、生活”核心主题，组成“时尚讯息发布、时尚美妆体验、时尚运动推广、时尚互动体验、时尚首饰推展、时尚美食推广、商务惠民进社区、文商旅主题活动”8大板块、20多项主题系列活动。以“文商旅融合发展”为主线，配合区文化委开展“童书博览会”“非遗演出季”“中秋游园赏月”等10余场文化活动；联合区旅游委推出涵盖全区50多家商场、酒店、演出场所促销信息和优惠券的《文商旅惠游手册》。活动期间，除地铁广告、重点路段道旗、商业街LED屏宣传外，发挥新媒体优势，“时尚西城APP”和“西单GO”微信公众号不间断发布各种促销和体验资讯；新浪、全球时尚热门话题榜等40家网络媒体进行讯息发布及全程跟踪报道。新媒体平台累计阅读量345万次、转发8454次，网络发稿120篇，阅读量突破1000万次，实现社会消费品零售额同比增长6.6%。

（邵自军　杜颖）

【北京西城电子商务节】 11月12日至12月12日，西城区商业联合会主办“2016北京西城电子商务节”。本届电子商务节继承“e时代i西城”的主旨，开创“跨境·品质·共享”主题，在创新发展道路上，引进跨境电商，推出传统商业、老字号，融入社区电商服务，同时坚定电商诚信建设。活动期间，通过19家传统媒体专版、15家网络媒体首页及“西单GO”微信平台发放110万份红包、电子券等形式，推介老佛爷、内联升等14家大型综合商场、15家老字号企业和4家优秀社区服务电商的86项主题促销活动；区商务委通过接洽磋商，促成跨境电商寺库公司、世纪澳新中公司分别与老字号内联升公司和居仁堂京瓷公司签署战略合作协议；联合西城工商分局、区科信委共同提倡“电子商务诚信经营企业承诺”，为西单商场等10家西城区首批“电子商务诚信经营承诺企业”颁牌；组织企业到寺库和菜百等优秀电商企业观摩，学习线上线下融合发展的先进经验。

（邵自军　杜颖）

【中华老字号时尚创意大赛】 11月22至24日，区商务委与中国商业联合会中华老字号工作委员会、中华全国商业信息中心，在职工之家联合举办“2016（第三届）中华老字号时尚创意大赛”。大赛秉承“传承经典、引领时尚”的主题，经过各地方老字号协会初选评比，最终选出21个省市、104家老字号企业的174件优秀作品参加全国决赛，西城区有张一元、荣宝斋等11家重点老字号企业的25件作品入围。经过10位国内业界知名专家的评审，有110件优秀作品获奖，西城区11家参赛老字号企业的13个作品脱颖而出，获包装组和产品组“十大创意产品奖”在内的4项大奖。

（邵自军　杜颖）

【年度社会粮油供需平衡调查】 3月底，完成“2015年度社会粮油供需平衡调查”。统计范围包括8家区内重点涉粮企业、60家规模以上餐饮单位和230户居民。数据显示，2015年全区粮油贸易供给量合计原粮70.6万吨，社会粮油供需方面，全区居民口粮消费10万吨（合原粮13.5万吨），饮食结构依然以面粉、大米为主，分别占总量的45.5%和44.9%；居民食用油消费1.06万吨，以花生油为主，占总量的59%；以60家餐饮企业为样本统计的全区277家规模以上餐饮单位食用油消耗量3135.2吨，其中豆油2625吨，占83.7%。

（邵自军　杜颖）

【典当行业】 年内，西城区典当企业累计达56家，其中典当行37家，分支机构19家。全年共开展典当业务24356笔，典当总额41.42亿元，同比增长-20.3%。典当余额11.0亿元，同比增长8.74%。总实收资本12.12亿元，同比增长8.0%。发放贷款和垫款余额总额11.00亿元，同比增长8.7%。房地产典当21.64亿元，占比56.43%；动产典当12.88亿元，占比33.59%；财产权利典当3.83亿元，占比9.98%。业务结构保持稳定。

（邵自军　史倩）

【企业变更、新设立初审及年度核查初审】 年内，完成辖区12家拍卖企业变更拍卖经营批准证书及新设立拍卖行初审工作，包括北京海王村拍卖有限公司、北京东方国际拍卖有限责任公司等。完成辖区37家拍卖企业年度核查初审。完成辖区成品油经营批准证书变更初审工作，包括中国石油天然气股份有限公司北京宣武南下路加油站等3家。完成辖区17家加油站年检初审。

（邵自军　李祎珊）

【提升生活性服务业品质】 年内，编制《生活性服务业社区评估评价体系》等系列配套支持政策措施，完成年度《西城区生活性服务业提升工作方案》，将全区划分为示范区和规范区，分别推进生活性服务业建设。结合社区资源条件和居民实际需求，在全市首创一站式、多业态、强服务的百姓生活服务中心模式。建成教场口百姓生活服务中心等10个百姓生活服务中心，规范化、品牌化、连锁化网点比例提升至52%，其中连锁化比率达35%，高于全市平均水平。

（王健　戚秀艳）

【“菜篮子”工程建设】 年内，重点扶持社区菜市场提升、流通新模式的便民菜店建设、“农超对接”“农餐对接”、蔬菜配送中心改造建设、“菜篮子”信息化提升及发展电子商务项目等“菜篮子”系统工程建设项目；指导区“菜篮子”联合会开展生活性服务业品牌企业进社区活动，共走入40多个社区、机关、学校开展服务活动，近百家企业参与。新增和改造10家蔬菜零售网点。

（王健　谢莉）

【早餐车清退】 年内，落实北京市、西城区关于公共空间设施治理工作要求，专题研究早餐车清退方案，全部撤销清退174辆早餐车。结合生活性服务业品质提升，加大早餐网点建设力度，新建和规范提升9家早餐规范店。

（王健　戚秀艳）

【规范再生资源回收网点管理】 年内，在西长安街街道先行采取试点，与北京环卫集团矿业公司合作尝试开展“互联网＋”再生资源回收模式；开展联合执法，清理城市主要道路、主干道及居民反映强烈的再生资源网点11处；按照《西城区再生资源管理办法》要求，对再生资源回收网点重新审核；5处固定房屋的回收站点提升改造，54个回收亭维护与整修，鼓励临时回收网点采用封闭式货车，投放再生资源智能回收柜110个。

（王　健）

【“双打”工作】 年内，区双打办加大打击侵犯知识产权和制售假冒伪劣商品工作日常检查力度。12月21日，全国侵权假冒领导绩效考核小组到辖区全聚德和平门店和西单图书大厦进行实地考核，对西城区在打击侵权假冒商品和保护老字号方面取得的成绩给予肯定。

（王健　张晓燕）

【重点期间安全保障】 年内，在全国“两会”、党的十八届六中全会等重要政治活动，春节、“五一”“平安夜”等节假日期间，开展商务行业安全生产、反恐防暴等工作动员部署并进行执法检查，督促企业进行隐患排查整改，期间未发生安保事故。

（马　前）

【安全生产月】 6月份，安全生产月中开展各项活动10余项。参与全区安全生产宣传咨询日活动；组织重点企业和联组单位负责人近100人，进行安全生产知识业务培训；开展多科目应急演练观摩。要求行业企业内部进行安全警示教育、全员岗位安全培训、安全生产隐患自查及各种宣教活动。

（马　前）

【第九届安全生产知识竞赛】 年内，组织“西城区商务行业第九届安全生产知识竞赛”，经过初赛、复赛、决赛，同仁堂获一等奖；东兴楼饭庄、王品餐饮获二等奖；顺峰酒楼、金源投资公司、七彩云南获三等奖。

（马　前）

【安全生产标准化达标评审】 年内，开展行业企业安全生产标准化建设。对100余家企业进行专业培训。59家企业完成2016年三级达标创建工作，1家企业完成2016年二级达标创建工作。配合市、区安监局对2015年标准化三级达标企业进行抽样核查。

（马　前）

【企业安责险推广】 年内，开展企业安全生产责任保险投保推广工作，对350余家企业负责人进行安责险专业培训宣传，重点对餐饮企业进行督促推广，120家企业已投保安责险。

（马　前）

【获市、区先进表彰】 2至3月，区商务委分别在全市商务系统总结大会和西城区2016年安全生产工作大会上做典型发言，被市安委会评为“2013至2015年度北京市安全生产工作先进单位”，被区安委会评为“西城区2015年度安全生产综合考核先进单位”。

（马　前）

【应急演练观摩】 年内，在牛街清真超市、王府井购物中心右安门店、马连道茶城、长安商场等地举行应急处置演练，相关部门领导现场指导，200余家企业安全生产负责人现场观摩。应急演练观摩科目有电器起火扑救、人员疏散并救助、现场灭火器材实操。

（马　前）

【安全生产培训】 年内，区商务委分别组织规模以上350余家企业安全生产负责人进行标准化、后厨安全、安责险、联组长业务等培训，聘请燃气、电气、特种设备、安责险、标准化等方面专家进行授课。

（马　前）

【商务部门专职安全员队伍建设】 年内，区安监局按照行业部门安全生产专职安全员队伍建设管理规定，向区商务委分派10名专职安全员。区商务委对10名安全员进行岗前理论和业务知识培训。建立管理专职安全员队伍的规章制度，提供必要的办公场所及设备。采取对专职安全员分组分片区形式开展规模以上商业企业的安全生产检查。

（马　前）

【综合执法体制改革试点】 年内，按照市商务委统一部署，贯彻落实各项商务综合执法体制改革试点工作。制定综合执法体制改革试点工作方案，成立领导小组。优化执法队伍，扩大执法范围，加大执法力度，提升执法效率，提高综合执法能力和水平。开展安全生产、酒流通、美容美发、单用途商业预付卡、家电修理等领域的综合执法工作。执法检查企业534家578次1190人次；简易处罚案件118件，一般程序处罚案件1件。涵盖领域包括安全生产、酒流通备案、美容美发等领域。

（马　前）

【岁末年初安全生产大检查】 落实国务院安全委员会关于加强岁末年初安全生产工作部署要求，预防遏制重特大安全生产事故，保持全年安全形势持续稳定好转，做好岁末年初安全生产各项工作，11月至次年1月，区商务委组织开展商务行业2016年岁末年初安全生产大检查行动。

（马　前）

【领导带队检查企业】 2月6日，区长王少峰带队，在区商务委、区安监局、区食药局、工商西城分局、公安西城分局、消防西城支队等部门领导陪同下，对辖区沃尔玛宣武门店进行春节前市场商品供应和安保等方面工作检查。9月27日，副市长程红带队检查长安商场的节日市场供应和安保工作，市商务委主任闫立刚、副区长司马红，市食药局、市消防局、市安监局等单位领导陪同检查。

（马　前）

北京市金正资产投资经营公司

【概况】 北京市金正资产投资经营公司（简称金正公司）是国有独资企业，作为国有资本出资人的市场化代表，以法人股东身份进行国有资本产权运作，对中小企业及个体工商户提供融资担保、小额贷款、投资管理等金融服务。金正公司设3部2室，下设3家子公司，员工54人。公司注册资金9.3亿元，投资企业17家。经西城区国资委认定，北京菜市口百货股份有限公司、北京张一元茶叶有限责任公司、北京翔达投资管理有限公司、北京世纪金工投资有限公司、北京金源投资管理有限公司、北京宣兴房地产开发股份有限公司为金正公司重要子企业。年内，公司及重要子企业合并资产总额78.23亿元，净资产43.09亿元。

地址：西城区广安门内大街6号枫桦豪景西配楼3层
邮编：100053
电话：83516692

（田　媛）

【追加投资】 3月29日，金正公司对北京金正光彩融资担保有限公司追加投资2000万元。5月1日，金正公司对北京地铁4号线投资有限责任公司追加投资6904万元。12月23日，金正公司对北京金正融兴资产管理有限公司追加投资1500万元。

（田　媛）

【重要子企业管理】 6月15日、12月21日，金正公司召开金正公司及其重要子企业经营情况分析会，就企业经营中的亮点、难点及稳定发展等问题座谈交流。会上，金正公司重要子企业——北京菜市口百货股份有限公司、北京张一元茶叶有限责任公司、北京翔达投资管理有限公司、北京世纪金工投资有限公司、北京金源投资管理有限公司、北京宣兴房地产开发股份有限公司汇报工作情况。

（田　媛）

【获得创新融资担保奖励】 12月8日、12月14日，北京金正光彩融资担保有限公司分别获得北京市经信委创新融资担保项目——小微企业担保奖励57万元及集合信托担保奖励4万元。

（田　媛）

【疏非控人工作】 年内，在疏解非首都功能工作中，金正公司及重要子企业共完成清退点位20个，疏解443人。其中，北京金源投资管理有限公司14处322人，北京宣兴房地产开发股份有限公司3处94人，北京世纪金工投资有限公司1处15人，北京翔达投资管理有限公司2处12人。

（田　媛）

【提供融资担保】 年内，北京金正光彩融资担保有限公司提供融资担保23409万元，包括为市内63户中小、小微企业及38个个人经营性融资项目提供担保23317万元，与区人力社保局合作为7户下岗人员、创业大学生及复转军人提供全额贴息贷款担保92万元。

（田　媛）

【提供小额贷款】 年内，北京金正融通小额贷款有限公司为区内中小企业、个体工商户及自然人发放小额贷款60笔14118万元。

（田　媛）

【投资】 年内，北京金正融兴资产管理有限公司投资46个项目，涉及20家企业，投资额6.7亿元，涵盖绿色农业、新能源、健康医疗、餐饮等多个行业。

（田　媛）

【公益捐款】 年内，金正公司通过西城慈善协会参与联合募捐，募捐金额20万元。

（田　媛）

北京金座投资管理有限公司

【概况】 北京金座投资管理有限公司（简称金座公司）所属企业有志同达劳务服务有限公司、大栅栏自行车有限责任公司、北京奥霓裳制衣有限公司、北京金桥贸易有限公司4家子公司和劳务服务分公司；公司控股、参股企业8家，包括内联升鞋业有限公司、瑞蚨祥绸布店有限公司、瑞蚨祥（北京）投资管理有限公司、鹤年堂医药有限公司、德寿堂医药有限公司、国药健坤（北京）医药有限责任公司、金鑫然医药有限公司、鹤鸣堂医药有限公司。职工总数4182人，其中在职职工2072人，离、退休2110人。年内，金座公司通过支持参与老号字企业品牌建设及品牌推广活动，提升老字号品牌的行业影响力，推动老号字企业品牌市场拓展模式及品牌时尚新品的开发营销渠道。公司及参控股企业经营收入110074万元，同比下降6.24%，实现利润6715万元，同比下降5.06%，上缴税金4481万元，同比增加21.60%。

地址：西城区南横西街27号

邮编：100052

电话：63526873

（王继红）

【四届一次股东大会】 1月18日，金座公司在北京市职工服务中心召开第四届第一次股东大会，参会股东以举手表决的方式，一致通过《公司第三届董事会工作报告》《公司第三届监事会工作报告》；大会以按资投票的方式，分别选举产生了公司第四届董事会董事及监事会监事。

（王继红）

【送温暖活动】 元旦、春节期间，金座公司工会慰问困难职工发放补助慰问金2.33万元。做好困难职工摸底调查，完成在册困难职工解困脱困建档立卡。公司各级工会组织走访慰问职工150余人次，发放慰问金12万余元。做好困难劳模和低收入劳模申报工作，组织3名劳模疗修养，4名劳模体检。为15名市级以上劳模和2名市区劳动奖章获得者发放补助慰问金3.9万元。

（王继红）

【瑞蚨祥参展“魅力北京”旅游文化展】 10月15日，瑞蚨祥参加在澳门由第五届世界旅游经济论坛主宾城市北京主办的“魅力北京”旅游文化展开幕。瑞蚨祥参展的“和和美美”艺术盘扣，以其精致的工艺、别致的造型、美好的寓意，得到北京市副市长程红赞赏，将其作为礼物赠送给前澳门特首、全国政协副主席何厚铧先生。

（王继红）

【非经营性资产管理工作】 年内，金座公司物业部完成公司63套房改房出售工作，解决了多年来公司为部分住户代交物业费问题，收回部分住户拖欠多年的物业费和房租。落实公司自管宿舍及设施维修服务工作，保证住户安全宜居。

（王继红）

【内联升获“十大创意产品”称号】 11月30日，北京内联升鞋业有限公司的文创产品“迪士尼亲子系列”布鞋，经中华老字号时尚创意大赛专家评审委员会评审，获“2016年度中华老字号十大创意产品”称号。

（王继红）

【瑞蚨祥获“丝路金桥文化传承”大奖】 12月27日，瑞蚨祥参展由中国国际文化传播中心主办的首届“2016一带一路国际时尚周”，“瑞蚨祥中式服装”用复古装扮新潮，用传统传达时尚，展示传承瑞蚨祥品牌的精髓，作为中国传统服饰文化的代表，获组委会颁发的“丝路金桥文化传承”大奖。

（王继红）

【物业管理创收工作】 5月10日，金座公司物业部与新世纪时尚创意基地市场重新签约物业改造升级项目，合同金额1789万元。年内，完成物业合同续签36份，创收3305万元，与上年同比增加971万元，增幅41.6%。

（王继红）

【内联升加强知识产权保护】 年内，内联升与阿里巴巴集团达成知识产权战略合作，成为全国首批30家入驻共建系统的品牌商，享受与国际奢侈品同级的知识产权主动保护和投诉举报快速处理，也是国内老字号企业中唯一的一家。获得北京市文化局非遗保护奖励资金100万元。

（王继红）

【股权收购】 年内，金座公司继续出资收购金桥贸易公司29%的股权，完成对金桥贸易公司100%的股权收购工作，保持改制企业稳定发展，扩大公司增效空间。

（王继红）

【公司网站改版】 年内，金座公司完成公司网站改版工作，与所属参控股企业网站资源共享、信息资源互通，新网站格局更趋合理，功能更为完善，使用更加便捷。成立系统网络信息协作小组，制定管理制度，落实工作职责。

（王继红）

北京市金工投资管理公司

【概况】 北京市金工投资管理公司（简称金工公司）是1999年西城区（原宣武区）为接收市属划转企业成立的一家全民所有制的管理公司，主要职责是：加强企业内部管理，防止国有集体企业资产流失；化解企业各类矛盾，保障内部安全维稳局面；管好用好现有资源，提高资源的使用值和效益值；负责改制企业党群组织管理。设有4个管理部门，分别是：综合办公室、劳动人事退管服务中心、财务部、物业经营部。主要经营项目：资本经营及房屋出租。年内，在职（册）职工65人，离退休职工3680人。

地址：西城区白广路二条甲8号

邮编：100053

电话：63582366

（李国庆 郭胜建）

【职能部门合并】 8月，金工公司推动部门改革调整工作，把退管中心与人力资源部、综合办公室与安保部进行合并，将4个部门合并成为2个，实现部门精简。

（郭胜建 周云腾）

【数据信息平台建设】 年内，金工公司加强工作安排和指导，推动信息数据平台建设，陆续制发《关于全面建立信息数据化管理平台工作方案》《信息数据平台二期工作方案》，确保信息数据平台二期建设全面落实，各职能部门已开始数据录入。

（郭胜建 周云腾）

【自管小区物业管理社会化】 年内，金工公司为解决内部没有专业管理人员和提高自管小区管理水平，将海淀区皂君东里1号楼宿舍区4300平方米物业管理移交给皂君东里居委会，将青年湖12号楼宿舍区5300平方米物业管理移交北京市首华物业管理公司。

（郭胜建 周云腾）

【走访慰问职工】 年内，金工公司将召开退休人员代表座谈会听取意见与走访慰问解决实际问题紧密结合，每季度召开一次退休人员代表座谈会，走访慰问老干部40余次，组织人员到养老院探望去世离休干部的遗孀，为29位退休人员发放困难补助1万余元，使离退休人员感受到企业的关怀和温暖。

（郭胜建 周云腾）

【老旧小区改造】 年内，金工公司利用国有资本经营预算项目资金、政府支持资金和自有资金，以消除安全隐患和改善职工生活条件为目标，共投资305万元，对部分公司所属老旧职工宿舍区进行了房屋及公共设施改造。完成了马公庄小区1–4号楼污水外管线改造工程、南柳巷56号和枣林前街113号2处供暖管网改造工程、粉房琉璃街66号和东晓市93号共7间老旧平房挑顶翻建改造工程。

（王保和 郭胜建 周云腾）

【党员捐款】 年内，金工公司组织党员、入党积极分子开展献爱心活动，捐款9400元。组织党员、入党积极分子和职工为公司患重病困难职工捐款10930元。

（郭胜建 周云腾）

北京金源投资管理有限公司

【概况】 北京金源投资管理有限公司（简称金源公司）是国有法人参股的有限责任公司。内设物产事业部、超市事业部、茶叶事业部、物业部、财会审计部、人力资源部、办公室，下辖北京金源千业超市有限公司、北京牛街清真超市有限公司、北京正兴德茶叶有限公司、北京永安茶叶有限公司，拥有直营门店16个，建筑面积近3万平方米，主要从事商业超市及茶叶、服务业经营；控股企业1家——北京金诚信恒再生资源利用有限公司，回收站点62个，主要从事再生资源利用与回收；参股企业1家——北京国金酒店管理有限公司，主要从事酒店经营。年内，金源公司围绕“拓思路、强管理、调结构、促增长、惠职工”的总体思路，以抓党建促发展为引领，在零售业市场竞争加剧、部分网点拆迁的情况下，完成全年经济指标。实现营业收入总额36708万元，实现利润4038.6万元，职工工次收入同比提高7.68%。2015年金源公司被中华全国总工会和国家安全生产监督管理总局联合授予全国“安康杯”竞赛优胜单位；北京牛街清真超市有限公司被评为“企业信用评价AAA级信用企业”。董事长时文生获北京市优秀企业家称号。

地址：西城区广安门南街60号
邮编：100054
电话：63546018

（张寿清）

【公司召开三会】 1月14日，金源公司分别召开四届十一次董事会、内部职工持股会四届四次代表大会和2016年第一次股东会。确定2017年工作思路，提出：创新品牌、提升形象、巩固成果，抓好各方面工作，为百年金源做贡献。

（张寿清）

【正兴德第14届春茶节】 4月20日，正兴德第14届春茶节拉开帷幕。春茶节期间，正兴德各门店推出绿茶、乌龙茶、特色花茶、红茶、白茶等名优新品和名优茶特价销售、买茶送茶、购茶送礼，正兴德牛街店、前门大栅栏店免费品茶及茶叶咨询等5大系列酬宾活动。期间，销售收入同比增加近8万元，增长22%。在春茶节专家评审中，正兴德西湖龙井茶一级、西湖龙井茶特级、茉莉雪毫、茉莉针王、白天鹅绿茶5种茶叶被中国茶叶流通协会、北京市茶叶协会、北京市商业联合会等6个单位评为“质量合格、质价相符”产品并颁发荣誉证书。

（张寿清）

【员工素质培训】 4月12至13日，金源公司分三部分对员工进行培训，对新员工入职培训。正兴德茶叶公司有2名员工获得二级评茶师资格，1名员工获得高级评茶员资格，15名员工获得中级评茶员资格，正式员工持证上岗率达到92%。

（张寿清）

【选举五届理事会成员】 6月22日，金源公司召开内部职工持股会五届一次会员代表会议，56名代表出席。会议审议通过《北京金源投资管理有限公司内部职工持股会章程》修正案。选举产生新一届董事会成员、监事会成员，董事长、副董事长和监事会主席。

（张寿清）

【开斋节献爱心活动】 7月6日开斋节，牛街清真超市开展促销活动，160个品种半价促销。正兴德茶庄开展买茶送礼、买茶赠茶、茶具9折销售等活动，店内设立免费品尝台。开斋节前夕，向民族敬老院送面粉、食用油、茶叶等价值4000元的慰问品；开斋节当日，向回民小学、中学的贫困生资助6000元助学金和节日礼品，向牛街礼拜寺捐赠乜贴5000元及牛奶、乜贴枣等节日礼品。

（张寿清）

【开通微信支付方式】 11月，为方便消费者购物，牛街清真超市金源千业超市开通微信和支付宝，截至12月底平均每天实现微信和支付宝销售10万元。

（张寿清）

【正兴德茉莉花茶进社区】 12月28日，正兴德清真茉莉花茶制作技艺走进白纸坊社区，让居民们了解正兴德清真茶叶的起源、发展制作工艺及特色品质。

（张寿清）

【关心职工生活】 年内，金源公司为在职职工缴纳住院医疗互助保险39人次，赔付金额4.1万元；慰问困难职工98人次、生病住院职工37人次，发放慰问金、慰问品13万元；慰问职工退休、结婚、生育、亲属去世31人，慰问金1.24万元；为2名低保家庭子女办理金秋助学金0.6万元。为19名离休干部更换急救呼叫器，4名离退休员工申请困难帮扶资金3.1万元。

（张寿清）

北京翔达投资管理有限公司

【概况】 北京翔达投资管理有限公司（简称翔达公司）是国有法人参股的有限责任公司。注册资本5000万元，经营范围涉及餐饮业、饭店业、洗浴业、美容美发业、摄影业、旅游文化业、物业管理业等多种经营业态，经营网点51处，建筑面积9.1万平方米。翔达公司设立股东会、董事会、执行层、监事会和党、团、工会组织机构，内设综合办公室（行政办公室、党委办公室、安全保卫部）、财务部、人力资源部、经营策划部、审计部、集采部、群团工作部7个部室。旗下拥有翔达晋阳饭庄、翔达晋阳白广路饭庄、翔达晋阳马西路饭庄、翔达晋阳银谷饭庄、翔达吐鲁番餐厅、美味斋饭庄、致美斋饭庄、清华池浴池、首都照相馆、翔达白鹭美容美发店、翔达会馆（清华池会所）、翔达恒兆饮食服务分公司12个分公司制企业和北京翔达国际商务酒店有限公司、北京翔达海鲜大酒楼有限公司、北京中兴世纪物业管理有限公司、北京晋雅信达文化发展有限公司、北京翔达旅行社有限公司5家全资子公司及北京翔达南来顺饭庄有限公司1家控股子公司。年内，翔达公司围绕“全力以赴抓经营、提质增效促发展”，群策群力推动企业经营发展，营业收入、利润同比均有所增长，截至年底账面资产总额5.1亿元。
地址：西城区教子胡同28号
邮编：100053
电话：63521731

（牟星玮）

【送温暖活动】 1月26日，翔达公司举办离、退休老干部新春团拜会，20余名老干部参加。1月29日，区国资委党委副书记刘海涛到困难党员家中慰问。2月2日，区文明办谢静、副主任商德江慰问清华池劳模李金明。春节前夕，领导班子成员走访慰问劳模，送去慰问金和慰问品，公司现有在职劳模1人，退休劳模11人。5月11日，区工会主席刘红生一行到宣武中医院看望慰问95岁高龄离休干部。

（牟星玮）

【签署“西城环卫早餐卡”合作协议】 2月底，翔达公司所属7家经营早餐单位与聚德华天控股有限公司、北京华天饮食集团公司共同组成联合体，签署“西城环卫早餐卡”合作协议，为约5500名环卫工人提供工作早餐服务，持卡的环卫工人可在合作范围内的门店刷卡消费，解决了他们的用餐问题。

（牟星玮）

【参展北京春季婚博会】 2月27至28日，翔达公司所属8家单位参展2016年北京春季婚博会。整体展位总客量3000余人，发放《婚宴手册》4000余册，接待意向洽谈60余次，微信公众号新增关注300余人。

（牟星玮）

【经营发展战略规划合作项目启动】 3月22日，翔达公司与北大纵横管理咨询有限责任公司举行经营发展战略规划合作项目签约仪式。此前聘请北大纵横咨询公司协助策划整体经营合作方案，针对公司独特性质，阐述秉承老字号的社会责任，解决老问题，抓住新机遇。即日，经营发展战略规划合作项目正式启动。

（牟星玮）

【3名职工获劳动奖章】 4月28日，翔达公司所属清华池王建生获全国五一劳动奖章，晋阳马西路饭庄乔新获首都劳动奖章，吐鲁番餐厅李俊利获西城劳动奖章。

（牟星玮）

【纪府紫藤文化】 4月27日，西城区妇联和大栅栏街道联合主办的《紫藤诗会》在纪晓岚故居举办。5月31日，由残疾儿童救助基金管理委员会主办的《残疾儿童救助基金第十届翰墨情助残笔会》在纪晓岚故居举行，多位书画名家现场创作，奉献爱心，该笔会拍卖的所有作品用于救助残疾儿童。

（牟星玮）

【传承清真美食文化】 5月18至22日，翔达公司组织所属单位参加2016年中国（青海）国际清真食品及民族用品展览会，参观考察数十家清真餐饮企业及民族用品，进行业务洽谈交流。6月17日，翔达公司领导班子及业务骨干30余名员工，赴北京月盛斋清真食品有限公司参观生产加工间、食品包装间、食品检验中心。7月6日，承办2016年北京国际美食汇暨第九届北京清真美食文化节，20余家清真特色餐厅在牛街现场展卖，为穆斯林朋友提供数十种北京特色清真小吃。

（牟星玮）

【参加职业技能大赛】 4月26日，晋阳饭庄在北京烹饪协会举办的北京餐饮十大品牌颁奖活动中获北京餐饮正餐类十大品牌称号。6月20日，北京市饭店行业职业技能竞赛初赛实操在北京蟹岛度假村举行，翔达公司所属企业21名选手参加职业技能实操初赛的餐厅服务员项目比赛，5人入围第二关。6月29日，翔达公司承办的北京市第四届职业技能大赛中式烹调师竞赛项目翔达赛区，西城区81人报名参赛，其中餐饮服务人员35人、中式烹饪人员44人、调酒师1人、电工1人，49名选手入围参赛。赛前在翔达海鲜大酒楼进行集中培训。7月23至29日，在第十二届国际美食养生大赛上，晋阳饭庄获团队金奖，晋阳饭庄经理李月良获艺术之星奖、三项全能金奖。8月30日，北京市“职工技协杯”中式面点比赛，翔达公司11名选手参加，翔达南来顺饭庄李建富的麻酱烧饼在比赛中脱颖而出。

（牟星玮）

【清华池“非遗”体验活动】 1月13日，西城区10余名政协委员到清华池参观调研。1月20日，天桥街道太平街社区20余名老人参加“走进老字号 体验非遗老手艺”活动。2月16日，区九三学社11名委员到清华池参观考察特色品牌修脚服务。6月16日，牛街居民走进清华池亲身体验修脚治脚全过程。7月12日，北京市第十五中学10余名中学生参观清华池工作室，观看劳模们传统修脚术。9月2日，展览路街道50多位老人参观清华池修治脚病全过程。10月24至26日，瑞典足医学习观摩团42人聆听观摩清华池足医专家讲解操作，亲身体验首席专家的贴心服务。11月5日，清华池非遗传承人王建生带领2名徒弟到“天安门国旗护卫队”，为10多名战士提供脚病修治服务。

（牟星玮）

【成立养老为老服务协会】 9月1日，清华池与陶然亭街道福州馆社区联合成立老年协会，这是企业与社区联手为社区老年人提供服务的新举措。

（牟星玮）

【清华池获奖励称号】 4月18至19日，清华池技师马玉龙、王海波分别获首届全国修脚师大赛第一名、第九名。6月16日，清华池获“2015—2016年北京老字号优秀企业”称号，首席专家王建生获“2015—2016年北京老字号优秀传承人”称号。清华池足疗师邝丹获“第三届北京市足浴服务技能大赛市级决赛”第一名，清华池获优秀组织奖。

（牟星玮）

【职工活动】 1月29日，追梦翔达人2016翔达公司新春联欢会在北京市工人俱乐部举行，600余名员工参加。3月11日，50名女工赴密云参加植树节活动。4月26日，举办全系统职工书画作品展。5月4日，40余名团员参加五四青年破冰团建拓展活动。5月25日，召开第七届职工运动会，设团体项目4项，个人项目5项。6月16日，以党支部、党小组为单位开启百日诵读、抄写党章活动。11月2至4日，第二届金秋健步行在奥林匹克森林公园举行，500余名职工参与5公里健步走。11月24日，召开“弘扬工匠精神　传承饮食文化”厨艺大比拼活动总结表彰大会，北京烹饪协会会长云程出席。

（牟星玮）

北京恒达宏业经贸有限公司

【概况】 北京恒达宏业经贸有限公司（简称恒达宏业公司）设有3个职能部室，下属5个分支机构，在职29人，离退休350人。主要经营炊事机械、不锈钢制品、土产建材、日用杂品。年内，实现商品收入180万元，同比下降166.7万元，其他业务收入405.5万元，实现利润105万元，同比增加5万元，年资金回报率10%。

地址：西城区盆儿胡同62号院旁门

邮编：100054

电话：63522045

（王立国）

【股东会和职代会】 3月24日，恒达宏业公司召开三届六次股东和二届七次职代会。总结2015年工作，部署2016年工作思路。讨论通过2015年业务招待费使用情况和集体合同执行情况的报告。

（王立国）

【员工综合素质培训】 年内，恒达宏业公司分批对全体员工进行综合素质培训。员工在思想观念、人生追求、能力三个方面有了转变，视企业发展为已任，与企业同向同行，为实现企业的共同目标献计献策；做到干一行爱一行，树立远大志向，坚定信念，实现心中梦想；认识到企业要持续发展，必须要提高创新意识、创新勇气、创新思路、创新行动。

（王立国）

【提高员工生活质量】 年内，恒达宏业公司坚持以人为本，将改善员工工作环境，提高员工生活质量做为一项重要工作来抓，采取有效措施，克服一切不利因素，保障员工收入增长，弥补因物价上涨给员工带来的影响，维护员工的利益，实现企业、员工双赢的发展战略。

（王立国）

【工会组织“安康杯”活动】 年内，恒达宏业公司工会在全体员工进行“安康杯”和安全用电知识答卷活动，使全体员工认识到安全工作对企业的重要性，提高安全风险意识和自我保护意识。

（王立国）

【坚持既定经营方向】 年内，恒达宏业公司在经营方面，深挖潜，抓细节。菜市口厨具中心根据市场需求，一切从实际出发，想方设法满足客户的需求，创造条件拓宽经营发展空间。宏盛兴炊机分公司始终与大连松下制冷设备公司保持良好的合作关系。本着对客户负责的态度，做好在销售过程中的一系列跟踪服务。品牌产品给客户留下深刻的印象和认可，为下年的经营工作打下基础。

（王立国）

北京华天饮食集团公司

【概况】 北京华天饮食集团公司（简称华天集团）是2004年12月按照西城区委区政府和区国资委决定，由原北京华天饮食集团公司和原北京万方实业总公司合并重组而组建，以经营餐饮为主业态，聚集20余家中华老字号品牌。公司架构由华天集团母体和2个改制子公司组成。华天集团以庆丰包子铺、同和居饭店、同春园饭店、惠丰酒家、华天延吉餐厅等餐饮为主业态，兼营副食零售、宾馆等业态。所属两个重要子公司：聚德华天控股有限公司（简称聚德华天公司）以经营鸿宾楼、烤肉宛、烤肉季、砂锅居、护国寺小吃等中华老字号餐饮品牌为全业态；北京万方有限公司以经营天福号酱肘子、桂香村糕点、元长厚茶叶等食品加工和零售业态为主。华天系统现有在岗职工5000余名，离退休人员9000余人。年内，华天集团及所属2家重要投资子公司（含加盟店）实现营业收入34亿元，其中直营店实现营业收入16.9亿元，实现利润2.9亿元。华天集团母体实现营业收入7.15亿元，利润实现1.08亿元；子公司聚德华天公司实现营业收入5.18亿元，实现利润8659万元；子公司北京万方有限公司实现营业收入4.57亿元，实现利润9505万元。

地址：西城区二七剧场路乙6–2号
邮编：100045
电话：68059875

（陈　涛）

【企业重组改制】 年内，经区政府、区国资委同意，华天集团下属重要子公司北京庆丰包子铺重组改制及在全国中小企业股份转让系统（简称新三板）挂牌的筹备工作进入实施阶段。按照《庆丰包子铺重组改制及挂牌新三板总体方案》部署，北京庆丰包子铺、北京庆丰万兴配送中心隶属关系转入华天集团下属全资子公司北京福绥源商贸有限责任公司（简称福绥源公司），分别改制为北京庆丰包子铺有限公司、北京庆丰万兴食品科技研发有限公司，福绥源公司更名为北京庆丰餐饮管理有限公司。

（陈　涛）

【老字号连锁发展状况】 年内，华天集团所属北京庆丰包子铺继续拓展连锁市场发展，庆丰包子铺连锁门店总数达到345家，其中在山东、沈阳、绍兴等外省市区域的加盟店达到120家。庆丰顺义区第二配送中心、沈阳市配送中心建成投产。华天凯丰公司承接机关餐厅35家，护国寺小吃连锁店58家，华天延吉餐厅连锁店5家，香妃烤鸡快餐连锁店7家，峨嵋酒家连锁店18家，新川面馆11家，西安饭庄5家，烤肉宛饭庄3家，烤肉季饭庄2家，玉华台饭庄2家，砂锅居饭庄4家。柳泉居饭庄在新街口南大街甲178号复建开业。

（陈　涛）

【营销与宣传】 年内，华天集团组织开展“华天明厨亮灶升级工程”“华天全面启动养老助餐工程”等多项活动，在“花椒”“映客”及“易直播”等网络直播平台定期开播“北京华天美食厨房”宣传节目。庆丰包子铺、同和居、同和居食府、同春园等老字号开展移动互联网自媒体营销，利用微信公众号、微博等网络平台宣传老字号品牌，开展文化展示和促销活动。华天集团与“百度外卖”“美团”等外卖服务商合作，发展网上外卖业务，庆丰包子铺连锁门店外卖上线率达70%，总销售额超过7000万元。

（陈　涛）

【华天助老餐项目】 年内，华天集团组建“外卖及助老餐事业部”，成立“老年餐营养研究院”和“华天烹饪技术研究院”，统筹技术和人力资源研发老年菜谱，制定餐厅“适老化”改造方案，建立餐厅“适老化”改造标准。12月，庆丰包子铺安东店和红罗厂店、华天肉饼广源店和佟麟阁店、同春园饭店5个网点启动改造试点工程，完成西长安街街道“幸福家园”老年餐厅的升级改造工程，专为老年人提供餐饮服务。

（陈　涛）

【信息化建设】 年内，华天集团OA办公及移动OA系统上线。所属庆丰包子铺及配送中心的连锁OA

平台系统投入使用，庆丰连锁企业远程视频督导系统在外埠连锁店推广使用，庆丰管理学院应用网络“微课”系统正式上线。4家试点企业安装餐饮智能管理系统软件，支付手段多样化。

（陈　涛）

【老字号无形资产保护】 9月，在区档案局、区国资委见证下，华天集团收回在改制子公司聚德华天公司留存的老字号商标权属证书82件、书画作品236幅，并对名人书画作品加注生物防伪信息标识。

（陈　涛）

【人才建设】 年内，华天集团制定《社会人才招聘管理办法》《薪酬福利管理办法》《控股子公司及总部招聘管理岗位暂行办法》等相关规定，编制新版“电子劳动合同”、企业员工手册等。选拔10名年轻管理人才充实基层领导班子，9名后备干部到中层管理岗位。组织参加第四届北京职业技能大赛，餐厅服务项目1人进入决赛，中式烹调项目7人进入决赛，其中4人进入决赛前十名，并取得相应技术职称。庆丰包子铺路大勇被评为“西城区优秀共产党员”，同和居饭店张紫薇获“首都劳动奖章”，同和居饭店彭善志、万凡喜和华天凯丰公司刘吉桐获“西城区劳动奖章”，同和居食府咸保凤获“2015年度西城区优秀首席员工”称号。华天集团党委发展16名新党员，16名预备党员转正。

（陈　涛）

【员工待遇提升】 春节、元旦期间，华天集团走访慰问在岗职工、离退休职工、患大病重病及特困人员等1.5万人次，支出资金300余万元。开展“夏季送清凉、冬季送温暖”活动，为4000余名一线员工发放消暑和御寒慰问品。

（陈　涛）

北京金象复星医药股份有限公司

【概况】 北京金象复星医药股份有限公司（简称金象复星公司）成立于2001年1月，注册资金1.2亿元。公司涉足医药健康领域，以药品流通产业为经营主线，拥有医药分销、中药饮片调剂代煎配送、零售连锁药店、中医诊所、母婴护理等业务板块。医药批发配送业务遍布全市主要医疗机构和区属社区卫生服务中心，与国内数百家药品供应商保持业务关系。公司旗下中华老字号白塔寺药店、金象大药房连锁药店在业内具有较高影响力。金象复星公司围绕“稳增长、求创新”的工作主题，年销售收入突破15亿元，利税4500万元。在国家全面推进“互联网＋”战略背景下，以中药饮片微信处方调配业务为起点，为消费者提供便捷和专业的服务。金象复星公司重视药品流通各环节质量管理工作，通过各级药监部门药品经营质量管理规范飞行检查；在创新营销中突出诚信品质，获“北京市诚信创建企业”。所属白塔寺药店年销售额连续2年突破亿元，名列2016至2017年度中国药店单店销售排行榜第13名，获“北京市诚信创建企业”“诚信经营公约单位”“北京老字号优秀企业”“北京市三八红旗集体”“北京市西城区电子商务诚信经营承诺企业”等称号。

地址：西城区阜内大街295号
邮编：100034
电话：66160159

（崔国荣）

【获5289个药品配送资格】 1月19日至3月14日，北京市卫生和计划生育委员会正式启动公立医院药品阳光采购，金象复星公司在招标采购中，获得548家药品生产企业，5289个药品（规格）配送资格。

（崔国荣）

【公司董事会】 3月30日，金象复星公司召开第六届一次董事会，董事长徐军总结2015年度经营管理工作，对本年度企业在新医改环境下，探索和尝试医院药房托管模式，互联网创新营销增长联动销售，加强企业资金预算和管理，盘活企业固定资产，提升诊所效益产出，整合业务板块，研究企业未来发展，关注投资企业发展等工作提出要求。

（崔国荣）

【更换新版营业执照】 3月31日，金象复星公司更换加载18位统一社会信用代码新版营业执照。原营业执照、组织机构代码证、税务登记证、计算机代码、统计登记证均作废，停止使用。

（崔国荣）

【通过GSP飞行检查】 7月，金象复星公司及所属企业通过西城区食药监局药品经营质量管理规范飞行检查（GSP飞行检查）。检查组对企业劳动合同管理、供货商及客户资质材料、往来票据、资金账户等情况进行监督检查及指导。

（崔国荣）

【文书档案进馆】 7月14日，西城区档案馆接收金象复星公司2001至2010年间进馆文书档案永久保存211件、21卷。

（崔国荣）

【住所地址变更】 7月，金象复星公司搬迁，暂定地址北京市西城区阜成门内大街293号，经公安机关核准正式变更为北京市西城区阜成门内大街295号，完成公司各类证照地址变更工作。

（崔国荣）

【上半年经济工作分析会】 8月1日，金象复星公司召开上半年经济工作分析会。董事长兼总经理徐军分析企业经营管理工作总体情况，指出存在和面临的问题。提出下半年企业重点工作：关注医改推进情况，加强与区属医疗机构合作；加大拓展和推进饮片与医疗机构合作项目；加大微信营销平台的宣传和推广；结合企业未来发展制定公司新一轮战略规划；加强关键岗位人才储备和培养。

（崔国荣）

【门户网站改版上线】 9月，金象复星公司门户网站www.kissun.com改版上线，对网站界面风格、版面设计进行调整。开通公司微信服务号：北京金象复星医药股份有限公司（bj_jxfx），用于对外宣传、发布信息。微信企业号：北京金象复星医药股份有限公司，用于企业内部工作及消息传递，实现OA办公功能。

（崔国荣）

【技能大赛获奖】 9月19日，在北京市第四届职业技能大赛决赛中，金象大药房员工沈阳、李世全获医药商品购销员决赛冠、亚军，白塔寺药店员工傅亚荣、梁晓娟、关欣分获第四名、第七名和第八名，白塔寺药店员工翟霖鹤获得中药调剂员决赛第五名。12月15至16日，中国医药教育协会、中国就业培训技术指导中心在石家庄举办“2016年中国技能大赛全国医药行业特有职业技能竞赛”，白塔寺药店员工傅亚荣、金象大药房李世全获得二等奖；白塔寺药店员工翟霖鹤、金象大药房沈阳获得三等奖。

（崔国荣）

【人力资源管理自查】 8至10月，金象复星公司组织所属企业对人力资源管理工作进行全面梳理和自查。对照检查涉及《劳动法》《劳动合同法》《带薪休假》等法律法规内容，特别是针对易引发劳动纠纷的条款内容结合企业人力资源管理制度进行梳理。重点自查人力资源选、用、育、留管理流程的建立和运行，处理流程是否合规，人员进出手续是否健全等方面。

（崔国荣）

【医保定点个人结算系统项目验收】 11月，金象复星公司所属白塔寺药店、真武庙金象大药房、复兴门金象大药房、西单金象大药房、西四北金象大药房、西内金象大药房、和平门金象大药房、洋桥茸芝金象大药房、功德林金象大药房、白云金象大药房、玉泉平安金象大药房、牡丹苑金象大药房、望京金象大药房等13家药店通过北京市人力资源与社会保障局、西城区社保中心、首都信息科技股份有限公司专家组北京市医保定点药店个人结算系统项目验收。

（崔国荣）

【白塔寺药店再破亿元销售大关】 截至12月31日，公司所属白塔寺药店年销售额连续第2年突破亿元大关，实现销售1.03亿元。

（崔国荣）

北京金泰集团有限公司西城分公司

【概况】 北京金泰集团有限公司西城分公司（简称西城分公司）隶属于北京金泰集团有限公司，由北京通华商贸有限责任公司、北京金泰福寿老年公寓、北京金泰之家通华苑饭店有限公司、北京金泰颐寿轩敬老院4家托管单位组成，是一家从事房产物业、四合院宾馆、敬老院、超市、饭店管理等多业态、跨行业经营的商业企业。年内，西城分公司资产总计17.82亿元，销售收入2.17亿元。截至年底，实现收入总额2.28亿元，利润总额8818万元。

地址：西城区半步桥街48号金泰开阳大厦
邮编：100054
电话：63548097 51232613

（海国玲）

【慰问老干部】 1月25至29日西城分公司走访慰问离休老干部遗属、处退领导及退休困难职工72人，送去慰问品和困难补助共计4.21万元。

（海国玲）

【一届五次职代会】 2月2日，西城分公司在金泰开阳大厦六层会议室召开一届五次职工代表大会。经理秦有明作《专精发展 创值创效 全力提升分公司新常态下的经营质量》报告；党委副书记、工会主席张文亚作《强化职能　发挥作用　在新时期展示工会工作新风貌》工会工作报告；财务审计部长杨桂花作《2015年业务招待费使用情况报告》。西城分公司领导班子成员、职工代表和列席代表61人参加会议。

（海国玲）

【成立孝星服务队】 3月2日，西城分公司团委正式成立“孝星服务队”，金泰集团公司工会主席张连生、京能集团团委书记袁仕城、京煤集团团委书记蒋凌炜、金泰集团公司团委书记贺业国等参加“孝星服务队”启动仪式。西城分公司团委组织团员青年以“学雷锋 我行动”为主题开展尊老爱老敬老志愿服务活动，40余名青年参与。

（海国玲）

【敬老院获“十方缘”最佳共建奖】 3月27日，北京金泰颐寿轩敬老院获“十方缘”心灵呵护中心“最佳共建奖”。十方缘心灵呵护中心是与北京金泰颐寿轩敬老院为呵护老人心灵，提升服务质量达成合作关系的社工组织，为敬老院老人提供陪聊等服务，不仅保证部分入住老人身心健康，也在一定程度上提升了金泰颐寿轩敬老院的服务质量，员工通过对入住老人细致入微的了解，达到使入住老人住着舒心，生活开心的效果，十方缘心灵呵护中心的志愿者以专业及爱心，营造敬老院入住老人心灵祥和、心态健康的和谐氛围。

（海国玲）

【首都学雷锋志愿服务站】 3月份，金泰颐寿轩敬老院青年志愿服务站被首都精神文明建设委员会命名为“首都学雷锋志愿服务站”。

（海国玲）

【建立安保微信群】 3月份，西城分公司建立了《西城安保》微信群，。为托管单位的党政领导、安全主管经理和安全员之间搭建一个互相宣传、交流、学习的平台，为分公司的安全工作起到推进作用。

（海国玲）

【获五四红旗团支部称号】 4月，金泰颐寿轩敬老院团支部获共青团北京市委员会、北京市人力资源和社会保障局颁发的2015年度北京市“五四红旗团支部”称号。

（海国玲）

【签订集体合同】 5月27日西城分公司召开工会主席联席会，参会人员一致通过集体合同修订案18条内容。6月1日分公司职工首席代表与企业负责人正式签订集体合同，合同期限为3年。西城分公司工会于集体合同到期前，按照集体合同签订程序，提前将集体合同修订案下发各分会和职工代表，并组织召开集体合同签订协商会议，企业方

5位协商代表和职工方5位协商代表对修改的18条合同内容无异议。

（海国玲）

【建立党员微信公众号】 7月5日，为配合西城分公司“两学一做”学习教育活动的开展，由党群工作部设立的党员互动平台——微信公众号“金泰西城党员e家”正式上线。“金泰西城党员e家”主要面向西城分公司及各托管单位的全体党员，将学习教育资讯更便捷的传递到各位党员手中，搭建起党员互动学习交流的“微平台”。共设有3大主题栏目，分别为“两学一做”“信息动态”和“特色栏目”。其中，“两学一做”栏目配有“在学习”“在活动”“在行动”3条分支，内容包含党和国家领导人的重要讲话，分公司和各托管单位的党员学习方案及活动等方面；“信息动态”栏目由“党建风采”和“企业矩阵”两个方面组成，内容涵盖分公司党委活动及各托管单位的企业动态；“特色栏目”内设有“点赞先锋”和“创新视点”两部分内容，“点赞先锋”为分公司继续深化“一支部一特色一品牌”基层党建示范点创建活动，施行“点赞一线，劳动最美”主题宣传活动做好推广基础。

（海国玲）

【献爱心捐款】 6月27至30日，西城分公司在党的生日来临之际，以自愿捐款的方式组织“共产党员献爱心”活动。共产党员、入党积极分子及部分职工群众298人参加，共计捐款10576元。

（海国玲）

【制度汇编】 7月6日，完成《金泰集团西城分公司制度汇编》修订工作，对7个部室所有涉及经营发展的方案、制度进行修订汇编成册，发到各单位学习、执行。

（海国玲）

【永安公司注销】 8月17日，经北京市工商行政管理局西城分局批准，北京金泰通华商贸有限责任公司吸收合并北京市金泰永安商贸有限责任公司，即日起注销北京市金泰永安商贸有限责任公司。

（海国玲）

【变更注册资本】 8月29日，由于企业吸收合并，北京金泰通华商贸有限责任公司变更注册资本、公司章程并领取变更后北京金泰通华商贸有限责任公司营业执照。

（海国玲）

【机构调整】 8月29日，按照北京金泰集团有限公司经理办公会议要求，北京市丰台区金泰福寿老年公寓由丰台分公司托管变更为西城分公司托管；北京金泰广安商贸有限责任公司、北京金泰长安市场有限责任公司、北京天宁寺驻青园农副产品市场有限责任公司由金泰集团公司西城分公司托管转由社区服务电商事业部托管。

（海国玲）

【宏达公司注销】 10月27日，因企业吸收合并，经北京市工商行政管理局西城分局批准，北京金泰宏达商贸有限责任公司核准注销。

（海国玲）

【变更营业执照】 11月11日，因北京金泰之家通华苑饭店有限公司吸收合并北京金泰宏达商贸有限责任公司，故北京金泰之家通华苑饭店有限公司变更法定代表人、董事、经理、监事、注册资本、公司章程并领取变更后营业执照。

（海国玲）

【获北京市青年岗位能手】 11月18日，西城分公司青年干部张培获共青团北京市委员会、北京市人力资源和社会保障局青年岗位能手称号。

（海国玲）

【养老机构运营管理培训】 11月25至29日，金泰颐寿轩敬老院联手北京美心优护科技有限公司联合举办“养老机构运营管理体系构建”专题培训班。采取讲师授课、学员交流、外出参观三者相结合的形式，来自日本FB介护服务株事会社及北京市第一福利院等知名机构的资深养老行业人士，对养老机构服务管理体系搭建、运营管理中的“适老化设计、安全事故防范、法律风险防控体系搭建”等内容进行介绍与讲解，交流中学员就“医养结合路径选择、机构营销手段、认知症（老年痴呆症）如何照护”等疑难问题进行交流与研讨。先后走访了“诚和敬长者公关”及朝阳区“长友”养老院，听取2家养老院“适老化改造、老人照护、老人复健”的经验介绍。

（海国玲）

【实施远程监控】 11月份，西城分公司对22个经营网点571个监控点位实施监控联网，通过监视器或者手机随时查看了解各网点的运行状况，实现远程监控的目的，完成远程监控联网工作。

（海国玲）

【趣味运动会】 12月2日，西城分公司工会在北京地坛体育中心举办“我运动、我健康、我快乐”主题职工趣味运动会。160名职工组成的8支队伍参加了运动会。开场操展示以韵律操代替往年广播体操，增进现场活跃气氛，展示职工队伍风采。创新运动项目，首次使用大型充气道具保持各项目团队协作丰富活动项目的趣味性。

（海国玲）

【科技助老】 12月3日，金泰颐寿轩敬老院“孝星服务队”与“夕阳再晨”志愿服务队，联合开展以“智能手机应用、网络诈骗防范”为主题的科技助老活动。来自“夕阳再晨”中华女子学院的志愿者与颐寿轩“孝星服务队”成员携手，开展以PPT展示、一对一教学为主要形式的科技助老活动，通过PPT短片播放，揭露现存于网络中针对老年群体的诈骗手段，向老人讲授防诈骗的方法，志愿者与老人们一对一教授如何使用手机。“夕阳再晨”以科技助老活动为志愿服务内容，由36所高校服务队组成志愿团队，面向养老机构及社区老人提供志愿服务。金泰颐寿轩敬老院根据自身情况量身定制助老活动形式与内容，与“夕阳再晨”达成长期志愿服务合作意向。

（海国玲）

【义诊】 12月，按照金泰集团公司团委“一组织一品牌，一支部一特色”要求，金泰颐寿轩敬老院团支部开展“一对一 结对子”活动，邀请北京宣武医院外科第六团支部的2名医生、4名护士到敬老院为43位老人义诊。

（海国玲）

西城区校办产业管理中心

【概况】 北京市西城区校办产业管理中心（简称校产中心）负责教育系统中校办企业国有资产部分和经营性国有资产的监督管理；教育资产经营行为和部分教育内部消费服务行为的行政管理；教育风险管理服务；育荣国际教育园区的管理；非教育用房可出租规范管理，保值增值；解决原校办企业历史遗留的相关事宜。年内，完成下属企业北京市新至物业管理有限公司的注销工作。截至年底，校办企业资产总额4.05亿元，营业收入3838.72万元，亏损1134.03万元。

地址：西城区中京畿道1号院2号楼

邮编：100032

电话：66179182

（魏素娟）

【育荣物业工作】 年内，房屋租金收入1165.98万元，上缴本年度返还款709.94万元，缴纳各项税费224.18万元，企业亏损49.49万元。截至年底，清退租户4户，收回房屋面积4126.8平方米，减少租金187万元。

（魏素娟）

【出租房屋管理工作】 年内，全面推进出租房屋清退回收工作。本着对租户及出租房屋安全管理负责的原则，把安全管理落到实处，坚持下户检查不松懈，各区域经理对管辖范围内出租房屋的水、电、结构等进行安全检查，根据租户经营性质不同，有针对性地检查租户的安全情况，发现隐患及时清理。在不同时间段，提前对出租房的使用情况进行安全检查，发现问题及时处理，与每个租户签订安全责任书，定期检查并记录在案。配合基建处，做好危旧房屋安全检查和维修改造工作，及时消除安全隐患，保证出租房屋安全使用。

（俞 勇）

北京首商集团股份有限公司

【概况】 北京首商集团股份有限公司（简称首商股份），是一家以百货零售、连锁经营为主的大型商业企业集团，拥有燕莎友谊商城、燕莎奥特莱斯、西单商场、贵友大厦、新燕莎商业、友谊商店、法雅体育等一批享有知名度的企业和驰名品牌，涉足都市百货、奥特莱斯、购物中心和专营专卖等多个业态，主营门店遍布北京、天津及成都、兰州、乌鲁木齐、太原等多座大中城市，股票代码600723。年内，首商股份以市场需求为导向，实施经营调整和市场营销，践行“中国服务”，推动科学发展，业绩水平稳居行业前列，实现营业收入100.77亿元，入选《财富》中国500强。西单商场是首商股份旗下重要品牌企业，总经营面积12万平方米，汇集6家门店，涵盖百货、超市、名品折扣等多种业态，形成立足北京、辐射全国的发展格局。年内，西单商场实现营业收入20.7亿元。

地址：西城区北三环中路23号

电话：82270200

邮编：100029

（吴 江）

【西单商场各类促销活动】 1月1至3日，西单商场所属6家门店组织元旦统一促销活动，实现销售4017万元。春节期间，西单商场各门店推出冬季旺销商品和节日礼品类商品，销售3832万元。4月15日至5月2日，西单店举办以“时光流转璀璨西单”为主题的第十二届手表珠宝节活动，实现销售2875万元，促进五一假期珠宝销售同比提升29.57%。“五一”期间针对节日礼品和春夏季新品开展促销，实现销售3172万元。6月9至19日，西单商场各门店举办“2016缤纷年中庆”活动，新增互动体验、情感维系等促销模式，实现销售5896万元。8月19日，西单店举办大型专场内购会，销售761万元，客流量1.1万人次，当日销售869万元，客流量2.16万人次。中秋期间，西单商场各门店结合民俗传统、旅游婚庆、节日店庆等热点，开展顾客维系精准营销和新媒体互动营销，实现销售2126万元。10月1至7日，西单商场各门店举办“欢度国庆献礼中国”活动，关注结婚季采买、节日礼品商品销售，推进微信、微博等新媒体互动营销，实现销售5844万元。11月9至13日，西单店首次打造“双十一试衣节”，以保暖、羊绒低价团购为爆点，借助西单商场微信、西单商会西单go微信进行宣传，实现销售1616万元，同比增长34.8%。12月8至18日，西单商场启动86周年场庆促销活动，实现销售1.25亿元。

（薄俊卿）

【西单商场获各级先进称号】 1月初，西单商场西单店刘军喜、王兰获北京市老龄委2015年度北京市“孝星”。2月3日，在市商联会、市旅游行业协会和市私营个体经济协会联合主办的“北京市优质服务商店”评审中，西单店、万方店被选为首批“北京市优质服务商店”。2月24日，西单商场第四次获北京十大商业品牌。3月5日，《西单商场纵览》获中国品牌内刊2015年度优秀内部报刊“好报纸”一等奖、“文化纽带奖”和“好专栏”一等奖。6月22日，西单商场以67.56亿元的品牌价值获2016年第十三届“中国500最具价值品牌”称号。11月30日，西单店获西城区第九届商务行业安全生产知识竞赛优胜奖。

（薄俊卿）

【区领导检查工作】 2月5日，西城区副区长吴向阳带队到西单店检查节日市场供应和安全生产情况。11月25日，西城区副区长朱国栋带队到万方店检查安全生产工作。

（薄俊卿）

【节能宣传周】 6月15日，西单商场万方店与国家节能中心联合举办以“节能领跑绿色发展”为主题的全国节能宣传周宣传活动，向市民免费发放家电节能宣传册和节能灯泡，开展节能知识有奖竞答。

（薄俊卿）

【明厨亮灶餐厅开业】　8月2日，西单商场西单店明厨亮灶的餐厅“秦唐味道”试营业。餐厅风味属陕西乡土风情，餐厅将餐饮制作全过程通过玻璃窗向顾客展示，让顾客安心就餐、放心消费。

（薄俊卿）

【全国首家商业博物馆落户西单店】　10月10日，由西城区西长安街街道办事处主办的全国首家商业博物馆——“西单商业文化博物馆”在西单商场西单店正式亮相。西城区委书记卢映川、西单商业街部分企业和媒体朋友参加开馆仪式。西单商业文化博物馆建筑面积500余平方米，通过商业溯源、牌匾文化、诚信为本、历史传承等多个板块，还原西单商业文化的发展历程。馆内设置查询终端，可输入关键字查询西单地区所有餐饮娱乐项目，为顾客提供“足不出馆，浏览西单”的便利。

（薄俊卿）

【首届中国·西单论坛在西单文化博物馆举行】　11月11日，由北京西单商会、工业和信息化部工业文化发展中心、北京大学国际关系学院国家软实力研究中心主办的首届中国·西单论坛在位于西单商场西单店内的西单文化博物馆举行。中国商业联合会副会长兼中华全国商业信息中心主任王耀、工业和信息化部工业文化发展中心主任助理韩强、西城区西长安街街道办事处主任桑硼飞等出席并致辞。首届中国·西单论坛以“诚信与商业信用”为主题，把传统商业信用体系和传统商业转型结合起来，提出建设后商业时代的中国新型商业诚信体系的建立与发展模式，在确定遵循“商业诚信服务公约”基础上，提出“西单宣言”，承诺：诚信生产、诚信经营、诚信服务，协同共建“以诚聚市、以信聚财”的商业新模式，共筑“诚信经营、厚德商街”的传统美德，促进实体零售提质增效，塑造西单商务街区诚信典范，不断完善并修复中国的商业信用形象。

（薄俊卿）

王府井集团北京长安商场有限责任公司

【概况】　王府井集团北京长安商场有限责任公司（简称长安商场）隶属于王府井集团股份有限公司，经营面积2万余平方米。长安商场集百货、超市、餐饮、功能项目于一体，拥有20万会员顾客。年内，成为北京市首批优质服务商店，获得西城区交通安全先进单位、电子商务诚信经营承诺企业、北京市价格监测工作先进单位、“爱在西城”社会捐助联合募捐活动“组织奖”“知名品牌进社区”优秀社区品牌等。长安商场攻坚克难，凝心聚力，围绕集团“固本强基”“转型变革”的总体工作要求打造商业中心，加快转型步伐，实现“引领时尚生活方式、构建全渠道商业生活服务平台”的转型发展目标。

地址：西城区复兴门外大街15号

邮编：100045

电话：68010411

（李东莹）

【成为首批北京市优质服务商店】　2月25日，北京市商业联合会、北京市旅游行业协会、北京市私营个体经济协会向长安商场颁发“北京市优质服务商店”牌匾，长安商场成为首批“北京市优质服务商店”。

（李东莹）

【优化调整品牌结构】　年内，长安商场根据客层定位及周边顾客需要，引进专柜36个，移位56个，淘汰专柜85个。在3层扩大优势品类女装经营；5层在招商空档期以sale大集的形式，开展大型特卖；家居床品下移至B1层，打造出生活馆的概念。丰富商品经营风格，门店品牌向年轻化拓展，调整后更满足顾客的购物需求。

（李东莹）

【营销活动线上线下相结合】　年内，长安商场线上深挖现有平台，创新活动形式，利用微信互动游戏、留言互动版块、粉丝圈群、微信服务号及微信摇一摇和顾客实现互动，增加顾客参与活动的积极性，提高顾客忠诚度和粉丝量；线下注重体验，将话题与场景相结合，配合网剧拍摄；在场内利用B1生活体验区举办讲堂和各种大赛，户外举办徒步旅行、荧光夜走、为顾客创造全方位的消费购物体验；举办制作灯笼，与老字号“桂香村”合作举办传承手艺非物质文化遗产讲座，让更多人关注非遗文化，提高民众对非物质文化遗产的保护意识。

（李东莹）

【长安食府实现“明厨亮灶”】　10月28日，长安商场在月坛食药监所的帮助和支持下，长安食府实现了“明厨亮灶”。“明厨亮灶”工程是北京市西城区餐饮安全示范街评比的工作内容之一，旨在通过餐饮服务单位采用透明玻璃幕墙、视频显示、隔断矮墙，将操作间与就餐场所隔开，使消费者能够直接观看餐饮食品加工过程的厨房展示形式，以强化社会监督，让顾客就餐更放心。

（李东莹）

【客户经理制度】　年内，长安商场出台《客户经理指导手册》，通过专职和兼职客户经理专业的服务，深入了解，满足会员需求，对高端重点客户的维护工作更具针对性。

（李东莹）

【完善服务居民功能建设】　年内，长安商场从顾客需求出发，在一层引进星巴克、名创优品、众信旅游功能项目，增加服务功能项目，开辟快递服务体验店、开设移动充电设备，安装微信支付功能，为顾客提供便利，逐步满足顾客需求。

（李东莹）

【开展社区服务】　年内，长安商场组织爱心讲堂、便民服务、座谈会等进社区活动21次，服务面覆盖27个社区和3个单位；与西钓鱼台嘉园会所联合开展“绿色商品嘉年华活动”；在西城区商委和北京品牌协会支持下举办年度知名品牌进社区大型便民活动；参与西城区商委组织的“生活性服务业品牌企业进社区惠民服务”活动。

（李东莹）

【扩大生活设计师团队】 年内，生活设计师团队在原有4人的基础上扩大至7人，列出服务项目清单，使服务涵盖更多品类，触及到更广的生活领域，形成一个服务内容更为全面的生活设计师团队。

（李东莹）

【公益事业】 年内，长安商场组织3次捐助活动，“春风送暖”社会捐助，904人捐款7319元；“爱心助成长”捐赠助学，捐衣服、学习用品、日用生活品和体育用品等各类物品2000余件；共产党员献爱心捐助946人捐款8074元；7天暑期实践举办12场309名学生参加，实现爱心义卖6832元，其中渐冻人义卖3185元、玉华残障3504元、其他捐款143元。

（李东莹）

【做好职工保险续保工作】 年内，长安商场维护职工权益，在企业人力社保五险一金的基础上，组织职工参加市总工会开展的“北京市职工互助保障计划”。涵盖在职女职工特殊疾病险住院医疗互助险、住院津贴险、重大疾病险、医疗互助险、人身意外伤害险、家财损失综合互助险等种类。完成年度职工住院医疗互助险和住院津贴险投保、续保工作。507人投保住院险，307人投保住院津贴险，共缴纳保费46752元，对投保住院险的会员给予每人40元保费补助；女职工特殊疾病险投保工作也顺利完成，211名女工投保422份交保费16880元。

（李东莹）

【完成全场节能灯具改造】 年内，长安商场完成全场节能灯具改造工作，共置换灯具1737盏，覆盖1.4万平方米，在改善商场购物环境的同时达到节约能源目的。

（李东莹）

【实现安全零事故】 年内，长安商场进行全员安全教育培训，消防实战专项演习，定期组织安全大检查，及时消除安全隐患。春节、国庆节等重大节日及“两会”等重点期段，妥善安排经营，组织员工配合属地政府把守过街天桥，参加值班巡逻154人次；9月，副市长程红一行到长安商场进行安全检查，实现全年零事故。

（李东莹）

北京汉光百货有限责任公司

【概况】 北京汉光百货有限责任公司（简称汉光百货）于1999年开业，坐落于繁华的西单商圈，营业总面积4万余平方米，汇集近500家国内外知名品牌，满足一站式购齐所需。汉光百货在运营上精耕细作，在百货业普遍低迷的局面下，仍保持着稳健增长，化妆品业绩排名稳居全国第一，运动、女装、男装等业态均取得良好的业绩。年内，汉光百货被北京市商业联合会、北京市旅游行业协会、北京市私营个体经济协会评为“北京市优质服务商店”。获得中国人民银行“最佳合作商户”，西城区第三次全国经济普查“优秀集体”。

地址：西城区西单北大街176号

邮编：100032

电话：66018899

（郑子鑫）

【引进更多品牌】 二季度汉光百货完成一层化妆品、精品区改装，引进TOM FORD、CPB、La Prairie、Hera等十几个国际一线新品牌。目前汉光百货聚集72家美妆品牌，打造全国最大的美妆卖场，形成独一无二的品牌优势，进一步提升了聚客力。三季度完成五层潮流女装改造，引进MOUSSY、SLY等年轻女装品牌。改造后的潮流女装领先优势进一步得到巩固。引进船歌鱼水饺、汤城小厨、将太无二、江边城外、王鼻子烤肉等餐饮项目，丰富消费者美食选择。

（郑子鑫）

【微信平台】 年内，汉光百货官方微信平台粉丝量创新高。利用汉光百货微信平台，开通微信支付和支付宝支付，移动支付增速。开发出微信购物功能，全部专柜配备移动付款设备，实现柜内直接付款，省去款台排队，受到消费者好评，有超过万名会员体验O2O服务。

（郑子鑫）

【爱心公益活动】 4月，汉光百货启动“汉光星火计划”基金，面向社会招募5个青少年公益项目，更好的支持和服务社会组织，发展优秀公益项目传播。8月，启动汉光基金“学子阳光”项目，资助25名家庭经济困难大学生。11月，参加团市委、市青联举办的“温暖衣冬”公益活动，捐出御寒棉衣141件。

（郑子鑫）

北京菜市口百货股份有限公司

【概况】 北京菜市口百货股份有限公司（简称菜百公司）是北京最大的以经营黄金珠宝首饰为特色的专营公司，营业面积8800平方米，在岗员工1471人（含合同制职工、劳务派遣、信息员、合作方等用工形式）。设有行政事务部、财务管理部、人力资源部、安保物业部、业务拓展部、品牌推广部、质量管理部、信息技术部、运营管理部、经营管理部、连锁经营部、物流中心12个部门。连锁直营分店19家、加盟店1家。出资注册一家电商公司。年内，实现销售130亿元。黄金珠宝销售连续27年在北京保持第一，全国单独门店销售第一。菜百公司获全国珠宝首饰行业质量领先品牌，全国质量信得过产品，全国产品和服务质量诚信示范企业，零售商（450个零售点或以下）大奖，全国质量诚信标杆典型企业，中国质量奖提名奖，国家标准：《商品售后服务体系》GB/T27922-2011五星级服务认证证书，中国黄金大会颁发的最佳品牌推广奖，2016中国珠宝玉石首饰行业协会科学技术奖，2016年度中华老字号二十大经典产品，2016中国珠宝玉石首饰行业协会科学技术奖，2016“质量之光”公众评选活动年度魅力品牌，获2015—2016年北京老字号优秀企业，北京双创品牌100强，北京市构建和谐劳动关系先进单位等多项市级以上荣誉称号。公司党总支书记、董事长赵志良获“北京市有突出贡献的科学、技术、管理人才”，党总支副书记、总经理王春利获“中国黄金协会科学技术奖”。

地址：西城区广安门内大街306号
邮编：100053
电话：83520468

（龚　磊）

【南红玛瑙展】 1月16日，菜百公司“菜百与大师同行之鸿运到新春南红玛瑙推展”在公司总店三层举行。展出赵靖明、叶遂群、侯晓峰等7位大师的南红玛瑙作品38件。

（龚　磊）

【获十大商业品牌金奖】 2月23日，“2016北京商业品牌大会暨2015年度（第十一届）北京十大商业品牌评选”在北京国际饭店举行。菜百公司首饰作为获奖名单中唯一的黄金珠宝企业，获2015年度十大商业品牌金奖。

（龚　磊）

【婚博会参展】 3月20日，菜百公司参加中国婚博会。参展品类有：贵金属类、镶嵌类、礼品类、投资类。2天销售1463件703.8万元。6月5日，菜百公司参加中国婚博会。参展品类有：贵金属类、镶嵌类、礼品类、投资类。2天销售1162件512.7万元。9月11日，菜百公司参加中国婚博会。参展品类有：贵金属类、镶嵌类、礼品类、投资类。2天销售1223件608万元。菜百公司第一次在婚博会网站及手机客户端发放现金券进行引流，带来销售180万元。12月4日，菜百公司参加中国婚博会。参展品类有：贵金属类、镶嵌类、礼品类、投资类。2天销售1227件680万元。

（龚　磊）

【获中国质量奖提名奖】 3月29日，菜百公司获第二届中国质量奖提名奖。

（龚　磊）

【意大利顶级珠宝K金艺术展】 5月15日，为期15天的“菜百与大师同行之意大利顶级珠宝K金艺术展”在菜百公司结束。此次K金艺术展共展出30件由意大利知名设计师设计、顶级工艺制造而成的意大利顶级珠宝。

（龚　磊）

【ALLOVE十心十箭完美钻石全国首发】 5月24日，ALLOVE十心十箭完美钻石在菜百公司全国首发，在总店二层水景处举行剪彩仪式。

（龚　磊）

【菜百60年店庆系列公益活动】 5月28日，菜百公司在总店一层举行“经典菜百金，精准扶贫困”菜百成立60周年店庆系列公益活动。中国妇女发展基金会副理事长兼秘书长秦国英、国和金证（北京）黄金制品有限公司总经理汪庆富、菜百公司总经理王春利出席活动。菜百公司向中国妇女发展基金会的“母婴保健专项基金”捐款50万元人民币。

（龚　磊）

【《高含量的贵金属制品》企业标准】 6月15日，菜百公司在企业标准信息公共服务平台上发布Q/XCCBJ0002-2016《高含量的贵金属制品》企业标准。该标准是公司自主起草的企业标准，本标准对高含量贵金属制品、金含量999‰金制品、金含量999.9‰金制品、铂含量999‰铂金制品和银含量999‰银制品的定义和术语、纯度范围、要求、产品标识、检验方法、检验规则及其标志、包装、运输和贮存进行规定。

（龚　磊）

【签订合作协议】 6月21日，菜百公司与北京农商银行在北京农商银行丰台支行签署合作协议。参加领导有：北京农商银行董事长王金山、监事长龚莉，菜百公司董事长赵志良、副总经理关强。菜百公司首批推出的收藏品包含吉祥金钱、足金“金榜题名”金条等12款经典产品，为北京农商银行客户提供现货销售和订单销售两种模式。

（龚　磊）

【里约奥运会新品发布】 7月6日，“里约2016年奥运会纪念金/银套组”新品在菜百公司举行发布会暨剪彩仪式。奥运冠军罗雪娟、奥组委开发部特许部主任栗肖翠、菜百公司总经理王春利出席发布会。

（龚　磊）

【菜百在中国黄金大会上获奖】 7月28日，菜百公司参加在北京国际会议中心举行的中国黄金大会颁奖典礼，获“最佳品牌推广奖”“中国黄金珠宝销售收入十大企业”。

（龚　磊）

【新品发布】 9月8日，菜百公司携手Forevermark永恒印记，推出菜百首饰独家Forevermark永恒印记幸运草系列新品及“27799”限量美钻套装，在公司总店二层Forevermark永恒印记典藏馆举行揭幕仪式。

（龚　磊）

【鸡年“贺岁银条”菜百首发】 9月10日，由中国金币总公司限量发行，上海金币投资有限公司总经销的2017丁酉年（鸡）年贺岁银条在菜百公司全国首发，北京地区独家销售。总发行量为11.5吨，共有50g、100g、200g、500g、1000g，5种规格。发行量分别为78000条，40000条、6000条、2200条、1300条。

（龚　磊）

【菜百公司获“年度零售商大奖”】 9月14日，菜百公司总经理王春利在香港洲际酒店参加2016年度JNA颁奖典礼。菜百公司获得具有珠宝界“奥斯卡”之称的JNA“年度零售商大奖（450个零售点或以下）”

（龚　磊）

【邂逅白垩纪——虫珀珍宝展】 9月22日，菜百公司在总店举行“邂逅白垩纪——虫珀珍宝展”发布仪式。北京市国有文化资产监督管理办公室主任周茂非、菜百公司董事长赵志良、总经理王春利出席仪式。

（龚　磊）

【熊猫金币35周年推展】 10月11日，在北京菜百公司总店举办“熊猫金币进北京，国宝珍品聚菜百”——熊猫金币35周年推展。此次活动由菜百公司与上海金币投资有限公司携手举办。

（龚　磊）

【鸡年"贺岁金条"菜百首发】　11月2日，由中国金币总公司限量发行，上海金币投资有限公司总经销的2017丁酉年（鸡）年贺岁金条在菜百公司全国首发，北京地区独家销售。总发行量为3吨，共有30g、50g、100g、200g、500g、1000g，6种规格。发行量分别为9000条，18000条、12100条、1500条、400条、120条。

（龚　磊）

【参加钱币博览会】　11月6日，菜百公司参加在国家会议中心举办的北京国际钱币博览会。实现销售171件9.33万元。

（龚　磊）

【珠宝首饰作品大奖赛获奖】　11月10日，菜百公司在中国珠宝玉石首饰行业协会、国土资源部珠宝玉石首饰管理中心主办的2016首届中国"天工精制"珠宝首饰作品大奖赛颁奖会上获得"天工精制"珠宝首饰作品大奖赛镶嵌组的金奖、铜奖。

（龚　磊）

【参加国际珠宝展】　11月14日，菜百公司参加在北京国际展览中心举办的中国国际珠宝展，实现黄金珠宝全品类销售314件111万元。

（龚　磊）

【获服务技能大赛最佳组织奖】　11月30日，菜百公司参加在北京剧院召开的"2016年北京市服务技能大赛活动总结汇报会"，获得"最佳组织奖"。

（龚　磊）

【菜百公司开展捐衣活动】　12月6日，菜百公司开展温暖衣冬捐衣活动，向共青团北京市委委捐出964件衣物。

（龚　磊）

【获零售业品牌价值评价第一名】　12月12日，菜百公司在北京国贸三期参加"2016年中国品牌价值评价信息发布会"，经过文字审核、专家评价、质监总局评定等8个环节，菜百公司从666家企业品牌中获企业品牌零售业品牌价值评价第一名。

（龚　磊）

北京国华商场有限责任公司

【概况】　北京国华商场有限责任公司（简称国华商场），以秉承引领铂金时尚，铸造京城铂金第一家为己任，是北京市著名珠宝首饰专营店之一，营业面积5000平方米。主要经营黄金、铂金、K金、钻石镶嵌、翡翠、玉石、珍珠、珊瑚、银饰和纪念收藏等几十个品类。设有经理办公室、人力资源部、业务企划部、财务部、安保行政部、现场服务办公室、后台管理中心及质量控制中心8个部门。年内，实现销售收入5.3亿元。连续保持"北京市著名商标""北京市优质服务商店""优秀放心示范店""AAA级企业信用等级""北京市纳税信用A级企业"等荣誉。获西城区"优秀党支部"、北京市"青年文明号"。12个部门、16名员工评为区级、场级各类先进集体和个人，总经理王祎被推选为西城区人大代表，党支部书记张伟被推选为西城区党代表。

地址：西城区宣武门西大街18号楼

邮编：100053

电话：63022531

（张　伟）

【经济工作研讨会】　2月9至10日，国华商场召开2016年经济工作研讨会。制定整改措施及完成指标方案。会上下达2016年度各项经济指标。

（张　伟）

【股东会和职代会】　2月27日，国华商场召开六届十二次股东代表大会、七届十二次职工代表大会，通过公司《2015年工作总结报告》2016年工作计划报告》《2016年度公司完成各项经济指标及利润分配的审计报告》《2016年厂务公开报告》。

（张　伟）

【素金饰品改标】　年内，国华商场根据国家标准化管理委员会公布取消"千足金"称谓，使用"足金"标识字样，历时半年多对场内3万件黄铂金饰品进行手工改标。

（张　伟）

【与香港迪士尼代理合作】　年内，国华商场与香港迪士尼授权的代理公司合作，开辟柜台展卖迪士尼卡通造型商品。展卖商品有：迪士尼卡通造型优盘、迪士尼卡通造型手机壳，迪士尼卡通造型镀金摆件。

（张　伟）

【服务社区】　年内，国华商场秉承"以服务为宗旨，引领珠宝市场为己任"的社区服务理念，开展10余次社区服务活动。应不同社区需求，开办各具特色的社区服务，创新形式，革新内容。在原有的珠宝鉴定、首饰清洗等服务项目之上，新增互动教学环节，进行珠宝知识讲座，与社区居民合作编绳，增加社区服务的趣味性。

（张　伟）

【参加市劳动技能大赛】　年内，国华商场参加商联会组织的北京市第四届劳动技能大赛，12名员工参加营业员及收银员等竞赛项目，3名参赛员工晋级复赛。国华商场获得"优秀组织奖"。

（张　伟）

【获"青年文明号"】　年内，国华商场铂金部发挥团队精神和青年团员作用，13位成员年销售铂金饰品2万件，接待顾客逾10万人次，获得共青团北京市委员会授予的"北京市青年文明号"称号。

（张　伟）

【客户回馈】　年内，国华商场为回馈客户，与工商银行、商场大客户合作举办2次回馈内购会，参会品囊括黄铂金、18K金、翡翠白玉、珍珠玛瑙等十几项珠宝品类，实现销售收入超过100万元。

（张　伟）

【商场系统更新升级】　年内，国华商场进行销售系统更新升级。其中，前台收款系统：珠宝类18次、素金类14次；素金后台管理系统升级8次。其他程序若干次。

（张　伟）

【京东JOS对接收银系统】　年内，国华商场完善线上销售系统，完成内部商品管理系统与京东商城JOS api对接，实现电商系统远程管理。

（张　伟）

北京张一元茶叶有限责任公司

【**概况**】 北京张一元茶叶有限责任公司（简称张一元）是京城著名老字号企业，拥有300余家品牌连锁店，30余家名优茶生产基地，2家特色茶馆，电商平台销售网络覆盖全国34个省市自治区，是集产供销、科工贸、旅游文化为一体的现代化企业。年内，销售额及利润额均保持稳步递增，蝉联全国茶叶内销榜首。

地址：西城区西砖胡同2号院7号楼

邮编：100052

电话：83512713

（刘姒千）

【**节庆促销**】 1月15日，“过团圆年·喝张一元”主题新春（丙申年）民俗风情节在张一元大栅栏店开幕。3月25日，“品明前茶鲜·就到张一元”主题清明民俗风情节在张一元大栅栏店开幕，现场进行精品明前茶展示，当日“新视觉·明前龙井茶会”在张一元大栅栏茶馆开幕，启动“春·茶”主题摄影比赛，现场品鉴明前茶，特邀北京传统风筝非遗传承人张世德讲“沙燕儿”做“沙燕儿”。4月15日，“品百种新春茶·就到张一元”主题春茶节在张一元大栅栏店开幕，百余款名优新绿茶集中展示广受好评。8月19日，“花茶领群香·中国张一元”主题张一元第五届中国茉莉花茶节在大栅栏店开幕，推出品牌战略定位升级单品“张一元龙毫”，每斤售价1000元，推出新版广告语“清明节前的珍贵绿茶，经过8次窨花；让每一斤茶叶吸收6斤茉莉鲜花的香气，才能制成张一元龙毫茉莉花茶；张一元龙毫，茉莉花茶中的珍品”。现场进行新花茶产品展示、免费品茗、买赠优惠活动等受到消费者欢迎。同时，揭晓“春·茶”主题摄影比赛获奖名单。9月1日，“佳节喝好茶·就选张一元”主题中秋国庆民俗风情节在张一元大栅栏店开幕。12月16日，“过团圆年·喝张一元”主题新春（丁酉年）民俗风情节在张一元大栅栏店开幕。

（刘姒千）

【**大栅栏店销售再创纪录**】 2月1日（农历小年），张一元大栅栏店再创全国茶叶店单店单日茶叶销售量和销售额2项新纪录，其中金奖花茶系列共5款茶单日累计销售3吨。截至9月18日，张一元大栅栏店销售额达1.003亿元，连续5年实现销售“破亿”，较上年提前15天。

（刘姒千）

【**特色体验行**】 3月19日，北京青年报什刹海分社学生记者采访团14位小记者在父母陪同下参观张一元大栅栏茶馆，听茶文化讲座，学包传统茶叶包，亲自体验传统泡茶技艺并为父母敬茶。10月13日，北京大栅栏琉璃厂商会主办“喝茉莉花茶·品京味儿文化”主题秋茶品鉴体验活动，在张一元大栅栏茶馆举办。10月24日，北师大附中师生10余人参观张一元大栅栏茶馆，体验传统茶文化。

（刘姒千）

【**首届炒茶大赛**】 3月20日，张一元第一届杭州狮峰山西湖龙井茶炒制大赛在中国茶叶博物馆举行，用传统方式手工炒制新茶，评选出前3名及炒茶王。

（刘姒千）

【**首批西湖龙井茶上市**】 3月22日，首批300斤精品明前西湖龙井茶空运抵达张一元，每斤售价8800元，产品外包装上均贴有“中华人民共和国地理标志保护产品”和“国家工商行政管理总局商标局认定的中国地理标志”防伪标志。首次采用二维码防伪查询及企业系统内登记的独立条形码，重重措施确保“尊重时令、产地正宗、品质可靠”。

（刘姒千）

【**参与活动**】 4月22日，张一元参加“2016北京春茶节”。张一元金奖惠明、仙芝竹尖、西湖龙井茶（狮峰）等9种春茶评为“2016北京春茶节”推荐的质量合格、质价相符产品。5月20日，张一元参加2016北京国际旅游博览会。5月28日，张一元参加第四届中国（北京）国际服务贸易交易会。6月24日，张一元参加“2016北京国际茶业展”。张一元龙毫获“2016北京国际茶业展茶叶产品评选推介活动特别金奖”。8月21日，张一元参加2016中国（横县）茉莉花茶文化节。张一元在2016中国（横县）茉莉花茶文化节全国茉莉花茶产品质量评选中获“2016年中国茉莉花茶十大品牌”称号，茉莉白龙王获特别金奖，茉莉金针获金奖，茉莉龙毫、茉莉玉芽、茉莉白雪峰获银奖。10月27日，张一元参加第十一届中国北京国际文化创意产业博览会。

（刘姒千）

【**公益活动**】 7月1日，张一元开展共产党员献爱心活动，捐款人民币3400元。12月1日，张一元参与西城区“爱在西城”联合募捐活动，向区慈善协会捐款人民币10万元。春节、中秋两节前夕，张一元为牛街敬老院的老人们送去节日的祝福和礼物。

（刘姒千）

【**新公司成立**】 8月21日，广西横县北京张一元茶业有限责任公司中国茉莉花茶标准化产业园正式投产，中国茉莉花茶博物院、体验馆正式开馆。该项目总投资近亿元，总占地面积100余亩，建筑面积5万余平方米，建有10个标准化生产车间。

（刘姒千）

【**电子商务**】 11月11日，张一元天猫旗舰店成交额327万元，同比递增76%，完成订单2万余笔。

（刘姒千）

【**所获荣誉**】 2月24日，张一元获“2015年度北京十大商业品牌金奖”称号。10月25日，张一元获“2016年度中国茶业十大领军企业”“2016年度中国茶叶行业综合实力百强企业”称号。张一元党支部被授予“大栅栏榜样优秀团队”。200余名职工参与2016年北京市商业服务技能大赛评茶员项目，2名选手进入十强。公司检测中心4名职工参加北京市第四届职工技能大赛食品检验工竞赛项目，2名选手进入十强。

（刘姒千）

北京新月联合汽车有限公司

【概况】 北京新月联合汽车有限公司（简称新月公司）是国资参股的股份制企业，隶属西城区国资委管理，注册资金13130万元。拥有32个分公司、5个全资子公司和4个参（控）股公司，有各种车辆11465部，员工13789人。经营范围涉及出租客运、旅游租赁、救援物流等多个领域。年内，新月公司实现营业收入9亿元，实现净利润4424万元，净资产收益率6%，资产规模53亿元；上缴利税4600万元。获“2016年度中国道路运输百强诚信企业”“2015年度质量信誉考核良好企业”“2015年共保工作特等奖”等。

地址：朝阳区王四营乡马房寺368号

邮编：100023

电话：67366666（总机）

（吴治英）

【北京政协会议交通服务】 1月20至26日，新月公司执行北京市政协第十二届四次会议交通运输保障工作。历时7天，派出大小车辆39部、管理人员和驾驶员41名，发车128车次。

（吴治英）

【全国政协会议交通服务】 3月3至14日，新月公司执行全国政协第十二届四次会议住铁道大厦和财政部、最高人民法院参会委员及大会住中协宾馆工作人员的交通服务保障。历时12天，派出管理人员和驾驶员150名，投入车辆145部，发车653车次，接送委员及工作人员2978人次，安全行驶14611公里。

（吴治英）

【首届世界旅游发展大会交通服务】 5月17至21日，新月公司派出144辆保障车和149名管理及驾驶员，执行“首届世界旅游发展大会”交通服务保障，历时5天完成任务。

（吴治英）

【表彰“党员示范车标兵”】 7月1日，新月公司党委召开党员大会，纪念建党95周年暨表彰“共产党员示范车”。第一分公司出租车驾驶员王志刚等46部运营车被命名为“共产党员示范车”并授牌；第一分公司出租车驾驶员邵秀食等40部“共产党员示范车”被升格命名为“党员示范车标兵”并授牌、给予物质奖励。

（吴治英）

【北京2022冬奥会协调委交通服务】 10月8至14日，新月公司执行国际奥委会北京2022年冬奥会协调委员会线路踏勘用车、工作用车、接送机用车和国际奥委会协调委员会委员考察等交通服务保障。期间，提供4种型号的保障车辆24部，发车148车次、运送考察团官员等389人次，安全行驶8186余公里。

（吴治英）

对外及对港澳台经济贸易

【概况】 年内，新批外商投资企业25家，吸收合同外资1.62亿美元，实际利用外商直接投资5.04亿美元；实现进出口总额4347.27亿元人民币，占全市进出口总额23.3%，继续位居北京市第二。

地址：西城区广安门北滨河路9号

邮编：100055

电话：83509379

（柴晓虹）

【利用外资】 年内，新批外商投资企业25家，合同外资额1.62亿美元，实际利用外资5.04亿美元。合同外资分行业位列前三位的是金融业，科学研究、技术服务和地质勘查业，信息传输、计算机服务和软件业，合同外资分别为4149万美元、3621万美元、3501万美元；分国别和地区位列前三位的是香港、美国、英国，合同外资分别为5572万美元、4357万美元、3125万美元。实际利用外资分行业位列前三位的是金融业，信息传输、计算机服务和软件业，租赁和商务服务业，实际利用外资分别为27847万美元、16503万美元、5678万美元；分国别和地区位列前三位的是香港、新加坡、开曼群岛，实际利用外资分别为17674万美元、16347万美元、7750万美元。

（章建平 郝家莹）

【利用外资推动构建“高精尖”产业】 年内，从第三产业内部看，金融业实际利用外商直接投资27847万美元，同比小幅下降8.81%，整体保持稳定；信息传输、计算机服务和软件业，租赁和商务服务业两个产业，实际利用外商直接投资分别为16503万美元、5678万美元，同比分别增长6247.31%、1352.17%。在其他领域投资增长乏力的条件下，外资对促进“高精尖”新兴产业发展发挥重要作用。

（章建平 郝家莹）

【进出口总额全市排名第二】 年内，西城区进出口总额4347.27亿元人民币，同比递减23%，占全市进出口总额23.3%，位居北京市第二。其中进口额3872.88亿元人民币，同比下降24.6%，占全市进口总额25.5%；出口额474.39亿元人民币，同比下降6.7%，占全市出口总额13.9%。

（徐聪 张贯中 郭文治）

【受理对外贸易经营者备案登记】 年内，区商务委受理对外贸易经营者备案登记359件。其中，企业新备案135件，备案表变更224件。

（徐聪　张贯中　郭文治）

【加工贸易业务】 上半年，区商务委办理5笔加工贸易审核业务，实现进出口料件总值21.42万美元，出口制成品总值30.85万美元。下半年受政策调整，加工贸易无需办理合同审核，只需完成加工场地能力的勘验审核。

（徐聪　张贯中）

【商务服务业主题示范升级改造】 年内，新时代大厦升改造项目，通过了北京市商务委员会验收。

（徐聪　张贯中）

【服务外包和软件出口业务】 年内，西城区新增服务外包企业6家，新增从业人员393人，合同签约金额4.47亿美元，服务外包执行金额1.08亿美元。

（徐聪　李佳狄　赫庆欣）

【第四届中国（北京）国际服务贸易交易会】 5月28日至6月1日，第四届中国（北京）国际服务贸易交易会（简称京交会）在北京举办。西城区组织参加“文化服务板块——非物质文化遗产专题”“老字号展示服务区”“文化贸易板块之——国家重点文化企业和项目展”“设计服务板块”、北京馆日活动、世界知识产权组织活动及“金融板块”等相关活动。代表北京市承办非物质文化遗产专区展览展示和老字号展示服务区。辖区18家非物质文化遗产项目和5家老字号企业参加展览展示和现场服务，3家代表性企业分别参与“文化贸易板块之——国家重点文化企业和项目展”、设计服务等板块活动，金融办牵头组织2016金融街论坛、金融服务专题展览展示及2016中国金融年度论坛金融创新峰会活动。展览展示面积超过800平方米。

（章建平　郝家莹）

【第21届澳门MIF展】 10月17至23日，西城区人民政府赴澳门代表北京市参加第21届MIF展并承担《北京“老字号”展销及非遗项目展示》专题工作。区领导随北京市代表团出席第21届MIF开幕式、参加“2016京澳合作伙伴行动”启动仪式及系列活动、推介会及签约仪式；与澳门政府相关单位座谈，与澳门相关商协会及部分企业开展交流，承办北京“老字号”展销及非遗项目展示工作。

（章建平　郝家莹）

（责任编辑　孙凤霞）

金 融

金融服务

【概况】 北京市西城区金融服务办公室（简称区金融办）是负责西城区金融业及金融街地区发展与服务的区政府工作部门。有干部职工17人，内设科室5个（综合科、发展规划科、产业促进科、市场服务科、金融稳定科）。年内，区金融办落实区委、区政府各项工作部署，加强金融业形势分析和研判，优化金融发展环境，提升金融服务水平，推进各项工作，促进全区金融业快速健康发展。全年全区金融业实现增加值1680.2亿元，同比增长9.0%，占全区GDP的比重为47.5%，占北京市金融业增加值的比重达到39.4%。金融业实现营业收入6966.4亿元，同比下降5.4%；实现利润总额2960.5亿元，同比下降7.6%；实现三级税收3905.5亿元，同比增长5.8%，占全区三级税收的84.3%；实现区级税收201.0亿元，同比下降10.9%，占全区区级税收的48.4%。

地址：西城区金城坊街1号金融街公寓C座601

邮编：100033

电话：66290679

（王晨铖）

【开展规划研究】 年内，区金融办完成《西城区“十三五”时期金融业发展规划》编制工作，向社会公开发布。逐季完成全区金融业发展形势分析报告，跟踪分析全区金融业和各子行业发展形势和面临机遇与挑战，完成《2016年财富世界500强金融街上榜企业情况报告》等专题研究报告，与国税局和地税局合作完成《税眼看西城区金融业发展中存在的问题和建议》。

（王晨铖）

【调研企业需求】 年内，区金融办按照动态管理机制要求，开展机构走访，提升服务水平。制定区领导走访核心机构及重点机构安排，包括光大集团、邮储银行、人保集团等机构20余家。通过实地走访调研，了解企业发展情况，获取企业新设机构信息，捕获行业及机构发展动态，促成优质机构落户，同时鼓励机构参与区域建设，推动区域经济社会发展。

（王晨铖）

【引进金融组织和机构】 年内，区金融办关注金融业态创新发展趋势，加大对总部机构、外资法人和新兴机构的引进。新引入亚洲基础设施投资银行、北京市政府投资引导基金、银行业理财登记托管中心有限公司、太平再保险（中国）有限公司、联通集团财务公司、中国水权交易所、北京电力交易中心有限公司、冀北电力交易中心有限公司、首都电力交易中心有限公司、中国国有企业结构调整基金等金融组织和机构90家，新增注册资本约2702亿元人民币（不含亚洲基础设施投资银行1000亿美金，包含北京市政府投资引导基金1000亿元人民币）。

（王晨铖）

【金融服务区域发展】 年内，整理制作完成2016年度西城区重大基础设施项目和重点产业项目融资需求库，促成项目融资对接。跟踪战略合作单位融资需求对接合作情况，完成《关于2015年金融支持区域经济社会发展情况的报告》。召开2016年重点融资项目需求发布会，重点针对棚户区改造、功能区建设、旧城保护、疏解非首都功能、科技文创等涉及民生改善和区域发展的重要领域，组织38家各类金融机构，与金融街集团、华远集团、天恒集团、广安控股、金融街资本运营中心等区属国有重点企业开展项目投融资对接。组织融资租赁公司与上市、挂牌企业投融资专场对接会，利用创新融资手段支持区域企业发展。

（王晨铖）

【促进企业上市】 年内，区金融办深化与上交所、深交所战略合作，发挥促进企业上市联席会议作用，扶持1家企业在上交所上市。抢抓“新三板”扩容契机，推动区内有条件的中小企业加快股份制改造，到“新三板”及各类交易场所挂牌。新增挂牌公司37家，创历年挂牌数量新高，挂牌企业总数76家，总市值超过600亿元，融资合计3.52亿元，成功打造出新三板市场的“西城板块”。开展上市培育辅导，重点培育拟上市企业近20家，拟挂牌企业80余家，举办各类培训会及大型活动4次，调研走访40余家企业，为近300家企业提供上市辅导服务。

（王晨钺）

【提供人才服务】 年内，区金融办为金融机构提供人才引进、工作居住证办理服务等事项。组织金融街品牌招聘会，招商银行、兴业银行、厦门国际银行、泰康人寿、宏源期货、中国太平洋财产保险、中国核工业建设集团财务有限公司、中国大唐集团财务有限公司等多家驻区金融机构参加金融街专场招聘活动，提供超千个岗位，吸引近万名高校学子参与。

（王晨钺）

【加强小额贷款公司监管】 年内，区金融办组织律师事务所、会计师事务所等中介机构对区域内小贷公司开展现场检查，对存在重点问题的机构出具限期整改意见书，规范企业经营，防控金融风险。截至年底，全区有小贷公司8家，注册资本金9.38亿元。发放贷款706笔12.85亿元，期末贷款余额10.53亿元，支持区域小微企业发展。

（王晨钺）

【加强融资性担保公司监管】 年内，区金融办与律师事务所、会计师事务所等专业中介机构合作，对区域内融资担保公司开展现场检查，对存在重点问题的机构出具限期整改意见书，规范企业经营，防控金融风险。截至年底，全区有融资性担保公司及分公司14家，注册资本126亿元。实现担保业务收入12.4亿元，在保余额1783.4亿元，支持全市中小企业融资发展。

（王晨钺）

【加强交易场所监管】 年内，区金融办对全区交易所建立基础信息台账，形成定期信息报送机制，实施动态跟踪管理。配合市金融局开展现场检查，提出整改意见并对其经营发展情况给予辅导。截至年底，全区有各类交易场所14家，注册资本20.58亿元，从业人员682人，净资产36.55亿元，累计实现交易金额5.97万亿元，营业收入375.21亿元，净利润3.9亿元。

（王晨钺）

【开展防范非法集资宣传教育活动】 年内，区金融办牵头建立健全打击和处置非法集资工作机制，切实防范各类金融风险。启动打击非法集资宣传社区行活动，在全区15个街道通过街道报纸、公共服务信息屏、微信公众号、悬挂横幅、张贴海报、板报评比等形式开展打击非法集资宣传活动；举办以“防范风险、护航发展”为主题的“5·15经侦宣传日”活动；借助京交会金融板块展示、金融街论坛等重大活动平台，开展非法集资防范知识宣传活动。

（王晨钺）

【金融风险排查处置】 年内，受理群众来访及北京市12345非紧急救助服务中心转来的涉及非法集资案件43件；对市打非办转来的9件涉及非法集资案件进行核查；对全区8583家名称或经营范围中含有投资、理财、咨询、资产管理等字样的公司开展入户调查，普查完成率100%；监测处理北京石油交易所到市金融局集体访情况，联合区维稳办等相关部门协调做好维稳工作。

（王晨钺）

【提升金融品牌文化】 年内，举办2016年金融街论坛，以“新机遇、新金融、新发展”为主题，发挥“中国金融改革发展风向标”作用，为金融服务国家战略和供给侧结构性改革等金融前沿性议题提出创新性思考。以金融服务“一带一路”发展为主题参与2016京交会金融服务板块展示，国务院副总理汪洋及北京市领导到展台调研，推动区政府与中欧交易所在京交会签约仪式暨成果发布会正式签署战略合作关系。

（王晨钺）

【对外交流合作】 年内，深化与伦敦金融城、德国法兰克福等国际金融中心的合作，建立和完善高层定期会晤机制。与伦敦金融城联合主办“北京金融街与伦敦金融城金融合作与发展对话”活动，为驻区机构搭建国际交流平台，促进驻区机构国际化发展。

（王晨钺）

银　行

国家开发银行股份有限公司北京市分行

【概况】 国家开发银行股份有限公司北京市分行（简称国开行北京市分行）资产总额4724.31亿元，比上年增长18.4%，表内贷款余额3875亿元，比上年增长13.4%，其中人民币贷款余额2362亿元，增长6.83%，外币贷款余额218亿美元，增长17.41%；本息回收率99.12%，累计本息回收率98.96%，不良贷款率0.26，比上年上升0.18个百分点；实现中间业务收入6.4亿元，比上年增长18%；拨备前利润65.5亿元，比上年增长8.61%，ROA 1.57%，比上年下降0.08个百分点。国开行北京市分行内设处室20个，在职正式员工228人。

地址：西城区复兴门内大街158号

邮编：100031

电话：63223100

（常　江）

【深化“十三五”时期外部合作】 年

内，国开行北京市分行3次助推国开行总行与北京市政府高层会谈。落实会谈成果，与北京市各层面签署开发性金融合作协议25项，意向融资总量3500亿元。编制“十三五”业务发展规划完成5项重点领域课题研究，谋划业务发展蓝图，为政府和客户提供融智支持。稳步推进项目开发储备工作，新增人民币开发入库4186亿元，外币231亿美元。

（常 江）

【支持北京市经济社会建设】 年内，国开行北京市分行推进项目开发，调研68个客户，实现人民币承诺3204亿元，外币承诺112亿美元。支持京津冀协同发展，完成京张铁路评审承诺100亿元，向京唐、京滨城际铁路，京台、京开高速评审承诺158亿元，向北京地铁新机场线一期等8条轨道交通项目评审承诺670亿元。支持重点客户发展，发放国安、文投等贷款95亿元；支持棚户区改造，在丰台、房山、朝阳、密云多个区县完成政府购买棚改服务融资模式搭建。实现棚户区改造项目评审承诺529亿元，发放291亿元，其中政府购买棚改服务模式发放174.3亿元，居北京市首位。支持环境整治和水利工程建设，完成北京分行首个PPP项目——北运河生态综合整治评审承诺6.7亿元，向北京排水集团、南水北调项目承诺贷款32.5亿元；为北京排水集团发放贷款25.3亿元；支持“高精尖”产业发展，实现全国首例投贷联动项目落地，完成全行首例专项基金投贷联动市场化退出项目——北京东土军悦科技有限公司项目评审承诺1亿元；向京东方5.5代线、大唐半导体等项目评审承诺46.5亿元。支持健康养老产业，完成悦康药业、诚和敬项目评审承诺4.9亿元，发放2.4亿元。

（常 江）

【国际合作业务】 年内，国开行北京市分行向巴西石油公司B4项目发放贷款50亿美元，向巴西银行评审承诺5亿美元；加强美、加业务开发，与花旗集团签署战略合作备忘录；开发推动鹰滩石油、协鑫光伏电站、中交建加拿大等项目；完成海尔集团收购等12个在美国项目协同，金额179.6亿美元。提升综合服务能力，承销2.5亿元人民币加拿大BC省熊猫债，是境外主权机构首次获批在境内银行间债券市场发行的熊猫债；支持振华石油超短融发行；向民生租赁金融债券项目评审承诺10亿元。

（常 江）

【提升精细化管理水平】 年内，国开行北京市分行强化科学调度，提高项目转化率，保证资产稳中有升；加强资源配置，创新中间业务模式，强化综合金融服务，主承销债券12支，债券承销量221亿元，其中SDR计价债券、省级供销社超短期融资券、北京国有资本经营管理中心DFI债券，均是国家开发银行系统内或国开行北京分行首例创新。发行政府置换债券43.5亿元；参与京投、京能、金融街资本等投标工作，成为京投200亿元超短融项目主承销商团。运行理财产品49期，金额282亿元，比上年增长200%，资产投资日均余额14亿元。强化财会管理，提升营运能力，高效服务总行、子公司业务；实现“营改增”平稳落地；降本增效显著，三公经费比上年下降56%；人民币结算业务27836笔，国际结算业务1825笔，实现国际结算收入5738万元。

（常 江）

【加强风险管控】 年内，国开行北京市分行贷款审议委员会充分讨论、审慎决策，不断提高审查深度与效率；深化法律支持与服务，推动业务合规发展、创新发展；开展“两个加强、两个遏制”“回头看”专项检查自查整改，配合中国银监会对分行巴西境外业务现场检查，严控监管合规风险；采取有效措施，守住风险底线，建立重大风险项目化解专题工作组机制，全流程进行风险化解，实现城建九、文教项目回收5534万元。做实信贷基础管理，密切关注潜在不良项目，强化本息回收监控。

（常 江）

中国农业发展银行北京市分行

【概况】 中国农业发展银行北京市分行（简称农发行北京市分行）共辖13个支行（部），在岗员工442人。截至年底，累收累放贷款210.21亿元，同比增加25.44亿元，各项贷款余额154.87亿元；全年投放农发重点建设基金193.59亿元，比年初净增150.25亿元，基金余额236.93亿元；对公存款日均余额167.16亿元，比年初增加68.18亿元；实现账面利润5.63亿元，继续保持不良贷款为零。

地址：丰台区南四环西路186号

邮编：100060

电话：68081842

（李灵毓）

【政策性粮油信贷业务】 年内，农发行北京市分行累计投放粮油收储贷款30亿元，支持政府抓粮源、保供应、稳粮价；拓宽与中粮集团的合作领域，发放龙头加工企业粮食购销流动资金贷款1.7亿元，支持其以收储加工为核心的粮油产业链发展；累计发放产业化龙头企业贷款3.5亿元；配合做好粮食去库存工作，及时收贷并落实价差，支持销售粮食49.14万吨，收回贷款7.56亿元；完成粮食库存检查及异地库存检查，确保粮油信贷资金占用合理且运行安全；推广实施库存远程监控系统建设工作。

（李灵毓）

【化肥、猪肉等储备贷款业务】 年内，农发行北京市分行累计发放化肥储备、农药储备贷款12.28亿元，重点支持中农控股有限公司的国家化肥储备贷款、中农立华生物科技有限公司的省级以上其他品种储备贷款。

（李灵毓）

【政策性中长期信贷业务】 年内，农发行北京市分行围绕京津冀协同发展、首都城市功能定位等发展战略，深化银政、银企、银银合作，支持首都城乡一体化发展，累计发放中长期贷款12.42亿元。其中，发放水利建设中长期贷款8.04亿元，支持首都重大水利工程南水北调配套工程、北京市中小河道治理第三、四期水利建设；发放农村集中住房建设贷款2.11亿元，改善农村人居环境建设贷款0.27亿元，改善了平谷、通州地区居民的生产、生活条件；发放棚户区改造贷款2亿元，支持首都涉农棚户区改造。参加农行筹组的通州“两站一街”银团项目和北京市大兴区西红门镇农村土地整治银团贷款项目20亿元。总分行两级审批项目10个，金额241.04亿元，中长期项目储备大幅度增加。

（李灵毓）

【重点建设投资基金业务】　年内，农发行北京市分行调查评估与投放农发重点建设基金项目129个，金额193.59亿元，比年初净增150.25亿元，实现收益1.48亿元；营销中国广播电视网络公司等一批大中型国有企业，推动基金投贷结合业务取得新进展。

（李灵毓）

【存款业务】　年内，农发行北京市分行实现存款余额和日均余额“双增长”。截至年底，对公存款余额152.71亿元，比年初增加3.17亿元；对公存款日均余额167.16亿元，比年初增加68.18亿元。

（李灵毓）

【中间业务】　年内，农发行北京市分行实现中间业务收入1143.11万元；完成现代种业基金审核和请调资金31笔，累计金额28.62亿元。推动总行与中广电签署战略合作协议，办理企业理财业务2笔，累计金额10亿元。

（李灵毓）

【票据业务】　年内，农发行北京市分行严把票据“进口关”“审验关”，累计办理票据交易业务350.46亿元，其中买入票据330.53亿元，卖出票据19.93亿元。截至年底，票据转贴现资产余额173.82亿元，比年初增加11.53亿元。

（李灵毓）

【国际结算业务】　年内，农发行北京市分行国际业务稳健运行，实现国际业务收入118.49万元。

（李灵毓）

【扶贫贷款业务】　年内，农发行北京市分行全面落实总行“以服务脱贫攻坚统揽全局，尽心竭力助推全面建成小康社会”的战略定位，开展国家战略部署支持东西部扶贫协作和对口支援、京津冀协同发展以及“万企帮万村”精准扶贫行动。围绕市政府产业扶贫工作要求，设计北京市华都小康众养产业扶贫项目；与市工商联和市光彩会就北京企业支持“万企帮万村”、东西部协作精准扶贫行动取得进展，扶贫贷款取得突破，发放农发行系统首笔东西部协作扶贫贷款5000万元。

（李灵毓）

【完善机构设置】　年内，农发行北京市分行为更好的履行农业政策性银行职能，对接国家战略和重点工程建设，支持“一带一路”、京津冀协同发展、“走出去”等战略实施，参与通州城市副中心建设、棚户区改造等重点工程建设。深化内部机构改革，在合理设置机构，强化内部制衡，有效防范风险，提高管理效能基础上，对内设机构进行调整。整合前台客户部门，设立粮棉油处，负责粮棉油等政策性业务管理；设立基础设施处，负责农业农村基础设施建设贷款、棚户区改造和水利、农村公路贷款等中长期业务管理；设立创新处，负责自营性及创新性业务管理；完善中台评审功能，成立信用审批处，负责信贷业务评级、授信、审查、审议、审批管理工作。资金计划处负责贷款利率定价、审批工作。

（李灵毓）

中国工商银行股份有限公司北京市分行

【概况】　中国工商银行股份有限公司北京市分行（简称工行北京分行）下设37家二级分行（含分行营业部），555家营业网点，969家自助银行，员工18623人。截至年底，本外币资产总额3.6万亿元，同比增长6.39%。实现本外币账面拨备前利润458.31亿元、净利润337.93亿元，同比增长23.78亿元和16.79亿元，增幅5.47%和5.23%。本外币全部存款余额3.5万亿元，较年初增加2385亿元。本外币各项贷款余额6814亿元，较年初增加746亿元。实现中间业务收入121.46亿元，同比增长7.66亿元，增幅6.73%。区境内设分行营业部、长安支行、新街口支行、南礼士路支行、金融街支行、地安门支行、宣武支行、广安门支行8家支行。

地址：西城区复兴门南大街2号

邮编：100031

电话：66410055

（刘　博）

【融资业务】　年内，工行北京分行本外币各项贷款较年初增加746亿元，北京同业排名首位。支持重点战略落地、普惠金融服务和消费扩大升级，发放疏解融资和城市更新融资556亿元，科技文化贷款增加181亿元，小微企业贷款增加122亿元，网络融资增加155亿元，个人贷款增加420亿元。累计办理非信贷融资4619亿元，其中承销非金融企业债2794亿元，居系统内和北京同业首位。

（刘　博）

【存款业务】　年内，工行北京分行人民币全部存款增加1961亿元，其中对公存款（不含同业）增加2613亿元，储蓄存款增加412亿元，余额分别突破2万亿元和8000亿元，均居同业首位。外币存款增加55亿美元，北京同业排名第一。

（刘　博）

【经营转型】　年内，工行北京分行个人金融资产增加352亿元；新增信用卡151万张，消费额、收单额、分期付款额同比分别增长23%、20%和14%；融e购交易额同比增长51%，融e行、融e联、工银e支付客户分别增加212万户、187万户和178万户，拓展二维码支付商户3.57万户。理财产品余额3099亿元；推荐资产余额1319亿元，同比增长41%；完成投行类投资387亿元，其中并购融资119亿元、产业基金投资89亿元；资产托管规模达到3.5万亿元，管理养老金账户315.6万户，均居同业首位。国际结算量2508亿美元，跨境人民币结算量1718亿元，结售汇逆差管控效果明显，保持外管局A类评价。

（刘 博）

【渠道服务】 年内，工行北京分行新改造智能化网点322家，总量占比85%；优化低效网点72家，投产理财便利店40家，在11家网点建成e-ICBC体验区，渠道二维码覆盖率100%。“服务面貌专项整治季”成效显著，“半年服务面貌迅速改观”的目标基本实现。获评中国银行业协会“千佳”文明规范服务示范网点11家、“北京银行业特色服务示范网点”4家、总行“五星级营业网点”18家，均居北京同业和系统内首位。推进客户投诉管理，监管转办事项压降66%，消费者权益保护卓有成效，监管机构和总行均给予最高评级。

（刘 博）

【风险管理】 年内，工行北京分行不良贷款余额18.54亿元，不良贷款率0.27%，低于系统内和北京同业平均水平；拨备覆盖率达到590%，较年初提高40个百分点。可控风险暴露水平为万分之1.66，操作风险损失率0.01%。抓实声誉风险、法律风险、IT风险、洗钱风险等各类风险的统筹管理。

（刘 博）

【分行营业部业务】 年内，分行营业部下设1个营业室，在岗员工197人。截至年底，实现拨备前利润22.2亿元；本外币各项存款余额1921亿元，同比增长41%；本外币各项贷款余额285亿元；实现中间业务收入5.9亿元，同比增长6.3%。

（李媛婧）

【长安支行业务】 长安支行下设1个营业室、10个网点支行、1个分理处，在岗员工444人。截至年底，实现拨备前利润30.01亿元；本外币各项存款余额1207.89亿元；本外币各项贷款余额1169.73亿元，同比增长11.44%；实现中间业务收入5.22亿元，同比增长17.62%。

（韩博文）

【新街口支行业务】 新街口支行下设1个营业室、13个网点支行、1个储蓄所，在岗员工576人。截至年底，实现拨备前利润37.97亿元；本外币各项存款余额1872.01亿元，同比增长63.87%；本外币各项贷款余额393.62亿元，同比增长12.68%；实现中间业务收入4.32亿元，同比增长4.03%。

（房春杨）

【南礼士路支行业务】 南礼士路支行下设1个营业室、13个网点支行、在岗员工567人。截至年底，实现拨备前利润22.91亿元；本外币各项存款余额1673.53亿元，同比增长10.69%；本外币各项贷款余额307.70亿元，同比增长17.08%；实现中间业务收入4.58亿元，同比增长12.51%。

（马进 朱彤）

【金融街支行业务】 金融街支行下设1个营业室、5个网点支行，在岗员工199人。截至年底，实现拨备前利润7.36亿元；本外币各项存款余额584.31亿元；本外币各项贷款余额210.37亿元，同比增长33.43%；实现中间业务收入2.22亿元。

（张 堃）

【地安门支行业务】 地安门支行下设1个营业室、7个网点支行，在岗员工305人。截至年底，实现拨备前利润10.88亿元；本外币各项存款余额1062.86亿元，同比增长2.56%；本外币各项贷款余额205.8亿元，同比增长16.13%；实现中间业务收入4.25亿元，同比增长28%。

（何 军）

【宣武支行业务】 宣武支行下设9个网点支行、1个储蓄所，在岗员工305人。截至年底，实现拨备前利润36.83亿元；本外币各项存款余额3552.17亿元，同比增长9.27%；本外币各项贷款余额（含票据）158.03亿元，同比增长14.48%；实现中间业务收入1.68亿元，同比增长11.09%。

（单 丹）

【广安门支行业务】 广安门支行下设1个营业室、10个网点支行，在岗员工406人。截至年底，实现拨备前利润10.29亿元；本外币各项存款余额498.01亿元；本外币各项贷款余额253.8亿元，同比增长19.83%；实现中间业务收入3.65亿元。

（金 鑫）

中国农业银行股份有限公司北京市分行西城支行

【概况】 中国农业银行股份有限公司北京市分行西城支行（简称农行西城支行）有基层网点17个，其中15个二级支行、1个分理处、1个营业部，支行机关下设8个部室。全行在岗员工362人。年内，农行西城支行综合绩效排名农行北京市分行第二，被评为总行信用管理先进行，获总行“2016年人力资源条线先进单位”“北京金融系统先进工会组织”称号，北京分行2016年代理保险业务奋进支行奖，被分行推荐申报总行级“信息科技与产品创新先进集体”，评为分行首季综合营销活动“资产贡献优秀行”“负债贡献优秀行”“综合营销优胜行”。

地址：西城区车公庄北街新华里16号院1号楼
邮编：100044
电话：88319695

（王 娟）

【支行业务】 西城支行主要办理人民币存款、贷款和结算业务；办理票据贴现；代理发行金融债券；代理发行、代理兑付、销售政府债券；买卖政府债券、代理收付款项及代理保险业务；办理外汇存款、外汇贷款、外汇汇款、外币兑换、结汇、售汇、国际结算；通过上级行办理代客外汇买卖；代理国外信用卡付款及总行在经中国银行业监督管理委员会批准的业务范围内授权的其他业务。年内，农行西城支行以有效发展为中心，以客户建设为主线，坚持提质增效谋发展，创新驱动促转型，支行主体业务发展良好、价值创造增幅明显、信贷质量不断提升、争先进位成绩显著、基础管理逐步夯实。截至年底，农行西城支行各项存款余额302.32亿元，各类表内外用信余额353.8亿元，法人贷款中A＋以上优质客户贷款占比达到99.9%。通过全力做好重点客户重点项目对接、存量客户融资需求转型对接、提效小微金融服务工作、拓展同业客户融资业务、提升个贷业务市场份额等，抓好信贷供给创新；通过保持核心存款稳定增长、开发推进同业存款、提升储蓄存款等，抓好存款业务；通过拓展托管业务、投融业务、国际业务、零售业务等，创新拓展，抓好新兴业务；通过加强信用风险管理、日常业务交叉检查、一线营销队伍监管，加大消费者权益保护意识、监管力度等，严抓监管强化风险防控；通过绩效考核引领、工资费用激励、人才资源保障、机关作风建设等，加强机制建设，不断提升稳健发展能力。

（王　娟）

【网点转型】　年内，农行西城支行重视网点物理转型，把软转型作为推进业务发展的大事，通过协同营销、团队营销、全员营销、联动营销等方式提高网点服务水平和营销能力。

（王　娟）

【支行党建】　年内，农行西城支行发挥党委领导核心作用，党建与经营管理融合。发挥基层支部战斗堡垒作用，在全行树立先进典型，以身边的人、身边的事宣扬党员先进事迹，激发全行员工的工作积极性。每月组织一次干部思想理论教育会，传导党的要求和党的纪律，引导党员干部自觉加强党性修养，树立正确的人生观、价值观、政绩观。3月，组织“奥林春光美、健康快乐行”健步走主题活动，激发员工积极向上的热情。4月，召开“两学一做”教育动员培训会。6月，成立心理健康疏导小组，走进网点，走近员工，对困难家庭重点帮扶，通过开展文体活动帮助员工舒缓心理压力。7月，组织100余名党员赴焦庄户地道战遗址纪念馆，开展“忆峥嵘岁月、增爱党情怀”主题党日活动。9月，开展“金融知识进万家”宣传活动，在马甸邮币卡市场大厅设立宣传台，摆放宣传展板，发放宣传资料，向商户介绍银行卡盗刷、电信诈骗及非法集资的形式、特点及危害，揭示非法集资的欺骗性、风险性及社会危害性。10月，开展“尽我绵薄之力，点燃希望之火”希望工程捐赠活动，员工捐赠衣物、棉被、文具、图书等物品150多公斤。11月，开展“践行社会责任，关爱空巢老人”活动，为老人开通绿色通道，客户经理为其优选合适的理财方案，节假日为空巢老人送去优质服务和贴心关爱。5至12月，组织6次中层干部思想教育集中培训班，培养信念坚定、清正廉洁、德才兼备的干部队伍；坚定党员干部的理想信念和政治方向，与党中央保持高度一致，形成学习教育的长效机制。

（王　娟）

中国银行股份有限公司北京市分行

【概况】　中国银行股份有限公司北京市分行在区境内有西城支行、宣武支行。西城支行下设10部（支行营业部，公司业务部，公司金融产品部、个人金融部、个人贷款部、银行卡部、监察部、计划财会部、风险内控管理部、综合管理部），17个经营性支行（高梁桥支行、车公庄西路支行、清华东路支行、苏州桥支行、西三环北路支行、西直门北大街支行、西海大厦支行、华贸中心支行。西城区区外8个）。在职员工547人。宣武支行下设9个部门，16家经营性支行（含支行营业部），在职正式员工416人。

西城支行
地址：西城区阜成门外大街5号
邮编：100037
电话：68002129

宣武支行
地址：西城区南新华街5号
邮编：100052
电话：63916010

（杨杰茜　郝信梓）

【西城支行业务】　年内，西城支行全面落实从严治党，紧密围绕总分行发展战略，开拓机遇、夯实基础、狠抓管理、改革创新，推动各项业务共同发展。注重担当社会责任，加强对中小客户扶持力度。中型客户授信及国标小微企业授信新增在分行辖内同组排名第一。深度挖掘存量客户，外币公司日均存款增长辖内排名第一。利用总分行一体化优势，发挥中国银行特色，强化对西城区政府及区属企业的金融服务。利用上门、厅堂、数据库营销等多种渠道发展个人金融业务，超额完成多项指标。银行卡、贵金属业务发展尤为突出，均在分行排名前列。年内，加强风险内控管理，优化内控考核实施细则，确保各项业务在合规的前提下良性发展。截至年底，实现净利润8.63亿元。

（杨杰茜）

【宣武支行业务】　年内，宣武支行本外币汇总折人民币各项存款余额326.25亿元，其中人民币各项存款余额292.45亿元；本外币汇总折人民币各项贷款余额171.79亿元，其中人民币贷款余额155.43亿元。实现拨备前利润6.43亿元。宣武支行响应西城区政府的各项发展战略，发挥金融支持作用；紧跟国家京津冀一体化战略，不断寻找新的市场机遇；利用与总行同城的优势，落实总分一体化和大客户跟随战略，拓展新的发展增长点；落实大客户跟随战略，拓展资产负债业务，金融机构紧盯市场机会，中间业务增速明显。紧抓互联网机遇，不断加深与重点客户的合作，突出业务特色，整体经营稳速发展。严格落实风险管控，坚持内控合规档案特色化管理，不断提升支行风险管理水平。开展“两学一做”学习教育，代表中银集团接受中央督导组的检查，得到中央及总分行领导好评。

开展精神文明建设，支行营业部获评“全国青年文明号”称号。在服务方面，强化服务意识，提升服务质量，支行营业部获评中国银行业文明规范服务千佳示范单位，支行工会被评为“北京市金融系统先进职工之家”。

（郝信梓）

中国建设银行股份有限公司北京市分行

【概况】 中国建设银行股份有限公司北京市分行在区境内有宣武支行、西单支行、西四支行。宣武支行有中长期劳动合同人员332人，平均年龄36.12岁，其中本科及以上学历人员229人，党员115人；下设9个部室（含营业部），9个营业中心，4个个人金融中心。西单支行有中长期劳动合同人员156人，平均年龄36岁，其中本科及以上学历98人，党员48人；无劳务人员。下设6个部室（含营业部），4个营业中心（西长安街支行、西直门支行、华远街支行、德胜支行），1个个人金融中心（新街口西里储蓄所）。西四支行有中长期劳动合同人员248人，平均年龄37.4岁，其中本科及以上学历人员173人，党员104人；下设7个部室，6个营业中心，1个个人金融中心。

宣武支行
地址：西城区广安门内大街314号
邮编：100053
电话：63209518

西单支行
地址：西城区西单北大街34号
邮编：100032
电话：66035636

西四支行
地址：西城区阜成门外大街甲26号
邮编：100037
电话：51999930

（王星渊　卢萌　丁博）

【宣武支行业务】 年内，宣武支行实现本外币账面利润10.46亿元。本外币全口径存款时点余额580.26亿元；本外币各项贷款时点余额329.42亿元；五级分类不良贷款余额为零。7月5日，原宣武支行与原右安门支行整合成立新宣武支行，整合后的宣武支行秉承分行党委提出的“四个加强，一个提升”要求，以党建统领全局，恪守“三维纲要”，以“五个精准”为目标，全力拓展“一轴两翼”，在新起点上补短板，努力打造队伍强、转型快、创新多，综合发展、特色突出、资产优质、贡献领先的一流银行，实现“1＋1>2”目标。9月30日，中国共产党中国建设银行北京宣武支行委员会成立。党委下设办公室、组织部、宣传部。年内，宣武支行业务发展，以“专业＋综合”为方向，以“质量和效益”为目标，把握大局、真抓实干，使支行在转型创新中实现了健康快速发展。债券承销居系统第1位；中间业务净收入实现5亿元，排名系统第3位；机构加权有效客户实现1.9万户，系统排名第3位；融资总量实现360亿元，排名建行北京市分行第5位。个人存款本外币日均余额新增6.91亿元，完成全年计划的125.4%，排名建行北京市分行第11位。成功营销中国电力建设集团公司一带一路“越南海阳”项目，作为分行首笔境外项目融资银团贷款业务，项目总投资18.7亿美元，是迄今为止中国企业境外投资建设中金额最大的火电项目。顺利拿下分行系统内首笔“类助保贷”业务，落实中央“履行国有银行责任，支持实体经济发展”要求。营销北京电力公司抄表收费项目正式上线。个人业务，抓好源头，聚焦核心客群，公私联动挖掘资源；以新型存款产品为抓手，特色业务为辅助，深挖系统数据，拓贷款资源；以“悦邻·龙卡”为基础，发展支行区域特色金融市场生态圈，在牛街地区开展“暖冬·美食街”活动，提升网点核心竞争力。创新开发非金融服务产品“签易行”——客户代办签证业务，为客户提供高效、便捷、安全、有保障的签证代传递服务。与北京伟嘉安捷投资管理有限公司建立二手房贷款合作关系，在建行北京市分行开展的“一横三纵促转型”营销活动中获得收单优秀奖先进称号。实现个人中间业务净收入1.79亿元，排名建行北京市分行第2位。个人加权有效客户净新增45485户，完成全年计划的128.13%；AUM1000万元以上客户新增10户，排名建行北京市分行第7位。内部管理，等级行从B类行跃居A类行；KPI指标居36家行第11位；落实“两学一做”，与建行总、分行授信审批部开展“结对共建”系列活动，人民网宣传报道。6月，支行获得西城区区域党建先进单位称号。支行的风控能力和监督效能大幅提升，信贷管理坚持合规放贷、稳健经营、严防死守；财务管理强化支出项目的合规性检查，各部门负责人对所辖各项费用支出的真实性和合规性负责；合规管理上，员工知红线、底线、高压线，风险防范和合规经营理念不断入脑入心入行。截至年底，未发现一起私售、飞单行为及责任案件事故。创办《宣武欣苑》。在建行北京市分行员工健身操展示赛中获第四名。工会设立各类兴趣协会7个，开展文体活动17次，参加人员达730人次。

（王星渊）

【西单支行业务】 年内，西单支行实现本外币账面利润3.11亿元。本外币全口径存款时点余额220.81亿元；本外币各项贷款时点余额102.87亿元；五级分类不良贷款余额0.12亿元，不良率0.12%。西单支行坚持“三维纲要”、遵循“五个着力”发展路径，以“五个精准”为指引，促进支行战略转型发展。继续保持集团类客户在业务发展中的优势地位，全面服务中央部委等机构类客户，夯实集团、机构类等客户的发展基础，创新突破同业业务，打造商圈特色。推进战略转型，坚持“三大一高”战略落地。营销联通集团财务有限公司在支行开立验资账户，注册资金30亿元；通过母子公司合作的创新模式为重要机构客户二级单位定制扶贫公益基金资管计划；为联通集团发债135亿元；发展理财、托管等核心业务，实现理财日均新增96.47亿元、托管规模新增587亿元，营销定期存款10亿元；营销重点客户同业存款30亿元、中管党费项目10亿元、项目资金15亿元；中标50亿元同业委外业务，撰写50份咨询报告；营销同业借款投放3亿元，实现支行同业借款业务零单突破；签约重点客户跨境人民币集中运营业务，营销1.57亿美元进口信用证业务、跨境人民币业务4.4亿元；手机银行客户11390户，任务完成率130.92%，分行排名第5。移动金融柜面替代率59.54%，较年初增幅22.34%，增幅分行排名第4位；办理分行首笔以公司股权质押＋私享联联业务形式的新西兰投资移民业务；落实“九宫格”管理要求，重视轨迹管理，开展员工行为管理专项活动，树立“合规决定价值”风险理念。年内，西单支行获分行“两全”业务竞赛活动第二阶段小组冠军，研究宣传先进支行，点点亮、创鑫之星团队奖项，机构业务营销年优胜单位奖，“玩转新一代探索创新路 转型迎发展”劳动竞赛最佳文案三等奖，“专业专注 锐意进取”私人银行业务营销竞赛最佳贡献奖，信息宣传工作先进集体奖，“舞动青春 快乐健身”员工健身操展示赛第六名。北京市第五届手语大赛中，支行周德冰获银行系统个人三等奖、建行系统个人二等奖；支行所辖华远街支行在分行2016年度“平安建行”创建工作中获平安示范网点奖。落实员工人文关怀幸福计划，党、团、工合力汇聚正能量，开展走进启蕊康复中心结对共建、青年员工座谈会、道德讲堂、春季骑行等活动，助推西单发展梦。

（卢　萌）

【西四支行业务】　年内，西四支行实现本外币账面利润10.63亿元。截至年底，本外币全口径存款时点余额507.06亿元；本外币各项贷款时点余额116.56亿元；五级分类不良贷款余额0.24亿元，不良率0.2%。西四支行以打造“业务发展的领先行，金融创新的先行行，以人为本的实践行，党建工作的示范行”为定位，坚持发展与国家产业政策相结合，服务国家集成电路产业基金、丝路基金、中拉基金、中非基金、京津冀基础设施投资基金等特大型产业投资基金，中标1000亿元政府引导基金托管行资格。坚持发展与区域经济相结合，承销北京市地方债发行份额90.71亿元，占全市发行总额的7.8%；中标北京市财政直接支付项目，获得独家代理电子化退役金发放业务资格。坚持发展与客户需求变化相结合，实现系统内首笔对财务公司、证券公司的大额融资，中标国开金融100亿元金融债牵头主承销商资格；中标国家投资开发公司企业年金托管人资格，成为总行年度中标资产规模最大的央企客户年金托管项目，促成总行与国投签订总对总的战略合作协议。加快渠道创新，推动建立以住房金融消费为主的个人消费金融服务展示中心，打造以住房贷款为引领的金融产品生态圈。为客户量身定制综合金融服务方案，打造客户全天候金融服务体验平台，实现以个人消费金融为引领的个人业务全方位发展。党委、纪委全面落实“两个责任”，领导干部履行“一岗双责”，推动党建工作与转型发展四同步、四对接。发挥基层党支部战斗堡垒作用和党员先锋模范作用，实现网点党支部全覆盖。以成立“业余党校”为抓手，推进党员教育规范化、常态化，通过齐抓共管、“三查四严”，持续加大从严治行力度。开展员工行为管控，风控水平稳中有升。以《“6＋1”专业人才培养计划》《师徒制管理办法》等制度为基础，完善科学培训体系，相继开展各项专业培训，加大各类人才培养和储备力度，培养打造综合性、实用型人才。倡导“心灵建设”理念，获得分行、总行及首都文明单位等多项荣誉称号，员工孙慧玲“亲子公益，一路‘童’行”的故事入选“建行公益三十佳”评选活动之“十佳公益故事”。

（丁　博）

交通银行股份有限公司北京市分行

【概况】　交通银行股份有限公司北京市分行（简称交行北京市分行）机构网点总量142家，其中分行营业部1家、一级支行40家、二级支行72家、普惠支行29家；分行正式员工4507人，平均年龄34.8岁。截至年底，本外币资产总规模8226.08亿元。人民币对公存款日均余额4227.65亿元，较年初增量421.25亿元，增幅11.07%；人民币储蓄存款日均余额1233.58亿元，较年初增量119.24亿元，增幅10.7%；人民币同业存款日均余额2046.73亿元，较年初减量24.99亿元，减幅1.21%。

地址：西城区金融大街22号

邮编：100033

电话：88668866

（何华伟）

【公司金融业务】　年内，交行北京市分行精准聚焦对标，加强目标客户拓展力度，设计潜在客户拓展和既定客户营销“两本账”过程管理。调整负债结构，利用机构类大额存款及企业类结算存款等低成本负债，对协议存款和通道理财进行压降，实现存款结构优化和付息成本降低。做好信贷营销，在支持新机场项目、北京城市副中心建设、轨道交通建设和棚改项目上积极作为。开展“人手一个资产项目”工作，加大项目储备力度。围绕核心企业，通过产业链辐射链属企业，做通企业上下游。推广缴税通和报关一点通产品，以缴税带动结算业务。针对央企、市属、世界500强外资企业等大型集团客户，营销现金管理业务。加强代收代付业务拓展力度，推广离岸代发业务。

（何华伟）

【个人金融业务】　年内，交行北京市分行通过扩大AUM规模促进储蓄规模提升，通过增加AUM转换沉淀结算资金，确保储蓄存款日均规模和低成本负债大幅增长。开展“开门红”“获客季”“固客季”专项行动，做好保险、基金、理财等各项产品的交叉销售，提高中高端客户产品覆盖率，扩大财富管理规模。通过与多家券商、基金公司合作，丰富产品体系，推出多种资产管理计划，满足客户多样化投资需求。用好远程银行，重视渠道产品的捆绑营销，强化手机银行的财富管理与业务推介，加强线上拓客效能。优化个贷操作流程，提高贷款审批效率和信息传递质量。深挖优质对公单位员工个贷潜力，推广e贷通2.0，促进公私联动。通过社区行、企业行、学校行，开展贷记卡联合营销试点。

（何华伟）

【国际业务】 年内，交行北京市分行加强业务系统建设，上线国际收支自动核查校验系统，提高国际收支申报信息的及时准确和完整性；建设收付汇集中审批工作平台，全面实现集中审批模式。推进境内外联动重点产品市场拓展，完成境内外联动业务结构的质变，由以贸易项下大宗商品、贸易融资为主转变为以资本项下联动贷款、项目融资为主；开拓国际国内福费廷资产买卖业务，拓宽中间收入渠道。通过远期、期权、期权组合、理财等综合服务方案设计，保证结售汇业务规模可控。

（何华伟）

【基础管理】 年内，交行北京市分行集约架构设置、明晰职能边界，设立贵金属业务中心、大客户五部，调整金融同业部、金融市场部、办公室、发展研究部职责；规范部门分类，划分为管理部门、利润中心和直营部门三类。统筹规划基层经营单位布局，强化特色业务专业化营销，通过扁平化管理模式激发活力。实行“引进、调整、轮训”三位一体的人力资源配置方式，完善任职与编制管理。围绕“以贷谋私、大额集中采购、基建装修工程、新兴业务利益输送、虚列支出套取费用”等领域开展专项整治；自主开发“欺诈风险数据整合分析”系统，为案防工作提供信息支持。完善分层分类的教育培训管理体系，推进党性教育、管理干部、AB职等员工和新员工4大培训工程。

（何华伟）

【风险管理】 年内，交行北京市分行调整优化风险管理架构，成立信用风险管理委员会，强化“一部三中心”职能，全口径管控信用风险。做好重点领域风险防控，对央企、地方国企、民营、三资等集团客户，产能过剩、批发、机械、大宗商品贸易行业等领域开展专项排查和月度监控；将零贷小企业客户纳入平行监测范围；对大额个人质押贷款和个人消费贷款在资金来源、贷款用途、是否存在关联授信等方面进行排查；对央企重组整合、汇率波动、贸易企业垫资及区域性限电风险等进行预警提示。健全临期贷款风险预警管控机制，加大对公及非信贷不良贷款清收力度，做实精准预警。深化合规管理，以提高客户身份信息质量及可疑交易报告质量为核心，开展特色业务产品洗钱风险等级评估。

（何华伟）

【阜外支行金融业务】 阜外支行下设1个营业室和5个支行，在职员工131人。截至年底，人民币存款余额162.61亿元，同比增加46.05亿元，其中储蓄存款54.36亿元，对公存款108.25亿元；人民币贷款余额69.67亿元；实现各类中间业务收入10427万元。

（栾晓丹）

【西单支行金融业务】 西单支行下设1个营业室和1个支行，在职员工83人。截至年底，人民币存款余额332.33亿元，同比增加135.29亿元，其中储蓄存款28.21亿元，对公存款304.12亿元；人民币贷款余额209.64亿元；实现各类中间业务收入11845万元。

（赵 欣）

【宣武支行金融业务】 宣武支行下设1个营业室和4个支行（含1个普惠支行），在职员工105人。截至年底，人民币存款余额78.7亿元，同比增加17.51亿元，其中储蓄存款39.02亿元，对公存款39.68亿元；人民币贷款余额4.33亿元；实现各类中间业务收入4790万元。

（朱 媛）

【北三环中路支行金融业务】 北三环中路支行下设1个营业室和4个支行（含1个普惠支行），在职员工96人。截至年底，人民币存款余额125.28亿元，同比增加34.99亿元，其中储蓄存款39.65亿元，对公存款85.63亿元；人民币贷款余额93.57亿元；实现各类中间业务收入11184万元。

（邢晓思）

中信银行股份有限公司总行营业部

【概况】 中信银行股份有限公司总行营业部（简称中信银行总行营业部）本外币资产总额7817.82亿元，比上年增加1449.19亿元，增长率22.76%。本外币存款余额（含金融机构存款）6423.36亿元，比上年增加1153.63亿元，增长率21.89%。本外币贷款余额（含贴现）2674.83亿元，比上年增加9.56亿元，增长率0.36%。不良贷款余额6.73亿元，不良率0.34%。实现净利润80.60亿元。截至年底，中信银行总行营业部共有机构网点85家，员工3106人。

地址：西城区金融大街甲27号投资广场

邮编：100033

电话：95558

（张 腾）

【公司银行业务】 年内，中信银行总行营业部紧抓对公负债重点项目与重点领域，加强业务精细化管理，建立重点项目营销推动机制，深挖企业客户增长潜力，推动对公负债业务增长。截至年底，本外币公司一般性存款（不含非存款类金融机构）日均余额达到4105.08亿元，比上年增加387.39亿元，增长率10.42%，时点余额位居股份制银行第一位。践行“大资管”战略，加强统筹管理，支持现代制造业、现代服务业、国家战略性新兴产业及优质中小企业发展。人民币公司一般性贷款余额1153.89亿元（不含非存款类金融机构），时点余额位居股份制银行前列。

（张　腾）

【投资银行业务】 年内，中信银行总行营业部发挥银行专业、渠道、信息等优势，扩大股权投融资、实业投资、并购、机构理财、现金管理等方面的客户服务范围。全年债券承销规模达2366.65亿元，居股份制商业银行第一位。不断创新产品，承销1972.85亿元债务融资工具。结构融资业务新增客户融资规模137.86亿元；融资类理财新增融资规模314.42亿元，融资类理财日均规模约465.87亿元；累计销售对公理财产品2097.73亿元；牵头跨境银团贷款协议总金额137.55亿美元，牵头及参与境内银团贷款协议总金额353.7亿元人民币。

（张　腾）

【房地产金融业务】 年内，中信银行总行营业部坚持风险控制与收益提升并重，在重点支持住宅项目的基础上提高经营性物业贷款、城镇化建设贷款等高收益贷款占比，支持棚户区改造项目；面对波动较大的市场环境，加速推进产品创新、拓宽产业链条、严格控制业务风险，致力于成为北京房地产市场最佳综合融资服务银行。截至年底，房地产开发贷款规模排名股份制银行首位；新发放棚户区改造贷款24.68亿元；经营性物业贷款余额较年初增长4.28%。

（张　腾）

【汽车金融业务】 年内，中信银行总行营业部构建“专注＋专业”的汽车金融业务营销与操作平台，提高业务效率和汽车金融业务管理水平。成立3家汽车金融专业支行，依靠各自优势大力拓展捷豹路虎、雷克萨斯及北汽销售网络。截至年底，汽车金融业务有效经销商户274户，日均存款104.88亿元，其中经销商日均存款31.22亿元；经销商累计融资339.89亿元，融资余额55.57亿元；完成中间业务收入1851.81万元。

（张　腾）

【零售银行业务】 年内，中信银行总行营业部继续落实零售二次转型，经营体系日益健全，盈利能力大幅增强，资负结构不断优化。管理资产突破1800亿元大关。截至年底，AUM余额达到1852.52亿元；AUM日均余额达到1705.44亿元，年增长314.31亿元，同比增长22.6%。官方微信客户规模突破34万，实现AUM新增187亿元，客户流失率下降47%；中高端客户主推CRM精准营销，5万元以上达标客户数18万户，贵宾客户近7万户，私行客户超3500户。零售中收实现8.95亿元，同比增长35.48%；理财销量3783.30亿元，同比增长31.99%；保险销量156.69亿元，同比增长144.84%；非货币基金销量26.22亿元；贵金属销量1.97亿元。代理销售量保持逐年增长。

（张　腾）

【个人贷款业务】 年内，中信银行总行营业部坚持“以房为主”的零售资产结构，围绕房产抵押类贷款全面打造个贷零售资产产品线，满足北京市场个人贷款客户按揭、经营、消费等用途的合理融资需求。截至年底，零售资产余额827.38亿元。

（张　腾）

【金融同业业务】 年内，中信银行总行营业部坚持补短板、降杠杆、促提升，同业资负保持均衡发展，资产结构得到优化调整，转型发展成效显著。资负比例相对均衡，资负规模同步增长，实现同业负债日均2302.88亿元，同比增长63.97%，同业资产日均2059.88亿元，同比增长67.26%；资产结构渐趋合理，票据资产占比从年初的48%压缩至26%，非票资产占比年末提升至74%；创新类业务投放资产规模放量增长，产品线得到极大丰富，非保本理财累计发生额865亿元，同业对接行内信贷审批资产累计发生额626亿元。

（张　腾）

【国际业务】 年内，中信银行总行营业部依托产品模式创新、境外渠道拓展等手段，巩固传统业务，拓展内保外贷、出口买方信贷等新兴业务领域和客户群，业务结构进一步优化，推动新市场环境下国际业务稳步过渡。截至年底，累计实现轻资本收入4.43亿元人民币、金融市场交易量1939.7亿元人民币。

（张　腾）

【托管业务】 年内，中信银行总行营业部托管规模1.48万亿元，蝉联北京地区中资银行前三，托管中收9.2亿元；加大产品创新力度，首创双托管合作的先河，实现百亿级航天国华军民融合基金项目成功落地；建立全功能的产品运营体系，多次分岗位进行风险自查并对整体业务流程梳理优化，确保托管业务安全平稳运营。

（张　腾）

【风险控制】 年内，中信银行总行营业部坚持“一个杜绝，两个体系，两个提升”的合规管理工作目标，即坚决杜绝员工涉案和发生“飞单”、非法集资等重大风险事件；持续完善内控合规管控和合规考评两个体系；有效提升各单位内控合规管理水平、员工违规行为管控能力。严格按照监管机构提出的“全覆盖、制衡性、审慎性、相匹配”的原则，在内控合规管理中实行“一把手责任制”，明确各单位负责人对本单位内控合规管理的主体责任，按年组织总营全体高管、重点岗位和全辖员工签订《合规案防履职责任书》，明确所在岗位相关的合规案防工作职责。截至年底，不良贷款余额6.73亿元，不良贷款率0.34%。其中公司贷款不良余额1.18亿元，公司不良贷款率0.10%。

（张　腾）

【营业结算部业务】 年内，中信银行总行营业部营业结算部内设营业部、公司营销部、零售营销部等部门，在职员工52人。截至年底，公司一般性存款时点33.7亿元，日均32.6亿元。其中公司一般性贷款0.7亿元，对私贷款26亿元，储蓄存款20亿元。

（张　腾）

【西单支行业务】 年内，中信银行总行营业部西单支行内设营业部、公司营销部、零售营销部等部门，在职员工39人。截至年底，公司一般性存款时点81.60亿元，日均71.20亿元。各项贷款30.89亿元，其中公司一般性贷款11.39亿元，对私贷款19.50亿元，储蓄存款8.51亿元。

（张 腾）

【广安门支行业务】 年内，中信银行总行营业部广安门支行内设营业部、公司银行部、零售银行部等部门，在职员工29人。截至年底，公司一般性存款时点余额24.9亿元，日均余额17.71亿元。公司一般性贷款2.19亿元，对私贷款9.36亿元，储蓄存款6.81亿元。

（张 腾）

【中信城支行业务】 年内，中信银行总行营业部中信城支行内设营业部、公司营销部、零售营销部等部门，在职员工34人。截至年底，公司一般性存款时点69亿元，日均69.9亿元。各项贷款25.8亿元，其中公司一般性贷款21.2亿元，对私贷款4.6亿元，储蓄存款7.5亿元。

（张 腾）

【德外支行业务】 年内，中信银行总行营业部德外支行内设营业部、公司营销部、零售营销部等部门，在职员工25人。截至年底，公司一般性存款时点31.1亿元，日均11亿元。各项贷款4.2亿元，其中公司一般性贷款0.4亿元，对私贷款3.8亿元，储蓄存款2.59亿元。

（张 腾）

【天桥支行业务】 年内，中信银行总行营业部天桥支行内设营业部、公司营销部、零售营销部等部门，在职员工23人。截至年底，公司一般性存款时点14.76亿元，日均8.27亿元。各项贷款11.54亿元，其中公司一般性贷款2.99亿元，对私贷款8.55亿元，储蓄存款2.24亿元。

（张 腾）

中国光大银行股份有限公司北京分行

【概况】 中国光大银行股份有限公司北京分行（简称光大银行北京分行）有营业网点68家，员工2700余人。截至年底，资产总额5122亿元，较上年增加1354亿元，增长36%。一般存款日均余额3077亿元，较上年增加245亿元，增长9%。中间业务净收入34.52亿元，较上年增加2.24亿元，增长7%。营业利润64.87亿元，较上年增加1.06亿元，增长2%；不良贷款率0.53%，低于全系统和银行业平均水平。年内，新建西客站支行（一级支行）。

地址：西城区宣武门内大街1号

邮编：100031

电话：66567699

（潘远发）

【公司银行业务】 年内，光大银行北京分行坚持“大客户、大平台、大项目”发展战略，把对公业务作为经营主战场，发挥对公业务压舱石、顶梁柱作用，增强对公业务综合营销能力，巩固拓展业务优势，对公客户总数突破5.7万户。凭借三级财政代理资格优势，保持并扩大与相关部委等中央国家机关的财政业务合作。抓住国家推进PPP重大项目机遇，通过托管政府基金账户，引入中国政企合作投资基金。截至年底，对公存款2506亿元，较年初增加235亿元，增长10%。履行社会责任，按照“三个不低于”要求发展小微金融，落实“稳中求进、统筹规划、优化创新、综合经营”的理念，小微（国标对公）贷款余额108亿元，较年初增加23.55亿元，增长28%；小微贷款客户5225户，同比增加552户；小微贷款获得率90%，较上年同期增长8.25%。实现了“三个不低于”目标。

（潘远发）

【零售银行业务】 年内，光大银行北京分行零售业务落实总行大零售“五四三二”工作思路，发挥资源、区位和渠道优势，逆势而进推动大零售业务。截至年底，对私日均存款570.2亿元，较上年增加64.9亿元，增长13%。累计投放对私贷款148.1亿元，对私贷款余额335.3亿元，较上年增加68.5亿元，增长25%，资产质量优良。零售客户551.1万户，较上年增加138.7万户，增长34%。零售客户AUM余额1393.5亿元，较上年增加148.4亿元，增长12%，大零售资产规模和资产增量均位列全系统第一名。加强与互联网公司合作，推动互联网发卡，批量引入零售客户，信用卡客户突破150万户。

（潘远发）

【中间业务】 年内，光大银行北京分行受经济增速放缓、利率市场化影响加深等诸多因素影响，银行净息差收窄、资产质量不佳。面对困难，业务条线和各支行，开拓思路，拓宽收入渠道，提升轻资产业务比重，在保持盈利能力的同时提升盈利水平。截至年底，分行中间业务净收入34.52亿元，占全部净收入的38%，比上年提升2个百分点，在系统内位列第一名。

（潘远发）

【大资产综合经营业务】 年内，光大银行北京分行搭建“大资产”业务平台，统筹发展贷款、资管、同业、投行等各类型资产业务，提升大资产综合经营能力，弥补传统信贷投放不足。截至年底，主承销发行债务融资工具562亿元，债务工具余额1105亿元。营销大型企业及地方政府发展基金等重点客户资管业务，投放资金184亿元。托管券商、信托、基金资产总规模超过1万亿元。投放系统内首笔信贷资产证券化投资业务8亿元。发展外币资产业务，支持境内重点企业“走出去”。借助集团金融控股平台优势发展业务，实现“弯道超越”。

（潘远发）

【风险防控与合规管理】 年内，光大银行北京分行在经济下行压力增大、结构调整矛盾增多的形势下，坚守信用风险底线，保证信贷质量和资产安全，不良贷款额和不良贷款率低于全系统和全国银行业的平均水平。落实“两加强，两遏制”回头看，加强“四位一体”风控机制，严防案件风险、操作风险。印发《基层网点内控三十六条》，全员签订案防责任书、合规承诺书。开展员工异常行为大排查、案件风险大排查、异常资金交易大排查和“飞行检查”，对重点岗位和重点人员严格管理。公开公示在售理财产品，落实“双录”要求，严防私售违规。开展金融消费者宣传教育，维护消费者合法权益和银行声誉。坚持“三重一大”集体决策和大额支出集体审批，规范财务开支和招采管理，杜绝财务风险。没有发生重大案件、重大差错和风险隐患。

（潘远发）

【服务与保护消费者合法权益】 年内，光大银行北京分行为提升员工消费者权益保护意识，提高工作水平，先后组织消费者权益保护及投诉处理培训，支行柜员、大堂人员服务规范、员工心理疏导等培训。配合分行人力资源部举办对公、零售及运营三条线支行部门经理业务能力提升培训班、新入行员工培训班、零售客户经理廉洁从业及岗位技能提升培训班、社区支行团队建设培训班，对支行员工进行消费者权益保护及投诉知识培训，参训人员2000多人次，实现对全行零售条线、运营条线和办公室条线的全覆盖。开展“金融知识进万家”“金融知识万里行”“金融知识普及月”“3·15金融知识宣传”等宣教活动，通过“进社区”“进校园”等方式，将金融知识送到群众身边，让金融知识贴近百姓、走进千家、普惠万户、深入人心开展各类宣教活动900余场次，干部员工参与9000余人次，受众客户500万人次。分行获得北京市银监局“宣传服务月活动标兵单位”称号，崇文支行被评为“宣传服务月活动优秀组织单位”，3人被评为“宣传服务月先进个人”。

（潘远发）

华夏银行股份有限公司北京分行

【概况】 华夏银行股份有限公司北京分行（简称华夏银行北京分行）资产总额2492.92亿元；负债总额2471.64亿元；一般性存款余额1980.57亿元；一般性存款日均1893.04亿元；贷款余额1265.86亿元；全年实现中间业务收入10.29亿元；全年累计实现拨备前利润35.2亿元。截至年底，华夏银行北京分行下辖支行60个，公司金融部14个，社区支行14家，86家自助银行，正式员工2110人。有党支部70个，党员826人。

地址：西城区金融大街11号
邮编：100033
电话：58598600

（李原野）

【服务首都经济发展】 年内，华夏银行北京分行支持北京城市建设和重大惠民工程，对多条地铁轨道交通骨干线建设、冬奥运动场馆建设、南水北调配套工程、污水处理厂改造工程等城市基础设施建设累计投放700余亿元，支持北京市属重点企业和项目达233亿元授信。把握非首都核心功能疏解契机，参与北京城市副中心建设，给予首钢集团外迁、产业转移和化解落后产能授信总额147亿元，累计支持通州区重点建设项目43.56亿元，参与通州区潞城镇棚户区改造征地拆迁支付项目，涉及资金44.63亿元。落实京津冀协同发展战略，对首都新机场、京台高速公路、京九铁路、连接北京中心城和通州新城的广渠路快速路等提供授信，支持京津冀环境保护和绿色发展。截至年底，累计给予涉及京津冀协同发展项目的表内外授信额度634亿元。

（李原野）

【个人金融业务】 年内，华夏银行北京分行个人基础型存款余额247.86亿元；个人基础型存款日均209.29亿元，较上年增加13.65亿元。速通卡签约客户累计达54.23万户，较年初新增8.7万户，市场占有率保持第一；累计发行京津冀协同卡57.6万张，较年初增加24.8万张；信用卡VIP客户31.62万户，较年初增长8.8万户。

（李原野）

【科技金融和文创产业业务】 年内，华夏银行北京分行发挥中关村管理部作为华夏银行战略转型和科技金融创新“试验田”作用，推出“高新易贷”“创业易贷”“跟随贷”等多种创新产品，满足市场需要；利用互联网优势，响应市金融局号召，推进网贷平台资金存管工作。服务高新技术产业客户325家，贷款余额69.38亿元，较年初分别增长117户、22.57亿元。冠名支持首届北京市文化创意创新创业大赛，为决赛获奖项目设立基金，运用“文创贷”“年审制贷款”等特色产品，支持文化创意产业发展。文化创意产业客户278户，表内文创类贷款余额47.50亿元，较年初分别增长86户、13亿元。

（李原野）

【创新客户服务方式】 年内，华夏银行北京分行打造“专业·亲情·家”的服务文化，设计制作柜员办公桌，设立便民服务柜、“柜面清”、集线器、一体化填单台、公众教育服务区等多功能板块，提升客户服务体验。截至年底，客户投诉数量较年初减少25%，分行营业部、菜户营支行获中国银行业协会授予的“千佳网点”称号，永安支行获北京市银行业协会授予的“特色服务示范单位”称号。

（李原野）

【持续加强全面风险管控】 年内，华夏银行北京分行加强信用风险防控，开展全面风险排查和实地贷后检查，通过多种方式降旧控新；构建会计专业案件防控长效机制，4月上线影像集中处理系统，在保证业务高效、平稳运行的同时有效防控风险；强化风险统筹管理，规范理财业务合规销售，推动理财区“专人专区”建设；加强大额资金进出预报管理，严防流动性风险；防范业务系统连续性风险和操作风险，保障各项业务持续、健康运营；建立完善声誉风险管理机制，实施全天候舆情监控，防范声誉风险。

（李原野）

【党建工作】 年内，华夏银行北京分行注重基层党组织建设，与基层签订党建责任书，党委委员落实分片包干帮扶基层党组织责任制。召开“两学一做”学习教育部署会，加强员工政治理论学习，严格党员组织生活制度，抓好“三会一课”，开展党员手抄党章100天、新老党员入党宣誓、“两学一做”演讲比赛等学习教育活动。完成15名预备党员转正，组织51名入党积极分子参加培训。

（李原野）

广发银行股份有限公司北京分行

【概况】 广发银行股份有限公司北京分行（简称广发北京分行）营业网点57家，其中51家支行网点和6家社区支行网点（西城区支行网点9家），在岗员工1823人，其中正式在编1769人。截至年底，广发北京分行总资产2268.66亿元，同比上年下降96.85亿元，减少4.09%；本外币存款余额1974.18亿元，同比上年增加59.67亿元，增长3.12%；其中人民币存款余额1810.42亿元，实现报表营业收入41.7亿元，净利润22.32亿元。

地址：东城区东长安街甲2号

邮编：100005

电话：65169365

（陈悦哲）

【银保协同工作】 年内，广发北京分行与中国人寿北京市分公司开展全方位银保合作。包括：签署《全面业务合作协议》，与寿险、财险、养老险建立联席会制度；组建支跨部门服务团队和落地支行，对中国人寿总部与各级分公司开展金融服务。与人寿的业务协同2笔投行业务金额56.7亿元；国寿安保基金公司的日间透支业务出账金额10.2亿元；对中国人寿有关单位的金融服务中，发放信用卡近700张，开立储蓄卡近850张，第一笔代发工资业务金额1084万元。中国人寿员工认购广发银行理财产品537.3万元；累计销售中国人寿期交保险1416.4万元，实现中收152.34万元；吸收中国人寿寿险公司常规类存款年日均5亿元；代理中国人寿寿险公司境外发债付息业务5000万美元，带来70万元人民币中间业务收入，并形成长效业务机制；与中国人寿电子商务公司合作的“中国人寿一账通”业务新增客户28904户，实现资金交易1.1亿元。

（陈悦哲）

【金融市场业务】 年内，广发北京分行在债务融资工具业务、资金业务及同业信用业务上稳步发展。承销债券85亿元，其中涉及超短融、短融、中票、私募票据等市场主流品种；吸收本外币同业存款余额2000.51亿元，比上年增加16.44%；资产管理业务快速增长，资本市场业务余额214.24亿元，同比增长195.71%，实现中间业务收入21225.25万元，居辖内第一；理财业务余额1364亿元，同比增长82%，实现中收10344万元，同比增长105%；衍生业务抓住市场时机研发和推介外币掉期和跨境盈等新产品，拓宽客户范围，通过黄金租赁的形式协助总行吸收等值101亿元同业资金。依据市场情况以同业信用为基础为同业机构累计提供328.7亿元资金。

（陈悦哲）

【发行“自在卡”】 9月，广发北京分行发行面向50岁以上中老年客户的借记卡——“自在卡”，持卡人能够享受较高的利率上浮幅度，被推荐适合老年人风险承受能力的稳健型理财产品。还附加了针对老年客户群的诸多增值服务功能，如持卡人可享受体检半价、部分超市消费打折等，“自在卡”俱乐部会员，还可获得免费法律咨询，获赠最高10万元银行卡盗用保险，包含遭遇电信诈骗的赔保内容。“自在卡”得到北京广大中老年客户的青睐。截至年底，累计发卡4423张，新增AUM6.64亿元。

（陈悦哲）

【“自在卡”杯广场舞大赛】 9月，广发北京分行举行“自在卡”杯广场舞大赛，来自140多个小区的1500余名京城广场舞爱好者参加初赛，西城区11支舞蹈队200名队员参赛，平均年龄61岁，最大的65岁。

（陈悦哲）

招商银行股份有限公司北京分行

【概况】 招商银行股份有限公司北京分行（简称招商银行北京分行）有营业机构114家，其中新开业营业网点6家，员工4870人，比上年新增142人。其中正式员工4514人，派遣356人。年内，招商银行北京分行总资产达5664.86亿元，比上年减少434.17亿元；全折自营存款余额4879亿元，比上年增加329亿元，增幅7.2%；全折自营贷款余额2046亿元，比上年增加309亿元，增幅17%；不良贷款余额3.96亿元，比上年减少0.75亿元；不良率0.19%，比上年下降0.08个百分点，实现了“双降”。拨备覆盖率862%，比上年提升141个百分点。实现账面非利息净收入30.84亿元，同比增长9.45亿元，非息收入占比达到22.4%，较上年提升8.2个百分点。

地址：西城区复兴门内大街156号

邮编：100031

电话：66427107

（邓莉丽）

【发展方式转型】 年内，招商银行北京分行根据总行立足“轻型银行”“一体两翼”的战略定位，加大创新力度，深化服务升级，加强客户营销，提升内部管理，做好风险防控，经营效益和质量持续向好。成本收入比为31.34%；人均创利124万元，网均创利5201万元。

（邓莉丽）

【公司金融业务】 年内，招商银行北京分行公司金融业务持续快速发展。对公负债再创新高，全折人民币对公日均存款2814亿元，较上年增长22.36%；客户融资总量余额4400亿元，较上年增长14.58%；中间业务多点开花，实现非息净收入35.4亿元，较上年增长22.1%；客户基础不断夯实，对公客户总量19.44万户，较上年增长42.42%；内部管理精益求精，不断完善考核政策，着力加强队伍建设，从严实施内控合规。经营管理细化完善，管理水平持续提升。

（邓莉丽）

【零售金融业务】　年内，面对经济下行、“三期叠加”的复杂外部环境，招商银行北京分行通过不断加强资源整合，持续推进精细化管理，零售各项业务实现快速发展。截至年底，管理客户核心资产达到1004亿元。全折人民币年日均储蓄存款较年初增加241亿元，增幅达13.3%。财富管理业务实现收入34.7亿元。个贷业务快速增长，贷款增量162亿元，在一般性贷款增量中占比达56.0%，较上年提升12.5个百分点。零售客户数量快速增长，私人银行客户、钻石客户和金葵花客户平均增幅17%，大众客群增幅11%。开展“贴心北京，感恩服务”活动，按月推广感动服务场景化，设计延伸服务等8大场景，全程陪“办”等37项感动举措。

（邓莉丽）

【投行同业业务】　年内，招商银行北京分行累计销售同业理财规模超5000亿元，创历史新高。交易笔数超2000笔，涉及交易对手过百。债券主承销规模1037亿元，较上年增长145亿元，增幅16.26%，创历史新高并成为系统内首家承销规模突破千亿大关的分行。拓展托管业务，托管资产规模1.41万亿元，比上年增长5984亿元，增长73%。托管费收入3.46亿元，同比增长7805万元，增长30%。托管业务总收入6.98亿元，同比增长5059万元，增长8%。在项目数量和难度都在不断攀升的基础上，业务流程持续优化，专业能力、效率大幅提升，合规意识和风险控制能力进一步增强。支持企业融资需求、推动电票业务发展、严格控制票据业务风险，电票业务占比47%。

（邓莉丽）

【风险管理与内部管理】　年内，招商银行北京分行始终追求“效益、质量、规模协调发展”，注重通过对风险的全面有效管理，推动业务稳健发展，树立风险合规意识，不断优化资产结构，回归信贷本源，夯实基础管理，重点开展对风险敏感领域的跟踪监控，加大不良资产清收处置力度。截至年底，分行不良贷款率0.19%，继续控制在较低水平。开展“遵党章守党纪严党规”专题教育，学习贯彻习近平总书记系列重要讲话精神，开展“两学一做”教育活动，“三个回头看”“三个排查”工作取得明显成效；内控合规、纪检监察、反洗钱管理等不断强化，未发现风险案件和重大责任事故；财务和集中采购、信息系统开发、现金整点和调缴、装修和物业管理等方面运行安全有序，发挥了支持保障作用。

（邓莉丽）

【服务渠道与队伍建设】　年内，招商银行北京分行新开业6家支行，营业机构达114家，其中综合型网点44家，零售专业网点51家，社区型网点19家。增强服务维度，为客户提供便利周到的服务，把握金融科技创新机遇，对客户交互渠道进行服务升级。截至年底，北京地区招商银行APP用户超400万户，提升功能账户、零售财富配置，加强电子化渠道建设，实现零售业务的新跃升。鼓励员工利用手机APP进行移动微课学习。

（邓莉丽）

中国民生银行股份有限公司北京分行

【概述】　中国民生银行股份有限公司北京分行（原中国民生银行股份有限公司总行营业部于2016年7月1日更名为中国民生银行股份有限公司北京分行。简称民生银行北京分行）本外币总资产余额10672.34亿元，比上年增加2550.44亿元，增长31.4%。各项存款余额5984.04亿元，比上年增加1629.17亿元，增长37.41%；其中人民币存款余额5775.88亿元，比上年增加1683.07亿元，增长41.12%。各项贷款余额2128.37亿元，比上年增加349.41亿元，增长19.64%。全年营业收入160.61亿元，营业支出58.99亿元，实现税前利润101.62亿元。截至年底，民生银行北京分行下设支行86家，正式员工3248人。

地址：西城区复兴门内大街2号

邮编：100031

电话：58560088

（龚耀星）

【公司金融业务】　年内，民生银行北京分行以北京市“十三五”规划中“构建城市功能布局结构，构建‘高精尖’经济结构”两大结构调整思路为指引，紧跟“京津冀协同发展”战略，聚焦服务北京首都非核心功能外迁。配合市、区各级政府及相关职能部门开展综合金融服务，重点支持北京市城镇化、轨道交通、高速公路、航空枢纽等基础设施项目建设。支持区域大型集团企业和优质上市公司的技术改造、行业并购类项目，包括传统行业的并购、“外贷外还”的海外并购、国企混改并购等。创新银政企合作模式，支持地区产业升级、城镇化建设及中小企业的发展。开拓产业基金、地方债投资及公私联营三种银政企合作模式。介入互联网金融领域，通过系统对接、资金托管、供应链融资等特色创新服务，支持央企、国企、龙头电商等互联网金融需求的企业。

（龚耀星）

【个人金融业务】　截至年底，储蓄余额700亿元，比上年增加14.8亿元，增长2.2%。个人贷款余额717.3亿元，比上年增加101.4亿元，增长16.5%。金融资产余额1829.5亿元，比上年增加143.5亿元，增长8.5%。零售客户稳步增长，有效客户36.4万户，比上年增加2.6万户；贵宾客户19.6万户，比上年增加1.4万户。网络金融业务继续保持良好发展势头，手机银行客户总量达182.25万户，比上年增加33.64万户，增长22.64%；个人网银客户总量达179.64万户，比上年增加16.61万户，增长10.19%；电子银行交易替代率达99.35%，比上年提升0.69%。

（龚耀星）

【国际业务】　年内，民生银行北

京分行立足于服务实体经济，响应国家“一带一路”政策号召，为“走出去”客户开通绿色服务通道。截至年底，贸易融资表内资产余额274亿元，表外资产余额298亿元。实现国际结算208亿美元，表内外资产状况良好，无不良贷款发生。

（龚耀星）

【中间业务】 截至年底，民生银行北京分行同业存款余额4 409.55亿元，比上年增加699.47亿元。同业投资交易量增加648亿元，比上年增长216.72%。发行债券70支，承销规模624.85亿元。资产托管业务存量规模1.49万亿元，新增规模5550亿元，比上年增长59.5%。

（龚耀星）

【普惠金融业务】 年内，民生银行北京分行结合北京四大核心功能定位，助力区域科技和文化产业升级。与中关村自主创新示范区内2823家入园企业建立合作关系，与497家科技、文化类企业建立信贷合作关系，贷款余额289亿元。先后发布“优房闪贷”和“万众掘金”系列互联网金融创新产品。“优房闪贷”采取O2O（线上线下结合）的运作模式，为客户带来互联网时代新的贷款体验，截至年底，参与人数突破30万人，新增贷款申请额突破40亿元；“万众掘金”通过积存金产品激为客户提供更加便捷丰富的黄金投资服务，新增积存金开户数近2万人，客户金融资产增长突破10亿元。

（龚耀星）

【风险管理】 年内，民生银行北京分行围绕供给侧结构性改革要求，对产能过剩行业实行“有保有压、区别对待”的组合管理政策。围绕首都经济建设，大力发展绿色信贷、科技金融业务，持续加强对非信贷资产的风险管理，资产质量始终保持稳定，全面风险管理水平进一步得以提升。围绕首都社会信用体系建设，打造“尊法、学法、守法、用法”四位一体的“法制民生”合规文化。

（龚耀星）

北京银行股份有限公司

【概况】 北京银行股份有限公司（简称北京银行）分支机构503家，其中北京地区分支机构244家。截至年底，北京银行资产2.12万亿元，实现净利润179亿元，资产利润率0.90%、资本利润率13.76%，成本收入比25.81%，不良贷款率1.27%，拨备覆盖率256.06%，资本充足率12.2%，盈利能力和经营效率继续保持行业领先。品牌价值超过300亿元，位居中国银行业第7位。一级资本排名全球千家大银行第77位，排名首都金融业第一位。

地址：西城区金融大街丙17号北京银行大厦

邮编：100033

电话：66426500

（王昕芳）

【品牌建设】 年内，北京银行在英国《银行家》杂志排名全球1000家大银行一级资本第77位，连续3年跻身全球百强银行之列；在世界品牌实验室2015年《中国500最具价值品牌排行榜》中，北京银行以309.56亿元的品牌价值位居中国银行业第7位；获世界经理人集团、世界品牌实验室评选的2015中国品牌年度大奖NO.1（区域性银行行业）。

（王昕芳）

【公司业务】 年内，北京银行在业内率先推出交易银行品牌，涵盖5大业务板块、6大业务渠道及36项特色金融产品；推出跨境双向人民币资金池，助力企业国际化发展；推出再保理服务，打通中小企业融资渠道；获得“年度最佳金融供应链科技创新奖”“电子商务与供应链融合创新奖”“最佳交易银行品牌”等多项荣誉。机构客户存款首次突破2000亿元；京医通项目新增3家合作医院，累计发卡超800万张；首次与民政系统建立业务合作，营销福利中心及下属23家单位；正式上线北京市财政自助柜面系统，实现预算单位业务自助办理；通过京医通系统搭建统一移动互联网预约挂号平台，实现北京市属22家三甲医院非急诊全面预约系统上线；承销债券规模1825.04亿元，承销项目237只，规模和数量均位列市场第13位；完成中国中铁等26家企业DFI注册；发行北京银行首单境外非金融企业公开发行的熊猫债中芯国际中期票据；发行全国首单水务类绿色债券；实现牵头银团签约30笔，组团规模207.1亿元；获得“2016中国区最佳银团融资银行”、中国银行业协会2016年度国内银团贷款“最佳发展奖”和“最佳交易奖”、中国银监会“理财直接融资工具和银行理财管理计划业务十佳单位”称号。

（王昕芳）

【小微业务】 年内，本外币小微贷款余额3176.1亿元，客户数23519户，增量、增速、申贷获得率等完成银监会“三个不低于”要求，人民银行“定向降准”达标。科技、文化、绿色金融贷款余额分别为886亿元、434亿元、388亿元，分别较年初增长25%、32%、49%。举办“科技金融支持小微企业发展暨‘投贷通’产品发布会”；小巨人“创客中心”相继被中关村管委会、北京市科委、科技部等授予“创新型孵化器”“新兴产业孵化器”“众创空间”称号；支持国家文化产业创新实验区建设，推进文创企业信用评级体系搭建；作为唯一一家金融机构参加第十四届北京国际图书节、文博会；在G20能效论坛上发布“绿融通”绿色金融行动计划；全球首家联合国际金融公司创办绿色金融学院；被中国银监会、科技部、中国人民银行纳入投贷联动首批试点银行；在人行营管部2015年度辖内信贷政策导向效果评估中获高新技术企业、文化创意企业、节能减排项目等单项评估一等奖；成为唯一获北京市新闻出版广电局授予“北京影视出版产业最佳服务银行”奖牌的金融机构。

（王昕芳）

【零售业务】 年内，零售业务转型成效明显。零售利息收入突破100亿元，中间业务收入18.5亿元，同比增长38%；零售客户资金量余额4944亿元，较年初增长1020亿元；储蓄及个贷全国市场份额继续保持双提升，储蓄存款余额达2288亿元，较年初增长10%；零售贷款余额（含信用卡业务）2527亿元，较年初增长34%；个贷不良率0.53%，较年初下降0.1个百分点，继续保持上市银行领先水平。零售客户规模达1664万户，较年初增长174万户；VIP客户数突破45万户，增幅25%，私人银行达标及潜力客户快速突破3万户，增幅51%，高端客户占比及综合贡献度进一步提高。电子银行客户数突破560万户，其中签约客户突破300万户，增幅43%；手机银行客户达194万户，增幅65%。零售网银交易替代率达94%，慈善信用卡“大爱卡”总发卡量超过100万张，累计向社会捐赠善款880万元。年内，以大零售业务为平台，线上、线下业务协同发展，“一体两翼”转型成效明显，“智慧金融、财富金融、惠民金融”三大品牌特色持续彰显。打造包括“富民直通车”惠农金融服务、“悦行国际”出国金融服务、“京彩”系列互联网金融服务、以家族信托为特色的私人银行业务等发展亮点，连续第8次获《亚洲银行家》“中国最佳城市商业零售银行”大奖，品牌影响力不断增强。

（王昕芳）

【金融市场业务】 年内，金融市场业务经营业绩良好。实现国际类中间业务收入16.71亿元，同比增长30%。结算规模达753亿美元，同比增长9%。外汇公司存款时点规模427亿元，同比增长5%。实现同业类中间业务收入10.46亿元，同比增长21%。年末本外币投资余额4170亿元，同比增长37%。理财业务投资规模达4318亿元，同比增长39%；实现理财类中间业务收入16.26亿元，同比增长54%。全部理财产品均实现预期收益率，预期收益实现率居于市场领先水平。托管规模和收入保持较高增速，托管资产规模达到14466亿元，较年初增长64%；年内实现托管类中间业务收入7.35亿元，同比增长52%。金融市场业务品牌影响力不断提升：上线“惠淘金”同业金融交易平台，同业业务进入“互联网+同业金融”新阶段。整合发布“自贸盈”子品牌，进一步丰富自贸区金融产品，助推自贸区建设。托管业务加大系统建设投入，保持托管业务系统功能的先进性；“托管家”品牌形象得到进一步彰显。获“银行间最具市场影响力奖”“最佳贸易金融银行”“最佳贸易金融产品创新银行”“优秀自营机构奖”“金贝奖”“十佳财富管理创新奖”“最佳产品转型奖”“最佳综合理财能力奖”“最佳社会贡献奖”“最佳合规奖”“托管十佳交易奖”等荣誉。

（王昕芳）

【信息化建设】 年内，北京银行实施“科技引领”战略。系统平台建设不断夯实，第四代核心系统、大数据平台、生物识别平台等强化对业务的基础支撑能力。智慧创新加速引领发展，以提升大数据挖掘能力、智能终端机具服务能力、互联网金融服务能力等为代表的“智慧数据”“智慧渠道”“智慧服务”建设布局为全行智慧化升级发展提供支撑。持续加强科技研发，完成营改增、人行261号文件等项目投产，推进有权机关网络资金查控项目、新资本协议项目群等建设，加强业务管理和风险控制。顺义科技研发中心建设取得阶段性成果，运营保障与信息安全防护不断强固。

（王昕芳）

【风险管理】 年内，北京银行以全面风险管理为核心，围绕不良资产双控和操作风险管控两大主线，认真落实，稳步推进，实现全行风险管理水平的稳步提升，确保资产质量和风险抵御能力继续在上市银行中保持优秀水平。实现全面风险管理工作有序推进；守住不良双控的风险底线；保持“零容忍”的高压态势；推动业务结构持续优化；夯实风险管理的基础工作。6月23日，《亚洲银行家》在京揭晓“2016年度最佳市场风险技术实施成就奖”评选结果。北京银行凭借新资本协议实施项目之一的市场风险内部模型法项目的优异表现，以及国内首创日间准实时风险监测、增强中台动态风险管理能力、“双口径”计量交易对手风险暴露、提升风险管理敏感度、搭建8层投组架构管控平台、前瞻性落实巴塞尔协议监管新方向等特色，首次获市场风险领域的国际奖项。

（王昕芳）

证 券

中国证券监督管理委员会北京监管局

【概况】 中国证券监督管理委员会北京监管局（简称北京证监局）。年内，北京辖区有17家公司境内首次公开发行股票（IPO）募集资金130.32亿元；53家上市公司通过增发、配股等方式再融资1908.61亿元；全年股权融资2038.93亿元，占全国的15.33%。4家公司发行可转换债90.5亿元，162家公司发行公司债融资6207.01亿元，4家辖区A股公司发行优先股融资780亿元。辖区证券市场融资9116.44亿元，占全国的19.52%。北京辖区281家上市公司总市值122303.34亿元，占全国的24.09%；上市公司总股本23202.85亿股，占全国的41.54%。辖区新增6家基金公司，新设42家证券营业部、3家证券分公司和5家期货营业部。18家证券公司总资产7593.85亿元，净资本2108.47亿元；31家法人基金管理公司管理基金份额21920.95亿份，公募基金规模22897.37亿元；19家期货公司资产总额747亿元，期货代理交易额48万亿元，约占全国12.3%，代理成交量10.64亿手，约占全国12.88%。辖区有证券期货业务资格的会计师事务所22家，资产评估事务所35家，境外上市公司及各类股权投资机构数量均居全国前列。

地址：西城区金融大街26号金阳大厦6、7层
邮编：100033
电话：88088060

（郭文龙）

【拟上市公司监管】 年内，北京证监局落实《拟上市公司辅导工作监管指引》各项要求，规范企业辅导备案和验收工作，完成164家拟上市公司的辅导监管工作。

（郭文龙）

【上市公司监管】 年内，北京证监局将风险导向和随机抽取相结合，灵活运用多种检查方式，增加专项检查频次，有效整合监管资源，对68家上市公司进行现场检查。年报审核采用“重点审核＋一般审阅”的方式，关注信息披露、财务会计、规范运作等问题。加强建筑、餐饮、文化传播等重点行业高风险公司的监管力度，重点关注高风险公司中科云网和乐视网等公司发展情况，妥善解决“ST湘鄂情”债券违约兑付风险，在查处上市公司违法违规行为的同时，对保荐人、审计师、律师、评估机构等中介进行相应核查和惩处。

（郭文龙）

【证券机构监管】 年内，北京证监局继续落实简政放权要求，切实加强监管。组织召开辖区证券公司发布研报业务专题会议，围绕提升政治敏感度、提高制作质量、加强合规管理，重申监管要求。突出监管重点，丰富非现场监管手段。综合运用日常备案材料审核、定期报告汇总分析、重点约谈负责人员、适时启动现场核查等监管手段，严查客户资金账户透支事件，开展债券承销业务风险排查，摸排证券公司境外子公司和基金公司子公司经营情况，研究治理证券投资咨询公司投诉频发现象，建立年度、月度证券期货公司财务指标预警体系，持续做好保证金安全存管工作，推动实现风险早发现、早预警、早防范。妥善核查处理各类风险。对证券公司子公司产品购买短期融资券违约等风险和突发事件及时核查，处理上百起涉及证券公司及营业部的举报信访，强化证券机构首要责任，创新矛盾纠纷处理机制，维护辖区市场的稳定。

（郭文龙）

【期货市场监管】 年内，北京证监局继续做好行政许可取消和下放后各项政策衔接工作。利用现场检查手段，全面加强监管，先后开展了涉嫌配资的偏股型私募资管产品、股权众筹风险、互联网金融风险、资产管理等10余项专项检查、整治。针对检查发现的问题，分别采取责令整改、出具监管警示函、提示函及约谈首席风险官等措施。开展非现场监管工作，提高监管工作的有效性和针对性，处理保证金监控中心预警9家次，保证投资者保证金安全平稳运行。辖区期货公司分类评价结果良好，AA类公司3家，A类公司9家，合计占比32%，占全国比重为20%。探索建立投资者保护工作机制，加大对投资者的保护力度。指导期货商会组织培训和举办论坛，促进行业自律发展。

（郭文龙）

【基金行业监管】 年内，北京证监局贯彻依法从严全面监管精神，推动多元化资产管理格局。全面加强辖区独立基金销售机构的监管工作，加强专项清理整顿，组织辖区38家独立基金销售机构开展全面自查，将高风险的19家机构纳入现场检查，整肃行业环境。启动20余次现场检查，对内控薄弱存在风险隐患的7家公司及1家托管行出具监管提示函。密切关注并及时化解风险事件、信用风险，防范信息系统风险。综合运用各种监管手段，强化非现场监管方式。打击遏制违规行为，采取22项行政监管措施。履行投资者保护工作职责。接收投诉89件，办结83件，在办6件。

（郭文龙）

【证券期货咨询机构监管】 年内，北京证监局对证券期货投资咨询业务进行全面梳理，形成法律法规及监管政策汇编。制定证券投资咨询

和资信评级监管工作规程。

（郭文龙）

【**律师事务所及会计审计、评估业务监管**】　年内，北京证监局以风险和问题导向开展律师事务所现场核查工作，完成对8家律所并购重组、新三板、私募基金法律业务的现场检查，并进行问题通报，召开律师监管座谈会，确定“执业监管、协作监管、自律监管、服务监管”的新理念、新思路。以年审跟进为抓手，全程督导会计师事务所年审工作，审阅总体审计策略23份，提示审计风险和重点审计领域，强化审计师风险意识，保证辖区整体会计信息披露质量。

（郭文龙）

【**落实资本市场法律监管责任**】　年内，北京证监局审理案件11起（2起审结，9起在审），下发行政处罚决定书3份、事先告知书5份，举办听证会3次，送达处罚法律文书19份。案件数量同比翻两番，案件类型呈现多样化，案件复杂争议较多，审理工作成效显著。注重案件审理质量，通过优化审理流程、探索类型化案件审理标准，确保作出的行政处罚能够经受司法检验。

（郭文龙）

【**加强监管执法保护投资者合法权益**】　年内，北京证监局举办以“理性投资、守护财富”为主题的投资者权益保护系列公益活动，涵盖“了解你的客户”与适当性、防范处置非法集资、建立多元化纠纷解决机制3个专场活动、总结表彰及开通“投资者权益保护”微信公众号。通过走进社区、走进公园、举办讲座、现场咨询等多种形式，开展以“正确认识私募，远离非法集资”为主题的私募宣传活动，发放各类打非宣传手册和海报，联合北京电视台《天下财经》栏目录制投保专题节目，帮助投资者正确认识，培养投资者理性投资意识。办理举报865件，办结789件，办结率91.21%；办理信访24件，办结21件，办结率87.5%；办理“12386”事项711件，办结694件，办结率97.61%，未出现大规模集体上访事件。向证监会报送2篇稽查要情稿件，受证监会稽查局委托撰写、修改拟报送国务院的专题要情2篇。

（郭文龙）

【**深化多元化纠纷调解工作**】　年内，北京证监局与中证中小投资者服务中心有限公司签订纠纷调解合作有序推进，调解成功39件，涉及赔偿累计金额1180万元。对没有明显违法违规线索的投诉举报，经投诉双方同意，引入调解力量，促进矛盾化解，有效减少重复举报。

（郭文龙）

保　险

中国人民财产保险股份有限公司北京市分公司

【**概况**】　中国人民财产保险股份有限公司北京市分公司在区境内有西城支公司、宣武支公司。西城支公司设有综合部、德胜门出单分中心及10个营销团队，员工98人。宣武支公司设总经理室、综合部、出单中心、非车险直销部、车险直销部、个代业务部、3个车商业务部和4个中介业务部，有员工99名。

西城支公司

地址：西城区德胜门外大街73号

邮编：100088

电话：62370120

宣武支公司

地址：西城区菜市口大街平原里20号

邮编：100054

电话：83526226

（孟庆芝　章佳玉）

【**西城支公司业务**】　西城支公司以市场为目标，以党建促发展，优化和提升车险业务结构和品质，加速和创新非车险发展和领域，提升和细化内部服务和管理，保持公司良好生态和稳定经营。年内，实现保费收入66124万元，比上年同期增长6864万元，增幅为11.58%；支付赔款3.4亿元，比上年同期增长3536万元，增长11.62%，全险种赔付率61%；上缴税金3868万元。机动车辆保险承保128644辆，车险保额929.91亿元。企业财产保险承保1005笔，承担风险金额996.3亿元。承保货运险风险金额11.45亿元。承保责任险风险金额10261.7亿元。承保工程险风险金额156.42亿元。承保意健险风险金额346.03亿元，承保信用保证险风险金额5.21亿元。

（孟庆芝）

【**宣武支公司业务**】　宣武支公司主要经营各类财产保险、货物运输、建筑工程等保险以及多种责任保险、短期人身意外保险等。年内，宣武支公司坚持底线、对标市场，全面推进业务结构优化调整，探索创新营销模式，实现车险精细化、非车险有效益发展。以发展为核心，夯实管理基础，将内部运营管理细化、深入。实现保费收入41242.01万元，利润2406.72万元，同比增长8.53%。其中，企业财产险保费收入1617万元；家庭财产保险保费收入95万元；机动车保险保费收入38176万元；货物运输保险保费收入307万元；特险保费收入414万元；海外工程险保费收入43万元；责任险保费收入537万元；意外险保费收入55万元。多次开展保险进社区活动，对公司周边社区进行保险服务宣传；新组建的个人代理业务部签约个代营销员487人。

（章佳玉）

中国平安人寿保险股份有限公司北京分公司

【概况】 中国平安人寿保险股份有限公司北京分公司（简称平安人寿北京分公司）设17个职能部门，34个营销服务部，在职员工961人，返聘员工4人。个人代理人27029名。年内，实现规模保费收入164.63亿元，同比增长16.55%。其中，个险总保费153.86亿元，同比增长16.39%；银保总保费10.63亿元，同比增长19.44%；团险总保费0.14亿元。截至年底，总客户496余万人，累计提供人身保障10129.55亿元；累计办理个人理赔66896件，赔款、死伤医疗给付累计7.02亿元，年金及满期给付33.68亿元。

地址：西城区金融街23号平安大厦
邮编：100033
电话：95511 59730008

（王　菁）

【个人营销业务】 年内，平安人寿北京分公司推行“先服务后销售”的客户经营理念，利用展E宝、平安金管家APP及微信三大线上工具推动微信圈经营，随时与客户互动，为客户提供全面的金融、生活一站式服务，实现传统销售模式向客户经营模式转型。截至年底，平安人寿北京分公司依托平安金管家APP科技平台，相继开展“金猴送喜 红包来袭”“阳春三月送平安”“福娃上市 大奖来袭”“百万客户关怀月 健康好礼抢起来”“跃动童年 福伴成长”“平安金管家 健康服务从心开始”“平安好邻居 服务e升级”“五子登科迎财神”等主顾开拓活动。线上活动从客户服务出发，结合健步行、财富讲座等线下活动形式，为客户提供增值服务体验，以家庭健康、财务安全、贴心服务等为话题，切入保障理念，引导客户关注健康、理财等家庭保障，践行爱与责任的寿险理念。

（王　菁）

【银行代理业务】 年内，平安人寿北京分公司落实保监会和北京保监局相关规章制度，贯彻总公司战略部署，坚持品质为先，推动保障型期交产品销售，达成68%年度期交计划20171万元，同比增长72.3%；开展渠道拓展，新增江苏、宁波、民生、恒丰、华夏5家合作银行38个网点，现合作银行共11家，合作网点233个；以合规经营、积极进取为主题，犹豫期内电话回访成功率98.2%，13个月继续率93.3%，年度滚动投诉率保持在0.17%。

（王　菁）

【风险控制】 年内，平安人寿北京分公司结合各类案件主要争议焦点，深入调查研究其所涉及的法律法规、司法机关倾向性处理意见，采取合适的诉讼策略与措施，保持与行业协会的密切沟通，建立个案诉调对接机制，尊重并保障客户的合法权益。开展法律培训、风险提示及制度建设，在内部强调合规展业的重要性及违规面临的法律风险。研究典型诉讼案件高发原因，加强法律风险防控。加强与产品部门及各机构法律部门之间的沟通、交流，发现风险点及时提示，将风险化解于事前。合规风险控制，结合年度监管重点，开展合规宣传月、反洗钱宣传月、防范和处置非法集资的宣传活动，向保险代理人、员工、客户普及反洗钱及防范非法集资知识。推进以风险为导向的偿二代工作，通过宣导培训、风险检视、内控自评、操作风险事件和损失数据收集、反洗钱自查、打击违规推介代销非平安金融产品等方面合规工作，加强对保险代理人和各部门工作的合规管控，加大对保险营销人员违规代销、销售误导、在信息网络平台发布虚假消息等行为的治理力度，实现风险管控前置。

（王　菁）

【重大承保与理赔】 年内，平安人寿北京分公司继续把“简单便捷、友善安心”的理念贯穿到理赔服务中。办理个人理赔66896件7.02亿元的保险总赔付。理赔服务平均时效2.52天（统计期内所有已决赔案受理至通知的天数总和与统计期间内所有已决赔案件数的比例）。秉承为客户第一时间送去足额保障的理念，15日保单送达率由年初的11天降低至年底的2.89天。客户J先生因交通事故不幸身故，其受益人获得平安人寿北京分公司给付的身故保险金202.6万元，成为年度最大理赔。客户L先生投保人身险年度累计承保保额8000万元，成为平安人寿北京分公司年度最高保额承保新契约。

（王　菁）

【客户服务】 年内，依托平安金管家APP“个人健康管理平台”和客服节搭建的“家庭健康互动平台”资源，通过“线上＋线下”模式与客户互动，提升客户服务体验，倡导健康新生活理念。平安金管家APP创新推出健康管理服务，打造以家庭医生为主、日常管理为辅的全方位健康服务平台，客户可享受7×24小时免费问诊咨询、海量正版健康资讯、做健康测评和养健康习惯等服务。“与平安相伴 与健康同行”第21届平安人寿客户服务节，组织家庭健康系列活动，与中少总社合作推出“为爱心闪亮 平安为留守儿童送安全”大型公益活动，向全国10个偏远地区、1000留守儿童学校、赠送1万张少儿安全宣传海报及3万册少儿安全知识效能手册彩笔套装。引导客户参与到公益事业，针对VIP客户，组织“关爱继续 共赏经典”“体验金管家快乐过新年”等线下活动，在金管家APP平台推出“尊崇关爱·感恩同行”活动，延伸对高净值客户服务范围。

（王　菁）

【社会公益】 年内，平安人寿北京分公司践行“执善心、筑大业”的慈善理念，参与各项公益活动。整合平安冠名中超联赛的优势资源，6至10月开展系列体育支教活动。9至10月组织支教志愿者赴房山区蒲洼乡平安希望小学开展校园系列支教，包括“中超模拟体验赛”，平安希望小学的学生与支教志愿者、平安员工一起享受足球带来的快乐。蒲洼乡平安希望小学的学生和平安客户的孩子手牵手，担任中超联赛小球童。中国平安、中国青少年发展基金会联合西安体育学院为全国14所平安希望小学派遣足球专业的体育大学生进行体育支教。以“创意平安，励志校园”为主题，将“保险就是爱与责任”的保险文化与中国平安的企业文化相结合，开展“创意平安，励志校园”——第四届首都高校保险·金融广告设计大赛，大赛由对外经济贸易大学保险学院团委主办，邀请北京大学、北京工商大学、北京工业大学等10余所高校154组选手参与。在高校普及保险知识。

（王　菁）

中国太平洋财产保险股份有限公司北京分公司

【概况】 中国太平洋财产保险股份有限公司北京分公司（简称太平洋产险北京分公司）下设支公司11家、营业部2家、营销服务部7家，正式员工1374人。年内，太平洋产险北京分公司总保费收入54.63亿元；赔款支出31.3亿元，赔付率57.29%。

地址：西城区复兴门内大街158号远洋大厦F6层

邮编：100031

电话：66428888

（申渝杰）

【车险业务】 年内，太平洋产险北京分公司贯彻“控品质、强基础、增后劲”的工作要求，贯彻以局部拉动整体的经营战略，继续坚持走差异化发展道路，调整业务渠道，推进业务结构进一步优化。加强服务标准化建设，着力改善客户服务各项指标，推广应用新技术持续深化客服体系建设，提升客服的内涵和价值。以“营改增”税制改革、商业车险改革、车险保单和发票的电子化为契机，提升客户对保险业的良好体验，提高客户黏合度和忠诚度。注重做好车险的保前验伤工作，采用移动理赔、银联支付、微信公众号等手段缩短理赔时间，提高理赔时效；加强与销售渠道沟通，严格控制车险业务的综合成本率，有效降低经营成本。车险保费收入42.51亿元。

（申渝杰）

【非车险业务】 年内，太平洋产险北京分公司不断改善承保业务品质，淘汰劣质业务，加强对中小企业客户精细化运营能力，做大做优中小企业客户业务，贯彻执行对中小企业客户及部分高风险行业实施强制保前查勘。调整重点业务险种的定价和风险选择，夯实管理基础，开拓业务新领域。注重提升成本管控能力，实现销售支持资源的精准投放。利用新技术，实现客户关系管理目标营销，完善产品策略、销售策略。改革销售管理体制，打造个性化综合服务平台。推动发展诉讼财产保全责任险业务，助力法律界解决保全难的问题。促进车险、非车险业务联动，加快转型及创新发展，强调融合发展能力建设。进一步加强对于理赔的过程管控，强化延时报案处理，提高案件处理效率和案件处理质量，增强客户体验满意度。非车险保费收入12.12亿元。

（申渝杰）

【客户服务】 年内，太平洋产险北京分公司提出“特色服务树品牌”的服务理念，在春节、五一、清明、国庆等假期开展“爱心时刻相随，服务一路相伴”特色主题服务活动，为保险消费者提供代步车、免费送油搭电、五环内免费拖车等车辆救援服务。在大兴、通州、门头沟、昌平、朝阳等区的5个大型社区开展“保险进社区”活动，为社区居民免费提供矿泉水、测量血压等服务，宣传保险知识及车辆养护维修小常识。7月3日，开展“7.8保险公众宣传日”活动，向市民普及保险知识。7月8日，邀请客户到电话报案中心体验。10月29日，与大陆汽车俱乐部（CAA）联合组建北京第一支专属道路救援车队。

（申渝杰）

【技术创新】 年内，太平洋产险北京分公司采用无人机等新型设备，仅用5个工作日完成为北京市双河农场20万亩玉米地低洼地块受灾测量工作，测量天数比往年减少三分之二。

（申渝杰）

【服务民生】 年内，太平洋产险北京分公司为西城区涉及危化品、酒店服务业、建筑施工、园林绿化、公共设施（物业、供热企业、体育场馆）、交通运输等15个行业的3648个企业提供安全生产责任险保障，维护社会稳定。5月21日，公司承保“2016趣踢球北京市小学生世界杯”足球赛。

（申渝杰）

中国太平洋人寿保险股份有限公司北京分公司

【概况】 中国太平洋人寿保险股份有限公司北京分公司（简称太平洋寿险北京分公司）下辖11个支公司，2个营销服务部，在职内勤员工403名，个人营销员9670名，银行保险系列外勤员工80名，团体业务系列外勤员工51名。年内，实现保费收入44.5亿元，同比增长12.10%。其中，个人营销业务实现保费收入11.01亿元，同比增长41.10%，法人业务中心银保业务实现保费收入0.39亿元，同比下降77.20%，法人业务中心团体业务实现保费收入为1.46亿元，同比下降20.60%，续期业务实现保费收入31.38亿元。处理各种赔付、给付29.42万件21.04亿元。个险业务13个月累计保费继续率96.17%，个险业务25个月累计保费继续率91.49%。法人业务中心银行保险业务13个月累计保费继续率88.36%，法人业务中心银行保险业务25个月累计保费继续率86.06%。

地址：西城区复兴门内大街158号远洋大厦F6层东区

邮编：100031

电话：66416141

（安吉斯）

【个人业务中心】 年内，太平洋寿险北京分公司围绕个人业务全面打造智能服务体系，借助互联网和移动应用等新技术，基于“太平洋寿险APP”“太平洋寿险官微”“神行太保”等服务平台为客户提供足不出户的各项保险服务。截至年底，新技术应用范围已经覆盖核保录单、契约管理、保全作业以及理赔服务等主要流程，做到关注客户需求、改善客户界面、引领保险消费新体验。

（安吉斯）

【法人渠道业务】 年内，太平洋寿险北京分公司银保业务方面，坚持低柜经营，弱化简单期缴业务，实现保费收入0.39亿元，同比下降77.20%；团体业务方面，加强渠道和队伍建设，优化承保政策。依托税优健康政策落地，推动税优健康产品、业务拓展、团险短意险等核心业务发展，优化展业成本管控，提升费用贡献能力。

（安吉斯）

【重大理赔与承保】 年内，客户刘女士投保额1000万元的东方红·满堂红保险，成为年度太平洋寿险北京分公司最大的承保契约。2月，杨先生因交通事故身故，其受益人获得保险金510万元，成为太平洋寿险北京分公司年度最大赔付。

（安吉斯）

（责任编辑 孙凤霞）

城市建设

规划管理

【概况】 北京市规划委员会西城分局（简称市规划委西城分局）是北京市规划与国土委员会的派出机构，负责组织本行政区域内的规划实施、规划审批和规划监督工作。内设办公室（政工办）、综合业务科、规划科、建设用地管理科、建设工程管理科、市政交通工程管理科、纪检监察科、法制科等8个科室，直属1个行政执法机构——西城区规划监察执法队，有北京市西城区历史文化名城保护促进中心、北京市西城区规划管理信息中心、北京市宣武建筑设计所等3个下属事业单位。年内，市规划委西城分局牢固树立和切实贯彻创新、协调、绿色、开放、共享发展理念，深入学习党的十八大及十八届三中、四中、五中、六中全会和习近平总书记视察北京重要讲话精神，不断提高城市规划政治站位，按照《北京城市总体规划（2004–2020年）》要求，围绕疏解非首都核心功能、“大城市病”治理、生态环境治理、基础设施建设等重点任务，结合“两学一做”学习活动，更新观念、创新思路、主动作为，有序开展总体规划修改、“十三五”规划编制、第二次全国地名普查、历史文化名城保护、棚户区改造、违法建设查处、地下管网地理信息系统建设等重点工作，较好实现了年度工作目标。

地址：西城区西直门南小街国英园5号楼

邮编：100035

电话：66116076

（王鹤璇）

【结合规划工作开展“两学一做”】 年内，市规划委西城分局党组认真履行“两学一做”学习教育主体责任，认真研读习近平总书记系列讲话精神，领导干部带头讲党课，开展“严守纪律，做合格党员”专题研讨，参与全区“提升城市品质，共建美丽西城”大讨论，聚焦城市规划工作存在的突出问题，征求各方意见，了解群众诉求，针对问题进行有效整改。

（王鹤璇）

【配合北京市总体规划修改】 年内，按照北京城市总体规划修编任务分解，结合“十三五”规划编制，围绕深化西城区功能定位，配合开展了总体规划修改，针对结构调整、用地布局、优化功能完善等方面提出了建议。

（王鹤璇）

【第二次全国地名普查】 年内，继续开展第二次全国地名普查工作，西城区普查领导小组办公室继续设在规划西城分局。规划西城分局与区民政局共同牵头，以街道为工作模块，开展外业调查、成果审核、技术培训等工作。截至年底，15个街道的外业调查全部完成，内业工作（资料收集、鉴别、整理、论证并审定）接近尾声。

（王鹤璇）

【历史文化名城保护】 年内，继续深化具西城首创特色的“名城、名业、名人、名景”四名工作体系。委托中国文物保护基金会完成了“四名”课题研究并通过专家评审，《人民日报》《中国文化报》《工人日报》等媒体进行了专题报道；建立名城保护长效评估制度，委托清华大学建筑学院作为评估单位对全区开展为期三年的评估工作；充分利用西城名城保护微信公众号，编发“旧城新生，这些力量在行动”等十余篇内容，做好名城保护宣传。

（王鹤璇）

【区名城委专委会活动】 年内，四合院设计建造、胡同保护、青年工作者和志愿者4个区名城委专委会积极开展活动，先后举办了四合院修建问题讨论会、“胡同复兴与社区再造”学术沙龙暨展览、赵锡山古都记忆展、“帝都绘·按图索城”展、以“我身边的老街、老院儿、老事儿”为题的志愿者交流活动等十余项活动。

（王鹤璇）

【规划编制工作】 年内，编制完成西城区“十三五”时期历史文化名城保护规划并正式发布。作为全市区级层面第一个“十三五”时期历史文化名城保护规划，确定了西城区今后五年名城保护的指导思想、基本原则和主要内容，提出了“全面保护”的保护理念；同时，编制完成西城区地下空间总体规划并通过专家评审；开展了香厂新市区保护与发展规划方案综合。

（王鹤璇）

【规划研究工作】 年内，落实区域功能定位，为实现西城绿色和谐可持续积极作为，先后开展了西城区胡同现状调研、西城区道路发展现状及建议研究、大栅栏地区民居建筑形式等调研课题。

（王鹤璇）

【规划事项受理核发】 年内，规划西城分局共核发各类规划许可及其他事项401件，其中单位项目149件，居民项目252件。建筑类计298件，总建筑规模424909.72平方米；市政类计77件，管线总长10563.31延长米；其他事项（有效期延续、补证、地名及建筑物命名）26件。住宅抗震加固备案142栋。办理代表建议和政协提案31件，受理立案信访事项550件，信息公开220件。

（王鹤璇）

【棚户区改造项目】 年内，加快推进棚户区改造，对3个重点项目全力以赴，组织了光源里、菜园街和枣林南里项目设计方案前期研究及规划调整公示，核发了百万庄北里项目具备条件地块规划许可；推动了什刹海、大栅栏等地区的棚改项目。

（王鹤璇）

【政府投资和公共服务设施项目】 年内，继续服务教育、卫生、养老、社区等公共服务设施建设，审批了35中、北师大附中、铁二中、南线阁卫生服务站、西城区综合养老服务中心、西长安街养老照料中心等项目。

（王鹤璇）

【老旧小区综合整治】 年内，办理完成包括中组部、中办秘书局、国务院办公厅、国家铁路局、中国印刷总公司等中央单位在内的共计142栋老旧小区住宅楼的抗震加固改造备案。

（王鹤璇）

【服务中央单位】 年内，确定了中华文学基金会文采阁项目设计方案并公示；为中国地质博物馆、北京有色金属研究总院以及中国北方工业公司办理了相关建设项目规划许可。

（王鹤璇）

【市政重点项目】 年内，重点推进了28条道路建设前期手续办理，道路手续参照市规划国土委《关于落实简政放权有关措施的请示》执行，提前介入开展服务，先行复函支持办理施工图审查、招投标等事宜，在核心城区开创了分局办理的先例；结合区域功能需求和环境改造要求，积极协调配合地铁和市政设施的建设，划定地铁19号线平安里、金融街和牛街等站点的临时占地范围；核发了下凹式立交桥区雨水泵站改造展览馆项目的全部规划手续。

（王鹤璇）

【私房规划审批】 年内，引入专家参与机制对有历史价值的院落实施翻建，先后组织专家现场勘验小石桥22号等6处院落，力求保存历史真实，保持建筑原有结构及外部整体风貌，探索文保区保护与更新的新途径。

（王鹤璇）

【违法建设查处】 年内，继续对违法建设采取高压态势，严厉打击。督促鼓楼西大街127号自行拆除，对地安门西大街20号、大翔凤胡同23号等申请强制执行。强化联合执法机制，会同相关部门联合执法666次，配合协查违建947件，查处擅自“开墙打洞”行为210件。

（王鹤璇）

【规划监督检查】 年内，关注公益项目，强化过程监督，对育民小学分校改建工程、西长安街社区服务中心等在施公益项目全程跟进，实现规划监督验收实时指导，确保项目建设过程中不出现违法建设。年内，共完成规划验线47件，规划验收98件。

（王鹤璇）

【信息化建设】 年内，智慧西城时空信息云平台项目被国家测绘局列入年度试点计划，成为全市首个国家测绘局智慧城市时空信息云平台建设试点，截至年底已完成平台和数据库建设以及地理空间政务数据挖掘、分析及展示技术系统建设。智慧西城地下管线地理信息系统（二期）完成项目初验。西城区地理国情监测在地理空间框架应用的研究与示范工作通过技术验收并结题。创新研究城市智能监测，集成物联网技术，在德胜街道裕中西里社区安装了全市首批全息集成数据监测仪器，能实时生成包括人车流量和环境质量的数据；以“阜内白塔寺历史文化保护区”（即白塔寺街区）为示范对象，开展“历史文化保护区智能监测与管理系统研究与示范”项目建设。

（王鹤璇）

【建议提案办理】 年内，承办市、区两级人大代表建议和政协委员提案共31件，内容涉及历史文化名城保护、老旧小区综合整治、棚户区改造、市政道路、医疗卫生体育等公共设施建设以及功能疏解、违法建设查处等，建议和提案全部提前办结。

（王鹤璇）

【督查督办任务】 年内，对承担的市区折子工程、津京冀协同发展任务及落实市领导调研部署重点工作等专项督查任务，明确工作责任，落实工作预案，按季度上报进展，各项任务均顺利完成。

（王鹤璇）

建设管理

【概况】 北京市西城区住房和城市建设委员会（简称区住房城市建设委）是西城区政府的职能部门，代表区政府行使城市建设的工作职能，负责全区城市建设工作。内设行政科室11个，分别是：办公室、综合科、法制信访科、综合服务审批科、建筑节能管理科、危改科、保障房建设管理科、施工安全质量管理科、企业管理科、招投标管理科、政工科；下属事业单位5个，分别是：西城区建设工程安全监督站、西城区建设工程质量监督站、西城区建设工程施工现场管理办公室、西城区城市房屋改造发展中心、西城区建设工程发包承包交易中心。共有在职干部职工127人。年内，全区房屋施工面积149万平方米，与上年同期相比下降50.4%。其中，新开工面积为21.5万平方米，比上年同期增长28.7%；住宅施工面积30.3万平方米，比上年同期下降47.8%；新增竣工面积30.3万平方米，比上年同期下降81.1%。保障性住房建设稳步推进，昌平回龙观二期、大兴康庄及房山长阳项目限价房实现竣工，京粮南苑、平原里3号楼、华嘉小区回迁楼开工，全年保障性住房开工3383套，竣工9812套，累计调拨房源7500余套，进一步改善了居民住房条件。加快市政道路建设，共有28条道路实现开工，北新华街南段、南横西街、前门西河沿东段、新街口北大街、槐柏树后街、达智桥胡同、新文化西街、施家胡同、嘉祥胡同、马连道北街等10条道路竣工，地铁19号线西城段5个站点均实现开工。

地址：西城区长椿街甲24号
邮编：100053
电话：63027019

（朱　洲）

【调研与督察工作】 1月21日，市住建委调研全区施工许可办理工作。3月30日，市交通委检查全区市政道路建设工作。4月21日，市政府办公厅、市交通委、市路政局联合检查组到北新华街工地检查指导工作。5月6日，区人大常委会副主任俞强带队视察全区市政道路建设工作。5月12日，区十五届人大常委会第64次主任会议听取西城区道路建设情况报告。7月5日，区长王少峰调研全区市政道路建设情况。8月4日，市委、市政府督查室实地督导检查西城区道路建设情况。8月25日，市政府副秘书长姜帆现场调研全区断头路建设及道路微循环建设工作。

（朱　洲）

【城建工作会】 3月11日，召开2016年城建工作暨党风廉政建设工作部署会，总结2015年城市建设工作，部署2016年重点业务工作，同时对党风廉政和反腐败工作进行总体部署，逐级签订党风廉政建设责任书和承诺书。

（朱　洲）

【永安路启动征收工作】 4月6日，永安路张贴房屋征收决定，正式启动征收工作。该路段为城市次干路，东起东经路，西至前门大街，总长458米，红线宽度35米。征收共涉及产籍户192户，单位3家。

（朱　洲）

【红居北街东段启动征收工作】 4月8日，红居北街东段工程张贴征收决定，正式启动征收工作。该路段为城市次干路，东起手帕口南街，西至红居街，全长122米，红线宽度30米。征收共涉及产籍户22户，单位2家。

（朱　洲）

【南横西街开工】 6月28日，南横西街项目开工建设。该路段为城市次干路，西起牛街，东至菜市口大街，全长100米，规划红线宽度40米。

（朱　洲）

【完成保障性住房建设任务】 年内，京粮丰台南苑植物油厂2596套、平原里3号楼385套、华嘉胡同回迁房402套房源实现开工，昌平回龙观二期5136套、房山长阳7号地限价房1614套、朝阳东坝单店二期项目1004套、大兴康庄2058套房源实现竣工，全面完成开工3200套、竣工9800套的任务指标。

（朱　洲）

【提高城市品质大讨论活动】 6月6至30日，举办提高城市品质大讨论活动。结合行业管理职责，成立施工现场、重点工程、行管企业三个专项工作组，通过发放调查问卷、工地一线实地走访、服务对象代表座谈等方式，多层次多角度广泛征求意见。活动期间，发放并收回调查问卷107份，共有77家来自一线的建设、施工、设计、勘测单位、服务对象以及全委30余名机关干部参与问卷调查。同时，结合行业管理情况，于6月10至17日分别召开施工现场、重点工程、行管企业3个类别9场专题研讨座谈会，围绕“提高城市品质·共建美丽西城”展开讨论，机关内部全体党员参与讨论。6月20日，邀请15家各专业企业代表与区住建委领导班子进行集体座谈，围绕西城区规划、建设、管理等进行集中研讨交流。

（朱　洲）

【课题调研】 年内，开展题为《北京市西城区建设工程施工专业分包与劳务分包合同管理及风险研究》的课题调研工作，课题委托北京交通大学开展，主要研究主要内容包括国内主要省市建设行政主管部门及建筑企业的建设工程施工分包合同管理现状调研、分包合同管理的关键要素与履约风险分析、提高区域内建设工程施工专业分包和劳务分包合同履约能力的对策研究和提升等。11月24日，通过专家评审验收。

（朱　洲）

【中国航空规划设计研究总院科研综合楼竣工】 11月16日，中国航空规划设计研究总院有限公司科研综合楼工程竣工。该工程位于德胜门外大街12号，框架剪力墙结构，地下4层17000平方米，地上15层30000平方米，总建筑面积47000平方米，建筑高度60米。工程总造价31333.41万元，于2013年4月18日开工。工程由中国航空规划设计研究总院有限公司建设，中航勘察设计研究院有限公司勘察，中国航空规划设计研究总院有限公司设计，中建一局集团第二建筑有限公司施工，中航监理（北京）有限公司监理。

（朱 洲）

【北京科技大厦竣工】 2月2日，北京科技大厦工程竣工。该工程位于西外南路19号，总建筑面积39239平方米，框架剪力墙结构，抗震设防烈度为8度，地下3层，地上11层，局部6层，建筑高度43.85米（局部6层高度为24.65米）。工程总投资12789.91万元，于2013年3月28日开工。工程由北京科源房地产开发有限公司、北京市科学技术研究院、中国科学院古脊椎动物与古人类研究所建设，中国建筑技术集团有限公司勘察，北京清华同衡规划设计研究院有限公司设计，中国建筑第八工程局有限公司施工，北京中集协工程管理有限公司监理。

（朱 洲）

【北京高端产业发展服务中心项目竣工】 1月27日，北京高端产业发展服务中心项目竣工。工程位于广安门外甲275号，总建筑面积22510.37平方米，钢筋混凝土框架剪力墙结构，抗震设防烈度为8度，地下4层，地上13层，建筑高度59.55米。工程总造价11955.74万元，于2013年6月16日开工。工程由北京市工业设计研究院建设，北京市勘察设计研究院有限公司勘察，北京市工业设计研究院设计，北京首钢建设集团有限公司施工，北京京龙工程项目管理公司监理。

（朱 洲）

【平原里3号楼项目开工】 6月27日，平原里3号楼定向安置房项目开工，计划建设住宅385套，建筑面积约3万平方米，属于“西城区2016年住房保障工作目标责任书”考核项目，年底，该项目进入桩基工程施工阶段。

（朱 洲）

【旧城定向安置房项目住宅全竣工】 6月8日，昌平回龙观项目二期北区715地块住宅及其配套工程通过竣工验收。至此，西城区跨区自主建设的昌平回龙观西城区旧城保护定向安置房项目住宅全部竣工。该项目分两期进行，一期于2013年底竣工验收；二期分南、北区建设，南区工程于2012年9月开工，2015年6月竣工。北区工程于2014年底开工，年内6月全部竣工，二期工程累计可提供5136套房源。

（朱 洲）

【北新华街微循环道路改造工程竣工】 北新华街为城市次干路，南起和平门（前三门大街），北至西绒线胡同，道路全长约470米，规划红线宽50米，本次微循环道路改造工程先行实施35米。改造建设内容包括道路、交通、雨水、污水、照明、绿化、电力及弱电工程等。项目于1月8日启动开工建设，11月30日实现竣工通车。

（朱 洲）

【与房山区进行保障性住房建设区域合作洽谈】 10月21日，副区长姜立光带队与房山区政府洽谈“十三五”期间的保障性住房建设区域合作。双方就地块选定、工作进程、周边公共服务配套需求及合作模式等进行沟通。双方发改委、住建委、规划分局、医疗、教育等部门及实施主体负责人参与洽谈。

（朱 洲）

建筑行业管理

【概况】 年内，区住房城市建设委窗口受理施工许可证75项，核发夜间施工许可197次，完成工程竣工验收备案79项；受理建筑起重机械安全备案81项；受理二级建造师初始注册及变更注册1640人次；完成企业资质变更和资质核定392件、三类人员续期824人次；完成招标163项，合同金额49.44亿元。全年安全站、质量站、施工办3个监督机构共出动7179人次，检查工地3820家次，发出责令整改通知书119份，对193家责任单位和46名责任人做出经济处罚，总处罚金额516.52万元，对84家责任单位、254名责任人做出行政处理。

（朱 洲）

【烟花爆竹安全宣传进工地】 1月27日，联合区烟花办、区安监局等部门开展烟花爆竹安全宣传进工地活动，现场发放烟花爆竹禁放警示牌和宣传海报200余份。

（朱 洲）

【“亚投行”开业活动服务保障】 1月7日，召开“亚投行”开业活动服务保障工作会，共有活动地点周边500米范围内的15个项目的建设、施工、建立单位的50余名负责人参会，签订服务保障工作责任书。14至19日，督促15个重点工地停止土方、夜施、明火作业及产生噪音、刺激性气味的施工作业，加强施工现场的封闭式管理和领导带班值班。安排协管员进驻重点项目工地重点盯守。出动280人次，检查工地242个次，确保各项目严格落实活动服务保障工作要求。

（朱　洲）

【全国“两会”服务保障】 年内，先后召开4次服务保障全国“两会”工作动员部署会，下发《西城区建筑工地服务保障2016年全国“两会”工作方案》。对区域内工地进行摸底排查，明确会场和驻地周边500米范围内22个工地的基本情况并建立台账。3月1至17日，对上述22个工地项目进行驻点排查盯守，确保全部落实停工作业、领导带班值班、现场封闭化管理等要求。组织其他工地开展隐患自查。“两会”期间，共出动人员348人次、车辆78台次，检查工地261个次，编发短信4580条，约谈项目2个，下发责令整改通知书1份，记分处罚企业1家。

（朱　洲）

【地铁工程建筑市场行为执法检查】 3月上旬，开展全区地铁工程建筑市场行为专项执法检查，以规范地铁工程参建主体的建筑市场行为，消除暗挖、降水等可能引发工程质量安全事故施工环节的市场行为隐患，打击和纠正转包、违法分包等违法行为。检查范围包括地铁16号线、地铁8号线项目共7个在施施工标段，共涉及建设单位2家，施工总承包单位7家，专业分包单位18家，劳务分包单位16家。北京市政集团有限公司施工的地铁16号线20标段、中铁五局（集团）有限公司施工的8号线5标段检查情况较好。针对检查中主要发现的管理人员社会养老保险关系不符合要求、分包合同备案不及时、劳务管理不规范等问题进行整改处罚，下发《责令改正通知书》1份，对1家企业及其负责人采取行政处罚，督促相关责任单位整改。

（朱　洲）

【建筑施工安全体验式培训】 3月18日，向全区建筑工地下发《关于推广体验式安全培训的通知》。3月24日，组织全区建设工程施工单位负责人和安全员200余人到中国新兴建设体验式安全培训基地参加强化体验式安全培训工作会，强调开展体验式安全培训教育的意义、目的和要求，观看安全知识和事故案例教育视频，进行安全帽撞击、应急演示、灭火模拟、综合用电等10项室内模拟体验项目和不合格脚手板、墙体倾倒、临边防护、高处坠落等21项室外模拟体验项目，培训结束后，向所有学员颁发培训合格证书。6月20日，完成全区所有项目从业人员全覆盖的体验式安全培训。

（朱　洲）

【散装预拌砂浆应用情况专项检查】 4月18日，联合市建材办对中国建设科学院物理所科研楼、三里河三区5号住宅楼及地下车库在建项目进行散装预拌砂浆应用情况专项检查，内容包括施工现场实际使用散装预拌砂浆状况和散装预拌砂浆使用管理情况，抽样检验预拌砂浆质量状况。项目检查情况良好，各施工现场对散装预拌砂浆和新型墙体材料应用的各项标准法规落实到位，按要求安装了散装预拌砂浆设备，未发现现场搅拌现象。

（朱　洲）

【“庆五一、促安全”系列活动】 4月18日和22日，召开2次“庆五一、促安全”劳动经济和节日慰问活动动员部署会议。“五一”前后，组织全区各项目集中开展观看安全教育片、安全生产知识竞赛、体验式安全培训、劳动作业技能比赛、消防演练、趣味体育比赛、为工人接种疫苗、发放节日慰问品等节日活动，共涉及建筑工地68个，组织活动162场次，参与人数2312人次，发放慰问品513件。

（朱　洲）

【在施住宅工程质量专项检查】 5月18至25日，对全区在施住宅工程质量进行专项执法检查。检查内容包括：住宅工程参建各方落实质量终身责任及质量保证体系运行情况、按照施工图及技术标准施工情况、落实《住宅工程质量分户验收管理规定》文件情况等。共检查4个住宅项目，总建筑面积30万平方米。根据检查情况，对质量管理存在监理单位未按要求对工程平行检验、项目使用的建筑材料试验管理不规范等的1家施工单位、2家监理单位进行约谈，发出责令改正通知书1份。

（朱　洲）

【组织防汛演练】 6月初，向全区建设工程下达防汛应急抢险实战拉练命令，目的是提高工地灾害预防和风险防范的意识，增强应急抢险保障能力。6月28日，联合北京建工集团抢险队及北京首华建设经营有限公司在德胜门对景建筑工地现场举办防汛演练，区域内重点防汛项目负责人参演。演练模拟基坑在底板及墙体施工过程中遭遇大雨和不明地下水的冲击，发生挡土桩基础位移、基坑局部坍塌，导致基坑周边市政管线发生变形且事故突发地点周边居民稠密，易引发次生灾害的情形。通过采取现场警戒、雨中观测、运送砂石袋堵住坍塌位置、排除基坑及周边倒灌雨水、支护不稳定部位等步骤，控制住基坑险情，完成方案设想。演练检验了项目部防汛演练预案的可操作性和针对性，以及应急抢险队的应急救援能力。

（朱　洲）

【基坑工程安全管理专项培训】 6月7日，组织全区基坑、市政和轨道交通工程的施工单位负责人、技术负责人、安全站监督员以及协管员共100余人次参加基坑工程安全管理专项培训。系统学习土墙钉和复合土墙钉的基本要件和施工技术、桩锚支护的桩间土支护、锚杆施工工艺以及如何通过查看监测数据判断基坑工作状态等。结合施工现场的大量案例，强调明挖基坑的检查要点。

（朱　洲）

【建筑业“营改增”计价政策培训】 6月30日，开展建筑业“营改增”后的计价政策宣传解读培训。重点介绍财政部、国家税务总局《关于全面推开营业税改增值税试点的通知》中建筑业“营改增”的相关内容，着重解释说明《关于建筑业营业税改增值税调整北京市建设工程计价依据的实施意见》的条款内容，结合案例详细解答实际工作中遇到的问题。全区建筑业企业、咨询代理机构、房地产开发企业共130余人次参加培训。

（朱　洲）

【落实工程质量治理两年行动专项检查】 5月1日至6月24日，对全区工程项目开展落实工程质量治理两年行动专项检查。本次检查主要针对全区结构在施的重点项目，检查内容包括全面落实五方责任主体项目负责人质量终身责任情况、参建三方责任人到位情况及质量保证体系建立情况、落实《北京市预拌混凝土生产使用质量专项治理两年行动工作方案》的要求情况、进场建筑材料报验复试情况以及不合格材料处理情况。共检查16个项目，涉及建筑面积61.51万平方米，下发责令改正通知书1份，对1家单位进行处罚。

（朱　洲）

【监理单位履责情况检查】 5月28日至6月24日，开展全区在施工程监理单位履责情况专项执法检查。检查内容包括：项目总监理工程师及现场监理人员配备、资格和履责情况；现场监理资料的真实性、时效性、有效性和完整性；施工组织设计及施工方案的审批情况；原材料、建筑构配件、设备进场验收审查情况；检验批、分项、分部单位工程施工验收报验情况。共涉及15个项目，约谈问题企业3家，下发责令改正通知书1份。

（朱　洲）

【建筑业企业资质简单换证工作】 换证工作自2015年下半年启动，6月30日完成。共受理简单换证316件次，涉及建筑业企业254家。自7月1日起，旧版建筑业企业资质证书作废，新版资质证书正式启用。

（朱　洲）

【竣工工程永久性标牌设置情况检查】 7月4至15日，对竣工工程永久性标牌设置情况展开专项检查。重点检查建设单位是否按照市住建委《关于北京市房屋建筑和市政基础设施工程设置永久性标示牌的通知》要求，设置永久性标牌或曾经设置永久性标牌但后期擅自摘除的行为，检查永久性标牌的安装位置、记录内容、尺寸和材质等。共检查已竣工的工程项目39个，针对个别不符合要求的项目进行现场取证并督促项目参建单位进行整改。

（朱　洲）

【“中国梦、劳动美”慰问演出】 7月6日，在北京坊项目施工现场举办“中国梦、劳动美”文化进工地慰问演出活动，该活动已于2014和2015年连续举办两届。演出包括中国广播艺术团专业演员表演的歌曲、戏曲、相声、快书和小品，以及北京坊建筑工地的建设单位和施工单位职工表演的舞蹈和合唱等节目。活动还为北京坊工程项目各参建单位发放《中国共产党党章》《习近平关于严明党的纪律和规矩论述摘编》等“两学一做”学习书籍以及绿豆、白糖等防暑降温慰问品。来自各项目建设、施工企业的300余名管理人员和农民工参加活动。

（朱　洲）

【建筑垃圾专项夜查行动】 7月26日，联合区城管执法监察局对宣武艺园地下停车场及防灾避险指挥中心工程、北京大学第一医院保健中心等5项工程、德胜门对景仿古建筑建设工程、中国人民银行国家外汇管理局外汇储备经营场所项目土方工程等4个项目参建各方的值班值守、车辆冲洗设备、视频摄像头使用情况及裸露土方覆盖情况进行联合夜查。对检查中发现的渣土运输过程中违规使用不合格运输车辆、未按照规定开启洗车轮机等问题，下发责令整改通知书，暂扣不合格车辆，对施工单位进行行政处罚。

（朱　洲）

【印发施工安全指导手册】 年内，安全站印发《工程项目施工人员安全指导手册》，以图文结合的方式，介绍进入施工现场必须掌握的安全基本知识、施工现场注意事项和常见安全标示牌等施工过程中应当把握的安全要点。手册采取“口袋书”的形式，方便施工人员随时随处学习，丰富了建筑施工安全宣传教育手段。全年累计向建筑工地发放手册2000余册。

（朱　洲）

【参建单位和从业人员身份真实性核查】 7至9月，按照“账对人、零漏项”的标准，组织全区在建项目开展参建单位和从业人员身份真实性核查。主要内容包括对从业人员基础数据进行全面清理摸排，工程款、劳务费、工人工资结算支付纠纷的排查化解。对20家在检查时发现劳务管理存在违规行为的责任单位做出行政处罚和记分处理。

（朱　洲）

【推广安全生产责任险】 7月11日，召开由全区各项目施工单位负责人参加的全区建筑工地安全生产责任险（简称安责险）推广工作会；8月4日，组织安责险推广咨询会，部分街道的20余个装修工程的项目负责人与保险公司参会。通过传达上级指示精神和介绍安责险有关情况，对各项目投保安责险提出工作要求。将安责险工作纳入安全交底内容，从源头规范投保工作。年内已有67个项目完成安责险投保工作。

（朱　洲）

【散装预拌砂浆及新型墙体材料使用情况专项检查】 9月20日，联合市建材办对庄胜二期A-G地块危改项目和国投养老服务中心在建项目进行散装预拌砂浆和新型墙体材料应用情况专项检查。内容包括：施工现场实际使用散装预拌砂浆情况，抽样检验预拌砂浆质量情况，墙改基金缴纳情况，是否按图选材和按图施工。对发现的未及时办理节能设计变更手续、违规使用实心砖的责任单位采取了督促整改措施。

（朱　洲）

【国庆节服务保障】 9月13日，召开区域内项目施工单位负责人安全生产管理工作会议，对国庆节期间安全管理工作提出要求。下发《西城区建设工程施工现场关于落实消防联席会议精神的通知》和《关于做好国庆节施工现场安全管理工作的通知》，要求各项目做好隐患排查治理、加强消防安全管理、加强留守人员管理、强化施工现场封闭管理和人员登记制度、做好领导带班、应急值守和信息报送等工作。节前，对全区工地防火、易燃易爆品管理、封闭管理、扬尘管控、环境卫生、食品安全等方面开展检查。节日期间，督促各项目落实五方自查报告制度，同时加强对值班人员在岗情况、安全隐患排查整改情况进行检查，两支专业抢险队实行24小时备勤。国庆期间下发文件360份，发送短信7580条，出动132人次抽查工地78个次，完成服务保障工作。

（朱　洲）

【安全生产大检查】 1月，制定下发建筑工地安全生产大检查方案，先后10次在不同类别的会议上，传达中央、市、区领导指示精神，持续对安全生产大检查工作进行再动员、再部署和再要求。采取“四不两直”（即不发通知、不打招呼、不听汇报、不用陪同接待、直奔基层、直插现场）的方式，对12个项目落实安全生产大检查工作的情况进行督导，营造安全生产大检查高压态势。组织模架、深基坑和临电专家，对区域内11个在施工程的高大脚手架、深基坑和临时用电进行专项检查，消除安全隐患；与西城消防支队联合开展冬季防火专项检查，确保不发生“冒烟”现象。大检查期间，转发、下发文件3240份；出动475人次，检查工地738个次；排查各类安全隐患和管理问题62个，对33家施工企业实施行政处罚，处罚金额7.8万元；对企业、项目负责人、安全员实施记分处罚，共记73分。

（朱　洲）

【脚手架安全管理培训】 11月1日，组织区域内老旧小区综合整治项目的施工单位负责人进行专题培训。培训主要对脚手架技术规范进行了解读，针对近几年发生的典型事故，分析了事故特点尤其是脚手架事故共性原因，对脚手架工程重点检查的内容进行了详细讲解。来自全区施工单位的负责人共50余人参加培训。

（朱　洲）

【百日绿色安全专项治理行动】 11月1日，百日绿色安全专项治理行动启动。治理行动期间，主要任务是督促全区房屋建筑和市政基础设施工程各参建单位做到“十个不”，即：不扬尘、不冒烟、不违章违规作业、不挖断管线、不中毒、不坍塌、不抢工、不亡人、不掉队、不投诉，确保施工现场实现“安全生产、绿色施工、质量合格”的基本目标。

（朱　洲）

【老旧小区综合改造工程质量检查】 11月7至25日，对老旧小区综合改造工程质量进行专项检查。检查重点包括结构加固工程施工质量、施工组织设计编制审批情况、建筑材料有见证取样检测情况、参建各方履职情况等。共检查中央机关和老旧小区综合整治工程项目35个，涉及建筑面积56万平方米，对2家施工单位和2家监理公司发出责令整改通知书并对单位和项目负责人采取记分处罚措施。

（朱　洲）

【VR体验式安全教育培训】 11月18日，从预防安全生产事故出发，向全区推广中建八局北大医院保健中心项目部使用的VR体验式安全教育系统，通过三维仿真虚拟化施工环境场景，增强一线施工人员防高处坠落、物体打击、机械事故、触电伤害、火灾等伤害的意识，13个重点项目的负责人在安全教育培训中得到启发。

（朱　洲）

【消防安全管理培训】 12月29日，邀请西城消防支队对全区施工单位项目负责人进行建设工程消防安全培训，重点解读《建设工程施工现场消防安全技术规范》，围绕施工现场冬季消防安全管理的重点工作进行培训，做出安全提示。

（朱　洲）

【防汛迎汛】 年内，通过成立指挥部、制定下发工作方案、下达防汛命令、召开部署动员会、签订防汛责任书、开展深基坑专项检查、指导开展防汛应急演练等措施，落实防汛迎汛工作目标，确保汛期全区建筑工地的安全稳定。汛期，共下发《防汛工作方案》170份，签订《防汛责任书》170份，发放防汛宣传画500份，组织、拉动防汛应急演练17项，发出预警、工作通知类短信50683条；17个重点防汛项目共储备土石方900立方米、沙袋1.2万条、木材280余立方米、水泵290余台、运输车辆120台、编织袋7.6万条，苫布3万平方米。2支专业抢险队伍共有专业人员60余人，储备砂石料400立方米、编织袋3000条、抢险车辆3台、运输车8台、轮式吊车2台、轮式挖掘机3台。

（朱　洲）

【招标投标管理】 年内，建设工程招标投标项目入场登记183项，其中公开招标147项，邀请招标2项，直接发包31项，一次性备案3项。其中委托招标149项，自行招标34项。入场项目按资金性质分为政府投资124项、国有资金38项、自筹资金21项。完成合同备案176项，合同金额55.05亿元。

（朱　洲）

房地产开发与建筑业

北京金融街投资(集团)有限公司

【概况】 北京金融街投资(集团)有限公司(简称金融街集团)是西城区国资委所属的综合性投资集团公司。年内，金融街集团各所属公司合计实现营业收入311.15亿元，实现净利润37.92亿元；年末集团总资产达到2073.13亿元，净资产667.64亿元，分别同比增长10.73%和13.26%。截至12月，金融街集团系统共有职工11517人，其中大学本科及以上学历人员占公司总人数的35.02%。年内，集团所属企业获得“中国房地产开发企业商业地产10强”“首都劳动奖状”“西城劳动奖状”等国家、市、区级集体奖项96项，“北京市企业优秀党支部书记”“北京市优秀团干部”“天津市优秀共产党员”等市、区级个人奖项40项。金融街集团及所属公司未出现重大主体责任安全事故、重大经营风险事件和重大信访事件。

地址：西城区金融大街33号通泰大厦B座11层
邮编：100033
电话：88088080

(郭岩松)

【政府重点工程建设】 年内，金融街集团落实市、区政府对重点任务的要求，强化统筹协调，围绕关键目标和任务落实各项工作。履行国有企业社会责任，重视疏非控人工作，超额完成任务，全年疏解人口1687人次，为区国资委下达的疏解指标1530人次的110%，其中产业升级757人，腾退项目804人，用工疏解126人。完成虎坊桥烤肉城、北京珠宝检测中心、官门口菜市场、世纪金工经济酒店、广安门电影院等低端产业疏解。集团所属广安一期项目通过“百日攻坚行动”、推动司法执行等方式，全年完成签约65户。国家大剧院西项目完成13个整院、50户签约，完成2个公房整院的选房、承租权变更及收房工作。白塔寺项目腾退预签约168户，完成整院腾退80户，并形成整院21个。北部平房区预签约205户，完成签约65户，形成整院33个。上述搬迁腾退项目均完成或超额完成了区政府下达的年度目标。集团所属昌平保障房项目130万平方米、10762户住宅于年内收官。项目二期一次验房无整改率99%，配套设施与服务逐步完善。金晖公司在全市树立了优质标杆形象，建立了一套可复制的跨区集中建设保障房的规范标准与管控模式，受到市领导肯定。金晖公司配合区政府开展动批项目疏解工作，签署长安小学三方代建协议。白塔寺区域更新改造、品牌宣传、招商运营、产业升级等取得新进展。集团所属金盈公司探索“以区块为单位的渐进式更新”模式，通过精品院落改造试点带动区域院落更新；采取“分散合营”模式，按照“新雅客、新商客、新居客”的定位招商，年内新签约25家商户。成功引入金融机构进驻官园汇。华嘉住宅项目完成居民补签协议，取得开工证，实现正式开工。

(郭岩松)

【房地产开发业务】 年内，金融街集团房地产开发业务加大去库存和业务拓展力度。集团所属公司全年实现开复工面积383万平方米，其中新开工114万平方米，实现竣工119万平方米，实现营业收入198.52亿元，同比增长27.55%；实现净利润(归属于母公司)28.04亿元，同比增长24.46%；实现销售签约276亿元，销售回款250亿元。集团所属公司应对市场变化，扩大直接融资规模，进一步降低融资成本，平均资金成本较上年下降1个百分点以上。加强项目前期工作，新项目开工周期明显缩短。集团所属天津金融街(和平)中心项目获“2016中国土木工程詹天佑奖优秀住宅小区金奖”。詹天佑奖是中国建筑行业的最高奖项，代表了当今中国房地产行业住宅项目建设的最高水平。集团所属金融街E9项目获“2016—2017年度国家优质工程奖”，该奖项是中华人民共和国优质产品奖(简称国家质量奖)的一部分，是工程建设质量方面的最高荣誉奖励。经集团所属慕田峪公司的努力，慕田峪景区顺利通过国家5A级景区质量等级复核，并获“北京市著名商标”称号。

(郭岩松)

【保险业务】 年内，金融街集团所属长城人寿保险股份有限公司实现总规模保费105亿元。增资工作顺利完成，9月12日，公司注册资本由23.52亿元增至28.14亿元；公司增设了机构，5月将湖南分公司株洲和湘潭两个营销服务部改建为中心支公司，6月增设山东分公司潍坊市诸城和邹平两个中心支公司，12月增设山东分公司滨州市惠民支公司和临沂市蒙阴支公司；9月上旬，公司顺利完成保监会SARMRA(偿付能力风险管理要求与评估)评估检查，最终评估得分为74.57分；“长城福泰百万防癌险”等三款保险产品获“年度保险产品”称号，长城福泰百万防癌恶性肿瘤疾病保险获评“年度健康保险产品”，长城金街1号终身寿险获评“年度投资型保险产品”，长城种植牙医疗保险获评“年度互联网保险产品”；集团所属长城人寿保险股份有限公司获“公益节5年特别致敬奖”“2015年度责任品牌奖”“2015年度中国市场竞争力十佳人身险公司”“最佳传播奖”“杰出保险理赔奖”等多个奖项。

(郭岩松)

【证券业务】 年内，恒泰证券公司实现营业收入26.68亿元，净利润5.22亿元。恒泰证券在资本市场萎靡之际，发挥主观能动性，在严控风险的基础上，通过业务创新推动公司发展。经纪业务在交易量下滑及资本中介业务萎缩的环境下，通过互联网金融等创新业务方式，持续保持了市场份额的增长。资产证券化业务克服团队人员变动的影响，继续保持行业领先地位，已备案产品规模位于市场第三位，同时完成了国内单只规模最大的银泰中心类REITs项目（即由恒泰证券担当管理人和销售机构、民生银行担任监管银行和托管人的北京银泰中心资产支持专项计划）。投行业务在规范化营运中顺应市场变化，抓住变化带来的机遇，在IPO（首次公开募股）项目、再融资、企业债项目等业务中实现了快速增长。其中新三板挂牌业务市场排名上升35位，排名市场第32位。其他如公募基金业务、资产托管业务也均取得较好的经营业绩，业务规模及市场排名不断上升。

（郭岩松）

【物业经营业务】 年内，集团物业经营业务进入产品成熟期，实现收入超过20亿元，其中酒店业合计实现收入7.5亿元，公寓实现收入1.7亿元，商业实现收入3.6亿元，写字楼业务实现7.7亿元。在北京、上海、重庆多地获取新项目。集团所属华利佳合公司靠自身突破，实现拓展连锁饭店主业工作目标，连锁饭店通过局部装修改造，整体经营面积扩大1000平方米，增加客房40间，并全部通过了消防、卫生、特种行业等主管部门备案批准，正式对外营业。

（郭岩松）

【物业管理业务】 年内，金融街集团所属物业公司实现营业收入7.8亿元，其中新增增值业务收入1.1亿元；实现净利润6600万元，其中增值业务实现利润454万元。集团所属物业公司市场拓展成效显著，新增物业管理面积247万平方米，总管理面积超过1300万平方米。公司于第一季度入围北京市行政单位物业定点企业，9月入围通州区行政单位物业定点企业；在江苏淮安成立淮安合资公司及分公司，在广州、临沂分别成立广州、临沂分公司，并正式开展业务；养老服务稳步推进，融泽养老中心全年共开展主题活动和节日联欢25次，推出端午节、国庆节小长假短期照护服务，增加经营项目。截至年底，融泽养老中心入驻率为91.8%。8月，集团所属物业公司承接全总社区服务驿站运营管理及为老服务。

（郭岩松）

【文化产业】 2016年是集团所属天桥艺术中心运营的第一个完整年度，全年演出600余场、观演50万人次。原创话剧《北京法源寺》深受好评，话剧《网子》在年内北京市文化局举办的“北京故事”优秀小剧目展演中获第一名。天桥演艺联盟成功举办音乐剧演出季，产生了巨大的社会和品牌效应。成功举办厂甸庙会。推出“缤纷童年艺术节”剧目演出，整合优质演艺资源，打造艺术中心品牌。首都电影院西单店累计票房排名全国第四。

（郭岩松）

【参与创立国企改革基金】 9月，金融街集团出资50亿元，联合中国兵器、中石化、神华集团、中国移动、中国交建等9家央企，在北京投资设立国内规模最大的私募股权投资基金——中国国有企业结构调整基金，基金总规模达3500亿元。中国国有企业结构调整基金成立，意味着国务院国资委确定的国企改革两大基金——国有资本风险投资基金和国企结构调整基金全部设立。此项投资是金融街集团历史上单笔最大的股权投资，是金融街集团加快资本运作、推动金融产业发展的重要举措，是加强与央企合作，推动集团发展的战略选择。

（郭岩松）

【金融街项目持续获得领导关注】 年内，集团所属多个重点项目获得领导关注。9月10日，北京市委书记郭金龙到石景山区京西商务中心调研供给侧结构性改革和经济发展情况，参与调研的市领导有李士祥、张工、张建东、隋振江。郭金龙对京西商务中心发展给予高度评价。9月27日，天津市委书记李鸿忠，市委常委、常务副市长段春华，市委常委、市委秘书长成其圣，副市长孙文魁一行前往金融街（南开）中心项目调研指导工作。李鸿忠肯定了金融街（南开）中心项目在促进南开区经济社会发展中取得的成绩，高度评价了金融街控股天津公司历年在天津各区域开发的地标项目。11月7日，北京市代市长蔡奇、常务副市长李士祥、市政府秘书长李伟、市政府副秘书长王芳等到金融街视察工作，区委书记卢映川、区长王少峰、区金融办主任聂杰英等陪同视察。在金融街中心大厦，王少峰结合金融街规划沙盘向蔡奇作金融街基本情况汇报。蔡奇充分肯定金融街开发建设成果及对驻区机构的服务，表示了对区政府及相关服务机构继续做好金融服务发展工作、金融产业培育、提升区域服务品质、实现金融街更好的转型发展寄予的希望。12月27日，市委副书记、代市长蔡奇，市委常委、副市长陈刚调研昌平保障房项目，对项目给予高度评价。蔡奇指出，融泽嘉园项目是北京市人口疏解和安置、跨区合作的标杆，是全市保障房建设的典范。

（郭岩松）

【涉足教育、健康产业】 年内，金融街集团积极拓展业务范围，开始涉足教育和健康产业，这是集团立足长期发展的重大举措，是实现战略转型的关键步骤。集团将金融街投资公司改组为健康产业平台，聚焦医疗服务、健康管理两个实业投资方向，并关注大健康领域财务投资。对接区内优质医疗资源，举办健康管理连锁机构，打造集高端健康管理、专科医院、高端医疗服务为一体，具有领先健康产业投资管理能力的健康投资集团。9月19日，集团所属北京金融街教育投资有限公司正式成立，教育公司专业从事教育投资、教育咨询和培训业务，借助区内优质教育资源以及集团雄厚的产业和商业资源，打造涵盖学前教育、义务教育、高中、高等教育、培训等在内的具有金融街品牌特色的教育集团。

（郭岩松）

北京市华远集团

【概况】 华远集团创立于1983年11月，秉承“来源于社会，服务于社会”的宗旨，坚持“坚韧、团结、探索、奋斗”的精神，已发展成为旗下拥有20余家企业，涉及房地产、金融服务、商业服务、高端制造、信息技术等领域的综合性集团。2016年是集团转型发展的关键之年，面对新的经济环境和行业发展新常态，集团以“改革创新，全面提升经营能力”为引领，紧跟大势，深入推进体制机制改革，深化战略管理，强化产业和金融结合，依靠创新和资本驱动，调整产业结构，完善管理体系，提升核心竞争力，保障集团持续健康发展。年内，经营管理层与全体员工团结协作、攻坚克难，集团整体业绩保持稳健发展势头，主要经营指标增长良好。截至年底，集团资产总额344.33亿元，比年初增长30.22%；净资产94.91亿元（归属集团公司的权益为53.57亿元），比年初增长20.13%；营业收入78.84亿元，同比上升2.92%；利润总额11.44亿元，同比下降5.92%；净利润8.40亿元（归属集团公司的净利润为3.98亿元），同比下降7.08%；国有资产保值增值率110.78%，净资产收益率11.46%，成本费用利润率15.87%，较好地完成了区国资委下达的经营考核指标。截至年底，华远地产已取得但尚未开发的土地面积为282722平方米，一级土地整理面积为66905平方米。

地址：西城区南礼士路36号华远大厦

邮编：100037

电话：68037022

（李南南）

【华远·海蓝城项目】 4月17日，华远·海蓝城项目举办以“春游园 海蓝FUN”为主题的开放活动。4月23日，华远·海蓝城（西安）五期项目举办开盘活动。5月13日，华远·海蓝城（西安）五期项目（10、11、16、17、22号楼及商业裙房）取得由西安市住房保障和房屋管理局核发的《商品房预售许可证》（市房预售字第2016154号）。6月20日，华远·海蓝城（西安）项目五期全部主楼完成结构封顶。6月23日，华远·海蓝城（西安）项目四期29号楼乐知林社区学堂启动运行。

（王馨恬）

【华远·锦悦项目】 1月26日，华远·锦悦（西安）项目一期（1、2、5号楼和地下车库）、（3号楼及部分地下车库）取得竣工备案表。3月18日，华远·锦悦（西安）二期项目（4号楼）取得由西安市住房保障和房屋管理局核发的《西安市商品房预售许可证》，证书编号为：市房预售字第2016070号。7月13日，华远·锦悦（西安）二期项目商业及办公楼完成外立面亮相。

（王馨恬）

【华远·枫悦（西安）项目】 1月26日，华远地产发布购得土地使用权公告，公司控股子公司西安泽华房地产开发有限公司通过网上挂牌出让方式获取了西安市未央区五块宗地的国有土地使用权，宗地占地面积92423.97平方米，成交价格为29350万元，另按照五块宗地的《土地补偿协议》支付宗地的原使用者土地补偿费57237万元。3月18日，华远·枫悦（西安）项目取得由西安市发展和改革委员会核发的《关于印发西安泽华房地产开发有限公司“华远·枫悦”项目备案确认书的通知》。4月10日，一期项目正式开工。5月12日，项目集中商业主体结构封顶。9月10日，项目一期地块5-9号楼完成地下结构施工。10月10日，西安泽华房地产开发有限公司取得由西安市城乡建设委员会核发的暂定二级《开发资质证书》。10月24日，华远·枫悦一期（西安）项目取得由西安市规划局核发的《建设工程规划许可证》（西规建字第（2016）035号）。10月25日，华远·枫悦一期（西安）项目取得由西安市城乡建设委核发的《建筑工程施工许可证》（610112201610250101号）。10月28日，华远·枫悦（西安）项目一期（5-9号楼）取得由西安市住房保障和房屋管理局核发的《西安市商品房预售许可证》（市房预售字第2016370号）。

（王馨恬）

【华远·波士顿（天津）项目】 1月22日，华远·辛庄项目（天津）43号地块取得由天津市国土资源和房屋管理局核发的上东轩2号楼《销售许可证》（津国土房售许字【2016】第0031-001）。3月4日，该地块取得由天津市国土资源和房屋管理局核发的上东轩1、3-6、8、9、12号楼《销售许可证》（津国土房售许字【2016】第0119-001-006号、津国土房售许字【2016】第0120-001-002）。3月30日，该项目37号地块取得由天津市规划局津南区规划分局核发的上东大厦1、2号楼《建设工程规划许可证》（2016津南建证申字0004变更、2016津南建证申字0010）。4月29日，37号地块取得由天津市津南区行政审批局核发的2号楼《建筑工程施工许可证》。（1201122016042901171）。5月27日，43号地块取得由天津市国土资源和房屋管理局核发的7、10、11、14、15号楼《商品房销售许可证》。（津国土房售许字【2016】第0436-001号；津国土房售许字【2016】第0437-001-004号）。6月28日，华远波士顿1＋N餐厅及便利店正式开张营业。11月25日，37号地块取得由天津市国土资源和房屋管理局核发的2号楼《商品房销售许可证》。（津国土房售许字【2016】第1205-001号）。

（王馨恬）

【华远地产获华远·天津汉沽项目】 12月28日，华远地产天津城市公司摘得津滨汉（挂）2016-3号、津滨汉（挂）2016-4号两地块。津滨汉（挂）2016-3号四至为：东至主干路三、南至空地、西至支路二、北至支路三。规划用地性质为二类居住用地，出让土地面积34500.3平方米，容积率≤2.0，绿地率≥35%，建筑密度≤35%，建筑限高≤80米。挂牌价12460万元，起始楼面价1806元每平方米；总价上限18690万元，单价上限2709元每平方米。最终华远以15400万元的成交总价夺得该地块，成交楼面价2232元每平方米，溢价率23.6%，未触及红线。津滨汉（挂）2016-4号四至为：东至支路十三、南至空地、西至次干路二、北至支路十二。规划用地性质为居住用地，出让土地面积61399.1平方米，容积率≤1.5，绿地率≥35%，建筑密度≤25%。挂牌价20950万元，起始楼面价2275元每平方米；总价上限31425万元，单价上限3412元每平方米。最终华远以25700万元的成交总价夺得该地块，成交楼面价2790元每平方米，溢价率22.7%，未触及红线。

（王馨恬）

【华远·华中心（长沙）项目】 2月4日，华远·华中心（长沙）项目二期取得《国土使用权证》（2016083269号）。2月23日，华远·华中心三四期R1-R3规划变更完成，已取得《建设工程规划许可证》（建规【建】字第建1〔2013〕0199号）。2月23日，项目三四期裙楼及地下室（海信部分）取得《竣工验收合格证》。3月18日项目三、四期裙楼、地下室取得《房屋所有权证》。3月17日，华远地产与中国进出口银行湖南省分行签约仪式取得圆满成功。4月22日，项目三四期T1写字楼取得《竣工验收备案表》。7月21日，项目3号楼取得变更后《商品房预售许可证》（长住建委售许字〔2014〕第0465号）。7月28日，项目三期塔楼3号楼（R1-R3栋）取得《建设工程竣工验收备案表》。8月2日，二期项目举行开工典礼。10月27日，华远·华中心（长沙）项目五期取得《建设工程竣工验收备案表》。10月15日，华远·华中心隆玺R3栋完成交房。12月20日，华远·华中心二期项目按计划完成了主体结构基准面出地平线施工的年度关键任务。

（王馨恬）

【华远·好天地（北京铭悦）项目】 3月29日，华远·好天地（北京铭悦）项目取得由北京市国土资源局通州分局核发的6号住宅楼（限价商品房）《不动产权证书》（京〔2016〕通州区不动产权第0019930号）和地库B段《不动产权证书》（京〔2016〕通州区不动产权第0019931号）。同日，项目取得由北京市通州区发展和改革委员会核发的168地块7-9号住宅楼经济适用房《北京市固定资产投资项目投资计划单（房地产类）》（通发改〔2016〕34号）。5月3日，项目取得由北京市规划委员会通州分局核发的7-9号住宅楼（经济适用房）建设工程规划核验（验收）意见（2016规（通）竣字0048号）。同日，项目取得由北京市住房和城乡建设委员会核发的7-9号住宅楼（经济适用房）竣工验收备案表（0321通竣2016（建）0036号）。

（王馨恬）

【华远·和墅（北京）项目】 1月20日，华远·和墅（北京）项目政策房开始办理业主集中入住，截止到1月28日，共计发送入住通知书1435份，通知入住面积133282.27平方米。已办理1137户，入住办理面积101770.74平方米，入住办理率75.4%。5月10日，项目完成商品房外立面施工。5月19日，项目取得由北京市规划委员会大兴分局核发的12-26号住宅楼、27号配套商业服务楼、30-31号住宅楼建设工程规划核验（验收）意见（2016规（大）竣字0036号）。6月2日，项目取得由北京市大兴区住房和城乡建设委员会核发的12号住宅楼（商品房）等20项竣工验收备案表（0433大竣2016（建）0049号）。12月6日，项目取得由北京市国土资源局核发的配套商业26号楼、商品房10-19号楼、21-25号楼、29-30号楼不动产权证，（京〔2016〕大兴区不动产权第0067048号、京〔2016〕大兴区不动产权第0067007号）。

（王馨恬）

【华远·华中心（北京）项目】 1月10日，华远·华中心（北京）项目一期商品房8-10号楼全部封顶。1月19日，项目二期商品房1-7号楼全部封顶。3月4日，项目豪宅部分案名及LOGO确定，案名确定为“华远·裘马四季”。3月29日，项目取得由北京市门头沟区发展和改革委员会核发的《二零一六年固定资产投资项目计划》（（2016）门发改投字第004号）。5月25日，项目取得由市住房城乡建设委核发的1、2、4-7号楼及下挂商业、车库《北京市商品房预售许可证》（京房售证字（2016）69号）。7月31日，“华远·裘马四季”开盘，当天客户共认购15套房。12月22日，项目取得由市住房城乡建设委核发的5-7号楼、8-10号楼竣工验收备案表（1112门竣2016（建）0050号、1113门竣2016（建）0051号）。

（王馨恬）

【华远·汇中心项目】 华远·汇中心项目推广名为华远·西红世。3月26日，华远·汇中心（北京）项目二期开盘。当日近500余人参与，热销181套房。4月15日，华远·汇中心（北京）项目东区整体完成结构封顶施工。6月29日，项目确定商业推广案名LOGO及VI（企业视觉识别系统）。9月1日，项目取得由市住房城乡建设委核发的5-6号楼、8-10号楼、13号楼、15-16号楼、单建地下室《北京市商品房预售许可证》（京房售证字（2016）180号）。9月29日，项目取得由市住房城乡建设委核发的1-4号办公、商业楼《北京市房屋建筑和市政基础设施工程竣工验收备案表》（0787大竣2016（建）0089号）。11月25日，项目东区5-10号楼、13-16号楼外立面达到亮相条件。12月26日，项目东区取得由北京市规划委员会核发的建设工程规划核验（验收）意见（2016规（大）建字0095号）。

（王馨恬）

【华远·石景山（北京）项目】 5月19日，华远·石景山（北京）项目取得由市住房城乡建设委核发的

《北京市住房和城乡建设委员会关于石景山区苹果园交通枢纽M、N地块B4综合性商业金融服务业用地项目核准的批复》（京发改（核）[2016]118号）。6月2日，项目取得由北京市规划委员会核发的《建设用地规划许可证》（2016规（石）地字0007号）。8月4日，项目取得由北京市国土资源局核发的《不动产权证书》（土地证）（京（2016）石景山不动产权第0000020号）。

（王馨恬）

【经营工作会】 1月27日，华远集团年度经营工作会在华远大厦召开。会议由集团有限公司副总经理许惠龙主持，集团各企业主要负责人及集团有限公司全体员工参会。会议听取了集团有限公司董事长兼总经理杜凤超所作的经营工作报告。西城区国资委副主任卢五星出席会议，肯定了集团上年的工作，指出国企应通过改革适应规律，并解读了2016年即将出台的监管新规。会上，各公司交流分享积累的经验，探讨实际经营中的困惑，提出需要集团协调的事项和对集团整体资源共享融合发展的建议。集团有限公司党委书记于锦义作总结发言。

（李南南）

【董事会会议】 年内，共召开董事会10次，包括董事会换届大会1次、日常会议9次。其中，第二届董事会成立大会于5月12日召开，选举杜凤超为华远集团有限公司董事长；选举于锦义为副董事长；聘任杜凤超为总经理；聘任孙秋艳、杨云燕、许惠龙为副总经理；聘任徐骥为董事会秘书。3月20日，召开的第一届第46次董事会同意公司增资北京华远典当有限公司5000万元人民币，增资完成后其注册资本金为1亿元人民币，其中公司持股比例为74.5%。8月2日召开的第二届第3次董事会同意公司增资红塔红土基金管理有限公司1亿元人民币，增资完成后其注册资本金为49600万元人民币，其中公司持股比例为30.24%；同意华远地产进行资产证券化融资的议案。11月23日召开的第二届第6次会议同意公司将下拨的国有资本经营预算金8500万元转增注册资本并变更公司章程相应条款。

（徐骥 刘頔）

【参展中国智博会】 7月29至31日，由国家发改委城市和小城镇改革发展中心（智慧城市发展联盟）联合有关单位主办的2016年中国智慧城市国际博览会在北京展览馆举办，华远集团作为“智慧西城”展厅的智慧产业代表企业参与展览。华远展位共设立智慧地产、智慧科技、智慧金融和智慧商业4大板块，通过多种形式展示华远集团智慧产业建设成果。华远集团副总经理许惠龙、杨云燕等领导出席展览。中央财经领导小组办公室原副主任陈锡文，国家发改委城市和小城镇中心主任李铁，区委常委、副区长陈宁等领导莅临参观，充分肯定华远集团智慧产业建设成绩。在华远展位，华远集团板块通过播放宣传片和解读展板的形式展示了近年来智慧产业建设成果和“十三五”期间智慧产业建设规划，通过现场讲解和发放2015年华远集团年报宣传材料让参观者全面了解和认识了新时代的创新型、智慧型华远集团；在智慧地产板块，华远地产以大屏幕和展板形式展示了房地产“1＋N”产品战略和系列服务模式，讲解人员通过大屏幕演示“华远家”APP，向观众讲解智能家居、智能楼宇、智慧社区、智慧教育、智慧医疗、智慧养老等延伸服务业务，体现了华远地产向智慧型城市综合服务商的探索转型；在智慧科技板块，华控公司总经理潘伟亲自操作智慧管网操作系统，向参观者直观展示地下管网监控系统的操作原理和功能实现，显示了华控公司努力打造成为华远智能制造旗舰企业的高新技术实力；智慧金融板块以展板形式呈现了华远集团多层次、立体化、一站式金融服务智慧平台，华远集团投资的北京聚爱财科技有限公司通过观众互动等形式展示其借助互联网、大数据平台打造智慧理财功能的金融资产管理技术；在智慧商业板块，华远大数公司通过屏幕播放、手机APP演示、VR/AR/MR视觉体验等多种形式展示智慧商业大数据云商平台建设，VR/AR/MR虚拟现实视觉眼镜吸引大量参观者体验。展后，《北京科技报》等媒体报道了“智慧西城”和华远集团智慧产业展示，华远集团智慧产业建设受到社会各界关注。

（李南南）

【华远典当增资】 9月13日，北京华远典当有限公司取得新典当经营许可证，9月26日，北京华远典当有限公司取得新企业法人营业执照，至此，北京华远典当有限公司完成全部增资工作，注册资本金增至1亿元人民币，作为华远典当第一大股东的北京市华远集团有限公司持股比例增至74.5%。

（李南南）

北京天恒置业集团有限公司

【概况】 北京天恒置业集团有限公司（简称天恒集团），是西城区国资委所属的国有独资公司。下属企业40余家。11月2日，集团注册资本金增至898236.7万元，企业法人代表变更为刘海涛。截至年底，集团实现总资产规模595亿元，净资产规模134亿元；营业收入67亿元，完成全年预算的93%；利润总额3.66亿元，完成全年预算的101%；净利润2.04亿元。年内，天恒集团地产板块全年开复工面积164.6万平方米；房屋销售面积43.3万平米，完成比例103.1%；销售签约额95.8亿元，完成比例123%；房屋销售回款80.9亿元，完成比例117.2%。新项目土地储备投资29.4亿元。建设投资136亿元，财务融资237亿元，归还贷款100亿元。拆迁居民2147户，完成比例104.9%；拆迁单位92个，完成比例92%；人口疏解完成81个院落，完成比例101.3%。运营类业务（含商业经营和物业经营）实现营业收入

6.08亿元，完成预算的86.76%；利润总额3039万元，净利润1816万元。

地址：西城区阜成门外大街31号天恒置业大厦

邮编：100037

电话：52609100

（王　丹）

【光源里棚改项目】 2月18日，光源里棚户区改造项目正式启动预签约后，30天内居民预签约率达90.03%，单位产权预签约率达93.41%，总体预签约率达90.17%。5月17日，项目签约期结束，实现签约率97.58%。截至当晚24点，光源里终榜公示总基数2228户（居民2137户、单位产91户），完成签约2174户（居民2085户、单位产89户），总比例97.58%（居民比例97.57%，单位产比例97.8%）。全年累计发放征收补偿款48.05亿元，其中发放单位征收补偿款7笔，金额8800万元，发放居民征收补偿款存折4600个，金额47.17亿元。

（王　丹）

【京津冀协同发展项目启动】 3月，天恒荣信公司与固安县政府正式签订《天恒固安产业园开发建设合作协议》，取得土地一级开发和项目投资开发授权。天恒荣信公司启动申报河北省特色小镇工作。3月18日，天恒正道公司与高碑店河北新发地农副产品有限公司就茶产业园项目签订《合作意向书》。8日9日，区委常委、副区长王旭带队，到天恒集团在固安县、高碑店市两地的京冀协同项目天恒固安产业园及茶产业园考察调研。王旭表示茶产业园及新发地二期发展要充分借助西城区丰富的教育、医疗等公共服务资源，支撑产业发展，打造京津冀合作精品。区国资委、马连道指挥部、区京津冀协同发展办公室、区发改委领导一同考察。天恒集团临时主要负责人刘海涛及常务副总经理杨威等陪同考察。

（王　丹）

【成立4家投融资及资产管理运营公司】 5月20日，成立集团持有型资产平台（北京天恒正同资产管理有限公司，简称正同公司）和金融类运营平台（北京天恒正原资本管理有限公司，简称正原公司）。正同公司作为天恒集团有关资产证券化模式下的资产管理运营平台，由天恒集团持股100%，注册资本金为5000万元人民币，并由天恒集团以基金劣后出资的方式出资持有其股权。正原公司作为天恒集团有关资产证券化模式下的投融资发展平台，由天恒集团持股100%，注册资本金为5000万元人民币。5月20日，天恒集团成立二级全资投资发展公司（北京天恒正丰投资发展有限公司）。由天恒集团持股100%，公司注册资本1亿元人民币，先期货币出资1000万元。6月29日，正原公司（天恒集团二级全资资本管理公司）下设基金管理公司北京天厚泰和资本投资管理有限公司，作为德内大街174号项目的资金募集平台。公司股权结构为：正原公司持股100%，注册资本金为1200万元人民币。

（王　丹）

【创新融资取得突破】 5月，天恒集团在上交所发行15亿私募公司债，票面利率5%，在深交所发行5亿私募公司债，票面利率5.3%，创同时期同评级私募公司债最低发行利率。5月26日，与渤海银行签订战略合作协议，取得100亿元融资额度审批。

（王　丹）

【天恒物业管控平台】 8月29日，天恒集团党政联席会议决议，华兴新业公司出资1000万元注册成立"天恒物业管理（北京）有限公司"，后者成为天恒集团唯一全资持有的物业管控平台。9月26日，该公司正式取得营业执照。

（王　丹）

【新安贞科技（北京）有限公司成立】 9月20日，天恒集团临时主要负责人刘海涛、常务副总经理杨威、副总经理段莉彩等，与新安贞投资公司张兆光、张小亮以及天厚资本董政茂等领导，在西西友谊酒店举行"新安贞科技（北京）有限公司"签约仪式，正式签署合作协议。新安贞科技（北京）有限公司注册资本3000万元，由天恒集团控股，华兴新业代表集团出资。公司以京津冀协同发展国家战略、首都城市功能定位及西城区经济转型发展为背景，依托安贞医院的知名品牌优势和强大医疗资源，发挥股东各自优势，以强强联合的方式在健康产业领域进行战略合作，实现共赢发展。

（王　丹）

【"遇见什刹海"设计展】 9月26日，2016年北京国际设计周"遇见什刹海"系列主题活动开幕式暨"洞/和光同尘"开幕式、"北京"对话"首尔"活动在西海西沿10号院举行。活动由北京什刹海阜景街建设指挥部、北京天恒置业集团有限公司、北京天恒正宇投资发展有限公司和CBC建筑中心共同主办，韩国首尔市政府协办，《城市·环境·设计》（UED）杂志承办。截至10月13日，观展人数累计达33578人次。原计划10月7日结束系列主题活动，因社会反映良好，公众参与热情高，相关部门决定将展期延长至10月16日。

（王　丹）

【成立城市运营事业部】 11月17日，为推进"天恒集团转型发展五年战略"的实施，实现集团"城市运营商"的战略定位，达成"销售与持有共进、开发与运营并举、产业与金融互动"的战略目标，天恒集团根据搭建统一的"运营板块"管理平台的总体思路，打破原有的物业运营与商业运营之间的界限，撤销原商业运营事业部的编制机构，其职能和人员全部并入物业运营事业部，全面实现物业和商业"两部整合"，再加上集团新兴的运营业务，成立新的"城市运营事业部"。

（王　丹）

【启动天恒城市之光酒店管理项目】 12月26日，天恒城市之光酒店管理（北京）有限公司项目启动仪式在白塔之光国际青年旅舍举行。集团董事长、党委书记刘海涛，常务副总经理杨威、副总经理段莉彩与北京城市之光酒店管理有限公司董事长、总经理侯春辉参加项目启动仪式。项目旨在把“天恒城市之光”打造成具有影响力的特色型酒店品牌。

（王　丹）

【商业企业项目】 年内，华兴新业公司基于天恒集团“城市运营商”定位，制定华兴及各下属商业企业至2020年的经营发展策略，与集团整体战略形成合力。完成华兴新业公司所属“西西友谊”全面提升方案。华兴新业公司所属复兴商业城：10月，在城庆期间组织公益活动，推广企业文化。策划组织“美丽祖国，和谐你我”——2016复兴杯儿童绘画书法大赛，邀请东城、西城少年宫的孩子们参赛。经评审，112名小同学获奖。商业城不仅为获奖选手提供奖品，还将112幅获奖作品在卖场内进行展览，并通过企业微信平台宣传展示获奖作品，评选“人气明星”并颁发奖励。通过活动，再次印证复兴商业城切实做到将“两实”办店（实在商品，必不敢卖伪劣；实在价格，更不能搞虚假）经营理念转化为实实在在回报社会的实际行动。年内，复兴商业城两次到丹东毛岸英学校看望老师同学，为学校带去价值3万余元的电视机、价值3万元的棉被。毛岸英学校回赠锦旗“复兴人大爱遍神州，商业城品牌名天下”。华兴新业公司所属成文厚公司：年初，授权北京华实鸿业科技有限公司年内在天猫商城开设“成文厚”品牌旗舰店。4月19日，完成西城区老字号谱系企业传承故事中成文厚文字资料的定稿及审核工作。

（王　丹）

北京华康欣和建筑工程有限责任公司

【概况】 北京华康欣和建筑工程有限责任公司（简称华欣公司），为房屋建筑工程施工总承包二级资质、建筑装修装饰二级资质、输变电专业承包三级资质、市政公用工程施工总承包三级资质企业。企业注册资金3000万元；资产总额1.3亿元；从业人员近200名，拥有同企业资质要求相适应的工程技术、经济管理人员。年内，公司完成营业收入1.1亿元，实现利润6万元，上缴国家税金740万元，工程合格率100%，合同履约率100%，实现安全生产文明施工。接受认证部门对质量、环境、职业健康安全管理体系年审并顺利通过。有序推进江苏扬州、河北兴隆项目。

地址：西城区西直门内后半壁街11号
邮编：100035
电话：66160591

（李珊珊）

【股东会暨工作会】 3月3日至5日，召开2016年股东会暨工作会。分别审议通过2015年董事会工作报告、监事会工作报告、财务工作报告、行政工作总结、党委工作总结；华欣公司与各基层单位签订生产经营承包合同及安全生产、综合治理责任书。

（李珊珊）

【“营改增”推进工作】 4月26日，公司召开各级领导会议，全面推进企业“营改增”工作。

（李珊珊）

【“三标”认证】 8月10日至12日，公司进行为期3天的“三标”认证年审，并顺利通过。

（李珊珊）

【重点工程项目】 年内，华欣公司先后签订建筑安装、装饰装修等工程合同167项，合同价款近5200余万元（不包括扬州和兴隆项目）。包括北京市西城区机关事务服务中心机关办公用房维修改造工程、西城区五路通小学教育学院校区（六年级教室）改造工程、北京市西城区地方税务局会议室修缮工程等。

（李珊珊）

北京广安控股有限公司

【概况】 北京广安控股有限公司（简称广安控股）隶属于西城区国有资产监督管理委员会，是以文保区保护修缮、对接安置房建设、市政基础设施建设为主营业务的西城区属国有企业。公司注册资金为54.7亿元，截至年底资产总额477.1亿元。在岗职工人数为234人，离退休人员181人。广安控股下设3个子公司及1个代管公司，即以实施文保区改造修缮项目为主的北京大栅栏投资有限责任公司，以保障房建设、房地产开发为主营业务的北京广安置业投资公司，以实施政府市政基础设施为主的北京广安基础设施建设投资公司（代管），以资产经营管理为主业的北京广安资产管理公司。全年主要工作有：杨梅竹斜街保护修缮、大栅栏CH地块土地一级开发、张仪村等保障房建设、大栅栏地区北京坊项目等。

地址：西城区宣武门外大街10号庄胜广场中央办公楼北翼13层
邮编：100052
电话：63108908

（李　晶）

【杨梅竹斜街项目组获荣誉称号】 4月28日，西城区召开庆祝五一国际劳动节暨先进集体、先进个人表彰大会，大栅栏投资公司杨梅竹项目组获得中华全国总工会“全国工人先锋号”称号。截至年底，杨梅竹斜街项目已累计腾退731户，疏解人口1895人，腾退面积16333.03平方米。

（相迪静）

【“安住－平民花园”项目亮相海外】 5月，杨梅竹斜街66–76号院夹道试点“安住－平民花园”项目亮相威尼斯建筑双年展。该项目由无界景观团队设计，是一条长66米、最窄处1米、最宽处不足4米的夹道，项目策定主题为“平民设计，日用即道”，展出作品内容涵盖“衣”“食”“住”三个部分。“安住－平民花园”项目通过修整铺装、增建无障碍设施、拓宽夹道等方式改善居民的公共生活环境，以建立共享花草堂的方式介入社区营造，为常住或暂居的5户居民建立有效的邻里交往模式，缓解急速城市化进程造成的人际关系的疏离。

（相迪静）

【“大栅栏设计社区”参加国际设计周】 作为2016北京国际设计周的

重要展区之一，“大栅栏设计社区”活动于9月26日起举行，活动以“共建、共享、共生——开放式街区的自信与未来”为主题，设置120余个展览、超过70个点位，遍布10条胡同；涵盖设计集群、工作坊、论坛、临时店、展览、艺术装置等诸多形式。

（相迪静）

【“微杂院”项目获阿卡汗建筑奖】 10月3日，中国建筑师张轲在大栅栏茶儿胡同8号院进行更新式再造的“微杂院”项目从69个国家的348个参选项目中脱颖而出，获2016年阿卡汗建筑奖，成为该届建筑奖19个入围项目之一，也是此次唯一入围的中国项目。“微杂院”是2014－2015年“大栅栏领航员”计划中的建筑设计改造试点之一。

（相迪静）

【棚改项目启动预签约】 2月18日，菜园街及枣林南里棚户区改造项目正式启动征收预签约工作。3月16日，区政府常务第129次会议通过关于菜园街及枣林南里棚户区改造项目预签协议情况工作汇报，决定发布正式征收决定。3月19日，项目同步开展房屋拆除工作。截至年底，累计完成居民签约数3256户，签约比例98.07%；未签约居民户剩余64户，占比1.93%；单位产签约167处，签约比例达98.24%。

（闫馨予）

【丰台南苑项目全面竣工】 8月31日，丰台南苑项目1786套安置房全面竣工，达到入住条件。公司持续开展项目房源对接工作，截至年底已完成选房1204套，完成钥匙发放967套。

（丁　可）

【北京坊项目】 6月，北京坊项目取得电气、消防、防雷和室内环境检测报告，并完成二次工程档案预验收。7月，取得人防工程竣工验收备案通知单。截至年底，北京坊项目的正式签约商户面积35537平方米，占可经营面积的70%，包含意向签约面积占可经营面积的82%；项目已开业13家，开业面积13220平方米。留白空间6处，面积3900平方米，约7.7%。

（李　璐）

【达智桥胡同道路改造工程完工】 达智桥胡同道路改造工程建设地点位于广内地区宣西风貌协调区地块内，西起金井胡同，东至宣外大街，规划道路全长190米，宽7米。建设内容包括新建污水、自来水、电力、电信、照明等管线，对原有雨水方沟进行加固处理，达到雨、污分流，实现电力、电信架空线入地，并对路面进行石材铺装。截至年底，道路改造工程全面完工。

（沈晓宇）

【南横西街东口瓶颈路打通】 牛街地区南横西街东口为城市次干路，规划红线宽40米。建设内容包括新设路灯、信号灯，实施雨水方沟改造、电力杆线拆改、监控探头改移工程，完成树木伐移，新建120米中央隔离带。12月15日建成通车，南横西街实现全部道路规划。

（沈晓宇）

北京陶然建筑有限公司

【概况】 北京陶然建筑有限公司（简称陶建公司）是具有年施工面积50万平方米以上、竣工面积20万平方米以上、施工产值3亿元以上施工总承包能力的土木工程建筑企业，建筑资质为房屋建筑施工总承包二级。在项目施工过程中，陶建公司建立了产品实现策划管理规定、产品防护管理办法等相关产品质量管理制度，对特定的产品或合同及顾客的要求，制定专门的质量监督措施、资源管理规定和生产制造程序，确保顾客满意。

地址：西城区天宁寺前街2号C座
邮编：100055
电话：63263613

（王　芳）

【党总支完成换届工作】 8月19日，公司党总支召开第二届全体党员大会。应到党员16名，实到13名，到会党员人数达到党员总数的81%。大会经无记名投票，选举出第三届党总支成员。

（王　芳）

【股权变更】 6月，公司进行股权转让。股东人数由19人变更为18人。

（王　芳）

【送温暖工作】 春节期间，公司慰问工作一线的在职职工。关心职工身体健康，看望生病职工。筹集补助金，为因患病不能正常工作、每月还需服用大量药品的困难职工减轻生活压力。

（王　芳）

【老干部管理工作】 年内，由公司代管的离退休老干部共10人。根据老干部工作政策和文件要求，及时落实好代管老干部享受的各种待遇及各类活动安排，做好去世老干部的各项申报工作及家属走访慰问。

（王　芳）

【樱桃源小区电梯维护改造】 年内，公司对樱桃源小区的电梯进行整体维护改造。通过改造工程，淘汰小区内老旧电梯，保证居民的出行。

（王　芳）

北京市鑫宣市政工程有限公司

【概况】 北京市鑫宣市政工程有限公司（简称鑫宣市政公司）是国家建设行政部门认定的市政公用工程施工总承包贰级企业，可承担城市道路、桥梁、隧道工程，给、排水及泵站工程，燃气和热力工程，各类城市生活垃圾处理工程并具有爆破、拆除叁级专业承包资质。企业注册资金2000万元，资产总计1.93亿元。年内，完成产值1.3亿元，上缴国家税金1529万元。工程合格率100%，合同履约率100%，实现安全生产文明施工。公司连续15年获得北京市住房和城乡建设委员会颁发的市政公用工程总承包贰级建筑业企业资质证书；连年获得质量管理体系认证（GB/T19001-2008/ISO9001：2008和《工程建设施工企业质量管理规范》GB/T 50430-2007）、环境管理体系认证（ISO14001：2004 GB/T24001-2004）和职业健康安全管理体系认证（GB/T28001-2011 OHSAS18001：2007）。并获得北京建筑行业AAA诚信企业称号和信誉等级为AAA的等级证书。

地址：西城区培育胡同甲7号
邮编：100052
电话：63546948

（苏梦迦）

【道路桥梁日常养护工程】 上半年，公司作为西城区区属道路养护单位，负责养护的区属道路总长度为160.3公里，沥青混凝土道路总面积119.9万平方米，步道总面积50.4万平方米。完成沥青混凝土路面养护14440.2平方米，完成步道砖路面养护1257.2平方米，完成127座检查井的井盖周边治理。完成广外甘石桥、琉璃厂艺术廊桥和宣阳桥的保洁及日常维护。

（张 颖）

【道路交通疏堵工程】 年内，完成红居东街、红居东街东口、南新里三巷、百万庄大街、真武庙六里共5条道路的交通疏堵工程。改善区域微循环，缓解交通拥堵，完善道路照明系统及交通设施，方便居民出行。累计铺设沥青路面7834.74平方米，铺设人行步道砖5780.74平方米，路缘石2917米，新建交通信号灯1处，划交通标线3293米，安装交通护栏738米，安装步道挡车桩118根。

（张 颖）

【达智桥胡同市政道路工程】 年内，完成达智桥胡同市政道路工程，道路西起校场五条和金井胡同，东至宣武门外大街辅路，全长191米，规划为城市支路，道路红线宽度7米，实际宽度4.4至8.3米，无路缘石，路面边线与建筑物接顺。工程内容包括电力、电信管线入地，新做上水工程、路灯工程，新做DN400污水管线183米，修复雨水方沟170米，路面采用花岗岩铺装，铺装面积1140平方米。

（张 颖）

【前门西河沿街市政道路工程】 年内，完成前门西河沿街市政道路工程，道路全长1155.94米，规划为城市支路，2014年开工，历时两年。完成污水管线1068米，新做雨水管线1030.9米。西段道路工程西起南新华街，东至煤市街，全长934.94米，主路道路宽度维持原状，5.2至6.5米宽，主路沥青面积4972.96平方米，东西两端为天然石材铺装面层，面积470.06平方米，西段花岗岩（乙3）路缘石1849.2米。东段道路工程西起煤市街，东至前门大街，全长221米，道路红线宽度10米，主路宽度6.8米，两侧步道宽度1.6米，全路面采用天然石材铺装面层，面积2382.76平方米，花岗岩石材树池9套。

（张 颖）

【劳动人民文化宫环境整治工程】 年内，完成劳动人民文化宫的道路、绿化及景观工程，累计铺设花岗岩路缘石1061米、青条石路面60平方米、花岗岩路面387平方米、木塑板路面436平方米、透水步道砖3230平方米，安装座椅40个，栽植早园竹935平方米，栽植花卉98平方米，铺种草皮7177平方米，栽植大叶黄杨篱1131平方米。

（张 颖）

【德外街道小区市政工程】 年内，完成阳光丽景社区网球场改造工程、人定湖西里社区铺装工程、德外大街东社区北门路面及5号楼门头综合改造工程。完成丙烯酸涂料路面490平方米，铺设沥青路面496平方米，步道砖路面620平方米，路缘石134米。

（张 颖）

【三庙、报国寺社区工程】 年内，完成三庙社区、报国寺社区道路翻修和新建电子宣传栏项目，铺设沥青路面550平方米、步道砖路面1422平方米、路缘石260米，设置LED电子宣传屏3座。

（张 颖）

【小马厂南里老旧小区环境整治工程】 年内，完成小马厂南里老旧小区的环境整治工程，铺设沥青路面5385.6平方米、步道砖路面1361平方米、路缘石1057米，栽植灌木231株，栽植花卉及草皮1452平方米。

（张 颖）

【亮丽养护工程】 年内，完成多项养护工程。包括：牛街礼拜寺12盏庭院灯、185盏LED线型洗墙灯、83盏LED彩色照树灯、46盏各式地埋灯养护；先农坛坛墙602盏LED线型洗墙灯、108盏LED投光灯、70盏LED彩色照树灯养护；神仓绿地37盏庭院灯、28盏草坪灯养护；小马厂公园51盏庭院灯、8盏灯箱内LED线型灯养护；南菜园街82盏路灯养护；朗琴园休闲公园30盏庭院灯养护；前三门大街2488盏线性地埋灯、222盏LED点光灯、858盏LED射灯养护；大栅栏西街30盏庭院灯、407盏景观灯养护；区境内南部小街小巷352盏太阳能路灯养护；开阳桥120盏草坪灯养护；前门月亮湾12盏庭院灯、68盏景观灯具养护；白广路100盏庭院灯、32盏投光灯养护；太平街94套LED条形灯带养护；槐柏树街555盏LED瓦檐灯、440盏LED方灯、263盏景观灯具养护；翠芳园180盏LED圆形地埋灯、45盏庭院灯、57盏其他灯具养护；唐悯忠寺故址272盏LED圆形地埋灯、60盏庭院灯、544盏LED条形地埋灯、124盏其他灯具养护；长椿苑474盏LED圆形地埋灯、72盏庭院灯、137盏其他灯具养护；枣林前街跨河桥134盏LED投光灯养护以及北京营城建都滨水绿道23756盏灯具养护。

（张 宇）

北京昊都建筑工程有限责任公司

【概况】 北京昊都建筑工程有限责任公司（简称昊都公司）为区属国有企业，主要经营工业与民用建筑项目、地基与基础工程的施工、设备租赁、建筑材料的技术开发、锅炉安装及热力、防水管线工程的施工等，公司营业执照至2020年9月28日。

地址：西城区白纸坊西街22号楼1602号
邮编：100054
电话：67504923

（杨惠娟）

【原宣建公司人员社会养老金补缴】 3月，为妥善解决原宣建公司（北京市宣武区建筑工程公司）历史遗留问题，上级资产管理公司金正公司在区国资委指示下组织召开专题会，到区档案馆具体指导相关信息资料查询工作，此次查询历时久、范围大，共计查询档案35份。根据相关通知及操作办法，经区人力资源和社会保障局审核批准完成1名原宣建公司红大专科毕业生合同制人员的社会养老金补缴手续。4月，继续为其他18名原宣建公司红大专科毕业生合同制人员准备社会养老保险补缴相关材料。6月，查询有关红大毕业生调出等相关证明材料47份，完成18名需补缴社会养老基金人员的相关材料准备。经区人力保障局审核批准，陆续于6、7月为上述人员完成社会养老基金补缴手续。此次社会养老基金补缴工作历时5个月，前后4批，共计为19名红大专科毕业生补缴合同制工人社会养老基金完成补缴手续，补缴总计金额125875.32元。8月，将参加补缴人员的人事档案归还其所在单位、街道社区、人才及职介服务中心。

（杨惠娟）

【例行工作】 6月，完成供暖费发票、自采暖核对证明及煤火费相关材料复印件收取工作，共计274份。8月，完成2016年度国有资本预算资金的上报及2015年项目绩效评价意见，走访问询享受供暖费的退休职工，询问其对供暖费发放的满意度，并上报调查问询登记表。12月，完成区属单位退休人员情况调查，2015年12月退休人员472人，隶属北京市463人，外省9人。

（杨惠娟）

【财务工作及投资工程】 年内，完成企业所得税年度汇算清缴鉴证审计工作。完成2015年度退休人员的供暖、自采暖及煤火费发放工作，共274人，金额405340.03元。公司投资广东中山工程诉讼案件尚未结案，诉讼保全后的房产及银行账户按季度继续进行续封工作。

（杨惠娟）

【退办工作】 年内，追缴2人（死亡）养老金23937.62元；为14名退休人员变更医疗机构，确保退休人员及时就医。根据京人社养发【2016】142号文件精神，完成年内7名去世退休人员补支计算、申报、审核及发放工作，金额6537元。为7名异地安置退休职工进行医疗机构审核登记工作，为2名异地安置退休人员办理住院医药费的报销工作。为9名去世退休人员办理相关手续。截至年底，公司退休人员463人。

（杨惠娟）

【提升服务水准】 年内，接待外调、公证及为企业调出人员查档、出具各种证明、公示材料75份。

（杨惠娟）

北京房开置业股份有限公司

【概况】 北京房开置业股份有限公司（简称房开置业公司），注册资金5000万元，通过ISO9001国际质量管理体系认证。主要经营房地产开发、商品房销售、城市危旧房改造和开发建设等项目。年内，按照区委、区国资委党委统一部署，在公司党员范围内开展“两学一做”学习教育工作。公司领导班子及党员干部作为教育活动对象在学习教育中带头学习党章党规，学习贯彻习近平总书记系列重要讲话精神，做合格党员，用实际行动带好头、做好示范，激发公司全体员工干事创业的热情和干劲，推动工作、促进发展，努力完成公司的目标任务。

地址：西城区广安门内大街210号西华经典2层
邮编：100053
电话：63577515

（闫 欣）

【平原里3号楼定向安置房开工建设】 为按时完成平原里3号楼定向安置房项目建设，房开置业公司在取得项目《建筑工程施工许可证》后，立即组织成立平原里3号楼定向安置房项目部，安排专人负责协调施工、监理等单位开展相关工作。年内实现项目的开工建设，完成部分护坡桩工程，为平原里3号楼定向安置房项目按时竣工交付使用奠定了基础。

（闫 欣）

【防汛工作】 汛期，房开置业公司专门成立防汛工作领导小组，划拨专项资金，指派专人24小时值守，处理应急突发情况。做到加强日常检查，及时发现问题，采取措施将隐患消灭在萌芽状态，确保无人员、财产损失发生。

（闫 欣）

【牛街危改二期居民产权证发放】 年内，房开置业公司继续组织专人整理、审核、解答、落实牛街危改二期居民产权证发放工作。对行动不便的业主提供上门发放产权证服务，解决居民实际困难。截至年底，累计发放743套房屋产权证。

（闫 欣）

北京宣兴房地产开发股份有限公司

【概况】 北京宣兴房地产开发股份有限公司（简称宣兴公司），为综合性房地产开发企业，注册资本5420万元，房地产行业等级为二级，其股份由国有、社会法人及自然人多元股东集合构成。公司主要经营房地产开发、商品房销售，自有房产的物业管理和出租，是通过ISO9002国际质量标准认证的企业。

地址：西城区枣林前街35号
邮编：100053
电话：63585100

（高 莉）

【宣兴商厦项目拆迁工作】 宣兴公司实施一级开发的项目宣兴商厦位于西城区广安门外大街湾子路口西南角，占地13300平方米，建设内容为商业金融。拆迁工作任务繁重，情况复杂，难度较大。年内，宣兴公司对拆迁工作加强领导，多方协调，为居民解决实际问题，维护稳定。截至年底，拆迁工作已取得突破性进展。

（高 莉）

（责任编辑 齐 田）

交通　邮电　公用事业

交　通

交通行政执法

【概况】 北京市交通执法总队（简称市交通执法总队）是北京市交通委所属副局级行政执法机构，主要负责全市公共交通、公路及水路交通行业的综合执法工作。年内，市交通执法总队紧紧围绕全市交通中心任务，着力提升行业治理能力和执法监管社会效果，全年共查处交通运输行业违法违章2.6万件，查扣各类“黑车”1.5万辆，有效地维护了首都交通运输环境秩序。

地址：西城区北礼士路22号

邮编：100044

电话：68367578

（付天龙）

【元旦交通运输秩序监管】 元旦小长假，市交通执法总队累计出动执法力量670余人次、执法车辆160余辆次，检查运输车辆1100余辆次，查处交通运输行业违法违章90余起、查扣各类“黑车”20辆，对120余起轻微违章进行了批评教育。

（付天龙）

【危险品运输行业专项整治】 1月21至30日，市交通执法总队开展危险品运输专项整治，重点围绕危险化学品生产、仓储、运输、销售各环节，在使用单位周边及进出京主要道路沿线设置检查，共出动执法人员240余人，执法车辆80余辆次，检查危险品运输车辆100余辆次，查处危险品运输车辆违章5起，查扣“黑化危”4辆。

（付天龙）

【春运交通运输环境秩序保障】 春运期间，市交通执法总队全面加强机场、火车站、省际客运站、公交枢纽等重点地区、重点轨道交通线路站内、车内、保护区的交通运输环境秩序保障工作。期间，共出动执法人员2.4万余人次，检查运输车辆15万余辆次，巡视检查轨道交通车站5568站次，查处交通运输行业违法违章2497起，查扣各类“黑车”2532辆。

（付天龙）

【全国两会交通运输环境秩序保障】 3月3至16日，全国“两会”期间，市交通执法总队统筹兼顾、联勤联动、主动宣传、应急处突，出动执法人员1.1万余人次，检查运输车6万余辆次，巡视检查轨道交通车站2588座次，查处交通运输行业违法违章1228起，查扣各类“黑车”1024辆。

（付天龙）

【“五一”交通运输秩序保障】 4月30日至5月2日小长假期间，市交通执法总队全面做好交通运输环境秩序保障，共出动执法力量800余人次、执法车辆160余辆次，检查运输车辆1600余辆次，查处交通运输行业违法违章110余起，查扣各类“黑车”20辆，对110余起轻微违章进行了批评教育。

（付天龙）

【条例颁布一周年宣传活动】 5月1日，轨道交通执法大队以3款“宣传轨道运营安全条例、展示轨道大队良好形象”的主题宣传海报，张贴在全市334个地铁车站的站厅、通道等醒目位置。同时，做客首都之窗、市交通委官方微博平台，在线解答网友关于《北京市轨道交通运营安全条例》及大家关心的大队执法工作相关问题。《北京市轨道交通运营安全条例》实施一周年，也是轨道交通执法大队成立一周年，北京日报、北京青年报、北京电视台等媒体对大队成立一周年的工作情况进行集中报道。

（付天龙）

【开展违规进出闸机专项整治】 5月30日，轨道交通执法大队开展为期1周的整治违规进出闸机专项行动，共查处违规进出闸机违法行为16起，查处3起非地铁员工使用伪造、过期证件进站的违法行为。

（付天龙）

【安全生产宣传咨询活动】 6月7日，市交通执法总队在陶然亭公园举办了以“安全生产，消除隐患，防范事故”为主题的宣传咨询活动，讲解安全知识、发放宣传品、接待市民咨询；公园船队模拟游客落水事故，开展应急救护演练。市交通委、市安监局、交通委运输局、交通委运输局西城管理处、西城区旅游委的主管领导和负责人参加活动。

（付天龙）

【参加全市地铁站外秩序整治检查】 7月6至7日，轨道交通执法大队会同交通委轨道综合协调处，协调市治安管理总队、市公交保卫总队、市城管执法局、全市11个区交通委（局）及轨道交通企业，共同开展轨道交通车站环境秩序检查。共检查车站16座，对发现的问题逐一登记建账，督促相关单位整治。

（付天龙）

【应对强降雨天气】 7月19至21日，本市连续出现强降雨天气，市交通执法总队启动防汛应急预案，全面加强“四站两场”、省际客运站等重点地区的交通运输环境秩序维护和重点轨道交通车站运营安全监管，配合相关部门做好客流、车流疏导工作，落实应急值守制度，确保信息渠道畅通，全力做好各项应对工作。

（付天龙）

【集中整治危险化学品运输行业】 8月中下旬，市交通执法总队先后开展12次危险货物运输行业专项整治，查处危险品运输车辆违章31起，查扣“黑化危”14辆。

（付天龙）

【G20峰会期间省际客运行业保障】 8月31日至9月6日，市交通执法总队组织开展G20峰会省际客运保障工作，对长途客运站周边、城郊重要联络线的长途客运进行专项整治；会同公安、交管在开往江浙地区的京开、京沪高速沿线设卡逐车检查；在综合检查站与属地公安、交管部门协调联动，对途经长途车逐车检查登记。共查处长途客运业内违章63起，查扣“黑长途”22辆。

（付天龙）

【“十一”交通运输环境秩序保障】 10月1至7日黄金周期间，市交通执法总队全面加强对机场、火车站、省际客运站、重点公交枢纽、旅游景区、繁华商业街等118处重点监管地区的交通运输环境秩序保障和轨道交通运营安全监管。共出动执法力量4360人次，执法车辆500辆次，检查运输车辆8300辆次，监管重点轨道车站857站次，查处各类违法违章193起，解答群众咨询6万余起。

（付天龙）

【十八届六中全会交通运输环境秩序保障】 10月21至28日，党的十八届六中全会召开期间，市交通执法总队全面加强对“四站两场”、11个省际客运站、政治核心区、会场及代表驻地、公交枢纽场站、繁华商业街区周边和重点轨道车站地上、地下，及进出京主要道路沿线，危险化学品生产、储存、运输、销售、使用企业周边重点地区的交通运输秩序监管，共出动执法力量3000余人次、执法车辆500余辆次，检查运输车8000余辆次，查处各类违法违章506起。

（付天龙）

【安全生产监管专项行动】 11月25日至12月28日，市交通执法总队开展行业安全生产大检查专项行动，共出动执法人员5100余人次，执法车2000余辆次，检查各类运输车辆2万余辆次，查处交通运输行业违法违章2439起，查扣各类“黑车”177辆。

（付天龙）

【空气重污染红色预警保障】 12月16至21日，市交通执法总队按照北京市交通安全应急指挥部办公室关于做好空气重污染红色预警期间，交通应急服务保障工作的要求，落实行业监管职责，做好各项应对工作。期间，共出动执法人员1100余人次，执法车370余辆次，检查各类运输车4300余辆次，汽修企业170余户，查处交通运输行业违法违章241起，查扣各类“黑车”23辆。

（付天龙）

境内交通执法

【概况】 北京市交通执法总队第二执法大队（简称市交通执法二大队）是北京市交通执法总队下设的执法大队。主要负责西城辖区内交通运输行业执法工作，具体管理的行业有出租汽车、小公共汽车、省际长途客运、旅游客运汽车、道路货物运输（含危险货物运输）、货运服务、汽车维修、汽车租赁及水域运输（游船）等行业。截至年底，出动执法人员8000余人次，检查各类车辆3万余车次，查处违法违章3569起、收缴罚没款1161.76万元。市交通执法二大队将“民意指导执法”作为工作出发点，在执法实践中弘扬“公正、廉洁、尽职、为民”的交通执法精神。

地址：西城区南礼士路44号

邮编：100037

电话：68013973

（王平海　王艺博）

【建立省市联勤联动机制】 年内，市交通执法二大队为解决京藏、高速马甸至德胜门一线无客运资质的中型面包车非法从事省际客运业务，扰乱省际客运秩序现象，防范遏制重特大事故发生，与张家口市运管部门和张家口客运公司沟通和协商，通过前期摸排多次召开协调会，商定齐抓共管、省际联动的联合执法新机制。

（王平海　王艺博）

【创建微信海事管理新方式】 年内，市交通执法二大队为解决基层执法大队海事执法人员相对短缺、游船单位分散、游船经营期天气变化无常、基层执法大队及实施有效管理存在一定困难的现象，与运输局西城管理处和辖区各游船经营单位组建“西城海事微信群”。微信群承担：下发通知、应急避险资料分享、水运企业报告事项、管理部门发布行业信息、行管部门下达紧急停航命令、水运经营单位上传水面实时视频等功能。通过建立“西城海事微信群”对水运单位实施部分管理职能，缓解海事执法人员短缺问题，丰富管理方式方法。

（王平海　王艺博）

【出租汽车行业监管】 年内，市交通执法二大队接收各种形式的服务投诉5071起，核实处罚投诉案件1748起，发挥广大乘客对出租汽车服务质量的监督作用。

（王平海　王艺博）

【打击非法运营行为】 年内，市交通执法二大队与驻区相关执法部门协作，共同打击非法出租车运营及非法“危化”运输行为，开展联合执法168次，打击重点点位内“黑车”非法运营行为，取得一定成效。查处机动车非法经营案件1251起，查扣使用伪造出租汽车车牌的“克隆”出租黑车3辆。

（王平海　王艺博）

【汽车修理行业监管】　年内，市交通执法二大队按照上级统一部署，与运输局西城区管理处、公安局西城治安支队、区安监局、区环保局联合对72家次汽修企业入户检查。出动执法人员412人次，执法车辆113台次，对区内的一、二、三类汽修企业进行全面检查，查处非法经营机动车维修企业1家。

（王平海　王艺博）

【旅游客运行业监管】　年内，市交通执法二大队根据西城区地处市中心政治核心区，著名旅游景点多，游客和旅游车辆集中的特点，将旅游客运作为检查重点，特别是在旅游旺季加强监督检查。查扣“黑旅游”经营行为49起，旅游业内违法违章行为23起，旅游季节在德胜门地区铲除非法人员用于欺骗游客的假公交站牌及假公交临时站牌137面（张）。

（王平海　王艺博）

【化学危险品运输专项整治】　年内，市交通执法二大队按照执法计划，每月组织相关部门联合开展危险化学品运输专项整治，查扣2起非法运输“黑化危”车辆、20起化危业内违法违章行为。

（王平海　王艺博）

交通行业管理

【概况】　北京市交通运输管理局西城管理处（简称西城管理处）是受北京市交通委运输局委派，负责西城区境内公共交通、公路和水路运输管理的专门机构。年内，西城管理处办结行政许可和服务事项2674件次，换发出租车营运证、旅游包车证、省际包车证24041张，办理租赁小客车指标126件。出动执法人员1250人次，检查辖区运输单位610户次，检查车辆（船舶）18280台次，采取行政措施42件，移送5件。年监管检查指标、行政措施指标完成率分别为121%、120%，行政执法问卷调查满意率100%。

地址：西城区东廊下胡同玉廊东园5号楼1单元

邮编：100034

电话：59701075

（张海超）

【公共交通行业】　年内，西城管理处组织北京北站相关部门（西直门管委会、交通执法二大队、西城区旅游委、公交集团北旅时代公司等单位）联合成立北京北站站前客流疏散机制。

（张海超）

【出租汽车行业】　年内，西城管理处根据局关于年度出租小客车营运证件换发工作的统一部署，对辖区35户出租汽车企业和个体经营业户入户检查，检验车辆13370部，合格率99%；检验驾驶员18432名，合格率100%；复检企业11家，复检车辆120部，复检合格率100%。完成辖区运营车辆及驾驶员年度入户审验工作。出租车燃油补贴足额发放。

（张海超）

【省际客运行业】　年内，西城管理处按照局《对安全文明班线车辆再次进行复核的通知》要求，2月份组织相关企业对7条运营线路的11辆省际客车的违法违规和安全运行情况进行再次复核。按照交通运输部、公安部《关于进一步加强长途客运接驳运输试点工作的通知》要求及运输管理局省际处相关文件（京交运发〔2014〕423号）精神，对参加接驳运输试点并符合相关要求的第三批3条线路6辆车的信息进行逐一核实，核发《长途客运接驳运输车辆标识》，有效期1年。督促客运企业聘请第三方安全评价机构对800公里以上班线在驾驶员配备及管理、车辆状况、道路通行条件、气候条件、运营管理、动态监控、风险监控等8个方面逐条进行安全评估并形成书面报告，新国线北京省际客运公司完成14条安全评价。

（张海超）

【旅游客运行业】　年内，西城管理处引导旅游客运品牌化服务。配合市局探索旅游客运精细化管理和品牌化服务的政策引导模式，鼓励辖区北汽集团公司、新月联合汽车公司参与，逐步树立旅游客运服务品牌。调整车型结构档次布局。依法审查更新车辆，所有更新车辆必须加装座椅安全带和有效使用GPS，投保承运人险。换发旅游包车证。对照法定条件进行核查，不符合要求的坚决不予发放。对连续违法违规的企业督促整改，整改后仍不具备安全生产条件的，依法建议取消相应的经营范围或吊销其道路运输经营许可证件。

（张海超）

【汽车租赁行业】　年内，西城管理处开展汽车租赁市场需求调研，调整《北京市租赁小客车数量配置暂行办法》，根据考核情况和发展需求，做好指标配备和跟踪管理，引导行业健康有序和规模化发展，做好租赁小客车指标的配置工作。核查租赁车辆技术管理及承租人身份信息。结合日常监管检查，监督企业做好车辆日常安全技术管理工作，落实定期或定程维护制度，根据车辆使用强度及时进行安全隐患排查处置，确保车辆技术状态良好。督促企业严格履行承租人身份和资信核实程序，确保社会公共安全。防范经营风险，杜绝以租车和包车为名从事各类非法活动。推广使用北京市汽车租赁企业服务与管理信息系统。截至年底，辖区部分企业已与市局服务与管理信息系统实现对接。

（张海超）

【普通货物运输管理】　年内，西城管理处按照加强货运车辆技术管理工作要求，贯彻落实《道路运输车辆技术管理规定》，加强道路货运车辆技术管理，督促企业建立完善车辆技术管理制度和“一日三检”制度及从业人员培训考核制度。继续加强对挂靠企业的监管，对管理中存在重大安全隐患的企业坚决予以清理，进一步规范企业管理行为。

利用许可系统严格审查货运企业、车辆、从业人员资质，对承诺期内未完成增车、车辆年审过期、许可证件过期、注册地与实际不符、日常监管中无法联系等情况，按照相关规定和程序，配合运政一科及时予以撤销、注销行政许可，清除行政许可数据库中的冗余、无效数据，保证辖区基础数据的准确。

（张海超）

【危险货物运输管理】 年内，西城管理处根据《道路危险货物运输管理规定》和地方标准《道路危险货物运输安全技术要求》，督促企业完善落实各项安全生产管理制度，建立风险源辨识与风险控制机制，定期开展安全隐患排查，完善应急预案。督促企业开展危运从业人员岗前和在岗培训及定期考核工作；按时完成安全评估工作。督促各道路危险货物企业按照交通部5号令要求，保持卫星定位装置、监控平台可靠、稳定、准确运行；进一步规范企业GPS监控制度和GPS监控人员岗位职责和企业GPS监控记录填写；定期抽查化危车辆在线率、上线率、违章处理情况等。督促道路危险货物运输企业落实车辆动态监控主体责任，逐步提高其动态监控系统应用水平。根据运输局工作安排，在辖区化危企业内推行危险货运电子运单管理，与电子运单管理系统联网对接；组织开展危险货运车辆安全技术性能抽检工作。

（张海超）

【机动车维修管理】 年内，西城管理处落实市财政局、市交通委《关于加强本市道路运输营运车辆综合性能检测补贴资金管理的通知》，规范内控程序，严格机动车综合性能检测补贴资金申报和审核把关。截至11月底，西城辖区完成道路运输车辆检测4896辆次，其中等级评定2764辆次，二级维护2105辆次，罐体检测27辆次，累计发放金额约60万元。

（张海超）

【安全生产管理】 年内，西城管理处制定西城处活动方案，制作展板，准备宣传资料，宣传咨询日活动（北展、公交枢纽、什刹海等）期间，耐心解答市民提出的问题，发放宣传材料、宣传品1100余份。安全月期间，开展游船安全知识进校园等各项普法宣传，组织水运游船、省际客运企业应急演练等活动。

（张海超）

【规范水域游船】 年内，西城管理处完成游船单位开航前船舶验收检查，做好日常安全检查；针对什刹海夜航特点，开展每周夜航巡视巡查；安全月期间，组织3家游船单位（北海、什刹海、陶然亭公园）开展4次水上救生应急演练，提高企业应急响应和救援能力。

（张海超）

北京市地铁运营有限公司

【概况】 北京市地铁运营有限公司（简称地铁公司）是国内最早成立的城市轨道交通运营企业，开通运营了新中国第一条地铁。截至年底，运营着北京地区19条线中的15条地铁线路，共274座运营车站，运营里程460公里，现有员工约3.5万人。年实现年客运量30.26亿人次，日均客运量826.74万人次，最高日客运量1052.36万人次。作为城市公共服务类企业，地铁公司始终坚持服务首都经济社会发展的原则，提高运营管理能力和水平，履行首都国企承担的政治、社会和经济责任。

地址：西城区西直门外大街2号 地铁大厦

邮编：100044

电话：62293714

（张华兵）

【获全国十大交通机构微博排名榜首】 1月20日，在《2015年度人民日报——政务指数微博影响力报告》中，“@北京地铁”凭借总分82.59分入选全国十大政务机构微博之列，并连续2年在全国十大交通机构微博排名中名列榜首。

（张华兵）

【市领导调研检查北京地铁】 1月29日，市委副书记、市长王安顺到地铁德胜门公交场站调研设施改造、实现人车分流、公交地铁同站换乘情况。市交通委主任周正宇汇报设施改造情况，地铁公司党委书记、董事长谢正光汇报地铁与地面公交换乘客流情况。2月4日，市委书记郭金龙到地铁公司太平湖车辆段和积水潭车站检查地铁安全工作。市委副书记、市长王安顺一同检查，市领导张工、张建东、王小洪、王宁陪同检查。3月10日，全国“两会”召开期间，市交通委主任周正宇到宣武门站检查“两会”保障工作，慰问一线员工。9月1日，市交通委主任周正宇到地铁六里桥换乘站检查地铁安全维稳工作，公司副总经理徐会杰汇报安全运营情况。9月22日，副市长张建东到地铁1号线检查地铁安全工作并慰问地铁员工。

（张华兵）

【安全行车100万公里无事故】 3月17日，电客司机廖明安全行车超过2.5万小时，创造安全行车100万公里无事故的世界纪录。

（张华兵）

【北京地铁客运量连破纪录】 4月1日，北京轨道交通全路网运送乘客1220.8万人次，创日客运量历史新高。这是路网继3月18日、25日后第三周创新日客运量历史纪录。

（张华兵）

【地铁1号线加装站台门】 4月25日，新中国第一条地铁线——北京地铁1号线加装站台门工程正式开工。

（张华兵）

【获首都劳动奖】 4月30日，地铁公司运营二分公司获首都劳动奖状；地铁公司运营二分公司李京兵、地铁公司机电分公司邢国新获首都劳动奖章；京车公司技术中心、地铁公司运营一分公司5号线检修中心获“北京市工人先锋号”称号。

（张华兵）

【地铁平安志愿者APP模块上线】 5月1日，地铁公司官方APP地铁平安志愿者模块正式上线。平安地铁志愿者通过官方APP报告信息61937条。

（张华兵）

【创新行车方式提升运力】 5月16日，地铁6号线采取大站快车行车组织方式，早高峰时段（7：30至8：30）按照3：1比例，5列段下列车在草房站、常营站通过，进一步缓解黄渠至十里堡区段客运组织压力。

（张华兵）

【地铁公司获市先进节能集体称号】6月1日，地铁公司被授予2013—2015年度“北京市先进节能集体”称号。“十二五”期间，地铁公司万元产值能耗0.27吨标煤/万元，低于北京市0.30吨标煤/万元，国际地铁协会（CoMET）能效对标始终保持世界领先水平。

（张华兵）

【市安全生产宣传咨询日活动】6月16日，北京市安全生产宣传咨询日活动在地铁公司太平湖车辆段举行。国家安全生产监督管理总局党组书记、局长杨焕宁，国家安全生产监督管理总局党组成员、副局长徐绍川，副市长王宁和相关领导出席。

（张华兵）

【获全国交通运输行业文明单位】9月19日，地铁公司运营二分公司获全国交通运输行业文明单位称号。

（张华兵）

【建立残障人士VIP名单】10月12日，地铁公司以昌平站区为试点，首建残障人士VIP名单。车站工作人员依据该名单信息，掌握残障人士出行动态，搭建快速接力通道，完成对残障人士从始发站到终点站的全程陪送和接续服务。

（张华兵）

【建立安全生产责任保险】11月1日，地铁公司与中国太平洋财产保险股份有限公司北京分公司、中国人民财产保险股份有限公司北京分公司、太平财产保险有限公司北京分公司签订的《北京市地铁运营有限公司安全生产责任保险》自零时起正式执行（保险期限为一年）。安全生产责任险承担地铁公司所辖范围内，发生的第三者人身伤害和财产损失的赔偿责任，同时承担因采取紧急抢险救援、人员疏散措施而支出的必要、合理的费用，提高地铁公司针对乘客伤害的应急处置能力。

（张华兵）

【部分地铁线路试点自助服务】11月15日起，地铁公司在7号线、房山线、8号线、15号线、4条线路全部车站实施自助服务试点，这是地铁公司首次将整条线路作为自助服务试点。

（张华兵）

【平安地铁志愿服务获奖】12月3日，北京平安地铁志愿服务项目作为北京市优秀项目代表，参加在宁波举办的第三届中国青年志愿服务项目大赛，在38个省级赛会单位申报的4225个项目中获邻里守望类“金奖”及公开路演“最佳影响力奖”。

（张华兵）

【地铁公司“十三五”发展规划发布】12月16日，《北京市地铁运营有限公司“十三五”发展规划》正式发布。

（张华兵）

【地铁新线开通】12月31日，北京地铁16号线北段（西苑至北安河）开通试运营。当天，14号线朝阳公园站、15号线望京东站从首班车开始也同步开通。16号线北段开通后，北京轨道交通路网总运营线路达到19条，运营里程由554公里增至574公里，路网运营车站由334座增至345座（含望京东站、朝阳公园站），换乘车站由53座增至54座。

（张华兵）

铁路管理

【概况】北京北站（西直门车站）处于西城区与海淀区交界处，东临学院南路，西以高梁桥路东侧为界，南讫西直门地铁站，北与清华园东站相邻，为京通、京包线的起点。按等级为西客站下属二等客运站，车场有到发线10条、牵出线1条、专运线3条。站内道岔64组；专运线道岔3组。闭塞方式采用的是单线半自动。联锁为JD-IA计算机连锁，车站总面积22008平方米，设有旅客候车室（面积8244.5平方米）、售票室（面积973平方米）、行李房（面积565.8平方米）。行政管理机构有综合室、客运部、运输部、物业部、科贸公司。11月1日起，为了配合京张城际铁路施工建设暂停运营，同时地下东、西售票厅暂停售票，保留广场西侧售票厅。

地址：西城区北滨河路1号

邮编：100044

电话：51866852

（孙嘉璐）

【安全生产】年内，北京北站继续推进安全生产整治工作，安全生产持续稳定，围绕人身、行车、消防、车机联控、防溜、进路等环节，加强职工素质培训，提高安全意识，落实安全逐级负责制。制定和完善车站安全教育制度，学习人身安全卡控措施和事故案例，开展“安全生产月”大检查等活动，确保实现安全年。

（孙嘉璐）

【生产任务】年内，完成旅客发送量251万人，其中春运期间，发送旅客34万人，比上年同期33.5万人增加0.5万人。春节前15天，日均发送旅客1.06万人，比上年同期9800人增加800人。节后到达客流持续增长，每天在1万人左右。

（孙嘉璐）

【服务目标】年内，按照总公司、局提出的“安全出行、方便出行、温馨出行”三个出行总体目标，北京北站以春运安全为中心，加强客运组织和站区综合治理，及时妥善处置各类突发情况，确保售票、候车、乘降秩序良好，同时开展“服务旅客，创先争优活动”，优化服务环境、改进服务态度、提高服务质量，落实实名制售票、互联网售票、电话订票、电子支付、银行卡购票等各项便民利民措施。

（孙嘉璐）

【便民措施】春运期间，北京北站开设3个售票区域34个窗口为旅客提供服务。有人工售票窗口21个，分别是：地面售票厅8个、地下东售票厅8个，地下西售票厅3个，广场临时售票亭2个（发售站台票和S2线定额车票）；自助售票取票机13台，地下西售票厅安装自助售票取票设备6台，地面自助售票取票机7台。

（孙嘉璐）

北京北站列车时刻表							
始发				到达			
车次	终到站	开点	到点	车次	到点	始发站	开点
S201	延庆	6:12	7:49	2622	5:28	赤峰	19:40
1455	呼和浩特	6:48	18:26	2560	5:59	赤峰	21:10
K275	满洲里	7:39	次日14:19	1458	6:29	通辽	17:25
S287	沙城	7:58	10:16	K274	7:07	呼和浩特	21:52
S205	延庆	8:34	10:05	S202	7:35	延庆	6:00
S207	延庆	9:02	10:33	S204	8:13	延庆	6:29
4471	承德	9:12	19:36	S206	8:31	延庆	6:59
2621	赤峰	9:58	19:25	K1016	10:54	通辽	21:03
S209	延庆	10:57	12:31	S208	9:47	延庆	8:07
S211	延庆	12:42	14:19	K1596	11:28	乌海西	16:49
S213	延庆	13:14	14:43	S210	12:12	延庆	10:35
S215	延庆	13:35	15:15	1802	12:28	齐齐哈尔	13:21
1801	齐齐哈尔	13:47	次日13:34	S288	12:41	沙城	10:35
S217	延庆	15:24	17:01	S214	13:12	延庆	11:34
S219	延庆	17:11	18:48	S216	15:00	延庆	13:20
S221	延庆	17:41	19:15	4472	16:30	承德	6:45
K1015	通辽	18:18	次日8:08	S218	16:43	延庆	14:45
S223	延庆	18:39	20:16	S220	17:25	延庆	15:30
S225	延庆	19:11	20:40	S222	17:39	延庆	16:01
K1595	乌海西	19:29	次日14:47	S224	18:54	延庆	17:17
1457	通辽	20:21	次日10:00	1456	20:05	呼和浩特	8:55
2559	赤峰	20:49	次日7:05	S226	21:11	延庆	19:19
S227	延庆	21:28	23:02	S228	21:43	延庆	19:42
S229	延庆	22:03	23:35	S230	22:19	延庆	20:42
S231	延庆	22:36	23:59	S232	23:03	延庆	21:18
K273	呼和浩特	23:47	次日08:00	K276	23:29	满洲里	16:30

（孙嘉璐）

邮　电

中国邮政集团公司北京市西城区分公司

【概况】 中国邮政集团公司北京市西城区分公司（简称西城区分公司）是北京市分公司下属城区分公司，2015年5月由原西城区邮电局改为西城区分公司。西城区分公司所辖道界服务面积50.70平方公里，服务人口127.1万人。承担着为党中央、国务院、全国人大、全国政协等党政机关、企事业单位及金融街众多企业总部、社区百姓提供邮政通信服务的重要职责。西城区分公司机关内设综合办公室、人力资源部、财务部、监督检查与安全保障部、市场部、党委党建工作部、监察室、工会8个职能部室；下设商函局、发投局、集邮公司、代理业务局、电商分销局5个专业局；另设置大客户中心、信息技术中心2个挂靠机构；下辖12个邮政支局、52个邮政所共64个邮政网点、30个支行。西城区分公司有员工1994人。经办国际和国内函件、包裹、小包、特快专递、汇款、报刊订阅和零售、集邮业务和集邮品制作、商业信函制作、邮政贺卡、定制邮资封片、邮送广告、邮政物流、代理保险、代办电信及金融类代办业务，邮政短信（彩信）、代收代缴业务、代售机票及火车票业务、自邮一族业务、分销商品销售等。年内，西城区分公司按照中国邮政集团公司、市分公司“一体两翼”经营发展战略和整体工作部署，以“效益提高、企业发展、职工受益”为发展目标，以“效益作标杆，服务作榜样，安全作保障”为工作标准，围绕“稳增长、转方式、调结构、增效益”的工作思路，依托中国邮政四通八达、遍布城乡的营业和投递服务网络，秉承“服务人民、造福职工”的企业宗旨和“用户是亲人”的服务理念，竭诚为各界用户提供迅速、准确、安全、方便的邮政服务。以利润为导向，抢市场，促转型，谋发展，企业经营呈现速度、效益、质量协调发展的良好势头，年内，实现全资费业务收入5.15亿元。

地址：西城区南礼士路头条5号

邮编：100045

电话：68023282

（杨晓凤）

【境内支局】 年内，西城区分公司境内有12个邮政支局：地安门邮政支局（9支）、中南海邮政支局（17支）、西长安街邮政支局（31支）、西单邮政支局（32支）、西四邮政支局（34支）、百万庄邮政支局（37支）、西外大街邮政支局（44支）、三里河邮政支局（45支）、阜成门邮政支局（47支）、永安路邮政支局（50支）、牛街邮政支局（53支）、马连道邮政支局（55支）。

（杨晓凤）

【“两会”邮政服务】 全国“两会”期间，西城区分公司6个驻会服务支局为8个驻会服务网点和2个会议网点共14个人大代表团的2442名代表、委员和工作人员提供邮政服务。组建了一支政治过硬、业务熟练、综合素质高、服务意识强的“两会”驻地服务和投递团队，按照《北京邮政特殊服务规范》要求，以“政治第一、服务一流、一丝不苟、滴水不漏、准确无误、万无一失”的工作目标做好邮政服务，确保“两会”通信畅通。制订“两会”邮政服务保障工作方案、营销方案和应急预案。投递报刊1410捆，收到表扬信、代表感言35件，为代表制作个性化邮票946版，实现营业收入1149万元。

（杨晓凤）

【《丙申年》生肖特种邮票首发】 1月5日，西城区分公司《丙申年》特种邮票首发式在梅兰芳大剧院举行。中华全国集邮联合会会长杨利民和原中国邮电工会主席、全国劳动模范罗淑珍为《丙申年》特种邮票揭幕，北京市集邮协会会长章干泉和中国著名邮票设计大师邵柏林为《庚丙聚首，金猴迎春》纪念封揭幕，中华全国集邮联合会副秘书长李寒梅和中国著名画家王建成为《丙申年》市分公司首日封揭幕。北京分公司总经理王小东参加邮票首发式并致辞。活动仪式将戏曲文化中的猴文化与集邮文化相结合，融入E集邮文化理念，邀请变脸艺术大师张文中先生表演猴戏变脸，银雁俱乐部表演《丙申年》时装秀，北京集邮专业开展“E集邮，易实惠”活动抽奖。西城区分公司与北京生肖研究会合作，开展生肖集邮主题邮展，首次推出《庚丙聚首，金猴迎春》封中封。

（杨晓凤）

【春节期间“大拜年”活动】 2月7至12日，西城区分公司所属北海皇家邮驿、石猴街临时邮局、西四祈福邮局等多网点联动启动大拜年活动，多种形式与用户进行互动，受到百姓欢迎。活动中，结合丙申年的热点推出“新春福袋”，福袋中包含“盛世金猴2016贺岁金银碗”、猴年吉祥玩偶、盖有主题邮局风景日戳的集邮封片卡等热销产品；打造戳文化，推出“羊猴生肖交替”纪念戳，吸引集邮爱好者参与；结合各支局地域特点开展“请进来”和“走出去”活动，“走出去”即走出营业厅，进社区、进庙会服务，“请进来”即在营业厅开展活动吸引百姓参加。

（杨晓凤）

【大清邮政信柜重张】 3月20日，《中国邮政开办一百二十周年纪念》邮票首发暨大清邮政信柜重张开业仪式在什刹海广福观举行。活动由北京电视台著名节目主持人阿龙主持，市分公司副总经理范小荣和西城区政协主席杜灵欣为仪式揭幕。届时，北京大清邮政信柜揭牌营业，大清邮政信柜发布吉祥物donglong和《什刹海集印本》，举办邮政历史和文物特展。

（杨晓凤）

【“全民阅读日”送服务进社区】 4月20日，西城区分公司联合中国少年儿童出版总社、童趣出版社、《意林》《知识就是力量》《作家文摘》《父母必读》《快乐老人报》《生命时报》等多家刊社，以“世界读书日”“北京市全民阅读十周年”为契机，借助西城区政府在各社区设立的书香驿站开展全民阅读图书报刊推广活动，结合多种业务开展宣传，为社区居民提供业务宣传、样刊、小礼品赠送等。

（杨晓凤）

【《中国现代科学家（七）》纪念邮票首发】 5月8日，西城区分公司在中国科技会堂举办《中国现代科学家（七）》纪念邮票首发仪式，中国邮政集团公司副总经理李丕征与中国科协党组成员、书记处书记王春法分别致辞，共同为邮票揭幕，北京分公司总经理王小东和中国科协调研宣传部部长郭哲为邮品揭幕。此次首发活动由中国科学技术协会、中国邮政集团公司共同主办，中国科协调研宣传部、中国邮政集团公司北京市分公司联合承办，北京市邮票公司、中国邮政集团公司北京市西城区分公司协办。《中国现代科学家（七）》相关科学家家属代表、参与邮票评审的专家及中科院大学人文学院博士生导师王扬宗、中国地质学会、中国农学会、中国气象学会、中国物理学会相关负责人莅临首发活动。

（杨晓凤）

【成立北京大运河临时邮局】 6月22日，北京大运河临时邮局成立。开业当天，临时邮局启用大运河临时邮政日戳、万宁桥邮资机宣传戳、“庆祝大运河申遗成功两周年”和“大运河临时邮局开业纪念”宣传戳，发售纪念封、纪念邮折等邮品。北京市西城区集邮协会、京城大运河集邮研究会与邮局联合举办“庆祝大运河申遗成功两周年”集邮展览，通过“邮说文化”的特殊方式，带给广大集邮爱好者和市民一场精神与文化的盛宴。

（杨晓凤）

【宝鸡巷和雉鸡苑临时邮局开业】 12月1日，北京宝鸡巷、北京雉鸡苑2家临时邮局南北城同时开业，逾千名集邮爱好者到现场，标志着北京邮政率先启动丁酉模式。开业当日，2家临时邮局启用“雉鸡苑（临）”和“宝鸡巷（临）”邮政日戳，推出“大吉大利”和“吉庆有余”2枚生肖主题邮资机宣传戳和“北京雉鸡苑”“宝鸡巷”“丁酉年”开业纪念封、宣纸封等生肖题材邮品，并刻制开业纪念戳供集邮爱好者免费加盖。

（杨晓凤）

【俄罗斯邮政代表团参观北海皇家邮驿】 6月1日，俄罗斯邮政代表团一行20余人到北海皇家邮驿主题邮局，参观中国邮政历史和集邮文化展览，观摩火漆戳演示，参观者对中国传统特色商品和北海皇家邮驿特色封片产品表示了极大兴趣，当场购买喜欢的明信片。

（杨晓凤）

【“猴年马月 心想事成”主题营销活动】 6月5日至7月3日，西城区分公司启动“猴年马月 心想事成”主题活动，开展特色营销。结合社会热点话题，利用丙申年“猴年马月”的俗语传说吸引用户。活动中实施“全网点配合，各专业联动”，辐射全区所有邮政网点、金融网点和各个主题邮局，各专业结合活动推出“猴年马月”主题产品。首次推出“虚拟”特色邮戳，包括“猴年马月”风景日戳和“马上封侯”邮资机宣传戳，吸引集邮爱好者参与。同时，以特色模式回馈客户，凡是活动期间在西城区范围内的邮政网点购买邮政产品或金融产品达到一定数量标准的，可以为自己或家人填写一张心愿卡，贴在营业厅心愿墙上，邮局定期抽取幸运心愿卡，并组成邮政“心愿小分队”，打破原来抽奖活动的固有模式，实现用户个性化的美好愿望。

（杨晓凤）

【集邮周活动】 8月5至10日，西城区分公司开展“中国梦 集邮情”2016年集邮周活动，各专业公司、支局、支行网点联动，围绕6个主题开展8场首发活动。各种感恩回馈活动、满购抽奖、2元超值邮品套装等，让利邮迷，回馈客户，吸引集邮爱好者近万人参与。活动精心策划，与北京生肖集邮研究会、西城区集邮协会等地方组织合作，举办4场集邮周主题邮展，营造活动氛围，传播集邮文化。根据集邮周每日活动主题，分别推出邮资机戳、纪念邮戳、纪念封、明信片及各类换购邮品。结合“集邮与老人”“集邮与少年”两大主题日开展社会公益活动，为巨人学校的学生开设“集邮课堂”活动，为展览路街道的老人开设“集邮讲座”，在传播集邮知识的同时丰富业余生活，激发集邮兴趣。

（杨晓凤）

【“双十一”快递包裹业务】 为做好“双十一”快递包裹投递工作，西城区分公司采取4项举措应对。推行网格化管理，整合普邮资源，成立44个商投网格；各投递部、支局和区分公司制定“三级预警”应急机制，在某个网格业务量超过最大承载能力时，启动一级应急预警方案，在某个投递部业务量超过最大承载能力时，启动二级应急预警方案，在某个支局业务量超过最大承载能力时，启动三级应急预警方案；采取多种投递方式，优先安排快递包裹邮件投递，通过设置专频、专段投递和增加午间、晚间投递等方式灵活组织生产作业，采取代投、自提等多种投递方式；做好人员储备，遇到超出最大承载力时，通过调整生产作业组织，适时增加应急人员。

（杨晓凤）

中国联合网络通信有限公司北京市分公司

【概况】 中国联合网络通信有限公司北京市分公司（简称北京联通）隶属于中国联合网络通信有限公司，致力于北京市信息化基础设施建设，在全市范围内为公众客户、商企客户和政府机构等客户提供包括固定电话、移动电话、数据传输、互联网、宽带接入等基础电信业务和增值电信业务及与上述业务相关的行业应用、系统集成、技术开发、技术服务、信息咨询、工程设计施工等相关服务。北京联通下设6个市区分公司，其中二区、三区、八区分公司为西城区提供服务。分别是二区分公司西直门营销服务中心；三区分公司西单营销服务中心、厂甸营销服务中心、樱桃园营销服务中心、广外营销服务中心；八区分公司展览路营销服务中心。北京联通在西城区境内的其他单位有：北京联通维护中心（复兴门内大街97号长话大楼）；北京联通宽带中心（西长安街11号电报大楼）；北京联通网管中心（二七剧场路17号）；北京联通大客户中心（复兴门南大街6号）。
地址：西城区骡马市大街9号
邮编：100052
电话：66036215

（李俊楠）

【重要通信保障任务】 年内，北京联通完成全国人大十二届四次会议和全国政协十二届四次会议、国家防汛抗旱总指挥部（水利部）等276项重要通信保障任务，投入7201人次、1860车次，确保通信网络畅通和信息安全。

（李俊楠）

【千兆小区建成】 年内，北京联通10G PON网络建设落地，为打造“全光大都市”奠定基础。西城区丰汇园、朗琴园、西堤红山等成为北京市首批宽带速率可达千兆的小区，居民宽带网络质量得到显著提升。

（李俊楠）

【“最美通信人”演讲】 4月28日，

"最美通信人"北京联通机动局郭立兴参加西城区椿树街道举办的"青春飞扬中国梦"百姓宣讲青年专场活动，代表北京联通团委作精彩演讲。

（李俊楠）

【宽带第五次大提速】　5月16日，北京联通举行"宽带电视4K超高清（IPTV）首发式暨第五次宽带提速发布会"，宣布启动第五次宽带大提速，推出4K超高清宽带电视，启动"4K狂欢节"。北京联通近4百万家庭光纤宽带用户的速率，在目前带宽基础上再免费提升一倍，主流用户达到50M至200M，推出1000M宽带家庭产品，实现光纤宽带产品"50M起步、100M兆主流"的目标，届时西城区90%以上联通宽带用户带宽将达到50M以上。

（李俊楠）

【世界电信日活动】　5月17日，西城区市民终身学习服务基地办公室与北京通信电信博物馆携手，联合举办"世界电信日暨西城区市民终身学习服务基地开放日"活动。基地办公室领导及各基地兄弟单位同仁、椿树街道领导及居民代表共50余人走进通信电信博物馆，了解百年通信变迁，感受通信前沿，体验一次身临其境的"通信科普之旅"。

（李俊楠）

【参加国际科技产业博览会】　5月19至22日，北京联通三区分公司作为西城区代表企业参与第十九届中国北京国际科技产业博览会，西城区副区长陈宁等领导亲临西城展区。北京联通向观众展示了基于联通物联网平台的智能穿戴设备、智能自行车、雾霾检测仪及智能家居等先进产品，展品吸引大批观众驻足观看，西城展区现场十分火爆。

（李俊楠）

【西单营业厅重装开业】　12月18日，位于西单商业街的北京联通西单营业厅装修一新，与小米中国联通西单体验店同时开业。小米联通西单体验店是小米与中国联通战略合作的首家门店，小米公司凭借其智能家居全系列产品及定期的米粉见面会，吸引更多米粉和客户进厅体验。

（李俊楠）

【一把手接听政府服务热线】　12月27日，北京联通副总经理戚其功陪同西城区副区长司马红参加西城区综合行政服务中心开展的"沟通零距离，满意在西城，部门一把手接听'12341'政府服务热线活动"。西城区相关委办局和街道一把手接听群众热线，现场回答群众反映的热点问题。司马红感谢联通公司长期以来的优质服务，表示西城区"12341"政府服务热线将进一步加强宣传，加大职能部门领导接听热线力度，将此项目建成北京市政府服务的标杆项目。

（李俊楠）

【界内营业厅】　北京联通在西城区境内有14个营业厅和1个品牌店。西单营业厅，地址：西单北大街129号；西单3G品牌店，地址：西单北大街129号；长话大楼营业厅，地址：复兴门内大街97号；电报大楼营业厅，地址：西长安街11号；长椿街营业厅，地址：槐柏树街13号；广外营业厅，地址：广安门外大街383号；樱桃园营业厅，地址：新安北里一巷11号；西单北大街营业厅，地址：西单北大街甲133号；马连道路营业厅，地址：马连道路甲10号楼西102号；陶然亭营业厅，地址：南纬路35号院住宅小区D、E办公楼1层；金融街营业厅，地址：金融大街21号；护国寺营业厅，地址：新街口南大街139号北向南第2、第3门内；车公庄营业厅，地址：西直门南大街06乙号楼；展览路营业厅，地址：展览馆路7号；西直门营业厅，地址：西直门外大街1号院1号楼首层。

（李俊楠）

公用事业

燃气供应与管理

【概况】　北京市燃气集团有限责任公司（简称市燃气集团）是国有独资公司，业务范围覆盖从燃气输配、销售、科研、设计、施工到燃气设备制造的完整业务领域。注册资金58.836亿元。年内，燃气集团天然气购入量152.2亿立方米，销售量144亿立方米；实现营业收入340亿元，利润总额38.65亿元。截至年底，燃气集团京内外运行管线2.1万公里。

地址：西城区西直门南小街22号

邮编：100035

电话：66205589

（曲慧明）

【境内燃气供应与管理】　北京市燃气集团有限责任公司第一分公司（简称第一分公司），经营范围包括燃气供应与销售，销售燃气设备用具、燃气专用设备和施工材料，检测、检修、安装燃气设备，燃气及热力技术的开发、转让、咨询、服务。担负市场开发管理，新用户发展管理，用户服务管理，燃气销售管理，区域内管网的运行、维护、带气作业及急抢修作业（中压A级以下压力级别）、基建和技改工程及外线拆改迁工程管理等职能。管辖范围为北京市二环以内地区。市燃气第一分公司西城一所（简称西城一所）设8个职能岗位，下设西直门客户服务站、营业收费站、北城急修班3个班站以及西直门社区服务中心，职工55人。管辖区域为二环以内原西城区范围。市燃气第一分公司西城二所（简称西城二所），设8个职能岗位，下设温家街客户服务站、营业收费站2个班站及白纸坊社区服务中心，职工50人。管辖区域为二环以内原宣武区范围。年内，西城一所、西城二所承担二环以内西城区157095户民用户和1836个公共服务用户（简称公服用户）的燃气设备维报修、巡检、计量仪表管理、新用户发展任务和二环以内燃气用户的收费业务及二环以内西城区的突发抢修任务。

第一分公司
地址：东城区忠实里西区6号楼
邮编：100022
电话：64021605
西城一所
地址：西城区黄城根北街5号
邮编：100034
电话：66111777
西城二所
地址：西城区太平街6号富力摩根中心D座1022
邮编：100031
急修热线：63569777

（田　欣）

【居民天然气销售价格调整】 年内，根据京发改〔2015〕2521号《北京市发展和改革委员会关于建立居民生活用气阶梯价格制度的通知》，自2016年1月1日起，将居民家庭全年用气量划分为三档，各档气量价格实行超额累进加价。对于居民家庭一般生活用气（炊事、生活热水等），第一档用气量为0—350（含）立方米，气价为每立方米2.28元；第二档用气量在350—500（含）立方米之间，气价为每立方米2.5元；第三档用气量为500立方米以上，气价为每立方米3.9元。壁挂炉采暖用户在执行居民一般生活用气分档气量的基础上额外增加采暖用气气量。第一档用气量为0—1500（含）立方米，气价为每立方米2.28元；第二档用气量在1500—2500（含）立方米之间，气价为每立方米2.5元；第三档用气量为2500立方米以上，气价为每立方米3.9元。人口为6人（含）及以上的家庭，可申请按户每档年度增加150立方米的一般生活用气气量基数。由燃气经营企业根据用户提供的居民户口簿或居（村）委会提供的实际居住证明，直接核定其各档气量。根据国家发展改革委有关文件要求，执行居民气价的学校、社会福利机构、城乡社区居委会等非居民用户，暂不执行居民阶梯气价，气价标准按照每立方米2.3元执行。

（田　欣）

【老旧小区抗震加固改造工程】 年内，第一分公司配合市区政府开展专项工作，改善辖区居民生活条件，完成西城区内23栋1299户民用改造工程，另有3栋240户在设计阶段，3栋285户在施工阶段，2栋98户在核实中。

（田　欣）

【棚户区改造工程】 年内，第一分公司在辖区内正式推进棚户区改造工作。西城区报拆53栋楼2417户，主要为西城区菜园街及枣林南里、光源里地区。

（田　欣）

【社区服务】 年内，西城一所以提升燃气安全能力为目标，延伸服务能力。根据社区用户需求，联合燃气科研所先后在和平门社区、未英社区、黄城根南街社区、府南社区为近1500户居民安装燃气报警器、切断阀和金属波纹软管，有效降低户内燃气安全隐患，保障用户用气安全。

（田　欣）

【管网信息】 年内，二环以内的西城区管线总长度为538公里；有94座调压站、93座调压箱、531座闸井。

（田　欣）

【用户巡检】 年内，西城一所完成原西城区内28293户民用户安全巡检工作，更换胶管4273根，发现问题5210个，发放巡检告知单5213张，现场维修30个，完成公服巡检1806块表，用户维报修3540次。西城二所完成原宣武区40631户民用户安全巡检工作，更换胶管6792根，发现问题4191个，发放巡检告知单4191张，完成公服巡检1551块表，用户维报修4231次。

（田　欣）

【客户服务站】 西城一所客户服务站（民用站）负责二环以内原西城区55500户管道燃气用户的安全巡检、查表收费及维修等工作。地址：西城区西直门南小街16号院，电话：66176311。西城二所前三门客户服务站负责二环以内原宣武区109250户管道燃气用户的安全巡检工作。地址：西城区温家街2号院，电话：66026581。

（田　欣）

【社区服务中心】 西城一所西直门社区服务中心（提供预约报装、预约巡检及维修、预约户内拆改迁移、受理用户投诉、整体厨房设计、燃气卡相关业务、终端燃气产品及零配件销售及售后服务、燃气保险销售等业务）地址：西城区西直门南小街国英园1号楼地上一层北侧6-9，电话：58562370。西城二所白纸坊社区服务中心（提供燃气卡开通和补办、燃气及终端燃气产品销售业务）地址：西城区白纸坊西街都市晴园底商22-2，电话：63516895。

（田　欣）

热力供应与管理

【概况】 北京市热力集团有限责任公司西城分公司（简称热力西城分公司）设有七部一室：党群工作部、办公室、财务部、人力资源部、供热生产部、安全保卫部、技术设备部、经营部，下辖4个基层供热服务中心，13个服务站，有职工718人。担负着西城区集中供热的热力站及二次线、楼内系统的运行管理；用户服务、节能降耗及热费收缴；对接街道办事处供热相关政府机构提供供热服务。截至年底，管理热力站733座、供热面积3726万平方米；完成专项资金改造项目301项、两项资金项目11项；开展中小修项目8548项；组织供热服务进社区活动518场，为用户提供供热政策宣传、入户维修、入户巡检、散热器推广及热费收缴等便民服务。

地址：西城区玉桃园二区 16 号楼
邮编：100035
电话：59250900

（张　磊）

【供热服务】 热力西城分公司服务对象有中南海、人民大会堂、国家大剧院、金融街等重点用户，也有月坛地区、前三门地区、槐柏树地区、牛街地区等老旧小区的普通居民。本着“安全稳定供热，优质高效服务”的企业宗旨为各级党政机关和普通百姓提供服务。设立 4 个基层供热服务中心：车公庄供热服务中心、月坛供热服务中心、金融街供热服务中心、槐柏树供热服务中心。各中心职责：负责中心管辖热力站及二次线、楼内系统的运行管理，用户服务、节能降耗及热费收缴，对接街道办事处供热相关政府机构提供供热服务。车公庄中心办公地址：西城区西直门南大街 21 号楼北侧热力站，电话 68332531；月坛中心办公地址：西城区展览路北露园甲 3 号，电话 68320997；金融街中心办公地址：西城区西便门西里 2 号楼旁热力，电话 83116560；槐柏树中心办公地址：西城区广安门内街道槐柏树街北里 8-1 号，电话 83118219。

（张　磊）

【供热服务站】 热力西城分公司下辖 13 个热力服务站，分别是：车公庄中心的大百科服务站，地址：西城区阜成门北大街 15 号楼北侧，电话 68317976；桃园服务站，地址：西城区玉桃园一区 12 号楼，电话 82211136；万明寺服务站，地址：西城区月坛北街南营房一区，电话 68027717；车公庄服务站，地址：西城区西黄城根北街甲 2 号北京四中，电话 66161849。月坛中心的三里河服务站，地址：西城区三里河三区甲 52 号楼后，电话 18911013739；811 服务站，地址：西城区木樨地北里丙 4 号楼旁热力站二层，电话 18911013770；青年公寓服务站，地址：西城区三里河东路甲 14 号院旁热力站二层，电话 18911013518。金融街中心的秘书局服务站，地址：西城区灵境胡同 12 号院，电话 68022310；广内服务站，地址：三庙街顺河一巷甲 23 号对面，电话 83122021。槐柏树中心的中心白纸坊服务站，地址：西便门东里小区 2 号楼对面，电话 83125807；西城区广安门内大街 338 号港中旅酒店院内，电话 83553381；牛街服务站，地址：牛街东里 1 区 1 号楼旁，电话 83523511；广外服务站，地址：真武庙三里 2 号楼 1 层，电话 68020810；椿树服务站，地址：南新华街 25 号楼后（一得阁墨汁后身），电话 63166672；宣武门外东里 1 号楼西侧，电话 83172823。

（张　磊）

电力供应与管理

【概况】 国网北京市电力公司（简称北京电力）是国家电网公司的子公司，负责北京地区 1.64 万平方公里范围内的电网规划建设、运行管理、电力销售和供电服务工作。下辖二级单位 29 个，包括供电公司 16 个、业务支撑和实施机构 10 个、其他单位 3 个。年内，完成售电量 918.37 亿千瓦时，投资 216.28 亿元，资产总额 1029 亿元，营业收入 616.3 亿元，实现利润 17.6 亿元。公司拥有 35 千伏及以上变电站 492 座，变电容量 8927 万千伏安，输电线路 8864 千米、电缆 2041 千米；历史最大负荷 2082.8 万千瓦；城市供电可靠率达到 99.98%。北京电网已经形成六大分区相互支持的坚强结构，具备较强的资源配置能力和抵御风险能力。同时，北京电网又是一个典型的受端电网，本地发电仅占全部用电负荷的 30%，其余 70% 的电力依靠山西、内蒙等地输入。年内，北京电力公司对标进入国家电网公司综合标杆，业绩考核位列 A 段。公司团委获中央企业和北京市五四红旗团委称号、在国家电网公司第二届“青创赛”中获 2 金 4 银 5 铜奖牌、中国第三届青年志愿服务大赛中获 2 金，城区供电公司代表中央企业获最佳团队奖，离退休工作部获“全国老干部工作先进集体”荣誉称号。

地址：西城区前门大街 41 号
邮编：100031
电话：63121114

（吴国健）

【电网概况】 年内，北京地区有电厂 30 座，机组 205 台（含 124 台风机），总装机容量 10769.8 兆瓦。并入 110 千伏及以上的升压变 64 台，变电容量 12919.5 兆，其中并入 220 千伏的升压变 37 台，变电容量 11750 兆，并入 110 千伏的升压变 27 台，变电容量 1169.5 兆。北京地区运行的 110 千伏及以上变电站 476 座，变压器 1191 台，变电容量 110810.7 兆。500 千伏变电站 10 座，变压器 28 台，变电容量 27606 兆。220 千伏变电站 85 座，变压器 226 台，变电容量 39535 兆。其中，公司所属变电站 78 座，变压器 203 台，变电容量 38420 兆；用户变电站 7 座，变压器 23 台，变电容量 1115 兆。110 千伏变电站 381 座，变压器 937 台，变电容量 43669.7 兆。其中，北京电力所属变电站 330 座，变压器 824 台，变电容量 39557.5 兆；用户变电站 51 座，变压器 113 台，变电容量 4112.2 兆。北京电网有 110 千伏及以上架空线路 573 条 6845.46 千米，110 千伏及以上电缆线路 931 条 1924.6 千米。500 千伏架空线路 8 条 312.71 千米；500 千伏电缆线路 2 条 13.37 千米（其中昌海、门海线为架混线路）。220 千伏架空线路 205 条 2783.83 千米；220 千伏电缆线路 135 条 579.57 千米。110 千伏架空线路 360 条 3748.92 千米；110 千伏电缆线路 794 条 1331.66 千米。

（吴国健）

【人力资源】 年内，北京电力全口径劳动生产率完成 157.17 万元/人，有全民职工 8101 人，其中研究生及以上学历 1431 人，本科学历 3786 人，专科学历 1641 人；高级职称 1152 人，中级职称 1937 人；技师及以上职业资格 3963 人，高级工 1894 人，中级工 426 人。新增专家人才 206 人，其中国网公司级优秀专家人才 17 人；以业绩为导向，完成 408 名专家人才年度考核，合格率97.5%。

（吴国健）

【电网建设与发展】 年内，北京电力配合市发改委编制《北京市“十三五”时期能源发展规划》《北京市“十三五”时期电力发展规划》，获市政府批复，新建7项外受电通道工程、266项输变电工程和配电网工程全部纳入北京市“十三五”能源和电力发展规划。编制《北京市行政副中心智能电网建设方案》《北京市副中心电网空间布局规划》《“煤改电”配套规划方案》《2022年冬奥会延庆赛区配套电网规划方案》等重点区域配套电网规划。促成国家电网公司和北京市政府签署面向“十三五”战略合作协议，与西城、丰台、延庆、亦庄、石景山、昌平区政府签订“十三五”战略合作协议。力促市政府采用“一会三函”模式加快前期工作进度，惠及重点工程65项；创新配套变电站与轨道交通同步规划、同步拆迁、同步建设、同步投运的“一体化”新模式，落实长期无法解决的变电站站址11处。取得110千伏及以上电网项目核准71项、规划意见书132项，《“强简强”电网规划研究》获国家能源局专项表彰，《基于智能终端的电量与线损同期管理模式研究与实践》获国家电网公司管理创新三等奖，《基于同期“四分”线损管理的关键技术研究和应用》获公司科技进步一等奖，《基于四大专业六大平台的同期线损精益化创新管理实践》《基于综合计划全过程管控的售电量计划管理提升卓越实践》获公司卓越绩效典型案例一等奖。

（吴国健）

【经营管理】 年内，北京电力购售价差同比提升4.27元/千千瓦时，落实“营改增”政策，降低企业税负。开展工程转资，助力输配电价改革，北京地区2017—2019年输配电价实现上涨。固定资产投资完成216.28亿元，“煤改电”等29项配套工程纳入年度投资计划，争取到13亿元投资规模；构建项目效益分析指标评价体系，在网架结构、供电能力等7个维度制定41项指标，实现主网项目分级评价；提前预安排2017年新开工重点项目316项，年内投资24.90亿元；协调市发改委，争取到“煤改电”历史补贴和新开工补贴21.31亿元，累计取得外部渠道资金支持20.31亿元。建成北京电力运监大数据应用平台，完成与12个业务系统、72个接口的集成，累计接入数据3.2亿条，实现核心指标百余项监测点的动态监测分析。实现国家电网公司系统内第一批电网运营在线监测系统上线运行，结合北京地区特点，重点开展煤改电工程及采集电量监测分析工作，研判电采暖电量变化趋势和发展规律。7月15日，首都电力交易中心有限公司正式挂牌成立。年内，北京电网全口径购电量980.82亿千瓦时，同比增长6.34%。为防治雾霾改善北京地区空气质量，关停燃煤电厂发电权交易电量59.07亿千瓦时，节约标煤34.54万吨，减排CO_2 89.79万吨，减排SO_2 7267吨。《信息化手段提升审计监督服务能力的创新实践》获中国内审协会内部审计信息化优秀成果奖，《新常态下基于JDL模型的内部审计监督全覆盖的探索与实践》等2篇论文获中国内审协会内部审计理论研讨三等奖。

（吴国健）

【安全生产】 年内，北京电力变电、输电、配电设备故障同比降低48%、36%和43%。施行输电线路属地化管理。完成重大保电任务219项，保电324天。未发生人身伤亡安全事件，五级及以上电网、设备安全事件，六级及以上信息安全事件。安全事件、违章同比分别下降43%、26%。整改安全隐患1914项。利用平台及移动作业对3380个作业现场开展全流程实时检查，查处整改违章823项，7家单位被列入负面清单。

（吴国健）

【营销工作】 年内，北京电力售电量918.37亿千瓦时，同比增长6.72%。线损率6.88%。新增用电29.81万户、接电容量1283.31万千伏安，同比增长42.24%。推广电能替代项目应用538项，完成电能替代电量22.40亿千瓦时。开展电价执行情况稽查，发现执行问题120户，增加经济收益约252.83万元。开展252人次电价知识抽调考，占从事相关业务人员总数的34.17%。联合市发改委、公安局开展反窃电行动，查处窃电、违约用电415户，追补电量1290.07万千瓦时，追补电费780.05万元，追补违约使用电费3590.16万元，挽回经济损失4370.21万元。换装智能表60万只。

（吴国健）

【优质服务】 年内，北京电力完成实现服务零差错、供电零闪动、客户零投诉工作目标。95598热线受理业务91万件，办结业务910377件，退单率0.005%，实现“零投诉”。规范营业窗口服务行为，服务人员轮训800人次。“掌上电力”居民版、电力微信注册绑定用户294.69万户，企业版注册绑定用户4.66万户。线上受理应急送电2.12万笔、可视化电力报修1100户次，居民网络自助交费率60%。完成1243户重要客户用电安全评估工作，31个老旧小区改造惠及居民4.3万户。交易大厅接待来访198人次，受理问询793次。

（吴国健）

【城区供电】 城区供电公司是国网北京市电力公司的直属大型重点供电企业，有职工462人，担负东城、西城两个行政地区93平方公里范围内的电网规划建设、运行管理、电力销售和244万客户的供电服务工作。负责辖区内31座110千伏变电站的运行维护，10千伏及以下架空线路、电缆线路、电缆架空混合线路和开闭站、配电室的调度、运行、检修及事故处理；负责辖区内业扩报装、用电检查、营业电费抄核收及日常杂项营业工作。年内，城区供电公司完成全国“两会”、十八届六中全会等各级政治保电任务110项，确保首都核心区电网安全稳定运行，累计保电259天。服务首都清洁能源计划，确保28万“煤改电”用户可靠用电。服务新能源发展，加快新能源汽车配套充换电设施建设，完成中南海、国家大剧院等41处463台充电桩建设，建成天桥演艺中心、北京坊两处具有100台60千瓦直流充电桩大规模集中场站，形成良好示范效应。加强“三个建设”，推进“两学一做”教育活动，开展“三亮三比三争当”主题实践活动，成立5支党员突击队和1支青年突击队，共产党员服务队建立挂牌服务站52座，实现东、西城区32个街道全覆盖。公司保持首都文明单位标兵称号；获国家电网公司实现安全生产目标单位、全国电力行业QC小组活动优秀企业、国家电网公司管理创新一等奖；公司党委获国资委“中央企业先进基层党组织”称号，公司团委获国网公司“五四红旗团委”称号；“心心点灯——用电关爱与成长”公益项目获得中国第三届青年志愿服务大赛金奖，代表中央企业获得最佳团队奖，陈牧云被评为北京企业志愿服务“十佳”优秀志愿者。城区供电公司实现年售电量101.4亿千瓦时，城市供电可靠性99.991%。

地址：西城区西直门南小街174号
邮编：100034
电话：63128718

（吕　翔）

【境内供电及用电量】　年内，西城区售电量60.85亿千瓦时，其中工业电量1.62亿千瓦时，商业电量9.17亿千瓦时，交通用电量3.25亿千瓦时，建筑业电量0.56亿千瓦时，信息传输、计算机服务电量2.01亿千瓦时，金融业用电量17.66亿千瓦时，公共事业及管理组织用电量12.55亿千瓦时，居民电量14.03亿千瓦时。

（吕　翔）

自来水供应与管理

【概况】　北京市自来水集团有限责任公司（简称市自来水集团）是北京市政府所属国有独资公司。负责北京市区和部分郊区、县自来水生产和供应，兼营再生水、部分郊区污水处理、供水工程设计、施工、安装、管网抢修、管件器材、水表制造、供水材料贸易等业务。截至年底，集团日供水能力418万立方米/日（市区370万立方米/日，郊区48万立方米/日），自来水销售量9.38亿立方米，实现营业收入36.26亿元。完成再生水销售量1512万立方米，污水处理量2956万立方米。水质综合合格率99.99%，管网压力合格率99.93%，管网修漏及时率100%，实现安全生产无事故。

地址：西城区宣武门西大街甲121号
邮编：100031
电话：66410088

（李　想）

【供水情况】　年内，市自来水集团扎实推进能力建设，黄村水厂、亦庄水厂、石景山水厂具备开工条件。大兴新机场水厂规划选址和可研编制推进，新机场DN1200供水联络管线工程进场施工。密云地表水厂主体工程建设稳步推进。海淀北部供水加压泵站、温泉水厂、门城水厂建设前期工作有序开展。妥善应对供水突发事件，快速反应解决长辛店水厂、良泉公司原水指标异常等问题。及时修复房山大石河、磁家务等“7·20”暴雨天气受损管线。完成高峰供水保障，实施水厂机泵大中修、电气设备检修、清水池刷洗等迎高峰计划376项，确保供水能力发挥。完成北清路加压泵站建设，缓解海淀山后地区供水压力不足问题。密切关注水量波动，应对市区337.3万立方米/日的供水新高。强化多水源联合调度，制定南水调度“加、减水”操作规程，开展南水运行突发事故应急预案演练，安全取用南水7.4亿立方米。完成全国“两会”、G20第一次协调人会议、党的十八届六中全会等系列重大活动、重要会议保障任务，保驾时间199天。

（李　想）

【水质管理】　年内，市自来水集团加强高温高藻水源应对与管网水质监测，继续补强“从源头到龙头”水质管控体系。探索藻类含量检测方法，逐步摸清南水藻类爆发周期和种群演变规律。明确工艺前端足量加氯氧化对保障混凝、沉淀、过滤等后续工艺稳定运行的重要作用。规范净水药剂、净水材料的采购、验收、使用、储存等全过程质量管理，制定质量控制管理办法。完成市区40处管网水质在线监测点建设，强化重点地区管网水质实时监测。

（李　想）

【管网安全】　年内，市自来水集团加大管网新建改造力度，先后实施中心城区南北池子大街、西单北大街等供水管线改造，新建改造管网300公里。编制管网压力优化方案，完成前三门大街DN720高压管线东便门调压站建设。制定管网漏失监测仪在线监测管网隐患管理办法，建立重点地区管网破损事故防范机制。发生管网破损事故765处，同比下降2.8%。因工程施工造成管网破损28处，同比下降6.7%。

（李　想）

【安全生产】　年内，市自来水集团加强安全生产基础管理，逐级签订安全稳定工作责任书，明确全年安全重点工作任务16项。深入一线班组开展标准化自评工作，构建标准化建设长效机制。开展各级安全检查2.1万次，隐患整改率100%。完成第九水厂、禹通公司隐患排查治理体系试点，构建信息化系统，梳理编制隐患排查清单2200余条，实现排查清单、排查频次、隐患处置的全流程信息化动态监管。强化安全生产意识，推广安全小教员培训形式，丰富培训内容，巡讲10余场，培训近600人次。强化新入职特种作业人员培训，190多人参加。做好安全生产重点工作，以“反恐”标准加强危化品管理，提高重点部位人防、物防、技防管理水平。完善防汛预案，有效应对“7·20”强降雨天气，完成市政府下达的两处防汛抢险任务。

（李　想）

【对外服务】　年内，市自来水集团深化金牌服务创建活动，修订集团金牌营业厅标准，整理对外服务案例70余篇汇编成册。建立明查暗访检查台帐，形成动态监督检查机制。开展年度金牌集体和个人评选，选树12家“金牌营业厅”和“金牌管网维修所”、95名金牌员工。规范城郊营业厅、管网维修所命名规则，统一标识，方便用户识别及就近办理业务。创新服务手段，微信和支付宝服务渠道上线运行，上半年累计缴费423万笔，成为重要缴费渠道。强化营销质量管理，完成非居民水价调整，实施城郊差别价格。完善营销考核体系和正向奖励机制，落实考核措施，调动职工积极性。创新营销质量核查方式，通过稽查违章用水追缴水费损失1919万元。强化表务管理，完成大用户高精度水表安装2550支、远传设备安装4680台，开展高精度远传水表自动出账试点，完善电力无线远传水表的业务流程和管理制度。建立周期换表移动网络工作平台，完成周期换表33万支。

（李　想）

【区境内自来水营销情况】　截至年底，西城区计量水表数量230516支，区内售水量6060.22万立方米，其中居民家庭售水量6833.80万立方米，公共服务售水量8902.14万立方米，生产运营售水量932.27万立方米。区内设收费营业所1处，位于真武庙路四条8号院2号楼三层。

（李　想）

【区境内管网维修】　北京市自来水集团禹通市政工程有限公司西城维修所位于西城区槐柏树后街25号。主要负责西城区境内的自来水管网抢修、维修及大小口径管线安装工作。年内，抢修供水管线发生的明漏105处，较上年同期增加5处；暗漏253处，暗漏自检173处，占暗漏总数的68.4%，较上年同期减少5处。完成零活修理4399户，更换故障水表996只、闸门8个、消火栓53个，解决居民无水、水微问题3776处；大小在施安装工程272户，安装长度合计12057米。完成集团交办的任务：大闸维护20处，排气门维护220处，开井盖5232处，帕玛劳数据采集51079次。

（吴雨霏）

（责任编辑　孙凤霞）

城市管理

城市环境管理和综合整治

【概况】 北京市西城区城市环境建设委员会是区政府统筹城市环境建设发展、环境建设重大项目、督查全区环境建设工作任务实施、协调解决环境建设重大问题的职能部门。主任由区委副书记、区长王少峰担任，成员部门由区委区政府相关的委、办、局，15个街道办事处和中央直属机关事务管理局、国务院机关事务管理局、中央军委联合参谋部、北京市交通委员会运输管理局、北京市通信管理局等85个部门组成。委员会下设办公室（简称区环境建设办）。区环境建设办为临时常设机构，隶属区委、区政府，由区政府直接管理，机构为正处级班子。下设综合协调、总体策划、项目管理、环境秩序（拆违办、综合执法协调办合署办公）、宣传动员5个科室。区环境建设办主要负责组织编制西城区环境建设中长期发展规划及专项规划；组织拟订西城区城市环境建设标准；监督检查西城区城市环境建设委议定事项的落实情况，协调解决工作中遇到的问题，承担全区环境建设工作。年内，立足首都功能核心区定位，完善城市管理体制机制建设，加强城市环境管理体制机制建设，破解城市环境管理难题，打造环境亮点工程，借北京筹办2022年冬奥会、纪念长征胜利80周年、庆祝建党95周年等重大环境保障工作契机，实施重点项目科学管理、环境秩序规范提升，有效遏制了突出环境问题，改善了区域环境面貌；通过环境建设广泛宣传动员，管理部门和辖区单位、居民共同参与，完成城市环境建设工作任务，提升区域城市环境建设水平和城市生态环境质量。自2012年扩充组建以来，区环境建设办不断探索城市环境综合治理的有效途径，从开展拆违、治乱、灭脏、清障四大战役，发展到年内的“拆违、灭脏、清障、治污、治乱、缓堵、规范市场、治理‘开墙打洞’”八大战役，并与“疏解整治促提升”等工作相结合，着力推进首都核心区环境治理。

地址：西城区新街口外大街甲14号

邮编：100088

电话：62035376

（王　曦）

【区精神文明和生态文明建设大会】 3月3日，区环境建设委员会在区政府召开2016年精神文明和生态文明建设工作大会，总结2015年全区精神文明建设和城市环境、环保、绿化工作，部署2016年重点工作任务。区四套班子主要领导、中央直属机关事务管理局、国务院机关事务管理局、北京市城市管理委员会及区属相关委、办、局等委员单位的领导共200人出席会议。区委书记卢映川在会上强调，全区要坚持统筹部署，协调推进精神文明和生态文明建设，使两项工作相互促进、齐头并进，共同为区域城市发展品质提升发力添彩。会议对原北京市西城区城市环境建设委员会成员部门及人员进行重新调整；会上，区委常委、宣传部长王都伟作《西城区2016年精神文明建设工作报告》，副区长姜立光作《西城区2016年城市环境、环保、绿化工作报告》。区长王少峰代表西城区，与中央直属机关事务管理局和中央军委联合参谋部政治工作局两个单位签订《加强环境建设共驻共建和谐宜居西城协议书》，与区政府代表单位区园林绿化局和展览路街道办事处签订《加强环境建设共建和谐宜居西城责任书》。

（王　曦）

【胡同环境整治】 年内，对全区1430条胡同的环境现状进行摸底调查，建立基础数据库。针对胡同数量多、分布广、人口集中、情况复杂的特点，逐一分析每条胡同的环境现状及存在的问题。全年共整治胡同84条，整治建筑立面48012平方米，规范广告牌匾149块，整治宅院大门242处，拆除破旧房屋195平方米，清理各类杂物2953吨。拆除列入环境改造街巷胡同内的违法建设500余处。在什刹海东片区刘海胡同4条胡同内成立居民自治停车管理委员会，实施“单停单行”（即一侧停车，一侧行车）；与社区单位开展共建活动，实施错时停车。全区老旧胡同的环境面貌得到有效改善。通过总结试点经验、提升管理科技化水平、落实网格责任等措施，探索建立胡同改造更新维护的有效机制。

（王　曦）

【达标道路建设和环境重点项目整治】　年内，完成了2015年结转项目的组织实施、竣工、验收。启动2016年市区级达标道路、学校周边环境整治，开展42个老旧小区整治、84条街巷胡同整治、20条胡同精细管理和32条道路大中修。完成25所学校周边环境综合整治。

（王　曦）

【环境秩序整治】　年内，开展“拆违、灭脏、清障、治污、治乱、缓堵、规范市场、治理‘开墙打洞’”八大战役，以解决群众身边环境问题为突破口，营造良好环境秩序。年内，共完成拆违5965处、11.1万余平方米；完成对2133户“开墙打洞”违法建设的治理。治理环境脏乱点2255处，清退174辆早餐车，缩减报刊亭至178个、僵尸车114辆、地桩地锁3030个。

（王　曦）

【评选城市环境建设先进】　年内，根据首都环境建设办《关于推荐2016年度首都城市环境建设样板单位和突出贡献个人的通知》要求，区环境建设办在全区开展自下而上的评比活动，经过街道和部门推荐、区环境建设办审核、首都环境办批准，年内共评选出“首都城市环境建设样板单位”23个、“首都环境建设突出贡献个人”64人。

（王　曦）

【环境建设宣传】　8月，共青团中央、中央文明办、民政部、水利部、中国残疾人联合会、中国志愿服务联合会6个部门共同举办第三届中国青年志愿服务项目大赛暨2016年志愿服务交流会。区环境建设办上报的《打造街区生态共同体环境志愿服务项目》，经过项目初审、路演和答辩环节，获北京市金奖并入围全国赛。10月25至27日，在全国评审委员会对38个省级赛会单位推荐的1000个入围项目和71个公益创业赛项目进行的初评中，该项目脱颖而出，入围终评的504个项目之中。12月初，代表北京市参加全国总决赛并获银奖。项目围绕基层社会治理创新这一主题，把社会治理与志愿服务领域结合起来，以环境志愿服务为抓手，突出模式创新、机制创新、思路创新，切实动员社会力量参与环境建设，取得初步成效，其团队建设和项目可持续性值得总结和推广。

（王　曦）

【环境志愿服务活动】　9月14日，举行“绿色家园，益动西城”环境志愿服务主题活动，全区15个街道全部参与。活动由区环境建设办、区文明办、区市政市容委主办，德胜街道工委、办事处为支持单位，北京和众泽益公益发展中心承办。活动围绕交通、水、大气、生态、人文和市容6方面环境，设计了6项体验类内容，借此对居民关于城市环境建设的意见展开调研，为各街道动员居民共同开展城市环境志愿服务提供一手信息。西城区城市环境建设志愿者队伍是全国首创以“环境建设”为主的志愿者团队。全区共有1000余名志愿者参与其中，志愿者来自企事业单位、非政府组织、家庭和学生群体等。

（王　曦）

【重点地区环境景观提升工程】　年内，继续开展“地铁7号线沿线及站口周边景观提升工程”，主要对珠市口、虎坊桥、菜市口、广安门内、达官营、湾子等6个地铁站口及周边进行环境综合提升。对红莲、白纸坊、天桥、西海4个片区的周边环境景观，包括立面整治、路面整治、小区配套设施、临街商铺等进行综合提升。启动莲花河滨水公园景观提升工程（二期）。

（王　曦）

【重大活动期间环境保障】　年内，区环境建设办围绕国庆67周年和纪念长征胜利80周年两项重大活动，做好环境保障工作。制定《西城区庆祝中华人民共和国成立67周年暨红军长征胜利80周年纪念活动城市运行及环境保障工作方案》，成立纪念活动环境保障工作领导小组。保障期间，采取24小时领导带班制度，对辖区重点保障点位现场督导，组织协调环境志愿者协助街道加强街巷胡同环境卫生保洁工作等措施，保持良好整洁的区域环境。

（王　曦）

【完成提案建议】　年内，按照提案建议办理的工作要求，通过实地查勘、与相关单位协调以及与市、区人大代表和政协委员沟通，妥善解决难点问题，解决了一批包括区域环境整治提升、拆除违法建设、疏解非首都核心功能等在内的民生问题，受到代表、委员和群众的好评。全年共承办市、区级建议、提案25件，其中主办件13件，会办件12件。办理结果反馈后，同意和满意率达100%。

（王　曦）

市政管理

【概况】 北京市西城区市政市容管理委员会（简称区市政市容委），挂北京市西城区城市环境建设委员会办公室（简称区环境建设办）和北京市西城区交通委员会（简称区交通委）牌子。是负责本区城市市政基础设施、公用事业、公共交通、爱国卫生、市容环境卫生管理、城市市容综合整治，统筹本区交通发展和管理工作的区政府工作部门。下设19个职能科室。所属事业单位4个，为西城区人民政府节约用水办公室、西城区人民政府防汛指挥部办公室、西城区市容监察所和西城区个体出租汽车管理站。年内，区市政市容委按照年初的既定思路，围绕城市基础设施建设、市容市貌管理、城市安全运行保障和机关自身建设，科学统筹协调，按时间节点完成了承担的市区实事及折子任务、空气清洁行动计划、水污染治理等督查工作41项。日常业务工作也取得了阶段性成果。

地址：西城区北礼士路12号

邮编：100044

电话：88391564

（李　萱）

【市政基础设施建设】 年内，区市政市容委按计划完成了32条道路大中修、52条市政排水管线改造、7处交通疏堵工程和38条慢行系统建设；对重点区域的市政道路检查井病害情况进行普查，发现病害检查井5795个，已完成治理1610个；与北京电力公司签订《电力架空线入地合作协议》，推进14条架空线入地工程。已建成的西单和金融街停车诱导系统一期工程运转正常，二期工程已按照程序完成前期准备工作；立体停车设施建设实现新突破，先后建成万特商务楼、北京凌奇公司、德外大街11号院3处立体停车楼，新增车位470个；新建440个居住区停车位，超额完成全年新建400个的计划任务；1000辆公租自行车于年底布放完毕。34座旱厕改造陆续完工；10月10日，20座二类公厕全部整修竣工，通过验收并投入使用。做好遗留的“城中村”“边角地”环境整治项目，西直门东北角（桃园C地块）拆迁工作接近尾声，对已拆迁的2500平方米区域进行平整和地面硬化，建设1500米的围墙，达到土不露天、拆迁区整洁。

（李　萱）

【治理市容环境】 年内，区市政市容委牵头负责全区生态文明与改革管理专项工作，深化城管执法系统下沉街道改革方案；承担国家级城市环境分类分级管理综合标准化试点工作。加大城市公共空间规范管理力度，推进城市公共服务设施“二维码”管理试点，已完成1252处设施的二维码建设；整治燃气管道安全隐患，上账的80处燃气管道隐患已消除48处，占总数的60%；组织相关单位对建筑渣土运输进行20次执法检查，查处违反规定行为50余起，罚款40余万元；开展LED电子显示屏专项整治，发现并拆除60余处违规户外电子显示装置；加强市容监察，年内共出动检查人员1165人次，检查街巷胡同28663条，督办各类问题1227件，已整改1198件，完成率占督办问题总量的97.6%。

（李　萱）

【垃圾分类管理】 年内，以30个垃圾分类精品小区为抓手，加强培育居民的垃圾分类意识。共组织垃圾分类授课培训100场，组织垃圾分类一日游10次，共有800人现场观看垃圾处理全过程；为12个新建垃圾分类试点小区配备户用垃圾桶、家用垃圾袋以及小区分类容器和宣传设施；巩固371个垃圾分类达标小区的体系建设；各街道分别选择一条大街，开展餐饮单位安全示范街的试点工作；推进餐厨垃圾和废弃油脂的规范运营，1215个单位已纳入规范收运单位，规范收集率达45%。

（李　萱）

【静态交通管理】 年内，区市政市容委编制完成《西城区缓解交通拥堵第十三阶段（2016年）工作方案》，督促抓好9个方面33项工作的落实；制订《西城区停车秩序专项治理工作方案》，开展停车管理专项执法，清理道路范围内的440辆“僵尸车”，解决非机动车乱停乱放等现象；进一步推广“四管治两小”（四管是指老旧小区“自管会”停车管理模式、平房胡同停车自治管理模式、自主管理模式和停车互助管理模式；两小是指小街巷和老旧小区）套餐模式，开展月坛街道汽南小区和南沙沟小区的停车自治管理；按计划完成广外地区、牛街地区综合规划的制定。联合北京市城建院启动《2016–2018年西城区交通缓堵课题研究》，针对西城区交通拥堵现状进行全面调查研究，梳理2020年前西城区交通疏堵工作的重点任务，通过大数据的科学分析，找出拥堵成因，提出具体的解决措施，最终实现全区交通缓堵工作的规划先行。该项目年底前已启动全区所有拥堵点段的数据收集和分析工作。

（李　萱）

【缓解交通拥堵专项方案】 为落实“最堵9月”缓堵工作，区交通委联合多部门会商调研，制定《西城区2016年9月缓解交通拥堵专项行动方案》，以“政府牵头、舆论引导、部门联动、市民参与、属地负责”为工作思路，以强化政治中心区秩序维护、加大交通宣传引导力度、加强交通秩序执法力度、开展区域交通综合治理为工作措施，重视宣传引导、倡导绿色出行为工作职责，明确细化9月份全区总体缓堵工作的各项措施。联合西城交通支队，利用大数据支持，将9月份分为开学首日、中秋前后、国庆前夕三个重点工作时段，并结合尾号限行措施，明确了8个重点拥堵日，加强警力调配，确保“最堵9月”的早晚高峰时段不出现重大交通拥堵安全事故，为居民营造良好的交通出行环境和节日氛围。

（李 萱）

【水电气热保障】 年内，区市政市容委完成1200户“一户一水表”改造，换装1530套（件）节水便器和15255个节水限流器，383个节水单位、4个节水型社区的创建通过验收审核；梳理老旧小区有路无灯台账，为具备安装条件的80条路做好施工前期准备。做好对全区景观照明设施的常规检查，保证设备安全运行；加强对燃气供应企业的行业监管，组织燃气企业为3万余户老旧平房区住户和孤寡老人困难群体更换燃气胶管。配合相关部门打击不规范供气行为，依法查处一家掺加二甲醚的供气单位；部署供热循环系统的夏季检修工作，完成雷锋小学燃油供热锅炉房消除隐患工作、2014–2015年老旧供热管网改造工程。提前2天启动2016年冬季全面供暖工作。

（李 萱）

【排除各类险情】 年内，区市政市容委共完成应急抢险任务757次。其中，处置成功的典型案例有马连道南街1号院门前电线杆撞断、西绒线胡同自来水管爆裂和东斜街68号路面塌陷等；为确保夏季安全度汛，区市政市容委及时修订应急预案、组建专业队伍、准备抢险物资。汛期共经历40次降雨过程，先后排除9049个险情，并成功应对“7·20”特大暴雨，确保了全区汛期安全。完成全国“两会”、G20峰会、国庆节、十八届六中全会等重要活动期间的城市运行和环境服务保障工作。

（李 萱）

【参加城市管理系列沙龙】 4月24日，由《城市管理与科技》杂志社、北京城市学院城市发展研究所、北京城市管理学会共同发起的“北京城市管理系列沙龙”在京举办。沙龙以“超大型城市基层管理工作面临的矛盾和问题”为主题，邀请王忠平、万鹏飞等城市管理领域权威专家以及城市管理领域基层实践部门管理者西城区市政市容委主任刘成东，丰台区管委副主任姜伟，朝阳门、田村路、云岗等街道办主任及部分城区研究室相关人员参与研讨。会上，刘成东介绍了西城区城市管理情况，分析了工作机制上和具体问题操作上存在的问题，介绍了西城区针对体制、机制和管理方法的探索实践。

（李 萱）

【城市环境分类分级管理】 6月28至29日，受国家标准管理委员会委托，北京市质监局邀请5名专家对区市政市容委承担并于2014年4月启动的城市环境分类分级管理综合标准化试点项目进行考核评估。考核评估组充分肯定和高度评价试点项目取得的成果，认为试点单位较好地完成了任务书规定的各项任务，符合《社会管理和公共服务综合标准化试点细则（试行）》的要求，综合评分93分，一致同意通过考核评估。副区长姜立光、国标委服务业部社会服务业处处长姬二明、北京市质监局副局长姚娉、区市政市容委主任刘成东等参加验收。

（李 萱）

【区长调研桃园C地块】 7月12日，区长王少峰到西直门东北角（桃园C地块）土地一级开发项目调研。王少峰在西直门东北角（桃园C地块）拆迁指挥部与区市政市容委领导及拆迁工作人员座谈。区市政市容委主任刘成东、副主任刘耀雍向王少峰汇报项目基本情况及项目进展，陪同王少峰实地考察拆迁区。王少峰充分肯定此项目拆迁工作，要求全区各街道办事处学习此项目的拆迁工作经验，对拆迁工作中存在的难点提出意见建议，并提出一户一议的新思路。

（李 萱）

【学校操场改造】 5月底，北京实验二小白云路分校的“异味操场”事件被媒体曝光，引起社会关注。区委区政府决定在新学期前为白云路小学等10所学校更换临时过渡性操场，启动应急抢险程序。由区市政市容委牵头成立工程指挥部，委托区园林市政管理中心、四方监理公司、华西设计院、鑫雅市政共同实施。工程组克服困难，坚持“精品”标准改造学校操场，配套实施化粪池与排水沟完全隔离改造、市政管线消除隐患、小区道路建设、周边道路修补等工程，整体提升校园环境品质，得到了学校的认可。工程组做好工程的收尾和后期服务工作并及时进行了总结。8月22日，区长王少峰到半步桥小学、白云路小学、展览路小学一分校和四根柏小学4所已经完成操场改造的学校视察，听取改造情况的汇报，实地查看临时过渡性操场的现状。王少峰指出此次学校临时过渡性操场改造是稳定学生家长情绪、恢复学校正常教学秩序的重要措施。

（李 萱）

【完成提案建议】 年内，区市政市容委做好人大和政协建议提案的办理工作，共承担市、区级建议、提案92件，其中主办件65件，会办件27件。各承办科室在承办建议提案过程中，认真开展工作，积极与代表、委员联系，了解代表、委员真实想法，高质量完成提案建议办理工作。截至6月20日，承办的提案建议均按时办结，代表、委员同意和满意率达100%。

（李 萱）

【提高机关工作效率和服务水平】 年内，区市政市容委注重严格干部队伍管理，研究制定《关于对科级及以下干部进行提醒、函询和诫勉的办法（试行）》；加强区行政服务大厅窗口服务和业务科室前后台对接，简化行政审批流程，提高行政审批效率。受理行政审批事项1476件，按时办结；每季度召开项目调度会，紧盯项目进度，确保项目执行率；完成数字市政二期建设的验收和三期的招投标；重视强化干部职工的服务意识，大厅窗口的王赞被区评为服务之星、被评为北京市“三八”红旗手。个体出租汽车管理站及时做好个体出租燃油补贴发放和190辆出租车营运证的发放工作，受到个体出租司机的好评。

（李 萱）

信息化城市管理

【概况】 西城区城市管理监督指挥中心(简称区城管监督指挥中心)是区政府负责城市管理监督评价与指挥协调工作的正处级行政机构。内设办公室、监督员管理科、指挥调度与信息管理科、综合协调科、督查科、评价分析科等15个职能科室，行政编制86人。年内，区城管监督指挥中心深入开展“两学一做”学习教育、坚持运用“目标管理”引领全局，把握“统筹指挥、监督评价、决策支持”职能定位，主动服务于疏解非首都功能和控制人口，以提高案件准确率、处置率和结案率为重点，全面做好城市运行管理平台、“全响应”网格化社会服务管理平台的建设运行和维护保障工作，实现了城市运行效率和服务保障能力的同步提升。在北京市信息化城市管理专项考核中，西城区以92.62分位列城六区第一位。“城市运行精细化管理物联网技术与应用”获中国地理信息科技进步一等奖。

地址：西城区二龙路27号

邮编：100032

电话：88064954

（史智颖）

【城市运行管理指挥大厅升级改造】 年内，区城管监督指挥中心启动城市运行管理指挥大厅的第二次全面升级改造，提升可视化图像信息的获取应用能力，加大对城市道路、街道社区及全区重点区域的监控监管力度。具体包括：改造硬件设施，接入图像信号49路（其中高清图像36路、超清图像1路、模拟图像12路），更换UPS电池64节，更新桌面工作站16套、服务器6台，系统平台运行高效稳定，数据处理效率和应急保障能力得到提升；升级大屏幕系统和会议室环境，在城市运行管理指挥大厅安装高清DLP拼接大屏幕，更换系统运维室和会控台图形工作站，配备会议桌多媒体设备，进一步解决了设施老化问题，有效改善指挥大厅和会议室的基础环境。12月27日，高清DLP大屏完成主体安装及初步调试。

（史智颖）

【城市管理案件办理情况】 年内，区城管监督指挥中心加强信息化城市管理案件办理制度建设，坚持“多方确权、沟通协调、派发处理”的疑难案件办理流程，深化市区两级平台与业务部门的“三级联动”，实现了结案率的稳步提升和挂起疑难案件数量的逐年下降。明确分中心平台案件延期申请的相关要求，确保案件延时申请的严肃性和规范性。建立未办结案件情况定期通报机制和挂账问题库，进一步加强疑难案件的沟通协调和督促解决力度。全年，城市运行管理平台接收问题信息541966件，其中立案537894件，结案538045件（含上年结转案件），结案率为100.02%，较上年提升0.4%；督办超期案件967件，办结757件；协调督办疑难案件217件，办结214件，结案率为98.62%；挂起疑难案件21件，同比下降89.06%。

（史智颖）

【城市运行管理平台维护】 年内，区城管监督指挥中心严格机房运行监管、加强系统日常维护，全年巡检机房258次，解决故障42次，维修设备65次，接收需求登记并完善平台功能104次，系统更新29次，完成会议及应急保障44次。开展城市部件普查及数据更新，新增部件1803个、废弃部件194个。7月，针对不明井盖、立杆、停车场、路边停车场、户外广告、牌匾标识6类部件，开展三权确认（权属单位、主管单位、养护单位）专项普查，共普查部件65965个，涉及图幅（测绘专业术语，1：500比例尺下，1图幅的实际面积为5万平方米）1024张，占全区图幅的91.18%，截至年底，外业普查工作全部完成。加强监督员城管通手机维护，全年解决硬件问题350余次、软件问题170余次、网络问题240余次，升级系统版本10次，更新地图及数据库4次。在城管分平台方面，解决各类问题38件，重点推进区安监局分中心的系统改造和流程优化，为各分中心系统增加延时审批、催督办等业务功能。

（史智颖）

【城市管理联动机制】 年内，区城管监督指挥中心组织区相关部门，召开城市管理工作联席会4次，会上重点通报信息化城市管理案件办理、部门履职评价及居民满意度调查结果、环境卫生和垃圾分类考核、“四公开一监督”工作情况，观看环境秩序脏乱曝光资料片，并部署环境整治任务。全年召开城市管理案件协调会11次，加强对国家卫生城区复审等重点任务的研究，进一步明确职责分工、形成工作合力。推进区级网格平台与市属公服企业对接，加快构建网格化城市管理“微循环”，和排水集团、城区供电公司、自来水公司、路灯管理中心实现对接，案件平均办理周期由1个工作日缩短至6个小时，全年处置各类专业案件948件。拓展网格化监管范围，陆续把食药品监管、环境监管、安全监管、涉煤问题、分类分级标准化试点、园林绿化、无障碍设施等纳入网格管理，并建立专业处置模块，提高问题发现上报和流转处置效率。其中在环境监管方面，收集问题信息113292件（其中涉煤问题271件）、结案113288件，结案率为99.9%；在安全监管方面，处置高空、地下空间作业案件463件。

（史智颖）

【城市管理履职评价】 年内，围绕提高案件上报质量和办理效率，调整完善城市管理履职评价工作体系。为避免利用“多次申结”故意延长办理时限，调整了原城管业务退回分中心重新办理案件的时限计算方式。将案件督办情况纳入评价体系，对督办的54件“多次核查未通过”案件进行扣分处理。全年共有144件未及时上报的问题，对问题所属的街道办事处进行扣分处理。在居民满意度调查方面，根据季节特征及城市管理重点调整问卷内容，将各部门对居民意见建议的及时响应和办理反馈情况纳入评价范围，深化满意度调查结果的趋势分析，强化对城市管理的工作指导。全年编发履职情况评价报告12期，开展抽样调查4次，入户调查和电话调查各7500户，收集居民意见建议6000余条。

（史智颖）

【城市运行物联网体系建设】　年内，区城管监督指挥中心加强城市运行物联网监测体系（以下简称系统）运行保障，进一步完善运维机制，全年升级更新系统功能13次，解决系统故障5次，组织系统培训4次，新增系统使用用户48个，提供雨雪量短信预警服务百余次。完善物联网积水监测设备点位，在新街口街道西四北六条、天桥街道腊竹胡同和德胜街道安德路新增3个积水监测点。推广业务成果，与区科信委物联网数据交换平台、区防汛办、区市政市容委、市气象局、市排水集团、市水务局实现雨量数据共享，丰富区属降雨、积水数据资源，提升监测预警和分析研判能力，为区域防汛和扫雪铲冰工作提供支撑。

（史智颖）

【监督员队伍管理】　年内，区城管监督指挥中心落实监督员考核管理办法，加强对监督员到岗及任务完成情况的检查督查力度，提高监督员业务水平和履职能力。修订《监督员管理规定》《监督队百分制考核办法》和《监督队百分制考核实施细则》，把“上报案件类别”列入考核项目，降低机动车乱停放、暴露垃圾、沿街晾挂、非法小广告四类高发案件的上报得分，引导监督员主动发现并全面上报各类问题。全年召开队长例会12次，编发《监督队综合考核月报》12期。结合环境治理重点和阶段性任务，组织开展部件更新、“三网合一”数据更新等6次专项培训、1次全员业务培训和1次骨干培训，并认真研讨监督队工作思路。继续严把监督员“进出关”，考试录用40人，办理退休56人，年末实有监督员351人。运用多种形式开展督查检查工作，加大对监督员完成工作情况的考核力度，全年调整监督员责任网格151人次，开展现场检查555次、系统检查376次，检查监督员5.6万余人次。

（史智颖）

【环境秩序问题督查检查】　年内，区城管监督指挥中心组织监督员完成7次专项普查。4月，摸排快递公司占道分拣货物情况，涉及大街、背街小巷和开放式小区，统计占道分拣货物点85处。5月，开展电动车占道经营专项普查，发现占道经营问题72处。7月，调查步道砖大面积碎裂和破损情况，统计上报碎裂204处、破损面积1351.87平方米。9至10月，核查全区312处446个无主设施清理情况，结果为已清理333个、修复1个、未清理112个。9月，全面检查摸底户外广告牌匾标识，重点检查残破污损、缺字断笔、安装不牢等问题，发现问题广告28处、牌匾标识134处。配合区市政市容委完成134条大街、21类公共服务设施的普查任务，统计设施14543个，其中完好14464个、破损79个。10月，开展积存垃圾渣土专项检查，发现问题407处。普查数据经整理后报送区相关部门，为整治工作提供翔实材料。坚持关口前移、突出重点，多维度开展监督检查工作，全年检查环境秩序状况603次，督促监督员上报问题55处；核查“监督员三次核查未通过”案件422件，通过150件，未通过272件；结合区“脏乱点”台账，检查问题613处共计1021个，全部上报区级平台派发处置。

（史智颖）

【城市管理问题情况通报】　年内，区城管监督指挥中心编发《城市管理综合治理周报》48期，重点是总结各街道环境秩序保障及专项治理工作进展，通报督办案件，加快信息整理、传递速度，督促解决问题。把好的做法、经验、取得的成效整理形成信息，为区领导和各管理部门提供更有价值的数据信息。将每周重点督办案件刊登到周报上，加大督办曝光力度，提高街道重视程度，督促问题解决。结合市信息化城市管理专项考核，编发工作月报12期，解读各项考评细则和具体任务指标，对比市级下发问题台账和区级平台案件匹配度，查找差距、分析原因、解决问题，为顺利完成各项任务指标奠定基础。

（史智颖）

【城市管理问题研究】　年内，区城管监督指挥中心明确研究重点，紧扣“城市病”、脏乱点等环境秩序问题，借助专家“外脑”，多角度开展调研工作。分析专项普查数据成果，突出快递占道分拣、电动车店外经营等重点热点问题，撰写调研报告。独立完成《大城市病乱象分析治理研究》和《“拆围墙”与精细化城市管理》两项课题研究。邀请多名专家学者参与信息化城市管理调研工作，其中《西城区网格化管理模式研究——发掘网格资源推进全响应机制建设若干问题的思考》于年内结题，《生态西城城市运行监测平台整体框架研究》经多次探讨后正式开题。

（史智颖）

【“全响应”区级平台建设与管理】　年内，区城管监督指挥中心加强信息化支撑力度，加快推进“全响应”系统建设，区级协同平台、资源整合及指挥调度系统升级、监督评价决策3个建设项目于11月通过专家组终验评审。区级协同平台实现了对“西城随手拍”案件数量的汇总统计，整合了区社工委信息库、区行政服务中心12341系统和广内街道“访听解”系统数据，对接了区安监局、区应急办、区综治办、市“网格化e通车”等业务系统，促进了“全响应”分中心和城市管理分平台的深度融合。启动“全响应”

大数据搜索平台及试点应用建设项目，数据精确搜索平台搭建完成并投入试用，区园林市政管理中心试点建设模块开发上线，与区综治信息化平台实现“双向单点”登录对接。同时，依托平台逐步推动环境分类分级标准化管理与信息化城市管理的业务融合，在监督员城管通系统、GIS 地理信息运行分析系统和自助式分析系统中增加“分类分级”图层，实现综合查询和信息共享。

（史智颖）

【“全响应”工作推进及案件办理情况】 年内，区城管监督指挥中心继续推动全响应网格化社会服务管理工作。全年接待各省市学习调研和参观交流 11 次，区、街两级平台共处置各类问题 434914 件（区级平台 56 件、街道平台 43576 件、民情日志 391282 件），办结 426365 件（含上年结转案件），结案率 98.03%。坚持“全响应”案件数据定期通报和重点问题定期分析，全年编发《全响应平台数据月报》12 期，采编工作信息 60 余条，组织专题会议和业务培训 4 次，为各部门交流借鉴工作经验搭建平台。完成《西城区全响应区、街指挥调度系统案件派发标准》的修订并正式实施，该标准把网格化社会服务管理事项分为 5 个类别、21 个大类、109 个小类、569 个子类，明确了办理时限和结案标准，案件处置的操作性和科学性明显提升。完成民情日志分类的系统部署和上线运行工作，内容基本涵盖居民反映的各类问题。深化“全响应”数据分析和预测预警，赴德胜、广内、天桥、西长安街 4 个街道开展“为民服务”事项调研，总结工作规律，紧跟市民关切，服务领导决策。

（史智颖）

国土资源管理

【概况】 北京市国土资源局西城分局（简称市国土局西城分局）是北京市国土资源局（简称市国土局）设在西城区负责本行政区域内土地与矿产资源行政管理的派出机构，下设办公室、综合科、地籍科、国土资源利用科、重点工程科、财务科、政工科、执法监察科、纪检监察科 9 个职能科室和北京市西城区不动产登记事务中心、北京市西城区土地利用事务中心、北京市土地整理储备中心西城区分中心、北京市土地整理储备中心金融街分中心 4 个事业单位。在职人员 140 人。年内，大栅栏 C3、H 地块实现供地，为文保区规划实施奠定基础；破解取号登记难问题，推进不动产登记工作，获国土部高度评价；严格执行新增产业禁限目录，优化用地结构和布局，完成市折子“减人增绿”任务；落实驻区土地督察工作，出台辖区治理土地用途改变联席会制度，推动多宗闲置地项目取得进展；完善辖区棚改土地使用权一次性招标细则，经区政府审议印发；开展多项调研，为区域“疏非控人”提供技术支撑和决策依据；开展多样化国土法制宣传活动。年内，土地利用分中心获“北京市 2013-2015 年度国土资源管理先进集体”荣誉称号。

地址：西城区北滨河路 9 号

邮编：100055

电话：68020198

（刘如　季美）

【土地储备开发计划编制】 年内，编制西城区 2017 年度土地储备开发计划。共申报建设项目 6 个（均为结转项目），约 21.6 万平方米。计划完成开发项目 2 个，约 2.99 万平方米；计划供应经营性用地项目 1 个，约 0.43 万平方米；计划收购储备管理项目 1 个，约 0.25 万平方米；计划总投资 5.55 亿元。

（胡　圆）

【土地储备开发情况】 年内，辖区土地储备开发项目共计 10 个，全部为在施项目，占地面积 39.82 万平方米，规划建筑规模 123.7 万平方米，累计实现投资约 21.18 亿元，是计划投资规模的 1.71 倍。完成供地项目 1 个，占地面积 3.82 万平方米，总成交价款 35.4 亿元，实现政府土地收益 13.08 亿元。

（胡　圆）

【土地储备开发项目监管】 年内，加强对全区 10 个在施土地一级开发、25 个“城中村”环境整治项目的月监管，定期梳理项目信息、进展情况及存在的困难。完成大栅栏煤市街以东 C3、H 地块招标工作，实现供地，总成交价款 35.4 亿元，政府土地收益 13.08 亿元；开展手帕口南街 64 号项目清算入库，根据开发企业工作进度已支付 120650.38 万元的清算入库补偿款，并已完成地上物拆除工作，待解除出让合同、注销相关产权证等工作后，纳入区土地储备库；办理广安联储一期项目各项手续延期，加紧完成剩余 216 户居民和 2 家单位的拆迁工作，整体已完成总拆迁任务的 90%；完成南菜园街 72 号等历史遗留项目收储工作；推进庄胜二期 L 地块成本分摊，加快完成其拆迁及后续供地手续；处理历史遗留项目，拟定《关于推进企业为主体土地一级开发项目工作方案》，经区政府专题会审议通过。

（胡　圆）

【印发执行棚改一次性招标实施细则】 年内，正式印发执行《西城区棚户区改造前期工作及拟改造土地使用权一次性招标工作实施细则》，规定棚改一次性招标的范围、条件、原则以及招投标等内容，该细则的出台为全区棚改一次性招标工作的开展提供理论依据，也为棚改项目的顺利实施和运作提供政策保障。

（胡 圆）

【建设项目用地预审】 年内，共有39个建设项目通过用地预审，总用地面积约46.88万平方米。其中商服用地2个，约5.28万平方米；公共管理与公共服务用地14个，约8.6万平方米；交通运输用地17个，约18.99万平方米；住宅用地5个，约13.96万平方米；特殊用地1个，约0.05万平方米。

（岳 娜）

【国有建设用地使用权划拨】 年内，共办理国有建设用地使用权划拨2件，约0.41万平方米；其中宗教用地1件，用地面积约0.095万平方米；医卫慈善用地1件，用地面积约0.3134万平方米。

（岳 娜）

【编制土地供应计划】 年内，编制西城区2017年度土地供应计划。计划共安排项目5个，用地总面积约7.75万平方米。其中公共管理与公共服务用地2个，占地约0.81万平方米，占供应总量的11%；商服用地1个，占地约3.19万平方米，占供应总量的41%；保障房用地2个，占地约3.7万平方米，占供应总量的48%。

（岳 娜）

【土地供应情况】 年内，西城区共计完成土地供应面积约6万平方米，其中区政府以划拨方式供应国有建设用地项目3个，占地面积合计约2.18万平方米，以出让方式供应国有建设用地项目1个，占地面积合计约3.82万平方米。

（岳 娜）

【编制督察工作整改实施方案】 7月下旬，根据国家土地督察局北京局及市规划国土委要求，对督察驻点期间发现问题启动整改，编制整改方案，经8月29日西城区土地管理工作会议审议通过。方案明确了整改要求和区属相关部门的任务分工。

（杨 倩）

【建立督察整改问题月报制度】 年内，按照国家土地督察局北京局及市规划国土委要求，对纳入《国家土地督察例行督察意见书》及经区政府确认的督察整改问题实行挂账销账制度，落实整改情况月报制度。

（杨 倩）

【建立治理土地用途改变联席会议制度】 年内，为有效开展全区治理土地用途改变工作，做好非首都功能疏解，保证项目合法依规使用土地，建立西城区治理土地用途改变联席会议制度。

（杨 倩）

【不动产登记相关工作】 全年受理登记业务72712件，不动产发证量达50908本（其中颁发证书33754本、证明17154本），完成不动产登簿58572件，档案归集58731件，办理不动产限制登记1618件，存量房补录18717件，受理群众及公检法等部门不动产档案信息查询复制23973件。

（王大为）

【房屋落宗工作】 年内，西城区需落宗的有19209幢房屋，关联审核15708幢，完成落宗审核13782幢，落宗完成比例78.63%。其中，楼房6295幢，关联审核5755幢，完成落宗审核5571幢，落宗完成比例91.29%；平房12914幢，关联审核9953幢，完成落宗审核8211幢，落宗完成比例72.46%。

（福 剑）

【不动产权籍调查】 根据国土资源部《关于做好不动产权籍调查工作的通知》及《北京市不动产权籍调查工作方案（试行）》，西城区不动产权籍调查工作于3月1日正式开展。截至年底，全区共办理调查业务91件，其中权属审查57件、权籍调查34件。

（福 剑）

【政府信息公开】 年内，主动公开政府信息1143条。受理依申请政府信息公开267件，办结率100%，申请内容主要包括土地历史信息、土地权属、抵押等土地登记类信息和土地审批类信息。

（郝占立）

【土地执法宣传活动】 年内，开展“4·22”地球日、“6·25”土地日、“12·4”法制日等执法宣传，宣传国土法规政策，发放宣传资料5000余份、宣传品2500余个。

（郝占立）

【调查研究】 年内，完成《盘活存量用地促进人口功能疏解》《西城文保区腾退项目不动产登记探讨》《西城区不动产登记中若干问题解决建议》《西城区棚改一次性招标工作研究报告》《新形势下做好职工思想政治工作的思考》5篇调研，为加快非首都功能疏解和人口调控提供技术支撑和决策依据。《新形势下西城区旧城改建与土地开发模式探索专题研究》获评北京市国土资源局2015年自主调研优秀成果，《西城区“十三五”时期土地资源节约集约利用路径研究报告》获评西城区2015年度优秀调研成果二等奖，《北京西城区土地开发工作的难点与对策》等3篇论文获中国土地学会第十五期“全国土地日”网上论坛纪念奖。深化调研成果应用，完成一级开发、地铁织补等9类调研数据成果更新汇交。

（季 美）

房屋行政管理

【概况】 北京市西城区房屋管理局（简称区房管局）是负责全区房屋行政管理、房屋征收（拆迁）、住房保障和住房制度改革工作的政府职能部门，挂北京市西城区房屋征收办公室、北京市西城区住房保障和改革办公室牌子。内设科室20个、全额拨款事业单位13个、自收自支事业单位2个；人员编制250名，其中行政编制89名、事业编制161名。年内，区房管局围绕疏解非首都功能、控制人口规模和提升城市品质等辖区重点工作，完成房屋管理各项工作任务。

地址：西城区西安门大街115号

邮编：100034

电话：66130317

（柯晓洪）

【保障性住房配租配售】 年内，完善住房保障工作体系，做好新旧保障政策衔接，组织开展8次政策培训，落实“一房二补贴”（公共租赁住房、公共租赁补贴和市场租房补贴）保障方式，住房保障由“租售并举”向“以租为主”转变。将中信悦海苑公共租赁住房用于廉租实物配租，解决212户住房最困难群体的迫切需求；筹措房源，将广渠门京铁和园公共租赁住房对接辖区117户轮候家庭；加快配售进度，逐步解决“十二五”时期结转的经济适用住房、限价商品住房轮候家庭的住房困难问题。服务区域发展需求，起草制定西城区人才公共租赁住房管理办法，初步确定南礼士路46号院、华电二热项目、金胜家园等3个人才公共租赁住房项目。年内，新增住房保障市级备案家庭4344户，终止1415户家庭的申请备案资格。组织2次摇号和6次选房工作，配租配售保障性住房1921套，其中廉租实物住房136套、公共租赁住房437套、经济适用房623套、限价商品房725套；发放租金补贴4269.98万元，其中廉租租金补贴2383.86万元、公共租赁租金补贴527.73万元、市场租房租金补贴1358.39万元。

（柯晓洪）

【保障性住房后期管理】 年内，完善并下发《西城区廉租实物住房使用监督管理工作方案》，做好廉租实物住房集中的小区的供暖、防汛和物业服务，辖区保障性住房后期管理工作通过市住保办联合测评，并在区绩效考评工作中获得良好以上等次。廉租实物住房应收租金115.4万元，实收租金110.5万元，租金收缴率按收缴金额计算达95.8%，按户计算达90.9%。

（柯晓洪）

【房屋征收（拆迁）】 年内，坚持“依法、规范、阳光”征收，主动扩大公开范围，做到“入户调查结果、预分方案、补偿结果”三公开，提高征收补偿工作信息化、精细化、透明化管理水平，保障拆迁居民的知情权、参与权、监督权与建议权，同时试点实行统一的房屋征收货币补偿补助奖励标准，逐步扭转拆迁居民相互攀比、预期过高、搬迁越晚越实惠等心理，大幅度提高了奖励期内的搬迁比例。光源里、菜园街及枣林南里两个重点棚改项目，奖励期内签约率达到约98%。加大结转征收（拆迁）项目收尾工作力度，通过房屋征收补偿决定或房屋拆迁纠纷裁决等行政执法手段促使居民尽快签约并完成搬迁。同时，持续加强征收（拆迁）工地现场管理，强化行政执法监督检查，严格落实项目实施单位安全生产、房屋防汛、扬尘控制等主体责任。年内，新启动光源里棚户区改造项目、菜园街及枣林南里棚户区改造项目、永安路微循环道路改造项目、红居北街东段（北马连道）微循环道路改造工程、西交民巷110千伏输变电工程、北京市琉璃厂艺术文化馆建设工程、北京市第六十六中学附属设施建设工程、官园危改小区集中绿地项目8个房屋征收项目，完成金税工程北京数据中心项目、三里河一区E区旧城改建项目、三里河三区5号地B1住宅楼项目3个房屋征收项目，上述11个项目共搬迁居民5894户；德胜里西路及教场口西路道路微循环改造工程、受壁街（西二环路—赵登禹路）市政道路及停车场工程、中南海万善殿古建恢复配套建设项目、百万庄西一路南段道路工程项目、三里河南横街东段市政道路工程项目、北纬路中学改扩建工程、陶然亭路道路工程、老墙根中段道路改造工程、马连道东二号路道路工程、白纸坊东街（右安门内大街—菜市口大街）道路工程、茶马北街西口道路工程11个项目进入房屋征收前期工作程序。依法受理房屋征收（拆迁）行政执法案件133起，组织行政调解谈话368次，做出房屋征收补偿决定、房屋拆迁纠纷行政裁决119份。

（柯晓洪）

【普通地下室安全使用监管】 年内，组织召开西城区普通地下室综合整治工作会议，印发年度整治工作方案，以散租住人普通地下室为重点，将普通地下室安全使用监管与人口疏解工作相结合，综合运用行政、经济、法律等多种措施，加大清退整治工作力度。同时，以区委办、政府办名义函告中央和市属普通地下室产权单位，要求尽快清退所属的散租住人普通地下室；将市属产散租住人普通地下室清册上报市住建委，通过区发改委向市发改委上报央产普通地下室清册，协助市住建委、市发改委协调清退市属、央产散租住人普通地下室。严格控制增量，通过加强日常巡查，坚决杜绝已清退普通地下室出现违法使用反弹行为，引导街道和产权单位将已清退地下室合理规划用于社区办公用房和活动中心、便民网店、存车处、特色街道历史陈列馆等公益用途。全年下发宣传资料8000份，宣讲政策法规56次，召开协调会38次，约谈责任人219人次，做出行政处罚1次、罚款1万元；清退规范普通地下室205处、疏解人口11106人，超额完成区政府下达的年度清退任务。严格落实市、区新增产业禁限目录，把好使用备案前置审核关，办理25处26.88万平方米经营性普通地下室的备案。

（柯晓洪）

【直管公房违规转租转借清理工作】 年内，在全市率先启动直管公房违规转租转借清理整治工作。制定《西城区直管公房违规转租转借清理整治工作方案》，成立由区政府主要领导任组长的工作领导小组，统筹推进清理整治工作。强化舆论宣传，在局政务网站设立工作专栏，公布举报监督电话和邮箱，畅通举报渠道；利用新闻媒体和社区网络、宣传栏等载体扩大政策宣传覆盖面。清理整治工作采取先试点、后推广的方式，在新街口、大栅栏、广内街道的4个社区进行试点，完善方案、细化程序之后，于7月14日全面启动。组织区房地中心、宣房投公司2家直管公房管理单位全面摸底调查，共发现6950户承租家庭违规转租转借，对此建立清理整治台账。通过入户走访、重点约谈、出具停止转租转借告知书和强化联合执法等方式，提升整治实效。全年累计张贴宣传海报2万张，发放宣传折页5万份、《致居民一封信》2.5万封；累计清理整治直管公房违规转租转借3612户、涉及人口11247人，超额完成区委、区政府下达的疏解人口1万人的目标任务。

（柯晓洪）

【房屋安全管理】 年内，落实房屋安全监管责任，做好房屋安全检查、防汛、装饰装修管理、住宅专项维修资金审批等工作，保障房屋住用安全。全年共检查各类房屋4293万平方米，将房屋安全检查中发现的四类（严重破损）及五类（危险）房屋1万余间登记造册，形成《西城区2016年危房清单》，发放各街道办事处并在网上公示，督促产权人及时修缮，保障汛期房屋安全。协调组建区房屋防汛指挥体系，修订完善防汛工作方案和应急预案，统筹协调夏季房屋安全度汛工作；加强宣传，在《北京日报》和局网上发布房屋防汛公告，发放各类通知、海报、宣传品6700余份；加强实操演练，联合区房地中心，在利群胡同9号开展房屋解危排险应急演练。加强应急值守和巡查，及时处理汛情预警信息和险情报告。汛期，共出动查房人员1.1万余人次，检查私有房屋35817间，修补、苫盖漏雨房屋9744间，排除积水院落208处，私房抢修加固500余间，处理房屋安全隐患170起；积极应对“7·20”特大暴雨及暴雨所导致的太平街西巷3号平房屋顶塌落砸伤人事件，实现年度房屋安全度汛工作目标。全年行政执法600余次，调查处理房屋装饰装修过程中拆改主体结构、承重墙等问题413件，移送区住建委13件。完成56.76万平方米房屋的安全鉴定工作。完成商品住宅专项维修资金使用申请审批34件，支取资金460万元；房改住宅专项维修资金使用申请审批21件，支取资金451万元；核准9家单位使用房改售房款390万元，及时维修养护房屋公共部位和共用设施设备。

（柯晓洪）

【物业管理】 年内，加大对物业服务企业的安全生产监管力度。分期分批对全区物业项目负责人和工程部负责人开展安全生产教育培训；指导10家物业服务企业完成安全生产“一企一标准、一岗一清单”的编制工作；推进综合楼宇物业项目安全生产标准化达标工作，5个物业项目达到二级标准，11个物业项目达到三级标准；强化企业抗风险能力，76家物业服务企业投保安全生产责任险。加大对物业服务行为的监管力度。对110个物业项目开展收支公示专项执法检查，对2个未公示或逾期公示的物业项目实施信用扣分处罚；开展专项、联合执法620人次，下达责令改正通知单78份。多方联动协调处理中海凯旋、荣丰嘉园、立恒名苑、太仆寺街33号院、城市之光大厦等一批住宅项目的物业管理矛盾纠纷。以影响市容环境的主要道路两侧和重点地区周边的老旧小区为重点，通过引导居民开展自助服务、引入社会化专业公司和物业服务企业，强化停车、秩序维护、维修等服务，深入推进26个老旧小区的物业管理长效机制建设；在新街口、什刹海、西长安街、大栅栏、广内等街道开展平房区准物业管理试点工作，改善平房区居住环境。

（柯晓洪）

【商品房预售管理】 年内，落实限购政策，加强新建商品房预售管理，完成联机预售签约备案511起，现房签约875件，建筑面积14.8万平方米，金额55.91亿元；完成合同备案注销87起、所有权变更42起、在建工程抵押协办14起、司法查询16起、现房销售确认36起；处理投诉12起；监管16个项目预售资金69.4亿元。

（柯晓洪）

【存量房交易管理】 年内，落实限购政策，受理购房资格核验申请3645件。为保障买卖双方交易安全，受理房源核验4419件，代买卖双方签订自行成交存量房网签合同3833件，网签合同注销933件，监管经纪机构居间成交资金177.91亿元。

（柯晓洪）

【房地产开发企业监管】 年内，定期对存在销售行为的16家开发企业的预售资金入账情况进行专项检查，及时发现并整改2家开发企业未足额缴存预售资金的问题，有效防止烂尾延期风险，保障购房者合法权益。定期对辖区内在售项目进行日常巡查，了解工程进度和销售情况，重点检查公示、执行限购政策等情况，对发布不实价格和销售进度信息、炒卖房号、捂盘惜售、囤积房源等违规行为进行重点查处。落实房地产宏观调控政策，严控辖区内新建商品房价格快速上涨势头，对中骏天宸项目的预售价格提出指导性意见。本着“管理和引导并行、监管和服务并重”的方针，采取多部门联合检查、约谈、处罚及曝光等手段，有效处理投诉事件，及时化解矛盾纠纷，促进辖区房地产市场健康平稳发展。

（柯晓洪）

【房地产经纪机构监管】 年内，按照《住房城乡建设部等部门关于加强房地产中介管理促进行业健康发展的意见》，加大对房地产经纪机构的监管力度。组织召开2次全区房地产经纪机构工作会议，持续严厉打击发布虚假不实房源信息、炒作“学区房”（“过道学区房”）、参与群租及直管公房转租等违法违规经纪行为。同时，采取约谈、责令整改、暂停网签、记入不良信用档案和黑名单、行政罚款等措施加大对违法违规行为的处罚力度。全年共办理房地产经纪机构各项备案（包括设立、变更、注销、迁入、迁出等）登记共437件、经纪人员聘用或解除等登记144件；对辖区内的703家经纪机构进行全覆盖现场检查，检查门店1513次，抽查合同315份，发出整改通知书45件；处理投诉269件；完成行政罚款5起，处罚金5万元。

（柯晓洪）

【房屋租赁市场管理】 年内，向居民发放宣传资料1万份，提高居民依法租赁房屋的意识，抑制群租房等违法出租房屋行为；组织召开房地产经纪行业违法出租房屋治理专项工作会，组织经纪机构现场签订《行业自律承诺书》；打击违法群租行为，配合街道清退群租房16处；将辖区内存在安全隐患的房屋清册下发各房地产经纪机构，并在区房屋租赁服务管理平台上公示，要求不得为清册上的房屋开展经纪服务。加强对区房屋租赁服务管理平台的日常管理，督促房地产经纪机构定期上报数据；做好数据分析整理，定期向街道推送房屋租赁信息22303条，为街道加强流动人口管理提供技术支撑。

（柯晓洪）

【房改工作】 年内，完成54家区属机关事业单位1825名职工住房补贴数据的归集、整理和汇总，补贴资金2690.86万元；核准申请房改售房单位113家，涉及住宅1019套、88115.08建筑平方米；核准房改调房单位65家，涉及住宅301套、18907.75建筑平方米。

（柯晓洪）

【落实私房工作】 年内，化解标准租私房腾退积案问题，完成标准租私房腾退7户。受理经租产档案查询23户，查询、核实各类档案信息200余处；向市落实私房政策办公室上报5户经租补留自留房货币补贴的请示，2户家庭已领取货币补贴211.51万元，新核查1958年户籍档案19户、人口数107人。做好文革产落实及来访解释工作，落实文革房产1处，发还产权16间。年内，办理来信答复333件、信息公开申请174件、行政诉讼及复议12件。

（柯晓洪）

【房产测绘成果审核工作】 年内，根据北京市住房和城乡建设委员会《关于下放房产测绘成果审核工作有关问题的通知》，承接房屋测绘成果审核工作，完成测绘成果审核13件、建筑面积69.29万平方米。

（柯晓洪）

【依法行政】 年内，开展“七五”普法、行政执法培训和案卷评查工作，执法人员依法行政能力与工作水平得到提升，干部职工学法守法用法观念增强。建立行政权力清单，梳理出135项行政权力事项，完成权责清单流程图编制、公开工作。落实领导干部出庭应诉制度，行政负责人（局领导干部）出庭应诉20次。建立法律顾问每周半天坐班制度，审核把关疑难行政事项及信访答复，协助办理重大行政诉讼和行政复议案件。完善政府信息公开工作规定，制定信息公开保密审查规定，规范政府信息公开流程，加大政府信息主动公开力度，主动接受公众监督；发挥局执法队和安全员的作用，加大行政执法力度。全年共办理行政诉讼案件301件、行政复议案件110件；受理信息公开申请577件，主动公开政府信息270条；行政调解265件；按时办结人大建议和政协提案25件；开展执法检查3109次，约谈违规企业、个人187次，下发责令改正通知书120份，作出行政处罚96件，罚款8.7万元。

（柯晓洪）

【矛盾纠纷排查调处】 年内，完善“关口前移抓预防、规范动作抓排查、上下联动抓调处、科学应对抓处置”的信访工作机制，坚持局领导信访接待和集中开展矛盾纠纷排查化解工作，多科室联动配合妥善应对重大群体性信访事件。重大节日、重要活动前，专题研究矛盾纠纷化解和稳控工作，增强反恐防恐工作意识，履行反恐防恐工作职责，确保敏感时期无非正常信访，完成各项服务保障任务。全年集中开展矛盾纠纷排查9次，查出重点矛盾纠纷128件（其中群体访39件）。接待来访1671批4120人次，其中群体访90批2180人次；办理群众来信1040件、政府热线电话交办单8118件。妥善化解涉及征收（拆迁）、落实私房和住房保障等方面的信访积案6件。如：安德路75、77号院逾期回迁问题取得重大进展；利用保障性住房安置解决6户标准租私房腾退家庭住房问题；向市住保办申请调拨公共租赁住房房源，直接配租解决了30户特殊困难家庭的住房问题等。

（柯晓洪）

西城区房屋土地经营管理中心

【概况】 北京市西城区房屋土地经营管理中心（简称区房地中心）属于区政府自收自支的事业单位。机关设办公室、资产经营部、危改征收部、物业管理部、工程部、党委工作部、工会委员会、人力资源部、计划财务部、信息法务部、监察室11个部室，定编60人。下属20个基层单位：7个房管所、兴地分中心、供暖管理所、物业管理中心、房地产交易所、房地产测绘一所、晟佳分中心、修建队、建设拆迁所、职工学校、房屋安全鉴定一站、房屋修建行业劳动力调剂服务中心、水电工程队和房地产价格评估所。主要从事国有资产的经营和管理，在经营活动和经营项目的运作中，按照产权清晰、责权明确的原则，确保国有资产保值增值。负责直管公房的经营、管理、服务工作；负责租金的收缴，从事直管公房的物业管理、房地产交易、房屋租赁和房屋置换等经营服务业务。负责房地产开发、危旧房屋改造、房屋拆迁及中式房屋新建工作。按照政府的有关要求和城市建设开发规划，受政府委托组织和实施危旧房改造工作，参与新建小区的物业管理。负责房屋设备安全管理服务工作。负责房屋的安全检查、修缮和零维修服务工作，负责雨季防汛抢险和冬季供暖工作，确保居民住用安全。负责房屋的安全鉴定和测绘工作。年内，区房地中心以经济发展为中心，以推进精细化管理为主线，紧紧围绕提升城市品质，围绕“疏非控人”和大城市病治理，推动重点工程任务的实施，完成服务民生、保障民生的各项工作。项目包括平房翻建工程、平房大修工程、院落雨污水管线改造工程、平房院户厕改造工程、街巷综合整治工程、老旧小区环境整治工程、楼房综合维修工程等。启动万寿兴隆寺文物腾退、受壁街市政道路及地下停车场建设工程房屋征收，启动万善殿古建恢复工程征收项目。推进西交民巷110千伏输变电工程用地范围内房屋征收工作，简易楼腾退项目及德宝二期7号地棚户区改造项目。

地址：西城区平安里西大街10号
邮编：100035
电话：66168099

（崔　蕊）

【直管公房经营管理】 区房地中心共管理直管公房115.42万平方米，房改售房面积50余万平方米，物业管理房屋142.2万平方米。年内，完成309件直管公有住宅承租人变更手续审批，对546处经营性房产的租赁手续进行审批备案，完成201户居民的售房工作。组织物业管理知识竞赛和物业培训，完成中信悦海苑公租房小区部分住户的入住工作。推进人口疏解工作，年内清理整顿直管公房转租转借1884户，清理流动人口5667人；加大直管公房经营用房管理力度，严禁新增“住改商”，禁止“掏墙打洞”等行为，配合政府有关部门完成“掏墙打洞”清理整治工作。

（崔　蕊）

【直管公房安全度汛】 汛前，区房地中心做好各类防汛物资的补充和更新，细化防汛预案。针对雨情，加强人员值守，加大四类房（指结构、装修、设备各项完损程度达到严重损坏的房屋）检查修缮力度，加大对水泵等物资的储备量。汛期共接到报险、报修电话2569个，出动抢险人员1933人次，出动抢排险车辆75台次，外出巡查人员1631人次，解决漏雨3598间，排除76个院落的积水。

（崔　蕊）

【供暖工作】 完成2015至2016年度供暖季安全运行任务，年度供暖费收缴率为84%，室温合格率99.8%，维修及时率100%。落实大气污染控制措施，加强节能设备改造和设备维修维护，改造锅炉房14处、热力站4处，更新更换各类设备126台；改造户内管道近5万米、二次线管道近4000米；运用锅炉低氮燃烧技术改造锅炉房13处，更换低碳燃烧器25台、消音罩25个。

（崔　蕊）

【拆迁征收工作】 年内，区房地中心启动了19栋简易楼共431户的腾退工作，截至年底完成296户，占总户数的70%。腾空简易楼7栋，其中2016年新开项目5栋、续开项目2栋。年内启动的万寿兴隆寺文物腾退工作，奖励期内完成签约75户，占总户数的80%，剩余19户待腾退。继续推进西交民巷110千伏输变电工程用地范围内房屋征收工作，年内完成了30%。启动受壁街市政道路及地下停车场建设工程房屋征收项目和万善殿古建恢复工程征收项目。

（崔　蕊）

【平房整治修缮工程】 年内，区房地中心完成1204间平房翻建，完成356间平房大修；完成31条街巷的整治，整治街巷数量占全区街巷的50%；完成211个院落的雨污水管线改造和520个院落的户厕改造。

（崔　蕊）

【楼房综合改造工程】 年内，区房地中心完成26个小区的环境综合整治，完成69栋楼房的综合维修工程，受益居民1万余户，占全区改造任务的65%。完成3栋共0.5万平方米楼房的抗震加固代建工程，涉及居民80户；在施抗震代建工程24栋共6万平方米，涉及居民1176户。

（崔　蕊）

【西直门外南路公交一体化项目】 年内，区房地中心根据要求调整了西直门外南路公交一体化项目设计方案，增加了公交场站二层绿化平台并委托咨询公司编制项目建议书，为项目立项做准备。

（崔　蕊）

【老旧小区整改和管理试点调研】 年内，区房地中心完成老旧小区整治改造和管理试点调研工作，选定西长安街街道灵境小区、德胜街道安德馨居小区及月坛地区白云路七号院小区作为试点，按照区政府老旧小区改造建设十项提升工程的要求细化工作方案。

（崔　蕊）

【群力胡同工程项目】 年内，区房地中心取得群力胡同防汛配套用房及地下停车库工程项目的规划条件，办理土地手续、编制可行性研究报告，完成道路定线、设计招投标等工作。

（崔　蕊）

【房屋测绘和安全鉴定工作】 年内，共完成各类测绘发证3817件、拆迁测绘3处。完成101间共1532平方米廉租用房及标准租私房的鉴定。出具单位自管房及商业用房安全鉴定报告283份，鉴定面积超过9万平方米。

（崔　蕊）

【安全生产工作】 年内，区房地

中心共开展安全培训52场，累计培训施工人员1600余人，发放宣传单915份，粘贴宣传标语513条，设宣传栏76个；采取自查与抽查相结合方式，开展各类安全检查40余次。进一步明确安全生产“党政同责、一岗双责”，与各基层单位安全生产第一责任人签订安全生产工作目标任务书，将安全生产工作纳入领导干部实绩考核范围。

（崔　蕊）

【信息化工作】　区房地中心信息法务部完成年内新申报的《工地巡检系统》《政务内网接入节点》信息化项目的审核，为中心规范化、精细化管理打好基础。

（崔　蕊）

【信访及建议提案办理与信息公开】　年内，区房地中心处理群众来信139件次，处理区行政服务中心转办件3700件，接待群众来访472批次、847人次，召开协调会35次，化解重点矛盾纠纷6件次，化解积案1件。加大政府信息公开工作力度，全年共主动公开信息120条，接到信息公开申请156件，接到行政复议15件、行政诉讼9件，均按照要求进行了处理。如期完成人大代表建议、政协委员提案办理工作。

（崔　蕊）

【法务工作】　年内，区房地中心顾问律师共解答各单位提出的法律问题30余次，处理涉诉案件13件，审核各类合同220份，有效预防了各类法律风险。

（崔　蕊）

北京宣房投资管理集团有限公司

【概况】　北京宣房投资管理集团有限公司（简称宣房集团）主要承担西城南部直管公房管理、修缮、防汛、供暖、电梯运行等公共服务职能，从事工程修缮、物业服务以及老旧小区综合整治、房屋解危腾退、文保区房屋保护性修缮等政府民生工程，承担政府交办的应急抢险任务。下辖北京宣房房屋经营公司、北京宣房楼宇设备公司、北京轩方装饰工程有限责任公司、北京市宣武区宣房建筑工程处、北京宣房大厚投资管理有限责任公司、北京宣房大德置业投资有限公司、北京宣房物业管理有限公司、北京市正阳经济贸易公司、北京市红义物业管理公司、北京宣房拆迁有限责任公司、北京市宣武区房地产交易所、北京宣房鑫兴商贸有限公司12个全资子公司，在职员工717人。7月1日，集团召开董事会、监事会成立大会，区国资委领导出席会议并宣读《关于成立北京宣房投资管理集团有限公司的决定》，召开公司一届一次董事会、监事会，审议通过各项议案，履行经营管理高层人员聘任程序，全面完成了从全民所有制企业向国有独资集团公司的改革工作。年内，推行企业“改革、创新、转型”发展战略，全面落实“服务服务再服务”的企业精神，完成辖区直管公房管理、修缮、防汛、锅炉供暖、电梯运行、服务承诺等社会公共服务任务和直管公房综合修缮、雨污水户线改造、既有建筑节能改造、老旧小区综合整治、无煤化、简易楼腾退等政府惠民工程及物业服务管理和疏解非首都功能等区政府临时交办的工作任务。共管理直管公房192.27万平方米、老旧危改小区及其他物业小区近100万平方米，负责房屋供暖面积256万平方米，管理锅炉房28处、锅炉69台、电梯87部、高层楼房二次供水36处。截至年底，企业资产总额42.8亿元，净资产2.5亿元，国有资产保值增值率108%，净资产收益率7.8%；全年实现经济总收入7.8亿元，利润总额2478万元，上缴税金6355万元。在岗职工收入年增长13.15%，超额完成区国资委下达的任务指标。

地址：西城区右安门内大街15号
邮编：100054
电话：63523001

（王　彬）

【直管公房安全检查】　2月，宣房房屋经营公司按照互检、自检、联检、抽检和验收的程序开展查房工作，完成2015—2016年度辖区直管公房房屋安全检查工作。2016年度直管公房192.268万平方米，其中平房43049间60.765万平方米，中式楼309栋4089.5间6.001万平方米，简易楼103栋11.271万平方米，正规楼301栋99.693万平方米，高层楼17栋14.538万平方米。全年共完成公房查房46948间，私房受托查房18983间。年内，区政府加大直管公房修缮费用投入，辖区房屋状况有较大改善，本年度查房中未发现危险的平房、中式楼、简易楼和正规楼房。

（王　彬）

【完成冬季供暖任务】　3月15日24时，宣房楼宇设备公司2015—2016年供暖季供暖工作结束。供暖季期间，宣房楼宇设备公司围绕“切实落实科学发展观，科学管理、优质服务”的工作思路和节能减排工作目标，全面加强管理，提高服务质量，累计出动维修及抢修人员14242人次，解决6900余户居民室内暖气不热问题，室内维修1870余处，更换管道1356余米；更换室外地沟管道368米；维修锅炉4台、燃烧机10台、水泵48台、换热器4台，实现256万平方米居民住宅24小时持续送暖和供暖设备安全稳定运行。

（王　彬）

【既有建筑抗震加固】　年初，根据市、区政府的统一部署，宣房投公司作为辖区既有建筑抗震加固改造工程的实施主体，继续推进2015年度居民楼抗震加固改造项目，启动年内新一轮工程，工程总投资10.65亿元，涉及西城南区楼房共109栋、35.8万平方米，居民约6400户。6月陆续开工，截至年底共开工24栋，8.27万平方米，涉及居民1487户，其中完工8栋，2.6万平方米，513户。其他楼房尚在入户调查阶段。

（王　彬）

【老旧小区综合整治】　4月中旬，年内立项的老旧小区环境整治工程计划内的广义里、红莲南里小区开工，10月竣工；鸭子桥北里小区于

8月开工；以上工程总投资1.25亿元。上年开工的平原里小区综合整治工程于6月竣工。

（王　彬）

【直管平房修缮改造】　4月起，根据辖区直管公房安全普查状况和区政府为民办实事折子工程任务编制计划，宣房房屋经营公司启动辖区居民直管危旧平房修缮改造工程。12月30日前，完成大栅栏地区琉璃厂东街、培英胡同、排子胡同、粮食店街等平房翻建1071间、建筑面积14447.87平方米，涉及居民651户；完成大栅栏、椿树、陶然亭、天桥、牛街、白纸坊、广安门内街道的平房综合修缮4243间、建筑面积59152.65平方米，涉及居民3086户。上述工程共计投资1279.91万元。

（王　彬）

【平房院雨污水改造】　4月，宣房房屋经营公司对100处平房院落实施雨污水户线改造，工程于12月30日竣工，总投资159万元。

（王　彬）

【直管楼房综合维修改造】　4月，宣房房屋经营公司启动直管楼房的综合维修改造工程。其中包括：建功北里二区1—6号楼，三区1—4号楼及二区、三区外电老旧电线改造工程；四平园小区1、2号楼，苇子坑1—3号楼，法源寺西里3、4、5号楼，建功北里四区1号楼，车站西街15号院23号楼综合维修工程；灵佑胡同2号院2号楼，双柳树四条15号楼，华严路1号楼，禄长街二条8号楼，天宁寺北里2号楼、5号楼（1—4门）、7号楼，马连道一区10号楼上下水更新工程；右安门内大街15号综合楼配电改造工程；东南园小区1—5号楼、10号楼，玉林里二区14、15、17号楼防水工程；三义里南里一区6、7号楼，二区6号楼消防改造工程。6月初，宣房楼宇设备公司启动万明路18号院水泵房、三义里水泵房、红莲南里和中里水泵房3处无负压供水改造；拆除南宿舍、小红庙2处锅炉房烟囱；更新红莲南里16号楼，红莲中里2、24、26、28、30号楼，三义里2、3、8号楼，槐柏树3号楼，万明路18号院1、2号楼，玉林东里二区14、15、17号楼，玉林里17号楼，潘家园21号楼，枣林前街31号楼共7处18个消防水箱；完成禄长街、四平园、核桃园、外贸（手帕口北街）、青年湖、南宿舍（长椿里）、北车库（市府大楼）、小红庙、广内大街、永安路10处锅炉房及马连道二站、红莲东里一站2处热力站共17处防水工程。全部工程于10月31日竣工，工程投资2288.96万元。

（王　彬）

【胡同综合整治】　4月，整治大栅栏、椿树及广内街道的胡同共30条，主要整治内容为建筑外立面修复整洁，色调与周边建筑协调，两侧建筑外墙、屋檐和瓦活、瓦件，以及院墙和门楼等项目进行合理修正，采取修缮与仿古相结合，保留胡同原有文化，恢复胡同原有风貌。胡同总长度约为8700米，预算总造价为4650万元，工程于8月竣工。

（王　彬）

【完成公司制改革】　7月1日，集团召开董事会、监事会成立大会，区国资委党委书记程瑞琦、主任牛明奇、副主任程东炜等出席会议。程东炜宣读《关于成立北京宣房投资管理集团有限公司的决定》《关于北京宣房投资管理集团有限公司董事会、监事会成员组成人选的批复》，牛明奇和集团董事长任伟与外部董事签订聘任协议，分别召开了公司一届一次董事会、一届一次监事会和领导干部会议，审议通过《关于公司董事会议事规则的议案》《关于公司总经理工作细则的议案》《关于聘任刘志刚为公司总经理的议案》《关于聘任王占友、魏锋剑、赵鑫、周伟群为公司副总经理的议案》《关于公司监事会议事规则的议案》，通报了董事会、监事会成立情况，履行了经营管理高层人员聘任程序，颁发了聘书。至此，公司全面完成了从全民所有制企业向国有独资集团公司的改革工作。

（王　彬）

【燃气锅炉低氮燃烧技术改造工程】　8月，宣房楼宇设备公司按照“两年完成、分步推进”原则，分别采用锅炉整体更新、更换燃烧机和热源油改气电方式实施燃气锅炉低氮燃烧“提标改造”。9月，“西城区（南）宣房燃气（油）锅炉低氮改造工程”正式启动，共投资6743.6万元，截至11月10日，完成车站西街、小红庙、外贸、青年湖、南宿舍、北车库、里仁街、永安路、虎坊路、四平园、双槐里、春风、平原里、高家寨共计14处锅炉房、30台4蒸吨以上锅炉的提标改造任务。各处锅炉在供暖季前顺利投入使用，保障集团所管辖的直管公房正常供暖，完成北京市清洁空气行动计划的重点工程任务。

（王　彬）

【电梯更新改造】　9月1日，宣房楼宇设备公司正式启动2016年老旧电梯更新改造工程，其中涉及牛街东里一区、二区，春风社区，牛街西里一区、二区等共40部旧电梯的更新改造和机房装修，共投资1367.75万元。工程于年底前全部竣工。

（王　彬）

【广德楼文化发展公司成立】　9月13日，宣房大德公司与北京歌舞剧院签署广德楼合作协议书。9月15日，宣房大德公司工作人员进入广德楼进行资料和现场交接，同时保证剧场正常演出。11月9日，北京广德楼文化发展有限责任公司注册成立。

（王　彬）

【房屋征收腾退工作】　11月7日，房屋经营公司、拆迁公司启动永内西街北里1—7号楼及楼下平房、四分部承担的建学胡同25号南北楼、报国寺东夹道10号南北楼、马连道中街33号楼及平房2016年“拔危楼”腾退项目。40天公告期内，正式房屋腾退总比89.81%，共疏解人口1225人。该腾退项目共涉及12栋简易楼及2处平房，总建筑面积13140.86平方米；正式房屋居民422户、标准自建房屋居民62户；奖励期内共有379户正式房屋居民、42户标准自建房屋居民签订《腾退协议》。永内西街北里2号楼整栋楼腾空。其中，38户承租户死亡未更名的签约33户，解决精神残疾5户，为5户特殊困难家庭上门办理手续，共获赠锦旗7面、表扬信1封。

（王　彬）

【老旧供热管网改造工程进展】　年内，宣房楼宇设备公司按照市市政市容委和市发展改革委联合下发的《关于2014—2015年老旧供热管网改造工作的通知》文件精神，完成高家寨锅炉房、永安路万明路锅炉房、四平园锅炉房、车站西街锅炉房、手帕口锅炉房、建学里锅炉房、登莱胡同锅炉房、广内大街锅炉房、长椿街锅炉房、灵佑宫锅炉房、春风锅炉房11座锅炉房及四平园、春风、黑窑厂东街3处热力站内的设备改造升级；更换高家寨小区4、8号楼，永安路小区北1、2号楼，万明路18号院1、2号楼，车站西街13号院3、4、5号楼，手帕口北街小区11、甲11号楼，广外大街小区197号南北楼，建学里小区23号楼，广安门内大街小区478号楼，白广路西里小区9号楼，春风胡同1—5、7、9号楼共10个小区、22栋居民楼的室内采暖系统，铺设热力管线1万余米，涉及1723户居民，供热面积约64万平方米。

（王　彬）

【房屋安全度汛】　年内，为保障汛期辖区房屋的住用安全，宣房集团召开防汛动员大会，制发防汛工作意见和抢险工作预案，成立防汛抢险指挥部，签订防汛责任书。汛期，集团共有6450人次参加值守，修补漏雨房屋3747间、苫盖1896间，检查公房21600间31.6万平方米，检查私房11140间14.98万平方米，私房抢修加固274间。9月15日，全市正式下汛，集团完成辖区直管公房防汛任务，连续31年实现“少塌房、不死人、安全度汛”的工作目标。

（王　彬）

【疏解非首都功能】　年内，落实京津冀协同发展督查项目责任制，成立疏非控人领导小组，设立台账，组建督查队伍，建立专题调度会制度，加强与属地街道办事处的配合，清理直管公房转租转借5726人、1769户。按照区政府统一部署，开展直管公房“开墙打洞”治理工作，累计治理21处；宣房房屋经营公司、北京市红义物业管理公司、宣房大厚投资管理有限责任公司清理整治地下空间13处。

（王　彬）

【直管电梯、高压水泵安全运行】　年内，宣房楼宇设备公司、宣房大厚投资管理有限责任公司加大对所管理电梯、高层楼房二次供水设备的维修管理和养护力度，保证87部电梯、36处高压泵组安全运行。在市城镇房屋及特殊设备安全检查中，87部电梯和36处二次供水设备全部达标。对二次供水的所有水箱进行清洗，实行封闭管理，保证居民生活用水安全卫生。

（王　彬）

【直管公房租金收缴】　年内，宣房房屋经营公司加强房屋租赁基础管理，全年租金收入2579.63万元，租金收缴率达99.84%，房屋二、三级市场完成使用权转让487处，取得收入2502.5万元，继续做好直管公房使用权回购工作，回购樱桃斜街51号房屋一处。

（王　彬）

【供暖费收缴】　年内，宣房楼宇设备公司扩大收费厅规模，利用“供暖收费网络管理系统”提高工作效率，全年实现供暖费收入6345.99万元，收缴率达80.64%，超额完成收费任务。

（王　彬）

【物业服务工作】　年内，红义物业管理公司筹集60余万元，更换马连道中里二区6号楼、红莲中里16号楼和三义东里8号楼的围墙和封闭铁栅栏，拆除三义西里7号楼的封闭栅栏，翻新红莲中里16号楼和三义东里8号楼院内的甬道和路面，整治院内环境，共计铺设小区路面1700余平方米，垒砌墙500余平方米，更新小区铁栅栏3000余平方米。

（王　彬）

【落实社会服务承诺】　年内，宣房集团对向辖区居民公开承诺的房屋维修、水电急修、防汛、锅炉供暖、电梯安全运行五项服务内容抓好落实。宣房房屋经营公司一至四分部和红义物业管理公司水电急修队、宣房楼宇设备公司供暖电梯急修队24小时坚守岗位，及时解决居民报修的水、电、暖、电梯等问题，重点服务军烈属、孤寡老人、残疾人、低保户等社会弱势群体。全年收到表扬信37封、锦旗57面。

（王　彬）

【信访和维稳工作】　年内，宣房集团坚持实行“首办、包案、督查、追查、预警”的维稳、信访制度，排查调处集团系统内存在的矛盾和问题，接待来电、来信、来访人员，及时办理领导和政府部门的相关批件，帮助群众解决困难。全年共接待群众来访405人次、来电1914次，办理区领导批件2件、一般群众来信92件、市长信箱来信39件、信息化城市管理案件12件、政风行风热线9件、区领导接听“12345”电话督办单5件、区非紧急救助中心便民电话3821件，为各项任务的完成提供了保障。

（王　彬）

西城区房屋征收事务中心

【概况】　北京市西城区房屋征收事务中心（简称区房屋征收中心），是受西城区政府房屋征收办公室的委托，承担房屋征收与补偿的具体实施工作的区政府直属正处级全额拨款事业单位。主要职责是贯彻执行国家和北京市有关房屋征收与补偿工作的法律、法规和政策，并就相关政策调查研究，提出对策建议；协助区房屋征收办编制房屋征收补偿安置方案及征求意见工作，协助区房屋征收办做好房屋征收与补偿相关的各项公布、公示工作；对房屋征收范围内的房屋权属、区位、用途、建筑面积等情况进行调查登记等具体实施工作；组织协调和综合管理房屋征收与补偿过程中房屋测绘、评估、房屋拆除、法律服务等专业性工作；负责征收资金的使用和管理工作；负责安置房源和周转房源的筹集、使用和管理等；委托相关单位对征收项目组织实施征收；负责被征收房屋拆除工程的监督和房屋征收现场管理；负责征收档案的归集、整理、移交等工作以及承办区政府交办的其他事项。内设办公室、财务审计科、法制信访科、房源管理科、征收补偿一科、征收补偿二科6个机构。有事业编制40名，其中主任1名、副主任2名、科级领导职数6正8副。

地址：西城区培育胡同15号
邮编：100052
电话：81025911

（李　菁）

【马连道东三号路房屋征收项目】 自上年开始，负责马连道东三号路微循环道路改造工程房屋征收具体实施工作，该项目为马连道东三号路（现况红莲路）的其中一段，位于广安门外街道，道路起点为北马连道路，终点为南马连道。年内，已实现道路规划红线，并移交建设单位开始实施微循环道路改造工作。

（李　菁）

【红居北街东段房屋征收项目】 自上年开始，负责红居北街东段（北马连道）微循环道路改造工程房屋征收项目具体实施工作，该项目位于广安门外街道，道路起点为南新里三巷，终点为手帕口南街。4月8日张贴征收决定，正式启动签约期工作，与居民进行协商签约，签约期45天。项目涉及居民22户，单位产2户。签约期结束完成签约居民18户，签约率75%。签约期后，配合区政府征收办对2户剩余户发放区政府征收补偿决定书。

（李　菁）

【六十六中附属设施建设工程房屋征收项目】 自上年开始，负责北京第六十六中学附属设施建设工程房屋征收项目，该项目位于枣林前街与南线阁街交叉口东北侧，东至水利部规划路西线（学校东墙），南至北纬路规划路（枣林前街）北红线，西至六十六中学，北至六十六中学。总用地规模约1651.354平方米，代征建设用地规模约1505.722平方米，代征道路用地规模约145.632平方米。7月26日张贴征收决定，正式启动签约期工作，与居民进行协商签约，签约期60天。项目公示预评估价格居民17户，签约期内共有14户完成签约，签约率82.35%。

（李　菁）

【官园危改小区集中绿地建设工程房屋征收项目】 自上年开始，负责官园危改小区集中绿地建设工程房屋征收项目，该项目位于新街口街道，东起西廊下胡同，西至规划大玉胡同，南至规划大玉胡同，北至西廊下胡同。12月19日张贴征收决定，正式启动签约期工作，与居民进行协商签约，签约期60天。

（李　菁）

【德胜街道道路微循环工程房屋征收项目】 自上年开始，负责德胜里西路及教场口西路道路微循环工程房屋征收项目，该项目位于德胜街道，德胜里西路起于德胜里西路（东西段），止于教场口西路，教场口西路起于规划安康西路，止于1号路（西邻新街口外大街，东邻德胜门外大街，南邻冰窖口胡同，北邻新康路）。10月10日张贴征补方案征求意见稿，征求意见期30天。

（李　菁）

【马连道东二号路改造工程房屋征收项目】 年内，负责马连道东二号路（茶马东路）道路改造工程房屋征收项目，该项目位于广安门外街道，南起茶马街（马连道东四号路），北至茶马北街。总用地规模约6250平方米，代征城市公共用地规模约6250平方米，其中代征道路用地规模约6250平方米。项目的立项主体是北京广安基础设施建设投资公司，由西城区政府实施房屋征收；区政府房屋征收办公室负责组织实施本项目的房屋征收与补偿工作；由区房屋征收中心委托北京市华远力诚房屋拆迁有限责任公司负责房屋征收的具体实施工作。此次征收涉及门牌：马连道胡同1号双安红莲菜市场、3号（部分）、甲1号（部分）、甲58号（部分）；马连道东街2号（部分）、17号（部分）、19号（部分）。11月28日张贴《暂停办理事项公告》。

（李　菁）

【茶马北街西口道路改造工程房屋征收项目】 年内，负责茶马北街西口道路改造工程房屋征收项目，该项目位于广安门外街道，西起北京西站南路（区界），东至茶源路。总用地规模约4700平方米，代征城市公共用地规模约4700平方米，其中代征道路用地规模约4700平方米。项目的立项主体是北京广安基础设施建设投资公司，由西城区政府实施房屋征收；区政府房屋征收办公室负责组织实施本项目的房屋征收与补偿工作；由区房屋征收中心委托北京市华远力诚房屋拆迁有限责任公司负责房屋征收的具体实施工作。此次征收涉及马连道路13号院1号楼北侧平房。11月28日张贴《暂停办理事项公告》。

（李　菁）

【老墙根中段道路改造工程房屋征收项目】 年内，负责老墙根中段道路改造工程房屋征收项目，该项目位于广安门内街道，西起下斜街，东至广安胡同。总用地规模约7350平方米，代征城市公共用地规模约7350平方米，其中代征道路用地规模约7350平方米。项目的立项主体是北京广安基础设施建设投资公司，由西城区政府实施房屋征收；区政府房屋征收办公室负责组织实施本项目的房屋征收与补偿工作；由区房屋征收中心委托北京兴南物业管理拆迁有限公司负责房屋征收的具体实施工作。此次征收涉及门牌：萤光胡同北口；萤光胡同1号、3号、5号、7号、9号；下斜街38号；老墙根街40号、42号、44号、46号；老墙根36号西公厕；老墙根61号对过公厕；萤光胡同1号对过公厕；老墙根街38号院北侧围墙部分及停车场；老墙根街107号院南侧围墙部分。11月28日张贴《暂停办理事项公告》。

（李　菁）

【三里河南横街道路改造工程房屋征收项目】 年内，负责三里河南横街道路改造工程房屋征收项目，该项目位于月坛街道，西起三里河南一巷，东至三里河东路。总用地规模约3800平方米，代征城市公共用地规模约3800平方米，其中代征道路用地规模约3800平方米。项目的立项主体是北京市西城区市政基础设施建设办公室，由西城区政府实施房屋征收；区政府房屋征收办公室负责组织实施本项目的房屋征收与补偿工作；由区房屋征收中心委托北京千禧兴业房屋拆迁有限公司负责房屋征收的具体实施工作。此次征收涉及门牌：三里河二区甲9号楼及西侧房屋。11月28日张贴《暂停办理事项公告》。

（李 菁）

【戊戌维新纪念馆保护利用工程房屋征收项目】 年内，继续负责戊戌维新纪念馆保护利用工程房屋征收项目，该项目位于南横西街与菜市口大街交叉口的西北角，占地面积2670平方米。立项主体是西城区文化委员会；由西城区政府实施房屋征收；区政府房屋征收办公室为征收实施主体；区房屋征收中心通过购买服务的方式委托华远力诚拆迁公司负责房屋征收的具体实施工作。年内，项目涉及征收居民户57户，单位产2处：1处公厕，1处区教委房产，截至12月30日，累计签约45户，剩余12户，完成签约面积877.57平方米，签约率为78.9%。签约期结束后，继续推进征收项目后续工作，区征收办开展对剩余居民的洽谈工作并启动后期法律程序。

（李 菁）

【大栅栏历史文化展览馆项目工程房屋征收】 年内，继续负责大栅栏历史文化展览馆保护利用工程房屋征收项目一期、二期。该项目位于大栅栏西街最西端，总用地规模2660平方米，总建设用地规模约2600平方米，代征城市公共用地规模60平方米。项目一期被征收居民14户，截至12月30日累计签约6户，剩余8户（均为公产），签约率为42.8%。项目二期共38户居民，截至12月30日累计签约25户，剩余13户（其中1户公产、10户私产、2处非住宅），签约率为66%。继续推进征收项目后续工作，区征收办开展对剩余居民的洽谈工作并启动后期法律程序。

（李 菁）

【琉璃厂艺术文化馆建设工程房屋征收】 年内，继续负责北京市琉璃厂艺术文化馆建设工程房屋征收项目，该项目位于和平门外，琉璃厂西大街与南新华街交汇处。经前期权属调查和公房管理单位提供相关资料，初步统计项目范围内涉及产承户22户（单位产3处，为华夏书画社、区环卫中心、京都公司）（最终以详细入户调查为准）。7月26日至9月24日正式张贴《北京市西城区人民政府房屋征收决定》，签约期60天。截至12月30日累计签约12户，签约率55%。签约期结束后，继续推进征收项目后续工作，区征收办开展对剩余居民的洽谈工作并启动后期法律程序。

（李 菁）

【北纬路中学改扩建二期工程房屋征收项目】 年内，负责北纬路中学改扩建二期工程房屋征收项目。该项目位于北纬路46号，总用地面积为13532.675平方米，其中建设用地9123.905平方米，代征道路4408.77平方米。立项主体是西城区教育委员会；由西城区政府实施房屋征收；区政府房屋征收办公室负责组织实施本项目的房屋征收与补偿工作；由区房屋征收中心通过购买服务的方式委托北京顺成拆迁服务公司负责房屋征收的具体实施工作。项目四至：东至禄长街西红线；南至禄长街头条、禄长街二条；西至学校控规用地西红线、北至北纬路（市政代征地）。此次征收范围共涉及禄长街3号、5号、7号、9号、9号东，禄长街头条1号、禄长街头条禄长街头条4号及后门，共7个院落（以规划范围为准）。11月28日张贴《暂停办理事项公告》，同时张贴公开选择房地产评估机构的报名通知。所涉及的征地拆迁房屋总面积约为5138平方米，其中住宅（天桥房管所直管公房）975平方米、非住宅4163平方米。经过入户调查初步了解总户数约30户，其中居民户27户，单位产3处，分别是北京首钢特殊钢有限公司、北京市食品酿造研究所和天桥街道禄长街居委会。

（李 菁）

【陶然亭路工程房屋征收项目】 年内，负责陶然亭路房屋征收项目。该项目位于陶然亭路，用地总规模约4.4万平方米。立项主体是北京广安基础设施建设投资公司；由西城区政府实施房屋征收；区政府房屋征收办公室负责组织实施本项目的房屋征收与补偿工作；由区房屋征收中心通过购买服务的方式委托北京顺成拆迁服务公司负责房屋征收的具体实施工作。项目四至：西起菜市口大街（规划路名为内环西侧路），东至太平街（规划红线宽40米，全长约1100米）。此次征收范围共涉及陶然亭6号、8号、8号后门、10号、12号、14号；太平街19号、新兴里16号院（部分）（以规划范围为准）。11月28日张贴《暂停办理事项公告》，同时张贴公开选择房地产评估机构的报名通知。总户数约41户，待入户调查后核实。

（李 菁）

【白纸坊东街道路工程房屋征收项目】 年内，负责白纸坊东街道路工程房屋征收项目。项目位于白纸坊东街，总用地规模约3.6万平方米。立项主体是北京广安基础设施建设投资公司；由西城区政府实施房屋征收；区政府房屋征收办公室负责组织实施本项目的房屋征收与补偿工作；由区房屋征收中心通过购买服务的方式委托北京顺成拆迁服务公司负责房屋征收的具体实施工作。项目四至：西起右安门内大街，东至菜市口大街，规划道路红线宽40米，长度约900米。此次征收范围共涉及白纸坊东街4号、4–2号、12号、甲12号（部分），半步桥胡同1号院后门，半步桥胡同1号院16–18号（以规划范围为准）。11月28日张贴《暂停办理事项公告》，同时张贴公开选择房地产评估机构的报名通知。总户数约14户，待详细入户调查后核实。

（李 菁）

园林绿化管理

【概况】 北京市西城区园林绿化局（简称区园林绿化局），挂北京市西城区绿化委员会办公室（简称区绿化办）牌子，是负责本区园林绿化工作的区政府工作部门。主要职责是制定本区园林绿化发展中长期规划和年度计划并组织实施；组织、指导和监督本区城市绿化美化养护管理工作；组织、协调重大活动的绿化美化及环境布置工作；管理和保护本区绿地和林木资源；负责本区公园、风景名胜区的行业管理；承担西城区绿化委员会的具体工作等。内设科室6个，分别为办公室、计划财务科、规划建设科、园林管理科、绿化科、法制科，在职人员35人。年内，完成绿地建设15.32万平方米，其中新增5.08万平方米、改造10.24万平方米；新建屋顶绿化2.02万平方米、垂直绿化1165延长米。重点完成莲花河滨水绿道（二期）、广宁公园、月亮湾公园和百花园公园等绿化精品建设；精心布置节日花卉环境，丰富美化城市景观；全民义务植树运动深入开展，园艺文化推广中心覆盖各街道并形成园艺文化网络；强化行业和社会管理，加大行政执法力度，园林绿化精细化管理水平进一步提升。区园林绿化局被评为“全国绿化先进集体”。截至年底，全区园林绿地面积1047.62万平方米（其中公园绿地491.07万平方米、附属绿地556.55万平方米），实有树木212.27万株、草坪325.19万平方米，绿化覆盖面积（含水）1536万平方米，绿化覆盖率（含水）为30.46%，绿地率20.73%，人均绿地面积8.32平方米，人均公园绿地面积3.90平方米，公园绿地500米服务半径覆盖率达92%。

地址：西城区南礼士路乙9号院2号楼

邮编：100045

电话：68025953

（范慧英）

【“美丽西城”评选活动】 结合“百万鲜花进家庭、进社区、进街巷”、“生态阳台·都市菜园”活动，联合区委宣传部、区文明办、区社会办、区教委、区环境建设办及各街道办事处，开展“美丽西城”评选活动。整个活动于3月启动，10月中旬结束。经过报名、筛选、评比、公示等阶段，最终评选出纪晓岚故居等美丽单位8个、北京市第十三中学等美丽校园10个、陶然北岸等美丽小区5个、西兴盛胡同等美丽街巷7条、美丽院落100个和美丽阳台559个。截至年底，全区累计创建美丽单位47个、美丽校园50个、美丽小区49个、美丽街巷49条、美丽院落400余个和美丽阳台3500余个。

（范慧英）

【广宁公园建设】 广宁公园北起报国寺西夹道，南至广内大街，西起广义街，东至报国寺前街，总面积1.2万平方米。为增加公园绿地500米服务半径覆盖率，推进百姓身边增绿，区政府将原文化娱乐用地通过规划调整为绿化用地，并进行公园建设。公园设计本着“安全、安静、舒适、典雅、古朴”原则，以中国古典园林风格为特色，立足“城市客厅”理念，通过文化展示、历史名人和寺庙氛围“三大文化空间”展示，营造“报国精神”的意境。在“三大文化空间”中，又分别以报国双松、紫藤花架、报国寺牌楼作为核心景观，将绿地、小品、广场有机结合，体现深厚历史文化底蕴，为市民提供充裕休闲场地。园内新建一处园艺推广中心，展示环保科技和园艺花卉。工程于3月20日开工，于国庆节前开放。

（范慧英）

【全民义务植树活动】 在4月2日首都第32个全民义务植树日当天，西城区在广宁公园举办了以“坚持‘创新、协调、绿色、开放、共享’发展理念，努力开创西城区绿化美化建设新局面”为主题的义务植树活动。区四套班子领导，中华人民共和国国土资源部、《中国商报》有关领导，与武警官兵、机关干部、学生代表和社区居民代表100余人种植银杏、油松、玉兰等树苗200余株。活动同时设立广外湾子、南纬路38号院、三庙街和油坊胡同等4处分场地，让居民在家边履行植树义务；在延庆县康庄镇大营村北和怀柔区雁栖镇泉水头村设置植树点，接待社会单位和市民个人植树。全区各机关单位、社会团体、企事业单位开展形式多样的植树日活动。区园林绿化局和各街道办事处分别设立宣传咨询站，向群众普及《北京市绿化条例》、购买碳汇和建设美丽西城等方面的知识，提高群众的生态文明意识。各街道办事处以社区为单位，发动居民清理绿地卫生，开展绿化养护。植树日当天，全区有1.74万余人参加植树活动，共植树3520株，清扫绿地56.65万平方米，养护树木14.89万株，设立宣传咨询站106个，悬挂横幅标语189幅，出动宣传车9辆，发放宣传材料4.78万份。年内，继续与怀柔区、延庆区开展“城乡手拉手、共建新农村”活动；深入推进认建认养工作，全区共认养绿地16.2万平方米、树木9566株。

（范慧英）

【百花园公园建设】 百花园公园位于大栅栏地区中部，前身为天陶菜市场，占地面积约1860平方米。明清时期此地北侧有花园，是琉璃厂官员赏花之所，故名北花园，又名百花园，后又音转为百合园。5月，区政府结合全市疏解非首都功能和环境综合整治工作，拆除原有市场，并利用撤市后的场地进行绿化建设。工程于7月11日开工，9月25日竣工，栽植乔木53株，灌木6570株。公园以“百花园”命名，延续原有文化记忆。园内植物以花灌木和地被花卉为特色，用一条鲜花漫步路串联起“牡丹台”“百花真趣”和“涵秀花韵”三处景点，并结合园艺推广中心和紫藤花架建设，形成一处绿色生态花园。

（范慧英）

【莲花河滨水绿道（西城段）二期工程】 该工程北起西客站暗涵出口，南至红居南街，河道东侧绿地全长约1.7公里，绿化总面积7万平方米。工程延续“生命印记、故都风采——乡愁”主题，通过总结一期工程经验和征集群众意见，对河东岸绿地及河坡绿地进行改造提升，包括绿化、土建、喷灌及水利用、景观照明、雕塑和小品等。工程于8月初开工，10月竣工。新植乔灌木8771株、色带2182平方米，新建改建景观平台6组、休闲驿站1座。同时，梳理区域交通微循环，将原来单纯的城市排洪河道提升改造为绿色生态河道。

（范慧英）

【月亮湾公园】 该工程位于煤市街北口与前门大街交叉口东南侧，紧邻北京坊，占地约9400平方米。据《乾隆京城全图》1750年所绘，前门月亮湾区域为城墙护城河所在地。工程在原有绿化基础上，将文化、植物、铺装等元素有机融合，通过水景来隐喻历史上前门月亮湾的护城河道，延续和传承历史文脉。工程主要包括两座景观水池、广场与市政步道石材铺装、绿化景观提升、照明、监控系统、雾喷、雕塑以及小品等。

（范慧英）

【花卉布置】 “十一”前夕，以“祝福祖国，践行五大发展理念，共创美好生活”为主题，按照“一轴、一环、多节点”的布局理念，坚持以地栽花卉为主、立体花坛为辅的原则，在西单文化广场、金融街中心绿地和广安门南街等重点地区布置《花的霓裳》《时间树》《和谐家园》等主题立体花坛7座，在全区注册公园、重点道路和绿地装饰花钵、花堆和灯杆共48处2.86万平方米，共计用花300万余株（盆）。

（范慧英）

【西城区园艺文化推广中心建设】 年内，依托辖区内公园绿地资源，联合各街道办事处利用社会公共服务空间，新建七彩、西单和广外等驿站14家。至此，全区共建成19家驿站，实现了每个街道至少建设1家驿站的目标，形成覆盖全区的园艺文化推广网络。各驿站利用植树节、“五一”“十一”、国际护士节、全国助残日、国际家庭日、国际儿童节、“八一”建军节和教师节等节假日，开展形式多样的培训宣传活动，并发放花卉蔬菜种子等园艺植物。联合区科协机关，打造“西城区绿色科普驿站”，结合园林绿化生态主题，开展科普讲座、科普书籍推介、科普知识咨询、科普兴趣沙龙和科普成果展示等活动。创建“绿色西城”微信公众号，设置绿色课堂、绿色风采、绿色社区3个版块，传播园艺知识，倡导绿色生活方式。各驿站成立以来，共开展系列活动155场，发放鲜花、蔬菜、种子、种植土等105万株（份），受益人群达12.93万人次。

（范慧英）

【立体绿化】 年内，按照政府引导、分类推进、专业支持、社会参与、共建共享的原则，争取社会各方面支持，以校园建筑、公共建筑为重点，推进立体绿化建设。完成中华全国总工会、万寿酒店和育翔小学等12处屋顶绿化2.02万平方米，车公庄大街等垂直绿化1165延长米。

（范慧英）

【首都绿化美化花园式创建】 年内，加大创建力度，通过走访调查、动员部署、技术指导和督促检查等方式，发动社区、单位积极参与。全年共创建北京市规划委员会西城分局、荣宁园小区等首都绿化美化花园式单位2个，中新佳园等首都绿化美化花园式社区1个。

（范慧英）

【打击涉绿违法犯罪行为】 年内，与区园林市政管理中心配合，组建园林绿化巡查队伍，并加强与区城管执法监察局的协调联动，形成园林绿化执法体系。按照国家林业局和北京市园林绿化局的统一部署，于9月8日至11月30日，开展“严厉打击非法占用林（绿）地等涉林（绿）违法犯罪行为专项行动”，重点内容包括加大绿地收回和恢复工作、查处群众举报事项、加强对野生动物贩卖活动的监管。全年共处理伐树、侵占绿地和野生动物保护等违法行为31件，结合治理“开墙打洞”等工作恢复绿地7700平方米，联合市园林绿化局执法监察大队、森林公安和区城管执法监察局，在官园原花鸟鱼虫市场开展联合执法行动10余次、大型宣传活动5次。

（范慧英）

【园林绿化管理】 年内，依据12项行政许可和35项行政处罚等行政职权，严格林木绿地资源行政许可与批后监管，加强征占用绿地的规划审查，受理园林绿化行政许可499项。实施绿化养护分类分级管理，完善绿地养护管理“一制度六台账”制度，巩固提升绿化分类分级管理模式作用和水平；完善绿化管理长效机制，强化绿地常态管理，加大监督检查考核力度，提升绿化管理法制化、专业化和精细化水平。全年对8658株杨、柳树进行飞絮治理；完成林业有害生物普查工作，共发现有害生物147种、益虫25种；严密做好美国白蛾等危险性林木有害生物和日常病虫害防治工作，加强古树日常管理和复壮保护工作。实施“黑土计划”、绿地集雨节水建设和节约型灌溉，实现园林绿化废弃物资源化利用；加强技术培训，提高业务技能，培养工匠团队。开展区属注册公园分类定级工作，按照四类（综合性公园、社区公园、历史名园、主题文化公园）两级（管理水平考核一级、二级）进行管理；完成公园边界核定任务；完成春节、清明、“五一”“十一”等节假日的服务接待、安全保障和文化活动等工作，提高游客满意度。

（范慧英）

园林市政管理中心

【概况】 北京市西城区园林市政管理中心（简称区园林市政管理中心）为西城区人民政府直属相当正处级全额拨款事业单位。主要职责是：承担全区园林绿化养护和市政道路、设施维护工作；受区有关部门委托承担区属园林市政工作项目立项、工程质量监管、掘路费收取等工作；组织实施园林市政道路应急抢险、重要节假日和重大活动花卉布置等事务性、服务性工作；负责部分区属公园的管理工作；承办区政府和上级业务指导部门交办的其他事项。编制80人，内设14个科室。中心下辖西城区市政工程管理处、西城区苗木园艺队、西城区月坛公园管理处、西城区人定湖公园管理处、西城区万寿公园管理处、西城区宣武艺园管理处、西城区滨河公园管理处、西城区德外绿化队、西城区月坛绿化队、西城区和平门绿化队、西城区广外绿化队、北京奇石馆12个正科级事业单位，附属有北京三海投资管理中心、北京什刹海旅游开发有限公司、北京市绿美园林工程服务中心、北京鑫雅市政建设工程处、北京紫光绿化工程有限责任公司5家企业和东坝苗圃、顺义苗圃2处苗木基地。全年新增城市绿地5.08万平方米（其中小微绿地1.47万平方米），改造绿地10.24万平方米，新增屋顶绿化2.02万平方米、垂直绿化1165延长米，完成4个老旧小区绿地改造和20条胡同绿化，完成3条大街的增绿添彩工程，全区公园绿地500米服务半径覆盖率由89.5%提升至92%，大尺度拓展了城市休闲空间。年内，完成道路大中修32条，改造排水管线52条，改造慢行系统38条，交通疏堵7处，投入使用公租自行车7000套，有效改善了区域拥堵。完成336.5万平方米绿地和11.2万平方米道路养护工作，开展首都第32个全民义务植树日活动，19个园艺推广中心覆盖各街道并形成园艺文化网络。

地址：西城区右安门内西街18-1号

邮编：100054

电话：52684005

（田蕾蕾）

【西城区慢行系统改造工程】 年内，在往年自行车出行系统改造的基础上，对辖区内38条市政道路的非机动车道、道路交叉口、人行步道进行慢行系统改造，其中城市主干路1条，城市次干路13条、城市支路24条，道路全长约21.52公里，非机动车道改造长度约43.04公里，辐射范围达19.1平方公里。通过铺设彩色陶瓷颗粒路面方式明确路权，对机非隔离护栏进行增设、补漏和设置人行步道阻车桩、护栏等制止违规停车现象，改造路侧停车位（取缔或挪移），逐渐引导大众的出行回归到慢行和公共交通相结合的方式上来，在缓解交通拥堵的基础上，也减少车辆尾气的排放、减少大气污染和能源消耗，是减轻雾霾天气的举措之一。

（田蕾蕾）

【道路大中修工程】 年内，共完成三里河东辅路、成方街、宣武门东河沿、长椿街（南北分支）、善果胡同西段、金井胡同、胜利三巷、马连道南街、永安路、虎坊路社区北侧路、鹞儿胡同、荣光胡同、铺陈市胡同等32条道路的大中修，共计长度13.8公里，铺装沥青混凝土148110.47平方米，步道砖44362.96平方米。

（田蕾蕾）

【市政排水管线改造工程】 年内，共完成登莱胡同、菜园街、大方胡同、水章胡同、三里河南五巷、大红罗厂、翠花街、大拐棒胡同、后半壁街、北安里、校场胡同、太平仓、感化胡同、莲花胡同等51条道路的市政排水管线改造工程，共计铺设管线9422米。

（田蕾蕾）

【交通疏堵工程】 年内，共完成百万庄大街、真武庙六里、红居东街、红居东街路口和南新里三巷5处交通疏堵，改造建设6公里，辐射半径10公里。

（田蕾蕾）

【公租自行车运营维护】 年内，为打造绿色出行创造基础条件，解决好最后一公里出行难题，在原有公租自行车基础上新增1000套设备，全区7000套公共自行车已全部投入使用。全年西城运营车辆投放数量4800辆，投放站点179处，共有锁盒6032个，维修车辆总量24648辆，员工人数107人，全年出动调动车次75.92万次，出动保洁车次44528次，保障设备完好率，设备运行良好。

（田蕾蕾）

【花卉布置】 年内，与北京园林学会合作开展“2016年花坛、花钵设计方案征集活动”。活动围绕“共建美丽西城，提升城市品位”这一要求，按照节约经济性、可持续性、安全性的原则，突出绿色生态理念，在全国范围征集方案。活动共征得社会各界报送作品227个，经评审委员会初评、终评后，评出主题鲜明、立意创新的二等奖16个、三等奖30个、优秀奖32个，并从中选出4个方案在“十一”环境布置工作中深化实施，一等奖空缺。花卉布置工作延续创新、节约的理念，通过减少一年生花卉种植数量，增加宿根观叶、观花植物，使花卉布置工作既重点突出，又有效控制成本。全年共完成“五一”夏季补植、“十一”等阶段8个大型花坛、19个小型花坛及56条道路花钵及地栽花卉的布置工作，使用花卉399万余株。

（田蕾蕾）

【应急抢险】 年内，在极端天气中，共处理倒伏、折枝树木783株，路面塌陷366处，积水点16处，出动抢险人员6185人次、车辆1490台次。

（田蕾蕾）

【什刹海湖心岛冰灯嘉年华】 1月15日至2月23日，首次什刹海湖心岛冰灯嘉年华开幕。嘉年华由一级冰雕建造师王际威带队，携手参加过哈尔滨冰雕节、俄罗斯冰雕节和美国卡罗莱纳·辛辛那提冰雕节等活动的多名一流冰雕大师合力创意打造。

（田蕾蕾）

【什刹海水域游船夜航运营】 3月23日，什刹海游船正式开航，3月28日，市地方海事局西城管理处、什刹海景区管理处水域科和区园林市政管理中心联合对什刹海水域自航摇橹船和非自航电瓶、脚踏船夜航灯光、码头灯光标识、巡逻救援设备及组织指挥工作进行逐项检查，并向上级部门提交夜航准备工作情况报告，3月30日正式获批，启动夜航运营。其中包括脚踏船、电瓶船共计185艘；自航船28艘；巡逻快艇7艘（5艘快艇已经能完全满足水域各级各类活动及日常、节假日运营期间巡逻救援需要，有快艇1艘正在进一步检修船体）。夜航所须的灯光照明设备在各类船只及码头上实现达标有效，张贴安全提示标识。

（田蕾蕾）

【公园绩效考核方案制订】 年内，为提升公园品质、提高公园服务运营水平，更好地服务游客，公园管理科制定《西城区园林市政管理中心公园绩效考核方案》，由主管领导牵头，通过月考核、季考核、年汇总的方式对月坛公园、人定湖公园、万寿公园和宣武艺园从档案管理、服务管理、养护管理、设施管理、卫生管理、安全管理、文化宣传七方面进行检查、评比，并设立奖励机制，对积极探索、主动创新的公园给予一定的资金支持，按季度拨付。

（田蕾蕾）

【百花园公园建设工程】 百花园公园，位于大栅栏地区中部，前身为天陶市场，5月，区政府结合全市疏解非首都功能和环境综合整治，拆除原有市场，拆迁建绿，在改善生态环境的同时彻底解决了大栅栏地区公园绿地500米服务半径的覆盖盲区问题，还绿于民，使绿地成为百姓日常生活的组成部分。该工程的建设，使全区公园绿地500米服务半径覆盖率由89.5%提升到92%。新建的花园，以百花园命名延续原有场地的文化记忆，栽植乔木53株、灌木6570株。

（田蕾蕾）

【广宁公园建设工程】 项目紧临地铁7号线广安门内站，西临广义街、南临广内大街、北至报国寺南门，总面积12759平方米。一期于3月20日开工，9月30日完工，于国庆节前开放。部分工程项目（寺前街广场、牌楼等）因架空线入地及打通报国寺西街实施完成后作为二期计划于2017年完成。项目设计突出“城市客厅”理念，体现人文关怀，营建共享、宜人、文化的城市开放空间。整体设计以突出报国寺的城市形象和文化内涵为主线，去除原有的简易的混凝土牌楼，重修为标准古建制式的木构牌楼。以一条散步路线串联起四个城市休闲空间，分别是报国三绝文化广场、聚会交流广场、空竹文化广场和前街休闲广场。共计栽植399株乔木，栽植117株灌木，栽植地被植物3754平方米。

（田蕾蕾）

【大栅栏月亮湾地区景观提升工程】 大栅栏月亮湾地区景观提升工程位于西城区煤市街北口与前门大街交叉口东南侧，项目设计原则是绿色、时尚、大气、宜人。将文化、植物、铺装等设计元素进行高效完美结合，形成整体协调的景观设计。项目翻建市政步道总长约160米，宽6.8至8.8米，将原有预制透水步道砖更换为花岗岩步道砖；绿化景观提升主要在原有绿化基础上将原有地势进行改造并增加景观树木及绿化种植，栽植乔木125株，灌木211株，栽植地被植物2671平方米。

（田蕾蕾）

【莲花河滨水公园景观提升工程（二期）】 莲花河滨水公园景观提升工程（二期）作为北京市规划的十条滨水绿道之一，也是西城区落实的第三条滨水绿道，其建成使全区绿道体系初步形成。项目自8月初开工建设，10月对外开放运营。河道总长1.7公里，建设总面积70060平方米。是北京市整体水系的一部分。建设内容主要包括：绿化工程，土建工程，喷灌及水利用工程，景观照明、监控、广播及无线网络工程，雕塑、小品、标识等工程。在保留原有大树的基础上新植乔木1691株、新植灌木7080株，色带2182平方米，丰富园林景观，改善生态环境。通过绿色、节能的灯光照明系统打造风景线。新建改建景观平台6组和休闲驿站1座。沿河公园内设置wifi接入点，增设监控设施和广播系统。结合绿道建设治理沿河两岸的城市管理盲点，营造综合管理、协调发展新模式。通过滨水绿道建设串联起沿岸的历史文化古迹，形成一条展现古都史迹的历史文化廊道。

（田蕾蕾）

环境卫生管理

【概况】 北京市西城区环境卫生服务中心（简称区环卫中心）为处级事业单位，承担西城区内环境卫生方面的服务性、事务性、技术性工作，并负责下属环卫作业队伍的管理工作。区环卫中心直属企业单位11个、事业单位8个，承担全区主要大街的清扫与保洁、垃圾清运及密闭式清洁站管理、公厕保洁与管理、化粪池的挖掏与粪便清运、部分街道办事处街巷清扫保洁及各种环卫应急保障任务。年内，区环卫中心以建设“活力、魅力、和谐”新西城和环境卫生首善之区理念统领工作，完成各项任务。

地址：西城区北营房中街7号

邮编：100037

电话：88378410-2042

（尹　健）

【道路清扫保洁和街巷保洁】 年内，完成845万平方米主干路清扫保洁任务，缩短污物滞留时间，提高道路洁净度。加强对路沿和隔离带的冲刷作业，提升人行步道、地下通道和过街天桥的清扫保洁，确保主要道路清扫保洁作业整体效果。街巷保洁以提高生活垃圾收集和街巷胡同保洁的机械化程度为重点，加强与街道办事处的协作配合，做好1134条街巷胡同、255个小区、约529.08万平方米的保洁工作，提高街巷胡同的干净指数和群众满意度。部分道路在日常清扫保洁作业中，建立并使用了智能数据平台系统，覆盖于业务检查、道路机械化保洁、车辆维修等多项工作，逐步达到“精准统计、数据分析、科学管理、信息共享”的实际使用效果。借助智能平台的应用，更科学合理地分配劳动定额，确保工人足额完成工作量，节约资源和经费，提升道路清扫保洁信息化管理水平。主要大街和街巷胡同清扫保洁工作多次接受市区检查，取得很好成绩。

（尹　健）

【公厕管理和粪便清运工作】 年内，加强对公厕保洁作业模式的调查研究，探索作业规律，完善保洁作业流程，做到“保洁及时、维修到位、严格管理、服务社会”。完成1139座公厕的保洁与服务（其中二类以上公厕359座、三类735座、三类以下45座）。对20座二类公厕进行整体改造。为224座二类公厕安装电采暖设备，为50座二类公厕安装立体循环异味处理系统，更换12座移动公厕及600块公厕引导牌。全年共清运粪便约28.54万吨，较上年减少4543吨。创新采用并逐步推广公厕检查管理系统，以科学化、流程化、自动化的设备和智能系统，提升工作效率。对涉及安全生产、劳动纪律、保洁质量以及设施设备报修等环节的工作，起到了及时监察、准确提供图像、文字等依据的作用。系统完善公厕运行中的整体保洁、管理、检查等一系列规范程序，有效降低成本，提高保洁质量。

（尹　健）

【密闭式清洁站管理】 年内，加强对76座密闭式清洁站的管理与服务，进行数字化基础建设，提升科技含量，逐步实行信息化管理，实现垃圾收集转运全程密闭化，全程数字化监管。对15座清洁站进行整体改造，更换6套清洁站吊装设备。全年共清运垃圾约59.71万吨。

（尹　健）

【垃圾分类】 年内，实地勘察实行垃圾分类的餐馆、小区和单位，测算产出垃圾量，建立收运档案。根据具体情况配备不同类型的收运车辆，制定收运路线，及时收运分类垃圾。截至年底，餐厨垃圾收运1085家，共收运餐厨垃圾约2.9万吨，厨余垃圾约1.1万吨。在确保垃圾日产日清的同时，对垃圾增长量变化及时分析掌控，逐步实现垃圾的减量化、无害化和资源化。

（尹　健）

【环卫作业分类分级管理】 年内，建立并完善环卫作业分类分级服务保障机制。根据各功能区域特性与临时保障工作等级，从专业技术角度出发，划分作业等级，按照作业项目制定作业标准。中心共收录引用行业标准38项，自制标准6项。对全区道路、街巷的清扫保洁面积进行清查摸底，建立健全分类分级台账。合理配置人力物力，明确作业时间、作业内容、作业流程、作业质量，提高精细化管理水平。为达到政务区一级作业标准，适应政务活动需要，依据机械清扫、洗地、步道冲刷的作业标准要求，在每班次1名保洁员的基础上增加1人，达到两班4人作业。在保证每天正常机扫作业的情况下，道路清洗由2遍提高到4遍，每周进行一次步道冲洗作业。通过增派作业人员、增置作业车辆、加强作业频次及延长保洁时间等方法，保证各功能区域的作业标准达标，满足不同区域差异化环境卫生管理需求。

（尹　健）

【渣土管理】 年内，采取“事前介入、源头把控、事后监管”的渣土管理工作模式，形成区市政市容委、渣土所、街道的三级管理模式，成立专项联合执法队伍，在全区以“定期、定段、定项”的“三定”方式开展专项整治行动，有效打击违规运输行为。全年共发放渣土消纳证360张，车辆准运证3794张。渣土所自行设计并建立的运输车辆电子档案“二维码”扫描技术被市渣土处列为先进经验，在全市渣土管理行业推广普及。2016年，西城区在全市建筑垃圾综合管理循环利用考评中名列第一。

（尹　健）

【环境保障工作】 年内，完成重大节假日、全国“两会”、亚投行启动以及中央、市区领导走访调研等重大活动的保障任务；做好扫雪铲冰等极端天气环卫保障工作；采用人机配合作业清扫落叶，协调区管委、园林市政管理中心和相关街道办事处，对落叶进行转运和科学处理，累计清运落叶8612立方米；在空气重污染预警期间，启动应急预案12次，日均出动机械作业车辆68台次，出动2898人次，按照污染等级采取相应措施，加强主要道路清扫保洁及冲刷作业，有效降低道路尘土残存量，做好雾霾天气下的环卫保障。与区交通支队、区城管执法监察局等部门建立联动应急处突机制。利用微信平台进行业务对接，提高清理遗撒、疏通道路、运输渣土和清除非法小广告等的效率。为城市运行提供良好的环境卫生保障。

（尹　健）

【维稳工作】 年内，紧密结合形势任务和环卫工作实际，开展矛盾纠纷排查化解工作，落实反恐防暴责任，及时掌握职工思想动态和维稳工作情况。在重要节日、重大活动及敏感时间节点，制发工作方案，召开专题会议，明确防范重点和处置原则，督促各单位认真落实隐患排查报告制度，先后排查调处80次，发现问题及时整改。加强信访案件的办理和处置，按期办结12345政府热线电话单1320件，网上信访案件19件，办理人大代表、政协委员提案建议共13件，满意率100%。

（尹　健）

【安全管理工作】　年内，与职工签订各种安全责任书6346份，签订率100%，层层分解落实安全生产责任。强化基础建设，深入基层走访调研，进行安全形势分析。投入安全生产专项资金约206万元，解决各单位“安全生产资金投入不足、安全设施老化”等问题。不断加强安全检查力度，结合不同时期、不同任务，对环卫设施设备、办公区和职工宿舍等重要部位加大检查力度。全年累计出动检查人员4717人次，进行了7930次安全检查，发现隐患及时整改。利用安全管理网络平台，实现安全资源共享，构筑牢固的安保防线。加强宣传教育培训力度，定期开展安全培训和应急演练，累计参训人员2442人次。教育引导全体职工积极参与到安全生产、安全管理中，提高职工安全综合素质，使中心安全生产工作得到进一步提升。

（尹　健）

【环卫文化建设】　年内，区环卫中心以纪念中国共产党成立95周年、中国工农红军长征胜利80周年为契机，各党支部深入开展系列主题宣传教育活动。开展“我为西环添光彩”百姓宣讲活动，成立“西城环卫百姓宣讲团”，进行巡回宣讲，参加全区汇讲，彰显西城环卫特色、行业特点和价值追求。收集整理大量反映中心近年来各项环卫保障、创新发展、制度建设等方面的图片和文字材料，制作环卫建设成果展板60块，编印《前进中的新西环》图片册，举办环卫5年成果展。加大环卫宣传力度，先后被CCTV-7、中央人民广播电台、北京电视台、《北京日报》《北京西城报》等媒体报道40余次，提升了环卫行业的知名度和美誉度。编印《西城环卫信息》47期，利用宣传展板、内部刊物、微信群等多种形式，加强舆论引导，及时宣传党和国家方针政策、法律法规及中心各项工作，营造良好舆论氛围。

（尹　健）

环境保护

【概况】　西城区环境保护局（简称区环保局）是负责全区环境保护工作的政府工作部门。设10个内设机构，即办公室、综合法制科（研究室）、环境影响评价科、总量减排科、污染源管理科、环境安全管理科（区环境污染突发事件应急办公室）、辐射监管科、监察科、离退休干部科、机关党委；参照公务员管理科室2个，即环境保护监察一队、环境保护监察二队；规范性事业单位1个，即机动车排放管理站；全额拨款事业单位3个，即环境保护监测站、环保宣传教育科技中心、煤改电管理中心。在职人员152人。年内，区环保局贯彻国家和北京市环境保护的法律、法规、规章制度，结合首都核心区实际，按照“四个全面”战略布局的总要求，以降低细颗粒物（PM2.5）浓度为核心目标，坚持“聚焦短板、全面推进”，加大防治污染力度，强化环境安全监管，实施多种污染物协同减排，区域环境质量有所提高。

地址：西城区鸭子桥路29号

邮编：100055

电话：66206461

（刘　惟）

【环境质量】　年内，细颗粒物累计平均浓度为78微克/立方米，比2015年下降6%，比2013年开始监测以来累计下降14.9%。全区平均降尘量为5.8吨/平方公里·月；鼓楼外大街（北护城河）年平均水质为II类标准，好于年度考核目标。北海年平均水质为IV类标准，达到年度考核目标。广北滨河路（永引下段）和永定门（南护城河）年平均水质均为IV类标准，达到年度考核目标，较往年有所改善。工业废水达标排放率100%，生活污水集中处理率100%，重点污染源废水排放达标率100%；区域噪声平均等效声级为54.0分贝（A），达标率91.7%，道路交通噪声监测路段73条，年平均值67.6分贝（A），声环境质量整体平稳。

（刘　惟）

【制定专项方案】　年内，为加快大气污染防治和水污染治理工作的落实，制定《北京市西城区2013—2017年清洁空气行动计划重点任务分解2016年工作措施》和《西城区水污染防治工作方案》专项工作方案，并在清洁空气行动计划任务的基础上，制定《北京市西城区贯彻落实〈京津冀大气污染防治强化措施（2016—2017年）〉实施方案》，采取更严格的措施手段，为确保2017年辖区PM2.5年均浓度达到60微克/立方米左右的任务目标，将各项重点任务进行分解落实，明确线路图、时间表、责任人，建立大环保督查工作管理责任制，落实每月小结、季度自查、半年调度的工作制度。坚持每月对污染物指标、水质达标率开展动态分析，每季度开展指标完成情况的自查自评，顺利完成清洁空气行动计划和水污染防治两项目标责任书中的任务指标。

（刘　惟）

【安装小型监测设备】　年内，区环保局完成覆盖辖区内15个街道的PM2.5小型监测设备安装工作。15个监测点位中，包含多种类型的场所，既有什刹海风景区管理处、官园公园等公众休闲场所，也有大栅栏社保所、广内街道办事处、牛街街道办事处等公共服务机构，还包括社区养老院、社区服务站等居民密集场所，以及育才中学。PM2.5小型监测设备可以精细化地反映空气质量的空间变化，设备的安装推进了北京市大气环境质量监测网络升级，为环境管理和决策、环境治理和执法提供了数据、技术支撑，为民众提供了全面细致的环境信息服务。

（刘　惟）

【巩固无煤化成果】 年内，按照散煤“禁售、禁运、禁存、禁燃”的工作目标，清理整顿违规使用散煤问题。在采暖季对小煤炉问题进行联合执法检查。在非采暖季，结合“煤烟型治理检查任务”，重点对住宿、洗浴、餐饮业违法使用燃煤情况进行专项执法检查。做好煤改清洁能源的民生保障工作，逐步更新电采暖设备。通过市价回收炉具、燃煤等价置换生活用品、发放补贴等形式回收散煤24万块，防止居民采暖小煤炉反弹。

（刘　惟）

【工业污染治理】 年内，加大对汽车修理行业、干洗行业的规范整治力度，严查露天和无净化装置情况下的喷漆行为，制定重污染停限产名单，对2家工业企业进行环保技改，完成全区工业企业挥发性有机物减排10吨。开展燃气锅炉低氮燃烧技术改造工作，制定《西城区燃气（油）锅炉低氮改造以奖代补资金管理办法》，完成235家锅炉房731台燃气锅炉的低氮改造任务。

（刘　惟）

【在用车排放监管】 年内，按照《北京市2016年流动污染源监管工作方案》要求，以重型柴油车及营运性轻型汽油车为重点，采取日常及专项检查的方式，在辖区重点路段、重点企业车辆停放地开展路检、夜查、入户及遥感监测工作。根据工作内容重新编制车辆检查记录表，将净化装置检查情况、OBD（车载诊断系统）检查情况、排放标准配置一致性检查情况纳入日常检查范围。采用目测法、遥感监测法、双怠速仪器检测法对辖区所属或过境的机动车进行执法检查，并对排放超标、净化装置未正常使用等违法行为依法进行处罚。全年共检查机动车43.9万余辆，处罚排放超标车辆345辆。

（刘　惟）

【规范行政许可】 年内，严格执行《西城区新增产业禁止和限制的管理目录》，控制和减少审批数量，全年不予审批项目95个。多次召开禁限工作联席会，对5个建设项目的审批做出调整建议，编写相关案例分析材料；落实北京市清理整顿违法违规建设项目的清单整理报送和方案制定工作，对11家已开业但未办理验收手续的单位进行整改落实。按照绿色审批通道项目的要求，做好全区44条道路建设审批的准备工作。完成区属医疗卫生机构30个建设项目和社区卫生服务机构标准化建设82个项目的相关审批工作。实施标准化审批，按标准化程序接待办事人员来访千余人次，实现“零违纪、零投诉”的工作目标。

（刘　惟）

【大气污染执法行动】 年内，区环保局组织各相关委办局成立区“大气污染执法年”行动领导小组，以解决损害群众健康的突出环境问题为重点，围绕散煤、高排放机动车等重点防治领域，按照行业管理和属地监管相结合的原则，开展“治散煤”“净四气”（燃煤废气、挥发性有机物、工业废气和机动车尾气）、“降三尘”（施工扬尘、道路遗撒致尘、因烧致尘）专项执法行动。充分发挥各街道办事处的作用，建立属地落实机制，将燃煤监管责任有效落实到街道、社区。建立多部门联动机制，形成日常监管和定期巡查机制，杜绝散煤生产、销售、运输、使用，严厉打击劣质煤经营行为；开展ODS（消耗臭氧层物质）专项执法行动，重点检查发泡、制冷及ODS销售三个行业。针对汽修企业开展专项执法检查行动，重点推进绿色维修，杜绝违法行为；针对施工扬尘、道路遗撒致尘、因烧致尘问题，落实清洁空气行动计划阶段性目标，加大城市精细化管理减排降尘力度。全面实施环境保护网格化管理，将环境监管工作纳入区域网格化城市管理系统，将环境监管职责具体落实到街道办事处和社区。坚持每季度至少召开一次与相关执法单位的联席会议，开展专题调研工作，聘请专业法律顾问，及时解决环境执法中的法律适用、管辖、协调等具体问题。全年实施各类行政处罚391起。处理各类来电信访3512件，办结率100%。

（刘　惟）

【行政执法与刑事司法衔接】 1月1日，新《中华人民共和国大气污染防治法》正式开始施行后，新法内容进一步加大对环境违法行为的执法，强化对监管人员的责任追究，区环保局与西城公安分局开始实施“行刑衔接”，将行政执法与刑事司法进行衔接，环保与公安部门实时联动。加强行政执法部门与公安、检察机关对执法中发现的涉嫌犯罪案件的移送、办理、监督、反馈等工作以及相互间的衔接与配合，纠正“以罚代刑”现象，及时惩处违法犯罪行为。进一步明确执法部门之间案件移送的范围、种类、标准、方式和程序，落实承办机构和责任，切实保证行政违法案件的及时移送和处理。

（刘　惟）

【空气重污染应急工作】 年内，共启动空气重污染蓝色预警5次、黄色预警7次、橙色预警2次、红色预警1次。在各次预警中，区环保局发挥区空气重污染应急指挥部办公室职能，协调区住建委、区城管执法监察局、区发展改革委、区市政市容委和各街道办事处等成员单位，落实“四停一冲”（停产、停工、停放、停烧，增加道路冲洗频次）降尘、减排措施，加大执法检查力度，配合区纪委监察局开展对各成员的督查工作；修订《北京市西城区空气重污染应急预案》，严格执行全市统一预警标准，将机动车限行措施的启动条件由红色预警降低到橙色预警，在橙色预警时国一、国二排放标准的汽油车禁行。加强精细化管理措施和名单管理制，建立空气重污染期间工地停工、企业停限产、重点作业道路和机动车停驶名单。由于西城区不涉及市级停限产名录企业，区应急预案修改为实施常年运行锅炉压减负荷，印刷行业停产限产、汽修行业停止喷漆、烤漆作业3项倡议性减排内容，全面减少区域大气污染物排放。与区应急办联合拍摄空气重污染演练宣传片，加强空气重污染工作的宣传与培训。

（刘 惟）

【扬尘污染管控】 年内，加强对工地扬尘的管理，对全区工地进行全面检查，做到施工围挡、覆盖到位，工地清扫、洒水及时，实现控制扬尘标准。督促工地安装高效洗轮机，各工地洗轮机有效使用率达100%。5000平方米以上的土石方建筑工地均按要求规范安装在线监控系统。施工单位按要求落实控制扬尘措施，有效减少工地扬尘污染。

（刘 惟）

【信访处理】 年内，共处理各类信访3512件，所有信访均按时办结，并按要求回复信访人，办结率100%。针对居民反映强烈的前公用胡同周边珠宝商户采用暗门、暗室以及产生废气的“失蜡法”石膏铸模进行作业的问题，下达《查封决定书》，查封现场留存的5台真空注蜡机和暗室内的总电源箱。

（刘 惟）

【辐射和危废监管】 年内，对重点单位的辐射工作场所开展隐患检查和排查，加强对Ⅰ、Ⅱ、Ⅲ类放射源的倒源、运输和收贮等高风险活动的监管，确保核心区的辐射环境安全。督促核技术利用单位及时安全收贮，落实辐射安全事故应急预案，在北京市城市放射性废物管理中心的指导下，妥善处理2起历史遗留放射源事件。全年办理辐射类建设项目环境影响评价审批39件，辐射类建设项目环境保护设施竣工验收5件；办理辐射安全许可证新增、变更、延续、注销等共计67件；办理各类放射性同位素进口、出口、转让、送贮备案共计101件。

（刘 惟）

【环境教育宣传活动】 年内，围绕“5·12”防灾减灾日、世界环境日、世界无车日等环保节日开展宣教活动，举办中小学生环保演讲比赛，“环保课堂”进社区、进企业、进学校等活动。发放各类宣传折页共计1.8万余份、宣传品3.4万余份；布设关于PM2.5、空气重污染预警、环保知识、环保应急等展板300块、条幅100条、易拉宝90个。

（刘 惟）

城市管理监察

【概况】 北京市西城区城市管理综合行政执法监察局（简称区城管执法监察局），为北京市西城区人民政府领导下，接受北京市城市管理综合行政执法局业务指导的城市管理综合行政执法机构。区城管执法监察局的主要职责是在本行政区域内负责贯彻实施国家有关城市管理方面的法律、法规、规章、政策及北京市的有关规定，治理和维护城市管理秩序。负责市政府决定由城管执法监察机关承担的全区市容环境卫生、公用事业、市政、施工现场、园林绿化管理等方面的专业性行政执法监察工作；负责城管执法队伍行政执法中跨区域和领导交办的重大案件的查处工作；负责全区城管行政执法监察的指导、统筹协调和组织调度工作；负责全区城管行政执法队伍的监督和考核工作；负责辖区城管行政执法监察系统的组织建设、作风建设、队伍建设以及廉政勤政建设工作；以及为驻区中央单位、市属单位、驻区部队和区域内企事业单位的服务；承办区政府和上级业务主管部门交办的其他事项。年内，区城管执法监察局以在城管系统内“做首都标杆、当全国模范”为目标，立足非首都功能疏解和“大城市病”治理，弘扬“首都城管精神”和“西城城管精神”，加强队伍建设，推进城管体制机制改革。以全区“拆违、灭脏、治污、清障、治乱、撤市、缓堵”七大战役为抓手，立足非首都功能的疏解，努力提升首善之区的城市管理和环境品质，解决城市痼疾顽症。做好重要节假日、重要活动的执法保障工作，完成十八届六中全会、“两会”“十一”等环境秩序保障任务，有效遏制环境秩序各类违法行为，推进城市环境常态化、精细化管控，各项工作取得阶段性成效。努力实现西城区“环境要优美、人口要控制、服务要优质、发展要持续”的目标及“安全、安静、舒适、典雅、古朴”的美好愿景。年内，共实施行政处罚20399起，罚款941.2万元，同比上升51%。12个方面402项行政处罚权的履职率为41.6%，比上年提高17个百分点。先后参与天秀、天意、官园、万通、世纪天乐等大型批发市场的撤市疏解工作，拆除市场内违建2.9万平方米，累计疏解人口5100余人。共拆除违法建设5974处、面积11.68万平方米；拆除历史遗留违建18处、面积702.1平方米，同比增长80%；治理“开墙打洞” 1326处、面积1.3万平方米，疏解商户2121户、6600余人。共受理96310热线举报23690件，同比下降7%，开展联合执法、专项执法1380余次，天安门政治核心区、金融街地区、大栅栏地区、西单地区、展览路地区、故宫北门地区、新兴里地区、椿树地区、北站地区实现环境秩序常态化管控，全区常态化管控区域超过90%。
地址：西城区官园胡同8号
邮编：100034
电话：66527042

（李大明）

【完成重大活动、节日环境保障】 年内，重点围绕春节、“两会”“十一”等重大活动及节日，启动重大活动服务保障机制，围绕会场、驻地、途经路线、重点景区、交通枢纽、繁华商业区等区域，及早部署、提前排查、挂账整治，加强人流密集场所的管控和疏导，确保环境秩序整洁干净优美。排查梳理环境秩序重点地区，实行挂销账管理，做到巡查防控全覆盖、执法力量实名制、第一时间处理反馈，达到“八无标准”（无乱摆乱放、无乱停车、无乱掘道路、无施工扬尘和道路遗撒、无露天烧烤、无露天焚烧、无非法小广告、无违规户外广告和牌匾标识），实现全天候、无缝隙监管，对各类环境秩序问题“零容忍”。

（李大明）

【助力非首都功能疏解】 年内，立足中央京津冀“一体化”的总体部署和北京市疏解非首都功能的总体目标，以区“疏非控人”重点工作为抓手，做好产业疏解区域周边环境秩序整治，配合开展核心区撤市疏解工作。先后参与天秀市场、动物园世纪天乐市场、天意批发市场、官园批发市场、万通小商品批发市场等大型批发市场的撤市疏解工作，拆除市场内违法建设2.9万平方米，累计疏解人口5100余人。

（李大明）

【建立应急执法工作机制】 年内，区城管执法监察局专门制定空气重染污应急工作预案，明确蓝色、黄色、橙色、红色四种预警应急工作措施。遇有市、区启动空气重染污预警指令后，立即启动应急工作机制，安排执法力量，组织开展对施工扬尘、道路遗撒、露天焚烧、露天烧烤以及无照售煤等违法行为的执法检查，及时督促施工工地停止施工作业，严格控制施工扬尘及土石方施工开挖作业。

（李大明）

【实现露天烧烤“零容忍”目标】 年内，结合各执法队辖区特点，定时、定地、定人，全方位巡查，结合群众举报，不间断无缝隙对辖区露天烧烤和消夏大排档进行查处；完善机关科室联系执法队的督导制度，实现上下联动；组织辖区餐饮企业、商户负责人召开会议，宣传告知相关法规及要求，制发《致全区餐饮单位及市民的一封信》；搭建街道、公安、工商、环保等部门联动平台，开展联合执法，加大处罚力度，强化区域治理。年内，共处罚露天烧烤139起，罚款20.6万元，罚没露天烧烤工具822件、非法大排档经营用桌椅5368件，有效打击了露天烧烤等违法行为，落实对露天烧烤“零容忍”的目标。

（李大明）

【强化施工工地管控】 年内，采取人盯与技控（远程探头监控）相结合的方式，对夜间施工、渣土运输等违规行为，一律实施立案高限处罚；会同区环保、市政市容、交管、住建等部门定期联合检查，强化日常施工扬尘、道路遗撒、违规运输渣土的源头治理，并依法追究建设、施工、运输单位的责任。全年共处罚施工现场违法行为214起，罚款142.7万元，处罚违规渣土车409辆，罚款96.7万元，确保区内在施工地合法合规绿色施工，渣土运输车辆符合要求上路运输。

（李大明）

【落实“无煤化”工作目标】 年内，制定露天焚烧与街头无照售煤整治方案，严厉打击无照售煤、使用小煤炉等行为，在消防安全重点场所周边进行严格排查、无缝隙监控，确保安全隐患和环境危害降到最低。

（李大明）

【强化流动商贩管控治理】 年内，采取“整、防、管、控、疏”等措施，加强对流动商贩的治理，定期开展无照经营专项整治行动。在实际管理工作中，实行“打、控、守”三步走，严厉打击，严格控制，严守成果。全年共查处无照经营行为10080起，罚款110.8万元，无照流动商贩得到有效管控，街面秩序持续良好。

（李大明）

【加强背街小巷环境治理】 年内，重点对全区89条背街小巷进行治理，开展“七小”整治活动，加大对店外经营、堆物堆料等影响环境秩序问题的查处和督查考核力度。全年共处罚店外经营444起，罚款26万元；处罚乱堆物料896起，罚款25.3万元，背街小巷的环境面貌得到持续改善。针对夜市大排档的违法形态复杂，其中涉及店外经营、露天烧烤等多种问题，与相关委办局建立案件移交制度，形成完整的执法链条，多部门齐抓共管，形成执法合力，确保及时有效解决问题。

（李大明）

【占道经营专项治理行动】 年内，协调交通、工商、市政等部门，在全区范围内开展商户占道经营专项执法行动。针对赵登禹路、西外南路、天桥南纬路等问题突出的点位，持续开展综合整治行动。充分运用视频监控探头、执法车辆视频监控探头、执法PDA手机终端等设备，随时掌握全区重点地区及街面环境秩序情况，第一时间发现问题，第一时间到场处理，消除执法盲点，提高执法效率，确保达到长效管控的目标。

（李大明）

【非法营运和停车管理专项执法】 年内，会同公安、交通、市政市容委等部门，研究制定协同配合机制，加大对非法营运和停车管理的专项执法力度，加强机动车停车场管理，进一步优化停车场管理秩序。全年共立案查处停车场管理问题449起，罚款18.3万元；处罚“黑车”“黑三轮”130起，罚款74.7万元。

（李大明）

【燃气安全监管】 年内，落实企业特别是公共服务单位燃气安全管理的主体责任，按照“全覆盖、零容忍、严执法、重实效”的要求，对燃气用户及相关单位使用、储存燃气的情况开展一单式全项目综合检查，重点消除餐饮服务单位的燃气安全隐患，切实保障人民群众生命财产安全。全年共检查燃气使用单位4963家，发现隐患问题205处，全部责令整改，发放宣传材料8500余份，2600余人次接受安全生产法律法规宣传。

（李大明）

【集中治理占压市政燃气管线问题】 年内，将占压燃气管线问题纳入日常执法巡查重点项目，加强与管理部门的协调联动和信息共享，发挥社会监督、群众举报等渠道的作用，做到发现一起、查处一起，消除安全隐患，防范重大事故发生。对全区占压燃气管线违建台账中的66处违法建设，已完成销账56处。

（李大明）

【非法小广告专项执法行动】 年内，坚持落实好“清理乱点、掏挖窝点、停机警示、行政处罚、合力打击、增建设施、宣传引导”7项机制，加大对非法小广告治理查处力度，尤其是强化对违规散发房地产小广告行为的监管，完善与住建部门联动，建立针对房地产小广告企业联合约谈和训诫机制，将问题严重的纳入企业资质及人员资格动态监管平台。全年共对3400余个非法小广告电话号码做停机处理，做出行政处罚1438起，罚款98.1万元，没收非法小广告5.6万余张。

（李大明）

【违规户外广告牌匾专项治理】 年内，针对违规户外广告、违规牌匾标识、山寨指路牌、临窗广告、违规车身广告5类违法形态，开展专项执法整治。共处罚违规设置户外广告牌匾944起，罚款13.9万元，拆除违规广告359块、违规牌匾299块、山寨指路牌83块；清除临窗广告1500余处、车身广告39处。

（李大明）

【净化视觉环境专项行动】 年内，针对近几年显亮式LED电子显示屏乱设置、乱悬挂的现象，加大专项整治力度。经过前期摸排，建立台账，对辖区“门前三包”单位名称、LED电子显示屏数量、位置、尺寸、产权等信息进行统计和风险评估，制定拆除违规设施进度表。采取“动员自拆，执法强拆”相结合的模式，依法公告，分片推进，强化拆后管控，严防拆后反弹。全年共拆除违规LED电子显示屏3600余块。

（李大明）

【强化违法建设管控】 年内，以新生违建“零增长”、既有违建“减存量”为目标，切实做到“露头就打”和“动态清零”，主动与区环境办沟通，协调各街道办事处，加快推进落实年度拆违任务，明确时限，确保年度拆违计划按期完成。全年共拆除违建5974处、面积11.68万平方米。建立横向联动机制，加大对违法建设的督办，对违法建设处理反馈情况进行实地抽查、实时监控，加大对属地执法队的督查指导，进一步提高执法效率。

（李大明）

【推进违建历史积案化解】 年内，为尽快解决历史遗留的较为复杂、群众反复投诉和存在较大隐患的违法建设问题，区城管执法监察局对2011年以来的213件违建历史积案逐一分析、摸排调研、确定重点、召开协调会、采取现场办公，并与执法队一起制定强拆方案，明确拆除时限，逐步完成对历史遗留违建的拆除工作，从根本上解决了一批缠访难题。全年共拆除历史积案违建18处、面积702.1平方米，同比增长80%。

（李大明）

【28条市政道路沿线拆违】 年内，为配合全市总体规划，推进主要市政道路建设工作，区城管执法监察局专门抽调人员对涉及西城区的28条市政道路沿街的违法建设进行摸底，建立台账；入户做工作争取理解支持；抓紧时间走法制程序，条件具备的及时组织力量进行拆除。截至年底，涉及28条道路的104处违法建设已拆除71处，其余33处正在推进工作。

（李大明）

【治理“开墙打洞”】 年内，依托“七小”整治工作，在全区范围开展“开墙打洞”专项治理行动，不断挤压小商店、小饭馆等低端行业的经营空间。为有效治理重点地区经营场所擅自“开墙打洞”违法建设，按照区政府统一安排，结合工作实际，制订《治理擅自“开墙打洞”违法建设工作方案》。经过全面摸排，建立详细台账，实行分段治理、逐步销账。全年共治理84条街巷、1326处“开墙打洞”，治理面积1.3万平方米，疏解商户2121户6600余人。展览路、月坛、大栅栏、白纸坊、新街口、金融街、德胜、广内、椿树等街道均在“开墙打洞”治理上取得阶段性成效，推动了全区“疏非控人”总体目标的实现。

（李大明）

【探索推进“城管+”共建模式】 年内，按照“共管、共治、共享”理念，提出“城管+”共建模式。通过成立社区自治协会、固化部门联动机制、推进“准物业化”管理等方式，动员社会各界力量共同参与城市管理，促进了城市管理工作深入开展，提升了城市管理效能，在政治核心区城市精细化管理和环境常态化管控上取得了良好效果。依托区城管执法监察局微信订阅号“西城街巷事”，搭建多方互动平台，自9月开通以来，共推送图文消息155条，总阅读量达20余万次，在传播城市治理新理念、接受群众监督、回应社会关切等方面收到良好效果。

（李大明）

【城管宣传教育工作】 年内，向区政府报送新闻宣传报道340余条；通过本地主流媒体宣传报道城管工作420余条；设立城市文明加油站点位数6个，社区点位数20个，其他（医院、学校、工地等）点位数21个；发放共计2万余份宣传折页、资料。收到各届群众表扬信50余封、锦旗20余面，电话表扬2500余人次。1人获首都劳动奖章，1人获西城区劳动奖章，西长安街第一执法队教导员张岩被评为市级先进党务工作者。深入挖掘和宣传各类先进典型和善行义举，宣传社会主义核心价值观激发城管监察队伍崇德向善的力量。

（李大明）

【信访工作】 年内，有效开展信

访工作，严格执行信访条例，加大对信访人思想疏导和矛盾排查力度，确保城管职责范围内无重大上访户、无信访群体性事件和敏感时期的非正常群众访。接待来访人数1241人次，同比下降34.02%；办理市长信箱、市城管执法局、区信访办、局长信箱等各个渠道的信访件764件，没有一起被退回，信访件均得到妥善处理。

（李大明）

【“四公开、一监督”工作】 年内，共组织区相关委办局及所有街道召开联席会议11次，解决难点问题13处；撰写并上报《监察通报》56期，涵盖所有街道的综合执法工作；开展联合督导44次，向全区各部门派发综合监管单共4532件，其中街道3769件、委办局763件，通过持续开展“综合监管”及“四公开、一监督”工作，稳步推进“综合执法、综合协调、综合监管”的工作模式。

（李大明）

交通枢纽管理

【概况】 北京西直门综合交通枢纽地区管理委员会（简称西直门管委会），是北京市市政府派出机构，委托西城区政府代管。主要负责组织协调西直门综合交通枢纽地区社会治安、市场秩序、交通秩序、公共卫生、市政公用设施、市容和环境卫生、精神文明建设等工作，协助有关部门和单位做好地区春运、暑运及节假日高峰期的运输工作，依据城市规划完善地区服务设施，负责地区应急管理工作，负责监督检查有关部门在地区的日常管理工作以及承办市政府交办的其他工作。设行政办公室、社会治安综合治理办公室、综合管理一处、综合管理二处（均为副处级）4个职能处室，行政编制23人。年内，西直门管委会推进非首都功能疏解，完成庆祝中国共产党成立95周年、纪念红军长征胜利80周年和中共十八届六中全会等重大活动的服务保障任务。围绕一个中心（以“两学一做”学习教育加强党性修养打牢思想根基为中心），强化三个长效机制（综合治理联席会、安全生产联席会、城市管理联席会），打造一个品牌（打造一流的综合交通枢纽地区），加强规范化、精细化、常态化管理，为地区的综合发展打下良好基础，完成市委市政府、区委区政府部署的各项工作任务。

地址：西城区北礼士路12号南楼
邮编：100044
电话：88391723

（王立群）

【综合治理工作】 年内，西直门管委会在平安创建、科技创安、维护稳定的基础上，健全完善重点人排查管控工作体系和组织网络，与地区成员单位签订社会治安综合治理责任书，落实社会治安综合治理领导责任制和目标管理责任制。结合反恐防暴的新形势和新要求，协同地区相关部门，修订完善节假日及“两会”等重要时期客流高峰期的交通疏导方案与应急疏散预案等。全面加强铁路护路联防工作，对铁路沿线居民开展入户宣传教育，做好安全隐患的排查调处。充分调动和发挥地区单位社会治安综治工作联络员、信息员的积极性，负责内部治安防范、矛盾纠纷疏导化解、安全生产措施落实、流动人口管理等工作的统筹协调组织。加强地区隐患排查的群防群治工作，健全完善情报信息奖励机制，确保地区及时发现和处置各类隐患问题。开展“清源”专项行动，检查报刊亭出售的书刊杂志，净化文化市场。加强重点人和矛盾纠纷的排查管控，确保对各类重点工作对象及时发现、有效掌控，做到底数清、情况明，构筑统筹协调、联防联控、沟通协作、综合保障的地区维护安全稳定、反恐防暴的新格局。全年共出动执法力量5000余人次，清理地下通道留宿人员30余人次，纠正各种违法行为1467起，处罚各种违章1337起，收缴查获易燃易爆物品21件。

（王立群）

【安全生产工作】 年内，西直门管委会结合地区实际，协调区相关部门，加大重要时期、重点时段对人员密集场所的安全监管力度，开展多频次的安全生产大检查，及时发现、消除安全隐患。配合区交通委，加大地区巡查管控力度，完成为期40天的“春运”保障任务。围绕“强化安全发展观念、提升全民安全素质”安全生产月主题活动，开展安全生产系列宣传活动。充分发挥专职安全员的监管力度，坚持每日巡查、平日抽查、节假日组织执法单位联合重点检查，做到“全覆盖、零容忍、严执法、重实效”，确保地区安全生产工作持续安全稳定。4月，成立地区安全生产协调联络领导小组和地区应急救援委员会，5月，组建了35人的地区应急救援队。推进地区安全生产责任险工作，年内已有40家生产经营单位投险。北京北站、金融街第一太平戴维斯物业管理有限公司、华联超市西直门店、西直门凯德Mall等单位，将安全生产、消防、内部治安管理、电梯安全运行等放在工作首位，加大隐患排查力度，积极参与安全生产宣传活动，举行消防安全演习，注重落实效果，做好各项活动的方案与应急预案，确保了内部安全。地铁2号线、4号线、13号线等认真落实《北京市轨道交通运营安全条例》，加强车站客流监控，本着“客流服从安全”和“限站外保站内”的原则，坚持采取多种措施保障大客流下客运组织工作的有序开展。通过制定《节假日客运组织方案》《防汛预案》等工作方案，确保了轨道交通的安全运行。

（王立群）

【城市环境管理】 年内，继续以“联勤联动”作为主体执法模式，以专项整治为突破口，做到盯守管控常态化，巡查点位不遗漏，监控时段无缝隙，不断提升地区整体环境质量和城市管理水平。签订22份《“门前三包”责任书》，认真履职尽责，发挥职能作用，提升地区整体管理水平。与地区13家单位签订元旦、春节烟花爆竹《责任状》，登记造册，明确负责人与责任区域，发放禁（限）放宣传材料200余份，悬挂条幅3张，张贴宣传画50张，完成禁限放任务。采取加装护栏、规范划线、安装提示牌等措施，治理自行车乱停乱放现象。坚持标本兼治、综合治理、疏堵结合、依法监管的原则，解决乱停乱放、趴活揽客、非法运营等群众反映的突出问题，联勤联动捆绑式执法打击“三黑”（“黑出租”“黑摩的”“黑导游”）非法行为取得实效。强化集中行动与日常管理，针对散发小广告、无照游商等违法行为常态化，加大检查处罚力度，保障地区环境秩序井然。8至9月，开展环境秩序、旅游市场综合监管专项整治行动，对10名“黑导游”人员进行批评教育，对12辆“黑摩的”进行处罚，劝离出租车乱停乱放210车次，以良好的出行环境迎接国庆67周年。12月，开展环境保护专项督查整治行动，重点整治街头烧烤、无照经营、“黑摩的”“黑三轮”非法揽客、快递车送餐车乱停乱放等违法行为，罚没“黑摩的”1辆，罚没街头烧烤炉具1起，处罚无照经营3起，处罚快递车乱停乱放13起、送餐车乱停乱放22起，规范300起快递车、送餐车乱停乱放行为并对相关人员进行教育劝导，罚款3100元，地区环境秩序得到改善。截至年底，共处罚、罚没违法车辆48台，查处无照经营人力三轮车等行为29起，罚款2.2万元；查处擅自散发宣传品25起，罚款8700元；查处店外经营1起，罚款900元；取缔无照经营145起，罚没自行车11辆；罚没三轮车5辆；罚没小商品879件；清理遗弃自行车15辆；没收小广告82.3公斤；拆除违法建设1271平方米，封堵掏墙打洞41处。

（王立群）

【重大活动及节假日保障】 年内，完成庆祝中国共产党成立95周年、纪念红军长征胜利80周年和中共十八届六中全会等重大活动及“两节”、全国“两会”、五一、十一等节假日的安全环境保障工作。结合地区实际进行全面部署，制订工作方案和应急预案，采取24小时领导带班制度，对辖区重点时段、重点保障点位现场巡查督导，及时发现、解决突发情况，确保思想认识到位、组织领导到位、执法力量部署到位、应急处突措施到位、宣传力度到位。

（王立群）

【推进管理规范化科学化】 年内，西直门管委会强化西直门综合交通枢纽地区应急指挥中心的大数据分析技术的应用，启动密度预警、异常行为报警、历史视频全景回溯和球机协同追视等多项功能，及时发现监控地区内的异常情况，以最快和最佳的方式发出警报和提供相关信息，更有效地协助有关方面处理突发情况，最大限度地降低误报和漏报，推动各项管理工作进一步规范化、科学化、精准化。以广场三角电子显示屏为宣传平台，在宣传党的大政方针、弘扬社会主义核心价值观、引导市民文明出行、普及安全知识等工作中发挥主渠道作用。

（王立群）

【打造服务品牌】 年内，西直门管委会以城市文明加油站、共产党员先锋岗为载体，发放宣传材料、提供义务咨询指路，加大对行人的疏导力度，打造党员干部和志愿者为民便民服务平台，引导市民文明出行、安全出行；设置应急药箱药品、打气筒、轮椅等日常用品，方便服务行人，提供应急之需；适时更新交通引导和指路标识，为群众出行提供便利。在站内外利用宣传栏、宣传窗、LED滚动屏、应急广播系统等宣传媒介，以图文、动漫等方式，全天候开展宣传引领，提升市民的法律意识，使民众积极主动参与地区建设与管理。

（王立群）

【系列宣传活动】 年内，围绕市区各项工作重点，结合地区人员密集场所的特点，营造良好宣传服务氛围，扩大受众范围。3月22日，与慈铭健康体检有限公司西直门分院的医护人员、北京金融街第一太平戴维斯物业管理有限公司、北京凯德嘉茂西直门房地产经营管理有限公司、北站城管分队等单位的志愿者共同举办学雷锋志愿服务活动，义务测血压112人次，提供健康咨询86人次，为民指路56人次，擦拭护栏1100延长米。5月4日，与北京公交集团375车队联合举办“绿色文明出行，传承五四精神，展现青春风采”宣传活动，为行人指路，搀扶老年旅客上下车，弘扬正能量，倡导绿色出行。6月16日，开展安全生产宣传咨询日活动，发放宣传品2000余份，接待并解答市民咨询35人次，提升市民对安全生产的关注度和重视度。9月29日，与展览路街道、公交集团375车队、英孚教育等单位联合开展“争做文明市民 共享安全出行”志愿服务活动，团中央统战部青联办主任朱松华、团区委副书记朱博出席活动并为志愿者团队授旗。11月25日，在滨河社区内，举办“铁路护路冬季消防防火宣传日”活动，购置15个灭火器，配发给社区办公场所和紧靠铁路沿线的居民户，入户宣传防火用电常识，发放宣传材料200余份，清理4车易燃杂物，为共建平安北站营造良好氛围。

（王立群）

【演习演练活动】 9月12日，与西城消防支队、展览路街道及西直门外大街派出所等联合举行消防安全演习，400余人参演，涉及近300家商户；演习中对8台电梯联动迫降进行测试，运行正常率达100%。通过实操演练，增强从业人员的消防安全意识，提高商户自防自救及火场逃生的能力。10月17至21日，在国家地震搜救中心培训基地、北京紧急救援培训基地，对新组建的应急救援队队员进行全面培训及演练，内容涉及特大型城市地震灾害救援、危险识别、个人防护知识、检伤分类、伤员移动和搜索技术、营地管理、担架捆绑传递技术、高空救援水平拉梯技术等，强化了应急队员的救灾实战水平、自我保护意识和防灾意识，提升了地区整体应急处置能力。

（王立群）

【教育培训工作】 4月11至12日，特邀北京市红十字会资深讲师杨莎娜、杜玉华，为地区单位进行逃生避险常识和应急救护技能培训，共70余人参加培训，现场练习心肺复苏术和包扎、止血、固定、转运等应急救护技能，经严格考核，参训人员全部取得北京市红十字会急救技能合格证。6月16至17日，举办城市管理工作培训会，邀请区环境办主任张宝生就如何提升全区城市管理工作进行授课，学习习近平在城市工作会议上的讲话，观看中央城市工作会议讲座视频，西直门外大街派出所、北京铁路公安局北京公安处北京北站派出所（简称北站铁路派出所）、北京市公安局公共交通安全保卫总队西直门站派出所（简称西直门公交派出所）、北京交通执法总队第二执法大队（简称执法二大队）、北京市西城区城市管理综合行政执法监察局北站执法队（简称北站执法队）5个单位，针对地区管理工作进行经验介绍和重难点问题研讨交流，开展“提升城市品质，共建美丽西城”主题研讨。为提升地区反恐防恐处突能力，有效维护社会治安秩序，加强情报信息专业力量建设，10月31日至11月1日，举办地区安全稳定信息员培训。区反恐支队民警分析当前反恐防恐的形势及对策，就地区反恐防恐工作及社会治安形势、情报信息搜集渠道、矛盾纠纷调解、治安隐患排查等工作进行专题培训。11月16至18日，举办地区安全生产隐患排查治理暨重特大事故典型案例分析业务培训。区安监局干部结合典型案例，就落实企业主体责任、构建安全发展环境进行培训，对地区安全生产形势现状、如何保持安全生产的稳定态势进行了分析与讨论。

（王立群）

【北京北站安全防范联勤办公室投入使用】 6月，北京北站安全防范联勤办公室接受专家评审团验收。7月，正式投入使用。

（王立群）

【领导视察调研】 3月15日，副区长、西直门管委会主任姜立光听取管委会全国“两会”期间地区反恐防恐维稳、安全隐患排查和环境服务保障等工作情况汇报。9月6日，副区长、西直门管委会主任朱国栋调研地区工作，听取相关领导作出的简要汇报。

（王立群）

【北京北站客运业务停办3年】 为确保京张高铁2019年全线开通，受京张高铁在北京五环内实施地下线路设计的影响，自11月1日起，北京北站暂停办理客运业务。在3年施工期间，北京北站仍保留铁路售票功能。

（王立群）

节水　防汛

节水工作

【概况】 北京市西城区人民政府节约用水办公室（简称区节水办）是主管本区节水工作的具有政府行政职能的事业单位。有工作人员28人。依照法规对驻区用水单位进行计划管理，开展创建市级、区级节水型单位和创建节水型居民小区工作，推广应用节水新技术和改换装节水型器具，组织大型节水宣传咨询和多种形式的节水教育活动，对社会单位用水情况依法进行监督、检查。依据有关法规对施工性临时用水指标、园林绿化环卫等临时用水指标、建设项目节水设施验收、水影响评价和建设项目节水设施方案审查进行行政许可审批，并对本行政区域内的用水违法行为依照法规进行处罚。

地址：西城区南菜园街51号

邮编：100054

电话：83975296

（尤　佳）

【全区用水总量】 年内，区节水办按照北京市水务局目标管理责任书的具体要求，全面实行用水总量控制和最严格的水资源管理制度。市水务局下达给西城区2016年度用水总量为12127万立方米，西城区年用水量为9679万立方米。

（尤　佳）

【计划用水管理】 年内，根据《北京市水务局关于下达2016年度计划用水指标的通知》精神，实行依法征收双月超指标用水单位累进加价费用，编制2016年计划用水指标。全年西城区计划用水指标总量为3242万立方米，西城区下达的全年计划用水指标未超出市水务局下达的计划总量。3月21日，区节水办完成全区4741户用水单位的指标下达及调整输机工作，全区用水单位年实用量未超过区下达的指标量。通过三年市、区、街三级联动漏管水表清查工作，计划用水覆盖率达95%。

（尤 佳）

【超定额用水累进加价收缴工作】 年内，为落实《北京市节约用水管理办法》中“严格实行依法征收双月超指标用水单位累进加价费用”的精神，西城区对区域内用水单位严格执行单月预警、双月加价。3月、5月、7月、9月、11月累计预警3086户次，超计划预警发放率达到100%；双月进行加价征收工作，收取加价1352户，共收取超定额超计划累进加价款170.1万元。

（尤 佳）

【节水创建工作】 年内，按照市水务局下发的节水目标责任书的任务要求，在区财政支持下拨付资金500万元，成立以区节水办主任为组长的创建工作领导小组，制定工作方案。完成创建节水型单位共383个（其中市级节水型单位83个、区级节水型单位300个）、节水型社区4个。并于10月底完成验收审核。12月2日，83个市级创建单位通过市水务局正式验收，完成节水型区要求的创建任务，即创建单位用水量占全部管辖单位用水量的40%。9月，西城区代表北京市接受水利部对节水载体建设的验收，获专家组高度评价。

（尤 佳）

【节水行政许可】 年内，区节水办行政许可窗口坚持依法行政，共受理行政许可507件，其中园林绿化环卫性等临时用水行政许可493件、建设项目节水设施验收行政许可10件、施工性临时用水行政许可4件，全部办结，群众满意率100%。区节水办窗口通过区行政服务大厅业务系统，实现网上申报、审批，提高办事效率，被评为区优质窗口。

（尤 佳）

【用水效率完成情况】 年内，根据《北京市实行最严格水资源管理制度考核办法实施细则》，西城区2016年万元地区生产总值用水量下降率目标值为3%。数据来源于北京节水管理信息系统及北京市统计局。2016年全区新水用量9514万立方米，上年新水用量9727万立方米。2016年新水用水量发展速度（本期用水量/上年同期用水量）为97.81%。2016年全区GDP发展速度为106.46%，年度万元GDP用水量下降率为8.1%，高出目标值5.1%。

（尤 佳）

【节水器具推广工作】 2016年，市水务局下达给西城区的节水目标任务是换装节水器具1500套（件），实际共完成节水器具换装20480个。其中，利用区财政专项资金26万元，为老旧居民小区更换节水便器共1530套（件）；在行政许可“三同时”（同时设计、同时施工、同时投入使用）验收中，换装节水器具285个；利用市财政资金60万元，为白纸坊街道和牛街街道的老旧小区换装高效节水型花洒共计3410套，超额完成换装任务。申请区财政专项资金45万元，为全区中小学、幼儿园换装高效节水型限流器15255个，实现教委系统节水限流器换装全覆盖。

（尤 佳）

【一户一水表改造】 一户一水表改造是落实“居民阶梯水价”基础，全区平房院居民用水一户一水表改造工程累计改造户数达10.2万户。年内，由区政府全额投资880万元，共改造1200户。

（尤 佳）

【安装远程传输水表】 年内，加强特殊用水行业和用水大户监管。按照“总量控制、以量计征”原则强化以用水户为单位的用水计划管理。年内，西城区共投资187万元，督促洗浴场所等高耗水单位及年用水量5万立方米以上的用水户完成数据远程传输设备的安装，确保用水总量控制严格，计量收费科学准确，加强特殊行业用水和用水大户监管。

（尤 佳）

【中水、雨水利用工程】 年内，为响应海绵城市建设和节水型城市建设总方针，西城区共投入资金3100万元，加强节水设施建设，开展太平里小区、黄寺大街24号院、车站东街15号院等共计26项雨水利用工程，铺设透水砖4.6万平方米，雨水收集1500立方米，超额完成年度任务。

（尤 佳）

【“海绵城市”示范项目】 年内，为规范海绵城市建设工程，西城区率先在报国寺公园建设完成全市首个海绵城市建设示范项目。铺设砂基透水砖800余平方米，加快透水速度，延长透水时效，具有更好的环保性能，保证雨水真正渗入地下补充地下水，实现透水、过滤、净化三同步。

（尤 佳）

【落实河长制】 5月，召开“河长制”联席会议。11月30日，以区政府办名义印发《西城区实行河长制工作方案》，通过设立各级河长，建立巡查制度和工作例会制度，规范“河长制”组织管理体系。将辖区内河湖分级分段共35处，明确辖区内河湖属地监管职责，各部门通力合作，确保河湖水质治理成效。

（尤 佳）

【再生水管网建设】 年内，西城区实际再生水用量为1527.55万立方米。辖区内仅在南护城河沿线有1条再生水管线可以使用，为进一步加大再生水使用量，区政府与北京市排水集团签订战略合作协议。

（尤 佳）

【加大再生水用量】 根据区政府督查室督查件第4号《关于落实北京市清洁空气行动计划有关的督查通知单》要求，西城区配合北京市加快配套管网和加水站点建设，满足环卫车加水需求和园林浇灌用水需求。年内，新增再生水取水口7个，区节水办协调区环卫中心、园林市政管理中心和市排水集团中水公司完成取水需求和取水计量工作。

（尤 佳）

【节水执法培训】 5月23至24日，举办2016年度上半年节水行政执法培训会，特邀《北京晚报》评论部主任、市杂文学会副会长苏文洋介绍依法行政工作中的媒体应用技巧，邀请市节水中心法制部副主任张子罡，结合《北京市节约用水办法》释义及细则、“北京节水执法”微信宣传片和节水执法案例进行培训讲解。11月29至30日，举办“西城区节水执法与创建节水型区”培训会，深入解读西城区2016至2017年创节水型社会的建设规划及实施细则、西城区节水执法文书的填报及应用的相关法规等，逐一分解区、街各项指标任务，向各街道讲解全区节水型单位创建工作和节水执法全覆盖任务。

（尤　佳）

【节水宣传】　年内，开展节水宣传进社区，更新各街道共14处宣传栏。3月22日在西城区第一图书馆正门开展以“水与就业”“落实五大发展理念，推进最严格水资源管理”为主题的宣传活动。5月15日，与大观园管理委员会合办“城市节水宣传周”，在大观园开展以“坚持节水优先，建设海绵城市”为主题的宣传活动。同时在各街道、系统分会场开展多项活动，实现15个街道办事处全覆盖宣传。组织开展“节水宣传一日行活动”，新城管委会办公室主任为活动参与者讲解通州新城的建设情况，北运河管理处北关所所长介绍北运河的历史及拦河闸的概况，使参与者了解北关分洪枢纽在蓄泄雨洪和改善北京东部生态环境中的重要作用，实地参观通州新城河东再生水厂，了解再生水厂配套管网工程及流程处理工艺。

（尤　佳）

【节水执法检查】　年内，西城区违法水事案件全部立案查处。区节水办联合各街道办事处节水员，分组进行专项执法，重点集中在特殊行业用水、在施工地未办理临时用水指标、景观用水使用自来水等。全年西城区节水执法队共立案查处2个单位，并处罚金共700元。

（尤　佳）

【首创数字化平台提升精细化管理】　年内，区节水办在全市首创、自主开发“西城区用水计划管理系统”。该系统具有用水单位节水基础数据管理功能，通过政务短信及时告知单位超计划情况，实现单月预警、双月加价。通过智能化管理和采取银行代收等措施，全年共收取加价170余万元，创历史新高。

（尤　佳）

防汛工作

【概况】　北京市西城区人民政府防汛指挥部办公室（简称区防汛办）设在西城区市政市容管理委员会。根据《中华人民共和国防洪法》和《北京市实施〈中华人民共和国防洪法〉》赋予的职权，主要负责对西城区域内预防、抢险、避险、救灾等安全迎汛工作。年内，北京地区发生“7·20”特大暴雨自然灾害，西城区快速进入应急状态，多部门连续作战，全社会救灾，防汛抢险工作指挥有力，措施到位，防汛系统经受了考验，完成安全迎汛任务。

地址：西城区南菜园街51号601室

邮编：100054

电话：83975261

（陈亚斌）

【雨情汛情】　全区雨情汛情有三个特点：一是降雨量大。6月1日至9月15日，区境内共降雨40次，累计平均降雨量519.9毫米，比上年同期339.2毫米增加180.7毫米，为近四年来降雨量最大的一年。特别是发生了“7·20”特大暴雨。二是降雨分布不均。总降雨量最大的陶然亭地区达570.7毫米，总降雨量最小的西长街地区为471.3毫米。三是雷电大风天气多。汛期40次降雨过程中，20多次伴有雷电、大风等强对流天气，占降雨次数的59%。

（陈亚斌）

【防汛排查】　上年11月至年内2月底，防汛主要职责单位开展安全普查工作。房管部门排查直管公房378.415万平方米（查房率100%），查出严重破损房屋43.992万平方米（比上年同期46.186万平方米减少5%）；排查单位自管、物业管理房屋3852.243万平方米（查房率87.35%），查出严重破损房6.102万平方米（比上年同期6.282万平方米减少3%）；排查私房62.9095万平方米（查房率85.66%），查出严重破损房屋22.7994万平方米（比上年同期23.518万平方米减少3%）、危险房屋0.5812万平方米（比上年同期0.4905万平方米增加15.6%）。区教委排查教育用房309处200余万平方米，排除全部安全问题。区民防局对全区早期人防工程（数据涉密）进行拉网式排查，对3处存在安全问题的早期人防工程及时进行处置。区园林市政部门对辖区养护地块的树木进行检查，对发现问题的250余株树木进行修剪、加固、伐除；对1640余条区属市政道路及相应设施进行全面普查。区住建委对全区在施工程211项（总建筑面积393.81万平方米）进行检查，基坑工程5个，均处于安全稳定状态。市排水集团完成对区内400多公里雨水管线、1.8万余座雨水口的疏通、清掏以及泵站和抢险设备的维护。全区各街道开展普查和防汛工作自查。

（陈亚斌）

【落实领导责任制】　年内，西城区防汛指挥部由区长王少峰任总指挥，主管副区长姜立光任执行副指挥，其他副区长任副指挥，延续由7个防汛专项分指挥部、15个街道防汛指挥部和33个委办局行政一把手为成员构成的防汛领导指挥体系。5月11日，区长王少峰主持召开区政府第135次常务会，听取年度汛前准备工作情况。5月28日，召开西城区防汛指挥部2016年防汛工作动员会，区长王少峰发布西城区防汛指挥部1号令。汛前，与15个街道、8个重点职责单位签订防汛责任书。

（陈亚斌）

【修订防汛预案】　年内，制发《2016年防汛工作方案》，全面提高“1＋7＋15”防汛指挥体系的指挥效能。明确防汛工作重点、机制、措施和目标。督导各职责单位重点完善危旧平房、低洼积水院等区域的险情处置预案，建立“横向到边、纵向到底”的迎汛预案体系。

（陈亚斌）

【落实防汛物资和抢排险队伍】　年内，区防汛指挥部组建15支共6600余人的应急抢险队伍。其中包括12支专业队伍，共5200余人，以及区武装部、武警六支队、武警七支队3支机动抢险队伍，共1300余人。全区抢险物资包括162辆抢险机动车辆（铲吊车31辆、运输车131辆），水泵223台、发电机102台、编织袋7万余条、救生衣1456件、抢险舟15艘等。

（陈亚斌）

【防汛宣传】 5月12日，区防汛办在金中都公园开展以“关爱生命、远离洪水、人人参与、安全度汛”为主题的宣传活动，现场发放《北京市民安全防汛应急手册》和印有宣传常识的宣传品，提供咨询解答等，让市民了解减灾常识，掌握自救的必要技能。6月1日，区防汛办全体工作人员分为两组，一组组织对各成员单位电台、电话的测试、抽查，另一组向15个街道和5个职责单位发放宣传海报7500张、宣传册1万册，宣传品2万余件，随后一周组织全区开展上汛宣传周活动。通过北京电视台、光明网、千龙网、《北京晚报》等主流媒体报道抢险救灾和防汛工作动态。年内，全区防汛相关成员单位共出动1780人次，发放宣传手册1.1万册，张贴海报7600张、致广大市民的公开信14450封，开展防汛知识讲座和播放宣传片266次，设立291个宣传栏。

（陈亚斌）

【培训演练】 6月23日，区防汛办组织各街道分指、相关成员单位70余人进行防汛业务培训。8月10日，区防汛办在白纸坊清芷园小区组织地下室倒灌排水演练。年内，全区共开展演习40余次，参加人员1900余人次，涉及指挥调度、险情处置、人员避险转移等方面，检验指挥、通讯、人员、物资等方面的实操性，提高抢险救灾能力。

（陈亚斌）

【市、区领导检查督导】 7月20日，北京市常务副市长李士祥来区视察防汛工作，查看莲花河水位情况、红莲南路下凹式立交桥积水及牛街地区平房院进水抢险情况。5月30日，区委书记卢映川、区长王少峰等对区市政队伍、物资储备和文物保护区等防汛重点进行检查。6、7月份，区政府相关部门2次联合抽查各单位值班情况。“7·20”特大暴雨前后，区领导先后参加10余次雨情会商会；“7·20”特大暴雨期间，卢映川、王少峰等全程坐镇应急指挥中心指挥调度，组织处置各种汛情、险情；各街道、各成员单位视频系统全程开通，随时召开会议，将市、区防汛工作要求及时部署传达落实。

（陈亚斌）

【应对“7·20”特大暴雨】 年内，“7·20”特大暴雨是继2012年“7·21”特大暴雨以来北京罕见的一次强降雨，陶然亭降雨量达到304毫米，在区防汛指挥部领导的指挥下，区防汛办、应急办、园林市政管理中心、房地中心、市排水集团等多部门集中联合一体、高效运转。区、街道、社区三级和各成员单位人员全员上岗。区领导高效指挥决策，区委书记卢映川、区长王少峰、副区长姜立光等参加市防汛指挥部会议后，先后4次召开区应急视频会议，部署全区降雨应对工作，要求重点做好在建工地的防护、公共交通疏导，以及危旧平房、低洼院、区属道路、树木的巡查，一旦出现险情，及时转移群众、组织抢险救灾，确保人员安全。及时通过内网转发市气象台的预警预报。于19日07时50分及时发布暴雨蓝色预警信号，启动Ⅳ级应急响应；于20日09时发布暴雨黄色预警，启动Ⅲ级应急响应；于20日11时50分发布暴雨橙色预警，启动Ⅱ级应急响应，预警的及时发布，为应对降雨赢得了主动。实施提前布控，启动应急响应，各街道、各职责单位对辖区内重点部位展开雨前检查、雨中巡查、雨后复查，重点部位提前布控，切实做到人员、设备、措施到位。暴雨期间，全区共发生各类险情6604个。其中，房屋漏雨6094间，院落积水208处，树木压线2处，树木折枝34棵，树木倒伏83棵，倒树砸车4辆，倒树砸房2间，路面下沉74处，道路短时滞水67处，下凹式立交桥积水1处，电线杆倒伏1处，井盖顶脱10处，地下室积水24处。面对复杂多量的险情，区防汛指挥部调度指挥有关单位快速反应，组织抢险队伍在最短时间内完成处置。雨后，区防汛及时给各街道、相关抢险队补充损耗物资，补充雨伞1870把、雨衣2060件、雨披2000件、雨鞋2020双、发电机30台、污水泵30台、疏通机63台、强光手电1660个、吸水麻袋4620、安全帽160顶、苫布424捆、救生衣20件、反光背心20件、铁锹200把。

（陈亚斌）

【应急值守和信息报送】 汛期，区防汛指挥部及各街道分指、各防汛单位加强防汛值班，领导在岗值班，确保防汛通讯畅通。区防汛办共发布天气预警50次，上报汛情快报18期，各类工作信息、报表100余篇。全区15个街道和承担防汛抢险任务的职责部门，共49397人次在岗值班备勤，其中处级领导664名，值班人员7455名，备勤人员41278名，出动抢险、巡查人员1.1万余人次，及时有效处置安全隐患、汛情险情，保证安全度汛。

（陈亚斌）

【险情处置】 汛期，全区共发生9049个险情。其中房屋漏雨7486间，院落积水208处，地下室进水132间，路面下沉347处，人防工程险情2处，道路滞水67处，下凹式立交桥积水1处，电线杆倒伏1处，井盖顶脱10处，树木险情795株。6月15日，新街口北大街124号、126号道路出现塌陷，威胁到行人及周边房屋安全，区防汛办与什刹海街道及时协调处置、消除隐患，获得当地居民赠送的“心系百姓、为民解忧”锦旗。

（陈亚斌）

消防工作

【概况】　北京市西城区公安消防支队（简称西城消防支队），又称“中国人民武装警察部队北京市西城区消防支队”，为旅级单位，下辖9个消防中队（含警勤中队），有消防官兵447人，文职人员61人。年内，完成春节、“两会”“五一”、杭州G20峰会、“十一”以及十八届六中全会等重要活动和节假日的消防安保任务，保持全区火灾形势平稳。全年共接警1852起，出动车辆3426辆，出动警力22144人，抢救被困人员72人，疏散被困人员313人，抢救财产价值356万元，参战人员零伤亡。年内，共有120人获市局、总队嘉奖表彰，12人立市局、总队个人三等功，1人被北京市公安局评为优秀共产党员，府右街中队被市局评为公安消防部队先进基层党组织。在消防执法过程中支队共出动警力34682人次，检查单位16341家，发现火灾隐患10154处，督促整改火灾隐患9955处，下发责令改正通知书7298份，下发行政处罚决定书323份，罚款254.34万元，临时查封91家，“三停”单位77家，拘留29人。全年受理核实火灾隐患举报投诉1083件，经查证，属实586件，答复群众满意率89%。支队共完成各类消防保卫勤务284场次，上勤4939人次、455车次。

地址：西城区南纬路南巷5号院1号楼

邮编：100050

电话：83197411

（唐赵凯）

【副市长带队考核2015年消防工作】　1月5日，市防火安全委员会主任、副市长王小洪带队实地检查西城区大栅栏街道消防工作，慰问街道治保干部和积极分子，听取区政府消防工作汇报，反馈消防工作考核情况，指导做好消防工作。市发展改革委党组副书记、副主任刘印春，市公安局消防局局长吴志强、政委夏夕岚，市公安局消防局防火监督部部长臧桂丛，市政府办公厅秘书二处处长孙扬，区委书记卢映川，区委副书记、政法委书记王力军，副区长姜立光、张明及区属相关部门主管领导参加考核。

（刘海丰）

【参加区“两会”代表咨询会】　1月13日，为拓宽区人大代表和政协委员撰写提案的思路，加强人大代表、政协委员与各职能部门的交流与沟通，使人大代表、政协委员深入了解全区各职能部门工作，倾听群众代表心声、真正解决实际问题，西城区在全国政协礼堂召开“两会”代表咨询会，区党政机关、各相关委办局在现场设立咨询服务台。消防支队政委刘宪文代表支队参加会议，并对人大代表、政协委员关心的各类消防热点问题给予详尽答复，防火处人员参加咨询会。

（李　强）

【副区长带队检查“两会”代表驻地消防安全】　1月26日，副区长、公安局长张明率公安、派出所、消防、治安和警卫等相关部门领导到代表驻地检查消防安全工作，西城支队支队长吴清松、副支队长刘增志陪同检查。

（刘海丰）

【市局检查指导春节安保工作】　1月26日，市局党委委员、副局长李润华到西城支队府右街中队调研指导工作并慰问基层官兵。西城支队支队长吴清松和当日前沿指挥部指挥长陪同调研。

（李　强）

【西城区消防指挥中心建设项目专题协调会】　1月26日，副区长李岩主持召开西城区消防指挥中心建设项目专题协调会，专题研究西城区消防指挥中心建设期间施工车辆临时开口及调整规划车辆出入口问题，消防支队政委刘宪文、后勤处领导，西城区规划分局、区园林绿化局等部门主管领导参加会议。

（刘海丰）

【区领导节前慰问消防官兵】　2月2日，副区长张明等一行到西城支队机关慰问全体消防官兵，西城支队支队长吴清松、政委刘宪文等全体班子成员陪同慰问并与区领导座谈。区领导向支队全体官兵表示衷心感谢和节日问候。吴清松代表支队全体官兵表态，将一如既往地干好本职工作，为辖区经济建设和社会发展创造更加良好的消防安全环境，为进一步维护辖区社会稳定和构建平安和谐西城做出积极贡献，并以饱满的精神、昂扬的斗志、必胜的决心圆满完成“两节”“两会”等消防安全保卫任务。

（赵泽旭）

【公安部部长除夕夜慰问府右街中队官兵】　2月7日夜，国务委员、公安部部长郭声琨到北京检查除夕夜各项消防安保措施落实情况，看望慰问一线消防执勤官兵。北京市市长王安顺，公安部副部长傅政华、黄明、李伟，北京市副市长、市公安局局长王小洪，公安部消防局局长于建华，北京市公安局副局长李润华，北京市公安局消防局局长吴志强、政委夏夕岚等陪同检查慰问。郭声琨对北京市春节消防安保工作给予充分肯定。

（李　强）

【市领导视察慰问西城支队】　2月4日，中共中央政治局委员、市委书记郭金龙，市委副书记、市长王安顺等到西城支队什刹海中队，看望慰问坚守灭火执勤一线的基层消防官兵。市公安局消防局局长吴志强、政委夏夕岚陪同视察。郭金龙一行在什刹海中队查看车辆器材装备，观摩中队特勤班官兵“训练塔攀爬15米金属拉梯进攻操”的汇报演练，并听取局领导关于春节消防安保准备工作情况的汇报。

（刘海丰）

【排查“两会”代表驻地周边消防安全】 3月10日，西城支队党委成员带队，联合属地街道、公安派出所，重点对全国“两会”涉会单位、前沿指挥部、代表驻地及周边重点单位开展联合夜查。当晚，西城支队组成17个检查组，出动警力64人，检查单位102家，发现并改正火灾隐患48处，下发责令整改通知书21份，处罚2家单位，罚款共计3万元，行政拘留1人。

（李　强）

【餐饮场所消防安全专项整治行动】 4月26日，西城消防支队沿用“9·3”阅兵安保成功模式，在府右街消防中队举行重点地区餐饮场所消防安全大兵团联合整治行动启动仪式，西城分局副分局长刘锋、西城支队副支队长刘增志等出席会议并讲话，区安监局、城管执法监察局、公安派出所等委办局以及属地街道办事处工作人员共计150余人参加活动，中央人民广播电台、中国青年网、北京电视台和《北京青年报》等10余家媒体报道此次行动。

（李　强）

【全国防灾减灾日主题宣传活动】 5月12日，区政府在广安门体育场举办“全国防灾减灾日”集中宣传活动。西城消防支队、各防灾减灾企业、区属各职能部门，15个街道的社区紧急救援志愿者、灾害风险管理志愿者、防灾减灾工作人员，以及媒体记者和居民群众等共计1500余人参加活动。北京电视台、“北京西城”网等主流新闻媒体进行现场采访和系列报道。同时，西城区还广泛利用户外视频、LED显示屏等，加大火灾案例警示和消防安全提示播报，与移动、电信、联通等通信公司合作，高频次发送消防短信、温馨提示。此次活动共发放各类宣传资料1万余份。

（李　强）

【中心区夏季火灾防控部署会】 5月26日，西城区在凯晨世贸大厦召开中心区夏季火灾防控部署会，推进中心区消防安全区域联防工作机制，中心区重点单位主要领导、安保部门负责人及微型消防站站长等300余人参加会议，西城公安分局副分局长刘锋、西城消防支队防火处处长杨欣参会。

（李　强）

【第三届消防运动会】 6月20日，西城消防支队联合德胜街道在北京市第七中学操场组织举办“德邻聚力、安全共享——德胜地区第三届消防运动会”。区委副书记、政法委书记王力军，消防支队支队长吴清松，西城公安分局副分局长刘锋，德胜街道工委书记马红萍，办事处主任岳立以及德外派出所领导出席运动会开幕式。驻区中央单位、宾馆旅店、商场市场、娱乐场所、商会企业等300余家单位、23个社区的参赛人员及有关工作人员500余人参加运动会。

（邵　磊）

【社区女子消防队成立10周年庆典】 6月28日，西城区大栅栏街道办事处联合消防支队在老舍茶馆举行“十年磨一剑铿锵玫瑰情”——西城区大栅栏街道铁树斜街社区女子消防队成立10周年庆典。西城消防支队政委刘宪文、大栅栏街道工委副书记张浩和大栅栏派出所领导出席座谈会。大栅栏街道综治办、安监、城管等各委办所相关职能部门领导，大栅栏消防中队中队长以及辖区居民群众共300余人参加活动。

（李　强）

【启动超大城市综合体会诊式监督检查模式】 29日，西城支队技术服务组首站在西单大悦城召开会诊工作部署会议。期间，检查组按照要求分成2个小组开展全方位、多角度的监督检查，分门别类地会诊了单位存在的火灾隐患，重点指导落实中控室应急处置程序，查阅微型消防站基础档案，检查电气火灾监控系统运行情况、消防视频监控巡查记录是否健全完整、员工消防安全培训是否到位，测试自动消防设备设施配置运行、室内装修装饰材料、灭火应急预案的制定演练情况、疏散通道和安全出口是否畅通、消防控制室值班人员是否持证上岗、商户仓库用电的管理是否符合要求等方面情况。防火处处长杨欣主持会议，西单商会会长、大悦城总经理沈新文参加会议。

（苗　苗）

【“开斋节”消防安全执勤保卫】 7月6日，西城区“开斋节”大型庆祝活动在牛街礼拜寺、三里河清真礼拜永寿寺等6所清真寺举行。节日当天，支队领导到牛街礼拜寺现场指挥，出动近40名警力到各现场执勤，其中，在牛街礼拜寺部署1组携带细水雾的地勤3人，1辆消防车、2辆消防摩托车在现场周边待命，其余人员均在现场及周边开展防火巡查。

（李　强）

【政治中心区开展“地毯式”大兵团整治】 7月19日起，集中利用一周时间，开展政治中心区消防安全基础调研摸排和火灾隐患集中排查整治工作，支队全体防火监督人员再次启动地毯式“大兵团”作战模式，联合区城管、商务委、派出所、街道等部门共出动41个检查组，采取超常规检查执法手段，整治政治中心区周边单位的火灾隐患。截至19时，行动共出动检查组41组次、人员123人次，其中消防支队出动检查组24组次、人员72人次；属地派出所、各职能部门、街道及群防群治力量出动17组次、人员51人次。行动检查重点单位2家、一般单位68家，发现隐患55处，督促整改隐患54处，约谈单位责任人2人，处罚1万元。

（李响磊）

【“7·20”抗汛抢险营救疏散被困群众】 7月20日12至13时，北京市水文总站连续发布3个暴雨红色预警，这也是北京首次发布暴雨红色预警，北京城区普降特大暴雨，西城区多地出现严重内涝，局地短时最大流量达280立方米每秒，12时至21时平均降雨33.6毫米，其中马连道地区降雨125.9毫米，牛街地区降雨113.2毫米。情况紧急，西城消防支队按照市局和消防局统一部署，实行二级战备执勤命令，发挥应急救援主力军作用，与区应急办、属地街道办和派出所等部门配合，投入抗洪抢险战斗，营救疏散被困群众50余人。

（李　强）

【夏季消防检查再动员再部署会议】 8月3日，市政府召开年内第四次消防工作联席会。会后，西城区政府组织召开续会，对夏季消防检查工作进行再动员再部署。会上，支队长吴清松通报了全区火灾形势和夏季火灾防控工作开展情况，从进一步推进微型消防队站建设、加大排查检查力度、提升综合整治强度三方面对下一步消防工作做出提示。副局长刘锋结合“8·2”丰台聊城五金市场火灾事故教训，就进一步做好社会面火灾防控工作进行部署。副区长、公安分局局长张明出席会议并讲话。区政府办、安监局、发改委、文委等30个职能部门主管消防工作领导，15个街道书记（主任）等共计50余人参加会议。

（李　强）

【立体化火灾防控体系建设工作会】 8月30日，西城区在凯晨世贸中心组织召开首都中心区立体化火灾防控体系建设工作会议。区防火委副主任、公安分局副局长刘锋，区消防支队支队长吴清松，防火监督处处长杨欣以及各委办局主要领导，街道办事处、派出所主管领导、社区居委会主管领导参加会议。会上，杨欣宣读《首都中心区立体化火灾防控体系建设工作方案》和《中南海外围火灾隐患专项整治工作方案》，吴清松部署中南海外围火灾隐患专项整治工作。

（苏文林）

【G20峰会消防安保工作】 杭州G20峰会期间，支队先后对1031家单位消防安全进行拉网式排查79次。峰会前一个月，支队先后共出动警力2400余人次，检查单位1235家，发现火灾隐患或违法行为1213处，督促整改火灾隐患或违法行为1123处，下发责令改正通知书495份，责令“三停”4家，罚款6.5万元，拘留15人。8月20日8时开始实行二级战备执勤，所属8个中队官兵全部在岗在位，机关全勤指挥部保持双出动状态。重点时段启动“网格化”灭火执勤工作，设立2个全勤指挥部，由党委成员带队一线驻勤，社会面31个网格部署32部消防车、184名警力，制定“1、3、5、10”灭火救援预案（指在火灾发生1、3、5、10分钟分别做出反应行动的预案）14份，反恐处突方案3份，开展调研熟悉35次，熟悉单位75家，开展实战演练15次，演练单位15家。执勤官兵累计上勤150小时，执勤过程中帮助有困难的群众5人，处置警情27起，处置垃圾桶冒烟事故6起。

（曹向辉）

【古尔邦节消防保卫工作】 为做好古尔邦节消防保卫工作，西城消防支队高度重视，多次召开专门会议，研究部署勤务方案和工作措施。古尔邦节当天，支队政委刘宪文、防火处处长杨欣、防火处副处长余辉等现场坐镇指挥，完成消防保卫任务。

（宋思雨）

【中秋节消防安全保卫】 根据市局、总队《关于全力做好中秋节和敏感日消防安全保卫工作的通知》部署，为做好中秋节等重点敏感时期的安保维稳和社会面防控工作，西城支队全警一心，恪尽职守，以首都中心区立体化火灾防控工作为基点，以“三无三有、干干净净、平平安安”十二字方针为目标，完成中秋小长假消防安全保卫工作。

（李　强）

【商市场消防安全规范化管理现场会】 9月23日，西城支队在阜外心血管病医院报告厅组织召开西城区商市场消防安全规范化管理现场会暨“十一”国庆节消防安保工作部署会。区防火委副主任、公安分局副局长刘锋，区商委副主任马佩鸿，支队长吴清松，防火监督处处长杨欣，阜外大街派出所所长张金岩，展览路派出所所长张文捷以及全区所有商市场负责人和支队全体防火监督员参加会议。

（张　桐）

【“十三五”消防事业发展规划审议通过】 9月24日，区政府召开第148次常委会议专题审议《西城区“十三五”时期消防事业发展建设规划》（简称《规划》）。区委副书记、区长王少峰，区委常委、副区长王旭，副区长杜黎彬、司马红、朱国栋，消防支队政委刘宪文及区发改局、公安局、安监局、财政局、国土局、住建局、水利局、教委、卫计委等50余个职能部门负责人出席会议。会上，王少峰组织与会人员逐字逐句逐条对《规划》进行了审议，重点审议了消防队站建设、消防装备建设和消防经费保障等内容。审议原则上通过了《规划》。

（李　强）

【消防安全宣传“五进”活动】 119消防宣传月前夕，为进一步提升首都政治中心区民众的消防安全素质，西城支队开展消防宣传“五进”（进企业、进机关、进社区、进学校、进家庭）活动，提前预热119消防宣传月，增强全社会抗御火灾的能力，编织社会消防安全“平安网”，确保人民群众生命财产安全。

（李　强）

【人员密集场所夜查行动】 10月20日晚，为全力做好党的十八届六中全会消防安保任务，在全区范围内开展消防安全夜查行动。此次夜查重点对辖区商场、宾馆饭店、夜市、酒吧、KTV等人员密集场所进行检查，重点检查各单位的消防控制室值班人员在岗在位、持证上岗、值班记录、制度是否落实以及单位场所疏散通道、安全出口是否畅通，消防设施是否完好有效等情况。夜查期间累计出动18个检查组，出动警力72人，检查单位144家，发现并督促整改火灾隐患157件，下发责令改正通知书41份，三停单位1家，处罚1.5万元。北京电视台、《北京青年报》等新闻媒体随警报道夜查行动，曝光了重大、突出火灾隐患和违法违章行为典型案例，正面宣传隐患整治成效和消防部队执法形象。

（李禹江）

【冬春季火灾防控部署会】 10月24日，北京市召开今冬明春火灾防控工作暨预防煤气中毒工作部署会后，区政府组织召开西城区2016年第四次消防工作联席会暨冬春季火灾防控部署会。区防火安全委员会主任、副区长、公安分局局长张明，副区长朱国栋，西城公安分局副局长刘锋及区各委办局主管领导共50余人参会，各街道（地区）办事处主管领导、各派出所分管领导在分会场参会。

（李　强）

【助推冬春季消防宣传工作】 为做好今冬明春全区消防宣传工作，提高公众消防安全意识和逃生自救能力，营造消防宣传氛围，入冬后，西城支队印制5万余份图文并茂、形式多样的宣传资料，“进社区、进企业、进家庭、进老旧平房院”发放资料。

（李禹江）

【启动第26届119消防宣传月活动】 11月9日，全市第26届119消防宣传月在国家话剧院启动，启动仪式上，表彰年内为首都消防宣传事业做出突出贡献的新闻媒体和社区消防宣传大使，全面部署推进119消防宣传月活动。公安部消防局局长于建华、市政府副秘书长王晓明、市公安局副局长李润华、新闻办公室主任张卫东、消防局宣传处副处长郭水华、中国国家话剧院党委书记景小勇以及消防总队领导等出席仪式。

（唐赵凯）

【接受区人大代表询问】 12月17日，西城区第十六届人大第一次会议在国二招宾馆举行人大代表询问活动，西城消防支队政委刘宪文、防火处处长杨欣等接受代表询问。区委书记卢映川、区长王少峰、区政协主席杜灵欣等和区“两会”代表分别到消防咨询现场，高度评价了消防支队的各项工作。

（陈　岩）

【部署电动车火灾防控工作大会】 12月19日，区政府在中国职工之家三层报告厅部署电动车火灾防控工作，西城区防火委员会主任、副区长、公安分局长张明，副区长朱国栋，区房管局物业科科长张楠，消防支队支队长吴清松，防火监督处处长杨欣以及全区15个街道、28个派出所、261个社区、300余个物业单位主要（主管）领导共计1000余人参加会议，会议由区防火委副主任、公安分局副局长刘锋主持。

（吴晓涵）

【完成圣诞节消防安保任务】 圣诞节期间，支队全员停休，全警出动，采取“白加黑、五加二”模式，充分发动属地政府，联合职能部门、公安派出所和群防群治力量，全面排查整治火灾隐患，确保首都政治核心区火灾形势稳定。

（李　强）

【督导组调研微型消防站建设工作】 12月29日，部局防火监督处副处长吴丹一行2人作为督导组，先后到工业和信息化部、国资委和工商总局3个单位的微型消防站调研指导微型消防站建设工作，调研指导解决微型消防站在中央国家机关建设过程中遇到的具体问题。总队防火部副部长刘玉波、西城支队防火监督处副处长余晖等陪同检查。

（李　强）

【元旦消防安全检查】 12月30日，副区长朱国栋在区商务委、安监局、城管执法监察局、公安分局、消防支队相关领导陪同下，先后到菜百新世纪商场和宣武医院工地检查消防安全工作。检查过程中，听取菜百新世纪商场和宣武医院工地主要领导就落实消防安全属地责任、加大消防安全检查巡查的工作汇报。在对商场的检查中，重点检查了消防设备设施是否完整好用、消防疏散通道是否畅通、消防中控室人员是否在岗在位；在对工地工作的检查中，检查了禁放点是否配备灭火器、是否提前进行喷水湿化、保安巡查队是否尽职尽责、工地是否制定应急预案等情况。

（唐赵凯）

（责任编辑　齐　田）

科技　教育

科技与信息化

【概况】 北京市西城区科技和信息化委员会（简称区科信委）挂北京市西城区知识产权局（简称区知识产权局）牌子。区科信委（区知识产权局）是负责西城区科技发展、信息化管理和知识产权工作的区政府工作部门。内设办公室、法制科（监察科）、社会发展科、知识产权办公室、技术创新促进科、信息化管理科和信息化促进科7个机构。核定机关行政编制25名，实际在编人员33人。其中主任(局长)1名，副主任（副局长）3名，纪检组长1名，科级领导职数7正。区科信委下属3个事业单位：西城区生产力促进中心、中小企业服务中心和信息化建设中心。年内，区科信委积极贯彻创新驱动发展战略，落实国家、北京市和区委区政府各项决策部署，以实施创新驱动发展为核心，深入推进科技创新，加快全国科技创新中心建设；以建设大数据中心为契机，积极构筑智慧西城的神经网络；以申报国家知识产权试点城市为抓手，持续优化创新环境；以提升履职能力为目标，全力做好科技与信息化各项工作。

地址：西城区广安门南街68号
邮编：100054
电话：83976212

（王立民）

【市区联动加强知识产权保护】 2月24日，第12届亚洲运动用品与时尚展在国家会议中心举办。北京市知识产权局执法处与西城区知识产权局驻会执法检查，共查到18家参展商的展位海报、宣传品以及产品包装涉及专利标识。检索专利近百件，其中7件专利有问题，涉及3个展位。执法人员启动展会快速处理程序，做出停止宣传的处理。当事人均表示接受。

（王立民）

【智慧西城十三五规划课题通过验收】 3月24日，科信委组织召开《智慧西城十三五规划课题》验收会暨《智慧西城十三五规划》征求意见会。专家组认为：在总结西城区“十二五”智慧西城建设成果，分析国内外智慧城市建设先进经验的基础上，课题紧密围绕西城区发展需求，提出以信息基础设施提升建设为基础，大数据中心建设为核心，统筹建设智慧政务、智慧城市管理、智慧公共服务三大体系的智慧西城工作思路；规划八个任务方向，梳理七大领域的重点工程。成果具有时代特色、区域特色和技术特色，具有前瞻性、先进性、可行性。同意通过验收。

（王立民）

【召开西城区大数据工作座谈会】 4月6日，副区长陈宁主持召开大数据工作座谈会。区科信委汇报《西城区大数据工作方案》，工作方案紧密围绕区重点工作阐述大数据工作的指导思想和建设目标，以及工作任务等内容。区统计局、西城公安分局、区应急办、区城管监督指挥中心主管领导及科室负责人结合各自工作实际提出建设性意见。

（王立民）

【举办商业企业知识产权培训会】 4月21日，在第16个世界知识产权日即将到来之际，为了进一步加强商业流通领域知识产权保护工作，不断提高西城区大型商业企业、老字号企业知识产权管理水平，西城区知识产权局与工商西城分局共同举办“西城区商业企业知识产权培训会”。现场就有关专利查询、著名商标标注等问题进行交流，西城区25家无冒充专利、无冒充商标示范商场参会。

（王立民）

【举办科技企业软件著作权实务培训】 4月27日，“4·26”世界知识产权日宣传周期间，为进一步增强科技企业知识产权保护意识，提升知识产权管理与运用水平，普天德胜孵化器与北京12330共同举办“软件著作权实务培训”。邀请中国版权保护中心计算机软件登记部专家为大家讲解软件著作权有关法律法规，以及软件著作权的申请流程和注意事项。现场就软件注册的类型、名称以及委托开发和合作开发如何申请等问题进行交流，孵化器内20余家软件企业参加培训。

（王立民）

【全国科普统计工作】 5月4日，召开“2015年度全国科普统计（西城区）工作动员会”，对西城区全国科普统计工作做工作部署。科普专家对区相关委办局、街道、医院、学校、公园、图书馆及市级教育基地等单位的近百名科普工作人员进行专项培训。

（王立民）

【成立党总支部委员会】 5月13日，科信委召开全体党员大会，选举产生科信委第一届党总支部委员会。这是科信委夯实基层组织建设、契合党员和职工需求、扩大党建工作覆盖面的一项重要举措。党总支委员会在原科委党支部和原信息办党支部的基础上组建，成立党总支有利于进一步凝聚党员力量，开展党建工作，为科技和信息化事业的快速发展服务。

（王立民）

【科博会上体验西城“互联网＋生活”】 5月19日至22日，第19届中国北京国际科技产业博览会在中国国际展览中心（老国展）举办。西城展区以“智慧西城，安心生活”为主题，通过各种“衣食住行”智能产品展示，让人们亲身体验西城区“互联网＋”时代的美好生活。在展区现场可以体验保障老人孩子安全的智能穿戴设备，实时查看从源头到餐桌的食品安全，触摸智能家居相关高科技产品，体验智能雾霾监控、智能行车记录仪等智能出行设备。科博会期间，面向全区各委办局、各街道发放参观门票8000张。

（王立民）

【老字号品牌国际保护论坛】 5月29日，“老字号品牌国际保护论坛”亮相第四届京交会。论坛上举行“老字号”企业代表申请马德里国际注册商标签约仪式，发布西城区政府扶持老字号国际注册项目。此次论坛是自2014年世界知识产权组织中国办事处落户西城区以来，双方进一步开展的成功合作。

（王立民）

【走访调研国家电网公司】 6月8日，为进一步加强沟通，建立良好的互动机制，运用区域优势资源为企业发展提供品质服务，西城区知识产权局局长杨秋带队到国家电网公司走访调研。国家电网公司从知识产权机构设置、知识产权管理制度、科技人才内部奖励制度等方面介绍工作，希望在优质专利代理机构评估梳理、国际专利代理、专利申请加快审查以及科技项目申报、优秀人才推荐等方面得到地方政府部门的支持。

（王立民）

【金丰和孵化器专场】 6月30日，为充分发挥首都科技条件平台科技资源及服务优势，推动产学研合作，促成实验室与高新技术企业合作共赢，推进科技成果转化落地，首都科技条件平台西城工作站联合北京师范大学研发实验服务基地和北京金丰和科技企业孵化器有限责任公司在金丰和孵化器会议室，举办“西城区高新技术企业与首都科技条件平台北京师范大学研发实验服务基地对接交流活动——金丰和孵化器专场”。本次活动是首都科技条件平台“百家实验室进千家企业”系列活动之一。

（王立民）

【组织参加第二届智博会】 7月29日至31日，第二届中国智慧城市国际博览会在北京展览馆举办。西城区以“打造智慧城市样板”为主题，通过智慧愿景、智慧政务、智慧产业三大板块全面展示西城区“十二五”成绩及“十三五”蓝图。在智慧城市建设过程中，西城区以构建“基础云、协同整合互通云、服务云”三层云服务平台为基础，在“全响应”、政务效能、城市运行、经济运行、资源环境五大发展领域，建成“全响应”创新社会服务新平台，国内首个第三代综合行政服务中心，交通运行监测平台（TOCC）、重点区域雨量监测和防汛应用系统等一批智慧西城精品工程。智慧城市建设初见成效。

（王立民）

【开展“老字号”维权援助行动】 8月3日，针对老字号企业在经营中频繁遇到字号、商标被侵权问题，区知识产权局邀请区人民法院知识产权庭从注册商标的选择、审判过程中如何区分商标的相同和相似等方面为大栅栏琉璃厂商会企业领导人阐明如何领用商标防御对手不正当竞争。张一元、全聚德、戴月轩、瑞蚨祥、内联升等众多老字号企业参加培训。

（王立民）

【高新技术企业新政策培训会】 8月25日，为帮助企业了解最新的高新技术企业认定政策，做好认定后续工作管理和享受高新税收优惠，中关村企业信用促进会、西城信用工作平台举办“高新技术企业新政策培训会”，300多位企业代表参加。培训会对高新技术企业认定的最新政策变化进行详细解读，内容包含高新认定及复审的必备条件、需提交的相关资料等，解决了企业在高新认定及复审中的疑问。

（王立民）

【获市中小学知识产权教育示范校称号】 10月26日，北京市中小学知识产权教育工作推进大会在北京第十二中学召开。八中、四中、实验二小、北师大二附中4所学校获首批北京市中小学知识产权教育示范学校称号，占首批12所示范学校的三分之一。

（王立民）

【举办科技企业政策培训会】 11月24日，区科信委举办“西城区科技政策及知识产权业务培训会”。根据企业提出的需求，在科技政策的基础上增加优秀人才项目申报、企业商业秘密保护等内容。会中向参会企业发放“西城区科技企业需求调查问卷”，收回有效的调查问卷59份。问卷内容涉及企业融资需求、知识产权服务需求、对政策培训的建议等内容。

（王立民）

【举办社区科普干部“三个一”活动】 12月13日，西城区社区科普干部“三个一”活动在北京天文馆举办。15个街道256个社区近400名科普干部听取馆长朱进的报告，观看《奇妙的星空》《天上的宫殿》《穿越寒武纪》三部科普影片，领取获第四届中国科普作家协会优秀科普作品奖金奖的科普书籍《中国的星空》。“一个报告、一部电影、一本书”活动是持续开展10余年的特色科普品牌活动，最先面向领导干部和公务员群体，已扩展到街道社区的科普干部。

（王立民）

【联合开展空气重污染应急情况检查】 12月20日，根据北京市西城区空气重污染应急预案，区科信委、区环保局联合对北京印钞有限公司、北京邮票厂两家工业企业开展空气重污染红色预警应急情况检查。两家工业企业在接到红色预警指令后，除重大政治任务生产外，其他产品生产印刷设备均已关停，并对厂区主要道路采取洒水避免扬尘等措施，减少污染物排放，保障环境质量。

（王立民）

【调研北京茶叶企业商会】 12月28日，西城区知识产权局会同北京市12330举报投诉中心到北京茶叶企业商会调研，并就进一步发挥商会在化解知识产权纠纷中的积极作用，创新有效预防和化解知识产权纠纷的新机制，延伸行业性专业性人民调解组织功能，建立12330工作站等工作进行对接。西城区知识产权局通过“行业协会＋工作站”模式，进一步发挥商会人民调解等工作优势，完善工作机制，提升服务水平，扶持优秀茶企，保护茶企知识产权与合法利益。

（王立民）

【技术合同成交额实现增长】 年内，全区输出技术合同4901项，输出总额为249.1亿元，同比增长57.56%；全区吸纳技术合同7641项，吸纳总额为358.4亿元，同比增长44.81%。

（王立民）

【专利申请及授权量】 年内，西城区累计专利申请量16636件，其中发明专利9155件，占55.03%；累计专利授权量12884件，其中发明专利6335件，占49.17%；累计PCT（即《专利合作条约》的英文缩写）专利申请260件。西城区专利申请及授权量位列全市第3位。

（王立民）

【重大项目软件测评、安全测评和监理】 年内，完成区政府办等20个单位的37个项目的安全等保测评招标工作，并推动开展测评工作。完成区卫计委等5个单位的8个项目的软件测评招标工作，并推动开展测评工作。完成2017年区重大信息化项目监理入围招标工作，发布《关于公布全区重大信息化项目监理服务定点供应商的通知》和《全区重大信息化项目监理服务管理规定》。统筹区政府办、区统计局等9个单位31个项目监理服务。签订27个三方监理服务合同。

（陈秋怡）

【信息化项目全流程管理】 年内，受理追加申报的信息化项目，受理审查区统计局人口分析系统二期等27个单位申报的51个项目，经主任办公会审议和专家论证，39个项目通过评审。完成2017年集中申报审查，7月组织2017年信息化项目申报培训，9月至12月共收到42个单位申报的217个项目。经过初审、主任办公会审议、多轮专家评审、专家复审，共有173个项目通过评审。受理11个项目的变更申请。2016年度通过审批的项目共有99个完成项目验收。

（陈秋怡）

【筹划区大数据工作】 年内，启动西城区大数据中心建设工作，组织相关部门赴贵阳、深圳、佛山南海区等大数据发展典型地区调研推进大数据工作体制、机制和技术路径；针对数据采集、利用问题，组织调研德胜、西长安街、牛街、广内、陶然亭等街道。在调研、学习的基础上，全面梳理，找出问题、理清思路，完善大数据工作实施意见，拟制西城区大数据中心组建工作方案，明确西城区大数据工作和大数据中心建设应用的总体思路、目标、体制机制、实现路径、重点内容和任务等。完成《西城区大数据中心建设方案（草案）》《大数据中心技术框架设计（草案）》的编制，初步制定数据交换与整合、接口与服务、目录服务及管理等技术标准规范的框架。

（陈秋怡）

【提升网站服务质量】 年内，先后8次对“北京西城”主站、各委办局和街道子网站、相关互联网应用系统及专题栏目开展自查工作，对46个相关单位发文通报。所有相关单位均进行问题整改工作。

（陈秋怡）

【推进资源共享】 年内，继续为区内重点业务应用和跨部门协同工作提供数据共享和整合服务，提升数据共享交换服务能力和信息资源开发利用水平。多年累计交换数据约9亿条；新开通数据共享服务节点6个，新增数据交换链路13条，完成区共享交换平台的升级改造工作；升级辅助决策支持系统，优化数据分析粒度，为全响应区级平台等提供区基础情况、资源分布等情况综合分析服务。

（陈秋怡）

教 育

概 述

中共北京西城区教育工作委员会、北京市西城区教育委员会（简称区教委）设职能科室32个，在职人员156人（公务员150人，工人6人）。西城区教委辖属教育单位212个（（幼儿园69所、小学60所、中学43所（12年一贯制学校小学部2所）、中等职业学校4所、特殊教育学校3所，工读学校1所，校外教育单位12个，其他法人单位20个）。驻区高等学校5所，社区市民学校261所，培训机构218所。年内，新建幼儿园2所。设立学区11个。全年招生35470人（幼儿园6475人、小学13455人、初中8325人、普通高中6603人、中等职业学校547人），特殊教育42人，工读学校23人；毕业29951人（幼儿园4414人、小学8552人、初中8418人、普通高中7032人、中等职业学校1438人），特殊教育74人，工读学校23人；在校生138054人（幼儿园17483人、小学73803人、初中23748人、普通高中20366人、中等职业学校2214人），特殊教育371人，工读学校69人。教职工总数17675人（幼儿园3233人、中小学13358人、中等职业学校827人，特殊教育教职工218人，工读学校39人）。北京市特级教师59人、市级学科带头人25人、市级骨干教师190人，区级骨干以上教师共计3099人。全年教育总投入805976万元。中小学固定资产总值340516.3万元，中等职业学校固定资产总值26410.41万元。

年内，西城区教委以“推动管理转型，提升教育品质”为主线，全面深化教育综合改革，不断优化教育资源配置，推进人才队伍建设，稳步提高教育教学质量，努力提升教育服务区域经济社会可持续发展和促进人的全面发展的能力，各项工作取得了新的成绩。

教育管理科学化水平进一步提高。召开以“推动管理转型，提升教育品质”为主题的教育管理论坛。邀请清华大学教授谢维和、北京教育学院教授季萍、区长王少峰分别做专题报告，区委书记卢映川作重要讲话。论坛按照学区分为11个组，进行分组讨论。此次论坛，直面问题，既有教育专家的专业化引领，也有管理者的实践指导，对西城教育改革发展中的难题进行了深入、全面剖析。两位教授提出的“教育顶灯”“存量改革”和“教育治理”等概念与理论，王少峰从“五大发展理念”对西城教育发展的审视和思考，卢映川在“科学发展与治理大格局中审视和定位教育”的总要求，都从不同高度与不同视角，丰富了西城教育品质的内涵，阐释了教育管理转型的方式和途径，引发了全区教育系统干部教师的反思和共鸣，在理念和实践层面，统一了思想，形成了共识，明确了新的思路和举措。随后，研究出台《推进师生阅读工作计划》《建立和完善家校合作机制的指导意见》《校园欺凌专项治理指导意见》等管理意见，通过召开“阅读 成长 精彩”师生阅读计划研讨交流会、“务实协同机制 凝聚育人合力”家校工作研讨会等推进重点工作。拟定《提升附小直升学校教育质量指导意见》，进一步促进关联学校的合力研究，推动附小直升校管理工作。

教育综合改革有序进行。进一步完善小学升初中的学区资源配置，将5所优质高中名额直接分配到普通中学的初一年级。调整月坛中学、徐悲鸿中学的招生范围。新增中华路小学、四根柏小学为35中学直升校。调整回民学校和回民小学的招生政策。继续严控特长生比例。2016年小学入学新增学位5017个。继续按照“理念共识、资源共享、优势互补、品牌共建”的理念，通过完善教育集团组织制度，引导教育集团在发展过程中的重点建设方向；通过完善教育集团资源共享的保障措施和运行机制，搭建工作交流研讨平台；扩大集团内统一职称评定工作的试行范围，完善教育集团建设的激励机制；通过完善集团内部资金的统筹管理，提高经费使用效益。促进优质教育资源的共建、共融、共通。学区制改革有序进行。举行什刹海学区理事会揭牌仪式，学区管理运行机制正式启动，实现学区制由招生机制向属地教育资源统筹调配、有序运行的深化迈进。实施一、二、三年级语、数、英学科不进行期末终结性考试评价，指导学校形成校级学生学业评价方案，监测学生学业水平的达成度。研究中考成绩反馈小学的数据分析及使用策略在改进教学中的积极作用。针对北京市新中考方案，修订区初中课程方案，下发指导意见，对以后两年课程安排、学生选课、师资及资源统筹等工作进行指导。扎实推进初中开放性科学实践活动和综合社会实践活动，月坛中学等4所学校通过“1＋3”评审，完成初、高三年级学生综合素质评价工作以及“翱翔计划”相关工作，组织干部赴浙江进行中高考改革专题考察。

教育教学质量稳步提升。坚持立德树人，开展社会主义核心价值观教育。以“勿忘国耻、圆梦中华”为主题，开展小学和初中“开学第一课”教育活动。以“价值的传承”为主题，开展高中“开学一课”。推进“四个一”活动，组织全体初一师生观摩天安门广场升旗仪式，初二师生参观首都博物馆、抗日战争纪念馆，近9000名初二师生前往北京市农业职业学院开展农业实践活动。组织11所中学的3500名师生走进中国人民革命军事博物馆，参观纪念长征胜利80周年主题展览。组织15所示范高中的80余名高中学生参加北京市第五届中学生模拟联合国大会。整理、收集社会主义核心价值观教育优秀成果、案例近30件。以“心怀天下 脚踏实地 践行核心价值观”为主题，举办2016年度西城区中学生论坛。开展“西城杯”小学课堂教学评优活动区级评比和展示活动。继续加强对课堂教学研究和指导，确定第二批编写新生指导手册学校，探索推进贯通培养，调整改革评价办法，学校办学质量和学生学业水平不断提升。2016年高考成绩继续位列全市首位，实现在高端优质中继续提升，在高度均衡中不断发展。进一步推进“城宫计划”，培养学生核心素养。在巩固小学阶段“城宫计划”全覆盖成果的基础上，认真总结经验，召开中学“城宫计划”实施座谈会、经费使用研讨会等会议，大力推进初中阶段“城宫计划”全面实施。实现“城宫计划”义务教育阶段学校全覆盖。通过“城宫计划”和“高参小”（高校、社会力量参与小学体育美育发展工作），10万余名学生参加了丰富的艺术、科技、体育活动，近万名校内外教师、非遗传承人和家长参与其中，区域校外教育资源配置进一步优化，传统文化进一步弘扬，学校、家庭与社会联系更加紧密，学生的创新意识、科学精神、身体素质和艺术素养等核心教育素养得到不同程度提升。继续保持西城区在科技、艺术和校外教育市级比赛中的领先优势，实现市级科技金鹏团和科技示范校、市级艺术金帆团和艺术特色校数量在全市排名上的新突破。组织学生参加国家和市级田径、游泳、足球、篮球、排球等项目取得可喜成绩，先后在北京市和全国中学生男子排球比赛中夺得第一，实现了历史性突破。开展国际教育交流，进一步拓宽师生国际视野。严格遵守各项规定，把出访和接待计划提前纳入学校整体工作之中，要求教育对外交流工作有主题、有项目、有收获。2016年，因公出访团组154个，涉及教师497人、学生2443人，涉及国家和地区12个。学校自行接待团组178个，接待外宾3624人，涉及国家和地区24个。协调8所中小学11名教师外派阳光学校工作。

人才队伍建设不断推进。制定《西城区教育改革项目激励机制实施方案》《西城区优秀教师引进和教师流动管理办法》，完善名师、骨干教师管理机制。完成本届区级学科带头人和区级骨干教师（区统筹）的年度考核工作，召开“导师团”年度总结暨聘任大会，完成在职特级教师履职考核工作，推荐7名教师参加市正高级教师评审。完成2016年岗位设置、专技岗位内部滚动晋级工作。义务教育学校共有1110人晋升，非义务教育单位共有292人晋升岗位等级，为65个单位调整编制，重新修订岗位设置方案。组织新教师岗前培训，区长王少峰等领导和专家进行动员和授课，此次培训历时8天，共计12个专题80学时，1063名新入职教师参加培训。开设“新任德育干部培训班”，开展区级优秀班主任评选和北京市“紫禁杯”优秀班主任推荐工作，完成首届北京市心理健康教师基本功培训与展示活动的成果总结，组建首席班主任2015年履职考核工作小组，召开中学班主任工作研讨会，进一步提升教师综合能力和教育教学水平。以“立足师生发展，回归课堂精彩”为主题，开展2016年教育科研月系列活动。此次科研月，围绕“学生发展核心素养、优秀学生评价、课程课堂评价、学校管理、高中教育教学”，发布五大区级研究课题。19所学校和机构举办19场不同主题的交流研讨活动，交流教学思想和经验，有力促进了教师的专业发展。建立高校优秀教师培养基地，设立“优秀人才引进奖”。截至年底，共补充工作人员845人，其中调入148人、社会招聘75人、安置随军家属5人、接收应届毕业生564人（非京生源76人），其中博士2人、硕士117人。

各级各类教育协调发展。落实西城区第二期学前教育三年行动计划，完成5所幼儿园的新建改扩建和2所幼儿园扩班建设，新审批1所民办幼儿园，完成增加1000个学前学位的任务。试点探索半日制幼儿园和学区学前教育中心的建设，为居民提供多元的学前教育服务方式。以示范园“手拉手”街道幼儿园的方式，推进街办园的质量提升。职业学校继续腾退3址，年内完成腾退任务。推进职业教育专业调整，申请通过7个“3＋2”（3＋2也叫中高职教育衔接办学，在中等职业学校读3年，测试合格后到衔接的高职院校读2年，成绩合格取得大专毕业文凭）中高衔接试点专业。发挥职业教育的优质资源优势，面向普教学生开展职业教育体验活动。参加各类职业技能比赛活动，共取得市级奖项68个、全国奖项8个。发挥国家级职业教育示范校的引领作用，北京外事学校与张家口职业教育开展教育合作交流，组建北京外事服务职业教育集团。结合区域发展要求及成人教育实际，起草成人教育改革方案，优化成人教育资源配置，提升成人教育办学水平。组织开展走进成人教育课堂活动，举办以当前成人教育发展形势及政策理论为主题的培训班，并对部分单位的成人非学历教育工作进行视察指导，促进成人非学历教育的有序稳步发展。持续推进市民终身学习认证制度，新建学习认证点8家，西城区授权认证点数量达114家，注册个人学习账户达到9万余人。有序做好市民终身学习服务体系建设，5家单位成为基地新成员，在中国茶叶博物馆等4家单位相继举办开放日活动。在教育系统内开展社区教育优秀活动项目评选。完成对第二批11个学习型示范社区视导评估认定工作。

教育服务保障体系高效运转。借助外脑，邀请专家，采取多种形式对附小直升校、教育集团和优质特色校进行充分调研，制定个性化方案，提出发展建议。分别对1个教育集团及4所特色校提出发展建议，研究助力学校发展。修订下发《西城区九年义务教育小学阶段课程计划（修订）》文件。完成学校课程计划备案工作。发挥行政统筹作用，创造性合力组织“西城杯”“金秋杯”教学研讨活动。参加“京城杯”教学交流，承办外籍教师英语教学改革项目培训会。基础建设项目有序推进，重点建设基建项目11个，前期推进基建项目9个。共安排各级各类学校实施修缮项目269个，总投资2.01亿元。其中幼儿园类建设项目41个、食堂改造类项目13个、扩班项目13个。

地址：西城区广安门内大街165号

邮编：100053

电话：66201155

（杨海蓉）

中小学教育

【概况】 年内，西城区有小学60所、中学43所（12年一贯制学校小学部2所）、中等职业学校4所、特殊教育学校3所，工读学校1所，校外教育单位12个。招生28448人（小学13455人、初中8325人、普通高中6603人、特殊教育42人，工读学校23人）；毕业24099人（小学8552人、初中8418人、普通高中7032人、特殊教育74人，工读学校23人）；在校生118357人（小学73803人、初中23748人、普通高中20366人、特殊教育371人，工读学校69人）。教职工总数13615人（中小学13358人、特殊教育218人，工读学校39人）。

（杨海蓉）

【普通高中会考】 1月6至8日，西城区春季普通高中会考参加考生9382人次，报考科目总计31695科次，全区共设17个考点，考试场次1118个。6月24至26日，西城区参加夏季全市统一组织的高中毕业会考，共38所学校参加考试，考生4768人次，报考科目总计9700科次，全区共设16个考点，考场343个。另有区考信息技术考试3936人。年内，西城区向7081名学生颁发高中毕业会考合格证。夏季会考报名时，高一新考生报名从中小学学籍管理信息系统（CMIS）中提取相关信息。

（白　冰）

【启动实施“西城区校长助理项目”】 1月12日，召开“西城区校长助理项目”启动会。北师大研究生院、西城区教委、相关中学的领导及33名校长助理共70余人参加会议。会上，宣读了校长助理任职名单，与会领导向校长助理代表颁发聘书。区教委副主任赵蓬欣阐述了项目背景、目的和西城教育的整体情况，对校长助理工作进行了具体部署，并对33位校长助理和承接学校提出了希望和要求。北师大研究生院处长应中正强调，学生要将项目作为一个学习、实践的平台，用心做好挂职期间的各项工作。校长助理和学校校长代表对项目相关工作和职责、任务做了承诺，表示要创造条件完成项目工作。随后的一学期中，校长助理项目工作顺利实施，在推进学校章程制定、课程建设、教科研工作等方面取得良好成效。7月，区教委和北师大在北京师范大学附属中学组织召开第一期“西城区中学校长助理”项目总结会，对一学年的项目工作进展、收获进行总结和回顾，并对后期项目的深度运行提出设想。

（王贞荼）

【11所小学被评为市文化建设示范校】 依据市教委工作安排，西城区教委推荐五路通小学、三义里小学、红莲小学、北长街小学、育民小学、中古友谊小学、陶然亭小学、白纸坊小学、厂桥小学、宏庙小学、北京第一实验小学前门分校11所小学参加北京市第三批学校文化建设示范校创建活动，于1月13日完成区级评审活动，最终11所小学均被评为北京市第三批学校文化建设示范校。

（曹　琼）

【召开“高校支持西城区小学发展”项目中期推进会】 1月14日，在宣武回民小学召开“高校支持西城区小学发展”项目中期推进会。北京师范大学、首都师范大学、北京教育学院相关专家，12所项目校负责人出席会议。围绕项目推进成效和工作设想，与会的高校专家与项目学校进行分享和交流。双方表示将进一步有效借助专家资源，科学制定学校“十三五”规划，完善现代学校制度建设，做好区级委托课题，深化学校课程建设，形成以师生成长为核心的课堂文化和教师文化，实现高校和项目学校的互助双赢。

（曹　琼）

【开展“走进学校看精彩”活动】 2月，面向全区小学开展精彩活动策划与实施活动。该活动以“实施精彩工程 点亮精彩生活”为主题，历时2个学期，先后经历活动策划、过程实施与分享交流以及总结反思3个主要阶段，并将64所学校的方案与案例汇编成册，形成《智慧点亮精彩生活——西城区小学精彩活动策划与实施成果》供全区小学德育干部学习参考。

（谢　歆）

【民办教育年检】 1月至3月，共完成220所民办学校年检审核工作，通过率为94%。对合格学校统一换发《民办学校办学许可证》。

（王竞艳）

【区第三届“七彩梦想”艺术节活动】 3月，举办西城区第三届“七彩梦想”学生艺术节活动。活动分艺术作品和表演类13个项目的个人比赛，分别由西城区青少年美术馆、西城区少年宫和宣武少年宫承办，总参赛学生10069人次。为了确保比赛的公正公平，除所有场次比赛全部聘请专业评委外，当天的比赛成绩赛后即对外公布，接受社会监督。

（芦炳杉）

【获市青少年科技创新大赛第一名】 3月27日，第36届北京青少年科技创新大赛在中国科学院大学落下帷幕。西城区58名参赛师生在西城区教育委员会、西城区科学技术协会、西城区青少年科学技术馆的带领下参加了大赛。参赛选手们经历了封闭答辩、公开展示与交流，聆听了高水平的科普报告会，参观了中国科学院“两弹一星”博物馆。大赛中西城区共获学生优秀科技项目一等奖33项、二等奖35项、三等奖33项，获科教基金英才奖等专项奖15项、ISEF（国际科学与工程大奖赛）联席赛事奖项12项。四中于惠然、北京师范大学附属中学王月林、八中孙宁远同学获第14届北京青少年科技创新市长奖。西城区青少年科技馆教师张帆获大赛十佳科技辅导员称号。北纬路中学张桂玲、中古友谊小学教师牛平获优秀科技辅导员称号。在创意项目评比中获一等奖3项、二等奖3项、三等奖4项。在科技辅导员项目评比中获一等奖6项、二等奖8项、三等奖3项。育才学校、十三中、北京第二实验小学、椿树馆小学的科技实践活动获北京市一等奖，西城外国语学校、三里河第三小学获二等奖，北京市铁路第二中学、三十五中获三等奖。在科学幻想绘画评比中获一等奖11项、二等奖16项，三等奖16项。

（马志洪）

【召开师生阅读计划研讨会】　4月27日，召开主题为“阅读·成长·精彩”小学推进师生阅读计划研讨交流会。活动分为大会交流与实地观摩两部分。在大会交流部分，以观看短片的形式，全面梳理和回顾了近两年来西城区小学师生阅读计划的经验与成效。北京小学走读部、进步小学校长分别做大会发言；五路通小学校长和干部教师、家长代表，以现场访谈的形式分享了学校阅读引领师生发展的思考与实践。大会交流结束后，与会人员走进五路通小学，观摩阅读活动展板，了解了更多学校阅读工作的理念和丰富的活动成果；通过走进师生阅读活动、家长讲堂、阅读欣赏课等形式，实地观摩五路通小学“共读《三国》悦读成长”学校第二届读书节。全区小学校长、德育干部、教学干部共计150余人参加活动。

（谢　歆）

【组织“我爱地球妈妈”环保演讲比赛】　4月28日，在宣武回民小学组织西城区第20届小学生“我爱地球妈妈”环保演讲比赛。比赛围绕“共建共享一片蓝天”主题征稿，先后经历稿件征集、专家评审、演讲比赛3个阶段，最终产生一等奖20名，二等奖32名，纪念奖2名。

（谢　歆）

【举办北京第一实验小学颜凤岑校长办学思想研讨会】　5月13日，举办北京第一实验小学校长颜凤岑办学思想研讨会。研讨会上，与会人员观看了反映北京第一实验小学“生活教人、文化育人”办学思想的宣传片《逐梦》。西城区教委主任丁大伟为研讨会致辞；社会科学院哲学研究所研究员周国平，北京教育学院副院长杨志成以及王莉萍、杨芳、张洁、耿洁、杨永军、李洁6位校长代表同颜凤岑校长围绕着“‘生活教人、文化育人’办学思想的形成与实践”“课程建设与实施”“教育改革发展与深化”3个小专题展开了互动交流与研讨。

（曹　琼）

【组织相关学校实施1＋3培养试验工作】　根据市教委在初中校实施1＋3培养试验（面向北京市城六区一般校，具有普通高中升学资格且在同一学校具有连续两年学籍的初二学生，在初二年级结束后进入试验学校，在试验学校连续完成初三及高中共四年学习。进入本试验的学生不需参加中考，直升高中）的要求，西城区推选的月坛中学、鲁迅中学、北师大实验华夏女中、徐悲鸿中学4校，研究制定试验年级的课程方案、教学计划和招生工作安排，并通过市教委的评审，成为1＋3项目试验校。其中北师大实验华夏女中、徐悲鸿中学为市级统筹类学校，但计划不分配到校；月坛中学、鲁迅中学属于区级普通类学校，计划面向西城区。5月，区教委对全区普通初中、完全中学布置1＋3培养试验工作，组织各初中、完全中学完成学生自愿报名、生源校推荐以及试验校面试招生等各项内容，开展试验工作。

（王贞茶）

【召开“城宫计划”推进暨学生课外活动成果展示会】　5月20日，在宣武少年宫剧场举行“2016年‘城宫计划’推进暨学生课外活动成果展示”会。市、区教委主管领导及西城区教育系统中小学校长、校外教育单位的领导、学生、家长代表300余人参加会议。市、区领导为第二批45所“西城区城市学校少年宫”颁牌，至此，西城区“城宫计划”实现了小学阶段的全覆盖。在活动中，400余名师生共同展示了“城宫计划”的活动成果。此次展演包括中国鼓、京剧、芭蕾舞、趣味快板、校园剧、魔术、中国功夫、抖空竹、机器人表演等4大类20余个节目和毛猴、风筝、剪纸等传统文化类的学生工作坊。参展学生充分展示了在课外活动中的学习成果和动手实践、参与体验与新颖趣味的特点。白纸坊小学、四中校长分别在会上发言，介绍学校推进“城宫计划“工作的经验与做法。西城区教委副主任张燕军总结了“城宫计划”前一阶段工作。会议反馈了学生、家长、老师、社会机构人士、督学等不同群体对“城宫计划”的高度评价，“城宫计划”成为有利于学生、教师和学校发展的“惠民工程”。

（兰　静）

【完成中考中招工作】　6月24至26日，西城区中招办组织参加北京市高级中等学校招生统一升学考试，报考总计8315人，具有升学资格的考生7701人，借考考生614人。中考共设考点21个，考场279个。在录取工作中，西城区被提前招生学校录取新生1247人，其中示范高中452人、一般高中86人、职技类709人。名额分配实际录取1158人，其中优质高中所属初中组录取591人、一般高中所属初中组录取567人。市级统筹实际录取41人。校额到校实际录取165人。统一招生录取4694人，其中普高录取4433人（示范高中2258人，一般高中录取2175人）、职技类261人。未录取考生396人。录取总计7305人，升学率为94.85%。

（贾　维）

【修订并实施初中课程方案】　6月，结合北京市新的中考方案，在实施一学年的基础上，西城区教委修订了西城区初中课程方案。新修订的初中课程方案对部分学科课时安排进行微调，并对初三年级的课程安排、学生选课、师资及资源统筹下发指导意见。随后，中教科结合新中考改革，分组组织全区初中、完中校教学干部对新的课程方案进行4次专题研讨活动，对课程方案的实施、评价等情况进行充分交流和沟通。

（王贞荼）

【举办中学生业余党校和少年先锋团校培训班】 7月9日、10日，西城区中学生业余党校和少年先锋团校培训班在西城教育研修学院举办。业余党校培训班招收了来自全区41所学校的287名学员，少年先锋团校培训班招收了来自全区41所学校的300名学员参加培训。培训班邀请中国社会主义学院教授赵丰、中国青年政治学院讲师秦国伟、外交学院副教授曲博、北京联合大学副教授宋志强、北京四中英语教师吕奇恩、全国青春自护讲师团讲师许建农为讲师，分别做了题为《学习习总书记重要讲话,牢记历史责任》《党史人物与青少年践行社会主义核心价值观》《大国兴衰的秘密》《志愿服务理念与行动》《教育多元化发展与高端国际化人才培养》和《珍爱生命远离危险》的专题讲座。党团校培训班采取集中授课与自学相结合、考勤与考核相结合的方式对学员进行综合考评，合格者准予结业，颁发结业证书。

（宁嘉瑜）

【参加第31届全国青少年科技创新大赛】 8月14日至18日，第31届全国青少年科技创新大赛在上海华东师范大学举行。西城区共有10个学生项目、5个教师项目进入终评。西城区代表队10个参评项目共获一等奖6项、二等奖4项。西城区青少年科技馆张亚、宣武青少年科技馆杨海燕获辅导员项目一等奖，北纬路中学张桂玲、宣武青少年科技馆毕欣获辅导员二等奖。厂桥小学参展作品获创意之星奖；宏庙小学、北京小学等9所学校的参展作品获优秀创意奖。黄城根小学、建大附小、华嘉小学获少年儿童科学幻想画一等奖。育才学校获“十佳科技教育创新学校之星”称号。

（马志洪）

【大力推进学校美育改革】 8月29日，教育部举行“学校美育改革发展备忘录签署仪式”，与北京、上海、江苏、福建、山东等8省市签署学校美育改革发展备忘录。四中、北京师范大学附属实验中学、三十五中、育才学校、北京第二实验小学、北京小学校长参加仪式。西城区作为北京市“中小学生艺术素质测评实验区”以学校美育评价制度改革为突破口，制定《中小学生艺术素质测评办法》，从学生、学校、教育行政部门三个维度对学校艺术质量进行评价。重点关注、研究和实践美育的渗透与融合、跨学科的美育实践活动、艺术教师师资、协同育人机制、美育资源等重点问题，推进渗透到各学科的综合美育，不断扩大学校美育的受惠群体，以美育人，提高学生审美情趣与人文素养。

（兰 静）

【义务教育阶段招生】 小学入学继续实行学区制，以街道行政区划为基础，设置11个学区。采取寄宿学校入学、登记入学、政策保障入学、随机分配入学、民办学校入学5种入学方式，入学新生共计13455人（本市户籍适龄儿童11796人，非本市户籍适龄儿童1659人）。初中入学办法采取多种招生方式与随机派位方式相结合，按照招生计划要求，采取九年一贯制直升入学、小学对口直升入学、有条件派位入学、特长生入学、特色校入学、政策保障入学、就近登记入学、学区派位入学、民办学校入学9种入学方式，录取新生共计8325人。其中参加学区派位入学5388人，约占西城区升学人数的64.72%。2016—2017学年度转入西城区学生共计705人，其中春季转入210人、秋季转入495人。

（袁 伟）

【召开2016年中高考质量分析会】 9月17日、23日，在教育研修学院分别召开2016年高考质量分析会和中考质量分析会。西城区教育考试中心高招办主任马华、考试中心副主任刘卫东、考试中心副主任郭郁葱分别就2016年高招录取情况、初中入学情况及中考中招情况进行了通报。西城教育研修学院院长马景林从教研层面分别对2016年中高考进行了分析，并对新学年毕业年级的复习备考提出了指导意见。中教科科长田军从行政角度对中高考进行了总结分析，并结合教育综合改革和中高考改革形势，对学校教育教学工作提出了意见和建议。区教委主任丁大伟在讲话中充分肯定了西城区2016年中高考取得的优异成绩，并就初高中教育教学工作提出了具体要求。围绕高中教育教学工作，他要求：要坚持以人为本，树立全面质量观；要坚持求真务实，树立科学的发展观；要坚持以上率下，求真务实，推动学校办学水平不断提高。结合初中教育教学工作，他指出：要解放思想，转变观念，在改革中谋划“十三五”蓝图；要守纪律，讲规矩，营造风清气正的教育环境；要加强学习，深入研究，不断提高教育教学质量；要立足现实，脚踏实地，扎实地做好初三的各项工作。宣武分院领导及两院中学部教研员、区教委工作人员、各中学校长、毕业年级主管领导等近300人参加会议。

（王贞荼）

【召开西城区校外教育工作会】 9月23日，召开校外教育工作会，教委所属12家校外教育机构主任、馆长参加会议。为规范校外单位财务管理，按照中央八项规定合理使用办公经费，保证单位正常开支，会上邀请机关财务科科长结合工作实际讲解了各项经费的管理、审批流程、使用办法。校外办负责人明确了在当前突发事件高发的形势下，应加强应急处理安全教育，制定完善应急处理预案，最大限度地减轻突发事件的影响。随后，就如何加强学校美育工作公布了研究课题；通报了下半年中小学艺术教育工作计划和课外活动新项目；计划统筹“高参小”“社会大课堂”资源开办讲座、论坛及开展活动。西城区校外教研室主任对下半年教科研工作思路进行了梳理。区教委副主任张燕军指出，西城区在教育改革的背景下，要以科学配套管理的办法来解决突发事件，防止事态的蔓延、恶化。同时还要继续加快单位自身发展，通力合作，将青少年校内外教育、社区教育、家长学校协同办好，为社会创造良好的教育条件和环境。

（傅晓月）

【参加市中学生模拟联合国大会】 9月24日、25日，北京市第五届中学生模拟联合国大会在北京市第二中学举办，西城区15所中学的近百名高中学生参加了此次活动。大会主题为“追求和平　实现和平”，在为期两天的会议中，学生们参加了联合国大会第一委员会、安全理事会、欧盟理事会、联合国环境规划署、联合国教科文组织全部5个分会场的讨论，分别代表美国、埃及、芬兰、世界气象组织等近40个国家及国际组织进行陈述，并代表巴西、伊朗等国家进行地球村展示。北京市第十三中学获“十佳地球村”称号，北京市第四中学的学生杨之晗、北京市铁路第二中学的学生李智超获杰出代表奖。北京市育才学校老师叶琨毓代表教师在闭幕式上作交流发言。西城区获优秀组织奖。

（王冉冉）

【第12届“西城杯”小学课堂教学评优活动结束】 9月，历时近一年的第12届“西城杯”小学课堂教学评优活动结束。此届“西城杯”以“精选教学内容，构建乐学课堂，促进学生发展”为主题，按照校级、校际、区级3个阶段推进。2015年，完成“校级阶段”评优、“校际阶段”评优活动。2016年3月至4月，“区级阶段”评优活动拉开帷幕，15个学科192位教师进行了课堂教学展示。由此，西城区近15%的青年教师借“西城杯”平台走出校门，进行了锻炼和展示。为进一步深化研讨，加强校本研修实效，此届“西城杯”为各校配发了“视频总结会”光盘，指导学校以视频会议的方式进行总结交流。

（曹　琼）

【完成秋季招生工作】 9月，考试中心高招办完成秋季招生考试工作。西城区高考报名人数总数为7744人，普通高考报名人数为7176人，其中文科2703人（含3科72人），理科4473人（含3科71人）；711人参加25所高职自主招生并被提前录取。全区共有6876名考生参加普通高考，其中参加全科考试6847人，实考考生6651人，上本科线人数5705人，上线率为85.78%；参加高会统招29人，实考考生22人。中学应届实考人数5217人，上本科线人数4991人，本科上线率95.67%，专科上线率100%。其中：文科应届实考人数1423人，上本科线人数1312人，上线率92.20%；理科应届实考人数3794人，上本科线人数3679人，上线率96.97%。截至10月底，普通高考共计录取6433人，录取率为96.40%。

（马　华）

【推进初中学生学农实践活动】 根据市教委统一部署，西城区教委从4月至6月、9月至11月，分2个阶段、17个批次组织8000余名初二师生前往北京市农业职业学院开展农业实践活动。本次学农活动依托线上选课，每批次近700名学生按照选课情况跨区县、跨学校重组班级。中教科先后制定西城区“学农教育实践”活动方案、安全预案，多次带领实验校干部进行实地考察，并逐步形成了完备项目推进流程。指导学校结合学生实际，在原有学农课程套餐的基础上，开展跨学科集体备课及校本学农课程的整合与开发。

（王冉冉）

【联合开展特色学校调研】 为加强特色学校建设，更有针对性地对“特色校”加以支持和指导，西城区教委外请专家，联合教研室对优质特色校进行发展调研。10月11日、10月18日、11月1日，调研组一行分别走进京师附小、复兴门外一小、华嘉小学，通过学校汇报、校长访谈、随堂听课、师生座谈等形式，了解了学校的特色定位、特色发展路径、课堂教学现状、新课程实施中的经验和问题等内容。调研中，专家和校长进行了深入的交流，并聚焦学校特色发展，面对全体行政班子进行了反馈和个性化指导。

（曹　琼）

【开展民间舞蹈传习与国际舞蹈训练体系展示活动】 10月，将“西城区七彩梦想演出季”升级为融合艺术教育、体验、展示的国际艺术活动，探索性地将国际优质艺术教育资源引进学校，开展“东西方艺术教育碰撞——中国民间舞蹈传习与国际青少年舞蹈训练体系展示活动”。邀请中美两国知名舞蹈专家，进行舞蹈训练体系的传习、研究、展示等活动。老师们通过国际最先进的舞蹈教学法、艺术教育心理学、舞蹈运动解剖学等科学的教育教学方式，让参与者达到最佳的艺术素养和学习效果。

（芦炳杉）

【召开小学德育工作交流会】 10月26日，召开主题为“务实协同机制凝聚育人合力”西城区小学德育工作交流会。会上，对被评为第29届北京市“紫禁杯”优秀班主任和2016年北京市“学生喜爱的班主任”的教师进行表彰，并为担任班主任工作30年的教师颁发纪念牌。北京小学、北京第二实验小学、新街口东街小学等7个学校的干部、班主任做大会交流，分享了在家校合作方面的思考与实践。全区小学、特殊教育学校的德育干部及骨干班主任代表共计150余人参加活动。

（谢　歆）

【召开校外教育“三个一”活动启动暨培训会】 为提高校外教育供给质量，深化校外教育改革，市教委决定在全市开展“培育一批创新项目，建设一批特色项目，发展一批精品项目”即“三个一”活动。11月16日，西城区教委在全市率先召开校外教育“三个一”活动启动暨培训会。首都师范大学教育学院副院长康丽颖、北京市校外教研室常务副主任周立奇出席会议。西城区校外教育机构主要领导、教科研室主任、市区校级学科带头人及骨干教师、专业教师代表180余人参加会议。周立奇就北京市校外教育机构开展“三个一”活动工作方案及年度工作计划进行解读；康丽颖以《特色与创新——开发精品校外教育活动项目的若干思考》为题，做了专题报告。西城区成立“三个一”活动领导小组，制定“十三五”期间西城区校外教育机构“三个一”活动工作方案。会上，对“十二五”期间北京市第五届校外教育活动资料评选西城区获得的29个奖项进行表彰；为西城区在北京市课外、校外教育“十三五”科研规划课题申报中获得的15项课题颁发立项通知书，其中有5项获得重点课题立项通知书。

（兰　静）

【召开2016年中学班主任工作研讨会】 11月18日，西城区2016年中学班主任工作研讨会在北京市第四中学召开。本届研讨会的主题为“不忘初心　创新前行——中高考改革背景下班主任工作的创新实践与研究”。会议对2016年中学市、区级优秀班主任的评选表彰结果进行通报，对全区88名从事班主任工作20年（及以上）的在任中学班主任进行表彰，为147名加入班主任智慧库的老师颁发证书。北京师范大学第二附属中学书记申敬红、北京教育教育学院附属中学老师刘云、北京市育才学校老师李晶分别从主管领导、年级组长和班主任的角度，就中高考改革背景下班主任工作如何适应新的教育形式，学校如何形成全员育人教育模式进行经验交流。首都师范大学教师、教育学院院长田国秀教授以《代际价值观转型与学校德育的回应》为题，阐述了基于调查显示的当代学生的价值观念，以及学校德育工作该如何关注、回馈学生的发展性需要。

（王冉冉）

【举办西城区小学第17届“金秋杯”教学活动】 11月22日，西城区小学第17届“金秋杯”区级教学开放周在进步小学多功能厅启动。此届“金秋杯”教学活动与落实新的课程计划相结合，以“关注学生需求 拓展学习空间 促进全面发展”为主题，遵循“全员参与，扩大平台，分层推进”的原则。活动分两阶段进行，第一阶段是校级教学开放日活动，市级学科带头人、市级骨干教师和区级学科带头人全员参与；第二阶段是区级教学开放周活动，两院教研室推选36位教师参加全区教学研讨。

（曹　琼）

【召开西城区中学生论坛】 12月5日，2016年西城区中学生论坛在66中学召开。此届论坛以“心怀天下、躬身实践、践行社会主义核心价值观”为主题。来自全区各中学的德育干部、师生代表共同分享了学生的收获感悟和专家的精彩点评。论坛共收集学生时事评论文章及时事评论脱口秀作品200余件，综合实践作品109篇。内容涉及环境保护、志愿服务、职业体验、社会现象调研、社会热点事件分析等多个方面。论坛现场播放了来自15中、161中、铁二中学生的时事脱口秀。来自7中的于子豪、66中的李乾、鲁迅中学的梁雪盈和8中的郭美慧等6名学生分别以《体验、感悟、担当》《爱心，在路上》《弘扬传统文化，唤醒时代生机》《改变，从乌海开始》为题进行社会实践主题汇报。中国民生研究院特约研究员、北师大二附中的老师纪连海，中央民族大学管理学院的老师徐伟分别就当代中学生应该如何看待中西方节日，怎样继承和弘扬传统文化以及青少年的社会责任与担当进行了分享，并提出中肯的意见和建议。

（王冉冉）

【举办“西检杯”中学生思想道德法律知识竞赛决赛】 12月24日，西城区第17届“西检杯”中学生思想道德法律知识竞赛在14中高中部礼堂举行。“西检杯”是由西城区教委、西城区人民检察院、西城团区委联合举办，以提升中学生思想道德法律知识为宗旨，在全区范围内广泛开展的品牌活动。团市委中少部部长佟立成，区教委副主任吴珍，区委教工委副调研员、书记助理徐艳以及教委相关科室负责人参加活动。此次“西检杯”知识竞赛自10月启动，历时2个月，全区共30所中学和职业学校报名参加，由各校团委组织初赛选拔选手。经过分组预赛，7中、14中、15中、41中、铁二中、三帆中学、师大附中、外事学校8支队伍进入决赛。决赛分为三个部分，分别为将帅之战、复活之战、巅峰之战。经过紧张、激烈的比赛，最终15中获冠军，14中、三帆中学获二等奖，铁二中、41中、7中、师大附中、外事学校获三等奖。三帆中学何书忱和15中刘祎然获“最佳表现奖”。

（宁嘉瑜）

【完成培育和践行社会主义核心价值观“四个一”活动】 根据《北京市中小学培育和践行社会主义核心价值观实施意见》的要求，自年初至年底，西城区初二年级7877名学生分3次分别前往天安门观看升旗、参观首都博物馆和中国人民抗日战争纪念馆。师生在庄严的仪式中、在丰厚的文化氛围里，对社会主义核心价值观有了更为切身的体验和深刻的理解。“四个一”（即至少参加一次天安门广场升旗仪式，分别走进一次国家博物馆、首都博物馆和抗日战争纪念馆）活动按照融入课程体系、凸显核心价值观教育内容做好筹备组织，固化教育成果、拓宽工作思路，建设长效机制的思路进行推进。9月，国家博物馆与4中学合作开发《中华传统文化养成教育——中学全学科博物馆综合实践课程》工作正式启动。针对“四个一”活动，市里还开展“行前、行中、行后”的课程方案征集评比活动。各中学均上报了课程方案，最终获三等奖6个、二等奖2个，156中学的《在朝阳里腾飞——观看天安门升旗仪式》获一等奖。

（詹小雪）

【中小学布局结构调整】 年内，西城培智中心学校和宣武培智学校合并，组建新的西城区培智中心学校，属于公办完全中学，是15年一贯制特殊教育学校。增加西城区四根柏小学和西城区中华路小学为小升初对口直升校，对口均是北京市第三十五中学；西城区西四北四条小学更名为北京师范大学京师附小。

（方光志）

学前教育

【概况】　年内，西城区共有幼儿园69所，其中区教育部门办园26所、集体办园10所、其他部门办园13所、地方企业办2所、部队办3所、民办园15所。离园幼儿4414人，入园幼儿6475人，在园幼儿17483人。教职工3233人，其中专任教师1888人。市级社区早期教育示范基地幼儿园32所，市级示范幼儿园19所，一级一类幼儿园43所。年内，西城区学前教育以党的十八届五中、六中全会精神为指导，认真贯彻国家、北京市中长期教育改革和发展规划纲要，落实西城区综合教育改革会议精神，以“校校精彩，人人成功”为目标，认真落实第二期三年行动计划，以增学位、教师培养培训、提升办园质量三项重点工程为抓手，继续完善学前教育管理保障机制，促进事业健康发展，努力办好人民满意的学前教育。通过加强协调，实施幼儿园增学位工程，加快幼儿园的建设速度，探索学区学前教育中心和社区学前教育服务站的建设，提高学前教育覆盖率；通过分层培养，实施幼儿园师资培养培训工程，加强幼儿园干部、教师、保健医、教研员各部门各岗位队伍建设，提高从业人员的综合素质；通过倡导文化建设，实施幼儿园质量提升工程，推进街道幼儿园质量提升，开展幼儿园分级分类验收考核、科研月、“走进特色园——创造园所优质发展之路”文化建设等系列活动，重视做好家长工作，不断提升幼儿园整体建设水平；通过完善机制，多方协同，规范专项经费使用管理，保障学前教育事业健康发展。

（王丽萍）

【召开学前教育工作计划部署会】　3月3日，召开学前教育工作计划部署会。区教委副主任张燕军，区教育研修学院学前部、教育学院分院二部学前教研室领导及全区近70所幼儿园正、副园长，共150余人参加。张燕军介绍了教育部、北京市和西城区《学前教育三年行动计划》的发展方向、指导方针、目标任务等重点政策，分析了学前教育在入托问题上所面临的严峻形势，要求学前教育要承担起社会责任，进一步更新观念，拓展资源，改革办学形式，扩大学前教育覆盖面。要搞好家园共育，让家长掌握科学育儿的方法，适应办学方式的变化。要把幼儿园安全放在更加突出的位置，针对在园幼儿多、新增老师多的实际，精细化做好管理工作，确保幼儿的安全稳定。学前科科长乔梅部署了2016年学前工作计划。主要任务：一是加强协调，实施幼儿园增学位工程；二是分层培养，实施幼儿园师资培养培训工程；三是倡导文化建设，实施幼儿园质量提升工程；四是完善机制，保障学前教育事业健康发展。区教育研修学院学前部、北京教育学院宣武分院学前教研室分别部署工作计划。

（王丽萍）

【召开幼儿园建设工程各部门任务对接会】　5月6日，召开幼儿园建设工程各部门任务对接会，研究解决改扩建幼儿园工程推进中的问题。区教委副主任张燕军、金庆、刘志兵，区教委财务、基建、信息、人事、保卫、组织等相关科室负责人，各项目幼儿园园长共20多人参加会议。张燕军传达了市区教委二期学前教育三年行动计划精神。基建、财务、信息等部门负责人就2016年西城区改扩建的13所幼儿园，从施工进度、信息建设、安全技防、设施设备、人员配置等方面汇报工作进展情况，分析面临的困难问题，提出内挖外联、适度调整、扩大规模等措施。各园园长就如何解决幼儿园改扩建过程遇到的问题、加快工程进度、尽快落实开园，从校园文化建设、周边环境整治、信息化建设、计划公用经费、干部教师配备、人员编制等方面提出意见建议。张燕军对下一步工作进行部署，要求必须保证幼儿园建设的进度；各部门和幼儿园要明确一名工程项目主要负责人，一周一碰头、一月一汇报，及时研究解决工程进展中遇到的问题，全力以赴完成2016年新增学位的目标。

（王丽萍）

【召开汪旭峰老师成长之路研讨会】　5月17日上午，“走进童心世界——汪旭峰老师成长之路研讨会暨西城区学前教育研究会男教师研究组成立大会”在回民幼儿园召开。参会人员有北京市教委学前处副处长郭春彦、北京市教科院早教所所长苏婧、北京市保教协会会长刘枫耘、北京市保教协会副会长简尔贤、西城区教委副主任张燕军、西城区教委学前科科长乔梅（西城区学前教育专业委员会理事长）、北京教育学院宣武分院副院长祁建新、北京教育学院宣武分院学前教研室主任刘亚明、西城区教育研修学院学前部副主任左晓静、西城区教育学会副秘书长杜志勇、学前教育杂志编辑程洁和北京市部分区县教研员及男教师代表、西城区各园教师代表共计200余人。会议由刘亚明主持。来宾们观摩了第一届西城区幼儿园足球联赛。回民幼儿园、棉花胡同幼儿园、信和幼儿园3所幼儿园参赛。联赛结束后，召开西城区第15届走进童心世界活动。回民幼儿园老师汪旭峰做题目为《传递快乐做有力量的教师》的经验交流。刘亚明对回民幼儿园的教师进行了现场采访。回民幼儿园园长孟春燕强调，高品质的幼儿园必须通过建设一支德业双馨、充满激情的教师团队来实现，高素质的人才不是一蹴而就短期形成的，需要一个润物细无声的培育历程。乔梅宣布西城区教育学会学前教育专业委员会男教师研究组正式成立。领导为男教师们颁发了证书和象征勇敢前行的足球。

（王丽萍）

【“辛勤育苗”学前教育工作先进受表彰】　8月，西城区三教寺幼儿园、第六幼儿园、名苑幼儿园、洁民幼儿园、高井幼儿园、中国儿童中心实验幼儿园、幸福时光陶然幼儿园 7 个单位被授予“北京市辛勤育苗学前教育工作先进集体”称号，颁发奖牌；有 25 名先进个人被授予“北京市辛勤育苗学前教育工作先进个人”称号，颁发证书和奖金。

（王丽萍）

【区领导“六一”慰问幼儿园】 5 月 30 至 31 日，区委书记卢映川，区委副书记、区长王少峰，区委常委、区委办公室主任孙硕，区委常委、副区长陈宁，区人大常委会副主任马业珠，区政协副主席沈桂芬等领导，分别走访慰问北海、马连道、槐柏、实验、大拐棒、宝威 6 所幼儿园，并为 41 所幼儿园的孩子们赠送了玩具。区领导代表区委、区政府、区人大、区政协向小朋友们致以节日祝贺，向辛勤耕耘在幼教战线的广大教职员工表示亲切慰问，向在办园过程中不断提升质量的街道园、民办园表示感谢，希望孩子们在幼儿园开心快乐、茁壮成长，并给孩子们送上了节日的礼物。区领导每到一所幼儿园，都听取园领导的办园情况介绍，参观幼儿园环境，与师生进行亲切互动交流，仔细询问教师和幼儿的工作、学习和生活状况，勉励幼儿园办人民满意的教育，师生们倍感关怀和温暖。孩子们主动邀请领导参加他们的游戏活动，热情向领导赠送自己亲手制作的小礼物，介绍自己充满童稚的作品，表演优美的舞蹈，展示了幼儿园贯彻《幼儿园教育指导纲要》《3–6 岁儿童学习与发展指南》促进幼儿德智体美全面发展的教育成果。

（王丽萍）

【组织考核幼儿园】 10 月 20 日至 12 月 16 日，区教委考核组分别对信和、西四北、警卫局、海思、广电等不同办园体制、不同级类的 49 所幼儿园进行考核验收。考核以问题为导向，重点帮助查找影响制约幼儿园建设和发展的不足，挖掘办园优势，形成办园特色，有目的地制定发展规划。通过考核，全面检查分析了幼儿园的整体建设情况，帮助各幼儿园总结了成绩和经验，查找了问题和不足，提出了改进意见，指出了努力方向，对于推动幼儿园坚持依法办园、规范计划管理、加强教学研究、改进队伍培训、整合管理资源、提升工作层次起到了积极作用。

（王丽萍）

【举办走进特色园创园所优质发展之路活动】 10 月 26 日上午，在信和幼儿园举办走进特色园创园所优质发展之路活动。区教委学前科科长乔梅，教研室负责人、名师工作室专家郎明琪及全区各幼儿园正副园长共 150 余人参加活动。活动主要分为园所文化展示、园长经验介绍、专家点评、领导总结四个部分。幼儿园举办“开讲了”系列活动的目的，就是让幼儿园每位教职工做主讲人，鼓励大家在这个平台上分享成长历程，共享工作经验，让每位教职工都有机会挖潜自己、放飞自己，富有个性的成长，成为快乐、自信、主动成长的优秀人才。区男教师研究小组成员马晓宁讲述了“我和信和幼儿园的故事”，与大家一起分享了自己的成长历程与感悟。园长李奕做了题为“以信和文化建设奠基，探索新建幼儿园的发展之路”的经验介绍。

（王丽萍）

【副区长到洁如幼儿园考察调研】 12 月 9 日，西城区副区长司马红在西城区教工委副书记、区教委主任丁大伟等陪同下，到北京洁如幼儿园进行考察调研。领导们参观了幼儿园的园容园貌，深入班级和孩子们亲切交流，了解孩子们的游戏和生活情况，并与幼儿园全体行政干部进行座谈交流。司马红充分肯定了幼儿园周转搬迁一年来，克服困难加强环境改造、提升教保质量方面所取得的成绩，高度认可洁如幼儿园“育大爱千秋，传洁如美德，办有爱的教育，育有美德的人”的办园理念。

（王丽萍）

【对未经教委审批的幼儿园进行规范整治】 12 月，对全区 34 所手续不健全的幼儿园从办学资质、办学场地、教师队伍、幼儿数量及户籍、安全卫生等方面进行核查与规范。

（王竞艳）

职业教育、成人教育、社区教育与民办教育

【概况】 年内，西城区有 4 所职业高中学校和 1 个专门教育职高部，分别是：北京市外事学校、北京市实美职业学校、北京市财会学校、北京市实验职业学校，北京启喑实验学校职高部，其中 4 所职高学校为国家级重点校。共开设美术、形象设计、学前教育、法律事务、数字媒体、饭店管理、中餐烹饪、轨道交通、旅游外语、金融事务、会计、文秘、中药、出版与发行、计算机应用、平面设计等 16 个专业。4 所职业高中毕业 1469 人，招生 547 人，在校生 2265 人。教职工 811 人，其中专任教师 633 人。专任教师中高级专业技术职务 255 人，其中特级教师 1 人、市级学科带头 1 人、市级骨干教师 5 人、区级学科带头 31 人、区级骨干教师 106 人。学校占地面积 39798 平方米、建筑面积 59571 平方米。图书馆藏书 370062 册，固定资产总值 26410 万元，全年教育经费投入 44084 万元，其中国家拨款 43453 万元、自筹经费 631 万元。成人教育学校 3 所，开设专业 58 个，在校生 6134 人，毕业生 2289 人，招生 1608 人。成人学校占地面积 25217 万平方米，总建筑面积 39925 万平方米。西城区市民终身学习成果认证制度扩展认证点至 114 个，认证学员至 9 万余人。湖广会馆、京彩瓷博物馆等 3 家单位成为西城区市民终身学习服务基地，服务基地总数达到 66 个。全年市民教育达到 156.7 万人次。截至年底，西城区共有民办学校 233 所，其中 15 所民办幼儿园、218 所民办非学历培训学校。教职工 4417 人，年招生人数 68 万余人，结业人数 58 万余人，年纳税 5573 万元。

（王娜娜　王竞艳）

【**举办第二批学习型示范社区申报单位培训班**】 1月12日，西城区在红旗大学举办第二批学习型示范社区申报单位培训班。各街道推荐的参评社区书记、主任和专干，相关街道主管部门的负责人近50人参加培训。培训班的举办标志着西城区第二批学习型示范社区创建评估工作的正式启动。

（罗克东）

【**合作开设学分兑换体验课程**】 3月至12月，西城经科大与北京市外事职业学校首次合作开设学分兑换体验课程。开设中华茶艺、中式烹调（私房菜）、咖啡制作、西式面点、葡萄酒品鉴与鸡尾酒调制等10门职业技能体验课，共计30课时。参加学习的学员系市民终身学习积分兑换的持卡人，该校组织学员集体到北京市外事职业学校上课，培训学员150人。

（何　伶）

【**召开市民教育工作会议**】 4月8日，西城区2016年建设学习型城市示范区暨市民教育工作会议在区政府召开。区领导王力军、陈宁、沈桂芬出席会议。西城区各委办局、街道办事处、教育系统部分单位约150人参加会议。会议由西城区人民政府教育督导室主任牟东棋主持。会上，副区长陈宁做工作报告，区政协副主席沈桂芬宣读《关于2015年西城区学习型城区建设工作、文明市民教育工作先进集体和先进个人的决定》，区委副书记王力军讲话。会议下发《西城区建设学习型城区工作“十三五”规划》。

（王　珍）

【**成立北京外事服务职业教育集团**】 4月15日，北京外事服务职业教育集团成立大会在北京市外事学校实习饭店举行。集团由北京市外事学校、石家庄市旅游学校、天津市中华职业中等专业学校、张家口市职业教育中心、张家口市崇礼区职业教育中心以及北京饭店、北京贵宾楼饭店和民族饭店组成。以高星级饭店运营与管理、旅游服务与管理、旅游外语、烹饪等专业人才培养、使用为纽带，由职业院校、企业等共同参与组建而成的多功能、多层次的职业教育合作组织。集团坚持“统筹资源、协同创新、高端培养”的原则，深化职业教育综合改革，创新体制机制，有效服务首都核心功能建设，服务京津冀地区协同发展，服务2022年冬奥会人才培养，有力促进京津冀地区职业教育发展和人才培养。

（王娜娜）

【**承接区妇联失独家庭妇女培训**】 4月至5月，西城经科大承接西城区妇联失独家庭妇女培训。该校教师授课，开设摄影基础课程，24课时。课程结束后，组织学员到市公园进行摄影实践，举办摄影作品评奖活动，共100余幅摄影作品，由该校艺术系教师负责评选出一、二、三等奖。参加培训60人。

（何　伶）

【**开通市民终身学习成果认证制度微信**】 5月5日，西城经科大开通西城区市民终身学习成果认证制度微信公众平台。微信平台分为认证制度、学分课程和超人服务3个栏目，内容包括认证制度、认证点介绍、学分课程、课程介绍、课程班报名、学习成果展示、教学内容质量调查等。主要为区域内居民学习提供服务平台。截至年底，关注人数446人。

（何　伶）

【**签订校企合作办学协议**】 5月9日，西城经科大与北京聚德华天控股有限公司签订企业中青年技术骨干大学专科课程班办学协议。办学形式参照学历教育教学与管理方式进行，设工商企业管理专业，学制业余（1.5年），开设应用文写作、企业互联网应用基础、人力资源管理等16门基础课、专业基础课和管理专业课，共计300学时，该校教师授课，集体进行备课，课程突出企业特点，加强案例教学。共计60名学员，学员修完全部规定课程，考试合格，颁发合作办学的结业证书。

（何　伶）

【**举办社区教育学校教育教学展示月活动**】 5月18日，2016年西城区社区教育学校教育教学展示月活动在金融街社区教育学校举行。活动旨在交流研讨社区教育学校的创新发展，以促进教育教学质量的提升。金融街社区教育学校校长任志军、教师韩磊，陶然亭社区教育学校教师王汝梅分别从教学管理、课程建设和教学设计等方面做大会交流。

（王　珍）

【**召开学习型学校建设工作现场会**】 5月20日，西城区教育系统2016年学习型学校建设工作现场会在北京市第159中学召开，标志着2016年西城区创建学习型学校工作正式启动。区教委在教育系统开展学习型学校建设“五个一”活动，即召开创建学习型学校工作现场会、举办“书香校园好书推荐”学习型学校校园读书活动、举办学习型学校创建专题培训班、开展学习型学校先进集体和个人评选活动、编辑西城区学习型学校创建实践成果集。

（王　珍）

【**承办北京市多项技能比赛**】 6月，西城区职业学校承办北京市多项技能比赛。其中，北京市外事学校承办2016年北京市中等职业学校酒店服务技术技能比赛，获一等奖5项、二等奖4项；北京市实美职业学校承办2016年北京市技能大赛，获新娘化妆盘发造型、标准卷杠男士无缝推剪造型二等奖；北京市财会学校承办2016年中等职业学校职业英语技能比赛，获三等奖；北京市实验职业学校承办中等职业学校“金象杯”中药传统技能竞赛、北京市第4届职业技能大赛暨第17届北京市工业和信息化职业技能竞赛（中药炮制与配制工）项比赛，获一等奖4项、二等奖7项。

（王娜娜）

【**挂牌成立西城区老干部大学分校**】 9月1日，西城经科大挂牌成立西城区老干部大学分校。北京老干部大学隶属于北京市老干部局，是为老干部继续学习提供服务的公益性、非学历的学习组织。西城经科大是由西城区政府主办的成人高等学校，作为居民身边的大学，利用学校教学资源、师资队伍和管理上的优势开办分校，是落实中共北京市委组织部、市老干部局《关于加强和改进全市老干部（老年）大学建设指导意见》精神，满足老干部的学习需求，实现老干部大学的合理布局和功能服务的延伸拓展。

（何　伶）

【举办西城区市民终身学习成果展示活动】 9月27日，西城经科大举办西城区市民终身学习成果认证制度的交流与成果展示活动。该校校长作题为《稳步实施市民终身学习成果认证制度，推动西城区学习型城市示范区创新发展》汇报，包括认证制度出台的背景、体系架构、运行方式和取得的成绩等内容。认证中心主任重点介绍认证制度建设、认证点运行、硬件升级、平台建设、积分兑换、课题研究与对外交流情况。认证中心职员、认证点管理员和持卡学员演示了认证管理工作的具体流程。专家、学者参观市民课程班，并与市民学员进行了交流。认证制度的成果展示得到专家、学者的肯定与好评。此次活动由东城区教育委员会副主任主持活动，约70人参加。西城区市民终身学习成果认证制度的实施经验和成果展示被列为北京市学习型城市建设典型案例。

（何　伶）

【北京市创建学习型城市工作示范区经验交流与成果展示在西城启动】 9月27日，北京市创建学习型城市工作示范区经验交流与成果展示活动率先在西城区拉开帷幕，北京市教委职成处的领导、学习型城市研究中心专家组、各区县教委主管主任及科长参加。活动中，西城区教委主任丁大伟作题为《统筹规划谋发展，实践创新续新篇》的工作汇报。在西城经济科学大学展示了市民终身学习成果认证制度的实施情况以及学习成果认证制度运行的基本概况、工作流程。在北京外事学校展示了开展职业教育进社区的职业技能培训课程。

（王　珍）

【签署办学协议】 为深化学校招生改革，发挥校企双方优势，发挥成人教育为社会、行业、企业服务的功能，为企业培养更多实用型人才。10月11日，红旗大学与翔达公司开展校企合作办学，签订三年校企合作协议，合作专业为工商行政管理专业，为企业培养优秀的在职员工。

（罗克东）

【教学站通过评估】 10月26日，红旗大学联合办学部接受远程教育评估工作。检查评估按照自查自评、专家进校实地检查、评估组专家进行评价等程序，重点检查规范招生、办学行为和教学管理。红旗大学教学站评估结果为合格。

（罗克东）

【摄影展暨市民学习周活动正式启动】 11月16日，2016“中国梦·红旗飘飘·我的社区教育梦”广外社区教育学校学员优秀摄影作品展暨市民学习周活动在西城区第一文化馆正式启动。摄影展是北京市西城区2016年市民学习周宣传活动之一。本次摄影展共收到参评作品238幅，选出优秀作品100幅。

（罗克东）

【举办西城区2016年市民学习周暨社区教育成果展】 11月22日，主题为“做学习达人，享美丽人生”的2016年西城区市民学习周开幕式在中国消防博物馆举行。副区长司马红、北京市教委职成处处长王东江、中国消防博物馆副馆长王新民等领导出席开幕式。西城区相关委办局、15个街道办事处、教育系统相关单位100多人参加活动。活动由区教委主任丁大伟主持，区政府教育督导室主任赵蓬欣宣读表彰决定，领导为受表彰单位和个人代表颁奖。陶然亭天桥地区社区教育学校教师王汝梅作为2016年“首都学习之星”、北京天文馆副馆长陈冬妮作为2016年全国“特别受百姓喜爱的终身学习品牌项目”代表分别发言。开幕式上，还同期举办了西城区社区教育成果展，以照片、文字、实物展示、现场互动体验等形式进行展示。

（王　珍）

【举办西城区纵横输入技能PK大赛】 11月24日，由红旗大学组织举办的西城区纵横输入技能PK大赛在西城区青少年科技馆举行。校长车亚军为选手抽取比赛题目，最终大赛评选出一等奖5名、二等奖20名。

（罗克东）

【举办第15届市民书画精品展】 11月28日至12月1日，西城区社区学院举办第15届市民书画精品展。此届书画展以纪念红军长征胜利80周年为主题，书法作品涵盖草隶篆楷行，绘画作品涉及人物肖像及山水花鸟虫鱼，共计60幅，讴歌了红军将士万里长征中不惧艰难、浴血奋战的精神。参赛作者来自社区居民，其中有耄耋老人，也有幼学小儿。活动期间，有1000余人前往参观。

（何　伶）

【成人高等学校招生】 年内，西城区成人高考网上报名总计4572人，实际缴费3965人，现场参加资格确认的考生总数为3753人。其中高中起点专科为1264人，高中起点本科为362人，专科起点本科为2127人。报名科次为10173科次，比上年减少1808科次；共设置成人考试考点校9所，考场134个。

（马　华）

【高等教育自学考试】 年内，区教育考试中心自考办全年受理各类高等教育自学考试报名共21640人次，55209科次，新生注册3125人，使用36所（次）中学作为考点校，组考1803场次。办理自考毕业初审1258人（专科308人、本科950人）。

（常　忱）

【对区相关单位进行视察指导】 年内，按照西城区2016年成人教育工作计划的总体安排，组织有关专家学者，对区食药监局、环卫中心等单位的成人继续教育及建设学习团队工作进行视察与指导，以点带面，促进全区成人教育培训工作的有效开展。

（王娜娜）

【腾退职业教育校址】 依据西城区职业教育发展规模及教育资源统筹，截至年底，腾退职业教育校址3个：实美职业学校小市口校区、甘家口校区，实验职业学校南线里校区。

（王娜娜）

【10人入选首届“中青年社区教育教学新秀”】 年内，经中国成人教育学会评选，西城经济科学大学贾相梅、刘蓉、柴兴祝，北京宣武红旗业余大学李洪蕾、邱晓欣、陈欣，北京广播电视大学宣武分校马劢，陶然亭天桥社区教育学校王汝梅、金融街社区教育学校李维花、西长安街社区教育学校张静当选中国成人教育协会首届“中青年社区教育教学新秀”。

（王 珍）

【召开民办教育协管员专题会议】 年内，区教委民教科每月召开协管员工作例会，对下校检查情况进行安排和部署，对检查中出现的问题进行了讨论，民教科对检查出的问题进行分析讨论，从而有针对性的研究对学校的处理整改方案和意见。截至年底，协管员从办学资质、办学场地、人员资质、学员组成、餐饮卫生、校园安全等方面共实地核查34所无证幼儿园、15所民办幼儿园、15所办有学前班的培训机构，全覆盖式检查月坛、西长安街和金融街街道培训学校共66校次，核查68所民办学校的场地和办学情况。充分翔实的检查结果为民教科依法规范民办学校的管理提供了强有力的依据。

（王竞艳）

【开展社区教育教学活动】 年内，西城经科大开展社区教育教学6项专题活动，参与人数约5900人。举办以“迎冬奥讲外语——创造良好语言氛围”为主题的西城区第9届市民讲外语风采大赛；“律动西城颂党恩”的西城区第6届市民艺术节合唱比赛；“外语交流·结缘四海”为主题的北京外语游园会市民外语角暨西城区外语嘉年华活动；“纪念红军长征胜利80周年”的西城区文明市民学校第15届书画精品展；西城区社区科普益民大课堂。为促进全民学习、终身学习，提高市民的创新意识和科普实践能力，将环保和创新理念引入社区和家庭，与西城区青少年科技馆联合举办“空气净化DIY——空气净化器的设计与制作”活动。

（何 伶）

【承接西城区各委办局培训】 年内，西城经科大承接西城区各委办局20余次的培训，共计392课时，培训约4520人。开设视频编辑、计算机系统应用维护、英语口语、艺术欣赏等60门课程，培训对象是人力社保局、工商西城分局、统计局等西城区各单位的管理人员。其中为工商西城分局科长、所长、支部书记、内勤干部、网络和平台接待的不同管理级别的人员进行培训；为区人力社保局人事干部举办机构编制工作与日常管理、公务员管理综合业务、工资管理、人事改革新动态等13项自选式讲座。

（何 伶）

【成人教育高校举要】 北京市西城经济科学大学(简称西城经科大)暨西城区社区学院是西城区政府举办的一所集成人高等学历教育、继续教育、各类岗位培训、社区教育等多样功能于一体的独立设置的成人高等学校。年内，教育经费投入3487.09万元，其中国家拨款2955.23万元、自筹经费531.86万元。固定资产总值1499.31万元，其中教学、科研仪器设备总值581.0395万元。图书馆建筑面积1500平方米，藏有纸质图书10.7万册。拥有计算机787台。多媒体教室54个。学校信息化经费投入134.21万元，信息化设备资产667万元，网络信息点2个，校园网出口总带宽100Mbps，电子邮件系统用户139个，上网课程37门，数字资源量415GB，管理信息系统数据总量16.8GB。设有西城区南草厂22号和63号、西直门前半壁街甲23号校区，2个工作站。设有4个教学系，开设12个专业，覆盖7个学科。教职工129人，其中专任教师61人，包括副教授20人。毕业生576人，招生572人，在校生1191人。中央民族大学远程与继续教育西城经科大教学站毕业17人，在校生24人。中国传媒大学远程与继续教育西城经科大教学站在校生838人，毕业316人，招生212人。西城区市民终身学习成果认证制度建设工作，认证点数量为114家，注册个人学习账户达9万余人，系统内持卡学员个人账户88465人，学分课程刷卡累计175588学分，评选出12名优秀认证管理员，对5530名持卡学员实施积分兑换奖励。西城区市民终身学习成果制度的实施经验与成果展示被列为北京市学习型城市建设典型案例。开展市民教育教学工作，居民进校学习人数约18500人次，共计1245课时。开设20门社区教育特色收费课程，组织教师到32个社区进行授课或讲座活动；与北京市外事职业学校合作开设10门职业技能体验课程。组织社区教育活动，同西城区各委办局联合举办西城区第9届市民讲外语风采大赛、第6届市民艺术节合唱比赛、北京外语游园会市民外语角暨西城区外语嘉年华、第14届市民学习周活动、第15届书画精品展、西城区社区科普益民大课堂。参与人数约5900人。组织召开西城区学习型城区研究中心2015年度科研项目结题会，对结题的12个项目评出一、二、三等奖及优秀奖，编撰《2015年学习型城区建设科研成果汇编》。制作完成86门微课视频，并上传至学习型西城网供居民在线学习使用。承接西城区人力社保局、工商西城分局等各委办局在岗人员培训，培训约7400人，共516课时。为西城西城区房屋土地经营管理中心、北京市华天饮食集团公司等6家单位开展首都职工素质教育培训约3600人，共378课时。

北京宣武红旗业余大学（简称红大）是西城区独立设置的成人高校。占地面积7415平方米，产权校舍建筑面积10480平方米。全年教育经费投入3433.95万元，其中国家拨款3046.93万元，自筹经费133.94万元，预算外收入253.08万元。固定资产总值1484.9万元，其中教学、科研仪器设备总值58.39万元。图书馆建筑面积300平方米，藏有纸质图书6.5万册、电子图书4800册。学校信息化经费投入46

万元，信息化设备资产379.89万元，网络信息点600个，校园网出口总带宽110Mbps，上网课程52门，数字资源量82GB，管理信息系统数据总量108GB。设有右安门1个校区，设14个行政部门，5个教学系部、开设21个专业，覆盖12个学科。教职工84人，其中专任教师47人，包括教授3人、副教授15人。兼职教师55人，包括教授7人、副教授24人。专科学历在校生624人、招生315人、毕业310人；北京理工大学继续教育学院红大教学站在校生171人、招生36人、毕业49人；北京交通大学继续教育学院在校生799人、招生167人、毕业359人；北京师范大学继续教育学院在校86人、毕业20人。全年培训15320人次。

（何伶　罗克东）

教育督导

【概况】 北京市西城区人民政府教育督导室（简称区教育督导室）是区政府加强教育行政监督，行使教育督导职能的专门机构；代表区人民政府开展区内教育督导工作；职能是依法对区内教育工作进行监督、检查、评估、指导。年内，共有专职督学16人（其中公务员编制12人），兼职督学27人。年内，区教育督导室按照国家教育督导委员会办公室和北京市政府教育督导室的要求，落实责任督学挂牌督导制度，在全区所有中小学校开展经常性督导，并通过2016年北京市中小学校责任督学挂牌督导创新区评估认定。配合区委教工委和区教委，完成相关监测工作。共对7所中小学校和幼儿园、1个校外教育机构进行全面实施素质教育综合督导，对3所社区教育学校进行综合督导，对4所非学历民办教育培训机构进行综合管理督导评价，对4个街道办事处进行履行素质教育目标责任的综合督导，对8个政府组成部门进行督政责任区经常性督导，对10个政府组成部门进行专项随访督导，对1所中学开展调研式督导。

地址：西城区广安门内大街171号
邮编：100053
电话：63035547

（王锦红）

【市中小学校办学情况督导调研】 4月25日，市督导调研组对西城区中小学校办学情况进行督导调研。区教委主任丁大伟汇报西城区中小学校办学情况。随后，市督导调研组分组，通过听取校长汇报、巡视校园、召开座谈会、进行访谈、开展问卷调查等形式，分别对156中学、北师大附属实验中学分校、56中学、登莱小学、四根柏小学和裕中小学进行实地督导调研。市督导调研组充分肯定了西城区的工作，认为西城区在推进中小学校办学情况方面做到了“四抓”：一是抓统筹规划；二是抓内部治理；三是抓质量提升；四是抓支持保障。

（王锦红）

【市“减负”工作专项检查】 5月25日，市专项检查组对西城区“减负”工作进行专项检查。区委教工委调研员牟东棋以《深化教育综合改革，持续推进减负工作》为题做西城区“减负”工作专项汇报。随后，市专项检查组通过听取校长汇报、召开教师和学生座谈会的形式，分别对登莱小学和三帆中学进行了实地检查。

（王锦红）

【市中小学校责任督学挂牌督导创新区评估认定】 年内，西城区依据《2016年北京市责任督学挂牌督导创新区评估认定工作方案》的要求，对2014年以来的挂牌督导工作进行了梳理、总结，申请成为北京市中小学校责任督学挂牌督导创新区。10月17日，西城区向市政府教育督导室提交申报材料和电子版档案资料，区教育督导室主任代表西城区作工作汇报，并接受了评估组专家质询。在此基础上，市评估专家组于10月26日对西城区“中小学校责任督学挂牌督导创新区”创建进行了实地核查。评估专家组分组与10名责任督学代表和10名中小学校校长代表进行了座谈。并先后来到育才学校、159中学和陶然亭小学查看学校校门前悬挂的责任督学公示牌，走进学校责任督学工作室，查看督学工作室办公设备配备情况、督学工作档案管理情况、责任督学工作手册、责任督学挂牌督导工作信息系统使用情况等。最终，西城区通过2016年北京市中小学校责任督学挂牌督导创新区评估认定。

（王锦红）

【市深化基础教育综合改革情况调研】 10月26日，市督导调研组对西城区深化基础教育综合改革情况进行督导调研。区教育督导室主任赵蓬欣就西城区深化基础教育综合改革情况做工作汇报。随后，调研组分组召开区教委相关科室、直属单位负责人和中小学校长代表座谈会，就2016年义务教育阶段入学工作情况、优质教育资源扩大情况，推进课程改革特别是初中开放性实践活动工作推进情况，高校、教科研部门支持中小学发展项目推进情况，民办教育机构参与中小学学科改革推进情况进行调研。

（王锦红）

【开展教育执法自查】 11月，区教育督导室依据市政府教育督导室《关于开展2016年教育法律法规执行情况督导检查的通知》要求，组织相关单位开展落实教育法律法规的自查自评工作。本年度的自查重点内容包括：一是检查新建、改建居民区配套设置学校的政府职责履行的情况；二是检查区政府落实义务教育经费“三个增长”的相关情况；三是检查区政府统筹领导职业教育工作，将职业教育纳入区“十三五”经济社会发展规划和教育发展规划及推进落实情况。区教育督导室结合相关单位自查报告，全面总结落实教育法律法规中突出的成绩及经验，形成自查报告并报送市政府教育督导室。

（王锦红）

【市中小学校和中小学教师校外有偿补课专项检查】 12月27日，市专项检查组对西城区中小学校和中小学教师校外有偿补课情况进行专项检查。区教育督导室主任赵蓬欣向市检查组汇报西城区开展有偿补课自查工作情况。4所学校代表介绍开展有偿补课自查情况。市专项检查组认为：西城区重视有偿补课专项治理工作，认真地进行自查自纠，整体工作到位；下一步要做好宣传，建立长效机制，切实做到不出现有偿补课行为。

（王锦红）

【开展全面实施素质教育自评工作】 年内，区教育督导室按照教育督导评价制度的要求，组织全区中小学校、中等职业学校和幼儿园开展每学年一次的全面实施素质教育自评工作。本学年的自评重点包括：学校管理工作中的亮点及有效做法，围绕培育和践行社会主义核心价值观开展特色教育活动的情况，教师队伍建设的举措和成效，中小学推进课程建设的思路措施和成效、幼儿园推进家园共育的举措和成效。并组织全体督学以责任区为单位审阅学校自评报表，评审情况通过挂牌督学向学校进行反馈。

（王锦红）

【全面实施素质教育综合督导】 年内，区教育督导室依据《北京市区县政府、教委、学校（教育机构）全面实施素质教育评价方案》以及西城区督导评价指标体系与细则，会同区委教工委、教委有关科室以及相关直属单位对北京市第43中学、北京市第56中学、进步小学、西师附小、北京小学红山分校、宏庙小学、三义里第一幼儿园、西城区青少年科技馆8所中小学校、幼儿园和校外教育机构进行综合督导。督导后汇总分析收集的信息，肯定各单位近三年工作中取得的主要成绩，同时指出工作中存在的主要问题并针对问题提出具体建议，形成督导评价意见。并分别召开督导反馈会，向被督导单位进行督导回复。

（王锦红）

【非学历民办教育培训机构督导】 年内，区教育督导室依据《西城区非学历民办教育培训机构综合管理督导评价方案（试行）》，围绕办学方向、办学条件、学校管理、办学绩效和办学特色五个方面分别对华金金融培训中心、就业培训学校、尚德智业培训学校、万星培训学校进行督导。督导后分别汇总分析收集的信息，形成评价意见，并向被督导单位进行督导回复。

（王锦红）

【社区教育学校综合督导】 年内，区教育督导室依据《西城区社区教育学校工作评价指标体系》，从组织管理、教育教学、发展绩效、特色创新等方面对新街口社区教育学校、大栅栏地区社区教育学校、西长安街社区教育学校进行综合督导。督导后分别汇总分析收集的信息，形成评价意见，并向被督导单位进行督导回复。

（王锦红）

【街道办事处综合督导】 年内，区教育督导室依据《西城区进一步推进全面实施素质教育评价工作方案》对新街口街道办事处、大栅栏街道办事处、西长安街街道办事处、天桥街道办事处进行综合督导。在督导的过程中注重挖掘街道开展素质教育工作的特色和取得的成绩，同时提出工作建议。

（王锦红）

【督政责任区经常性督导】 年内，根据督政责任区制度，开展对区检察院、区法院、区残联、区红十字会、西城公安分局、区环保局、区妇联、西城区食品药品监督局等委办局的教育督政经常性督导，督促相关委办局素质教育目标责任落实。

（王锦红）

【随访督导相关委办局】 年内，为有效加强工作沟通，推动区域素质教育工作的深入开展，区教育督导室围绕社会关注的教育热点、难点以及教育改革问题，对区发改委、区市政市容委、区科信委、区司法局、区卫计委、区城管执法监察局、区总工会、团区委、区体育局、区安全监管局等10个委办局进行专项随访督导。

（王锦红）

（责任编辑　杨桂敏）

文化　旅游　体育　卫生

文　化

文化管理

【概况】　北京市西城区文化委员会（简称区文化委）是负责文化、文物、新闻出版和广播电影电视事业管理工作的区政府工作部门。负责制定区文化事业发展规划，并组织实施；指导公共文化设施和基层文化设施建设；制定并实施非物质文化遗产保护规划；制定文化市场发展规划，承担文化市场、新闻出版、广播电视事业监督管理责任；负责文物保护有关事项的管理，对文物保护单位实施监督管理。设办公室、政策法规科（研究室）、公共文化科、非物质文化遗产科、文化产业科、文化市场管理科、文物科、财务审计科、党群工作办公室、人事科，机关行政编制45名。区文化委所属区文化执法队是负责区文化、文物、新闻出版和广播电影电视事业行政执法工作，设综合科、文化市场治理办公室、法制监督科、财务科、执法一分队、执法二分队、执法三分队、执法四分队、执法五分队，行政执法专项编制37名。

地址：西城区后广平胡同26号

邮编：100035

电话：66561230

（房　微）

【传统节日文化活动】　2月1至6日，在天桥剧场、北京音乐厅举办“北京第二届（2016）天桥小年文化庙会暨老舍京味文化节”。活动期间民众可以逛庙会、吃特色小吃，欣赏北京曲剧以及大型原创民族交响音乐会，共6000余名观众参加活动。4月4日，2016年“清明·陶然诗会”在陶然亭公园举办。活动以纪念中国共产党成立95周年及红军长征胜利80周年为主旨，围绕歌颂领袖人物的诗和长征组歌等艺术形式，缅怀先辈，赞美生活，歌唱祖国。9月13至15日（中秋节），在大观园和月坛公园举办“皓月中秋·华彩西城”——2016年西城区中秋节群众游园赏月活动。活动分3场：诗歌朗诵会、非遗演出、京剧专场演出。旨在“弘扬民族优秀传统文化，丰富人民群众节日内涵”汇集文艺表演、非遗展示、灯光秀、猜灯谜、拜“兔儿爷”、游园互动等文化活动，共吸引近万当地群众和中外游客参与。

（房　微）

【春节庙会活动】　2月8至12日，在东、西琉璃厂，陶然亭公园和北京大观园公园举办2016年北京厂甸庙会和第二十一届红楼庙会。两大庙会重点突出文化特色、创新特色、公益特色，累计接待游客56万余人次。

（房　微）

【非遗项目参加对外文化交流活动】　2月11至18日“北京东盟文化之旅”在新加坡和泰国两国三地举办。由非遗演出、非遗展示和图片展览3项内容组成。传统文化的展示体验环节，观众们可体验“京味”药香制作、鼻烟壶内画、泥塑、剪纸、彩绘脸谱等非遗项目。5月28日，第四届中国（北京）国际服务贸易交易会在国家会议中心拉开帷幕，本届京交会，区文化委会同区商务委以“传承人类遗产 展示古都风貌”为主题，以非物质文化遗产为主要内容进行展览展示，集中展现西城区优秀传统文化资源。6月3至6日，应斯洛伐克皮仕佳尼市市长米洛斯·塔玛卡先生邀请，受区外办委托，区文化委组织10位非遗项目传承人成立非遗艺术团，参加斯洛伐克皮仕佳尼艺术节活动，并与皮仕佳尼市文化部门洽谈文化交流合作项目。8月16日，中国—东盟中心和北京市人民对外友好协会共同举办“中国—东盟日”活动，庆祝东盟成立49周年，纪念中国—东盟建立对话关系25周年在中国东盟中心举办。区文化委组织的传拓技艺、京派剪纸、彩塑京剧脸谱、北京鬃人、裕氏草编传承人在现场进行非物质文化遗产展示互动，口技、古彩戏法、耍花坛3个项目传承人进行表演。

（房　微）

【区领导参加志愿服务】　3月2日，在全国第53个“学雷锋纪念日”到来之际，区领导卢映川、王旭、郑然、沈桂芬、姜兆春到区第一图书馆参与图书整理、为读者提供自助借还书等服务。区委书记卢映川一行人身着志愿服务蓝色马甲，在图书馆工作人员的指导下，完成图书定位与上架，还帮助读者在电子设备上完成数字资源的借阅。自2004年起，区第一图书馆就开始志愿服务工作，设有5个志愿者服务岗位，分别在三层对外借阅、西城社区学习中心、英语角、德语角和图书交换岗。西城社区学习中心作为首都学雷锋志愿服务示范站注册志愿者700人，累计服务5万多小时。

（房　微）

【举办第二届中国原创话剧邀请展】 3月18日至7月10日在国家话剧院和天桥艺术中心举办第二届中国原创话剧邀请展，由中国国家话剧院、西城区人民政府联合主办，国家话剧院剧场运营中心、天桥艺术中心和区文化委委承办。共有来自全国20余个省、自治区、直辖市的国有院团、民营院团、社区戏剧团演出26部大剧场剧目、23部小剧场剧目，共计179场演出，观众人数累计9万余人次。

（房　微）

【《北京人家之口技人生》音乐剧】 3至10月，完成原创系列剧第三部《北京人家之口技人生》音乐剧的编排、演出、展演等相关工作。该剧从3月开始调研走访，7月中旬完成演员选拔，8月15日举行开排仪式，10月11、12日在天桥剧场首演，并于10月30、31日参加在天桥艺术中心举办的“第二届北京天桥音乐剧演出季”展演。该剧主要是以围绕口技国家级非遗传承人牛玉亮为基点，通过发生在口技人身上的故事彰显出非物质文化遗产的魅力及传承中的酸甜苦辣，也通过群文工作者“接地气”的艺术加工和表演，展现出西城区独特的文化优势和资源特色，从而促进群众文化的发展。

（房　微）

【获“全国社会科学普及教育基地”称号】 4月7日，北京市社科普及工作会议召开，会议宣布西城区第二图书馆等十几家单位被全国社会科学普及工作经验交流会组委会授予“全国社会科学普及教育基地”称号。

（房　微）

【第十五届丁香诗会在法源寺召开】 4月10日，以弘扬社会主义核心价值观、庆祝建党95周年和红军长征胜利80周年为主题，第十五届丁香诗会暨第十二届丁香笔会在法源寺召开。中国佛学院副院长张厚荣、中共西城区委常委王旭及社科联等领导，曹灿、殷之光等朗诵艺术家，社区朗诵艺术团队及社区百姓共300余人参与此次盛会。

（房　微）

【“阅读推广＋”成立与“西华书房”开业】 4月22日，西城区“阅读推广＋”成立暨第一届代表大会举行，文化地标性特色阅读空间“西华书房”在西城区正式开业。西城区的阅读推广资源再次得到扩充和丰富，资源共享的大平台建设也由此进入一个新阶段。西城区“阅读推广＋”是由区文化委倡议，隶属于西城区图书馆协会的一个志愿联盟组织。

（房　微）

【“文化艺术进卫计委”专场文艺演出】 5月6日，纪念5·12国际护士节——西城区“文化艺术进卫计委”专场文艺演出在宣武少年宫春晖剧场举办。演出由区文化委支持，区第二文化馆主办、区卫生计生委协办。根据区公共文化特点，结合区卫生系统相关单位医护人员的具体需求，邀请中国歌剧舞剧院的演员来为医护工作者演出。

（房　微）

【书香西城·北京阅读季】 5月25日，由中共北京市委宣传部、北京市新闻出版广电局、北京市教育委员会、中共北京市西城区委区政府共同主办，区文化委、区教委共同承办的书香中国·北京阅读季“第三届北京儿童阅读周”启动仪式在北京三十五中学举行。启动仪式后，文学翻译家、诗人屠岸与同学们分享自己的阅读故事，畅谈阅读对人生的影响，并与学生进行了互动。10月26至28日在天桥艺术中心举办第六届书香中国·北京阅读季的闭幕式。主题为“阅读点亮中国梦”，活动口号为“北京阅读季，就爱你阅读”，由颁奖典礼、“阅读＋”系列对话、“就爱你阅读”系统活动、“第六届书香中国·北京阅读季成果展”“书香长廊”等5部分组成。

（房　微）

【群众文化系列活动】 6月1日至9月23日，完成景山合唱节品牌赛事、交流、展演活动。活动历经初赛、复赛、决赛、交流、展演等环节。活动紧紧围绕庆祝建党95周年、红军长征胜利80周年，以“辉煌征程红色印记”为主题。为了不断提高北京景山合唱节的艺术和表演水平，特别推荐优秀合唱团队参加第十三届中国国际合唱节比赛、观摩、讲座等活动，并取得优异成绩。7至8月，举办2016第十一届“舞动北京”全民广场舞大赛暨西城区广场舞秀及“欢乐飞飏”北京社区舞蹈大赛。组织134支中老年、少儿舞蹈团队，参加广场舞大赛系列活动，推广普及广场舞作品，丰富百姓的文化生活。区文化委凭借两个文化馆的优秀团队，分别获2016年首都市民系列文化活动第十一届“舞动北京”群众广场舞大赛的团体金奖和铜奖。

（房　微）

【文艺事业光辉历程展】 7月5日，为纪念建党95周年，系统回顾总结我们党领导文艺为人民服务的历史与经验，弘扬社会主义核心价值观。在北京天桥艺术中心，举办“为人民创作 为时代放歌——中国共产党领导的文艺事业光辉历程展”，展览历时20余天，每天接待3000余人次参观，展览期间共接待观众近10万人次。

（房　微）

【举办第十三届中国国际合唱节】 7月26日至8月1日，由文化部外联局、国际合唱联盟、中国对外文化集团公司、市教委、中国合唱协会与西城区共同主办的第十三届中国国际合唱节于在京举办。7月26日开幕式演出在人民会堂举行，中外合唱团上演万人大合唱震撼全场。合唱节期间，来自全球44个国家和地区的238支合唱团参加20个大项

204场合唱活动。

（房 微）

【举办第三届当代小剧场戏曲艺术节】 9月27日，在繁星戏剧村举行第三届当代小剧场戏曲艺术节发布会，由北京市戏剧家协会、区文化会、天艺同歌文化公司共同主办，繁星戏剧村承办。10月19日至12月30日，在繁星戏剧村展演两岸三地8个剧种，19个剧目，涵盖京剧、昆曲、越剧、粤剧、藏剧、评剧、柳子、赣剧等戏曲形式共70余场展演。

（房 微）

【原创作品京韵大鼓《丰碑》获奖】 10月19日，由区文化委选送，西城区第一文化馆演出的曲艺原创作品京韵大鼓《丰碑》获群文专业领域最高奖项——第十七届中国文化艺术政府奖"群星奖"。"群星奖"分为初选、复赛、决赛三个阶段，共有5052个作品参加本届"群星奖"的初选，84个作品进入决赛，最终获"群星奖"的只有20部作品，获奖几率为千分之四。

（房 微）

【第五批区级非遗项目专家论证会召开】 11月22日，第五批西城区级非遗项目专家论证会在西城区图书馆二层集体视听室召开。来自曲艺类、传统美术与手工技艺类、民俗类、传统体育与游艺、杂技类、传统医药类、传统音乐类、饮食类的9位专家对之前通过初审会的非遗申报项目进行了论证和评审。会上，播放项目申报片，各位专家就各个项目历史渊源、技术特色、传承谱系、历史文化价值及保护现状等方面进行讨论。共计48个项目通过专家评审会。

（房 微）

【2017年北京西城区新年音乐会】 12月6日，由区文化委、区文联共同主办的"爱的礼赞——2017年北京西城区新年音乐会"在北京音乐厅上演。本场演出充分发挥区域文化资源优势，邀请中央音乐学院著名女高音歌唱家、声乐歌剧系副教授、硕士研究生导师孙媛媛；中央音乐学院中提琴教研室主任、硕士生导师、著名中提琴演奏家、教育家苏贞；中国著名男高音歌唱家戴玉强等携手范磊、张佳佳、阿冷、许笑男等出演。来自西城区各行各业的音乐爱好者、社区百姓近1000人观看演出。

（房 微）

【共享阳光残障人读书会】 12月21日，西城区青少年儿童图书馆举办"阳光伴书香——共享阳光残障人读书会"活动。年内，为残障人士举办"丙申猴年剪纸活动""国际博物馆日"、世界读书日——"残障读者用声音传递爱心""听蔡治隆爷爷讲长征故事"等活动，深受残疾小读者的欢迎，让他们走出家门、融入社会、增长知识、享受阅读乐趣。共举办活动6次，参加人数190人次。

（房 微）

【阅读空间建设】 年内，新增甲骨文悦读、西华书房、天桥剧场"芭蕾阅读空间"、悦来阅美绘本馆、鼓楼西剧场特色阅读空间、红丹丹视障文化服务中心等特色阅读空间6家。在第二书房、雁翅楼、西华书房和北京砖读空间成立运营管理委员会。全市第一家完成18家特色阅读空间考评工作。截至年底，全区累计有18家特色阅读空间，活动超过2000场，参与人数超过7万人次。

（房 微）

【西城区获非物质文化遗产保护专项资金】 年内，为支持非物质文化遗产保护，为项目和生产性保护基地、培训基地的发展提供保障，北京市文化局向各区县拨付北京市非物质文化遗产保护专项资金3340万元，用于北京市级非物质文化遗产代表性项目扶持经费和北京市非物质文化遗产认定奖励，西城区共获经费支持达640万元，约占全市1/5。

（房 微）

【"2016百姓戏剧展演"系列活动】 年内，由区文化委主办，区第二文化馆和万方文化机构承办，中国国家话剧院大力支持的2016西城区"百姓戏剧展演"系列活动举办。"百姓戏剧展演"继续以"政府搭台、企业参与、百姓受益"为宗旨，以原创话剧、音乐剧、戏曲、情景剧等为载体，开展20项活动，展示17部剧目，呈现46场演出。

（房 微）

【文化市场行政执法数据】 年内，全队共出动执法人员3020人次，检查文化经营单位521家次，检查卫视接收单位145家次，检查图书音像经营单位186家次，检查印刷厂56家次，检查艺术品经营单位50余家次。立案99件，罚款2718725元。

（房 微）

【文化市场行政许可数据】 年内，文化市场行政许可工作接待咨询7000余人次。办理行政许可事项审批与备案1319件。其中出版物零售企业新设立75家，变更35家；网吧变更7家；歌厅变更8家；电子游艺厅变更2家；文艺表演团体变更11家，设立2家；国内营业性演出许可1064台，9308场次；有线电视站、共用天线设计、安装单位变更1家；演出场所经营单位备案6家；电影放映单位变更2家；美术品经营单位备案101家。西城区有文化市场经营单位1039家。其中网吧79家，歌厅58家，电子游艺厅23家，文艺表演团体57家，演出场所经营单位37家，电影放映单位9家，从事美术品经营活动的单位146家，有线电视站、共用天线设计、安装单位23家；出版物零售企业503家，印刷企业104家。

（房 微）

文物管理

【概况】 西城辖区历史文化底蕴深厚，资源丰富，种类繁多，特色鲜明，是皇城文化、市井民俗文化、宗教文化、缙绅文化等高度融合的区域。共有三级文物保护单位181处，其中全国重点文物保护单位42处、北京市文物保护单位61处、西城区文物保护单位78处。尚未核定为文物保护单位的不可移动文物（文物普查登记项目）182处。在北京市已公布的40片历史文化保护区中，西城区域内有18片。

（房　微）

【“慎终追远，缅怀先贤”活动】 3月29日，北京历代帝王庙与北京市第一五九中学在历代帝王庙内共同举办“慎终追远　缅怀先贤”——爱国主义教育主题活动。一五九中学的100多名师生参加此活动，举行向历代帝王庙的古代先贤进献花篮、读颂文等仪式。

（房　微）

【开展清明节文化展演活动】 4月4日，北京历代帝王庙管理处与中国人民大学孔子研究院联合在历代帝王庙内举办“礼敬先祖追思先贤——2016（丙申）年历代帝王庙清明文化展演”活动。展演活动由明代皇家传统仪仗和拜谒典礼两部分组成，仪式庄严肃穆，气氛热烈虔诚。来自全国各地的传统文化爱好者和来自北京大学、中国人民大学、中国社科院等高校及研究机构的学者、学生等共400余人参加活动。

（房　微）

【“缅怀先烈　宣誓明志”主题活动】 清明节期间（4月4至6日），北京李大钊故居举办“缅怀先烈　宣誓明志 走进故居”主题系列活动。针对不同观众群体分别开展“金融街办事处老年协会追忆先烈”“百名小学生缅怀先烈敬献鲜花”“清明时节 建队授旗　宣誓明志”等活动。参与人数共计1617人次。

（房　微）

【举办“走近图书，爱上阅读”活动】 4月23日（世界读书日），在北京历代帝王庙内举办以阅读为主题的系列活动。活动由“走近图书 爱上阅读”派送图书以及“萧乾《文章皆岁月》新书分享会”两部分组成。“走近图书 爱上阅读”主题活动中，向游客及周边社区居民免费赠送《历代帝王庙史脉》《西城史迹 宫苑坛庙王府》《西城追忆——文物保护专辑》《李大钊家族史研究》《元代水利家郭守敬》等书籍，倡导大家走近书籍，爱好阅读，让读书成为习惯，营造全民读书氛围。100名图书爱好者还参加由北京阅读季活动组委会、重庆出版社北京华章同人共同主办的“文洁若与萧乾的岁月文章——萧乾《文章皆岁月》新书分享会”活动。

（房　微）

【民俗文化展示活动进校园】 5月16日，北京郭守敬纪念馆邀请空竹、花棍、陀螺等10余项传统项目的民俗专家走进北京十三中（高中部）进行现场展示和互动活动。活动中民俗专家为学生们展示技艺，教大家如何去玩儿这些传统的玩意儿，并且给学生们讲述相关的民俗文化。学生们争先尝试，此次活动近200名师生参与。

（房　微）

【举办“与您同行”义务讲解活动】 5月18日，“国际博物馆日”当天在历代帝王庙举办“与您同行——历代帝王庙义务讲解”活动。全天进行4场专业性讲解，听众含普通游客，西城区青少年儿童图书馆组织的特殊观众，来自四川省凉山彝族自治州进行工作交流的文化同行。工作人员根据不同的观众群体，分别对历代帝王庙的历史沿革、文化内涵以及建筑价值等方面进行讲解。

（房　微）

【“李大钊廉洁思想”专题展】 6月15日，北京李大钊故居推出“建党95周年专题展——铁肩担道义　妙手著文章”专题展。专题展主要针对的是学校和企业单位，巡展工作于6月15日至7月30日依次在首都经济贸易大学、首都铁路卫生学校和五洲传播中心进行。参与人数共计3000人次。

（房　微）

【《文物古迹览胜》新书发布会】 7月4日，《文物古迹揽胜——西城区各级文物保护单位名录》新书发布会在辅国公弘曣府遗存内举行。中国文物学会副会长许伟，古建筑专家侯兆年，西城各相关文博单位代表及文物爱好者70余人分享西城文物数字化的新成果。本书编纂方西城区文物保护研究所向与会领导和代表赠送新书。

（房　微）

【“我爱大运河”手绘活动】 8月10日，北京郭守敬纪念馆举办中国大运河系列活动之“我爱大运河”手绘活动，北青社区报小记者团的20余名小记者参与。纪念馆准备了文化衫、扇子、水彩笔、蜡笔、水粉等手绘材料及颜料，小记者们通过在展厅里对郭守敬开凿通惠河及京杭大运河的理解，发挥想象，绘制作品。

（房　微）

【北京郭守敬纪念馆科普夏令营】 8月17日，北京郭守敬纪念馆开展科普夏令营活动，组织来自北京铁二中学、北京联合大学应用文理学院的师生约50人参观北京海洋馆、南海子麋鹿苑两个科普教育基地，通过两天的参观学习，学生们了解到许多关于海洋生物、麋鹿的习性与保护等知识。

（房　微）

【推出“夏商周——入祀人物”专题展览】 9月8日，推出“夏商周——历代帝王庙入祀人物系列”专题展。在历代帝王庙中入祀的夏、商、周三朝的帝王分别为14人、26人、32人。此次展览主要介绍入祀历代帝王庙的夏、商、周三代帝王的生平、轶事传说、历史典故及同时期文物藏品资料。此次展览丰富了庙内展陈内容，使观众可以对历代帝王庙中入祀的帝王有了更深地了解，弘扬了中华民族传统文化。

（房　微）

【举办孙中山诞辰纪念活动】 11月16日，纪念孙中山先生诞辰150周年纪念活动暨“振兴中华：孙中山与华侨”图片展开幕式在北京历代帝王庙举行，近100名侨界人士和学生代表参加此次开幕式。展览以历史图片和文献，重温孙中山先生革命生涯的各个历史场景，再现了孙中山先生为实现祖国的独立、自由、民主、富强，坚持不懈地奋斗历程。

（房　微）

【编制不可移动文物保护行动计划】 年内，编制《北京市西城区“十三五”期间不可移动文物保护行动计划》。提出61项西城区“十三五”期间文物腾退及合理利用计划项目，其中包括产权为直管公房的47项，社会单位占用的14项，计划分三批次开展腾退保护工作。该计划经区政府第45次常务会审议通过，全面启动实施。

（房 微）

【**文物保护行政许可**】 年内，立足依法行政，有序推进文物修缮工程实施，完成泰丰楼旧址、霱公府、廊房头条15、19号、砖塔胡同关帝庙、廊房二条传统商店北侧东段部分文物修缮设计方案的许可工作。

（房 微）

【**不可移动文物腾退工作**】 年内，大力推进文物腾退工作。启动、推进杨椒山祠、粤东新馆、护国观音寺、沈家本故居、龚自珍故居、东莞会馆、太原会馆、新市区泰安里、板章路商住楼等文物征收、腾退项目15项，涉及腾退居民856户2568人；已腾退637户1911人。同时，推动中南海周边涉及的万寿兴隆寺文物腾退工作于7月正式启动，协调相关单位实现谭鑫培故居、钱市胡同炉房银号建筑群等一批文物腾退征收项目的前期工作落到实处。

（房 微）

【**北京市文物及历史文化保护区专项资金**】 年内，在北京市历史文化名城和文物保护专项资金的支持下，西城区积极推动全区文物修缮工作的实施，使一批优秀文物建筑得到了有效保护，为此获得了市文物局的好评。在此基础上，争取市级文物腾退、保护资金1.9亿元。完成“文物及历史文化保护区专项资金”的绩效考评工作。

（房 微）

【**博物馆（展览馆）三年建设行动计划**】 年内，为实施首都“文化中心”战略，按照西城区“十三五”发展规划要求，及“四个西城”的文化发展目标，结合西城区首都公共文化服务示范区创建工作，研究、编制了《西城区博物馆（展览馆）建设三年行动计划（2017—2019）》。

（房 微）

【**划定区级文物保护单位的保护范围和建设控制地带**】 年内，与区规划分局、北京建工建筑设计研究院等单位合作，推动全区78处区级文物保护单位的保护范围、建设控制地带划定工作的全面启动。

（房 微）

【**文物类图书出版**】 年内，推动《文物古迹揽胜——西城区各级文物保护单位名录》《蕴真堂石刻资料集成》等书籍正式出版。

（房 微）

文化创意产业促进工作

【**概况**】 西城区文化创意产业促进中心（简称文促中心）为区委宣传部下属副处级事业单位，内设办公室（信息服务科）、调研规划科、服务促进科，在职人员9人。年内，开展区域文化创意产业发展和政策应用的调查研究；在区文创办领导下，具体落实市文化创新发展专项资金项目的征集、预审和上报工作，负责资金支持项目的管理工作；为文化创意产业集聚区、孵化器的公共服务平台建设提供支持和服务；建立区域文化创意产业信息服务平台，管理维护区文化创意产业基础数据库、项目库和人才库。联络服务重点文创企业和人才；负责文化创意产业宣传推介活动的组织落实；联系和指导区文化创意产业协会工作等。

（谭凌子）

【**天宁1号文创园公开征集logo**】 1月27日，区文促中心联合北京天宁华韵文化科技有限公司面向社会为天宁1号文创园公开征集“天宁1号”logo、“大烟囱”改造思路，收到来自各行各业市民投稿方案30余份，征集活动于3月31截止，方案评审结果于5月向社会公布。

（谭凌子）

【**组织企业申报2014年北京市文化创新发展专项资金**】 2月底，2016年市级文创资金组织申报工作全面启动。申报提交91个项目；举办3次培训会，包括1次情况通报会，1次专题培训会，1次区属企业补助类项目申报辅导；分别在《北京西城报》和西城官方微博上进行宣传和项目征集。年度北京市文化创意产业发展专项资金，西城区最终获得资金支持项目34个，支持总额6267万元（含市级推荐项目3个，支持总额2011万元。

（谭凌子）

【**《文化创意产业参考》创刊**】 3月15日，由区文创办、区文促中心主办，中尚联华（北京）企业管理有限公司联合编发的《文化创意产业参考》创刊首发。该刊全面关注文化创意产业的前沿理论、最新政策、行业资讯等内容，为西城区从事文化创意产业的投资者、中高层管理者和决策者提供参考。每月两期，面向全区文化创意产业领导小组办公室成员单位、相关委办局、区内文创产业园区、重点文创企业定期发放。3至12月，共编发20期。

（谭凌子）

【**30余家驻区文创企业参加中韩文化交流**】 4月18至25日，区文化促进中心组织中印翰墨轩（北京）文化公司、北京五十五度科技公司、北京国翔影视文化传媒公司、北京雷禾文化传媒公司以及北京开心麻花娱乐文化传媒公司等我区30余家文创企业“走出去”，参加在韩国首尔文化中心举办的“北京文化产业贸易展览会—品味北京@首尔”及系列交流活动，以展览展示、推介研讨、电影展映、中韩论坛、文艺演出和产业考察等多形式助推中韩两国文创企业交流合作。

（谭凌子）

【**大型纪录片《一份报纸的抗战》开播**】 4月25日，区文促中心参与拍摄的中国首部以“报人抗战”为题材的大型纪录片《一份报纸的抗战》在京举行首播发布会。该纪录片共分6集，以1931至1945年大公报参与、推动、见证的中国抗战及世界反法西斯战争这一重大事件为线索，讲述了新闻界和文化界在国家民族危难之际的家国情怀和独特担当，填补了国内抗战题材纪录片的空白，被国家新闻出版广电总局列为“重大理论文献题材纪录片”。该片由大公报（香港）有限公司和甘肃省委宣传部联合出品，陕西省委宣传部、山西省委宣传部、中央新闻纪录电影制片厂（集团）、西城区文促中心、西安曲江影视投资有限公司联合摄制，由北京红池风云文化传媒有限公司独家承制。

（谭凌子）

【文创产业政策系列单行本推出】 5月，区文创办、区文促中心编印文创产业政策单行本面向区文创领导小组各成员单位、相关委办局、区内文化创意产业园区以及区内重点文创企业发放。印发政策单行本意在全面关注文化创意产业的最新政策、法规，为区域内从事文化创意产业的投资者、中高层管理者和决策者提供参考。截至年底，完成《艺术品经营管理办法》《网络出版服务管理规定》《关于促进消费带动转型升级的行动方案》《北京市推进文化创意和设计服务与相关产业融合发展行动计划（2015—2020）》等22种政策单行本编印发行工作。

（谭凌子）

【“全国艺术品DNA防伪数据采集中心”设立】 7月1日，区文创办推动永鉴高科（北京）文化发展有限公司（简称“永鉴高科”）在西城区设立“全国艺术品DNA防伪数据采集中心”，主要通过“技术手段＋市场规律”的方式实现艺术品防伪。“全国艺术品DNA防伪数据采集中心”的第一批数据库已采集完成，并正式向社会公开发布数据上线，中心对外正式营业，并作为艺术品DNA防伪技术的研发中心和辐射京津冀地区的服务中心。

（谭凌子）

【西城区文化产业服务平台设立】 7月，区文创办对由企业建立的中尚联华（北京）文化企业发展平台进行全面升级，改建成公益性的西城区文化产业服务平台。以“变资本支持为资源支持”为核心思路，新平台集中打造3个中心，即研究中心、服务中心和企业之家。

（谭凌子）

【“第四届西城区惠民文化消费季”正式启动】 8月16日，“第四届西城区惠民文化消费季”正式启动，在8至11月活动期间，西城区以“文化消费，惠民惠企”为主题，组织区内天桥艺术中心、繁星戏剧村、居仁堂京瓷博物馆、老舍茶馆、湖广会馆等40余家企业，重点围绕文化创意产业消费促进和产品展示，推出展演、读书、展览、市集、非遗等12个系列44项主题活动，拉动文化消费、惠及百姓生活、促进企业发展。截至11月6日，各项活动共吸引客流98万人次，线上流览量748万人次，其中消费人次为77万人次；拉动消费7.37亿元，其中现场成交额1.25亿元，门票销售额0.23亿元，线上产品服务交易额5.89亿元。

（谭凌子）

【2016国际设计周西城区设6个分会场】 9月23日至10月7日，由文化部、北京市政府主办的2016北京国际设计周在北京举办。按照组委会的统一的部署，区文促中心推荐区内6个分会场活动参加本届设计周。包括白塔寺历史风貌保护区的“白塔寺再生计划”、大栅栏街区的“大栅栏设计社区”、西海48文化创意园区的“匠心智造设计系列展”、北京DRC工业设计创意产业基地的“设计经济系列活动”、什刹海的“什刹海·漫生活”、新华1949文化金融创新产业园的“新华1949创意嘉年华”活动。

（谭凌子）

【参加第十一届文博会】 10月27日至11月1日，西城区依托“1＋N”的参会模式，以1个主展区、4个分会场举办32项内容丰富精彩的活动，全面展示区域丰富优质的文创资源，进一步彰显西城区文化创意产业“文化、科技、金融”融合发展的独特优势与魅力。主会场紧扣“中国式生活”这一主题，从生活、工作、休闲等不同维度，展示中华优秀传统文化对现代生活的积极作用和正面影响，引导人们以科学态度对待传统文化，鼓励企业对传统文化进行创造性转化、创新性发展。四个分会场活动以天宁1号文化产业园为主，涵盖文化艺术，新闻出版，广播、电视、电影，艺术品交易，旅游、休闲娱乐以及其他辅助服务等文创板块，共计32项活动，参与企业40余家。

（谭凌子）

【天宁1号文创园开园】 10月28日，天宁1号文创园暨华电（北京）热电有限公司（二热）天宁寺厂区改造一期工程完成。

（谭凌子）

【“思库·武清”项目签约】 10月28日，天津市武清开发区文化创意产业园“思库·武清”项目签约，该项目由天津新技术产业园区武清开发区总公司与中尚联华（北京）企业管理有限公司（西城区文化创意产业发展平台服务企业）合作建立。中尚联华负责市场化运营，武清开发区总公司对项目进行投资建设。预计输出相关的文创企业30余家，并对后续企业运营以及发展提供服务；利用平台的共享经济模式将我区文创企业思维及作品与武清开发区的生产企业结合，通过文创电商产业园销售到客户端，形成完整的产业链。通过导入北京优质资源和品牌，聚合人气，激发创新活力，用新理念、新机制、新举措，推进西城区区与武清区经济持续健康发展，扩大我区文创企业在该区域的影响力。

（谭凌子）

北京京都文化投资管理公司

【概况】 北京京都文化投资管理公司（简称京都公司）隶属于天桥盛世投资集团，是西城区一家专司文化创意产业的国有独资企业。公司业务主要涉及投资管理、文化交流、会馆开发、影视策划、电影放映、剧团演出等经营管理项目。截至年底，京都公司资产总额23023万元、净资产13017万元、营业收入7495万元。公司所属从事文化创意产业的企事业单位10余家，包括北京杂技团、风雷京剧团、北京皮影剧团、湖广会馆、厂甸市场管理处、白广路商场等。公司系统职工共265人。
地址：西城区福长街四条4号
邮编：100055
电话：63166391

（吴京伟）

【董事会换届选举、法定代表人变更】 年内，京都公司完成董事会换届，选举金聆为董事长，白丹时、高永明、郑翼程、王金、松岩、李井泉为公司第二届董事会董事。撤销公司第一届监事会，选举李秋娟为北京京都文化投资管理公司第一届监事。任命白丹时为公司总经理、法定代表人。

（吴京伟）

【推进首都功能核心区疏解整治促提升】 年内，京都公司安排对棚户区改造项目内商业进行腾退，对红居南里洗车房、南新华街小商铺进行产业升级，汇同湖广会馆对南新华街烤肉城进行改造，升级成为社区便民超市及早点示范工程网点，完成疏解人口近70人。

（吴京伟）

【原创京话剧《网子》反响热烈】 年内，风雷京剧团创编的京话剧《网子》在天津津湾大剧院成功演出，并分别在天桥艺术中心小剧场、人艺小剧场、中华世纪坛小剧场演出34场，观众达1.1万人次。该剧在2016年"北京故事"评选中获得剧目第一名。

（吴京伟）

【传统杂技项目"爬杆"申遗成功】 年内，北京杂技团正式将传承百年的"爬杆""柔术""花盘""空竹"等节目申请非物质文化遗产项目保护。"传统保留项目——爬杆"申遗成功，剧团正式成为北京市西城区非遗保护单位。

（吴京伟）

【北京杂技团恢复创作运营】 年内，北京杂技团推出集杂技、魔术、滑稽为一体的时长75分钟整台节目，成功实现近四年来的首次独立创作、运营。

（吴京伟）

【加大院团保障力度】 年内，京都公司加大对院团保障工作的协调支持力度。加强院团流动资金监测，统筹指导院团申请政策资金；协调解决北杂排练和办公场所资产调整，达成调拨方式的初步意见；协调皮影剧团更换演出用车和做好迁入孵化器的前期工作，帮助风雷协调供暖改造；协调解决院团社保改革问题，提供资金，帮助院团补交养老、公积金和建立企业年金。

（吴京伟）

【明确文物单位管理使用职能】 年内，分别取得区文化委颁发的火神庙、安徽会馆、林白水故居、佑圣寺文物管理使用说明，解决多年未获得的合法手续，明确京都公司的文物经营管理职责，解决了部分管理界面混淆、产权关系制约和经营活动合法性的问题。

（吴京伟）

【推进菜园街棚改征收工作】 年内，配合区政府菜园街棚改征收工作，第一时间完成与指挥部签署搬迁协议，并对租户开展腾退和租金清缴活动。

（吴京伟）

【配合天桥汇项目建设】 年内，配合天桥集团天桥汇项目开发建设，完成大栅栏街19号和门框胡同27号共计1000平方米房产划转和租户对接活动。

（吴京伟）

【提出琉璃厂艺术文化馆项目征收补偿】 年内，对琉璃厂艺术文化馆项目征收范围内的临建房屋补偿进行了整体估算，完成征收补偿要求的报告，并向琉璃厂大栅栏指挥部以及征收中心提出同等房屋置换意向要求。

（吴京伟）

【南新华街搬迁遗留问题取得较大进展】 年内，促进南新华街搬迁遗留问题解决取得较大进展，加大沟通协商力度。协调区信访办等部门提交区政府批准处置意见，通过司法程序，彻底解决了冯伟拆迁补偿问题。

（吴京伟）

【完成中圆汇博股权转让】 年内，完成中圆汇博股权转让事宜，六六八八公司摘牌支付股转资金，签订交易协议，中圆汇博完成工商变更，交还京都办公设备和南新华街9号房屋，京都公司收回原始投资306万元。收回项目分成款147万元中的第一笔49万元。

（吴京伟）

【完成北京百年华泰文化发展有限公司的清算工作】 年内，完成北京百年华泰文化发展有限公司的清算工作，分别完成税务登记证的注销工作和工商注销登记。

（吴京伟）

北京市大碗茶文化发展有限公司

【概况】 北京市大碗茶文化发展有限公司下设党办、公司办公室、财务部、审计部、人力资源部、行政部，下辖北京老舍茶馆有限公司、北京大碗茶茶叶有限公司、北京震云阁工艺品有限公司3家股份制企业，职工人数142人，经营项目包括茶座、演出、餐饮、茶产品、工艺品销售等。全年实现销售收入3822.18万元，利润65.60万元，上缴税金163.38万元。
地址：西城区前门西大街正阳市场3号楼
邮编：100051
电话：63021741

（王捷 张欢）

【人大建议被采纳】 1月28日，北京市第十四届人大第四次会议闭幕，包括十三五规划纲要在内的七项决议获通过。此次市政府工作报告内容根据代表意见作了13处修改，北京老舍茶馆董事长尹智君提交的《关于"落实北京市十三五规划纲要，传承弘扬优秀京味儿文化"的建议》被北京市政府采纳，"传承京味儿文化"被写入北京市政府工作报告和《北京市十三五规划纲要》。

（王捷 张欢）

【所获荣誉】 2月25日，老舍茶馆与西城区国华商场、同仁堂、内联升、瑞蚨祥等26家企业被评为首批北京市优质服务商店。3月，董事长尹智君被北京市妇女联合会、北京市人力资源和社会保障局、北京市总工会联合授予北京市“三八”红旗奖章。4月，董事长尹智君被2016中国·贵州国际茶文化节暨茶产业博览会授予贵州茶文化大使。同月，董事长尹智君获得北京市总工会颁发的“首都劳动奖章”。6月，董事长尹智君获得北京市和西城区优秀党务工作者称号。10月，北京大碗茶公益团队荣登“北京社会好人榜”。11月，老舍茶馆茶食品获得第十三届“北京礼物”旅游商品大赛银奖。

（王捷 张欢）

【董事长做主题演讲】 3月4日，西城区纪念“三八”国际妇女节主题论坛在西城区文化中心一层小剧场举行。董事长尹智君做论坛主题发言《一个家两代人的坚守与传承》。

（王捷 张欢）

【参加《中国茶宴》编辑纲要专家会】 7月12日，董事长尹智君与中国餐饮协会副会长、水天堂集团董事长梅润生，广东潮州工夫茶传承人叶汉钟，四川茶宴文化发展促进会会长、成都联卓智能餐饮管理公司董事长杨文，浙江农林大学教授关剑平，《浙江通志·茶叶卷》主编阮浩耕等国内餐饮界和茶界专家学者一同出席在浙江杭州之江饭店召开的《中国茶宴》书籍编写纲要讨论会。

（王捷 张欢）

【举办评茶员竞赛】 7月13日，北京市第四届职业技能大赛初赛——老舍茶馆评茶员大赛闭幕。老舍茶馆时红等12名优秀选手晋级复赛，并分别取得了高级评茶员和中级评茶员技能证书。为保证此次评茶员竞赛的质量水平和培训覆盖率，企业选拔了3名业务骨干担任本次大赛培训教员，并选派3名优秀青年员工担任大赛赛务支持。截至7月6日，企业组织员工进行了3场培训活动，参训近百人次，累计达20小时。

（王捷 张欢）

【港澳大学生体验京味儿传统文化】 7月12日，前来北京参加文化部组织的港澳大学生暑期文化实践活动的8名香港和澳门大学生在老舍茶馆品尝“老二分”大碗茶，观看皮影戏，学习茶艺表演，实地体验和感受中国传统文化。

（王捷 张欢）

【2016文化中国行启动仪式在老舍茶馆举行】 7月25日，由文化部外联局主办，中外文化交流中心和中国对外文化集团公司承办的“2016文化中国行——海外中国文化中心优秀学员团访华计划”在老舍茶馆启动。文化部外联局局长助理郑浩、中外文化交流中心副主任刘红革、北京老舍茶馆有限公司董事长尹智君出席启动仪式，近50位海外中国文化中心优秀学员参加活动。

（王捷 张欢）

【亲子茶艺大赛举行】 8月22日，由北京老舍茶馆和东城区少年宫共同举办的2016老舍茶馆杯亲子茶艺大赛在老舍茶馆艺苑举行。北京市东城区少年宫教研室主任、小茶人俱乐部负责人霍艳平，天津市茶文化教育进校园活动发起人姜琦，北京老舍茶馆有限公司常务副总经理唐波参加并担任大赛评委。比赛现场，孩子们通过一杯茶表达对父母和老师的爱与感恩。每个表演结束后，评委老师从主题、礼仪、茶汤质量和茶艺技能四个方面进行点评打分。陈熙臻、赵思涵、石胤江等6位小茶人获得三等奖；朱梓鹭、崔博轩、顾鑫阳获得二等奖；廊坊奕通国学幼儿园的8名小朋友和来自东交民巷小学五年级的王渝获得一等奖。

（王捷 张欢）

【接待元首政要】 9月18日，格林纳达总督拉格雷纳德女士一行到访老舍茶馆。10月19日，阿尔巴尼亚共和国议会议长伊利尔·梅塔一行做客老舍茶馆。11月2日，亚美尼亚共和国前总理、公众院主席马努基扬携夫人做客老舍茶馆品中国茶，欣赏京味演出。11月3日，瓦努阿图副总理兼旅游和商务部长乔·那图曼到老舍茶馆品特色美食，感受京味文化。11月22日晚，玻利维亚最高法院院长帕斯托尔·马马尼一行到访老舍茶馆，体验茶文化。

（王捷 张欢）

【参加第二十一届澳门国际贸易投资展览会】 10月20至22日，由澳门贸易投资促进局主办，15家本澳、内地与香港经贸部门及商协会协办的第二十一届澳门国际贸易投资展览会在澳门威尼斯人会议展览中心金光展厅B厅举行。老舍茶馆与国内外众多知名品牌企业一同参展。开幕式当天，北京市委副书记、市长王安顺，澳门特别行政区行政长官崔世安，北京市西城区委副书记、区长王少峰莅临老舍茶馆展位。

（王捷 张欢）

【2016年北京文博会】 10月27至30日，由中华人民共和国文化部、国家新闻出版与广电总局和北京市人民政府主办的第十一届中国北京国际文化创意产业博览会在中国国际展览中心（老馆）举行。老舍茶馆与国内外众多知名品牌企业一同参展。

（王捷 张欢）

【中央国家机关妇工委领导到茶馆座谈体验】 12月13日，中央国家机关妇工委主任曹博慧及来自中央国家机关妇工委驻西城国家部委的30余位领导与西城区妇女联合会，在老舍茶馆围绕中央群团工作会议后妇联组织改革创新的新举措和新方法展开座谈。座谈会上，老舍茶馆常务副总经理唐波介绍了企业经营发展情况；茶艺师杨阳、于婷表演曾在2014年APEC会议期间为国家主席夫人彭丽媛女士及各国贵宾表演的“北京盖碗茶茶艺”。

（王捷 张欢）

旅　游

旅游管理

【概况】 北京市西城区旅游发展委员会（简称区旅游委）是负责全区旅游发展统筹协调、产业促进和行业管理工作的区政府工作部门。在职人员51人，其中公务员29人、事业单位人员22人。区旅游委在区委区政府的领导和市旅游委的指导下，主动对接首都定位的新要求、新任务，主动适应发展新常态，以提质增效为主线，以发展转型和管理转型为中心，积极推进旅游业转型升级，探索构建开放型全域品质景区”，文商旅融合发展三年行动计划实现圆满收官，旅游经济运行总体保持平稳态势。年内，纳入全区统计的153家住宿单位实现营业收入53.7亿元，同比微幅下降0.6%，平均房价425.2元，平均出租率71.0%，其中星级饭店实现营业收入32.7亿元，同比增长1.9%，平均房价476.5元，平均出租率70.6%。纳入全区统计的24家旅游景区实现营业收入8.8亿元，同比增长6.0%，接待游客5523.9万人次，同比增长0.5%。纳入全区统计的旅行社共接待旅游者90.6万人次，其中国内旅游者59.5万人次，同比下降9.7%；入境旅游者10.0万人次，同比增长24.9%；出境旅游者21.2万人次，同比下降3.9%。

地址：西城区南菜园街51号

邮编：100054

电话：83975164

（周　懿）

【“十三五”旅游规划】 12月1日，正式发布《北京市西城区“十三五”时期旅游业发展规划》，提出全面构建“一带两线多节点”的空间布局，以建设全域品质景区、提质文化旅游产品、拓展培育客源市场、优化升级产业要素、深度推进产业融合、提升公共服务能力、加强智慧旅游建设、规范旅游市场秩序、强化行业精细治理等九个方面重点任务为抓手，全面提升旅游发展质量和效益、旅游管理和服务品质，全力构建“开放型全域品质景区”，在全市国际一流旅游城市建设中走在前列。

（周　懿）

【文商旅三年行动计划】 通过三年的扎实推进，《西城区旅游与文化、商业融合发展三年行动计划（2014-2016）》收官，50个文商旅重点项目顺利实施，在传统文化资源向特色旅游产品转化、重点产业项目建设、公共服务设施建设、文商旅融合型产品、文商旅融合节庆活动、宣传营销资源共享、文商旅人才队伍建设、市场诚信建设等方面取得明显成效，文商旅融合理念在相关部门、相关领域逐步成为共识，思想引领成果初步显现，为推进全区历史文化名城建设、现代化服务业发展、促进区域消费发挥了显著作用。

（周　懿）

【旅游市场综合监管】 年内，建立了旅游市场综合监管明察暗访工作机制，针对重点地区、重要节点的旅游市场情况和突出问题，开展不定期明察暗访，通过发现问题、建立台账、定期通报等方式督促监管单位和旅游市场主体及时整改落实。4月，正式发布《北京市西城区旅游服务优质供应商测评与认定规则》，培育企业诚信，提高管理和服务水平。9月，出台《北京市西城区加强旅游市场综合监管工作方案》，成立了以分管区长为组长的西城区旅游市场综合监管工作小组，建立了综合协调、案件联合查办、投诉统一受理等综合监管机制，将旅游市场综合监管工作纳入全区三大考评体系，即区环境办全区环境秩序及城市管理履职情况考评体系、区综治办年度综治工作重点考评体系、区政府督查工作体系。

（周　懿）

【严厉打击非法“一日游”】 年内，采取“日常监管—明察暗访—专项整治”的联动模式，会同有关单位对德胜门、什刹海、大栅栏、国家大剧院、北京北站等重点地区和恭王府、北海等重点景区周边开展非法“一日游”专项整治行动73次，出动执法人员980人次，共收缴虚假宣传广告牌（灯箱）近300块；查处并约谈旅游企业10家，行政处罚旅行社网点1家，查处无证导游1人，查处非法揽客人员60余名并移交公安机关拘留26人；检查旅游大巴车100余台次，查扣非营运车35辆，罚款28余万元，现场转运被误导游客900余人；取缔非法一日游发车点5处，查处877路假公交站牌15处，关停非法旅游咨询报名门市部1家；查处旅游景点周边无照经营282起，没收不合格商品56件，罚款44320元。5月，在北京北站广场LED屏播放旅游宣传提示片，提示游客选择诚实守信、服务优质、价格合理的旅游企业消费；10月，针对德胜门地区冒充公交人员拉客去八达岭长城游览，从北二环积水潭地铁站出口至德胜门箭楼南侧路段每间隔50米喷涂“前方X米八达岭877路、919路公交车站”等相关醒目提示字样并加注指向箭头；11月，制作北京出游提示宣传栏悬挂在大栅栏地区社会旅馆前台醒目位置，提示游客防范不法人员欺诈揽客行为。

（周　懿）

【社会小旅馆清理整治】 4月，成立社会小旅馆清退工作小组；6月，围绕全区“疏非控人”重点工作，制定了《西城区清理整治社会小旅馆工作方案》；年内，开展西城区小型住宿单位基本信息调查工作，全面摸清了全区小型住宿业经营情况，清退了14家地下社会旅馆，关停了17家地上社会旅馆。

（周　懿）

【探索“旅游+”融合发展】 9月，与区文化委合作开展“优势资源进酒店”活动，推出了定制非遗产品、面向酒店的定制非遗服务、面向旅行社的定制旅游线路，3家酒店、2家景区、2家旅行社与非遗项目达成了初步合作意向，宋庆龄故居、郭沫若故居与京彩瓷达成中小学生课堂长期合作项目。

（周　懿）

【区域旅游协同发展】 3月，与天津市西青区、宝坻区签订旅游合作备忘录，与四川省攀枝花市制订2016年旅游交流合作工作方案；4月，协助河北省唐山市、天津市西青区和宝坻区在京举办3场旅游推介会，邀请唐山市及唐山市曹妃甸区参加第十五届什刹海文化旅游节；5月，与山东省济宁市签订旅游合作协议，协助山东省济宁市、澳大利亚彭里斯市在京举办旅游推介会；6月，与安徽省黄山市签订深化旅游交流合作协议并协助举办旅游推介会；9月，与河北省唐山市签订旅游合作框架协议、与浙江省湖州市签订旅游战略合作协议，并协助浙江省湖州市在京举办旅游推介会；12月，协助内蒙古自治区达拉特旗在京举办旅游推介会。

（周　懿）

【传统节庆活动】 春节期间，厂甸庙会以“弘扬非遗精髓，传承京味文化”为主题，位于东、西琉璃厂的文市区开展北京曲艺、天桥杂技抖空竹、吆喝连台、皮影等北京传统演艺精品节目，位于陶然亭公园的民俗区引入民俗小吃、传统灯彩等手工艺展示、冰雪嘉年华活动。北京大观园第二十一届红楼庙会设立“非物质文化遗产展示区”，集中展示脸谱、皮影、剪纸等非遗项目。北京天文馆推出“宇宙畅游”展览，首都博物馆推出观展加盖特制猴年印章、非遗展示体验、京剧团演出及京剧脸谱化妆互动等旅游项目。清明期间，北海公园推出赏花、游船活动，陶然亭公园举办第二届海棠春花文化节。“五一”期间，什刹海风景区推出“水上博物馆”等系列活动，北海公园濠濮涧、铁影壁等景区，首都博物馆春季两大特展及4D眼镜观古貌受游客欢迎。中秋期间，各大公园开展丰富多彩的旅游文化活动，北海公园举办第八届北京菊花节；什刹海推出中秋游船赏月活动；首都博物馆举办千变万“画”兔儿爷主题活动；迎来开园三十周年纪念日的北京大观园开展了“筑梦三十年”征文摄影展览。国庆期间，陶然亭公园举办以“展历史名园风采，筑美丽中国梦”为主题的花卉展，首都博物馆推出具有VR体验功能的《走进养心殿》特展。

（周　懿）

【第十五届什刹海文化旅游节】 4月19日（谷雨），第十五届什刹海文化旅游节在什刹海游船好梦江南码头开幕，6月30日闭幕。本届旅游节继续以“览古都风貌·品京韵文化”为主题，分开幕式和文化展示、活动体验、资源共享三大板块10项分活动，突出线上推广与线下体验，发布《旅游服务优质供应商测评与认定规则》，集中推出了一批具有西城特点的品质服务商和品质资源，着力打造特色品牌，推进品质旅游。

（周　懿）

【旅游商品】 年内，组织16家企业的100余件产品参评第十三届“北京礼物”旅游商品大赛，西城区共8家企业获奖，其中洛可可“故宫猫—大内密探”系列、老舍茶馆“京味茶食”获金奖；步瀛斋“绣花礼相巾”获铜奖；内联升“坤千工艺木槿花小元布鞋”、戴月轩“古风古韵”礼盒、北京和增田“老天桥砂板糖”、国家大剧院“古乐琵琶保温杯”、什刹海旅游开发有限公司“京杭大运河”明信片等获优秀奖。

（周　懿）

【旅游营销】 年内，借助亚太旅游交易会、北京国际旅游博览会等展会、厦门海峡旅游博览会、北方十省旅游博览会等展会平台，组织43家企业开展主题营销10次；连续三年开展的“惠游西城”品牌活动，成为针对入境客源的常态化营销手段。1月，与中国第一在线音频平台“蜻蜓FM”签署战略合作协议，重点推广《话说西城》音频作品。3月，与猫途鹰网站建立了合作关系，策划推出以酒店为核心的一公里周边折页，营造“品质旅游”“口碑旅游”的宣传声势。4月，借助“手绘京城·外国漫画家画北京”活动，通过微博微信实时宣传10位国际漫画家在北海、什刹海、国家大剧院、首都博物馆等地的创作体验，取得较好效果。5月，首次尝试在海外中餐厅公共媒体投放宣传片，宣传范围覆盖美国10城，300个核心社区，1500家美式中餐厅。年内，借助《旅游》杂志，以名人故居游、亲子科普游、地铁沿线游、博物馆探秘游等为主题，持续开展专题宣传推广。截至年底，官方微博粉丝为19.3万人，年度发布微博368条；官方微信粉丝为1.5万人，年度发布微信文章411条；官网累计发布文章32篇。

（周　懿）

【智慧旅游】 年内，推进重点景区及星级饭店的无线网络覆盖；4月，中、英、法、德、韩等五种语言的西城旅游网全面上线运营，升级“都市骑行，京味之旅”网络版，推出骑行游英文版；12月，在北京坊等地安装文商旅信息服务终端10台，为游客提供自助咨询服务。

（周　懿）

【旅游公共服务建设】 年内，全区21家A级旅游景区在册厕所共有242座，积极推进大栅栏旅游标识导览系统总体设计；4月，支持什刹海完成安全防范系统和电源设备的升级改造；9月，完成旅游公共服务设施体系专项研究；9月，支持恭王府等5家景区完成6个厕所的改造提升。

（周　懿）

【旅游服务进社区】 年内，以居民需求为导向，开展覆盖15个街道的旅游服务进社区活动35场次，服务社区人员3490余人次，发放资料34805份，其中“畅游西城”15场，带领居民参观首都博物馆、宋庆龄故居、法源寺、景山公园、陶然亭公园、国家大剧院等;“旅游互动”10场,组织居民参加了什刹海旅游节、什刹海风筝节、文明旅游宣传活动、非物质文化遗产互动活动、浙江省湖州市旅游志愿宣传活动等;“现场咨询”8场,分别在金融街、展览路、月坛、西长安街、牛街等地组织旅游咨询活动;举办“旅游讲堂”2场,就出境旅游、文明旅游进行了讲解和互动。

(周 懿)

【旅游咨询服务】 5月,加强规范管理,完善绩效考核管理工作制度,修订了《西城区旅游咨询服务工作规范》。9月,开展星级咨询员评定,共评定出2016年度星级旅游咨询员28名:三星8名,二星10名,一星10名。11月,建设完成大栅栏张一元旅游咨询站。年内,全区15家旅游咨询站共接待中外游客62.8万人次。其中直接来访49.8万人次,电话咨询13万人次。直接来访中,接待国内游客46.4万人次、外宾3.4万人次;发放宣传资料19.2万份。

(周 懿)

【旅游人才队伍建设】 4月,组织开展特色住宿业管理人员培训,共培训40余家特色住宿单位;以供给侧改革、旅游大数据等为切入点,组织文商旅高级管理人系列培训讲座,共培训80家企事业单位500余人次;与北京第二外国语学院联合举办“第三届中国旅游创业创新高峰论坛”,辖区10余家企业参加活动。5月,举办旅游行业营改增政策实操培训,共培训160家企业。8月,与区旅游行业协会联合举办了传统旅行转型发展沙龙,来自北京市5个区县的近40家企业参加了沙龙。

(周 懿)

【旅游志愿者】 年内,构建旅游志愿工作长效机制,建成1支西城区旅游志愿者队伍,“你来西城,我来导游”旅游志愿服务项目累计注册志愿者196名,总服务时长近1600小时,累计接待游客8600余人次。西城旅游志愿服务包括咨询服务、文明旅游宣传、服务质量明察暗访、市场秩序维护等内容。

(周 懿)

【A级景区情况】 年内,全区共有A级景区22家,其中5A级景区1家:恭王府;4A级景区8家:什刹海风景区、北海公园、北京动物园、北京海洋馆、景山公园、首都博物馆、陶然亭公园、北京天文馆;3A级景区12家:中国地质博物馆、月坛公园、北京古钱币博物馆、北京大观园、湖广会馆大戏楼、老舍茶馆、大观楼影城、北京市宣南文化博物馆、宣武艺园、大栅栏商业街区、宋庆龄故居、金中都公园;2A级景区1家:历代帝王庙。

(周 懿)

【旅游行业协会】 年内,旅游行业协会会员共104家,其中住宿类52家,景区和博物馆23家,餐饮类8家,旅行社8家,商业类和展演类13家。6月,组织“走进国家大剧院——高雅艺术在西城”旅游行业协会会员日活动。11月,在奥林匹克公园组织旅游行业协会第二届运动会——奥森健步走活动。11月,成立旅游行业协会旅行社分会。年内,先后组织会员单位参加2016中国国际旅游交易会、2016中国—东盟博览会旅游展、2016年北京国际商务及会奖旅游展览会、北京国际旅游博览会等展会。

(周 懿)

什刹海风景区管理处

【概况】 北京市西城区什刹海风景区管理处(简称管理处)为什刹海街道办事处下属副处级全额拨款事业单位,人员编制89人,下设14个科室,1个党总支,3个党支部。年内,管理处开展4A级景区复核工作。完善景区交通规划。完成什刹海保护区“十三五”规划编制工作,同步开展什刹海保护区基础资料信息库收集工作。开展“大运河景观提升设计方案”编制工作。开展《北京市西城区什刹海风景区相关管理制度汇编》调研编纂工作。完成《什刹海景区讲解词》编纂工作。开展保护特色街风貌工作,修缮破损严重建筑。启动胡同游第四期特许经营的前期筹备工作。推进什刹海商户管理系统建设工作。完成关于什刹海风景区的人大代表、政协委员提案、议案办理及来电、来访、接待等工作。

地址:西城区德内大街羊房胡同甲23号
邮编:100009
电话:83223501

(邱 爽)

【A级景区复核工作】 年内,根据国家旅游局最新修订的《旅游景区质量等级划分与评定》标准及相关细则,北京市旅游景区作为试点首批进行A级景区复核工作。针对景区特点、重点和主要工作,管理处相关科室和职能部门进行了对接,明确责任,落实分工,确保复核工作顺利进行。12月5日,国家旅游局通报,什刹海风景区在2016年A级景区复核中存在人车混行,各种车辆停放不规范,停车场缺失;游客中心缺少饮用水等配套服务,景区老旧标识系统共存,人力车客运三轮车胡同游项目监管不到位;存在管线裸露、私拉电线等安全隐患;免费WiFi未覆盖景区,未实现对游客流量节点公示,游客自助导览系统缺失;景区内市场秩序混乱,存在摆摊设点、野泳、野钓、流浪乞讨现象五个方面问题,受到警告处理。

(邱 爽)

【景区环境秩序整治工作】 年内,建立景区综合管理模式,落实分级分类管控措施,定期统筹协调各职能单位联合执法,疏堵结合治理环境问题,联合打击占道经营、噪音扰民等不法行为,先后劝离乞讨60余人次、清理兜售300余人次、查扣黑三轮车300余台次,制止噪音扰民800余次,清理野唱摊点30余次,清理乱堆乱放物品1000余件,“僵尸车”20余辆,维护景区良好管理秩序。

(邱 爽)

【完成什刹海保护区“十三五”规划编制工作】 年内,完成《什刹海保护区“十三五”规划编制》,做好基础资料信息库一期工作，围绕白米斜街等典型片区，收集汇总人口、房产、建筑、单位、业态等基础信息，为功能调整、人口疏解及决策管理提供数据支撑。

（邱　爽）

【完善景区交通规划】　年内，进一步完善景区交通规划。为更加精准地落实规划任务，协调区市政市容委、区交通支队等部门召开规划研讨会。会议肯定了管理处编制的交通规划，提出以该规划为基础，继续深化交通单行方案、胡同停车方案等专项内容，方案完成后报区市政市容委并由其负责牵头落实。截至年底，完成各项方案，推进问卷调查工作。

（邱　爽）

【历史文化保护工作】　年内，为加强对世界文化遗产"中国大运河"项目什刹海段的宣传、保护，开展"大运河景观提升设计方案"编制工作。融合运河文化、景区入口概念为一体，针对万宁桥、火神庙周边运河景观规划水平不高的状况，完成大运河景观提升设计方案的编制工作，11月通过专家论证会论证。完成年度调研课题：运河文化与什刹海。

（邱　爽）

【人力客运三轮车胡同游特许经营管理工作】　年内，开展人力客运三轮车胡同游第四期特许经营筹备工作，特许经营筹备工作为有效整合行政资源，起草《什刹海地区人力客运三轮车胡同游第四期特许经营筹备工作方案》，向区政府呈报《关于启动人力客运三轮车胡同游第四期特许经营筹备工作的请示》。10月12日，第147次区政府专题会上进行了工作情况汇报，根据会议要求成立第四期特许经营筹备工作领导小组和第四期特许经营筹备工作办公室。

（邱　爽）

【景区旅游及宣传工作】　年内，配合区旅游委做好第十五届什刹海文化旅游节暨"2016年西城区大运河主题之旅"、什刹海冰雪文化节等文化活动。6月15日，什刹海管理处党总支联合管理处安全科、特色街区管理科、公共科、水域科、郭守敬纪念馆、河湖管理处、后海社区及驻区武警部队在后海小公园开展以"文明经营 携手共创美丽和谐什刹海"为主题的咨询宣传日活动。下半年，启动策划"你所不知道的什刹海"主题系列宣传月活动。重大节庆活动前期，对烟袋斜街、护国寺街两条特色街进行节日装饰。

（邱　爽）

【景区安全保障工作】　年内，完成对经营单位各项安全检查工作。对什刹海景区经营单位进行一户一档建立工作，在原有的台账上基础上，重新对所有商户进行基础信息核实，充实并完善经营单位的基础资料，对每家经营单位发放安全员证。为确保节日及重大活动期间什刹海景区安全稳定，在日常检查及专项检查的基础上，多次联合公安分局、什刹海城管队、工商所、食药所、地安门派出所、街道安全生产等职能部门，对景区环湖经营单位及游船码头进行消防安全大检查。对发现的安全隐患问题当场提出了整改意见，责令限期进行整改，要求经营单位规范消防设施设备，杜绝安全隐患。

（邱　爽）

【重大活动及节日保障工作】　年内，针对重要节日期间以及国外要员和国家、市、区重要领导来景区参观、考察、调研等重大节日、重要活动，按要求启动什刹海景区综合保障与值守应急分指挥部，采取"5＋1"的工作机制（烟袋斜街及三角地、银锭桥周边、荷花市场及前海小广场、前海北沿、金锭桥派专人进行24小时值守，1个巡查组负责机动巡视，处理突发事件，防止不法分子借机悬挂反动标语和聚集等破坏活动），进行定点、定位、定岗管理，维护景区安保、交通、旅游环境秩序。稳妥处置各类突发事件，确保景区环境保障工作的顺利进行，完成街道和管理处领导交办的各项工作。

（邱　爽）

【景区工程及修缮工作】　年内，完成什刹海风景区视频监控设备更新项目，该项目列入区2016年环境整治任务项目之中，并得到区财政专项资金支持，截至年底完成119个监控探头的更换工作。修缮烟袋斜街牌楼，规范街内停车秩序，完成非机动车存放处改造工程；对护国寺街部分破损严重、影响整体风貌和游人安全的建筑外立面进行维修。

（邱　爽）

【推进什刹海商户管理系统建设】年内，继续开展什刹海商户管理系统平台建设各项工作。进行管理系统平台搭建与系统上线手续办理工作，同步建立商户数据台账。

（邱　爽）

【编纂《什刹海景区讲解词》】　年内，完成76处景点近11万字解说文稿和配图工作，邀请朱自煊、宋夫让等17名专家审核把关，确保讲解词完整展现景区风貌。

北京大观园

【概况】　北京大观园管理委员会·北京红楼文化艺术博物馆为全民所有制自收自支事业单位。北京大观园（简称大观园）占地11公顷，园内殿宇、庭院、自然景区30余处，是具有古典园林外观、红楼文化内涵、旅游经济属性、博物馆功能齐全的休闲活动场所。北京大观园内设1个党总支，3个党支部，8个科室：行政办公室、文展导游科、园务园艺科、物业管理科、市场科、党群工作办公室、人事财务科、保卫科。负责红楼文化展览和红楼文化的研究，创建红楼文化教育基地；园林绿化、种植养护、花卉栽培；园林建设和建筑修缮的管理；展览及展品征集。完善博物馆功能，打造红楼品牌。年内在职职工93人，在岗职工85人。全年接待游客172万人次。4月，大观园员工周维龙被北京市总工会、北京市人力资源和社会保障局授予首都劳动奖章。

地址：西城区右安门内西街18号

电话：63544993

邮编：100054

（陈雪梅）

【免费导游讲解正式上线】 1月1日，大观园免费导游讲解服务功能正式上线，游客通过手机扫描二维码便可免费听语音讲解、使用电子导览图、实时在线翻译。

（陈雪梅）

【北京大观园第二十一届红楼庙会】 2月8日至12日，北京大观园举办第二十一届红楼庙会。全园设责任岗32个，安保人员242人。邀请170余名演员，分别在大舞台、小舞台、南门广场、湖面上空、湖心岛5个舞台轮番上演的《朝阳沟》《秦雪梅》《五世请缨》等豫剧、京剧、评剧、曲剧、越调等传统戏曲。栊翠庵小舞台上演保留节目木偶剧《祖孙抬驴》《龟兔赛跑》《两个猎人》《110和119》，以及北京梦幻七彩艺术团带来的杂技节目。元妃省亲大型古装表演作为红楼庙会的经典文化演出，新推出红楼情景剧《金猴献瑞》。刘姥姥以美猴王的形象，演唱电视剧西游记主题曲《敢问路在何方》。小黛玉演出京剧《霸王别姬》片段，巧姐的变脸，贾母反串了一段京剧给大家拜年。大观园西门设立“非物质文化遗产展示区”，设有非遗项目20个摊位，展示脸谱、皮影、剪纸、兔爷、篆刻、手工洋车、风车等非遗项目。蘅芜苑内设置灯谜区，秋爽斋外的科普区展示《红楼梦》中的养生常识。省亲别墅东西配殿分别举办“墨之行者—李庚教授水墨作品巡回展”与“谭凤嬛红楼人物绘画展”。庙会期间10名垃圾分类志愿者，义务引导游客进行垃圾分类。5天庙会共接待游客10万人次，同比增长53%。

（陈雪梅）

【清明节活动】 4月2至4日（清明节期间），大观园在藕香榭和西城区心飞扬小志愿者共同举办红楼诗会，纪念曹雪芹先生。学生们以诗词朗诵、古琴弹奏、书法演绎的形式，对曹雪芹先生的诗、书、曲进行诠释。“南鹞北鸢忆红楼”风筝艺术展在园内顾恩思义殿举办。展出近百位风筝艺术家的风筝工艺品。3天接待游人1.7万人次。

（陈雪梅）

【第十二届北京春茶节】 4月22日，2016北京春茶节开幕式在大观园举行。启动仪式上，主办方向41家茶企颁发“质量合格、质价相符”奖牌。作为北京茶行业的品牌活动，北京春茶节已连续举办12届。本届春茶节集合吴裕泰、张一元、二商京华、老舍茶馆、更香茶叶、正兴德、憩园仙山、启元茶叶、久福满堂香、灵之秀、弘建茶器等北京著名茶企；邀请北京市茶业协会徽茶分会、福建春伦茶业集团、四川川茶集团等外埠茶品牌，及凤凰岭茶道文化中心等参与。春茶节由主会场和15个分会场组成，将结合企业特点、文化特色展开活动；以茶为媒，促进产区、茶企、茶商和消费者之间的合作、交流、体验、消费。吴裕泰公司董事长赵书新代表承办单位宣读承诺书。

（陈雪梅）

【五一活动】 5月1至3日，大观园邀请北京盲人学校的学生和西城心飞扬的志愿者在栊翠庵小舞台演出。孩子们用二胡、扬琴、琵琶、唢呐、葫芦丝等中国民间传统乐器演奏《枉凝眉》《感到幸福你就拍拍手》《阳光总在风雨后》等乐目。在大殿舞台，受群众喜爱的“百姓周末大舞台”演出综艺、京剧折子戏、歌舞、曲艺等节目。元妃省亲东配殿展出孙安民画展，缀锦阁展出名人书画展。3天接待游人1.3万人次。

（陈雪梅）

【端午节活动】 6月9至11日，端午节期间，大观园在藕香榭举办包粽子比赛，30多名游客参与比赛，评选出一、二、三等奖各1名。3天接待游人1.3万人次。

（陈雪梅）

【爱心无霾母婴室】 7月18日，时尚星光传媒旗下的国内母婴育儿类节目《时尚妈咪》携手歌唱家谭晶及北京市希望公益基金会，联合发起的中国首家“爱心无霾母婴室”正式入驻北京大观园潇湘馆。本次公益活动爱心大使谭晶亲临现场。

（陈雪梅）

【中秋节活动】 9月15日，“北京大观园筑梦30年征文摄影展”于中秋节期间展出，大观园管委会向社会各界广泛征集摄影、征文作品，经过精心挑选，首批40幅作品在“北京大观园筑梦三十年”展览开幕式上亮相。

（陈雪梅）

【百姓周末大舞台】 4至10月，继续推动“北京市百姓周末大舞台惠民文化工程”。在区文化委的协调下，由北京市西城区百花深处艺术团、中国儿童艺术剧院、中国杂技团、中国评剧院有限责任公司、北京乐艺馨成文化发展有限公司、北京一九九八国际青年剧团、北京歌剧舞剧院、北京世纪英豪艺术团、北京丑小鸭卡通艺术团、北京金帆京昆艺术团、北方昆曲剧院、北京市河北梆子剧团、北京金榜艺苑艺术团、北京节日乐文化艺术团、北京皮影剧团、北京风雷京剧团、北京华彩辉煌艺术团、丑末寅初文化传播有限公司18个演出团体，演出场次55场。

（陈雪梅）

【青少年红楼文化传播】 年内，先后为徐悲鸿中学来园举办成人礼、北京师大附中游园实践、三教寺幼儿园游园活动、幼米幼儿园六一亲子运动会、中加学校走进名著园提供了服务保障。为中小学提供“游一次大观园，读一部红楼梦”活动，共接待全市71所学校，学生1.3万余人次游园。

（陈雪梅）

【举办多项文化展览】 年内，举办了迎新春名人书画展、谭凤环红楼人物画展、孙安民书个人书法展、名人书画展、南鹞北鸢忆红楼风筝展、市国际月季节书法笔会、红楼人物标识展、红楼梦人物年画展、南桃北柳大观园”红楼梦年画展览、梁永和红楼人物展、郭宝林折扇书画展、刘文科画展、北京大观园筑梦30年征文摄影展、宪法档案展览等，提升了园内的文化韵味。

（陈雪梅）

【清理对外出租房屋工作】　年内，为落实京津冀协同发展规划，配合完成疏解非首都功能工作，按照西城区财政局西财经二〔2016〕263号文件，开展西城区行政事业单位出租房屋清理清退工作。大观园管委会制定出租房屋清理工作方案及措施，向租户耐心细致的讲解“疏非控人”的重要性。经过半年的协商，截至年底，共与7家商户终止房屋租赁协议。

（陈雪梅）

体　育

【概况】　北京市西城区体育局（简称区体育局）是西城区政府的职能部门，指导和管理全区的体育工作。下设办公室、群众体育科、体育市场管理科、青少年训练科、科技教育科、国有资产管理科、党群工作办公室、监察科。公务员编制33人。下属事业单位有西城区少年儿童业余体校、北京广安体育馆、北京广安游泳网球馆、西城区社会体育管理中心、西城区体育训练中心、西城区体育科学研究所、北京月坛体育馆、北京月坛综合训练馆、西城区棋院。

地址：西城区月坛南街1号院7号楼
邮编：100045
电话：68026768

（李东兴）

【主要目标任务完成情况】　年内，完成“全国武术之乡”申报，完成《西城区十三五时期体育事业发展规划》《全民健身实施计划（2016-2020年）》《西城区冰雪运动规划》的编制，完成市折子工程4件、区折子工程3件，办结人大建议3件、政协提案5件。

（李东兴）

【群众体育】　年内，履行公共服务职责。推进体育惠民工程，打造全民健身公共服务供给体系，使西城区居民享受到优质、均等、便利的体育健身服务。加大全民健身科普宣传，办好5场全民健身大讲堂，不断提高居民体育健身意识和身体素质。新增合格社会体育指导员200人。加强全民健身的组织管理，健全规范有序、富有活力的社会化全民健身组织网络。健全国民体质监测系统，广泛开展国民体质测试，提高体质健康水平，完成年度3000人测试任务。推动体育社团的发展，积极参与市、区级活动。推进全民健身设施建设。继续做好第一批体育生活化社区升级建设工作，完成体育生活化社区达标创建。加大对公共体育设施建设投入力度，做好健身路径更新工作，为居民均享受基本公共体育服务打好基础。根据金融街指挥部安排，开展月坛体育中心升级改造工作，配合华融基础公司实施月坛体育场看台改造。月坛综合训练馆基本建成，根据相关规定，将进行工程验收。建成后的综合训练馆建有游泳馆、网球馆、篮（排）球馆、体操馆，是一座高标准的综合体育场馆，将极大推动体育活动开展，为全民健身和体校训练提供了良好环境，激发居民健身热情。活动特色鲜明。针对不同人群，开展丰富多彩的全民健身活动。坚持办好“全民健身体育节”“一区两品”群众体育品牌活动。引入新型体育项目，扶持优秀传统体育项目，采用政府购买服务方式，加强活动的参与面和覆盖率。年内，开展送服务进中直机关活动，承办红歌会和红墙杯系列比赛。举办“北京市冬季、春季业余围棋段位赛”“2016年西城区职工拔河比赛”“2016年全国百城千村健身气功交流展示暨西城区分会场展示”、西城区第九届龙舟赛、2016年泥浆足球中国赛·北京站”、西城区和谐杯乒乓球赛、“2016北京西城全民健身徒步大会”“武·道论”太极拳比赛等一系列群众赛事活动，通过活动倡导居民积极参与全民健身活动，促进市民身体素质、健康水平和生活质量的提升。承办全国五人制足球中国区总决赛。申报“全国武术之乡”称号。西城区正式向国家体育总局申请“全国武术之乡”称号。以打造“武道论”中华武文化交流纪赛事品牌为龙头，搭建区、街道两级赛事体系，推进以武术理论和武术文化为评判内涵的培训、赛事活动，打造具有国际影响力的武文化赛事品牌；推动武术“六进”工作，让中华武文化的益智、健身、养生效能惠及西城区百姓和驻区单位；实现传统媒体和互联网传播的结合，打造“互联网＋”多媒体教学平台，扩大武术文化与技术教育教学途径；加强教练员、裁判员、运动员等专业技术人员队伍建设，不断提升西城区武术运动水平。

（李东兴）

【业余训练】　年内，奥运会成绩显著。里约奥运西城籍运动员共为中国体育代表团夺取4金，成绩优异。业余训练水平提升。加强系统训练和竞赛，提高科学训练水平，积极备战新周期。合理安排训练和竞赛参赛周期，推进教学、训练、科研、管理一体化，提升竞技体育综合竞争力。体校各项目按计划开展冬训、夏训。完成2016年度注册工作。训练中心注册16个项目，1100名运动员；少儿体校注册20个项目，1110名运动员（足球项目除外）。做好等级运动员的审核、登记、上报、颁布证书等多项工作及应届高中运动员技术等级测试的审核工作。截至10月底，共有健将2人、一级运动员29人、二级运动员59人、三级运动员10人获得批准。做好各项赛事的承办和报名工作。完成篮球、乒乓球、游泳等项目的体校锦标赛报名及注册工作。完成承办全市柔道锦标赛工作。组织“2016年西城区阳光体育中小学生羽毛球比赛”“2016年西城区第四届青少年击剑锦标赛”“2016年西城区第二届中小学生体操、蹦床比赛”。加强赛风赛纪管理。高度重视，建章立制，强化赛风赛纪和反兴奋剂工作。加强思想教育，训练育人，促进优秀后备人才的全面发展。做好运动员的注册管理和骨龄测试工作。推进学校体育工作。完成全区中小学生排球、足球、篮球、乒乓球、游泳等项竞赛活动。推动学校体育场地对外开放。举办好三大球赛事建设好三大球基层网点校，实现三大球项目布局均衡、持续发展。加强传统校管理，督促各传统校积极参加北京市体育局组织的各个传统项目的竞赛活动。做好本区传统校评估工作。

（李东兴）

【体育市场监管】 年内，严格履行法定职责。深入推行执法责任制，签订《2016年度安全生产责任书》。抓好体育经营单位每月上报《北京市西城区安全生产事故隐患自查自报管理系统》工作，按照“有上报、有核查、有跟踪、有整改、有落实”的原则，确保体育经营单位的上报率。做好高危险性体育项目经营行政许可审批工作，做好民办非企业前置审核工作。全面推行“一企一标准，一岗一清单”编制工作，开展2016年体育经营单位安全生产标准化达标工作，完成2016年企业安全生产标准化达标任务。加大体育执法检查力度。全面提升安全监管水平体育执法检查水平。做好重点的安全生产执法检查工作，牵头组织好夏季游泳高峰期的联合执法检查工作，加大夏季游泳场馆执法检查力度，确保全年体育经营单位安全生产形势的持续稳定。全年日常检查550家单位，出动安全检查1100人次。开展2016年“安全生产月”活动，开展联合执法检查，查出并整改各种安全隐患7起，向社会发放体育安全常识宣传品2800余份，收到明显的成效。加强安全生产培训工作，开展应急演练。举办了水上救生和安全生产两次培训，培训人数近300人。努力引导体育产业发展。有效推动体育活动和赛事自主品牌建设，大力培育具有区域特色的体育赛事品牌。重点打造泥浆足球、武·道论、冰蹴球等品牌赛事。

（李东兴）

【冰雪运动】 年内，打造全民健身冰雪季。将什刹海冰场、北海公园冰场、陶然亭公园冰场及嬉雪场纳入冰雪季，增加市民冰雪活动的参与度。活动期间，将“冰嬉”在隐迹百年之后重回北海公园进行展示表演。与北京市体育基金会联合组织青少年冰球的公益比赛及旱地冰球的宣传体验活动。第二届冰蹴球比赛共有32队120余人参赛；冰龙舟比赛增加到70余支队伍800余人参加活动。什刹海、北海、陶然亭三家冰场年均接待20万人次。在活动现场布置宣传展板；印发冰蹴球宣传彩页、规则手册；印制冰雪季活动画册（含视频光盘）2000册。发掘推广冰蹴球项目。举办第二届京津冀冰蹴球邀请赛。首次将冰蹴球项目作为残疾人冬季冰雪项目进行推广。举行首批冰蹴球社会体育指导员的培训，来自西城区15个街道、体育总会专委会、什刹海体校70名冰雪骨干参加培训。冰蹴球项目规则及场地进行了多次调整修改基本定型，并专门制作了可拆装的旱地冰蹴球场地，为项目自身发展奠定了基础。年内，开展冰蹴球进社区、进校园、进公园、进商业园等普及推广活动5场次。全面推动冰雪运动宣传普及。选派具有经验的9名社会体育指导员参加北京市讲师培训。组建了西城区冰雪运动科学健身讲师团，邀请北京体育大学教授进行培训，全面启动市民宣讲工作。免费发放滑雪、滑冰体验券5000张，进一步引导广大群众体验冰雪运动。推进青少年冰雪项目布局。立足区域实际情况，统筹冰雪项目布局，通过合办、联办、引进等多种手段发掘培养青少年运动员，在各项目上力争都有西城籍运动员参赛。拟定设置项目为滑冰、滑雪、冰球、冰壶。冰球项目注册队员100余人；花样滑冰注册队员20余人；速度滑冰项目组队中；滑雪项目注册队员30余人；单板高山滑雪注册1人。举行首届西城区青少年冰球友谊赛，西城区青少年冰蹴球邀请赛。开展冰雪体育场馆规划建设。结合全市冰雪场地建设的整体规划布局和每个区县至少建设一个标准滑冰馆的要求，立足开展全民健身冰上活动和满足青少年冰上项目训练的基本需要，以月坛体育场升级改造为依托，规划建设西城区滑冰馆。初步规划为1800平方米的标准滑冰馆，可以开展花滑、冰球、短道速滑、冰壶等项目的基础性训练。该项目被区政府列入“十三五”基本公共服务规划，并获得区发改委2016年政府投资项目立项，开展前期项目论证和概念方案设计。

（李东兴）

医药卫生

医疗卫生

【概况】 北京市西城区卫生和计划生育委员会（简称区卫生计生委），是负责全区卫生计生工作的区政府职能部门。年内，辖区内医疗卫生机构总数646家，其中营利254家、非营利机构392家。医疗机构数618家。社会办医（营利性）144家。卫技人员总数（含中央、市属医院，不包括部队医院）34824人，其中执业（助理）医师总数（包括西医、中医、中西医结合）11992人，注册护士数15338人，实有床位总数15604张。平均每千常住人口拥有卫技人员数26.83人，执业（助理）医师数9.24人，注册护士数11.82人，实有床位数12.02张。全年户籍人口出生人数13594，出生率9.43‰；死亡人数10339例，死亡率7.18‰；自然增长率5.2‰。因病死亡人数9757例，占死亡总人数的比率94.37‰，死因顺位前10位的排列为恶性肿瘤、心脏病、脑血管病、呼吸系统疾病、损伤和中毒、消化系统疾病、内分泌营养和代谢及免疫疾病、神经系统疾病、泌尿生殖系统疾病和传染病。户籍人口期望寿命为84.28岁，其中男性81.98岁、女性86.59岁。全年总收入58.73亿元，其中财政拨款金额20.29亿元，业务收入37.98亿元；总支出58.37亿元，卫生事业专用基金年初数为1001万元，年末数1078万元。计划生育财政总投入金额3155万元。

地址：西城区枣林前街2号院1号楼
邮编：100053
电话：82061987

（马　蕊）

【卫生改革】 年内，持续深化改革、推进分级诊疗制度建设，推进紧密型医联体建设。完善紧密型医联体建设顶层设计，按照“管理一体化、基本医疗一体化、公共卫生一体化”的建设思路，落实紧密型医联体建设的各项措施。推进社区卫生服务机构与区属医院管理一体化，实现每个社区卫生服务中心均有一个上级主管区属医院，社区卫生服务中心主任成为上级主管区属医院领导班子成员，人才、资源共享。推进社区卫生服务机构与区属医院基本医疗一体化，加强人员双向流动，推进服务同质化和临床检验、医学影像等统筹管理。全年区属医院专家下社区16188人次，社区到上级区属医院参加查房、培训12046人次。推进社区卫生服务机构与公共卫生机构实现公共卫生一体化，建立人员双向轮转机制，公共卫生机构加强对社区卫生服务中心的业务指导和统筹管理，统一相关工作标准和规范，提升社区公共卫生服务能力。建立以家庭医生为核心的双向转诊模式，全年西城区社区卫生服务机构上转区属医院病人15603人次，区属医院下转病人13494人次。不断完善区属医院财政保障政策，建立了人均3万元的绩效考核财政补助机制、大型医疗设备购置财政全额负担机制及每平方米60元的房屋修缮补助机制。西城区紧密型医联体建设初见成效，优质资源有序有效下沉，居民在家门口就可享受到与二、三级医院同等水平的服务，医改获得感增强，接受社区卫生服务的居民明显增加，全年西城区社区卫生服务机构总诊疗人次比2015年增长11.80%，较2010年增长95.63%；区属医疗机构总诊疗人次呈下降趋势，2016年为516.12万人次，比上年降低1.5%。

（马　蕊）

【社区卫生服务】 年内，全区规划设置社区卫生服务中心15个，社区卫生服务站82个。社区在岗医务人员2081人，其中全科医生在岗人数460人、社区护士474人、防保医生379人。合理配置全科医生团队，形成了由全科医生、社区护士、预防保健人员为主体，大医院专家及公卫专家为支撑的全科—专科家庭医生团队。社区诊疗总人次为356.04万人次，全区共组建家庭医生服务团队264支，推广家庭医生式服务新模式的中心达100%，建设100个家庭医生工作室，总签约率达43.32%，年度社区卫生服务的综合满意度达到91.5%。区属医院专家下社区16188人次，社区到上级区属医院参加查房、培训12046人次。居民个人电子健康档案数为99.65万份，居民个人健康档案电子化率为79.15%，完成国家基本公共卫生服务项目75%的指标要求。共培养1034名家庭保健员，举办280余次培训。以白纸坊社区卫生服务中心作试点，探索“健康家庭”培养模式，即遴选30名已培养的、合格的、符合要求的（高血压病或糖尿病患者）建立家保员与社区卫生服务团队分工协作机制，引导合格的、积极性较高的家保员对家庭成员进行健康管理，为全市创建“健康家庭”工作提供示范经验。

（马　蕊）

【标准化建设】 年内，稳步实施“西城区社区卫生服务机构标准化建设三年行动计划”，继续推进社区卫生服务机构标准化建设工作，完成黄寺社区卫生服务站、东琉璃厂社区卫生服务站、广内大街社区卫生服务站、白纸坊胡同社区卫生服务站装修改造项目。启动白纸坊社区卫生服务中心、西四北社区卫生服务站、西三条社区卫生服务站、西便门东里社区卫生服务站、白菜湾社区卫生服务站、红莲社区卫生服务站办公用房租赁项目。

（马　蕊）

【社区卫生改革】 年内，推进基

层卫生综合改革工作，完善社区卫生机制体制。西城区作为国家卫计委基层卫生综合改革联系点试点工作收官，西城区落实基层医改政策，探索稳定长效的多渠道补偿机制、财政补助方式、收支管理制度和分级诊疗模式，建立基层医务人员和居民契约服务关系。继续完善社区卫生服务机构绩效考核评价体系。修订《北京市西城区社区卫生服务工作绩效考核评价标准实施细则》，考核采取定期考核与日常督导相结合等形式。将重点工作及各中心存在的薄弱环节指标纳入日常督导的考核指标。结合日常督导及2016年半年、全年绩效考核，出版《2016年北京市西城区社区卫生绩效考核反馈专报》。将考核结果予以通报，并以此结果作为社区卫生人员绩效工资及国家基本公共卫生服务项目补偿经费拨付的主要依据。深化家医服务内涵，结合紧密型医联体建设工作，将医联体内共享的优质资源和优先服务纳入签约服务内容，引导居民到社区签约和首诊。探索提供差异性服务、分类签约、有偿签约等多种签约服务形式，满足居民多层次服务需求。开展以挂号分诊、诊前健康自测、诊中一对一服务、诊后预约下次就诊、绿色转诊的全科预约诊疗模式。以社区卫生服务机构为平台，整合各类健康服务功能，通过家庭医生签约服务，为居民提供有针对性的生命周期全程健康服务。结合西城区常见病、多发病特点和居民健康需求，制定并实施了基本签约服务包、健康管理服务包、失能老人入户服务包，建立失能老人入户服务有偿购买机制，费用用于家庭医生补贴，不计入工资总额。开展互联网＋家庭医生服务，实现家庭医生与签约居民的线上互动，居民健康自我管理。

（马 蕊）

【社区对口支援】 年内，完成社管中心与8家对口支援专科医院及15家社区卫生服务中心与17家二、三级对口支援医院对口支援协议书续签，每月按时上报对口支援公示和协调、汇总各社区服务中心预约转诊工作量、专科医院健康教育讲座等系列工作。区属医院专家下社区16188人次，社区到上级区属医院参加查房、培训12046人次。

（马 蕊）

【为老服务】 年内，召开老年人健康管理工作会，制定《西城区社区卫生服务管理中心关于进一步加强老年人健康管理工作的通知》（西卫社管〔2016〕5号），修订老年人健康管理工作的考核指标，以考核促进老年人健康管理工作。为65岁以上老年人免费体检45540人，体检率为29%。继续落实60岁以上无保障老年人体检工作，为低保、无社会养老保障老年人实际体检1253人。落实“三优先”等优抚工作，为老年人诊疗人次数为1111235人次，对符合老年人优待政策的老年人免收挂号费1016526人次，出诊14363人次，建家庭病床119人，免费查床618人次，“三优先”服务使社区老年人享受到方便、可及、快捷、优质的社区医疗服务。

（马 蕊）

【慢性病管理】 年内，调整慢病工作策略，优化绩效考核指标，加强日常质量控制；对于辖区内常住居民中高血压、糖尿病患者，引导其到社区首诊并按照国家规范提供服务。积极动员、规范管理，强化培养家保员并促进利用。以高血压病与糖尿病管理为突破口，探索“健康家庭”培养模式和内容，建立家保员与社区卫生服务团队分工协作机制，引导合格的、积极性较高的家保员对家庭成员进行健康管理，推进“健康家庭”建设。西城区高血压患者102491人，规范管理60593人，规范管理率达59.12%；糖尿病患者45627人，规范管理28568人，规范管理率达62.61%。

（马 蕊）

【中医药服务】 年内，开展基层中医药服务能力提升工程落实情况总结评估自查。继续落实国家基本公共卫生中医药服务项目，项目包含65岁及以上老人和0—36个月儿童中医健康管理。3月，开展工作督导，要求各中心注重优化流程、严格按照国家中医药管理局相关技术规范进行管理。全区进行中医药健康管理的65岁及以上老年人共25470人，覆盖率达16.2%，0–36个月儿童共10913人，覆盖率达39.6%。完成北京市中医基本公共卫生服务效果评估项目的问卷调查工作，进入数据分析、总结评估阶段。开展北京中医健康社区建设试点工作。在什刹海爱民街、新街口南小街、展览路新华里、广内校场、陶然亭龙泉5个社区，开展中医专家下社区、社区中医药慢病管理和中医健康教育、中医社区养生功法队伍培训和社区家庭中医保健员培养等系列活动。推进基层医疗卫生机构中医诊疗区（中医馆）建设，年内，牛街、新街口、月坛中心进行申报。截至年底，共有12家中心申报该项目。

（马 蕊）

【对口支援工作】 年内，继续做好城乡对口支援工作。组织区属相关医院和延庆、昌平、门头沟等区相关乡镇卫生院开展对口支援。根据市卫计委要求，总结辖区城乡医院对口支援工作成效，推广有效做法和成功经验。推进京津冀对口支援。推进京廊中医药协同发展工程，丰盛中医骨伤医院与河北省乐亭县福平医院建立对口支援关系，提供《硬纸夹板外固定治疗骨折》技术。开展京蒙对口支援，复兴医院、丰盛中医骨伤专科医院、护国寺中医医院、宣武中医医院、北京市回民医院分别与内蒙古相关医疗机构签订了协议，支援内蒙古医疗卫生事业建设。继续开展南水北调对口支援。10月，西城区接收河南省邓州市5名医疗卫生工作人员，由北京市回民医院针对培养目标开展专业培训和业务指导。

（马 蕊）

【传染病管理】 年内，法定传染病发病6600例，发病率508.47/10万。其中甲类传染病发病1例，发病率0.08/10万，无死亡病例报告；乙类传染病发病1864例，发病率为143.61/10万，报告死亡病例16例。丙类传染病发病4735例，发病率为

364.79/10万，无死亡病例报告。接到各类传染病疫情报告289起，其中突发公共卫生事件4起，暴发疫情10起，聚集性疫情129起，少发病疫情散发病例126例，肺结核事件20起。辖区动物致伤门诊处理动物致伤患者19095人次。

（马　蕊）

【性病艾滋病防治】 全年完成性病就诊者、社区暗娼、社区吸毒人员、孕产妇女、流产妇女的哨点监测工作共计2319人。29个HIV初筛实验室筛查各重点人群642636人，检出HIV抗体阳性426人次。接待自愿咨询检测者2567人次，检出HIV抗体阳性209人次。开展高危人群和流动人口干预217684人次。2016年共随访辖区艾滋病病毒感染者和病人1025名，随访检测率97.9%，并100%提供了结核病转介筛查服务。

（马　蕊）

【结核病防治】 年内，新登记肺结核病人320人，其中本市218人，外埠102人，全年医疗机构病人报告率100%；医疗机构病人转诊率100%；追踪总体到位率96.6%（539/558）；病人系统管理率100%；病人家属筛查率100%。

（马　蕊）

【地方病防治】 年内，在“碘缺乏病宣传日”进行宣传，提高西城区居民对碘缺乏病的认知程度。在辖区设有产科的医疗机构针对孕妇每月进行碘缺乏病健康教育。开展针对8–10岁儿童、育龄妇女、成年男性、妊娠妇女的碘营养状况监测。

（马　蕊）

【精神疾病防治】 年内，全区精神障碍患者人数6471人，发病率（检出患者）3.77‰。其中6类重性精神疾病总数5043人，接受管理4327人，在册管理率85.92%，在管患者规律服药率83.50%。免费服药患者人数1739人。2016年，西城区严重精神障碍患者无肇事肇祸情况发生。

（马　蕊）

【学校卫生】 全区学生117069人，实际体检人数111514人（数据来源：北京市中小学健康信息管理系统），视力不良检出75193人，营养不良检出8611人，肥胖检出14571人，贫血检出1180人，恒牙龋齿检出25004人。开展中小学生传染病知信行调查，收集928份调查表。在辖区中小学校开展专家进校园及“家校携手共促健康”健康月活动，覆盖率100%。开展视力不良分级管理工作以及爱眼护眼“五个一”活动，覆盖率100%。开展肥胖分级管理工作。结合“国家营养周”，开展现场宣传活动。对5所试点学校开展了健康食堂现场督导工作。承办2016年北京市世界无烟日青少年控烟活动启动会。开展《儿童青少年慢性病早期干预项目》《中国儿童健康于肥胖预防研究课题》项目研究。

（马　蕊）

【慢性非传染性疾病防治与管理】 在慢病综合防控示范区的基础上，继续深入开展全民健康生活方式行动，4家示范社区、2家示范餐厅、3家示范食堂通过验收；继续在餐饮企业中倡导低盐少油菜品的研发与推广；在全民健康生活方式日、高血压日、世界卒中日、联合国糖尿病日开展了主题宣传活动，制作宣传折页6万册，并开展主题宣传活动；在2个生活社区开展老年跌倒高危人群干预评估，完成509例调查；开展双生子登记调查，完成随访162对，新登记88对；持续加强社区脑卒中筛查、随访、干预及高血压患者自我管理小组（15个）及糖尿病同伴支持（15个）活动；完成5588人的5个癌种高危人群的评估和1744例临床筛查；完成北京市脑卒中高危人群随访5812人；卫计委脑卒中高危人群筛查6012人；肿瘤随访6403人；在职业人群中开展高危人群干预工作，9个全民健康生活方式行动示范创建机构成立了9组自我管理小组，参与职工达到90人。年内组织一家功能单位300人参加“万步有约”职业人群健步走激励大奖赛。在生活社区开展高血压患者心理干预。开展“中国健康知识传播激励计划”——吃动平衡走向健康、胆固醇管理知识共享会3次。2016年西城区高血压健康管理率为33.12%，糖尿病健康管理率为56.66%；高血压控制率为79%，血糖控制率为65%。

（马　蕊）

【计划免疫】 全年免疫规划内疫苗共接种168846人次，一类疫苗接种率均为100%。学龄前本市儿童、外来儿童建卡建证14913人，建卡建证率为100%。继续加强狂犬病免疫预防门诊工作。继续加强流动儿童计划免疫工作，落实查漏补种工作，补卡率、补证率均为100%。继续开展流感疫苗免费接种工作，本市户籍60周岁以上老年人共接种25325人，接种率52.9%；在校中小学生共接种32444人，接种率54.6%。疑似预防接种异常反应上报106例，通过专家组诊断53例，其中5例偶合症、48例异常反应，其余均为一般反应。

（马　蕊）

【职业卫生监测与评价】 年内，收到尘肺病例报告3例、1例尘肺死亡病例；职业病病例报告3例（职业性黑变病2例、职业性高原病1例）；农药中毒1例，均按时完成报告登记、调查处理及资料存档等工作，尘肺新病例回访率达100%。对辖区职业病报告单位开展职业病报告工作督导和信息档案核查。全年换发149个单位个人剂量笔2283人次，开展放射本底监测采样18件。在全区开展主题为“健康中国，职业健康先行”的职业病防治法宣传周活动。职业卫生（放射部分）全区共有放射卫生技术服务机构3家，共监督检查9户次，合格率100%。在岗放射工作人员应体检1724人，实际体检1724人。全区共有放射诊疗单位121家，共监督检查484户次，监督覆盖率100%，共实施行政处罚9起，罚款2.1万元。

（马　蕊）

【健康教育与健康促进】 年内，完成辖区29家控烟示范创建单位终期验收工作，通过率100%。控烟监督检查5668户次，现场劝阻187名违法吸烟人员，对227个违法单位和198个违法吸烟人员下达责令改正通知书，对18户违法单位和195名违法吸烟人员进行行政处罚，共计罚款86750元。利用“西城健康教育”官方微博和疾控中心微信公众号发布健康知识；编辑出版《卫生与长寿报》6期11万份；发放宣传品57种，31万余份；其中自制宣传折页、报刊、海报、书籍、宣传板以及实物等共35种30余万份；举办社区健康大课堂2346场，受众127159人次；全年共发布微博2570条。《北京市控制吸烟条例》颁布一周年之际，开展无烟日系列宣传活动和“我要上鸟巢”笑脸征集活动及600户居民成人烟草状况调查。在北京市医疗机构健康教育团队健康素养技能大赛中荣获团体第一名。2016年西城区共培养1034名家庭保健员，举办280余次培训。以白纸坊社区卫生服务中心作试点，探索“健康家庭”培养模式，即遴选30名已培养的、合格的、符合要求的（高血压病或糖尿病患者）建立家保员与社区卫生服务团队分工协作机制，引导合格的、积极性较高的家保员对家庭成员进行健康管理，为全市创建“健康家庭”工作提供示范经验。

（马　蕊）

【妇女保健】 年内，西城区孕产妇人数14905人，系统管理率97.88%，住院分娩率100%，剖宫产率36.38%，孕产妇死亡率6.71/10万。妇女病普查184411人，普查率为75.15%，婚前检查人数2201人，婚检率5.05%，疾病检出率19.17%。

（马　蕊）

【儿童保健】 年内，西城区新生儿死亡率0.66‰，婴儿死亡率1.85‰，5岁以下儿童死亡率2.31‰。新生儿疾病筛查率98.60%，出生缺陷发生率17.13‰，出生缺陷主要病种有先心病、外耳畸形、隐睾、多指（趾）和并指（趾）等。0–6岁儿童人数44920人，系统管理率96.87%，体检情况：儿童体检84179人次。

（马　蕊）

【计划生育技术管理】 全年计划生育手术例数22047例，手术并发症人数2例，发生率0.91/万。

（马　蕊）

【卫生监督工作】 年内，加强卫生监督能力建设和规范管理，制定《西城区卫生监督工作考评标准及实施细则》，对监督工作开展考核。制定卫生监督工作要点，完成西城区人民政府教育督导室对我委开展的全面实施素质教育工作督导。针对北京市学校卫生工作存在的监管问题，加强我区学校卫生工作，联合区教委对辖区内23所学校的教学环境、二次供水、直饮水等开展监测。推进简政放权、放管结合、优化服务，公平公正执法，落实“随机抽取检查对象，随机选派检查人员”的“双随机抽查”机制。3月14日起《执法记录仪管理和使用制度》正式施行，明确要求监督员外出开展执法活动及现场稽查工作时必须佩带执法记录仪记录执法过程，但由于“云存储”等信息化问题，尚未实现全程记录。辖区内公共场所经营单位共有2118户。需量化分级场所项目数为2165户，已对2124户公共场所经营单位的经营项目实施了量化分级管理，其中A级单位375户、B级单位1683户、C级单位61户、不予评级5户；监督检查12250户次，监督覆盖率为99.91%，合格率为96.21%；卫生行政处罚493起，罚款572301元。生活饮用水监督检查898户、3728户次，监督覆盖率为99.56%，合格率为99.81%；卫生行政处罚28起，罚款19.95万元。

（马　蕊）

【卫生监督专项检查】 年内，医疗卫生监督检查。在市级监督平台中本区共有医疗机构593家，年内共监督检查4726户次，覆盖率99.49%，合格率99.54%。共实施行政处罚17起，金额46582.2元。共对48家医疗机构，实施积分处理67户次，累计积分150分。年内，共开展7项专项整治工作，1月开展打击非法行医专项行动，针对涉嫌“网络医托”的民营医疗机构，联合泌尿、生殖方面的专家进行联合专项检查。4至6月，开展美丽盾牌专项行动，对重点地区的医疗美容机构、生活美容场所等进行集中检查。出动监督员700人次，检查351户次，行政处罚及积分处理6家医疗美容机构，累计罚款1.8万元。5月开展出租承包科室专项检查，监督检查69家医疗机构。8月对辖区内21家临床用血单位开展临床用血专项监督。8至9月，开展中医清扫，对5家台账单位进行重点监督复查，出动监督员156人次，71车次，对63家中医医疗机构及2家生活美容机构进行监督检查。7月，落实2家精神专科医疗机构的精神卫生法专项检查。建立医疗卫生重点监督监测工作台账，1至12月，共有5家挂账单位。对其中4家单位予以行政处罚，警告4户次，罚款1户次，金额31582.2元；对此4家单位，累计积12分。

（马　蕊）

【投诉举报】 全年受理投诉举报共计1133起，其中公共场所69起、生活饮用水10起、学校卫生1起、控烟961起、医政管理92起。共计立案处罚22起，罚款51750元，处罚户数占已处理起数的1.96%。区卫计委、市监督所的交办事项和群众来信共计149件。人大建议、政协提案11件，涉及医政、公共场所、学校卫生等专业，均在规定时限内办理并回复。

（马　蕊）

【大型活动保障】 年内，完成节假日及大型活动保障共10次。针对元旦、春节、元宵节、清明节、五一、端午节、古尔邦节等节日保障，制定工作方案及应急预案，加大对景区景点周边、繁华商业街区内各类单位的巡回检查力度，确保辖区内公共卫生安全。节日期间，共出动卫生监督员148人次，监督执法车辆46车次，共计监督检查各类单位299户次，均未发现违法行为。圆满完成全国“两会”、亚投行开业仪式系列活动等大型活动公共卫生保障工作。共对接待驻地从业人员开展专业培训120余人次，对接待驻地进行巡查共44户次，出动人员30人次10车次。共对驻地及外围重点区域开展巡回监督检查659户次，出动卫生监督员863人次，监督执法车辆98车次，对于存在违法行为的12户进行了行政处罚，共计罚款人民币2.5万元。

（马　蕊）

【监督员执法能力建设】　年内，提高卫生监督队伍综合素质。制定《西城区卫生监督所卫生监督执法文书编号规则》，对现行使用的23种文书自行添加编号，有效避免执法文书编号重复。调整细化考核指标，职责落实到部门，工作量到人。加强卫生监督平台管理和维护，做好信息统计。严格依法行政，开展63次卫生监督稽查。开展以“对外权利”为主的行政职权事项梳理共计13项，其中行政强制6项，其他类7项；与市级一致的清单事项3项，新增事项10项。加强业务学习，开展内部业务培训10次，培训会考核2次。3月，完成国家卫生计生委综合监督局关于卫生计生综合监督执法专题调研。

（马　蕊）

【医疗工作】　全年门诊32388722人次，急诊1487878人次，出院593968人次，病床使用率92.97%，平均住院日（不含精神专科医院）8.17天，死亡率（住院病死率）0.74%，全年住院手术人次276419人。

（马　蕊）

【医疗质量管理】　年内，“西城区医疗质量控制与持续改进中心”完成各专业组质控委员会换届工作，新增成立了医学检验、医学影像（放射）专业委员会，目前共计急诊、病案、护理、血液净化、院内感染、药事管理、医学检验、医学影像（放射）八个专业委员会。完成年度12家委属医院医疗质量实地督导检查结果的汇总分析和评估报告。召开“2016年西城区医疗质量控制与改进工作会”。年内，各专业组质控中心共组织开展活动24次，内容包括专题培训、研讨活动、骨干培养、学术研讨、沙龙活动、专项督导、参观考察、技能培训、竞赛活动、社区宣讲等，市属三级医院专家委员参与活动50人次，区属医院专家委员参与活动48人次，区属11家公立医院以及健宫医院各岗位专业技术人员参加活动约1550人次。

（马　蕊）

【医院感染管理】　年内，应用医院感染管理信息系统对辖区24所二、三级医院进行了监测。按照《西城区医院感染暴发应急工作处置工作方案》，扩充专家库成员，为更快速、高效、科学处理医院感染暴发事件奠定了基础。对部分医院发热门诊进行督导检查。积极开展医院感染管理培训。根据《中华人民共和国传染病防治法》《医院感染管理办法》《消毒管理办法》等法律法规开展医院感染管理、消毒隔离、埃中东呼吸综合征等新发传染病开展培训，共培训约800余人次。开展院感质量管理督导检查。对区二级医院及一级以下合计444医疗单位开展全面院感检查工作，规范辖区各医疗机构的院感管理。

（马　蕊）

【护理工作】　年内，局属医院注册护士2155人，执业医师1748人，医护比为。ICU床位数张。局属三级医院、驻区二级医院继续推进优质护理示范工作，优质病房104个，三级医院病房100%开展优质护理，二级医院开展率超过70%。全区局属医院护理不良事件上报数1081件，整改数1081件，整改率100%。

（马　蕊）

【血液管理】　年内，完成无偿献血136204单位，同比增加9%。其中街头无偿献血121572单位、单位团体无偿献血4810单位，完成全市血液保障任务。世界献血者日期间，开展“血液连接你我”主题宣传活动，动员驻区单位、医院、街道、社区，利用展板、折页、海报、电视媒体、知识讲座、知识问答等形式，普及宣传无偿献血知识。对辖区有用血资质的21家医疗用血机构开展专项工作检查，重点为《医疗机构临床用血管理办法》的落实情况。

（马　蕊）

【医学教育】　年内，提升继续教育项目质量，规范18个西城区继续医学教育基地和25个西城区继续护理学教育基地管理。组织区属单位申报国家级继续教育项目10项，市级38项，区级继续教育1077项。规范学分管理，经北京市继续医学教育协会抽取考核，西城区15家医院总体合格率97.94%。继续推进医教研协调发展，推动“北京市回医药研究所”建设，创建回医药医教研一体化发展途径。创新人才培养方式，推动西城区“师带徒”中医药传承工作，从驻区各中医医院遴选出21名指导老师，推荐出21名继承人作为首批学术经验继承人。继续实施科技新星项目，确定资助项目30个，培养30名青年科技人才，经现场评审最终确定拟资助的30个项目，拨付资助经费39万元。继续推选优秀人才申报北京市优秀人才培养工程、中医“125”人才培养工程等。继续推进转岗培训。加强儿科、精神、药学、护理、急救、康复等各类紧缺人才培养。区第一批规培工作共有11家单位的18名医师报名，其中中医医师11名、西医医师7名，全部通过市级审核并接受正规培训。

（马　蕊）

【科研工作】　年内，加强各级各类科研项目的申报和管理，提高申报能力和立项层次。加强基层中医药人才培养。继续推进北京市中医管理局“双百工程”继承工作，共资助继承人22人次，通过“师带徒”形式培训中青年医师。继续实施科技新星项目，共申报项目51个，经过申报评审答辩会，分为临床专场和公卫社区专场，聘请来自宣武医院、广安门医院、西苑医院、北京大学医学部、首都医科大学的7位专家进行现场评审，最终确定30个拟资助项目。

（马　蕊）

食品药品监督管理

【概况】　北京市西城区食品药品监督管理局（简称西城区食品药品监管局），是市食品药品监管局在西城区负责本行政区域食品（含食品添加剂）、药品（含中药、民族药）、医疗器械、保健食品、化妆品（统称为食品药品）监督管理工作的派出机构，加挂西城区食品药品安全委员会办公室牌子。设12个职能科（室）：办公室（财务科）、综合协调科、法规科、食品生产监管科、食品流通监管科、餐饮服务监管科、食品市场监管科、药械市场监管科、药品监管科、医疗器械监管科、保化科、机关党委（人事监察科）。区局下设西城区食品药品稽查大队、西城区食品药品监控中心、西城区食品药品监督管理局政务服务中心和15个街道食品药品监管所。西城区食品药品监管局承担位于天津境内，占地17万亩的北京市监狱管理局清河分局18家监狱食堂以及食品流通、医院药品的审批、日常监管及应急处置任务。

地址：西城区太平桥大街107号

邮编：100033

电话：66210987

（罗　剑）

【开展各类专项整治】　年内，针对社会关注度较高的食品药品安全事件，先后开展鱿鱼丝、畜禽产品、水产品、夏季食品、保健食品、面膜、义齿、疫苗等30余项专项整治。以查处非法添加瘦肉精为重点，开展为期两个月的畜产品专项整治，对监督抽检中发现的瘦肉精超标等问题，立案36件，并将其中2起问题严重的涉刑违法案件移送公安部门。开展针对“315”晚会曝光的“饿了么”平台专项检查，取缔3家违法企业。

（罗　剑）

【全面提升应急处置能力】　年内，编制《食品安全事故应急操作手册》。6月、10月，开展2次食物中毒突发事件应急演练，全年处置应急突发事件6起。与公安、卫生、教委等多部门联动，强化沟通协作、实现无缝对接，确保应急处置履职到位。

（罗　剑）

【食药安全宣传】　年内，建立智囊团队、志愿团队，借助专业力量，深入社区开展精细化食品安全知识普及和食药快速检测。聘请健康养生方面的专家，组建区食品药品安全宣传专家团队，通过“你点我讲”的模式，在各街道社区巡回开展了百场讲堂进西城活动。充分利用传统媒体和新媒体，开展立体化宣传。与《北京西城报》《北京青年报》合作，开设专栏和专刊，利用各街道刊物，进行创建示范区和食药安全科普知识的宣传，共计发放报纸57万份；在西单地区的城市大屏滚动播放，在全区重点街区，主干道张贴宣传标语、理念。开通不同主题的微信公众号，发布食药监管动态和消费提示；在中国食品药品网开辟“药安食美 北京西城”专题，设置3个栏目，对接百姓需求。开展食品安全宣传周、安全用药宣传月系列活动，广泛开展食品药品安全进社区、进校园、进工地、进军营活动。与区卫计委、区教委联合发文，在全区中小学校开展第二届“我健康，我快乐，我成长”健康节活动，举办“食品药品与化学”“识星星、数星星 食药安全有保障”等科普活动。

（罗　剑）

【领导调研】　9月27日，北京市副市长程红一行到西城区唐拉雅秀大酒店及长安超市开展国庆节前食品安全检查，要求对检查不合格项进行整改，提出整改建议，并在整改后进行复查，确保国庆期间食品安全。市食药监管局副局长王福义参与检查。10月1日，市食药监管局局长丛骆骆一行，先后到西城沃尔玛超市宣武门分店和全聚德烤鸭和平门店检查国庆期间食品药品监管工作。。12月2日，北京市副市长程红一行到西城区对食品药品领域为民办实事进展情况进行调研，实地察看食品安全风险分级落实情况、社区监测点工作和明厨亮灶开展情况，市政府副秘书长徐志军、市食药监管局局长丛骆骆、西城区区长王少峰参与调研。

（罗　剑）

【无证餐饮单位综合整治工作】　年内，通过营造氛围、联合执法、封门堵洞、查抄取缔、收回公房等多种手段，精准发力，攻克顽疾，综合施治。截至12月15日，西城区437户上账无照无证餐饮经营单位已全部实现动态清零。借助无证餐饮单位综合治理契机，完成京海菜市场、白纸坊工华茂市场、展览路金泰长安市场的撤市工作。在打击无照无证餐饮经营行为的同时，坚持“打建结合”，在各街道开展餐饮安全示范街创建活动，进行了考核验收，并召开全区总结大会，对120家餐饮安全示范店、9家最佳管理业主进行表彰。

（罗　剑）

【加强学校食品安全监管情况】　年内，在全区中小学实行食品安全校长负责制，建立校园食品安全管理制度，层层签订食品安全责任书，对学生食堂、学生集体用餐配送单位和校园周边食品经营者开展专项检查，保障校园及周边食品安全秩序良好。

（罗　剑）

【食品药品监督抽检情况】　全年共开展食品安全监督抽检8821件，合格率97.6%，开展药品安全监督抽检1088批次，合格率99.6%。形成以快速检测为筛查、以监督抽检为评估、以风险监测为定向的统一监测体系，每月对监督抽检情况进行汇总分析，对监督抽检不合格情况进行100%复核。对马连道茶叶、商场超市的主食厨房、牛羊肉产品进行全面评估，分别撰写监督抽检分析报告，建立监督抽检数据库。采取校政合作模式，为每个食药所配备了2名有检验专业技能的学生，协助开展快速检测，参与社区宣传，指导社区监测点工作。

（罗　剑）

【健全完善行刑衔接机制】　年内，区食药监管局与区公安局经侦支队在违法案件发现、证据线索收集、案情信息通报等方面密切沟通，建立行刑衔接机制，多次进行联席会商及联动侦查，研究食品药品违法案件，行刑衔接涉及的案源案情及查办审判机制更加顺畅。全年共移送涉刑食品药品案件10件，全部立案，其中3件已经法院刑事判决，批准逮捕9人。

（罗 剑）

【食品药品社会共治】 年内，充分调动媒体、行业协会、生产者、经营者、消费者等多方利益主体共同行动。区人大常委会连续3年听取食品药品安全工作汇报，区政协对西城区创建北京市食品安全示范区工作开展了为期半年的民主监督，人大代表、政协委员一起，共商共议区食品药品安全工作。10月18日，举办“行政许可开放日”和“12331投诉举报开放日”活动，邀请人大代表、政协委员参与监管，督导工作，为食药安全建言献策。在全区建立了108家社区监测点，每周两天向群众开放。在餐饮经营单位开展了“明厨亮灶”工作，餐饮安全示范街内门店和华天饮食集团40家门店已全部实现“明厨亮灶”。有效运用信息公开手段，主动接受社会监督。全年通过各种公开渠道，主动公开信息1.1万余条。畅通公众参与渠道，重新修订区食品药品安全违法行为举报奖励办法，全年发放投诉举报奖励17件，发放奖励金额5859元。构建电话、信函、接访、网络、12331和12345热线“六位一体”信息渠道。在公安经侦支队设立了食品药品分队，负责食品药品安全违法犯罪的侦查，与公安、工商、教委、卫计委等部门，密切配合，形成工作合力。与安徽省黄山市食品安全委员会共同签署《茶叶类食品安全联动协作备忘录》，双方将对在西城区销售的黄山茶叶开展安全指导和监管。充分发挥行业协会作用，参与食品药品监管体系建设，区内3家行业协会加强自律和监督，开展法规宣传、业务培训、互评互查，形成诚实守信的行业风气。

（罗 剑）

【违法案件查处】 全年共办结行政处罚案件551件，罚没款合计约1199.3万余元。全年受理投诉举报5090件，同比增加31.23%，投诉办结率达到100%、群众回访反馈率达到100%，做到了“有诉必应、有应必查、有查必复”。

（罗 剑）

【大型活动食品药品保障工作】 年内，建立大型活动保障“3＋2”工作模式，完成了全国“两会”、少数民族文艺会演等大型活动保障15次，保障就餐11.3万余人次，实现“零投诉、零事故”的成绩。

（罗 剑）

【落实企业主体责任】 年内，严格落实企业“第一责任人”的主体责任，推进实施了食品生产企业监管责任人制度。对每家生产企业明确监管人员，按照企业生产食品的风险等级和企业管控水平，实施分级管理，督促企业履行问题食品召回的主体责任。全区各类食品生产经营主体量化分级率为100%，监督检查覆盖率为100%。分别对食品药品生产经营企业负责人和从业人员、重点岗位责任人、学校食堂等集体用餐单位管理员进行了业务培训，落实40学时/年的培训目标。对全区120多家食用农产品便民服务网点负责人进行了培训和交流，签署了《鲜肉及肉制品质量管理承诺书》《蔬菜质量安全承诺书》。组织辖区23家市场主办方赴天津、河北进行考察，全区食品集中交易市场全部实现了“厂场挂钩”“场地挂钩”“批零挂钩”。

（罗 剑）

【基层食药监管网格化建设】 年内，在每个社区设立一名食品药品安全监察员，负责开展食品药品安全工作，构建了区、街道、社区、楼院分级负责的监管网络，119名食品药品一线执法人员和261名社区食药监察员全部纳入到全区15个街道大网格、261个社区中网格、1623个楼院小网格中，做到信息采集在网格、政策宣传在网格、教育培训在网格、安全预警在网格，共同保障食药安全最后一公里。

（罗 剑）

爱国卫生工作

【概况】 西城区爱国卫生运动委员会（简称区爱卫会）是区政府议事协调机构。委员会由56个委员部门组成，委员会下设办公室，负责全区爱国卫生日常工作的开展。全年全面落实《北京市“十三五”时期健康北京发展规划》，贯彻国务院下发的《关于进一步加强新时期爱国卫生工作的意见》，把迎接国家卫生区复审工作和创建国家健康城区、健康示范区工作作为促进区域社会经济发展和提升人民群众健康素养的重要载体，不断完善城市环境综合治理体系；持续加强无烟环境建设，贯彻落实《北京市控制吸烟条例》，依法开展公共场所禁止吸烟监督检查；落实病媒生物防制工作，切实提高病媒生物防制水平；深入开展全民健康素养促进行动，继续开展多种形式的健康教育宣传活动；扎实开展爱国卫生传统工作，坚持开展爱国卫生月和城市清洁日活动，全面巩固国家卫生区建设成果。

地址：西城区枣林前街2号

邮编：100054

电话：83365451

（薛 云）

【国家卫生区复审】 年内，全国爱卫会对西城区“国家卫生区”称号进行再次复审，并重新授牌命名。区委区政府高度重视，召开全区会议进行动员部署。成立“西城区迎接国家卫生区复审领导小组”，区长王少峰任组长，副区长杜黎彬、姜立光任副组长，区政府相关委办局主要领导为领导小组成员，领导小组下设西城区迎接国家卫生城区复审办公室，办公室设在区政府。另设立公共卫生与病媒生物预防控制组、市容环境与环境保护组、农贸市场卫生组、食品安全组等6个专项组，对照现行的《国家卫生城市标准》，细化责任分工，加强部门联动。坚持“统一领导、部门牵头、辖区统筹、群众参与”的原则，以改善民生为工作目标，整体推进爱国卫生工作。区市政市容委、区住建委、区工商分局、区城管执法局、区食药局、区体育局、区环卫中心、区商务委及各街道办事处等相关成员单位，共同形成合力，加强部门联动，强化属地管理，夯实爱国卫生工作基础。通过定期召开例会、完善工作机制、部署重点任务、开展联合执法、听取意见建议等方式，进一步加强精细化管理水平，有效提升全区环境建设和管理水平，为居民创造了良好的居住、生活、工作环境，完成国家卫生区复审工作，西城区以815.2分的全市最高分一次性通过国家卫生城区复审，在北京市5个参加卫生城区复审的区中排名第一，再次获得国家卫生城区称号。

（薛 云）

【病媒生物防制】 年内，深入开展“西城区有害生物防制服务项目”，除四害工作得到进一步加强和发展。结合国家卫生区复审、城市环境卫生整洁行动、病媒生物密度监测等工作，组织开展春冬两季统一灭鼠和夏季统一灭蚊蝇等季节性爱国卫生运动和统一灭蟑等经常性病媒生物防制活动，对餐饮、宾馆、各类地下管线、农贸市场、公共绿地等重点区域，采取综合性防治措施，大力清除蚊蝇鼠蟑孳生地和栖息场所。继续加大对各街道、各社区病媒生物防制药具的拨付力度，下发灭鼠胶饵、广谱杀虫剂等各类药物，保证了有鼠区域灭鼠投药覆盖率和到位率达到100%，有效降低了四害密度。组织统一集贸市场病媒生物防制，全区23个集贸市场密度大为改观，病媒生物密度得到有效控制，病媒生物密度达到国家规定的控制标准。

（薛 云）

【爱国卫生月】 年内，为贯彻落实全国爱国卫生电视电话会议和全国爱卫办《关于开展“清洁家园、灭蚊防病”春季爱国卫生运动的通知》精神，有效防控寨卡病毒病、黄热病及登革热等重点传染病，按照市爱卫会部署，4月，组织开展了以“灭蚊防病 健康你我”为主题的第二十八个爱国卫生月活动，号召全区集中开展以清理蚊虫孳生地为主题的专项环境卫生整治活动。重点对车站、农贸市场、城中村、城乡结合部等区域的环境卫生进行治理，彻底清除卫生死角，创造良好的卫生防病环境。充分发动每个社区、单位和家庭，动员群众开展家庭卫生大扫除，翻盆倒罐，清除室内和庭院积水，彻底铲除蚊虫孳生环境。活动期间，共有中央、市属、驻区部队364个单位、261个社区居委会、13652人次参加活动。清除、覆盖残标小广告10032条、清洗广告牌匾387块、整治美化大街102条、清运废弃物垃圾86吨、清理卫生死角436处、清理绿地7.5万余平方米，治理居民小区楼门院301个、解决脏乱重点问题52个；全区各街道出黑板报102块，发放各种宣传品1万余份。

（薛 云）

【开展健康中国行主题宣传周系列活动】 7月11至17日，在全区范围内深入开展健康中国行主题宣传周系列活动。7月15日以金融街为宣传主会场，以“健康中国行·健康北京人”为主题的大型宣传义诊活动。活动邀请北京人民医院、宣武医院、北京大学第一医院、友谊医院、广安门中医医院、北京儿童医院、复兴医院、护国寺中医医院八家三级医院的知名专家，汇集各个领域的顶尖专家。针对金融街地区的白领人群的各类急慢性疾病，专家们提供了多方面的医疗咨询、用药指导和健康宣教。在人定湖公园分会场，区疾控中心联合德胜社区卫生服务中心开展以“健康中国行，燃亮中国梦”为主题的宣传活动。活动现场悬挂主题横幅，摆放“中国公民健康素养”相关知识系列展板，发放健康促进相关折页，开设义诊咨询台，免费为现场群众进行血压测量，对新发患者进行登记并指导其明确诊断，解答居民常见慢性病的预防治疗问题，向居民推荐健康的生活方式。爱卫会各成员单位根据自身需求也开展了各具特色的宣传活动。在国家“健康中国行”北京宣传周期间，机关、企事业等单位中共完成各类专家讲座共计12场，受众达1000人次以上。

（薛 云）

【贯彻落实《北京市控制吸烟条例》】 年内，继续落实推进《北京市控制吸烟条例》以“世界无烟日”为契机，在各地区、各单位广泛开展形式多样的控烟宣传活动，营造控烟宣传氛围。6月1日，区爱卫办联合区疾病预防控制中心、区卫生监督所、什刹海街道在什刹海街道荷花市场举办第29个世界无烟日暨《北京市控制控烟条例》实施1周年控烟主题宣传活动。西城区控烟志愿者及什刹海街道居民共200余人参加活动。邀请德胜街道工会舞蹈队表演《情景健身操 控烟小苹果》。宣传活动结束后，区卫生监督所、区食药监局、区文委、区旅游委、区城管执法监察局等单位开展联合执法，在什刹海荷花市场景点周边的餐饮等场所进行控烟执法检查。建立一支160余人的控烟志愿者队伍，协助执法部门开展控烟巡查、劝阻和宣传工作。全年西城区共出动卫生监督员10970人次，对辖区内单位进行控烟执法检查5485户次，处理投诉举报1241起，对违反法规的18个单位和违法吸烟的191人进行了行政处罚。共发放控烟宣传折页6万余份，张贴控烟宣传海报两万余张，更换禁烟标志2万余块，发放宣传购物袋及笔记本各700余个。

（薛 云）

【健康北京灭蚊行动在西城区启动】 4月22日，2016年健康北京灭蚊行动启动仪式在西城区新街口玉桃园社区健康驿站举行。此次灭蚊行动的主题是“清洁家园 灭蚊防病”，目标是有效控制蚊虫密度，预防蚊媒疾病的传播流行。启动仪式上，国家卫生计生委疾控局副局长张勇、市卫生计生委委员郑晋普、世界卫生组织驻华代表马丁博士分别讲话，号召全市人民积极行动起来，继承发扬爱国卫生运动优良传统，从家庭做起，从社区做起，动员群众开展家庭卫生大扫除，及时清理家中及房前屋后、社区、街道的各类杂物，翻盆倒罐，清除室内和庭院积水，彻底铲除蚊虫孳生环境。病媒防制专业技术人员现场接受社区居民的咨询，并演示蚊虫防制的科普知识。

灭蚊服务队进入社区现场查找、清理各类蚊虫的孳生地，与居民齐动手清洁家园，从源头实现对蚊虫的孳生环境进行科学治理。区爱卫办以及当地的社区居民共100余人参加活动。

（薛　云）

【单位和居民区卫生】 年内，继续推进社区环境卫生长效管理机制落实，在单位、社区开展多种形式的爱国卫生活动，提高单位和社区工作的主动参与意识。在社区内建立各具特色的环境志愿者队伍，围绕重要节日和大型活动开展志愿服务活动。结合“世界无烟日”“世界环境日”“城市清洁日”和春节、“五一”、“十一”等重要节日，全国“两会”等重大活动，开展除四害、控烟、清理卫生死角、捡拾白色垃圾、擦洗公共服务设施、清理小广告等爱国卫生志愿服务活动，引导居民自觉参与环境建设、维护身边环境，以实际行动净化、美化城市环境。进一步发挥健康单位、健康社区的示范作用，抓典型带全面。单位和社区工作质量不断提升、室内外环境清新亮丽、病媒生物防制和公共场所禁止吸烟工作有效落实。

（薛　云）

【城市清洁日】 年内，全区共组织开展12个城市清洁日活动，利用春节、“两会”“五一”等重大活动及节日，紧密结合国家卫生区复审工作开展，开展主题为“开展环境卫生整治，迎接国家卫生区复审”“巩固国家卫生城区，营造健康美好家园”“清洁城市环境，喜迎新春佳节”“美化环境，喜迎两会”等城市清洁活动。各街道以国家卫生区复审为契机，深入开展爱国卫生运动，主要大街和背街小巷、胡同打扫的干干净净，卫生死角和病媒生物孳生地彻底铲除。截至年底，全区参加城市清洁日活动总人数达13万余人次、6742个次社会单位（含部队）参加活动，清除残标小广告13.8万余条、清洗广告牌匾3980块、整洁美化主要大街1121条次、清理卫生死角4040处、清理垃圾废弃物、宠物粪便911吨、清整草坪绿地230万平方米、整治脏乱重点问题1342个。

（薛　云）

【冬季控烟专项整治工作】 按照市爱卫会工作统一部署，从11月至次年3月，贯穿整个供暖季，全市开展冬季控烟工作。年内，区爱卫会积极组织，在全区开展冬季控烟专项整治工作。制定冬季控烟工作方案，明确各相关部门职责，向全区下发《西城区关于进一步加强冬季控烟工作的通知》及《西城区爱国卫生运动委员会2016年冬季控烟专项整治工作方案》；召集各地区爱卫会及区教委、区商务委、区文化委、区旅游委、区城管执法局、区体育局、工商分局、烟草专卖局等13个部门进行专门部署，要求各相关部门、各地区爱卫会按照文件精神，加强控烟工作的领导，强化控烟措施；加大宣传力度，营造良好控烟氛围；要求区卫计委卫生监督所、工商分局、烟草专卖等部门，开展专项控烟执法行动，加大对中小餐馆、写字楼等重点领域监督执法；区教委、区商务委、区文化委、区体育局、区旅游委、区园林绿化局、区食药局、区市政市容委、区城管执法监督局、区环卫中心、地区爱卫会加强本行业、本辖区冬季控烟监督管理工作，在开展行业监管的同时加强控烟工作检查，确保控烟工作得到有效落实。同时加大宣传力度，向全区发放控烟宣传宣传画2种1万张，制作控烟标识5000余张、控烟手册3000册，控制吸烟条例宣传手册5000份，为控烟志愿者制作控烟检查记录3000本及其它宣传物品和材料。为确保冬季控烟工作效果，联合多部门开展督导检查。12月30日，区爱卫办与区商务委、区文委、区旅游委、展览馆街道办事处、西城工商分局、西城食药监局、烟草专卖局、区卫生监督所等多部门联合组成2016年冬季控烟督导检查小组，对我区冬季控烟情况进行现场检查，重点检查了西直门凯德MALL的餐馆、商场、写字楼、文娱等场所。检查各单位是否做到“四有一无一劝阻”，即：有禁烟管理制度、有控烟标识、有投诉举报电话、有巡查记录、无烟草广告和烟具、劝阻吸烟行为。经检查，个别单位仍存楼道或厕所存有烟头、禁烟标志不够显著、物业巡查不够及时等现象。针对以上问题，检查组分别提出了整改意见，并要求限期整改。按照文件要求，区卫生监督所于12月19至29日开展针对辖区内餐饮单位、写字楼、网吧等娱乐场所的冬季控烟专项执法工作。共出动卫生监督员198人次，监督检查各类单位99户次，其中餐饮单位58户次、写字楼36户次、网吧等娱乐场所5户次。经检查，餐饮单位合格55户次，有3户还在整改中，写字楼合格35户次，对1户下达责令改正通知书，网吧等娱乐场所合格4户，对1户下达责令改正通知书。

（薛　云）

【建设健康城区】 年内，以健康社区、健康示范单位和健康家庭为重点，把创建工作和单位日常工作及市民的日常生活紧密结合起来，以点带面，带动整个健康促进工作的全面开展。全区累计评出北京市健康示范单位5个、市级健康社区218个、区级健康单位331个、健康家庭8002户，辖区健康促进校达标率实现100%。加强辖区健康教育工作网络建设和管理，进一步拓展健康教育的工作渠道，充分发挥区爱卫会、各街道、各成员单位、疾控中心健康教育所、单位、医院、学校、社区健康教育网络的联动作用，形成合力，共同开展健康教育工作。全年共举办专业技能培训7期，培训520余人次，全区健康教育工作网络的工作能力得到进一步加强。健康促进学校创建实现100%；辖区居民基本卫生防病知识知晓率达到93.2%；基本卫生防病行为形成率90.7%；重点卫生防病知识知晓率81.5%。结合《公民健康素养66条》《北京人健康指引》《北京市控制吸烟条例》等内容，举办20次主题宣传教育和健康咨询活动，发放各类宣传资料30余种12余万份。针对不同人群开展了健康体重传播行动、幼儿健康知识传播行动、创建职工健康食堂等工作。探索利用新媒体传播健康知识和技能，截至年底累计通过健康教育官方微博发布健康知识8736条，粉丝达到5000余人。各级健康教育组织共举办健康大课堂1704场，受众88914人次。在11月6日召开的全国健康城市试点启动会上被再次确认为全国首批“国家健康城区”试点。年内，西城区被确定为由全国爱卫办发起的全国健康促进区第三批试点城区，两项试点工作，在创建内容和指标体系中，既有相同，又各有侧重。年底，西城健康城区和健康促进区的共同建设工作全面启动。

（薛　云）

【健康城市综合评价】　年内，根据北京市爱卫会要求，区爱卫会组织区统计局、区环保局、区市政市容委、区住建委、区园林绿化局、区民政局、区体育局、区财政局等部门完成西城区健康城市综合评价体系统计工作，涉及社会经济发展等诸多领域。为健康城市建设规划、健康促进区试点申报工作提供了详实的数据基础支持。西城区在全国健康城市综合评价指数中名列全国第一，代表北京成为全国首批38个国家健康城市试点市（区）之一。

（薛　云）

（责任编辑　郝慧芳）

社会生活

民政工作　居民生活状况

民政工作

【概况】 西城区民政局（简称区民政局）是西城区开展民生工作的部门，主要承担着社会保障、社会事务管理、基层政权建设、服务国防建设4个方面的职能。内设办公室、人事科、社区办、社团办、优抚科、安置办等15个行政科室，低保中心、捐赠中心、福利企业生产管理办公室等30个事业单位，在职人员447人。年内，区民政局抓住“十三五”规划谋篇布局的关键时期，夯实基础、抓住重点，迎难而上，开拓创新，勤于履职，完成各项工作任务。获得全国双拥模范城九连冠、全国“2016年度社会救助领域最佳创新实践成果”10项提名之一等荣誉，在全市民政系统绩效考评中排名第一，在全区绩效考评中被评为单项优秀。

地址：西城区安德路甲69号

邮编：100011

电话：83418000

（孔祥亭）

【社区工作者定向招考】 6月5日，全区进行军嫂定向招考社区工作者，在15个街道22个考场统一组织了笔试，993名报考者参加。经组织召开军嫂定向招考工作相关单位协调会，最终录取497名，其中驻区部队随军家属90名。

（孔祥亭）

【失能老年人居家照护服务补贴】 11月1日，《西城区中、重度失能老年人居家照护服务补贴暂行办法》正式实施，当天结算达5.3万元，服务量每天逐步上升，最多一天达451笔服务。至年底，共为符合条件的失能老人补贴6290人次，充值251.6万元。

（孔祥亭）

【最低生活保障】 年内，完成2016年度低保标准调整工作，低保标准由原来710元调整到800元。至年底，全区享受低保待遇家庭户数11102户18323人，累计发放低保金1.75亿元。开展全区低保家庭每月入户核对和网络公示工作，有效抵制了骗保行为，撤销违规享受低保待遇家庭15户，低收入46户。开展全区低保档案检查，规范各街道低保工作基础资料管理。

（孔祥亭）

【社会救助】 年内，落实《社会救助暂行办法》《西城区城市特困人员供养实施办法》《西城区关于进一步完善临时救助制度的通知》《西城区城市特困人员医疗救助制度实施办法（试行）》《西城区关于开展因病致贫家庭医疗救助有关问题的通知》等文件，对社会救助工作进行制度规范。按照相关行政执法程序，在牛街、椿树、月坛3个街道开展试点，推进“西城区重特大疾病医疗救助政策设计”“社会救助行政执法规范化”两项民政部试点工作，梳理医疗救助、住院押金减免和出院实时结算、临时救助、特困人员供养等救助程序及试点中重点环节。“西城区重特大疾病医疗救助政策设计”获得全国“2016年度社会救助领域最佳创新实践成果”10项提名之一。建立社会救助监督检查的长效机制，对街道社会救助工作进行分类督导，引入第三方机构，通过政府购买服务的方式对街道进行社会救助工作绩效评价，提高基层社会救助工作水平。区综合救助工作采取“一门受理、协同办理、快速响应”机制，畅通跨部门协调“急难”事项的渠道，确保困难群众求助有门，为困难群众提供及时、有效的救助。实施临时救助4062户6314人次，使用资金694.21万元；开展医疗救助41553人次、使用资金3652.29万元。新申请办理特困供养50人，共有特困供养113人，支出经费435.65万元；开展教育救助109人，发放资金49.43万元；两节慰问各类人员63187人（户），支出资金3573.81万元。出台《西城区困境家庭服务对象入住社会福利机构补助实施办法》，认定全区低保老人56名，下拨资金139.87万元。

（孔祥亭）

【社会救助体制机制建设】 年内，印发《西城区关于调整综合救助领导小组成员单位及职责的通知》，明确工作目标、重点任务、责任分工。健全了由区政府领导、区民政局牵头、相关部门配合、慈善对接、社会力量参与的工作协调机制。在原31个成员单位的基础上，根据工作需要新增区委宣传部、区委区政府研究室、区发展改革委等14个部门为区社会综合救助领导小组成员单位。依托区综合救助工作领导小组，完善社会救助联席会议制度，通过“协调办理”与“快速响应”，及时处理社会救助工作中需要跨部门协调解决的问题。

（孔祥亭）

【精准救助试点】　年内，在金融街街道开展全市首家精准救助试点，在什刹海街道开展“青少年精准帮扶”试点，确定帮扶对象1561人。确立了“青春助跑 学习伙伴”“大手拉小手”志愿服务等区级帮扶项目。在全市率先开展低保家庭审核移动信息化试点，为1253户（人）建立了精准救助电子台账，实现“一户一册，一人一档”。

（孔祥亭）

【流浪乞讨人员救助】　年内，救助流浪乞讨人员1481人，出动巡视人员13851人次。完成城市管理全响应派发案件2239件。案件完成率100%。采集受助人员DNA 7人次，成功确认身份信息3人。对外省市流浪危重病人，在病情稳定后救助站分8批19人次护送返乡。开展寒冬送温暖专项行动，先后9次冒着严寒深入地下通道、垃圾池、拆迁区域，加大对捡拾、流浪、露宿人员的巡视告知、引导和护送工作力度，对街面、过街天桥捡拾、露宿人员全部进行劝导救助。专项行动期间救助438人次，告知劝离115人次。发放避寒棉衣、棉被150多套，矿泉水500余瓶。

（孔祥亭）

【帮扶留守儿童和困境未成年人】　年内，制定《北京市西城区开展城区留守儿童摸底排查工作的通知》，2次组织西城区留守儿童摸底排查工作动员会和推进会，区各相关单位、街道、社区共计400多人参加。摸底排查出留守儿童及困境未成年人975人。由区民政局牵头，协同公安分局、区教委、共青团区委、区残联、各街道组成了留守儿童关爱保护联系机制。在托底救助、案件处置、接受教育、权益保障、康复训练、区内安置等多个方面，针对留守儿童和困境未成年人形成多位一体的帮扶格局。并以此为基准，建立包含个人情况、家庭情况等详细信息的留守儿童、困境未成年人台账，实现一人一档。同时引入社会力量按照红粉黄绿4级分档体系，推进留守儿童和困境未成年人的个案工作，对流浪乞讨未成年人开展寻亲服务。

（孔祥亭）

【引导社会力量参与社会救助】　年内，通过政府购买服务的方式，引入社会力量参与社会救助工作，建立社会救助工作绩效评价常态机制。对辖区内81家慈善组织进行全面分类、备案，完成20家慈善组织、8个慈善救助项目的信息平台录入。开展“9·5”首个中华慈善日主题宣传活动，参加北京第二届慈善展示会，在全区范围内开展为期2个月的慈善普法巡展。鼓励各街道依托慈善分会进行慈善救助工作模式创新，部分街道引导慈善组织、驻区单位以不同形式开展助学、扶老、助残、助困等救助项目。推进社区“慈善帮扶站”建设，实行“一家一策”帮扶计划。针对低保、低收入家庭高中生，推出“金色阳光”高中生资助项目。

（孔祥亭）

【残疾人服务保障】　年内，协同区财政局、区卫生计生委、区残联联合制定《西城区困境家庭服务对象入住社会福利机构补助实施办法》，对各类困境家庭服务对象入驻福利机构补贴进行细化。与区残联协作，依托区残疾人康复中心，开始建设智障人员、复合型重度残障人员30张康复床位项目。报区发改委立项，推进精神卫生服务100张床位建设项目，通过场地租赁、运营社会化的方式建设。

（孔祥亭）

【养老基础设施建设】　年内，启动建设区级综合养老服务中心。新建4家养老照料中心，超额完成市局建设1家养老照料中心的指标任务；至年底，全区有养老照料中心28家。全区建设养老服务驿站26家，超额完成市局年度建设5家的任务；实现名称、功能、标识“三统一”，其中，10家驿站已投入运营。推进养老机构规范化、标准化建设，对3家养老机构进行星级评定新评工作，养老护理员培训工作；全区符合服务质量星级评定的养老机构比例为76%，养老机构养老护理员持证上岗率超过90%。加强养老机构安全运营管理，对消防、食品卫生安全、人身安全进行定期检查，保障了住院老人安全。

（孔祥亭）

【公办养老机构改革】　年内，养老照料中心均实行“公办民营”的运营方式，养老机构公办民营比例为70%。为社会力量兴办的非营利性社会福利机构发放运营资助688.99万元。各类养老机构发挥设备齐全、服务完善、人员专业、环境优良优势，辐射居家养老服务工作，申报辐射服务项目78个，补贴2500万余元；23个照料中心统一配置了爬楼机，为临近居家养老居民提供“助行”服务。

（孔祥亭）

【“医养结合”服务】　年内，建立由区民政局牵头，区卫生计生委、区财政局、区人力社保局等相关部门配合的工作机制，共同推进“医养结合”服务工作，草拟了《北京市西城区关于加快推进医养结合工作实施方案》；区民政局与区卫生计生委共同草拟了《关于做好中、重度失能老年人家庭医生团队入户服务工作的通知》。率先在全市试点推进家庭医生签约失能老人入户服务工作，试点推进德胜临终关怀服务中心的建设，对居家临终关怀病人送医、送药，并研究医疗资源与机构养老的多方式结合，完善和创新“医养结合”服务模式。

（孔祥亭）

【养老助餐服务】　年内，起草《西城区养老餐桌供餐企业规范管理标准》，注册老年餐专用LOGO，统一送餐车外观标识，改造升级了13个养老助餐项目。实现每个街道有1至2个大型养老助餐企业提供配送餐服务，满足老年人基本就餐需求。

（孔祥亭）

【养老服务宣传工作】 年内，建成居家养老体验展示馆并向社会开放；发放《养老服务指南》《失能老年人居家照护服务手册》《失能老年人签约家庭医生服务手册》；开展孝星、老有所为推荐命名活动；开展“养老服务公益汇”敬老月主题宣传活动，展示全区养老服务成果。

（孔祥亭）

【社区减负工作】 年内，梳理区属各单位在社区的机构、挂牌、台账、操作平台、责任书等方面清单，经征求相关单位意见建议，确定区级层面拟取消的机构、挂牌、台账等共计63项，其中台账43个、机构5个、信息平台6个、社区创建任务3个、社区责任书6个。拟定了《西城区进一步开展社区减负工作的意见》。

（孔祥亭）

【社区参与型协商工作】 年内，制发《2016北京市西城区社区参与型协商工作指引目录》和《西城区关于推进社区协商工作的实施意见》。组织召开各街道主管主任参加的社区参与型协商工作专题部署会，对陶然亭街道的网格议事会模式进行调研；在60个试点社区遴选出3个具有引领意义的社区参与型协商治理典型；收集整理各层次参与型协商治理典型案例100余个。

（孔祥亭）

【落实社区工作者待遇】 年内，落实市、区关于社区工作者带薪休假、加值班补贴等薪资、福利待遇管理文件，与区社会办联合出台《西城区社区工作者绩效考核制度》，明确每月500元的绩效考核奖金发放办法。

（孔祥亭）

【社区服务】 年内，对街道社区服务中心进行分类判断，找准区、街、社区服务中心的角色定位，明确服务管理的提升方向，各级社区服务中心由原有的“服务供给商”向“服务的评估商和管理商”转变。继续在德胜、新街口、金融街、广安门外、广安门内5个街道开展社会化运行试点。整合区级签约服务商60家、三项为老服务商34家（洗浴、代换煤气、上门理发）、社区公益性服务组织1600余家。社区服务热线转入12341政府热线，提供服务4052人次。三项为老服务商提供服务11786人次，政府补贴金额29.44万元。继续推广社区志愿者登记注册制度，志愿服务注册人数为18.31万人。全区社区志愿服务队为2832支，提供志愿服务50万人次，服务时长约12万小时。

（孔祥亭）

【社会组织建设和管理】 年内，完成区、街、社区三级社会组织孵化体系建设。区级孵化中心发挥孵化培育与能力提升、项目交流与公益传播、示范引领与发展研究3个平台作用，成为社会组织发展实验和培训基地。街道级孵化中心初步建成，总面积约4万平方米。规范社会组织管理，对386家社会组织进行网上年检，年检率已达标。对30家社会组织和50家社区社会组织进行评估，将评估结果与政府购买服务工作相结合，在71支社区社会组织中推进1＋1助推工作。开展对社会组织行政执法，办结7家社会组织的“撤销”处罚，对13家违规社会组织实施立案。

（孔祥亭）

【优抚工作】 年内，全面落实各项优抚政策，确保优抚对象的各项待遇落到实处，各项优待金、抚恤金及时足额发放，发放优待金2036.16万元，发放一次性抚恤金4035万元。完成区属伤残警察残疾证集中换发工作，换（补）伤残军人证38人，实现换证工作零差错。审批因公牺牲和病故军人遗属6人，审批参战退役人员、涉核人员7人。对高君宇烈士墓进行修缮，并将其打造成区级爱国主义教育基地。

（孔祥亭）

【安置工作】 年内，创新服务模式，实现西城区籍战士入伍—服役—复员全程信息跟踪服务。加强退役士兵职业教育和技能培训，不断提高退役士兵的职业技能。完成337名退役士兵的安置。

（孔祥亭）

【军休管理服务工作】 年内，完成军休干部档案审核100人，接收军休干部34人、无军籍职工2人，完成5名军休干部和4名无军籍职工转区工作。为新接收的军休干部开通就医绿色通道，组织全体军休干部定期体检、健康疗养；做好军休干部房屋、公共区域的维修保养和房改售房工作；准确核算军休干部工资、丧葬费、抚恤金和各种补助补贴，确保生活待遇落实无误、拨付经费及时准确。结合“纪念建党95周年暨红军长征胜利80周年”，举办系列主题活动。举办军休工作者素质能力提升培训班，常规业务流程培训等，提升为军休干部服务能力。按照市局要求，做好落实医疗政策工作。

（孔祥亭）

【福利彩票销售】 年内，制定适应区域特点的促销方案，开展具有区域特色的标准化、规范化福利彩票销售站建设，对优秀销售站进行表彰。全区249个销售站销售福利彩票3.75亿元。

（孔祥亭）

【福利企业管理】 年内，通过福利企业新安置残疾人就业51名，全区12家福利企业有残疾职工217名。开展福利企业对口帮扶和退税补贴工作，搭建“福利企业与残疾人双向交流平台、国有大中型企业与福利企业对口帮扶平台”。

（孔祥亭）

【婚姻登记管理】 年内，办理各类婚姻登记37086件，其中结婚登记20690对，离婚登记11234对，补发婚姻登记证5094对。开展免费颁证服务、婚姻家庭辅导服务，拓展婚姻家庭服务领域，婚姻情感沙龙、单身青年联谊等婚姻文化活动取得良好的社会效果。以婚姻登记高峰日分散办公和12341服务热线提供便民服务。

（孔祥亭）

【殡葬管理】 年内，开展清明节殡葬宣传月活动，推进生态殡葬宣传。开展殡葬专项执法整治工作，对10家存在违法情况的销售点进行处罚。完成无丧葬补助居民的丧葬补贴审批工作，受理通过审批353例，发放资金176.5万元。

（孔祥亭）

【行政区划工作】 年内，完成西城区行政区域界线勘界工作，完成与毗邻区界线协议书签字及全部勘界成果的上报工作。完成全区28条41.6千米街道界线联合检查。

（孔祥亭）

【见义勇为工作】 年内，新确认见义勇为人员3名。开展见义勇为人员慰问工作。组织见义勇为伤残人员进行疗养。组织见义勇为人员进行体检。为区属见义勇为人员免费办理乘车卡、乘机优待证、公园年票和博物馆门票。利用多种载体在社会中大力宣传见义勇为事迹，用“小人物”的“好事迹”在社会中形成“大效应”。分别推荐3名见义勇为人员参加“北京市见义勇为模范群体”和“北京市见义勇为好市民”的评选。

（孔祥亭）

【孤儿安置】 年内，认定散居孤儿20名，拨付生活费35.7万元。补发事实无人抚养儿童的6月至12月生活费，共计20人，补发生活费5.6万元。

（孔祥亭）

【地退人员的服务保障】 年内，各街道按要求及时做好地退遗属生活补贴标准的调整和发放工作，确保51名地退遗属及时、足额享受补贴待遇。劳动节前夕对地退劳模进行走访慰问。暑期，做好地退人员的防暑降温工作。

（孔祥亭）

【防灾减灾】 年内，推广灾害信息员数据库，完成全区15个街道508名灾害信息员的信息录入工作，培训社区灾害信息员175人次。推进综合减灾示范社区建设，17个社区分别被命名全国、北京市综合减灾示范社区。推进什刹海柳荫街社区标准化试点，以及陶然亭、大栅栏2个街道共17个社区防灾减灾隐患管理系统建设。举办“5·12”国家减灾日和“10·13”国际减灾日主题宣传月活动，营造“防灾减灾、人人参与”的氛围。完成全区15个街道1000余名社区应急救援员的培训工作，为206个社区配备社区救灾物资储备箱。投资10万元补充4类救灾物资，完成2000人份的救灾物资储备。

（孔祥亭）

【调查研究】 年内，制定《北京市西城区“十三五”时期民政事业发展规划》《北京市西城区“十三五”时期老龄事业发展规划》。全局形成调研报告32篇，其中局领导调研报告9篇。在特殊群体救助、养老服务、基层民主自治、社会组织发展等方面找出问题和差距，提出具有可操作性的改进建议和工作措施，部分调研已经转化为工作成果。

（孔祥亭）

【信访和安全稳定】 年内，依托网络等多种渠道开展信访工作，做好信访研判，坚持早期化解信访矛盾。接信接访49件次，全部办结。落实养老机构、社区服务中心、福利企业和救灾物资储备库等单位消防安全管理，责任到人，平时不定期抽查，重大节日、重点时间段全面检查，排查隐患，确保全年的安全稳定。

（孔祥亭）

居民生活状况

【居民收入及职工收入】 年内，全区居民人均可支配收入71863元，比上年增长6.5%。全区居民人均工资性收入44615元，比上年增加2049元，增长4.8%。

（孙海花）

【居民支出】 年内，全区居民人均消费支出45329元，比上年增长4.0%，其中：食品烟酒支出9363元，比上年增长0.1%；衣着支出2630元，比上年下降1.2%；生活用品及服务支出2512元，比上年下降2.4%；医疗保健支出2585元，比上年增长3.6%；交通通讯支出5410元，比上年下降2.6%；教育文化娱乐支出5609元，比上年下降1.9%；居住支出16071元，比上年增长16.9%；其他用品和服务支出1149元，比上年下降23.0%。

（孙海花）

【居住条件】 年内，人均住房建筑面积为21.8平方米，比上年减少0.4平方米。自有住房占房屋产权的比重为68.5%，比上年减少1.8个百分点。

（孙海花）

消费保护

【概况】 北京市西城区消费者协会（简称区消协），是隶属北京市工商行政管理局西城分局的社会组织。内设法律援助投诉部、消费指导部、组织宣传部及办公室4个科室，在职人员27人。下辖11个分会。年内，区消协依照工商分局党组的工作部署和市消协的工作安排，围绕“新消费·我做主”年主题，着重加强《中华人民共和国消费者权益法》（简称：《消法》）的宣传，扩展消费维权的建设，为消费者与经营者搭建和谐消费平台；引导经营者自律经营，倡导其树立诚信经营为荣，损害消费者权益为耻的诚信理念；净化区内消费环境，营造科学、节能、环保的消费气氛；

为消费者免遭上当受骗，在重要时点协会向消费者发布消费警示2篇；为政府提供百姓消费真实情况，更好地服务区域经济发展。

地址：西城区羊肉胡同120号

邮编：100034

投诉电话：66168698

办公电话：66168702

（周振刚）

【发布消费警示】 1月9日，区消协发布《谨防商家的虚假打折》警示。6月19日，区消协发布《办延保，需将延保内容深了解》警示 。

（周振刚）

【“3·15”宣传咨询活动】 3月，围绕“新消费·我做主”年主题，开展“3·15”系列宣传进社区、进企业活动15次，举办消费课堂22次，惠及400余人次，发放宣传材料3万余份，惠及2000余人次。3月3日至15日，区消协在西便门东里社区，开展“新消费·我做主·服务辖区百姓”活动，邀请消费志愿者和消费监督员参加；在建功北里社区，开展“新消费·我做主·共创和谐消费环境”活动，邀请消费志愿者和消费监督员参加；区消协与牛街工商所、牛街分会联合牛街街道办事处、食药所、社保所、卫生系统等相关部门，以“学雷锋日”为契机，开展“牛街东里社区便民宣传月”活动，辖区20余家企事业单位参加。牛街分会和工商所联合法源寺社区、牛街东里社区，开展“学雷锋·消费志愿服务”活动。广安门分会联合工商所，在红莲中里、红莲北里社区，开展2次保护消费者权益活动；在长椿街社区，开展“‘3·15’珠宝鉴定进社区”活动；联合辖区天虹商场，开展“新消费·我做主·纪念‘3·15’活动”。月坛分会与工商所在三里河一区，开展“‘3·15’消费保护维权宣讲”活动；在长安商场，开展“新消费·我做主·营造安全放心消费环境”活动。西长安街分会与工商所，在府右街南里社区，开展“新消费·我做主树·树立消费者优先理念”宣传活动。大栅栏分会与工商所会同区旅游委、街道工委、分局消保科、合同科以及公安、城管、食药、消防、安监、司法等部门，在大栅栏西街社区，开展“新消费·我做主·携手净化旅游市场环境 让消费者放心消费”活动。新街口分会与工商所，在新华百货开展“服装质量的选择及服装材质的知识”宣传活动；在万特珠宝商城开展 “新消费·我做主·鉴宝识真”活动。展览路分会与工商所，在官园珠宝城，开展“新消费·我做主，‘3·15’珠宝免费检测”活动；展览路分会与工商所，在服装批发市场搭建宣传台，开展向过往的消费者宣传《消法》及消费知识活动。西长安街分会与工商所，在太仆寺社区，开展“新消费·我做主·弘扬诚信、公平、法治文化”等内容的宣传活动。金融街分会与工商所，在金融街京畿道社区举办商品鉴定讲座，邀请中国检验检疫科学研究院综合检测中心市场部吴部长为居民授课。

（周振刚）

【完成问卷调查】 3月31日，区消协按照要求，完成市消协和市发改委在全市范围内开展的居民供暖情况问卷调查500份。

（周振刚）

【推荐消费代表工作】 5月24日，区消协推荐2名消费者代表参加市工商局召开的“《北京市实施〈新消法〉的办法》研讨会”。6月6日，区消协推荐消费代表参加市消协和市发改委举办的居民供暖情况问卷调查，并参加消费体验活动。

（周振刚）

【消费教育讲座活动受好评】 9月21日，在市消协邀请零点公司对区消协开展的消费教育讲座活动进行考评中，得到消费者好评。

（周振刚）

【参加旅游消费体验式调查】 8月4日、5日，为落实《消法》监督职能，净化京津冀旅游市场，区消协参加京津冀消协组织的旅游体验式消费活动，检查张家口的旅游市场情况，指出了该地区旅游存在的问题。

（周振刚）

【受理投诉情况】 年内，区消协接待消费者咨询、投诉568件，调解成功515件，为消费者挽回经济损失53万余元；接待消费者来电、来信、来访1.5万余人次。

（周振刚）

【培训经营者】 年内，牛街分会与工商所，对国家电网新源控股有限公司、国家电网信息通讯分公司、北京中电联汽车服务有限责任公司等23家国有企业2000余名管理人员，进行消费保护维权和调解消费纠纷的培训。西长安街分会与工商所，在西单商场向经营者宣传《消法》和于5月1日实施的《首饰贵金属纯度的规定及命名方法》。广安门分会与工商所，对辖区的美容、美发、足疗按摩等行业，出现“预付费”的问题进行了规范。

（周振刚）

【服务社区】 年内，区消协深入社区20余次，对社区消费者愿者进行培训，并了解社区对消协工作的意见和需求。

（周振刚）

（责任编辑　马忠良）

街 道

概 述

西城区划分为德胜街道、什刹海街道、西长安街街道、大栅栏街道、天桥街道、新街口街道、金融街街道、椿树街道、陶然亭街道、展览路街道、月坛街道、广安门内街道、牛街街道、白纸坊街道、广安门外街道共15个街道，261个社区。

各街道设工委和办事处，对辖区内社区建设、城市管理、社区服务、社区卫生、社会治安综合治理、精神文明建设、经济发展等工作具有管理、监督、检查、协调、服务的职能，对地区性、社会性、群众性的工作负全面责任。街道工委作为区委的派出机构，根据区委的授权，对辖区政治、经济、行政工作和社会组织实行政治领导，按照2011年街道“三定方案”，街道工委必设科室7个，分别为工委办公室、组织部（社会工作党委办公室）、宣传部（精神文明建设委员会办公室）、人民武装部（民防科）、社会治安综合治理委员会办公室、维稳办、信访办公室；街道办事处作为区政府的派出机构，代表区政府对街道辖区依法行使行政管理职权。街道办事处必设科室11个，分别为办事处办公室、人事科、财政科、人口和计划生育办公室、社会建设工作办公室、劳动和社会保障科、民政科、城市管理科、安全生产办公室、住房保障科、公共服务科。此外，各街道还设有监察科、工会、共青团、妇联等不占机构数科室。除必设科室外，各街道结合地域情况及工作特色设自设科室，如民族宗教科、全响应工作办公室等。15个街道均建有社会保障所及社区服务中心2个科级事业单位。

街道在疏解非首都功能的统筹作用进一步发挥。按照北京市“十三五规划”及市、区任务要求，各街道发挥属地职责，加大群租房、地下空间整治力度，综合运用房屋管理、环境整治和基础设施建设等方式推进人口规模调控；协调推进“动批”各市场共完成撤市约16.3万平方米，升级8万平方米，累计撤市、闭市9个市场主体，疏解摊位数5000个，疏解人口1.5万人，实现疏解产业升级24.3万平方米。截至年底，全区共拆除违法建设12万平方米，常住人口疏解3.9万人。

各街道环境治理工作成效显著。按照区政府工作要求，各街道与区环境办配合，着眼提升城市环境品质，打造良好城市环境，扎实开展“四大工程”。完成4个达标区域、15条市区级达标道路、25所学校周边环境综合整治，84条街巷胡同环境综合整治，翻建修缮42个老旧小区3400间平房，落实清洁空气行动计划，巩固无煤化成果，推进PM2.5年均浓度持续降低。因地制宜、综合施策，扎实开展“七大战役”，营造良好环境秩序。完成年度拆违5900余处11.1万余平方米；完成81条街巷胡同2100余户“开墙打洞”违法建设治理。治理环境脏乱点1800余处，清退174辆早餐车，缩减报刊亭至178个，清理僵尸车100余辆、地桩地锁1800余个等。

街道民生服务工作进一步加强。年内，15个街道完成街道办实事计划154项。完成年度《西城区生活性服务业提升工作方案》任务，按照全区划分的示范区和规范区分别推进生活性服务业建设；在全市首创一站式、多业态、强服务的百姓生活服务中心模式。建成便民菜店10家、新增早餐规范店9家，建成百姓生活服务中心项目10个。完成1200户一户一水表改造、1530套（件）节水便器和15255个节水限流器的换装；完成2014至2015年老旧供热管网改造工程，冬季全面供暖工作提前2天启动。对20座二类公厕进行整体改造，88座达标公厕进行外立面改造。为224座二类公厕安装电采暖设备、50座二类公厕安装立体循环异味处理系统，更换12座移动公厕、600块公厕引导牌。城镇新增就业29630人，保持“零就业家庭”动态脱零，城镇登记失业率为0.84%。全区12个街道、227个社区达到充分就业标准，连续2年被认定为“北京市充分就业区”。

社区建设不断深入。区委办、区政府办印发《北京市西城区推进全国社区治理和服务创新实验区建设的实施方案》,探索以社区为平台、社区社会组织为载体、社会工作专业人才队伍为支撑的三社联动机制，实现社区居委会、社区社会组织、专业社工机构的互联、互补、共进，创建“全国社区治理和服务创新实验区”。贯彻落实中央和北京市关于推进社区减负工作意见等文件精神，出台《西城区关于进一步开展社区减负工作的意见》，建立社区公共服务事项准入制度，增强社区自治和服务功能，逐步实现社区治理体系和能力现代化。推进社区参与型协商的深入探索，形成了“北京西城4C分层协商管理模式”。京津冀社会工作协同发展有所进展，与河北省保定市、天津市津南区签订京津冀三地社会工作协同发展框架协议，共同推动三地社会工作队伍专业化建设。社区服务社会化改革稳步推进。通过调研，找准区、街社区服务中心的角色定位，明确服务管理的提升方向。在德胜等5个街道开展社会化运行试点。完成9个市级社区规范化建设示范点建设、10个市级老旧小区自我服务试点建设，推进完成26个智慧社区试点社区的升星、第四批30个试点社区和1个示范点的争创工作。

（林　琼）

德胜街道

【概况】 德胜街道位于北京市西城区的东北部，与朝阳、海淀、东城三区接壤。辖区面积4.14平方公里，有23个社区，户籍人口131752人，流动人口20277人；年内地区出生人口1763人，死亡人口1161人；中央单位219个、市属单位192个，高等院校2所，中学6所，小学6所，幼儿园5所；卫生医疗机构7个；公园4个。辖区内有回族、满族等37个少数民族7000余人，是北京市13个重点民族街道之一。辖区内有5758家企事业单位，包括中国工程院、孔子学院总部、中国交通建设股份有限公司、国家核电技术公司等多家中央单位及法源清真寺、民族团结幼儿园、民族团结小学等民族特色单位。年内，街道获团中央全国青年文明号、2016年北京市安全生产月活动优秀组织奖等称号和奖项。街道工委内设机构：工委办公室、组织部（社会工作党委办公室）、宣传部（精神文明建设委员会办公室）、人民武装部（民防科）、社会治安综合治理委员会办公室（流动人口和出租房屋管理委员会办公室）、维护稳定工作领导小组办公室（防范和处理邪教问题办公室）、信访办公室。德胜街道办事处内设机构：办事处办公室、人事科、财政科、人口和计划生育办公室、社会建设办公室、劳动和社会保障科、民政科、城市管理科（绿化办公室）、安全生产办公室（区安全生产执法监察队德胜分队）、住房保障科、公共服务科。其他内设机构：统筹发展办公室、全响应工作办公室、民族宗教科、残联、总工会、团工委、妇联。德胜街道办事处实有在职人员200人，预算内资金安排28265.19万元。

地址：西城区教场口街9号院丙9号

邮编：100120

电话：82060677

（杨　林）

【城市管理】 年内，德胜街道协调区环境办完成黄寺大街24号院路面铺装；抗震加固计划加固楼房21栋，已开工或具备开工条件的15栋；配合区节水办启动裕中东里9—13号楼、六铺炕二区14—21号楼、马甸南村小区、黄寺大街、新风北里3—6号楼5处雨水利用工程；德胜里西街断头路打通工程开工，已完成前期入户调查、房屋评估等；协调区重大办、北京邮电大学等单位，推进小西天东里危房改造项目；完成新风北里3号楼西侧围墙等拆违复建45处；六铺炕街及六铺炕一、二巷花箱种植35组175平方米；改造地区弃管绿地4块1200平方米，完成新外大街甲8号院3900平方米绿地改造、新风街1号院垃圾分类宣教中心2个项目；黄寺大街24号院、新外大街28号院南区、大井胡同2号院3个老旧小区改造完工；协调区环境办、西城规划分局等部门推进裕中西里立体停车楼建设。有垃圾分类小区58个，街道委托3家第三方专业组织进行垃圾分类管理，协调区市政市容委、中直1号院建设德胜垃圾分类宣传、教育、处理中心，安装厨余垃圾处理设备，完成德胜街道绿色生活馆建设。组织地区垃圾分类小区管理员、绿袖标指导员参观朝阳高安屯、鲁家山垃圾处理厂、东辛房街道垃圾分类小区4次，开展垃圾分类小区宣传20次。完成地区单位用水计划指标和水量加价告知书下发工作，开展第二十五个全国城市节约用水宣传周活动。配合区节水办完成市区级节水型单位创建工作，对辖区内年用水量超过6000吨的单位进行节水检查。空气重污染期间，检查在建施工地60余次，节能宣传活动2次，摸排统计老旧机动车（黄标车）1777辆。开展冬季预防煤气中毒宣传、检查，完成安康胡同、西后街胡同“煤改电”取暖工作，地区燃煤户全部取消，收缴燃煤5350块、煤炉13个。对地区在施工地、道路易积水点、低洼院、危险树木、人防工事等进行全面普查。组织防汛演练2次，接待来访群众7人，接听并处理居民反映情况电话36个。遇雷雨天气38次，及时处置德外大街乙12号院树木砸车、安德路77

号院污水管线外溢等事件。

（杨 林）

【社区建设】 年内，进行“一委多居一站一枢纽型社会组织”的社区体制试点探索，试点“多居一站”的社区治理体制。构建“1 + X”的社会组织培育发展模式，加大对社会组织的培育力度。街道全响应指挥平台接收办理非紧急救助案件（12345、12341 等民生热线）980 件，收集社区上报民情日志 102963 条，接收处理区城管指挥中心派发案件 59590 件，办结率 100%。创建规范化建设示范社区，推动社区实现社区服务站建设平台化、社区工作事项明晰化、社区运行机制联动化、社区志愿服务常态化、社区队伍建设专业化、社区设施使用最优化、社区经费管理科学化；开展参与式协商试点工作，初步制定德胜街道民主议事协商工作流程，健全社区自治格局、创新社区自治协商机制，落实在社区治理中推行“参与式协商”的基层民主自治模式试点工作。

（杨 林）

【社会保障】 年内，为 212 户 421 人次申请临时救助 34.88 万元，29 名低保、低收入家庭往届大学生申请教育救助 11.2 万元，48 名低保、低收入家庭高中生申请教育救助 4.8 万元；开发就业岗位 3300 个，带动就业 222 人，信用社区发放小额担保贷款 16 万元，培训失业人员 370 人；办理药费报销金额 428.91 万元，低保、低收入人员医疗救助 966 人次 142 万余元，退养人员医疗救助 199 人次 71 万余元；公共服务坚持“一窗式受理”和“首问负责制”，接待来人来电咨询和处理各类事项 1.35 万余人次，平均日均每个窗口接待来人来电咨询和办理量约 20 人次，其中业务咨询接待 1.07 万余人次，事项受理 2800 余件；1234 户轮候家庭参加摇号，其中公租房户 1025 户，已选公租房 153 户，已选廉租房 21 户；公租房申请 158 户；市场租补贴申请 207 户。德胜慈善分会实施“携手慈善送温暖”、往届大学生教育救助、春雨大病、高龄低保低收入老人生活救助、低保低收入高中生教育救助、申请绿色通道等慈善项目救助 207 余人次，发放救助资金 43.72 万元。统筹做好保障和改善民生工作，推动劳动、民政、计生、残联、慈善、养老、就业、医疗、教育、住保等方面工作服务精细化。加强劳动用工日常巡视检查，重点对建筑施工企业、餐饮服务企业、物业管理企业的执法检查，检查单位 235 户、涉及近 5500 人，其中农民工 3500 人，开展“劳动用工规范一条街”及书面审查工作。完善计生人口库，确保人口数据信息变动及时、准确，其中户籍人口信息库 13.22 万人，修改完善数据 5.19 万条，流动人口 2.0712 万人，办理流动人口业务 3204 人次；完成“两孩”以内生育登记 2001 人；以购买社会服务为主要手段，整合优势资源推进辖区特色家庭建设，重点实施婴幼儿社交平台建设、“0 岁成长”计划、为特扶家庭打造心灵家园活动阵地、购买家政服务等项目，确保和谐家庭项目顺利实施；开通街道婴幼儿社交平台 80 余课时，接待家庭 2000 余次；举办“第四届德胜宝宝亲子嘉年华”；完成六铺炕煤炭和裕中西里 2 个社区国家流动人口抽样调查。做好各项为老服务工作：完成辖区内 5870 位老人 80 岁养老助残补贴的申请推送工作，5637 位老人享受每月养老助残补贴；发放 90 岁及以上老年人高龄津贴 46.29 万元；95 周岁及以上老年人医疗二次补助 5.67 万元；由服务商为 65 位困难老年人提供“三项为老服务”；为老服务评选出区级孝星 95 人、市级 17 人，敬老模范单位 2 个；委托具有专业资质的社会组织，开展百户高龄老人家庭居家安全隐患排查及整改服务；购买地区优秀服务商的服务，为 300 名中重度失能老人购买包括家政服务、生活照料、专业护理等 3 类 15 项菜单式居家养老服务项目；为地区失能半失能及高龄空巢、独居老人购买三角拐凳及助行器；社会组织玖久缘文化养老中心依托 8 个社区开展社区老年人志愿服务帮扶活动；为 23 个社区及街道为老服务场所购买场地险。推进“菜篮子工程”建设，设立“车载蔬菜直销车”4 辆、建立“固定便民菜店”4 家，服务覆盖 23 个社区。

（杨 林）

【社会治安综合治理】 年内，完成人口调控工作，其中疏解户籍人口 3142 人，流动人口 5837 人，共计 8979 人。清理群租房 35 户 164 间，普通地下空间 21 处 377 间 12075 平方米，关停 16 处，规范 5 处，通过天秀市场撤市疏解 240 家商户，人防地下空间整治 3 处 1363 平方米，七小无证无照经营主体台账 492 处，清理不规范有证有照 143 处，无证无照全部清理，公房转租转借清退 100 户 131 间 2146 平方米，拆除违建 274 处 6162.5 平方米，开墙打洞封门 146 处 840 平方米。天秀市场撤市中，创新采用人口数据移动采集终端机，提高工作效率。清理僵尸车 32 辆，非机动车 3100 余辆，月定期开展门前三包检查，制作并发放门前三包标示牌 1500 块。针对区级挂账的积水潭周边和街道级挂账的新风街一线，联合城管分队、德外派出所、西外交通大队开展黑车、黑摩的、黑导游、非法“一日游”整治和新风街地区环境秩序整治，查扣黑摩的、黑车 52 辆，拘留 16 人，收缴假车站牌 110 余张；立案处罚无照经营 32 起，罚款 1.6 万元，拆除违规户外广告 12 块，规范店外经营 21 起、废品收购网店 3 起，清除非法小广告 50 余起。与产权单位协商，推进地区居民楼宇对讲安装及升级改造工程，楼宇对讲升级改造 12 栋 49 个门 827 户居民，安装监控视频 181 路。处理各类矛盾纠纷，调整和完善社区人民调解委员会，行政调解 144 件，参与调解 360 人，涉及调解金额 21.60 万元。其中：治安调解的民间纠纷 82 件、合同纠纷 2 件、交通事故损害赔偿纠纷 1 件、其他纠纷 59 件。23 个社区调委会和联合调解室调解各类矛盾纠纷 242 件，调解成功 241 件，成功率 99%；23 个社区和德胜街道公益法律服务室提供法律服务 540 次，服务和接待1.63万余人次；协调处置4起集体突发事件及16个重点时段重点人员的稳控；信访工作遵循“首问负责制”，组织公益律师为地区居民、单位提供法律咨询，网络信访接待来访315起，接转市区信访件56件，电话来访、咨询545起；推动“普法宣讲100场项目”，社区居民、党政机关干部、辖区军（警）营、在建在施工地、非公企业员工、市场经营人员2万余人次参与。安监执法分队检查辖区生产经营单位4180次，发现隐患712处，责令整改700起，立案处罚1起、罚款金额1万元；限时完成地区小微企业安全生产达标化达标工作，年任务410家，实际完成467家，完成114%；宣传推广安责险，171家单位投保安全责任险；开展安全社区建设，做好德胜地区老旧小区电梯更换维修，完成教场口街9号院21部电梯及设备更换。

（杨　林）

【精神文明建设】 年内，围绕社会主义核心价值体系，推出“三原色主题季项目菜单”。组建“德邻聚力”百姓宣讲团，深入社区、单位、医院、学校开展百姓宣讲，讲好德胜故事。开展邻里帮扶、邻里协商、见面问候、家庭交流、楼门聚会等活动，提高“友善亲和、关爱互助、和睦相处、文明和谐”意识。与地区文化协会合作建立德胜金彩艺术教育基地（书画为主）、传统文化平台（含非物质文化传承）服务地区居民；组织德邻四展、德胜杯合唱、舞蹈比赛，地区居民参观科普基地和场馆，德胜地区第八届科技节活动；利用位于社区服务中心地下一层的放映厅为地区百姓放映弘扬爱国主义、社会公德、家庭美德等方面电影50场；打造“阅享德胜”工作品牌，利用地区文化产业资源，特别是出版行业、实体书店及街道的2个图书馆，建立4个图书漂流岛，推广全民阅读活动。做好《今日德胜》报，以“德邻计划”为主线，举办“德胜文化艺术节”，通过重要节日大型活动及举办各类比赛和培训。

（杨　林）

【双拥共建】 年内，为创建双拥品牌，培养双拥典型，巩固发展“一街一品一典”模式，开展“军民共建鱼水情、德邻共治享和谐”德胜双拥系列活动。街道与西城区饮食行业协会、聚德华天职业技术培训学校合作，为驻地部队炊事班官兵进行厨技培训考核，6名官兵通过考核获毕业证书和国家中式烹调中、高级职业等级证书。举办“金牌炊事班”厨艺比拼大赛。开展“健康讲堂进军营”活动，邀请中日友好医院营养科专家到部队举办饮食健康大讲堂5场。组织非遗文化之旅与实战拓展活动，第二炮兵总医院医护人员及航天城通讯营官兵到八一影视基地开展实战拓展2场。在区文化委等相关单位支持下，挑选最具代表性的传统曲艺类、技艺类、体育类等多项国家级和市、区级非遗文化项目进军营。加大实事拥军力度，街道多次召开双拥座谈会，投入80余万元用于双拥和优抚等各项工作，为140名伤残军人发放生活补助、开展20场品牌双拥系列活动，为25名优抚对象报销药费、280名退伍老兵购置退伍纪念品，春节、建军节慰问6支驻地部队及220名优抚对象。元旦、建军节、春节等传统节日举办文艺演出，邀请部队官兵及社区居民参与，整合辖区内孔子学院、安定医院等资源，促进拥军方式多样化。

（杨　林）

【德胜科技园区服务】 年内，德胜科技园区内有高新企业600家，其中，德胜地区约500余家。奇虎360、有研稀土、洛可可设计集团等都是在园区发展起来的行业领军企业，收入亿元以上重点企业87家，园区企业从业人员80347人。其中，从事科技活动人员及中高级技术职称人员均占园区从业人员的1/4，园区企业年研发投入、科技成果，专利申请、专利授权，均位居中关村各园区前列。拥有中国文化走向世界标志的孔子学院总部，全国唯一的综合性出版园——中国北京出版创意产业园区。在园区企业中建立党组织，将党建文化融入企业文化，以党建文化引领企业文化，带领企业科学发展，党组织覆盖率82%。从企业和员工需求出发，变被动管理为主动服务，变单一组织活动为提供多元服务，变政府单项服务为社会多元主体参与，打造北广大厦和北环中心两大商务楼宇工作站，开展“创业乐土、白领家园”主题楼宇系列活动300余场6000人次参与。街道确定处级领导走访企业机制，将园区规模型企业划分，由处级领导带队，与企业负责人座谈，了解企业需求，帮助解决实际问题。街道统筹区域资源，协调科、队、站、所，联合园区管委会，在园区政策、工商注册、税务讲座、子女生育等方面提供咨询和培训服务。依托德胜商会组织，举办企业沙龙，搭建政企沟通桥梁、项目对接平台，由单一组织活动向全面打包服务转变。

（杨　林）

【党的建设】 年内，探索党建+模式，完善各领域党建工作机制。探索创新社工队伍建设模式，促进社区人才流通，实现社区人才一体化贯通培养。推广党员志愿服务系统，培育党员志愿者品牌队伍，推出企业和社区双赢的服务项目，增强地区党员服务本地区力度，扩大地区党建影响力。对地区普遍存在的停车、老旧小区改造、绿化等公共问题，用党组织服务群众项目，撬动更多物业、产权单位参与建设，实现资源共享、优势互补、多元参与，促进地区发展。多种形式在机关、社区、非公和区域化党建单位进行党员主题教育。加强基层党组织书记培训，展示优秀支部书记风采。丰富干部培训方式，完善“进高校、上高原、下基层”的干部培训模式，组织专题研讨会，干部心理减压培训和团队拓展培训，增进干部间沟通。组织部、主管领导和科长定期与干部谈话，开展多岗位交流，结合大部制改革和街道重点工作，合理调配干部，为地区各项工作的开展做好组织保障。

（杨　林）

什刹海街道

【概况】 什刹海街道位于西城区东北部，东起旧鼓楼大街，地安门内、外大街，与东城区相邻；西至新街口南、北大街，西四北大街，与新街口街道相连；南起景山前街、文津街、西安门大街，与西长安街街道相接，北至德胜门东、西大街，与德胜街道接壤。辖区面积5.80平方公里，有大街20条，胡同街巷205条。有中央单位127家，市属单位78家，区属单位63家，中学13所，社会教育学校1所，幼儿园8所，公园2处。有社区居委会25个，户籍人口46252户120305人，常住人口29993户82212人，流动人口22331人。年内，地区出生人数1404人，死亡人数896人。街道机关行政、事业编291人（不含处级，公务员112人，事业单位161人）。58人被评为优秀公务员（其中三等功16人），称职206人，试用期未满不定等次8人，因长期病假不参加考核1人。调入公务员4人，新录用公务员6人、事业2人，转出5人，退休5人。年财政拨款收入（含什刹海风景区管理处）31278.49万元，财政支出（含什刹海风景区管理处）30885.22万元。街道获“首都无偿献血先进集体”“充分就业街道”，街道双拥办获“首都拥军拥属模范单位”、社保所获“优质服务窗口”市级先进集体称号。4人被评为市级先进个人。

地址：西城区地安门西大街141号
邮编：100035
电话：83223600

（肖　潇）

【城市管理】 年内，什刹海街道配合区环境办完成辖区三不老、花枝、航空等6条胡同环境整治提升工程，配合区市政市容委、区园林市政管理中心，对柳荫街、德内大街道路进行整修。整治新街口东街2、4、6号楼（电力科学院宿舍）老旧小区环境，涉及居民307户1100人。完成舒心工程（低洼院落改造），对辖区内15处公私混合、单位弃管的院落进行整治改造，柳荫街实施精细化管理，提升整体环境景观。开展“拆违、灭脏、清障、治乱、治污、撤市、控霾”七大战役，拆除违法建设138处4211平方米。清理卫生死角520处，各类大件垃圾421车290吨。撤除违法占道早餐车8辆、报刊亭和各类经营性附着设施。拆除非法安装地桩地锁764处，各类违规牌匾、LED显示屏239处。清理废品收购点2处，没收非法小广告21800张，治理路边烧烤15处，拆除违规广告牌匾146处，治理店外经营1569起、无照经营589起。向辖区内餐饮单位发放《西城区餐厨废弃物资源利用通告》，调查填写《北京市餐厨垃圾排放登记表》600余份；回收小煤炉128个，收取144户居民燃煤37502块。推进什刹海平房文保区开墙打洞违法建设治理工作，打造护仓胡同、航空胡同2条整治试点示范街巷，辐射带动四环周边8条胡同，完成地区102户整治任务。推进市政基础设施建设，对辖区内自来水渗漏、污水管线堵塞、道路塌陷等10处进行处置，完成7条胡同市政排水管线改造、13间旱厕改造、6间公厕及2间清洁站环卫公厕改造。成立什刹海地区城镇燃气管道占压隐患整治工作领导小组，拆除小八道湾胡同10号东西2处违法占压燃气管线建筑物38.4平方米，拆除解放军出版社等10余处占压燃气管线建筑物400平方米。清运生活垃圾55720吨，清理街巷内遗弃、偷倒的废旧家具、沙发、床垫等大件废弃物和无主渣土7820吨。增加大拐棒6号院和后马厂29号院2个垃圾分类达标小区。组织爱国卫生月末清洁日与大扫除3.2万人次参与，清除小广告3500余条。伐除危险树木127棵，修剪树木600余棵，完成地区541棵古树名木的普查核实工作。开展百万鲜花进社区活动，3000余盆绿萝、碧玉、幸福树等绿植送到居民家中；完成26处1510平方米边角地绿地建设。汛期出动抢险人员208人，应急车辆255次。清运垃圾144吨，处置道路塌陷4处、路面积水9处、房屋险情38处、树木倒伏折断12棵。完成346户街道管单位、72户区管单位年度用水计划发放、回收、审核、上报工作。上报案件24252件，有效上报案件率99.95%。回复非紧急救助1788个电话督办登记单、首环办督办单146件、北京市联合检查组45件、区联合检查组督办件18件，做到件件有落实。

（肖　潇）

【社区建设】 年内，6名任期满一年的社区服务站牵头副站长提任站长。招录46名新社工。制定《什刹海街道2016年“三社联动”工作方案》，完成30个院为民办实事“点亮四合院”工程。召开“2016年社会组织推介会”，19个社区提出30余项服务项目；启动社区社会组织（1＋1）助推项目，8个社区的8支社区社会组织参与助推工作；启动前铁、松树街2个社区“社区品质提升”项目；与西城区社区教育协会合作，组织25个社区和10余支社区社会组织“社区社会组织能力提升”专题培训。成立什刹海“学区理事会”和“学区办”。完成非本市户籍适龄儿童入学审核工作，开具借读批准书87份。与北京西城华方投资有限公司合作成立“什刹海街道养老照料中心”并投入运营。更换老年优待卡“北京通——养老助残卡”8092张。年度“孝星”评选市级孝星18人、区级92人、街道级8人。红十字会走访慰问40户困难家庭，发放慰问金3.2万元。107名志愿者上站献血。“非遗进社区”讲座8场，科普进社区25次，参与居民1000余人。民俗运动会、环海健步行、居民体质测试、和谐杯乒乓球赛等街道和社区文化活动166场参与1.26万余人次，教育类活动460余次1.38万余人参与，科普活动周、科普之夏等活动100余次参与居民3000余人。

（肖 潇）

【社会保障】 年内，办理各类事项53006件，接受各种咨询106499件，发放各类证照6557件，居民满意度平均98%以上。接待各类检查、考核、参观团体4批80余人次。参加区窗口业务培训2次，组织业务培训2次。新增就业1170人，就业困难人员实现就业714人，实现创业60人，带动就业263人。城镇登记失业率0.78%，登记失业人员就业率56.63%，25个社区全部实现充分就业社区；特困人员安置率89%。管理社会化退休人员10290人，其中本年新增退休人员615人，慰问社会化退休人员1005户；发放清洁能源自采暖补贴49.06万元；享受福利养老人员1561人，新增2人，减员60人，退费39人，追回死亡后多领取福利养老金7.09万元。“一老一小”“无业”灵活自谋等各类参保人员10211人，新增1194人，减员748人；重残、特困等各类免缴人员1271人，筛查不符合免缴人员325人；发放各类医保卡及医保存折23批1518张；老党员、退休、失业、灵活自谋、一老一小等各类人员药费报销1425份516.25万元。低保保障对象1227户1900人，新增65户123人，发放低保保障金135.71万元。低保及低收入家庭医疗救助1124人次335.13万元。办理医疗救助及补充医疗2248人次88.39万元，救助金额246.74万元，低保家庭就医借款71人，受理410人次，136.55万元。对1243户1930人进行城市居民最低生活保障标准调整。配合区级单位采用电子化档案管理模式，完成16055份失业人员人事档案及10500份退休人员档案人工扫描。

（肖 潇）

【社会治安综合治理】 年内，与地区128家中央、市属、企事业单位、科队办所及25个社区签订《2015年什刹海街道社会治安综合治理责任书》。投入技防建设资金156.90万元，安装监控摄像头86个；6个平房院安装防盗门和门禁系统；爱民街社区、大红罗社区维修楼宇对讲4处；为入室高发区居民购买红外线语音提示器20个，红外探测报警器400个。构建社会面防控体系，出动各种安保力量3.1万人次，确保元旦、春节、五一、十一等重大节日、敏感期及全国“两会”、G20峰会、十八届六中全会重要活动期间地区安全稳定。加强对流管员队伍管理，考核录用28人充实流管员队伍。组织社区流管员开展个人出租房屋房产税代征工作，代收个人出租房屋房产税116.14万元。疏解人口4102人。加强联合执法开展地区综合整治，对西安门大街、文津街、西什库大街、景山前街一带，积水潭桥周边、故宫北门周边重点挂帐地区及四环胡同等乱点地区分别开展综合治理。出租房屋安全隐患大排查，查出有安全隐患19户，对28家餐饮单位存在消防安全、环境秩序、占道经营、堆物堆料及乱停车等问题进行重点治理。成立社区微型消防站，为空闲无人居住院落撒水125处，自行扑救小型火灾5起，提前赶到火灾现场协助专业消防扑救火灾8起。25个社区居委会分别与上泽、东易、天元、中咨、雄志5家律所签署《社区居委会法律顾问聘请合同》，公益律师为居民群众、辖区单位提供法律咨询470人次，发放宣传材料3500余份。为街道机关、景区管理处、社区服务中心及25个社区居委会审核各类合同、协议287份。社区开展6次矛盾纠纷排查，调处各类矛盾纠纷257起，成功率98%。组织居民参与“法律服务社区行”“帮残、助残普法宣传活动”等法律宣传、讲座7次，发放普法读物600余件。接待市、区信访部门转来信访件37件，群众来访132批168人次，同比下降32%，受理群众信访事件37件，同比下降47%。

（肖 潇）

【精神文明建设】 年内，机关干部、社区工作者及相关业务单位培训350余人。评选最具影响力党员10名，其中居民党员7名，社区党务工作者3名。继续推进“我的童年”项目，寒假开展19场社区活动473人次参与，暑假开展24场社区活动507人次参与。打造街道级“什刹海社会主义核心价值观百姓宣讲团”及25个社区级宣讲团，宣讲50余场观众2500余人。传统节日开展“进王府・品文化・共祥和——民俗人文什刹海、恭王府里过小年”活动、“元宵・灯谜・什刹海——广福观里闹元宵”元宵节活动、第三届什刹海街道清明节——春风拂三海・踏青品寒食活动、“走进什刹三海，体验端午风情”民俗系列活动及龙舟竞渡赛、“月圆中秋夜情系什刹海”王府中秋赏月文化活动、重阳节为高龄老人庆生文艺汇演等活动。国家级刊物报道2篇、市级报道35篇、区级20篇、网络媒体报道27篇、缤纷西城5条。获得“西城区网络文明传播志愿服务工作”优秀组织奖，14名网络文明志愿者获得荣誉称号，在文明网等博客上发表文章1156篇，腾讯微博、新浪微博等转发、评论5492次，文明网及其他论坛留言643次。依托北青媒体资源平台挖掘街道社区新闻，《北青社区报什刹海版》制作社区报8期64版。新闻采访90人次，文字约6.6万字。开展北京榜样、身边好人、美德少年等先进典型人物评选。上报北京榜样30人，一人一榜制作展板开展学习宣传，其中1人作为西城区候选人推荐到北京市参评、美德少年2人、文明小使者150人；参与身边好人投票4次。开展“漫品什刹海”文化精品工程，什刹海文化月刊《拾说》发行9期，报道105篇约7万余字，采访150人次。协助拍摄大型人文纪录片《拾说什刹海》第二季，安排预采访5场。

（肖 潇）

【双拥共建】 年内，举办徐向前元帅为柳荫街军民共建题词34周年纪念活动及清明节祭奠袁满囤烈士活动。完成街道第二十一届双拥“五好”表彰活动。接受社区和部队官兵合理化建议20余条，组织便民活动26场，双拥艺术团到部队慰问演出，与部队举办迎新春联欢会、元宵节猜谜赏灯，部队战士参加第四届什刹海“双拥和谐杯”篮球赛、全民健身活动、军民运动会、乒乓球比赛、国防知识竞赛、军地适龄青年联谊活动等。开展法律讲堂、心理知识进军营、进社区活动。与地区学区办共同组织“拥军课堂”，为部队开办厨师培训班、电工班、理发员培训班。慰问义务兵家属16人，慰问驻地区19支基层部队及退伍老战士600余名。优抚对象医药费报销300余万元，为154人优抚对象调标发放金额186.68万元，伤残军人、烈属和享受定期补助205人次发放过节费22.55万元，护理费3人6083元，走访优抚对象73户、走访慰问26个部队单位。为2名优抚对象联系住院并到医院看望。

（肖　潇）

【景区建设】　年内，完成什刹海保护区十三五规划编制、“大运河景观提升设计方案”编制、《北京市西城区什刹海风景区相关管理制度汇编》调研编纂、《什刹海景区讲解词》76处景点近11万字文稿编纂及配图工作。更新什刹海风景区视频监控设备，更换景区119个监控探头。前海、后海环湖及百米斜街燃气工程，解决环湖周边710户燃气入户问题。保护特色街风貌，完成烟袋斜街牌楼修缮、烟袋斜街非机动车存放处改造及护国寺街部分破损严重的建筑外立面维修。景区内各种活动登记备案278项73316人次。规范经营摊点1000余个，查处无照游商600余人次，查扣小商品上万件。拆除违规悬挂灯箱、牌匾200余个，查处并清理其他占道经营物品1000余件，僵尸车20余辆，在烟袋斜街推行“门前三包”流动红旗。劝离景区内流浪乞讨60余人次，清理堆放物品10余车。张贴违章停车处罚单400余张，暂扣黑电动三轮车300余台次，清除私设地锁33处。制止噪音扰民800余次，查扣音响80余台，清理噪音摊点30余次。安装升降式反恐防暴桩42个，增加交通指示标识2处。加强对特许经营企业经营行为的管理和监督，召开例会22次，检查750余人次，组织在职车工培训23场300人次，发放规范导游词手册300册，暂扣车辆111人次。三轮车胡同游接待游客45.34万人次，其中国内游客18.62万人次，国外游客26.72万人次，接待金额1099.34万元。开展“安全生产，文明经营，携手共建文明美丽和谐什刹海”宣传活动，策划“你所不知道的什刹海”主题系列宣传月活动。

（肖　潇）

【党的建设】　年内，完成“366”基层党组织负责人阶梯培养体系项目。开展组织关系排查工作，与4600余名党员联系，更新完善党统库信息，对失联6个月以上的97名党员进行排查，逐一审核自2007年起转出的党员组织关系介绍信存根。组织第12次共产党员献爱心活动，捐款10余万元。纪念中国共产党建党95周年“七一表彰”，评选先进基层党组织26个、优秀党务工作者17名、优秀共产党员191名、区域党建先进单位10个、区域党员之星10个。培训党支部书记109名，发展党员16个，转正15名。推荐优秀后备干部3名。

（肖　潇）

西长安街街道

【概况】　西长安街街道位于西城区东部，东以天安门广场西侧路、中山公园、故宫西墙为界与东城区毗邻，南以前门西大街、宣武门东大街中心线为界与大栅栏、椿树2个街道交界，西以西四南大街、西单北大街、宣武门内大街西侧便道为界与金融街街道相接，北以西安门大街、文津街南路边缘、故宫北筒子河中心线为界与什刹海街道为邻。辖区总面积4.24平方公里，有街巷胡同98条，其中一、二类大街12条。中央单位10家、市属单位26家、驻京办4个、区属单位25家。社区居委会13个，户籍人口26031户77453人，实有人口37641人，流动人口12388人，出租房屋3355户。年内，出生770人，其中二孩217人。全年财政收入29162万元，支出29162万元。街道单位行政编制124人、事业编制133人，公开招聘公务员12人（应届硕士研究生7人，村官2人，社招3人），安置军转干部1人。年内，街道社区服务中心被评为“首都社区支援服务组织之星”“西城区社区志愿服务优秀组织”，街道安全生产办被评为“优秀检查队”“安全生产责任保险工作优秀单位”。

地址：西城区西绒线胡同甲7号
邮编：100031
电话：66035449

（黄唯一）

【城市管理】　年内，以提升地区环境品质为抓手，紧盯重点工作，狠抓环境治理，采取疏堵结合的办法，加强城市管理与环境整治力度。举办260余家地区单位及商家城市管理工作暨商家自律培训会，签订《西长安街地区商家经营自律公约》。各类执法检查80余次，检查沿街商户3000余家，规范处罚店外经营、占道经营等违规商家500余家，拆除各类违规广告牌匾300余块，收缴游商三轮车120余辆。整治废弃自行车150余辆，拆除私装地桩地锁500余处，拆除20余处废弃电线杆约50余根。拆除旧有违法建设72处907平方米。封堵开墙打洞19处腾退约600平方米，关停商户36家腾退约400平方米，疏解92人。汛期前树木应急抢险37棵，修剪树木70棵。清运垃圾大件和建筑垃圾3000多立方米500余车，进行首家再生资源回收试点工作，设20个智能装置废品回收点。为地区近500余家用水单位完成水指标的信息核对和发放工作。接待居民来访和回复信访100余起。院落改造、地面翻建、污水管线疏通、危墙拆除翻建，安装晾衣架和扶手等140余处，收到锦旗5面，感谢信2封。开展义务植树活动，设绿化宣传点13处，悬挂横幅16条，发放宣传折页3000份，发放菜籽及价值5000元的花肥、宣传小礼品2000余份，植树100余棵。继续与怀柔长哨营乡开展"手拉手"城乡结对共建活动，向长哨营满族乡捐赠5万元的共建活动资金。美丽西城评选和百万鲜花进家庭活动，发放鲜花3000余盆，完成585块绿地台账核查和录入工作。

（黄唯一）

【**社区建设**】 年内，运行"开放式街区准物业"管理模式，在南北长街社区打造"和谐宜居试点社区"。运用政府购买服务的方式引进物业公司，将其纳入社区的治理和服务中，设立议事厅、召开楼门院长会议，加强居民之间的互动交流，通过社区微信公众平台实行居务公开，增加社区管理透明度与居民归属感。在13个社区设立"协商议事厅"，成立社区"参与协商领导小组"，针对不同事项召开由不同利益相关方参加的议事协商会，使居民逐步形成"住社区、建社区、爱社区、管社区"的自治新风尚。打造"E动红墙APP"数字政务新模式，以居民需求为导向，以企事业单位、社会组织、居民为主体，以服务各类主体为核心，实现与现有信息平台互通共享，进入最后测试阶段。组建红墙义工社，整合辖区资源，为地区青少年、老年人、残疾人、低保家庭及各类弱势群体提供理发、修脚等多项服务164次1740人。按照地区百姓意愿建立和平门地下空间成为红墙文化氧吧，建设"红墙文化氧吧""社区文化氧吧""安全文化氧吧""骑行存放氧吧""生活空间氧吧"等"红墙氧吧"系列。打造社区科普功能室。上半年街道开始设计、打造义达里社区睦邻之家科普为民小屋、钟声社区手工科普活动室、北新华街社区科学膳食营养实验活动室3个社区科普活动室，进一步完善科普社区基础设施建设，3个社区科普室均已投入使用，半年累计组织社区居民开展形式多样、内容丰富的科普活动100余场，受众2700余人。

（黄唯一）

【**社会保障**】 年内，实施临时救助43人次15万余元。教育救助3人次2.2万元。7名三无特困人员，在上庄敬老院、回龙观医院实施集中供养。为604户低保、低收入家庭发放爱心卡，584户低保家庭发放米面油，33户清真饮食低保家庭发放0.99万元慰问金，184名地退、军休人员发放干果礼盒、食用油。向地区50名优抚对象和贫困群众赠送2.5万元慰问金。开展"冬衣送暖"和"爱在西城"募捐活动，募集棉衣被1万余件。受理保障房申请并市备案通过75户；受理公租房补贴申请并市备案通过15户；受理市场租补贴申请并市备案通过77户。完成公共租赁住房复核101户；保障性房选房35户。为20名智力残疾人开展19期音乐治疗康复训练，精神残疾人康复训练8期，精神残疾人家属康复知识讲座2次；开展肢体残疾人康复训练2次；2名视力残疾人盲人定向行走训练；办理31名残疾人失业登记；残疾人法律讲座2次；举办残疾人专场招聘会2次，开发岗位76个（超指标57个），完成按比例就业16名，超额完成指标11人。安置残疾人就业38人，超指标26人。申请办理重度残疾人护理补贴41人、助残卡20人；为26名重残无业残疾人发放生活补贴27.44万元，5名16岁以下残疾儿童发放补贴1.1万元，195名低保残疾人发放生活补贴21.57万元；元旦、春节、"助残日"、中秋、国庆节期间走访慰问残疾人442人，发放慰问金及慰问品总金额20.80万元；为6名因病造成生活困难残疾人办理特事特办补助金8200元；发放残疾人机动轮椅车燃油补贴172人4.47万元；办理残疾人辅助器具12人；为13户残疾家庭进行无障碍改造。办理一孩子生育服务证84例，生育登记服务单655例；二孩生育服务证113例，复核不通过144例；二孩审核352例，复核不通过59例；三孩及以上子女登记12份；办理独生子女证92例，独生子女父母奖励登记25人，独生子女父母年老一次性奖励登记312人。受理知青相关事务76件，知青户籍回京2人，配偶随迁户籍回京2人。为510户757名低保人员发放低保金580.07万元；低保及低收入家庭享受医疗救助1025人次，报销金额115.87万元；为22人次患重大疾病低保低收入人员垫付住院压金20余万元；落实因病致贫政策，救助1人1.69万元；为辖区55户低保家庭办理集中供暖补贴8.03万元；发放低保低收入人员免费集中参保告知书530份，为新参保25人办理医疗保险参保手续。

（黄唯一）

【**社会治安综合治理**】 年内，辖区59个院落安装维修户宇对讲防盗门系统，为孤老、独居老人、重残人员家庭及防火重点户家庭检测更换燃气管及减压阀40余个，中南海周边3个社区安装500个烟感报警器。联合派出所开展预防煤气中毒宣传活动，发放各类宣传材料1500余份、悬挂宣传横幅板报40条（块）、发放社区专刊1000余份、宣传教育群众1500余人；组织各种力量400余人次入户宣传及安全检查，2月中旬地区所有煤火取暖全部取消。对辖区所有楼房院落进行火灾风险等级判定并挂牌，配备灭火器箱439个、灭火器1756具、灭火毯及水枪439套。回收空间投资49万余元恢复建设自行车停车库，投资20余万元为自行车库及安全教育基地安装视频监控系统。开展疏非控人工作，西单文化广场疏解763人清理3万平方米；和平门地下空间整治清退69间730平方米疏解174人；上国阙地下人防工程整治疏解112人；横二条四棵槐门（力学51号）店、灵境6号楼和光明27号整治，南北长街24号院旁疏解41人；清理违法群租房12处23间441平方米疏解71人；停租出租房48处90间1963平方米，疏解流动人口178人；房管所公房转租转借清理261处423.5间4258.51平方米疏解664人；英嘉公寓地下空间疏解215人；低端生活性服务业网点清理1处350平方米疏解39人；清理开墙打洞4处60平方米疏解5人；正常迁出西长安街地区常住人口2363人（其中集体户口594人，死亡216人），新增常住人口2539人（其中集体户口955人包括中央各大部委及一些市属单位），实际净减185人。疏非控人共疏解2447人。

（黄唯一）

【党的建设】 年内，工委中心组集中学习17次，组织4场菁英论坛，参观7次，观看专题片5次，专家讲座1次，专题学习讨论4次，调查实践3次。制作“全面提升党员意识、党员作用”主题展板63块、百米党员风采墙；围绕“地区人大换届选举”，设计制作《人大换届选举16问》宣传展板；与中宣部开展志愿服务，制作《服务群众 让爱流动》主题展板。上报舆情信息近600余篇。组建13支社区宣讲团，65名宣讲员走进机关、社区、企业、部队宣讲百余场次，受众近7000人次。结合春节、学雷锋日等开展敬老爱老、“争当学雷锋小标兵”“网上祭英烈”网上签名寄语、“重温长征故事，放飞少年梦想”主题教育活动；举办“百米长卷绘梦想 青春泼墨献党礼”书法绘画；组织“军民共包连心饺”“红红火火过大年”“元宵节灯谜会”、中秋诗会、重阳敬老、七夕青年会等活动；“国学进校园”系列活动，邀请专家在辖区内小学开展国学巡讲；寒暑假期间，开展知识讲座、拓展训练、“社区青少年假期乒乓球友谊赛”。打造“红墙长安”微信公众平台，推出微信报道86篇，阅读量超过500人次的56篇，单篇最高阅读量17002人次，粉丝关注量3100余人。《人民日报》等国家主流媒体刊登39篇，《北京日报》等市属媒体刊登88篇，《北京西城报》等区属媒体刊登75篇，新华网等网络媒体刊登937篇新闻报道。

（黄唯一）

【双拥共建】 年内，为部队输送新兵8名。为130名优抚对象发放14.3万元节日慰问金。“两节”双拥慰问投入资金13万元，走访慰问中央警卫团、二炮直工部、武警六支队、武警七支队等10支驻区共建部队，送去慰问品和慰问金。八一”建军节开展“凉爽送军营活动”，为辖区12支共建部队送去冰红茶、冰绿茶1100箱价值4.2万元；街道投入16万元赴固安中央警卫团新兵训练基地慰问新兵，组织双拥艺术团慰问演出。做好“五好”评选、表彰工作，宣传“五好”先进典型，邀请“好战士”家长、“好军嫂”参加表彰大会，参观北京名胜古迹、新西城地标建筑。组织2次军地文化活动。在三八妇女节、母亲节组织军嫂及军人子女参观人民大会堂、毛主席纪念堂，参加街道妇联组织的亲子活动。

（黄唯一）

大栅栏街道

【概况】 大栅栏街道位于西城区东南部，东起前门大街西侧，西至南新华街，南起珠市口西大街，北至前门西大街。辖区面积1.26平方公里，街巷114条。有中央单位2个，市属单位8个，区属单位15个，中、小学3所，幼儿园2所。社区居委会9个，户籍人口21305户56045人，流动人口12587人。全年街道本级及事业单位预算资金支出总计17909万元，同比增支5276万元，增幅42%。街道机关、事业单位人员134人（公务员编制97人 事业编制37人），安置军转干部1人。获“第三届全国119消防奖先进单位”“第十一届中国青年志愿者优秀项目奖”“首都拥军优属拥政爱民模范单位”“北京市法律援助先进集体”“北京市‘六五’普法先进单位”等称号。

地址：西城区棕树斜街26号

邮编：100051

电话：63032563

（苏 乔）

【城市管理】 年内，大栅栏街道健全全响应网格化社会服务管理体系，着力在社会服务、城市管理、社会治安等方面形成“源头发现、信息采集、任务分派、问题处置、核查反馈”的闭环工作模式。上报民情日志14819件；上报各类案件474件，办结452件，办结率95.35%。完成大栅栏京剧艺术展览馆项目、社会组织服务发展中心、延寿街87号养老助残服务中心等项目建设，收回西单饭店旧址管理权和使用权。将传统文化与街区建设发展相融合，融入历史人文景观等特色元素，完成46条精品胡同建设，天陶市场变身胡同微花园，月亮湾景观绿地升级，和外东街广场、京剧文化广场改造提升。创新平房区绿化模式打造“花香胡同”，新增绿化面积3700平方米。完成云居胡同弱电入地试点项目，胡同内电线乱象得到有效治理。投入800余万元持续改善居民居住环境，修缮破损门道240余个、改造小石头等5条胡同污水管线和道路、7个低洼积水院落修缮排水，更换800户单位产、私产房屋老旧内线。全面推进疏解政治促提升工作，开展全天候、全时段、全响应联合执法行动270余次，违建拆除212处4894平方米；完成廊坊三条、门框、施家、小石头等胡同79处擅自“开墙打洞”治理任务；销减在账不规范“七小经营单位”132户；清理转租转借公房589户，疏解人口1877人。以前门西河沿社区为试点，开展西河沿街准物业管理试点工作。

（苏　乔）

【社区建设】　年内，完成三井、延寿街等社区办公用房装修改造工程。在9个社区全面推广大安澜营社区“参与式协商”民主自治模式，挂牌成立“社区议事厅”。探索“多居一站”服务模式，梳理社区服务事项241项，街道、社区为群众办事开具证明事项236项，推进社区减负增效。举办“微创投”社区公益项目大赛，引入企业、媒体、高校、基金会等跨界资源，重点打造“成长加油站”“家庭公益博物馆”等优秀社区公益项目。借助晨夕法律服务中心等社会力量，深入机关、社区、学校、企业等单位开展法制宣传教育、法律咨询等活动10余场，发放宣传材料1万余份。委托区合力减灾服务中心设计大栅栏地区风险地图，根据风险等级和可能发生的灾情，合理设置紧急疏散点和疏散通道。

（苏　乔）

【社会保障】　年内，建成并对外开放大栅栏街道“澜创园”“民艺坊”“文博馆”，搭建就业再就业、帮残助困、老北京文化展示等交流平台。举办第五届老字号企业招聘会、大学毕业生专场招聘会，开展“精细管理规范化，就业服务高效率”主题就业活动17场次，组织“春风行动”活动，开展“一对一”指导120人次，城镇登记失业率0.94％，城镇登记失业人员就业率70.49%。建立急难救助“转介”工作制度，提升助困、助老、助医、助学、就业等救助能力，实现社会救助高效运转，救助1547人次311.9万元，慰问走访7216人次311.48万元，发放低保金1200余万元，帮助214户家庭实现安居梦，帮扶715人实现再就业，帮助农民工追回工资600余万元。做好残疾人服务，完成第二届街道残联换届工作，免费为38名残疾人员发放洗浴椅、拐杖等辅助器具41件，举办第七届残疾人趣味运动会。坚持人口计划生育基本国策，办理一胎生育服务证462例，二胎生育服务证172例。

（苏　乔）

【社会服务】　年内，调整优化地区生活服务业态，完成延寿街87号养老助残服务中心改造工程。推进“银鹤零距离”养老服务信息化平台建设，整合社会组织、优质商业服务资源，将依托互联网和手机APP等终端，满足日间照料、送餐、代购等12项养老服务内容在线运行。打造无围墙敬老模式，依托养老照料中心为辖区内136名失能老人提供每人每月100元的个性化服务。实施亲情服务卡项目，为36名A/B类孤寡、特困空巢老人提供亲情服务1824人次。开展“新家庭计划——提高家庭发展能力”项目，为辖区0–3岁儿童免费健康体检，开展孕前检查、男性体检等活动，受益770人次。发挥地区公共服务资源的实体作用，银鹤居家养老服务站为辖区老年人开展日间托老、家政、日间探访、电话访问等服务1483人次；爱心互助浴池免费服务地区老人、残疾人约2078人次；社区中心图书馆、老北京民俗图书馆接待市民读者9452人次；文体活动中心举办“品悦文化学堂”系列活动24期，开办各类培训班219场。

（苏　乔）

【社会治安综合治理】　年内，健全完善“1＋6”综治维稳工作格局，在重点时期和重要节日，动员1872名实名制志愿者参与社会面防控工作，启动社会面防控21次，其中一级预案6次，二级防控预案7次，三级防控预案8次，出动安保力量近22822人次，治安志愿服务时长24.6万小时。落实“反恐处突一分钟处置”预案，提升地区突发事件快速反应处置能力；强化督办、反馈矛盾排查会问题解决力度，下发督办通知书42份。全面推广出租房屋星级评比、新居民志愿服务积分制、五小门店自律自管会、商户安全示范岗等特色项目，引导社会各界参与社区建设，提升服务管理水平。针对平房区安全，建立地区“大安监”工作格局，整合消防、交通、食品、药品、生产安全等5类安全，捆绑执法安全检查4051户次，消除隐患4680处，隐患整改率100%。完成社区微型消防站建设，开展防震、防火、防汛等主题知识讲座及专项模拟演练，提高居民和社会单位应急处置能力。完成190名基干民兵和50名民兵应急分队整组，兵役登记78人，征集新兵2名。

（苏　乔）

【精神文明建设】　年内，依托“魅力大栅栏”微信公众号，定期发布地区历史文化、工作动态、特色活动、先进人物等内容文章，扩大宣传影响力。建立百事顺遂票剧社，举办“梨园故里话传承粉墨登场演春秋”京剧专场演出。打造“紫藤花开”主题诗会精品文化工程、成立“鹤云书院”解读国学经典，促进传统文化与现代文化融合发展。完成老窑瓷博物馆、93号博物馆等小微博物馆建设项目，拓宽地区传统文化传播渠道。与大栅栏琉璃厂指挥部、大栅栏投资公司连续多年共同举办“北京国际设计周”活动，开展“2016大栅栏街道社区文化体育节”“2016魅力大栅栏”摄影展、“Dashilar Bazaar·杨梅竹生活月”、北京传统民俗知识讲座、“社区文化学堂”“兔爷”木板年画制作手工艺培训等活动。扩充“魅力大栅栏”系列文化书籍。编纂完成《大栅栏故事》系列书籍之《明清时期的金融印迹》。

（苏 乔）

【双拥共建】 年内，街道健全完善“五联五创”工作模式（基层组织联建，共创坚强领导；军地文化联谊，共创和谐地区；公共服务联抓，共创文明地区；社会治安联防，共创平安地区；环境治理联动，共创宜居地区）。丰富驻街部队业余文化生活，免费向驻街官兵开放社区服务中心，为战士办理图书借阅卡，开办战士电脑培训课程；开设成功求职培训班，帮助退伍战士就业。资助武警七支队勤务中队改造监控室，提升部队战备能力。为2名驻街部队官兵解决子女上学问题。驻街部队参与慈善协会“爱在西城”为民惠民系列活动，为地区百姓提供便民服务、志愿服务等。春节、“八一”等期间，街道慰问驻区部队、残疾军人、军烈属、义务兵家属，慰问款31.65万元。

（苏 乔）

【功能街区建设】 年内，加大对区域内老字号企业扶持力度，配合张一元、东来顺、祥义号等老字号企业开展宣传活动，为“六必居酱菜博物馆”“三庆园”修建工程提供保障支持，为老字号企业发展营造良好环境。逐户走访核查地区中华老字号、非物质文化遗产项目情况，大栅栏地区拥有中华老字号企业27家，老字号资源23家，国家级非物质文化遗产10家，市级非物质文化遗产6家。推进粮食店街、大栅栏西街、琉璃厂东街“劳动规范一条街”工程，规范企业经营秩序、提升经营业态。面向社区居民、小微企业、非公有制企业、市属国有企业开展7项调查工作，发挥普查数据服务区域经济发展作用。

（苏 乔）

【政务能力建设】 年内，坚持依法行政，落实领导班子会前学法等制度，强化法治思维和法治方式，邀请顾问律师成员参与街道重点工作，在法律风险审查、行政执法监督等各环节严格把关，推进法治政府建设。加强机关内控规范体系建设，完善政府采购、信息公开、干部管理、考核培训、资金使用等规章制度。发挥“三重一大”事项集体决策作用，召开街道工委扩大会22次、主任办公会40次。每月召开班子专题研讨会、矛盾排查会。选拔事业单位科级领导职务干部1名，按期转正机关科级领导职务7名。安排6名新招录公务员到社区、一线科室、公共服务大厅业务窗口轮岗锻炼。利用网络资源搭建“书香大栅栏”网上阅读空间，委托区委党校对中层干部脱产培训，每月聘请各领域专家学者举办“智慧之光大讲堂”，多渠道加强干部培养锻炼，不断提升干部履职能力。推进政务公开，公开信息275条，办理依法申请公开3件。落实人大代表建议和政协委员提案，办复区级提案7件。

（苏 乔）

【党的建设】 年内，完成地区党代表、人大代表换届选举工作，选举出街道党代表108人、区党代表9名、区人大代表17名。坚持开展老字号“党建沙龙”区域化党建品牌活动，与内联升、张一元等10家企业和社会组织党组织开展“红立方”区域化党员教育实践活动基地、非遗文化体验、传统文化讲座等区域化党建服务项目。以落实“两个责任”为载体，深化党风廉政建设，层层签订党风廉政建设责任书。完善中小工程建设管理制度，加大中小工程监督检查力度。推行落实街道党风廉政建设主体责任、监督责任全程纪实工作，制发《大栅栏街道落实党风廉政建设主体责任、监督责任全程纪实手册》。处级领导开展廉政谈话46人次。调整续聘街道党风政风监督员，聘请专业咨询机构对街道机关、窗口服务单位、9个社区工作站开展明查暗访和电话采访，强化外部监督，改进工作作风。

（苏 乔）

天桥街道

【概况】 天桥街道位于西城区东南部，东起前门大街、天桥南大街、永内大街与东城区天坛接壤为邻；西至虎坊桥、北纬路、太平街与陶然亭街道接壤；南起永定门护城河为界与永外大街相望；北至珠市口大街与大栅栏街道交界。辖区面积2.07平方公里，驻区单位1334个，社区8个，户籍人口19171户56573人，流动人口10570人。年内，出生312人，死亡254人。年财政收入11325.56万元，财政支出11200.57万元。街道设26个职能科室（含事业编制及内设科室），机关行政、事业人员编制136人（其中公务员编制91人、事业编制43人、工勤编制2人）。转任进入机关、事业单位4人，公开招考进入机关、事业单位4人。机关退休2人、事业退休1人。年内，街道在城市管理、社区建设、民生保障、综合治理、党的建设等方面都取得新进展。

地址：西城区北纬路9号

邮编：100050

电话：83133818

（周 燕）

【城市管理】 年内，天桥街道配合区环境办等部门完成南中轴景观带建设推进、天桥艺术中心周边景观提升、徐悲鸿中学和兴华小学周边整治、鹞儿胡同和赵锥子胡同等6条道路的大中修工作。完善“发现、反应、联动、保障”4个工作机制，通过严控新建、动员自拆、依法强拆等拆除各类违法建设165处8817.9平方米，完成年度第8批违法建设台账的销账工作，基本实现新生违法建设零增长。依法开展“开墙打洞”违法建设治理，以辖区留学路、香厂路为切入点，采取连线连片的治理方法，封堵“开墙打洞”违法建设149处119户，改造面积约496平方米。有序推进北纬路征收工作，涉及居民住宅105户，正式房屋建筑面积2106.09平方米，单位非住宅17户，建筑面积13127.5平方米，征收项目完成50户。启动永安路市政道路项目房屋征收工作，涉及征收户数191户，其中公产84户、私产85户、单位自管12户、全民所有2户、未知权属8户，线内签约132户，拆除131户，线外签约22户，已全部拆除。配合做好北部平房区板章路等危房腾退工作，涉及70户，已腾退53户。配合做好新泰安里文保楼腾退工作，荣光胡同16、80和大保吉34号腾退5户。全面打响地区环境“七大战役”，对灭脏、治乱、治污、清障、撤市等环境和秩序问题全程介入和跟踪，地区环境明显改善。完成地桩地锁台账、电动自行车台账、僵尸车台账等6项环境问题基础台账的销账工作。部署落实国家卫生区复审工作，自4月13日至10月14日，复审办撰写《国家卫生城区复检工作综合周报》19期，巡查发现各类问题917件、受理917件、解决917件，回复率100%。开展禄长街头条1条精细化管理胡同及正阳胡同、南纬路南巷等5条街巷胡同整治工作。加大居民自治力度，以执法部门进社区工作为抓手，培育辖区环境志愿者队伍，鼓励居民成立劝导队、自管会，自觉维护街巷秩序，监督“门前三包”责任制落实情况，完善公众参与机制。完成永安路50个破损平房院、低洼院等零修工作，为社区安装37处晾衣杆。制定《天桥街道2016年防汛救灾工作方案》，召开天桥地区防汛工作部署会，部署防汛工作。入户发放《致居民一封信》3000份，逐户摸底排查，建立房屋、树木、低洼院落、施工工地等隐患点位台账，设立辖区防汛责任信息公示牌140个，与33个防汛重点单位签订责任书。摸底辖区需求，购置水泵、防化服、应急手电筒、雨伞等防汛应急抢险必要物品。

（周　燕）

【**社区建设**】　年内，整合优化街道全响应网格化社会服务管理平台，加强平台使用培训，加大案件督办力度，办理案件17135件，采集民情日志11646条。继续深化“多居一站”东经路服务站的全科受理、全程规范、全时服务及精细化管理、信息化办公、便民化服务建设工作。推进天桥街道社会治理创新空间建设，设百姓读书交流主题空间、老人休闲交流主题空间、儿童创玩乐学主题空间、众创发展基地主题空间，打造街道社会治理服务展示基地。推行“居民自管会、社区协商议事会、社会单位共商共治会”三级分层分级、议题分类协商机制。以“1＋1助推、三社联动”为依托、“微公益、微创投”为平台，助推12支社区社会组织队伍提高规范化服务水平，引导16个社区公益项目进行专业化参与社区治理。完成133名社区工作者的人事劳资管理、规范工资核算工作，23名社区工作者招聘、聘任、人事档案接转工作。完成5个课程的社区工作者培训。完成80%社区公益金、办公经费支出金额审核管理。

（周　燕）

【**社会保障**】　年内，天桥街道落实各项社会救助政策，解决困难群众突发性、临时性、紧迫性急难问题。按照精准救助的要求，重点关注低保重残家庭和患重大疾病人员的低保家庭。开展“全程陪护式”服务，帮助14名低保人员垫付住院押金18次。开展携手慈善送温暖救助、春雨大病救助、街道自主救助、高龄低保及低收入老人生活救助等各类救助项目，发放救助资金31.09万元。发放低保金、社会救助金1573.43万元。城镇新增登记失业人员788人，就业人数704人，就业率68.88%。形成街道公共就业创业服务全覆盖，推行创业培训、政策导读、项目推介、就业体验、跟踪服务“五位一体”的服务制度，实现创业45人，带动就业221人，辖区“零就业家庭”保持动态为零。发放清洁能源自采暖补贴及低谷电补贴234.44万元。开展就餐送餐需求调查并进行数据汇总和分析，走访700余名高龄、空巢和孤寡老人，为58名中重度失能老人提供配餐送餐服务。对37家居家养老服务单位进行安全检查和环境督查。建立“为老服务爱心吧”，开展老年人健康知识大讲堂和医疗专家进社区义诊活动，组织开展老年人文化教育活动。走访慰问残疾困难家庭440人次，发放慰问金14.44万元。与生命阳光心理健康指导中心签订心理健康服务项目，缓解残疾人精神压力。开展残疾人社区康复、音乐治疗服务活动，提供专业化的精准康复服务。做好全面两孩政策实施后的孕情普查工作，计划生育率达到100%。制定《天桥街道2016年“劳动用工规范一条街”工作实施方案》，用人单位劳动合同签订率100%。

（周　燕）

【**社会治安综合治理**】　年内，围绕演艺区功能定位，完成人口疏解任务，疏解常住人口3865人。依托综合治理执法平台，围绕住人空间，通过治理群租房、拆除违法建设、清理直管公房转租转借、腾退散租住人地下空间等措施，疏解常住人口2011人；围绕进人空间，通过取缔无证无照“七小”门店、治理“开墙打洞”违法行为，疏解常住人口337人；协调天桥派出所开展大数据清整工作，疏解常住人口1517人。完成全国“两会”、区人大换届选举等重大活动安保工作。落实处级领导包社区、机关干部下网格工作机制，充实社区网格巡查力量。地区1378名治安志愿者参与值守100余天。为地区1378名治安志愿者购买意外伤害保险。以“百日宣传”营造平安西城治安氛围，开展为期3个月的社会治安宣传活动。联合西城交通支队樱桃园大队，清理福长街、留学路等交通乱点和易拥堵点违章停车160余辆。加大物技防建设，在禄长街社区安装高清摄像机45个、太平街社区34个、永安路社区49个。

（周 燕）

【精神文明建设】 年内，举办天桥地区2016年志愿服务项目发布会，发布百家圆梦等56个志愿服务项目，开展“六送”、助老、学雷锋等各类志愿服务活动近400场次，5000余人次参与志愿服务，4万余人次受益。形成以八个社区志愿者之家为载体，友谊医院“守护天使”等三个志愿服务岗亭为窗口，一个志愿服务主题公园为基地的“八家、三岗、一园”的志愿服务空间布局。太平街社区萤火虫志愿服务队在全国志愿服务“四个100”先进典型中被评为“最佳志愿服务组织”，留学路社区亲情速递局被评为2016年度首都社区志愿服务组织之星，志愿者李丽英、李来顺、崔永华被评为2016年度首都社区志愿者之星，志愿者都宇、毛众、贾雪芹、贾珊轶、陈世国被评为北京市第二批五星级志愿者。推进《天桥报》精品化建设，新增“艺术天桥”“话说天桥”栏目，特邀中国作家协会会员、天桥民俗文化协会副会长李金龙执笔，连载李老师“天桥八大怪”系列。完成“提升城市品质共建美丽家园”大讨论活动，地区大党委成员单位、个体商户、党员、团员、人大代表、统战人士1687人参与大讨论。制定《意识形态工作责任制实施细则》，明确意识形态工作的重要意义、主体责任、机制建设、责任追究和适用范围。举办道德讲堂、百姓宣讲、全民科普等各类宣传活动50余场。宣讲工作获得西城区委宣传部“优秀组织奖”称号，“身边的榜样”百姓宣讲团获得“特色宣讲团”称号。

（周 燕）

【文化建设】 年内，统筹整合居民活动需求，设立百姓读书交流主题空间、老人休闲交流主题空间、儿童创玩乐学主题空间。依托天桥民俗文化协会和天桥街道公共服务协会引进常青藤发展研究所、毛众工作室、宣南文化交流中心等专业社会组织，承接“同心天桥·学习家园·悦读坊”读者文化沙龙项目、“同心天桥·文化家园·非遗传承”天桥民俗文化项目，举办评剧及鼓曲专场演出、皮影文化进军营等8个“非物质文化遗产项目”活动，为天桥地区提供300多场次的文化教育服务。举办春节、端午节、七夕等10场传统节日活动。为太平街、虎坊路社区更新10个健身器材。指导8个社区举办胡同民俗体育运动会。举办第二届“乒乓飞扬 快乐共享——天桥杯”乒乓球友谊赛。

（周 燕）

【双拥共建】 年内，为部队提供近30万元慰问金及训练生活所需慰问品。完成烈属、参战、参核人员办证工作，各类生活补贴及时发放。扩大双拥参与，联合民主党派参与双拥活动，与九三学社西城工委共同走进东经路消防中队，为战士们送知识、讲文化、开展形式多样的志愿服务，拓展双拥工作新领域，扩大双拥工作的参与面和覆盖面。

（周 燕）

【综合减灾】 年内，完善街道综合减灾工作制度，加强社区救灾志愿者队伍建设，实施风险评估、隐患排查治理、应急演练和防灾减灾宣传教育。推动虎坊路社区全国防灾减灾示范社区、香厂路社区北京市防灾减灾示范社区建设，促进街道防灾减灾能力均衡发展。以“减少灾害风险、建设安全城市”为主题在5·12全国防灾减灾日、10·13国际减灾日开展集中宣传。联合消防中队、合力减灾服务中心开展减灾培训和模拟逃生演练，提高社区综合防灾减灾能力和水平及居民群众的防灾减灾意识和技能水平。新建一处180平方米民防应急物资储备库，储备30万元应急物资，增强防空防震救援能力。

（周 燕）

【党的建设】 年内，推出1名北京市社会领域优秀共产党员、2个西城区先进基层党组织、4名西城区优秀共产党员、2名西城区优秀党务工作者、2个区域党建先进单位、2名区域党员之星。开展党费收缴使用管理工作专项检查、基层党组织按期换届专项检查、党员组织关系集中排查。建成地区党群活动服务中心、社会治理创新活动空间、天桥艺术大厦楼宇工作站。开展纪念建党95周年活动，拍摄《党旗飘扬在天桥》宣传片，编印《重温红色记忆，追寻红色足迹》党史宣传手册，组织开展共产党员献爱心活动。组织大工委和大党委委员开展“提升城市品质，共建美丽西城”大讨论，围绕“双提升”组织辖区39个单位、495名党员参加社区志愿服务活动。逐级签订党风廉政建设责任书196份，根据不同责任主体、不同业务提出不同要求，列出责任清单。制定《天桥街道工程建设项目管理办法》6章20条，明确施工资金来源、队伍招标、第三方审计等内容。完成区人大代表换届选举工作，选举出17名人大代表参加西城区第十六届人大常委会第一次会议。开展“代表进社区”“民情日”“代表接待日”等活动，坚持每月代表进社区、每季度代表服务大厅集中接待选民，发挥人大代表对地区建设的推动与监督作用。召开地区共青团代表大会，推选3名代表参加团区委代表大会。与北京理工大学签署街校共建长期合作协议，开展大学生暑期实践项目及红色1＋1微党课系列活动。工会会员信息采集率100%，准确率达97%，单位档案合格率100%，工会经费税务代收平均申报率89%，平均缴款率99%，零申报率降至3.1%。地区民兵队伍有5个专业226人，完成年度征兵任务。

（周 燕）

新街口街道

【概况】 新街口街道位于西城区北部，东起新街口南、北大街，西四北大街与什刹海街道为邻；西至西直门南、北大街，阜成门北大街与展览路街道相接；南起阜成门内大街与金融街街道接壤；北至德胜门西大街与海淀区隔街相望。辖区面积3.7平方公里，社区居委会21个。户籍人口40569户110623人，常住人口108600人。年内，出生1039人，死亡823人。有社会单位3265家，其中中央单位124家、市属单位106家、区属单位179家，中、小学12所，幼儿园9所，社区教育学校1所。机关设30个科室，2个科级事业单位，机关、事业单位工作人员232人，其中公务员133人、事业职工95人、行政工人4人。通过公开招录、政策性安置、转任进入机关、事业单位12人，公务员退休2人，调出公务员、事业职工8人，轮岗5人。年财政收入26023.93万元（含上级财政拨款），支出25694.17万元。年内，街道在党的建设、社会面防控、城市管理、社区建设、民生保障等方面取得新进展。获“北京市充分就业示范街道”“首都绿化美化先进单位”“首都无偿献血工作先进集体”等称号。

地址：西城区西直门内大街128号

邮编：100035

电话：66002800

（张　朔）

【城市管理】 年内，拆除违建310处8335平方米，治理“开墙打洞”237处，完成福绥源农副产品市场撤市，结合拆违、撤市等疏解人口1451人；新增错时停车位270余个、居住区停车位134个，对3处重点区域非机动车实施集中管理，4条大街施划非机动车停放区800米，清理占道废弃非机动车300余辆；完成中廊下胡同整治，10个低洼院升级改造，南小街16号院老旧小区整治等民生工程；垃圾分类小区34个，胡同2条；开展联合执法100余次，清理小广告6万余张；清理私装地锁280余个；落实“无煤化”工作，收缴煤炉186台，燃煤2.3万余块；开展空气重度污染环境保障工作，处理中央环保督察件11起；制定并印发《新街口街道安全生产“党政同责、一岗双责”实施办法》，明确街道领导、各科队站所及社区安全生产工作职责；与地区1893家“六小”生产经营单位、21个社区居委会签订安全生产责任书；开展“四品一械”（食品、药品、化妆品、保健品、医疗器械）监管检查1517户次；352户餐饮单位量化分级工作全部完成，完成20户便利店风险评级工作；专项整治40余次，30户无证餐饮单位全部取缔。抽检491个批次，各类节日和大型活动保障14次。查处食品违法案件73起，罚没款27.81万元。受理“12331”和“12345”投诉举报255件，均按时限办理，回复和办结率100%。玉廊东园小区新装9组智能垃圾桶，推行垃圾分类处理与资源再生利用“两网融合”发展的管理模式。签订“北京旧城更新白塔寺试点”合作协议。

（张　朔）

【社区建设】 年内，招录2批29名社区工作者；举办235名社区工作者培训1410课时；对125个社区备案社会组织进行复核，推进利用社区公益金扶持社会组织参与社会建设工作，建立街道社会组织服务基地；购买社会组织服务，西四北三条44号“老街坊”、西四北三条13号“小木屋”，青塔胡同41号“书香社区”、南草厂37号新街口“社会工作服务社”等社会组织服务基地，提供为老、青少年、残障儿童帮扶活动等多项公益服务；7家社区社会组织参加助推工作；社区服务中心接待群众文化活动1552场次38925人次，举办健康、法律、计算机、摄影、手工艺、英语等各类培训班，居民参与1.5万余人次；2个街道级图书馆办理一卡通316个，接待阅览24586人次，外借图书10万余册；围绕图书开展各类活动上百场3390人次参与；与新街口地区非遗传承人合作，创作弘扬爱国主义精神，推广地区文化风貌的舞台剧《白塔寺下——古韵传情》。参加第五届全国全民健身操舞大赛暨第八届北京体育大会健美操比赛，获老年组一等奖；组织378人参加红十字自救互救培训，红十字会救助8人，发放区款物8.5万元，188人次无偿献血。

（张　朔）

【社会保障】 年内，新增登记失业人员1331人，实现就业1229人，就业率92%，创业项目洽谈10余次，空岗信息采集3770个，职业指导1843人；新增参保“一老一小”“无业”1370人；为1818人报销药费1151万余元；办理申领、补换社保卡手续3163人次。办理保障房申请、变更、复核1774户，群众来电来访8000余人次。开展6次保障房意向登记、8次选房，解决住房困难家庭195户。受理市场租房补贴申请271户。发放爱心卡1040户52.25万元；临时救助95人次27.9万元；教育救助33人次13.37万元；慈善春雨大病救助5人10.20万元；绿色通道救助1人1万元；拓宽慈善救助范围，建立社区慈善帮扶站，开展慈善送温暖、助老医疗、阳光助学等项目，帮扶困难家庭283人次26.36万元。为10880名老年人办理老年证或优待卡；发放高龄津贴8376人次88.44万元；老年人医疗补助款23.77万元；发放北京市养老（助残）卡404张；为老人提供免费供餐6876人次，助浴服务603人次，“一元理发”服务1877人次；安排1人入住喘息式托养（常年照顾老年人由于临时有事短时间托管）服务；开展春节慰问、义务理发、联合北京同仁堂中医专家义诊、“爱在西城”为老惠民服务活动；街道表彰孝星178名（其中区级孝星167名，市级孝星11名）。新增、补办、转入等残疾人证（卡）875份，为14户残疾人家庭安装可视闪光门铃；办理智力残疾人入住康复机构1人；发放扫盲包8份；0–6岁残疾儿童享受康复政策10人；组织39名精神残疾人家属及亲友康复培训，18名智力残疾人音乐治疗；办理新增享受生活补助残疾人13人；12名残疾人参加第八届残疾人职业技能竞赛；春节、助残日、国庆期间850户贫困残疾人家庭发放走访慰问款46.05万元，其中特事特办款3.25万元，阳光家园计划款1.8万元。户籍新生人口1039人，一孩745人，二孩289人，三孩5人，男性532人，女性507人；户籍二孩以内生育登记1690人，其中网上登记998人，再生育（二孩以上）审批14人；流动人口生育登记（生育服务联系单）170人；一方本街道户籍登记结婚1015对，离异638对；办理《独生子女父母光荣证》137个，547人发放独生子女父母年老一次性奖励54.7万元，1257名个人存档人员领取独生子女父母奖励费7.35万元；发放避孕药具40余万支。走访慰问计生特扶家庭和困难家庭217户次10.2万元；举办健康宝宝大赛、幼儿入园亲子体验、亲子运动会活动和优生优育、健康知识、亲子育儿等各类培训43次，千人次参与，为107名0—3岁儿童提供免费成长测评；开展“青春健康知识进校园活动”，35中学初一、高一新生参加健康讲座。

（张 朔）

【社会治安综合治理】 年内，推进“平安西城”建设，落实社会治安综合治理领导责任制，与驻地中央、市属单位、科队站所及21个社区签订社会治安综合治理领导责任书；完成全国“两会”、G20峰会、十八届六中全会、区党代会等重点时段及敏感期安保维稳工作；为地区重点部位配备消防、防恐通讯器材；统筹协调科站队所加大疏非控人工作力度，召开12次协调会，形成6期专项简报，报表85份，核销人员信息14708人次，疏解3703人；落实矛盾纠纷与安全隐患月排查机制，矛盾纠纷135件，化解122件，化解率90%；推进治安志愿者星级管理，一星标准治安志愿者1094人，二星标准402人；23个单元门533户安装楼宇对讲系统；为西四北一条至八条配备红外语音提示器、红外探测报警器、推拉窗锁；发挥5个消防应急工作站、21个社区微型消防站和58个地区单位站作用，发放宣传材料5万余份、横幅65条，为小商铺配备消防水桶180余个，检查单位1496次，发现并消除隐患658件；加强流管员队伍建设，保障队伍稳定性，做好流动人口服务管理，开展群租房整治。建立社区法律顾问制度，由专业律师为居民提供免费法律咨询等服务，接待解答居民法律咨询242件；举办新街口司法大讲堂以案释法讲座12场，法律宣传活动20次，参与居民1591人次，张贴海报、发放折页等宣传品4472份；管理各类社区服刑人员8人，刑释解教人员176人；受理调解民间纠纷360件，调解成功346件，涉案当事人916人，涉案标底总额125.83万元。

（张 朔）

【精神文明建设】 年内，制作社会主义核心价值观宣传展板604块，发行《新街口之声》报纸常规版24期，特刊版4期，开通“北京新街口”微信公众号，推送图文并貌文章107篇；发表博文1859篇，微博发（转、评）帖10044条，论坛留言2320条；报送舆情信息42篇，采用27篇；举荐北京榜样90名；以“培育践行社会主义核心价值观”和“中国共产党成立95周年”为主题，成立“我‘新’向党”街道级宣讲团和21支社区级宣讲团宣讲30余场观众1500余人，上报微故事70篇，微视频作品3部，市级媒体报道街道特色亮点工作19篇，区级62篇，网络36篇；开展“重温红色经典”主题道德讲堂活动；与延庆区康庄镇东官坊村联合开展“城乡统筹 文明先行”活动；与社会组织联手推出反映地区文化传承特色的《岁月无痕——北京西城区西四北地区胡同生活纪实》画册及宣传片，在历代帝王庙举办两周《新街口地区胡同文化专题展览》；在人员密集区域安装4台“歌德电子借阅机”，拓展民众阅读空间；组织未成年人“童年·蓝天”环保冲关活动；在“MINOR在行动”品牌项目基础上，增加“祖孙版块”“小记者团”等元素，评选出76名“MINORS之星”，101名“美德少年”和138名“文明小使者”；推荐玉桃园社区孙祥同学参加北京市“中小学生讲长征故事”活动，获得“西城区中小学生讲长征故事优秀奖”；7月20日新街口街道“老北京四合院文化博物馆”揭牌。

（张 朔）

【双拥共建】 年内，“两节”“八一”期间，慰问6支共建部队，慰问金额20余万元；慰问贫困战士、立功受奖战士28名1.4万元；引入社会组织公益服务项目，为154名优抚对象提供专业化、个性化联络支持服务；发放抚恤金、慰问金、优待金、价格临时补贴207.07万元，报销医药费32.06万元，医疗救助11名大病困难优抚对象4.06万元；总政职工部“帮困助残送温暖”捐资2.5万元慰问50户困难家庭；围绕建党95周年、红军长征胜利80周年纪念活动，举办“革命故事百老汇”“情暖军民百家宴”、国防知识答卷及“五四革命道路追忆行动”活动；共建部队参与开展防灾减灾知识宣传和演练活动；组织新兵理想信念教育、62名夏季退伍老兵京郊游，为29名冬季退伍老兵送去慰问。

（张 朔）

【党的建设】 年内，用好“五抓五促”（抓学习载体，促党员凝神聚气；抓规范建设，促支部固本强基；抓典型示范，促党员学有目标；抓服务载体，促党员履职尽责；抓督导检查，促教育取得实效）载体，设立党员先锋岗、党员示范窗口、党员责任区，成立党员志愿服务队；参与完成市、区领导调研10余次；与84名失联党员取得联系，排查完成率96.6%；开展共产党员“献爱心”活动，2173名党员捐款125072元；指导基层党组织开展党日活动252次；开展建党95周年纪念活动，命名表彰一批基层先进党组织和优秀党员；发展党员19人，预备党员转正16人；接转组织关系489人，慰问党员221人；完成党组织统计及人才数据统计库管理及43份文书档案归档工作；完成区人大代表人选推荐、公示、考察、正式选举等工作；完成11名区党代会代表选举和两代表一委员93名推荐人选考察工作；坚持每月书记例会、举办基层党务工作者培训班；打造西四北三条社区基层服务型党组织、党群服务中心、国祥党员服务队、楼宇党员志愿者服务队等服务载体，推广“四诺工作法”（公开承诺、组织审诺、务实践诺、严格评诺）、党建创新项目化运作、社工助力楼宇党建等新模式；完成非公企业和社会组织“两个覆盖”（推进非公有制企业和社会组织党的组织和工作覆盖）工作；探索构建“1＋3＋5＋7”区域化党建工作链（“1”即打造“一个区域化党建共同体”；“3”即搭建“三个平台”：区域化党建协调委员会、社区席位制“大党委”、在职党员延伸服务；“5”即“五项机制”：坚持定期走访机制、推行党建联席会机制、落实双向服务机制、探索“项目化管理”机制、完善党建目标管理考核机制；“7”即搭建“七联架构”：政治思想工作联做、公益事业联办、生活环境联建、文体活动联谊、社区服务联手、区域先锋联创、党员教育联抓）；做好新提任8名科级领导干部试用期中期评估和试用期满转正考察工作。

（张　朔）

金融街街道

【概况】　金融街街道位于西城区中部，东起西四南大街、西单北大街，西至西二环路，南起宣武门西大街，北至阜成门内大街。辖区面积3.78平方公里，有街巷101条，其中一类大街2条、二类大街12条。社区居委会19个，户籍人口34920户107685人，常住户籍64200人，流动人口11014人，从业人员20余万人，出租房屋5052间。有法人单位3795个，其中中央单位508个，市属单位178个，区属单位220个，街道属22个，其他单位2867个，商务楼宇152座。高等院校1所，中学4所，小学5所，幼儿园2所，卫生医疗机构1个。全年财政收入24912.70万元，支出24885.88万元，结转26.82万元。街道机关设29个职能科室、3个事业单位、2个垂直单位（司法所、统计所），机关行政、事业人员248人（公务员编制137人、事业编制107人、工勤编制7人〈含3名提前离岗〉）。公开招聘公务员6人，接收军转干部4人。向部队输送新兵8人。

地址：西城区太平桥大街107号
邮编：100033
电话：66219688

（刘　燕）

【城市管理】　年内，金融街街道启动“三里河—金融街—什刹海”和谐示范区建设工作。加强非首都功能疏解调控人口工作力度，集中开展“七大战役”专项整治，结合“七小”整治、人口疏解、地下空间治理等重点工作，拆除各类违建131处5473.9平方米，其中新生违法建设21处447.72平方米；治理鲍家街、佟麟阁路103户及新文化街6户商户“开墙打洞”；清理废弃机动车7辆，取缔15辆早餐车；清运暴露垃圾、堆物堆料3500立方米，废旧家具近4000件；清理非法标语广告传单4万余张；规范废品收购点12处，取缔露天烧烤摊点6处，拆除地桩地锁400处；加强非机动车停放秩序管理，新增设太平桥大街服务引导区，扩大街区非机动车停放秩序服务引导范围。加强原金融街服务引导区域内各种非机动车治理，日均治理车辆5000辆左右，预防盗抢等刑事案件发生。引导队员由40–60岁人群组成，促进街区40、50人群再就业，新增残疾人、军转干部就业。出资98万元完成东铁匠胡同、月台胡同整治任务；斥资47万元在园宏胡同西口南侧修建300平方米小型绿化休闲场所；垫资宏庙拆迁区258户居民电费、居民住宅维修费90余万元。利用“民生小微工程应急专项资金”完成民生小微工程10项。持续开展“城市月末清洁日活动”，发动志愿者参与，整治美化街巷100余条，清理草坪6万平方米，清运烟花残屑、渣土、堆物堆料等17.5余吨；投入9万余元组织各级力量，开展主题控烟活动，印制发放控烟手册1200册、制作禁烟标示3000块、控烟海报1000套及宣传横幅105条。推动丰汇园老年康体中心项目、金融街街道市民活动中心项目、新京畿道幼儿园分园项目、佟麟阁路立体停车库项目建成；敦促新文化街消防站改造项目、新文化街社区整体装修项目、羊肉胡同120号地下室改造项目验收竣工；对未过维保期的工程项目进行修缮；成立专项工作小组对佟麟阁路开展精品大街整治，投入经费400万元，重点完成道路翻修、牌匾更新、违建拆除、安装围挡等整治工作，建成可容纳50个车位的立体停车楼。

（刘　燕）

【社区建设】　年内，金融街街道加强基层政权和社工队伍建设，推进社区工作精细化和规范化。以“三社联动”为载体，推进社区治理与服务创新实验区工作；以“1＋1”社会组织助推为契机，培育社区社会组织；以规范化社区为标准，完善社区办公用房；以“参与型协商”为手段，探索多元化社会治理新路径，建立健全《社区议事协商会议制度》；针对社区正职、副职、后备力量，开展社区礼仪、公文写作等16项专题培训。活跃辖区群众文化生活，打造金融街街道文化活动品牌，推动各社区文化事业持续发展，以记忆金融街、书香金融街、艺术金融街、大师进社区为主题，开展各类健康有益、丰富多彩的群众性文化活动。丰富职工和居民的体育活动，举办第六届“康乐体育节”开幕式暨金融街街道第九届社区运动会、“和谐杯”乒乓球赛、定向越野体育竞赛，鼓励社区居民参与国民体质测试活动和金融街周末健身广场系列活动。抓好科普干部和科普志愿者业务培训，开展丰富多彩的科普活动。加强社区卫生领域建设，做好红会、精神卫生领域防控工作。加大老龄工作宣传，推进街道老龄服务工作。

（刘　燕）

【社会保障】　年内，利用信息化手段搭建“金色桥梁”，为地区招聘与求职的公共就业服务提供平台，开展各类就业援助招聘洽谈会，开发创建“金融街就业服务网络平台”，增加“创业版块”和“大学生就业”版块，落实大学生就业促进和创业引领计划。防范功能疏解带来的结构性失业风险，开展相关培训讲座，确保用人单位和人才有效对接。做好退休人员社会化管理，将服务工作下沉社区，开展社区退休人员再就业活动。整合社区各项资源，坚持保基本、广覆盖、可持续原则，建立“老年公寓”、居家养老服务中心，推行政府为主导、市场化运作、企业化管理的运营模式，将机构养老和居家养老相结合，为相应人群提供基本生活周边服务、电话咨询服务、医疗救助服务、精神慰藉服务、文娱学习服务等，将医养结合打造社区养老服务新格局。完善“全员人口管理信息系统”和“流动人口管理信息系统”，以孕情普查为契机，补充完善全员信息，更新信息系统内容掌握育龄妇女状况和全员人口状况。成立北京市首家家庭发展服务中心，为居民提供高品质、精细化的服务，满足公众的多元化、个性化需求。对低保、低收入家庭实行动态管理，新增低保家庭27户51人；减少低保家庭34户55人。低保资金全部按照社会化发放，银行直达低保家庭账户的方式落实到位。临时救助176人次59.3万元；为低保、低收入家庭垫付住院押金89人次75万余元。开展“街道1＋1成长计划暨困难群众精准救助帮扶工作”，企业与困难群众结成对子解决实际问题。开展“爱心成就未来”慈善助学项目，救助资金11.47万元。“春雨行动”罕见病儿童救助9.09万元；完成“携手慈善送温暖”生活困难救助项目。完善区残联、街道残联、社区残协三级网络建设，发挥社会力量开展志愿助残工作，联合西城区文化馆、西城区青少年美术馆、威斯汀酒店、中国人寿保险等志愿者单位，举办“点亮希望聆听梦想”盲人数字影院电影展映活动。探索政府购买服务引入专业助残队伍，与北京立德社工事务所签订“共促融合、共享发展”金融街社区康复项目，通过持续化、专业化服务改善残疾人生活状况。新增“一老一小无业”参保人员1920人次、续保缴费5860人次；为居民办理社保卡（补换卡、卡申领）3851张，办理“一老一小无业”居民药费报销623份，低保及低收入人群基本医疗救助及补充医疗救助超过千人次，前置医疗救助3人，共计305.72万元；落实煤改电惠民政策，低谷电补贴2602户210.02万元，开具清洁能源证明1100户。针对社区流动人口办证难问题，联合社区居委会开展《两级联动协助办婚育证》，开展名医社区公益行、健康讲堂、正骨知识讲座等民生惠民活动。

（刘　燕）

【社会治安综合治理】　年内，做好“两节”、全国“两会”等重点敏感时期维稳和安保工作，“两会”期间，动员机关干部600余人次，社区工作者、志愿者和积极分子37120人次，“金链子”成员单位内保力量11820人次（公安干警、社区保安、专职巡防队员、城管队员、单位内保力量），民兵1760人次参与活动保障工作。落实“一岗双责、党政同责”责任体系，开展安全生产大检查和燃气专项整治，与辖区重点单位签订安全生产责任管理责任书80余份。开展老旧电梯、自动扶梯隐患排查整治，加强对职业卫生及有限空间作业、楼宇高空悬吊作业的监管，完善监管体系。落实“百名安全生产专家服务万家企业”和“百名安全监管干部与万家企业对话谈心活动”，开展小微企业达标及隐患自查自报，300家达标。坚持以业控人、以房管人、以证管人，探索建立人口规模调控工作机制、群策群防机制、日常管控机制、联合治理机制等，加强人口数据动态监测和户籍管理，整治地下空间、非法经营“七小”场所推进人口疏解。联合执法及时关闭非法幼儿园。加强管控拆迁区房屋转租，对宏汇园拆迁区未挑顶房屋二次转租约谈整治，63间房屋实施挑顶，300间已贴封条，防止再次出租。关停地下空间4处66间房4331平方米，规范地下空间4处148间房4497平方米；整治群租房32处，整治拆迁区房屋违规转租300间，清理死亡未销235人，集体户659人。“七小整治”“拆墙打洞”等专项治理疏解人口5423人，其中常住人口3029人，流动人口2394人。整治无证无照“七小”业态，梳理不规范“七小”门店248家，削减87户，促进业态升级20户。完善网格责任制，调整《金融街街道“一格五员”考核方案》，完善地区服务管理委员会例会机制和每周社区日机制、网格力量配备，加强网格信息员培训，强化考评问责机制，依托信息化城市管理功能，发挥分中心平台作用，推进城市精准化管理。城管分中心平台受理案件19602件，网格化调度系统受理案件212件办结195件。投资21万元为教育部社区23个楼门350户居民安装楼宇对讲；投资138.55万元，为163个平房院1200户居民安装户宇对讲。加强视频监控系统建设，实现重点地区和要害部位视频监控全覆盖，重点场所周边基础设施24小时监控。

（刘　燕）

【精神文明建设】 年内，组织辖区18个单位54名网络志愿者参与各种网上微博、博客传播，在中国文明网、新浪微博、腾讯微博、新华网博客、新浪博客等媒体平台转发和评论7000余条微博、发布80多条博客、论坛留言60多条。“北京金融街”微信公众及时发布涉及公众关注信息，满足辖区居民信息需求。组建有社区、驻区单位参加的9人“我们的价值观”宣讲团队，宣讲50余场。干部群众撰写精品网络微故事70余篇。开展寻找“最美家庭”“一家一特”特色项目建设，“情暖金融街”为老服务、“践行十八大，学雷锋便民服务”“五四”主题团日、“青春助力中国梦，低碳环保同路行”等主题精神文明创建活动。在金融街核心区举办金融街新春音乐会、休闲文化广场演出；“端午节”在什刹海金帆水上俱乐部举办金融街地区第八届龙舟赛，20多个单位16支队伍近200人参加比赛。开展“金色阳光太极街区”职工体育健身活动，百余家单位参与。11月份，记载金融街历史文化和人文轶事的书籍《收藏金融街》出版。

（刘　燕）

【统筹发展】 年内，金融街街道完成街区楼宇大厦数据台账更新，完善金融街二级防控网络设备档案，金融街核心区路灯、古树、道路、指引牌、邮筒等市政基础设施的普查。依托金融街巡导队成立“金融街街区环境清理志愿者服务队”，解决城市管理中“三不管”等问题。利用金融街地区管理与服务联席会议制度，整合资源，搭建平台，解决辖区金融机构和单位的服务问题。楼宇协会2月加入北京市商务楼宇联盟，成为联盟理事单位；3月加入北京商务服务联合会，代表金融街参加《北京市服务业扩大开放系列政策说明会》。成立“金融街足球联盟”，由政府出资过渡到政府扶持、会员缴纳会费实现自生性发展，尝试社会资源办文体，为街区太极拳推广、龙舟赛、运动会、金歌合唱团等常态化项目培育发展提供依据。“缘聚金融街”单身青年大型联谊活动6次，百余家单位近千人参与，组织科普志愿者参观10余次，以街道科普智慧生活馆为平台，开办智能手机班和各类青少年科技手工制作培训班。解决居民出行难，优化金融街免费公交巴士线路运营，将原“辟才胡同东口”站挪移缩短步行距离；解决快递“最后100米”乱象，在8座楼宇内安装智能快递终端。

（刘　燕）

【党的建设】 年内，从工作机制上强化街道工委抓党风廉政建设和反腐败工作主体责任，层层签订党风廉政建设责任书，制定责任清单分解党风廉政建设和反腐败工作任务。制定《金融街街道党风廉政建设责任追究办法（试行）》《金融街街道落实党风廉政建设党委主体责任和纪委监督责任分工负责制度》《金融街街道落实党风廉政建设党委主体责任和纪委监督责任组织领导制度》《金融街街道落实党风廉政建设党委主体责任和纪委监督责任工作报告制度》《金融街街道落实党风廉政建设主体责任和监督责任约谈制度》《金融街街道社区党委重要事项决策制度》6项党风廉政工作制度。建立健全《金融街街道加强基层服务型党组织建设的实施意见》《金融街街道区域化党建工作协调委员会议事规则》《关于进一步规范社区席位制“大党委”工作的指导意见（试行）》等制度。严格按程序使用党员活动经费，出台《金融街街道社区党组织服务群众经费使用细则（试行）》，19个社区完成党建项目92个，使用专项党建经费311.1万元。发展党员19人、24名预备党员转正。提任正科级实职1人、正科级非领导职务9人、副科级非领导职务4人。核定4名符合职数单列政策干部职级和职务。干部交流和工作调整10人。推荐副处级后备干部2人。聘请11名退休干部作为楼宇非公党建指导员，对47个商务楼宇逐一摸底，720家非公企业建立电子档案，实现“非公企业和社会组织”党建覆盖率81.2%和100%。推进街道廉政文化建设，编印《纪检文摘》。

（刘　燕）

椿树街道

【概况】　椿树街道东起南新华街中心线与大栅栏街道交界，西至宣武门外大街中心线与广安门内街道相邻，南起骡马市大街中心线与陶然亭街道接壤，北至宣武门东大街中心线与西长安街街道隔路相望，南北长约1250米，东西宽约900米，区域面积1.09平方公里，辖62条街巷，7个社区居委会。地区常住人口约3.66万，其中户籍人口36635人，流动人口6119人。有蒙、满、壮、哈萨克等11个少数民族，是全区辖区面积最小、人口密度较大的街道之一。椿树地处高端产业发展带和传统文化保护带交汇处，区域经济以批发零售、金融保险、房地产和现代服务产业为主。驻地有单位723个。梨园文化历史悠久，尚小云、荀慧生、余叔岩等京剧名家故居曾坐落于此，还有安徽会馆、京报馆等6处国家级、市级文物保护单位。地区有庄胜、棉花片等多处拆迁区域。街道工委、办事处有27个科室，下辖社会保障事务所、社区服务中心2个事业单位。在职人员134人，其中公务员86人，处级以上干部17人，科级以上干部89人，党员95人，大专以上学历130人，工勤6人。地区有党支部46个，党员1430名。街道接受财政拨款收入12334万元，同比增长3.18%。支出12334万元，同比增长3.18%。年内，椿树街道学习贯彻习近平总书记系列重要讲话和市、区党代会精神，开展“两学一做”学习教育，树立四个意识，抓牢“十三五规划”“京津冀一体化发展”“非首都功能疏解”重要机遇，深化椿树品牌建设。

地址：西城区椿树园小区11号楼甲1号
邮编：100052
电话：63103648

（黄惠云）

【城市管理】　年内，完成永光东街14户18处、宣东大街、教佳胡同、骡马市大街、东椿树、四川营、前青厂18户37处及西草厂街58户82处“开墙打洞”违法行为的拆除封堵工作。坚持拆违与精品街巷建设、“七小”整治等重点工作结合，拆除违法建筑130处2100余平方米，其中账内91处全部完成，配合街巷整治另拆除账外39处。巩固提升精品街巷建设，完成实验一小周边5条胡同及东椿树、教佳、四川营、南柳巷、魏染、前孙公园和大沙土园12条精品街巷的整治，外立面粉刷、统一空调罩和广告牌匾、改建坡道、安装晾衣杆、增加绿化景观等，引导居民自拆煤棚18个，协调居民矛盾8起。对宣东1、2号楼南侧进行综合整治、统一牌匾标识、便道铺设、建设自行车棚，琉璃厂西街南侧贴砖、粉刷、门头装饰。整治南柳巷56号院精品院落，拆除违章建筑、更新自行车棚、粉刷外立面、建设花坛、安装封闭栅栏及门禁。完成西草厂5号拆违恢复改造、琉璃厂西街城管岗亭更换、城管分队车棚改造、城管分队厨房洗澡间装修改造4项工程。

（黄惠云）

【社区建设】　年内，改造5个社区服务站的工作台，完成香炉营、梁家园社区服务站屋顶漏水维修，红线社区用房环境提升，四川营和宣东社区门口无障碍设施改造；街道百姓文化之家装修完毕，面积近2000平方米；持续开展社区参与型协商工作，打造“椿议民情坊”，围绕居民需求，构建“民事民提”“民事民议”“民事民决”“民事民评”“民事民享”体系，以“椿议民情坊”为平台尝试街道养老服务驿站服务商票选；召开社区代表会，完善群众参与机制；推进社区减负增效，清理社区居委会日常出具证明事项202项；制定《椿树街道关于社区印章的使用管理办法》，明确社区居委会印章使用范围、使用程序和印章管理等；严格社区公益金使用，修订《椿树街道社区公益事业专项补助资金管理使用办法》；明确社区工作者入户走访制度，走访社区低收入、残疾、老人、优抚对象、流动人员等重点家庭，建立社区家庭档案，采集居民基本信息，了解居民生活需求，提高社区服务效率；探索完善“一体系、三平台”体系建设，通过区科信委项目专家验收评审；完善并深化“双核双向360度”社区工作者绩效管理体系，正式运行应用平台，开展考核工作；市民学习平台和社工学习平台上线；面向辖区定向招录12名社区工作者；明确社区工作者考勤纪律，制定《椿树街道社区工作者考勤、请假规定》；加强社区工作者培训，开展多种形式的学习交流活动；完成社会组织孵化培育管理中心装修改造；梁家园社区“暖邻助老关爱服务队”和香炉营社区“志愿服务队”2个1＋1助推项目通过区民政局专家视导及规范化评估；委托北京市思科社会组织能力建设促进中心制定项目管理流程与标准；引入竞争性洽谈模式，汇集专家、购买方代表、居民代表各方意见，选择购买服务项目的承接方，实现政府购买服务项目机制不断完善，推动“三社联动”不断深入。

（黄惠云）

【社会保障】　年内，街道城镇登记失业人员实现就业473人，完成年就业指标111.2%，就业困难人员293人，完成年指标112.6%，失业率控制在1.26%，建立就业困难群体安置基地5个，跟踪用人单位115户，走访服务345户次，实现创业42人次，带动就业210人，“零就业家庭”动态脱零。居民医疗保险参保2472人，为132名失业人员办理退休手续。新增低保25户36人，

25户39人退出低保，新增低收入家庭16户40人，医疗救助703人次。低保人员类别台账、医疗救助数据管理实现电子化办公。为3名九洲春公益性组织就业困难人员办理托底安置，10名公益性组织人员办理退休、离职相关手续；劳务派遣增员12人，办理离职相关手续14人。看望慰问住院职工10余人次，慰问特困职工14人次。办理金秋助学3人次。保障性住房备案家庭463户，受理市场租房补贴70户。享受低保家庭375户617人，新增低收入家庭13户33人；办理临时救助91户175人，发放救助金27.01万元；办理医疗救助463人次，发放医疗救助金73.70万元；“春雨”大病救助3人5.45万元。办理新生教育救助3人1.35万元；慈善助学救助大学生7人2.52万元，高中生22人2.2万元；发放“爱心卡”救助408户20.4万元。募捐资助资金救助2人4400元，15个科室7个社区慰问对象4285户次，发放慰问金133.39万元。

（黄惠云）

【社会治安综合治理】 年内，开展科技创安，宣外大街至骡马市大街西段安装数字监控30个，街道共有监控探头275个，除拆迁区外，所有街巷胡同监控探头全覆盖。联合交通管理局秩序处、区相关委办局对东椿树胡同及周边地区交通道路实施改造，实现东椿树胡同北起前青厂街、南至西草厂街，教佳胡同北起西草厂街、南至四合上院小区的交通微循环，解决了地区交通拥堵问题。建设社区微型消防工作站，组建地区专职消防队，配置微型电动消防应急巡逻车2台，背包式灭火装置2套，实现对椿树地区24小时消防巡逻防控。推进信访“手拉手”和人民调解“3431”工程建设，落实领导信访日制度，形成“大调解”格局；深入社区排查39次，接待群众来访113次，排查化解矛盾600余件，成功率99%；落实安全生产责任，强化食品药品安全监管。开展市级安全社区创建工作，对4623家燃气用户进行检测，更换液化气连接软管和减压阀1147户，完成180家“小微企业”安全生产达标任务，超额完成安责险100家的指标任务，实际投保109家。抓牢安全生产和食品药品监督检查，与辖区企业签订责任书，开展联合检查、执法，覆盖率100%。安全生产检查1650家次，发现并消除隐患870处，食药抽检778批次，检测不合格食品8批次，查处各类食品案件5件，罚没款16.56万元，解决消费者投诉举报136件。

（黄惠云）

【精神文明建设】 年内，开展全国文明城区创建与迎检长效化建设、常态化管理，投入20.23万元，制作创建标语横幅14条，配发文明城区宣传脚垫500个、清洁手套1.8万副，发放《致居民的一封信》1.5万份；总结创建成果，组织召开创建与迎检工作推进会。挖掘文明故事人物，上报故事73篇，微视频作品2部；开展“2016北京榜样”评选推荐工作，组织居民参加西城区道德讲堂2次，开展“清洁空气蓝天行动”活动。提升文明引领作用，组织春苗年文化体验活动、“绿色清明·文明相伴”等“道德引领我们的节日”主题教育活动；利用户外围挡、宣传栏、电子屏等形式，刊播核心价值观、《市民文明公约》等户外公益广告、宣传标语、宣传图片等。邀请理论专家进社区，“周末大讲堂”专题讲座3场。组织“美丽西城”大讨论活动，发放倡议书800份，收回调查问卷750份，召开大讨论30场。汇总依法行政、文化建设、环境建设、改善交通、基础设施建设等5方面建议18条。街道新闻刊登在市级报纸21篇、《北京西城报》97篇，在北京电视台《缤纷西城》栏目播出11条。9月28日，街道微信公众号“嗨椿树”和吉祥物“椿娃”正式上线。

（黄惠云）

【双拥工作】 年内，春节、“八一”期间，街道工委书记、办事处主任、主管主任到驻街3支共建部队——武警七支队、新华社武警七支队十一中队及校场口消防中队走访慰问，将16万元慰问金送到战士手中；慰问共建部队特困战士8人4000元、新华社武警七支队十一中队退伍老兵4700元。全国“两会”前，慰问新华社武警七支队十一中队执勤战士，慰问经费5000元。

（黄惠云）

【老龄工作】 年内，街道60岁及以上户籍老年人1.03万人，其中80周岁以上高龄老人1892人（享受高龄津贴1226人），失能老人137人；常住老年人口5600人，其中纯老年人家庭人口数679人。办理60岁老年证268个；置换65岁老年卡3338人；80岁“北京通”新增157个，变更（死亡）112人，持卡总人数1130人；发放高龄津贴2581人次26.25万元、百岁老人津贴71人1.42万元；95岁医疗报销25人20.78万元；三项为老服务263人次。针对重点老人，引进专业服务，以养老服务项目制运作，提升服务品质。开展三个养老服务项目：《椿树街道养老照料中心居家养老椿龄助浴》项目，满足辖区内生活困难的高龄、空巢、失能、及残疾老人的基本生活需求，保障本地区重点老人的居家养老生活，提供家庭保洁、助浴等服务。截至年底，提供助浴服务788人次；“椿树街道养老照料中心‘零距离’平台巡视”项目，通过上门巡视对高龄独居老人5个方面25项内容进行评估为主要服务内容，服务102名高龄独居老人1409人次，就近提供示范化、便利化、多样化、个性化的居家助老服务，为街道中重度失能老人上门提供健康监测服务，包括测血压、血糖、血氧、脉搏、呼吸及体温等1654次。3个月对健康数据进行一次分析、评估，建立老年人个人健康档案，为老人提供饮食建议、疾病宣教及保健常识普及等服务。

（黄惠云）

【群众文化体育活动】 年内，以“我心目中的京剧——兼容与弘扬”为主题，举办第十四届“椿树杯”北京市社区京剧票友大赛，22支票房、文化馆5支队伍和艺校5支队伍参赛；举办第二届5人制足球赛，参赛范围从上年的椿树辖区扩大到西城区委办局和兄弟街道，23家单位的340余名球员参赛，北京卫视、北京晚报、中国青年报等多家媒体报道和转载；举办“老有所乐，乐享新春”首届老年文化节暨本土化文艺团队竞演，7个社区13支队伍表演自编自演节目；举办“冬日如椿冰雪飞扬”全民冰雪运动推广季活动，开展冰雪运动及科学健身指导讲座4场；开展春节、清明、中秋等传统节庆活动，推进非遗进社区、进校园活动，组织居民、青少年学习葫芦烙画、裕氏草编、老北京兔儿爷绘画等非遗技艺；组织居民参加全民健康素质测试，观看“首都杯”足球赛、“你好，赫尔辛基”等活动；开展市民终身学习认证，新增办理学习卡220余张，申报课程50门，开展市民学习周系列活动，舞蹈、摄影、书画、京剧、摄影等讲座，受益居民3000余人次；推广市民线上学习平台，首期推出100单元课件，供居民自主选择学习；琉璃厂西街社区以“翰墨艺苑”作为学习型示范社区参评项目，被评为西城区第二批学习型社区建设工作示范社区。

（黄惠云）

【人口疏解】 年内，街道开展“疏解非首都功能”专项行动，通过违法建设拆除、占道经营整治、有证有照不规范“七小”整治、封堵开墙打洞等专项行动，推进人口调控工作。消除椿树园地区4、6、9、10、13、15号地下室散租住人现象，疏解2581人。为地区流动人口管理人员配备移动数据采集终端机，组织开展集中培训，确保地区流动人口服务管理工作的高效便捷，完成流动人口管理工作与派出所交接。

（黄惠云）

【党建工作】 年内，建立健全街道工委理论学习中心组和党员干部学习培训制度，17名处级干部完成学习贯彻十八届四中、五中、六中全会精神，习近平总书记重要讲话精神，社会主义核心价值观及“两学一做”等内容，多名中层干部、党务工作者、积极分子和发展对象参加党校和专题培训班脱产培训。做好处级领导干部参加“学习贯彻五大理念”网上学习班报名工作，技术指导处级领导开展大讲堂和在线学习任务，督促处级领导定点联系社区和企业。严格执行《党政领导干部选拔任用工作条例》，向区委推荐1名副处级领导干部；任命1名主任科员、1名副主任科员；8名科级领导干部试用期满按期转正。利用网络教育平台，引导党员干部开通党员微信，完成100余次远程教育。对街道机关单位和纳入规范化管理单位的个人人事档案进行审核和规范，针对干部个人出生时间、参加工作时间、入党时间、家庭主要成员及重要社会关系等8方面信息逐项查阅、全面收集、仔细鉴别、规范整理，规范干部人事档案日常管理。组织机关党员、社区党委班子成员、社区挂职干部、地区民兵骨干和非公企业党员开展军营主题党日活动；组织辖区非公有制企业党员、入党积极分子、优秀团员参加红色教育基地现场教学活动。签订8类“个性化”责任书（责任清单）961份，承诺书86份，达到“全面覆盖、统一规范、因岗定责、逐级签订”的要求。制定街道深化“为官不为”“为官乱为”问题专项治理工作方案和开展“整治和查处侵害群众利益不正之风和腐败问题”专项工作方案，通过召开座谈会、走访群众等形式，征求各方面意见建议，撰写阶段性报告35份，查找出风险点、意见建议68条，收集问题1个，制定整改措施4条，整改任务全部完成。开展“讲守纪律党课、好规矩宣讲、违纪案例报告、党章党纪测试、党章党纪竞赛”“五个一”廉政宣传教育月活动。组织机关和社区78名党员干部，参观北京市检察院反腐倡廉法制教育基地。召开5次纪工委扩大会，讨论研究17项议题。举办8期“椿纪微课堂”。通过参加工委会，列席主任办公会、中小工程建设领导小组会，监督“三重一大”、民主集中制贯彻落实情况；对南柳巷胡同56号院环境综合治理项目，进行行政效能监察；元旦、春节等重点时期，加强对科室、事业单位、服务窗口及7个社区落实“八项规定”、人员到岗情况、服务态度、办公秩序、工作纪律、值班值守、节日安全和车辆封存等情况进行检查并通报。查办各类问题线索15件，谈话调查30人次，谈话笔录28份。对2名党员干部做出纪律处分，2名科级干部进行诫勉谈话，3名科级领导干部任职提醒谈话。

（黄惠云）

陶然亭街道

【概况】 陶然亭街道位于西城区东南部，东起太平街、虎坊路一线，西至菜市口大街中心线，南至护城河中心线，北至骡马市大街中心线。辖区面积2.14平方公里，有8个社区，街巷48条，18家中央级单位和34家市属单位。街道户籍人口5.7万人，常住人口4.4万人，流动人口0.89万人。年内，出生528人。街道工委、办事处有29个职能科室，社保所、社区服务中心2个事业单位。在编在岗人员133人（公务员编制93人，事业编制40人）。年财政收入15105万元、支出14911万元。获“北京市充分就业示范街道”“北京市市级安全社区”“北京市安全生产月活动优秀组织奖”“北京市职工技协杯竞赛优秀组织奖”。
地址：西城区黑窑厂街22号
邮编：100052
电话：52683783

（乔自力）

【城市管理】 年内，完成虎坊桥人才市场撤市工作，清退市场展位50个600平方米、疏解人口82人，该市场1993年运营，前身为宣武职业介绍服务中心。完成南华里小区1、5号楼，骡马市大街10号楼等13处非法出租地下空间清退。推动中海地产公司履行主体责任，实现大吉片拆迁区无煤化。整治环境脏乱点300余处，取缔无照经营1630起，清移“僵尸车”21辆。封堵“开墙打洞”121处。拆除违法建设203处3375平方米。落实陶然湖景南侧花园修缮、南横东街北侧景观墙建设、龙爪槐精品胡同建设等11项“民心工程”，景观设计融入陶然文化元素。推进黑窑厂西里抗震加固，开展道路铺装、管网改造、便民设施添置等小区公共环境建设，1、2号楼业已开工，3号楼、5至14号楼实现居民回迁。10月14日，市人大常委会主任杜德印就老旧小区改造议案督办情况到黑窑厂西里小区调研。完成南横东街2块小微绿地建设，在姚家井、南华里等地增设垂直绿化设施6处。黑窑厂街实现南向北单向通行，施划路侧机动车停车位49个，增设交通探头3处。双柳树胡同与四平园市场整治路段安装交通隔离栏500余米。落实防汛、扫雪铲冰、空气重污染等应急措施，建立防汛管理员机制，建立道路、院落积水点及危树、危房台账41处，形成汛期网格“险点”专题图。

（乔自力）

【社区建设】 年内，深化北京市第二批社区治理和服务创新实验区创建工作，探索网格议事“12345”运行模式，即坚持党组织对网格议事会的引领核心，贯彻民生工程、民意立项，多元参与、协商民主2个基本理念，搭建社区议事会、网格议事会、楼管会三方协作平台，遵循民意征求、民主商议、议题办理、效能评议4个阶段工作流程，秉持网格问事体系化、为民办事务实化、协商议事主题化、自治管事自觉化、综合评价科学化5个规范化议事规则。创建红土店儒福里42号院网格议事示范点，推进龙泉、福州馆社区“参与型”协商试点。基本形成“两级管理、三级服务”的社会组织工作体系，分类管理社会组织102家，购买公共服务、公益服务19项。推进新兴里社区“一委三居一站”综合试点，设置一个社区党委、建立三个区域化居民自治组织（简称“居委会”）、构建一个开放式社区服务站，形成以社区党组织为核心、自治组织为基础、社区服务站为依托、社区社会组织为补充、驻区单位密切配合、社区居民广泛参与的现代社区治理结构。完成102支社区社会组织备案复核，文体科教类30支、服务福利类24支、共建发展类16支、治安民调类16支、环境物业类9支、医疗计生类7支。完成85个网格重新编号、边界调整。招录社区工作者13名。成立龙泉社区花草协会。推进准物业管理模式，形成产权单位管理的合作意向。

（乔自力）

【社会服务】 年内，建成420平方米百姓生活服务中心，引进“一载多体”服务商，辐射辖区居民基本需求，国安社区承载洗染、家政、旅游等生活功能，慈善超市承载24小时便利店、捐赠、义卖等购物功能，易家修承载物业修理、家电维修、修鞋缝补等维修功能，利用场地资源组织居民活动。推进“居家养老服务圈”建设，与60家社会单位签约服务。开展老年餐桌“扩面提质”工程，16家地区餐饮企业参与。探索为老服务志愿者长效机制，成立“耆援”为老服务志愿者中心。落实市区为老服务政策，新办老年证、老年卡472人，高龄津贴268人。推进“助残圆梦”项目，试点精神残疾“日间照料”康复站。健全计划生育奖励扶助机制，创新“失独家庭关爱”“婴幼儿早教”项目。推进资源共建共享，与中央芭蕾舞团、网信物业公司、戏校附中等17家单位合作，提供医疗保健、上门维修、错时停车等10项服务。年内，办理一孩生育登记322个，二孩生育登记220个，审核上报再生育行政确认材料3份，《独生子女父母光荣证》56个，审核发放一次性千元奖励291人29.1万元；开具《生育服务联系单》24份；办理《流动人口生育登记单》22份。节日期间走访慰问特扶家庭192户次、慰问金7.74万元。

（乔自力）

【社会保障】 年内，推进地区社会保障体系建设，落实就业援助、创业扶持、社会保险、最低生活保障等政策性制度，低保救助608户999人967万元。实现就业665人，失业率0.94%，就业率63.15%，其中就业困难人员就业533人。办理丧葬补贴41人20.5万元。退养人员报销医药费267人次97.94万元。享受福利养老金453人。发放失业保险金1783人次209.72万元。办理社保卡2205人次。新增城镇居民医疗保险参保646人报销药费87.22万元。受理保障性住房申请62户、市场租房补贴101户，解决168户中低收入家庭住房困难。开展综合救助工作，发放临时救助金248人次63.83万元，联合募捐自主救助金13人9.28万元，慈善救助金28人33.02万元，开展“携手慈善新春送暖活动”慰问生活困难户80户16万元。低保老人医疗救助项目64人2.46万元。医疗救助周转金使用31人次26.83万元。慰问困难知青139人次4.17万元和价值9488元慰问品。教育救助10.2万元。开展“春风送暖”捐助，募集善款10.75万元。“冬衣送暖”募集衣被等5473件。坚持“阳光理政、用心服务”，开展“三亮、两评、两监督”活动。推行“五个规范”管理，即：优化服务流程、确定服务标准、落实首问负责制、畅通评价监督渠道、完善一次性告知等制度和“五个标准化”落实，即：窗口工作要求标准化、窗口人员言行标准化、窗口服务水平标准化、窗口细则管理标准化、窗口人员考核标准化。推进公共服务“一号一窗一网”联动体系建设和标准化建设，实现信息共享和业务协同，公共服务大厅窗口受理43512件，窗口咨询36224件，电话咨询30328件，协调相关科室办理服务事项2745件。

（乔自力）

【社会治安综合治理】 年内，推进以产业和功能疏解带动人口疏解，强化“以证控人”“以业控人”“以房管人”有序推进人口疏解。建立拆违、撤市、“七小”整治、拆迁腾退、群租房治理等专项工作组，实行“项目认领”，核减流动人口3674人，超额完成6.3%。加大重点地区设施建设与日常管控，推进科技创安工程，为儒福里、高家寨、姚家井等老旧小区，福州馆街、窑台胡同、双柳树地区等平房院安装物防、技防设施。强化122个社会面防控点位，发挥巡防队员、治安志愿者、反恐处突小分队等群防群治力量，开展联合执法50余次。完成全响应指挥中心二期项目建设，引入公安及公园监控信号，实现图像监控、突发事件处置、城市网格化管理、视频会议、街道政务值班、领导指挥决策等功能。加强流动人口和出租房屋检查，入户走访出租房屋11502次，地下空间4246次，面对面核查流动人口18750人。整治南华里、高家寨、黑窑厂、福州馆地区群租房7处324平方米，疏解流动人口28名。检查辖区施工工地、地下空间、人员密集场所等重点区域，巡查生产经营单位3845次，发现并整改安全隐患3326处。开展安全应急演练3场、消防疏散演习7次，红十字救护培训200余人。连续6年煤气中毒零事故。开展安全生产条件普查，114家企业投保安全生产责任险。完成300家小微企业安全生产标准化评定。创建北京市级安全社区。建立法律顾问审核程序，尝试专家咨询论证机制，回应来信来访及非紧急救助1030件，信息公开437条。规范人民调解中心建设，接待法律咨询305人次，调解各类民间纠纷596件。消除28起劳动纠纷隐患，调解5起农民工集体讨薪，结清96名农民工工程款和押金37.6万元。

（乔自力）

【精神文明建设】 年内，推进社会主义核心价值观主题教育，成立“党在百姓心中”宣讲团，宣讲30余场。开展“提升城市品质 共建美丽西城大讨论”，动员各类力量就区域发展建言献策。举办“近代陶然亭与中国共产党创立”“孙中山与陶然亭”等座谈会。评选第三届“六德”陶然娃，10名“六德”陶然娃成为形象大使。推进文化教育惠民社会化运作，引入中国歌剧舞剧院、北京歌剧舞剧院、北京市武术运动协会、北京市体育科学研究所等专业机构资源，为社区百姓提供培训、演出、太极、体质测试等惠民项目。举办北京第十四届“陶然杯”地书邀请赛、厂甸庙会、元宵节灯谜会、清明诗会等系列文化活动。陶然亭太极拳队在“第四届全国白云杯太极拳剑邀请赛”中获二等奖、陶然亭花棍队在“北京市优秀健身团队展示大赛”中获优秀表演奖。开展陶然教育支持经费活动，资助辖区3所中学、3所小学、1所民办幼儿园、宣武少年宫及北京市职工大学教育经费23.5万元。

（乔自力）

【双拥共建】 年内，开展“双拥在基层活动”，春节及“八一”期间，走访慰问部队、困难战士、结军亲对象。开展文化双拥活动，举办军民乒乓球友谊赛、军民一家亲运动会，组织双拥艺术团到部队慰问演出。宣扬表彰先进典型，对5名武警战士、5名消防战士、6名优秀退役军人和4名好军嫂进行表彰。投入双拥工作经费11.49万元。2名青年入伍。

（乔自力）

【民主政治建设】 年内，完成第十六届区人大代表换届选举工作，选举产生人大代表18名。提名推荐第十四届区政协委员2名。组织陶然亭“统一战线大讲堂”、开设陶然之窗《统战同心圆》专栏，宣传统战理论。统筹街道工商联（商会）、侨联和社区统战人士小组资源，构建“大统战”工作格局。办理人大建议案和政协提案，推进基层民主政治建设。召开街道残疾人联合会第二次代表大会，完成残疾人联合会换届。街道总工会新建工会组织46家，发展会员241名。开展22项工会活动，刷会员卡8438人次。成立街道机关工会。加强社区团支部建设，建立以社区团支部为核心，辖区企业、学校、“两新”组织等为主体的社区团建综合体，与区域青年工作共建委员会成员单位联席开展“乐动陶然”“新青年健步走”等活动10余次。龙泉社区青年汇、黑窑厂社区青年汇继续以地区青年为服务对象，针对不同年龄层、不同群体，有针对性的开展各类服务和活动50余次。建立“陶然社区青年汇”微信公众号。街道妇联完成第一届妇联主席、执委换届。

（乔自力）

【党建工作】 年内，发挥街道“大工委”、社区“大党委”协调议事平台及各专业委员会作用，指导、督促区域化整体发展项目单位拓展资源利用，落实“红色电影放映基地”“社区居民共享停车泊位”“健宫医院服务百姓健康行”等项目。完善京都瑞成大厦楼宇社会工作阵地建设，推进楼宇社会工作站“六站合一”。深化楼宇志愿服务长效机制，“双向服务”模式获2016年北京市社会领域优秀党建活动品牌。推进非公有制企业党的组织和党的工作覆盖，陶然北岸底商联合党支部建设。8月11日，陶然亭街道名书记工作室正式挂牌。制作发放社区党务公开工作手册。以项目化运作方式激发党组织活力，8个社区形成各具特点的党建创新项目。选举出席区第十二次党代会代表10名。坚持用制度管事管权管人落实党风廉政建设责任制。完善干部选拔任用流程，轮岗交流干部7名、转正科级干部1名。加强街道预算执行监督，完善中小工程项目管理，修订《固定资产管理办法》等6项财务制度。开展“三查一通报”日常监督检查，推进“为官不为”“为官乱为”问题专项治理。受理纪检监察信访举报3件，“政风行风热线”4件，依规、依法立案审查1起社区党员违反党纪案件，初核2起区纪委转办案件。

（乔自力）

展览路街道

【概况】 展览路街道位于西城区西北部，东起西直门南大街、阜成门南、北大街与新街口和金融街街道相接；西至三里河路、动物园西墙与海淀区甘家口街道相邻；南起月坛北街与月坛街道相连；北至南长河、西直门北大街与海淀区北下关街道相望。辖区面积5.87平方公里，有一、二类大街22条，街巷、胡同34条。户籍人口148955人，常住人口153493人，流动人口27277人。年内，出生1839人，死亡940人。驻区中央单位468个、市属单位194个、区属单位343个、其他隶属单位5780个。辖区内有大学4所、中学4所、小学7所、幼儿园8所、职业学校1所、培智学校1所、社区教育学校1所、图书馆2个。街道设34个职能科室（含事业编制及内设科室），有工作人员255人，其中公务员138人，纳入规范人员107人，工勤人员10人。年财政支出2.8亿元。

地址：西城区车公庄大街13号

邮编：100044

电话：68314941

（于田琼睿）

【城市管理】 年内，重点拆除一批为低端业态提供配套餐饮、居住、物流、仓储服务的违法建设，主要集中在北滨河路2号院、大钱市1和2号楼、榆树馆胡同、世纪天乐市场、南营房胡同等区域。拆除违法建设684处15235.49平方米。开展“开墙打洞”治理，整治范围包括月坛北街、北营房北街、北滨河路2号院、榆树馆胡同、大钱市1和2号楼、西外南一楼、百万庄洗车一条街、南营房地区、西外南路和百万庄大街31号楼等10条街，整治“开墙打洞”商户468户，拆除门头牌匾480块、违法建设1966平方米、绿地过桥71个，恢复墙体5350延米，加装钢窗护栏394幅，新增绿地面积近6200平方米，补植约1.92万平方米，加装防护栏7935延米，疏解流动人口1682人。拆除百万庄中里环岛违建后改建的停车场已投入运营，安装首批9个智能充电桩；设置地桩，引导居民单行单停，打通百万庄地区交通循环。在德宝、文兴街、洪茂沟、阜外东、南营房开展停车管理试点，通过引入专业停车公司、安装停车设施、科学划分车位、配合人员管理等方式，强化老旧小区停车管理工作。常态治理西外地区交通乱象，现场处罚、查处各类违章车辆、“三黑”车辆467辆，处罚乱停、乱靠违规大客车22辆。完成展览馆路9号小区综合整治等5个环境建设项目。通过铺设沥青路面、整修树池、新装大门等，改造完善老旧小区道路、绿化、安防、停车、给排水设施。清理街边修车点、早餐车、指路牌、废弃裸露线杆等1万件，强化无主市政设施清查清运和商亭报刊亭管理。检查生产单位13815家次，现场整改各类隐患3833项，取缔无证无照114家，安全责任险任务完成金额数目位居全区第一。12月25日，中央第一环境保护督察组组长马駇带队到展览路街道调研环保督察信访案件办理情况、月坛北街“开墙打洞”整治和便民菜店建设等工作。

（于田琼睿）

【社区建设】 年内，完成西城区第十六届人大代表、第十四届政协委员和西城区第十二次党代表换届选举工作，选举产生区人大代表38名、区第十二次党代会代表13名。持续推进“多居一站”“滨河社区公共服务社会化”社会治理创新试点项目。完成新华南社区、新华里社区、北营房东里社区、万明园社区等4个社区社会组织的“1＋1助推”项目及考核验收工作。举办“展览路街道新源计划——西城区第一届社区社会组织公益项目大赛”，制作《展览路街道“新源”计划成果手册》。在百万庄西等7个社区推进社区居民代表常务会试点的基础上，完善《展览路街道社区居民代表常务会实施细则》。举办首批专职社工15周年纪念活动。汇编《展览路街道社区协商议事工作指导手册》。投入资金400余万元，改善百万庄东社区、阜外东社区和新华南社区的办公服务用房面积729平方米。完成24名社区工作者的社会公开招录工作。举办第六届社工能力提升班，建立周五“社区学习日”制度，收录社区调研报告汇编23篇。在百西等4个社区试点建立微信公众平台。举办各类文体活动976场，惠及人群近8万人，图书馆借阅人数10295人次42109册。组建应急队伍、储备应急物资。民防宣教中心接待参观单位92家，受益群众4300余人。朝阳庵社区被评选为全国防灾减灾示范社区。

（于田琼睿）

【社会保障】 年内，走访跟踪服务用人单位户数207个，开发失业人员空岗信息3396个，推荐就业困难人员就业1265人次，创业培训、技能培训304人，实现创业41人，带动就业223人。对有就业意愿的困难求职人员31人提供精细化职业指导、跟踪等服务，80%以上的人员实现就业。开展残疾人职业技能、生活技能培训1596人次。接收失业人员档案1035份，办理新增领取失业金手续208人次，为失业人员办理灵活就业、自主创业社会保险补贴718人次，办理停止灵活就业手续751人次。对失业人员和超龄失业人员4798份档案进行电子扫描。为11名失业人员办理冬季清洁能源自采暖补贴5524元，32人办理申领水库移民培训补贴手续。办理各类保障房变更、资格终止189份。发放“一老一小”、无业居民社保卡1506张，药费报销871人2621万元，报销单据3454张。办理退休人员260余人次，接待退休人员办理各种手续1700余人次，办理退休人员自采暖补贴228户，管理退休人员档案7800余份，办理异地退休人员生存认定300余人次。获得“劳动关系和谐园区”称号。

（于田琼睿）

【社会治安综合治理】 年内，适时启动相应等级社会面防控方案，投放地区治安志愿者、民兵、“红袖标”、专业保安等群防群治力量，做好亚投行开业、全国“两会”、G20峰会、小长假等重点时段、敏感时期、重要节日地区社会面保障工作。完成武警二院、国家卫计委维稳防控任务。投入使用100余万元技防资金，对北营房东里、南营房及北营房西里社区内薄弱部位安装监控探头46个，为文兴、德宝和新华里3个社区33幢楼安装防爬刺。成立地区普法志愿者宣传队伍，举办法制讲座59场，调解各类民间纠纷5316件。重点排查百万庄北里棚户区改造、动物园市场产业升级等影响社会稳定的突出问题，排查化解不稳定因素8起，办理信访事项128件。全响应指挥分中心接收民情日志7788篇，处理各类事件4092件。综合整治市区两级挂账重点地区，重点打击人民医院和阜外医院号贩子行为，拘留号贩子、扰序拉客45人次。助力非首都功能有序疏解，通过“以房管人”3771人次，“以业控人”5569人次。清理群租房239户558间6514.49平方米疏解1859人次。

（于田琼睿）

【精神文明建设】 年内，多渠道多形式举办纪念建党95周年和红军长征胜利80周年主题宣传活动。线上线下同步开展“道德讲堂”、组建“展展家精彩生活”百姓宣讲团，打造“美丽滨河、多彩文兴、和谐北营房”等精神文明阵地，征集社会主义核心价值观社区自治公约12份、绿色生活好市民41人。制定下发《展览路街道工委意识形态工作责任制实施细则》。在北京电视台、中央人民广播电台、北京各大报纸、《西城报》等中央市区级媒体发布刊登新闻175篇，新媒体公众号发布消息39期204条，总关注量5330人，《展望》报刊进行二度改版。12月16日，街道首次举办新中国第一住宅区百万庄小区“百万庄60年”主题展览。

（于田琼睿）

【双拥共建】 年内，开展系列双拥优抚活动，两节、“八一”期间走访慰问驻区9个部队，送去价值26.5万元的慰问品。为伤残军人、定补对象发放抚恤金、生活补贴365.9万元，优抚对象发放慰问金28万元，14位困难三属发放“爱心献功臣”款项2.52万元。报销86人次定补对象医疗费用32.4万元，办理死亡5人抚恤事宜。完成22位优抚定补对象的证件申领发放，为187名优抚对象发放集中供暖补贴27.15万元；五一期间，组织350余名驻区部队新战士到长城进行爱国主义参观教育活动；开展第三届“立功在军营 父母享荣光”活动；组织22个社区签订共建协议，举办军地联欢、座谈会、参观等各类活动20余次。

（于田琼睿）

【服务民生】 年内，整合辖区养老服务资源，建立综合养老服务平台。筹建黄瓜园等3个养老驿站，国家开发投资总公司养老照料中心已进入施工阶段，按照公办民营的模式有序运营2处养老机构，完成敬老院消防设施改造。完成3000份养老服务需求评估调查问卷，失能、分批评估特困老人539人。实施购买服务项目，结成帮扶对象9对，传统节日慰问老人213户，养老助残卡补贴新增764人，办理老年证1000余张，发放高龄津贴7755人次。采取“1＋3＋N”模式，解决三无、特困、空巢、独居孤寡等老人就（用）餐问题。打造完成500平方米百万庄生活服务中心，线上线下同步营销。建成文兴街标准化便民菜店，稳步推进南营房金泰长安市场等4处5000余平方米百姓生活服务中心提升改造工程。协同区“菜篮子”联合会开展“菜篮子”春节送温暖活动，为低保户、残疾人及60岁以上老人等群体发放蔬菜617份。精神慰藉志愿者入户服务53位高龄、独居、孤寡老人，累计入户服务3168小时。开展“心灵伙伴计划”，与北京联合大学团队合作，组建专业师资、专业志愿者和专业服务社工机构，建立失独老人需求及心理健康数据库、特扶家庭和个体1＋1心理档案，编制《失独老人需求问卷》。完成第二届残疾人代表大会换届选举试点工作。承接北京市残联、西城区残联对温馨家园改革试点项目。举办助残圆梦大型公益活动、无障碍体验活动，受益残疾人1140人次。实施精准帮扶救助，通过临时救助、慈善救助、紧急救助、医疗救助帮扶地区低保家庭、困难人群、弱势群体、优抚对象414户828人367万元，走访慰问劳模、困难职工250户71人5.8万元。社会募集善款13.5万元、衣物1.2万件。地区有低保户780户，发放低保金1167人967.37万元、医疗救助914人125万元。接待地区群众来电信访160多人次，解决病困和医疗纠纷26人次。

（于田琼睿）

【党的建设】 年内，形成《街道2016年落实党风廉政建设任务分解表》，修订完善街道科室工作职责和制度6大类271项，排查梳理职权事项廉政风险点。分层分级签订党风廉政建设责任书172份、责任清单164份，机关干部245人报告回避事项，125名街道副处级、科级实职干部和社区党居站正副职进行述职述廉。组建“名书记”工作室，举办社区党组织书记抓基层党建工作述职评议考核会。依据党组织不同特点，制定实施方案25份，学习计划79份。开启恭读学习“读抄写”党章活动。处级领导带头学习10次，各基层党组织集中学习9次、交流研讨180余次、主题参观展览39次、书记讲党课42次，评选出微征文微课堂23篇，600人参加《条例》《准则》知识竞赛。68家地区单位、956名党员参加社区统一行动日等志愿活动30余场。运行公务员综合考核管理系统，重修机关工作人员考勤考绩管理办法，专项审核干部人事档案165卷。交流调整正副科长16名，选拔任用科级领导干部4名，职级并行干部13名。重点抓好“四风”问题、职能部门依法履职、“三重一大”制度落实，严格执行问题线索“五类”处置方式，办理各种信访举报45件、立案2件。开展建党95周年“九个一”系列庆祝活动。调查摸底非公企业党建情况，完善非公企业党员数据库，调整变更96家企业归属，充实完善260家企业数据，确认1021家企业档案。推进非公有制企业和社会组织“两个覆盖”。3个区级党建创新项目全部结项，1人获市级优秀党务工作者，16人分获区级优秀共产党员和党务工作者、5人获区域党建之星、5家获先进基层党组织、5家获区域党建先进单位。做强工会基层组织建设，年建会258家，发展会员1249人。加强共青团员思想教育和团的组织建设，策划志愿服务项目15个，开展各类主题教育、青年汇活动46次；召开第一次妇女代表大会，推举地区妇女代表127人，组建巧娘分室18家，寻找“最美家庭”212户；走访慰问特困统战对象18名。

（于田琼睿）

月坛街道

【概况】　月坛街道位于西城区西部，东起复兴门南、北大街及阜成门南大街西侧，与金融街街道相接；西至三里河路中心线东侧，与海淀区羊坊店街道相邻；南到莲花池东路，与广安门外街道相望；北至月坛北街中心线，与展览路街道比邻。辖区面积4.13平方公里，一、二类主要大街11条，胡同43条。驻区中央单位363个、市属单位107个、区属单位76个，大学1所、中学6所、小学6所、医院2所、大型商场10家、体育场馆2个、文化古迹4处、公园4处。有社区居委会27个，户籍人口15.4万人，流动人口17345人。年内，出生1810人，死亡1011人，销户86户，外迁807户9346人。年财政收入2.44亿元，支出2.42亿元。新增科室街道工委主体责任办公室。年内，围绕“四型月坛”（打造人文型月坛、发展数字型月坛、构筑学习型月坛、创建服务型月坛）发展规划及“疏解整治促提升”总体要求，疏解人口7200人，落实12项为民办实事工程，打造“和谐宜居示范区”。街道被评为北京市科学技术普及工作先进集体、首都绿色环保志愿服务优秀组织、2011至2015年北京市法治宣传教育先进集体。

地址：西城区三里河一区5—7

邮编：100045

电话：51813702

（于鲲鹏）

【城市管理】　年内，按照“统筹协调、属地主责、突出重点、健全机制、深化管理”思路，打响“灭脏、清障、治污、拆违、治乱、撤市、缓堵”七个战役，开展老旧小区环境整治、违法建设专项治理、绿化美化等环境建设和节约用水等城市管理多项工作。协同城管执法部门，出动执法力量893人次，约谈相对人110人次，拆除120处4333.8平方米违法建设。整治莲花池东路甲5号院4号楼（京安旅馆）至西便门外大街西侧2.1公里“开墙打洞”违法建设66处，拆除违法建设及封门改造357平方米，恢复居民楼外窗56平方米，改造绿地800余平方米，新增绿地170平方米，补植宿根花灌木700余株，安装护栏230平方米；完成月坛北街5处“开墙打洞”违法建设整治。清理僵尸车13辆，拆除地装地锁105个，规范售卖电动车店2家，清理废弃自行车323辆。整治复兴门外大街72处开墙打洞违法行为，拆除67块违规户外广告牌匾、沿街私搭乱建7处45.87平方米，恢复居民楼原有风貌及原建筑结构、占用绿地。邀请中华环保基金会等社会公益组织在铁三社区、南沙沟、一区、汽南社区等垃圾分类小区开展12场主题宣传、专题讲座，提高市民知晓率；在中古友谊小学开展“垃圾分类我能行”北京市垃圾减量垃圾分类宣传教育进校园系列活动。

（于鲲鹏）

【社区建设】　年内，修改、印发《社区建设工作制度汇编》。组织102名社区专职工作者参加年度社会工作职业水平考试、西城区社工职业资格水平考试考前培训班；完成55名助理社工师（社工师）社工职业水平登记与再登记，助理社工师持证93人，社工师持证56人，招录社工35名。完善社区工作者基本情况台账、社区工作者人员流动情况台账、社区三套班子人员情况台账，建立完善“三个台账两个规范”，掌握社工动态，合理调配社区工作人员。打造月坛、汽南社区“三社联动”试点社区探索“一委多居一站”建设，租赁建设400余平方米两层楼房用于三里河社区社会服务楼。通过政府购买服务方式，为月坛社区提供500多平方米办公用房，与社区服务中心合作设立社区养老驿站。汽南社区召开白云路七号院老旧小区改造议事协商会，产权单位对部分问题现场提出解决方案；月坛社区针对月坛西街乙2号院、月坛北街3座楼、南礼士路11号楼召开居民议事协商会，解决多年没有物业而造成卫生环境脏乱问题。指导社区落实8万元社区公益金使用工作，严格公益金审批流程，引入专业社会组织开展社区公益服务、便民服务项目，完成公益金项目201万元，开展公益活动1225场8.68万人次参与。引入专业卫生保洁队伍，对居委会负责卫生保洁的18个社区，在产权单位（或物业管理单位）自愿放弃卫生保洁的基础上，负责绿化保洁，逐步建立社区卫生保洁物业化服务与管理机制。推进楼门院长信息沟通系统，下发通知信息5506条，社区上报信息9720条，有效信息7942条，社区处理7726条，街道处理35条。汽北社区与台湾省高雄市左营区尾北里签约京台社区养老服务项目。二炮社区3月份更名为甲7号院社区。

（于鲲鹏）

【社会保障】 年内，接收社会化退休478人，办理死亡及转出63人，共管理6214人；管理社会化退休人员档案6305份；退休人员自采暖补贴105人9万余元。审批办理失业存档人员退休61名，其中正常退休39名，特殊工种提前退休12名，失业军转干部提前退休5名，病退5名；审批办理公益性组织退休16名，灵活就业、自谋职业退休201名，其中正常退休183名，特殊工种提前退休11名，因病退休7名。办理城乡养老保险新增参保4人、减少8人，信息变更及延期40人，缴费68人近2万元，领取待遇13人，清算、转出7人；办理老年保障增员3人、减员62人，丧葬费发放58人，退费36人，收回多支出待遇3万余元。发放低保金120万余元。两节慰问734户1197人45万余元；受理247户住房申请，保障房132户，三房轮候23户，市场租赁补贴92户；变更167户，终止119户。修改、制定《月坛街道“创建充分就业街道”工作实施方案》《月坛街道就业困难人员精细化服务操作规程》及《月坛街道办事处关于加大政策扶持力度进一步做好就业工作的通知》。新增登记失业966人，实现就业890人，其中单位录用57人，个人办理就业登记833人，技能培训123人，创业培训22人。应用“预警—核查—帮扶—就业—跟踪”联动机制，通过“楼门院长”互动促成12名零就业家庭成员实现就业。建立用人需求档案154户、当年建档144户、新增20家招聘单位信息，3项指标回访100%；空岗信息采集3338条，技能培训189人，创业培训14人；用人单位需求调查184家。就业困难人员100%摸查，27人实现就业，就业率94.12%。创业51人，带动就业255人。举办“春风行动及再就业援助月”招聘会，16家企业参加招聘，提供近80个工作岗位，招聘近200人，16人就业。与展览路、什刹海、新街口联合举办“走进军庄镇，城乡手拉手大型招聘会”，20余家单位参加，提供近100个工作岗位，招聘近150人，23人成功就业。

（于鲲鹏）

【社会治安综合治理】 年内，落实“党政同责，一岗双责”责任制，与各科室（地区职能站、所）、辖区物业、商市场、餐饮业、宾馆饭店等800家企业主要领导鉴定安全生产责任书。分行业组织268家企业负责人专项培训5次。“安全生产月”每周确定一个主题，对“五小企业”“六小场所”等加大执法监管力度，检查生产经营单位7793家次，其中建筑施工384家，餐饮1170家，零售3801家，文化娱乐536家，宾馆酒店432家，体育运动37家，其他1433家。为老旧小区和平房困难居民检测液化气罐318户，更换软管和减压阀91套。淘汰不合格燃气灶具，安装燃气安全辅助设备和独立式感烟火灾探测报警器，入户检测224家，更换150家。按照专职安全员队伍建设标准，建立统一形象标识，优化软硬件工作条件。启动“两会”“六中全会”期间及敏感期、“G20”杭州峰会等重点时期维稳情报信息会商研判工作机制、重点人排查机制、人民内部矛盾纠纷化解机制、突发事件处置机制、志愿者巡逻值守机制、24小时值班机制、情报信息沟通机制，发动社区各类群防群治队伍，逐人落实防控岗位、防控时间、防控责任和要求。应对实验二小白云路分校“毒跑道”事件，成立应急指挥部，搭建学校与家长平等对话沟通平台，最终圆满解决。配合做好马航失联人员善后处理工作。推进平安社区创建评价工作，投入资金347万元，在南礼士路、复外社区部分居民楼安装楼宇对讲358户，汽南、三区三、南礼士路等12个社区安装社区内监控探头217个。开展“社区安全月”“综治百日宣传”系列活动，通过集中组训、以会代训等形式部署工作和交流学习，培训560余人次。围绕治安、禁毒、消防等主题发放宣传材料5000余份、宣传品500余份，张贴标语40余幅。开通居住卡受理点2处，居住证临时受理点1处，办理居住卡1292人、居住证24人，受理网上预约450次，现场咨询3960余次。接收社区矫正人员14名，在册19人，重新犯罪人员0名，脱管、下落不明人员0名；接收安置帮教人员18人，其中刑满释放6人，解除矫正12人。

（于鲲鹏）

【精神文明建设】 年内，招募186名宣讲员，充实清风朗月宣讲团。联合国家广电总局、冀北电科院、华夏银行等单位举办道德讲堂活动

100余场，参加近万人。中央、市级报纸，电台、电视台报道无围墙敬老院、百姓宣讲进军营、文化养老、白云杯等323篇次，网络媒体报道2100余次（包含转载）。挖掘40位诚信代言人典型事迹，出版《穿过幸福时差7——坚守的承诺》。在地区青少年中招募《人文月坛》报小记者，成立地区小记者团，组织学习新闻摄影知识、参观军营、举办旧物置换活动。维修宣传栏126处，征订党报党刊755份，发放宣传画、宣传展板、公益广告牌10万余份，组织社会主义核心价值观各类宣传活动20余次。联合地区文明单位开展城乡“手拉手”共建活动，到昌平小天鹅公益学校看望师生，赠送价值10余万元学习、生活物品。组织地区居民开展关爱自然活动55场。

（于鲲鹏）

【人口疏解】 年内，加大儿童医院周边秩序和票贩子整治打击力度，核录盘查209人，打击整治“号贩子”16次，投入警力350人次，抓获号贩子96人次；清退普通地下室14处，拆除违法建筑85处，腾退天照天批发市场，注销市场内商户220户，整治“开墙打洞”经营63处，治理人防工程3处，清理出租、群租103处，清退直管公房转租转借46处；治理不规范“七小门店”120户，注销市场外有证有照主体48户，治理不规范企业4处，关停无证餐饮17家、违规经营会所、美发门店8家，清查出50家不正常企业，31家失效企业，注销35户，转出企业6家，疏解人口3517人；清理集体户1356户，疏解3683人。为南礼士路社区103户出租房屋和复北社区28户出租房屋安装监控探头。月坛派出所完成后台数据信息采集、录入、核对和监管。

（于鲲鹏）

【社会服务】 年内，向社会组织购买服务，聘请法律专家不定期深入社区，为居民解决矛盾纠纷。调解案件81件，出具口头协议49份，书面协议32份，经法院确认28件，调解咨询420件。打造“法之月坛”服务品牌，协调北京市8家律师事务所18名律师分别与各社区签订聘用合同，陆续在27个社区设立法律顾问，实现法律顾问全覆盖，开展各类法律服务800多人次，举办法律知识讲座8场，解答法律咨询（含电话咨询）2000余人次，发放宣传材料千余份，参加调解2件，调解员培训4次，提供法律意见3件。开展法制宣传进楼宇文明祭扫徒步换绿植、“法援相伴扶残助残”残疾人法律援助月、参加市局组织的“司法行政在身边”主题开放日、法律援助军营行、夏日法治文化广场、百人模拟法庭等主题宣传活动。组织居民参加西城区第一图书馆讲座、参观体验、阅读体验行和相关比赛，图书借阅20976册，新办图书证106个，接待借阅图书5319人次，电话咨询平均月约130人次，物流提交3431册，接收西城区图书馆配送新书2148册。发展服务商家5家，签约47家，制作签约服务商标识牌、便民宣传栏、宣传折页3万张，核实539个生活服务网点基本信息。更换楼门宣传栏、信报箱、楼梯无障碍扶手、安装休闲座椅11个项目；在复兴门南大街5个院落和302小区安装“邻里守望岗”休闲座椅。

（于鲲鹏）

【为老服务】 年内，办理60岁老年优待证本市876人、外埠70人，65岁优待卡本市1610人、外阜483人。发放90岁及以上高龄津贴1054人127.01万元。接待老年优待来访201人、电话140次，九养政策来访35人、电话29次， 医疗保险来访7人、电话10次，养老保障来访11人、电话9次，信访回复8件。建成并运营敬老院站点6家（汽北站、全总站、真武庙站、汽南站、二七路站、一区站），1家（西街站）正在建设中，服务33403人次，日间照料114人次、居家送餐7009人次、平安问候9981人次、入户探访2893人次、居家洗澡1102人次、理发3865人次、棋牌阅读19889人次、修脚足疗1036人次。广电总局新302餐厅为22个社区送餐28021份，就餐老人3.6万人次，为老人送餐入户约7895份，办理老年人就餐卡239张。900余位老人进行老年遗忘症早期筛查，60位老人脑电波生物训练方法干预治疗60次。成立社区老年协会，开展适合老年人的社会交往、文体娱乐、图书阅览、教育培训、知识讲座、维护权益、互助养老等活动开展为期4个月的小教员文艺培训，开设国画、声乐、手工、模特、摄影、广场舞等6门课程，培训198人；举办绿植栽种、剪纸等教员及技艺培训40场198人次；在4个社区开展“月坛地区中华传统陶瓷文化科普大讲堂”受益500余人次；组织社区健康促进服务102场，志愿者培训9场，1108人参与；6个社区分别开展心灵活性训练营、专项认知训练营、综合认知训练营47场146人参与；夕阳茶座1088次，服务2.2万人次；心理个案咨询、疏导10次384人次；16次心理沙龙（团体）受益236人次；夕阳写作室活动20次308人次；志愿者培训23次574人次；社区义演5次372人次；防跌倒训练40次1209人次；认知训练96次1963人次；举办“月坛杯”系列比赛、第五届老年门球赛12支队伍150人参赛，第三届扑克牌双升团体赛、首届象棋赛、首届桥牌比赛等436人次参赛，第八届月坛“金辉老人”评选出10位金辉老人。呼叫平台接听电话1957次，呼出3000余次，订单500余单；“公益便民理发进社区”服务老人650余人次；扩大小家电免费维修服务范围，在26个社区巡回便民免费维修服务，24场小家电免费维修284单。全总和铁二二社区各推荐1位老人，志愿者入户专访“西城区口述史”，为老人定制个人自传、拍摄影集和视频。组织老年维权“远离家庭暴力让幸福回家”讲座，在木樨地社区举办“老年权益宣讲维护——百家社区行”公益活动。

（于鲲鹏）

【文化活动】 年内，在北京白云观举行第五届“白云杯”太极全国邀请赛，北京44中学、中央人民广播电台、国家统计局等单位首次参加，邀请武当派、青城派、崆峒派、陈氏和杨氏太极等5大门派太极高手参加。地区11所中小学幼儿园举行第五届中小学幼儿园文艺汇演。举办夏日文化广场活动8场8000人次观看。月坛社区文博学苑展厅在月坛雅集传艺荟挂牌。第十届“和谐杯”乒乓球比赛，27个社区乒乓球队112名运动员参加。

（于鲲鹏）

【党的建设】 年内，以社区党建服务中心为阵地，倡导会员单位借助党建服务中心与社区对接开展共筑共建。北京儿童医院12名专家义诊，60多个孩子得到咨询和诊断；开展“童梦书缘——青少年图书捐赠活动”，5家会员单位捐赠图书1736本合计2万元。升级优化“月坛党建”微信公众号功能，整合地区党建、社会资源，推送党建活动信息，定期发布学习资料。下发《西城区“两学一做”学习教育党章党规汇编》6000余本，《习近平总书记系列重要讲话读本》6000余本，党员订阅关注北京长城网微信公众号800多人次，500多人次参与北京长城网站在线答题，社区远程教育终端直播57690分钟约960小时。汽北社区创建“阅·家园”青少年图书室、“艺·家园”老人手工工作室、“e·家园”多媒体服务中心等活动阵地；三里河二区、白云观社区建党群活动中心，设党建宣传栏、社区荣誉展示栏、图书室、电子阅览室、心灵慰藉室等。推进党组织覆盖工作，调查企业648家、社会组织7家，组建4个党支部，社会组织的党组织覆盖率86%。楼宇工作站以“五彩志愿服务快车”为依托，推进“一楼一品”建设，开展“换绿植 献爱心”活动周，组织青年联谊会6场，各种讲座23场，法律咨询25场，瑜伽练习36次，运动会、参观等13场。发展党员11名，转正16名。走访非公企业665家，新增工会组织266家。

（于鲲鹏）

广安门内街道

【概况】 广安门内街道（简称广内街道）是西城区15个行政区域之一，地处北京中心区西南，位于西城区中部偏西，东至宣武门外大街与椿树街道毗邻，西隔广安门北护城河与广外街道相连，南枕广安门内大街，北依金融街，东西最长处2130米，南北最宽处1200米，面积2.43平方公里，有大街13条，胡同57条。辖区内有中、小学校6所，职业学校1所，培智中心学校1所，青少年科技馆1所，幼儿园5所，卫生医疗机构3家，公园3处，文保单位9处（国家级重点文物保护单位1处，市级文物保护单位2处，区级文物保护单位1处，普查登记项目5处），辖区法人单位总数2217个。社区居委会18个，户籍人口3.20万户9.22万人，常住人口3.21万户9.28万人，流动人口1.39万人，出租房屋4405处。街道设31个职能科室（含司法所、统计所、内设科室环境办），2个科级事业单位，在职机关行政、事业人员161人（公务员109人，社保所28人，社区服务中心19人，工勤人员5人）。年财政收入10986.81万元，支出10822.82万元，慈善捐款16.10万元。广内街道落实首都城市战略定位和区委区政府各项工作部署，按照推动发展转型和管理转型的要求，全面推进疏功能、转方式、治环境、增宜居、惠民生各项工作。年内，一大批群众关心的热点难点问题得到解决。街道文化、体育、民政、环境建设等多项工作受到市、区表彰。

地址：西城区感化胡同3号院12号楼
邮编：100053
电话：83172767

（白静华）

【城市管理】 年内，广内街道对达智桥胡同、校场头条、校场三条、顺和三巷、下斜街、上斜街西段、槐柏树后街和善果胡同实施精品胡同建设，依法拆除胡同两侧260处1420余平方米违法建设。共拆除违法建设323处3992平方米，保持新生违建“零增长”。清理废旧机动车7辆，废旧自行车、三轮车50余辆，清除地桩地锁43个，清理经营车辆27辆、废弃电线杆28处。建立地区废弃公共设施台账5类33处。治理5条街巷“开墙打洞”，封堵商户74家，拆除违规广告牌匾80余块。加大业态调整力度，整治无证无照“七小”业态，联合执法检查商户430余家，依法治理上账“七小”不规范商户60家。完成感化胡同3号院6000余平方米绿化改造工程。协同区重大办、宣房投公司推进槐南小区综合改造，解决小区长年管线堵塞、道路破损、环境脏乱问题；启动长椿街东里、长椿街西里等处26栋老楼抗震加固工程，改造广义里小区9栋简易楼上、下水。筹建广内街道防汛指挥部，协调处理各类汛情、险情，保障地区度汛安全。

（白静华）

【社区建设】 年内，投入60万元，为老墙根、广安东里新租房屋，解决社区居委会办公用和服务用房，面积1000余平方米。完成长椿街、长西、三庙、上斜街、老墙根、报国寺等社区居委会规范化装修改造建设工作。招录21名社区工作者；制定《后备人才队伍建设工作方案》，建立社区居委会（服务站）后备人才库；确定西便门东里、西便门内、长椿街社区作为“参与型”协商工作试点社区；举办第十五次社区代表大会，634名居民代表参加评议。完成2家注册类社会组织的网上年检工作，115家社区社会组织备案复核工作。确定槐北社区一助一为老志愿服务队等5支社区社会组织进行助推。举办首届文体擂台赛，开展非遗进社区项目，为百姓提供清华池修脚、峨眉酒家传统菜式制作品尝课程。举办2016年空竹文化系列交流活动，开展京台两地、友好城市、街道交流，召开“空竹·非遗与老年社会”研讨会，举办2016年第七届中国“广内杯”空竹邀请赛（竞技赛）和闭幕式文艺演出，中共中央台办、国务院台办主任张志军观看演出，称“相信通过两岸的切磋交流，这门中华传统的技艺将会更好的传承发展”。街道财政投入30万余元，为驻区教育单位协调解决校园周边环境问题。开展科普宣传，举办科普讲座、活动30余场，受众人数近2000人；发放科普宣传品1500份，张贴板报、展板50余块。

（白静华）

【社会保障】　年内，登记有就业愿望的失业人员1401人，实现就业941人，城镇登记失业人员就业率67.17%，其中就业困难人员922人，实现就业755人，就业率81.89%；组织技能和创业培训340人；带动创业255人，发放小额贷款16万元，空岗信息采集3968人次，职业指导1123人次。发放低保、各类药费、养老金、残疾补贴等资金3472万余元。开展“幸福广内”为老服务项目，提供送餐、1元理发、生日送祝福、法律维权、健康养生等服务，为60岁以上老人提供1元理发2万多人次，为3695位80岁以上老人送去生日祝福。与北京联通合作为800户老年人开通E键通服务，行动不便的老年人足不出户即可享受便利服务。推进“老年驿站”建设，投入资金24万余元购买医疗保健设备，组织7个社会组织为老年人开展修脚、茶艺讲座等活动。颐寿轩敬老院开放内部食堂，为东部社区老年人提供用餐服务7200余人次。做好住房保障工作，受理保障房、市场租补贴新申请315户次，对经适房、限价房、公租房、廉租房用户进行意向登记、摇号、复核等2928户次，发放公租房补贴和市场租补贴59.8万元。加大困难群体帮扶力度，为大病重残等13类家庭发放慰问金247万余元，391名生活困难残疾人提供生活补助91.6万元。为地区3356名残疾人发放服务一卡通。规范合法用工，检查用人单位286家，补发工资66人6.56万元。6月6日，广内地区第二家养老照料中心——德馨养老照料中心正式接待入住，面积3700平方米，设置床位156个，截至年底入住25人。

（白静华）

【社会治安综合治理】　年内，加强社会面防控体系建设。针对市区挂账重点地区加大治理整顿力度，开展打击宣武医院和广安门中医院“号贩子”专项行动12次，抓获“号贩子”43人次。开展4次联合执法，整治查处长椿苑周边无照经营180余起，重点地区和部位治安环境秩序得到改善。持续提高安防技控建设标准，投入210万元专项资金，为广安东里等5个社区安装数字高清监控探头78台，上斜街等3个社区安装更新平房院防盗门287樘，更换宣西社区7栋居民楼14个单元909户楼宇对讲系统。完成全国“两会”等重大活动安全保卫和服务保障任务。落实处级领导接待日制度，接访12批次。受理信访案件292件，全部按期办结。签订安全生产责任书943份。加强重点行业重点领域监督检查，成立各类安全生产检查组45个，出动检查人员1478人次，检查生产经营单位3723家次，查处各类安全隐患1563项，下达限期整改通知书153份。推进290家小微企业安全生产岗位达标，106家企业投保安全责任险。做好防火工作，为18个社区更换、维修和检测灭火器4500余具，配备消防电动三轮车19辆。

（白静华）

【精神文明建设】　年内，开展各层面的百姓宣讲活动，组织来自公交集团、广内医院、培智学校、武警七支队等辖区单位12人参加的街道层面宣讲员和18支社区层面宣讲团，开展宣讲61场。拍摄《社区公益理发师乔寄亚》微视频。开展公民思想道德建设，举办青少年专场道德讲堂70余场，受众约5千人次。加强未成年人思想道德建设，假期组织中小学生开展“学长征精神，做红色传人——争当社区文明小使者”主题教育实践活动，传统文化经典诵读、敬老孝老送祝福、社区义务清扫等公益行动。结合“我们的节日·春节”组织地区100余名青少年新春楹联送万家活动，“我们的节日·清明”组织200余名中小学生“网上祭英烈”活动。开展“纪念建党95周年和红军长征胜利80周年”主题教育活动，举办“庆祝中国共产党建党95周年”书法剪纸展。

（白静华）

【双拥共建】　年内，广内街道为151户军属及困难家庭发放慰问金13.25万元，慰问地区54名退休无军籍职工，发放优抚对象补发抚恤金10万元。落实北京市供暖新规，接待59名社区优抚对象政策解答、开具证明和材料申办。八一期间，走访慰问总装采购局、武警七支队十一中队和十三中队等9支部队，送去价值4.6万元的慰问品。邀请伤残军人、军烈属、复员军人等40余人，召开“纪念长征80周年”双拥工作座谈会。组织退伍军人、军转干部及家属参观交流、扑克比赛、文艺汇演等活动。

（白静华）

【党建工作】　年内，启用“掌上广内”微信公众号。街道工委完善《广内街道工委议事决策规则》。核实地区党员库，完善4720名党员基础信息。做好社区两委换届选举工作，个别谈话、民主测评363人次，撰写37份考察意见。抓好非公有制党建工作，摸排312家非公有制企业党组织组建情况。强化社区党组织队伍建设，选派1名科级干部到社区担任书记。党建阵地建设、社区环境设施、为老服务等26项使用经费358万元。召开街道机关第一届职工代表大会，延伸党的工作触觉。贯彻中央八项规定，先后9次研究党风廉政工作，逐级签订廉政责任书，纪工委办案2件。完善《广安门内街道建设工程管理办法》，严把工程建设等重点领域和关键环节。

（白静华）

牛街街道

【概况】　牛街街道位于西城区南部，东起菜市口大街，西至广安门南街，南起南横西街、枣林前街，北至广安门内大街。辖区面积1.41平方公里，社区居委会10个，居住着23个民族，户籍人口18545户53988人，少数民族人口13605人，流动人口11137人。年内，出生486人，死亡117人。驻地中央单位129个，市属单位49个，区属单位125个。辖区内有中学1所、小学2所、国家级宗教院所2所、特殊教育学校1所、幼儿园2所，敬老院2所。街道设28个职能科室，2个科级事业单位，机关行政、事业人员134人。年街道累计完成各项税收83563万元，财政支出15412.77万元。获“2011至2015年北京市法制宣传教育先进集体”。

地址：西城区牛街8号

邮编：100053

电话：63533407

（李　楠）

【城市管理】　年内，牛街街道加强辖区老旧小区基础设施建设，完成老旧小区综合整治近1.5万平方米。整治改造牛街东里一区、德泉胡同、白广路大街、菜园北里21号楼、南线阁培智学校周边环境1.3万余平方米，新增、改造绿化面积近1300平方米；对德泉胡同、南线阁大街、广内大街、教子胡同4条街巷的68家商户进行“开墙打洞”专项治理，拆除广告牌匾72个，腾退房屋面积1910余平方米。落实人口调控各项措施，规范房屋出租、整治地下空间、拆除违法建设等，推动地区人口管理，疏解流动人口6376人、常住人口4100人。拆除110处1149平方米违法建设；清退法源寺西里4号楼、牛街东里一区14号楼、南线阁12号楼地下室等20处散租房间690间13387平方米。关停广内大街甲306号二层“晶彩靓丽”服装城和菜市口小商品批发市场商户337户；协助区民防局开展“天缘”市场撤市工作。社区清障清理废旧自行车200余辆、挪移“僵尸车”2辆。按照政府主导、社会参与、市级统筹、属地负责原则，对3个垃圾分类精品示范小区和15个达标小区日常监督和检查，开展各种宣传活动16次。协同樱桃园交通大队、牛街派出所等单位，开展交通秩序联合整治7次，出动执法人员150余人，拖走违法停车180余辆，张贴告知单400余张；完善主要道路交通护栏、隔离墩、违法停车提示牌等交通设施，输入、4条胡同安装8个违停智能抓拍摄像头。

（李　楠）

【社区建设】　年内，牛街街道结合地下空间腾退情况，拓展便民服务空间。利用腾退地下空间建成500平方米的牛街社区社会组织文体活动中心。为东里、西一、西二等社区地下社区图书室、文体活动室、心理咨询室购置服务桌椅、电视、电脑、空调等设备，指导社区扩大便民服务内容。为各社区活动室配置办公家具806件，办公电器82件。各社区通过购买服务、居民自我服务、社区自治管理开展舞蹈训练、书画笔会、便民修脚、读书分享等项目服务活动。坚持居民会议、社区评议等制度，建立社区综合受理、全科服务、预约办理工作模式，在10个社区建立“社区议事厅”民主议事平台，建立民情恳谈、社区评议等对话机制，制定议事规则、程序、章程，对社区重大事项协商进行定点跟踪，召开议事协商会议近20次，参与协商议事居民、单位代表和专家顾问300余人。通过专题讲座、现场交流、分组讨论、知识竞赛等多种途径提升社区工作者工作能力和服务水平，组织社区工作者培训36课时，副职及以上社区工作者培训85课时。成立牛街民族戏剧社，牛街民族棋牌协会，为社区居民搭建新的文化活动平台；推进全民阅读活动，利用电子图书借阅机实现24小时借阅服务，引入“西城区宣南文化研究会”，为居民量身打造阅读每周60小时的服务时间，满足居民个性化阅读需求。结合专业力量开展群众体育活动，实施全民性太极拳普及项目，开展活动65次，参加2364人次。

（李　楠）

【社会保障】　年内，牛街街道落实各项帮扶政策，发放助老、助医、助困、助学等方面基础救助394.73万元，慈善救助36.25万元，发放专项救助74.1万元，受惠群众1163人。受理各类保障性住房申请216户，公租房租金补贴51户，入住各类保障性住房97户。与大兴区旧宫镇等多个单位联合举办民营企业用工招聘会，为求职人员进行个体职业指导130人次，办理个人就业登记334人次。依托街道早教中心，为辖区0—3岁儿童提供优质早教服务，接待居民6774人次，参与亲子活动3588人次，家长综合满意度95.5%。成立牛街街道心理服务中心，引入专业机构为社区居民、社区工作者及特殊人群提供多种形式的心理服务，开展各类活动39次，预约咨询160人次，服务人群4500余人。加强劳动保障监察，开展农民工工资支付情况、人力资源市场秩序、劳动用工一条街工程等专项检查140户，涉及2568人次。为符合条件的177名残疾人机动轮椅车车主发放燃油补贴，1461名残疾人发放服务一卡通，发放重度残疾人护理补贴600余人次。成立西城区首家养老服务驿站——牛街西里二区养老服务驿站，接待参观团体41次、咨询1325人次，发展会员105人，老年大学活动参与2999人次，居家上门服务30次，用餐1775人次，助浴15次，接收日间托管老人6人。为地区3062名90岁以上高龄老人发放津贴31.3万元，实施95岁以上老人医疗补助28人次5.85万元。先行试点失能补贴，为失能老年人家庭购买居家上门服务和适老化改造服务，签约家庭105户，服务356次761小时。为地区失能老年人家庭进行适老化改造；为社区配备电动爬楼车，方便老人出行。动员社会力量和群众力量参与发展地区老龄事业，引进南山石健康管理中心、康福宁居家养老服务中心、乐爱佳助残养老服务中心，为老年人提供健康管理、清真餐食派送、日间照料等专业服务2900多人次。

（李　楠）

【社会治安综合治理】 年内，牛街街道加强社会治安联防联控，做好“春节”“两会”“G20峰会”、伊斯兰教及佛教节日等重要敏感时段的维稳安保工作，发动群防群治力量，启动一级防控15天，二级防控41天，发动群防群治力量6万余人次参与上岗执勤。落实科技创安措施，为西里一区安装监控探头20个、钢院社区8栋楼32个单元安装楼宇对讲系统。排查矛盾纠纷27件，解决23件，接待来访群众135件次，办理网上信访事件53件次，接待群体访1件次。处级领导接待17件29次，解决信访积案1件。开展法律顾问服务356次，解答法律咨询721人次，调解各类纠纷352件，成功率98%。联合执法检查与日常检查相结合，出动检查人员1600余人次，检查生产经营单位2800余家次，整改一般性隐患2300余项。全面开展生产经营单位安全生产条件普查，完成200家小微企业达标评审和网上申报工作。开展群众性应急演练和防灾减灾活动。在10个社区建立消防微站，配置微型消防车12辆，兼职消防员60余人。

（李　楠）

【精神文明建设】 年内，牛街街道组织社区宣讲团围绕社会主义核心价值观、纪念建党95周年、“十三五”规划及京津冀协同发展四大主题开展“民族情邻里倡和谐”百姓宣讲活动，征集百姓微故事70篇，撰写宣讲稿10篇，组织巡讲27次，受众人群1606人；以元旦、春节、清明、端午、中秋、重阳等传统节日为载体，将爱国主义教育、民族文化传承和志愿精神弘扬融入活动，相继组织开展社会主义核心价值观故事会、清明文明祭奠、端午邻里包粽、中秋月饼制作、重阳便民服务等活动；举荐“2016北京榜样”候选人；开展道德讲堂系列讲座、“邻里守望民族情”便民服务大集、“践行十八大，学雷锋便民服务”“五四”主题团日、“提倡勤俭节约，乐享低碳生活”旧物置换等精神文明创建活动，营造奋发向上、崇德向善的良好社会风尚。

（李　楠）

【全响应指挥中心建设】 年内，牛街街道建立牛街礼拜寺人群聚集风险预警系统，完成“基于网格化全响应民族特色社区管理服务研究与信息系统建设”项目申报，全国政府网站首次普查工作和政务信息公开整改工作。实现“三网合一”标准化管理和常态化运行。接收民情日志3399条，处置事件2313件，办理“12345”非紧急救助热线690件，办复率100%。

（李　楠）

【统战工作】 年内，牛街街道以“携手团结进步，共享和谐宜居”为主题，开展民族情文艺汇演、民族美食节、民族电影展映季等系列民族团结月活动，促进各民族之间的交往、交流、交融；推进社区文化建设，举办“牛街街道第九届民族团结杯舞蹈大赛”。重要节日期间，走访慰问近900余户民族、宗教、归侨侨眷、港澳台眷属、牛街商会负责人及少数民族困难群众。以社区青年汇旗舰店为阵地，举办各类活动40余次，服务地区青年近千人。丰富完善牛街历史文化展陈室内容，接待各类参观团体40个4000余人；与区档案馆合作编缉《牛街记忆》历史文稿，全面呈现出牛街历史文化全貌；开展第三期“百位老人口述史”采集工作；与中央电视台合作筹拍《千年牛街》纪录片，展示牛街历史文化风采。

（李　楠）

【党建工作】 年内，牛街街道结合纪念中国共产党成立95周年、长征胜利80周年，围绕“对党忠诚、做合格党员”“提升城市品质，建设美丽西城”等主题，开展学习教育心得体会交流研讨32场399人参与，回收各类意见建议173条。利用“牛街党员e家”微信公众平台，发布主题信息，促进学习交流，实现在线互动。尝试“互联网＋党建”工作新模式，推动“牛街街道爱心储蓄银行”项目落地，发动党员2400余名，开展志愿服务200余次，存储服务时1.7万小时。发挥楼宇工作站纽带作用，激发非公党组织活力，启动“乐聚枫桦五彩讲堂”和开心工作坊服务项目。完成西城区第十二次党代表选举工作。

（李　楠）

白纸坊街道

【概况】 白纸坊街道位于西城区南部，东起菜市口南大街与陶然亭街道为邻，西至西护城河与广外街道和丰台区交界，南起南护城河与丰台区相望，北至南横西街、枣林前街与牛街街道接壤。辖区面积3.11平方公里，有主要大街12条、胡同76条。社区居委会18个。户籍人口34885户，常住人口101705人，流动人口16647人，年内出生617人，死亡311人。驻区单位2773个，其中中央单位56个，市属单位101个，区属单位164个。有成人教育学校3所，中学（含职高）6所，小学4所，幼儿园6所，医院5所。街道设30个职能科室，2个科级事业单位，在职机关行政、事业单位人员159人（公务员113人，工勤4人，事业42人）。街道工委有20个直属党组织，其中社会工作党委1个，机关党委1个、社区党委17个、直属社区党总支1个。直属党组织共设党支部126个，党员6363人。年预算收入19735.63万元，支出19583.9万元。年内，白纸坊街道“棚改的故事”百姓宣讲团获“西城区特色百姓宣讲团”和“西城区优秀组织奖”，街道获得“2016年度安全生产责任保险工作先进单位”和“北京市社会领域优秀党建活动品牌”。

地址：西城区樱桃二条8号
邮编：100054
电话：83512187

（金如意　姜耀琨）

【城市管理】 年内，白纸坊街道以“七大战役”为主线，开展环境整治工作。全面摸排，建立台账，组织城管、工商、食药、卫生、公安、交通等部门，以每周至少开展2次联合执法的工作力度，对平原里、里仁街、半步桥、菜园街、白纸坊西街、崇效胡同等群众反映强烈区域的722户不规范“七小”业态集中开展整治，取缔无证照“七小”门店160户，清理不规范“七小”221户，达到总台账的29%，超额完成年初压减20%的工作目标。组织拆除违法建设3009处36933.74平方米。其中拆除棚户区内违法建设2711处33554.74平方米；挂账违法建设298处3379平方米。协调区房管局、交通、公安、城管等多个部门，出动220余人次，发放宣传资料700余份，组织联合拆除地锁专项行动22次，拆除滨河里、半步桥13号院等私设地桩地锁374处，清除陶然亭地铁站、右安门内大街等处停放的废弃非机动车280余辆。发挥街道环境应急小分队作用，清理各类大件垃圾和建筑渣土2700余车1.8万立方米，参与应急处置和抢险60余次。重点推进治理“开墙打洞”违法建设工作。抽调人员组成4个工作组集中办公，集中力量对崇效胡同、白纸坊东街西街、里仁街、右内大街东侧进行整治。治理“开墙打洞”118户。完成右内大街和右内西街治理工作，依法拆除广告牌匾100余块、违法建设46处200余平方米，打开消防通道2处，增设绿化护栏150延米，改造绿化面积达1800余平方米。整合各类队伍资源，以城管科、全响应、城管执法队、环境应急小分队、社区卫生巡查队、网格监督队构建为主体，建立环境问题快速处置体系。扩大环境问题巡查范围，重点巡视背街小巷和失管小区，提高问题处置时间，改善地区居民生活环境。

（金如意　姜耀琨）

【社区建设】 年内，完善街道网格化服务模式，重新核对了66个网格管理员及辅助管理员135人，增加聘用6名技术人员，在重点工作、重点时期实行24小时值守，确保指挥调度、应急响应的时效性。全响应指挥分中心接收各平台事件33392件，其中非紧急救助平台接件2683件，已处理办结2669件；城市管理监督运行平台接收8056件，已处理8050件；全响应社区网格平台接收事件1528件，处理三级事件895件，监测民情日志21125条。接听解答市民热线电话150余次。为全面推进社区社会组织的挖掘、培育和发展，街道以社会组织孵化基地为依托，将半步桥社区志愿服务队、右内后身社区姐妹之友、万博苑社区心连心社区志愿者服务队、新安中里社区安心为民志愿服务队、里仁街社区养老助困服务队、右北大街社区志愿服务队等6个公益服务类社会组织服务项目申报为区级“1＋1”助推项目，分别给予1.6万元的活动资金。在18个社区建立社区议事协商会，全部挂牌建立社区议事厅，共同商议社区事务，强化社区自治功能，共涉及地区46家企事业单位，220名社区议事协商会人员。改善社区办公及服务环境，为菜园街、平原里社区办公服务用房进行装修改造。建立433平方米的右内西街社区办公及服务用房，860平方米的右内西街市民中心。结合市、区各类培训项目，依托大林志华爱心服务中心，投入17.28万元开展社区工作者培训工作。年内，招录社区工作者31名。

（金如意　姜耀琨）

【社会服务】 年内，组织公共服务大厅人员培训30余次，提高窗口服务水平，接待办事居民来电、来访及业务办理3528件，其中接待居民来电业务咨询408件，窗口业务咨询3100件，窗口办理业务9600件，办证264件。接待各类检查20余次。办理一孩审批或生育登记716人，二孩审批415人，再生育确认单审批12人。发放独生子女费468人2.81万元。发放独生子女父母年老时一次性奖励费604

人60.4万元。贯彻“全面两孩”政策，举办以“生育关怀，创建幸福家庭”为主题的白纸坊街道第六届家庭人口文化节，街道征集家庭DV作品和摄影作品，宣传“全面两孩”政策。深入开展“婚育新风进万家”活动，引导80对育龄夫妇进行免费孕前优生检查，为地区育龄人群派送计生药具200箱，实现服务“零距离”。举办京剧、昆曲、“古代诗词歌曲”等系列艺术进社区活动，引进西城区非遗项目，举办京派剪纸、兔爷制作、传统药香、护国寺小吃制作等活动，组织冬令营、夏令营、环保、科技、科普、体育项目比赛。聘请非遗传承人指导白纸坊太狮、挎鼓表演，参加西城区千人徒步大会开幕式演出，宣传地区文化，促进非物质文化遗产的传承保护。定期开办11类市民教育课程，审核办理82名非京籍小学入学材料、210名重症精神病患者监护人补助金申请，办理子女关系证明18件。

（金如意　姜耀琨）

【民生保障】　年内，发放低保金、临时救助、医疗救助涉及人员1200余人800余万元；走访慰问困难群体、社会救助对象累计慰问人员3200余人次230万元；给予独生子女意外伤残、死亡其父母一次性经济帮助19人9.5万元；发放217户失独家庭慰问金8.13万元；发放地区军工、地退人员、优抚对象、原民政对象、城市孤儿、城市特困人员工资（生活补贴）及药费报销200余人500万元。完善居家养老服务体系，成立老龄工作领导小组，同10家服务商签订合作框架协议，为地区老人提供各项居家养老上门服务。开展“走百户、送爱心”活动，为辖区空巢、孤寡、失能老人安装烟感火灾报警器355个，发放失能老人免费洗衣券170名，4次上门评估失能老人296名。打造“中央厨房＋配餐、送餐、助餐”模式的老年营养餐桌，依托街道宁心园养老照料中心在地区设立3个分餐点，为地区老年人提供营养餐，为有需求的孤寡老人提供免费送餐服务。街道年内有在册残疾人3362人，新申请办理268人。发放残疾人各种生活补贴102.5万元，为479名享受助残券的残疾人发放助残费47.9万元，1146名残疾人发放护理补贴22.2万元，23名残疾人办理个体就业社会保险补贴2.2万元。走访701户残疾家庭，发放慰问金25.1万元。与地区用工单位联系，建立白纸坊街道企业联盟，及时更新就业信息，帮助失业人员再就业。落实各项服务保障工作，办理60名失业人员的退休手续，为351名新增退休人员办理医疗保险手续；办理失业登记人员908人，就业登记896人。登记受理公租房和三房轮候家庭申请220户，办理租金补贴17户，各类家庭情况终止、变更101件。沟通解决特困家庭3户，完成签约“市场租房补贴”申请140户。

（金如意　姜耀琨）

【社会治安综合治理】　年内，完成“两节”“十一”、全国“两会”“G 20”领导人峰会等节假期和重大活动期间的维稳和安保工作，发动地区志愿者9万余人次，保障地区安全稳定。配合公安部门，开展马航MH370失联人员家属稳控工作。利用科技手段，提高社区物技防能力，为可防性案件多发小区安装监控系统、楼宇对讲及1800余米防爬刺。联合燃气公司专业人员为辖区内18个社区228户居民家庭更换过期使用的软管，95户居民更换减压阀门。落实安责险工作，组织召开网吧、餐饮、宾馆酒店等多行业洽谈会议20余次，签约225家单位16.57万元。检查企业7300家次，发现隐患1860处，整改隐患1797处。检查重点防火单位1066家次，发现火灾隐患356处，督促整改356处，下发责令改正通知书15家，依法临时查封单位5家，“三停”1家，罚款13.5万元，拘留3人。加强地下空间安全管理，清理住人地下空间11处。开展各类消防宣传活动70余次，发放逃生应急包及灭火器1800户。利用“6·26”国际禁毒日、党员活动日等活动开展禁毒工作，发放禁毒宣传资料3000多份，悬挂条幅18条，张贴标语30份。疏解人口4500人。

（金如意　姜耀琨）

【精神文明建设】　年内，发挥地区52块精神文明建设宣传栏、围墙围挡、LED电子显示屏、社区橱窗、社区报等的宣传阵地作用，编印《白纸坊》19期，累计发放量15万余份，借助新媒体传播优势，做好国家政策、街道举措、民生现实、先进典型的宣传报道。加强未成年人思想道德建设。围绕春节、元宵节、清明节、中秋节、重阳节等传统节日，开展“我们的节日”“网上祭英烈”等主题教育活动。探索政府购买社会服务工作新模式，与曙康社会工作事务所签订合作协议，通过“窗帘约定”的形式，开展“坊间守望”为老志愿服务系列活动。以建功北里、建功南里社区为试点，挖掘11对22户邻里互助志愿服务家庭，定期开展为老服务活动，通过中央电视台、北京电视台、《北京日报》等各大媒体进行专题报道，扩大活动影响力。围绕家风建设、邻里互助、坊间守望志愿服务，挖掘3年撰录10万字《文史摘要》的88岁老人马世英，58年相濡以沫的好邻居宋淑珍和高显荣，25年温暖守望的“老闺蜜”李铭芳、李惠玉老人的感人故事，弘扬邻里互助互爱精神，传播社会“正能量”。发挥地区文明单位力量，组建“首都网络文明传播志愿者”30人，通过新浪微博、腾讯微博和其他微博等网络途径转发、评论6183条，留言1244条，发表博文1104篇。

（金如意　姜耀琨）

【双拥共建】　年内，坚持街道工委会议军会制度，健全完善街道双拥工作领导机构，把双拥工作纳入地区经济发展和社区建设总体规划。定期召开双拥工作研讨会，研究制定白纸坊地区双拥工作计划，搭建社区、辖区重点企事业单位与辖区部队共建大平台，鼓励各社区开展双拥共建活动。在“两节”和“八一”期间，街道领导班子走访慰问共建部队，为清河监狱管理局、中国人民武装警察部队等6支驻街部队送去节日慰问金25万余元。组织18

个社区开展“学雷锋”“消夏之夜”“中秋团圆”等双拥共建活动。

（金如意　姜耀琨）

【棚改工作】　年内，街道推动占地面积约29.2万平方米，涉及居民5548户的光源里、菜园街及枣林南里棚户区改造项目启动实施。2月28日，2处棚改项目签约正式开始，当日签约率超过75%。抽调街道干部、社区干部150余人参与棚改，确保每一个征收小组有干部在一线面对面做群众工作，确保征收工作人员进得了门、谈得了话，动员居民早签约、早选房、早搬家。集中整治“七小”和“拆违”促进棚改征收。街道牵头负责创建“一会两站”，形成“一委一会四站”的工作机制，一委即临时党委，将党的支部建在一线；一会即居民代表委员会，四站即居民接待站、人民调解站、法律服务站和公证服务站。召开居民代表委员会60余次，居民接待站接待居民1500余人次，人民调解站接待居民235户、做出调解14户。组建由社区居民代表、办事处代表、棚改片区人大代表和政协委员组成的居民代表委员会，全程参与征收补偿政策等涉及居民切身利益的事项，由居民代表委员会讨论，听取意见，并监督政策的执行，保证征收全过程的公开、阳光、透明，深受征收居民的支持和信任，实现改善民生、加强居民自治、发扬基层民主和增强政府公信力四者的有机统一。成立由参与棚改工作的优秀机关干部、社区工作者、辖区居民等8人组成的宣讲团队，在辖区开展“棚改的故事”百姓宣讲活动。棚改签约5432户，签约率98%。

（金如意　姜耀琨）

广安门外街道

【概况】　广安门外街道（简称广外街道）位于西城区西南部，东以西护城河为界；西沿马连道北路、湾子街至太平里，与丰台为邻；南起广安门南滨河路向西沿鸭子桥、广安门火车站专用线莲花河故道与太平里相接，亦与丰台区相连；北以北京西客站、莲花池东路为界，与海淀区毗连。有2条过境河流，莲花河由西向南斜穿地区中央，境内流长2570米；西护城河从地区东侧流过，境内流长2640米。辖区面积5.49平方公里，30个社区居委会，20个业主委员会。根据第六次人口普查数据，常住人口179536人。年内，街道新生儿登记1415人，统计殡葬死亡人数852人。辖区法人单位7069个，中央单位97个，其他6972个。学校13所，幼儿园8所，公办养老服务机构2所，医院1所，社区卫生服务站5个。街道设29个职能科室，3个事业单位，机关行政、事业人员180人。年街道财政拨款收入24597.79万元，财政支出24378.30万元。

地址：西城区广安门车站西街17号11号楼

邮编：100055

电话：63318286

（雷　玥）

【城市管理】　年内，广外街道完成鸭子桥北里等13栋老楼抗震加固和车西17号院等11个老旧小区综合整治工程，推进手帕口南街、马中里33号等4栋简易楼腾退工作。配合做好手帕口“平改立”、地铁16号线（广外段）等市政重点工程；开展马连道和马连道南街道路大修，启动马连道东3号路、红居北街东段等7条道路拓宽工程征收工作。结合莲花河滨水绿道二期改造，新增绿化面积5864.62平方米。开展“拆违、灭脏、清障、治污、治乱、撤市、缓堵”七大战役和“城市病”治理工作。先后拆除马连道胡同、广外大街371号楼北侧平房等违法建设422处9523平方米，拆违处数、面积均居全区第一；根治“开墙打洞”118处；拆除私装地桩地锁1011处；查处燃煤点200余处，收缴煤炉420个；清除占道亭子11个；取缔历史遗留水果摊3个、洗车点2个；清理僵尸车38辆，遗弃三轮车、自行车万余辆，拔除主要道路废弃的电线杆65根，街区环境秩序得到整体提升。统筹使用广源小区南区、首特钢9号地、天虹商场北侧等闲置边角地和拆违空地万余平方米，规划4000余个停车位、5处健身器材场地，新建、翻修自行车棚12个。

（雷　玥）

【社区建设】　年内，修订“五星级和谐社区”创建标准，促进社区规范化建设。依托街道全响应信息指挥平台，调整137个网格，完善“处级领导包片、科室包社区、干部包网格”机制，深化“访听解”工作。处理市非紧急救助事项2721条，收集民情日志56663条，答复便民电话和微信在线咨询问题1997条，居民群众诉求基本得到解决。完善“一委多居”“一站多居”社区综合受理、预约办理和延时工作等机制，贯通服务群众的“最后一公里”。依法依规开展“两代表一委员”换届选举工作。推广红居街“五位一体、四维协同”民主协商典型经验，引导居民群众通过社区代表大会、恳谈会、议事协商会、“提升城市品质共建美丽西城”大讨论等方式，凝聚共识，汇聚力量，自行制定、遵守民规公约，自觉参与、管理三义里、小红庙等老旧小区公共事务，自发清理、制止私搭乱建、乱堆乱倒等不文明行为，实现基层治理多元共治、良性互动。

（雷　玥）

【社会保障】　年内，结合开展疏解非首都功能工作，解决好失业人员再就业问题，通过开展专题招聘会、创业就业微论坛等活动，实现821名特困人员再就业。坚持“保基本、补短板、兜底线”，不断完善社会保障服务体系，发挥残联、红十字会、社会福利慈善组织作用，加大对重点群体、困难人员帮扶力度，发放低保金1149万元；走访慰问4121户家庭和共建部队，发放慰问金239万元。健全“救急难”工作机制，实施临时救助247户次44万元、医疗救助1998人次193万元。受理各类保障性住房来电来访5000余人次，370户家庭通过公开摇号、领取租金补贴的方式，享受到住房保障政策，居住条件得到改善。贯彻“简政放权、放管结合、优化服务”部署要求，试点开展清理基层证明工作，简化为民办事服务事项及流程。在红山世家、中新佳园、红居街等社区增开直供直销便利店和便民流动菜车，通过增加生活服务业网点等方式，扩大“一刻钟社区服务圈”覆盖范围及服务内容，为居民日常生活提供便捷服务。完善“1＋6＋30”养老服务体系建设，支持红枫盈公司创办马连道中街养老驿站，深化“医养结合”模式，提升为老服务水平。落实二孩以内生育登记政策，开展“新家庭计划”“关爱流动人口”等活动，做好计划生育服务管理工作。

（雷　玥）

【社会治安综合治理】　年内，紧扣疏解非首都功能、调控人口任务，继续强化以业控人、以房管人、以证管人，采取“建、摸、治、控”四步工作法（即：建章立制、摸清底数、分类治理、长效管控），持续对流动人口聚集、环境秩序负面效应突出、存在较大安全隐患的荣丰小区地下空间等问题点位，开展综合整治。通过各类整治疏解14123人，流动人口无序过快增长的势头基本得到遏制。流动人员适龄儿童入学审核通过323人，同比减少50人。以深化“平安广外”建设为抓手，注重物技防和群防群治工作，完成全国“两会”、党的十八届六中全会等重大活动维稳安保任务。做好信访事项、民事矛盾、物业与业委会纠纷等排查化解工作，完善重大决策信访风险评估机制，坚持处级领导接访、包案制度，接待处理群众信访317件3200余人次，司法调处民事矛盾380件，物业指导行政行为300余次。坚持“大综治、大维稳、大管控”工作理念，建立、健全“1＋N＋X”工作体系，发挥街道综治委统筹协调、指挥调度、资源整合作用，组织公安、消防、工商、食药等执法力量，对4800余家生产经营单位开展安全监管，结合6至8月易发生安全事故的特点，对施工工地、人员密集场所等存在较大安全隐患的点位，开展“百日”综合整治专项行动，从源头上消除各类安全隐患500余项。注重地区安全防火工作，30个社区全部建立微型消防站、配备微型消防车，定期组织居民群众应急培训、演练，提高安全意识和自救能力。

（雷　玥）

【精神文明建设】　年内，开展纪念建党95周年、“我们的价值观”百姓宣讲、“社区周末大讲堂”、京津冀体育健身节、“社区之韵”艺术节、“国学知识竞赛”“趣味运动会”“品民俗、过大年”等系列活动，创建“书香广外”APP、“掌上图书馆”，丰富居民群众业余文化生活，市民整体素质和文明素养明显提升。开展双拥共建活动，军民情谊更加浓厚。

（雷　玥）

【功能街区建设】　年内，对接京津冀协同发展规划纲要、市区“十三五”规划，结合“疏非控人”、空间优化、产业提升等目标任务，配合马连道指挥部完成广外地区“一总三分”规划编制工作，为区域发展奠定基础。推进马连道街区政务服务、导游导览和茶文化体验展示“三个中心”建设工作。依托“两展一会”“马连道中国茶叶第一街”官方微信等载体，加大宣传力度，提升“马连道·中国茶”品牌影响力。着力促进满堂香等茶企向茶文化创意产业领域拓展，实现茶特色经济转型升级。坚持以服务促发展，开展领导班子成员联系企业“大走访”活动，及时了解掌握一商、天虹等重点企业经营发展状况，有针对性地做好服务保障工作。注重做好护税工作，基本实现在存量中求增量。

（雷　玥）

【党的建设】　年内，以开展“两学一做”学习教育为统揽，街道工委组织所属31个党委、228个党支部，采取配发党章、党徽和学习记录本、讲专题党课、开办“红莲讲堂”、集体参观展览、学习体会交流、线上“微党建”互动等方式，按计划有步骤地开展学习教育活动。以机关党组织打造“机关攻坚先锋”、社区党组织打造“社区服务先锋”、非公有制企业党组织打造“企业发展先锋”为载体，开展“红莲先锋”工程，党组织战斗堡垒和党员模范带头作用得到充分展现。用足用好基层党组织服务群众经费，设立和提供87个服务项目711万元专项资金，解决社区内宣传栏破损、缺乏休闲公共设施等一批居民群众反映强烈的问题。以推行“五全工作法”（即组织全覆盖、民情全掌握、教育全方位、活动全参与、评议全公开）为抓手，加快马连道党群服务中心升级改造和党建APP研发建设，有效整合党建、工青妇、统战、双拥等社会服务资源，实现区域化“党建＋”全覆盖。加强街道领导班子政治理论武装，贯彻执行民主集中制，改进完善工委会、主任办公会等议事规则和决策程序，提高科学决策水平。坚持分工负责、相互配合，班子成员形成团结一心干事业，齐心协力抓工作的氛围。强化机关、事业单位和社区“两委”干部队伍建设，通过委托党校举办科长培训班、组织拓展训练、“红莲小组”学习讨论、干部社工轮岗交流等方式，全面实施“干部素质提升”工程，提高机关干部、社区工作者的政治素养和综合履职能力。

坚持对干部严管厚爱，在严格执行各项制度、从严管理干部的基础上，制定《关心关爱干部制度》，健全谈心谈话、慰问帮扶、表彰奖励、职务与职级并行等关爱激励机制，激发干部干事创业活力。落实党委主体责任、纪委监督责任和领导干部“一岗双责”，逐一签订责任书，制定责任清单，实施全程纪实监督、“分级警示”，夯实党风廉政建设基础工作。修订完善《中小工程建设管理办法》，加大对重点领域监督检查力度，提升廉政风险防控体系水平。学习贯彻廉洁自律准则和纪律处分条例，开展党风廉政宣传教育活动，“端午”“中秋”等重点节假日前夕向机关、社区干部发送廉洁提醒短信。强化外部监督，聘请党风政风监督员，督办政风行风热线47件，如期办结。

（雷　玥）

（责任编辑　孙凤霞）

人　物

领导干部

中国共产党北京市西城区第十二届委员会

书　记　卢映川
副书记　王少峰　马新民
常　委　孙仕柱　王　旭　孙　硕
　　　　王　鹏　陈　宁（女）
　　　　姜立光　吴向阳

北京市西城区第十六届人民代表大会常务委员会

主　任　杜灵欣
副主任　杜黎彬（回族）沙秀华（女，回族）
　　　　李会增　田巨德
　　　　张宗禹　王建华　张礼斌
委　员（按姓名笔画为序）
　　　　王玉甫　王志忠　皮　强
　　　　朱建岳　朱　博　刘立新
　　　　刘海涛　安亚荣（女）许云杰
　　　　孙晓临（女）孙　静（女）
　　　　牟善刚　杨维民　张小来
　　　　张晓阳　陈子云（女）陈玉芳（女）
　　　　陈金富　陈雅欣（女）陈　燕（女）
　　　　周卫青（女）郑　实　赵建敏
　　　　赵谊江　胡召海　钟祖荣
　　　　贾中华　翁乃彤（女）郭启兴
　　　　曹立宏　曹学义　曹淑琴（女）
　　　　蒋远菲　韩星桥　演　觉
　　　　穆　静（女，回族）　魏建明

北京市西城区人民政府

区　长　王少峰
副区长　孙　硕　姜立光　张　明
　　　　司马红（女）朱国栋　李　异
　　　　郁　治（女）徐　利

中国人民政治协商会议北京市西城区第十四届委员会

主　席　章冬梅（女）
副主席　程　军　姜兆春　李建国
　　　　荣　洋　刘学增　张培彤
秘书长　王申恒
常　委（按姓名笔画为序）
　　　　马寅生　马　震　王广发
　　　　王明明（女）王晓敏（女）王景兰（女）
　　　　甘力鹰（女）付建新　白　洁（女）
　　　　向公伟　庄文静（女）刘井坤
　　　　刘世春　刘　冰（女）刘克杰
　　　　刘昊扬　刘学俊　刘春春（女）
　　　　刘爱中（女）关振鹏　安少雄
　　　　纪　丽（女）杜凤英（女）李文义
　　　　李占文　李庆保　李征帆
　　　　李海潮　李　硕　李　新（女，民盟）
　　　　杨　秋（女）吴　江（女）吴丽光（女）
　　　　吴　洁（女）何悦明　何焕平
　　　　何绪明　宋甲乐　宋　坪（女）
　　　　张新华　陈光宪　林　耀
　　　　孟至岭　赵友新　赵芙蓉（女）
　　　　赵　玲（女）赵娇阳（女）赵蓬欣
　　　　柳　林　施　宏　贾旭辉
　　　　晏　畅　高　忻　郭君瑛（女）
　　　　陶水龙　常卫国　章树德
　　　　程文光　曾小丹（女）曾昭日
　　　　谢苗荣　靳　真（女）褚海燕（女）

樊茂云（女） 戴卫红（女）魏建新（女）

中共北京市西城区 第十二届纪律检查委员会

书 记 王 鹏
副书记 田 迪（女） 段辉建 向 前（土家族）
常 委 王 鹏 田 迪（女）段辉建
向 前（土家族）于新旭 李海霞
焦 伟 侯 逾 郝 明

中共北京市西城区委员会 工作机构主要负责人

办公室主任 孙 硕（12月免）
吴向阳（12月任）
常务副主任 程瑞琦（3月免）
郭海龙（7月任）
组织部部长 章冬梅（女，12月免）
孙仕柱（12月任）
常务副部长 王建华
宣传部部长 王都伟（10月免）
陈 宁（女，10月任）
常务副部长 靳 真（女）
政法委员会书记 王力军（11月免）
王 旭（12月任）
常务副书记 张小来（8月免）
副书记 张晓月 钟显林 王 静
精神文明建设委员会办公室
主任 谢 静（女，9月免）
王希福（9月任）
统战部部长 程 军（12月免）
王 旭（12月任）
常务副部长 刘 琪
台湾工作办公室（区台湾事务办公室）
主任 赵 玲（女，满族，9月任）
研究室主任 庞成立
老干部局局长 王晓谦（女）
保密委员会办公室主任（区国家保密局局长）
常卫国（7月免）
吕燕裙（女，7月任）
区直机关工委书记 孙 硕（12月免）
吴向阳（12月任）
常务副书记 赵 丽（女，7月免）
宁 梅（7月任）
社会工作委员会书记 艾 丽（女，满族，9月免）
马红萍（女，回族，9月任）
党校校长 章冬梅（女，12月免）
马新明（彝族，12月任）
常务副校长 闫建国（9月免）
王 毅（9月任）
党史工作办公室（地方志编纂委员会办公室）
主任 吕燕裙（女，7月免）
朱静伟（7月任）
社会治安综合治理委员会办公室
主任 王 静
维护稳定工作领导小组办公室
主任 张小来（8月免）
张晓月（8月任）
流动人口和出租房屋管理委员会办公室
主任 王 静
处理法轮功问题领导小组办公室（区政府防范和处理邪教问题办公室）
主任 李 鲁
机构编制委员会办公室
主任 郁 治（女）
常务副主任 关山红（女，满族）
新闻中心主任 马 晨（回族）
区委巡视组二组组长 岳永梅（女）

北京市西城区第十六届人大常委会 工作机构主要负责人

办公室主任 曹立宏
研究室主任 许云杰
代表联络室主任 孙 静（女）
法制委员会办公室主任 张小来
财政经济委员会办公室主任 郭启兴
预算委员会办公室主任 陈 燕
教科文卫体委员会办公室主任 韩星桥
城建环保委员会办公室主任 杨维民

北京市西城区人民政府 工作机构主要负责人

办公室
党组书记、主任 李征帆（3月免）
徐 利（3月任）
发展和改革委员会
党组书记 王战荣（9月免）
主任 许晓红（女）
科信委
党组书记 刘化杰
主任 杨 秋（女）
监察局局长 田 迪（女）
财政局党组书记、局长 张宗禹

人力资源和社会保障局
　　党组书记　彭随心
　　局长　郁　治（女）
住房和城市建设委员会
　　党组书记　何焕平（5月免）
　　　　曾加顺（7月任）
　　主任　王乐斌
市政市容管理委员会
　　党组书记　宋甲乐
　　主任　刘成东
民政局
　　党组书记、局长　张中喜
审计局
　　党组书记、局长　佟丽萍（女）
金融服务办公室
　　党组书记、主任　聂杰英（女）
环境保护局
　　党组书记、局长　章　卫
统计局
　　党组书记　朱显国（3月免）
　　　　台　峰（3月任）
　　局长　刘爱中（女）
外事侨务办公室
　　党组书记、主任　马　东（11月免）
信访办公室
　　党组书记　邢印良
　　主任　杨维民（7月免）
　　　　张宝生（7月任）
民族宗教事务办公室
　　党组书记　周兴运
　　主任　韩俊田
法制办公室
　　党组书记、主任　李　程（女）
民防局（地震局）
　　党组书记　王连杰（7月免）
　　　　李向东（7月任）
　　局长　赵友新
安全生产监督管理局
　　党组书记　李连防
　　局长　李　华
商务委员会
　　党组书记　王　毅（9月免）
　　主任　袁　利（女）
国有资产管理委员会
　　党委书记　程瑞琦（3月任，7月免）
　　　　皮　强（7月任）
　　主任　牛明奇（7月免）
　　　　程瑞琦（7月任）
城管监督执法局
　　党委书记　曾加顺（7月免）
　　　　柴丽敏（7月任）
　　局长　海　峰（回族）
行政投诉中心主任　周剑梁（10月免）
　　　　段辉建（10月任）
社会办主任　艾　丽（女，满族，9月免）
　　　　马红萍（女，回族，9月任）
档案局
　　党组书记、局长　李茂福
园林绿化局
　　党组书记　王学海
　　局长　高俊宏
园林市政管理中心
　　党委书记　肖福来
　　主任　高俊宏
环境卫生服务中心
　　党委书记　姚尚贵
　　主任　孙纪明（3月免）
　　　　周兴新（3月任）
机关事务服务中心
　　党组书记　张宇山
　　主任　胡永顺
房屋土地经营管理中心
　　党委书记　于燕萍
　　主任　郭　月
城市管理监督指挥中心
　　党组书记、主任　陈国红
产业发展促进局
　　党组书记、局长　张　东（7月免）
　　　　岑运东（9月任）
对外联络服务办公室
　　党组书记、主任　宫　浩（7月免）
　　　　赵　丽（女，7月任）
西直门综合交通枢纽地区管理委员会
　　党组书记　刘春伟
　　常务副主任　刘春伟（7月免）
　　　　王连杰（7月任）
综合行政服务中心
　　党组书记、主任　李　薇（女）
西城园
　　工委书记　陈　宁（女，5月免）
　　管委会主任　陈　宁（女，5月免）
　　　　司马红（女，12月任）
　　常务副主任　缪剑虹
政府投资项目建设中心
　　主任　许晓红（女）
发展服务中心
　　主任　张　东（7月免）
　　　　岑运东（9月任）
房管局
　　党组书记　张新华（7月免）

局长　谭玉梅（女）
房屋征收中心
主任　万长宏
规划西城分局
党组书记、局长　倪　锋
工商西城分局
党组书记、局长　赵　斌
质量技术监督局
党组书记、局长　张占芳
食品药品监督管理局
党组书记、局长　闫学会
烟草专卖局
党组书记、局长　孟庆伟
地税局
党组书记　张亚平
局长　施　宏
国税局
党组书记、局长　王忠新

政协西城区委员会工作机构主要负责人

秘书长　孙广俊（9月免）
王申恒（9月任）
办公室主任　黄　庆（8月免）
贾旭辉（8月任）
研究室主任　鹿　陈（7月免）
刘春春（7月任）
专委会工作一室主任　韩世和（3月免）
李征帆（3月任）
专委会工作二室主任　白　洁（女）
专委会工作三室主任　晏　畅
专委会工作四室主任　李占文
专委会工作五室主任　李洪祥（7月免）
王申恒（7月任，9月免）
何绪明（10月任）
专委会工作六室主任　李英哲（7月免）
常卫国（7月任）

西城区政法、军事系统主要负责人

西城公安分局
党委书记、局长　张　明
政委　张　毅
人民检察院
党组书记、检察长　董常青（女）
人民法院
党组书记、院长　蔡慧永
司法局党组书记　袁世良
局长　李　铁
人民武装部部长　蔺　伟
政委　李书兵
西城消防支队支队长　吴清松
政委　刘宪文
西城交通支队支队长　黄希章（3月免）
刘保君（3月任）
政委　姜金辉
武警六支队支队长　梁黔生
政委　甘　勇（11月免）
樊良柱（11月任）
武警七支队支队长　岳敬军
政委　孙怀轩

西城区各民主党派、工商联负责人

中国国民党革命委员会北京市西城区委员会
主任委员　王　红（女）
中国民主同盟北京市西城区委员会
主任委员　钟祖荣
中国民主建国会北京市西城区委员会
主任委员　李建国
中国民主促进会北京市西城区委员会
主任委员　张礼斌
中国农工民主党北京市西城区委员会
主任委员　张培彤
中国致公党北京市西城区委员会
主任委员　刘学增
九三学社北京市西城区委员会
主任委员　杨月欣（女，6月免）
郑　实（6月任）
台湾民主自治同盟北京市西城区委员会
主任委员　邱　琦（女，6月免）
陈子云（女，6月任）
区工商联
主席、区商会会长　李　岩（11月免）
司马红（女，11月任）
党组书记、副主席、
区商会副会长　曹学义（驻会，5月免）
郭君瑛（驻会，女，5月任）

西城区群众团体主要负责人

总工会
党组书记　马小鹏（2月免）
李会增（2月任）
主席　马小鹏（1月免）
李会增（1月任）
团区委
党组书记　史　锋（4月免）

书记 李健希（4月任）
史 锋（4月免）
李健希（6月任）

妇女联合会

党组书记、主席 李高霞（女）

归国华侨联合会

党组书记、主席 安亚荣（女）

科学技术协会

党组书记、常务副主席 戴卫红（女）

文学艺术界联合会

党组书记 汪帮宏
常务副主席 杨海森（9月免）
张云裳（女，9月任）

社会科学界联合会

党组书记、常务副主席 郭启兴（7月免）
张新华（7月任）

残疾人联合会

党组书记 刘少华
理事长 孙晓临（女）

红十字会

党组书记、常务副会长 王志东

西城区街道工委、办事处主要负责人

德胜街道工委书记 马红萍（女，回族，9月免）
孙广俊（9月任）
办事处主任 岳 立

什刹海街道工委书记 徐 利（3月免）
王效农（3月任）
办事处主任 陈 新（7月免）
毕军东（7月任）

西长安街街道工委书记 李会增（2月免）
田巨德（3月任）
办事处主任 张 丁（3月免）
桑硼飞（4月任）

大栅栏街道工委书记 田 静（女，哈尼族，3月免）
王志忠（3月任）
办事处主任 王志忠（3月免）
苏 昊（4月任）

天桥街道工委书记 王申恒（7月免）
陈 新（7月任）
办事处主任 高 翔

新街口街道工委书记 陈振海
办事处主任 王 丹（女，9月免）
刘 倩（女，回族，9月任）

金融街街道工委书记 徐 斌
办事处主任 彭秀颖（女，7月免）
宫 浩（7月任）

椿树街道工委书记 马光明（3月免）
高兴春（3月任）
办事处主任 黄立新（9月免）
张 辉（9月任）

陶然亭街道工委书记 王效农（3月免）
张 丁（3月任）
办事处主任 王立华（9月免）
谢 静（女，9月任）

展览路街道工委书记 皮 强（7月免）
魏建明（7月任）
办事处主任 魏建明（7月免）
吴立军（7月任）

月坛街道工委书记 王 奇
办事处主任 孟红伟（女）

广安门内街道工委书记 李剑波（7月免）
彭秀颖（7月任）
办事处主任 高兴春（3月免）
史 锋（4月任）

牛街街道工委书记 王其志（3月任）
办事处主任 李丽京（女，回族）

白纸坊街道工委书记 田巨德（3月免）
马光明（3月任）
办事处主任 周 沫（2月任）

广安门外街道工委书记 王其志（3月免）
田 静（女，哈尼族，3月任）
办事处主任 刘振华

“6+2”机构主要负责人

金融街建设指挥部

总指挥 王少峰（3月免）
李 岩（满族，3月任，9月免）
姜立光（12月任）
党组书记 左继元
常务副总指挥 左继元

天桥演艺区建设指挥部

总指挥 王 旭（5月任，12月免）
徐 利（12月任）
党组书记 王申恒（7月免）
陈 新（7月任）
常务副总指挥 安朝晖（女）

大栅栏琉璃厂建设指挥部

总指挥 李 岩（满族，9月免）
朱国栋（12月任）
党组书记 王志忠
常务副总指挥 王志忠（3月免）
张玉魁（4月任）

什刹海阜景街建设指挥部

总指挥 姜立光（12月免）
徐 利（12月任）
党组书记 徐 利（3月免）
王效农（3月任）

常务副总指挥　　徐　利（3月免）
区重大项目建设指挥部
办公室主任　　李　岩（满族，9月免）
　　姜立光（12月任）
党组书记　　王乐斌
常务副主任　　王乐斌
区城市环境建设委员会
党组书记　　宋甲乐
常务副主任　　刘成东
马连道建设指挥部
总指挥　　王　旭（12月免）
　　李　异（12月任）
党组书记　　王其志
常务副总指挥　　李　婕（女，7月免）
　　张　东（7月任）
北展地区建设指挥部
总指挥　　孙　硕
党组书记　　皮　强（7月免）
　　魏建明（7月任）
常务副总指挥　　何立民

西城区文教卫体系统主要负责人

教育工作委员会书记　韩星桥（9月免）
教育委员会主任　　丁大伟
教育督导室主任　　牟东棋（3月免）
　　赵蓬欣（3月任）
区委卫生计生工委书记　李跃梅（女，5月免）
　　何焕平（5月任）
区卫生计生委主任　　安学军（满族）
文化委员会
党组书记　　张云裳（女，9月免）
主任　　孙劲松
旅游委
党组书记　　李敬方（5月免）
　　张　东（7月任）
主任　　刘　冀
体育局党组书记、局长　包　川
经科大暨社区学院
院长　　张建国
教育研修学院
院长　　马景林
北京市第四中学校长　刘长铭
党委书记　　沈桂芬（女）
北京市第八中学
党委书记、校长　王俊成
北京市第一六一中学
党委书记、校长　吴伟东（女）
首医大复兴医院
党委书记　　李东霞（女）
院长　　席修明（7月免）
　　李东霞（女，7月任）

西城区国资委系统企业主要负责人

北京金融街投资（集团）有限公司
党委书记　　王功伟（2015年12月免）
　　牛明奇（7月任）
董事长　　牛明奇（9月任）
总经理　　鞠　瑾（2015年12月免）
　　刘世春（9月任）
华远集团有限公司
党委书记　　于锦义
董事长、总经理　杜凤超
北京天恒置业集团
党委书记、董事长　刘海涛（10月任）
北京华方投资有限公司
董事长　　徐　军
总经理　　张志强
北京世纪金工投资有限公司
党委书记、董事长、总经理　　赵　钢
北京市金正资产投资经营公司
党支部书记、总经理　　张　涛
金源投资管理有限公司
党委书记　　郑全星
董事长　　时文生
总经理　　平国栋
金座投资管理有限公司
党委书记　　张山树
董事长　　薛国强
总经理　　袁瑞音
北京市金工投资管理公司
党委书记、董事长　朱志伟
总经理　　孙　昌
翔达投资管理有限公司
党委书记、董事长　孙雅娟（女）
总经理　　朱　斌
恒达宏业经贸有限公司
党总支书记　　常灵英（女）
董事长、总经理　李华昌
北京华天饮食集团公司
党委书记　　徐　军（10月免）
　　张　涛（10月任）
总经理　　徐　军（10月免）
　　贾飞跃（10月任）
北京金象复星医药股份有限公司
党委书记　　徐　军（11月免）
　　韩沙非（11月任）
董事长、总经理　徐　军
菜市口百货股份有限公司

党总支书记、董事长　赵志良
总经理　王春利（女）
北京国华商场有限责任公司
董事长　邹淑珍（女）
总经理　王　祎（女）
党支部书记　张　伟（女）
张一元茶叶有限责任公司
党支部书记、董事长　杨有成
总经理　霍文斌（女）
北京新月联合汽车有限公司
党委书记　唐保和
董事长　刘长青
总经理　刘长江
北京宣房投资管理公司
党委书记、董事长　任　伟
总经理　刘志刚
北京广安控股有限公司
党委书记、董事长　申献国
总经理　张晓阳
北京陶然建筑有限公司
党总支书记、董事长　林玉琇
北京鑫宣市政工程有限公司
党支部书记、董事长　张雁林
总经理　张雁林（12月免）
刘　毅（12月任）
北京昊都建筑工程有限责任公司
总经理　马荣华
北京房开置业股份有限公司
党支部书记　乔　茜（女）
董事长　梅国良
总经理　周　虹（女）
宣兴房地产开发股份有限公司
党总支书记、董事长、总经理　陈海鸥
北京京都文化投资管理公司
党委书记　杨　扬（9月免）
金　聆（9月任）
总经理　金　聆（10月免）
白丹石（10月任）
北京市大碗茶文化发展有限公司
党支部书记、总经理　尹智君（女）
大观园管理委员会
党总支书记　唐晓宾
主任　马俊潼

部分驻区单位主要负责人

北京金泰集团有限公司西城分公司
党委书记　董志华
总经理　秦有明
北京首商集团股份有限公司
董事长　傅跃红（女）
总经理　张跃进
北京王府井百货集团长安商场有限责任公司
总经理　于　娟（女，10月免）
张　林（10月任）
北京汉光百货有限责任公司
董事长　王小雨（女）
国家开发银行股份有限公司北京市分行
行长　徐　明
中国农业发展银行北京市分行
行长　蔡志斌
中国工商银行股份有限公司北京市分行
行长　王珍军
中国工商银行股份有限公司北京市分行营业部
总经理　汪旭升
中国工商银行股份有限公司北京长安支行
行长　卫　峥
中国工商银行股份有限公司北京新街口支行
行长　李　彤
中国工商银行股份有限公司北京南礼士路支行
行长　江　波
中国工商银行股份有限公司北京金融街支行
行长　于　青
中国工商银行股份有限公司北京地安门支行
行长　梅　霜
中国工商银行股份有限公司北京宣武支行
行长　张　渠
中国工商银行股份有限公司北京广安门支行
行长　贯鹏华
中国农业银行股份有限公司北京西城支行
行长　柴　援（女）
中国银行股份有限公司北京西城支行
行长　姜　明（6月免）
冯　京（女，6月任）
中国银行股份有限公司北京宣武支行
行长　张　丽（女）
中国建设银行股份有限公司北京西四支行
行长　林　麟
中国建设银行股份有限公司北京西单支行
行长　管　琳（女）
中国建设银行股份有限公司北京宣武支行
行长　王　荣（女）
交通银行股份有限公司北京市分行
行长　尹兆君（11月免）
郭　莽（11月任）
中信银行股份有限公司总行营业部
总经理　朱加麟
中国光大银行股份有限公司北京分行
行长　邱火发（5月免）
武　健（10月任）

华夏银行股份有限公司北京分行
　　行长　樊燕明（2015年3月免）
　　　　　杨　伟（2015年3月任）
招商银行股份有限公司北京分行
　　行长　王庆彬（10月免）
　　　　　汪建中（12月任）
中国民生银行股份有限公司北京分行
　　行长　马　琳
北京银行股份有限公司
　　董事长　闫冰竹
中国证券监督管理委员会北京监管局
　　局长　王建平
中国人民财产保险有限公司北京西城支公司
　　总经理　张　泽（女）
中国人民财产保险有限公司北京宣武支公司
　　党组书记、总经理　刘团聚（2月免）
　　　　　焦继学（3月任）
中国平安人寿保险股份有限公司北京分公司
　　总经理　徐敏彬
中国太平洋财产保险股份有限公司北京分公司
　　总经理　苏少军
中国太平洋人寿保险股份有限公司北京分公司
　　总经理　于　赟
北京华康欣和建筑工程有限责任公司
　　董事长　杨玉良
　　总经理　吴志刚
　　党委书记　吕玉民
北京市交通执法总队
　　党委书记　李晓勇
　　总队长　黄建军
北京市交通执法总队第二执法大队
　　大队长　王平海
北京市运输管理局西城管理处
　　处长　张永安
北京市地铁运营有限公司
　　党委书记、董事长　谢正光
　　总经理　张树人
北京北站
　　站长　张润田
北京市西城区邮电局
　　党委书记、局长　姚　军（3月免）
　　　　　徐　丛（3月任）
中国联合网络通信有限公司北京市分公司
　　党委书记、总经理　霍海峰
北京市燃气集团有限责任公司
　　党委书记　周　思
　　董事长　李雅兰（女）
　　总经理　支晓晔
北京市燃气集团有限责任公司第一分公司
　　党委书记、总经理　华　伟
国网北京市电力公司
　　党委书记　杨新法
　　总经理　李同智
北京市电力公司城区供电公司
　　总经理　孙兴泉
北京市自来水集团有限责任公司
　　党委书记、董事长　刘锁祥
　　总经理　高踪阳
北京市自来水集团禹通市政工程有限公司
　　党委书记、董事长　何俊山（1月免）
　　　　　郑少博（1月任）
　　总经理　郑少博（1月免）
　　　　　张春海（1月任）

国家级先进集体及先进个人

先进集体

全国先进基层党组织
　　中共北京市西城区委西长安街街道工委

省部级先进集体及先进个人

先进集体

全国老干部工作先进集体
　　国网北京市电力公司
全国双拥模范城
　　北京市西城区
全国工人先锋号
　　北京大栅栏投资有限责任公司杨梅竹项目组
　　北京市西城区人民检察院未成年人案件检察处
全国安康杯竞赛优胜单位
　　北京金源投资管理有限公司
　　国网北京市电力公司
全国“安康杯”竞赛优胜班组

西单商场安全保卫部治安消防组
中华全国总工会 2015 年度市级工会财务工作先进单位
北京市自来水集团有限责任公司工会
全国青年五四奖章
北京市西城公安分局府右街派出所青年突击队
第 11 届中国青年志愿者优秀项目奖
北京市西城区大栅栏街道办事处志愿服务总队
全国残疾人工作先进单位
北京市西城区人民政府残疾人工作委员会
全国创建无障碍环境示范区
北京市西城区无障碍办公室
最高人民检察院宣传先进单位
北京市西城区人民检察院
全国模范司法所
北京市西城区西长安街司法所
全国绿化先进集体
北京市西城区园林绿化局
全国绿化模范单位
北京市西城区万寿公园
第三届全国 119 消防奖先进单位
北京市西城区大栅栏街道办事处
全国 119 消防先进集体
北京市西城区大栅栏街道办事处
全国科协系统先进集体标兵
北京市西城区科学技术协会
全国计划生育协会先进单位
北京市西城区计划生育协会
全国老有所为先进典型人物
北京市西城区大栅栏街道石头社区助老服务队
北京市先进基层党组织
北京第二实验小学党委
北京市西城区牛街街道牛街西里二区社区党委
北京市回民医院党委
北京市人民满意的公务员集体
北京市西城区西长安街街道办事处
北京市人民满意的政法单位
北京市西城区人民检察院反贪污贿赂局
2011–2015 年北京市法治宣传教育先进集体
北京市西城区新街口街道办事处
北京市西城区月坛街道办事处
北京市老干部工作先进集体
北京市西城区委老干部局
北京市西城区企业离休干部管理服务中心
北京市信访工作先进集体
北京市西城区金融街街道办事处信访办
首都劳动奖状
北京市公安局西城分局
北京市工商局西城分局
北京华融金盈投资发展有限公司
北京市工人先锋号
北京自动化控制设备厂康华伟业孵化器企业发展部
聚德华天控股有限公司北京护国寺小吃店生产组
北京小学艺术教研组
中合中小企业融资担保股份有限公司办公室
西城区陶然亭街道龙泉社区居委会
西城区房屋土地经营管理中心供暖管理所运行一部
北京市“三八”红旗集体
北京市西城区民政局婚姻登记处
北京联通三区分公司樱桃园营业厅
北京市西城区妇幼保健院
北京市西城区大栅栏街道石头社区助老服务队
北京市五四红旗团委
国网北京市电力公司
2015 年度北京市五四红旗团总支
北京市自来水集团有限责任公司管网管理分公司团总支
2015 年度北京市五四红旗团支部
北京金泰颐寿轩敬老院团支部
北京市残疾人之家
北京市西城区陶然亭街道残疾人联合会
北京市西城区月坛街道温馨家园
北京市扶残助残先进集体
北京市西城区大栅栏街道办事处
2013–2015 年度北京市安全生产先进单位
北京市西城区德胜街道办事处
北京市西城区椿树街道办事处
北京市财政系统先进集体
北京市西城区财政局
北京市西城区金融街街道办事处财政科
北京市构建和谐劳动关系先进单位
北京世纪金工投资有限公司
北京市自来水集团有限责任公司第九水厂
北京市充分就业示范街道
北京市西城区什刹海街道
北京市西城区新街口街道
北京市西城区陶然亭街道
北京充分就业示范社区
北京市西城区大栅栏街道石头社区
北京人力资源和社会保障系统 2013–2015 年度优质服务窗口
北京市西城区什刹海街道办事处
北京市西城区广安门外街道社保所
北京市南水北调配套工程建设先进集体
北京市自来水集团禹通市政工程有限公司
北京市自来水集团有限责任公司水质监测中心
北京市自来水集团有限责任公司第三水厂
北京市自来水集团有限责任公司基建工程管理分公司
北京市 2013–2015 年度国土资源管理先进集体
北京市西城区土地利用事务中心
首都绿化美化先进单位

国网北京市电力公司
北京市西城区新街口街道办事处

首都全民义务植树先进单位

北京市西城区万寿公园

2013–2015 年度北京市语言文字工作先进集体

北京市西城区展览路街道办事处

北京市科协系统先进集体

北京市西城区科学技术协会

2016 年度北京市红十字系统先进集体

北京市西城区红十字会区直机关工作委员会

2014–2015 年度首都无偿献血先进集体

北京市西城区什刹海街道办事处
北京市西城区展览路街道办事处

北京市先进社区居民委员会

北京市西城区大栅栏街道大安澜营社区居委会
北京市西城区天桥街道禄长街社区居委会
北京市西城区月坛街道汽车局河北社区居委会
北京市西城区月坛街道汽车局河南社区居委会
北京市西城区广安门内街道核桃园社区居民委员会
北京市西城区广安门内街道西便门内社区居民委员会

先进个人

全国五一劳动奖章

王建生　齐越峰

全国金融五一劳动奖章

周　琳　魏　巍

全国“五一”巾帼标兵

朱金香

全国残疾人工作先进个人

崔秀英

全国基层理论宣讲先进个人

王世勇

首批全国检察机关调研骨干人才

彭智刚

全国法院先进个人

吕　江

全国绿化奖章

范孟周

全国计划生育协会先进个人

高宏彦

北京市优秀共产党员

张陶然　朱东燕　赵红英　韩　凌　高海洪

北京市优秀党务工作者

田　静　潘瑞凤　柴庆莲　曹　芳　尹智君
张　岩　张　艳

北京市老干部工作先进个人

赵社法　刘卫东　张　峥　张　艳

2013–2015 年度首都国家安全工作先进个人

任　星

第六届北京市“人民满意公务员”

经　萍　吴静梅

北京市信访工作先进个人

章魁林

首都劳动奖章

马建国　尹智君　田　丰　金　磊　唐铁宝
徐向东　周　兴　周维龙　经　萍　果　伟
张　秀　张　菁　张紫薇　陆　猛　陈胜龙
黄小东　常　菁　乔　新

北京市“三八”红旗奖章

王中帆　刘　丽　李　曦　李国荣　张　薇
陈丽平　赵红程　钱　磊　徐　晶　尹智君

北京市青年五四奖章

罗桂晨　吕植楠

北京市青年岗位能手

张　培　靳　倩

北京市优秀团干部

张晓燕

第五届“北京市残疾人自强模范”

曹　雁　朱轶琳

第五届“北京市扶残助残先进个人”

丁　婵　陈　哲　杨福莉

第五届“北京市优秀残疾人工作者”

梁　光

北京市民防系统先进个人

王克功

北京市构建和谐劳动关系先进个人

宋悦峰

北京市财政系统先进个人

赵　丽

2015 年度首都绿化美化先进个人

朱　骅　韦　琳　史自亮　申建东
刘海焦　张文武

2014–2015 年度首都无偿献血工作先进个人

刘　伟　毋娟娟　范文建

北京市社区居民委员会先进个人

王　琪　侯　彤　张　斌　陈凤娥　李志霞

2016 年北京市孝星

刘卫东　范文建　段　威

统计资料

说明：

1. 统计资料中“#”表示其中项。
2. “*”表示数据小于等于 2。
3. “—”表示数据不详或没有数据。
4. “…”表示因数据不足最小计算单位而省略。

行政区划与土地面积

表 1

地　　区	社区居委会（个）	辖区面积（平方公里）
全　　区	261	50.7
德胜街道	24	4.14
什刹海街道	25	5.8
西长安街街道	13	4.24
大栅栏街道	9	1.27
天桥街道	8	2.07
新街口街道	21	3.7
金融街街道	19	3.78
椿树街道	7	1.09
陶然亭街道	10	2.14
展览路街道	22	5.87
月坛街道	27	4.13
广安门内街道	18	2.43
牛街街道	10	1.44
白纸坊街道	18	3.11
广安门外街道	30	5.49

（资料来源：西城区民政局）

社会经济主要指标

表 2

项　　目	计量单位	2016 年	2015 年
人口			
常住人口	万人	125.9	129.8
年末户籍人口	万人	146.0	144.7
西城生产总值地区	亿元	3602.4	3340.6
第二产业	亿元	305.2	297.3

表2续1

项　　目	计量单位	2016年	2015年
第三产业	亿元	3297.1	3043.3
人均地区生产总值	美元/人	42420	41257
商业			
#社会消费品零售额	亿元	968.8	912.6
投资			
全社会固定资产投资总额（按项目建设地口径）	亿元	252.7	246.0
#房地产投资	亿元	58.9	109.9
财政			
公共财政预算收入	亿元	413.8	451.4
区级各项税收	亿元	376.7	415.7
公共财政预算支出	亿元	426.1	474.9
劳资			
城镇单位在岗职工	人	828434	800562
城镇单位人员全年劳动报酬、生活费	万元	160738799	15255751
城镇单位在岗职工工资总额	万元	14714814	14040605
城镇单位在岗职工年平均工资	元	182500	177494
西城园			
总收入	亿元	2686.9	2575.2
工业			
工业企业总产值(现价	亿元	1091.0	1067.9
建筑业			
建筑业总产值	亿元	646.6	584.1
人民生活			
居民人均可支配收入	元	71863	67492
居民人均消费性支出	元	45329	43595
恩格尔系数	%	20.7	20.7
居民消费价格指数（以上年同期价格为100的指数）	%	101.4	101.8
居民人均住房建筑面积	平方米	21.8	21.4
中央、市、区三级税收	亿元	4635.5	4631.2
国税税收收入	亿元	4079.3	3954.2
地税税收收入	亿元	556.3	676.8
基本单位情况			
法人单位数	个	45562	45019
产业活动单位数	个	10475	10374
企业基本情况			
从业人员	人	1199539	1138665
资产总额	亿元	1013346	895491
收入合计	亿元	21046.6	21797.9
对外经济贸易			
“三资”企业实际利用外资额	亿美元	5.0	5.1
城市建设及环境保护			

表 2 续 2

项　目	计量单位	2016 年	2015 年
城市绿化覆盖率	%	30.5	30.4
人均公园绿地面积	平方米 / 人	3.9	3.8
可吸入颗粒物（PM10)	微克 / 立方米	98.0	105.8
细颗粒物（PM2.5）年均浓度值	微克 / 立方米	78.0	83.0
降尘量	吨 / 平方公里・月	5.8	5.4
垃圾分类收集率	%	100	100
就业与社会保障			
城镇登记失业率	%	0.84	0.86
城镇登记失业人员就业率	%	64.80	65.46
养老保险基金征缴率	%	99.82	99.80
基本医疗保险基金征缴率	%	99.82	99.99
失业保险基金征缴率	%	99.80	99.80
工伤保险基金征缴率	%	99.74	99.66
民政			
抚恤、补助优抚对象人数	人	1470	1491
全区老龄人口数	人	386167	371138
最低生活保障人数	人	18428	18563
各种收养性单位个数	个	42	39
基础教育			
学校个数	个	176	176
# 小学	个	60	60
初级中学	个	3	3
高级中学	个	2	2
在校生数	人	135840	133310
# 小学	人	70127	65567
初级中学	人	3919	3672
高级中学	人	1209	1297
毕业生数	人	28513	28933
# 小学	人	8552	7375
初级中学	人	1155	1205
高级中学	人	555	554
科技			
输出技术合同成交项数	个	4901	6157
输出技术合同成交总金额	亿元	249.1	158.1
吸纳技术合同成交项数	个	7641	6232
吸纳技术合同成交总金额	亿元	358.4	247.5
文化			
区属公共图书馆	个	3	3
总藏量	万册	244.8	235
# 图书	万册	193.9	176.8
文化馆	个	2	2

表2续3

项　目	计量单位	2016年	2015年
文物保护单位	处	181	181
#全国重点文物保护单位	处	42	42
北京市文物保护单位	处	61	61
卫生			
卫生机构	个	660	646
卫生技术人员	人	34797	34824
#执业医师	人	12303	11992
注册护士	人	15296	15338
医疗床位	张	15608	15604
平均每千常住人口医院床位数	张	12.36	11.98
平均每千常住人口拥有职业（助理）医师	人	9.77	9.24
平均每千常住人口拥有注册护士	人	12.15	11.82
体育			
运动员	人	2103	2827
教练员	人	76	78
裁判员	人	434	206
社会体育指导员	人	7801	7471
体育场地数（区域）	块	1062	1062
文明建设情况			
文明机关个数	个	285	285
文明社区个数	个	90	90

西城区生产总值

表3

项　目	2016年		2015年	
	绝对值（万元）	比重（%）	绝对值（万元）	比重（%）
总　计	36023621	100.0	33405905	100.0
第二产业	3052149	8.5	2972630	9.0
工业	2350033	6.5	2298430	7.0
建筑业	702116	1.9	664251	2.0
第三产业	32971472	91.5	30433275	91.0
批发和零售业	2606588	7.2	2735018	8.1
交通运输、仓储和邮政业	801357	2.2	643652	2.0
住宿和餐饮业	442420	1.2	440432	1.3
信息传输、计算机服务和软件业	1423418	4.0	1234683	3.7
金融业	16801867	46.6	15202424	46.5
房地产业	1364029	3.8	1213488	3.8
租赁和商务服务业	2676047	7.4	2688310	8.2

表 3 续 1

项　目	2016 年		2015 年	
	绝对值（万元）	比重（%）	绝对值（万元）	比重（%）
科学研究和技术服务业	1993661	5.5	1847807	4.9
水利、环境和公共设施管理业	164861	0.5	156663	0.4
居民服务、修理和其他服务业	143144	0.4	128242	0.5
教育	759499	2.1	642719	1.9
卫生和社会工作	1137641	3.2	1102006	3.0
文化、体育和娱乐业	930065	2.6	864368	2.5
公共管理、社会保障和社会组织	1726875	4.8	1543412	4.3
人均地区生产总值				
按全年平均汇率折合美元（美元）	42420		41257	

全部法人、产业活动单位

表 4　　单位：个

项　目	法人单位	产业活动单位
合　计	45562	10475
按国民经济产业分		
第二产业	1133	381
第三产业	44421	10094
按国民经济行业分		
工业	403	89
建筑业	737	296
批发和零售业	13449	2570
交通运输、仓储和邮政业	511	204
住宿和餐饮业	1875	953
信息传输、软件和信息技术服务业	2022	309
金融业	643	2742
房地产业	1737	461
租赁和商务服务业	12241	1117
科学研究、技术服务业	4711	370
水利、环境和公共设施管理业	170	15
居民服务、修理和其他服务业	1310	256
教育	1071	42
卫生和社会工作	314	47
文化、体育和娱乐业	2274	74
其他	2086	930

企业基本情况

表 5

项　目	单位数（个）	收入合计（万元）
合　计	4039	210466327.5
按隶属关系分	4039	210466327.5
中央	1031	127185490.9
省（自治区、直辖市）	493	28516059.0
地（区、市、州、盟）	451	9627107.5
街道、镇、乡	6	28813.8
其他	2058	45108856.3
按注册类型分	4039	210466327.5
内资	3809	197292002.9
国有	1091	50723515.4
集体	48	741023.3
股份合作	19	93328.8
联营	2	14452.1
有限责任公司	1447	63760119.4
股份有限公司	147	72267456.9
私营	986	7087720.7
其他	69	2604386.3
港澳台商投资	109	8031582.2
与港澳台商合资经营	44	589366.0
与港澳台商合作经营	5	52188.6
港澳台商独资	60	7384529.6
港澳台商投资股份有限公司	*	5498.0
其他港澳台投资	0	0.0
外商投资	121	5142742.4
中外合资经营	53	2016307.3
中外合作经营	7	18919.0
外资企业	56	2964114.3
外商投资股份有限公司	5	143401.8
其他外商投资	0	0.0
按国民经济行业分	4039	210466327.5
农、林、牧、渔业	0	0.0
采矿业	0	0.0
制造业	40	1224160.3
电力、燃气及水的生产和供应业	11	10209086.1
建筑业	269	7554418.9
批发和零售业	546	42923171.8
交通运输、仓储和邮政业	41	4907762.4
住宿和餐饮业	282	1060373.5
信息传输、计算机服务和软件业	115	6230733.3
金融业	422	84041213.9
房地产业	441	6422457.5
租赁和商务服务业	670	10510634.9

表5续1

项　目	单位数（个）	收入合计（万元）
科学研究和技术服务业	359	14837867.1
水利、环境和公共设施管理业	50	951058.8
居民服务、修理和其他服务业	33	158827.2
教育	156	1660633.1
卫生和社会工作	76	3761655.4
文化、体育和娱乐业	237	2329021.6
公共管理、社会保障和社会组织	291	11683251.7
国际组织	0	0.0

企业主要财务指标

表6　　单位：万元

项　目	资产总计	负债合计	利润总额
合　计	10133461265.2	8639492541.2	74646361.2
按隶属关系分	10133461265.2	8639492541.2	74646361.2
中央	8953918980.6	7750375751.2	58729963.7
省（自治区、直辖市）	618919455.3	523469953.6	6412188.1
地（区、市、州、盟）	60374263.9	41915840.8	1714201.3
街道、镇、乡	13771.6	2748.1	682.5
其他	500234793.8	323728247.5	7789325.6
按注册类型分	10133461265	8639492541	74646361.2
内资	9966924209.9	8578228880.0	67575200.2
国有	2880047407.5	2587053304.7	25726446.8
集体	2298437.3	1483128.9	21477.2
股份合作	61350.8	27444.0	643.5
联营	3786.2	4104.9	314.3
有限责任公司	7069799383.0	5981976395.5	41252060.1
股份有限公司	6455247517.3	5716912891.0	27575752.1
私营	14713845.1	7684502.0	574258.3
其他	2475975.9	340444.2	9287.0
港澳台商投资	37790201.8	18134995.9	631790.6
与港澳台商合资经营	6331214.2	5170600.9	222859.6
与港澳台商合作经营	467902.6	219083.7	-13529.2
港澳台商独资	30852392.4	12611012.2	419066.7
港澳台商投资股份有限公司	138692.6	134299.1	3393.5
其他港澳台投资	0.0	0.0	0.0
外商投资	128746853.5	43128665.3	6439370.4
中外合资经营	16049787.6	12538948.8	517539.1
中外合作经营	559337.6	495195.0	-1848.7
外资企业	93811821.5	20913466.0	5162600.1
外商投资股份有限公司	18325906.8	9181055.5	761079.9
其他外商投资	0.0	0.0	0.0
按国民经济行业分	10133461265.2	8639492541.2	74646361.2

表6续1

项　目	资产总计	负债合计	利润总额
农、林、牧、渔业	0.0	0.0	0.0
采矿业	0.0	0.0	0.0
制造业	2085010.6	0.0	57653.6
电力、燃气及水的生产和供应业	25143108.6	0.0	710613.2
建筑业	13338565.7	0.0	192512.2
批发和零售业	45523919.1	32747067.9	824618.4
交通运输、仓储和邮政业	24848551.8	21686744.8	175746.5
住宿和餐饮业	1967043.1	1589325.2	37291.2
信息传输、计算机服务和软件业	199868743.3	47051497.4	10331336.8
金融业	9320851552.8	8335478455.0	37988084.3
房地产业	95629705.4	58178785.1	2071392.9
租赁和商务服务业	309483435.6	105045900.5	20900633.7
科学研究和技术服务业	64268428.8	31723884.4	1109597.8
水利、环境和公共设施管理业	1645570.9	627544.3	15605.1
居民服务、修理和其他服务业	118073.9	61583.7	3417.3
教育	2792375.2	315139.0	7167.3
卫生和社会工作	3699046.8	1192884.5	21006.1
文化、体育和娱乐业	6176043.9	1554553.7	199684.8
公共管理、社会保障和社会组织	16022089.7	2239175.7	0.0
国际组织	0.0	0.0	0.0

劳动就业基本情况

表7

项　目	计量单位	2016年	2015年
城镇登记失业率	%	0.84	0.86
期末实有城镇登记失业人数	人	6600	6805
其中：女性	人	2326	2286
城镇登记失业人员就业人数	人	13921	14249
其中：女性	人	4742	4811
城镇登记失业人员就业率	%	64.8	65.46
其中：女性	%	64.39	65.7
城镇登记失业人员参加培训人数	人	4149	4712
困难人员就业人数	人	11008	11041
困难人员就业率	%	68.16	68.56
职业技能培训人员总量	人	36288	49361.00
人力资源服务机构数	人	88	107
在职介中心求职登记人数	人	859	1602
职业介绍成功人数	个	320	418
社区岗位安置就业困难人数	万人次	10908	9935
用人单位招用就业困难人数	万人次	631	565
最低退休金	元/月	1714	1609

（资料来源：西城区人力资源和社会保障局）

社会保障基本情况

表 8

项　目	计量单位	2016 年	2015 年
基本养老保险			
参加单位数	个	32801	32789
参加人数	人	1927566	1915822
基金收入	万元	2456978	2263682
基金支出	万元	1980361	1824635
基金征缴率	%	99.82	99.80
基本医疗保险			
参加单位数	个	31664	31716
参加人数	人	2130186	2133554
基金收入	万元	1440968	1304475
基金支出	万元	1323009	1357519
基金征缴率	%	99.82	99.99
工伤保险			
参加单位数	个	33843	33984
参加人数	人	1304617	1327941
基金收入	万元	31876	38368
基金支出	万元	17978	16832
基金征缴率	%	99.74	99.66
失业保险			
参加单位数	个	32879	33051
参加人数	人	1398967	1447004
基金收入	万元	103622	104532
基金支出	万元	68387	35501
基金征缴率	%	99.80	99.80
生育保险			
参加单位数	个	32378	32555
参加人数	人	1159964	1245248
基金收入	万元	78793	71950
基金支出	万元	75624	88564
基金征缴率	%	99.82	99.78

常住人口

表 9

项目	计量单位	2016 年	2015 年
总 计	万人	125.9	129.8
常住人口分性别			
男性人口	万人	62.2	64.1
女性人口	万人	63.7	65.7
常住人口分年龄			
#0-14 岁人口	万人	14.4	18.6
15-64 岁	万人	92.0	95.9
65 岁及以上人口	万人	19.5	20.0
60 岁及以上人口	万人	29.1	29.4
出生人数	人	11135	10411
出生率	‰	8.71	8.01
死亡人数	人	8775	9181
死亡率	‰	6.86	7.06

城镇单位年末从业人员平均人数

表 10

项 目	年平均人数	在岗职工	劳务派遣人员	其他从业人员	不在岗职工
按产、行业分	998462	816743	74899	106820	17346
农、林、牧、渔业	73	72	1	0	31
采矿业	0	0	0	0	0
制造业	13018	10739	1184	1095	1544
电力、燃气及水的生产和供应业	48726	44535	4044	147	303
建筑业	30077	26095	2288	1694	2660
批发和零售贸易业	75843	69285	2885	3673	2183
交通运输、仓储和邮政业	51031	44083	4463	2485	353
住宿和餐饮业	32309	28537	1826	1946	929
信息传输、计算机服务和软件业	46183	43314	2383	486	204
金融业	246005	177536	10925	57544	2780
房地产业	61396	47069	8169	6158	2451
租赁和商务服务业	102358	90596	4869	6893	976
科学研究和技术服务业	75075	59340	5758	9977	489
水利、环境和公共设施管理业	11308	9845	1005	458	260
居民服务、修理和其他服务业	7311	6784	237	290	46
教育	35627	30364	924	4339	581
卫生和社会工作	44215	33956	7100	3159	362
文化、体育和娱乐业	35573	30563	2343	2667	1080
公共管理、社会保障和社会组织	82334	64030	14495	3809	114

全社会固定资产投资额

表 11　　单位：万元

项　目	2014 年	2013 年
总　计	2527173	2460342
按隶属关系分		
中 央	242579	394582
省（自治区、直辖市）	398441	671777
地（区、市、州、盟）	1603518	1196405
街道、镇、乡	—	—
其 他	282635	197578
按建设种类分		
固定资产投资	1937692	1361693
其中：基础设施投资	756224	774631
房地产开发	589481	1098649
其他	—	—
按产业分		
第二产业	109865	136835
第三产业	2417308	2323507
按工程用途分		
农林牧渔业	—	—
工业建筑业用	109865	136835
商业营业用	84117	52166
住宅	358053	713454
办公楼	21371	131009
其他	1953767	1426878
按构成分		
建筑安装工程	524218	709542
设备工器具购置	184802	351513
其他费用	1818153	1399287

房地产开发投资基本情况

表 12　　单位：万元、平方米、套

项　目	2016 年	2015 年
投资完成情况		
计划总投资	7764210	6931675
累计完成投资	6038981	7259048
本年完成投资	589481	1098649
本年完成投资按构成分		
建筑工程	80401	165746
安装工程	3543	2040
设备购置	8563	1846
其他费用	496974	929017
本年完成投资按用途分		
住宅	358053	348493
办公楼	21371	83083
商业营业用房	84117	81733
其他	125940	585340
土地开发情况		
待开发的土地面积	385178	485663
本年购置土地面积	0	98050
商品房销售、出租、待售情况		
商品房预售面积	81869	89725
住宅	6741	12480
办公楼	49920	64884
商业营业用房	2354	1454
其他	22854	10907
商品房现房销售面积	42353	219333
住宅	23119	51496
办公楼	12623	128361
商业营业用房	3262	5943
其他	3349	33533
商品房出租面积	78730	162934
住宅	0	3739
办公楼	28275	85173
商业营业用房	35509	61129
其他	14946	12893
待售面积	347701	575416
住宅	213544	151752
办公楼	14214	167294
商业营业用房	87898	142037
其他	32045	114333
竣工房屋住宅套数	1110	3243

工业企业基本情况及主要财务指标

表 13

项　目	单位数（个）	收入合计（万元）	资产总额（万元）	负债总额（万元）	利润总额（万元）
总　计	51	11421473.5	27114190.1	13307066.4	776148.3
按隶属关系分					
中央	14	6879199.9	11449862.1	6846054.6	208897.1
省（自治区、直辖市）	9	859285.5	9898274.4	4535182.6	198204.3
地（区、市、州、盟）	3	24209.1	65799.2	66567.8	263.1
街道、镇、乡	0	—	—	—	—
其他	25	3658779.0	5700254.4	1859261.4	368783.8
按登记注册类型分					
内资	44	8108551.1	22253033.4	11871433.2	433614.3
国有	15	7099637.3	19449009.4	10936756.0	279186.3
集体	3	45969.2	74405.0	20227.6	68.7
股份合作	0	—	—	—	—
联营	0	—	—	—	—
有限责任公司	18	790035.7	2228132.7	705343.7	150568.9
股份有限公司	3	155564.4	468688.9	194626.8	3273.4
私营	5	17344.5	32797.4	14479.1	517.0
其他	0	—	—	—	—
港澳台商投资	3	3274475.1	4809326.7	1406778.6	339776.8
外商投资	4	38447.3	51830.0	28854.6	2757.2
按国民经济行业分					
煤炭开采和洗选业	0	—	—	—	—
石油和天然气开采业	0	—	—	—	—
黑色金属矿采选业	0	—	—	—	—
有色金属矿采选业	0	—	—	—	—
非金属矿采选业	0	—	—	—	—
开采辅助活动	0	—	—	—	—
其他采矿业	0	—	—	—	—
农副食品加工业	1	40003.8	36910.5	30086.7	–585.5
食品制造业	0	—	—	—	—
酒、饮料和精制茶制造业	0	—	—	—	—

表13续1

项　目	单位数（个）	收入合计（万元）	资产总额（万元）	负债总额（万元）	利润总额（万元）
烟草制品业	0	—	—	—	—
纺织业	0	—	—	—	—
纺织服装、服饰业	1	2785.3	3893.9	1760.0	-223.6
皮革、毛皮、羽毛（绒）及其制品和制鞋业	0	—	—	—	—
木材加工和木、竹、藤、棕、草制品业	0	—	—	—	—
家具制造业	0	—	—	—	—
造纸及纸制品业	0	—	—	—	—
印刷业和记录媒介的复制业	10	447421.7	659702.3	177944.5	25608.1
文教、工美、体育和娱乐用品制造业	1	181289.2	295035.2	203285.8	2631.7
石油加工、炼焦和核燃料加工业	0	—	—	—	—
化学原料及化学制品制造业	0	—	—	—	—
医药制造业	0	—	—	—	—
化学纤维制造业	0	—	—	—	—
橡胶和塑料制品业	1	33208.3	52441.5	8068.0	2932.9
非金属矿物制品业	2	108825.9	186778.0	136939.6	8042.3
黑色金属冶炼及压延加工业	0	—	—	—	—
有色金属冶炼及压延加工业	1	102546.0	139462.9	45957.4	488.7
金属制品业	2	47546.4	330431.6	157872.4	2556.6
通用设备制造业	5	31898.4	86306.5	57572.3	2761.6
专用设备制造业	3	44604.4	89119.5	53626.9	1976.1
汽车制造业	2	5718.0	8692.8	4269.5	283.7
铁路、船舶、航空航天和其他运输设备制造业	0	—	—	—	—
电气机械及器材制造业	4	26542.1	54477.2	23883.6	1394.1
计算机、通信和其他电子设备制造业	5	124099.1	99475.3	31740.5	7518.0
仪器仪表制造业	2	13258.9	22795.3	15997.9	389.3
其他制造业	0	—	—	—	—
废弃资源综合利用业	0	—	—	—	—
金属制品、机械和设备修理业	0	—	—	—	—
电力、热力的生产和供应业	7	6227187.2	10537915.3	6517585.4	185194.5
燃气生产和供应业	1	3228229.0	4770404.0	1396131.6	339632.6
水的生产和供应业	3	756309.8	9740348.3	4444344.3	195547.2

建筑业企业主要生产指标

表 14

项　目	建筑业总产值（万元）	建筑工程产值（万元）	劳动生产率（元/人）	竣工产值（万元）	房屋建筑竣工面积（平方米）	年末自有机械设备		
						净值（万元）	总台数（台）	总功率（千瓦）
总　计	6465633.8	5861857	449220	3490501.0	7095207	47850.6	851	29586
按隶属关系分								
中央	1321568.3	845084.5	389407	725641.6	2094269	10402.5	363	17585
省（自治区、直辖市）	3211281.3	3185951	549538	1769387	4933080	17073.7	133	5805
地（区、市、州、盟）	47188.1	47188.1	189206	42140.8		0	0	0
街道、镇、乡	0	0	—	0		0	0	0
其他	1885596.1	1783634	384254	953331.8	67858	20374.4	355	6197
按登记注册类型分								
内资	6419371.4	5819240.4	449290	3447936.3	7095207	47838.6	840	29583
国有	78917.6	71905.8	256977	72338.1		2536.9	88	8376
集体	4520.3	4499.4	191538	4463.8		6.5	2	17
股份合作	19433.2	19433.2	77547	2101.2		45.9	23	90
有限责任公司	5539728.5	5003753.9	522101	2974764.0	7076659	32550	535	17241
股份有限公司	372617.7	372617.7	355043	52542.4		6345.3	21	1672
私营	404154.1	347030.4	197386	341726.8	18548	6354	171	2188
港澳台商投资	42616.4	42616.4	476161	40383		12	11	4
外商投资	3646.0	0	232229	2182.1		0	0	0
按国民经济行业分								
房屋建筑业	3413689.9	3345869.4	585398	2207852.8	7073523	12857.2	340	11867
土木工程建筑业	1432246.0	1399200.1	491196	302412.3	14422	26224.1	236	14553
建筑安装业	991196.7	494471.7	292457	565067.1	7262	4232.6	123	2043
建筑装饰和其他建筑业	628501.2	622315.6	278579	415168.8		4536.7	152	1123

服务业财务状况

表 15　　　　单位；个、人、亿元

项 目	单位数	从业人员平均人数	资产总计	本年收入合计	利润总额
合　计	3774	842967	1009289.5	19147.9	7368.6
按国民经济行业分					
铁路运输业	*	1352	16.0	13.9	1.0
道路运输业	18	37027	107.4	90.9	7.3
水上运输业	*	32	3.4	1.5	0.3
航空运输业	*	1208	22.3	18.7	…
装卸搬运和运输代理业	17	787	19.5	25.4	2.2
仓储业	*	159	2020.2	329.7	6.4
邮政业	*	1435	296.0	10.7	0.3
电信、广播电视和卫星传输服务	26	29300	19672.0	448.1	1004.0
互联网和相关服务	17	5651	115.3	49.5	15.2
软件和信息技术服务业	80	10150	199.6	125.5	13.9
房地产业（不包括房地产开发经营）	213	52942	1362.0	162.3	29.6
租赁业	8	971	356.1	23.8	8.6
商务服务业	669	76524	30592.2	1027.3	2081.5
研究与试验发展	70	11743	244.0	142.2	1.6
专业技术服务业	226	53922	5500.2	1246.0	101.2
科技推广和应用服务业	78	10166	682.6	95.6	8.2
水利管理业	6	376	72.7	10.8	1.1
生态保护和环境治理业	6	1138	42.4	5.9	0.1
公共设施管理业	39	7061	49.5	78.4	0.4
居民服务业	11	1383	3.6	3.1	…
机动车、电子产品和日用产品修理业	10	1366	6.8	9.2	0.4
其他服务业	12	6002	1.4	3.7	…
教育	156	29360	279.2	166.1	0.7
卫生	71	42544	367.9	372.1	2.1
社会工作	6	156	2.0	4.1	…
新闻出版业	145	18583	416.6	156.1	19.7
广播、电视、电影和影视录音制造业	20	3593	66.2	33.4	−0.4
文化艺术业	53	7095	103.8	34.5	0.3
体育	12	982	6.5	3.7	−0.1
娱乐业	7	383	24.5	5.3	0.4
中国共产党机关	18	6665	92.8	78.3	0
国家机构	175	60134	1232.5	777.2	0
人民政协和民主党派	7	713	29.4	8.5	0
社会保障	*	241	0.4	10.6	0
群众团体、社会团体和其他成员组织	92	5334	247.0	293.7	0
基层群众自治组织	—	—	—	—	—

批发和零售业企业基本情况

表 16

项　目	单位数（个）	从业人员平均人数（人）	主营业务收入（万元）	资产总额（万元）	负债总额（万元）	利润总额（万元）
总　计	546	75164	43333571	48625203	35254845	872718
按注册类型分						
内资	523	66255	41024709	45305347	32929986	1147124
国有	41	4528	8003386	9356435	5428619	464480
集体	7	473	82244	99206	98301	–5864
股份合作	3	78	13772	5053	4199	–1
联营	*	15	11958	3890	3636	64
有限责任公司	230	24800	24228100	28457110	22251950	594562
股份有限公司	16	23257	5257265	4653774	3280341	68671
私营	225	13104	3427984	2729880	1862939	25211
其他	0	0	0	0	0	0
港澳台商投资	10	4923	525109	552049	241153	102249
外商投资	13	3986	1783753	2767807	2083706	–376655
按国民经济行业分						
批发业	391	26351	37922155	43822116	32307839	724781
零售业	155	48813	5411416	4803088	2947006	147937

金融业企业基本情况

表 17

项　目	单位数（个）	从业人员（人）	收入合计（万元）	资产总额（万元）	负债总额（万元）	利润总额（万元）
总　计	422	230462	84041214	9320851553	8335478455	37988084
按隶属关系分						
中央	112	105585	56032709	8456082556	7564357243	31484286
省（自治区、直辖市）	60	74472	13436988	519544420	493667132	4424786
地（区、市、州、盟）	30	22988	1664423	24920651	22214423	982424
街道、镇、乡	–	–	–	–	–	–
其他	220	27417	12907094	320303926	255239657	1096589
按注册类型分						
内资	372	225056	81733875	9293910870	8315355481	37079914
国有	22	7773	7802585	2523135193	2497168923	1468926
集体	–	–	–	–	–	–
股份合作	–	–	–	–	–	–
联营	–	–	–	–	–	–
有限责任公司	212	38278	16689810	401036306	162897000	7602114
股份有限公司	72	177363	56994762	6366995146	5654799141	27734734
私营	65	1642	246717	2056992	489676	261314
其他	*	–	–	687233	741	12827
港澳台商投资	19	1907	575608	6894875	5416737	280111
外商投资	31	3499	1731731	20045807	14706237	628059
按国民经济行业分						
货币金融服务	105	132085	51820332	8717153408	8026067653	28745745
资本市场服务	142	16303	6340111	251492053	54290347	4487657
保险业	98	74999	20556578	194563540	142375331	3104661
其他金融业	77	7075	5324193	157642553	112745124	1650021

房地产开发企业基本情况

表 18　　计量单位：个、万元

项 目	单位数	资产合计	收入合计
总　计	228	81913741	4795546
按注册类型			
内资	203	66837480	4352905
国有	14	4925512	125821
集体	—	—	—
股份合作	—	—	—
联营	—	—	—
有限责任公司	154	41238778	3230183
股份有限公司	10	20044897	956291
私营	25	628293	40610
其他	—	—	—
港澳台商投资	12	5248771	141320
外商投资	13	9827490	301321
按隶属关系分			
中央	20	5053501	251430
市	17	19173790	1152748
区（县）	36	25968001	1802800
街道和社区居委会	—	—	—
其他	155	31718449	1588568
按资质等级分			
一级	16	26917799	1952822
二级	20	13133989	426403
三级	16	2537143	157097
四级	118	19744328	1796111
暂定	28	3492637	91624
其他	30	16087845	371489
按营业状态分			
营业	218	81633956	4795546
停业（歇业）	10	279785	—
筹建	—	—	—
其他	—	—	—

社会消费品零售额

表 19 单位：万元

项目	2016 年	2015 年	2016 年比 2015 年 ±（%）
合　计	9687782	9125872	6.2
一、按限额标准分			
限额以上	7359220	7020386	4.8
限额以下	2328562	2105486	10.6
二、按行业分			
批发业	964832	889077	8.5
零售业	7773946	7329681	6.1
住宿业	165509	163894	1.0
餐饮业	783495	743221	5.4

区地方财政收入

表 20 单位：万元

项　目	2016 年	2015 年
总　计	4171560	4537547
公共财政预算收入	4138061	4514064
税收收入	3766560	4156557
增值税	825161	418080
营业税	700011	1455307
企业所得税	1360081	1406979
城市维护建设税	304296	301492
房产税	323393	273653
印花税	160677	135063
城镇土地使用税	12350	13304
土地增值税	45377	127370
车船税	35206	25305
资源税	8	4
非税收收入	371501	357507
专项收入	169330	100962
行政事业性收费收入	21399	21704
罚没收入	2727	5219
国有资源（资产）有偿使用收入	105888	16217
政府住房基金收入	117	0
其他收入	72040	213405
政府性基金预算收入	2597	1605
国有资本经营预算收入	30902	21878

（资料来源：西城区财政局）

区地方财政支出

表 21　　单位：万元

项　目	2016 年	2015 年
合　计	4452920	4957364
公共财政预算支出	4260851	4749127
一般公共服务	220407	198568
国防	5136	3951
公共安全	151798	121889
教育	556252	440005
科学技术	27859	29941
文化体育与传媒	119064	138174
社会保障和就业	578422	734171
医疗卫生	278420	225740
节能环保	54595	121554
城乡社区事务	1389242	1833605
农林水事务	3009	1846
交通运输	0	0
资源勘探电力信息等事务	7956	8803
商业服务业等事务	2436	3555
金融支出	47590	51017
国土资源气象等事务	0	0
住房保障支出	259867	437664
粮油物资管理事务	2644	2644
其他支出	556154	396000
政府性基金支出	167611	173224
国有资本经营预算支出	24458	35013

（资料来源：西城区财政局）

区国税税收收入

表 22

单位：万元

项　目	合计	增值税	营业税	企业所得税	其他
总　计	40792584	4080880	423018	36185111	103575
农、林、牧、渔业	157	16		141	
采矿业	-1056710	9244		-1065954	
制造业	314401	133138		181263	
电力、燃气及水的生产和供应业	1143256	572267		570989	
建筑业	394583	247386		147197	
交通运输、仓储和邮政业	873227	461732		379230	32265
批发和零售业	60711	36268		24443	
金融业	486708	118358		368350	
信息传输、软件和信息技术服务业	36293434	1792930	423018	34006202	71284
租赁和商务服务业	228971	90348		138623	
房地产业	1406067	326294		1079768	5
其他行业	647779	292899		354859	21

（资料来源：西城区国家税务局）

区地税税收收入

表 23

单位：万元

项　目	合计	营业税	企业所得税	其他
合　计	1921234.5	770824.0	130974.0	1019436.5
农、林、牧、渔业	961.4	200.5	0.0	760.9
采矿业	3158.3	3081.0	0.0	77.3
制造业	27495.9	9038.5	823.6	17633.8
电力、煤气及水生产和供应业	102222.4	6708.5	9448.2	86065.7
建筑业	58642.9	22412.5	6220.0	30010.4
批发和零售业	92491.5	15381.5	8826.4	68283.6
交通运输、仓储及邮政业	10822.4	866.0	731.2	9225.2
住宿和餐饮业	29753.2	13329.0	898.2	15526.0
信息传输、计算机服务和软件业	51787.7	8260.5	404.0	43123.2
金融业	865437.5	471558.5	14429.0	379450.0
房地产业	238848.1	40761.0	41822.2	156264.9
租赁和商务服务业	128625.2	53011.5	30414.8	45198.9
其他行业	310988.0	126215.0	16956.4	167816.6

（资料来源：西城区地方税务局）

城市园林绿化

表 24

项　目	计量单位	2016 年	2015 年
年末园林绿地面积	公顷	1047.6	1043.9
人均绿地面积	平方米 / 人	8.3	8.0
绿地率	%	20.7	20.7
年末公园绿地面积	万平方米	491.1	487.4
人均公园绿地面积	平方米 / 人	3.9	3.8
城市绿化覆盖面积	公顷	1539.4	1535.6
绿化覆盖率	%	30.5	30.4
道路绿化总长度	公里	109.2	109.1
实有树木	万株	212.3	209.5
其中：本年新植	万株	2.8	0.5
实有草坪	万平方米	325.2	323.5
其中：本年新植	万平方米	1.7	0.7
公园个数	个	25	25
其中：市级以上公园	个	5	5

（资料来源：西城区园林局）

城市环境卫生

表 25

项　目	计量单位	2016 年	2015 年
机扫车	台	135	142
垃圾车	台	246	262
真空吸粪车	台	10	19
果皮箱	个	3416	3425
公共、公用厕所	座	1139	1170
改建公共厕所	座	32	2
新建公共厕所	座	0	1
维修公共厕所	座次	85	80
密闭式清洁站	座	76	76
清扫街道数量	条	1411	243
城市道路清扫保洁面积	万平方米 / 日	800	816
其中：机扫面积	万平方米 / 日	524	511
洒水面积	万平方米 / 日	584	343
生活垃圾产生量	万吨	59.7	59
生活垃圾清运量	万吨	59.7	59
生活垃圾无害化处理量	万吨	100.0	59
生活垃圾无害化处理率	%	100.0	100.0
粪便清运量	万吨	29.4	27
粪便无害化处理量	万吨	29.4	27
粪便无害化处理率	%	100.0	100.0
垃圾分类收集率	%	100.0	100.0

（资料来源：西城区环卫中心）

城市环境保护

表 26

项　目	计量单位	2016 年	2015 年
一、水环境			
废水排放总量	万吨	—	—
其中：工业废水排放达标量	万吨	128.9	131.6
生活污水排放量	万吨	—	—
工业废水排放达标率	%	100.0	100.0
二、大气环境			
可吸入颗粒物（PM10）	微克 / 立方米　mcg/m^3	98.0	105.8
细颗粒物（PM2.5）年均浓度值	微克 / 立方米　mcg/m^3	78.0	83.0
二氧化硫（SO2）年日均值	毫克 / 立方米	12.0	14.5
二氧化氮（NO2）年日均值	毫克 / 立方米	53.0	54.0
降尘量	吨 / 平均公里	5.8	5.4
三、环境污染治理			
环境污染事故次数	次	0	0
环境污染与破坏事故直接经济损失	万元	0	0
环境污染与破坏事故赔罚款总额	万元	0	0
三同时完成验收项目环保投资	万元	3622.5	2652.1
三同时合格执行率	%	100.0	100.0
排污费收入总	万元	713.0	168.0
四、声环境			
建成环境噪声达标区面积	平方公里	41.6	41.6
建成环境噪声达标区覆盖率	%	85.1	85.1
区域噪声平均值	分贝	54.0	54.0
交通干线噪声平均值	分贝	67.6	67.5

（资料来源：西城区环保局）

基础教育班数、学生数情况

表 27

	班数	毕业生数	招生数	在校学生数	
					# 本市生源
合　计	4101	28513	34923	135840	113957
幼儿园	609	4414	6475	17483	15629
义务教育	2792	16970	21780	97551	78229
小学教育	2063	8552	13455	73803	59218
小学	1954	8020	12907	70127	56706
九年一贯制学校（小学部）					
十二年一贯制学校（小学部）	109	532	548	3676	
初中	729	8418	8325	23748	2512
初级中学	105	1155	1527	3919	19011
九年一贯制学校（初中部）					3563
十二年一贯制学校（初中部）	43	408	467	1352	
完全中学	575	6795	6307	18391	954
其他学校附设初中班	6	60	24	86	14471
高中	651	7032	6603	20366	23
完全中学	589	6080	5939	18348	19849
高级中学	35	555	454	1209	17920
十二年一贯制学校（高中部）	25	313	210	762	1149
其他学校附设初中班	2	84		47	737
特殊教育	43	74	42	371	43
工读学校	6	23	23	69	250

（资料来源：北京市西城区教育委员会）

居民物质文化生活基本情况

表 28

项　目	计量单位	2016 年	2015 年
一、收入与消费支出			
居民人均可支配收入	元	71863	67492
居民人均消费性支出	元	45329	43595
二、人均现住房总建筑面积	平方米	21.8	21.4
三、耐用消费品			
每百户拥有家用电脑	台	113	113
每百户拥有彩色电视机	台	131	131
每百户拥有电冰箱	台	100	98
每百户拥有空调器	台	169	159
四、交通、通讯			
每百户拥有家用汽车	辆	44.0	41
每百户拥有移动电话	部	247.0	232
每百户拥有互联网	条	–	–
五、公用			
液化气、煤气普及率	%	–	99.1
人均公园绿地面积	平方米	3.9	3.8
六、教育、文化			
居民人均文化娱乐	元	4332	4598
居民人均教育支出	元	1277	1117

附　录

中共北京市西城区委主要文件目录

中共北京市西城区委文件

京西发〔2016〕1号　中共北京市西城区委关于印发《中共北京市西城区委关于制定北京市西城区国民经济和社会发展第十三个五年规划的建议》的通知

京西发〔2016〕2号　中共北京市西城区委关于印发《推进处级领导干部能上能下工作的实施细则》的通知

京西发〔2016〕3号　中共北京市西城区委关于印发《组织部门对领导干部进行提醒、函询和诫勉的办法》的通知

京西发〔2016〕4号　中共北京市西城区委关于印发《区委常委会2016年工作要点》的通知

京西发〔2016〕5号　中共北京市西城区委印发《西城区关于加强和改进群团工作的措施》的通知

京西发〔2016〕6号　中共北京市西城区委关于加强社会主义协商民主建设的实施意见

京西发〔2016〕7号　中共北京市西城区委北京市西城区人民政府关于进一步加强规划建设管理工作全面提升城市品质的实施意见

京西发〔2016〕8号　中共北京市西城区委北京市西城区人民政府转发《区委宣传部区司法局关于在全区开展法治宣传教育的第七个五年规划（2016—2020年）》的通知

京西发〔2016〕9号　中共北京市西城区委转发《中共北京市西城区人大常委会党组关于做好西城区人民代表大会换届选举工作的意见》的通知

京西发〔2016〕10号　中共北京市西城区委关于印发《中国共产党北京市西城区委员会全体会议议事决策规则》的通知

京西发〔2016〕11号　中共北京市西城区委关于印发《中国共产党北京市西城区委员会常务委员会会议议事决策规则》的通知

京西发〔2016〕12号　中共北京市西城区委关于中国共产党北京市西城区第十二次代表大会代表选举工作的通知

京西发〔2016〕13号　中共北京市西城区委关于全面推进西城区法治建设的实施意见

京西发〔2016〕14号　中共北京市西城区委北京市西城区人民政府关于印发《北京市西城区推进全国社区治理和服务创新实验区建设的实施方案》的通知

京西发〔2016〕15号　中共北京市西城区委北京市西城区人民政府北京市西城区人民武装部印发《关于深入推进人民防空改革发展的实施方案》的通知

京西发〔2016〕16号　中共北京市西城区委北京市西城区人民政府关于印发《关于促进西城区红十字事业发展的工作方案》的通知

京西发〔2016〕17号　中共北京市西城区委印发《关于学习宣传贯彻党的十八届六中全会精神工作安排》的通知

京西发〔2016〕18号　中共北京市西城区委关于同意召开北京市西城区第十六届人民代表大会第一次会议的批复

京西发〔2016〕19号　中共北京市西城区委关于同意召开政协北京市西城区第十四届委员会第一次会议的批复

京西发〔2016〕20号　中共北京市西城区委关于加强中共北京市西城区第十二届委员会常务委员会自身建设的意见

京西发〔2016〕21号　中共北京市西城区委关于印发《中国共产党北京市西城区委员会常务委员会会议议事决策规则》的通知

京西发〔2016〕22号　中共北京市西城区委员会关于印发《中共北京市西城区委书记、副书记、常委分工》的通知

京西发〔2016〕23号　中共北京市西城区委关于做好北京市出席党的十九大代表候选人推荐提名工作的通知

中共北京市西城区委办公室文件

京西办发〔2016〕1号 中共北京市西城区委办公室关于印发《西城区组织工作重要事项及处级领导干部个人事项请示报告工作规定（试行）》的通知

京西办发〔2016〕2号 中共北京市西城区委办公室北京市西城区人民政府办公室关于调整白纸坊地区重点棚户区改造项目总指挥部菜园街及枣林南里棚户区改造项目指挥部和光源里棚户区改造项目指挥部的通知

京西办发〔2016〕3号 中共北京市西城区委办公室北京市西城区人民政府办公室关于印发《区委区政府2016年重点工作目标分解表》的通知

京西办发〔2016〕4号 中共北京市西城区委员会办公室北京市西城区人民政府办公室关于西城区志愿服务工作体制机制改革的意见

京西办发〔2016〕5号 中共北京市西城区委办公室关于印发《关于进一步加强政协协商民主建设的实施意见》的通知

京西办发〔2016〕6号 中共北京市西城区委办公室印发《关于在全体党员中开展“学党章党规、学系列讲话，做合格党员”学习教育的实施方案》的通知

京西办发〔2016〕7号 中共北京市西城区委办公室北京市西城区人民政府办公室关于成立京津冀协同发展领导小组的通知

京西办发〔2016〕8号 中共北京市西城区委办公室北京市西城人民政府办公室关于成立西城区交通基础设施建设工作领导小组的通知

京西办发〔2016〕9号 中共北京市西城区委办公室关于印发《西城区党委（党组）意识形态工作责任制实施细则》的通知

京西办发〔2016〕10号 中共北京市西城区委办公室关于印发《中共北京市西城区委政法委员会主要职责内设机构和人员编制规定》的通知

京西办发〔2016〕11号 中共北京市西城区委办公室关于印发《中国共产党北京市西城区委员会书记专题会议议事规则》的通知

京西办发〔2016〕12号 中共北京市西城区委办公室北京市西城区人民政府办公室印发《北京市西城区关于规范区属议事协调机构和临时机构管理的意见》的通知

京西办发〔2016〕13号 中共北京市西城区委办公室北京市西城区人民政府办公室关于调整议事协调机构和临时机构的通知

京西办发〔2016〕14号 中共北京市西城区委办公室关于印发《中国共产党北京市西城区委员会常务委员会委员议事协调会议议事决策规则》的通知

京西办发〔2016〕15号 中共北京市西城区委办公室印发《关于加强西城区纪委派驻机构建设的实施意见》的通知

京西办发〔2016〕16号 中共北京市西城区委办公室关于印发《西城区鼓励干事创业履职担当容错免责实施办法（试行）》的通知

京西办发〔2016〕17号 中共北京市西城区委办公室关于印发《西城区学习贯彻〈中国共产党问责条例〉实施方案》的通知

京西办发〔2016〕18号 中共北京市西城区委办公室印发《中共北京市西城区委关于开展巡察工作的实施意见（试行）》的通知

京西办发〔2016〕19号 中共北京市西城区委办公室北京市西城区人民政府办公室关于建立健全信息发布和政策解读机制的实施意见

京西办发〔2016〕20号 中共北京市西城区委员会办公室北京市西城区人民政府办公室关于印发《北京市西城区环境保护工作职责分工》的通知

北京市西城区人民政府主要文件目录

西城区人民政府文件

西政发〔2016〕1号 北京市西城区人民政府关于印发北京市西城区直管公房管理暂行规定的通知

西政发〔2016〕2号 北京市西城区人民政府关于2015年政府绩效管理年终考评情况的通报

西政发〔2016〕3号 北京市西城区人民政府关于印发北京市西城区人民政府督促检查工作实施办法的通知

西政发〔2016〕4号 北京市西城区人民政府关于印发北京市西城区缓解交通拥堵第十三阶段（2016年）工作方案的通知

西政发〔2016〕5号 北京市西城区人民政府关于印发北京市西城区水污染防治工作方案的通知

西政发〔2016〕6号 北京市西城区人民政府关于印发北京市西城区落实北京市人民政府关于全面推进节水型社会建设意见工作方案的通知

西政发〔2016〕7号 北京市西城区人民政府关于废止《北京市西城区进藏义务兵优惠政策》的通知

西政发〔2016〕8号 北京市西城区人民政府关于加快推进残疾人小康进程的实施意见

西政发〔2016〕9号 北京市西城区人民政府关于印发北京市西城区棚户区改造前期工作及拟改造土地使

用权一次性招标工作实施细则（试行）的通知

西政发〔2016〕10 号 北京市西城区人民政府关于印发北京市西城区政府性债务管理办法（暂行）的通知

西政发〔2016〕11 号 北京市西城区人民政府关于印发国家知识产权试点城区北京市西城区工作方案（2015.11—2018.11）的通知

西政发〔2016〕12 号 北京市西城区人民政府关于印发“十三五”时期生态西城发展规划的通知

西政发〔2016〕13 号 北京市西城区人民政府关于印发北京市西城区国民经济和社会发展第十三个五年规划纲要主要目标与任务分工方案的通知

西政发〔2016〕14 号 北京市西城区人民政府关于废止《北京市西城区人民政府办公室转发区社会办关于北京市西城区进一步推进开展安全社区建设工作实施意见的通知》的通知

西政发〔2016〕15 号 北京市西城区人民政府关于印发西城区“十三五”时期历史文化名城保护规划的通知

西政发〔2016〕16 号 北京市西城区人民政府关于印发北京市西城区支持中关村科技园区西城园自主创新若干规定的通知

西政发〔2016〕17 号 北京市西城区人民政府关于印发北京市西城区科技企业孵化加速平台认定和支持办法的通知

西政发〔2016〕18 号 北京市西城区人民政府关于印发北京市西城区促进出版创意产业园区发展办法的通知

西政发〔2016〕19 号 北京市西城区人民政府关于印发北京市西城区“十三五”时期社会治理规划的通知

西政发〔2016〕20 号 北京市西城区人民政府关于印发西城区“十三五”时期环境保护规划的通知

西政发〔2016〕21 号 北京市西城区人民政府关于印发北京市西城区“十三五”时期食品药品安全发展规划的通知

西政发〔2016〕22 号 北京市西城区人民政府关于印发西城区“十三五”时期教育事业发展规划的通知

西政发〔2016〕23 号 北京市西城区人民政府关于印发北京市西城区“十三五”时期民政事业发展规划的通知

西政发〔2016〕24 号 北京市西城区人民政府关于印发北京市西城区“十三五”时期老龄事业发展规划的通知

西政发〔2016〕25 号 北京市西城区人民政府关于印发北京市西城区空气重污染应急预案（2016 年修订）的通知

西政发〔2016〕26 号 北京市西城区人民政府关于印发北京市西城区小型消防站建设管理办法的通知

西政发〔2016〕27 号 北京市西城区人民政府关于印发北京市西城区“十三五”时期城市道路发展规划的通知

西政发〔2016〕28 号 北京市西城区人民政府关于公布区级行政规范性文件清理结果的通知

西政发〔2016〕29 号 北京市西城区人民政府关于印发北京市西城区水体达标方案的通知

西政发〔2016〕30 号 北京市西城区人民政府关于印发北京市西城区“十三五”时期基本公共服务发展规划的通知

西政发〔2016〕31 号 北京市西城区人民政府关于印发北京市西城区节水型社会建设规划的通知

西城区人民政府办公室文件

西政办发〔2016〕1 号 北京市西城区人民政府办公室关于印发北京市西城区建立病死动物无害化处理长效机制实施方案的通知

西政办发〔2016〕2 号 北京市西城区人民政府办公室关于印发北京市西城区政府职能部门专职安全员队伍组建方案的通知

西政办发〔2016〕3 号 北京市西城区人民政府办公室关于印发北京市西城区 2016 年为群众拟办重要实事的通知

西政办发〔2016〕4 号 北京市西城区人民政府办公室关于做好 2016 年区政府重要会议议题计划实施工作的通知

西政办发〔2016〕5 号 北京市西城区人民政府办公室关于印发西城区 2016 年食品药品安全重点工作安排的通知

西政办发〔2016〕6 号 北京市西城区人民政府办公室关于印发《北京市西城区 2013—2017 年清洁空气行动计划重点任务分解 2016 年工作措施》的通知

西政办发〔2016〕7 号 北京市西城区人民政府办公室关于印发北京市西城区治理无证无照餐饮单位工作方案的通知

西政办发〔2016〕8 号 北京市西城区人民政府办公室9关于印发北京市西城区落实北京市实行最严格水资源管理制度考核办法工作方案的通知

西政办发〔2016〕9 号 北京市西城区人民政府办公室关于印发西城区缔结国内友好城市（区）管理办法的通知

西政办发〔2016〕10 号 北京市西城区人民政府办公室关于印发北京市西城区人民政府办理区人大代表建议和区政协委员提案工作规程（试行）的通知

西政办发〔2016〕11 号 北京市西城区人民政府办公室关于印发西城区不规范“七小”门店专项治理行动工作方案的通知

西政办发〔2016〕12 号 北京市西城区人民政府办公室转发西城国土分局关于推进企业为主体土地一级开发项目工作方案的通知

西政办发〔2016〕13 号 北京市西城区人民政府办公室关于组织 2016 年北京市西城区电子政务网络与

信息系统安全检查工作的通知

西政办发〔2016〕14号　北京市西城区人民政府办公室关于印发北京市西城区贯彻质量发展纲要实施意见2016年行动计划的通知

西政办发〔2016〕15号　北京市西城区人民政府办公室关于印发北京市西城区推广随机抽查规范事中事后监管工作实施方案的通知

西政办发〔2016〕16号　北京市西城区人民政府办公室关于政府向社会力量购买服务的实施意见

西政办发〔2016〕17号　北京市西城区人民政府办公室关于《北京市西城区财政资金、国有资产审计监督协调暂行办法（试行）》的通知

西政办发〔2016〕18号　北京市西城区人民政府办公室关于印发北京市西城区国家级行政服务标准化示范工作实施方案的通知

西政办发〔2016〕19号　北京市西城区人民政府办公室关于印发北京市西城区2016年政务公开工作方案及内容要点有关文件的通知

西政办发〔2016〕20号　北京市西城区人民政府办公室关于印发北京市西城区2016年推进简政放权放管结合优化服务改革工作要点的通知

西政办发〔2016〕21号　北京市西城区人民政府办公室关于印发北京市西城区第二期学前教育三年行动计划（2015—2017年）的通知

西政办发〔2016〕22号　北京市西城区人民政府办公室关于印发北京市西城区政府部门权力清单的通知

西政办发〔2016〕23号　北京市西城区人民政府办公室转发区教委、区政府教育督导室关于做好中小学校责任督学挂牌督导工作实施意见的通知

西政办发〔2016〕24号　北京市西城区人民政府办公室关于印发北京市西城区加强事中事后监管推进企业监管信息共享平台工作方案的通知

西政办发〔2016〕25号　北京市西城区人民政府办公室关于印发北京市西城区中重度失能老年人居家照护服务补贴暂行办法的通知

西政办发〔2016〕26号　北京市西城区人民政府办公室关于组建北京市西城区政府投资引导基金投资管理委员会的通知

西政办发〔2016〕27号　北京市西城区人民政府办公室关于印发北京市西城区实行河湖生态环境管理地方行政主要领导负责制工作方案的通知

西政办发〔2016〕28号　北京市西城区人民政府办公室关于印发北京市西城区人民政府区长副区长工作分工的通知

驻区单位

驻区部分中央单位

中国共产党中央委员会	西长安街地区
全国人大常委会	西交民巷23号
国务院	府右街
政协全国委员会	太平桥大街23号
中共中央国家机关工作委员会	西安门大街22号
中共中央纪律检查委员会	平安里西大街41号
中共中央办公厅一局	府右街10号
中共中央办公厅警卫局	南长街81号
中共中央办公厅机要交通局	西黄城根北街11号
中共中央办公厅老干部局	大觉胡同50号
中共中央直属机关事务管理局	西黄城根北街9号北门
中共中央统战部	府右街135号
中共中央组织部	西长安街80号
中共中央宣传部	西长安街5号
中共中央政策研究室	府右街8号
中华全国总工会	复兴门外大街10号

中国残疾人联合会	西直门南小街 186 号
国家信访局	月坛南街 8 号
国务院办公厅	府右街 2 号
国务院机关事务管理局	西安门大街 22 号
国务院法制办公室	文津街 9 号
国务院侨务办公室	阜成门外大街 35 号
国务院港澳事务办公室	月坛南街 77 号
中共中央台湾工作办公室	广安门南街 6–1 号
国家发展和改革委员会	月坛南街 38 号
国家民族事务委员会	太平桥大街 252 号
中华人民共和国财政部	三里河南三巷 3 号
中华人民共和国国土资源部	阜成门内大街 64 号
中华人民共和国卫生部	西直门外南路 1 号
中华人民共和国教育部	西单大木仓胡同 37 号
中华人民共和国工业和信息化部	西长安街 13 号
中华人民共和国监察部	广安门南街甲 2 号
中华人民共和国审计署	展览路北露园 1 号
国务院国有资产监督管理委员会	宣武门西大街 26 号
中国科学院	三里河路 52 号
中国工程院	冰窖口胡同 2 号
中国人民银行	成方街 32 号
国家邮政局	北礼士路甲 8 号
国家新闻出版广电总局	复兴门外大街 2 号
国家统计局	月坛南街 57 号
国家工商行政管理总局	三里河东路 8 号
国家海洋局	复兴门外大街 1 号
国家宗教事务局	后海北沿 44 号
中华人民共和国环境保护部	西直门南小街 115 号
中华人民共和国水利部	白广路二条 2 号
国家档案局	丰盛胡同 21 号
国家食品药品监督管理总局	宣武门西大街 26 号院 2 号楼
中国印钞造币总公司	西直门外大街甲 143 号
中国兵器工业总公司	三里河路 44 号
中国石油天然气集团公司	六铺炕街 6 号
中国材料工业科工集团公司	西直门内北顺城街 11 号
中国核工业集团公司	三里河南三巷 1 号
国家电网公司	西长安街 86 号
中国保险监督管理委员会	金融大街 15 号
中国证券监督管理委员会	金融大街 19 号富凯大厦
国家粮食局	木樨地北里甲 11 号国宏大厦 C 座
国家信息中心	三里河路 58 号
新华通讯社	宣武门西大街 57 号
中国地质科学院	百万庄大街 26 号
中国海监总队	复兴门外大街 1 号
国家烟草专卖局中国烟草总公司	月坛南街 55 号
中国儿童中心	平安里西大街 43 号
中央人民广播电台	复兴门外大街 2 号
中国道教协会	西便门外白云观内
中国佛教协会	阜成门内大街 25 号
中国天主教爱国会	柳荫街 14 号

中国伊斯兰教协会	南横西街 103 号
中国国际贸易促进委员会	复兴门外大街 1 号
国务院南水北调工程建设委员会办公室政策及技术研究中心	南线阁街 58 号
民政部国家减灾中心	白广路 7 号
中共中央文献研究室	前毛家湾 1 号
大唐同舟科技有限公司	菜市口大街 1 号 16 层 1601
国家京剧院	平安里西大街 22 号
北京鲁迅博物馆	阜成门内大街宫门口二条 19 号
北京中信房地产有限公司	菜市口大街甲 6 号院

驻区部分市级单位

北京市教育委员会	前门西大街 109 号
北京市科学技术委员会	西直门南大街 16 号
北京市司法局	西直门内南小街后广平胡同 39 号
北京市人力资源和社会保障局	永定门西街 5 号
北京市市政市容管理委员会	西单北大街 80 号
北京市交通委员会路政局	广安门内大街 317 号
北京市交通委交通执法总队	北礼士路 22 号
北京市农业局	裕民中路 6 号
北京市国家税务局	车公庄大街 10 号
北京市地方税务局	车公庄大街 8 号
北京市园林绿化局	北三环中路 3 号双全大厦 415 号
北京市知识产权局	德胜门东大街 8 号 2 层
北京市民防局	槐柏树街北里 8 号
北京市文学艺术界联合会	前门西大街 95 号
北京急救中心	前门西大街 103 号
北京市电力公司	前门西大街 41 号
北京市自来水集团有限责任公司	宣武门西大街甲 121 号
北京市燃气集团有限责任公司	西直门南小街 22 号
北京市地铁运营有限公司	西直门外大街 2 号
北京市果品有限公司	德胜门外大街 5 号
北京市人民政府台湾事务办公室	德胜门东大街 8 号东联大厦三层
北京北站	北滨河路 1 号
北京市青年宫	西直门南小街 68 号
中国邮政集团公司北京市西城区分公司	南礼士路头条 5 号
北京同仁堂连锁药店有限责任公司	冠英园西区甲 4 号 2 层
北京同仁堂药材有限责任公司	冠英园西区甲 4 号 5 层
中国国民党革命委员会北京市委员会	后英房胡同 9 号
中国民主同盟北京市委员会	后英房胡同 9 号 447
中国民主建国会北京市委员会	后英房胡同 9 号 7 层 721 室
中国民主促进会北京市委员会	后英房胡同 9 号 7 层
中国农工民主党北京市委员会	后英房胡同 9 号
中国致公党北京市委员会	后英房胡同 9 号 6 层
九三学社北京市委员会	后英房胡同 9 号 10 层 1005 房间
台湾民主自治同盟北京市委员会	后英房胡同 9 号 827 室
北京市归国华侨联合会	后英房胡同 9 号 6 层 0655
北京市台湾同胞联谊会	后英房胡同 9 号
北京市党派团体办公楼服务管理中心	后英房胡同 9 号 2 层 205 房间

北京市黄埔军校同学会	后英房胡同 9 号 307
北京市残疾人活动中心	广安门内大街 318 号

境内金融机构

银行网点

中国工商银行股份有限公司北京市分行营业网点

分行营业部	复兴门南大街 2 号天银大厦 B 座
长安支行营业室	宣内大街乙 6 号
复外支行	复兴门外大街 A2 号
复内支行	复兴门内大街 55 号
西单支行	西单北大街 129 号
灵境支行	灵境胡同 42 号
中海凯旋支行	太平桥大街 96 号首层
和平门内支行	北新华街东松树胡同 31 号
新文化街支行	佟麟阁路 75 号
甘石桥支行	西单北大街 6 号
新街口支行营业室	西直门内大街 143 号
西四支行	西四北大街 288 号
安华桥西支行	北三环中路乙 6 号伦洋大厦一层
积水潭支行	新街口外大街甲 18 号
德胜科技园支行	德胜门外大街 13 号院合生财富广场一层
赵登禹路支行	平安里西大街 31 号航天金融大厦一层
德外支行	教场口街 9 号院乙 9–8
西直门内支行	葱店胡同 2 号院 1 号楼 1 层
地安门西大街支行	地安门西大街丙 28 号
爱民里储蓄所	爱民里小区 3 号楼北侧
棉花胡同储蓄所	棉花胡同 52 号
柳荫街支行	德胜门内大街 176–1 号
南礼士路支行营业室	阜成门外大街 8 号
礼士路支行	阜成门外大街 8 号 2 层
阜外大街支行	展览馆路 48 号
西直门支行	车公庄大街乙 1 号
融城支行	百万庄大街 9 号院 1 号楼
西便门支行	西便门外大街 4 号
百万庄东口支行	百万庄大街 16 号
车公庄支行	车公庄大街 9 号院 2 号楼
三里河支行	月坛南街 34 号
真武庙支行	真武庙 4 条 8 号
月坛支行	南礼士路 9 号
金融街支行营业室	太平桥大街丰汇园 11 号楼一层
复兴门支行	金融大街甲 29 号

白塔寺支行	太平桥大街8号院2号楼
阜成门支行	金融大街4号
金树街支行	金融大街8号
英蓝中心支行	金融大街7号英蓝国际金融中心
地安门支行营业室	德胜门外大街77号
官园支行	阜成门北大街6-2号
六铺炕支行	德胜门东滨河路1号
鼓楼支行	地安门外大街31号
鼓楼外大街支行	六铺炕一区1号
安德路支行	安德路108号
菜市口支行	广安门内大街116号
白广路支行	白广路7号
琉璃厂支行	骡马市大街8号泰和国际大厦1层
陶然亭支行	陶然亭路55号
宣武门支行	宣武门外大街甲1号
右内大街支行	里仁街西口25号楼首层
福地广场支行	菜市口大街1号1层101
清芷园支行	育新街47号
菜百支行	广安门内大街306号
新华社储蓄所	宣武门西大街57号
广安门支行营业室	广外南滨河路3号
樱桃园支行	右安门内大街15号
天宁寺支行	西便门内大街69号
范家胡同支行	槐柏树街甲7号
马连道支行	广外马连道6号院4、5号楼
朗琴园支行	手帕口南街1号院1-1
青年湖支行	鸭子桥路24号中铁商务大厦
中环广场支行	枣林前街70号
广外支行	广安门大街305号八区15、16、17号楼1层105
白纸坊支行	白纸坊西街17号10号楼
中国农业银行股份有限公司北京市分行	
西城支行营业部	车公庄北街新华里16号院1号楼
西直门外支行	西直门外大街18号（金贸中心）
展览路支行	展览馆路5号
复兴门支行	复兴门外大街16号39楼101号
月坛大厦支行	月坛北大街2号
金融大街支行	金融大街12号
平安里支行	平安里西大街2号
新街口支行	西直门内大街118号（冠华大厦）
新外支行	新街口外大街8-4号
北三环支行	北三环中路23号
宣武支行营业部	宣武门外大街甲1号b座
骡马市支行	广安门内大街6号
陶然路支行	陶然亭路63号
南线阁支行	枣林北里41号院2号楼首层
广安门外支行	广安门外大街甲6号
马连道支行	马连道路15号院6号楼
里仁街支行	右安门内大街甲26号
朱雀门支行	太平街8号院21号楼底商
白纸坊支行	鸭子桥路1号院5号楼

礼士路支行	复兴门外大街 A2 号中化大厦 G 层东北侧
西单支行	西单北大街 109 号北侧
中国银行股份有限公司北京市分行	
西城支行营业部	阜成门外大街 5 号
三里河支行	月坛南街丙 71 号
百万庄支行	百万庄大街 22 号
北太平庄支行	新街口外大街 12 号
德外支行	德胜门外大街 11 号一层
黄寺支行	黄寺大街甲 24 号
西直门支行	西直门南小街国英园 1 号一层
车公庄支行	车公庄大街 9 号院 2 号楼楼一、二层
官园桥支行	平安里西大街 28 号
丰盛支行	太平桥大街 18 号丰融国际大厦第一层 5、7 单元
宣武支行营业部	南新华街 1 号
宣武门支行	宣武门西大街乙 97 号
莲花河支行	广安门外大街 178 号
西站北支行	莲花池东路 106 号
陶然亭支行	白纸坊东街 3 号
广安门支行	南线阁街 10 号 1 层 1–1
庄胜广场支行	宣武门外大街 20 号一层
复兴门支行	真武庙路头条 1–2
东经路支行	东经路 42 号
天缘公寓支行	广安门南街 36 号
大成大厦支行	宣武门西大街 127 号
中国建设银行股份有限公司北京市分行	
西四支行营业部	阜成门外大街甲 26 号
展览路支行	北礼士路 8 号
月坛南街支行	月坛南街 18 号楼 –4
车公庄支行	车公庄大街 9—5 号
真武庙支行	真武庙二条 4 号院真武家园 1 号楼底商
百万庄支行	百万庄大街 22 号院 2 号楼一层东侧
建展储蓄所	榆树馆西里甲 13 号
西单支行营业部	西单北大街 34 号
西长安街支行	西长安街 15 号一层
西直门支行	官园小区国英园 7 号楼一层
新街口西里储蓄所	新街口西里小区 3 区 2 号楼一层
华远街支行	华远街 13 号置地星座 A 座首层
德胜支行	德胜门东大街 13 号合生财富广场一层
宣武支行	营业部广安门内大街 314 号
右安门支行	右安门外大街 1 号
白纸坊支行	广安门南街 24 号
广安门支行	南滨河路 7 号
里仁街支行	里仁街 3—1 号一层 01 号
四平园支行	南横街四平园小区综合楼 1 号楼
菜市口南街支行	平原里 20 号楼 1–3 号
牛街支行	牛街 11 号 108 室
开阳里支行	开阳路 3 号院 1 号楼 1 至 2 层 101
陶然亭支行	陶然亭路 2 号 9 号楼 101 号、202 号
天宁寺支行	滨河路 2 号
宣武门支行	宣武门外大街 26 号 0101 室

南菜园储蓄所	建功西里 2 号楼一层
交通银行股份有限公司北京市分行	
北京分行营业部	金融街 33 号
金融街支行	金融街 22 号和 20 号
阜外支行	车公庄大街 9 号院 1 号楼
西直门支行	高梁桥斜街 59 号院 2 号楼 09 号
百万庄支行	百万庄大街 11 号
三里河支行	三里河一区五号院 8 号楼首层
官园支行	车公庄路新华里 16–3 号京侨国际公馆 1–3 层 102、202、302 号
时代之光支行	西直门北大街 45 号 2 号楼一层 101、二层部分房间
西单支行	西长安街甲 17 号
宣武支行	广安门内大街 319 号一二层
马连道支行	广安门外大街 248 号（机械大厦）
右安门支行	白纸坊东街 10 号
西便门支行	宣武门西大街甲 129 号
北三环中路支行	北三环中路 29 号院 2 号楼 1 层
马甸支行	德胜门外大街 5 号
德胜门支行	德外关厢地区中交大厦一二层东侧 11–14 轴房
黄寺大街支行	黄寺大街 23 号院 1 号楼 1 层 1010
中信银行股份有限公司总行营业部	
营业结算部	金融大街甲 27 号投资广场 A 座
西单支行	复兴门内大街 45 号院主楼东配楼
广安门支行	广安门外南滨河路 1 号高新大厦 1 层
德外支行	德胜门外大街甲 10 号 1 幢一、二层
天桥支行	天桥南大街 1 号天桥艺术大厦 B 座 1 层
中信城支行	菜市口大街甲 2 号院 6 号楼
中国光大银行股份有限公司总行营业部	
北京分行营业部	宣武门内大街 1 号
宣武支行	广安门外大街 1 号深圳大厦一层
德胜门支行	黄寺大街 23 号北广大厦一层
天宁寺支行	莲花池东路 1 号
西城支行	车公庄大街甲 4 号 –1
礼士路支行	南礼士路 66 号建威大厦
三里河支行	月坛南街 71 号
西直门支行	德宝新园 22 号德宝饭店一层
长安支行	复兴门外大街 6 号光大大厦
金融街丰盛支行	太平桥 25 号
金融街支行	金融大街 28 号院盈泰中心 2 号楼 1 层
文创园小微支行	车公庄大街 4 号院 3 号楼 1 层 109—07 室
西客站支行	莲花池东路甲 5 号院白云时代大厦一层
华夏银行股份有限公司北京分行	
北京分行营业部	金融大街 11 号
和平门支行	前门西大街 14 号
长安支行	三里河东路 5 号
平安支行	平安里西大街 16 号
阜外支行	阜成门外大街甲 34 号
德外支行	德胜门外大街 3 号
车公庄支行	车公庄大街 12 号核建大厦首层
广外支行	广安门外大街甲 397 号

北三环支行	北三环中路6号
陶然支行	太平街8号院朱雀门30号
广发银行股份有限公司北京分行	
月坛支行	月坛北街2号
西客站支行	广莲路1号
金融街支行	金融大街16号
黄寺支行	德胜门外大街12号
宣武门支行	宣武门外大街甲1号
西单支行	复兴门内大街45号1号楼西南侧配楼
动物园地铁支行	西直门外大街地铁4号线动物园站地下一层元沃天地商场A503号
西直门支行	西直门外大街18号楼金贸大厦一层
招商银行股份有限公司北京分行	
北京分行营业部	复兴门内大街156号A座
甘家口支行	百万庄大街甲39号
金融街支行	金融大街35号
德胜门支行	德胜门外大街81号
阜外大街支行	阜成门外大街22号外经贸大厦一层
金融街中心支行	金融大街16号
陶然亭支行	南纬路39号
阳光丽景社区支行	黄寺大街23号1号楼1层1-1
米市社区支行	菜市口大街6号院6号楼1层
蝶翠华庭社区支行	广安门外大街305号二区
金融大街支行	金融大街乙9号楼5层503-01单元
中国民生银行股份有限公司	
阜成门支行	阜成门外大街2号万通新世界广场B座
首体支行	西直门外大街甲143号凯旋大厦
金融街支行	金融大街33号通泰大厦B座
北太平庄支行	新街口外大街2号金辉科技楼
广安门支行	广安门内大街338号港中旅大厦
西单支行	西单北大街107号北京电信综合楼
德胜门支行	德胜门外大街新风街2号天成科技大厦
西二环支行	平安里西大街26号新时代大厦
西长安街支行	复兴门内大街2号民生银行大厦
长椿街支行	宣武门西大街97号2号楼
北京银行股份有限公司	
北京总行营业部	金融大街甲17号、乙17号
北京分行	复兴门内大街156号D座、B座
车公庄支行	车公庄大街乙8号
德外支行	德胜门外大街8号
西四支行	西单北大街30号
阜成支行	阜成门外大街2号
复兴支行	月坛南街14号
展览路支行	西直门外南路八号
三里河支行	月坛南街85号
月坛支行	阜成门外大街27号一层
华安支行	地安门西大街171号
西直门支行	冠英园西区31号楼
燕京支行	复兴门外大街甲19号
金融街支行	金融大街丁26号

官园支行	平安里西大街 22 号一层、二层
慧园支行	教场口街 9 号院 7 号楼及 9 号楼一层
西单支行	复兴门内大街 156 号（招商国际金融中心 B 座）
长安街支行	真武庙一号中国职工之家 C 座首层
西内大街支行	西直门内大街 275 号
北三环支行	北三环中路 6 号 1 幢一层、二层
马连道支行	马连道南街 1 号院 2 号楼
百万庄社区支行	百万庄大街 21 号院 1 号楼配套底商 1 号及 2 号商铺
白塔寺支行	太平桥大街 8 号院 10 号楼 1 至 2 层 25、26
右安门支行	右安门内大街 65 号
前门支行	前门西大街正阳市场 1 号楼
琉璃厂支行	南新华街 48 号
广安支行	广安门外白菜湾 5 号楼一层
报国寺支行	广安门内大街甲 306-3 号
天宁支行	核桃园西街 36 号
滨河路支行	枣林前街 119 号
白云支行	广安门外小马厂西里 2 号
陶然支行	永定门内西街 5 号
宣武门支行	广安门内大街 6 号
广源支行	广安门外大街 305 号院 7 号楼一层
陶然亭路支行	陶然亭路 45 号网信鸿玺宾馆一层
永定门支行	天桥南大街 1 号 1 座 1 层 1 单元
南纬路支行	南纬路 35 号 1 层
车公庄大街社区支行	车公庄大街 9 号院 2 号楼 1 层 01 商业门厅
中国邮政储蓄银行	
地安门支行	地安门外大街 81 号
北广营业所	黄寺大街 23 号
府右街支行	府右街乙 27 号
明珠大厦营业所	西单横二条 59 号
西单营业所	西单北大街 109 号
太平桥营业所	丰汇园小区 19 号楼一层
白塔寺营业所	赵登禹路 379 号
百万庄营业所	百万庄大街 18 号
马尾沟营业所	北礼士路 62 号楼
天意营业所	阜成门外北大街 259 号
万通营业所	阜成门外大街 2 号
文兴街营业所	文兴街 1 号
文兴东街支行	文兴街 1 号院 28 号楼 7 层 702
京鼎大厦营业所	西直门外大街 132 号
金开利德营业所	西直门外大街 136 号
复兴门外大街营业所	复兴门外南礼士路头条 5 号
木樨地支行	复兴门外大街甲 25 号
平安里支行	地安门西大街乙 28 号
车公庄支行	西直门南大街甲 18 号
菜市口大街支行	菜市口大街 6 号院 6-1
陶然亭营业所	黑窑场 1 号楼
天桥营业所	永安路 121 号
宣武区福长街营业所	福长街 52 号
和平门支行	前门西大街 12 号
琉璃厂东街营业所	琉璃厂东街 3 号

里仁街支行	里仁街 14 号
宣武门外大街支行	宣武门外大街临 99 号
西便门西里营业所	西便门西里
马连道营业所	广安门外大街 411 号
鸭子桥营业所	鸭子桥北里 1 号楼
小马厂营业所	小马厂路 1-8 号

境内邮政网点

中南海邮政支局 1 个所	府右街乙 27 号
大会堂邮政所	大会堂内
地安门邮政支局 4 个所	地安门外大街 81 号
定阜街邮政所	定阜街 6 号
什刹海邮政所	烟袋斜街 53 号
大市口邮政所	安德路 79 号
北广邮政所	黄寺大街 23 号
西长安街邮政支局 8 个所（暂停网点）	宣武门内大街 6 号美爵酒店一层
新华社邮政所	宣武门西大街 57 号
工信部邮政所	西长安街 13 号
金隅大厦邮政所	宣武门西大街甲 127 号一层
远洋大厦邮政所	复兴门内大街 158 号地下一层
钟声胡同邮政所	西长安街 17 号图书大厦地下一层
明珠大厦邮政所	西单横二条 59 号明珠大厦内五层
电化教育馆邮政所	复兴门内 160 号
金融大厦邮政所	复兴门内大街 156 号一层
金融街邮政支局 7 个所	丰汇园小区 17 号楼
西单邮政所	西单北大街 109 号
平安大厦邮政所	金融大街 23 号
国企大厦邮政所	金融大街 35 号
通泰大厦邮政所	金融大街 33 号 C 座
富凯大厦邮政所	金融街 19 号
英蓝国际邮政所	金融街英蓝国际大厦金融大街 7 号
邮政集团邮政所	金融街甲 3 号金鼎大厦 B1 层
西四邮政所 1 个所	西四南大街 16 号
白塔寺邮政所	赵登禹路 379 号
百万庄邮政支局 3 个所	百万庄大街 18 号
马尾沟邮政所	北礼士路 62 号
天意邮政所	阜成门外大街 259 号天意市场内二层
万通邮政所	阜成门外大街 2 号 1815 室一层
西外大街邮政支局 5 个所	西直门外大街德宝新园甲 22 号
京鼎大厦邮政所	西直门外大街 132 号四层
金开利德邮政所（暂停网点）	动物园公交枢纽大厦五层西南角
世纪天乐邮政所（暂停网点）	西直门外南大街南路 28 号 B 座 15 层 15A12

文兴街邮政所	西城文兴街1号众合市场3层
北京动物园邮政支局	西直门外大街137号动物园正门西侧
文兴东街邮政所	文兴街1号院28号楼7层702室
三里河邮政支局7个所	月坛南街65号
光大大厦邮政所	复兴门外大街6号一层
建威大厦邮政所	南礼士路66号建威大厦内二层
天照天邮政所	三里河东路5号
复外大街邮政支局	复兴门外南礼士路头条5号
复兴门南大街邮政所	复兴门南大街3号楼首层
木樨地邮政所	复兴门外大街甲25号
国宏大厦邮政所	木樨地北里甲11号
阜成门邮政支局4个所	阜成门北大街19号
职工之家邮政所	真武庙1号职工之家
新街口邮政支局	西直门内大街32号
平安里邮政所	地安门西大街乙28号
车公庄邮政所	西直门南大街甲18号
永安路邮政支局7个所	永安路173号
天桥邮政所	永安路121号
福长街邮政所	福长街52号
和平门邮政支局	前门西大街12号
琉璃厂邮政所	琉璃厂东街3号
菜市口大街邮政所	菜市口大街6号院6-1
陶然亭邮政所	黑窑厂西里1-16号
椿树园邮政所	椿树园18-甲5号
牛街邮政支局3个所	牛街4号
宣外大街邮政所	宣武门外大街临99号
西便门西里邮政所	西便门西里小区14号楼北侧
里仁街邮政支局	里仁街14号
马连道邮政支局4个所	广安门外大街411号
红居街邮政所	红居街10号院3号楼
小马厂邮政所	小马厂路1号院1、2、3、8号楼3号楼1层109
鸭子桥邮政所（暂停网点）	鸭子桥北里1号楼
北京西站邮政支局（暂停网点）	丰台区莲花池东路122-1

学　校

高等院校

北京市行政学院	车公庄大街6号
中央音乐学院	鲍家街43号
中央广播电视大学	复兴门内大街160号
中国人民公安大学	木樨地南里1号

中国道教学院	白云观内
外交学院	展览馆路 24 号
北京建筑大学	展览馆路 1 号
北京军地专修学院	新风街 7 号
公安部高级警官学院	木樨地南里甲 1 号
北京教育学院	德胜门外黄寺大街什坊街 2 号
北京联合大学继续教育学院	丰盛胡同 13 号
北京宣武红旗业余大学	右安门内大街 79 号
北京广播电视大学宣武分校	菜园街 13 号
北京市西城经济科学大学	西直门内南草厂街 22 号

职业高中

北京市外事学校	西直门内南小街永祥胡同 3 号
北京市实美职业学校	百万庄大街 19 号
北京市财会学校	西便门内大街 69 号
北京市实验职业学校	菜园街 13 号

中　学

北京市第三中学	富国街 3 号
北京市第四中学	西黄城根北街甲 2 号
北京市第七中学	安德路 69 号
北京市第八中学	学院小街 2 号
北京市第十三中学	柳荫街 27 号
北京市第十四中学	莲花河南街 2 号
北京市第十五中学	育新街 2 号
北京市第三十一中学	西绒线胡同 33 号
北京市第三十五中学	赵登禹路 8 号
北京市第三十九中学	西黄城根北街 6 号
北京市第四十一中学	西四北二条 58 号
北京市第四十三中学	后孙公园胡同 37 号
北京市第四十四中学	三里河南横街 1 号
北京市第五十六中学	文兴街 3 号
北京市第六十六中学	枣林前街 111 号
北京市第一五六中学	太平仓胡同 16 号
北京市第一五九中学	王府仓胡同 23 号
北京市第一六一中学	大宴乐胡同 11 号
北京市第二一四中学	月坛北街 18 号
北京市月坛中学	南礼士路二条 1 号
北京市徐悲鸿中学	右安门内西街甲 10 号
北京市鲁迅中学	新文化街 45 号
北京市铁路第二中学	月坛西街 5 号
北京教育学院附属中学	新街口四条 48 号
北京市育才学校	东经路 21 号
北京市回民学校	广安门内大街 225 号
北京市西城外国语学校	西直门外南路 6 号
北京师范大学附属中学分校	太平街西巷 4 号
北京师范大学第二附属中学西城实验学校	安德路 116 号
北京市师范大学实验华夏女子中学	红莲中里 12 号

北京师范大学实验二龙路中学	大木仓胡同 39 号
北京市宣武外国语实验学校	广安门外莲花河胡同 4 号
北京市第十三中学分校	西绦胡同 59 号
北京师范大学附属实验中学分校	辟才胡同 80 号
北京市三帆中学	德胜门外新风街 7 号
北京师范大学附属中学	南新华街 18 号
北京师范大学第二附属中学	新街口外大街 12 号
北京师范大学附属实验中学	二龙路 14 号
北京师范大学亚太实验学校	昌平区北七家镇曹碾村西北
北京市私立汇才中学	东城区永定门外大街 86 号
北京市北纬路中学	北纬路 46 号
北京市和平门中学 (师大附中借用)	南新华街 15 号
北京市新光中学	黄城根北街 6 号
北京市什刹海体育运动学校附设初中班（100 中）	地安门西大街 57 号

小　学

北京市西城区育翔小学	马甸南村乙 14 号
北京市西城区师范学校附属小学	六铺炕北小街 3 号
北京市西城区裕中小学	裕中西里 29 号
北京市西城区五路通小学	什坊街甲 6 号
北京市西城区黄城根小学	西黄城根北街 3 号
北京市西城区厂桥小学	地安门西大街 167 号
北京市西城区鸦儿胡同小学	鸦儿胡同 25 号
北京市西城区新街口东街小学	新街口东街 5 号
北京雷锋小学	西绦胡同甲 2 号
北京市西城区西什库小学	刘兰塑胡同 14 号
北京市西城区柳荫街小学	西煤厂胡同 7 号
北京市西城区什刹海小学	地安门内大街恭俭胡同 41 号
北京市西城区自忠小学	府右街丙 27 号
北京市西城区北长街小学	北长街 71 号
北京市西城区力学小学	力学胡同 47 号
北京市西城区顺城街第一小学	前门西大街 135 号
北京第一实验小学	南新华街 17 号
北京市西城区炭儿胡同小学	炭儿胡同 11 号
北京市西城区新世纪实验小学	南纬路 2 号院
北京市西城区香厂路小学	香厂路 31 号
北京第一实验小学前门分校	和平门外东街甲 5 号
北京第二实验小学玉桃园分校	西直门内大街玉桃园三区 10 号
北京市西城区四根柏小学	赵登禹路 58 号
北京市西城区中华路小学	前半壁街 48 号
北京师范大学京师附小	西四北四条 47 号
北京第二实验小学	新文化街 111 号
北京市西城区奋斗小学	闹市口大街月台胡同 15 号
北京市西城区西单小学	中京畿道 1 号
北京市西城区宏庙小学	西单北大街宏庙胡同 13 号
北京市西城区华嘉小学	西廊下胡同 34 号
北京第二实验小学涭水河分校	涭水河胡同 45 号旁门
北京市宣武师范学校附属第一小学	右安门内大街 26 号
北京市西城区白纸坊小学	白广路乙 27 号

北京市西城区福州馆小学 福州馆前街 3 号
北京市西城区陶然亭小学 龙泉胡同 5 号
北京市西城区半步桥小学 白纸坊东街 27 号
北京市西城区实验小学 南菜园 35 号
北京市西城区阜成门外第一小学 阜成门外大街甲 10 号
北京市西城区展览路第一小学 百万庄中里 7 号
北京市西城区进步小学 西外大街榆树馆胡同 1 号
北京市西城区北礼士路第一小学 北礼士路 133 号
北京建筑大学附属小学 文兴街 4 号
北京第二实验小学白云路分校 白云路 2 号
北京市西城区育民小学 真武庙头条 8 号
北京市西城区中古友谊小学 三里河 30 号
北京市西城区三里河第三小学 三里河三区 36 号
北京市西城区复兴门外第一小学 复兴门外大街地藏庵 23 号
北京小学 槐柏树街 9 号
北京市西城区康乐里小学 储库营康乐里 2 号
北京小学走读部 北线阁街 2 号
北京市宣武回民小学 牛街西里一区 5 号
北京市西城区登莱小学 登莱胡同 29 号
北京第二实验小学广外分校 广安门外红居南街 2 号
北京小学天宁寺分校 天宁寺前街 35 号
北京小学红山分校 广安门外大街 305 号院二区
北京市西城区青年湖小学 鸭子桥北里 13 号
北京市西城区椿树馆小学 广安门外南街 43 号
北京市西城区三义里小学 广外三义里 4 号
北京市西城区红莲小学 红莲中里 14 号
北京市西城区兴华小学 留学路 114 号

幼儿园

北京市西城区长安幼儿园 前门西大街 139 号
北京市北海幼儿园 地安门西大街 22 号
北京市西城区棉花胡同幼儿园 棉花胡同 78 号
北京市第六幼儿园 旧鼓楼大街大石桥胡同 43 号
北京市西城区曙光幼儿园 后广平胡同一号院 1 号楼
北京市西城区西四北幼儿园 西四北三条 11 号
北京洁如幼儿园 什坊小街宏英园 17 号楼
北京市西城区洁民幼儿园 裕中西里小区 36 号
北京市西城区民族团结幼儿园 新明胡同乙 1 号
北京市西城区虎坊路幼儿园 虎坊路甲 14 号
北京市西城区实验幼儿园 南新华街 21 号
北京市西城区名苑幼儿园 广安门外红居街 16 号
北京市西城区长椿街幼儿园 西便门东里 11 号
北京市西城区槐柏幼儿园 槐柏树街南里 10 号
北京市西城区和平门幼儿园 上斜街 66 号
北京市西城区小百合幼儿园 长椿街甲 1 号
北京市宣武回民幼儿园 南横西街 119 号
北京市西城区三教寺幼儿园 里仁街 12 号
北京市第四幼儿园 广安门外莲花河胡同 3 号
北京市西城区三义里第一幼儿园 广安门外三义东里 9 号

北京市西城区三义里第二幼儿园	三义西里 7-2 号
北京市西城区马连道幼儿园	广安门外红莲中里 10 号
北京市西城区信和幼儿园	马连道路 15 号院 5 号楼
北京市西城区红山幼儿园	广安门外大街 305 号二区 10 楼
北京市西城区广安幼儿园	广安门车站西街 2 号院 15 号楼
北京市西城区华新幼儿园	西四北四条 8 号
北京市西城区什刹海街道大拐棒幼儿园	大拐棒胡同 15 号
北京市西城区新街口街道果子市幼儿园	鼓楼西大街 169 号
北京市西城区新街口街道高井幼儿园	西直门内大街高井胡同 16 号
北京市西城区金融街街道新京畿道实验幼儿园	二龙路京畿道小区 12 号
北京市西城区月坛街道办事处第一幼儿园	三里河北街 23 号
北京市西城区展览路街道北营幼儿园	北营房西里 11 号楼西侧
北京市西城区大栅栏西柳树井幼儿园	珠市口西大街 111 号
北京市西城区大栅栏大安澜营幼儿园	大栅栏大安澜营胡同 13 号
北京市西城区南菜园幼儿园	菜园街五层公寓楼 2 号
北京市西城区樱桃园幼儿园	右内大街 53 号
中共中央组织部机关服务中心幼儿园	西单北大街小酱坊胡同 31 号
中共中央办公厅警卫局北长街幼儿园	北长街 89 号
北京市公安局幼儿园	松树街 7 号
中国儿童中心实验幼儿园	平安里西大街 43 号
中共中央直属机关事务管理局实验幼儿园	新风街 1 号院甲 2 号楼
公安部幼儿园	木樨地北里 2 号
国家发展和改革委员会三里河幼儿园	三里河一区丙 68 号
物资机关幼儿园	月坛北街 25 号院
中国石油天然气集团公司机关服务中心幼儿园	六铺炕三区甲 15 号
北京市农业局幼儿园	裕中西里甲 1 号
北京市人民政府机关事务管理办公室幼儿园	广安门内长椿里 2 号
国家机关事务管理局花园村幼儿园广源分园	广安门外大街 305 号 3 区 8 号楼
机械机关幼儿园	展览馆路 14 号中俊酒店 2601
北京印钞有限公司幼儿园	白纸坊街 23 号
华电（北京）热电有限公司幼儿园	天宁寺东里 4 号
北京军区空军蓝天宇锋幼儿园	平安里群力胡同 17 号
中国人民解放军北京卫戍区直属机关幼儿园	厂桥定阜街 3 号
中国人民解放军解放军报社幼儿园	阜成门外大街 34 号
北京市西城区幸福泉幼儿园	西直门内大街冠英园西区 8 号
北京市西城区广电银河艺术幼儿园	育德胡同 15 号
北京市西城区幸福时光陶然幼儿园	黑窑厂西里甲 11 号
北京市西城区里仁街幼儿园	宏建北里 13 号
北京中铁信达经贸有限公司幼儿园	广安门外车站东街甲 5 号
北京市西城区警娃艺术幼儿园	太平里甲 6 号
北京市西城区汇佳北欧幼儿园	马连道路 80 号院
北京市西城区宝威幼儿园	白云路 4 号
北京市西城区韦斯顿幼儿园	小马厂路 1 号院西豪逸景 3 号楼 307-309 室
北京市西城区普林斯顿幼儿园	广安门内大街广安胡同康乐里 12 号
北京市西城区官园幼儿园	西直门南小街甲 188 号
北京市西城区亲育代双语幼儿园	北礼士路 135 号
北京市西城区悠米幼儿园	菜市口莲花胡同 11 号
北京市西城区海思幼儿园	育新街 47 号清芷园 12 号楼一层
北京市西城区威廉和玛丽幼儿园	陶然亭路 2 号院 9 号楼一层

特殊教育

北京启喑实验学校	西直门内大街东教场胡同5号
北京市西城区培智中心学校	西直门外大街德宝新园23号
北京市宣武培智学校	新桥胡同1号
北京市西城区育华中学	昌平区沙河镇七里渠南村531号

卫生机构

辖区三级医院

北京大学第一医院	西什库大街8号
北京大学人民医院	西直门南大街11号
中国医学科学院阜外心血管病医院	北礼士路167号
北京积水潭医院	新街口东街31号
首都医科大学附属北京安定医院	德胜门外安康胡同5号
首都医科大学附属北京儿童医院	南礼士路56号
首都医科大学附属北京友谊医院	永安路95号
中国中医科学院广安门医院	北线阁5号
首都医科大学宣武医院	长椿街45号
中国医学科学院北京协和医院	大木仓胡同41号
北京急救中心	前门西大街103号
中国人民解放军第305医院	文津街甲13号
中国人民武装警察部队北京市总队第二医院	月坛北街丁3号
中国人民解放军第二炮兵总医院	新街口外大街16号

区属卫生机构

首都医科大学附属复兴医院	复兴门外大街甲20号
北京中医药大学附属护国寺医院	棉花胡同83号
北京市宣武中医医院	万明路13号
北京市第二医院	宣武门内大街油坊胡同36号
北京市西城区展览路医院	西直门外大街桃柳园西巷16号
北京市丰盛中医骨伤专科医院	阜成门内大街306号
北京市西城区平安医院	赵登禹路169号
北京市肛肠医院（北京市西城区二龙路医院）	德胜门外大街16号（北院区）、下岗胡同1号（南院区）
北京市西城区广外医院	广安门外三义里甲2号
北京市西城区妇幼保健院	平原里小区19号楼
北京市回民医院	右安门内大街11号
北京市西城区妇幼保健中心	德胜门外大街38号
北京市西城区结核病防治所	油坊胡同52号
北京市西城区疾病预防控制中心	德胜门外大街38号

北京市西城区卫生局卫生监督所	白云观街北里 6 号
北京市西城区动物卫生监督所	白纸坊西街 17 号院 9 号楼底商
北京市西城区椿树社区卫生服务中心	西琉璃厂 63 号
北京市西城区金融街社区卫生服务中心	阜成门内大街 306 号
北京市西城区广内社区卫生服务中心	校场五条 49 号
北京市西城区德胜社区卫生服务中心	德胜门外大街 34 号
北京市西城区新街口社区卫生服务中心	后半壁街 19 号
北京市西城区大栅栏社区卫生服务中心	煤市街 152 号
北京市西城区展览路社区卫生服务中心	阜成门外北大街 201 号
北京市西城区什刹海社区卫生服务中心	正觉夹道甲 13 号
北京市西城区陶然亭社区卫生服务中心	陶然亭路 12 号
北京市西城区天桥社区卫生服务中心	万明路甲 2 号
北京市西城区牛街社区卫生服务中心	右安门内大街 11 号
北京市西城区广外社区卫生服务中心	广安门外三义里甲 2 号
北京市西城区首都医科大学附属复兴医院月坛社区卫生服务中心	真武庙六里七号楼
北京市西城区西长安街社区卫生服务中心	油坊胡同 52 号
北京市西城区白纸坊社区卫生服务中心	新安中里 4 号
北京市西城区社区卫生服务管理中心	广安门外三义东里 8 号楼

西城区律师事务所及公证处

安迪律师事务所	德胜门外大街 3 号楼辽宁饭店写字楼 703 室
安朗律师事务所	广安门外北滨河路甲 1 号恒物金属大厦 618
八都律师事务所	广安门内大街 116 号凌云居 1 号楼 1309 室
邦恒律师事务所	宣武门外大街 20 号公寓 1601、1602
邦银律师事务所	二龙路新龙大厦 519 室
宝鼎律师事务所	太平街 6 号 E-525
保和律师事务所（个人）	莲花池东路 106 号汇融大厦 A 座 2504 室
宝华德律师事务所	广安门内大街广信嘉园 C 座 -13C
宝盛律师事务所	新街口西里三区 2 号楼 2-4 号
北人律师事务所	广安门南街 36 号天缘公寓 B604
贝浩律师事务所	北三环中路 29 号院 2 号楼 A-1105
博昌律师事务所	新街口西里二区 1 号楼地上一层 1-4
博恒律师事务所	黄寺大街 23 号北广大厦 1205
博金律师事务所	阜成门外大街 1 号四川大厦东塔 1314-1319
才达律师事务所	黄寺大街 24 号院 19 号楼（明湖大厦）A 座 501
才良律师事务所	太平街 6 号富力摩根中心 E 座 318 室
彩和律师事务所（个人）	后广平胡同 38 号 308
倡信律师事务所（个人）	西城区半步桥街 48 号 3 层 333
诚辉律师事务所	西直门南大街 2 号成铭大厦 B2 座 14G
成竺律师事务所（个人）	新街口西里二区 1 号楼 1 号
驰坚律师事务所	新街口西里二区 1-2 号底商

重光律师事务所	广宁伯街2号金泽大厦7层
赐诚律师事务所（个人）	广安门外小红庙南里2号1302
大康律师事务所	建功西里1号楼2803
道淳律师事务所	华远北街2号通港大厦1001
德恒律师事务所（特殊的普通合伙）	金融大街19号富凯大厦B座12层
德翔律师事务所（个人）	德胜门外大街36号德胜凯旋B座314室
鼎知律师事务所	宣武门西大街乙129号金隅大厦1709–1710
东方律师事务所	西绒线胡同9号
东易律师事务所	车公庄大街9号五栋大楼C座13层
法度律师事务所	广宁伯街2号铁通大厦5层
法桓律师事务所（个人）	黄寺大街26号院德胜置业大厦5号楼506
非凡鑫源律师事务所	手帕口南街1号院朗琴园11号楼1006室
丰友律师事务所	阜成门外大街2号万通新世界B座1603
富华邦律师事务所	西直门南小街国英园1号716
高默克律师事务所	月坛北街2号月坛大厦A608b
高思律师事务所（个人）	太平街6号富力摩根中心e1002
格理律师事务所	金融大街35号A座511
观澜律师事务所	太平街6号富力摩根中心D—722
观韬律师事务所	金融大街28号盈泰中心2号楼17层
冠衡律师事务所	南礼士路66号建威大厦1916–1917
冠领律师事务所	高梁桥路6号5号楼（西环广场）16层A1
冠英律师事务所	车公庄大街9号院五栋大楼5号楼1101室
光夏律师事务所（个人）	西直门外大街18号金贸中心A座1737
国首律师事务所	平原里21号亚泰中心B1017号
国舜律师事务所	广安门外朗琴国际大厦B座509
国源律师事务所	二七剧场路乙6号楼六层
海创律师事务所	佟麟阁路95号尚座大厦6G
海泓达律师事务所	平原里21号亚泰中心A1107室
汉达律师事务所	三里河东路1–2（1号楼院2号）
汉和律师事务所	西直门外大街18号金贸中心2单元1107
汉龙律师事务所	金融大街19号富凯大厦B座707
昊衡律师事务所	德胜门外大街36号楼10层2单元1013室
瀚岳律师事务所（个人）	西直门外大街金贸中心A座1603
浩伟律师事务所	广安门南滨河路27号贵都国际中心A座1711
何贵富律师事务所（个人）	新街口西里一区1号楼地上底商8号
泓理律师事务所	白纸坊西街22号都市晴园816室
华策律师事务所	新街口外大街2号有研大厦B–401
华朝律师事务所（个人）	车公庄大街6号院3号楼312房间
华和律师事务所	登莱胡同4号11幢2层211室
华鹏律师事务所	车公庄大街9号院五栋大楼B座1单元503室
华堂律师事务所	阜成门外大街11号国宾酒店写字楼308
华文通用律师事务所	西直门外大街18号金贸大厦A座318室
华卫律师事务所	富国街2号富国商务会所1301室
桓标律师事务所	月坛南街69号4号楼210室
惠康律师事务所	东京畿道10号石化宾馆写字楼511–513
慧学律师事务所	西直门外大街135号北展宾馆松竹园
汇源律师事务所	南滨河路31号华亨大厦538室
魂鹤律师事务所	北三环中路甲29号华尊大厦B座303室
纪凯律师事务所	宣武门西大街甲129号金隅大厦6层
嘉源律师事务所	复兴门内大街158号远洋大厦F408

甲子律师事务所	西直门外大街德宝二期5号地办公、商业及酒店11层1单元1223室
建诚律师事务所	广安门内大街广信嘉园C座23A-C
江山律师事务所	陶然亭路53号南楼430室
金石律师事务所	半步桥街13号院金泰开阳大厦311
金台律师事务所	广安门外大街248号机械大厦20层
金颐律师事务所	北三环中路29号华尊大厦二层
瑾瑞律师事务所	太平街6号富力摩根中心E座306室
京大律师事务所	车公庄大街甲4号A1706
京豪律师事务所	新街口西里3区2号楼2-2
京徽律师事务所	半步桥街48号金泰开阳大厦327室
京龙律师事务所	车公庄大街6号院2号楼504、507
京泰律师事务所	白纸坊西街20号圣都大厦309室
京通律师事务所	裕民路18号北环中心A座608室
京土律师事务所（个人）	茶马北街1号院2号楼4层2单元0522室
经纬律师事务所	复兴门内大街158号远洋大厦F302AB室
京文律师事务所（个人）	西直门外大街18号金贸中心A座1511号
京银律师事务所	百万庄北街经易大厦5层
京泽律师事务所	广安门外大街168号朗琴国际大厦A座805
景运律师事务所	广安门外大街248号机械大厦2113
久维律师事务所	德胜门外大街11号康华伟业孵化器735
九洲律师事务所	铁树斜街90号远东饭店6304室
聚和律师事务所	鼓楼西大街41号院1号楼209、301室
君泽君律师事务所	金融大街9号金融街中心南楼6层
开中律师事务所（个人）	阜成门外大街甲6号中建对外贸易大楼325
凯基律师事务所	广安门内大街200号东华金座西塔一单元2704
科瀚律师事务所	闹市口大街1号长安兴融中心C座908室
莱博律师事务所	新街口外大街2号有研大厦B座406室
兰普瑞那律师事务所	复兴门内大街45号3号楼436、441室
李晓斌律师事务所（个人）	宣武门外大街28号富卓大厦B座706室
李晓光律师事务所（个人）	西直门南大街6号国二招B座5222室
力行律师事务所	新德街20号中影器材大楼307
联拓律师事务所	宣武门外大街庄胜广场北楼西翼1009
隆鼎律师事务所（个人）	黄寺大街26号院德胜置业大厦1号楼01053号
隆平律师事务所	广安门内大街6号枫桦豪景A座2单元802
茂源律师事务所	茶马街6号院4号楼1单元1304
美泰律师事务所（个人）	西直门南小街133号303室
铭德律师事务所	德胜门外大街甲11号美江大厦405、421室
鸣静律师事务所	新街口西里1-1、1-2中间
莫少平律师事务所（个人）	广安门内大街167号翔达大厦写字楼8层809室
母树峰律师事务所（个人）	宣武门外大街20号海格国际大厦A座1818
纽伦律师事务所	广安门南滨河路27号贵都国际中心A座1903
欧亚律师事务所	新街口西里二区1号楼11-1
乾贞律师事务所	西直门外大街18号金贸中心A座833
乾木文辰律师事务所（个人）	核桃园西街36号北方长城光电大厦516室
青石律师事务所	莲花池东路甲5号院1号楼白云时代大厦1701、1702
权达律师事务所	西直门外大街18号楼9层1单元1021
群正律师事务所（个人）	功德林宾馆403
仁杰律师事务所	新街口西里二区1-7
仁人德赛律师事务所	闹市口大街1号长安1号院4号楼4A、4B

融飞律师事务所（个人）	广安门外大街248号机械大厦2118
瑞天律师事务所	莲花池东路甲5号院1号楼15层2单元1507
瑞咨律师事务所（个人）	阜成门外大街2号万通新世界A1003室
润文律师事务所	茶马街6号院4号楼1单元301室
尚淳律师事务所	平安里西大街28号光大国际中心1号楼1808室
尚格律师事务所	北展北街华沅企业号D座2单元601室
上泽律师事务所	德胜门外新风街2号天成科技大厦A座905室
绅特律师事务所	南滨河路27号贵都国际中心A座503室
圣大律师事务所	阜成门外大街2号B1701、1702、1703
时代九和律师事务所	宣武门外大街甲1号环球财讯中心B座2层
世银律师事务所	月坛北街26号1703
首信律师事务所	马甸南村甲18号
首阳律师事务所	西直门外1号院2号楼8C6
双鹏律师事务所	宣武门未英胡同49号英嘉公寓1号楼8A
四惠律师事务所（个人）	前半壁街66号祺祥园写字楼211室
松晟律师事务所（个人）	南菜园街2号2号楼408
孙耀刚律师事务所	核桃园西街36号北方长城光电四层403A室
泰德律师事务所	月坛南街26号1号楼1021、5051、5053
天铎律师事务所	西直门内南小街国英1号309
天理律师事务所	红莲南路57号中国印刷大厦5层502室
天宁律师事务所	国英园小区14号楼102室
天瀚律师事务所	广安门内大街甲306号水利综合楼824、841
天路律师事务所	裕民路18号北环中心910
天元律师事务所（特殊的普通合伙）	丰盛胡同28号太平洋保险大厦10层
统理律师事务所（个人）	白纸坊西街圣都大厦802室
万瑞律师事务所	金融街国际企业大厦B座16层1420号
万森律师事务所	西经路1号宝山商务酒店四层
王良律师事务所（个人）	马连道路9号院内黄山茶城3层3A05
威宇律师事务所	宣武门外6号庄胜广场3A19、3A20室
维泰律师事务所	北三环中路甲29号华尊大厦A座1102室
伟石律师事务所	黄寺大街26号4号楼1205室
卫之平律师事务所	阜成门外大街2号万通大厦A1206
未名律师事务所	复兴门南大街甲2号楼9层B012室
吴栾赵阎律师事务所	月坛北街2号月坛大厦A506
响宇律师事务所	菜市口大街甲2号院2号楼119
新元律师事务所	通泰大厦C座603室
欣国律师事务所（个人）	陶然亭路2号9号楼1层115
鑫诺律师事务所	宣武门外大街10号楼庄胜广场中央办公楼北翼9层（904–906、915–921）
鑫程律师事务所	黄寺大街24号院明湖大厦B513、515
鑫河律师事务所	太平街6号富力摩根中心D座918室
信格律师事务所	莲花池东路甲5号白云时代大厦东座1208
星迪律师事务所	金融大街19号富凯大厦B座11层1110
雄志律师事务所	裕民路18号北环中心A座811室
旭伟律师事务所	莲花池东路106号13层2单元1602
薛武律师事务所	茶马北街1号院2号楼6层2单元0725室
曜远律师事务所	海博国际大厦b709
业威律师事务所（个人）	马连道路11号一商大厦0923室
怡德亨律师事务所	铁树斜街90号远东饭店8202室
亦德律师事务所	菜市口南大街陶然居A座1005室

义方律师事务所	广安门南滨河路23号立恒名苑3号楼701
逸峰律师事务所	太平街6号富力摩根中心D座三层D–320
易凯律师事务所	前半壁街66号祺祥园写字楼302–303室
英岛律师事务所	西直门外大街143号凯旋大厦C座二层
永新智财律师事务所	金融大街27号投资广场A座1801
友融律师事务所（个人）	展览馆路甲26号1号楼304室
雨仁律师事务所	月坛北街26号恒华国际商务中心A座422室
玉言律师事务所（个人）	新街口西里二区1–1号
允阔律师事务所	车公庄大街9号2号楼6层3门602
允元律师事务所（个人）	白云观街7号1208室
张浩然律师事务所（个人）	黄寺大街26号德胜置业大厦4号楼6层710室
正理律师事务所	车公庄大街9号院五栋大楼B1座1103室
智多鑫律师事务所	广安门外大街182号2418室
致诺律师事务所（个人）	太平街8号院7号楼3门101室
智识恒律师事务所	西直门南小街国英园1号0523
中北律师事务所	月坛北街2号月坛大厦1603室
中高盛律师事务所	广义街5号广益大厦B907
中合律师事务所	广安门南街36号天缘公寓B座1104室
中今律师事务所	阜成门外大街甲9号国宾酒店B座502单元
中里通律师事务所	三里河东路三里河一区5–5
中满律师事务所	西直门南小街国英1号楼628
中实律师事务所	西单大木仓北一巷一号西单饭店三层
中同律师事务所	北三环中路甲29号华尊大厦A座18层
中旭律师事务所	东官房胡同35号丙
中轩律师事务所	南滨河路23号立恒名苑3号楼2105室
中治律师事务所	金融大街28号盈泰中心2号楼3层
中盈律师事务所	西直门外大街新兴东巷15号1号楼金泰鑫桥大厦七层
中永律师事务所	北展北街15号华远企业中心A座5层501室
中喆律师事务所	广安门外大街168号朗琴国际大厦B座517A
中咨律师事务所	平安里西大街26号新时代大厦6–8层
中尊律师事务所	阜成门万通新世界A座2109
昭德律师事务所	宣武门外大街6号庄胜（6–713）
兆君律师事务所	新街口西里二区1号楼1–2室
兆源律师事务所	宣武门西大街甲129号金隅大厦1207–1211
兆亿律师事务所	黄寺西街26号德胜置业大厦1号楼701
重典律师事务所	新街口西里三区2–7（底商）
卓仑律师事务所	德胜门外大街乙10号泰富大厦10层1006室
铸成律师事务所	北展北街华远企业号A座8层
紫光达律师事务所	后广平胡同38号国英公寓10F
福建天凯（北京）律师事务所	金融大街15号鑫茂大厦401–5A单元
江苏博爱星律师事务所北京分所	白云路4号
山西科贝律师事务所北京分所	金融大街27号投资广场B座9层
广东华科律师事务所北京分所	佘家胡同1号3栋三楼317–320
北京市国立公证处	德胜门西大街68号
北京市中信公证处	广宁伯路2号铁通大厦5层
北京市精诚公证处	骡马市大街14号

文物保护单位及文化设施

全国重点文物保护单位（42 处）

名称	时代	地址
北海及团城	明、清	文津街 1 号
妙应寺白塔	元	阜成门内大街 171 号
宋庆龄故居	现代	后海北沿 46 号
恭王府及花园	清	前海西街 17 号、柳荫街 14 号
郭沫若故居	现代	前海西街 18 号
大高玄殿	明	景山西街 21 号、23 号
历代帝王庙	明、清	阜成门内大街 131 号
南　堂	明、清	前门西大街 141 号
景　山	明、清	景山西街 44 号、景山后街 11 号
白云观	明、清	西便门外白云观
中南海	明、清	西长安街
德胜门箭楼	明、清	北二环中路
北京鲁迅旧居	民国	阜成门内宫门口二条 19 号
清农事试验场旧址	清	西直门外大街 137 号
月　坛	明	南礼士路
醇亲王府	清	后海北沿 44 号、鼓楼西大街 154、156 号
广济寺	明	阜成门内大街 25 号
北平图书馆旧址	民国	文津街 7 号
北京国会旧址	民国	宣武门西大街 57 号
京师女子师范学堂旧址	民国	新文化街 45 号
利玛窦和外国传教士墓地	明、清	车公庄大街 6 号
西什库教堂	清	西什库大街 33 号
国立蒙藏学校旧址	清	小石虎胡同 33 号
关岳庙	民国	鼓楼西大街 149 号
天宁寺塔	辽	天宁寺前街甲 3 号
牛街礼拜寺	明、清	牛街 18 号
先农坛	明	东经路 21 号
法源寺	清	法源寺前街 5 号
安徽会馆	清	后孙公园 17、19、21、23、25、27 号
报国寺	清	报国寺前街 1 号
国民政府财政部印刷局旧址	清	白纸坊街西街 23 号
大栅栏商业建筑		
瑞蚨祥	民国	大栅栏街 5 号
谦祥益	民国	珠宝市街 5 号
劝业场	清	廊房头条 17 号
祥义号门面	民国	大栅栏街 1 号
李大钊旧居	民国	文华胡同 24 号
梅兰芳旧居	现代	护国寺街 9 号
明北京城城墙遗迹	明	复兴门南大街

克勤郡王府	清	新文化街53号
辅仁大学本部旧址	民国	定阜街1号
盛新中学与佑贞女中旧址	民国	教场胡同2号、教场胡同4号
万松老人塔	元	西四南大街43号旁门
基督教中华圣公会教堂	民国	佟麟阁路85号、石灯胡同甲6号
西交民巷近代银行建筑群	民国	西交民巷17号、23号、50号
大运河（北京市西城区）	元、明	什刹海、玉河故道：地安门外大街（含万宁桥）

北京市文物保护单位（61处）

名称	时代	地址
程砚秋故居	现代	西四北三条39号
齐白石故居	民国	跨车胡同13号
升平署戏楼	清	西长安街1号、大宴乐胡同11号
郑王府	清	大木仓胡同35号
礼王府	清	西黄城根南街7号、9号，颁赏胡同甲19号
庆王府	清	定阜街3号、德胜门内大街甲254号
福佑寺	清	北长街20号
广化寺	元、明	鼓楼西大街鸦儿胡同31号
护国寺金刚殿	元	护国寺西巷
都城隍庙（寝殿）	元、明、清	成方街33号
吕祖阁	清	明光胡同6号、新壁胡同41号
火德真君庙	元、明、清	地安门外大街77号
昭显庙	清	北长街71号
天主教圣母会法文学校	清末	前门西大街137号
西四北三条11号四合院	民国	西四北三条11号
西四北六条23号四合院	民国	西四北六条23号
前公用胡同15号四合院	民国	前公用胡同15号
西四北三条19号四合院	民国	西四北三条19号
西交民巷87号北新华街112号四合院	民国	西交民巷87号
涛贝勒府	清	柳荫街25、27、乙27号
北京水准原点旧址	民国	西安门大街1号（一部南门）
富国街3号四合院	清	富国街3号
平绥铁路西直门车站旧址	清末	西直门外北滨河路1号
百万庄路8号墓园石刻	清末	阜成门外百万庄路8号
贤良祠	清	地安门西大街103号
旧式铺面房	清末	地安门外大街50、52号
会贤堂	清	前海北沿18号
拈花寺	明	大石桥胡同61号
地安门西大街153号四合院	清	地安门西大街153号
阜成门内大街93号四合院	民国	阜成门内大街93号
雪池冰窖	清	雪池胡同10号
恭俭冰窖	清	恭俭五巷5号
皇城墙遗址（西城区）	明、清	西长安街
长椿寺	明	长椿街9、11号
三圣庵	清	黑窑厂胡同14号
陶然亭慈悲庵	元	陶然亭公园内
湖广会馆	清	虎坊路3、5号
湖南会馆	清	烂漫胡同101、103号
中山会馆	清	珠朝街5号

正乙祠	清	西河沿220号
杨椒山祠	明	达智桥胡同12号及旁门校场三条2号
康有为故居	清	米市胡同43号
朱彝尊故居	清	海柏胡同16号
《京报》馆	民国	魏染胡同30、32号
盐业银行旧址	民国	前门西河沿7号
交通银行旧址	民国	前门西河沿9号
粮食店第十旅馆	清	粮食店街73号
金中都太液池遗址	金	广安门外南街77号
云绘楼清音阁	清	陶然亭公园内
德寿堂药店	民国	珠市口西大街175号
纪晓岚故居	清	珠市口西大街241号
原京华印书局	民国	南新华街177号
醇亲王府（南府）	清	鲍家街43号、宗帽胡同甲2号
广福观	明	烟袋斜街37号、大石碑胡同6号
清学部遗存	清	教育街1号宣内17号
清稽查内务府御史衙门	清	陟山门街5号
兆惠府第遗存	清	前井胡同3号
中国地质调查所旧址	民国	兵马司胡同15号
张自忠旧居	民国	府右街丙27号
浏阳会馆（谭嗣同故居）	清	北半截胡同41号，南半截胡同6、8号
绍兴会馆	清	南半截胡同7号

西城区级文物保护单位（78处）

名称	**时代**	**地址**
三官庙	明	西海北沿29号
净业寺	明	德胜门内西顺城街46号
双　寺	明	双寺胡同11号、西绦胡同2号
普济寺（高庙）	明	西海南沿48号
棍贝子府花园	清	新街口东街31号
德胜桥	明	德胜门内大街
摄政王府马号	清	后海北沿43号
大藏龙华寺	明	后海北沿23号
寿明寺	明	鼓楼西大街79号
小石桥胡同24号宅园（盛园）	清	小石桥胡同24号、后马厂胡同17号
银锭桥	明、清	后海北沿东端
鉴　园	清	小凤翔胡同5号
正觉寺	明	正觉胡同甲9号
魁公府	清	宝产胡同甲23、23、25、27、29号，赵登禹路58、60号，四根柏胡同18号
旌勇祠	清	旌勇里3号
保安寺	元	地安门西大街133、135号
天寿庵	明	龙头井街42号
玉皇阁	元	育强胡同甲22号
翠花街5号四合院	民国	翠花街5号
元大都下水道	元	西四路口
清真普寿寺	明	锦什坊街63号
永佑庙	清	府右街1号、3号
万寿兴隆寺	明	北长街39号

洵贝勒府	清	背阴胡同37号
仪亲王府	清	府右街137号
霱公府	清	西绒线胡同51号
永寿寺	明	三里河前巷1号
马尾沟教堂	民国	车公庄大街6号
陆谟克堂	民国	西直门外大街141号
护国双关帝庙	元、明、清	西四北大街167号、甲167号
阿拉善王府	清	毡子胡同7号
法源清真寺	清	德胜门外大街200号
镶红旗满洲都统衙门	清	新文化街137号
吕祖宫	清	复兴门内北顺城街15号
西四街楼	清	西四北大街255号、阜成门内大街1号
圆广寺大殿	明、清	阜成门外大街7号楼1号
清端顺长公主墓碑	清	德胜门外冰窖口胡同75号
清乾隆汇通祠诗碑	清	德胜门西大街甲60号汇通祠内
天主教圣母圣衣堂	清、民国	西直门内大街130号
中央医院旧址	民国	阜成门内大街133号
平民中学	民国	西四北二条58号
为宝书局	民国	地安门外大街156号
粤东新馆	清	南横西街13号
沈家本故居	清	金井胡同1号
荀慧生故居	清	山西街甲13号
崇效寺藏经阁	明	崇效胡同9号
宝应寺	明	登莱胡同29号
东南园四合院	清	东南园胡同49号
北师大旧址	近代	南新华街13、15、17号
北师大附小旧址	近代	南新华街18号
林白水故居	近代	骡马市大街9号
萧长华故居	清	西草厂街88号
谭鑫培故居	清	大外廊营1号及旁门
王瑶卿故居	清	培英胡同20号
钱市胡同传统建筑群	清	珠宝市街37、39号，钱市胡同1-8号
前门清真礼拜寺（修缮中）	清	扬威胡同9号、茶儿胡同2号、笤帚胡同甲1号
火神庙	清	琉璃厂东街29号
五道庙	清	铁树斜街143—149号、樱桃斜街96—104号
梨园公会	民国	樱桃斜街65号
裕兴中银号	民国	施家胡同11号
青云阁	民国	大栅栏西街33号
护国观音寺	清	樱桃斜街4、6、8号
泰丰楼饭庄西楼	清	煤市街33号、杨梅竹斜街4号
晋江会馆（林海音故居）	清	南柳巷40、42号
北京东方饭店初期建筑	民国	万明路11号
宜兴会馆	清	效尉营胡同44号
新市区泰安里	民国	天桥仁寿路6—16号
圣安寺	金	南横西街119号
莲花寺	明	永庆胡同37号
商务印书馆	民国	琉璃厂西街36号
永兴庵	明	南柳巷45号
余叔岩故居	清	异地迁移待复建
尚小云故居	清	异地迁移待复建

圣祚隆长寺	明、清	西四北三条 3 号
什刹海寺	明、清	糖房大院 27 号
福善寺	清	柳荫街 26 号、28 号
双吉寺	清	双吉胡同 3 号
陈垣故居	民国	兴华胡同 13 号

博物馆

中国地质博物馆	西四羊肉胡同 15 号
中国钱币博物馆	西交民巷 17 号
中国印钞造币博物馆	西直门外大街凯旋大厦
中国古动物馆	西直门外大街 142 号
民族文化宫博物馆	复兴门内大街 49 号
恭王府花园	柳荫街甲 14 号
首都博物馆	复兴门外大街 16 号
北京天文馆	西直门外大街 138 号
白塔寺	阜城门内大街 171 号
北京古代钱币博物馆	北二环中路德胜门箭楼
北京历代帝王庙管理处	阜成门内大街 131 号
北京李大钊故居	文华胡同 24 号
宋庆龄故居	后海北沿 46 号
北京鲁迅博物馆	阜成门内宫门口二条 19 号
郭沫若纪念馆	前海西街 18 号
梅兰芳纪念馆	护国寺街 9 号
徐悲鸿纪念馆	新街口北大街 53 号
郭守敬纪念馆	德胜门西大街甲 60 号
北京红楼文化艺术博物馆	南菜园街 12 号
北京宣南文化博物馆	长椿街 9 号
北京戏曲博物馆	虎坊路 3 号
北京空竹博物馆	报国寺小星胡同 9 号
古陶文明博物馆	右安门内西街 18 号（大观园北门）
北京古代建筑博物馆	东经路 21 号
慈悲庵	太平街 19 号陶然亭公园内
中国消防博物馆	广安门南街 70 号
中国佛教图书文物馆	法源寺内

文化广场

西单文化广场	西单北大街
金融街街道城隍庙文化广场	城隍庙东侧
新街口街道玉桃园文化广场	新街口前桃园
展览路街道朝阳庵老来乐花园	三里河路 22 号朝阳庵小区
月坛街道碧溪公园文化广场	白云路
什刹海街道什刹海文化广场	什刹海小广场
什刹海街道雨来散广场	什刹海雨来散文化广场
什刹海街道野鸭岛南岸广场	野鸭岛南岸
大观园奥运城市文化广场	大观园南门
宣武艺园奥运露天剧场	宣武艺园东门
天桥市民广场	天桥剧场东侧
牛街东里文化广场	牛街东里一区

白纸坊文体广场	南樱桃园路口
广外红莲文体广场	红莲北里社区南侧
椿树园文化广场	椿树园小区
广内长春苑	长春苑街心花园

文化馆

西城区第一文化馆	西直门内大街 147 号
西城区第二文化馆	姚家井三巷 20 号

图书馆

西城区第一图书馆	后广平胡同 26 号
西城区第二图书馆	教子胡同 8 号
西城区青少年儿童图书馆	西直门内大街 69 号
金融街街道图书馆	太平桥大街 107 号地下 2 层
金融街街道丰汇园图书馆	丰汇园小区 15 号楼
西长安街街道图书馆	东斜街 51 号
西长安街街道和平门图书馆	小六部口 36 号长安幸福家园
月坛街道图书馆	月坛南街甲 49 号
新街口街道图书馆	西直门内大街 235 号
新街口街道福绥境图书馆	宫门口三条乙 1 号
展览路街道图书馆	展览馆路甲 18 号
展览路社区教育学校图书馆	月坛北街 25 号
什刹海社区教育学校图书馆	刘海胡同 11 号
德胜街道图书馆	新明胡同甲 1 号
德胜社区教育学校图书馆	安德路 140 号
广内街道图书馆	感化胡同 3 号院 5 楼 1 层
广内街道西便门东里图书馆	西便门东里平房 1 号
牛街街道图书馆	牛街东里 18 号楼 3 层
白纸坊街道图书馆	枣林前街 16 号
大栅栏街道图书馆	石头胡同 9 号
大栅栏西河沿民俗图书馆	前门西河沿 228 号
天桥街道图书馆	北纬路 9 号
天桥雷锋图书馆	南纬路 38 号院 3-11
椿树街道图书馆	椿树园 7 号楼甲 3 号
陶然亭街道图书馆	四平园 9 号楼
陶然亭龙泉社区图书分馆	龙泉胡同 5 号
广外街道图书馆	广安门外马连道中里一区 1 号
广外红莲北里社区图书分馆	红莲北里 12-1 号
广外莲花河社区图书分馆	莲花河胡同 2 号院 1 号楼
宣武图书馆文化馆分馆	姚家井三巷 20 号
军休办宣武活动中心图书馆	牛街西里二区 15 号

电影院

北京首都华融影院有限责任公司	西单北大街 131 号 9 层（局部）、10 层、11 层
北京青年宫电影城	西直门南小街 68 号
北京地质礼堂	西四羊肉胡同 30 号
北京国宾菁英电影放映有限公司	月坛南街 24 号

北京金融街影院有限责任公司　金融大街18号地下一层
北京市新街口电影院　西直门内大街69号
北京大观楼影城　前门大栅栏街36号
北京市工人俱乐部　虎坊桥七号
北京华业伟成文化发展有限公司　西单北大街180号西单文化广场B1层4D
北京市红楼电影院　西安门大街156号
北京市胜利电影院　西四东大街55号
北京市广安门电影院　白广路8号
北京首都华融影院有限责任公司　天桥南大街3号楼
北京耀莱腾龙国际影城管理有限公司马连道电影院分公司　马连道路25号楼新年华生活购物广场5层F510商铺、6层F603商铺

营业性演出场所

北京音乐厅　北新华街1号
北京湖广会馆大戏楼　虎坊路3号
北京市天桥剧场　北纬路30号
民族文化宫大剧院　复兴门内大街49号
国家大剧院　西长安街2号
中央音乐学院音乐厅　鲍家街43号
北京梅兰芳大剧院　平安里西大街32号
正乙祠戏楼　前门西河沿街220号
国家京剧院（实验剧场）　平安里西大街22号
北京天艺同歌国际文化艺术有限公司　抄手胡同64号26幢
北京国话剧场　广安门外大街277号
北京市西城区文化馆（首层小剧场）　西直门内大街147号
北京市西城区文化馆（二层多功能剧场）　西直门内大街147号
中国木偶艺术剧院股份有限公司北京西城分公司　西直门外大街137号东部
北京张一元茶叶有限责任公司天桥茶馆　万明路18号院1号楼南侧
北京地质礼堂　西四羊肉胡同30号
北京广德楼娱乐产业有限责任公司　前门大栅栏大街39号
北京儿童科技中心（中国儿童中心官园影剧院）　西直门南小街甲98号
北京展览馆剧场　西外大街135号
解放军歌剧院　德胜门西大街60号
北京市工人俱乐部　虎坊路7号
北京天桥杂技剧场　北纬路东口(天桥市场95号)
德云社剧场　北纬路甲1号
北京首都旅游国际酒店集团有限公司前门梨园剧场　永安路175号
北京大观园戏楼　南菜园街12号(大观园院内)
北京老舍茶馆　前门西大街正阳市场3号楼
北京老舍茶馆新京调食坊　前门西大街正阳市场3号楼
北京市邦克实业公司鑫融文化俱乐部　白纸坊街16号
北京春晖剧场　（不对外营业，区教委内部使用）
北京青年宫电影城　西直门南小街68号
北京西区剧场管理有限公司　护国寺街85号11幢4F
北京鼓楼西文化有限公司（全总文工团排练场）　小八道湾6号3幢平房
北京京都文化投资管理公司演艺中心　车公庄4号18栋、20栋东侧

非物质文化遗产项目名录及代表性传承人

非物质文化遗产项目名录

<table>
<tr><th rowspan="2">序号</th><th rowspan="2">类别</th><th rowspan="2">项目名称</th><th colspan="3">项目级别</th></tr>
<tr><th>国家级</th><th>北京市级</th><th>西城区级</th></tr>
<tr><td>1</td><td rowspan="5">民间文学(5项)</td><td>北京童谣</td><td>★</td><td>★</td><td>★</td></tr>
<tr><td>2</td><td>北京回族民间故事</td><td></td><td></td><td>★</td></tr>
<tr><td>3</td><td>北京建城传说</td><td></td><td></td><td>★</td></tr>
<tr><td>4</td><td>什刹海的传说</td><td></td><td></td><td>★</td></tr>
<tr><td>5</td><td>北京灯谜</td><td></td><td></td><td>★</td></tr>
<tr><td>6</td><td rowspan="6">传统音乐（6项）</td><td>京都北韵禅乐</td><td></td><td>★</td><td>★</td></tr>
<tr><td>7</td><td>白纸坊挎鼓</td><td></td><td>★</td><td>★</td></tr>
<tr><td>8</td><td>北京道教音乐</td><td></td><td></td><td>★</td></tr>
<tr><td>9</td><td>古代诗词歌曲</td><td></td><td></td><td>★</td></tr>
<tr><td>10</td><td>昆曲工尺谱</td><td></td><td></td><td>★</td></tr>
<tr><td>11</td><td>北京十番乐</td><td></td><td></td><td>★</td></tr>
<tr><td>12</td><td rowspan="2">传统舞蹈（2项）</td><td>白纸坊太狮</td><td>★</td><td>★</td><td>★</td></tr>
<tr><td>13</td><td>大栅栏五斗斋高跷秧歌</td><td></td><td>★</td><td>★</td></tr>
<tr><td>14</td><td rowspan="4">传统戏剧（4项）</td><td>昆曲</td><td>★</td><td>★</td><td>★</td></tr>
<tr><td>15</td><td>河北梆子</td><td>★</td><td>★</td><td>★</td></tr>
<tr><td>16</td><td>北京皮影戏</td><td>★</td><td>★</td><td>★</td></tr>
<tr><td>17</td><td>西城皮影(德顺班)</td><td></td><td></td><td>★</td></tr>
<tr><td>18</td><td rowspan="6">曲艺（11项）</td><td>单弦牌子曲</td><td rowspan="2">★</td><td>★</td><td>★</td></tr>
<tr><td>19</td><td>岔曲</td><td>★</td><td>★</td></tr>
<tr><td>20</td><td>北京评书</td><td>★</td><td>★</td><td>★</td></tr>
<tr><td>21</td><td>相声</td><td>★</td><td>★</td><td>★</td></tr>
<tr><td>22</td><td>京韵大鼓</td><td>★</td><td>★</td><td>★</td></tr>
<tr><td>23</td><td>梅花大鼓</td><td></td><td>★</td><td>★</td></tr>
</table>

续　表

24	曲艺（11项）	北京琴书		★	★
25		联珠快书		★	★
26		天桥拉洋片			★
27		天桥双簧			★
28		评书（北京）			★
29	传统体育、游艺与杂技（25项）	抖空竹	★	★	★
30		天桥中幡	★	★	★
31		天桥摔跤	★	★	★
32		口技	★	★	★
33		八卦掌	★	★	★
34		牛街白猿通背拳	★	★	★
35		祁家通背拳			★
36		六合拳		★	★
37		孙式太极拳		★	★
38		北京鬃人		★	★
39		梅花桩拳（小架）		★	★
40		天桥摔跤 (2)			★
41		北京赛活驴			★
42		天桥穆派戏法			★
43		牛街掷子			★
44		三皇炮捶拳			★
45		陈式太极拳			★
46		踢花毽			★
47		天桥盘杠			★
48		七巧板			★
49	传统体育、游艺与杂技（25项）	古彩戏法（杨小亭）			★
50		形意拳			★
51		少林八法拳			★
52		耍花坛			★
53		爬杆			★
54	传统美术（27项）	北京内画鼻烟壶	★	★	★

续 表

55		内画鼻烟壶		★	★
56		北京仿古瓷		★	★
57		北京刻瓷		★	★
58		北京砖雕		★	★
59		彩塑京剧脸谱		★	★
60		古建油漆彩绘		★	★
61		京派剪纸（申沛农）			★
62		北京玉雕（一魔）			★
63		裕氏草编			★
64		铜印钮雕刻			★
65		毛猴			★
66		金石篆刻			★
67	传统美术（27项）	脸谱绘制			★
68		面人			★
69		彩蛋绘制			★
70		北京宫廷补绣			★
71		北京彩塑			★
72		面塑			★
73		北派雕钮			★
74		传统灯彩			★
75		绳结艺术			★
76		象牙雕刻			★
77		北京绒鸟（绒花）			★
78		彩砂工艺			★
79		北京葫芦烙画			★
80		核雕			★
81	传统技艺（70项）	北京宫毯织造技艺	★	★	★
82		木版水印技艺（荣）	★	★	★
83		古字画装裱修复技艺（荣）	★	★	★
84		古籍修复技艺（中国书店）	★	★	★
85		内联升千层底布鞋制作技艺	★	★	★

续 表

86		王致和腐乳酿造技艺	★	★	★
87		六必居酱菜制作技艺	★	★	★
88		张一元茉莉花茶制作技艺	★	★	★
89		鸿宾楼全羊席制作技艺	★	★	★
90		天福号酱肘子制作技艺	★	★	★
91		仿膳（清廷御膳）	★	★	★
92		烤肉季烤羊肉制作技艺	★	★	★
93		烤肉宛烤羊肉制作技艺			★
94		一得阁墨汁制作技艺	★	★	★
95		传统药香制作技艺	★	★	★
96		砂锅居全猪席烹制技艺		★	★
97		护国寺清真小吃制作技艺		★	★
98		柳泉居京菜制作技艺		★	★
99		瑞蚨祥中式服装手工制作技艺		★	★
100		马聚源手工制帽技艺		★	★
101	传统技艺（70项）	戴月轩湖笔制作技艺		★	★
102		“正兴德”清真茉莉花茶制作工艺		★	★
103		戏曲盔头制作技艺（李继宗）		★	★
104		北京风味小吃制作技艺		★	★
105		宫廷奶制品制作技艺		★	★
106		小肠陈卤煮火烧制作技艺		★	★
107		“爆肚冯”爆肚制作技艺		★	★
108		京胡制作技艺		★	★
109		胡广源派京胡制作技艺			★
110		北京鸽哨制作技艺		★	★
111		毛猴制作技艺			★
112		金属工艺品锻錾工艺			★
113		绢人制作技艺			★
114		锦匣制作技艺			★
115		叭叭鼓制作技艺（张氏）			★
116		荣宝斋装帧技艺			★

续 表

117	传统技艺（70项）	汲古阁拓片制作技艺			★
118		北京花茶拼配工艺			★
119		桂香村南味食品制作技艺			★
120		同和居鲁菜烹制技艺			★
121		峨嵋酒家川菜烹制技艺			★
122		曲园酒楼湘菜制作技艺			★
123		丰泽园鲁菜制作技艺			★
124		翰林谭家菜制作技艺			★
125		羊头马白水羊头制作技艺			★
126		马家老铺酱烧牛羊肉制作技艺			★
127		“户部街马记”酱烧牛羊肉制作技艺			★
128		“年糕钱”年糕制作技艺			★
129		天源酱菜制作技艺			★
130		“豆腐脑白”豆腐脑制作技艺			★
131		门框胡同褡裢火烧制作技艺			★
132		大和恒米面加工技艺			★
133		北京雕漆			★
134		金漆镶嵌			★
135		花丝镶嵌			★
136		传拓技艺			★
137		曹氏风筝			★
138		山核桃工艺品制作技艺			★
139		古琴斫制技艺			★
140		古建筑模型扎小样			★
141		北京金漆镶嵌			★
142		手工书画装裱修复技艺			★
143		蜡果制作技艺			★
144		北海公园标本菊传统养殖技法			★
145		金氏风筝扎制技艺			★
146		北京景泰蓝制作技艺			★
147		羯子李白汤羊蝎子制作技艺			★

续 表

148	传统技艺（70 项）	奶酪魏奶酪制作技艺			★
149		砂板糖制作技艺			★
150		北派舞狮道具制作技艺			★
151	传统医药（9 项）	宫廷正骨	★	★	★
152		鹤年堂中医药养生文化	★	★	★
153		王氏脊椎疗法	★	★	★
154		清华池修治脚病传统技艺	★	★	★
155		崇厚堂沈氏女科疗法		★	★
156		凤阳门正骨千手大法			★
157		正筋疗法			★
158		北京马应龙眼药制药技艺			★
159		王氏脑中风疗法			★
160	民俗（3 项）	厂甸庙会	★	★	★
161		鸿宾楼“老堂经”			★
162		老北京叫卖			★

非物质文化遗产传承人

序号	类别	项目名称	姓名	性别	出生年份	批次			备注
						国	市	区	
1	民间文学	北京建城传说	王作辑	男	1948			三批	
2		北京灯谜	翟鸿起	男	1943			三批	
3	传统舞蹈	白纸坊太狮	王建文	男	1964	三批	一批	一批	
4			杨敬伟	男	1958	四批	三批	二批	
5		大栅栏五斗斋高跷秧歌	张全增	男	1933		二批	一批	去世
6	传统音乐	京都北韵禅乐	朱锡全	男	1926		三批	二批	
7			吴颖超	女	1933			二批	
8			刘爱君	女	1948		四批	三批	
9		古代诗词歌曲	王苏芬	女	1943			三批	
10	传统戏剧	北京皮影戏	路宝刚	男	1964		四批	一批	
11		昆曲	侯少奎	男	1940	二批	国补	一批	
12			杨凤一	女	1964	二批	国补	一批	

续　表

13	传统戏剧	昆曲	白士林	男	1938		二批	一批	
14			丛兆桓	男	1931	三批	二批	一批	
15			韩建成	男	1939	三批	二批	一批	
16			王大元	男	1941	四批	三批	二批	
17			马玉森	男	1940		二批	一批	
18			周万江	男	1940		二批	一批	
19			张毓文	女	1946		二批	一批	
20			乔燕和	女	1943		三批	二批	
21			王建平	男	1964			二批	
22			侯宝江	男	1946			二批	
23			刘国庆	男	1943			二批	
24			王德林	男	1943			二批	
25			白晓华	女	1943			二批	
26			张敦义	男	1945			二批	
27			张国泰	男	1943			二批	
28		河北梆子	刘玉玲	女	1947	四批	二批	一批	
29			王凤芝	女	1941		二批	一批	
30			李二娥	女	1947		三批	二批	
31			彭艳琴	女	1956			二批	
32			殷新泉	男	1949			三批	
33		西城皮影（德顺班）	路连达	男	1938			一批	
34	曲艺	北京评书	连丽如	女	1943	三批	二批	一批	
35			贾建国	男	1942			二批	
36		岔曲	张蕴华	女	1948	四批	二批	一批	
37			希婉英	女	1952			一批	
38		岔曲	马　岐	男	1940			一批	
39			马小祥	男	1969			一批	
40		单弦	赵玉明	女	1929		四批	三批	
41			马增蕙	女	1936		四批	三批	
42		联珠快书	章学楷	男	1936		二批	一批	
43			王玥波	男	1978			二批	

续　表

44	曲艺	北京琴书	王树才	男	1968		三批	一批	
45			刘砚声	男				一批	
46		京韵大鼓	李　想	女	1984			二批	
47			种玉杰	男	1959		四批	三批	
48		相声	张志强	男	1959			二批	
49			康有纯	男	1957			二批	
50		评书（北京）	马　岐	男	1940			三批	
51	传统体育、游艺与杂技	天桥中幡	傅文刚	男	1961	一批	一批	一批	
52			傅文友	男				一批	
53		抖空竹	张国良	男	1955	一批	一批	一批	
54			李连元	男	1946	一批	一批	一批	
55		北京鬃人	白大成	男	1939		一批	一批	
56			白　霖	男	1979			一批	
57		八卦掌	孙志均	男	1933	四批	三批	二批	
58			赵大元	男	1944			二批	
59			王尚智	男	1947			二批	
60			李秀人	女	1953			三批	
61			韩　杰	男	1931			三批	
62			马传旭	男	1934		四批	三批	
63			高继武	男	1942			三批	
64			刘敬儒	男	1936		四批	三批	
65		口技	牛玉亮	男	1938	四批	三批	二批	
66		六合拳	曹凤岐	男	1948		四批	三批	
67		孙式太极拳	孙婉蓉	女	1928		三批	二批	
68			孙宝亨	男	1933			二批	去世
69			孙　恝	男	1970			三批	
70		牛街白猿通背拳	李占华	男	1942		三批	二批	
71			李树成	男	1959			三批	
72			王建华	男	1951			三批	
73			钟宝义	男	1954		四批	三批	
74		祁家通背拳	戴振川	男	1955			二批	

续　表

75	传统体育、游艺与杂技	五行通背拳	马启华	男	1954			二批	
76		梅花桩拳（小架）	韩建中	男	1942		四批	三批	
77			韩　超	男	1968			三批	
78		三皇炮锤拳	庞连福	男	1955			三批	
79		形意拳	张增记	男	1959			三批	
80		少林八法拳	曾皑洁	男	1961			三批	
81		穆派戏法	田学明	男	1964			三批	
82		耍花坛	周仁喜	男	1953			三批	
83		爬杆	于　健	男	1953			三批	
84	传统美术	北京内画鼻烟壶	刘守本	男	1943	三批	一批	一批	
85			杨志刚	男	1963		四批	一批	
86		内画鼻烟壶	姚桂新	女	1954			二批	
87		北京砖雕	张　彦	男	1965		四批	二批	
88		彩塑京剧脸谱	佟秀芬	女	1956		四批	二批	
89			林泓魁	男	1983			三批	
90		北京玉雕	苏　然	男	1971		四批		
91			孟庆东	男	1972		四批		
92		北京刻瓷	陈永昌	男				三批	
93		脸谱绘制	郭石刚	男	1980			三批	
94		北京彩塑	张忠强	男	1963			三批	
95		彩蛋绘制	赵　伟	女	1951			三批	
96		毛猴	姜守煜	男	1944			三批	
97		象牙雕刻	李万顺	男	1944			三批	
98		北京绒鸟	张燕霞	女	1952			三批	
99		彩砂工艺	黄小群	女	1953			三批	
100	传统美术	传统灯彩	余光亮	男	1962			三批	
101		传拓技艺	马国庆	男	1956			三批	
102		绳结艺术	李　钉	女	1952			三批	
103		北京葫芦烙画	王兆庚	男	1963			三批	
104		核雕	卢晓荣	男	1960			三批	
105	传统技艺	北京宫毯织造技艺	康玉生	男	1933	三批	一批	一批	

续 表

106	传统技艺	北京宫毯织造技艺	王国英	女	1967		三批	一批	
107			褚长海	男	1942			一批	
108			高春荣	女	1962			一批	
109		北京仿古瓷	白　莉	女	1955		三批	二批	
110			王　立	女	1950			二批	
111		泥塑彩绘脸谱	佟秀芬	女	1956			二批	
112		内联升千层底布鞋制作技艺	何凯英	男	1955	三批	一批	一批	
113		马聚源手工制帽技艺	盛秉伦	男	1927		一批	一批	
114		瑞蚨祥中式服装手工制作技艺	邹秋明	女	1953		二批	一批	
115		装裱修复技艺（古籍修复技艺）	王辛敬	男	1958	三批	一批	一批	
116		荣宝斋装裱修复技艺	李淑珍	女	1968		三批	一批	
117		木板水印技艺	崇德福	男	1953	一批	一批	一批	
118			王丽菊	女	1958	一批	一批	一批	
119			高文英	女	1956	三批	二批	一批	
120			赵慧萍	女	1964		二批	一批	
121			刘宝祥	男	1963			二批	
122			肖　刚	男		四批	三批	三批	
123		中国书店古籍修复技艺	汪学军	男	1964	四批	二批	一批	
124			刘秋菊					一批	
125		张一元茉莉花茶窨制技艺	王秀兰	女	1955	三批	二批	一批	
126		传统药香制作技艺	李时亮	男	1980		三批	二批	
127			时雅莉	女				二批	
128		戴月轩湖笔制作技艺	王后显	男	1976		四批	二批	
129			陈培新	男	1967			三批	
130		六必居酱菜制作技艺	杨银喜	男	1954	三批	一批	一批	
131			薛洪兰	女	1959			二批	
132		鸿宾楼全羊席制作技艺	佟建国	男	1952		一批	一批	
133			朱长安	男	1960		四批	一批	
134			许仁礼	男	1963			一批	
135		天福号酱肘子制作技艺	冯君堂	男	1960		一批	一批	
136			郭景田	男	1959			一批	

续 表

137	传统技艺	天福号酱肘子制作技艺	王金杠	男	1952			一批	
138			耿 仁	男	1956			一批	
139		北京烤肉制作技艺（烤肉季）	白士清	男	1946		一批	一批	
140			甄德禄	男	1958			一批	
141			杨玉泉	男	1959			二批	
142		北京烤肉制作技艺（烤肉宛）	万春生	男	1962		一批	一批	
143			张振民	男	1968			一批	
144			王芸生	男	1956			二批	
145			宛金廷	男	1963			三批	
146		护国寺清真小吃制作技艺	马国华	男	1952			一批	
147			李秀云	女	1964		四批	一批	
148		砂锅居全猪席制作技艺	刘为永	男	1969			一批	
149			杨树松	男	1954		四批	一批	
150			曹东鹏	男	1978			二批	
151		同和居鲁菜烹制技艺	于晓波	男	1955			一批	
152			武根深	男	1963			一批	
153		峨眉酒家川菜制作技艺	毛春和	男	1962			一批	
154		柳泉居京菜制作技艺	屈德森	男	1958			二批	
155		宫廷补绣	杜康民	男	1947			一批	
156			孙石芬	女	1948			一批	
157		北京彩塑	双起翔	男	1931			一批	
158			双 彦	男	1958			一批	
159		面塑	张宝琳	男	1954			一批	
160			冯慧芸	女	1954			一批	
161		京派剪纸（申沛农）	靳鹤年	男	1944			二批	
162	传统技艺	京派剪纸（申沛农）	杨莹莹	女	1954			二批	
163		北派雕钮	韩宝玉	男	1942			一批	
164		戏曲盔头制作技艺	李继宗	男	1938		四批	二批	
165			李 鑫	男	1980			三批	
166		北京玉雕（一魔）	刘春江	男	1958			二批	
167		裕氏草编	裕 庸	男	1939			二批	

续　表

168	传统技艺	金属工艺品锻錾工艺	孟德仁	男	1943			二批	
169		“正兴德”清真茉莉花茶制作工艺	王会明	女	1966			三批	
170		爆肚冯爆肚制作技艺	冯秋生	男	1952		四批	三批	
171			冯云亭	男	1964			三批	
172		北京鸽哨制作技艺	张宝桐	男	1949		四批	三批	
173		洪广源派京胡制作技艺	许学慈	男	1935		四批	三批	
174		“豆腐脑白”豆腐脑制作技艺	白　华	女	1956			三批	
175		“年糕钱”年糕制作技艺	钱振波	男	1956			三批	
176		羊头马白水羊头制作技艺	马国义	男	1955			三批	
177		“羯子李”白汤羊蝎子制作技艺	李　明	男	1962			三批	
178		奶酪魏奶酪制作技艺	魏　宁	男	1960			三批	
179		曲园酒楼湘菜制作技艺	张景严	男	1962			三批	
180		天源酱菜制作技艺	张启增	男	1962			三批	
181		北京花茶拼配工艺	吕贤军	男	1964			三批	
182		翰林谭家菜制作技艺	刘为平	男	1952			三批	
183		桂香村南味糕点制作技艺	赵　巍	女	1972			三批	
184		砂板糖制作技艺	赵崇和	男	1944			三批	
185		大和恒米面加工工艺	白少川	男	1941			三批	
186		北京雕漆	张效裕	女	1966			三批	
187		金漆镶嵌	武国芬	女	1953			三批	
188		北京金漆镶嵌	胡　昕	女	1957			三批	
189		北京景泰蓝制作技艺	李佩卿	女	1953			三批	
190		手工书画装裱修复技艺	王铁环	男	1962			三批	
191			李世勇	男	1971			三批	
192		蜡果制作技艺	刘秀华	女	1950			三批	
193		汲古阁拓片制作技艺	吴　刚	男	1969			三批	
194		曹氏风筝	刘　宾	男	1977			三批	
195		金氏风筝扎制技艺	王赤峰	男	1950			三批	
196		北派舞狮道具制作技艺	王建文	男	1965			三批	
197		北海公园标本菊传统养殖技艺	刘　展	男	1958			三批	
198		京胡制作技艺	史优生	男				三批	

续 表

199	传统技艺	花丝镶嵌	钮永禄	男				三批	
200	传统医药	宫廷正骨	刘 钢	男	1952	三批	二批	一批	
201			吴定寰	男			一批	一批	去世
202			吴 冰	男	1978			二批	
203		王氏脊椎疗法	王兴治	男	1953	四批	三批	二批	
204		鹤年堂中医药养生文化	雷雨霖	男	1926	四批	二批	一批	
205			王国宝	男	1954		三批	二批	
206			雷 松	男	1968			三批	
207		清华池修治脚病传统技艺	任新春	男	1967			三批	
208			王建生	男	1957		三批	二批	
209		凤阳门正骨千手大法	佟乐康	男	1948			二批	
210		崇厚堂沈氏女科疗法	沈绍功	男	1939		四批	三批	
211		王氏脑中风疗法	王兴治	男	1953			三批	
212		马应龙眼药制药技艺	马永福	男	1953			三批	
合计：	区级 206 人、市级 81 人、国家级 29 人								

注：吴定寰、张全增、孙宝亨去世；苏然、孟庆东属地管理；马岐为岔曲和评书（北京）两项目传承人。故现有区级传承人为 206 人。

西城区A级旅游景区名录

序号	景区名称	单位地址	等级
1	恭王府管理处	前海西街17号	AAAAA
2	北京海洋馆	西直门外大街137号	AAAA
3	北京动物园	西直门外大街137号	AAAA
4	北海公园	文津街1号	AAAA
5	景山公园	景山西街44号	AAAA
6	什刹海风景区	什刹海地区	AAAA
7	陶然亭公园	太平街19号	AAAA
8	首都博物馆	复兴门外大街16号	AAAA
9	北京天文馆	西直门外大街138号	AAAA
10	北京大观园	南菜园街12号	AAA
11	老舍茶馆	前门西大街三号楼	AAA
12	湖广会馆	虎坊桥3号	AAA
13	大观楼影城	前门大栅栏街36号	AAA
14	中国地质博物馆	西四羊肉胡同15号	AAA
15	月坛公园	月坛北街6号	AAA
16	古代钱币展览馆	德胜门东大街9号	AAA
17	宣南文化博物馆	长椿街9号	AAA
18	北京市宣武艺园	槐柏树街12号	AAA
19	大栅栏商业街区	大栅栏商业街	AAA
20	宋庆龄故居	后海北沿46号	AAA
21	金中都遗址公园	白纸坊桥南护城河西岸	AAA
22	历代帝王庙	阜成门内大街131号	AA

主要宾馆及饭店

序号	饭店名称	星级	饭店地址	电话
1	国宾酒店	五星	阜外大街甲 9 号	58585588
2	金融街威斯汀大酒店	五星	金融大街乙 9 号	66068866
3	金融街丽思卡尔顿酒店	五星	金城坊东街 1 号	66016666
4	金融街洲际酒店	五星	金融街 11 号	58525888
5	翔达国际商务酒店	四星	广安门内大街 169 号	83172288
6	港中旅维景国际大酒店	四星	广安门内大街 338 号	83529999
7	西单美爵酒店	四星	宣武门内大街 6 号	66036688
8	建通酒店	四星	广莲路甲 5 号	63986611
9	国宏宾馆	四星	木樨地北里甲 11 号	63908866
10	中国职工之家	四星	真武庙路一号	68576699
11	前门饭店	四星	永安路 175 号	63016688
12	深圳大厦	四星	广安门外大街 1 号	63271188
13	民族饭店	四星	复兴门内大街 51 号	66014466
14	国谊宾馆	四星	文兴东街 1 号	68316611
15	广州大厦	四星	西单横二条甲 3 号	58559988
16	金都假日饭店	四星	北礼士路 98 号	68338822
17	国二招宾馆	四星	西直门南大街 6 号	66186688
18	金台饭店	四星	地安门西大街 38 号	66529988
19	德宝饭店	四星	德宝新园 22 号	68318866
20	新大都饭店	四星	车公庄大街 21 号	68319988
21	金色夏日商务酒店	四星	西便门内大街 85 号	63012999

街道社区居委会

德胜街道

石油社区	六铺炕二区 38 号楼南平房
六铺炕水电社区	六铺炕二区 39 号楼一层
六铺炕煤炭社区	安德路南 67 号旁门
安德路南社区	安德路 124 楼东侧地下室
安德路北社区	教场口 6 号院 1 号楼 1 门 003 室
德外大街东第一社区	教场口 9 号院 5 号楼一层
德外大街东第二社区	塔院胡同 12 号院平房
德外大街西社区	冰窖口胡同 73 号 -4
人定湖西里社区	塔院胡同丙 2 号
新外大街南社区	新外大街 28 号院新 4 楼前平房
新外大街北社区	新外大街甲 8 号 29 楼 -4-2
德胜里社区	德胜里一区 9 楼 4 门 2 号
新明家园社区	新明胡同 2 号楼平房
新康社区	新康街 3 号院平房
新风中直社区	新风南里 9 号楼前平房
北广社区	双旗杆东里 2 号楼下平房
马甸社区	马甸南村
双旗杆社区	双旗杆东里 12 号楼一层
裕中西里社区	裕中西里 27 楼甲 1 号
裕中东里社区	裕中西里 15 楼一层中间
黄寺大街西社区	德外大街乙 12 号院 8 号楼 1 层
黄寺大街 24 号社区	人定湖北巷（敬老院北）
阳光丽景社区	黄寺大街 23 号院 3 楼东平房
新风街 1 号社区	新风街 1 号院 10 号楼 107

什刹海街道

西四北社区	中毛家湾 55 号
西安门社区	西四东大街 8 号
西什库社区	刘兰塑胡同 16 号
爱民街社区	爱民二巷 1 号
大红罗社区	小拐棒胡同 18 号
西巷社区	护国寺东巷 22 号
护国寺社区	德内大街 251 号
簸箩仓社区	德内大街 221 号
前铁社区	德内大街 303 号
柳荫街社区	柳荫街甲 7 号
兴华社区	厂桥胡同 8 号
松树街社区	弘善胡同 18 号

前海北沿社区	南官房胡同 59 号
前海东沿社区	后小井胡同 18 号
白米社区	白米斜街 12 号
景山社区	景山西街 15 号
米粮库社区	油漆作胡同 21 号
旧鼓楼社区	旧鼓楼大街 145 号
双寺社区	西绦胡同甲 15 号
鼓西社区	鼓西大街 128 号
后海社区	鸦儿胡同后 6 号
后海西沿社区	东明胡同 16 号
西海社区	水车胡同甲 9 号
苇坑社区	苇坑胡同 53 号
四环社区	新街口东街 22 号

西长安街街道

义达里社区	义达里 42 号
西单北社区	东斜街 53 号二楼
光明社区	府右街西巷 22 号
黄南社区	黄南一区 5 号楼一层
府南社区	太仆寺街 33 号楼 5 号院
钟声社区	南安里 7 号
太仆寺街社区	横二条 2 号 303
南北长街社区	南长街 58 号
北新华街社区	东安福 20 号
西交民巷社区	东新帘子胡同 2 号
和平门社区	西绒线胡同 8 号
六部口社区	小六部口 26 号
未英社区	佳慧雅园 3 号楼

大栅栏街道

前门西河沿社区	西河沿 224 号
大安澜营社区	大安澜营 9 号
大栅栏西街社区	杨梅竹斜街 65 号
铁树斜街社区	樱桃斜街 61 号
煤市街东社区	甘井胡同 19 号
延寿街社区	延寿街 21 号
三井社区	煤市街 21 号
百顺社区	百顺胡同 8 号
石头社区	石头胡同 29 号

天桥街道

留学路社区	灵佑胡同 4 号
香厂路社区	仁民路 8 号
永安路社区	阡儿路 71 号
虎坊路社区	虎坊路 12 号楼北侧
天桥小区社区	东经路 6 号院内
禄长街社区	禄长街头条甲 2 号

先农坛社区	南纬路 2 号院内
太平街社区	太平街 8 号 18 号楼院内

新街口街道

西四北头条社区	小绒线胡同 18 号
西四北三条社区	赵登禹路 140 号
西四北六条社区	西四北六条 35 号
育德社区	后车胡同 9 号
前公用社区	后帽胡同 1 号
宫门口社区	宫门口三条 1 号（福绥境大楼内）
北顺社区	青塔胡同 43 号
富国里社区	玉廊园 8 号楼 2-001
安平巷社区	白塔寺东夹道胡同甲 8 号
官园社区	育强胡同甲 8 号
冠英园社区	冠英园西区 27 号楼 4-D01、D02
南小街社区	安成胡同 35 号
半壁街社区	小后仓胡同 1 号楼北侧平房
中直社区	西直门南大街 10 号 10 号楼 105
大觉社区	大觉 31 号
西里三区社区	新街口西里三区 2 号楼南小楼 1 层
北草厂社区	玉桃园三区 8 号楼 4-004
玉桃园社区	前桃园 1 号楼院内
西里四区社区	新街口西里三区 2 号楼南小楼 3 层
西里一区社区	新街口西里一区 3 号楼西侧底商
西里二区社区	新街口西里一区 9 号楼西侧底商

金融街街道

砖塔社区	砖塔胡同 53 号
大院社区	大院胡同 18 号
宏汇园社区	宏汇园 8 号楼 2-3 门
教育部社区	大木仓胡同 35 号
京畿道社区	京畿道小区甲 1 号
手帕社区	东铁匠胡同甲 8 号
新文化街社区	新文化街 36 号
受水河社区	头发胡同 45 号
新华社社区	佟麟阁路 62 号
丰盛社区	太平桥大街西城晶华底商 8-7
丰融园社区	丰融园小区 15 号楼底商 20 号
丰汇园社区	丰汇园 11 号楼甲 1 号
二龙路社区	太平桥大街甲 230 号
文昌社区	闹市口中街 33 号
东太平街社区	新文化街 127 号楼后院平房
温家街社区	光彩胡同 29 号
民康社区	民康胡同 30 号院 2 号楼 108 室
西太平街社区	鲍家街甲 2 号
中央音乐学院社区	鲍家街 43 号新 7 楼 1 门 D101 室

椿树街道

梁家园社区	前孙公园56号
红线社区	红线胡同21号
香炉营社区	香炉营东巷2号院3-5-103
椿树园社区	椿树园小区4号楼一层
宣武门外东大街社区	宣武门外东大街22号楼2-109
四川营社区	四川营胡同8号
琉璃厂西街社区	前孙东夹道4号

陶然亭街道

米市社区	中信城二期沁园4号楼底商
南华里社区	南华里13号
粉房琉璃街社区	粉房琉璃街100号
福州馆社区	福州馆前街4号楼前平房
新兴里第一社区	南华里10号
新兴里第二社区	双柳树2条8排楼6号
新兴里第三社区	陶然亭路2号院1单元1层东侧
黑窑厂社区	黑窑厂街临字16号
龙泉社区	龙泉胡同甲22号
红土店社区	红土店南里6号楼前平房

展览路街道

德宝社区	德宝新园1号楼7-001/8-001
朝阳庵社区	朝阳庵3号楼前平房
文兴街社区	车公庄中里1号楼下平房
团结社区	西外团结大院7号楼地下室
榆树馆社区	榆树馆西里4号楼地下室
新华东社区	北礼士路乙56号楼3门地下室
新华里社区	新华里10号院1号楼1门101-102室
车公庄社区	车公庄北里36号楼101室
百万庄西社区	百万庄北里1号平房
百万庄东社区	百万庄中里8号楼6门及7门地下室
三塔社区	展览馆路34号东侧平房
新华南社区	北礼士路135号楼院内平房
黄瓜园社区	黄瓜园东10门后院平房
露园社区	北露园4号楼楼下平房
北营房西里社区	北营房西里11号楼地下室及南侧平房
北营房东里社区	北营房东里11楼105室、109室
阜外西社区	月坛北街25号楼3楼前车库
洪茂沟社区	月坛北街15号楼供暖所煤厂院内平房
阜外东社区	南礼士路甲1号院内平房
南营房社区	月坛北街5号楼2门103号
万明园社区	万明园7号楼2-104
滨河社区	北滨河路2号院9号楼2层207、209

月坛街道

三里河第一社区	三里河北街5号院内
三里河第二社区	三里河北街3号院内
三里河一区社区	三里河一区3号院5楼半地下
月坛社区	月坛北街8号楼108号
社会路社区	月坛南街19号院4号楼1层
铁三社区	月坛西街西里16楼2门1号
三里河二区社区	三里河二区6号楼105
三区一社区	三里河三区40楼4门3号
三区三社区	复兴门外大街23-105
铁二一社区	二七剧场路东里新19楼205号
铁二二社区	二七剧场路东里新9楼2门003
南礼士路社区	南礼士路三条北里14楼3门3号
二炮社区	复外大街甲七号院
复北社区	复兴门北大街11号楼旁
广一社区	真武庙二条7号院7门1号
广二社区	西便门外大街4号院4号楼2门101
复外社区	复外大街6号楼107号
真武庙社区	真武庙五里6栋西配楼
西便门社区	西便门外大街10号院26门2号
铁四社区	西便门外大街7号院11号楼2号
汽南社区	白云路西里16号楼107号
汽北社区	木樨地北里19楼北侧
白云观社区	白云观街南里5号楼4门101号
木樨地社区	木樨地北里平房2号
公安社区	木樨地南里公安大学29楼地下室
南沙沟社区	南沙沟小区18号楼西头一层
全总社区	真武庙二里甲10-2

广安门内街道

西便门内社区	西便门内大街77号
长西社区	长椿街西里18楼西侧
槐北社区	槐柏树街11号楼一单元底商
西便门东里社区	西便门东里东平房1号
西便门西里社区	西便门西里1-102号
报国寺社区	胜利一巷28号
核桃园社区	核桃园东街6号
槐南社区	槐柏树南里9-2-002号
长椿里社区	长椿街8号楼3-1号
上斜街社区	上斜街乙46号
校场社区	校场小七条10号
宣西社区	宣武门西大街4号楼地下室
三庙社区	长椿街东里24楼前
老墙根社区	建学新楼4门103号
长椿街社区	感化3号院内平房
广安东里社区	广内大街159号
大街东社区	广内大街223号楼内东侧

康乐里社区	康乐里小区一号楼地下室

牛街街道

枫桦社区	牛街西砖胡同 2 号院 8-1
法源寺社区	南横西街 65 号后楼
东里社区	牛街东里一区 5 号楼南侧
春风社区	小寺街 6 号院
西里一社区	牛街西里一区 2 号楼北侧
西里二社区	牛街西里二区 6 号楼东侧
钢院社区	白广路 6 号院
白广路社区	白广路二条 4 号院内
南线阁社区	南线里 4 号楼 1 层
菜园北里社区	枣林前街 147 号院内

白纸坊街道

平原里社区	平原里小区 12 号楼对面地下室
双槐里社区	万寿公园南门东侧小院
右北大街社区	益民巷大楼一层
樱桃园社区	樱桃三条新安北里 1 号楼底商
菜园街社区	崇效胡同 18 号
崇效寺社区	白纸坊西街 17 号院 7 号楼 101 室
建功北里社区	南菜园 19-1
建功南里社区	南菜园乙 35 号
新安中里社区	白纸坊西街 20 号楼底商 -3
新安南里社区	白纸坊西街 6 号院 5-3-002
右内后身社区	右内西街丙一号
右内西街社区	右内西街甲 10 号院 5 号楼西侧平房
自新路社区	信建里宿舍 6 号平房
光源里社区	宏建北里 19 号
半步桥社区	半步桥街 13 号院
万博苑社区	万博苑小区 5 号楼地下室
里仁街社区	里仁街 6 号院外北平房
清芷园社区	清芷园 3 号楼 B 座 IJ 室

广安门外街道

鸭子桥社区	鸭子桥路 47 号
青年湖社区	鸭子桥北里 14-3-B01
椿树馆社区	车站东街 15-2-1-102
白菜湾社区	广外南街甲 59-3
车站东街社区	广外大街 6 号楼 1 层南侧
手帕口南街社区	手帕口南街 36 号院平房
朗琴园社区	广外手帕口南街 1 号院 11 号楼南侧一层
红居街社区	远见名苑 4 号楼 A1
红居南街社区	小红庙 3 号楼下平房
车站西街 15 号院社区	车站西街 15 号院社区西侧平房
车站西街社区	车站西街 17 号院 1 号楼南侧平房
乐城社区	广外红莲南路 6 号院 2 号楼 105

红莲北里社区	红莲北里 5-3-101
红莲中里社区	红莲中里 28 楼南侧平房
红莲南里社区	红莲南里 8 号
三义东里社区	广外马连道中街甲 3 号楼 1 层
三义里社区	三义里 8 号楼南侧
马中里社区	马连道中街甲 3 号楼
马连道社区	马连道路 5 号院北侧平房
湾子街社区	马连道路 15 号院 3-8
依莲轩社区	依莲轩 D 座 103
小马厂社区	小马厂路 1 号院 1 号楼北侧
手帕口北街社区	手帕口北街 11 号院南平房
天宁寺北里社区	天宁寺前街北里 5-1-103
二热社区	小马厂东里 2-101
天宁寺南里社区	天宁寺南里小区 12 号楼旁
莲花河社区	莲花河胡同 2 号院 1 号楼 1 单元
荣丰社区	荣丰 5 号楼 C01 室
蝶翠华庭社区	广外大街 305 号二区 5 号楼地下一层 6 号
中新佳园社区	中新佳园 10 号楼一层

（责任编辑　齐　田）

索 引

说明：1. 本索引基本按汉语拼音音序排列，汉字打头的主题词按首字的音序音调依次排列，首字相同时，则以第二字排序，以此类推；以阿拉伯数字、英文字母打头的主题词，排在最前面。

2. 主题词后的阿拉伯数字表示该词所在页码，其后的小写英文字母 a、b、c 表示正文中的栏别（从左至右）。

3. 部分主题词后面有若干个页码栏别，则表示该词在这些地方均有出现。

4. 特载、人物、统计资料、附录等栏目内容不在标引范围内。

N

P

Q

R

S

T

W

X

Y

Z